W0066669

Bernhard Lindenblatt

Preußenland

Geschichte Ost-
und Westpreußens
1701-1945

ARNDT

Titelseitengestaltung: Jirka Buder unter Verwendung
eines Gemäldes von Robert Warthmüller, Rückseite: Fahne des Preußischen
Infanterieregiments Nr. 17 aus der Zeit Friedrichs II.
Vorderer Vorsatz: Das Gemälde von Anton von Werner von 1885 zeigt die Krönung
Kurfürst Friedrichs III. zu König Friedrich I. in Preußen im Jahre 1701.
Hinterer Vorsatz: Anton von Werners Gemälde aus dem Jahre 1885 stellt die Proklamation
des Deutschen Kaiserreiches im Spiegelsaal zu Versailles 1871 dar.

Die Deutsche Bibliothek – CIP-Einheitsaufnahme

Lindenblatt, Bernhard:
Preußenland: Geschichte Ost- und Westpreußens 1701–1945 /
Bernhard Lindenblatt. – Kiel: Arndt, 2001
ISBN 3-88741-037-8

ISBN 3-88741-037-8

© 2001 ARNDT-Verlag. Alle Rechte vorbehalten

ARNDT-Verlag
D-24035 Kiel, Postfach 3603

Gedruckt in Österreich

Vorwort

Mehr als ein halbes Jahrhundert ist seit dem Hereinbruch der Katastrophe infolge des Zweiten Weltkrieges über das Preußenland vergangen. Flucht, Feindbesetzung und gewaltsame Vertreibung haben die überlebenden Preußen über die ganze Welt verstreut. Den preußischen Staat, der den Namen jenes Landes trug, löschten die alliierten Siegermächte aus. Doch noch immer geht der Blick zurück in die Vergangenheit und sucht jenes untergegangene Land, das für viele Millionen deutsche Menschen angestammte Heimat war.

Das Preußenland hat eine besonders interessante Geschichte, die wesentlich von der anderer deutscher Länder abweicht. Es gehörte weder zum Heiligen Römischen Reich Deutscher Nation noch zum Deutschen Bund. Erst in den letzten 75 Jahren seines langen Bestehens waren Ost- und Westpreußen Provinzen des Deutschen Reiches, deren Bewohner sich, trotz zeitweiliger Trennungen durch äußere Mächte, immer als ein historisch zusammengehörendes Land und Volk betrachtet haben. Von dort – aus der Wurzel dieses *einen* deutsch-preußischen Volkes – kamen geistige Impulse und staatspolitische Antriebe, die nicht nur in der allgemeinen Entwicklung des preußischen Staates und Deutschen Reiches, sondern weit darüber hinaus ihre Spuren bis zur Gegenwart hinterlassen haben. Mit dem Königreich Preußen war vor genau 300 Jahren, 1701, ein Staat geschaffen worden, der nicht aus einem Volk, sondern aus Ideen hervorging, die im Dienst an Staat und Gemeinschaft höchste Tugenden sahen. Seine Könige, mit wenigen Ausnahmen, betrachteten sich als erste Diener dieses Staates. In ihrer herrschenden Stellung sahen sie weniger ein nutzbares Recht, sondern vielmehr ein verpflichtendes Amt. Sie pflanzten das Gesetz der Pflicht allen Preußen ein. Zu einer Zeit, in der der Absolutismus in höchster Blüte stand, herrschten in diesem Staat Gesetze, die auch für den König galten. Hier gab es staatlich geschützte Religionsfreiheit; die Aufklärung brachte ein Licht nach Preußen, das hell strahlte, während in anderen Ländern noch das Lodern der Scheiterhaufen gespenstische Schatten warf. In Preußen gab es die allgemeine Schulpflicht, auf die Kinder anderer Länder noch hundert Jahre oder länger warten mußten. Die Wissenschaft feierte Triumphe, und die geistesgeschichtliche Entwicklung beeinflußte das ganze Abendland.

Neben solchen fortschrittlichen Errungenschaften gab es in dem von Menschenhand geschaffenen Staat auch menschliches Versagen und Fehler in der Staatsführung, die der Bevölkerung furchtbare Notzeiten brachten. Napoleon zerschlug Preußen und wollte es ganz auslöschen, was ihm beinahe gelang. In Ostpreußen hatte er die letzten Schlachten geschlagen, und in Ostpreußen begann mit beispiellosem Opferwillen der Einwohner die Erhebung gegen den korsischen Tyrannen, durch die er schließlich beseitigt wurde.

Maßgeblich durch Preußens Initiative entstand ein zweites Deutsches Reich, das den Deutschen eine ihrer glücklichsten Zeiten bescherte. Dieses wurde im Ersten Weltkrieg niedergeschlagen, und die siegreichen Ententemächte wollten Deutschland durch unerfüllbare Forderungen politisch niederhalten.

Bis zu diesem Zeitpunkt läßt sich die Geschichte so aufzeichnen, wie sie aus den vorhandenen Quellen erkennbar ist, auch wenn sehr unterschiedliche Darstellungen einzelner Historiker über gleiche Vorgänge und auch bewußt falsche Einschätzungen zu überwinden sind. Dann aber beginnt die Zeit des nationalsozialistischen Staates, die anscheinend noch nicht weit genug zurückliegt, um über die bis jetzt bekannten Vorgänge objektiv und frei zu berichten, ohne mit den entgegengesetzten Darstellungen der von den Siegermächten verordneten Geschichtsschreibung in Konflikt zu geraten.

Auch wenn heute kaum darüber geredet wird, haben die Sieger eigentlich nie ein Hehl daraus gemacht, daß sie den Besiegten eine „ganz besondere" Geschichte erzählen und beibringen wollten. Dies bestätigte zum Beispiel der britische Feldmarschall Montgomery, als er am Ende des Zweiten Weltkrieges erklärte: „Geschichtsschreibung ist der zweite Triumph der Sieger über die Besiegten." Und der führende Journalist der politischen Presse in den Vereinigten Staaten, Walter Lippmann, schrieb damals: „Erst wenn unsere Kriegspropaganda Eingang in die [deutschen] Geschichtsbücher gefunden hat, und auch geglaubt wird, haben wir den Krieg endgültig gewonnen."

Die Besiegten sollten also nicht erfahren, was wirklich geschehen war. Darum braucht man sich nicht zu wundern, daß es kaum ein Lexikon gibt, in dem nicht beweisbar falsche geschichtliche Angaben zu finden sind, von Schulbüchern gar nicht zu reden. Geschichtsfälschung ist jedoch keine strafbare Handlung, die Wahrheit zu schreiben manchmal schon, wie etwa der Fall des Westpreußen Kopernikus – freilich in einem anderen Jahrhundert – zeigt. Wer die Macht der Herrschenden erschütternde Fakten offenbart, wie der Astronom es getan hatte, muß mit der Feindschaft der sich auf das alte Weltbild stützenden Institution rechnen. (Die Kirche setzte Kopernikus' das heliozentrische Weltbild propagierende Schrift 1616 auf den Index.) – Dieses Problem stellt sich sinngemäß auch der Geschichtswissenschaft.

„Der Historiker soll nicht richten oder lehren, sondern zeigen, wie es eigentlich gewesen ist", forderte der preußische Historiograph Leopold von Ranke. Aber für eine Zeit, die offenkundig noch nicht reif dafür ist, wird der Geschichtswissenschaftler dabei auf große Schwierigkeiten stoßen. Da Geschichte von Menschen geschrieben wurde, muß man hinnehmen, daß persönliche Auffassungen über ein und denselben Vorgang unterschiedliche Darstellungen vermitteln, die manchmal durchaus nebeneinander bestehen können. Alles jedoch, was darüber hinausgeht, ist Entstellung oder gar bewußte Unwahrheit. Ein unwahres Geschichtsbild aber wird nicht auf Dauer bestehen können, auch wenn es von Regierungen gefördert und von abhängigen Richtern geschützt wird, wie es beispielsweise in der Sowjetunion geschah.

Solche Geschichtsbilder haben grundsätzlich den Sinn, Menschen zu beeinflussen, und sind machtpolitisch motiviert. Sie verlangen jedoch nach Protektorierung durch eine höhere Stelle. Dieser Schutz kann allerdings nicht ewig aufrechterhalten werden, sei es aufgrund des Machtverlustes der protegierenden Organisation, sei es aufgrund von Veränderungen in der politischen Konstellation, die ein Fortleben des Geschichtsbildes überflüssig machen. Ein entbehrliches Geschichtskonstrukt bleibt nicht mehr lange bestehen, da es anderswo dringender benötigte Kräfte bündelt und, im Falle einer Widerlegung, die Glaubwürdigkeit der herrschenden Regierung untergräbt. – Solange jedoch das von der machthabenden Schicht favorisierte Geschichtsbild für diese noch nützlich ist, kann es mit Risiken verbunden sein, es zu erschüttern. Mit der Entdeckung, daß Geschichte eine identitätsstiftende Funktion hat, und damit das Verhalten der Menschen beeinflußt, begann ihre Politisierung, d.h. ihr Gebrauch als ein Machtinstrument. Dieser Bedrohung der Beeinflussung finden sich heute wohl die meisten Menschen auf der Welt ausgesetzt. Ein Patentrezept, wie man sich der Benutzung durch Wahrnehmungs- und Bewußtseinslenkung, die Folgen der politisierten und didaktischen Geschichtsvermittlung sind, entziehen kann, gibt es wohl nicht. Sich der Gefahr, die in einer derart gebrauchten Historie liegt, bewußt zu werden, mag jedoch ein erster Schritt sein. Sinnvoll ist es auch, die Frage nach dem Cui bono zu stellen. Weiterhin kann ständiges Mit- und Weiterdenken angeraten werden, das kritisch anerkannte Schlußfolgerungen und „gesicherte Wahrheiten" hinterfragt. Nicht nur jene Geschichte, die sich aktuell ereignet, ist es, die zu keiner Endgültigkeit gelangt, sondern auch die weiter zurückliegende Geschichte, deren Bild sich durch stetigen Erkenntnisgewinn in unserem Bewußtsein verändert und klärt.

Inzwischen sind viele Begebenheiten bekanntgeworden, die eindeutig beweisen, daß die bisher vertretene Ansichten etwa über das sowjetische Geschichtsbild nicht den Tatsachen entsprechen. Trotzdem wird die falsche Darstellung darüber sicher noch lange weiterbestehen. Zum Beispiel treten in den jetzt bekanntgewordenen Reden Stalins sowie in weiteren inzwischen veröffentlichten Dokumenten und Büchern die Offensivpläne und Angriffsabsichten Stalins gegen das Deutsche Reich deutlich zutage. Trotzdem wird weiterhin behauptet: „Hitler überfiel hinterlistig, feige und vertragsbrüchig die völlig ahnungslose und friedliebende Sowjetunion, weil er durch einen rasseideologischen Vernichtungskrieg die Welt beherrschen wollte." Wir wissen, daß diese Version der Geschehnisse ein falsches Bild zeichnet, das die historischen Ereignisse, wie sie sich der Menschheit auf ihrem heutigen Erkenntnisstand darstellen, *bewußt* umfälscht. Bei solch unterschiedlichen Ansichten wird dieser letzte Zeitabschnitt auch bei einigen Lesern Kritik hervorrufen. Leider gibt es nur ein wirksames Mittel, um Kritik zu vermeiden, und das ist nichts zu tun bzw. zu schweigen.

Bernhard Lindenblatt, im Frühjahr 2001

Pruzzische und preußische Vorgeschichte

(VON DER URZEIT BIS 1701)

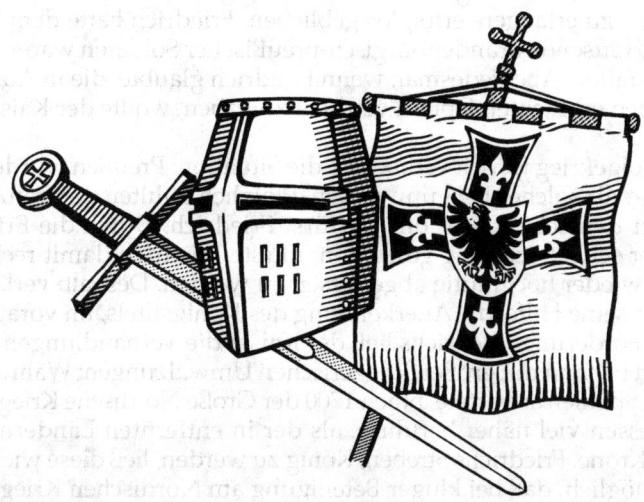

Die Entstehung der Indogermanen wird heute auf die Jungsteinzeit, das sog. Neolithikum (zirka 6.000 bis 1.800 v. 0), datiert. Das sich in Mittel- und Osteuropa entwickelnde Volk stellt eine kulturelle und ethnische Gemeinschaft dar, deren geographische Pole – wie der Name schon sagt – Indien und Germanien bilden. Gemäß ihrer später im Isolat herausgebildeten Eigenschaften, die jedoch die gemeinsame Grundlage (noch) nicht verleugnen, können die Indogermanen in folgende Sprachgruppen unterteilt werden: die keltische, die germanische, die baltische, die italische, die slawische, ferner in die Sprachen Illyrisch, Thrakisch, Albanisch, Griechisch, Phrygisch, Hethitisch, Armenisch, Tocharisch sowie die iranischen und indoarischen Sprachen.

Zu den baltischen Sprachen gehören das Litauische, das Lettische und das Altpreußische. Letzteres, die Sprache der Pruzzen, ist heute ausgestorben. – Siedlungsgebiete dieses Volkes waren u.a. Pomesanien, Ermland und Samland.

Als eines der letzten heidnischen Völker Europas wurden die Pruzzen, auch Prussen oder Prußen genannt, im 13. Jahrhundert vom Deutschritter-Orden (Ordo domus Sanctae Mariae Theutonicorum) in einem 53jährigen Krieg (1231–83) unterworfen und grausam christianisiert.

Die Pruzzen, die auch Spuren des gotischen Einflusses aufweisen, dem sie um das Jahr 0 ausgesetzt waren, erhalten in den aus dem Reich vom Orden angeworbenen deutschen Siedlern neue Nachbarn im Preußenland. Aus dieser Wiederzusammenführung verwandter Volksteile entstehen bald die Preußen.

Das vom Deutschritter-Orden beherrschte „Ordensland Preußen" wurde für zwei Jahrhunderte einer der reichsten und der fortschrittlichsten Staaten Europas, bis es nach einer Reihe von Kriegen von der polnisch-litauischen Union zerschlagen wurde. Einen Teil des Landes kassierten die Polen, den Rest wandelte der letzte Hochmeister des Deutschritter-Ordens, Markgraf Albrecht von Brandenburg-Ansbach, 1525 in das weltliche „Herzogtum Preußen" unter polnischer Oberhoheit um. Dieses Gebiet fiel aufgrund bestehender Verträge schließlich an Brandenburg.

Friedrich Wilhelm, der Große Kurfürst, hatte aus seinen vom Dreißigjährigen Krieg (1618–48) verwüsteten Ländern, unter weitestmöglicher Heranziehung des vom Krieg verschont gebliebenen Herzogtums Preußen, einen einheitlichen Staat geschaffen, der eine neue, starke Macht in Europa darstellte. Von größter Bedeutung für die Zukunft sollte sein, daß Friedrich Wilhelm das Herzogtum Preußen aus der polnischen Oberhoheit befreite. Im Preußenland besaß er die unbeschränkte Souveränität, da Preußen nicht zum Verband des Deutschen Reiches gehörte, also nicht dem Kaiser des Heiligen Römischen Reiches Deutscher Nation unterstand. Im Jahre 1688 übernahm Friedrich III. von Brandenburg seines Vaters Platz. Der junge Kurfürst liebte Prunk und Macht. Sein ganzes Streben galt nur dem einen Ziel, König zu werden, das er mit allen Mitteln verfolgte.

Bisher waren jedoch alle Bemühungen, die Anerkennung der Königswürde von Kaiser Leopold I. im fernen Wien zu erlangen, erfolglos geblieben. Friedrich hatte dem Kaiser weitgehende Hilfe geleistet. Tausende brandenburgisch-preußischer Soldaten waren für den Kaiser und für Österreich gefallen. Aber jedesmal, wenn Friedrich glaubte, die in Aussicht gestellte Königskrone mit seinen erbrachten Opfern verdient zu haben, wollte der Kaiser nichts mehr davon wissen.

Der Spanische Erbfolgekrieg jedoch veränderte die Situation: Preußen wurde das Zünglein an der Waage und war als solches heiß umworben. Plötzlich buhlten der französische König Ludwig XIV. und der deutsche Kaiser um Kurfürst Friedrich. Durch die Erfahrungen mit dem Wiener Hof aber schließlich klug geworden, mußte Friedrich damit rechnen, nach erfolgter Hilfeleistung wieder hochmütig abgewiesen zu werden. Deshalb verlangte er dieses Mal, daß der Preis für seine Hilfe, die Anerkennung des Königstitels, im voraus zu bezahlen sei. Empört über die Forderung Friedrichs ließ der Kaiser die Verhandlungen abbrechen.

Das 18. Jahrhundert begann mit großen kriegerischen Umwälzungen: Während Europa gespannt den Krieg um Spanien erwartete, brach 1700 der Große Nordische Krieg aus, der Preußen und seine Interessen viel näher berührte, als der in entfernten Ländern ausgetragene Kampf um Spaniens Krone. Friedrichs Streben, König zu werden, ließ diese wichtigen Belange jedoch unbeachtet. Möglich, daß bei kluger Beteiligung am Nordischen Krieg damals schon die Rückkehr Westpreußens und des Ermlandes zu Preußen möglich gewesen wären.

Der Große Nordische Krieg (1700–1721) wurde geführt, um Schwedens Vormachtstellung zu beseitigen. Seit dem Dreißigjährigen Krieg beherrscht Schweden fast die gesamte Ostseeküste. Dänemark will wieder an der Ostseeherrschaft teilnehmen; Polen will Livland zurückgewinnen, und Rußland will einen Zugang zur Ostsee. Als in Schweden, nach dem Tod König Karls XI. (1697) der 15jährige Karl XII. König wird, dem man keine militärischen Fähigkeiten zutraut, glauben die drei Mächte ein leichtes Spiel zu haben und gehen gegen Schweden vor. August der Starke, Kurfürst von Sachsen und zugleich König von Polen, fällt im Februar 1700 ohne Kriegserklärung mit 14.000 Sachsen in Schwedisch Livland ein. Zum Erstaunen Europas und zum Schrecken der Angreifer besiegt der junge Schwedenkönig noch im selben Jahr Dänemark und schlägt ein fünfmal stärkeres Heer der Russen bei Narwa.

Als Spaniens König Karl II. am 1. November 1700 starb, stand der Krieg mit Frankreich unmittelbar bevor. Die Parteinahme Brandenburgs würde wahrscheinlich entscheidend sein, und ein weiteres Zögern mußte für Österreich höchst gefährlich werden. Unter diesem enormen Druck ließ sich der Kaiser dazu bewegen, den sog. Kronvertrag am 16. November 1700 zu unterschreiben.

Viel Zeit und Mühe wurde auf den Wortlaut verwendet – zuletzt ging es um ein einziges Wort – denn Friedrich bestand darauf, daß der Kaiser seine Krönung nicht *genehmigte*, sondern sie nur *anerkannte*. Dafür verpflichtete sich Friedrich, gegen Zahlung von 150.000 Gulden jährlicher Hilfsgelder, für die Dauer des Krieges 8.000 Mann zu stellen und die Verluste wieder aufzufüllen; auf alle Hilfsgelder, die Österreich noch aus früheren Verträgen schuldete, zu verzichten; wegen Unterdrückung der Protestanten in anderen Ländern keine Vergeltung an Katholiken in seinen Ländern auszuüben; in allen Angelegenheiten des Reiches mit Österreich zu stimmen und schließlich sich und seine Nachkommen dazu zu verpflichten, bei künftigen Königs- und Kaiserwahlen einen österreichischen Prinzen zu wählen.

Damit hatte Kurfürst Friedrich III. nun endlich sein großes Ziel erreicht und ging sogleich daran, seine Krönung mit verschwenderischer Pracht zu inszenieren. Entsprechend seinem

barocken Prunkgeschmack feierte er das ersehnte Ereignis: Nach einem tagelangen Feierzug von Berlin nach Königsberg stiftete der Kurfürst am 17. Januar den Schwarzen Adlerorden. Diesen höchsten Orden Preußens verlieh er sich selbst, den Prinzen seines Hauses und mehreren hohen Würdenträgern. Der Orden war an erblichen Adel gebunden.

Die eigentliche Krönungsfeier fand am 18. Januar 1701 statt. Im Rahmen prächtig aufgezogener Festlichkeiten, setzte der Kurfürst sich im Audienzsaal des Schlosses selbst die Krone auf, zum Zeichen dafür, daß er diese keiner weltlichen oder kirchlichen Macht, sondern nur Gott zu verdanken habe. Nachdem Friedrich dergleichen die Königin in ihren Gemächern gekrönt hatte, nahmen beide die Huldigung der Anwesenden entgegen.

In Königsberg folgte ein Fest dem anderen. Außer den Bürgern der Stadt hatte letztlich die Masse der Landbevölkerung jedoch kaum Notiz von den funkelnden Feierlichkeiten in Königsberg genommen, die sechs Millionen Taler gekostet hatten.

Kurfürst Friedrich III. von Brandenburg war nun König Friedrich I. *in* Preußen. (Da Westpreußen und das Ermland noch immer unter polnischer Herrschaft standen, konnte er sich nicht „König von Preußen" nennen.)

Da Friedrich sein Königtum allein auf sein „von niemand[em] als Gott und ihm dependierendes [abhängiges] Herzogtum Preußen" begründete, erhob er Anspruch auf ein unabhängiges Königreich, das jede reichsrechtliche Bindung ausschloß. Er hatte sich damit aus der Stellung eines Fürsten des Reiches zu einem souveränen und gleichgestellten König unter den europäischen Herrschern erhoben. Gleichzeitig entstand aber ein Zwiespalt, indem er „als getreuer Reichsstand" seine Pflichten gegen Kaiser und Reich zu erfüllen versprach. Da er zuvor auch die Zustimmung des Kaisers eingeholt hatte – auch wenn sie erheblich abgeändert wurde –, hatte er die Zuständigkeit des Kaisers für die Vergebung der Königswürde auch anerkannt.

Mancher sieht in der Königskrönung Friedrichs nur die Befriedigung seiner Prunksucht, andere aber reden von politischem Weitblick. Ohne Zweifel war die Erhebung Brandenburgs zum Königreich in vielen Beziehungen von großem Vorteil, der Preis dafür, der noch lange nicht abgezahlt war, erscheint jedoch zu hoch. Wie bedeutsam dieser Schritt war, bezeugt ein Ausspruch des Prinzen Eugen, der damals Österreichs größter Feldherr und Staatsmann war. Er sagte: „Die kaiserlichen Minister, die den König in Preußen anerkannt haben, verdienen gehangen zu werden." – Vielleicht ahnte er, daß Preußens Könige dem österreichischen Kaiserhaus einmal gefährlich werden könnten. Es konnte kaum ein Zweifel darüber bestehen, daß ein Königreich Preußen auf eine Unabhängigkeit vom Deutschen Reich deutete und daß die weitere Entwicklung zur Verwirklichung dieses Strebens führen würde. Prinz Eugen hatte jedoch nichts dagegen, daß kurz darauf in Österreichs Krieg gegen Frankreich preußische Truppen wieder auf allen Kriegsschauplätzen, auch unter seinem persönlichen Kommando, kämpften.

Obwohl die Königswürde nur auf Preußen begründet war, umfaßten Titel und Rang alle Provinzen. Bald gab es nur noch eine königlich preußische Armee, königlich preußische Behörden und königlich preußische Untertanen. Der Name Preußen wurde zur amtlichen Bezeichnung für den Gesamtstaat. Innerhalb dieses neuen Königreichs „Preußen" gab es aber auch noch immer die Provinz „Preußen".

*»Der Aufbau des preußischen Staates ist ein
Vorbild für die höchste Entwicklung der Selbst-
verwaltung. Preußen hat sich bemüht, seine
Verwaltung vollkommener auszubilden als
irgendein anderer Staat in Europa.«*
WOODROW WILSON IN *THE STATE*, 1889

1. Die ersten drei Könige
(1701–1786)

Preußens erster König

Der erste Fürst, der die neue Königswürde anerkannte, war der polnische König. Auch die meisten anderen Fürsten Europas zögerten nicht lange mit der Anerkennung. Nur der Deutschritter-Orden und der Papst protestierten dagegen. Der Ritterorden erhob, wie schon 1525 bei der Umwandlung des Ordensstaates in ein weltliches Herzogtum, auch jetzt Einspruch, und im Mai 1701 erschien ein für den Reichstag in Regensburg bestimmtes „Höchstabgenötigtes Gravamen [Beschwerde] des hohen teutschen Ritterorden über den Seiner Churfürstlichen Durchlaucht zu Brandenburg vor einigen Jahren anmaßlich zugelegten Titul eines Herzogen und nunmehr gar von eigener Macht vermeintlich angenommene Königliche Würde von Preußen."

Es folgten langwierige Debatten über die Frage, ob das Ordensland ein Teil des Deutschen Reiches gewesen sei, wie es der Orden jetzt behauptete. Da einige der Hochmeister in Zeiten der Not, als sie Hilfe gegen die Polen brauchten, auf eine Zugehörigkeit zum Reich hingewiesen hatten, ließen sich sogar Indizien hierfür finden, obwohl eine Lehnspflicht gegenüber dem Reich niemals bestanden hatte. All diese staatsrechtlichen Diskussionen erreichten um 1740 ihren Höhepunkt und gingen dabei in ungeahnte Richtungen.

Erstaunen erregen besonders jene Abhandlungen, bei denen der mythische König Wiedewuto der Pruzzen wieder zu Ehren kam. Es heißt, das neue Königtum sei die Erneuerung des alten preußischen Staatsgedankens, wobei dieses gegenüber seinem historischen Vorbild erst als vollgültige Ausprägung hingestellt wird und Preußen nun seinen vorigen Glanz wiedererlangt habe. Da der Kaiser die Anerkennung des Königs schon im voraus erteilt hatte, blieb ihm nichts anderes übrig, als den Protest des Ritterordens abzuweisen. Der Kaiser brauchte Preußens Hilfe für seine Kriege, die der Ritterorden in diesem Umfang nicht leisten konnte.

Papst Klemens XI. (1700–1721) hatte in einem Konsistorium (Versammlung der Kardinäle) den „Marchese di Brandenburgo" öffentlich als einen Feind der katholischen Kirche bezeichnet, der Preußen nur durch den Abfall eines seiner Vorfahren vom wahren Glauben besitze. Dabei bediente er sich beleidigender, unflätiger Ausdrücke. Aber auch sein Protest blieb ohne Wirkung; der päpstliche Staatskalender kannte aber bis 1787 nur einen Markgrafen von Brandenburg. Erst 1788 wandte Papst Pius VI., in einem offiziellen Schreiben an Friedrich Wilhelm II., erstmalig den Königstitel an, ohne jedoch den Besitz des Herzogtums Preußen anzuerkennen.

Kaum waren die letzten Festklänge der monatelangen Krönungsfeierlichkeiten verhallt, als König Friedrich vom Kaiser gemahnt wurde, den Preis, für den Österreich allein die Zustimmung zur Königswürde gegeben hatte, zu zahlen. Schon im Sommer 1701 ließ der Kaiser durch seinen Feldherrn Prinz Eugen den Krieg gegen Frankreich in Italien beginnen.

Im Spanischen Erbfolgekrieg (1701–1713) kämpften Österreich (verbündet mit England, Holland, Preußen, Portugal, Savoyen und den meisten Reichsfürsten) und Frankreich (verbündet mit Bayern und Köln) um die Thronfolge in Spanien. Damals gehörte zu Spanien, außer dem Besitz in Amerika, ein Teil der Niederlande, Mailand, Neapel und Sizilien. Obwohl Friedrich sich zu einer Hilfeleistung von nur 8.000 Mann verpflichtet hatte, betrug die Stärke des preußischen Korps während des Krieges zwischen 25.000 und 30.000 Mann. Preußische Soldaten kämpften und starben am Ober- und Niederrhein, in den Niederlanden und in Italien. Wie schon nach der Schlacht bei Zenta 1697 hatte Prinz Eugen nach der Schlacht bei Höchstädt (13. August 1704) wieder Anlaß, den 12.000 Preußen den Sieg des Tages zuzuschreiben. In dem von England diktierten Frieden von Utrecht (1713) erhielten weder Österreich noch Frankreich, was sie sich erhofft hatten.

Im Großen Nordischen Krieg (1700–1721) hatte der Schwedenkönig 1701 auch die Sachsen Augusts des Starken besiegt und bis 1704 ganz Polen erobert. August floh nach Sachsen, und der Schwedenkönig ließ Stanislaus Leszczynski von den polnischen Großen zum neuen König von Polen wählen.

Die Schweden hatten 1703 auch das unter polnischer Oberhoheit stehende Ermland besetzt. Als sie auch von der Stadt Elbing eine Kontribution von 312.000 Talern erpreßten, ließ König Friedrich ihr Territorium okkupieren, um eine schwedische Besetzung zu verhindern. Das preußische Heer kämpfte jedoch für den Kaiser und konnte so das eigene Land nicht verteidigen.

Im Ermland plünderten die Schweden alle Städte wie gewohnt aus. Neben der Unterhaltung ihrer Truppen verlangten sie maßlose Kontributionen. Seeburg mußte z.B. 26.000 Gulden zahlen. Konnte ein Ort das geforderte Geld nicht aufbringen, wurde er niedergebrannt. Der schwedische General Langerkron wird ein „Teufel in Menschengestalt" genannt. Im Sterberegister von Groß Bößau (Kr. Rößel) steht, daß am 24. Juni 1704 Wilhelm Knobelsdorf aus Sauerbaum begraben wurde, der von den Schweden erschlagen wurde, als er nach dem Niederbrennen des Dorfes den Raub des letzten Viehs zu verhindern suchte.

König Karl XII. residierte im Winter 1703/04 im Heilsberger Schloß, wo ihm Schauspieler und Tänzerinnen aus Stockholm die Zeit vertrieben. Die große Bibliothek und alle Kunstschätze ließ er auf sieben vierspännigen Wagen nach Schweden bringen. So wie früher gingen auch jetzt wieder die Büchersammlungen der Braunsberger Jesuiten und der Guttstädter Domherren nach Schweden, wo sie heute noch zu sehen sind. Ähnlich hausten die Schweden in Westpreußen. Thorn wurde von 5.000 Sachsen verteidigt. Nach der Beschießung und Übergabe wurden alle Befestigungen geschleift. Die schutzlose Stadt war bis 1718 Durchmärschen, Plünderungen und Einquartierungen schwedischer, polnisch-sächsischer und russischer Truppen ausgesetzt.

Zar Peter besetzt unterdessen mit einem neuen Heer Ingermanland, gründet 1703 die Stadt St. Petersburg und erobert 1704 Narwa zurück. August der Starke will 1706 den polnischen Thron zurückgewinnen, wird aber von den Schweden wieder besiegt und flieht nach Rußland. Darauf besetzt König Karl auch Sachsen und zwingt August, der nun fürchtet, auch noch sein Erbland zu verlieren, zum „ewigen" Verzicht auf die Krone Polens. Das durch die Mätressenwirtschaft Augusts verarmte Sachsen bezahlt nicht nur die Kosten der schwedischen Besetzung, sondern dazu noch 23 Millionen Taler. Durch Zwangsaushebung in Sachsen vermehrt Karl seine Armee von 16.000 auf 44.000 Mann.

Nach den russischen Erfolgen räumt König Karl 1707 Sachsen und wendet sich wieder Zar Peter zu. Aber statt die Ostseeküste zurückzuerobern, zieht er nach Rußland. Er will Peter nicht nur besiegen, sondern vernichten. Seine Pläne stehen aber in keinem Verhältnis zu seinen Mitteln, und das bisherige Glück verläßt ihn.

Russische Kavallerie hat den Marschweg der Schweden im Winter 1707/08 durch Niederbrennen der Dörfer und Höfe in ein totes Land verwandelt. Die schwedischen Reiter müssen weit ausschwärmen, um Verpflegung und Pferdefutter aufzutreiben. Die wenigen verbliebenen Bewohner werden gezwungen, auch das letzte Versteck preiszugeben. Die Schweden erreichen das, indem sie einem Kind einen Strick um den Hals legen, und wenn die Mutter kein Versteck von Lebensmitteln nennen kann, wird das Kind aufgehängt. Dann wird die nächste Familie auf die gleiche Weise befragt.

Ohne das Eintreffen seines Nachschubs abzuwarten, folgt König Karl den Verlockungen des Kosakenhetmanns Mazeppa und schwenkt vor Moskau zur Ukraine ab. Karls Nachschub geht verloren, und Zar Peter ist vorerst gerettet. Nach einem grausamen russischen Winter, den viele Schweden nicht überleben, kommt es im Sommer 1709 zur Schlacht bei Poltawa, in der die Schweden vernichtend geschlagen und 16.000 von ihnen als Gefangene nach Sibirien abgeführt werden.

König Karl rettet sich mit einem kleinen Rest seiner Armee in die Türkei. Die Schlacht entschied das weitere Schicksal beider Völker.

Sogleich erheben sich die Feinde der Schweden. August von Sachsen eilt mit 14.000 Mann nach Polen und besteigt wieder den Königsthron. König Stanislaus flieht ins schwedische Pommern. Die Dänen fallen in Südschweden ein. Zar Peter schließt in Warschau mit König August ein neues Bündnis. Beide gehen nun daran, Schwedisch-Pommern zu erobern. Preußens Truppen stehen aber noch immer im Krieg des Kaisers gegen Frankreich, und Friedrich muß ohnmächtig zusehen, wie Russen, Polen und Sachsen durch sein Land ziehen und in gewohnter Weise hausen.

Gnadenlose Steuereintreibung

Seit der Krönung Friedrichs I. war der Einfluß seines Günstlings Johann Kasimir Reichsgraf Kolbe von Wartenberg so hoch gestiegen, daß die ganze Regierung in seiner Hand lag. Er duldete nur Beamte, die ihm ergeben waren. Sein wichtigster Helfer war August Graf von Wittgenstein, der als Finanzminister und Generaldirektor der Domänen mit erbarmungsloser Gewalt das Geld herbeischaffte, das Wartenberg forderte. Aber trotz neuer Steuern und immer brutaler werdender Eintreibung deckten die Einnahmen schon längst nicht mehr die Kosten der prunkvollen Hofhaltung. Die Ausgaben überstiegen um mehr als das Doppelte die Einnahmen, was zum Verhängnis führen mußte. Auch die Anstellung eines Goldmachers, der sich „Graf Cajetani" nannte, konnte das Unglück nicht abwenden. Als er das Goldmachen nicht mehr länger aufschieben konnte, floh er, wurde aber ergriffen, zurückgebracht und aufgehängt.

Die untragbare Steuerlast und brutale Ausplünderung des Volkes mußte naturgemäß zuerst in dem wirtschaftlich schwächsten Teil des Staates zur Katastrophe führen, und das war das bisherige Herzogtum Preußen, vor allem jenes Gebiet, das von Polen und Tataren 1656/57 verwüstet und entvölkert worden war und wo die darauf folgende Pest die meisten Opfer gefordert hatte. Die stetig steigende, ungerechte Steuerlast schröpfte die Überlebenden. Die gewaltsame Steuereintreibung war ihr Todesurteil. Während die Städte sich mehr schlecht als recht halten konnten, sank der Bauernstand immer tiefer. Der selbständige Hofbesitzer war oft ein Opfer des sog. Bauernlegens geworden, das ist das Einziehen bäuerlicher Stellen durch den Gutsherrn. Als 1709 ein Gesetz das Bauernlegen verbot, hatten die Grundherren schon das meiste an sich gerissen. Das um 1600 noch recht wohlhabende Preußen war ein armes Land geworden.

Wie groß die Not war, zeigt die Flucht vieler Bauern. Nachdem die Eintreiber dem hungernden Bauern die letzte Kuh und das letzte Saatgetreide genommen hatten, konnte er dem Hungertod nur noch entgehen, indem er mit seiner Familie bei Nacht über die Grenze floh, um im Ermland oder in Polen ein Auskommen zu finden. An der polnischen Grenze begann eine Art Schwarzhandel zu blühen. Der Amtshauptmann von Lyck klagt über unverschämtes Auftreten polnischer Händler, die in Scharen ins Land kommen, Lebensmittel aufkaufen und fehlende zu Wucherpreisen anbieten, so daß der Mangel verstärkt wird. 1707 meldet er etwa, daß der jüdische Händler Zappay aus Polen selbst am Sonntagvormittag in Lyck Bier und Branntwein verkaufe und so den Gottesdienst störe.

Seit 1705 war jeden Monat eine Steuer fällig. Dabei handelte es sich aber keineswegs um eine bessere Verteilung der bisherigen Lasten, sondern um *zusätzliche* Steuern. So stieg der Steueranteil der immer ärmer werdenden Landbevölkerung von 1700 bis 1705 von 178.721 auf 271.539 Taler. Auf den Bericht von 1707, der meldete, daß bei der verarmten Landbevölkerung die geforderten Steuern nicht mehr eingetrieben werden könnten, daß viele Dörfer schon von den Bauern verlassen seien und das Sommergetreide nicht mehr gesät worden ist, antwortete Berlin, daß ein Steuernachlaß nicht in Frage komme. Es sollten jedoch keine zusätzlichen Steuern mehr auferlegt werden. Aber noch im selben Jahr wurde ein „Extraordinärschoß", im nächsten Jahr eine „Fräuleinsteuer" und der „Salzimpot" auferlegt, der den Salzpreis verdoppelte. Obwohl bei großen Teilen der Landbevölkerung schon Hungersnot herrschte, wurde 1708 durch brutale Eintreibung, bei der die Bauern oftmals halbtot geschlagen wurden, das Höchstmaß des Steueraufkommens in der Provinz Preußen mit 292.363 Talern erreicht. Damit brach aber auch die Katastrophe herein.

Durch den Mangel an Saatkorn und Zugtieren, der infolge der Pfändungen entstand, konnten die Felder nur noch teilweise und notdürftig bestellt werden. Ungünstiges Wetter behinderte zudem den Wuchs, so daß 1708 und 1709 die Ernteerträge weit unter dem normalen Ertrag lagen. Der Winter von 1708/09 war dazu außergewöhnlich kalt. Es wird von 2,5 Meter dickem Eis berichtet und von Vögeln, die im Flug erfroren. Durch sehr starken Frost, der schon einsetzte, bevor die Wintersaat durch eine genügend dicke Schneedecke geschützt war, wurde sie schwer geschädigt und stellenweise ganz vernichtet, was einen völlig unzureichenden Ertrag des Brotkorns verursachte. Als Folge der schlechten und unzureichenden Ernährung litt die Bevölkerung schon vor der Pest an Krankheiten. Eine Erkältung oder leichte Infektion, die normalerweise problemlos überstanden wurde, führte bei den hungernden Menschen, deren geschwächte Körper keine Abwehrkräfte mehr aufbieten konnten, oftmals zum Tod.

Die Pest, die 1702 zuerst in schwedischen Feldlazaretten aufgetreten war, hatte sich über Polen ausgebreitet und im Herbst 1708 trat sie in Soldau, Hohenstein und Johannisburg auf. In den beiden Katastrophenjahren 1709 und 1710 trafen anscheinend zwei Seuchenwellen aufeinander und überschnitten sich. Außer dieser von Polen sich ausbreitenden Pest entstand die andere Seuche in Preußen selbst, in den sog. litauischen Ämtern, Tilsit, Ragnit und Insterburg, wo die Steuereintreiber am grausamsten gewütet hatten. Es war wohl hauptsächlich Hungertyphus und Ruhr, die im Januar 1709 hier ausbrachen. Auch dieser Winter war von ungewöhnlicher Kälte und Dauer, und er vernichtete wiederum die Wintersaat zum großen Teil. Die Epidemie raffte die hungernden und völlig unterernährten Menschen massenweise dahin. Ein Pfarrer aus dem Amt Insterburg schrieb: „Die Ursache der Kontagion [Ansteckungsseuche] ist bei uns nichts anderes als Hungersnot. Denn nachdem die unbarmherzigen Exekutanten [Steuereintreiber] die blutarmen Leute auf tartarisch traktiert und der ganz elend verarmte Mann das Letzte hat ausstoßen müssen, haben schon viele, ja die meisten bei jetziger Zeit, in vier bis sechs Wochen keinen Bissen Brot geschmecket [...]"

Die Steuereinnahmen aus der Landbevölkerung gingen um 71.000 Taler zurück. Natürlich wurden sogleich wieder Extraordinärschösse ausgeschrieben, aber auch davon konnten, trotz brutalster Maßnahmen, nur 7.198 Taler eingebracht werden. Zum erstenmal erfuhr nun der König von den Zuständen, wenn auch nicht die ganze Wahrheit. Untersuchungskommissionen wurden eingesetzt, die aber kein wahres Bild der Lage geben konnten. Die von Wartenberg eingesetzten Beamten fühlten sich in seinem Schutz so sicher, daß sie drohten: „Kommissionen hören auf, Beamte aber bleiben. Wir werden diejenigen zu finden wissen, die Nachteiliges über uns berichten." Die Minister hielten sich auch „obskure" Leute (Dunkelmänner), die sich so „redoutabel" (fürchterlich) machten, „daß man gar nicht wagte[,] eine Inquisition anzustellen".

Inzwischen hatte die Pest im Sommer 1709 Thorn und Danzig erreicht. Im August brach sie in Königsberg aus und erfaßte bald das ganze Land. Den besten Nährboden fand sie in den litauischen Ämtern unter der hungernden und durch Hungerkrankheiten geschwächten Bevölkerung. Das Zusammentreffen der Pest mit den hier schon herrschenden Seuchen hatte katastrophale Folgen. Hier kam die Pest nicht einmal, wie im übrigen Ostpreußen, durch den wiederum sehr kalten Winter von 1709/10 zum Erliegen.

Der neu eingesetzte Präsident der ostpreußischen Kammer, Ernst Graf von Schlieben, berichtete am 1. Dezember 1709 an die Berliner Behörden über das furchtbare Elend. Die Seuche sei hier derart stark eingerissen, daß er vor Bestürzung kaum einen Rat zu finden wisse. In den meisten litauischen Dörfern sei kein Brot, „sondern die Hungersnot vorhanden" und kein Vorrat für die Sommersaat. Die Bauern sind ganz verzweifelt, wünschen den Tod mehr als das Leben. Trotzdem geht die Steuereintreibung weiter, obgleich man die Exekutanten ohne Infektionsgefahr nicht mehr ausschicken kann. Wenn die Peiniger ankommen, laufen die Bauern in die Wälder und sagen: „Wartet noch ein wenig, wir werden sterben, dann könnt ihr alles nehmen."

Schlieben beschwor Wittgenstein, mit der unmäßigen und brutalen Steuereintreibung nachzulassen, allein ohne Erfolg. Der König aber wußte von all dem nichts und suchte nach einer neuen Gelegenheit zur Prachtentfaltung. Er machte Pläne, um ein großes Krönungsfest für seine dritte Ehefrau in Königsberg zu veranstalten, wozu die Bevölkerung wieder das ungeheure Vorgespann stellen und die Krönungssteuer zahlen sollte. Nur der Kronprinz erkannte den Ernst der Lage. Er konnte zwar nicht offen gegen seinen Vater auftreten, aber es gelang ihm doch, die Krönungsfeier zu verhindern.

Die Lage für Wartenberg wurde zunehmend schwieriger, da auch in den anderen Provinzen die Steuereinnahmen sanken. Zudem setzte sich der Kronprinz für Ostpreußen ein und betrieb hinter dem Rücken des Königs die Absetzung Wartenbergs und seines Geldeintreibers Wittgenstein. Wartenberg entschloß sich schließlich, den König schonend aufzuklären. Daß Friedrich den Ernst der Lage offenbar gar nicht begriff, zeigt folgende Schrift: „Seine königliche Majestät haben gestern von der Jüdin Liebmann Juwelen erhandelt, um selbige zum Heiligen Christ [Weihnachten] und zum neuen Jahr auszuteilen, obwohlen die hiesige Affairen in einem sehr verwirreten Zustand sein [...]"

Trotz Wittgensteins Vorschlag, erst einmal das Ende des großen Sterbens in Ostpreußen abzuwarten, ehe man Hilfsmaßnahmen ergreife, weil dann weniger Leute Hilfe brauchten, wurden Vorkehrungen getroffen, um die unbebauten Äcker im Frühjahr weitmöglichst zu besäen. Die Eintreiber wurden angewiesen, gegen Untertanen, die nichts mehr haben, nicht mehr so scharf vorzugehen und gegen die, die noch etwas haben, „mit solcher Vorsicht zu verfahren, daß niemand gar ruiniert und vertrieben werde, sondern sein Auskommen bis auf den künftigen Ausschnitt [nächster Zahltermin] behalte".

Im Erlaß vom 28. März 1710 wurde alles wieder rückgängig gemacht und angeordnet, daß die Zahlungen an den Hofstaat „vor allem andern zu zahlen" seien. Die Steuereintreibung wurde verschärft. Nur solchen Untertanen, die wirklich nichts haben, dürfen die Abgaben zum Teil oder in extremen Fällen sogar ganz erlassen werden. Den Eintreibern werden aber schwere Strafen angedroht, wenn sie solchen Untertanen die Steuern nachlassen, die noch einen Teil davon bezahlen können. Auch was in vergangenen Jahren gestundet wurde, muß beigetrieben werden. Damit waren alle in die Wege geleiteten Hilfsmaßnahmen zunichte gemacht. Wartenberg wollte dem König, der das Ausmaß der Notlage immer noch nicht erkannte, die unbeschränkten Ausgaben weiter ermöglichen. Damit erreichte die Katastrophe im Sommer und Herbst 1710 ihren Höhepunkt. Während die normale Sterblichkeit in den litauischen Ämtern jährlich rund 6.500 Todesfälle betrug, starben in diesem Jahr dort 102.000 Menschen, nahezu die Hälfte der gesamten Todesfälle im Herzogtum in beiden Pestjahren. Mit schärfsten Mitteln konnten aus dem notleidenden Land 1710 immerhin noch rund 130.000 Taler Steuern gepreßt werden. Das war nicht einmal die Hälfte des Steueraufkommens von 1708. Der hannoveranische Gesandte schrieb am 6. September 1710 in einem Bericht über die Pest: „[...] sie hat ihren Ursprung mehr vom Hunger, als von infizierter Luft bekommen und würde dem Übel merklich sein gesteuert worden, wenn man gleich anfangs denen armen Leuten mit notdürftiger Nahrung an die Hand gegangen wäre, nachdem aber nun die Leiber durch den ein paar Jahre erlittenen Mangel gänzlich korrumpieret [verdorben, heruntergekommen] sein, so ist vielen fast nicht mehr zu helfen, was einen großen Abgang der Revenüen [Steuern] nach sich ziehet [...]"

In Berlin machte sich der Geldmangel immer stärker bemerkbar. Wartenberg, der sich vergeblich bemüht hatte, eine Anleihe von 300.000 Reichstalern aus Holland zu erhalten, bekam die ersten Anzeichen königlicher Ungnade zu spüren. Als er im August Berliner Banken um eine Anleihe von 100.000 Talern bat, wurde er ebenfalls abgewiesen, denn das Defizit des Staates hatte zwei Millionen Reichstaler erreicht. Das Ende der Herrschaft Wartenbergs und der große Umschwung waren in Sicht. Der Gruppe um den Kronprinzen gelang es, über den Kopf Wartenbergs hinweg, den König voll aufzuklären, der dann einige Tage sehr „chagrin" (verärgert) war. Nun erst wurden ernsthafte Maßnahmen erwogen. Als erstes wurde Befreiung von allen Abgaben für zwei, mindestens aber für ein Jahr gefordert, Aufhebung aller Extraordinär-Auflagen für immer, sodann Festsetzung der Abgaben nach dem Vermögen bei vierteljährlicher, nicht monatlicher Erhebung, denn „wenn die Untertanen keine Fristen haben und Schlag auf Schlag beschweret werden, können sie nicht wieder zu sich kommen." Dann muß die Wiederbesiedlung erfolgen, die sich aber nur dann durchführen lasse, wenn die Neusiedler nicht durch zu schwere Lasten abgeschreckt würden. Auch besteht Gefahr, daß viele Untertanen, sobald der Krieg in Polen aufhört, das Land verlassen würden.

Der König und auch Wartenberg konnten der geforderten Untersuchung über das unerklärliche Defizit nicht ausweichen. Wie bei solchen Affären üblich, wurde zuerst Wittgenstein als der Verantwortliche vorgeschoben. Der Bericht der Untersuchungskommission vom 24. Dezember 1710 brachte erschreckende Fakten zutage, über die der König schockiert war. Wo Wittgenstein die Zahlungen an Witwen gekürzt hatte, schrieb er an den Rand: „Solches habe ich nie befohlen."

Wittgenstein wurde am 27. Dezember verhaftet. Ein Wagen mit Geld und Wertsachen, den er noch über die Grenze schicken wollte, wurde abgefangen. Die große Masse des veruntreuten Geldes hatte er schon vorher aus dem Land geschafft. Wartenberg wußte, daß er den Freund nicht retten konnte, und trat mit heuchlerischer Entrüstung als sein Ankläger auf. Dadurch blieb die gerichtliche Untersuchung in seinen Händen, und er ließ nur so viel aufklären, daß er selbst nicht belastet wurde. Bekannt wurde jedoch, daß Wittgenstein Riesensummen unterschlagen hatte, darunter auch alle Beträge, die zur Linderung der Not in Ostpreußen bestimmt waren. Wartenberg konnte ein mildes Urteil erwirken: Wittgenstein brauchte nur 24.000 Taler Schadensersatz bezahlen und durfte Preußen als freier Mann verlassen.

Das Ende Wittgensteins machte auch Wartenbergs Stellung unsicher. Dem Kronprinzen gelang es schließlich, seinen Vater zu überzeugen, daß es die verderbliche Amtsführung Wartenbergs war, die das Land in diese Lage gebracht hatte. Schweren Herzens billigte der König die Entfernung seines Günstlings aus dem Amt des Premierministers. Unter Tränen nahm er Abschied von Wartenberg, wobei er ihm einen 18.000 Taler-Diamantring schenkte. Wartenberg, der arm ins Land gekommen war, durfte mit all seinen Schätzen und einem Vermögen von vielen Millionen Berlin verlassen und begab sich nach Frankfurt am Main. Es wurde behauptet, daß er auch noch 4,5 Millionen Taler auf einer Bank in Venedig habe. Dazu gab der König ihm eine lebenslange Pension von 24.000 Talern jährlich. Wartenberg aber starb schon ein Jahr später.

Die große Pest von 1709/10

Die Menschen lebten nun schon so lange mit der Pest, daß eine neue Pestwelle, wenn man ihr auch mit Furcht und Schrecken entgegensah, nichts Außergewöhnliches mehr war. Erst durch den Umstand, daß sie dieses Mal im Nordostteil der Provinz Preußen auf eine durch Hunger geschwächte Bevölkerung traf, unter der schon andere Seuchen ausgebrochen waren, hatte sie hier die erschreckend hohe Zahl der Todesopfer zur Folge.

Die Ursache der Pest ist zwar immer noch unbekannt, aber man weiß jetzt schon, daß sie in hohem Grade ansteckend ist, und sucht sich durch strenge Absonderung der Erkrankten und Fernhaltung von Fremden zu schützen. Dazu werden strenge Verordnungen erlassen. Die Ausgänge der Städte werden von verstärkten Bürgerwachen besetzt, die keine verdächtigen Menschen wie Bettler oder Zigeuner, aber auch keine reisenden Kaufleute und andere Fremde in die Stadt lassen. Alle Straßen und Plätze werden gereinigt, die Rinnen und Gräben für

Abwässer in Ordnung gebracht. Man denkt an vieles, nur nicht an die Ratten. Aller Verkehr hört auf, und die verängstigten Menschen meiden einander. In einigen Orten werden alle Hunde beseitigt, weil man von ihren Haaren eine Übertragung der Seuche annimmt. Damit kommt man der Ursache der Pest etwas näher, obwohl es nicht die Haare, sondern die Flöhe sind, die von den Hundehaaren auf die Menschen springen. Da auf Katzen kein Verdacht fällt, die genauso wie Hunde die Flöhe ins Haus bringen, ist der Opfertod der Hunde größtenteils vergeblich.

Alle Vorsichtsmaßnahmen helfen meistens nicht; eines Tages ist die Pest trotzdem da. Nach der ersten Panik bereitet die Beerdigung so vieler Toter Schwierigkeiten, da alle die Ansteckung fürchten. Die Leichen werden auf gesonderten Pestfriedhöfen, ohne Särge, in Massengräbern verscharrt. Vereinzelt steht im Sterbebuch: „Hat ein Benefizium für die Kirche gestiftet und wurde auf dem Gottesacker begraben." Oft steht: „Wurde im Felde begraben." Um der Ansteckung zu entgehen, fliehen manche in die Wälder und hausen dort in Bretterbuden. Aber auch das hilft nicht immer, denn eine völlige Isolierung ist auch im Wald über eine längere Zeit kaum möglich. Daher steht im Totenbuch hin und wieder auch: „Im Walde verstorben." Trotzdem wurden die in die Wälder Geflohenen meist von der Pest verschont. Oft kann der Pfarrer die Namen der vielen Toten gar nicht feststellen. Manchmal hören alle Eintragungen im Kirchenbuch während der Pestzeit plötzlich auf. Eine neue Handschrift, die nach einiger Zeit die Eintragungen wieder fortsetzt, läßt vermuten, daß auch der Pfarrer der Seuche zum Opfer fiel. In den Städten zeigt sich auf den Straßen wenig Leben; nur die Kirche ist mit betenden Menschen gefüllt, obwohl gerade diese fortwährenden Zusammenkünfte so vieler Menschen die schnelle Ausbreitung der Pest verursachen. Um den „Zorn Gottes" zu besänftigen, wird ein jährlicher Opfergang zu einem Wallfahrtsort in der Umgebung gelobt oder eine sog. Pestkapelle gebaut.

Auf dem Markt und auch an anderen Stellen, qualmen schwelende Kaddighaufen (Wacholder), weil man glaubt, der beißende Rauch reinige die verpestete Luft. Zur Versorgung der Stadt mit Lebensmitteln werden außerhalb der Tore Marktstände errichtet. Einige reiche Familien können es sich leisten, in anderen Landesteilen Wohnung zu nehmen, die nicht so gefährdet erscheinen. Selbst die Behörden verlassen oft ihre Posten. Aus Königsberg flieht im Oktober die Regierung und Amtskammer nach Wehlau. In einer Königsberger Vorschrift wird angeordnet: Die verpesteten Häuser sollen zugenagelt, verpfählt und die Lebenden nicht herausgelassen oder nach der „Heiden" gewiesen werden. Essen ist ihnen vor die Fenster zu setzen oder in die Heide zu bringen. Die Fischer sind vom Strand zu vertreiben, Jahrmärkte und große Versammlungen sind verboten. Die Tore sind stark zu besetzen und Wachen in Booten sollen verhindern, daß jemand ohne Paß in die Stadt komme.

Auf dem Lande wurden nur in größeren Dörfern Schutzmaßnahmen angeordnet. Einige Dörfer wurden mit Palisaden, andere durch tiefe Gräben abgesperrt. Manche stellten neben den Schlagbäumen Galgen auf, um die abzuschrecken, die heimlich in den Ort gelangen wollten. Kleine Dörfer und Einzelhöfe konnten solche Schutzmaßnahmen nicht ausführen, die am Ende doch nichts nützten. Schlug die Pest dann zu, flohen auch manche Bauern monatelang in die Wälder. Mit dem Beginn des großen Sterbens hörte die Feldarbeit auf, und das Getreide verdarb auf den Feldern. Pfarrer Chucholowius aus Jucha (Fließdorf im Kr. Lyck) berichtet, daß die Menschen völlig apathisch wurden, da jedes weitere Schaffen angesichts des bevorstehenden Todes sinnlos erschien. In seinem Kirchspiel starben 726 Menschen; daß er und ein Sohn am Leben blieben, bezeichnet er fast als ein Wunder. Wer sich heute noch gesund fühlte, konnte morgen schon von der Pest erfaßt sein. Umherstreunendes Gesindel stahl aus den verlassenen Höfen, was ihnen von Nutzen war. In Reichweite der polnischen Grenze nutzten auch Polen die Gelegenheit und holten alles, was sie wegschleppen konnten. Mit der Pest wurde 1709 auch noch eine Vieh- und Pferdeseuche eingeschleppt, die erst 1711 erlosch und durch den Mangel an Zugtieren die Feldbestellung folgenschwer behinderte.

Wie schon erwähnt, hatte es 1708 und 1709 Mißernten gegeben. Das Letzte hatten dann die Steuereintreiber weggeholt, so daß schon vor der Pest in vielen Gegenden Hungersnot herrschte. Weil nach dem Ausbruch der Pest die Felder nicht mehr abgeerntet und auch kein neues Getreide eingesät wurde, erreichte die Not unvorstellbare Ausmaße. Wenn über diese halbverhungerten und von Seuchen befallenen Menschen auch noch die Pest hereinbrach, waren die Folgen katastrophal. In manchen Dörfern starben alle Einwohner, in anderen gab es nur noch vereinzelte Überlebende. Ließ die Pest nach, waren die Steuereintreiber gleich wieder da und verlangten die rückständigen Steuern, die trotz brutalster Maßnahmen nicht mehr aufzubringen waren.

Wie die Pest die Menschen im einzelnen traf, erfahren wir nur selten. Ein Bericht lautet: „In Warpuhnen [Kr. Sensburg] war am 8. November 1709 der Hirte auf dem Felde eiligst gefallen und vor tod liegen geblieben. Man hatte ihm schon ein Grab gegraben und sollte hineingelegt werden. Weil er aber mit dem Arm ein wenig sich gereget, hat man ihn noch liegen lassen. Sein Weib machte Feuer umb ihn her, daß er sich erwärmet, und lag er zwey Nächte auff dem Felde, bis er am Sonntage des Morgens von sich selber nach Hause gekommen."

Am 9. Januar 1710 starb der Pfarrer Paul Trentovius von Kumilsko (Morgen im Kr. Johannisburg), gemeinsam mit seiner Frau und seinen sieben Kindern am selben Tag.

Der Bericht des Amthauptmanns von Lyck an die Königsberger Kammer vom Januar 1714 gibt die Gründe an, warum viele Bürger die Steuern von 1711 und 1712 noch nicht bezahlt haben: „Johann Praeterius: hat 1/2 Hube gehabt; ist in der Pest gestorben, seine geringe Habe ist weggekommen, hat 2 kleine Söhne hinterlassen, der Grund ist in Schulden verkauft, die Kinder leben miserabel.

Richter Sahm: ist in der Pest gestorben und hat seine Frau schwanger hinterlassen. Es ist noch ein unmündiges Kind vorhanden.

Kapitain Schade: ist in der Landmiliz gewesen und war im Rheinischen Amt postiert. Alles ist vernichtet und verschwunden, die Schulden sind mehr als der Grund. Dieser ist subhaftiert. Er hat das Weib unter die sächsische Miliz begeben.

Preuß: ist vor der Pest geflüchtet gewesen. Das Getreide auf dem Felde geblieben. Die Habseligkeiten sind ziemlich bestohlen.

Stawinski ist mit den Seinen in der Pest gestorben [...]

Bräuers Erben: Die Erbin ist s. Zt. unmündig gewesen und hat sich anderswo aufgehalten. Das ihr zukommende Haus ist bei Beginn der Pest zum Pesthaus gemacht worden. Deshalb wollte es nach der Pest niemand beziehen.

Friedrich Kiehl: ist mit Weib und einem Kind überkrankt [wurde wieder gesund], hat aber die übrigen Kinder und das Gesinde in der Pest verloren. Das Getreide ist auf dem Felde verdorben.

Christian Gersch: war Pestkommissarius, hat viel ausgestanden, den Kranken vorgeschossen und nichts wiederbekommen und ist in der Pest gestorben. Seine Witwe hat viele Schulden und wenig Vermögen.

Der Müller hat die Mühle wegen der Pest verlassen müssen und hatte 1/2 Jahr im Walde gewohnt. Das Getreide ist auf dem Felde geblieben.

Die Bäcker sind bis auf 1 Gesellen ausgestorben, von den Schustern sind nur 2 und nur 1 Töpfer übriggeblieben."

Am schwersten traf die Pest den nordöstlichen Teil des Landes. In der Stadt Insterburg hatten weniger als die Hälfte die Pest überlebt. Trotz Ansetzung neuer Siedler war jene Gegend 1713 nur zu zwei Fünfteln bewohnt. Über 10.000 Bauernstellen lagen leer; die Häuser verfielen und die Felder verwilderten. Mit großem Abstand hatte auch das Samland gelitten, am wenigsten Natangen und das Oberland. Auch im Ermland forderte die Pest viele Opfer. Hier hatten die bischöflichen Landesherrn den Bauern zwar immer so viel gelassen, daß es keine Hungersnot gab, aber von 1703 bis 1707 hatten die Schweden das Land ausgeplündert und ausgesogen.

Nach dem Sterberegister des katholischen Pfarramtes in Bischofsburg wütete hier die Pest vom 26. Oktober 1709 bis zum Februar 1710 und dann nochmals vom 10. Juli bis Anfang Oktober 1710. In das Sterberegister sind in der ersten Periode 63, in der zweiten 96 Personen namentlich eingetragen. Die Gesamtzahl der Toten wird mit 1.000 angegeben. Aus einigen Städten sind genaue, aus anderen abgerundete Zahlen bekannt. Demnach starben in Rößel 1.000, in Allenstein ein Drittel, in Schippenbeil 800 (zwei Drittel) der Einwohner. In Drengfurt starben 81, in Wehlau 1.850, in Lötzen 800, in Landsberg 767, in Heiligenbeil 1.147, in Königsberg 9.400 (ein Viertel der Einwohner). In Lyck raffte die Pest von den rund 2.000 Einwohnern fast 1.800 hinweg; 273 blieben am Leben. In Angerburg überlebten das Jahr 1709 nur 150 Personen, in Treuburg blieben von knapp 1.000 Einwohnern 38 übrig. In Allenburg überlebten elf; in Landsberg sollen nur sieben Personen das Jahr 1710 überlebt haben. Mit dem Einbruch des Winters 1710 erlosch die Pest. Von den rund 600.000 Einwohnern der Provinz Preußen wurden 214.171 Tote registriert, also mehr als ein Drittel. Dazu kamen die Pestopfer aus Polnisch Preußen. 1720 wird die Einwohnerzahl der Provinz mit 400.000 angegeben, 1775 (einschließlich des Ermlandes) mit 837.357. – Bemerkenswert ist, daß die ganze Bevölkerung Europas in der zweiten Hälfte des 17. Jahrhunderts zurückging. Für 1648, nach den großen Verlusten des Dreißigjährigen Krieges, werden 118 Millionen Einwohner angegeben; für 1713 dagegen nur noch 102 Millionen.

Die letzten Jahre König Friedrichs I.

Von den bekannten Eigenschaften der Hohenzollern hatte Friedrich I. die wenigsten geerbt. Mit seiner Prunk- und Verschwendungssucht übertraf er alle anderen aus seinem Hause. Er lebte aber in einer Zeit, in der die Sitten des Sonnenkönigs Ludwig XIV. an fast allen Fürstenhöfen nachgeahmt wurden: „Frankreich hat es weit gebracht, Frankreich kann es schaffen, daß so manches Land und Volk wird zu seinem Affen." Diese Worte hatten damals ihre volle Geltung. Die von Ludwig XIV. eingeführte Allongeperücke breitete sich in ganz Europa aus. Auch der Große Kurfürst trug seit 1665 Perücken. Als der Gebrauch des Puders aufkam, streute sich der größte Teil der zivilisierten Menschheit Mehl auf die Köpfe. Die Damen bauten ihre Frisuren zu unförmigen Haartürmen auf. Ein fest geschnürtes Korsett behinderte das Atmen. Ein riesiger Reifrock nahm mehr Raum ein, als sechs Männer brauchten. Die bis dahin volkstümliche und leicht verständliche Rede- und Schreibweise wurde mit gezierten Phrasen und nichtssagenden Fremdwörtern verschnörkelt, so daß ein amtliches Schreiben für Laien oft unverständlich blieb.

Besonders zeichnete sich der Kurfürst von Sachsen, August der Starke, aus, dessen Mätressenwirtschaft an Schamlosigkeit die des Versailler Hofes übertraf. Allein der Gräfin von Cosel gelang es, dem Kurfürsten (und König von Polen) 20 Millionen Taler zu entlocken. Augusts Minister Flemming hinterließ bei seinem Tod 16 Millionen Taler.

In Bayern wurde am Hof des Kurfürsten Karl Albrecht ein großer Aufwand mit Jagden, Festlichkeiten und Mätressen getrieben.

Der Markgraf von Baden-Durlach, Karl Wilhelm, legte 1715 inmitten der Wälder die Stadt Karlsruhe, nach dem Muster des berühmt-berüchtigten französischen „parc aux cerfs" (Hirschpark) an.

In Württemberg beherrschte das Fräulein von Grävenitz den Herzog Eberhard Ludwig, der Schloß und Stadt Ludwigsburg errichten ließ.

An den Höfen der geistlichen Fürsten ging es nicht besser zu. Die Berichte über den Erzbischof (und Kurfürsten) von Köln, einen der höchsten geistlichen Würdenträger Deutschlands, zeigen, daß es dort genauso zuging wie bei den weltlichen Fürsten.

In Anbetracht dieser allgemein üblichen Lebensweise aller Herrscher, war die prunkhafte Hofhaltung Friedrichs nichts Außergewöhnliches. Für das steuerzahlende Volk, das von den Fürsten ausgesogen wurde, damit sie in solchem Luxus leben konnten, war es jedoch eine Katastrophe, die das Land ruinierte.

Inmitten der Verschwendung am preußischen Hof, wo der König einem Jäger, der ihm einen kapitalen Hirsch vor den Schuß brachte, ein Gut von 40.000 Talern Wert hinwarf, wo eine unsittliche Günstlingswirtschaft das Land verdarb, wo der König – nach den Worten Friedrichs des Großen – die Armen bedrückte, um die Reichen zu mästen, wo jeden Tag Riesensummen vergeudet wurden, während in Ostpreußen Hungersnot und verheerende Seuchen herrschten, wuchs Kronprinz Friedrich Wilhelm auf.

Am 1. November 1710 legte die Hofkammer dem König den Bericht vor, der eigentlich das Werk des Kronprinzen war und alle Grundlagen von dem enthielt, was er später als König auszuführen begann. Auch der Kernpunkt der falschen Finanzpolitik ist genannt: das Aussaugen der Provinzen für den Hof und das Abfließen des Geldes ins Ausland für importierte Luxusgüter. Noch regierte aber sein Vater, dessen Tage, nach der Entlassung Wartenbergs, freudlos und in trübseliger Verlassenheit vergingen. Da auch seine Familienverhältnisse unglücklich waren, hatte er niemanden mehr, der sich ihm gänzlich widmete. Dazu wurde der Große Nordische Krieg, der jetzt in Norddeutschland ausgetragen wurde, für Preußen immer bedrohlicher, und ein Ende des Spanischen Erbfolgekrieges war nicht abzusehen.

Nach der Entscheidungsschlacht von Poltawa schob sich Zar Peter immer weiter nach Westen vor. Im Sommer 1710 hatte er die letzten Stützpunkte der Schweden an der östlichen Ostseeküste erobert. Was lag nun näher, als auch die preußische Küste, den Nachlaß früherer schwedischer Ansprüche, in den russischen Herrschaftsbereich einzubeziehen. Während die preußische Armee in Italien und Brabant für die Kriegsziele der Habsburger und der Engländer kämpfte, lag Ostpreußen in einem trostlosen Zustand, unfähig sich zu wehren, vor den Füßen des aufsteigenden Rußland.

König Friedrich unterhielt zwar ein freundschaftliches Verhältnis zu Zar Peter, aber die politische Lage ließ eine Besetzung durch Rußland durchaus befürchten. Der preußische Gesandte in Petersburg berichtete im Mai 1711, daß ein Vertrauter des Zaren geäußert habe, „man müsse den König von Preußen aus Ostpreußen delogieren". Als der Zar im November 1711 über Ostpreußen nach St. Petersburg zurückreiste, sandte Graf Dohna einen besorgten Bericht an den Kronprinzen. Zar Peter ließ aber Ostpreußen in Ruhe und wandte sich gegen die schwedischen Truppen in Norddeutschland.

Die preußischen Behörden sollten aus den chaotischen Zuständen wieder normale Verhältnisse schaffen. Dabei stritten die einzelnen Stellen untereinander, denn die alten Beamten wollten weiterhin die Oberhand behalten. Weitere Untersuchungen brachten erschreckende Resultate ans Licht. Die Domänenbeamten hatten ihre ausgehungerten Untertanen mit brutaler Gewalt gezwungen, ihre und die Äcker ihrer Freunde abzuernten und zu besäen, das Getreide der Verstorbenen von ihrem Vieh abfressen lassen, die Zuteilungen von Getreide nur zu einem geringen Teil den Bauern ausgehändigt, „sondern sie krepieren lassen und alles nur zu ihrem Vorteil verwendet". Vieh und anderen Besitz der Verstorbenen hatten sie unterschlagen und sich selbst angeeignet.

Der Sturz Wartenbergs und der Sieg der Reformpartei brachte Ostpreußen die ersehnte Steuererleichterung. Schon 1711 erhielten alle, die infolge der Seuchen und des Viehsterbens keine Einnahmen mehr hatten, völlige Befreiung für zwei Jahre, während die übrigen nach Maßgabe ihres Verlustes Steuern zahlen sollten. Das Steueraufkommen betrug daher 1711 nur 84.869 Taler, das war weniger als ein Drittel der Steuer von 1708. In den Jahren 1713 und 1714 betrugen die Steuern schon 200.000 Taler, ein Drittel weniger als vor der Katastrophe, die aber auch die Bevölkerung um ein Drittel reduziert hatte. Das verständnislose Verhalten der Regierung, die maßlose Steuerbelastung und barbarische Eintreibung sowie die Ungerechtigkeit und Raubgier mancher Grundherren und der Domänenbeamten hatten eine allgemeine Demoralisierung zur Folge, die zur Landesflucht mancher Bauern geführt hatte. Als dann noch Mißernten, Hungersnot und die Pest Ostpreußen zu einem der ärmsten und verelendetsten Gebiete Europas gemacht hatten, nahm diese Fluchtbewegung bedrohliche Ausmaße an. Wenn deutsche Bauern in das armselige Polen flüchteten, weil die Zustände dort besser waren – einigen gelang es auch, im Ermland unterzukommen –, kann man ermessen, wie elend das Leben in Ostpreußen war. Das Land, das die Grundlage des Königstitels für Friedrich bildete, war auf den tiefsten Stand seiner ganzen Geschichte abgesunken.

Fast 27.000 verlassene Bauernstellen waren das Ergebnis der korrupten Verwaltung. Das waren 10.834 Hufen (183.095 ha), von denen aber nur zwei Prozent in den westlichen Ämtern lagen. Für die Beseitigung der Folgen des Polen- und Tatareneinfalls war fast nichts getan worden, denn schon 1707 hatte es in den östlichen Ämtern 16.085 leere Hofstellen gegeben.

Der König hatte seit dem Frühjahr 1711 in allen deutschen Landen werben lassen und jedem Zuwanderer zwei bis drei Hufen guten Bodens versprochen. Fast 2.000 Hugenotten folgten dem Ruf. Graf von Dohna erwirkte 1713 den Bau einer eigenen Kirche und die Berufung eines französischen Geistlichen in Judtschen (Kanthausen im Kr. Gumbinnen). Neben den Einwanderern nahmen auch einheimische Bauernsöhne die Gelegenheit zum Erwerb eines Hofes wahr.

So wie nach dem Dreißigjährigen Krieg Hilfe aus Ostpreußen in das notleidende Brandenburg geflossen war, so zogen jetzt von dort Wagenkolonnen mit Getreide nach Preußen. Hinter der Reform- und Aufbauarbeit stand der Kronprinz mit seinem treuen Helfer und ehemaligen Erzieher, dem Ostpreußen Alexander zu Dohna, der sich selbstlos für seine Heimat einsetzte. Der Wiederaufbau konnte aber nur über eine Zeit von vielen Jahren erfolgen.

Die Flucht der Bauern hielt besonders in den südöstlichen Ämtern weiter an. Noch im Jahre 1719 flohen aus dem Amt Lyck 36 Bauern und drei Freie mit Weib, Kind und Vieh nach Polen, während sich sieben polnische Familien dort niederließen. Die wirkliche Rettung Ostpreußens konnte erst durch das unermüdliche Wirken des Kronprinzen erfolgen, nachdem er als König den Thron bestiegen hatte. Erst unter ihm wurde das ungerechte, verderbliche Steuersystem beseitigt und die meisten verwaisten Hufen wieder besetzt.

Der Sommer 1711 brachte den bekümmerten Bauern eine neue Plage in Form unvorstellbar großer Heuschreckenschwärme. Alles, was auf dem Halme stand, wurde in den heimgesuchten Gegenden vernichtet, und der Gestank des verendeten Ungeziefers ließ den Ausbruch einer neuen Seuche befürchten. Pfarrer Riedel aus Sorquitten (Kr. Sensburg) berichtet darüber: „Insonderheit war eine Strafe Gottes von den Heuschrecken, die in entsetzlicher Menge, wenn es warm war, in der Luft flogen und gar den Tag dunkel machten. Auf dem Maradtker Felde verzehrten sie die Saat, wie ich sie denn selbst dort in so einer Menge gesehen, daß man die Erde für ihnen hat nicht sehen können. Auf die Sträucher setzten sie sich wie ein Bienenschwarm, daß das Strauch von der Last zur Erde gebeuget war. Saßen sie sonst haufenweis auf der Erde, an einigen Orten sollen sie auch knie dick oder tief gelegen haben."

Die Regierung in Königsberg erließ am 7. September folgende Verordnung zur Bekämpfung der Heuschrecken: „Nachdem an vielen Orten sich eine große Zahl Heuschrecken sehen lassen […], daß durch solches Ungeziefer das übrige, so annoch im Felde vorhanden, vernichtet werde, sonderlich auch die Luft durch den nachfolgenden Gestank bei ihrem Absterben infiziert werde, wodurch denn sowohl beim Menschen, wie auch beim Vieh verderbliche Seuchen und ansteckende Krankheiten künftighin entstehen könnten, so haben wir, diesem besorgenden Unheil unter göttlichem Beistande vorzubeugen, folgende Mittel in die Hand zu nehmen dienlich befunden:

1. Anfänglich müssen an jedem Ort, wo dergleichen Ungeziefer sich findet, einige Leute bei anbrechendem Tag in den Feldern mit breiten Schaufeln sich einfinden und die von der Kälte betaumelten Heuschrecken mit der verkehrten Seite totschlagen.

2. Dieselben auf einen Haufen geschaufelt und verbrannt werden, dieweil solcher Rauch und Gestank die andern vertreibt.

3. Muß wohl beachtet werden, daß dieses Ungeziefer nicht tot auf dem Felde gelassen werde, sintemal aus ihren toten Körpern und den daran hängenden Eiern die neue Brut entstehet und solchergestalt dieses Geschmeiß auf künftiges Frühjahr sich einfinden könnte, sondern vergraben oder auf den Äckern untergepflügt werden muß. Solches ist den gemeinen Leuten von den Kanzeln sofort kund zu machen."

Am 25. Februar 1713 starb Friedrich I. im Alter von 55 Jahren; er hatte 25 Jahre regiert. Friedrich der Große sagte später über seinen Großvater: „Friedrich war, wenn auch ohne Festigkeit, eitel und glanzsüchtig, doch nicht ohne Wohlwollen und Gutmütigkeit, im ganzen aber groß in kleinen Dingen und klein in großen. Sein Unglück war, daß er in der Geschichte zwischen einen Vater und einen Sohn gestellt war, die ihn beide an geistigen Kräften überragten."

Bei einer anderen Gelegenheit war er weniger rücksichtsvoll und sagte: „Er verwechselte Eitelkeit mit echter Größe. Ihm lag mehr am Glanz als am Nützlichen. Er opferte 30.000 in den Kriegen des Kaisers, um sich die Königskrone zu beschaffen. Er zeigte Herrscherpracht und Freigiebigkeit – aber um welchen Preis: Er verschacherte das Blut seines Volkes."

Erneuerung unter Friedrich Wilhelm I.

Als Kronprinz hatte Friedrich Wilhelm jede Kritik vermieden, so sehr auch die Zustände seiner Natur zuwiderliefen. Als König zögerte er jedoch nicht, mit der Beseitigung der Mißstände sofort zu beginnen. Seine erste Amtshandlung war, als er ergriffen vom Sterbebett des Vaters kam, das Heer der Hofbeamten zu entlassen, doch sollten sie bis zum Begräbnis des Vaters auf ihren Posten bleiben. Der Hofstaat des neuen Königs sollte nur aus ganz wenigen

Bediensteten bestehen. In den nächsten Tagen strich der König die meisten Pensionen und Gnadengehälter, die fast 280.000 Taler betragen hatten. Den Rest kürzte er auf 55.000 Taler. Dann nahm er sich die Beamten vor und strich auch bei ihnen alles, was ihm überflüssig erschien. Alle Gehälter, ohne Ansehen der Person wurden drastisch reduziert. Sogar sein Onkel und der Fürst von Anhalt-Dessau waren unter den Betroffenen. Auf die Klagen erwiderte er, wenn er selbst mit so viel weniger auskommen könne als sein Vater, könne er wohl dasselbe von seinen Beamten verlangen. Die vom Vater gesammelten Juwelen und Schätze, sowie die vielen Pferde mit kostbarem Geschirr, wurden verkauft. Mit dem Erlös konnten nicht nur alle Schulden das Hofes bezahlt werden, sondern die Grundlage eines künftigen Staatsschatzes gelegt werden.

„Ich bin der Finanzminister und Feldmarschall des Königs von Preußen; das wird ihn aufrechterhalten", schrieb der König in einem Brief. Damit begann er die Finanzen in Ordnung zu bringen und den ganzen Staatsbetrieb auf strengste Sparsamkeit umzustellen, wobei er selbst das beste Beispiel gab.

Als der 25jährige Friedrich Wilhelm 1713 die Regierung übernahm, war Ostpreußen das ärmste seiner Länder und ein unproduktives Notstandsgebiet. Die Landwirtschaft war in einem elenden Zustand. Noch immer wurde die mittelalterliche Dreifelderwirtschaft angewandt. Mit dem Absinken des Bauernstandes zu Arbeitssklaven (Leibeigenen), sank auch die Produktivität der Landwirtschaft. Mißernten, unerfüllbare Steuerforderungen, Hungersnot und Pest hatten sie vollständig ruiniert. Ostpreußen war auf dem Weg ein ödes, unkultiviertes Land zu werden. Nur dem energischen Eingreifen des Königs ist es zu verdanken, daß es sich aus diesem Tiefstand wieder erhob. Er erkannte, daß der Notstand nur mit kräftiger Hilfe des übrigen Staates behoben werden konnte. Graf Karl Heinrich zu Waldburg, der die Ämter Marienwerder und Riesenburg verwaltete, legte dem König 1714 in einer Denkschrift die Gründe für die Not der Bauern überzeugend dar und schlug eine umwälzende Steuerreform vor. Das Ziel war der „Generalhufenschoß", bei dem alles Land erfaßt und gerecht besteuert werden sollte. Der König erkannte den Wert dieser Reform und machte Waldburg zum Präsidenten einer Sonderkommission in Königsberg, die nach den gründlichen Vorarbeiten am 1. November 1715 mit der Landaufnahme im Amt Brandenburg begann.

Der König bereiste selbst Ostpreußen, um sich ein Bild über die Not und die erforderlichen Maßnahmen zu verschaffen. Auch wenn er sich manchmal in Kleinigkeiten verlor, so verfolgte er eine großzügige Agrarpolitik, mit dem Ziel, höchste Erträge zu erreichen und damit den allgemeinen Wohlstand zu heben. Er verbot die Einfuhr polnischen Viehs, um das Einschleppen von Viehseuchen zu verhindern und sorgte für die Verbesserung der Viehrassen. Zur Veredelung der Schafzucht ließ er Böcke aus Cottbus einführen. Mit der zwangsweisen Erweiterung des Flachsanbaus in allen Ämtern wurden weitere Einnahmequellen erschlossen und die Versorgung der Bevölkerung mit Leinen und Öl gesichert. Er ordnete das Anlegen von Misthaufen zur Ackerdüngung an und lieferte den Domänen 1.000 eiserne Pflüge. Seinem Wunsch, das Scharwerk abzuschaffen, widersetzte sich der Adel mit Erfolg, es wurde aber erheblich eingeschränkt. Die Leibeigenschaft wurde in die mildere Form des Zwangsdienstes zurückgeführt. Von jetzt ab war der Grundherr nicht mehr unbeschränkter Herr über Leib und Leben seiner Untertanen; sie waren ihm zwar weiterhin zu Arbeitsdienst verpflichtet, der aber durch Gesetze geregelt war. All diese Maßnahmen, die das Fundament für den Wiederaufstieg Ostpreußens bildeten, waren das bedeutendste Werk des Königs, das nicht hoch genug bewertet werden kann. Nach diesem Muster ließ Friedrich der Große 1742 die Verwaltung Schlesiens und 1772 die Westpreußens einrichten.

Der Spanische Erbfolgekrieg, an dem die preußische Armee vom Anfang bis zum Ende beteiligt war, endete 1713, der Große Nordische Krieg ging aber weiter, und seit Herbst 1712 war Norddeutschland das Kampfgebiet. Wie immer, hatte auch hier die Bevölkerung am meisten zu leiden. Im Dezember 1712 verlangte z.B. der schwedische General Steenbock von der Stadt Altona 100.000 Taler. Da nur 42.000 Taler aufgebracht werden konnten, ließ er die Stadt niederbrennen.

Der Krieg lebte erneut auf, als Schwedenkönig Karl XII. im November 1714 aus der Türkei zurückkam. Preußen war noch immer neutral, aber doch so weit verwickelt worden, daß es zu Differenzen mit dem unbändigen Schwedenkönig kam, denen die Kriegserklärung Preußens am 28. April 1715 folgte. Die Schweden mußten in den folgenden Kämpfen Deutschland räumen. König Karl fiel 1718 in Norwegen. Er hatte die meiste Zeit seines Lebens im Feldlager verbracht und Krieg gegen Rußland und Polen geführt. Nun erst war Schweden bereit, den 20jährigen Krieg zu beenden. Im Frieden zu Stockholm (1. Februar 1720) verlor es das östliche Vorpommern mit Stettin bis zur Peene an Preußen und Bremen-Verden an Hannover. 1721 trat es Livland, Estland, Ingermanland und Karelien an Rußland ab, das nun zur Großmacht wurde. Schweden hatte seine Machtstellung im Ostseeraum endgültig verloren, die es ein Jahrhundert lang behauptet hatte.

Der preußische Adel wehrte sich erbittert gegen die Steuerreform. Auf eine Bittschrift in französischer Sprache, die neue Hufensteuer nicht einzuführen, da sonst das ganze Land ruiniert würde, schrieb der König entrüstet: „Tout le pays sera ruiné? Das glaube ich nicht, aber ich glaube, daß die Junkers ihre Autorität „Nie pos volam" wird ruiniert werden. Ich stabilire die Souverainité [...] die Hubenkommission geht weiter."

Trotz allen Widerstandes wurde der „Generalhufenschoß" im Februar 1720 abgeschlossen. Jetzt war nicht nur alles Land erfaßt, sondern der Boden wurde seiner Güte entsprechend bewertet. Zu den bisher 65.884 angegebenen Hufen wurden 34.681 verschwiegenen Hufen (etwa ein Drittel der Gesamtmenge) beim Adel gefunden, für die bisher keine Steuern gezahlt worden waren. Diese allein brachten im ersten Jahr 34.691 Taler zusätzliche Steuern ein. Dazu wurden gute Böden, die vorher mit 15 Groschen bewertet waren, jetzt mit bis zu fünf Talern pro Hufe besteuert. Auch brachliegende Hufen wurden jetzt beim Adel und den Kölmer Bauern besteuert, bei den anderen aber erst, wenn sie bebaut wurden. Ödland blieb steuerfrei. Die Steuerhinterziehung des Adels war möglich gewesen, weil die Standesgenossen auch in den Kontrollbehörden saßen. Während jeder Grundbesitzer jetzt diese gerechte Steuer von seinem Land zahlte, hatten Kätner, Handwerker, Instleute, Hirten und ledige Arbeiter einen Kopf-, Horn- und Klauenschoß zu entrichten. Der Kopfschoß betrug 24 Groschen pro Person zwischen zwölf und 60 Jahren. Für eine Kuh waren 24, für ein Pferd oder Ochsen 15, für ein Mastschwein sechs und für ein Schwein, ein Schaf oder eine Ziege drei Groschen im Jahr zu zahlen. Handwerker zahlten außerdem das „Nahrungsgeld", Müller und Krüger eine Gewerbesteuer. So trugen alle, die nicht unter die Hufensteuer fielen, nach ihrem Vermögen zum allgemeinen Steueraufkommen bei. Alle anderen Steuern wurden abgeschafft.

Der Generalhufenschoß, diese einfache und gerechte Grundsteuer, war auch staatspolitisch von großer Bedeutung, weil nun auch die bis dahin privilegierte Klasse zu steuerzahlenden Untertanen wurde. Der großgrundbesitzende Adel, der nun erheblich mehr als früher belastet wurde, war entrüstet und sein Haß traf den Urheber der Steuerreform, Graf Waldburg. Seine Arbeit wurde auf jede erdenkliche Weise erschwert und sabotiert. Beim König ging eine solche Flut von Beschuldigungen und Verdächtigungen ein, daß er mitunter selbst Bedenken hegte. Aber als Waldburg im Februar 1721 dem König eine zweite Denkschrift vorlegte, in der er eine Neuorganisation des Domänenwesens vorschlug, unterstellte dieser ihm auch noch die Domänenkammer und ernannte ihn zum Oberpräsidenten, dem ersten in Ostpreußen. Von Arbeit überlastet und aufgerieben, von seinen Standesgenossen bekämpft, gehaßt und verleumdet, starb Waldburg, erst 35 Jahre alt, am 9. Oktober 1721.

Die durchgreifende Steuerreform Waldburgs war die wichtigste Grundlage, auf der die weitere Wiederherstellung Ostpreußens erfolgen konnte. Die nächst wichtige war die Neuordnung der Domänenverwaltung. Früher wurden diese Staatsgüter in Teilen, vorzugsweise an Adlige, verpachtet. Von jetzt ab wurde das ganze Kammeramt nur einem Generalpächter übergeben, und zwar nur einem nichtadligen, leistungsfähigen Landwirt. Ein Kammeramt bestand aus mehreren Gütern mit den dazugehörigen Dörfern. Den größten Teil des Landes hatten die Domänenbauern, in der Regel jeder eine Hufe (16,6 ha). Da es in Ostpreußen über 3.200 Domänendörfer, aber nur 900 adlige Dörfer gab, waren die Domänenbauern die Hauptsteuerzahler des Landes, sie stellten die Rekruten für die Armee und mit ihren Dienstleistungen bearbeiteten sie die Güter. Durch Edikte von 1719 und 1723 wurde die Leibeigenschaft auf den Domänen aufgehoben, die Höfe als freies, vererbliches und verkäufliches Eigentum der Bauern erklärt, die sie auf ihre Kosten und zu ihrem Nutzen zu bewirtschaften hatten. Neue Wirtschaftsmethoden verbesserten die Erträge und damit auch das Los der Domänenbauern. Der Besitz einer Hufe erschien dem König zu wenig, um ein ausreichendes Auskommen zu haben, und er setzte eine neue Landverteilung durch, bei der jeder Bauer zwei Hufen mit dem notwendigen Viehbestand erhielt. Vor allem sah er auf die maßvolle Festsetzung der Abgaben. Die Dienste (Scharwerk) wurden auf zwei Tage pro Woche beschränkt und Naturallieferungen in Geldzahlungen umgewandelt.

Der Adel büßte noch manche weiteren Vorrechte ein. Sein alleiniges Recht, alle Amtsstellen zu besetzen, wurde nicht mehr beachtet. Der Dienst in fremden Armeen, dem der preußische Adel gern nachging, wurde verboten. So wurden die Söhne genötigt, in das Kadettenhaus in Berlin einzutreten, um preußische Offiziere zu werden. Das bisherige Lehnsverhältnis der adligen Güter wurde aufgehoben. Nach strenger Prüfung des Besitzrechtes, wobei alles unrechtmäßig angeeignete Land abgetrennt wurde und in den Besitz des Staates überging, wurden die Güter Privateigentum der Besitzer.

Eine Fleckenordnung wurde erlassen, die in straffer Disziplin das gesamte Gemeindewesen reguliert. Da wird zu „Gottesfurcht und Kirchgang" gemahnt, das „Fluchen" und die „Sonntagsarbeit" gerügt. Die Schulzen erhalten genaue Anweisungen über die Regelung von Grenzstreitigkeiten, die Instandsetzung von Feldzäunen und Hecken, das Hüten des Viehs und die Verhütung von Bränden.

„Niemand darf durch Verabredung höheren Tageslohnes das Arbeitsvolk im August an sich locken", hieß es. Fremdes Volk hat „Gezeugnis seines ehrlichen Verhaltens" mitzubringen oder muß erst von der Behörde „genugsam examiniert" werden, bevor es im Dorf Wohnung nehmen darf. Der König bringt einen neuen Geist, den preußischen Lebensstil von „Treu und Redlichkeit", ins Land.

Nach dem glanzvollen Lebensstil des Vaters, machte das einfache und natürliche Auftreten Friedrich Wilhelms einen tiefen Eindruck auf die Bevölkerung. Er wird als treuer Ehemann und sorgender Vater beschrieben. Seine Gemahlin nannte er „meine Frau", nicht Königin, und seinen Sohn „Fritz". Als einziger Fehler wird sein Jähzorn genannt, der ihn oft bei geringsten Anlässen packte, wobei er wild mit seinem Stock auf die Leute drosch, die seinen Unwillen erregt hatten. Besonders hatte der Kronprinz darunter zu leiden, der zu einer Zeit fast täglich verprügelt wurde, so daß er den bekannten Fluchtversuch nach England unternahm. Der König fühlte sich für alles, was in seinem Land geschah, selbst verantwortlich und kümmerte sich deshalb um alle Einzelheiten. Dem Fürsten Leopold von Dessau schrieb er einmal: „Wenn man nit, mit Permission zu sagen, die Nase in allen Dreck selber steckt, so gehen die Sachen nit, wie es gehen soll."

Mit der Errichtung von Kornmagazinen wurde eine stabile Preiswirtschaft erreicht. Das überflüssige Getreide wurde in guten Erntejahren aufgekauft, um ein Absinken der Preise zu verhindern. In Notzeiten wurde es zu normalen Preisen wieder ausgegeben, um eine Verteuerung zu verhindern. Wenn nötig, wurde es auch zur Saat an die Bauern ausgeliehen, die es nach der Ernte zurücklieferten. In der Bekanntgabe zum Ankauf hieß es: Jeder könne „einer [angemessenen …] baren prompten Bezahlung versichert sein".

Als erster deutscher Staat schaffte Preußen 1720 die Hexenprozesse ab. Die Folter für andere Prozesse durfte nur noch in besonderen Fällen und nur mit ausdrücklicher Genehmigung des Königs angewandt werden. So leicht wollten aber diejenigen, die aus der Hexenverfolgung enorme Gewinne gezogen hatten, das gute Geschäft nicht aufgeben. Als im nächsten Jahr in Nauen (östliches Havelland im Bezirk Potsdam) ein Hexenprozeß abgehalten wurde, erhielt die Anklagebehörde in gröbstem Ton eine Belehrung über die Torheit solcher Beschuldigung und die Warnung, daß der König dergleichen ein für alle Male verboten habe. (Beim Regierungsantritt Friedrichs des Großen 1740 wurde die Folter grundsätzlich für alle Strafverfahren abgeschafft. Bald folgten auch andere Länder diesem Vorbild, zum Beispiel Österreich 1776 und Bayern 1806.)

Daß trotz der Anordnungen des Königs manche adligen Herrschaften ihre Untertanen weiterhin als Sklaven behandelten, kam in dem Mordprozeß gegen die Ehefrau des Grafen von Geßler zutage. Sie war die Tochter des polnischen Landvogts im Ermland und führte ein furchtbares Schreckensregiment über ihre Mägde. Eine alte mächtige Ulme, die im Schloßgarten von Perkau (Kr. Bartenstein) stand, hieß noch vor dem Zweiten Weltkrieg „die Gerichtsulme", weil die Gräfin dort die Mägde brutal züchtigte. Als eine von ihnen an den Mißhandlungen starb, wurde die Gräfin zum Tode verurteilt, konnte sich aber dem Urteil durch die Flucht ins Ermland entziehen.

Durch neue Postanstalten wurde 1720 das Postwesen weiter ausgebaut. Noch gab es keine Briefmarken; die Briefe wurden mit Bleistift austaxiert.

Um diese Zeit stellte der aus Danzig stammende Gabriel D. Fahrenheit eine Thermometerskala auf, die noch heute in den USA gebräuchlich ist. Er ersetzte Alkohol durch Quecksilber in den Thermometern und erfand das Aerometer.

Vom November 1721 bis zum August 1722 fiel der größte Teil des Viehbestandes in Ostpreußen einer furchtbaren Seuche zum Opfer, wodurch die Aufbauarbeit einen empfindlichen Rückschlag erhielt.

Nachdem die Winter in dieser Zeit ungewöhnlich kalt gewesen waren, hatte der Winter von 1723/24 so milde Temperaturen, daß Ende Januar schon die ersten Zugvögel zurückkehrten und bald die erste Feldarbeit begann.

1724 wurden die drei bis dahin selbständigen Städte Königsbergs – Altstadt, Löbenicht und Neustadt – zu einer Stadt vereinigt.

Mißernten und die Viehseuche behinderten ein zügiges Wachstum der Landwirtschaft, während der König immer mehr Geld investieren mußte. Er begann schließlich am Erfolg seiner Mühe zu zweifeln. Nach der Teuerung von 1727 klagte er: „Preußen ruiniert mich total, das frißt mir auf!" Mit den Erträgen der folgenden besseren Jahre stieg aber wieder sein Interesse für die Provinz. 1735 sandte er den Kronprinzen nach Ostpreußen, und 1736 kam er selbst. Insgesamt besuchte er Ostpreußen elfmal.

Eine gute Einnahmequelle für den Staat war der Handel mit Salz, der immer noch ein Monopol der Regierung war. Auf Einführung von fremdem Salz stand sogar die Strafe des Galgens. Durch eine königliche Verordnung war jeder Untertan über zehn Jahre genötigt, 0,25 Scheffel jährlich zu kaufen. Salz wurde in großen Mengen zur Konservierung von Fleischwaren gebraucht.

1728 stiftete Gottfried Heinrich zu Eulenburg die Kirchenbibliothek von Gallingen (Kr. Bartenstein), die sehr umfangreich und wertvoll war. Sie enthielt eine der ältesten Ausgaben des Sachsenspiegels.

Nachdem seit 1726 die notwendigen Vorarbeiten geleistet waren, wurde durch Zusammenfassung der bestehenden Gestüte 1732 das weltbekannte Gestüt Trakehnen vom König gegründet. Der Anfangsbestand zählte 1.200 Pferde, 75 Esel und 80 Rinder. Vor dem Ersten Weltkrieg wurden pro Jahr gegen 40.000 dieser hochwertigen Rassepferde in fast alle Länder der Welt verkauft.

Ein großer Teil der Tiere kam zur Armee; 1909 wurden der Remontekommission 15.000 Pferde vorgeführt, die auch aus anderen Teilen der Provinz stammten. Die preußische Armee kaufte davon 8.500, der Rest ging an Bayern und Sachsen.

In Kiauten (Kr. Goldap) wurde 1734 eine Papiermühle errichtet, die auch später neben den großen Zellstoffwerken, als einzige Papierfabrik Ostpreußens in Privatbesitz, bis zum Herbst 1944 arbeitete.

Friedrich Wilhelm I. schuf den Beamtenstand der Staatsdiener, im Gegensatz zu den bisherigen Dienern des Königs. Er stellt keine höheren Beamten in ihrer Heimatprovinz an. Damit beugt er vor, daß diese das Interesse der Heimatprovinz über das des Gesamtstaates stellen. Auch seinen engsten Ratgebern teilt er nicht alles mit und rät seinem Sohn, auch dem besten Minister „nicht zu viel weis zu machen". Eine seiner liebsten Redewendungen ist: „Ich bin der Herr, und die Herren sein meine Diener." Als einige Beamte 1714 gegen ihre Versetzung von Königsberg nach Tilsit protestieren, läßt er sie als Baugefangene auf die Königsberger Zitadelle bringen. In Erinnerung an die Kämpfe, die sein Großvater mit den ostpreußischen Ständen hatte – auch seinen Reformen widersetzte sich der Adel –, nennt er Preußen „eine falsche und listige Nation". Von den Ständen in Kleve und der Mark sagt er, „sie seien dumme Ochsen, aber maliziös [boshaft] wie der Teufel… Sie saufen wie die Beester, mehr wissen sie nicht".

Auch um die Waldwirtschaft kümmerte sich der König. Die Wälder wurden in Jagen eingeteilt, die Wildnisbereiter zu Förstern und die Warte zu Unterförstern gemacht. Die Sanddünen auf beiden Nehrungen waren bewaldet. Den alten Kiefernwald auf der Frischen Nehrung ließ der König abholzen. Das brachte ihm 600.000 Taler ein, dem Land aber großen Schaden. Danach kostete es viel Mühe und Geld, die Nehrung wieder mit Wald zu bepflanzen. Als die Russen etwas später auch die Kurische Nehrung abholzten, konnte sie nie mehr bepflanzt werden, und die Dünen begannen zu wandern.

Das Einsehen für lebensbedrohte Tierarten fehlte dem König. Die Grundherren waren von den Jagdvorschriften befreit und durften unbeschränkt alles jagen. Dazu kamen viele Wilderer, die dem Wild überall nachstellten und weder Muttertiere noch Kälber schonten. So wurden die Bestände immer kleiner. Von den einst zahlreichen Bibern gab es nur noch ganz wenige an einigen schwer zugänglichen Stellen. Der Auerochse war schon längst ausgerottet und der Wisent in sein letztes Rückzugsgebiet, in die Wälder am Kurischen Haff gedrängt worden. Trotzdem ließ der König immer wieder diese Wildrinder fangen und in die Hetzgärten nach Königsberg, Berlin, London und St. Petersburg bringen. Zwischen 1729 und 1742 wurden 33 lebende Tiere verschickt. Dazu wurden fünf beim Einfangen getötet, und von acht weiteren wußte man, daß sie von Wilddieben erlegt worden waren. Unter der Jagdleidenschaft des Königs hatte auch das andere Wild zu leiden. Lucanus berichtet von einer Hofjagd im Jahre 1718, bei der der König 40 Elche schoß. – Bei einer anderen Hofjagd 1731 waren es 56 Elche, die unter den Kugeln des Königs ihr Leben ließen. Neue Schutzgesetze für die wenigen Wildpferde kamen zu spät. Die letzten verschwanden bald für immer.

Eine lästige Plage für die Landbewohner waren die Zigeuner. Hordenweise durchzogen sie das Land und lebten vom Stehlen und Betteln, wobei sie aggressiv und aufdringlich auftraten. Ihre Bettelei glich oftmals mehr einem Raubüberfall, bei dem eine Horde auf einem Bauernhof eindrang und unter Drohungen ihre Beute erpreßte. Während der größere Teil der Horde die Bauersleute hart bedrängte, Lebensmittel und Getreide forderte und sich nicht mit Kleinigkeiten abweisen ließ, stahlen die anderen in Hühnerstall und Scheune, was ihnen in die Finger geriet. Sie besuchten alle Pferdemärkte, wo sie oft anderswo gestohlene Pferde verkauften. Diese Landplage nahm so überhand, daß die ansonsten so tolerante preußische Regierung zu drastischen Maßnahmen schreiten mußte. Ein Erlaß von 1725 drohte jedem Zigeuner über 18 Jahre, der in Preußen aufgegriffen wurde, aufgehängt zu werden, was jedoch nie durchgeführt wurde. Eine Verordnung von 1748 ordnet an, daß sie auf die nächste Festung zu bringen seien. Noch im Jahre 1784 wurden 40 Zigeuner in die Gefängnisse Königsbergs eingeliefert – und wieder freigelassen. Alle Versuche der Regierung, die Zigeuner seßhaft zu machen oder zu sozialisieren, waren erfolglos. In Ostpreußen wurden etliche Zigeunersiedlungen angelegt, z.B. bei Schirrau (Kr. Wehlau), in Paringen und Lubagienen (Kr. Labiau) und in Recketschen (Kr. Insterburg). Die Häuser verließen sie bald oder benutzten sie nur als Winterquartier. Im Sommer aber zogen sie im Land umher und belästigten die Bevölkerung.

Erstaunt lesen wir in der Chronik von Schippenbeil, daß 1735 eine russische Schwadron von 159 Dragonern vor den geschlossenen Toren der Stadt erschien, die eine fliehende polnische Räuberbande verfolgte. Nachdem die Offiziere, die eingelassen wurden, sich überzeugt hatten, daß keine Polen in der Stadt waren, zogen die Dragoner weiter. Wahrscheinlich hatten die polnischen Räuber schon das Ermland erreicht. Der Chronist scheint nichts Besonderes dabei zu finden. Wir wundern uns aber, daß eine ganze Schwadron Kavallerie unbesorgt so weit in ein fremdes Staatsgebiet eindrang. Es hat den Anschein, als ob das in gegenseitigem Einverständnis geschah, denn Preußen war wie Rußland an der Bekämpfung krimineller Banden interessiert.

Man sollte annehmen, daß zu dieser Zeit der pruzzische Götterglaube, selbst bei größter Traditionsbewußtheit, der Vergangenheit angehört. Doch Erich Weise schreibt: „[…] noch im 18. Jahrhundert wetterten die Geistlichen von Stallupönen gegen heidnische Bockopferungen, die heimlich zur Frühlingszeit erfolgten." Auch die Sitte der Grabbeigaben wurde weiterhin befolgt. Man hat in den Gräbern u.a. Münzen bis zum Prägungsjahr 1738 gefunden. In Masuren ist diese Sitte sogar noch bis zur Vertreibung im 20. Jahrhundert bezeugt.

Die Neubesiedlung Preußisch Litauens

Eine große Sorge des Königs war die Wiederbesiedlung der durch die Seuchen entvölkerten Gebiete im Nordosten der Provinz. Dabei kam ihm die religiöse Unduldsamkeit in anderen Ländern zu Hilfe. Im Jahre 1716 kamen zu den französischen Hugenotten 1.743

Schweizer aus dem französisch sprechenden Teil des Kantons Bern. Diese konnten sich wohl schlecht in die Verhältnisse einleben, und ein großer Teil von ihnen zog wieder in die Schweiz zurück.

Aufgrund einer Einladung des Königs vom 4. Dezember 1721 kamen Mennoniten nach Ostpreußen und siedelten in der Tilsiter Gegend. Ein Teil kam aus Holland, ein anderer aus dem Kanton Bern der Schweiz. Die Schweizer hatten sie zum Kriegsdienst zwingen wollen, worauf sie auswanderten. Obwohl ihnen in Preußen die Ausübung ihres Glaubens und die Befreiung vom Militärdienst zugesichert worden war, führten 1723 übereifrige, rücksichtslose Werber des Königs, die überall nach großen Soldaten suchten, einige besonders große Leute gewaltsam fort. Die Mennoniten beschwerten sich darauf beim König und erklärten, wenn sie nicht vom Militärdienst befreit blieben, müßten sie um Aufhebung ihrer Verträge und freien Abzug bitten. Trotzdem eine amtliche Untersuchung eingeleitet wurde, blieben sechs junge Leute bei den „Langen Kerls", der Gardetruppe des Königs, in Potsdam. Hatte der König die großen Leute erst einmal in seiner Garde, ließ er sie nicht so leicht wieder frei. Die Mennoniten ließen sich das nicht gefallen und zogen daraufhin 1724 in die Weichselniederung, wo schon viele ihrer Glaubensgenossen wohnten. Als Westpreußen 1772 wieder zurück zu Preußen kam, zog jedoch ein Teil von diesen wieder zurück in die Gegend von Tilsit. August Ambrassat nennt die Dörfer Heinrichswalde, Neukirch, Plaschken und Kaukehmen, wo Ende des 19. Jahrhunderts die Nachkommen jener Mennoniten noch wohnten. Ihre Kirche stand ursprünglich in Plauschwarren bei Tilsit; 1831 bauten sie eine neue in Adlig Pokraken. Nach der Wiedervereinigung Preußens lebten in Ostpreußen etwa 12.000 Mennoniten, die meisten im Kreis Marienburg, wo mehr als ein Drittel des Landkreises in ihrem Besitz war. Mit 20 Kirchenbauten bildeten sie 15 selbständige Gemeinden. In Preußen wurde die Befreiung der Mennoniten vom Militärdienst bis 1868 aufrechterhalten. Das Korporationsrecht wurde ihnen aber erst 1890 verliehen.

Den größten Anteil an der Wiederbesiedlung der verödeten Gebiete Nordostpreußens haben die aus Österreich vertriebenen Salzburger geleistet. Als Graf Leopold Anton von Firmian, ein Zögling der Jesuiten, im Herbst 1727 Erzbischof von Salzburg wurde, begann die Verfolgung jener Protestanten, die mit der Vertreibung aus ihrer Heimat endete.

Da trotz aller Bemühungen seiner Vorgänger das Luthertum unter den Bauern immer noch fortlebte, entschloß sich Firmian, die Glaubenseinheit in seinem Erzbistum mit allen Mitteln wieder herzustellen. Unter dem Druck der erzbischöflichen Behörden und des fanatischen Klerus steigerte sich aber nur der Widerstand der trotzigen Bauern. Hilfe konnten sie jedoch nur vom Corpus Evangelicorum in Regensburg erwarten. Im Juni 1731 sandten die Pongauer Bauern eine Bitt- und Beschwerdeschrift mit 19.000 Unterschriften dorthin. Gleichzeitig beschlossen sie, ihr Luthertum öffentlich zu bekennen. Das gab dem Erzbischof den Grund, darin eine Revolte zu sehen. Er forderte militärische Hilfe vom Kaiser und ließ die Bauern entwaffnen und ihre Wortführer verhaften. Ein kaiserliches Patent, das den Bauern den Beschwerdeweg zum Kaiser freigab, wurde vom Erzbischof unterdrückt. Dagegen erließ er am 31. Oktober 1731 das Emigrationspatent, das die Ausweisung aller lutherischen Bauern anordnete. Personen ohne Grundbesitz hatten binnen acht Tagen, die anderen innerhalb drei Monaten ihre Heimat zu verlassen. Schon im November trieben Soldaten etwa 3.000 dieser Unglücklichen ohne Grundbesitz, im anbrechenden Winter, teils nach Bayern und teils nach Tirol über die Grenze.

Dieses Vorgehen gegen die Satzungen des Westfälischen Friedens erregte die ganze evangelische Welt. Der Kaiser sah sich gezwungen, den Erzbischof zur Rücknahme des Oktoberpatents aufzufordern, was der aber ablehnte. Erst als der König von Preußen durch seinen Gesandten drohen ließ, gegen die Katholiken in Preußen Repressalien anzuwenden, gab der Erzbischof nach. Unter dem Druck von In- und Ausland fand er, auf den Rat des ehemaligen salzburgischen Kanzlers Gentilotti, einen hinterlistigen Ausweg. Unter eindeutigen Drohungen ließ er die verängstigten Bauern selbst um freie Religionsausübung oder Auswanderung bis zum Georgitag (23. April) bitten. Da Religionsfreiheit ausgeschlossen war, hieß das, die Bauern wollten freiwillig ihre Heimat verlassen. Aufgrund dieser Bittschriften suchte der Kaiser die evangelischen Stände und besonders den König von Preußen zu beruhigen, der aber mit dem Corpus Evangelicorum auf den Artikeln des Westfälischen Friedens bestand.

Nach weiterem diplomatischen Manövrieren übergab der Erzbischof die Angelegenheit dem Kaiser zur Entscheidung. Dieser verwies sie an den Reichshofrat, der schließlich gegen den Erzbischof entschied. Das Urteil hatte aber nur noch geringe Bedeutung, denn inzwischen hatte der Erzbischof vollendete Tatsachen geschaffen und die Vertreibung durchgeführt.

Am 2. Februar 1732 erließ der preußische König eine öffentliche Bekanntmachung, in der er die Verfolgten in sein Land einlud, sie fortan als seine Untertanen betrachtete, ihnen Schutz und Hilfe gegen die widerrechtliche Vorenthaltung ihres Vermögens zusagte und den Erzbischof für alle weiteren Schäden verantwortlich machen wolle. Auch der Kaiser wurde informiert. Nun erst gaben Erzbischof und Kaiser nach und erlaubten den Verfolgten unter halbwegs menschlichen Bedingungen die Heimat zu verlassen. Der Termin der Auswanderung wurde verlängert und der Verkauf des Grundbesitzes nicht mehr behindert. Auch ihre Kinder unter zwölf Jahren, die ihnen vorher oftmals weggenommen worden waren, durften sie nun behalten.

Der sonst sparsame König scheute keine Ausgaben für die Vertriebenen. An die betreffenden Länder wurde die Bitte um freien Durchzug gerichtet und alle nötigen Vorkehrungen dafür getroffen. Schon an der Grenze wurden sie von preußischen Beamten mit Reisegeld und allem Notwendigen versorgt. Jeder Mann erhielt pro Tag vier Groschen, jede Frau drei und jedes Kind zwei Groschen Verpflegungsgeld ausgezahlt.

Schon am 30. April 1732 kam die erste Gruppe von 843 Salzburgern in Berlin an, wo sie vom „Ministerio und der ganzen Schule" eingeholt und vom König und der Königin persönlich im Schloßgarten begrüßt und bewirtet wurden. Ähnlich wurden auch alle weiteren Gruppen empfangen. „Die Manufacturisten nach der Neumark, die Ackerleute nach Preußen", ordnete der König an. Diejenigen, die kein eigenes Fuhrwerk hatten, wurden nach Stettin und von dort per Schiff nach Königsberg gebracht. Die anderen, die Wagen und Gespanne besaßen, wurden unter Deckung preußischer Reiter über Küstrin, Preußisch Stargard, Riesenburg, Preußisch Holland und Heiligenbeil nach Königsberg geleitet. Von dort wurden sie auf ihre künftigen Wohnorte verteilt.

Im ganzen kamen 20.694 Salzburger nach Preußen, von denen 15.508 in Ostpreußen aufgenommen wurden. Etwa 3.000 Bauern waren in der Lage, sich selbst anzukaufen, 11.989 wurden auf Staatskosten angesiedelt. Ganze Dörfer mit Kirchen und Schulen wurden ihnen übergeben. Sie erhielten kostenlos Land, Gebäude, Hausrat, Bauholz, Ackergeräte, Brotgetreide und Saatgut, mindestens in dem Umfang, den sie vorher besessen hatten, dazu Abgabenfreiheit für drei Jahre. Der König gab für diese Salzburger Siedler fast sechs Millionen Taler aus. Aufgrund des Reichshofratsurteils konnte er schließlich sogar vier Millionen Gulden von Erzbischof Firmian als Entschädigung für die 2.000 Bauernhöfe erwirken, von denen die Salzburger Bauern vertrieben worden waren.

Wie sich die Salzburger in ihrer neuen ostpreußischen Heimat fühlten, zeigt ein Brief vom 15. Mai 1733 aus Darkehmen, den acht Salzburger einem hohen Beamten im Bistum Salzburg schrieben, der sich besorgt nach dem Schicksal ihm bekannter Familien erkundigt hatte: „Ew. hochfreiherrliche Gnaden thun wir, unter ihrer Verpfleg und Probstei gestandene Unterthanen, nunmehr aber Ihro Königl. Majestät von Preußen Unterthanen, schön grüßen und wollen wir doch berichten, wie es mit unserer Reise ist abgelaufen. Sobald wir ausgezogen aus dem Salzburgeschen durch Gottes Hilfe, so sind wir allezeit glücklich fortgekommen, und von unserm Landesvater, dem Könige von Preußen, als die Kinder aufgenommen worden, und haben viel mehr Gutes empfangen, als uns vergönnet ist worden und sie uns vorgesagt haben. Und sind, Gott Lob, in ein gutes Land gekommen, wo genug Brot und Lebensmittel wohlfeil sind. Haben schon unser zwölf in einer Stadt sich eingekauft, geht und gefällt uns gut. Viele haben sich Höfe und Güter gekauft auf dem Lande, und haben ihre gute Nahrung und hoffen, es wird keinen gereuen. Und wenn Er samt den Seinigen sich gesund befinden, soll es uns lieb sein. Befehlen Sie in Gottes Schutz.

David Weitmoser	Bartleme Dieler	Jacob Gräfenberger
Hans Haygen	Ruprecht Frommer	Joseph Brandstätter
Peter Lindner	Cyriacus Eillersperger".	

Während der Zuzug der Salzburger in allen Einzelheiten dokumentiert ist, ist die Einwanderung von beinahe ebenso vielen Nassauern wenig bekannt. Das liegt wohl daran, daß diese Einwanderer nicht auf einmal, sondern in kleinen Gruppen über einen größeren Zeitraum einwanderten. Auch diese verließen ihre Heimat wegen bedrückender Verhältnisse und zogen in das Freiheit verheißende Ostpreußen. Ebenso wird über den Zuzug von einer noch größeren Anzahl Litauer meistens wenig oder nichts berichtet. Im Gebiet nördlich der Memel wurden z.B. 2.800 Bauern auf verödeten Höfen angesetzt, die fast alle Litauer waren. Die Zusammensetzung der Bevölkerung der drei litauischen Ämter Tilsit, Ragnit und Insterburg wurde bei der Bestandsaufnahme von 1736 genau festgestellt. Daraus ist ersichtlich, welchen Anteil die Einwanderer der einzelnen Volksteile an der Gesamteinwanderung hatten.

Danach gab es in den drei Ämtern 9.225 Domänenbauern. Von diesen waren 5.470 Litauer (59,5 Prozent), 763 Salzburger (acht Prozent) und 2.992 andere Deutsche (32,5 Prozent). Die gesamte deutsche Bevölkerung dieser Ämter setzte sich zusammen aus:

28,6 % Salzburger	2,4 % Pfälzer
21,2 % Nassauer	1,5 % Hessen
20,2 % Schweizer	0,9 % Sachsen
9,5 % Halberstädter und Magdeburger	0,7 % Braunschweiger
8,3 % Franken	0,6 % Anhalter
5,4 % Pommern	0,7 % sonstige

Die Litauer gingen allmählich im deutschen Volkstum auf. Um 1920 war Litauisch als allgemeine Umgangssprache nicht mehr gebräuchlich.

Auch im Südosten fehlten Menschen. Dort hatte sich das Land noch nicht von den Polen- und Tatareneinfällen und der Pest erholt, als die große Pestwelle von 1709/10 die Bevölkerung erneut drastisch reduzierte. Als die Zustände besser wurden, hätte man die fehlenden Deutschen durch Masowier ersetzen können. Der König erlaubte aber den Zuzug polnischer Siedler nur in beschränktem Maße und verbot ihn zeitweise ganz. Kalweit schreibt, „daß er [Friedrich Wilhelm I.] sich der Gefahr bewußt war, die ein Hereinfluten polnischer Bevölkerung seinem Land gebracht hätte". Den preußischen Bauern verbot er, Äcker auf polnischem Gebiet zu besitzen oder zu bebauen. An der Neubesiedlung hatte diese Gegend nur geringen Anteil, denn die Regierung meinte, daß die Neubesetzung dort zu teuer und unrentabel sei und auch „eine Vermischung der deutschen Einwanderer mit den Polen nicht zweckmäßig wäre".

Die ersten Volksschulen

Einmaliges leistete Friedrich Wilhelm I. für das Schulwesen. Kein König vor oder nach ihm tat mehr für die Bildung des gewöhnlichen Volkes und die Schaffung eines allgemeinen Schulwesens. Zwar hatte der Große Kurfürst schon 1662 angeordnet, daß „in Städten und Dörfern wohlbestallte Schulen" eingerichtet werden sollten. Aber nicht alle Gemeinden hatten sich eine Schule leisten können, und zudem war der Schulbesuch immer noch freiwillig.

Mit dem Generaledikt vom 28. September 1717 führte Friedrich Wilhelm die allgemeine Schulpflicht ein. Auch wenn zunächst dazu erst Lehrer ausgebildet und Schulen erbaut werden mußten, wurde Erstaunliches geleistet. Anfangs mußten alle Kinder vom 5. bis zum 12. Lebensjahr die Schule im Winter täglich, im Sommer wenigstens zweimal in der Woche besuchen. Natürlich sträubten sich manche Eltern gegen so eine noch nie dagewesene Anordnung. Mit einem Schulstrafgeld wurden sie jedoch gezwungen, ihre Kinder in die Schule zu schicken. Nach dem königlichen „Rescript" vom 25. Dezember 1726 sollte kein Kind einen längeren Schulweg als eine halbe preußische Meile (also etwa 3,76 km) haben; nahe beieinander liegende Dörfer wurden zu Gesamtschulverbänden vereinigt, abgelegene Orte wurden Eigenschulverbände. Diese Regelung erhielt sich bis in die jüngste Zeit. Eine Schulkommission überwachte die Durchführung aller Anordnungen und mahnte säumige Amtsleute und Magistrate zum Einziehen der Strafgelder. Aus besonders armen Gegenden liegen Berichte vor, nach denen die Eltern die Kinder als Hilfe in der Landwirtschaft nicht entbehren, aber auch das Strafgeld nicht zahlen konnten. Trotz aller Schwierigkeiten setzte sich der allgemeine Schulbesuch mit der Zeit durch. Eine Armenschule in Königsberg wurde von 1.300 Kindern besucht, die von 65 Theologiestudenten Unterricht erhielten.

Der König gab große Summen zum Bau von Schulen aus. Die Visitation von 1738 ergab, daß neben den schon vorhanden gewesenen 385 Kirchenschulen 1.160 neue Dorfschulen auf staatlichem Domänenland errichtet worden waren, also insgesamt 1.545 Schulen in Ostpreußen bestanden. Wenn man sieht, wie 100 Jahre später die Mehrzahl der Bewohner des Ermlands ihre Unterschriften mit drei Kreuzchen machen, weil sie ihre Namen nicht schreiben können, kann man ermessen, wie weit voraus das Gebiet des Herzogtums Preußen mit seiner allgemeinen Volksbildung war. 1739 verfügte der König, daß auch an den litauischen und masurischen Schulen die deutsche Sprache zu lehren sei. Als er 1739 zum letzten Male in Ostpreußen weilte, schärfte er der Schulkommission ein, sich nicht nachlässig zu erweisen, sonst „sollten sie dafür Gott am Jüngsten Tage responsable sein", und er selbst werde sie „an jenem Tage daselbst verklagen".

Ein erstmalig geschaffenes allgemeines Schulwesen konnte, vor allem durch den Mangel an ausgebildeten Lehrern, nicht perfekt sein. Daß der preußische Staat aber grundsätzlich den Schulzwang für alle Kinder anordnete und nach bestem Vermögen für die Durchführung sorgte, macht ihn zum Begründer der allgemeinen Volksschule und erhebt ihn weit über alle anderen Staaten jener Zeit.

Eine erstaunliche Ausnahme bildete die Stadt Danzig, die noch weiter voraus war. Dort war schon 1610 die allgemeine Schulpflicht für alle Kinder vom siebenten Lebensjahr ab eingeführt, aber erst 1640 den Eltern für Nichtbefolgung dieser Anordnung Geldstrafen angedroht worden.

Der Soldatenkönig

Friedrich Wilhelm I. war überzeugt, daß nur eine starke Armee den Frieden erhalten und die Sicherheit des Staates gewährleisten kann. Darum bemühte er sich, das Heer zu vermehren und auf den höchsten Ausbildungsstand zu bringen. Er sah darauf, daß die Bewaffnung, Bekleidung und Ausrüstung aus dem eigenen Land kam, damit die Steuergelder wieder zurück in die Wirtschaft flossen. Bei seiner Thronbesteigung fand er eine Armee von 38.000 Mann vor, die zur Hälfte aus Ausländern vieler Nationen bestand. Nur harte Disziplin und eiserne Strenge konnte aus dieser bunt zusammengesetzten Masse eine Armee von höchstem Kampfwert machen. Fast niemand hatte sich aus Vaterlandsliebe dazu gemeldet. Da es keine Wehrpflicht gab, wurden die Inland-Anwerbungen zum Teil gewaltsam durchgeführt. Viele junge Leute aus dem Bauernstand meldeten sich aber auch freiwillig zur Armee, um aus der Gewalt ihrer Grundherren zu kommen. Daß der Adel diese Leute als Eigentum betrachtete, die solche Freiheiten nicht haben durften, zeigt ein Gesuch, das 1714 die ostpreußischen Adligen dem König überreichten, um diese Freiwillig-Meldungen zu verhindern: „[...] durch die den Landleuten und Adel, die Knechte und Unterthanen, darin doch ihr Reichtum und Unterhalt bestehe, genommen werde und bitten, daß die freiwilligen Meldungen zurückgewiesen werden möchten, weil diese oft nur aus Rache und zum Verdruß der Eigentümer sich anwerben ließen, und der Herr ein fundiertes Recht an seine Unterthänigkeit habe."

Diese Beschwerde des ostpreußischen Adels, von dem der König grundsätzlich keine gute Meinung hatte, blieb augenscheinlich erfolglos.

Die ungeregelte und zum Teil gewaltsam durchgeführte Anwerbung für die Armee verursachte aber auch anderweitig viel Ärger und Beschwerden. Denn wenn die Werbung nicht die erforderliche Zahl der freiwilligen Rekruten zusammengebracht hatte, wurden taugliche junge Männer ohne irgendwelche Umstände einfach aufgegriffen und in die Regimenter gesteckt. Sollte die Armee beträchtlich vergrößert werden, mußte eine bessere Art der Rekrutierung eingeführt werden. Daher ersetzte Friedrich Wilhelm 1733 das alte Werbesystem durch die neue sog. Kantonpflicht. Jeder Untertan war jetzt zur Verteidigung des Landes und zum Militärdienst verpflichtet. Das Land wurde in Kantone aufgeteilt und je 5.000 Feuerstellen (Haushalte) einem Infanterie- und je 1.800 einem Kavallerieregiment zur Einberufung der Dienstpflichtigen zugewiesen. Das war die erste Form einer allgemeinen Wehrpflicht, und die Werbung im Inland, vor allem die willkürliche Zwangseinstellung zufällig aufgegriffener junger Leute, hörte damit auf. In dem neuen Gesetz wurde befohlen: „Alle Einwohner des Landes sind für die Waffen geboren und dem Regiment, in dessen Kanton sie zur Welt gekommen sind, obligat [verpflichtet]."

Durch die Einführung des Kantonzwangs wurde jetzt auch der ärmste Bauer aus der Abhängigkeit des Grundherrn genommen und in eine dem Staat unterstellte Gemeinschaft geführt, wodurch die Erziehung zum späteren Staatsbürgertum eingeleitet wurde. Grundsätzlich bestimmte die Kantonverfassung zwar, daß alle männlichen Einwohner zum Militärdienst verpflichtet waren, doch gab es viele Ausnahmen. Dazu gehörten vor allem die Söhne des Adels und der reichen Bürger. Aber auch manche Städte und Industriegebiete waren befreit. Die Dienstpflichtigen wurden mit 20 Jahren gemustert und nach Bedarf bis zum 40. Lebensjahr eingezogen. Die 20jährige Dienstzeit wurde jedoch nach der Ausbildung durch jährliche Beurlaubungen, außer der zweimonatigen Exerzierzeit im Herbst oder Frühjahr, wesentlich erleichtert.

„Unsichere Kantonisten" wurden solche Leute genannt, die durch häufigen Wohnortwechsel sich ihrer Dienstpflicht zu entziehen suchten. Die Ausbildung der Armee erreichte ein Niveau, das seiner Zeit weit voraus war. 1719 war der eiserne Ladestock, das abgewinkelte Bajonett und die Stellung der Infanterie in drei Gliedern eingeführt worden. Jetzt bewegte sich zum erstenmal eine Truppe im Gleichschritt, lud und feuerte so schnell und gleichmäßig und bewegte sich mit solcher Präzision, daß sie ein nicht abschätzbares Übergewicht über jede andere Truppe haben mußte. Ausrüstung und Bewaffnung waren unübertroffen. Es war damals auch die einzige Armee der Welt, in der jeder Soldat lesen und schreiben lernte.

Die besondere Vorliebe des Königs, die bei ihm beinahe zur Manie ausartete, galt besonders großen Soldaten. Das 2.400 Mann starke Garderegiment, in Potsdam, in dem der kleinste Mann sechs Fuß (1,83 m) und der größte acht Fuß und zwei Zoll (2,49 m) maß, war sein größter Stolz und erregte die Bewunderung aller ausländischen Besucher. Wo immer ein besonders großer und kräftiger Mann zu finden war, wurde er mit Güte oder Gewalt in die Garde gepreßt. Mancher große Jüngling floh ins Ausland, um diesem Los zu entgehen. Die Suche nach großen Leuten war nicht auf das eigene Land beschränkt; auch in den Nachbarstaaten waren Werber des Königs tätig und scheuten weder Kosten noch Mühe, um besonders große Leute in preußischen Sold zu nehmen. Für diese „Langen Kerls" gab der König bereitwillig die größten Summen aus. Dem preußischen Gesandten in England bewilligte er 9.000 Pfund Sterling für einen sechs Fuß neun Zoll (2,06 m) großen Iren. Von 1713 bis 1735 gingen fast zwölf Millionen Taler für die Anwerbung solcher Riesen ins Ausland. Wer sich beim König besonders beliebt machen wollte, führte ihm ein paar „Lange Kerls" zu. Zar Peter der Große, der das Bündnis mit Preußen gegen Schweden suchte, schenkte dem König 150 besonders große Russen, denen jährlich ein entsprechender Ersatz folgte.

Nicht alle Anwerbungen erfolgten auf legale Weise. Der in allen anderen Fällen auf Recht und Ehrlichkeit bedachte König ließ jedes Mittel gelten, wenn es um die Zuführung eines „Langen Kerls" ging. Er nahm manchen Protest und diplomatischen Streit in Kauf, gab aber die gewaltsam entführten Leute fast niemals wieder heraus. Auch die Mennoniten ließ er lieber aus dem Lande ziehen, als daß er die sechs rechtswidrig entführten Leute wieder entließ. Der König schien zu glauben, daß er ein Vorrecht auf alle großgewachsenen Männer habe. Für seine Riesengarde, die er oft „meine lieben blauen Kinder" nannte, sorgte er väterlich. Sie erhielten einen viel höheren Sold als die übrige Armee (der Gemeine vier Taler monatlich), die meisten dazu noch bedeutende Zulagen, wie sie bei der Anwerbung vereinbart worden waren. Manche erhielten 20 oder 30 Taler monatlich, einige sogar ein Mehrfaches. Sie wohnten zu je vier Mann in kleinen Ziegelhäusern, die um das Potsdamer Schloß standen. Sie hatten einen Wirt, der sie verpflegen und bedienen mußte. Verheiratete erhielten mit ihrer Familie allein ein Haus. Der König förderte Ehen und suchte manchmal selbst geeignete (große) Frauen für seine Riesen. In keiner Armee der Welt wurden Soldaten derart verwöhnt. Nur Urlaub erhielten sie niemals, denn so mancher der mit Gewalt in den Dienst Gepreßten, wäre wohl nicht zurückgekehrt.

Friedrich Wilhelms Herrschernatur ließ es nicht zu, sich als ersten Diener des Staates zu bezeichnen. Seine niemals ermüdende Sorge um das Wohl des Staates machten ihn aber trotzdem zu einem solchen. Auch wenn er gebieterisch auftrat, suchte er stets das Wohl der Mehrheit. Indem er von allen Gehorsam forderte, diente er allen. Der Große Kurfürst und auch Friedrich der Große erteilten ihren Nachfolgern Ratschläge, Friedrich Wilhelm aber befiehlt seinem Sohn, wie er zu regieren hat. Sein Testament beginnt: „Instruction, wie mein Successor [Nachfolger] von der Krone Preußen nach mein Tod sich zu richten hat […] Von der Organisation des Heeres darf nichts geändert werden […] Wofern Ihr aber dagegen reagiert […] so ziehe ich meinen väterlichen Segen von Euch ab und gebe Euch den Fluch […]"

Er warnt seinen Sohn, einen Krieg zu beginnen, und zählt alle Nachteile auf, die der Staat daraus zu erleiden hat. Dann fordert er: „[…] um Gottes Willen keinen ungerechten Krieg anzufangen, denn Ihr müßt einstmals Rechenschaft geben von jedem Menschen, der dar geblieben ist. Bedenk[t], was Gottes Gericht scharf ist."

Die gewaltige Aufbauarbeit, die der König in Ostpreußen geleistet hatte, wußte auch sein Sohn zu würdigen. Ein Brief des Kronprinzen, den er am 27. Juli 1739 aus Insterburg an seinen Freund Voltaire schrieb, während er das Land bereiste, gibt über seine Eindrücke Auskunft, wie er sie kurz vor dem Tod Friedrich Wilhelms I. aufnahm: „Endlich sind wir angekommen, lieber Freund. Wir waren drei Wochen unterwegs, und zwar in einem Lande, das ich für das Nonplusultra der zivilisierten Welt halte. Es ist eine in Europa wenig bekannte Provinz, die aber bekannter zu sein verdient, da sie als eine Schöpfung des Königs, meines Vaters, gelten kann […]

Die Provinz wurde Anfang des Jahrhunderts von der Pest verheert; über 300.000 Einwohner rafften die Seuche und das Elend hin. Der Hof, der von dem Unglück wenig wußte, unterließ es, der reichen und fruchtbaren Provinz, die an Einwohnern und jeder Art von Erzeugnissen Überfluß hat, wieder aufzuhelfen […] unsere blühendste Provinz verwandelte sich in die schrecklichste Einöde. Inzwischen starb Friedrich I. und wurde mit seiner falschen Größe begraben. Ihm lag nur an eitlem Prunk und an der pomphaften Zurschaustellung nichtiger Zeremonien. Meinen Vater […] ergriff dieses Unglück des Volkes. Er begab sich selbst an Ort und Stelle und sah die weiten verheerten Landstrecken und dazu all die schrecklichen Spuren, die Seuche, Hungersnot und die schmutzige Habgier der Minister hinterlassen hatten […] Seitdem hat der König keine Ausgaben gescheut, um seine heilsamen Absichten zu verwirklichen. Er erließ zunächst weise Reglements, baute alles, was die Pest zerstört hatte, wieder auf und ließ Tausende von Familien aus allen Ecken Europas kommen. Die Äcker wurden wieder bebaut, das Land bevölkerte sich, der Handel blühte wieder auf[,] und jetzt herrscht in dieser fruchtbaren Gegend mehr Überfluß denn je. Preußisch-Litauen hat mehr als eine halbe Million Einwohner. Es zählt mehr Städte und Herden als früher, hat mehr Wohlstand und Fruchtbarkeit als irgend eine Gegend Deutschlands […]"

Während der Regierung Friedrich Wilhelms I. hatte der Zuzug so vieler Menschen eine Anzahl von Städtegründungen zur Folge. Tapiau, Ragnit, Stallupönen (Ebenrode), Bialla (Gehlenburg) und Nikolaiken erhielten 1722 ihre Stadtrechte, Willenberg und Rhein 1723, Darkehmen (Angerapp) und Pillkallen (Schloßberg) 1724, Gumbinnen, Pillau und Schirwindt 1725. Die Bevölkerungszahl war während der Regierungszeit des Königs von 440.000 auf fast 600.000 gestiegen. In 30 Jahren waren die riesigen Menschenverluste der Pest von 1709/10 wieder ausgeglichen.

Einerseits klingt es paradox, daß ein Herrscher, der jedem Krieg weit aus dem Wege ging, „Soldatenkönig" genannt wird, aber neben all seinen anderen Leistungen, ist er auch der Begründer des modernen Soldatentums. Vor allem aber war es die Spielerei mit den „Langen Kerls", die ihm diesen Namen eintrug. Daß er nicht „der Große" genannt wurde, liegt wohl daran, daß er keine Kriege geführt und keine Schlachten gewonnen hat. Nur selten hat sich aber ein Herrscher für seine Untertanen so eingesetzt wie dieser sozialste aller preußischen Könige.

Am 31. Mai 1740 starb Friedrich Wilhelm I. Er hatte angeordnet, daß er in den Leichenreden nicht gelobt, aber auch nicht verdammt werden solle. Der Staatsschatz betrug bei seinem Tod acht Millionen Taler. Die Armee, die bei seinem Regierungsantritt 38.000 Mann stark war, zählte jetzt 83.000 Mann und galt als die beste jener Zeit. Die Einwohnerzahl Preußens war auf 2,5 Millionen gestiegen. (Das mächtige Frankreich, mit 20 Millionen Einwohnern, unterhält zu der Zeit eine Armee von 150.000 Mann, Österreich, mit einer Bevölkerung von 15 Millionen, nur 100.000 Soldaten.) Die preußische Verwaltung mit ihrem sauberen Beamtentum, einer florierenden Wirtschaft und einer unvergleichbaren Armee, hatte Preußen zum modernsten Staat Europas gemacht.

Das Ermland von 1700 bis 1750

Das Ermland war während des Großen Nordischen Krieges von den Schweden als polnisches Gebiet betrachtet und unter ihrer Besetzung von 1703 bis 1708 hart drangsaliert und ausgeplündert worden. Dann kam die Pest von 1709/10, die besonders in den Städten viele Opfer forderte. Danach folgte eine Zeit, in der sich die Menschen wieder erholen konnten. Während im übrigen Preußenland von dem ehemals reichen Bauerntum des Ordenslandes nichts mehr übrig war, hatte sich hier der Bauernstand, trotz manchen Unglücks und großer Bedrückung, erhalten können. Hier waren keine Söldnerführer mit großem Landbesitz entlohnt worden, und die Adligen hatten hier keinen großen Einfluß. Die zahlreiche, nicht versklavte Landbevölkerung ermöglichte auch den Städten ein erträgliches Auskommen.

Wie es in den ermländischen Städten zu jener Zeit zuging, ist aus ihren Willküren (Zusammenfassung der Gesetze für Sicherheit und Ordnung) zu ersehen. Von den 106 Paragraphen der Willkür der Stadt Seeburg sind die folgenden entnommen, die in allen Städten ähnlich waren:

1. Ein jeglicher, der unser Mitbürger sein und das Bürgerrecht erwerben will, soll zuerst dem Bischof von Ermland als Landesherrn und dem ehrsamen Rat der Stadt den Treueid schwören. Auch soll er verbunden sein, der Bruderschaft der Schützengilde beizutreten.

2. Das Bürgerrecht kann nur gewinnen, wer der katholischen Religion angehört und Schein und Beweis seiner Freiheit erbringt.

3. Fluchen, Lästern und Schelten gegen Gott, seine Heiligen und die Bräuche der Kirche werden bei harter Strafe verboten. […]

15. An Sonn- und Feiertagen darf niemand vor der Vesper Wasser zum Brauen aufgießen oder Holz anfahren, bei einem Vierding Strafe.

16. Wer an Sonn- und Feiertagen schon in der Frühe Bier, Met oder Branntwein schenkt [… wird bestraft]. Erlaubt ist jedoch das Schenken an einen fremden Reisenden, der nicht lange warten kann.

17. Dienstknechte, junge wie alte, soll niemand in seinem Hause verhegen und ihnen Bier vortragen länger als bis Glocke neune […] Wenn ein Dienstknecht nicht zur rechten Zeit in seines Herrn Haus geht, […] soll er mit Hilfe der Wache ins Gefängnis abgeführt werden. […]

23. So bei jemand ein Feuer auskäme […] und er wolle es selber dämpfen und nicht beschreien, der soll der Stadt 3 Mark verbüßen und seinem Nachbarn den dadurch entstandenen Schaden ersetzen.

24. Wo ein Haus beginnt zu brennen, dahin soll jeder Hauswirt laufen und einen Eimer voll Wasser oder eine Axt mitbringen. [Nr. 25 bis 29 befassen sich mit weiteren Feuerlöschanweisungen.]

30. Niemand darf seinen Mist an die Stadttore oder an die Mauern oder zum Schaden anderer an die Wände werfen, sondern er muß ihn jede Woche ausfahren, bei fünf Mark Strafe. […]

34. Kein fremder Schuhmacher darf Schuhe zum Verkauf in die Stadt bringen, es sei denn am freien Jahrmarkt; bei 3 Mark Buße. [Nr. 35 und 37 verbieten das gleiche für Bäcker und Textilkaufleute; …]

58. Kein Bürger darf in der Stadt mit Heringen, Dorsch, Salz, Teer, Nüssen und anderen Hökerwaren handeln zum Schaden der armen Höker unter dem Rathaus, bei der Stadt Willkür. […]

In den Städten verteilte sich das Gewerbe zu dieser Zeit vor allem auf die Berufe, die sich mit der Versorgung der ländlichen Bevölkerung befaßten. Die wichtigsten davon waren, nach dem Kaufmann, der Schmied, der die vielartigen Arbeitsgeräte herstellte, der Stellmacher, der Wagen und Schlitten baute, und der Sattler, der das Pferdegeschirr anfertigte. In fast jeder

Stadt hatte auch ein Nagelschmied genug zu tun. Von nicht geringer Bedeutung war der Gerber, der die Tierhäute präparierte, und der Kürschner, der sie zu Pelzdecken und Bekleidungsstücken verarbeitete. Da Kleider und Schuhe in mühsamer Handarbeit angefertigt wurden, gab es viele Schneider und Schuhmacher. Zahlreich waren auch die Kammacher, die Webkämme herstellten. Dafür war stets ein Bedarf vorhanden, weil in jedem Bauernhaus und auch in vielen Bürgerhäusern fleißig gewebt wurde. Der Töpfer machte nicht nur seine Tonwaren; er setzte auch Kachelöfen und Herde. Der Beruf der Brettschneider erforderte viele Arbeitskräfte. (Erst nach 1870 übernahmen Sägewerke diese mühsame Arbeit.) Der Drechsler machte kunstvolle Spinnräder, und der Tischler baute die Möbel für die Lebenden und die Särge für die Toten. Der Seiler stellte Taue, Stricke und Leinen her, die in jeder bäuerlichen Wirtschaft gebraucht wurden. Ebenso wichtig war der Korbflechter, der Färber und der Holzpantinenmacher ("Kletzmoka"). Die Bäcker und Fleischer versorgten hauptsächlich die Stadtbevölkerung. Den Haarschneider nannte man nach dem französischen Wort Barbier einfach Balbutz. Außerhalb der Stadt hatte der Schinder seinen Arbeitsplatz.

Eine wichtige Einrichtung in jeder Stadt war das Brauhaus, das meistens auf dem Marktplatz stand. So wie heute Kaffee und Tee getrunken wird, war damals Bier ein wichtiges Nahrungsmittel, das auch zu Biersuppe verwendet wurde. Es handelt sich dabei um ein alkoholarmes braunes Dünnbier. Starkbier wurde nur für Feste und besondere Anlässe gebraut. War eine Stadt abgebrannt, wurde in der Regel zuerst das Brauhaus aufgebaut. Jeder Bürger hatte das Recht, Bier zu brauen, aber nicht alle machten davon Gebrauch. Schnapsbrennen durften aber nur Höker (Kleinkaufleute) und Gastwirte. Wer brauen durfte, durfte auch schenken, und so gab es viele Schankstuben. Die Aufsicht über das Brauen hatte das Braukollegium. Dieses wies jedem Bürger bestimmte Tage zu, an denen ihm das Brauhaus zur Verfügung stand. Dann brachte er sein Malz, Hopfen, Hefe und Brennholz, und unter Aufsicht und Mithilfe des städtischen Braumeisters wurde nun gebraut. Das Braukollegium setzte den Bierpreis fest und regelte neben anderem die Ausschankzeiten.

Das Handwerk hatte für heutige Begriffe einen außerordentlich hohen Stand. Altüberlieferte Gesetze, die zum großen Teil noch aus der Ordenszeit stammten, hielten Ehre, Ruf und Qualität des Handwerks hoch. Die Meister wachten eifersüchtig darüber, daß sich niemand in ihre Zünfte drängte, der nicht allen Anforderungen der Ehrbarkeit entsprach. Schon bei der Einstellung eines Lehrjungen mußten zwei "ehrenfeste und wohlweise Herren mit aufgehobenen Händen und fürgestreckten Fingern zu Gott schwören", daß der Junge "aus einem unberüchtigten und vollkommenen Ehebette zu voller Zeit gezeuget und geboren sei" (Braunsberger Fleischergewerk, 1729).

Alle verlangten, daß die Lehrjungen "deutscher Art" waren. Ausländern war die Aufnahme in die Zunft nicht erlaubt. Obwohl das Ermland nun schon 200 Jahre unter polnischer Oberhoheit stand, hielt die Bevölkerung an ihrem Deutschtum fest. In den Verträgen steht immer wieder: "[...] guter deutscher Art und Zunge geboren [...] deutsch geboren und gestammet" und ähnliches. Nach der sorgfältigen Auslese ihres Nachwuchses achteten die Zünfte aber auch streng darauf, daß die Lehrjungen gut ausgebildet und erzogen wurden. "Der Meister wird verpflichtet sein, den Lehrjungen treulich zu unterrichten und keineswegs zu knechtlicher Arbeit zu gebrauchen" (Schneider von Mehlsack, 1715). Ein Schuhmacher in Rößel, der seinen Lehrjungen mit Dreschen und Mähen beschäftigt hatte, mußte 1715 zwei Mark Strafe zahlen. Beim nächsten Mal wurde ihm auf Beschluß der Zunft der Junge weggenommen.

Streng waren die Vorschriften für den Gesellenstand. Wollte er Meister werden, mußte er Geburt, Lehr- und Wanderjahre nachweisen und zum Beweis seines Könnens das Meisterstück anfertigen. Dann mußte er "Jahr und Tag in der Stadt setzen, damit man seynen Wandel erkennen mag" (Zunft der Reifschläger, Braunsberg 1570).

Auch die Meistersfrau gehörte der Zunft als "Schwester" an. Sie saß in der Kirche in der Zunftbank und wurde mit allen Ehren des Gewerks zu Grabe getragen. Deshalb mußte auch die Meistersfrau an ihrer Ehre "unbetastet" sein. "Nimmt er ein Weib, das nicht bieder [jungfräulich] ist, der soll [...] der Bruderschaft entbehren" (Braunsberger Schuhmacherzunft, 1385). Eine Meistersfrau wurde aus der Schmiedezunft ausgeschlossen, weil sie sechs Monate nach der Hochzeit niedergekommen war. "Verwirkt sich jemand in unserm Gewerk des Ehebruchs, sei es Mann oder Frau, [...] der soll dem Gewerk nicht gut genug sein" (Bäcker von Mehlsack, 1632).

Sehr streng war die Überprüfung der Qualität der Waren: „Ein jeglicher Mann unseres Handwerks, der soll seine Schuhe ehrlich machen ohne Falsch, daß er dazu gutes Leder nehme [...]" (Schuhmacher von Wormditt, 1552).

Den Fleischern wurde der Preis vorgeschrieben, und das Fleisch mußte auf einem weißen Tuch liegen. Wer Fleisch von einem Tier verkaufte, das beinbrüchig, erstickt oder vom Wolf gebissen war, der muß „des Werks entbehren und darf nicht mehr Kompan sein" (Fleischer von Frauenburg, 1717).

Die Verkäuferinnen der Bäcker mußten „unberüchtigt und ihrer Ehren fromm sein". Minderwertiges oder nicht vollgewichtiges Brot wurde von den Schaumeistern beschlagnahmt und dem Hospital gegeben (Bäcker Heilsbergs, 1554).

Die Tuchmacher erklärten: „Wie wir verpflichtet sind, daß unsere Käufer mit guter Arbeit und Ware versehen und keineswegs betrogen und übervorteilt werden mögen [...]" (Mehlsack, 1661). Feilschen war nicht üblich; jede Ware hatte einen festen Preis, der nicht unter- oder überboten wurde.

Das mittelalterliche Zunftwesen blühte im Ermland noch bis zur Mitte des 18. Jahrhunderts; dann begann auch hier der Niedergang. Anstelle der Vorschriften über Ausbildung und Erziehung traten minutiöse Regeln über Komment und Biergelage. Jede Konkurrenz wurde durch scharfe Bestimmungen ferngehalten, Kastengeist und Vetternwirtschaft gewannen die Oberhand, der Nachwuchs wurde nur noch mangelhaft ausgebildet. Dann folgte die Aufhebung des Marktzwangs und die Öffnung der geschlossenen Zünfte. Dem sterbenden Zunftwesen machte die Gewerbefreiheit 1889 endgültig ein Ende.

Im Dorf Schönwiese (Kr. Heilsberg) hatten drei Knechte am Weihnachtstag 1713 durch übermäßiges Trinken und Lärmen den Feiertag entehrt. In ihrer Trunkenheit hatten sie dazu ein am Weg gefundenes hölzernes Kruzifix mit in die Wirtschaft genommen und allerlei Unfug damit getrieben. Ein Gericht hatte die drei zu je 60 Mark Geldstrafe und 50 Schlägen mit dem Strang verurteilt. (Der Jahresverdienst eines Knechtes betrug damals, neben Kost, Unterkunft und Bekleidung zehn bis 15 Mark.) Als ein Jahr später der Landesherr, der polnische Bischof Potocki davon erfuhr, hob er das Urteil auf. Er wollte Blut sehen, setzte den Richter ab und ordnete mit entsprechender Anweisung ein neues Gerichtsverfahren an. Dieses wurde am 4. Februar 1715 in Guttstadt abgehalten und erbrachte die verlangten Todesurteile. Der Bischof bestätigte umgehend das neue Urteil, und schon am 9. Februar fielen die Köpfe der drei Knechte. Der Bischof ordnete an, die rechte Hand der Hingerichteten abzuhauen und an einen Pfahl am Ort der Untat anzunageln. Außerdem mußte dort auf Kosten des Gastwirts und des Dorfschulzen eine Kapelle gebaut und unterhalten werden, „in der das verunehrte Kruzifix zum ewigen Andenken ehrenvoll aufbewahrt werden muß". Die Kapelle wurde mehrmals vergrößert, bis die Kirche von Schönwiese daraus entstand.

Das Schulwesen im Ermland, so armselig es auch war, stand im Vergleich zu Polen und auch Westpreußen auf der höchsten Stufe des ganzen polnisch beherrschten Gebietes. Nach den Statusberichten gab es nicht nur in allen Städten Trivialschulen (unterste Stufe einer Grundschule), sondern auch in vielen Kirchdörfern. Der Schulbesuch war aber freiwillig und nur für einen geringen Teil der Bevölkerung gedacht. Der Unterricht wurde im Wohnzimmer des Lehrers gehalten, der von der Kirche angestellt war und meistens auch den Küster- und Organistendienst versah. Seine bescheidenen Einkünfte waren das Schulgeld der Schüler und Naturalleistungen der Gemeinde.

Nur wenige Stadtkinder und noch weniger Dorfkinder nahmen am Unterricht teil. Daß auch Bauernkinder eine Schule besuchen sollten, wurde als absurd oder völlig unnötig angesehen. Bei der bäuerlichen Bevölkerung war kein Bildungsbedürfnis vorhanden. Selbst ein Jahrhundert später zeigen die Urkunden über die Landverteilung in der sog. Separation, daß nur wenige ermländische Bauern ihre Namen schreiben konnten. Zur Sommerszeit ruhte der Schulbetrieb. Für die Weiterbildung gab es im Ermland zwei höhere Schulen, eine in Braunsberg und eine in Rößel, die von Jesuiten geleitet wurden. Sie dienten vor allem zur Heranbildung des katholischen Klerus.

August der Starke war als König von Polen auch Lehnsherr des Bischofs von Ermland und hielt sich öfters im Bistum auf. In der Chronik von Heilsberg liest man, daß der König beim

Bischof „frohe Tage" verlebte. Auf dem Gut Molditten bei Rößel unterhielt er eine seiner Mätressen, deren Kinder den Titel Grafen von Zeigun führten.

Am 29. Dezember 1712 gab der Bischof dem Braunsberger Buchhändler Peter Rosenbüchler das Monopol über den Verkauf von Büchern. Im Ermland durften von jetzt ab nur noch Bücher der Firma Rosenbüchler verkauft werden. Das Monopol erlosch mit der Rückkehr des Ermlandes zu Preußen 1772.

Nach dem Vorbild von Heiligelinde begann der Wormditter Erzpriester Kaspar Simonis 1715 mit dem Bau der Wallfahrtskirche in Krossen (Kr. Braunsberg), die 1720 eingeweiht wurde.

Einen jahrelangen Streit der Töpfer von Seeburg und Bischofstein über den Besuch der Jahrmärkte in den Nachbardörfern, der unter dem Namen „Töpferkrieg" bekannt war, schlichtete Bischof Potocki am 15. März 1720, indem er jeder Stadt bestimmte Dörfer zuwies.

Obwohl dem ermländischen Domkapitel nur Polen angehörten, erbrachte es 1724 in einer rechtsgeschichtlichen Denkschrift den Nachweis, daß „sich das Ermland zum Heiligen Römischen Reich Deutscher Nation und den deutschen Konkordaten zugehörig fühle".

Das Verhältnis zwischen dem Pfarrer und der Stadt Bischofsburg scheint zeitweise sehr gespannt gewesen zu sein. Der Pfarrer erhob beim Bischof Klage über Nichtablieferung des Dezems (Zehnten), mangelndes Interesse beim Kirchgang und eine Reihe anderer Dinge. Ein Protokoll vom 16. Oktober 1732 enthält die Anweisungen von zwei bischöflichen Kommissaren: „Weil der hochwürdige Herr Pfarrer klagt, daß sowohl der Magistrat als auch die Bürger den Gottesdienst vernachlässigen und der wohllöbliche Magistrat nicht in seinen Bänken gesehen werde, deshalb ordnen wir an und befehlen [...] daß sie dem Gottesdienst beiwohnen und daß jeder Bürgermeister und Ratmann in seiner Bank sitze. Außerdem überlassen wir es dem Magistrat, dafür zu sorgen, daß während des Gottesdienstes kein Biertrinken stattfinde, bei einer Strafe von 30 Gulden, die an den bischöflichen Fiskus zu zahlen ist."

Bald wurde der Frieden wieder bedroht, als nach dem Tod König Augusts II. 1733 der Streit um die Thronfolge in Polen zum Krieg führte. Noch wußte niemand, wo sich der Krieg abspielen würde. Russische und polnische Truppen zogen ins Ermland und bedrückten die Bewohner mit Einquartierungen und Kontributionen. Selbst der Bischof fühlte sich in Heilsberg nicht sicher und zog in das Rößeler Schloß. Dort wurde am 29. Dezember 1733 der ermländische Landtag einberufen, der sich für Neutralität entschied. Alle wußten aber, daß keine der kriegführenden Mächte darauf Rücksicht nähme. Die im Lande weilenden Russen halfen den Ermländern oftmals, die Polen fernzuhalten. Dr. Lähr berichtet zum Beispiel über die Stadt Rößel: „Am 12. Mai 1735 ging das Gerücht von der Ankunft der Polen. Deshalb wurden die Stadttore geschlossen, und die Bürger hielten mit einigen Russen Wache [...] am 12. Mai bezogen 500 russische Reiter Quartier."

Im Polnischen Thronfolgekrieg (1733–35) kämpften Österreich und Rußland gegen Frankreich, Spanien und Sardinien um die Thronfolge in Polen. Es waren nicht mehr die polnischen Adligen, die sich den König aussuchten, sondern sie hatten den zu wählen, der ihnen vom Sieger vorgesetzt wurde. Auch ein preußisches Hilfskorps von 10.000 Mann kämpfte wieder für Österreich. Die Kampfhandlungen beschränkten sich auf das Gebiet Westpreußens, den mittleren Rhein, Baden sowie ein paar Treffen in Italien. Sieger wurde der österreichisch-russische Kandidat, Kurfürst Friedrich August II. von Sachsen, der sich als Polenkönig August III. nannte. Der französische Kandidat Stanislaus Leszczynski wurde mit dem Herzogtum Lothringen abgefunden. Preußens König wurde beim Friedensschluß 1735 nicht einmal um seine Meinung gefragt. Als dann der Kaiser, unter Bruch des Berliner Vertrages vom 23. September 1728 dem König die Jülich-Bergschen Länder entzog, schrieb er dies erbittert an den Kronprinzen Friedrich: „Das ist der Dank für die gestellten 10.000 Mann und alle Deference [Verehrung], so ich für den Kaiser gehabt, und könnt Ihr daraus sehen, daß es nichts helfe, wenn man sich für denselben sacrificirte [aufopferte]. So lange man uns nötig hat, flattirt [schmeichelt] man uns; sobald man aber die Hilfe nicht mehr braucht, läßt man die Maske fallen und kennt keine Erkenntlichkeit. Die Betrachtungen, so Euch dabei einfallen müssen, können Euch Gelegenheit geben, Euch künftig in dergleichen Fällen zu hüten."

Das Ermland blieb vom Kampfgeschehen verschont. Außer einer Pferdepest, die von 1736 bis 1743 herrschte, wobei die Äcker aus Mangel an Zugtieren teilweise unbestellt lagen, sind keine besonderen Ereignisse genannt.

Westpreußen von 1700 bis 1750

Die Zustände in Polen hatten einen unbeschreiblichen Tiefstand erreicht. Der König hatte keine Macht mehr; Adel und Geistlichkeit regierten mit Willkür und brutaler Gewalt, während die Masse des Volkes in unvorstellbarer Armut lebte. Auf dem Lande gab es nur noch „besitzende Herren" und Untertanen, deren einziger Lebenszweck es war, ihren Herren zu dienen. Der polnische Schriftsteller Stanislaw Staszic schrieb folgendes darüber: „Vor meinem Auge stehen fünf Sechstel des polnischen Volkes. Ich sehe Millionen unglücklicher Geschöpfe, halb nackt, bedeckt mit Fellen und rauhem Tuch, von Schmutz und Rauch entstellt, mit tiefliegenden Augen, kurzatmig, verstockt, verkommen, verdummt; sie empfinden wenig, denken wenig [...] Sie haben mehr das Aussehen von Tieren als Menschen. Ihre gewöhnliche Speise ist Brot mit Spreu gemischt, den vierten Teil des Jahres essen sie nur Kräuter. Sie wohnen in Erdhütten oder Behausungen, die mit dem Erdboden fast in gleicher Höhe stehen. Dorthin dringt keine Sonne, Rauch und Gestank ersticken darin den Menschen und töten ihn oft schon im Kindesalter. Erschöpft von der Tagesarbeit, schläft dort der Hausvater mit seinen nackten Kindern auf faulem Stroh, auf demselben Lager, auf dem die Kuh mit dem Kalb steht und das Schwein mit seinen Ferkeln liegt."

Die Korruption und Unfähigkeit in allen Behörden sowie die tiefe Armut des Volkes beeinflußten auch Westpreußen nachhaltig. Seitdem den Städten das deutsche Recht genommen war und sie unter die Willkür polnischer Starosten geraten waren, „wo die Gunst des Richters mächtiger als tausend Gesetze waren", wie ein Thorner Wojewode höhnisch schrieb, war die Rechtsunsicherheit so groß geworden, daß sich ein wirtschaftlich kräftiges Bürgertum nicht mehr halten konnte. Der Handel geriet immer mehr in die Hände von Juden, die in die Städte zogen und die deutschen Kaufleute verdrängten. Die Adligen waren zu ‚echten Polen' geworden, und die Bauern, besonders auf den adligen Gütern, in den Zustand polnischer Leibeigenschaft abgesunken. Von den drei großen Städten blieb Danzig rein deutsch, und in Elbing bildeten Polen nur eine geringe Minderheit. Nach Thorn war eine größere Anzahl Polen gezogen, aber die Mehrzahl der Bürger, besonders in den Zünften sowie die Kaufleute, waren noch immer überwiegend deutsch.

Das Schulwesen Westpreußens wurde von der katholischen Kirche bestimmt und war nicht für die Allgemeinbildung des ganzen Volkes, sondern nur für die gehobene Klasse gedacht. Theoretisch sollten nach den Vorschriften alle Pfarreien Schulen haben. In Wirklichkeit hatten sogar viele Städte nur zeitweise eine äußerst einfache Schule, und in Kirchdörfern war selbst eine Schule primitivster Art eine große Seltenheit. Nur in jenen Orten, wo eine genügende Anzahl deutscher Protestanten sich hatte halten können, gab es bessere Schulen. Das höhere Schulwesen lag in den Händen der Jesuiten und diente zur Heranbildung des polnischen Klerus und der Erziehung der Kinder des Adels und der gehobenen Klasse.

Seitdem Jesuiten nach Thorn gezogen waren und dort ein Gymnasium eröffnet hatten, bestand ein sehr gespanntes Verhältnis zwischen diesen und der Stadt, da sie die treibenden Kräfte bei der Verfolgung der „Dissidenten" waren. Sie suchten jede Gelegenheit, gegen die Protestanten vorzugehen und das Deutschtum zu bekämpfen, um ihre eigene Macht weiter auszudehnen.

Am Montag den 16. Juli 1724 endete eine Prozession mit einer Schlägerei. Die polnischen Schüler des Jesuiten-Gymnasiums, von ihren Lehrern ermuntert, waren nicht damit zufrieden, daß die zufällig vorübergehenden oder zusehenden protestantischen Bürger ihre Mützen abnahmen, sondern sie verlangten zusätzlich, daß sie niederknien müßten. Die Bürger verbaten sich die Pöbeleien und Beschimpfungen, worauf die Gymnasiasten noch dreister und tätlich wurden.

Bei den folgenden Handgreiflichkeiten schleppten sie den Thorner Bürger Nagurny in das Jesuitenkloster. Als Oberbürgermeister Rösner davon erfuhr, schickte er den Stadtsekretär Wedemeier zu den Jesuiten und ließ sie auffordern, den entführten Bürger herauszugeben. Die Jesuiten weigerten sich aber und blieben auch dabei, als Rösner den Sekretär zum zweitenmal mit der gleichen Aufforderung zu ihnen schickte. Inzwischen hatte sich eine erregte Menschenmenge vor dem Kloster versammelt und forderte die Freilassung ihres widerrechtlich festgehaltenen Mitbürgers. Hätten die Jesuiten den Mann freigelassen, wäre weiter nichts passiert; so aber war damit zu rechnen, daß die Menge zur Selbsthilfe griffe. Das befürchtete auch Rösner und schickte sofort die Stadtwache zum Kloster, um die Menschenmenge auseinanderzutreiben. Die Stadtsoldaten zeigten jedoch keine Lust gegen ihre Mitbürger, mit denen sie gleicher Meinung waren, vorzugehen oder gar auf sie zu schießen. Jetzt ließ Rösner den Stadtkapitän Graurock kommen und befahl ihm, mit seinen Leuten das Kloster zu besetzen und es gegen einen Angriff der Menge zu verteidigen.

Der Kapitän war aber kein mutiger Mann und meinte mißmutig, dazu könne er sich nicht recht entschließen, denn es sei nicht abzusehen, wo er am Ende mit seiner Mannschaft bliebe, und die Verantwortung für ein Blutvergießen wolle er auf keinen Fall übernehmen. Rösner hoffte wohl, daß die bloße Anwesenheit der Stadtsoldaten genügte, um die Menschenmenge von Gewalttaten abzuhalten, und ließ die Sache laufen. Die erregte Menge stürmte aber bald darauf das Kloster, schleppte Bänke und Tische heraus, zerschlug sie und zündete daraus eine Art Freudenfeuer an. Eine in der Stadt anwesende polnische Truppe zerstreute schließlich die Randalierer.

Die Jesuiten benutzten den Anlaß, der von ihren aufgehetzten Schülern verursacht worden war, um gegen die verhaßte deutsche, protestantische Stadtverwaltung einen vernichtenden Schlag zu führen. Sie behaupteten, der Sturm auf das Kloster sei vom Oberbürgermeister und seinem Rat geplant und veranlaßt worden. Nicht nur Tische und Bänke, sondern auch Heiligenbilder, Kreuze und vor allem eine Figur der Muttergottes sei verbrannt worden. Das Volk habe dazu „heidnische Tänze" um das Feuer aufgeführt und geschrien: „Jetzt rette dich selbst, Frauchen!" Obwohl die Unwahrheit dieser Darstellung bewiesen wurde, fanden die Jesuiten auch für ihre Behauptungen ,Zeugen'. Acht kamen aus der polnischen Truppe, und daß einer der übrigen fünf an dem Tag gar nicht in der Stadt gewesen war, blieb unbeachtet.

Ein Warschauer Sondergericht, gegen dessen Urteil keine Berufung möglich war, fällte einen ebenso ungerechten wie unmenschlichen Spruch: Der greise Rösner und der zweite Bürgermeister Zernecke, dazu zwölf angesehene Räte und Bürger, wurden wegen Aufruhr und Gotteslästerung zum Tode durch das Beil, über 40 andere zu Amtsenthebung, langen Gefängnis- und hohen Geldstrafen verurteilt. Die Stadt Thorn mußte 3.000 Dukaten Gerichtskosten zahlen und in Zukunft die Hälfte aller Ämter mit Polen besetzen. Damit war die Vorherrschaft der Deutschen im Thorner Stadtrat gebrochen und beseitigt.

Nachdem die Frau des Bürgermeisters Zernecke den Richtern oder dem König 60.000 Gulden in die Hände gespielt hatte, wurde er begnadigt und freigelassen, ebenso ein anderer der Verurteilten, nachdem er schnell katholisch geworden war. Vergeblich bemühte sich der päpstliche Legat, das auf Falschaussagen beruhende Urteil zu mildern. Der preußische König sandte ein eigenhändiges Schreiben mit Eilboten an König August, in dem er gegen das Unrecht protestierte und ihn bat, das Urteil nicht vollziehen zu lassen. Die Jesuiten befürchteten nun, daß ihnen ihre Opfer noch entrissen werden könnten und setzten die Vollstreckung des Urteils noch vor dem ursprünglich festgesetzten Termin durch.

Zu dieser Zeit wurde in Polen kaum noch ein Urteil vollstreckt. Die Richter waren unbesoldet und mußten sehen, wie sie bei einem Prozeß zu Geld kamen. Von einer Rechtsprechung konnte bei diesem Zustand nicht mehr die Rede sein. Kam ein Urteil überhaupt zustande, hatte der Kläger keinerlei Gewähr, daß es auch vollstreckt wurde. War ihm z.B. der Besitz einer Sache zugesprochen worden, die sich ein anderer angeeignet hatte, dann mußte er sehen, wie er sie sich durch eigene Gewalt auch tatsächlich verschaffte. War der Prozeßgegner ein Adliger, war das „Einreiten", wie diese Selbsthilfe genannt wurde, unmöglich, da die reichen Adligen sich große Scharen eigener Haustruppen hielten.

Die Deutschen im Lande mußte es um so mehr erbittern, daß es bei diesen Zuständen keine Gnade für diese unschuldig verurteilen Männer gab, weil hinter diesem Urteil die allmächtigen Jesuiten standen. Am 7. Dezember 1724 wurde das Urteil öffentlich vor dem Thorner Rathaus mit erbarmungsloser Grausamkeit vollstreckt. Die Verurteilten wurden enthauptet und geviertelt. Wie das Urteil es vorschrieb, schnitt der Scharfrichter dem toten Rösner den Leib auf, riß das Herz heraus, zeigte es herum und schrie dazu: „Seht hier, ein lutherisch Herz!"

Das beispiellose „Thorner Blutgericht" erregte in ganz Europa Entsetzen und zeigte, welche Willkür und Sitten in Polen herrschten. Wo waren all die Rechte geblieben, die der damals rein deutschen Stadt zugesichert worden waren, als sie sich unter die Krone Polens stellte? König August entschuldigte sich mit der Ausrede, daß er sich dem so entschlossen ausgedrückten Willen der polnischen Geistlichkeit und des Adels nicht habe widersetzen dürfen.

Neben dem allgemeinen Niedergang Westpreußens, der seit der Übernahme des Landes durch die Polen stetig weiter fortschritt, hatte dazu noch jeder Krieg Polens den Wohlstand des Landes weiter hinuntergedrückt. Nicht nur, daß Polen nichts zum Schutz Westpreußens beitrug, das darum vorwiegend zum Schlachtfeld wurde, sondern die Polen hausten in der Regel hier genauso schlimm, oftmals, heißt es, sogar schlimmer als die Feinde. Daher konnte das Land nach jedem Krieg kaum mehr den vorigen Lebensstandard wiedererreichen und sank immer tiefer. Die Wirtschaft und der Wohlstand hatten im Zweiten Polnisch-Schwedischen Krieg (1655–1660) und nochmals im Großen Nordischen Krieg (1700–1721) sehr gelitten. Im Polnischen Thronfolgekrieg wurde Westpreußen von russischen und sächsischen Truppen wieder schwer geschädigt. Besonders schwer hatte Danzig zu leiden, das bei der Belagerung und Beschießung von Land und von See zu einem großen Teil zerstört wurde. Ähnlich wie es der Stadt Dirschau erging, wird es den meisten Orten in Westpreußen ergangen sein. Es wird berichtet, daß sich dort die Russen recht ungebührlich aufführten und bei ihrem Abzug die letzten Lebensmittel mitnahmen. So war das ehemals reiche Westpreußen ein verarmtes, zum Teil sogar ein notleidendes Land geworden.

Scharfrichter und Schinder

Gar manches blühende Gewerbe aus alter Zeit ist heute vergessen. Zu diesen zählt auch der Beruf der Scharfrichter. Es liegt in der Natur der Sache, daß dieses Amt blutig und grausam war. Deswegen übergeht die Geschichtsschreibung meistens den Vollzug der Todesstrafe. Selbst wissenschaftliche Werke über gesetzliche Strafen übergehen oft deren Vollzug. Es waren aber Menschen, die hingerichtet wurden, und es waren Menschen, die zur Vollstreckung der Todesurteile angestellt und bezahlt wurden. Gleichzeitig mußten sie die tiefste Verachtung von ihren Mitmenschen und die Ausstoßung aus ihrer Gesellschaft in Kauf nehmen. Der Scharfrichter war nicht immer ein Unmensch, der nur darauf wartete, Aufträge zu bekommen, damit sein Geschäft blühte. Wenn man heute mit Grauen an die Qualen der Folter denkt, sollte man auch berücksichtigen, daß es der Richter war, der dies anordnete, um ein Geständnis zu erzwingen, das er zur Verurteilung brauchte. Der Scharfrichter war oft derjenige, der dem gemarterten Hilfe gab, denn es heißt, daß es „dem Scharff Richter freystehet Verrenkungen, Knochenbrüche und Schäden zu heilen". Das gewerbsmäßige Töten von Menschen machte ihn aber zum verachtetsten seiner Mitbürger, der Richter dagegen, der den Angeklagten zu diesem Tod verurteilte, galt als Ehrenmann.

Nicht jede Stadt hatte einen Scharfrichter. Das Land war in sogenannte Scharfrichtereien oder Meistereien aufgeteilt, in denen ein Scharfrichter für alle Orte des Gebietes zuständig war. Die Abdeckerei (Entsorgen von Tierkadavern) sowie die Nachtarbeit (Entleeren der Aborte) übte er aber nur an seinem Wohnort aus.

Aus dem ehemaligen Herzogtum Preußen sind folgende Meistereien bekannt: Königsberg, Wehlau, Fischhausen, Memel, Tilsit, Insterburg, Rastenburg, Bartenstein, Heiligenbeil, Preußisch Holland und Marienwerder. In Westpreußen gab es die von Elbing, Marienburg, Danzig und Thorn. Nicht alle Meistereien waren mit einem Scharfrichter besetzt. Oft wurden mehrere zusammen einem Scharfrichter unterstellt.

Der Scharfrichter wurde „Meister" genannt, und es wurde erwartet, daß er sein Amt meisterhaft ausübte. Gelang es ihm nicht, den Verurteilten mit einem Streich zu köpfen, so daß er mehrmals zuschlagen mußte, konnte ihn das seinen Beruf kosten. In Braunsberg geschah es z.B., daß der Scharfrichter „bey Justificirung eines zum Todt verurtheilten Sünderß große Leichtfertigkeit verübet, weßwegen er sich alhier außer Staube gemacht." Ulrich Bonin aus Braunsberg bot in seinem Schreiben vom 23. Dezember 1657 Gegendienste, wenn der ergriffene Scharfrichter in Arrest gehalten wird, bis er abgeholt werden kann. Auch dem Scharfrichter Johann M. Growert, der auch Hinrichtungen in Vertretung seines Vaters, des Königsberger Scharfrichters Martin Growert, ausführte, mißglückte eine Hinrichtung in Fischhausen, die ihn sein Amt kostete.

Mit dem Scharfrichter mußte auch seine Frau in stiller Abgeschiedenheit leben. Der Beruf ging in der Regel vom Vater auf den Sohn über. Waren mehrere Söhne vorhanden, dienten sie anderen Zunftgenossen als Gehilfen, bis eine Stelle frei wurde. Die Töchter heirateten wieder Zunftgenossen, so daß sich in Preußen ganze Scharfrichtersippen, wie die Schottmann und Growert, bildeten.

Das Gewerbe des Folterns und Hinrichtens allein war nicht so einträglich, daß man davon gut leben oder gar reich werden konnte. Eigentlich war es nur eine Nebenbeschäftigung. Der Hauptverdienst kam aus der Arbeit mit „Aas und Luder" (Abdeckerei), die zum Gewerbe des Scharfrichters gehörte. In Städten, die keinen Scharfrichter hatten, übte ein Schinder (Abdecker) nur diesen Beruf aus. Ihm gehörten die Kadaver aller verendeten Haustiere. Die Häute, die er hauptsächlich dem Gerber verkaufte, brachten ihm einen guten Gewinn. Es ließ sich auch noch manches andere verwerten, zum Beispiel Knochen zur Leimherstellung und Fleisch für Köder in Wildfallen. Das Unbrauchbare wurde in der „Schinderkaule" vergraben.

Das Abhäuten der verendeten Tiere überließ der Scharfrichter seinen Knechten, ebenso die Nachtarbeit, die so hieß, weil sie nur nachts ausgeführt werden durfte. Im Hochsommer kam noch der „Hundeschlag" dazu, die amtlich angeordnete Vorsichtsmaßnahme gegen Tollwut. In den „Hundstagen" gingen die Knechte durch die Stadt, erschlugen die herrenlosen Hunde und warfen sie auf den nachfolgenden Wagen. Hunde, die auf der Türschwelle saßen, wurden verschont, ebenso alle, die ein beim Scharfrichter zu erstehendes Freizeichen trugen. In Königsberg wurden diese noch bis 1805 verkauft.

Einige Einzelheiten über die Bezahlung des Königsberger Scharfrichters Lorenz Schottmann sind in den Buchungen der Kneiphofkämmerei enthalten. Demnach gab es dort wenige Todesurteile und keine Folterungen:

1663: Den Soldat enthaupten, der den Richter von Lyck erstochen: 22 Mark
1671: Das diebische Weibsstück auszustäupen [auszupeitschen],
      zu verweisen und zwei Finger abzuschlagen: 18 Mark
1671: Die mit dem Schwert an der Sabinen verrichtete Execution: 27 Mark

In der Bestallungsurkunde des Adam Kohrt zum Scharfrichter der Altstadt Königsbergs vom 12. April 1683 werden neben freier Wohnung, Nutzung einiger Ländereien und den üblichen „Beneficia" auch die Preise für seine Scharfrichteraufgaben genannt:

1. Fürs Ausweisen [aus der Stadt]:   3 Mark
2. Für Staupenschlagen [Auspeitschen]:   3 Mark
3. Für jeden Zug bei der scharfen Frage [Folter]: 1 Mark, 30 Skot
4. Fürs Schwertrichten: 9 Mark
5. Mit dem Strick zu richten: 9 Mark
6. Mit dem Rade zu stoßen: 15 Mark
7. Mit dem Feuer zu richten: 15 Mark
8. Für jeden Zangenriß [zusätzliche
   Folter vor der Hinrichtung]:   3 Mark, 30 Skot
9. Für jedes Zetergeschrei: 45 Skot

Wenn einer oder mehrere Delinquenten auf dem Gerichtsplatz freigesprochen wurden, sollte sich der Scharfrichter mit der Hälfte der Gebühren begnügen.

Der Scharfrichter selbst führte nur die Arbeiten mit Schwert, Strick und Folterbank aus; alle anderen wurden von seinen Knechten ausgeführt. Der oberste Knecht war der Meisterknecht. Unterstand ihm die Abdeckerei, hieß er Halbmeister. Der Werkmeister dagegen war der Sohn eines anderen Scharfrichters, der zu diesem Amt ausgebildet wurde, was für einen Knecht nicht möglich war. War die Todesart durch Rädern bestimmt, mußten die Knechte auch diese grausame Arbeit verrichten. Die ausgestreckten Glieder des entkleideten Verurteilten wurden an Pfählen festgebunden. Unter die Gelenke und Hüften wurden Holzklötze gelegt und mit einem Holzhammer die Knochen der Arme, Beine, Schultern und Hüften, Glied für Glied, zerschlagen, wobei tödliche Schläge vermieden wurden. Danach wurde der Körper auf ein Rad gelegt und die zerschlagenen Glieder in die Speichen des Rades „geflochten", das dann erhöht in horizontaler Lage aufgestellt wurde. Bei einer anderen Variante wurde ein schweres Rad mit einem dreikantigen Eisenreifen hochgehoben und wiederholt auf die Glieder des festgebundenen Opfers fallengelassen. Der Tod trat erst nach vielen Stunden ein.

Eine Hinrichtung wurde nach bestimmten Regeln vollzogen. Stadtsoldaten mit dazu befohlenen Helfern hielten das zudringliche Volk zurück, wofür sie mit einer Tonne Bier entlohnt wurden.

Der Verurteilte erhielt immer geistlichen Beistand. Auf seinem letzten Gang gaben ihm manchmal sogar zwei Geistliche das Geleit. Auch der „Stof Wein" wurde ihm als letzten Trunk gereicht. Auf dem Weg wurde zweimal und am Richtplatz noch einmal das „Zetergeschrei" angestimmt (lautes Ausrufen, um die Anwendung körperlicher Gewalt gegen den Verurteilten anzukündigen). Beim Tod durch das Schwert erhielt er früher den Todesstreich in kniender Stellung. Später saß er mit verbundenen Augen auf einem Stuhl, und der Scharfrichter schwang das Schwert mit beiden Händen seitwärts.

Diebe wurden immer am Galgen gehenkt. Die Körper blieben so lange hängen, bis Krähen und Raben das Fleisch von den Knochen hackten und der Körper abfiel. Neben dem Galgen lag auf einem Gestell das Rad zum Rädern. Am unteren Ende des Galgens waren Blechtafeln mit den Namen geflohener Verbrecher angenagelt, die nicht erreicht werden konnten. Um den Galgen, auf dem Galgenfeld, wurden Selbstmörder begraben.

Friedrich Wilhelm I. ärgerte sich, daß sich in seinem Staat Menschen selbst das Leben nahmen. Mit dem Edikt vom 22. Januar 1731 bestimmte er: „[…] das[s] derjenige, der sich gewaltsamerweise das Leben nimmt, ohne Unterschied, es möge der Selbstmord aus freiem Willen oder aus vorgebender Schwermut geschehen sein, vom Schinder oder Büttel, andern zu desto größerem Abscheu und damit ein jeder soviel mehr Sorge und Acht auf die Angehörigen, welche schwermütig zu sein scheinen, nehmen möge, öffentlich weggeholet und verscharret werden solle."

Da die Scharfrichter oft wohlhabend, einige sogar reich waren, haben sie wohl auch prächtige Kleider getragen. Da sich einer gar in einem blauen Gewand sehen ließ, erregte das den Ärger des Königs, der in der blauen Farbe das Ehrenkleid seiner Soldaten sah. Er ordnete deshalb 1738 an, daß „alle Scharfrichter, Büttel [Menschenfänger] und dergleichen dazugehörig Gesindel sich in grau kleiden, keineswegs aber jemalen Kleidung von blauer oder anderen Farben […] tragen sollten."

Die Worte Büttel und Gesindel zeigen deutlich, daß auch er den Beruf der Scharfrichter verachtete und sie bewußt beleidigen wollte, obwohl er sich selbst ihrer bediente und manches Todesurteil eigenmächtig, ohne Gerichtsverfahren, verhängte. Sogar der ansonsten so vorurteilsfreie Friedrich der Große erneuerte 1766 dieses Edikt, ohne die schimpflichen Bezeichnungen zu ändern.

Nach der Pest scheinen auch Scharfrichter knapp gewesen zu sein. Der Generalleutnant von Wuthenau klagt 1725 dem König, welche Mühe er hatte, einen Scharfrichter zur Hinrichtung des Rittmeisters Gabor zu finden: „[…] weil der in Tilsit nichts nütze und in Wehlau gar keiner ist. Der in Insterburg […] hat noch keinen Delinquenten justifiziret. Er schämt sich auch nicht zu sagen, er getraue sich wohl einen Litauer, aber keinen Soldaten zu köpfen. Er hat auch nicht mal ein Schwert."

In der Begräbnisrede für den verstorbenen Gottfried Growert wurde gesagt, daß er in seiner Amtszeit allein mit dem Schwert 115 Personen hingerichtet hat. Rechnet man noch die dazu, an denen er mit Strang und Rad das Urteil vollstreckte, dürfte die Gesamtzahl der von ihm Hingerichteten doppelt so hoch gewesen sein. Wir wissen nicht, wie viele sog. Hexen unter diesen waren. Auffallend ist jedoch, daß in dem vorhandenen Material fast keine Verbrennungen zu finden sind, obwohl dies die hohe Zeit der Hexenverfolgung und der Feuertod die übliche Hinrichtungsart für Hexen war.

Daß es Hinrichtung durch Feuer noch recht lange gab – vielleicht nur in seltenen Ausnahmefällen – zeigt der Fall einer Dienstmagd aus der Stadt Rastenburg im Jahre 1761. Diese hatte bewußt ein Haus angezündet, wodurch die halbe Stadt abbrannte (31 Häuser, neun Hütten, drei Malzhäuser, ein Speicher und 88 Scheunen). Die Magd erhielt in der Haft Religionsunterricht und wurde konfirmiert. Wenn sie mit ihrem Leib für ihre Untat büßen mußte, so sollte doch ihre Seele gerettet werden. Auf der Stelle ihrer Brandstiftung wurde sie lebendig verbrannt.

Nur selten findet man Niederschriften über Hinrichtungen. Das Wenige gibt aber ein Bild über die grausame Justiz jener Zeit: Auf dem Richtplatz der Stadt Mohrungen, am Weg nach Wiese, wurde am 22. Juli 1749 die 14 Jahre alte Barbara Schwan hingerichtet, weil sie ihr Neugeborenes getötet hatte. Ihr Leib wurde auf das Rad gelegt, ihr Kopf aufgespießt, mit dem Gesicht zur Stadt. (Über eine Bestrafung des Verführers ist nichts bekannt.)

Im Januar 1757 wurde am gleichen Ort der Dragoner Bilck wegen siebenfachen Raubmordes lebendig gerädert.

Friedrich der Große setzte 1768 den Lohn für die Arbeit der Scharfrichter im ganzen Königreich fest. Demnach sollte gezahlt werden: für jede Exekution, Hängen, Köpfen, Verbrennen und Rädern, dem Scharfrichter fünf Reichstaler, dessen Knecht zwölf Groschen, und letzterem, wenn er den Körper begraben oder auf das Rad flechten muß, ein Taler.

Nachdem die Folter im Königreich Preußen abgeschafft war, wurde auch die Todesstrafe durch Verbrennen, Rädern und Hängen immer seltener ausgesprochen. Für den Scharfrichter blieb schließlich nur noch die Hinrichtung mit dem Schwert übrig, wodurch der Niedergang des Scharfrichtergewerbes erfolgte. Nur einmal noch wurde ein Täter ausnahmsweise gerädert, obwohl es diese Hinrichtungsart schon längst nicht mehr gab. Über den Raubmord an Bischof Andreas von Hatten im Jahre 1841 war man so entsetzt, daß König Friedrich Wilhelm IV. ausdrücklich anordnete, den Mörder zu rädern.

Bald wurde das Schwert durch das Beil abgelöst, und dann übernahm das Fallbeil, zu dessen Bedienung keine Meisterhand mehr nötig war, die grausige Arbeit.

Regierungsbeginn Friedrichs II.

An die Spitze des von Friedrich Wilhelm I. in so gutem Zustand hinterlassenen Staates trat sein 28jähriger Sohn, der als „Friedrich der Große" oder der „Alte Fritz" seinen Platz in der Geschichte einnehmen sollte. Der neue König will der „erste Diener des Staates" sein und hat große Pläne. Eine Ära des „aufgeklärten Absolutismus" beginnt. Die mittelalterliche Gerichtspraktik der Folter, die schon sein Vater 1720 abgeschafft und nur noch in Ausnahmefällen mit seiner besonderen Erlaubnis gestattet hatte, wird erstmalig in Europa ganz verboten, ebenso die meisten der unnötigen Grausamkeiten, die bei manchen Todesurteilen bis jetzt üblich gewesen waren. Seinen Generalen sagt er am Morgen nach dem Tod des Vaters knapp: „Gegen einige von ihnen liegen Klagen über Habsucht, Härte und Übermut vor; stellen sie diese Klagen ab." Die Prügelstrafe wird verboten, das ganze Rechtswesen reformiert. Ein armer Mann, der aus reiner Not etwas stiehlt, soll nicht mehr mit Gefängnis bestraft werden. Es ist immer noch die Zeit, in der überall die Tyrannei der Religion herrscht. Aber wie schon seine Vorgänger, garantiert auch Friedrich II. die volle Religionsfreiheit und erklärt: „Religionen müssen alle toleriert werden", in Preußen möge jeder „nach seiner Fasson selig werden". Die Praxis, kirchenrechtlich verbotene Ehen durch Geldzahlungen zu ermöglichen, wird beseitigt. Friedrich will auch die Bauern befreien: „Sie sollen keine Sklaven sein!" Erstmalig in jener Zeit gibt es Zeitungen, die nicht zensiert werden. An den Schulen sollen die besten Lehrer, an den Universitäten die hervorragendsten Professoren lehren. Der König wünscht, Philosophen um sich zu haben. Er ist ein Reformkönig, seiner Zeit weit voraus. Dennoch will es das Schicksal, daß er bald die Generale nötiger als die Philosophen und die Kanonen seines Vaters nötiger als die Ratschläge seines Freundes Voltaire braucht.

Am 22. Juni 1740 fand das feierliche Leichenbegängnis des Soldatenkönigs statt, wobei die Riesengarde zum letzten Mal mit gekonnter Präzision ihre Übungen ausführte. Das Regiment wurde aufgelöst und daraus eine Garde zu Fuß gebildet; ein Teil der alten Riesen nach Magdeburg in eine Art Ruhestand geschickt. Wer wollte, durfte auch in seine Heimat zurückkehren. Am 7. Juli 1740 reiste Friedrich, nicht wie sein Großvater mit fast 300, sondern nur mit drei Wagen nach Ostpreußen, um die Huldigung der Stände entgegenzunehmen, die am 20. Juli in Königsberg stattfand. Aber wie schon sein Vater, so fand auch er eine Krö-

Friedrich II. (1712–86) kam 1740 auf den preußischen Thron. Seine Neigung zur Philosophie und zum Idealismus, gepaart mit einer forthin „preußischen Bescheidenheit", machten ihn zum fortschrittlichsten Regenten seiner Zeit. Trotz der beiden Schlesischen (1740–42 und 1744/45) und des Siebenjährigen Krieges (1756–63) gelang es ihm, ein großes Friedenswerk mit zahlreichen sozialen Reformen durchzusetzen.

nungsfeier viel zu teuer und überflüssig. An die preußische Tugend der Sparsamkeit hatte man sich seit der Regierung seines Vaters schon gewöhnt. Er ließ aber trotzdem Gedenkmünzen im Wert von 50.000 Talern verteilen, darauf nannte er sich zum ersten Male „Rex Borussorum", König von Preußen. So wie er am 11. Juli 1740 die Truppen der Garnison Bartenstein besichtigte, inspizierte er auch andere Städte. An den Orten der Rast wurden die laufenden Geschäfte der Regierung erledigt.

Die preußischen Ansprüche auf Schlesien waren nicht vergessen. Weil das österreichische Kaiserhaus bei allen Angelegenheiten, selbst wenn Preußen unzweifelhaft im Recht war, stets Partei gegen Preußen nahm, war das gegenseitige Verhältnis gespannt oder gar feindselig. Bei jeder Gelegenheit hatte Preußen die Erörterung der preußischen Ansprüche gefordert, jedoch nichts erreicht. Durch Unterstützung der „Pragmatischen Sanktion" (Anerkennung der Thronfolge Maria Theresias, Vertrag mit Österreich 1728) hoffte Preußen, beim Aussterben des österreichischen Mannesstammes endlich die Ansprüche auf Schlesien erfüllt zu sehen. Als der Kaiser aber unerwartet am 20. Oktober 1740 starb, war die politische Lage dergestalt, daß es zum Krieg über das Erbe kommen mußte, in dem Schlesien ein Streitobjekt zwischen Maria Theresia und ihren, die Erbschaft ebenfalls beanspruchenden, Verwandten werden würde.

Dem Gesandten Österreichs, Botta d'Adorno, der am 6. Dezember nach Berlin kam, um Friedrichs Stimme zur Kaiserwahl des Gemahls Maria Theresias zu gewinnen, erklärte Friedrich offen: Gegen Abtretung Schlesiens sei er bereit, Maria Theresia voll zu unterstützen und dazu noch zwei Millionen Taler zu zahlen. Nur mit Versprechungen und schönen Reden werde er sich aber nicht mehr abfinden lassen. Deshalb werden seine Truppen zunächst Schlesien besetzen. Dasselbe hatte der preußische Gesandte v. Borcke dem Wiener Hof vorzutragen. Der preußische Bote mit der Kriegserklärung verspätete sich aber um zwei Tage. Am 16. Dezember 1740 überschritt Friedrich mit 15.000 Mann Infanterie und 5.000 Reitern, mit klingendem Spiel, die schlesische Grenze, von der so lange unterdrückten protestantischen Bevölkerung freudig begrüßt. Nicht allein auf Eroberung, auch auf Abfall beruhte die Wiederinbesitznahme Schlesiens. In den älteren Geschichtswerken wird das auch deutlich gesagt; heute heißt es häufig: „Friedrich II. riß das österreichische Schlesien an sich und verteidigte die Beute erfolgreich in zwei weiteren Kriegen." Daß es Österreich war, das zuerst die den Brandenburgern gehörenden Herzogtümer Schlesiens rechtswidrig an sich riß, wird allerdings verschwiegen.

Nach dem Ersten Schlesischen Krieg (1740–42) trat Österreich im Präliminarfrieden von Breslau Niederschlesien, den größten Teil Oberschlesiens und die Grafschaft Glatz an Preußen ab.

Den Zweiten Schlesischen Krieg (1744/45) führte Preußen im Zusammenhang mit dem Österreichischen Erbfolgekrieg, durch den es den Besitz von Schlesien gefährdet sah. Im Frieden zu Dresden wurde Preußen der Besitz bestätigt, und Österreich verzichtete endgültig auf Schlesien.

Von den ersten beiden Schlesischen Kriegen hatte das Preußenland nicht viel gemerkt; ihnen folgte eine elfjährige Friedenszeit, die für das Land weiterhin glücklich war. Ein wichtiger Grund für die bessere Lebensweise der Bevölkerung war die Leinweberei, die in jedem Bauernhaushalt und auch in vielen Bürgerhäusern betrieben wurde. Sie hatte sich zu einem wichtigen Wirtschaftszweig herausgebildet. Diese zweite Einnahmequelle verhalf der Bevölkerung zu einem bescheidenen Wohlstand. Die Bauern waren nicht mehr nur von der Landwirtschaft abhängig; sie konnten Mißernten und Viehseuchen viel leichter überstehen. Bei der hervorragenden Qualität der Ware gab es keine Absatzschwierigkeiten, zumal der größte Abnehmer schon seit des Soldatenkönigs Zeiten die preußische Armee war.

Auch Friedrich II. setzte die schon vom Großen Kurfürsten begonnenen Bemühungen um die Verbreitung des Kartoffelanbaus mit größtem Nachdruck fort. 1746 setzte er den allgemeinen Anbau durch. Auch wenn viele Bauern zuerst noch nicht wußten, was man damit machen sollte, wurde die Kartoffel in Preußen bald ein wichtiges Grundnahrungsmittel und bewahrte das Land mehrmals vor Hungersnot. Von Preußen breitete sich die Kartoffel im Laufe der Zeit auch auf die anderen Länder Europas aus.

Der König, der keine Sklaven in seinem Reich wollte, setzte sich für die Befreiung der Bauern ein, konnte aber mit seinen Ideen nicht durchdringen. Auch wenn schon sein Vater eine Anzahl Gesetze erlassen hatte, um ihr Los zu bessern, so waren die Grundbesitzer überzeugt,

„ein fundiertes Recht" auf die Untertänigkeit der Bauern zu haben und dachten nicht daran, dieses aufzugeben. Trotz aller Bemühungen gelang es Friedrich nicht, das Scharwerk der Bauern ganz abzuschaffen; er begrenzte es aber jetzt auf höchstens 60 Tage im Jahr, nachdem schon sein Vater es auf zwei Tage pro Woche reduziert hatte. Dazu wurde die Anzahl der scharwerkspflichtigen Personen eingeschränkt. In einer Verordnung vom 12. August 1749 verbot er nochmals den Grundherren die bestehenden Bauernhöfe eingehen zu lassen und das Land zu ihrem Besitz zu schlagen. Die Landräte sollten Zuwiderhandlungen mit 100 Reichstalern bestrafen. Erst damit hörte das Bauernlegen in Preußen endgültig auf.

Im Ermland gab es noch immer einen gesunden Bauernstand. Das kam auch in dem Spruch zum Ausdruck: „Unter dem Krummstab ist gut Leben." Daher war es öfters geschehen, daß unmenschlich behandelte Leibeigene ins Ermland geflohen waren. Oftmals hatte der grausame Gutsbesitzer einige Reiter den Geflohenen nachgeschickt, um sie mit Gewalt wieder zurückzubringen, denn die Arbeitskraft dieser Menschen bildete ja den Reichtum der Grundherren. In den bischöflichen Archiven befinden sich viele Beschwerden preußischer Gutsbesitzer und der preußischen Landesbehörde über geflohene Leibeigene, die ins Ermland entkommen waren. Ebenso lagen in Königsberg Klagen der bischöflichen Regierung über Grenzverletzungen preußischer Gutsbesitzer und Übergriffe preußischer Soldaten vor. Besonders oft scheinen die Lehrer und Schüler des Jesuitenkollegs in Rößel in diese Affären verwickelt gewesen zu sein, wahrscheinlich weil die Stadt so nahe an der Grenze lag.

Der mächtige Auerochse war schon vor 150 Jahren aus den ostpreußischen Wäldern verschwunden. Nun war auch die Zeit des Wisents zu Ende: Im Winter 1755/56 gab es noch vier davon im Großen Baumwald bei Tapiau. Es waren die letzten ihrer Art in Preußen. Drei wurden eingefangen; der letzte endete unter der Kugel eines Wilddiebes, den der Förster Buttgereit dabei überraschte. Der Wilderer mußte seine Tat mit zehn Jahren Haft auf der Festung Küstrin büßen, der Wisent aber war nun in Preußen endgültig ausgerottet, nachdem einige Jahre zuvor auch das letzte Wildpferd verschwunden war.

Eine Provinz Rußlands

Die Friedenszeit endete 1756 mit dem Ausbruch des Dritten Schlesischen Krieges, in dem Ostpreußen fast fünf Jahre lang von Rußland besetzt wurde. Es war das erste Mal, daß Russen und Preußen gegeneinander kämpften. Aber es war kein deutscher Drang nach Osten, sondern ein russischer Drang nach Westen, der dies hervorrief. Da Livland zum Zarenreich gehörte und Kurland unter seinem Einfluß stand, lag nichts näher, als auch das nächste Stück der Ostseeküste in Besitz zu nehmen. Da die Verbündeten beschlossen hatten, das Königreich Preußen zu vernichten, ergab es sich von selbst, daß Ostpreußen an Rußland fiele. Der Teilungsplan sah vor, daß nur Hinterpommern und die Mark (ohne Krossen) dem „Markgrafen von Brandenburg" verbleiben sollten.

Der Dritte Schlesische oder Siebenjährige Krieg (1756–63) war gleichzeitig der Krieg zwischen England und Frankreich um den Kolonialbesitz. Preußen kämpfte im Bunde mit England gegen Österreich, Frankreich, Rußland, Schweden und die meisten Reichsländer um den Besitz Schlesiens, das Österreich wieder unter seine Herrschaft bringen wollte. „Kanada und Indien müssen auf Preußens Schlachtfeldern verteidigt werden", forderte Englands Staatssekretär Pitt im Parlament. Nach glänzenden Siegen wurde Preußen durch die Niederlage bei Kunersdorf (1759) in die Verteidigung gedrängt und schließlich nur durch den Tod der Kaiserin Elisabeth von Rußland (1762) gerettet.

Am 22. Januar 1757 erneuerte Österreich mit Rußland den Vertrag von 1746, in dem sich Rußland verpflichtete, gegen Zahlung bedeutender Hilfsgelder mit 80.000 Mann in Preußen einzufallen und eine Kriegsflotte auszurüsten. Es war belanglos, daß Polen seine Neutralität erklärte; ohne die Polen zu beachten, durchzogen die russischen Armeen Polen/Litauen. Am 20. Juni 1757 überschritt General Fermor bei Nimmersatt und Polangen die preußische Grenze; am 4. Juli ergab sich die Festung Memel. Auf dem Weitermarsch wurde Ragnit zerstört und Anfang August Tilsit besetzt. Am 1. August drang die russische Hauptarmee unter dem

Oberbefehlshaber des russischen Heeres, Generalfeldmarschall Stephan Apraxin, von Osten in Ostpreußen ein und vereinigte sich am 18. August bei Insterburg mit der Armee Fermors. Den linken Flügel schützte ein Korps unter General Sibiski, das zwischen Treuburg und Lyck ins Land einbrach. Dieses bestand zum Teil aus Miliztruppen, die plündernd die Bevölkerung belästigten und terrorisierten. Noch viel schlimmer als diese hausten jedoch die Horden polnischer Räuber, die mit den Russen kamen und weite Teile des Landes durch Raub, Brand und Mord in solche Schrecken versetzten, daß die Bewohner dieser Gebiete entsetzt die Flucht ergriffen. Carl Beckherrn schreibt darüber: „Auch zahlreiche Landstreicher und loses Gesindel waren mit den Truppen ins Land gedrungen und hausten noch ärger als diese. Die Landbewohner flüchteten daher in Massen in die noch unbesetzten, weiter im Innern liegenden Orte und bargen sich schließlich, als sie hier kein Unterkommen mehr finden konnten, in den Wäldern."

Als die gequälte Bevölkerung die russischen Offiziere um Schutz vor den polnischen Räubern baten, erklärten diese, nicht helfen zu können, ermunterten aber die Bewohner zur Selbsthilfe. So schlossen sich Bauern einiger benachbarter Dörfer zu berittenen Bauernwehren zusammen, und mancherorts gelang es diesen, nur mit Forken und einigen Sensen bewaffnet, die polnischen Räuber zu vertreiben. Zum Beispiel wird der Pfarrer Drigalski aus Stradaunen (Kr. Lyck) genannt, der erfolgreich seine Truppe führte. Auch die Kirchenchronik von Jucha (Kr. Lyck) berichtet von dieser Bürgerwehr.

Der König hatte nur 18.000 Mann mit dem alten General Hans von Lehwaldt in Ostpreußen lassen können. Nach der Weisung Friedrichs, die Entscheidung mit einer Angriffsschlacht zu erzwingen, griff Lehwaldt von Wehlau aus die Russen überraschend am 30. August bei Groß Jägersdorf (südöstlich von Wehlau) an. Wenn schon die dreifache Übermacht der Russen – an Artillerie sogar die fünffache – wenig Aussicht auf Erfolg ließ, so verursachte ein Fehler in der Erkundung den ganzen Umfang der preußischen Niederlage. Statt auf den linken Flügel, stießen die Preußen auf die Mitte des Gegners und wurden in der rechten Flanke umfaßt und geschlagen. Sie verloren etwa 5.000 Mann, die Russen fast 10.000. Lehwaldt zog sich in Richtung Königsberg zurück. Da die preußischen Truppen mit dem Nachrücken der Russen rechneten, requirierten sie noch so viel als möglich. Graf von Dönhoff beschwerte sich später beim König, daß die Schwarzen Husaren auf seinem Gut Friedrichstein (25 km südöstlich von Königsberg) für 4.000 Taler Schaden verursacht hätten.

Obwohl Ostpreußen offen vor den Russen lag, erfolgte der von Lehwaldt erwartete Vormarsch auf Königsberg nicht. Erstaunlicherweise zog sich die russische Armee im September wieder über Insterburg, Ragnit und Tilsit zurück; nur Memel hielt sie besetzt. Bei ihrem Abmarsch drangsalierten die Russen nochmals die Bevölkerung und verschleppten vor allem viele Geistliche. Der Grund für die Räumung Ostpreußens war die schwere Erkrankung der Zarin Elisabeth, denn Kanzler Bestuschew wußte, daß der Thronfolger keinen Krieg gegen Preußen zu führen gedachte. Die Zarin wurde aber wieder gesund, wodurch sich die Lage mit schlimmen Folgen änderte. Der Kanzler, der den Rückzug angeordnet hatte, wurde nach Sibirien verbannt, und Apraxin, der dem Befehl gefolgt war, wurde vor ein Kriegsgericht gestellt und starb 1758 plötzlich im Gefängnis.

Der neue, zum Feldmarschall beförderte Oberbefehlshaber Fermor, wurde mit 104.000 Mann und 425 Kanonen wieder in das unverteidigte Ostpreußen geschickt. Da General Lehwaldt mit seinen wenigen Truppen bei einem erneuten Einrücken der Russen Ostpreußen nicht hätte halten können, hatte Friedrich der Große ihn schon am 29. September 1757 nach Pommern abrücken lassen, um dort gegen die Schweden zu kämpfen. Ostpreußen wurde kampflos von Feldmarschall Fermor besetzt. Bevor seine Truppen in Königsberg einzogen, verlangte er, von den Galgen die daran hängenden Körper abzunehmen und zu begraben sowie die angenagelten Blechschilder zu entfernen. Am 22. Januar 1758 zog er in Königsberg ein. Erstmalig in ihrer Geschichte sah die Stadt einen Eroberer in ihren Mauern. Zarin Elisabeth hatte Ostpreußen durch ein Patent vom 31. Dezember 1757 als russisches Eigentum erklärt. Die Stände leisteten ohne Zögern schon am 24. Januar ihrer neuen Landesherrin den Huldigungseid. Ein Teil der höheren Amtspersonen hatte die Provinz verlassen; alle übrigen nahmen freudig an den Festgelagen teil, die von den Russen veranstaltet wurden. Nur Preußisch Holland leistete Widerstand, mußte sich aber nach einer kurzen Belagerung ergeben.

Im Februar und März 1758 mußten auch alle Lehrer, die Geistlichen und Bürgermeister den Eid auf die Zarin in feierlicher Form vor den Altaren ihrer Kirchen leisten. Die Eidesformel lautete (verkürzt): „Ich, Endunterschriebener, gelobe bei dem allmächtigen Gott und heiligen Evangelio, der allerdurchlauchtigsten, großmächtigsten Kaiserin und souveränen Beherrscherin aller Reußen, Elisabeth Petrowna und Ihro Majestät hohem Thronfolger, Ihro kaiserlichen Hoheit, dem Großfürsten Peter Feodorowitsch, treu und gehorsam zu sein und alles, was Ihro kaiserlichen Majestät hohes Interesse betrifft, mit äußerstem Vermögen zu fördern, von Schädigung aber und Untreue gegen dieselbe, sobald es mir bekannt, nicht allein zeitig zu melden, sondern auf alle Weise trachten, solches abzuwenden, und mich in allem so aufzuführen, wie ich angemeldet und vor Gott und seinem strengen Gericht verantworten kann. So wahr mir Gott an Leib und Seele helfe."

Die Eidesformel der Amtspersonen enthielt noch den Zusatz: „[…] und alles, was zu Ihro kaiserlichen Majestät souveränen Macht und Prärogativen [Vorrechten] gehört nach meinem äußersten Vermögen, im erforderlichen Fall mit Leib und Seele zu beschützen, und dabei […] was Ihro kaiserlichen Majestät hoher Dienst und des Reiches Wohlfahrt mit sich bringt zu fördern."

Der Gottesdienst wurde nicht angetastet, so daß der Erzpriester Schulz aus Johannisburg, nach einer Inspektionsreise, am 7. Mai 1759 schrieb: „Unsere gottesdienstlichen publiquen [kirchlichen] und privaten Häuser stehen in voriger Verfassung. Unser Glaube ist von niemand[em] verspottet, […] Bibel und Sakrament sind unangefochten geblieben. Jeder in seinem Stande, Gewerbe und Nahrung hat die allerhöchst stipulierte kaiserliche Gnade nur allzu deutlich gespüret."

Die Besetzung erfolgte diesmal ohne nennenswerte Ausschreitungen. Die Russen benahmen sich anständig und suchten die Zuneigung der Bevölkerung zu gewinnen. Eine große Anzahl der Offiziere waren Baltendeutsche, die ihre Truppen in Zucht und Ordnung hielten. Während der langen Besetzung gab es nur vereinzelte Übergriffe, die für die Betroffenen hart genug, aber im Vergleich zu den üblichen Kriegsgreueln mehr oder weniger harmlos waren.

Die russische Herrschaft machte sich zunächst mit der Ablieferung der Waffen, der Überwachung der Post und der Zensur der Zeitungen bemerkbar. Der Bedarf zum Unterhalt der Armee wurde aus dem Land durch umfangreiche Naturallieferungen gedeckt. Damit war die Verpflichtung zu Fuhrdiensten verbunden. Die Russen ließen alle Verwaltungseinrichtungen bestehen, die aber von russischen Offizieren überwacht werden sollten. Die Regierung lag in den Händen von Johann Friedrich von Domhardt, einem der bedeutendsten Verwaltungsbeamten jener Zeit. Vorsorglich hatte er die Kassen schon vor dem Einmarsch der Russen nach Küstrin in Sicherheit gebracht. Die Russen ließen ihn in seinem Amt, nachdem auch er der Zarin den Treueid geleistet hatte. Die Kontrolle der Russen wurde bald nur eine Formsache, da sie den genauen preußischen Geschäftsbetrieb nicht liebten und auch nicht recht verstanden. Sogar der Briefverkehr wurde bald frei. Doch sollte sich jeder vorsehen, „diese Konzession zu mißbrauchen." Durch sein kluges Verhalten konnte Domhardt das Land vor allzuschweren Lasten bewahren und nach dem Krieg als besterhaltene aller Provinzen dem König zurückgeben.

Im März 1759 übergab Feldmarschall Fermor sein Amt als Gouverneur dem Generalleutnant Nikolaus von Korff, der ebenfalls deutscher Abstammung war. Fermor sollte die Preußen in Pommern und der Neumark angreifen und verlegte sein Stabsquartier nach Marienwerder. Die Städte sollten eine Kriegskontribution von einer Million Taler für 1758 und die gleiche Summe für 1759 aufbringen, die aber zum Teil heruntergesetzt wurde. Eine auch der Landbevölkerung in gleicher Höhe aufgelegte Kontribution wurde auf die Vorstellungen Domhardts von dem humanen und hilfsbereiten Korff zum größten Teil erlassen. Viel schärfer griff seit 1761 der Nachfolger Korffs, der Nationalrusse Wassili Suworow (Vater des Feldherrn), durch.

Großen Schaden verursachte die rücksichtslose Abholzung der besten Waldgebiete für den russischen Flottenbau in Pillau. Damals verschwanden die Wälder um Königsberg, aber auch der wertvolle Baumbestand in anderen Forsten. Die schlimmsten Folgen entstanden auf der Kurischen Nehrung, die damals noch dicht bewaldet war. Neben Fichten, Tannen, Eschen, Eichen, Birken und Erlen standen dort bis zu 300jährige Föhren. Vergeblich warnte Domhardt schon 1759 die Russen vor der Gefahr der Versandung.

Mit dem Wald wurde auch das Nehrungswild ausgerottet, wobei besonders die Elche betroffen waren. Die ungeschützte Grasnarbe verdorrte, und bald setzte der Wind den Sandboden in Bewegung. So entstand diese „nordische Sahara", die einzige Wüste Europas, mit ihren Wanderdünen, von denen einige bis zu zehn Metern jährlich ostwärts wanderten. Auch die übriggebliebenen Waldteile ließ der Flugsand langsam absterben. Bis auf geringe Reste mußten die Bewohner die Nehrung verlassen. Die Dörfer Karweiten, Kunzen und Lattenwalde verschwanden spurlos unter dem wehenden Sand. Pillkoppen mußte wiederholt umgebaut werden und zog vor der wandernden Düne immer weiter nach Osten.

Nach langer Zeit kamen auf der Westseite Überreste zugewehter Orte wieder zum Vorschein. Auch der alte Pestfriedhof von Nidden wurde freigeweht, wo verstreut im Sand gebleichte Knochen und Schädel herumlagen. Selbst die vom Großen Kurfürsten angelegte Poststraße ist unter dem Sand verschwunden. Unter großen Kosten bemühte sich später die preußische Regierung die Dünen zu befestigen, und bis 1914 war ein großer Teil wieder bepflanzt, obwohl das regenarme Wetter die Bepflanzung erschwerte. Auch in anderen Gegenden wurde durch Abholzung der besten Wälder der Wildbestand bedrohlich reduziert. Die Russen schossen die Elche bis auf geringe Reste ab und rotteten auch die Biber aus. Später fand man in unzugänglicher Wildnis doch noch einige Biber, von denen der letzte 1844 erlegt wurde.

Die Russen hatten auch das Ermland und Westpreußen mit Thorn und Posen besetzt, ohne daß das neutrale Polen auch nur das Geringste dagegen tat. Nur Danzig verteidigte sich bis zum Ende des Krieges erfolgreich gegen das mächtige Rußland. Auch den Danzigern half die polnische Schutzmacht in keiner Weise, forderte aber ständig Geld von der bedrängten Stadt. Die völlige Passivität Polens war später für Friedrich den Großen und seinen Nachfolger ein wichtiger Grund, an den Teilungen Polens teilzunehmen, wenn Rußland nicht bis zur Weichsel vordringen sollte.

Durch die Absperrung nach Westen kam der Außenhandel Ostpreußens zum Erliegen, und die allgemeine Steigerung der Preise bedrückte die Bevölkerung. Andererseits verdiente man auch an der Besatzungsmacht, und es gab mehr Zusammenarbeit mit dieser als Widerstand gegen sie. Die Bevölkerung hatte sich aber noch keineswegs damit abgefunden, eine russische Provinz zu bleiben; man hoffte auf einen Umschwung. Es gab auch begeisterte junge Männer, die den Weg zu des Königs Fahnen fanden. Die bedrückenden Zustände und eingeschleppte Seuchen erhöhten die Sterblichkeit, so daß in dieser Zeit ein Rückgang der Einwohnerzahl festzustellen ist.

Der Siebenjährige Krieg, und damit die Frage, ob Ostpreußen russisch verwaltet bleiben würde, wurde durch eine Reihe außergewöhnlicher Ereignisse am Zarenhof entschieden, die hier kurz erklärt werden sollen.

In Rußland regierte seit 1741 Zarin Elisabeth, eine Tochter Peters des Großen. Da sie kinderlos war, rief sie den jugendlichen Peter Ulrich Herzog von Holstein-Gottorp (Sohn ihrer Schwester) als Thronfolger nach Rußland. Sie holte ihm auch eine deutsche Ehefrau, Sophie Auguste, Tochter des preußischen Feldmarschalls Christian August Prinz von Anhalt-Zerbst (die spätere Katharina die Große). 1745 wurde die 16jährige, die auf den russischen Namen Katharina umgetauft worden war, mit dem 17jährigen Thronfolger verheiratet.

Die intelligente Katharina verstand es, sich am Hofe beliebt zu machen; Peter aber trat trotzig als Deutscher auf, sprach lieber deutsch und Holsteiner Platt als russisch und zog sich durch seine Verachtung alles Russischen die Feindschaft mancher einflußreicher Personen zu. Die Zwangsehe artete bald in Haß aus, und Peter machte keinen Hehl daraus, daß er Katharina beseitigen und seine Geliebte heiraten wolle, sobald er zur Macht kommen würde. Während die Zarin Elisabeth im Bunde mit Österreich und Frankreich Krieg gegen Preußen führte, war Peter ein glühender Verehrer Friedrichs des Großen.

. Am 5. Januar 1762 starb Zarin Elisabeth und Peter III. war damit Zar. Schon in der folgenden Nacht sandte er Befehle an die Armee, alle Feindseligkeiten gegen Preußen sofort einzustellen. In einem Brief an Friedrich versicherte er ihn seiner Freundschaft. Entgegen den bestehenden Verträgen, mit Preußen keinen Separatfrieden zu schließen, schloß Peter am 24. April 1762 einen Vertrag mit Preußen (ratifiziert am 5. Mai 1762), demzufolge die Russen alle preußischen Gebiete räumen und russische Truppen gemeinsam mit den

Preußen gegen Österreich kämpfen würden. Die verzweifelte Lage Preußens, dessen Untergang schon fast vollzogen war, änderte sich damit schlagartig. Zar Peter hatte Preußen gerettet.

Der König setzte sich sofort mit Domhardt in Verbindung, um die dringend benötigten Mittel zur Weiterführung des Krieges aus Ostpreußen zu ziehen, das bisher am wenigsten gelitten hatte. Domhardt sollte Lebensmittel und Pferdefutter liefern, die russischen Magazine aufkaufen und Rekruten ausheben. Die fieberhafte Tätigkeit wurde plötzlich beendet, als die Nachricht von der Ermordung Zar Peters eintraf. Die Russen waren erst zum Teil abgezogen, und nun wurde befohlen, der neuen Zarin Katharina zu huldigen. Die schon eingeführten preußischen Kassen wurden beschlagnahmt und die ausgehobenen Rekruten mußten wieder entlassen werden. Bald war alles wieder so wie vor dem Tod der Zarin Elisabeth.

Am 8. Juli hatte Katharina einen Staatsstreich gegen ihren Gemahl durchgeführt und sich zur Zarin von Rußland ausrufen lassen. Ihre Macht stützte sich auf die fünf Brüder Orlow, Offiziere der Armee, von denen Gregor ihr Geliebter war. Obwohl Zar Peter sich hätte wehren können, vielleicht sogar mit Erfolg, unterschrieb er widerstandslos die Abdankungsurkunde, „wie ein unartiges Kind, das man zu Bett schickt", sagte später Friedrich der Große. Peter wurde auf Schloß Repscha bei Peterhof gefangengehalten und am 17. August 1762 von Alexis, dem dritten der Orlow-Brüder, und einigen seiner Freunde ermordet.

Über den Verdacht, ob Peter mit Billigung Katharinas ermordet wurde, ist viel geschrieben worden. Obwohl der gefangene Zar eine Gefahr für Katharina war und sein Tod ihr sehr gelegen sein mußte, hat sie die Tat wahrscheinlich nicht befohlen. Sie ließ Räume für Peter in der Festung Schlüsselburg einrichten. Da die Orlow-Brüder dort schwer an Peter herangekommen wären, beschlossen sie eigenmächtig den Zar vorher zu beseitigen und glaubten, damit Katharina (und auch ihrem Bruder Gregor) einen großen Dienst zu erweisen. Katharina schützte dann auch die Mörder, denen sie das Gelingen ihres Staatsstreiches und vielleicht sogar ihr Leben verdankte. (Peter hatte am 13. Juni befohlen, Katharina gefangenzusetzen. Nur auf die Bitte seines Onkels, des Prinzen Georg von Holstein, hatte er sich überreden lassen die Einkerkerung aufzuschieben.)

Peters Tod wurde als Folge einer Blutung, verbunden mit einer Kolik, an denen er tatsächlich manchmal litt, erklärt. Wenn Katharina den Zar beseitigen wollte, hätten sich später bessere und unauffälligere Möglichkeiten ergeben. Sie war zu intelligent, als daß sie eine solche Tat sieben Tage nach ihrer Thronbesteigung begangen hätte.

Katharina hatte zunächst die Absicht, die Politik der Zarin Elisabeth und damit den Krieg gegen Preußen weiterzuführen. Aus ungeklärten Gründen – vielleicht war ihr persönlich ein Krieg gegen die Heimat ihrer Kindheit zuwider – schwenkte sie um und bestätigte den Friedensvertrag, den der ermordete Zar mit Friedrich dem Großen geschlossen hatte. Nun erst war das Königreich Preußen wirklich gerettet, und aus Ostpreußen konnte Domhardt dem König ungestört die verlangten Güter und Rekruten liefern. Die Russen begannen im August 1762 mit ihrem Abzug aus Ostpreußen, der Mitte September abgeschlossen war. Durch ein besonderes Patent der Zarin Katharina wurden die Bewohner Ostpreußens von dem der Zarin Elisabeth geleisteten Eid entbunden: „Nachdem die Einwohner dieses Königreiches nach geschehener Occupirung dieses Landes gethanen Huldigungs-Eyds losgezählet worden, etc, […] zu demjenigen Gehorsam und Treue, welche sie Ihro Majestät dem Könige von Preußen, als ihrem angebohrenen Landesherrn zu leisten schuldig sind, hiermit nochmahlen angewiesen werden."

Nach dem Abzug der Russen wurden österreichische Kriegsgefangene auch nach Ostpreußen verlegt. Die Chronik von Schippenbeil berichtet, daß 1762 dort 39 Offiziere und 58 Unteroffiziere und Mannschaften untergebracht wurden. Wie menschlich und großzügig Preußen seine Gefangenen behandelte, zeigen folgende Verordnungen: Ein Zimmer des Rathauses ist für ihren katholischen Gottesdienst zur Verfügung zu stellen; den Prediger aber müssen die Gefangenen sich selbst beschaffen. Eine Reise zum Wallfahrtsort Heiligelinde ist nur mit Genehmigung des Generalfeldmarschalls Lehwaldt gestattet. Die Offiziere dürfen während des Tages die Stadt verlassen, und auch die Jagd ist ihnen erlaubt. Die gefangenen Österreicher blieben bis zum Friedensschluß 1763 in Ostpreußen.

Der Krieg ging noch weiter, aber nachdem die Österreicher von den Preußen noch zweimal im Felde geschlagen wurden, und nachdem auch Frankreich aus dem Krieg trat und Österreich und Preußen sich allein gegenüberstanden, war auch Maria Theresia zum Frieden bereit.

Der Friede von Hubertusburg vom 15. Februar 1763 beendete den Dritten Schlesischen Krieg. Alles blieb so, wie es vor Beginn des Krieges gewesen war. Der Friede von Dresden (1745) wurde bestätigt. Preußen behielt Schlesien und versprach, dem Sohn Maria Theresias, Josef, bei der Wahl des deutschen Königs seine Stimme zu geben. Als König eines Landes von knapp fünf Millionen Einwohnern und 260.000 Soldaten hatte sich Friedrich gegen ein Bündnis von 100 Millionen mit Heeren von 700.000 Mann gehalten. Den Sieg verdankte er aber Zar Peter III.

Frankreich verlor im Frieden zu Paris (1763) seine wertvollsten Kolonien an England; die preußische Armee hatte Kanada für England erobert. Spanien gab Florida und die Gebiete westlich des Mississippi an England ab. Mit dem Erwerb Schlesiens stieg die Bevölkerung Preußens um ein Drittel. Durch die Förderung der Bergbauindustrie entstand das nach England wichtigste europäische Erz- und Kohlenrevier.

Der große König

König Friedrich II. beginnt mit gigantischer Anstrengung die Schäden des Krieges zu beseitigen. Er steht um vier Uhr früh auf, um sein gewaltiges Arbeitspensum zu bewältigen. Er setzt ein allumfassendes Aufbauprogramm in Bewegung: Haus- und Städtebau, Trockenlegung weiter Sumpfgebiete, Bau von Kanälen und Verbesserung der Gerichtsbarkeit. Durch Vorbild und absolute Autorität schafft er neue Menschentypen: den unbestechlichen Beamten und den unabhängigen Richter. „Vor Gericht müssen die Gesetze sprechen, und der Herrscher muß schweigen", erklärt er. Die Aushebung der Rekruten wird 1763 den Regimentern entzogen und durch neue Vorschriften, unter Mitwirkung der Zivilbehörden, geregelt. Das große Werk seines Vaters, den Aufbau der Volksschulen, setzt er mit der Einrichtung Hunderter neuer Landschulen fort, allein 139 davon in Masuren. Das Schulreglement vom 12. August 1763 sorgt für seminarisch gebildete Lehrer. 1767 wird erstmalig bei Tilsit eine Schwimmbrücke über die Memel gelegt, die bei Hochwasser und Eisgang eingeholt wird. Friedrich betritt aber Ostpreußen nie mehr, obwohl er alle Ostprovinzen jedes Jahr bereist. Er will nicht vergessen, daß die Provinz so schnell russisch geworden war. Besonders von den ostpreußischen Adligen hat er keine gute Meinung, und bei der Ablehnung eines Gesuchs schreibt er: „Die Herren haben sich im Siebenjährigen nicht so aufgeführt, das[s] man an sie denken Sol. Sie seint auf dem Landt Schlechte Wirte und Windbeutels[,] und durch die Armee fallen Sie durch wie ein Sip."

Trotzdem hat er die Provinz in keiner Weise benachteiligt. Von besonderer Bedeutung war der Bau des Masurischen Kanals, der die Masurischen Seen mit dem Pregel verband. Weil die Russen während des Siebenjährigen Krieges die Wälder im Norden Ostpreußens abgeholzt oder zur Teergewinnung abgebrannt hatten, fehlte dort Bauholz, um die in diesem Gebiet zerstörten Gebäude und Ortschaften wieder aufzubauen. Präsident Domhardt schlug vor, Holz aus den verschont gebliebenen masurischen Wäldern mittels eines Kanals heranzuführen. Der König genehmigte den Bau unter der Bedingung, daß der Holzverkauf die Baukosten und den Unterhalt des Kanals decken muß und jährlich noch 18.000 Taler an die Staatskasse gezahlt würden. Ab 1764 wurden die Kanäle zwischen den Masurischen Seen mit drei Schleusen gegraben und die Angerapp und der obere Pregel mit vier Schleusen reguliert. Nachdem der Kanal seinen Zweck erfüllt hatte, lohnte sich die Flößerei nicht mehr, und der Betrieb wurde gegen Ende des Jahrhunderts eingestellt. Danach verfiel der Kanal, und die Schleusenanlagen wurden zum Teil beseitigt.

Durch die wiederholt ausbrechenden Viehseuchen, die oft die Bestände des ganzen Landes schwer trafen, erlitten die Bauern immer wieder furchtbare Rückschläge. So richtete das Viehsterben des Jahres 1772 erneut großen Schaden an. Tierärzte und medizinische Mittel zur Bekämpfung der Seuchen waren damals noch unbekannt.

Durch die enorme Kulturarbeit und kluge Siedlungspolitik wurde der Bauernstand erheblich vermehrt. Der König sorgte für eine vernünftige Regelung des Hypothekenwesens,

für hochwertiges Saatgut zu billigen Preisen, eine verbesserte Viehzucht und die Anpflanzung von Obstbäumen.

Die Nachkommen der alten Pruzzen scheinen nun doch noch ihre heidnischen Traditionen vergessen zu haben, denn man hört nichts mehr über ihre Opferfeste. Dafür klagt jetzt die Geistlichkeit, daß die Mischung heidnisch-pruzzischer Glaubenselemente mit den christlichen, besonders bei der Landbevölkerung, zu einem wirren Durcheinander zusammengewachsen ist, gegen das man noch schwieriger angehen könne als gegen das Heidentum, weil mit dem einen auch das andere ausgerissen würde.

Eine komplizierte Verwirrung herrscht in der Geldwirtschaft, da in den kurbrandenburgischen Landen andere Münzen im Umlauf sind als im preußischen Gebiet. In diesem rechnet man mit folgenden Münzen:

1 Reichstaler	=	3	Gulden polnisch	=	90 Groschen
1 Gulden	=	30	Groschen	=	25 Plappert
3 Schilling	=	1	Groschen		
3 Groschen	=	1	Dütgen		
1 Plappert	=	6	Rappen		
20 Groschen	=	1	Mark		
1 Schilling	=	6	Pfennige		

Im übrigen Königreich war die Hauptwährungsmünze noch immer der 1566 eingeführte silberne Reichstaler zu 24 guten Groschen und der Groschen zu zwölf Pfennig. Nach der Gründung der Preußischen Staatsbank 1772 wurde der Reichstaler durch den Preußischen Taler ersetzt.

Den Adligen verbot Friedrich II., ihre Güter an Bürgerliche zu verkaufen. Nach dem Siebenjährigen Krieg nahm die Bevölkerung wieder zu, denn bis 1774 brachte der König 15.000

Zuwanderer nach Ostpreußen. Dadurch wurden in dieser Zeit die letzten unbewirtschafteten Hufen wieder bebaut, und die genutzte Ackerfläche in Ostpreußen erreichte nahezu die Ausmaße, wie sie zur Ordenszeit bestanden hatten. Damit stieg auch der Getreideanbau, so daß große Vorräte angelegt werden konnten. Die Hungersnot von 1770/71 hatte in Preußen deshalb bei weitem nicht die furchtbaren Folgen wie in den Nachbarländern. In Polen z.B. brach 1771 wieder die Pest unter dem hungernden Landvolk aus.

Der polnische Staat hatte sein Ende erreicht, und es kam so, wie König Johann schon vor 100 Jahren vorausgesagt hatte. Polens Unfähigkeit hatte sich schon im Siebenjährigen Krieg gezeigt, wo es nicht einmal den Versuch machen konnte, seine Neutralität aufrechtzuerhalten und hilflos zusah, wie fremde Truppen im eigenen Land hausten. Ein Engländer, der 1778 von Krakau nach Warschau, also mitten durch Polen reiste, beschreibt, wie es in Polen aussah: „In meinem Leben habe ich keinen so öden Weg angetroffen [...] Auf der ganzen Strecke trafen wir nur zwei Kutschen und etwa ein Dutzend Karren an. Die Eingeborenen in diesem trostlosen Land waren ärmer, bedrückter und elender als irgendein Volk, das wir auf unseren Reisen angetroffen haben. Wo immer wir mit unseren Wagen hielten, drängten sie sich scharenweise um uns und bettelten mit den unterwürfigsten Gebärden um Almosen [...]"

Friedrich der Große schrieb in seiner *Geschichte meiner Zeit*: „Die Polen sind eitel, hochfahrend im Glück, kriechend im Unglück, der größten Niedertracht fähig [...] Sie haben Gesetze, aber niemand befolgt sie, da keiner sie dazu zwingt. Die großen Familien sind sämtlich durch Interessengegensätze zersplittert; sie ziehen ihren Privatvorteil dem öffentlichen Wohle vor und sind nur einig in der harten Bedrückung ihrer Leibeigenen, die sie mehr als Lasttiere denn als Menschen behandeln."

Die polnische Armee zählte kaum 8.000 Mann. Die Offiziere konnten ihren Aufenthalt frei wählen und lebten auf ihren Gütern, ungestört durch militärischen Dienst. Der Laufbursche eines Grafen war Oberst, ebenso der Koch eines anderen Grafen; ein Hauslehrer wurde bei seiner Einstellung gleich Oberstleutnant. Als der letzte König vor dem polnischen Reichstag 1788 erklärte, man könne von keinem polnischen Heer mehr reden, sondern nur noch von einer Bande, schrie man ihm zu: „Der polnische Adel schlägt sich, wie es ihm gefällt und will von keinem Gesetz etwas wissen als nur von seiner Freiheit."

Im Zuge der russischen Expansion hatte nur die Rücksicht auf die europäischen Mächte Peter den Großen und seine Nachfolger gehindert, das wehrlose Polen ganz dem russischen Reich einzufügen. Aber ihre Politik war auf dieses Ziel ausgerichtet. Russische Truppen hatten seit 1717 den Boden Polens nie mehr verlassen. In dem Defensivbündnis von 1764 zwischen Rußland und Preußen hatte Friedrich zugesagt, die Wahl von Stanislaus August Poniatowski, dem abgelegten Freund der Zarin Katharina, zu unterstützen.

Nachdem aber Poniatowski am 7. September 1764 König von Polen geworden war, weigerte er sich, nach der russischen Pfeife zu tanzen, ganz wie es Katharina erwartet hatte. Mit Hilfe der „Patriotenpartei" versuchte er noch einmal Ordnung in den verwahrlosten Staat zu bringen. Aber die Ursache allen Übels, das Vetorecht des Einzelnen im Reichstag abzuschaffen, gelang nicht. Trotzdem schaffte er es, die Wirtschaft zu beleben und Schulen zu gründen. Er brachte sogar ein Gesetz durch, das man kaum für möglich gehalten hätte: Es verbot den adligen Grundherren, ihre Bauern zu töten. Die Zustände verschlimmerten sich. Von fanatischen Priestern geschürt, gab es Aufstände gegen die Russen, gegen König Stanislaus und gegen alle Nichtkatholiken.

Zarin Katharina war mit diesem Gang der Dinge gar nicht zufrieden und drängte zu einer Entscheidung. Um sich gegen das nach Westen drängende Rußland behaupten zu können, mußten Preußen und Österreich eingreifen. Entweder wurde das völlig ohnmächtige Polen ganz von Rußland aufgesogen oder unter die drei Mächte aufgeteilt. Besonders für Preußen war es eine Lebensfrage, daß die Russen sich nicht in Westpreußen festsetzen würden. Friedrich II. und auch Maria Theresia (mit ihrem Sohn, Kaiser Joseph II.) widersetzten sich einer völligen Aufteilung Polens. Friedrich ging es nur darum, das fast rein deutsche Ermland und das noch immer halb deutsche Westpreußen wieder zurückzubekommen. Am 5. August 1772 unterzeichneten die drei Mächte in St. Petersburg einen Vertrag, der zu Unrecht die „Erste Teilung Polens" genannt wird. Die Gebiete, die 1772 Polen abgenommen wurden, hatten ethnographisch niemals dazugehört, sondern waren gewaltsam durch Eroberung und Rechtsbruch – wie Westpreußen – von Polen annektiert worden.

Sie waren überwiegend von Volksangehörigen der drei Mächte und nicht von Polen bewohnt. Rußland nahm sich Weißrußland mit Witebsk, 108.750 qkm mit 1.800.000 Einwohnern. Österreich erhielt Galizien mit Lemberg, 70.480 qkm mit 2.700.000 Einwohnern. Preußen begnügte sich mit 34.745 qkm mit 585.000 Einwohnern und zwar Ermland, Westpreußen (ohne Thorn und Danzig) und dem Netzedistrikt. Das waren 16,3 Prozent der damals von Polen abgetretenen Gebiete. Außer dem Netzedistrikt, der nicht zum Ordensland gehört hatte, war kein Zipfel davon polnisches, sondern altes, von Deutschen erschlossenes Ordensland, das sich Polen durch Gewalt und Rechtsbruch einverleibt hatte. Der Netzedistrikt hatte im Westen (Deutsch Krone) zu Brandenburg, im Norden (Wirsitz) zu Pommern und im Osten (Bromberg) zu Kujawien gehört.

Damit hörte in diesen Gebieten die polnische Anarchie auf, die 300 Jahre gedauert hatte, und preußisches Recht und preußische Ordnung zogen wieder ein. Für die Bevölkerung war dies ein großer Segen, für die adligen Grundherren und die Geistlichkeit aber hörte die Gewaltherrschaft auf. Die Rückkehr dieser Gebiete stellte nun auch die ersehnte Landverbindung zwischen Ostpreußen und Pommern wieder her. Die Besitznahme erfolgte ohne Widerstand. Die Grenze Westpreußens, um das einmal so viel gekämpft worden war, legte jetzt ein Dragonerkommando von 15 Mann fest.

Die drei Mächte übergaben dem polnischen Ministerium am 18. September 1772 nur ein gemeinsames Manifest, das als Hauptgrund die Herstellung der inneren Ordnung in Polen nannte und nur nebenbei die älteren Rechte auf diese Gebiete erwähnte, die in zuzüglichen Deduktionen begründet werden würden. Um die öffentliche Meinung zu beeinflussen und die Bevölkerung in Preußen und Polen aufzuklären, führte Preußen seine historischen Rechte auf. Rußland und Österreich sahen das nicht gern, weil sie selbst für ihre weit größeren Gebietsansprüche solche historischen Rechte nur in geringem Maße geltend machen konnten. Sie wollten deshalb nur die anarchistischen Zustände als Hauptgrund für die Besitznahme dieser Gebiete angeben.

Die historische Begründung des Anspruchs war aber auch für Preußen sehr schwierig, weil das Kurhaus Brandenburg sein Recht auf Preußen nicht vom Deutschen Ritterorden, sondern nur aus der Belehnung mit dem Herzogtum Preußen durch die Könige Polens herleiten durfte. Das Recht des deutschen Volkstums und die jahrhundertelange Kulturarbeit des Ordens mußten nicht nur verschwiegen, sondern der Anspruch des Ordens auf das gesamte Preußenland mußte ausdrücklich *bestritten* werden. Das war notwendig, weil der Ritterorden als politischer Faktor, mit Sitz und Stimme im Reichstag, immer noch bestand. Seine alten Rechte auf Preußen hatte er noch keineswegs aufgegeben und bei jeder Gelegenheit darauf gepocht. Als der Kaiser 1657 Preußens Souveränität anerkannte, hatte er protestiert, dann wieder 1697, als der Kaiser dem Kurfürsten Friedrich III. den Herzogtitel von Preußen zugestand. Nach der Anerkennung der Königswürde führte der Orden einen heftigen Papierkrieg, wobei der Kaiser ihn auf spätere Zeiten vertröstet hatte. Friedrich hatte gute Gründe, den Ritterorden fernzuhalten. Diese Verfahrensweise war erfolgreich, denn der Orden hat gegen die Besitznahme Westpreußens nicht den erwarteten Einspruch erhoben. Er versuchte dagegen, eine anderweitige Landentschädigung aus polnischem Gebiet zu erhalten, was aber von Rußland und Österreich abgelehnt wurde.

Der preußische Minister von Hertzberg stand vor einer sehr schwierigen Aufgabe, um unter diesen Umständen den preußischen Anspruch zu begründen. Er mußte auf die Verwandtschaft des pommerellischen Fürstenhauses mit dem westpommerschen Haus und dessen Erbrecht auf Pommerellen zurückgreifen. Durch den Erbvertrag von 1529 war Pommern, und somit auch Pommerellen, an Brandenburg gefallen. Für das Deutsch-Kroner Land führte er die zeitweilige Zugehörigkeit zu der Neumark an. Die anderen Gebiete wurden als Entschädigung für den so lange vorenthaltenen Besitz von Pommerellen und dem Deutsch-Kroner Land gefordert.

Selbstverständlich waren es nicht diese, sondern realpolitische Gründe, die Friedrichs Handeln bestimmten. Schon als Kronprinz hatte er sich mit der Zusammenführung der beiden Teile Preußens befaßt und dies auch in seinen politischen Testamenten von 1752 und 1768 dargelegt. Dazu schreibt Bruno Schumacher treffend: „Was Friedrich der Große an tatsächlicher deutscher Arbeit für das neuerworbene Land geleistet hat, berechtigt uns heute, die wir von der Sorge um vergilbte papierne Verträge und dynastische Erbansprüche unbeschwert sind, ihn in höherem Sinne als den wahren Rechtsnachfolger des deutschen Ordens anzusprechen, sowohl vom Standpunkt des alten deutschen Ordenslandes Ost- und West-preußen wie von dem des deutschen Volkstums aus."

Der Machtwechsel wurde mit dem „Patent an sämtliche Stände und Einwohner der Lande Preußen und Pommern [...]" vom 13. September 1772 vollzogen. Dieses sogenannte „Besitzer-greifungspatent", in dem die geschichtlichen und staatsrechtlichen Gründe für die von Preußen in Besitz genommenen Gebiete angegeben werden, beginnt so: „Da wir nun nicht schuldig noch gemeint sind, ein Unserem Kurhause angetanes so großes Unrechts länger zu erdulden, so haben Wir gut befunden, die gesamten Lande von Preußen und Pommern dies- und jenseits der Weich-sel, welche die Krone Polen bishero unter dem Namen von Polnisch-Preußen besessen (außer den Städten Thorn und Danzig), in Unsern Besitz zu nehmen und durch Unsere Truppen besetzen zu lassen, wobei Wir hoffen, daß die Republik Polen, wenn sie die Umstände und Unsere so wohl gegründete Ansprüche näher einsehen und erwogen haben wird, sich von selbst bedenken und sich hiernächst geneigt finden lassen wird, sich in der Güte darüber mit Uns zu setzen."

Seit dem Erstarken Preußens hatten auch die Polen damit gerechnet, daß Preußen die ge-raubten Gebiete einmal zurückfordern würde und waren über den Gang der Dinge kaum überrascht. Schon Stanislaus Leszczynski hatte Friedrich 1740 die Abtretung Westpreußens als Preis für die Unterstützung seiner Thronkandidatur angeboten, was Friedrich aber wegen der unsicheren politischen Lage und aus Rücksicht auf Rußland ablehnte. Es ist daher nicht so erstaunlich, daß der polnische Reichstag der Abtretung dieser Gebiete am 30. September 1773 ohne besonderen äußeren Druck zustimmte. Zugleich sprach er den Verzicht auf das Rückfallsrecht Preußens an Polen beim Aussterben der brandenburgischen Dynastie aus, das noch aus dem Wehlauer Vertrag von 1657 stammte. Erst die Aufteilung Polens 1793 stieß auf Widerstand und führte zu der Erhebung von 1794, die Rußland den Grund lieferte, Polen 1795 ganz aufzulösen.

Der Übergang von der polnischen zur preußischen Herrschaft vollzog sich überall so ähn-lich wie in Frauenburg und Rößel. Am 23. September 1772 erschienen in Frauenburg der Do-mänenrat Boltz, Justizrat Hahn und ein paar preußische Kommissare mit einem Unteroffizier, einem Tambour und neun Soldaten. Nachdem den Domherren das Besitzergreifungspatent vorgelesen worden war, zog der Trupp auf den Markt; der Tambour wirbelte, die Soldaten präsentierten, und ein Kommissar verlas das Patent. Dann wurde der preußische Adler am Rathaus angeschlagen und das städtische Archiv versiegelt. Damit hatten sie von der Stadt im Namen des Königs von Preußen Besitz ergriffen. In Rößel erschien eine Abteilung preu-ßischer Dragoner aus Rastenburg. Der Rat der Stadt wurde zusammengerufen und im Rat-haus von einem preußischen Domänenrat empfangen. Nachdem auch hier das Patent vor-gelesen, das Archiv versiegelt und der preußische Adler am Rathaus angeschlagen waren, rit-ten die Dragoner und Beamten wieder zum Tor hinaus.

Für den 27. September war die öffentliche Huldigung aller Amtspersonen aus den in Be-sitz genommenen Gebieten in der Marienburg befohlen. Jede Stadt sandte eine Abordnung dazu. In Vertretung des Königs nahmen die beiden königlichen Kommissare, Generalleutnant von Sutterheim und Etatsminister von Rohd, die Huldigung im großen Remter entgegen. Auf dem Platz vor dem Schloß wurde danach mit Musikbegleitung das Tedeum gesungen, während in der Schloßkapelle die Katholiken dasselbe taten. Der König hatte 2.000 Taler be-willigt, die unter das Volk geworfen wurden. Außerdem waren Huldigungsmünzen geprägt worden und zwar 50 goldene für den Adel und 500 silberne für die anderen Festteilnehmer. Mittags gab es ein Festmahl, für die Adligen im Sommerremter, für die anderen im großen Remter. Am Abend waren alle Häuser Marienburgs festlich beleuchtet.

Ermlands Bischof Krasicki und sein Domkapitel leisteten am nächsten Tag in Heilsberg den Huldigungseid. Damit war die über 500 Jahre bestehende weltliche Herrschaft der Bischöfe Ermlands und ihrer Domkapitel beendet.

Das Ermland nach 1772

Durch die Rückkehr des Ermlands zu Preußen gab es auch hier tiefgreifende Veränderun-gen. Das bisherige erbliche Schulzenamt wurde abgeschafft und Gemeindevorsteher gewählt.

Hexenprozesse hörten nun auch im Ermland auf. Eine aus 60 Beamten eigens gebildete „Klassifikations-Kommission" bereiste das Land und führte eine gründliche Bestandsaufnahme durch. Die Berichte beklagen die Rückständigkeit des Ermlands, besonders im Schulwesen; von der Landwirtschaft heißt es aber, daß sie sich mit der im übrigen Ostpreußen durchaus messen konnte. Während im Herzogtum und auch in Westpreußen die Bauern leibeigene Sklaven der Grundherren geworden waren, blieb das Ermland von dieser Entwicklung verschont. Hier war der jeweilige Bischof und das Domkapitel Grundherr gewesen, und trotz mancher Mißstände, hatte sich der Bauernstand durch die ganze polnische Zeit erhalten können. Der bisher niedrige Getreidepreis wurde dem übrigen Land angeglichen und damit erheblich erhöht. Besonders vorteilhaft erwies sich die preußische Wirtschaftsregelung. Jetzt konnten die Produkte fast immer zu angemessenen Preisen abgesetzt werden, während vorher nur in Mangeljahren ein ausreichender Bedarf vorhanden gewesen war. Bei guten Ernten hatten die Bauern ihr Getreide oftmals um keinen Preis loswerden können.

Bei der Bestandsaufnahme besuchte einer der königlichen Beamten mit dem Amtshauptmann und einem Schreiber jeden Tag ein Dorf, in dem die Bauern und Eigenkätner zusammengerufen worden waren. Der Beamte belehrte die Versammlung, daß er im Auftrage des Königs die Besitzverhältnisse der Gemeinde festzustellen habe. Sie dürfen des königlichen Wohlwollens sicher sein, doch verlange der König unbedingt richtige Angaben, weil nur damit die Steuern gerecht verteilt werden können. Im Königreich Preußen, zu dem sie nun gehören, soll es kein Unrecht geben. Wer irgendwelchen Besitz verschweigt, muß mit der Einziehung desselben rechnen. Wenn also jemand ein Pferd weniger angibt, als er besitzt, wird es ihm genommen und verkauft. Insgesamt mußten 182 genau vorgeschriebene Fragen beantwortet werden. Der Amtshauptmann ging derweil mit dem Schulzen von Hof zu Hof, besah sich die Wohn- und Wirtschaftsgebäude, schaute in die Ställe, machte einen Rundgang über die Felder und hörte sich geduldig die Klagen der Bauern an. Dann stellte er ein Gutachten über die Wirtschaftsverhältnisse des Dorfes aus. Da der Ertrag im Durchschnitt nur mit dem dritten Korn angegeben ist, war die Grundlage für die Steuerberechnung sehr niedrig gehalten. Andererseits lag das Niveau der Landwirtschaft damals beträchtlich unter dem späterer Zeiten, in denen man wenigstens mit dem zehnten Korn rechnete. Hatte ein Bauer einen Zentner Roggen ausgesät, rechnete man demnach mit einem Ertrag von nur drei Zentnern. Davon wurde einer als Aussaat für das nächste Jahr und einer für den Eigenverbrauch abgerechnet, so daß nur ein Zentner für den steuerpflichtigen Ertrag angerechnet wurde.

Die Steuern, die von den Ermländern gefordert wurden, waren bedeutend höher, oftmals doppelt so hoch wie vorher. Sie konnten aber leichter als früher bezahlt werden, denn es kam eine gute Zeit, und in die Bauernhäuser zog bald ein bescheidener Wohlstand ein. Während Revolutionen und Kriege Europa aufrührten, machte Preußen mit allen Ländern gute Geschäfte.

Die Methoden der Landwirtschaft hatten sich seit der Ordenszeit wenig geändert. Noch immer war die unrentable Dreifelderwirtschaft in Gebrauch. Erst mit der Separation im nächsten Jahrhundert kam die große Wende. Die Viehzucht trat hinter dem Ackerbau zurück, weil man gegen die immer wieder auftretenden Viehseuchen noch hilflos war. Ein 50 Hektar großer Hof hatte im Durchschnitt nur vier Kühe neben Jungvieh und Ochsen. Wenn man nicht viel Vieh hielt, konnte man bei einer Seuche auch nicht viel verlieren. Andererseits ging dadurch ein wichtiger Teil der Agrarerzeugung verloren.

Das wichtigste Brotgetreide war Roggen, das Futtergetreide Hafer. Da Bier in großen Mengen gebraut wurde, mußten auch beträchtliche Mengen Gerste und Hopfen angebaut werden. Kartoffeln hatten sich noch nicht durchgesetzt und wurden nur vereinzelt angebaut. Klee war unbekannt, Rüben wurden nur als Gemüse verwendet. Man aß Grütze und Brei in vielerlei Formen, graue Erbsen und Biersuppe, Milchmus und Klöße in vielen Zusammensetzungen, Fleischgerichte an Sonn- und Feiertagen.

Neben Getreide war Flachs der größte Exportartikel und wurde schon in den Bauernhäusern spinnfertig verarbeitet. Dazu gehörte das Röffeln, Rösten, Bleichen, Brechen, Schwingen und Hecheln. In den Speichern wurde er von den „Flachsbindern" in vier Güteklassen sortiert. Um den Schiffsraum maximal zu nützen, wurden die Flachsbunde zu einem Gewicht von einem „Stein" (etwa 18 kg) abgewogen und dann mit einer Presse zusammengedrückt. Aus dem Ermland wurden jährlich 100.000 bis 200.000 Stein ausgeführt. Dazu kamen große

Mengen Garn, das in Heimarbeit gesponnen wurde sowie die auf den Bauernhöfen gewebte Leinwand. Braunsberg, der einzige Fernhandelsplatz Ermlands in der polnischen Zeit, kam als seewärtiger Ausfuhrhafen wieder zu einiger Bedeutung. 1797 erreichte die Ausfuhr eine Million Taler. Den kleineren alten Seglern hatte der Unterlauf der Passarge genügt, doch die größeren Schiffe konnten den Braunsberger Hafen auf der flacher werdenden Passarge bald nicht mehr anlaufen.

Als Papst Klemens XIV. im Juli 1773 den Jesuitenorden auflöste, ordnete der König die Umwandlung der Kollegien in katholische Gymnasien an und ließ die Ex-Jesuiten als „Priester des königlichen Schul-Instituts" in der bisherigen Weise weiter lehren. Nach 1780 entstand aus dem Gymnasium in Braunsberg das Lyceum Hosianum mit einer philosophischen und einer theologischen Fakultät. Viele Städte hatten noch immer eine Mauer, und abends wurden die Tore geschlossen. Wer nicht „vor Toresschluß" in der Stadt war, mußte in einem der Gasthäuser außerhalb der Stadtmauer übernachten.

Das gesamte Postwesen im Ermland hatte in den Händen der Braunsberger Kaufmannsfamilie Schorn gelegen. Der preußische Postverkehr zwischen Berlin und Königsberg war über Braunsberg gegangen und hier hatte sich die ermländische Post an die preußische Route angeschlossen. Im Ermland hatte es eine Linie von Braunsberg nach Mehlsack gegeben und von dort eine über Guttstadt nach Allenstein. Eine zweite Linie war von Mehlsack über Heilsberg und Bischofstein nach Rößel gegangen. Alle anderen Orte mußten ihre Post zu diesen zwei Linien bringen bzw. von dort abholen. Postämter gab es nicht. In den Städten und größeren Dörfern an diesen Linien versah ein Kaufmann oder Gastwirt nebenbei den Postdienst.

Jetzt rollten die preußischen Postwagen auf allen wichtigen Straßen des Landes, und in den Städten öffneten sich die Schalterfenster der Postämter und Postwärtereien. Neben dem regelmäßigen Personenverkehr gab es die Extrapost und den Postreiter, der Stafett genannt wurde. Zu den größeren Poststationen gehörten Stallungen für Dutzende Postpferde. Einige von diesen standen stets unter Sattel. Sobald am Stadttor das Hornsignal einer Stafette ertönte, bestieg ein Postillion ein Pferd, übernahm vor dem Postgebäude die Tasche des Angekommenen und galoppierte davon. Auf diese Weise gingen eilige Nachrichten schnell durch das Land.

Fast alle Städte Ermlands erhielten preußische Garnisonen. Daß eine kleine Stadt von 1.500 Einwohnern ein Bataillon von 400 bis 500 Mann, zum Teil noch mit deren Familien, unterbringen konnte, ist erstaunlich. In der sparsamen alten Zeit waren die Menschen jedoch bescheiden. Jeder Bürger mußte wenigstens einen Mann aufnehmen, der aber kein Bett, sondern nur ein Strohlager verlangen durfte. Brachte der Soldat Weib und Kinder mit, waren diese Gäste oft sehr lästig. Das Quartiergeld förderte aber die städtische Wirtschaft. Nach der Ausbildung wurden die meisten Soldaten beurlaubt. Nur in der Exerzierzeit (Mitte April bis Anfang Juni) war die Truppe vollzählig.

In der Burg Rößel, die bis 1772 Sitz eines bischöflichen Burggrafen gewesen war, der das Kammeramt verwaltet hatte, wurde 1780 eine Strafanstalt eingerichtet. In Bischofstein wurde am 5. August 1781 die große Pfarrkirche in Anwesenheit von drei Bischöfen etlichen Prälaten, Domherren, 50 anderen Priestern und vielen weiteren Würdenträgern feierlich eingeweiht. Der Bau war größtenteils in freiwilliger, unbezahlter Arbeit von der Gemeinde erstellt worden. In Seeburg schlug am 7. Juli 1783 ein Blitz in die Kuppel des Schloßturms; die Burg und der größte Teil der Stadt brannten ab. Die Burg, die zweitgrößte Ermlands mit dem höchsten Turm, wurde nicht wieder aufgebaut und endete als Steinbruch für den Wiederaufbau der Stadt.

Die Wiedervereinigung mit Preußen öffnete nun auch das Ermland für die Zuwanderung von Protestanten und Juden, die sich in den Städten niederließen. Die erste evangelische Kirchengemeinde entstand 1792 in Bischofsburg. Bald wurden auch in allen anderen Städten evangelische Gemeinden gegründet.

Neuaufbau Westpreußens

Das Ermland mit seiner deutschen Bevölkerung war wirtschaftlich ein enormer Gewinn für den preußischen Staat. Der Wert Westpreußens dagegen bestand hauptsächlich in der Verbindung der beiden Hauptteile des Königreiches. Wirtschaftlich aber übernahm Preußen mit dieser verwahrlosten Provinz eine ungeheure Bürde. Erst in Jahrzehnten konnten hier mit gewaltigen Kosten wieder menschenwürdige Zustände hergestellt werden. Der König wandte aber Westpreußen seine größte Fürsorge zu, um die Menschen wirtschaftlich und sittlich zu heben und eine gerechte, fördernde Verwaltung zu schaffen. An gewaltsame Germanisierung, wie sie behauptet wurde, hat Friedrich nicht gedacht; er förderte die Polen ebenso wie die Deutschen, allerdings mit sehr unterschiedlichem Erfolg.

In den 300 Jahren, die Westpreußen polnischer Herrschaft ausgesetzt war, hat es vom Deutschen Reich keine Hilfe erhalten und war seinem eigenen Schicksal überlassen. Den einzigen Anhalt konnte es beim Herzogtum Preußen (später Provinz Preußen) finden, zu dem sich der östliche Teil des einst gemeinsamen Ordenslandes entwickelte. Das Herzogtum war viel weniger der Polonisierung ausgesetzt als Westpreußen und konnte sich auch schon hundert Jahre früher von der drückenden polnischen Oberhoheit befreien. In Westpreußen aber war die Bevölkerung schutzlos dem vollen Druck der Polonisierung ausgeliefert, die nach drei Jahrhunderten ihre Wirkung zeigte. Die Rückkehr Westpreußens gab dem unübertroffenen Verwaltungsfachmann Domhardt neue Aufgaben. Schon vorher hatte er mit dem König die Richtlinien für die Verwaltung festgelegt. Während das Ermland mit Ostpreußen vereinigt und der Königsberger Kammer unterstellt wurde, bildete Westpreußen eine neue Provinz mit dem Regierungssitz in Marienwerder.

Der König hatte Domhardt 1771 in den erblichen Adelsstand erhoben und gab ihm jetzt den Titel „Oberpräsident". Domhardt hat auch dieses besonders schwierige Amt mit bewundernswerter Energie und Umsicht versehen, ohne die zwei ostpreußischen Kammern zu vernachlässigen. Als Domhardt 1781 starb, wurde das Amt des Oberpräsidenten nicht wieder besetzt. Ein Mann seiner Befähigung hätte sich auch kaum ein zweites Mal finden lassen.

Den offiziellen Namen „Westpreußen" erhielt die neue Provinz durch eine Kabinettsorder vom 31. Januar 1773. Die alte Provinz Preußen hieß von jetzt ab erstmalig in der Geschichte „Ostpreußen".

Der ganze Umfang der enormen Aufgaben, die in Westpreußen zu bewältigen waren, wurde erst aus der Bestandsaufnahme des Landes voll erkennbar.

Friedrich der Große schrieb an seinen Bruder Heinrich: „Ich habe dieses Land gesehen, das ich gewissermaßen aus ihren Händen erhalte. Es ist eine sehr gute, vorteilhafte Erwerbung; aber um weniger beneidet zu werden, sage ich jedem, der es hören will, daß ich auf meiner Reise nur Sand, Tannen, Heidekraut und Juden sah."

In seinen Erinnerungen schrieb König Friedrich: „Als dieses Land unter preußische Botmäßigkeit kam, herrschten dort noch Gesetzlosigkeit, Verwirrung und Unordnung, wie es bei einem barbarischen, in Unwissenheit und Dummheit schmachtenden Volk nicht anders sein kann [...] Die Städte befanden sich in elendstem Zustande. Kulm hatte gute Mauern, große Kirchen; aber statt Straßen sah man nur Keller von ehemaligen Häusern [...] Was Erziehung ist, wußte man nicht; man war ebenso sittenlos wie unwissend [...] Schließlich wurden mehr als 4.000 Juden, die bettelten und die Bauern bestahlen, nach Polen zurückgeschickt."

Die Registrierung des Grundbesitzes, verbunden mit einer Volkszählung, ergab ein getreues Bild von dem unglaublich heruntergewirtschafteten und ausgebeuteten, geradezu trostlosen Zustand des Landes. Da sie zu Steuerzwecken aufgenommen wurde, kann nicht die Absicht unterstellt werden, etwa die polnische Wirtschaft und Verwaltung herabsetzen zu wollen. Bei dieser Katastrierung wurden in Westpreußen 415.000 Einwohner ermittelt, von denen etwas über die Hälfte, trotz der 300jährigen polnischen Ausbreitung, noch deutsch waren. Dazu kamen noch etwa 17.000 Bewohner des Netzedistrikts.

In einem der amtlichen Berichte steht: „Einige Städte gleichen mehr Trümmerhaufen als menschlichen Ansiedlungen. Man muß einige Fuß tief graben, um unter Schmutz und Unrat das Straßenpflaster wiederzufinden. Haustiere und Menschen wohnen oft zusammen in den gleichen Räumen. Zahlreiche Dörfer sind ganz eingegangen, und man findet ihre Spuren hin und wieder mitten in tiefen verwilderten Wäldern. Das Land ist wüst und leer. Die mangelhafte Verwaltung hat es entvölkert und entsittlicht. Der Bauernstand ist ganz verkommen, ein Bürgerstand existiert gar nicht; Wald und Sumpf nehmen die Stätten ein, wo vordem eine zahlreiche Bevölkerung Platz gefunden hatte."

Der Kulturhistoriker Gustav Freytag schreibt: „Die Städte lagen in Trümmern, wie die meisten Höfe des Flachlandes. Die deutsche Stadt Bromberg fanden die Preußen in Schutt und Ruinen. Wer einem Dorfe nahte, der sah graue Hütten und zerrissene Strohdächer auf kahler Fläche ohne einen Baum, ohne einen Garten, nur die Sauerkirschbäume waren altheimisch. Die Häuser waren aus hölzernen Sprossen erbaut, mit Lehm ausgeklebt. Durch die Haustür trat man in die Stube mit großem Herd ohne Schornstein, Stubenöfen waren unbekannt. Selten wurde ein Licht angezündet, nur der Kienspan erhellte das Dunkel der langen Winterabende. Das schmutzige und wüste Volk lebte von Brei aus Roggenmehl, oft nur von Kräutern, die sie als Kohl zur Suppe kochten, von Heringen und Branntwein, dem Frauen wie Männer unterlagen. Brot wurde nur von den Reichsten gebacken [...]"

Kulm, die Hauptstadt des Ordenslandes, hatte 1450 rund 15.000 Einwohner gehabt. Damals zählten Städte mit mehr als 10.000 Einwohnern zu den wenigen Großstädten. Hier war der oberste Gerichtshof des Landes, und 1387 erteilte der Papst die Genehmigung, hier eine Universität zu errichten. Der Plan wurde wegen des drohenden Krieges mit Polen aufgeschoben und nach der Niederlage von Tannenberg nicht wieder aufgenommen.

Bei der Rückkehr zu Preußen gab es in Kulm nur noch 257 Feuerstellen (Haushalte) mit 1.644 Einwohnern. Aus deutscher Zeit standen noch die mächtigen Kirchen und die festen Stadtmauern. In der Stadt aber hauste ein großer Teil der Bewohner unter Mauerresten, Schutthaufen und morschen Balken in notdürftig abgedeckten Kellerräumen der ehemaligen prächtigen Bürgerhäuser. Ganze Straßenzüge bestanden nur noch aus solchen Kellerbehausungen. Von den einst 40 stattlichen Häusern des großen Marktplatzes hatten 28 keine Dächer, keine Türen oder Fenster und auch keine Eigentümer. In den Ruinen von Bromberg lebten noch 850 Menschen, in Kulmsee standen noch 52 Häuser mit 359 Einwohnern, in Mewe gab es 850 Einwohner und 35 unbewohnte Grundstücke, Dirschau hatte 1.201, Berent 602 und Briesen 502 Einwohner. In der Stadt Neumark standen zwischen 59 zusammengestürzten Ruinen noch 101 Häuser. Die Stadt Schöneck hatte noch 98 Häuser und 60 unbewohnte Trümmergrundstücke.

Wegen der tiefen Armut Westpreußens und dem kaum vorstellbaren Verfall nannte Friedrich der Große es sein „Kanada" und wandte der Provinz seine größte Fürsorge zu. Da die Bewohner nicht in der Lage waren, ihre verwahrlosten Wohnhäuser in einen menschenwürdigen Zustand zu versetzen oder gar neue Häuser auf den Trümmergrundstücken zu bauen, wurde ihnen, ohne konfessionelle oder nationale Unterschiede, großzügig geholfen. Von den Geldsummen erhielt z.B. Mewe 45.500, Schwetz 11.900, Briesen 6.594 und Tuchel 27.000 Taler, dazu freies Bauholz und Ziegel.

Die Tucheler Heide und die anderen Forsten waren nach der Abholzung der hochwertigen Kiefernbestände völlig verwildert, da keine Wiederbepflanzung erfolgt war. Friedrich der Große begann umfangreiche Neubepflanzungen durchzuführen, die mit Ent- und Bewässerungsanlagen bis etwa 1850 fortgesetzt wurden. Bei der grundlegenden Neuordnung der Forstwirtschaft wurden Anweisungen für Kulturen, Zapfen- und Samengewinnung und die Nutzung der Bestände erlassen sowie die Pflichten und Rechte der Anwohner geregelt. Wie schon unter Friedrich Wilhelm I. in Ostpreußen, wurden jetzt auch hier die Forstbezirke in Jagen aufgeteilt. Der Flächeninhalt eines Jagens, der durch Schneisen von 750 m Länge und 350 m Breite in Nord-Süd und Ost-West Richtung festgelegt wurde, betrug 100 Morgen (25 ha).

Das Deutschtum hatte sich vor allem in den größeren Städten halten können. Die Landbevölkerung wurde durch Einwanderung deutscher Bauern verstärkt. Die Zahl der 12.000 deutschen Siedler, die von 1772 bis 1786 nach Westpreußen kamen, betrug aber kaum drei Prozent der vorhandenen Bevölkerung. Die Benennung dieser Zuwanderung als „gewaltsame Germanisierung" erscheint angesichts des tatsächlichen Zuwachses durch Deutsche eher als Politisierung eines historischen Geschehens zu Propagandazwecken.

Die Mehrzahl der Siedler waren Schwaben. Sie kamen nicht nur aus ihrer süddeutschen Heimat, sondern auch aus den deutschen Siedlungsgebieten in Polen. Diese schon seit Generationen in Polen lebenden Deutschen nutzten die Gelegenheit, um den wilden Zuständen in dem immer weiter verfallenden polnischen Staat zu entgehen und in ein geordnetes preußisches Land umzuziehen. In 50 neuen Dörfern, hauptsächlich im Gebiet von Bromberg, wurden fast 11.000 dieser Zuwanderer angesiedelt.

Das Schulreglement von 1763, das neben der allgemeinen Schulpflicht seminarisch gebildete Lehrer forderte, den Unterricht und die Inspektion der Schulen regelte, wurde 1772 auch in Westpreußen eingeführt. Der König gab 200.000 Taler für den Erwerb von Land zum Schulbau, und rund 150 neue Schulen wurden gebaut. Aus dem amtlichen Schriftverkehr und den Urkunden ist festzustellen, daß nur ein Teil der deutschen Bevölkerung schreiben konnte, die polnische aber nie. An Stelle der polnischen Leibeigenschaft trat die mildere preußische Erbuntertänigkeit. Die Steuerlasten wurden gerecht verteilt, und es gab wieder eine Justiz, die Recht für alle sprach. Auch der Ärmste hatte jetzt Zugang zum Gericht. Der umfangreiche Kirchenbesitz kam in staatliche Verwaltung, und die verwahrlosten Starosteigüter wurden als Staatsdomänen an deutsche bürgerliche Landwirte verpachtet. Die Bauern auf diesen Gütern wurden für frei erklärt. Der König sagte: „Das Land besitzt nicht, was man Freiheit nennt; die Herren üben die grausamste Tyrannei gegen ihre Sklaven aus. Man hat mir ein Stück Anarchie gegeben, mit dessen Umwandlung ich mich beschäftigen muß."

Mit der bedeutenden Vergrößerung des Staates und seiner Bevölkerung war auch eine entsprechende Vergrößerung der Armee verbunden. Fünf Infanterie-Regimenter und ein Kavallerie-Regiment wurden neu aufgestellt. Mit Artillerie und Garnisontruppen waren das etwa 25.000 Mann. In Kulm wurde 1775 ein neues Kadettenhaus erbaut, und 1776 begann der Bau der starken Festung Graudenz. Das größte Bauwerk war aber der Bromberger Kanal, der die Oder mit der Weichsel verband. Er entstand in der Rekordzeit von nur zwei Jahren und war schon 1774 befahrbar. Dazu wurden die Deiche der Weichsel- und Nogatniederung instand gesetzt und die Nogat schiffbar gemacht. Die größte Sorge des Königs galt der Landwirtschaft, um das Land wieder wirtschaftlich ertragreich zu machen. Obwohl der Gewinn aus den Domänen bis zum Tod Friedrichs um 30 Prozent stieg, reichte er in den ersten Jahren kaum für die Baukosten des Bromberger Kanals und den Unterhalt der Truppen.

Während die deutsche Bevölkerung in Stadt und Land die Hilfeleistungen des Königs dankbar aufnahm, stellte sich die polnische Landbevölkerung größtenteils mißtrauisch und oftmals feindselig den Maßnahmen zur Hebung ihrer Kultur entgegen. Die preußischen Beamten stießen bei ihren Bemühungen auf Unverstand und Böswilligkeit der polnischen Bauern. Die neue Einrichtung der Feuerkassen wurde schamlos durch Brandstiftung ausgebeutet. Ließ der König Saatkartoffeln austeilen, vergruben die Bauern sie korbweise in tiefen Löchern, um zu behaupten, daß dieses giftige Zeug in diesem Land nicht wächst. Ließ er auf sandigem Boden Lupinen säen, behaupteten die Bauern, ihr Vieh fräße sie nicht. Verbot er das Abbrennen des Heidekrauts in den Wäldern, bestanden sie darauf, daß damit die wilden Bienen vertrieben werden müssen. Verlangte er, den Mist zur Düngung auf die Felder zu fahren, statt ins Wasser zu werfen, entgegneten sie, daß dieses immer so gemacht wurde und deshalb richtig sei. Befahl er die Hausgärten mit Obstbäumen, statt mit Weiden zu bepflanzen, fragten sie höhnisch, womit denn die Haus- und Stallwände gebaut werden sollten, wenn nicht mit Weidenruten. Forderte der König ordentliche Ziegelbauten zu errichten, klagten sie, daß Ziegeleien fehlen. Ließ er Ziegeleien bauen, waren die Ziegel zu teuer. Veranlaßte er eine Herabsetzung des Preises, gaben sie ihr Geld lieber für Branntwein als für Ziegel aus.

Die polnischen Bauern waren unter der langen Unterdrückung durch den Adel so verdummt, daß sie den Wert dieser Neuerungen nicht begriffen. Sie zeigten auch kein Interesse, ihre elende Lebensweise zu verbessern. Nur wenige hatten eine Unterkunft, die sie Haus (Dom) nannten. Dieses hatte in der Mitte einen großen Gang; auf der einen Seite waren ein größerer und ein kleinerer Wohnraum mit einer Kammer, auf der anderen Seite war das Vieh untergebracht. Der Bodenraum unter dem Strohdach diente als Getreidespeicher und Abstellraum, über den Ställen als Heulager. Die meisten Bauern begnügten sich mit einer Behausung, die sie nicht Haus, sondern „Chalupa" nannten. Die Wände waren aus Weidenruten, Lehm und Kuhdung zusammengefügt, der Fußboden war festgetretene Erde. Der Wohnraum war kaum so hoch, daß ein erwachsener Mensch aufrecht darin stehen konnte. Oft, besonders im Winter, diente der Raum auch Geflügel und Haustieren zum Aufenthalt.

Es war undenkbar, daß diese Menschen an politischen Ereignissen teilnahmen. Ihnen war jede Obrigkeit recht, die nicht zu viel von ihnen verlangte und ihnen die Kirche und den Branntwein ließ. Da es ihnen unter der preußischen Herrschaft besser als je zuvor ging, ist von einer Revolte oder einer freiwilligen Beteiligung an dem Aufstand von 1794 kaum etwas zu finden. Auch der besten Regierung war es nicht möglich, solche Zustände in kurzer Zeit völlig zu ändern. Als Friedrich der Große 1786 starb, war sehr viel geschehen, aber so bedeutend seine Leistungen auch waren, reichte die Zeit nicht aus, um das große Werk zu vollenden.

Ermlands letzter polnischer Bischof

Nachdem die Polen, trotz gegenteiliger Verträge, die Deutschen aus dem Bischofsamt und dem Domkapitel verdrängt hatten, war der ermländische Bischofsstuhl eine begehrte Versorgungsposition mit enormen Einkünften geworden. Die polnischen Könige vergaben das Amt bevorzugt an Verwandte oder Günstlinge. So kam es, daß mancher Bischof weder die Sprache seiner Untertanen verstand noch ein religiöses Interesse zeigte.

Am 14. Mai 1741 war der bisherige Bischof von Kujawien, Adam Stanislaus Grabowski, Bischof von Ermland geworden. Um 1765 ließ er in der bewaldeten Gegend unterhalb Guttstadts an der Alle das prunkvolle Schloß Schmolainen als bischöfliche Sommerresidenz erbauen. Der weiträumige zweigeschossige Putzbau im Rokokostil hatte einem Torturm und trug sein Wappen. Noch zu seinen Lebzeiten wurde ihm der vom Polenkönig geförderte Dichter Ignaz Krasicki als Weihbischof mit dem Recht der Nachfolge zugeteilt. Nach dem Tod Grabowskis (15. Dezember 1766) wurde Krasicki somit ohne Wahl Bischof von Ermland. Nach dem Urteil des polnischen Historikers Halecki war Krasicki ein guter Dichter, aber ein schlechter Bischof. Er war ein Weltmann, der viel außerhalb der Diözese lebte und sein Bischofsamt nicht ernst nahm. Als Verfasser von Gedichten, Romanen und Theaterstücken gilt er als einer der bedeutendsten polnischen Dichter. In Schmolainen legte er prachtvolle Gartenanlagen mit Springbrunnen, Figuren und ausländischen Bäumen an.

Das glänzende Hofleben hat Bischof Krasicki bis zuletzt in vollen Zügen genossen. Die Beschreibung der Mittagstafel im Heilsberger Schloß vermittelt einen Einblick in die fürstliche Hofhaltung. Wenn die Mittagsglocke läutete, eilten die im Hofdienst angestellten Junker zu den Türen der Privatgemächer des Bischofs und erwarteten das Erscheinen ihres Herrn. Trat er mit seinen Hunden heraus, grüßten sie ehrerbietig und geleiteten ihn zum Remter, wo acht Tafeln gedeckt waren.

Die erste Tafel, der Herrentisch, stand auf erhöhter Estrade, und hier speiste der Bischof mit Generalvikar, geistlichem Richter, Landvogt, Hofkaplan und Gästen wie Domherren, Äbten und anderen hohen Herren.

Die zweite Tafel war der Konventstisch, an dessen oberstem Platze der Schäffer saß. Dort speisten der Kämmerer, die Junker und als Gäste anwesende Ratsherren und Adlige.

Die dritte Tafel diente dem Burggrafen, den Notaren der geistlichen und weltlichen Richter, dem Forst-, Fisch-, Keller- und Küchenmeister. Als Gäste saßen dort z.B. Schulzen und Schöffen, die zu den vierteljährlichen Gerichtstagungen geladen waren.

Die vierte Tafel war der Dienertisch, an dem der Schloßwärter, Korn-, Roß- und Junkerknechte sowie die Heizer und ähnliche Bedienstete aßen.

Die fünfte Tafel, am Ende des Remters, war der Armentisch, an dem eigens dafür eingeladene arme Leute mit einem einfachen Essen bewirtet wurden.

Die anderen drei Tische wurden erst gedeckt, nachdem das erste große Essen beendet war und der Bischof die Tafel aufgehoben hatte. Dann aßen alle Bediensteten, die beim ersten Essen beschäftigt gewesen waren. Da auch für dieses zweite Essen Diener gebraucht wurden, gab es noch diese kleinere Gruppe, die wahrscheinlich während des ersten Essens gegessen hatte.

Die sechste Tafel war der Tisch der oberen Diener. Dort wurde das gleiche Essen wie am Konventstisch für den Marschall, Truchseß, Mundschenk, Vorschneider und ähnliche Personen serviert.

Die siebte Tafel war für die Angestellten, die während des ersten Essens die Keller und die Küche versehen hatten.

Der achte Tisch war für die Diener, die beim ersten Essen serviert hatten.

Früher gab es einen neunten Tisch, der in der Mitte für Hofnarren, Gaukler und Spaßmacher aufgestellt war. Noch früher aßen an einem zehnten Tisch die pruzzischen Jünglinge, die zu Priestern ausgebildet wurden.

Das prunkvolle fürstliche Leben Krasickis hörte mit der preußischen Wiederinbesitznahme des Ermlands nicht gleich auf. Bei einem Besuch des Grafen von Lehndorff in Heilsberg notierte dieser unter dem 25. Juli 1775: „Wir machten Spaziergänge, bewunderten die schönen Gemächer, die Kupferstiche, die Gartenanlagen [...] Der Bischof veranstaltete für uns prächtige Illuminationen und ließ Wasserkünste und Springbrunnen dabei spielen, ein ganz märchenhaftes Schauspiel [...] Alles macht hier einen prunkvollen, behaglichen Eindruck [...]"

Krasicki war mit König Friedrich befreundet und hatte nichts gegen die Wiedervereinigung des Ermlands mit Preußen einzuwenden, wohl aber gegen die enorme Reduzierung seiner bisherigen, fast unbeschränkten Einkünfte. Statt diesen erhielten Bischof und Domkapitel jetzt nur die weit geringeren Staatsdotationen. Ein Teil des umfangreichen Kirchenbesitzes kam unter staatliche Verwaltung. Krasicki fühlte sich anscheinend nicht mehr wohl in Heilsberg und residierte zeitweise in Oliva. Friedrich ließ ihn in seinem Amt; es war aber selbstverständlich, daß nach seinem Abgang das deutsche Ermland wieder deutsche Bischöfe bekommen würde. Auf Fürsprache Friedrichs wurde der Erzbischofsstuhl in Gnesen für Bischof Krasicki reserviert, den er von 1795 bis zu seinem Tod 1809 innehatte. Durch seinen prunkvollen Lebenswandel hinterließ Krasicki eine riesige Schuldenlast, an der das Ermland noch lange zu zahlen hatte.

Als Karl von Hohenzollern als Offizier der französischen Armee seinen Abschied nahm, bewarb er sich um eine Position in der preußischen Armee. Friedrich der Große hatte genug Offiziere, konnte aber einen guten Bischof gebrauchen. So wurde Prinz Karl Priester und 1795 Bischof von Ermland. Auch er residierte in Oliva; das Heilsberger Schloß stand etwa 60 Jahre lang leer. Bischof Stanislaus von Hatten (1836–41) verlegte den ermländischen Bischofssitz endgültig nach Frauenburg.

Das Schulwesen im Ermland

Die Bemühungen Friedrichs des Großen, die Schulbildung im Ermland der des übrigen Ostpreußens anzugleichen und auch hier die erforderlichen Schulen einzurichten, stießen auf den Widerstand der ungebildeten Landbevölkerung. Sie wollte nicht einsehen, wozu man zum Pflügen, Säen und Ernten eine Schulbildung braucht, die obendrein auch noch Geld kostet. Sie selbst waren ja auch nie zur Schule gegangen, ihre Eltern auch nicht und keine Generation zuvor. Warum also jetzt dieser Unsinn?

Im Ermland gab es Schulen nur bei den Pfarrkirchen in Städten und Kirchdörfern. Es waren aber die Kinder der Adligen und Gewerbetreibenden, die zur Schule gingen, niemals Bauernkinder.

Im übrigen Land war die schon seit über 50 Jahren bestehende allgemeine Schulpflicht inzwischen zur Selbstverständlichkeit geworden. Durch die Kabinettsorder vom 6. Juni 1774 setzte der König das Jahreseinkommen eines Lehrers auf 60 Taler fest, die in Raten von monatlich fünf Talern von den Domänenbeamten ausgezahlt wurden. Für Wohnung, Gartenland, Feuerholz und andere Zuteilungen mußte der Schulverein sorgen. Im Ermland mußte aber darum gekämpft werden, die Schulpflicht überhaupt erst einmal einzuführen. Das war hier besonders schwierig, weil auch der Bischof kein Verständnis für eine Schulbildung der gesamten Bevölkerung hatte, wobei er auch im Sinne der Kirche handelte. So konnten mit größter Mühe bis 1778 im Ermland nur elf neue Schulen eingerichtet werden.

Der größte Widerstand kam aus den ländlichen Gemeinden, ganz besonders aus dem südlichsten Teil des Ermlands, wo während der 300jährigen polnischen Oberhoheit eine beträchtliche Anzahl Polen angesiedelt worden waren. Es waren vor allem die Dörfer mit einer starken oder mehrheitlich polnisch sprechenden und polnisch orientierten Bevölkerung, die sich unnachgiebig weigerten, in ihren Dörfern Schulen einzurichten.

Aber auch hier gab es Leute, die den Wert der Schulbildung erkannten und sich energisch dafür einsetzten. Besonders der Pfarrer von Groß Bertung (Kr. Allenstein), Thomas Grimm, versuchte das verdummte Volk zu überzeugen und wandte sich auch mit Eingaben an die Behörden. In einem Bericht vom 21. Oktober 1785 nach Berlin schrieb er: „Alles allhier bei dem in wilden Wäldern wohnenden Volk ist so wild und unchristlich erzogen, daß es nicht einmal das Vaterunser und andere unentbehrliche Gebete rechtschaffen hersagen, vielweniger lesen und schreiben kann."

Propst Elsner von Bischofsburg berichtet am 25. September 1797 dem Bischof, daß an der städtischen Pfarrschule nur ein Lehrer vorhanden ist. Von 88 schulpflichtigen Knaben und 100 Mädchen gehen nur 39 Knaben zeitweise zur Schule. Sie sind nicht in Klassen eingeteilt; einige lernen buchstabieren, lesen und schreiben und andere die Anfänge der lateinischen Sprache. Demnach war nach 25 Jahren preußischer Herrschaft von der Durchführung der allgemeinen Schulpflicht in diesem Teil des Ermlands noch nicht viel zu spüren. Es kam schließlich so weit, daß die Regierung den Schulzwang mit Gewalt durchsetzen mußte. Einigen Dörfern gelang es, sich über 50 Jahre lang der Schulpflicht zu widersetzen. In den Dörfern Stabigotten, Honigswalde und Wemitten im Landkreis Allenstein z.B. konnte der erste Schulunterricht erst nach einem ausdrücklichen Befehl der Allensteiner Amtsbehörde vom 5. September 1828 erteilt werden.*

Was in den Schulen jener Zeit im allgemeinen gelehrt wurde, zeigt ein Lehrplan aus dem Jahre 1788, der folgende Wochenstunden aufführt.

Untere Klassen:

Latein	9	Katechismus	3
Schreiben und Rechnen	6	Griechisch und Hebräisch	1
Biblische und Weltgeschichte	4	Geographie	1
Theologie	3		

Obere Klassen:

Latein	13	Naturelles	2
Theologie	5	Mathematik	2
Stil	3	Poesie	1
Griechisch	3	Logik	1
Geographie	3	Polnisch	1
Weltgeschichte	3	Rechnen	1
Hebräisch	2	Kalligraphie	1

In Dörfern mit einem polnisch sprechenden Bevölkerungsteil wurde der Unterricht gleichwertig mit dem deutschen auch in polnischer Sprache erteilt, wozu der preußische Staat auch die polnischen Schulbücher lieferte.

Die Lehrer waren oftmals überfordert. Es kam vor, daß ein Lehrer bis zu 150 Kinder unterrichten mußte. Das war nur möglich, indem er die eine Hälfte am Vormittag, die andere am Nachmittag zur Schule bestellte. Die elenden Verhältnisse änderten sich erst merklich, als Bischof Karl von Hohenzollern 1795 die Nachfolge des letzten polnischen Bischofs Krasicki antrat. Bis 1802 gab es im Ermland aber erst 109 katholische, für die verhältnismäßig wenigen, seit 1772 zugewanderten Protestanten schon zehn evangelische Schulen.

Die große Wende kam erst nach dem furchtbaren Krieg von 1806/07, als Josef Prinz von Hohenzollern 1808 Bischof von Ermland wurde. Er brachte durch rastloses Mühen das ermländische Schulwesen annähernd auf den Stand des übrigen Preußens. Man nennt ihn deshalb den „Schulbischof". Er brachte ausgebildete Lehrer ins Ermland und gab ein Lesebuch heraus. Nach Gründung des Lehrerseminars in Braunsberg (Juli 1811) gab es einen einheimischen, qualifizierten Lehrernachwuchs. Erst um 1850, fast anderthalb Jahrhunderte nach der Einführung der allgemeinen Schulpflicht in Preußen und ein dreiviertel Jahrhundert nach der Rückkehr des Ermlands zu Preußen, hatte auch das Ermland schließlich in jedem Dorf eine Schule.

* In diesem Teil des Ermlands wurde bei der Volksabstimmung 1920 die höchste Zahl aller polnischen Stimmen des südlichen Abstimmungsgebietes abgegeben. Während in den evangelischen Kreisen entlang der polnischen Grenze nicht einmal ein Prozent der Wähler für Polen stimmte, wollten im katholischen Landkreis Allenstein 13,5 Prozent lieber zu Polen als zu Deutschland gehören. In dem Dorf Wemitten z.B. wurden von 184 Stimmen 123 für Polen abgegeben.

Seit der Schlacht von Roßbach (1757) trägt der „Alte Fritz", wie das Volk ihn nannte, den Beinamen „der Große". Heute bestätigen vor allem seine Reformen – besonders das Landschulreglement von 1763 – die Richtigkeit dieser Benennung. Der König war Schöngeistigem sehr zugetan, mit dem Philosophen Voltaire verband ihn eine enge Freundschaft, und er war als Komponist wie auch als Flötenspieler bekannt.

Das letzte Jahrzehnt des großen Königs

Das Königreich Preußen war unter Friedrich dem Großen ein Land humaner Duldsamkeit, ohne nationalen oder religiösen Fanatismus. Die Untertanen erfreuten sich der größten Freiheit des Denkens, der Religion und der Presse. Hier gab es einen Rechtsschutz für Leben, Ehre und Eigentum wie nirgendwo in der Welt. Preußen war mit diesen Eigenschaften seiner Zeit weit voraus. Man zwang die Menschen nicht, wie später in gewaltsam abgetrennten deutschen Gebieten, ihre Namen zu ändern, ihre Sprache und ihr Brauchtum aufzugeben. Man ließ ihnen Glauben und Volkstum; ebenso durften sie nach ihrer Art Schule halten. So entstanden nicht nur lutherische, reformierte, französische und englische Kirchen und Schulen, sondern in den deutschen Kirchen wurden nach Bedarf, mit Billigung der Behörden, auch litauische und polnische Gottesdienste gehalten.

Im friderizianischen Preußentum fand eine beispielhafte Toleranz ihre Ausprägung, die für die damalige Zeit einzigartig war und richtungsprägend sein sollte; selbst heute hat noch nicht ganz Europa diesen Standard. Man muß hierbei bedenken, daß dies in einer Epoche geschah, in der im übrigen christlichen Europa Andersgläubige noch immer verbrannt wurden. Hier blühte ein Land, hinter dessen letztem preußischen Amtshaus eine völlig andere Welt begann.

Über allem verdient Friedrich als Gesetzgeber, „der Große" genannt zu werden. In anderen Ländern wurde erst Generationen später das mühsam nachgeahmt, was Friedrich damals in Preußen schuf.

„Die Justiz muß so gestaltet werden, daß jedermann ohne Ansehen der Person, eine kurze und solide Justiz, sonder großes Sportulieren und Kosten, auch mit Aufhebung der gewöhnlichen Dilationen [Aufschübe] und oft unnötigen Instanzen, administriert und alles dabei bloß nach Vernunft, Recht, Billigkeit, auch wie es das Beste des Landes und der Untertanen erfordert, eingerichtet werden möge", war die Forderung des Alten Fritz.

Das preußische *Allgemeine Landrecht* ist die erste Gesetzeskodifikation des gesamten Zivil- und öffentlichen Rechts eigener Prägung seit dem *Corpus Iuris Civilis* des oströmischen Kaisers Justinian (um 534). Es wurde auf der Grundlage des neuzeitlichen Naturrechts unter Ausschluß des römischen Rechts geschaffen. Sorgfältig abgefaßte Artikel bestimmen und begrenzen die Macht des Staates und der Polizei, was in der Zeit des Absolutismus sehr beachtlich ist. Im § 83 heißt es: „Die allgemeinen Rechte des Menschen gründen sich auf die natürliche Freiheit, sein eigenes Wohl, ohne Kränkung der Rechte eines andern [...]" Das gewaltige Werk mit rund 20.000 Paragraphen wurde 1794, acht Jahre nach Friedrichs Tod, als Gesetz in Preußen eingeführt. Das Allgemeine Landrecht war so gut durchgearbeitet, daß es in seinem bürgerlich-rechtlichen Teil in Preußen bis zum 1. Januar 1900 in Kraft blieb. Das Verwaltungsrecht wurde 1931 mit den wesentlichen Bestimmungen in ein moderner gefaßtes Gesetz übernommen.

Manche Formulierungen finden sich fast wörtlich in der amerikanischen Unabhängigkeitserklärung. Friedrich verfaßte bedeutende geschichtliche, politische und kriegswissenschaftliche Werke. Als Komponist schuf er Flötenkonzerte, Sonaten und Märsche. Seine Bescheidenheit kam zum Ausdruck, als der Verwalter des Gestüts Trakehnen, Oberpräsident Domhardt, ihm ein Gespann von neun prächtigen Hengsten, sog. Porzellan-Schecken, schicken wollte. Er schrieb ihm: „Gott bewahre mich damit zu fahren, dazu bin ich zu arm. Schreibt nach Paris, Petersburg oder Warschau, wo die reichen Leute wohnen, und suchet sie aufs höchste auszubringen; da sie so schön sind, müssen sie wenigstens 2.000 Dukaten kosten; lasset euch aber von den Polen nicht betrügen, sondern sehet zu, daß ihr gut geränderte Dukaten bekommt und schickt sie mir."

Fürst Potemkin kaufte das Trakehnergespann für 2.000 Dukaten für die Zarin Katharina von Rußland. Mit gut geränderten Dukaten meinte der König vollwertige Münzen. Gewisse Händler beschnitten die Ränder der Dukaten, um mit dem auf diese Weise gewonnenen Gold einen zusätzlichen Gewinn zu erzielen. Von Banken, Kaufleuten und denselben Händlern, die das Geld beschnitten hatten, wurde es nicht mehr zum vollen Wert angenommen. Die Dukaten wurden dann gewogen, um den genauen Wert festzustellen.

Unter der straffen Hand Friedrichs des Großen herrschten Ordnung und Wohlstand im Land. Dies war auch die Zeit höchster geistiger Blüte, in der die Ostpreußen Gottfried Herder (1744–1803), Ludwig von Baczko (1756–1823), Johann Georg Hamann (1730–88) und Theodor von Hippel (1741–96) wirkten. Alle wurden jedoch von dem großen Philosophen Immanuel Kant (1724–1804) überragt, dessen Philosophie den Leitgedanken enthielt, der als „kategorischer Imperativ" in die Geistesgeschichte der Menschheit einging: „Handle so, daß die Maxime deines Willens jederzeit zugleich als Prinzip einer allgemeinen Gesetzgebung gelten könnte" (*Kritik der praktischen Vernunft*, 1788).

Schon 1741 war in Königsberg die „Königlich Deutsche Gesellschaft" gegründet worden, der Friedrich der Große Satzung und Namen gegeben hatte und die bis 1945 bestand. Sie befaßte sich mit der Untersuchung und Verbesserung der deutschen Sprache und der Organisation der Wissenschaft.

Der Königsberger Buchhändler Kanter erbaute 1775 in Trutenau (nördlich Königsberg) eine Papier- und Preßspanfabrik, die zu den größten der damaligen Zeit zählte. (Preßspäne sind dünne, glatte Papptafeln, die in der Textilindustrie gebraucht wurden.) Der König bemühte sich, neue Gewerbe wie Baumwollspinnereien, Webereien, Porzellanfabriken, Zuckersiedereien, Tabakverarbeitungsbetriebe und sogar Seidenraupenzucht und Seidenspinnerei einzuführen. Im Forst Puppen wurde 1779 in Adamsverdruß (Kr. Ortelsburg) eine Glashütte angelegt, die bis 1870 in Betrieb war. Im Forst Ramuck, in Gelguhnen (Kr. Allenstein) richtete der Staat 1782 eine Pottaschensiederei und eine Glashütte ein, die mit einer Glasschleiferei verbunden war.

Von 1775 bis 1783 kämpften die nordamerikanischen Kolonien um ihre Unabhängigkeit von England. Infolge dieses Krieges stiegen die Getreidepreise in England. Da ein großer Teil der englischen Einfuhr aus Preußen kam, erhielten um 1780 auch die preußischen Erzeuger bedeutend höhere Preise. Die Wirtschaftsverhältnisse waren in dieser Zeit außergewöhnlich gut. Die steigende Ausfuhr von Flachs und Garn aus dem Ermland brachte den Braunsberger Hafen zu erneuter Blüte. Mit fast 30.000 Last Getreide hatte der Elbinger Hafen den immer weiter absinkenden Handel von Danzig überholt.

Auch in der Armee sorgte Friedrich für viele Verbesserungen, so daß sie weiterhin die beste Europas blieb. Andere Staaten fingen an, ihre Truppen nach preußischem Muster auszubilden. Friedrich verbot das Schlagen der Soldaten, „seyn sie besoffen oder nicht", man soll sie „arretieren". Einer der Kriegsartikel lautete: „Kein Offizier soll […] einen Soldaten mit Fäustenschlägen ins Gesicht, noch mit Stockschlägen auf die Schienbeine und Lenden, oder mit anderen unanständigen Strafen und Ausdrücken mißhandeln."

Trotzdem gehörten grausame Strafen und der Prügelstock der Offiziere und Unteroffiziere bis 1808 zum normalen Dienstbetrieb der preußischen Armee. Es hing aber von den Regimentskommandeuren und Kompanieführern ab, wie oft und zu welchem Grad diese Strafen angewendet wurden und wie hart die Soldaten geprügelt werden durften.

Die Fuchtel war ein Degen mit breiter Klinge, mit dessen flacher Seite dem Verurteilten auf den entblößten Rücken geschlagen wurde; daher die Redensart „unter der Fuchtel stehen". Diese Strafe war nicht entehrend und wurde gegen Unteroffiziere und Junker angewandt. „Der hölzerne Esel" war ein steiles, dachartiges Holzgestell, auf dem der Verurteilte lange Zeit „reiten" mußte.

Die grausamste Strafe war das Spießrutenlaufen, zu dem in der Regel Deserteure verurteilt wurden. Der Verurteilte wurde dabei durch eine Doppelreihe (Gasse) von 200 Soldaten geführt, die ihm Rutenschläge auf den nackten Oberkörper versetzen mußten. Seine erhobenen Hände waren fest zusammengebunden, seine Beine mit Ketten so gefesselt, daß er nur ganz kurze Schritte machen konnte. Brach er bewußtlos und blutüberströmt zusammen, bevor er das Ende der Gasse erreichte, wurde die Prozedur nach einem Ruhetag wiederholt. Standrechtlich durfte nur 20maliges Gassenlaufen verhängt werden, das in manchen Fällen jedoch bis auf 36 Durchgänge ausgedehnt wurde. Es sollte aber darauf geachtet werden, daß der Verurteilte zu weiterem Dienst tauglich blieb. Trotzdem kam es vor, daß er als Leiche vom Platz getragen wurde oder an den Folgen starb.

Es trifft sicher zu, daß im Siebenjährigen Krieg nicht nur der Tod der Zarin Preußen vor dem Untergang bewahrt hat, sondern auch die englischen Hilfsgelder und die hannoveranische Armee. Dafür hat Preußen bei Roßbach (5. November 1757) und bei Minden (1. August 1759) Kanada für England erobert. In der Geschichte des Empire sind diese Schlachten ebenso wichtig wie Waterloo und der Burenkrieg, die aber für England weit billiger waren. Als König Georg III. 1760 einen Sonderfrieden mit Frankreich schloß, sah Friedrich das als unverzeihbaren Verrat an. Man glaubt, daß er deshalb Friedrich von Steuben, einen seiner fähigsten Ausbildungsoffiziere, nach Paris schickte, um mit Benjamin Franklin zu konferieren. Steuben wurde Organisator der amerikanischen Armee, die dadurch den Freiheitskampf gegen England gewann.

Als erster deutscher Staat schloß Preußen 1785 mit den eben entstandenen USA einen Freundschafts- und Handelsvertrag auf der Grundlage „vollkommener Gleichheit und Gegenseitigkeit" beider Staaten. Der Vertrag sicherte im § XI „die weitgehende Freiheit des Gewissens und der Religionsausübung" allen Bürgern des einen Staates in dem Herrschaftsbereich des anderen zu und enthielt damals schon die Klausel der Meistbegünstigung. Für den Kriegsfall wurden das Privateigentum, Frauen, Kinder und Zivilpersonen geschützt und das Kapern von Schiffen untersagt. Zum ersten Mal in der Geschichte war es ein Vertrag, der Kriegsgefangenen eine menschenwürdige Behandlung garantierte. George Washington nannte diese *Treaty of Amity and Commerce* den freiheitlichsten Vertrag, der bis zu dieser Zeit von unabhängigen Mächten geschlossen worden war. 1799 wurde er auf zehn Jahre verlängert und blieb bis Ende des 19. Jahrhunderts Vorbild für alle handelspolitischen Vereinbarungen zwischen deutschen Staaten und den USA.

Nach den Schlesischen Kriegen wurde erstmalig mit dem Bau von Kasernen begonnen und dann planmäßig in großem Umfang durchgeführt. Sie waren zwar spartanisch eingerichtet, brachten aber für die Bevölkerung eine große Erleichterung der bisherigen Quartierlasten.

Von 1776 bis 1781 waren die Leistungen für den Bau der Festung Graudenz sehr drückend Jedes Amt (Kreis) mußte dazu Tausende Taler aufbringen und Hunderte Arbeiter stellen. Schwer lasteten auch die Fouragelieferungen auf den Bauern. Nach dem Siebenjährigen Krieg hatte der König die Provinzen verpflichtet, Hafer, Heu und Stroh zu angemessenen Preisen an die Kavallerieregimenter zu liefern und in den dreieinhalb Sommermonaten die Pferde in Grasung zu nehmen. Wo es genug Wiesen und Weiden gab, war das ein gutes Geschäft für die Bauern. In Gegenden, wo die Bauern nicht genug Gras für das eigene Vieh hatten und Heu ankaufen mußten, konnte das ihr Ruin sein.

In Mockerau bei Graudenz hielt der König die großen Truppenschauen im Juni jeden Jahres ab. Näher kam er an Ostpreußen nicht heran. Seine Meinung über die ostpreußischen Adligen änderte er nicht. Als sie 1781 um die Errichtung einer Kreditbank baten, stand in der Ablehnung u.a.: „Überdem mögen sie sich nur hübsch zurückerinnern, wie sie sich im Kriege von 1756 betragen haben, und ihre Söhne dienen auch nicht, sie haben keine Vaterlandsliebe […]"

Das hinderte Friedrich nicht, z.B. den Grafen von Egloffstein aus Arklitten (Kr. Gerdauen), der an des Königs Seite an allen Schlachten teilgenommen hatte, zum Militärgouverneur von Ost- und Westpreußen zu machen.

Ein besonders trauriges Kapitel in der Armee Friedrichs des Großen bildeten die Soldatenfamilien. Ein unversorgter Anhang von Frauen und Kindern hing um jede Garnison. Von dem Sold von acht Groschen für fünf Tage konnte keine Familie leben. Trotzdem muß ein solcher Achtgroschenmann einigen Mädchen noch immer heiratswert erschienen sein. Soldatenfamilien waren auf einen Nebenverdienst angewiesen, dem der Mann nur soweit nachgehen konnte, wie es sein Dienst erlaubte. Unteroffiziere durften sich nicht öffentlich als Tagelöhner oder Lastträger sehen lassen. Sie betätigten sich darum oft mit Strümpfestricken und Spinnen. Noch im 20. Jahrhundert haftete der Name „Spinner" an dem Unteroffizier. Einige ganz Schlaue entdeckten, daß sich Hunde reicher Leute gern verliefen, die sie den Eigentümern gegen einen Finderlohn zurückbrachten. Der Hund der Herzogin von Holstein soll 1752 sechsmal von soldatischen Findern heimgebracht worden sein.

Bedauernswert war das Los der Frauen. Sie mußten sich als Mägde verdingen oder niedere Arbeiten annehmen, soweit es ihr Zustand erlaubte. In Notzeiten waren Felder, Ställe und Gärten der Umgebung vor den diebischen Soldatenfrauen nicht sicher. Wurden sie erwischt, erwartete sie oft das öffentliche Auspeitschen vor angetretener Mannschaft, wozu sie Männerhosen anziehen durften. Am Ende dieses Jammerlebens wurde die Soldatenfrau nicht als bürgerliche Leiche anerkannt. Nur der kleine Leichenwagen für Arme stand ihr zu, und kein Soldat in Uniform durfte ihr das Geleit geben.

Die Soldatenkinder wuchsen oft in Not, Siechtum und Verwahrlosung auf. Die Not verschlimmerte sich, wenn die Armee ins Feld rückte. Friedrich der Große begann, die Soldatenkinder in Garnisonschulen zu erziehen. Da Handwerker und Kleinbürger damals noch eine Abneigung dagegen hatten, sich in den neu aufkommenden Fabriken zu betätigen, schuf sich der König Fabrikarbeiter aus den Soldatenkindern. Wo keine Garnisonschule vorhanden war, nahm sich oftmals ein Feldprediger oder ein Offizier dieser Kinder an.

In Bartenstein baute die Garnison 1805 eine Berufsschule, in der auch Bürgerkinder unterrichtet wurden. Sie hieß: „Lehr- und Industrieschule des Königlich-Preußischen Infanterie Regiments von Besser". Die Baukosten waren mit 3.360 Talern, 18 Groschen und 9 Pfennig veranschlagt und wurden selbstverständlich um keinen Pfennig überschritten. Der König stiftete 500 Taler dazu sowie das Abbruchmaterial der Stadtwache. Wegen des Krieges von 1806/07 und der folgenden Notzeit wurde nur bis 1810 Unterricht erteilt. Das Gebäude übernahm der Staat und verkaufte es 1821 für 1.220 Taler.

In Thuren bei Gumbinnen wurde 1784 eine Mineralquelle entdeckt, die als Heilbad Verwendung fand. Als nach weiteren Quellen gebohrt wurde, um den Andrang der Heilungssuchenden zu befriedigen, wurde der Zufluß zur Hauptquelle unterbrochen, die seitdem versiegt ist.

Auch wenn es den Bauern in dieser Zeit gut ging, so erlitten sie 1786 durch ein epidemisches Schafsterben große Verluste, dem fast alle Schafe zum Opfer fielen. Mit staatlicher Hilfe wurde der Grundstock zu einer neuen, verbesserten Zucht angelegt.

In seinem freiheitlichen Staat, in dem es keine Sklaven geben sollte, gelang es Friedrich nicht, den unfreiesten Menschen, den Bauern der adligen Dörfer und Güter, die Freiheit zu geben. Er verbessert zwar ihr Los, ohne drastische Neuordnung der Rechts- und Besitzverhältnisse jedoch, also einer Revolution der gesamten Landwirtschaft, war nicht mehr zu erreichen.

Die adligen Grundherren waren auf die Arbeit der Bauern angewiesen, um ihre riesigen Ländereien zu bearbeiten. Ihr Schweiß bildete die Grundlage des Unterhalts und Reichtums der Adligen, wie sie selbst in ihrem Gesuch von 1714 bestätigt hatten. Das „fundierte Recht" auf die Untertänigkeit der Bauern – sie meinten die Leibeigenschaft – hatten sie sich allerdings im Laufe der Zeit selbst geschaffen und jede Regung der Bauern nach Gerechtigkeit und Freiheit brutal unterdrückt. Nachdem sie diesen für sie herrlichen Zustand so lange aufrechterhalten hatten, verteidigten sie ihn natürlich weiterhin mit allen Mitteln. Auch wenn das Scharwerk beschränkt worden war, blieb es noch immer eine drückende Bürde für die Bauern, die einen erheblichen Teil ihrer Arbeitskraft und -zeit ihrem eigenen Land entziehen mußten, um die Felder der hochmütigen Grundherren unentgeltlich zu bearbeiten. Das Scharwerk war mit Knecht, Magd oder Kindern, Pferden, Wagen und Ackergerät zu leisten. Ein Scharwerkstag dauerte von Sonnenaufgang bis Sonnenuntergang, mit einer Stunde Unterbrechung für Frühstück, zwei Stunden Mittag und einer Stunde Vesper. Diese Pausen waren notwendig, nicht etwa um den ermüdeten Menschen eine Rast zu gewähren, sondern damit sie die Pferde ausreichend füttern und tränken konnten. Ebenso mußten die Pferde etwa zwei Stunden vor Arbeitsbeginn gefüttert, getränkt und geputzt werden. In der Regel leisteten die Bauern eine vierstündige Arbeitszeit – auch im Winter beim Dreschen –, bevor es das übliche Milchmusgericht zum Frühstück gab. Wurde wegen schlechten Wetters die Arbeit unterbrochen, mußte die verlorene Zeit bei gutem Wetter nachgeholt werden.

Die Bauern der königlichen Dörfer (Domänen) hatte schon der Vater König Friedrichs weitgehend befreit. Das waren mehr als zwei Drittel aller Bauern des Landes. Die Bauern unter der Adelsherrschaft aber mußten noch lange warten, bis nach dem totalen Zusammenbruch des Staates im Krieg von 1806/07 die Bauernbefreiung im Jahre 1810 auch ihnen endlich die lang ersehnte Freiheit brachte.

Seine Pflichten als Herrscher faßte Friedrich der Große so auf: „Der Fürst soll immer bedenken, daß er nichts als ein Mensch sei, gerade wie der geringste seiner Untertanen. Auch wenn er der höchste Richter, der oberste Kriegsherr, der vorderste Verwalter der Staatseinkünfte, der erste Minister des Staates sei, so sei er es nur, um deren Pflichten auszuüben. Nichts ist der Fürst als der erste Diener des Staates, verpflichtet, ehrlich, weise und uneigennützig zu handeln, immer bereit, Rechenschaft seines Tuns zu geben."

Friedrich litt an der Gicht und konnte nicht mehr Flöte spielen. Als im August 1785 Wassersucht dazukam, wollte er keine Besucher mehr sehen, aber er arbeitete bis zuletzt. Seit dem 9. Juli 1786 blieb Minister Hertzberg in Sanssouci, um ihn bei der Arbeit zu unterstützen. Er sagte über den König: „Obwohl man sah, daß der König furchtbar litt, hat er es uns doch nie merken lassen, sondern mit heiterer Miene, zufrieden und ruhig, und ohne je von seinem Zustande, noch vom Tode zu sprechen, hat er uns immer auf das angenehmste unterhalten [...]"

Am 16. August 1786 verließen den König die Kräfte, er befahl noch, ihn am nächsten Morgen um 4 Uhr zur gewohnten Arbeit zu wecken. Um 2 Uhr morgens starb Friedrich der Große im 75. Lebensjahr nach einem Leben, das nur Arbeit, Krieg, Not und Mühe gekannt hatte. Er erhob Preußen zur Großmacht. Er ließ Gesetz und Gerechtigkeit herrschen, brachte Ordnung und Klarheit in die Finanzen und hielt das Heer in solcher Zucht, daß es allen anderen Armeen Europas überlegen war. In 1.500 Dörfern hatte er 25.000 Menschen neu angesiedelt, und man schätzt, daß er dafür etwa 25 Millionen Taler ausgegeben hat. Sein Testament enthält folgende Auszüge: „Unser Leben ist ein schnelles Vorübereilen vom Augenblick unserer Geburt bis zu dem unseres Todes. Während dieses kurzen Zeitraums ist der Mensch dazu bestimmt, für das Wohl der Gesellschaft zu arbeiten, der er angehört [...] Seit ich die Regierungsgeschäfte übernahm, habe ich mit allen Kräften, die mir die Natur verlieh, und nach Maßgabe meiner geringen Einsicht, mich bemüht, den Staat, welchen ich die Ehre hatte zu regieren, glücklich und blühend zu machen [...]

Ich gebe willig und ohne Bedauern den Lebenshauch, der mich beseelt, der wohltätigen Natur zurück, die ihn mir verliehen hat, und meinen Leib den Elementen, aus denen er besteht. Ich habe als Philosoph gelebt und will als solcher beerdigt werden, ohne Aufwand, ohne Prunk und Pomp. Ich will weder seziert noch einbalsamiert werden; man soll mich in Sanssouci oben auf den Terrassen in einem Grabe, das ich mir habe bereiten lassen, beerdigen* [...]

Dem Thronfolger [...] hinterlasse ich den [...] Schatz**, als ein dem Staate gehörendes Gut, das nur zur Verteidigung oder Unterstützung des Volkes dienen soll [...]

Nie war ich weder geizig noch reich und habe daher auch nicht viel eigenes Vermögen. Ich habe die Einkünfte des Staates immer als Bundeslade betrachtet, die keine ungeweihte Hand berühren durfte: ich habe die öffentlichen Einkünfte nie zu meinem Privatgebrauch verwendet [...]

Meine letzten Wünsche im Augenblick des Todes werden dem Glück dieses Reiches gelten. Möge es immer mit Gerechtigkeit, Weisheit und Kraft regiert werden, möge es durch die Milde seiner Gesetze der glücklichste, mögen seine Finanzen die am besten verwaltetsten, und möge es durch eine Armee, die nur nach Ehre und edlem Ruhm strebt, der am tapfersten verteidigte Staat sein. Möge es blühend bis zum Ende der Jahrhunderte fortdauern.“

* Friedrichs Leiche wurde nicht in dem von ihm bestimmten Grab auf den Terrassen in den Gartenanlagen von Sanssouci, nahe dem Begräbnisplatz seiner Windhunde, beigesetzt, sondern in der Garnisonskirche zu Potsdam. Nach dem Zweiten Weltkrieg befand sich der Sarkophag zunächst in der Burg Hohenzollern und wurde Mitte der 90er Jahre in Sanssouci beerdigt.

** Im Staatsschatz befanden sich bei Friedrichs Tod 70 Millionen Taler.

2. Niederlage, Erhebung und deutsche Einigung

(1786–1871)

König Friedrich Wilhelm II.

Da Friedrich der Große keine Kinder hatte, war ein Neffe, der älteste Sohn des Prinzen August Wilhelm, zur Thronfolge bestimmt worden, der sich Friedrich Wilhelm II. nannte. Traditionsgemäß huldigte Ostpreußen als erste Provinz dem neuen König, der zu diesem Zwecke nach Königsberg kam.

Die Zeitperiode vom Tode Friedrichs des Großen bis zum Einfall Napoleons 1806 hat in der preußischen Geschichte keinen guten Klang. Milde Beurteilungen stellen fest, daß in diesen beiden Jahrzehnten eine große Zeit von einem kleinen Geschlecht zu Ende geführt, strengere, daß das Erbe eines genialen Herrschers von unfähigen Nachfolgern vergeudet wurde.

Der 42jährige träge und genießerische König – neben seiner offiziellen schloß er noch mehrere morganatische Ehen – überließ die Regierungsgeschäfte seinen Günstlingen und kümmerte sich wenig um Volk und Staat. Unter ihm sank das Ansehen Preußens, besonders nachdem er im Baseler Frieden den Franzosen das linke Rheinufer zugestanden hatte.

Der sparsame Friedrich der Große hatte die hochwertigen Pferde des Trakehner Gestüts meistens ins Ausland verkauft, während die preußische Armee mit billigeren Pferden aus der Ukraine und der Walachei versorgt wurde. Friedrich Wilhelm änderte das. Durch Erlaß eines königlich-preußischen Landesgestütsreglements befahl er, „die bisher in unsern Landen völlig vernachlässigte Pferdezucht zu möglichster Vollkommenheit zu bringen." Seit 1787 trugen alle in Trakehnen geborenen Pferde den Brand mit der siebenendigen Elchschaufel auf dem rechten Hinterschenkel.

1788 wurde der Philosoph Arthur Schopenhauer in Danzig geboren. Seine Mutter Johanna war Schriftstellerin. In Weimar standen beide mit Goethe in Verbindung und nahmen am Geistesleben prägend teil, u.a. durch einen literarischen Salon, den Johanna Schopenhauer hielt, und der von Persönlichkeiten der Zeit frequentiert wurde. Auch Arthurs Schwester Adele war schriftstellerisch tätig.

Das Werben der russischen Kaiser um deutsche Siedler erreichte mit dem Manifest der Zarin Katharina II. vom 22. Juli 1763 die größte Wirkung. Den deutschen Bauern wurde Religions- und Steuerfreiheit sowie Befreiung vom Militärdienst „auf ewige Zeiten" garantiert. Dazu kamen großzügige Angebote von fruchtbarem Ackerboden. Dieses verlockende Anerbieten nahmen viele Siedler aus allen Teilen Deutschlands an.

Auch eine große Anzahl der in Preußen ansässigen Mennoniten folgte ab 1789 dem Ruf Katharinas, wodurch dem Land durch den Verlust dieser ehrlichen und fleißigen Untertanen ein enormer Schaden entstand, was aber die Regierung nicht erkannte. Welchen Umfang die Wanderungen der Deutschen nach Rußland angenommen hatten, zeigte die russische Volkszählung von 1897, bei der insgesamt 1.790.589 Rußlanddeutsche registriert wurden.

Die Mennoniten hatten sich wegen der maßlos harten Verfolgung über weite Gebiete zerstreut. Von 1525 bis 1535 hatten sie sich über ganz Süddeutschland ausgebreitet, wurden aber durch die Reformation und Gegenreformation sowie den 30jährigen Krieg fast vollständig ausgerottet. Nur in Holland und der Schweiz überlebten einige Gruppen. Nach 1650 zogen viele aus der Schweiz in die Kurpfalz und das Elsaß. Diese wurden die Stammväter der heutigen Mennoniten in Süddeutschland und Frankreich. Aus Holland zogen ab 1530 viele nach Preußen, wo sie sowohl im polnisch beherrschten Teil (Weichselgebiet) wie auch im Herzogtum zwei Jahrhunderte lang verhältnismäßig frei nach ihrem Glauben leben konnten. Erst die immer stärker durchgreifende militärische Dienstpflicht zwang die Mennoniten in Preußen, denen man schließlich sogar den Erwerb weiterer Ackerlandes verboten hatte, sich nach einer neuen Heimat umzusehen. Das Angebot der Zarin Katharina war verlockend genug, daß viele in die Ukraine zogen. Wie in Preußen, wurden sie nun auch in Rußland durch ihre Fähigkeiten, ihren Fleiß und ihre Lebensweise zu angesehenen und beispielgebenden Bauern, Handwerkern und Kaufleuten.

Als um 1870 auch in Rußland die ursprünglichen Verträge gebrochen wurden und Militärdienst von den Mennoniten verlangt wurde, zogen viele in die USA und nach Kanada, wo ihnen aber keine Befreiung vom Militärdienst oder andere Privilegien zugesichert wurden. Heute gibt es insgesamt fast 500.000 Mennoniten, von denen über die Hälfte in den USA und Kanada leben.

In Frankreich brach 1789 die große Revolution aus, die für ganz Europa schlimme Folgen hatte. Aus ihr ging Napoleon hervor, der den Rest des Deutschen Reiches und auch Preußen zerschlug. Durch die Unfähigkeit der preußischen Politik hatte Kaiser Leopold II. inzwischen Österreichs alte Stellung im Reich wieder hergestellt und Preußen in das österreichische Fahrwasser abgedrängt.

Die Französische Revolution (1789–99) entstand durch Staatsverschuldung, Arbeitslosigkeit und Massenelend bei weiterbestehenden Privilegien des Adels und der Geistlichkeit. Das aufstrebende Bürgertum erhob sich gegen die Staatsgewalt. Am 14. Juli 1789 erstürmte das Volk die Bastille (Staatsgefängnis). Es folgte die Ausrufung der Menschenrechte (Freiheit, Gleichheit, Brüderlichkeit), die Forderung zur Abschaffung der Leibeigenschaft, der Privilegien, des Erbadels und zur Verstaatlichung der Kirchengüter.

Der Krieg der ersten Koalition (1792–97) wurde von Frankreich gegen Österreich und Preußen geführt. Die Monarchen beider Länder hatten nach dem vereitelten Fluchtversuch König Ludwigs XVI. (1791) erklärt, auf die Wiederherstellung geordneter monarchischer Zustände in Frankreich wirken zu wollen. Darauf erklärte Frankreich am 20. April 1792 Österreich (und damit auch dem verbündeten Preußen) den Krieg, mit der Forderung des Rheins als französische Ostgrenze. Zehn Tage nach der Hinrichtung König Ludwigs XVI. (21. Januar 1793) erklärte Frankreich auch England, Holland und Spanien den Krieg, die darauf der Koalition (Österreich/Preußen) beitraten. Nach anfänglichen Siegen der Koalitionsarmee trieben die zerlumpten, aber begeisterten Revolutionstruppen die Österreicher und Preußen im Dezember 1793 über den Rhein zurück. Frankreich besetzte die linksrheinischen Gebiete, Mainz, Worms, Speyer sowie Frankfurt.

In Frankreich kam es zur Schreckensherrschaft der Radikalen mit Massenhinrichtungen; auch vor der Ermordung der Königin schreckte man nicht zurück. Vom 10. Juni bis 28. Juli 1794 wurden rund 1.300 Todesurteile vollstreckt. Die blutige Diktatur des Maximilien de Robespierre endete mit dessen Hinrichtung am 28. Juli 1794.

Während Frankreich einen großen Teil Europas in seinen Krieg verwickelt hatte, marschierte die russische Armee überraschend in Polen ein. Dort waren unmittelbar preußische Interessen bedroht, aber wie zu Zeiten des unseligen ersten Königs Friedrich I., standen Preußens Soldaten im Krieg für die Interessen des Kaisers.

In Polen verhinderte die Adelspartei alle Bemühungen für Reformen; starr und egoistisch hielt sie an ihren alten Privilegien und dem „Liberum Veto" fest. Trotzdem gelang es eine Verfassung zustandezubringen (3. Mai 1791), die ein Erbkönigtum einführte, das „Liberum Veto" abschaffte und das polnische Staatsgebiet für unantastbar erklärte. Damit war erstmalig die Grundlage geschaffen, auf der aus der wilden Anarchie ein ordentlicher Staat aufgebaut werden konnte. Für Zarin Katharina war das ein Schlag ins Gesicht. Die Entstehung eines solchen Staates, der all ihre Pläne zur weiteren Ausbreitung Rußlands zunichte gemacht hätte, durfte sie keinesfalls zulassen.

Die Gelegenheit zum Eingreifen kam, als die polnischen Adligen zum Schutz ihrer „Alten Freiheiten" ein russisches Heer ins Land riefen. Da Preußen und Österreich im Krieg gegen Frankreich standen, hatte Katharina freie Hand und ihre Truppen besetzten Polen, ohne Widerstand zu finden.

Dadurch aufgeschreckt, mischte sich nun auch Preußen ein, dessen Sorge den Städten Danzig und Thorn galt. Auch wollte man die russische Grenze nicht an Preußen und Schlesien sehen. Am 23. Januar 1793 schloß Rußland mit Preußen einen neuen Teilungsvertrag. Katharina wollte Polen diesesmal so amputieren, daß eine erneute Erhebung nicht mehr möglich war. Rußland nahm den Ostteil Polens, ein Gebiet von 250.700 qkm mit drei Millionen Einwohnern, das viermal so groß wie das an Preußen abgetretene war. Außer Danzig und Thorn erhielt Preußen das Gebiet der Warthe (die Provinz Posen), Kujawien und Westmasowien mit Plock, 58.370 qkm mit einer Million Einwohnern. Dieses Gebiet wurde „Südpreußen" genannt. Als kleine Entschädigung trat Preußen die Gebiete von Tauroggen und Serry, die es 1687 erworben hatte, an Polen ab. Österreich, das seine ganze Kraft in dem gegenwärtigen Krieg gegen Frankreich aufbieten mußte, stimmte dem Vertrag zu, verzichtete aber diesmal auf Landgewinn, ließ sich jedoch von Rußland seine Ansprüche auf Bayern bestätigen. Unter dem Druck russischer Bajonette ratifizierte der polnische Reichstag am 23. September 1793 den Vertrag.

Das mächtige Danzig, das nach der Loslösung vom Ordensstaat eine großartige Entwicklung erlebt hatte, war sehr klein geworden. Auch alle Sonderrechte und Privilegien hatten es auf die Dauer nicht schützen können. In den allgemeinen Niedergang aller preußischen Gebiete, die unter polnische Herrschaft gekommen waren, wurde schließlich auch Danzig mit hineingerissen. Danzig war nicht mehr die kraftvolle, selbstständig Außenpolitik betreibende Stadt, sondern ein am Ende seiner Kraft angelangtes hilflos gewordenes Anhängsel der polnischen Krone. Die Bürger wußten, daß nur die Eingliederung in Preußen den weiteren Verfall der Stadt abwenden konnte. Die Einwohnerzahl, die im Jahre 1650 noch 77.000 betragen hatte, war bis 1730 auf 48.000 abgesunken, von denen 1794 noch 36.738 vorhanden waren. Dem Verlust ehemaliger Selbstständigkeit trauerten nur einige Ratsfamilien nach, deren Einfluß nunmehr endgültig vorbei war.

Die Blütezeit der einst mächtigen Stadt Thorn, die wie Elbing 1358 zu den Begründern der Deutschen Hanse gehört hatte und auch später noch eine führende Rolle eingenommen hatte, war ebenfalls mit der des Ritterordens zu Ende gegangen. Die Erwartungen, einen freien Stadtstaat unter polnischer Oberhoheit zu errichten, hatten die Polen erfolgreich verhindern können. Von den drei großen Städten Westpreußens, hatte Thorn am schwersten gelitten. Bei der Rückkehr zu Preußen hatte Thorn nur noch 5.570 Einwohner.

Die Übernahme von Posen und Thorn erfolgte problemlos. Bei dem Übergang Danzigs unter die preußische Verwaltung kam es jedoch zu einigem Aufruhr und einer Schießerei, die nicht von Danziger Bürgern, sondern von dem aufgehetzten Pöbel der heruntergekommenen Hafenstadt verursacht wurde.

In der Nacht vom 7. zum 8. März 1793 rückte das Kösliner Regiment auf Danzig vor, dem sich die Vorfeldschanzen von Ganskrug und Ohra ohne Widerstand ergaben. Am Morgen des 8. März ließ der Kommandeur, Generalleutnant Karl von Raumer, eine Delegation der drei Stände herausbitten, um die Übernahme der Außenwerke zu regeln, die er behelfsmäßig besetzen sollte. Die Delegation wollte aber nicht nur die Außenwerke, sondern auch die Stadt übergeben, dafür aber Bedingungen vom preußischen König aushandeln. Da Raumer nicht den Auftrag hatte, die Stadt zu besetzen und auch keinen Vertrag im Namen des Königs schließen konnte, zogen sich die Verhandlungen in die Länge.

Unter dem Danziger Pöbel gab es genug Gesindel, das in dieser Situation leicht zu Aufruhr und Plünderung aufgehetzt werden konnte. Hier befanden sich auch preußische Fahnenflüchtige, die befürchteten, mit dem Einzug der preußischen Truppen entdeckt und bestraft zu werden. Als Hauptaufwiegler wird jedoch ein Lübecker Matrose genannt. Am Sonnabend den 9. März hatte sich der gröhlende Pöbel vor dem Rathaus versammelt. Die Ratsherren versuchten, den Haufen zu beruhigen, mußten aber ins Innere flüchten und das Rathaus später durch einen Hinterausgang verlassen. Die Kaufleute schlossen die Geschäfte; der Bürger David Falk berichtet: „Diese Nacht schwärmte der Pöbel in allen Straßen herum, deswegen alle Einwohner in Furcht und Schrecken waren, weil sie immer redeten von Plündern und Brennen."

Am Sonntag den 10. März blieb alles ruhig. Die zusammengerufene Bürgerwehr zerstreute jeden sich sammelnden Haufen. Die Stände traten wieder zusammen und blieben bei ihrer ersten Entscheidung, nicht die Außenwerke, sondern die Stadt mit dem ganzen Territorium zu übergeben, aber den König erst um Erfüllung einiger Bedingungen zu bitten. Raumer sandte darauf einen Kurier zum König, der sich in Frankfurt am Main aufhielt. Am 26. März kam der Kurier mit dem Bescheid zurück, daß der König auf keine Bedingungen eingehen möchte, bevor nicht die Außenwerke von seinen Truppen besetzt seien. Dann wolle er Kommissare schicken, um mit der Stadt Verträge abzuschließen. Doch er versprach schon jetzt, daß er einige der wichtigsten Bedingungen erfüllen werde, von denen die Kantonfreiheit (Befreiung vom Militärdienst) die allerwichtigste war. Nach 24 Stunden Bedenkzeit stimmten die Stände der Besetzung der Außenwerke zu und erklärten sich bereit, nach Abschluß der Verträge mit den preußischen Kommissaren, auch die Stadt zu übergeben. Am nächsten Morgen (28. März) rückten die preußischen Truppen in die Außenwerke. Viele Leute gingen hinaus, um sich das Schauspiel des Einmarsches anzusehen. (Bei dem polnischen Historiker Askenazy (1867–1935) ist dies eine „Demonstration der Danziger Bürger gegen die Preußen" – eine wunderliche Einschätzung des Ereignisses.)

Von den Danziger Soldaten waren nur 200 Mann zum Wachdienst bestellt worden. Über das unblutige Ende der gespannten Lage erfreut (oder auch enttäuscht), hatte ein großer Teil von ihnen schon ausgiebig gefeiert und war betrunken. Am hohen Tor bildete sich ein gröhlender Haufen, der sich weigerte, zum Wachdienst auf die Wälle zu gehen. Sie hätten acht Tage und Nächte am Wall gelegen, und da die Übergabe der Stadt nun beschlossen sei, würden sie nicht mehr auf Wache ziehen. Den Offizieren gelang es, viele zur Vernunft zu bringen, doch blieben 50 bis 60 Mann zurück, zu denen sich einige der Anführer des Pöbels gesellt hatten. Plötzlich luden sie ihre Gewehre, stürzten zum Tor hinaus und schossen auf die preußischen Truppen, die in die Quartiere zweier Außenwerke rückten. Die Truppen hatten einige Verluste und zogen sich zurück; die meisten der entsetzten Bürger, die ein friedliches Schauspiel erwartet hatten, rannten panikartig in die Stadt zurück. Jemand feuerte die Alarmkanone und der Pöbel lief auf die Wälle. Falk schreibt darüber: „Jetzt ging es bei die halbe Carthaunen [Geschütze] und schossen auf die Preußen, die den Bischofsberg und Hagelsberg heraufmarschierten. Attilleristen und Bürgerschützen verließen die Canonen und eilten zu Hause, einige aber, die das Pöbel erwischte, schlepte es bei den Haren nach den Canonen, sie aber die Canonen so stelleten, daß sie unter den Preußen keinen Schaden thaten. Unter dem Pöbel war ein Lübecker Matrose, der sehr gut die Kanonen zu stellen wußte, der dann auch viel Schaden angerichtet hat. Die Preußen schossen gleichfalls aus unseren Canonen vom Bischofsberg auf den Pöbel, einige Kugeln davon gingen in die Stadt. Da der Pöbel keine Munition mehr hatte, stürmten sie das Laboratorium [Zeughaus] schlugen die Thüren mit Gewalt auf, den Attilleriehauptmann schlugen sie gantz grausam, die Officiere, die diesen Unfug steuern wolten, behandelten sie ebenso. Die jacobsthorsche Bürgerwache plünderten sie, die Fahne schleppten sie im Koth herum, Die Gewehre schlugen sie in Stücken und den Hauptmann Flachsharr schlugen sie gantz zunichte. So wütete der Pöbel bis 3 Uhr nachmittags, da sie dann von den Officieren von den Wällen heruntergejagt wurden."

In dem Vorort Neugarten war auf die Preußen geschossen worden. Die Häuser wurden sogleich unter Feuer genommen und erstürmt. Dabei wurde der Kaufmann König tödlich getroffen. Andere Unschuldige, die aus Neugierde dorthin gegangen waren, wurden gefangengenommen und nach Marienburg geführt.

Falk berichtet weiter: „Wieviel Preußen geblieben sind, weiß man nicht, 15 Mann ohngefähr sagt man. An Wunden gestorben sind ein Oberstlieutnant, ein Major und ein Lieutnant. Von den Dantzigern sind auch viele geblieben [...] Zur Sicherheit der innerlichen Ruhe zogen die junge Mannschaft auf, Brauer und Brenner mit ihren Knechten, mit Pallaschen bewaffnet, ritten in den Straßen herum[,] und dies dauerte bis den 4ten April, da die Preußen einrückten und alle Wachen ablöseten [...] Den 8ten May war die Erbhuldigung an seiner königlichen Majestät von Preußen, die zwei bevollmächtigte Commissarien einnahmen. Beide Regimenter, das Cöslinsche und Marienburgsche waren in Parade auf dem Langenmarkt, Langgasse und Langgarten. Der Anfang dieser Feierlichkeit geschah um 8 Uhr des Morgens mit Abfeuerung der Canonen, alle Glocken in der Stadt wurden geläutet, und auf dem Rathsturme war Musik mit Trompeten und Pauken [...] Auf'm Abend wurde die Stadt illuminiert, kein Haus war auch nicht, das nicht illuminiert wäre."

Die Wiedereingliederung in Preußen brachte dem Handel und der Wirtschaft Danzigs einen schnellen Aufstieg. Durch die Beseitigung der Zollschranken ging die Ausfuhr seines natürlichen Hinterlandes wieder über den Weichselhafen anstatt über Elbing oder den neuen Bromberger Kanal. Während 1792 nur 653 Schiffe Danzig angelaufen hatten, waren es 1798 schon 1.079. Die Getreideausfuhr, die von 1730 bis 1793 jährlich zwischen 15.000 und 24.000 Last betragen hatte, stieg von 1793 bis 1800 auf durchschnittlich 38.300 und bis 1805 auf 63.600 Last jährlich.

Mit der Eingliederung dieser Gebiete in den preußischen Staat hörten auch hier Hexenprozesse und Folterungen auf. Die letzte Hexe in Posen war 1793, noch kurz vor der Ankunft der preußischen Truppen verbrannt worden.

Der Mangel an Ausbildungsstätten in Masuren hatte zur Folge, daß manche Landschulen noch immer keine gut ausgebildeten zweisprachigen Lehrer hatten, wie der Brief des Gutsbesitzers Cerau aus Gollubien (Gollen im Kr. Lyck) vom 16. März 1793 zeigt: „Ich habe in meinem Guthe einen gewissen Schulmeister mit Namen Kaberka, welcher mir nicht nur wegen seines schlechten Lebenswandels von jeher zur wahren Last gewesen, sondern es ist ein Mensch, der nicht allein im ganzen äußerst unwissend, sondern überdem auch nicht der deutschen Sprache gewachsen ist, da doch die mehrsten deutschen Kinder aus meinem Guthe zur Schule gehen, die also auch in deutscher Sprache Unterricht bekommen müßten.

Das siebente Gebot kann er nicht kennen, weil sowohl er, als seine Kinder es nicht sträflich halten [zu stehlen; ...] Seine Ignoranz [Unwissenheit] im Unterricht ist so groß, daß er kaum selbst pollnisch zu lehren im Stande ist und im Deutschen gar nichts. Ich halte es daher für meine Pflicht [...] Königl. Majestät hiermit alleruntertänigst zu bitten, diesen Menschen allenfalls zu versetzen und mir einen ordentlichen Schulmeister bestellen zu lassen [...]"

Unter der freisinnigen Regierung Friedrichs des Großen begann Kant 1781 mit der *Kritik der reinen Vernunft* in rascher Folge seine Hauptwerke zu veröffentlichen. Er setzte neue Maßstäbe für die philosophische Ergründung menschlichen Denkens und Seins; er lehrte das Denken über das Denken. Nachdem Kant 1793 in seiner Schrift *Religion innerhalb der Grenzen der bloßen Vernunft* die kirchlichen Einrichtungen und Dogmen einer kritischen Betrachtung unterzogen hatte, erhielt er vom König am 1. Oktober 1794 eine scharfe Rüge und die Androhung unangenehmer Verfügungen. Gleichzeitig verbot er den Dozenten der Königsberger Universität über Kants Religionsphilosophie vorzulesen. Auch Kant unterließ bis zum Tode König Friedrich Wilhelms II. (1797) seine Vorlesungen und schriftstellerischen Arbeiten über religiöse Themen. Aber gleich nach dem Regierungsantritt des freier denkenden Königs Friedrich Wilhelm III. kritisierte er die verderbliche Wirkung der im Interesse des Kirchenglaubens verursachten Reaktionen gegen den unaufhaltsamen Fortschritt der Wissenschaft in seiner Schrift über den Streit der Fakultäten. Nach 1797 zog sich Kant von seinem Wirken an der Universität zurück und lebte in stiller Zurückgezogenheit, aber bis zu seinem Tod am 12. Februar 1804 noch immer schriftstellerisch und denkerisch tätig.

Im Zeitalter der Aufklärung hing diese vom Aufgeklärtsein der jeweiligen Herrscher ab. Unter Friedrich dem Großen war öffentliches Denken nicht nur erlaubt, sondern sogar erwünscht. Sein kleingeistiger Nachfolger dagegen ließ den Theologen Andreas Riem 1793 aus dem Land weisen und verbot dem Philosophen Kant über gewisse Dinge zu reden oder zu schreiben.

1795 war Kants *Zum ewigen Frieden* veröffentlicht worden, der Entwurf einer Verfassung eines Weltstaates der Vernunft.

Martin A. Borrmann schrieb über Kant: „Die Zeitgenossen stehen vor Kants Werk nicht minder erschüttert und beunruhigt als einst vor der Lehre des Kopernikus. Wieder wird ihnen ein Stück Boden unter den Füßen fortgezogen: damals die Erde als Mittelpunkt angezweifelt, jetzt ihrer eigenen Vernunft Täuschungen und Grenzen nachgewiesen [...]"

Von 1792 bis 1800 schrieb Ludwig von Baczko (1756–1823), der seit dem 21. Lebensjahr erblindete ostpreußische Historiker und Schriftsteller, eine sechsbändige Geschichte Preußens, die noch heute benutzt wird. Nur auf sein Gedächtnis gestützt, lernte er, neben den klassischen Sprachen, noch 13 weitere. Seine ungeheure Energie wurde nur noch von zwei anderen Ostpreußen erreicht: dem armlos geborenen Karl Lohmeyer, der als Historiker, und der ebenfalls ohne Arme geborene Hermann Unthan, der als Fuß-Geigensolist Berühmtheit erlangte.

Unter Friedrich Wilhelm II. wurde die Armee vergrößert und neu organisiert. Zum erstenmal erhielten die Soldaten ihr Brot kostenlos zugeteilt (sechs Pfund für fünf Tage). Bisher war Verpflegungsgeld entweder den Soldaten ausgehändigt oder an ihre Quartiergeber gezahlt worden.

Am 1. Juni 1774 trat das „Allgemeine Landrecht für die Preußischen Staaten" in Kraft. Damit war es gelungen, nach mehr als 80jähriger Vorbereitung, ein modernes Rechtssystem zu schaffen, dessen Grundgedanken bis in das heutige Bürgerliche Gesetzbuch fortwirken.

Nach der Zweiten Teilung Polens nahm die Unsicherheit entlang der polnischen Grenze beängstigend zu. In Polen bekämpften sich verschiedene Parteien untereinander und alle ihre unfähige Regierung. Etliche Insurgentengruppen entstanden, die Polens ‚alte Größe' gewaltsam wiederherstellen wollten. Der Zerfall des polnischen Staates war offensichtlich und jetzt nicht mehr abwendbar. Die Gründe dafür kamen aus Polen selbst und nur zu einem unwesentlichen Teil von außen.

Neben den üblichen Räuberhorden kamen jetzt öfters Gruppen der noch nicht offen auftretenden Aufständischen über die Grenze, um sich hier mit Lebensmitteln, Pferden und wenn möglich auch mit Waffen zu versorgen. Mit zunehmender Dreistigkeit der Räuber entstand bald eine Situation, die für die grenznahe Bevölkerung untragbar wurde. Die Berichte über die Überfälle nennen am häufigsten die Dörfer Prostken und Ostrokollen im Kreis Lyck. Aber selbst vor den Toren der Stadt Johannisburg erschienen diese Banden.

Um die bedrohte Bevölkerung zu schützen, wurden die ostpreußischen Garnisonen mobilisiert und zur Ziehung eines Kordons entlang der polnischen Grenze eingesetzt. Wo immer die polnischen Banden auf preußische Reiter stießen, flohen sie eiligst zurück über die Grenze, um ihr Glück an einer anderen Stelle zu versuchen. Ganz besonders bemühte sich das Regiment des Generals Heinrich J. von Guenther, das von 1788 bis 1795 in Lyck seine Garnison hatte, die polnischen Räuber aus dem Land zu halten.* Später wurde Guenther der Rote Adlerorden verliehen; er wurde Generalleutnant und oberster Befehlshaber aller preußischen Truppen östlich der Weichsel.

Das Ende des polnischen Staates

Die Rückkehr Westpreußens in den preußischen Staat hatte sich 1772 ohne kriegerische Handlung vollzogen. Die deutsche Bevölkerung war froh, der polnischen Bedrückung entkommen zu sein und wußte die besseren Lebensverhältnisse zu schätzen und zu nutzen. Bei der polnischen Bevölkerung war das zu einem großen Teil nicht der Fall. Die lange Versklavung durch den polnischen Adel hatte die unteren Volksschichten so abgestumpft, daß sie die Besserung ihrer Lage kaum begriffen und auch für jede politische Tätigkeit kein Verständnis

---

* Die Bürger von Lyck errichteten General v. Guenther 1841 ein Denkmal auf dem Marktplatz mit der Inschrift: „Dem Freunde der Menschheit, dem Freunde des Vaterlandes, dem Verehrer des Königs, dem Andenken des Generalleutnants Heinrich Johann Freiherr von Guenther."

hatten. Für die besser gestellten Polen hatte die preußische Wirtschaft genug Vorteile gebracht, daß sie sich nicht nach den polnischen Zuständen zurücksehnten. Nur die Mehrheit des polnischen Klerus und der Adligen trauerte ihren verlorenen alten Herrschaftsrechten nach. Es gab daher in Westpreußen unter der polnischen Bevölkerung keine rebellische Stimmung oder gar eine Gärung, die zu einem Aufstand hätte führen können. Die Situation änderte sich jedoch, als bei der Zweiten Teilung Polens Gebiete mit überwiegend polnischer Bevölkerung zu Preußen kamen. Aber auch dort brach kein Aufstand aus.

Ganz anders jedoch war es in dem noch verbliebenen Teil Polens, wo einflußreiche Personen an einer nationalen Erhebung arbeiteten, um Polen in seiner alten Größe wieder herzustellen. Dort brach im März 1794 ein Aufstand aus und griff nach Südpreußen über. Die unmittelbare Veranlassung dazu gab die von Rußland geforderte Herabsetzung der polnischen Armee von 30.000 auf 12.000 Mann. Ein Aufstand mußte also vor der Entlassung dieser Soldaten durchgeführt werden.

Am 12. März 1794 brach General Madalinski mit seiner Kavalleriebrigade (12.000 Reiter) von Ostrolenka am Narew in preußisches Gebiet ein und schlug sich nach Krakau durch. Am 24. März traf dort Tadeusz Kosciuszko ein, der als Oberbefehlshaber den Aufstand leitete. Kosciuszko stammte aus Litauen, hatte im amerikanischen Unabhängigkeitskrieg im Stab Washingtons Kriegserfahrung sammeln können und war in Polen 1789 General geworden. Die eigentlichen Träger der Erhebung waren die polnischen Geistlichen. Der spätere Generalfeldmarschall Hermann von Boyen, der den Feldzug gegen die Insurgenten mitmachte, sagte: „Unsere entschiedensten Feinde waren die Geistlichen. Unglaublich unwissend, nur mechanisch in den Pflichten ihres Amts in mangelhaften Schulen unterrichtet, war ein gewisser Grad von List vielleicht die einzige ihrer entwickelten geistigen Fähigkeiten. Allen sinnlichen Genüssen […] ergeben, indolent [faul] und abgeneigt gegen alles, was geistigen Fortschritt bezeichnet, erblickten sie in uns die Verbreiter gefährlicher Ketzerei und preußischer Ordnung, und dieses war allerdings genug, um sie zu unsern Feinden zu machen."

Der preußische König stand mit dem größten Teil der Armee (etwa 75.000 Mann) im Krieg gegen Frankreich am Oberrhein. Gegen die polnische Erhebung konnten nur gegen 40.000 Mann eingesetzt werden, von denen ein Teil unbewegliche Garnisontruppen waren. Am 4. April schlug Kosciuszko die Russen in der Schlacht bei Raclavice, und am 17. April erhoben sich die Einwohner Warschaus gegen die russische Besatzung, die fast ausnahmslos auf grauenhafte Weise niedergemetzelt wurde.

Von preußischer Seite wurde der Krieg zaghaft und weitgehend untätig geführt. Am 3. Juni übernahm der König den Oberbefehl; am 15. Juni kapitulierte Krakau. Nach Vereinigung der preußischen Truppen mit einem russischen Korps erlitt Kosciuszko etliche Niederlagen und wurde schließlich in Warschau eingeschlossen und belagert.

Schon im Juni waren einzelne polnische Truppenabteilungen bis in die Nähe von Thorn vorgerückt, das erst im Jahr zuvor zu Preußen gekommen war. Da die Polen wider Erwarten bei den Bürgern Thorns keine Unterstützung fanden – alle Zünfte und die Schützenbrüderschaft boten dem Kommandanten freiwillig ihre Hilfe zur Verteidigung der Stadt an –, wagten die Polen keinen Angriff und entfernten sich von der westpreußischen Grenze.

Während das preußische Heer noch vor Warschau stand, brach Mitte August 1794, von langer Hand vorbereitet, der Aufstand auch im bisher anscheinend ruhigen Südpreußen aus. Dadurch wurden die rückwärtigen Verbindungen der preußischen Armee vor Warschau ernstlich bedroht. Zum ersten Mal griffen die Aufständischen jetzt auch über die Grenze von 1772 hinaus, indem sie den Adligen Grudzinski als Führer für das im Netzedistrikt zu bildende Insurgentenkorps aufstellten. Somit sollte nicht nur die Zweite Teilung Polens rückgängig gemacht werden, sondern auch das Gebiet der Ersten Teilung wieder zurückgewonnen werden.

Infolge ihres überraschenden Vorgehens konnten die südpreußischen Insurgenten zunächst etliche Orte einnehmen. Die preußischen Kassen wurden beschlagnahmt, die von Thorn kommende Post abgefangen und ein für die vor Warschau stehende Armee bestimmter Munitionstransport von elf Booten auf der Weichsel erbeutet. Auf dem Lande wurden den Bauern Pferde, Lebensmittel, Geld und Vieh weggenommen. Unter Androhung schärfster Strafen wurde mit der Aushebung von Kämpfern begonnen. Durch Laufzettel wurden alle Gutsbesitzer aufgefordert, sich mit ihren Leuten, mit Waffen und Lebensmitteln in Gnesen einzufinden. Die Laufzettel wurden von den Geistlichen verbreitet und die Aufrufe der Insurgenten von den Kanzeln verlesen.

Trotz der Zwangsmaßnahmen brachten die Aufständischen kaum 1.300 Mann zusammen. Aus dem bedrohten Bromberg gingen dringende Hilferufe an den König, und auch die reichen Juden von Inowraclaw baten dringend um Schutz, da sie die Plünderung durch die Polen befürchteten. Aber außer der Bromberger Invalidenkompanie, die etwa 50 Mann stark war, gab es im ganzen Netzegebiet keine preußischen Truppen. Der Aufstand konnte sich deshalb fast unbehindert in ganz Südpreußen ausbreiten. Viele ängstliche Beamte verließen ihre Posten und flohen nach Pommern. Trotz aller Drohungen erhielten die Aufständischen im Netzedistrikt wenig Zulauf, obwohl es hier eine zahlreiche polnische Bevölkerung gab. Eine offene Begünstigung des Aufstandes zeigte sich nur beim Adel und der Geistlichkeit. (Bei dem späteren Prozeß waren von den 37 Angeklagten aus dem Netzedistrikt zehn Adlige, neun Geistliche, zwei Bauern, drei preußische Beamte und 13 städtische Bürger.)

Obwohl eine Schwächung des Belagerungsheeres vor Warschau bedenklich war, schickte der König am 29. August den Oberst von Szekely mit einem Füsilierbataillon und drei Eskadronen Kavallerie in den Netzedistrikt. Szekely, ein gebürtiger Ungar, benutzte seinen Auftrag zu schamlosem Plündern. In wenigen Wochen hatte er gewaltige Reichtümer zusammengeraubt. Das geschah aber nicht nur mit stillschweigender Duldung, sondern mit ausdrücklicher Vollmacht des Königs. So ermächtigte der König ihn am 8. September sich die Juwelen und das Silber des Bischofs von Wloclawek anzueignen.

Am 6. September gab der König die Belagerung Warschaus auf, und setzte die Truppen zur Niederkämpfung des Aufstands in Südpreußen ein. 25.000 preußische Soldaten wichen vor kaum 14.000 Polen, davon nur 4.000 Reiter und ein Teil Sensenmänner, zurück. Die Hauptmacht der polnischen Armee wurde dadurch frei. Zur Unterstützung der Aufständischen in Südpreußen wurde eine Abteilung von 2.000 Mann unter General Dombrowski in Marsch gesetzt. Der König kehrte krank und niedergeschlagen nach Berlin zurück. Szekely hatte mit seinen wenigen Leuten erstaunlich viel geleistet, mußte sich aber vor dem unerwartet erschienenen Dombrowski nach Bromberg zurückziehen. Mit den südpreußischen Insurgenten hatte Dombrowski etwa 7.000 Mann unter sich und eroberte am 2. Oktober Bromberg. Der tapfere Szekely fiel verwundet in die Hände der Polen und starb zwei Tage später.

Die Verluste der preußischen Truppen betrugen fünf Offiziere und 160 Mann an Toten und Verwundeten sowie 300 Gefangene. Die Polen fanden in Bromberg gefüllte Magazine und konnten sich neu einkleiden und gut bewaffnen. Das Bekleidungsdepot reichte für sechs Regimenter.

Bei den Bromberger Einwohnern fanden die Polen keine Unterstützung. Der König gab der Stadt deshalb später die von Dombrowski auferlegte Kontribution von 10.000 Talern zurück. Es war die einzige Summe, die der vom Aufstand betroffenen Bevölkerung vom Staat ersetzt wurde. Anders verhielten sich natürlich die von der preußischen Verwaltung als Beamte eingesetzten polnischen Adligen. Der polnische Landrat des Kreises Bromberg führte die Polen nicht nur zu den versteckten preußischen Kassen und schonte nicht einmal die Mündelgelder für die Waisenkinder, sondern trieb auch noch alle rückständigen Steuern ein. Obwohl sich hier deutlich zeigte, wie problematisch es war, Polen zu Beamten zu machen, hielt die Regierung hoffnungsvoll aber vergeblich an dieser Politik bis in die Zeit Bismarcks fest und glaubte, damit die Zuneigung der Polen gewinnen zu können.

Außer den schwachen Besatzungen von Danzig, Thorn und Graudenz gab es keine nennenswerten Truppen in Westpreußen. Der Plan Dombrowskis war, das wehrlose Westpreußen zum Aufstand zu veranlassen und dann nach Danzig vorzustoßen. Er schickte Reiterabteilungen bis Schwetz, Kulm und Konitz vor und ließ das Gerücht verbreiten, daß von Warschau ein Heer von 15.000 Mann im Anmarsch sei und in wenigen Tagen in Westpreußen einrücken werde.

Trotz der bedrohlichen Lage hatte niemand Lust, wieder unter polnische Herrschaft zu kommen. Weder Geld noch Soldaten wurden Dombrowski irgendwo zur Verfügung gestellt, was seinen Plan zum Scheitern brachte. Polnische Truppen besetzten zeitweise Nakel, Lobsens, Schulitz, Fordon und Kulmsee, aber nirgends fanden sie Zulauf oder Hilfe. Dadurch befand sich Dombrowski in einer schwierigen Lage. Er wagte nicht auf Danzig vorzustoßen, wollte aber wenigstens Thorn erobern. Am Tag vor dem Angriff (11. Oktober 1794) traf aber ein verstärktes preußisches Regiment unter Oberst von Ledewary in Podgorz (drei Kilometer südlich von Thorn) ein, worauf sich die Polen eiligst auf Bromberg zurückzogen. Am 15. Oktober erhielt Dombrowski die Nachricht, daß die Hauptarmee von den Russen am 10. Oktober in der Schlacht bei Maciejowice besiegt und Kosciuszko gefangengenommen worden war. Der neue oberste Befehlshaber der polnischen Armee forderte Dombrowski auf, sofort mit seinen Truppen nach Warschau zurückzukehren. Damit war der Aufstand in West- und Südpreußen beendet. Die treue Haltung der westpreußischen Bevölkerung brachte ihr keine Entschädigung für die erlittenen Verluste, die 493.391 Taler betrugen. Bei dem Thronwechsel 1797 hofften die Geschädigten von dem neuen König mehr Gerechtigkeit zu erlangen, und die Flut der Bittschriften setzte noch einmal ein. Aber mit Ausnahme der Stadt Bromberg hat niemand auch nur einen Pfennig erhalten.

Russische Truppen unter General Suworow erstürmten am 4. November 1794 Praga, die Vorstadt Warschaus auf dem östlichen Weichselufer. Dabei sollen die Russen 10.000 Polen umgebracht haben, als Vergeltung für die am 17. April ermordeten russischen Besatzungstruppen Warschaus. Am 9. November zogen Russen und Preußen in Warschau ein. Die letzten Reste polnischen Widerstandes wurden bis 1795 beseitigt und ganz Polen besetzt. Wenn einzelne preußische Truppenteile auch tapfer gekämpft hatten, warf die Unfähigkeit der obersten Führung doch ein schlechtes Licht auf Preußen. Rußland verbündete sich mit Österreich und drang auf die letzte Teilung, bei der Preußen ausgeschaltet oder möglichst gering abgefunden werden sollte.

Nach langen Verhandlungen setzte Katharina die Große diese letzte Teilung durch. König Poniatowski legte die Krone nieder, und der polnische Staat hörte auf zu existieren. Im Teilungsvertrag vom 24. Oktober 1795 nahm Rußland wieder den größten Teil, 111.780 qkm mit 1,2 Millionen Einwohnern, ein Gebiet, doppelt so groß, wie der österreichische und preußische Anteil zusammen. Rußland stand nun an Ostpreußens Grenze, an der Weichsel und an den Karpathen. Es hatte sich nun 80 Prozent des ehemaligen polnischen Staatsgebietes angeeignet. Österreich nahm ein Gebiet mit Krakau und Lublin, das bis zum Bug hinaufreichte, 45.922 qkm mit einer Million Einwohnern.

Preußen erhielt Warschau mit dem Gebiet westlich der Weichsel sowie das Gebiet von Bialystok, das von Grodno nordwärts an die Memel grenzte und „Neuostpreußen" genannt wurde. Das ganze Gebiet war 24.898 qkm groß und hatte fast eine Million Einwohner. Hatte Preußen schon bei der Zweiten Teilung Polens Gebiete erworben, die dem Staat keinen Segen bringen konnten, so wurde diese Bürde bei der Dritten Teilung noch enorm vergrößert.

Die Zweite und Dritte Teilung Polens sind anders zu bewerten als die Erste. Bei der Wiedervereinigung der Städte Danzig und Thorn mit Preußen bei der Zweiten Teilung wurde allerdings nur nachgeholt, was schon 1772 hätte geschehen sollen. Darüber hinaus aber kamen polnisches Land und eine nichtdeutsche Bevölkerung zu Preußen, was mehr Belastung als Gewinn war und zu Problemen führen mußte. Daß auch diese Gebiete baltischer Siedlungsboden gewesen waren und daß die Ostgrenze des pruzzischen Stammes der Sudauer und demzufolge auch die ursprüngliche Ostgrenze des deutschen Ordenslandes die mittlere Memel gewesen war, wurde nicht erwähnt und war zu dieser Zeit, unter den gegebenen Umständen, auch ohne Bedeutung.

Zu den Teilungen Polens ist zu bemerken, daß sie im Zuge der – seit Peter dem Großen – sich immer wiederholenden Ausdehnung Rußlands nach Westen erfolgten. Werner Koeppen schreibt dazu: „Es muß immer wieder darauf hingewiesen werden, daß der Teilungsplan allein von Rußland ausging, das auch nach der völligen Aufteilung Polens 80 Prozent von dessen ursprünglichem Staatsgebiet besaß."

Die Teilungen verhinderten nicht nur, daß damals ganz Polen russisch wurde, sondern es waren die an Österreich und Preußen gefallenen Teile, in denen sich das polnische Volkstum erhalten und zum Kern eines neuen polnischen Staates werden konnte. Dieser entstand im Ersten Weltkrieg (1916) durch eine gemeinsame deutsch-österreichische Proklamation mit ausdrücklicher Befürwortung durch den deutschen Kaiser Wilhelm II.

Der französische Staatsmann und Historiker Adolphe Thiers (1797–1877), den man gewiß nicht der Preußenfreundlichkeit verdächtigen kann, sagte: „Friedrich der Große hätte nie an eine Aufteilung Polens gedacht und sich nie der eigennützigen Politik Katharinas II. und des Fürsten Kaunitz angeschlossen, wenn er nicht gesehen hätte, daß Polen nicht mehr imstande war, Europa vor Rußland zu schützen. Es war ein Kampf Rußlands als europäische Macht, darum mußte die Zerbrechung Polens das letzte Ziel Rußlands sein."

Das Land, das Friedrich Wilhelm II. regierte, war nicht mehr das Preußen Friedrichs des Großen. Bei der Betrachtung dieser Zeitperiode wundert man sich, wie der geniale Friedrich der Große die Führung seines Staates in die Hände eines solchen unfähigen Nachfolgers legen konnte.

Das Verhältnis zwischen Österreich und Preußen war sehr gespannt. Der Kaiser wollte seine Erbansprüche auf Bayern durchsetzen; dem verweigerte Preußen seine Zustimmung. Es wurde immer deutlicher, daß der erfolglos geführte Krieg im Westen Österreich nur die Erwerbung Bayerns und Venetiens bringen sollte. Durch das feindselige Verhalten Österreichs bei den Verhandlungen in London und Petersburg fühlte sich Preußen von der Rücksichtnahme auf Österreich entbunden.

Nach dem Siegeszug der französischen Revolutionstruppen zum Rhein schloß Preußen mit Frankreich am 5. April 1795 den Frieden zu Basel, trat aus der Koalition aus, übergab Frankreich das linke Rheinufer, einschließlich der preußischen Besitzungen Kleve, Geldern und Mörs und verpflichtete sich, in Zukunft bei allen Kriegen Frankreichs neutral zu bleiben.

Auch Sachsen, Hannover und Hessen-Kassel verließen die Koalition. Am 22. Juni 1795 schloß auch Spanien Frieden mit Frankreich. Alleingelassen kämpfte Österreich weiter, mußte aber schließlich im Frieden von Campo Formio (17. Oktober 1797) die österreichischen Niederlande Frankreich überlassen und der Abtretung des linken Rheinufers von Basel bis Andernach zustimmen. Österreich und Preußen hatten sich vor aller Welt blamiert und der Französischen Revolution neuen Auftrieb gegeben, in der Napoleon immer weiter aufstieg.

Die Unfähigkeit König Friedrich Wilhelms II. hatte das Ansehen, das seine Vorgänger dem preußischen Staat verschafft hatten, in einer Regierungszeit von nur zehn Jahren ruiniert. Er starb im Alter von 53 Jahren am 16. November 1797. Den vorgefundenen Staatsschatz von 70 Millionen Talern hatte er nicht nur ausgegeben, sondern dem Staat noch eine Schuldenlast von 48 Millionen Talern aufgebürdet. Die Armee, die immer noch 235.000 Mann zählte (182.000 Infanterie, 41.000 Kavallerie, 1.200 Artillerie), konnte zwar noch perfekt exerzieren, aber im Felde hatte sie nicht einmal etwas gegen die undisziplinierten Scharen der französischen Revolutionstruppen ausrichten können.

Juden im Königreich Preußen

In der Mark Brandenburg hatten die Juden nach dem lippoldschen Gerichtsverfahren von 1573 das Land verlassen müssen. Im Jahre 1672 hatte der Große Kurfürst aber 50 Familien der aus Wien ausgewiesenen Juden aufgenommen, davon sieben nach Berlin. Schon 1737 waren diese sieben auf 120 Familien angewachsen, von denen nur zehn ein Vermögen von weniger als 1.000 Taler angaben. Damit war die Anwesenheit von Juden im brandenburgischen Staat, zu dem auch das Herzogtum Preußen gehörte, offiziell gebilligt.

Nachdem das religiös motivierte Verbot der Einwanderung von Juden in das Herzogtum Preußen seit der zweiten Hälfte des 17. Jahrhunderts immer weniger beachtet worden war, hatte sich auch hier eine beträchtliche Anzahl Juden niedergelassen, die fast alle aus Polen gekommen waren. Um 1705 erließ König Friedrich I. eine Verordnung gegen „das wüste Treiben der Juden in der Königsberger Synagoge", wobei nicht ersichtlich ist, was damit eigentlich gemeint war. Er verbot den Juden allgemein, außerhalb der Jahrmärkte Handel zu treiben, was in der Praxis jedoch kaum durchführbar war. Obwohl eine Anzahl Betteljuden und Hausierer ausgewiesen wurden, nahm die Anzahl der Juden weiterhin beständig zu.

Friedrich Wilhelm I. erließ 1715 das „allgemeine Verbot der weiteren Aufnahme von Juden und deren Niederlassung". Doch den Handelsjuden aus Polen und Rußland wurde weiterhin gestattet, ihre Waren nach Preußen zu bringen, sofern sie amtliche Geleitbriefe hatten. Sie durften sich aber nicht länger als fünf Tage, später zwei bis sechs Wochen, in Preußen aufhalten. Aber auch dieses Verbot wurde lasch angewandt und vermochte die weitere Zuwanderung nicht zu unterbinden.

Feldmarschall von Dohna, der zum „königlich-preußischen Judenkommissar" ernannt worden war, zog die Juden zur Bestreitung der Staatsausgaben mit heran und besteuerte sie mit „Judengeldern". Um diesen Zahlungen zu entgehen, ließen sich viele Juden taufen.

Von Zeit zu Zeit wurden die Amtshauptleute aufgefordert, die Anwesenheit aller Juden und die Dauer ihres Aufenthalts zu melden. Das Amt Lyck berichtete z.B. am 5. August 1720 u.a.:

„Berg Salomon, Baitkowen [Baitenberg], keine Kinder, betreibt seit 1719 Bier- und Branntwein-Ausschank. Seit 1719 in Baitkowen.

Judas Leyserowitz, Borken, mit 4 kleinen Kindern, kein Gesinde, treibt Bier- und Branntwein-Schank; er hat noch kein Schutzpatent.

Moyses Jakubowitz, Borken, hat 6 Kinder, kein Gesinde, betreibt Bier- und Branntwein-Schank, hat noch kein Schutzpatent.

Israel Levin in Bergen, 2 Kinder, 1 jüdischer Knecht hergezogen; er hat kein Schutzpatent.

Salomon Leyserowitz, Kobylinnen, 1 Kind, 1 polnischer Knecht, betreibt Bier- und Branntwein-Schank, hat kein Schutzpatent.

Salomon Majorowitz, Kobylinnen, 2 Kinder, kein Gesinde, betreibt Handel, besonders nach Polen, kein Schutzpatent bezahlt.

Der Jude Jacob Meyloch, Ostrokollen, betreibt einen „Königlichen Krug" mit Conzession für Bier- und Branntwein seit 6 Jahren; er hat eine wüste Hufe. Ein Schutzbrief liegt dafür vor, seit 1719."

Das Amt Oletzko (Treuburg) berichtet zur gleichen Zeit u.a.:

„Jacob Leybowitz betreibt zu Neu-Jucha einen Krug mit Bier- und Branntwein-Schank, zahlt kein Schutzgeld und hat kein Schutzpatent."

Der König verfügte, diesen Juden innerhalb von acht Tagen über die Grenze abzuschieben. Es gab aber genug Möglichkeiten, die Ausweisung zu verzögern oder auch ganz zu umgehen. Oft genügte es, in einen anderen Ort oder in ein anderes Amt umzuziehen. Wurde die Ausweisung wirklich durchgeführt, kamen die Ausgewiesenen in der Regel über kurz oder lang wieder zurück. Nach den Berichten der Ämter wohnten 1720 in der Provinz Preußen offiziell nur etwa 100 jüdische Familien. Neben Königsberg waren die meisten in den Ämtern Lyck und Oletzko (Treuburg) ansässig. Es folgten die Städte Soldau, Angerburg, Neidenburg, Johannisburg, Rhein und weitere. Die Berichte zeigen deutlich, wie wirkungslos die Verbote der Regierung waren.

Getaufte Juden erhielten im 18. Jahrhundert Freiplätze an der Königsberger Universität, wo sie fast ausnahmslos Medizin und Jura studierten.

In Polen lebten um 1650 fast 250.000 Juden (sieben Prozent der Gesamtbevölkerung), von denen sich ein großer Teil in Westpreußen niedergelassen hatte. Nur Elbing hatte keine Juden aufgenommen. Die Rückkehr Westpreußens brachte dem jüdischen Bevölkerungsteil in Preußen einen enormen Zuwachs. Bekanntlich hat Friedrich der Große die Juden wenig geschätzt und aus Westpreußen und dem Netzedistrikt etwa 7.000 Juden zur Auswanderung veranlaßt.

Im Gegensatz zu Preußen waren die Juden in Westpreußen ziemlich frei und hatten, wie in Polen, den Handel weitgehend in ihren Händen. Bei der Volkszählung von 1814 lebten dort 12.380 Juden.

Im Ermland war die dauerhafte Niederlassung von Andersgläubigen durch Landesgesetz verboten, und die Bischöfe achteten mehr oder weniger auf die Einhaltung dieses Gesetzes. Juden, die im Ermland wohnen wollten, mußten sich deshalb taufen lassen. Schon zur Ordenszeit gab es solche Juden im Land. Etliche von diesen erhielten von den jeweiligen Bischöfen Bettelbriefe, womit die Bevölkerung zu Gaben aufgefordert wurde. Bischof Hermann (1338–49) stellte einem getauften Juden einen Bettelbrief aus, in dem er den Spendern 40 Tage Ablaß erteilte. Wie im Gebiet des Herzogtums Preußen, gab es auch im Ermland im 17. und 18. Jahrhundert sog. Schutzjuden. Gegen Zahlung des Schutzgeldes erhielten sie vom Landesherrn einen Schutzbrief, der jährlich erneuert werden mußte und ihnen den Handel erlaubte.

Der Wohnort wurde Schutzjuden in der Regel vorgeschrieben. Ansonsten blieb das Verbot der Ansiedlung im Ermland weiter bestehen. Bei der Erneuerung des Verbots 1754 befreite Bischof Grabowski schon etliche Juden davon.

Einige Kaufleute aus Heilsberg, denen die dort ansässigen Schutzjuden ihr Geschäft verdarben, baten in einem Beschwerdebrief den Bischof, die Privilegien der Juden aufzuheben oder wenigstens einzuschränken. Sie klagten, daß entgegen dem 1748 erneuerten Edikt, das „unzulässigen Handel und Wucher der Juden" verbot, diese Händler sich nicht um Gesetze kümmern und ihnen die Kundschaft wegnehmen. Indem die Kaufleute Ladengeschäfte unterhalten und hohe Steuern zahlen müßten und dazu vielen Verordnungen unterliegen, seien sie gegenüber den Juden, die von diesen Lasten befreit sind, in hohem Maße benachteiligt. Sie bezichtigten die Juden, mit falschen Maßen, minderwertigen Stoffen und vielerlei Tricks die ermländische Bevölkerung zu betrügen und ihr „das Mark aus den Beinen zu saugen", aber bei Kriegsgefahr mit vollen Beuteln schnell zu verschwinden und den treuen Ermländern alle Not und die Lasten des Krieges zu überlassen.

Der Bischof aber nahm die Juden in Schutz und ließ den Kaufleuten antworten, daß die Juden mit ihren Waren billiger als die Christen seien und nicht nur Geld, sondern auch Produkte wie Wolle, Flachs, Felle, Pferdehaare, Lumpen und ähnliches in Zahlung nähmen und dazu langzeitige Kredite gewähren, was von „unseren Herren" nicht zu sagen ist.

„Während die Herren Kaufleute gern lange schlafen", hieß es, „den ganzen Tag mit Tee- und Kaffeetrinken, auch Tabakrauchen zubringen, ihre Frau nach der neuesten Mode kleiden, und wenn sie ein Kind zu taufen oder eine Tochter zu verheiraten haben, verprassen sie mehr, als sie das ganze Jahr über verkauft haben. Während die Kaufleute untätig in ihren Geschäften sitzen und auf Kunden warten, fährt der geschäftstüchtige jüdische Händler mit Pferd und Wagen von Hof zu Hof und von Dorf zu Dorf."

Mit einer langen Reihe solcher verhöhnender Vorwürfe und Beleidigungen wurde die Klage der Kaufleute abgewiesen. Bischof Grabowski ließ keinen Zweifel an seiner Einstellung, daß er lieber jüdische Händler als deutsche Kaufleute in seinem Land sah. Abschließend ließ er sie belehren, daß die Gefahr von den Lutherischen weit größer als eine von den Juden sei, „weil sich doch hoffentlich niemand von Euch beschneiden lassen wird. Von den lutherischen Gesellen aber können Euch, Eurem Gesinde und Euren Kindern unkatholische Prinzipien beigebracht werden."

Ein Grund für diese Einstellung des Bischofs war vielleicht der, daß er bei den Juden seine polnische Muttersprache gebrauchen konnte, während er sich mit seinen deutschen Untertanen über Dolmetscher verständigen mußte.

Mit der Rückgliederung des Ermlands in den preußischen Staat war das Verbot der Niederlassung Andersgläubiger hinfällig. Protestanten konnten jetzt unbehindert ins Ermland ziehen, aber für Juden blieb angeblich das Verbot noch einige Zeit weiter bestehen. Außer den Schutzjuden waren 1772 aber weitere Juden im Ermland ansässig, denn eine Anweisung der Regierung forderte, alle Juden, die keinen Schutzbrief haben und nicht ein Vermögen von 1.000 Talern aufweisen können, aus dem Ermland auszuweisen.

Daß Juden nach 1772 bald auch ins Ermland zogen, bestätigt z.B. Anton Funk in seiner *Geschichte der Stadt Allenstein*, indem er schreibt: „Seit 1780 wohnten einige Juden außerhalb der Stadt." Auch die Tatsache, daß alsbald nach der Emanzipation der Juden in allen ermländischen Städten jüdische Gemeinden entstanden, zeigt, daß eine dementsprechende jüdische Bevölkerung vorhanden gewesen sein muß.

Nach dem Krieg von 1806/07 mußte Preußen die ehemals polnischen Gebiete von Süd- und Neuostpreußen sowie die Provinz Posen an das von Napoleon neu gegründete „Herzogtum Warschau" abtreten. Viele Juden aus diesen Gebieten wollten keinesfalls in diesem neuen polnischen Staat leben und versuchten in das übriggebliebene Preußen einzuwandern, was die Regierung aber zu verhindern suchte. In einem Schreiben vom 16. September 1807 an die Stadt Guttstadt steht zum Beispiel: „Es haben verschiedene Juden, ja sogar ganze Judengemeinden aus den abgetretenen Provinzen um die Erlaubnis angetragen, sich in Städten niederzulassen und daselbst [...] handeln zu dürfen. Diesen Gesuchen ist aber aus triftigen Gründen nie gewillfahret worden. Wir lassen Euch daher auftragen, genau darauf zu sehen, daß sich in der dortigen Stadt aus den genannten Provinzen keine Juden unbefugterweise niederlassen und geduldet werden, widrigenfalls Ihr dieserhalb zur Verantwortung gezogen werdet."

Schon ein Jahr später brachten die Stein-Hardenbergschen Reformen den Juden die Gleichstellung im ganzen preußischen Staat. Die Städteordnung vom 19. November 1808 gab ihnen das städtische Bürgerrecht. Sie durften wählen und alle städtischen Ämter bekleiden. Das Edikt vom 11. März 1812 verlieh ihnen die preußische Staatsbürgerschaft und verpflichtete sie, festgelegte Familiennamen anzunehmen und in allen Geschäftsangelegenheiten sich der deutschen Sprache zu bedienen. Damit hatte Preußen die großzügigsten Judengesetze aller deutschen Staaten geschaffen. Trotzdem blieben noch einige Unterschiede: Jüdische Zeugen galten z.B. vor Gericht noch eine Zeitlang als nicht glaubwürdig. 1817 wurden Juden auch der Militärpflicht unterworfen. Das Gesetz vom 23. Juli 1847 regelte das Verhältnis des Staates zu den jüdischen Bürgern. Die jüdischen Gemeinden erhielten Zahlungen zum Unterhalt der Rabbiner. Die Synagogengemeinden wurden zu Körperschaften des öffentlichen Rechts erhoben. Die letzten Schranken wurden am 3. Juli 1869 endgültig beseitigt. Damit waren die Juden den preußischen (und später den deutschen) Staatsbürgern in jeder Beziehung gleichgestellt.

Sogleich nach dem Gesetzerlaß von 1812 setzte ein reger Zuzug von Juden nach Ostpreußen ein, die in der Mehrzahl aus der Provinz Posen, dem Netzedistrikt und aus Westpreußen kamen. Ein großer Teil kam auch illegal aus Polen. Viele dieser Juden waren arm und begannen ihre Handelstätigkeit zu Fuß, dann mit Pferd und Wagen. Sie handelten mit Pech (Arznei und zum Präparieren des Nähgarns für Pferdegeschirr), Tran (als Lederfett), Teer (Schmiere für hölzerne Wagenräder) und anderen nützlichen Dingen, die keinen großen Kapitaleinsatz erforderten. Hatte der Bauer kein Geld, nahm der Jude auch andere Dinge in Zahlung und setzte diese mit weiterem Gewinn ab. Andere Zuwanderer gesellten sich zu den Händlern, die auf den Jahrmärkten gute Geschäfte machten. Bald reichte der Gewinn, um ein Haus in der Stadt zu erwerben und darin ein Geschäft zu betreiben. Die günstigen Verhältnisse zogen weitere Juden nach. In den Städten entstanden Bethäuser oder Synagogen, und jüdische Friedhöfe wurden angelegt.

Aber nicht nur Juden, sondern auch Polen kamen in riesigen Scharen nach Preußen und überfluteten das Land. Als diese Masseneinwanderung bedrohliche Ausmaße annahm, ordnete die preußische Regierung die Rückführung eines Teiles der illegalen Zuwanderer in ihr Herkunftsland an. Die Abschiebungen begannen im April 1885. Damit konnte der illegale Zuzug zwar vermindert, aber nicht unterbunden werden. Durch die Hilfe der in Preußen ansässigen Glaubensgenossen konnten die jüdischen Zuwanderer leicht Fuß fassen. Die jüdischen Gemeinden wuchsen, bis sie um 1880 den Höhepunkt erreichten, um dann durch Abwandern in die aufblühenden Industriestädte zurückzugehen.

Trotz völliger Gleichstellung blieben die Juden weitgehend unter sich. Die strenge Einhaltung ihrer Religionsgesetze und rituellen Vorschriften verbot ihnen eine enge Lebensgemeinschaft mit Nichtjuden. Da Ehen zwischen Juden und Christen von beiden Seiten abgelehnt wurden, kam es sehr selten zu familiären Verbindungen durch Heirat. Bis zur Machtübernahme Hitlers lebten die Juden unbehelligt im Deutschen Reich und viele bekleideten höchste akademische und politische Amtsstellen. Die Volkszählung von 1910 registrierte 13.027 Juden in der damaligen Provinz Ostpreußen.

Die Zeit vor dem Zusammenbruch

Nach dem Tode des unfähigen Königs Friedrich Wilhelms II. im Jahre 1797 hätte ein neuer Friedrich der Große den heruntergewirtschafteten Staat gewiß bald wieder hochgebracht. Der neue König, der 27jährige Friedrich Wilhelm III., hatte zwar die besten Absichten, aber ihm fehlte es an rücksichtsloser Entschlußkraft, womit er durch drastische Maßnahmen das Geschick Preußens hätte ändern können. Die Schuldenlast von 48 Millionen Talern, die am meisten ins Auge fiel, hätte beseitigt werden können. Was nicht ins Auge fiel, war der Zustand der Armee, die auf den Lorbeeren Friedrichs des Großen eingeschlafen war und dringend einer Erweckung bedurfte. Seine pazifistische Einstellung betonte der König bei seiner Thronbesteigung, als er erklärte: „Das größte Glück eines Landes besteht in einem fortdauernden Frieden." Damit hatte er zwar recht, aber in dieser bedrohlichen Zeit, in der Napoleon sich anschickte, ganz Europa zu beherrschen, war es lebensnotwendig, den Frieden mit Waffen zu verteidigen. Die im Volke sehr beliebte Königin Luise nahm regen Anteil an der Regierung und wandte vieles zum Guten.

1799 wurde in Preußen die Schreibweise der Familiennamen festgelegt. Von jetzt ab durften sie nicht mehr, wie bisher, willkürlich geändert werden, sondern mußten so geschrieben werden, wie sie bei der letzten Volkszählung vom Staat eingetragen worden waren.

Obwohl die Gefahr von Frankreich immer bedrohlicher wurde, hielt der König an der Neutralität gegenüber Frankreich fest und geriet somit in seine Abhängigkeit. Daher beteiligte sich Preußen nicht an dem nächsten Krieg gegen Frankreich.

Den Zweiten Koalitionskrieg (1799–1802) brachte Zar Paul I. in Gang, in dem Rußland, England, Österreich, Neapel, Portugal und die Türkei gegen Frankreich kämpften. Nach Anfangserfolgen brach aber die Koalition militärisch und politisch zusammen.

Am 9. November 1799 beseitigte Napoleon durch einen Staatsstreich das Revolutions-Direktorium und wurde erster Konsul mit diktatorischer Gewalt. Im Frieden von Lunéville (1801) und Amiens (1802) beendete er siegreich den Zweiten Koalitionskrieg. Am 2. Dezember 1804 krönte er sich zum Kaiser der Franzosen.

Das preußische Königspaar begab sich im Mai 1802 auf eine Inspektionsreise nach West- und Ostpreußen, wobei überall Truppenrevuen abgehalten wurden. Vom 10. bis 16. Juni traf das Königspaar mit Zar Alexander I. in Memel zusammen. Der 25jährige Zar hatte im Jahr zuvor den Thron bestiegen und war der Einladung des Königs gefolgt. Das Zusammentreffen war von der jüngsten Schwester Alexanders in die Wege geleitet worden, die mit dem Erbprinzen von Mecklenburg-Schwerin, einem Verwandten der Königin verheiratet war. Alexander sprach fließend deutsch, da seine Mutter und Großmutter deutsche Prinzessinnen waren. Auch er hatte mit 16 Jahren eine Deutsche, die 14jährige Prinzessin Luise von Baden, geheiratet. Wenn die in Memel geschlossene Freundschaft auch nicht sogleich wichtig erschien, so wurde sie doch bald für den Weiterbestand Preußens von entscheidender Bedeutung.

Die einst so prachtvolle Marienburg, die größte abendländische Burg, war unter der dreihundertjährigen polnischen Herrschaft völlig verwahrlost und teilweise zu einer Ruine geworden. Nach der Rückkehr zu Preußen wurde sie nach 1772 zunächst als Lagerhaus benutzt. Vorschläge wurden gemacht, das ganze Bauwerk abzureißen und von dem Baumaterial ein neues Magazin zu errichten. Dann beschloß man, die Gewölbe einzuschlagen und die Burg zu einem Getreidespeicher umzubauen. Der aus Tilsit stammende Dichter Max von Schenkendorf rief als 19jähriger Student in einer Berliner Zeitung 1803 die Öffentlichkeit zur Erhaltung dieses bedeutenden Bauwerks des deutschen Mittelalters auf und hatte damit erstaunlicherweise Erfolg. Die Abbrucharbeiten wurden eingestellt, und am 13. August 1803 ordnete der König die Wiederherstellung an. Nach gründlichen Studien – vieles war in der polnischen Zeit umgebaut oder abgebrochen worden – begannen 1806 die umfangreichen Arbeiten, um die Burg in ihrer ursprünglichen Form wieder herzustellen. Der Unglückliche Krieg (1806/07) und die folgende Notzeit verhinderten die Fortführung der Arbeiten. Auf Betreiben des Oberpräsidenten Theodor von Schön wurde die Wiederherstellung 1817 wieder planmäßig aufgenommen und mit großem Kostenaufwand ohne Unterbrechung weitergeführt. (Es gab bis 1945 einen „Baumeister der Marienburg" [Bernhard Schmid], und selbst dann war noch lange nicht alles wieder hergestellt.)

Von der ostpreußischen Nordgrenze wird von einer regen Schmuggeltätigkeit berichtet. Offenbar gab es viele Möglichkeiten zu einem leicht zu erlangenden Nebenverdienst. Man konnte Salz, das Preußen billig an Rußland lieferte, wieder nach Preußen bringen und immer noch billiger verkaufen als das von der Monopolverwaltung erhältliche Salz. Waren aller Art wurden geschmuggelt, von Pferden bis zu gefährlichen revolutionären Aufklärungsschriften, die von der russischen Regierung über alles gefürchtet wurden. Weil die deutschen Pastoren zu sehr auf ihre Einkünfte bedacht waren, kam es zu dem seltsamsten Schmuggel, der wohl an irgendeiner Grenze getätigt wurde: Manch sparsamer Vater brachte sein neugeborenes Kind ins russische Litauen, wo die Taufe nichts kostete.

Ein Gesetz von 1804 befaßte sich wieder mit der Befreiung der Bauern. Die Verordnung Friedrichs des Großen von 1773 hatte zwar die Aufhebung der Leibeigenschaft verkündet, aber hinzugefügt, daß die Bauern ihrer „Untertänigkeit" (der Schollenpflicht) nicht entlassen seien. Die Domänenbauern waren jetzt schon weitgehend frei. Ihre Befreiung sollte das Vorbild für das viel schwieriger durchzuführende gleiche Verfahren für die Bauern der Adelsgüter sein. Man sah aber von Gesetzen noch ab und wandte sich an den freien Willen der Gutsbesitzer, die sich aber größtenteils gegen diese Reformen sträubten. Nur einzelne, wie alle Dohna, Schroetter, v. Hülsen-Arensdorf, v. Fahrenheid-Beynuhnen, v. Frankenberg und noch einige wenige folgten dem Beispiel, das der Staat auf seinen Domänen gegeben hatte.

Die wichtigste Frage des Eigentums an den Grundstücken der Bauern blieb aber weiter ungeklärt. Das Bauernland galt weiter als Eigentum des Grundherrn, und daran scheiterte auch dieser Reformversuch. Erst nach dem Zusammenbruch von 1806/07 nahm der Staat diese Aufgabe mit größerer Entschlossenheit wieder auf. Bemerkenswert ist, daß Ost- und Westpreußen mit der Aufhebung der Untertänigkeit allen anderen Provinzen vorangingen.

Trotz der schlechten Wirtschaft der verlotterten Regierung gestalteten sich die wirtschaftlichen Verhältnisse in Preußen noch immer sehr günstig. Die Getreidepreise waren seit der Mitte des 18. Jahrhunderts allgemein gestiegen. Die Getreideausfuhr nach England nahm besonders während des Unabhängigkeitskrieges der USA (1776–83) und dann wieder während der Koalitionskriege (1793–1805) erheblich zu. Da Preußen der Lieferant für die kriegführenden Länder war, blühte der Handel dementsprechend auf. Während 1777 im Königsberger Hafen 691 Schiffe ausgelaufen waren, stieg ihre Zahl 1784 auf 1.989. Die Getreideausfuhr stieg von 1790 bis 1801 auf das Vierfache. Der Export nach England, der im Jahre 1780 schon 318.272 Pfund Sterling betragen hatte, war 1805 auf 2.220.031 Pfund gestiegen. Den Hafen von Memel, wo hauptsächlich Holz gehandelt wurde, liefen jährlich rund 800 Schiffe an. Einen empfindlichen Rückschlag erhielt die Landwirtschaft 1804, als wieder eine der gefürchteten Viehseuchen ausbrach und den Bestand drastisch reduzierte.

In Wondollek (Wondollen, an der Grenze südlich von Johannisburg) wurde 1805 der neue Hochofen in Betrieb genommen. Das Eisenhüttenwerk verarbeitete das masurische Sumpferz (Raseneisenstein), das schon von den Pruzzen verhüttet worden war. Zeitweise waren sechs Hochöfen in Betrieb. Durch die Abtrennung „Neu-Ostpreußens" 1807 verlor das Werk sein wichtigstes Abbaugebiet und mußte das Rohmaterial aus der Ortelsburger und Willenberger Gegend beziehen. Trotzdem produzierte das Werk noch um 1865 jährlich rund 5.000 Zentner Gußwaren und 1.200 Zentner Schmiedeeisen. Das Hüttenwerk wurde 1878 stillgelegt. Eine große Anzahl Schlackenberge ist alles, was von der alten ostpreußischen Eisenhüttenindustrie übriggeblieben ist.

Im Preußenland ließ die weite Entfernung der Koalitionskriege eine Gefahr gering erscheinen. Im Bewußtsein eines reichen Kulturlebens und eines behaglichen Wohlstandes, glaubte das Volk noch immer im Staat Friedrichs des Großen zu leben, in dem man absolut sicher war, bis Napoleon diesem glücklichen Dasein ein schreckliches Ende bereitete.

Schon 1804 erkennt Zar Alexander, welche Gefahr das Machtstreben Napoleons für Europa bedeutet. Er schließt 1805 mit England einen Vertrag. Die angestrebte Koalition kommt aber nicht zustande, weil Preußen seinen Beitritt verweigert. So wie Preußen sich von der zweiten Koalition fernhielt, so will es der König auch mit dieser dritten halten. Der eindringlichen Aufforderung Zar Alexanders, sich anzuschließen, setzt Friedlich Wilhelm ein klares „Nein" entgegen, worüber Alexander ziemlich verärgert ist.

Im Krieg der dritten Koalition (1805) kämpften England, Schweden, Österreich und Rußland gegen das mit Spanien und den süddeutschen Staaten verbündete Frankreich, während Preußen und Portugal neutral blieben.

In einem kühnen und meisterhaft geplanten Blitzfeldzug vernichtet Napoleon das österreichische Hauptheer bei Ulm. Der freche Durchmarsch französischer Truppen durch preußisches Gebiet veranlaßt nun auch den preußischen König im November 1805 das Heer zu mobilisieren und den russischen Truppen den Durchmarsch durch preußisches Gebiet zu gestatten. Die preußischen Regimenter aber warten vergeblich auf ihre Marschbefehle, obwohl die Lage für die Verbündeten durchaus günstig ist. Preußen hielt damals unzweifelhaft die Entscheidung des Krieges und das Schicksal Europas in seinen Händen. Der zaghafte König konnte sich aber nicht entschließen einzugreifen. Während die Regimenter tatenlos in ihren Quartieren lagen, verhandelte der preußische Gesandte mit Napoleon und ließ sich so lange hinhalten, bis Österreich und Rußland in der Schlacht bei Austerlitz am 2. Dezember von Napoleon entscheidend besiegt waren. Die 150.000 Preußen hätten dabei wahrscheinlich die Zukunft Europas in andere Bahnen gelenkt. Nun diktierte der Sieger Preußen einen Vertrag, den er nicht zu halten gedachte. Der Friede zu Preßburg (25. Dezember 1805), in dem Österreich große Gebiete verlor, beendete den Krieg und war die Vorstufe zur Auflösung des Ersten Deutschen Reiches.

Die Truppen kehrten im Frühjahr 1806 in ihre Garnisonen zurück, und die lästigen Einquartierungen hörten auf. Die Leute lobten die Klugheit des Königs, der die drohende Kriegsgefahr abgewandt hatte. Sie wollten nicht erkennen, welcher Gefahr sie nun ausgesetzt waren, denn jetzt stand Preußen isoliert allein Napoleon gegenüber. Der einmalig günstige Zeitpunkt war verpaßt.

Napoleon zeigte nun, daß er Preußen nicht zu schonen gedachte. Am 15. Februar 1806 mußte es unter demütigenden Bedingungen ein Bündnis mit Frankreich eingehen. Napoleon diktierte Preußen seine Politik, als sei es schon besiegt. Entweder erfüllte Preußen alle Wünsche Napoleons, ohne Rücksicht auf eigene Interessen, oder es mußte in einem Verzweiflungskampf seine Existenz aufs Spiel setzen. Napoleon, im Krieg gegen England stehend, befahl Preußen, das damals englische Hannover zu besetzen. England antwortete mit der Kriegserklärung (2. Juni 1806), blockierte die preußischen Häfen und eignete sich die preußische Flotte an (fast 1.000 Schiffe). Auch mit Schweden trat auf Napoleons Betreiben der Kriegszustand ein.

Napoleon machte Bayern, Sachsen und Württemberg zu Königreichen, Baden und Hessen-Darmstadt zu Großherzogtümern. Auf seine Veranlassung schlossen sich in Paris 16 süd- und westdeutsche Fürsten zum „Rheinbund" unter französischem Protektorat zusammen (12. Juli 1806). Sie erklärten sich für souverän und traten am 1. August aus dem Reichsverband aus, und Napoleon forderte die Abdankung des Kaisers. Franz II., der vorsorglich schon 1804 den Titel eines Kaisers von Österreich angenommen hatte, legte am 6. August die deutsche Kaiserkrone nieder und erklärte das Heilige Römische Reich deutscher Nation für aufgelöst. Ohne daß man in Berlin die Lage überblickte, war damit auch das Urteil über Preußen gefallen.

Bis 1811 schlossen sich noch 20 weitere Territorien dem Rheinbund an. Außerhalb des Bundes blieben Österreich, Preußen, Braunschweig und Kurhessen. (Der Bund wurde nach der Niederlage Napoleons in der Völkerschlacht bei Leipzig im Oktober 1813 aufgelöst.)

In Ost- und Westpreußen ging das gewohnte Leben seinen Gang weiter. Man war weit genug von allen politischen Spannungen entfernt, als daß es einen Grund zur Besorgnis gab. Aber auch im engeren Umkreis geschahen Dinge, die die Gemüter erregten. In der Nacht zum 28. Mai 1806 vernichtete ein Brand die Stadt Rößel. Das von starkem Wind aufgeschürte Feuer verschlang 186 Wohnhäuser, 79 Ställe, 15 Speicher, 57 Scheunen, Rathaus, Kirche, Kloster, Gymnasium, Hospital und Schloßturm. Jetzt bewährte sich die Pflichtversicherung, die jeder Hausbesitzer hatte. Alsbald konnte mit dem Neuaufbau begonnen werden, der aber kurz danach durch den Krieg unterbrochen wurde.

Da die Staatskasse leer war, wurde im Januar 1806 zum erstenmal Papiergeld in Preußen ausgegeben. Man nannte es Tresorscheine; der geringste Wert war fünf Taler. 1824 wurde es durch die sogenannte Kassenanweisungen ersetzt, die dann Werte von einem, fünf, zehn, 50 und 100 Taler repräsentierten.

Der Unglückliche Krieg bricht aus

Die politischen Ereignisse hatten den entschlußlosen König überholt. Er sah sich in den Krieg getrieben, ohne darauf vorbereitet zu sein. Widerstrebend ordnete er am 9. August 1806 die Mobilmachung der Armee an. Als Napoleon Ende September seinen Marschall Bernadotte frech durch preußisches Gebiet marschieren ließ, sah auch der König ein, daß man sich nun doch endlich wehren mußte. Am 9. Oktober stellte Preußen übereilt Napoleon ein Ultimatum, Deutschland zu verlassen, das bei Ablehnung eine Kriegserklärung war, obwohl die Mobilmachung der eigenen Armee noch nicht abgeschlossen war und mit der Hilfe von Verbündeten vorerst nicht zu rechnen war. Napoleons Truppen dagegen standen kampfbereit in den mit ihm verbündeten süddeutschen Staaten.

Ehe die preußische Führung sich überlegt hatte, was man nun tun sollte, marschierte Napoleon am 8. Oktober los, schlug die preußischen Truppen an der Saale und stand am 12. Oktober im Rücken der preußischen Hauptarmee. Am 14. schlug er diese vernichtend in der Doppelschlacht bei Jena und Auerstädt. Am 24. Oktober waren die Franzosen in Berlin, wo Napoleon am 27. triumphierend einzog. Am Sarg Friedrichs des Großen soll er gesagt haben: „Hut ab, meine Herren! Lebte er noch, stünden wir nicht hier."

Das preußische Königspaar war mit dem ganzen Hof nach Küstrin geflohen und begab sich am 2. November nach Graudenz. In seiner Begleitung befand sich das Oberkriegskollegium und andere Staatsbehörden, Offiziere, ausländische Gesandtschaften und Privatpersonen. Als sich die Franzosen Graudenz näherten, reiste das Königspaar am frühen Morgen des 16. November nach Osterode ab, wo sich der Hof und die Regierung schon hinbegeben hatten. Kurz darauf erschien am anderen Ufer der Weichsel ein französischer Oberst mit einem Trompeter, der erstmalig die Übergabe der Festung Graudenz forderte.

Mit einer Besatzung von 4.500 Mann, für die ausreichende beschußsichere Unterstände vorhanden waren, mit 152 Festungs- und 39 Feldgeschützen, 5.800 Zentnern Pulver und Proviant für vier Monate, war die Festung mit ihrem 73jährigen Kommandanten, Baron de Courbière, für den Krieg gut vorbereitet.

Die fliehenden Reste der preußischen Armee sowie die Truppen in den Garnisonen ergaben sich fast überall und wurden als Gefangene nach Frankreich abgeführt. Zum Beispiel kapitulierten am 28. Oktober 1806 im Raum westlich Stettin, neben den Generalen und Stabsoffizieren, 328 Truppenoffiziere mit 10.000 Mann, darunter die Garden des Königs, 1.800 Pferde und 64 bespannte Geschütze, ohne den Versuch einer Gegenwehr. Ganz Preußen bis zur Weichsel war in der Hand Napoleons. Selten ist ein Staat so schnell und total zusammengebrochen. Die Armee war auf dem alten Ruhm stehengeblieben, die Generale überaltert. Was sich früher bewährt hatte, war inzwischen völlig veraltet.

Der zweite Teil des Krieges wurde in West- und Ostpreußen fortgesetzt. Die Bitte des Königs um einen Waffenstillstand lehnte Napoleon ab, so wie auch alle weiteren Bemühungen des Königs um einen Frieden. Am 22. September 1806 waren die ostpreußischen Truppen mobil gemacht worden. Diese bestanden aus lediglich 17 Bataillonen mit 76 Geschützen und 30 Schwadronen. Ihr Kommandeur, General von L'Estocq, besetzte damit das östliche Weichselufer von Danzig bis Plock. Bisher war nichts geschehen, um ein neues Heer aufzustellen, dessen Kern die ost- und südpreußischen Truppen hätten bilden können. Noch war keine allgemeine Aushebung angeordnet worden, nicht einmal die vielen Ausnahmen von der Kantonpflicht wurden aufgehoben. Außer der schwachen Besetzung der Weichsellinie war nichts weiter vorhanden.

Die ostpreußische Bevölkerung hatte bis jetzt nichts vom Krieg gespürt. Erst am 13. November teilte die „Königlich Preußische Staats-, Kriegs- und Friedenszeitung" die Niederlage des preußischen Heeres vom 14. Oktober mit. Völlig unerwartet brach nun die Katastrophe in die Sorglosigkeit ein.

Zar Alexander schickte vier russische Divisionen als erste Hilfe, deren Vorhuten am 29. Oktober die preußische Grenze erreichten. Als auch der Zar eintraf, wurde am 20. und 21. November in Osterode der gemeinsame weitere Abwehrkampf gegen Napoleon besprochen. Am 26. November wurden dem Führer der russischen Truppen, General Graf Levin von Bennigsen, auch die preußischen Truppen unterstellt. Nun wurden die Magazine aufgefüllt, und man bereitete sich auf den Krieg im Land vor. Die entlegene Grenzprovinz wurde nun für einige Monate Mittelpunkt weltgeschichtlicher Entscheidungen.*

Der an der Saale begonnene Siegeslauf der Franzosen fand erst an der Weichsel einen Widerstand, wie sie ihn bisher nicht erlebt hatten. Als die französischen Truppen am 17. November in Podgorz eintrafen, wo tags zuvor die Schiffsbrücke über die Weichsel zerstört worden war, lehnte General L'Estocq alle Aufforderungen zur Übergabe Thorns ab. Der Versuch der Franzosen, den Strom auf herbeigeholten Schiffen von der Brahe zu überqueren, wurde erfolgreich abgewehrt. Marschall Lannes gab schließlich den Versuch, die Weichsel bei Thorn zu überschreiten, ganz auf und zog mit seinem Korps stromaufwärts in die Gegend von Lowitz.

---

* Bennigsen, 1745 in Braunschweig geboren, war als russischer Offizier 1801 an der Verschwörung zur Ermordung des Zaren Paul beteiligt, wurde 1812 russischer Generalstabschef und starb 1826 in Banteln bei Hannover.

Auch die Festung Graudenz hielt sich weiterhin. Als die Franzosen General Courbière mit der Bemerkung, es gebe keinen König von Preußen mehr, wieder einmal zur Übergabe aufforderten, sagte er: „So gibt es doch noch einen König von Graudenz." Ebenso lehnte Danzig alle Angebote zur Übergabe ab.

Die Zusammenarbeit mit den Russen war äußerst schlecht, denn ihre Offiziere betrachteten die Hilfe für Preußen als eine Last, die man so bald als möglich loswerden sollte. Sie hatten die ruhmreiche preußische Armee erwartet und waren enttäuscht, daß sie nun selbst die Hauptlast der Kämpfe tragen sollten. Keinesfalls wollten sie offensiv gegen Napoleon vorgehen und sich auch nicht weit von der russischen Grenze entfernen.

Den Übergang der Franzosen über die Weichsel, den die Preußen bisher verhindert hatten, gab Bennigsen, trotz der dringenden Vorstellungen des preußischen Generals, jetzt freiwillig frei. Am 27. November räumte die preußische Besatzung Warschau. Am 1. Dezember gingen die Russen von der Weichsel bis zum Narew zurück. Auch das preußische Korps mußte nun Thorn aufgeben und setzte sich bis Soldau ab. Napoleon begann sogleich mit dem Übersetzen seiner Truppen in Warschau und Thorn. Eine verzweifelte Bitte des Königs an den Wiener Hof wurde abgelehnt. Man dachte an das Verhalten des Königs, als Napoleon Österreich bei Austerlitz besiegte.

Nach einer Schlacht gegen die Russen bei Pultusk (26. Dezember 1806) und weiterer Gefechte drangen Truppen Marschall Neys am 25. Dezember in Soldau ein. Der Versuch, sie wieder aus der Stadt zu werfen, gelang nicht. Mehrmals drangen die Preußen bis zum Marktplatz vor, mußten aber, von überlegenem Feuer dezimiert, zurückweichen. Mit dem Verlust von 800 Mann, zwei Kanonen und einer Fahne, zog sich das Korps bis Neidenburg zurück. Die Russen wollten nach der Schlacht bei Pultusk nach Grodno zurückgehen. General L'Estocq führte deshalb sein Korps von Neidenburg am 27. Dezember über Ortelsburg, Sensburg und Nikolaiken nach Angerburg hinter die großen masurischen Seen zurück. Da die Russen infolge ihrer elenden Verpflegungseinrichtungen bitteren Mangel litten, nahmen die gewaltsamen Plünderungen schreckliche Ausmaße an, wobei die unglückliche Bevölkerung zur Verzweifelung gebracht wurde. General Bennigsen beschloß, lieber in Ostpreußen zu bleiben, da sich hier seine Armee besser verpflegen lassen würde als in der armen Region um Grodno. Am 16. Januar 1807 trafen die Russen bei Arys ein, wobei die Verbindung mit den Preußen wieder hergestellt war.

Napoleon hatte die Russen nach der Schlacht bei Pultusk unbehindert abziehen lassen und legte die abgekämpften Truppen seines rechten Flügels in Ruhequartiere mit der nördlichen Spitze bis Ortelsburg, das am 31. Dezember besetzt wurde. Den äußersten linken Flügel, das Korps Bernadotte, ließ er bis zum Frischen Haff ausdehnen, um die Belagerung von Danzig und Graudenz zu decken, wozu er Truppen von Hessen-Darmstadt und Baden sowie einige der neugebildeten polnischen Regimenter verwendete.

Am 21. Januar zog Bernadotte in Elbing ein, wo ihm große Vorräte in die Hände fielen. Er ließ sein Korps dann in einer Linie von Braunsberg über Preußisch Holland, Mohrungen und Osterode bis Hohenstein Quartiere beziehen.

Nachdem Königin Luise ihre Kinder vorausgeschickt hatte, war sie am 6. Januar von Königsberg, bei eisiger Kälte über die Kurische Nehrung nach Memel geflohen. Dort fand der Hof mit den Ministerien die letzte Zuflucht. Da Memel als einzige Stadt Preußens nicht von Napoleon besetzt wurde, war dieser Ort im äußersten Nordzipfel Ostpreußens von Anfang 1807 bis Anfang 1808 die Hauptstadt Preußens. Zar Alexander hatte dem Königspaar angeboten, ins Exil nach St. Petersburg zu kommen, aber anscheinend hatte der König die Annahme dieses Angebots zu keiner Zeit erwogen.

Nur selten findet man Berichte über Einzelheiten der Kämpfe. Ein Bürger der Stadt Barten beschreibt ein Zusammentreffen preußischer Husaren mit französischen Reitern am Morgen des 10. Januar 1807. Auf den hartgefrorenen Wiesen vor der Stadt stürzten sich die schwarzen Totenkopf-Husaren mit schwingenden Säbeln auf die Franzosen. In dem Gefecht im Schneegestöber gab es Verwundete, und in der Schule lag nachher, auf der über die Bänke gelegten Schultafel, ein toter französischer Reiter mit klaffender Stirnwunde, auf dem Boden blutiges Verbandszeug.

Einer Gruppe von preußischen Gefangenen, die den Franzosen entflohen waren und ihre Truppe suchten, gelang es am 12. Januar, die Gefangennahme des Marschalls Victor zu veranlassen. Victor wurde am 27. Februar gegen Blücher ausgetauscht, der im November in Gefangenschaft geraten war.

Der wagemutige und ruhmhungrige französische Marschall Ney war dem preußischen Korps nachgezogen. Da in Königsberg zu dieser Zeit nur in Ausbildung begriffene Reservebataillone lagen, versuchte Ney, die Warnung Marschall Bernadottes nicht beachtend, ohne Wissen Napoleons die Stadt zu besetzen. Am 14. Januar erreichten seine weit auseinandergezogenen Truppen die Gegend von Guttstadt und Bischofstein, mit Vorhuten in Heilsberg, Bartenstein und Schippenbeil. Das preußische Korps, vom Befehlshaber Königsbergs, General v. Rüchel, zum Schutz der Stadt angefordert, hatte schon am 8. Januar Angerburg verlassen und rückte auf Schippenbeil vor. Ney hatte bereits seinem General Colbert befohlen, mit seiner durch beträchtliche Reitertruppen verstärkten Division, nach Königsberg vorzudringen, als das preußische Korps in diese Bewegung stieß. Dabei kam es auch zu dem vorgenannten Gefecht in Barten. Die Gefechte bei Leunenburg, Schippenbeil, Bartenstein und Bischofstein sowie ein Befehl Napoleons bewogen Marschall Ney sofort umzukehren. Dies rettete ihn wahrscheinlich vor der Vernichtung, denn am 21. Januar stand schon die russische Hauptmacht mit über 60.000 Mann bei Bischofstein und ihre Vorhut bei Heilsberg, dicht vor den Truppen Neys, ohne diese anzugreifen. Der Zar hatte nämlich Bennigsen befohlen, die Franzosen unverzüglich über die Weichsel zurückzuwerfen.

Die russische Armee war darum in zwei Kolonnen über Rhein und Nikolaiken in Richtung Heilsberg und Guttstadt vorgerückt. Die günstige Gelegenheit, das Korps Neys zu zersprengen, nahm General L'Estocq nicht wahr, und auch Bennigsen schnitt den Franzosen nicht den Rückweg ab. Die Russen blieben zwei Tage in Bischofstein, wo sie sich bei der Bevölkerung mit Verpflegung versorgten. Erst am 24. Januar zogen sie nach Heilsberg; ihre Vorhut drang bis Liebstadt vor. Das preußische Korps bildete den rechten Flügel dieses Vormarsches und hatte am 23. Januar die Gegend von Mehlsack und Wormditt erreicht. Am 25. Januar stießen die Russen bei Mohrungen auf eine Division Marschall Bernadottes, die den Rückzug der Truppen Neys deckte. Auf den Höhen vor Georgenthal entwickelte sich ein lebhaftes Gefecht, bei dem die Russen 1.000 Mann verloren und zum Rückzug gezwungen wurden. Dabei fiel der russische Generalleutnant v. Anrepp, dem man hier 1852 ein Denkmal erbaute. So konnte Ney nach Gilgenburg entkommen und Bernadotte Löbau erreichen. Die Russen drangen bis Deutsch Eylau, die Preußen sogar bis Lessen vor.

Nach Ausbruch des Krieges hatte Preußen den ihm aufgezwungenen Kriegszustand mit England und Schweden beseitigt. Obwohl vom preußischen Staat zu dieser Zeit nicht mehr viel übrig war, schloß England am 28. Januar 1807 in Memel mit Preußen einen Vertrag, in dem die Handelsbeziehungen geregelt wurden. Eigentlich ging es darum, wie England Preußen im Kampf gegen Napoleon, vor allem mit Waffenlieferungen, unterstützen konnte.

Napoleon hatte schon am 1. Januar der Armee befohlen, Winterquartiere zu beziehen. Durch das unerwartete Vorgehen der Russen und Preußen alarmiert, begann er am 27. Januar die Armee bei Gilgenburg, Neidenburg und Willenberg zusammenzuziehen, und am 1. Februar begann sein Vormarsch auf Allenstein. Ein Befehl Napoleons an Bernadotte war den Kosaken in die Hände gefallen, wodurch Bennigsen die Absichten Napoleons erfuhr. Auch er versammelte nun seine Armee und rückte von Nordwesten gegen Allenstein vor. Da Bernadotte den Befehl Napoleons nicht erhielt, blieb er noch vier Tage in den alten Stellungen. Seine 20.000 Mann fehlten daher in der Schlacht bei Preußisch Eylau.

Am 2. Februar kämpften Vortruppen beider Seiten um die Stadt Allenstein und die Allebrücken. Die Russen wichen langsam auf ihre Armee zurück, die bei Jonkendorf eine vorteilhafte Höhenstellung besetzt hatte. Allenstein wurde von den Franzosen vom 2. bis 4. Februar brutal geplündert, wobei es zu vielen Gewalttätigkeiten gegen die Bevölkerung kam. Am 3. Februar traf Napoleon in der Stadt ein und war somit bei den Plünderungen seiner wilden Soldaten persönlich anwesend. Beinahe wäre er das Opfer eines Attentats geworden. Als der preußische Jäger Rydziewski seine Büchse vom Dach des späteren Grunenberg-Hauses auf Napoleon anlegte, der hoch zu Roß auf dem Markt hielt, wurde er von verängstigten Bürgern gehindert, den Schuß abzugeben. Jeder Bürger mußte Vorspann (Transportmittel) stellen, „und hat keiner von den Bürgern weder Wagen, Schlitten noch Pferde zurückbekommen".

Die Franzosen sperrten etwa 1.500 russische und preußische Kriegsgefangene bei der grimmigen Winterkälte in die Pfarrkirche. Um sich zu erwärmen verbrannten die Gefangenen nach und nach alle Holzteile der Kirche. Besonders schlimm erging es Neidenburg. Dort plünderten polnische Truppen, die unter französischem Befehl standen, die Stadt aus. Die Burg wurde von ihnen derart verwüstet, daß sie nur noch als Ruine zurückblieb.

Bennigsen war für einige Zeit der stärkere und hätte bei einem Angriff Napoleon in eine gefährliche Lage gebracht. Napoleon wollte hier eine Entscheidungsschlacht gewinnen, mußte aber erst das Herankommen seiner Kräfte abwarten. Am 3. Februar beschossen sich die Armeen mit ihrer Artillerie, bei Bergfriede im Alletal erzwangen die Franzosen nach hartem Kampf den Flußübergang, während eine Kavallerie-Brigade nach Guttstadt galoppierte und ohne Widerstand die Stadt mit den Magazinen, Lazaretten und dem ganzen Fuhrpark der russischen Armee besetzte. Um der drohenden Einschließung zu entgehen, befahl Bennigsen den Rückzug. Als Napoleon am 4. Februar früh zum Angriff antreten wollte, stand nur noch die russische Nachhut auf der Höhe bei Jonkendorf. Sogleich gab Napoleon die Befehle zur Verfolgung. Am Abend befand er sich in Schlitt (21 km nordwestlich von Allenstein), wo er im Pfarrhaus übernachtete. Pfarrer Kleinkowski berichtet darüber: „Alles wurde von den französischen Truppen durch Plünderung geraubt. Alle Schränke wurden zerschlagen, und der Kaiser Napoleon hatte die Gnade, dieses Holz im Kamin zu verbrennen. Nur die Kleider auf dem Leibe und die unbezogenen Betten blieben mir übrig. Als alles aus der Kirche geraubt und die Kirchenbänke verbrannt wurden, begab ich mich zum Kaiser mit der Bitte, die Plünderer aus der Kirche zu treiben. Der Kaiser rief zwar: ‚Respect à l'église!' Auch wurden die Soldaten von einem Adjutanten hinausgetrieben, aber von den geraubten Sachen wurde ihnen nichts abgenommen."

Auch in Arnsdorf (acht Kilometer nordöstlich von Wormditt) verbrachte Napoleon die Nacht zum 6. Februar im Pfarrhaus. Wieder berichtet der dortige Pfarrer Masuth von den Plünderungen der Franzosen. Als er dem Kaiser klagte, daß seine Soldaten ihm die Pferde genommen hätten, sagte er: „Herr Pfarrer, das ist der Krieg." Als ihm dann auch noch sein Hafer geraubt wurde und er dieses wieder Napoleon klagte, antwortete er ihm: „Herr Pfarrer, da die Pferde weg sind, brauchen sie keinen Hafer mehr!"

Die russische Armee zog sich, von den Franzosen verfolgt, unter fortwährenden Kämpfen in Richtung Königsberg zurück. Da die gute Straße über Guttstadt schon verlegt war, marschierten die Kolonnen bei bitterer Kälte auf verschneiten schlechten Wegen nach Wolfsdorf (zehn Kilometer westlich von Guttstadt). Hier ließ Bennigsen einige Stunden halten, um seine hart bedrängten Nachhuten aufzunehmen. Der Marsch ging dann weiter über Freimarkt nach Frauendorf, wo am 5. Februar ebenfalls einige Stunden gehalten wurde.

Das preußische Korps geriet durch den Rückzug der Russen und den Vormarsch der Franzosen in eine gefährliche Lage. Erst aus dem Raum Freystadt nach Jonkendorf befohlen, fand General L'Estocq den Passargeübergang bei Deppen schon vom Feind besetzt. Napoleon beauftragte das Korps Ney, die seitwärts hinter ihm stehenden Preußen zu vernichten oder dem nachfolgenden Korps Bernadotte in die Arme zu treiben. Jetzt sollte L'Estocq nach Frauendorf marschieren und den Russen nachfolgen. Als seine Nachhut, darunter fünf Füsilierbataillone, am 5. Februar das Korps in Liebstadt über Waltersdorf erreichen wollte, trafen sie dort auf die Marschkolonnen Neys. In dem harten Gefecht wurden die Preußen zersprengt und mit schweren Verlusten auf Mohrungen zurückgeworfen. L'Estocq ging am gleichen Tag bei Spanden über die Passarge. Übermüdet wankten die Kolonnen nur noch mechanisch vorwärts. Die Reiter mußten ihre erschöpften Pferde oft zu Fuß am Zügel führen, und die schneeverwehten Wege machten das Weiterkommen für Wagen und Geschütze zur Qual. Ein Teilnehmer an diesen Märschen schrieb: „Der arme Soldat schleicht wie ein Gespenst einher, sich stützend auf seinen Nachbar, sieht man ihn während des Marsches schlafen. Ich selbst bin halb schlafend, halb wachend hierher gekommen, und die ganze Retirade kommt mir mehr wie ein Traum als Wirklichkeit vor." – Nach fortwährenden Gefechten und ungeheuren Strapazen erreichten das erschöpfte preußische Korps am 7. Februar abends und im Laufe der Nacht Rositten und Hussehnen (15 km westnordwestlich von Preußisch Eylau).

Die russische Armee hatte sich am Morgen des 6. Februar vor Landsberg in Schlachtordnung aufgestellt. Bennigsen aber ließ die günstigen Stellungen bei Glandau und Hoofe von der Nachhut verteidigen, wo bis zum Dunkelwerden auf den Hügeln und in den Waldstücken heftig gekämpft wurde. Die Armee zog sich im Laufe der Nacht nach Preußisch Eylau zurück, wo sie sich am 7. Februar auf den Höhen hinter der Stadt, zwischen Schloditten und Serpallen aufstellte. Ein weiteres Zurückgehen hätte nicht nur Königsberg den Franzosen ausgeliefert, sondern auch das preußische Korps der Vernichtung preisgegeben.

Die russischen Soldaten waren am Ende ihrer Kräfte. Sie hatten am Tage gefochten und waren vier Nächte bei eisiger Kälte auf verschneiten Wegen, ohne ausreichende Verpflegung marschiert. Die Nachhuten standen hungernd und frierend, ohne Feuer die ganze Nacht im eisigen Wind auf den Schneefeldern unter Gewehr, um bei Tagesanbruch, fortwährend den nachdrängenden Feind abwehrend, der Armee zu folgen. Der strenge ostpreußische Winter plagte auch die Franzosen, die ein solches Klima nicht kannten. Ähnliches hatten sie bis dahin nicht durchlebt. Der Chefchirurg Percy berichtet: „An der Straße ist alles zerstört, alles verlassen. Die Wege sind mit Kadavern von Menschen und Pferden bedeckt. Trümmer von Heeresgerät und Ausrüstungsstücke liegen überall umher. Welch eine Jahreszeit, welch eine Kälte, welch ein Land!"

In den Wäldern hätte man sich ohne Führer verirrt, wenn nicht die Spuren des Rückzugs den Weg bezeichnet hätten. Am Weg standen völlig erschöpfte Pferde und warteten mit hängenden Köpfen, bis sie vor Hunger und Kälte niedersinken würden. Hatte man einen Kampfplatz hinter sich, sah man schon den nächsten. Je weiter nördlich, je ärger wurde es. Das Gefechtsfeld von Hoofe bot einen furchtbaren Anblick: „Nie haben so viele Kadaver einen so kleinen Raum bedeckt". So sah Percy den Weg des russischen Heeres.

Die Schlacht bei Preußisch Eylau

Die russische Nachhut unter dem tapferen Fürsten Bagration stand am Morgen des 7. Februar noch immer vor Landsberg. Als sie um 7 Uhr von Marschall Soult angegriffen wurde, mußte sie sich langsam, ohne Unterlaß kämpfend, zurückziehen. Durch fünf Reiterregimenter und Infanterie verstärkt, nahm sie auf den flachen Höhen südwestlich von Preußisch Eylau hinter dem Tenknitter- und Waschkeiter See eine Stellung ein. Um zwei Uhr nachmittags stießen die ersten französischen Truppen auf diese Front. Damit begann die Schlacht, die eine der blutigsten des ganzen Jahrhunderts wurde.

Die ersten Angriffe konnte Fürst Bagration erfolgreich abwehren. Als sie mit starken Kräften wiederholt und seine Flanken bedroht wurden, mußte er zurückweichen. Nach blutigen Straßenkämpfen drangen die Franzosen auch in die Stadt ein, wurden aber von Bennigsen selbst mit der 4. Division vor Einbruch der Dunkelheit (zirka 5 Uhr) in erneuten mörderischen Straßenkämpfen wieder hinausgeworfen. Etwa eine Stunde später ließ er aber die Stadt räumen, in die dann die Franzosen kampflos wieder einrückten. Napoleon hatte die Kämpfe von einem Berg am Waschkeiter See beobachtet. Als der Kampfeslärm aufhörte, zog er in ein Haus in der Landsberger Straße und gab die Befehle für den nächsten Morgen aus. Im Laufe der Nacht traf die Masse der französischen Armee ein, denen Napoleon sogleich die Positionen für die Schlachtordnung zuwies. Trotzdem fehlten ihm noch drei Korps: Ney, der die Preußen verfolgte und sie von den Russen zu trennen suchte; Davout, der nur bis Beisleiden gekommen war und mit seinen Divisionen nach und nach während der Schlacht eintraf sowie Bernadotte, der, durch die erwähnten Umstände verspätet, an diesem Abend erst Osterode und Liebstadt erreicht hatte. So mußte Napoleon die Schlacht mit annähernd gleicher Stärke beginnen. Etwa 58.000 Russen standen auf den Höhen, vor ihnen bei Tagesanbruch etwa ebensoviele Franzosen, die aber am Ende des Tages durch das Eintreffen Davouts und Neys auf 78.000 angewachsen waren.

Obwohl die Stellung der Russen dem Feind bekannt war, verbot Bennigsen Wachtfeuer anzuzünden. Während die Franzosen in der Stadt und Umgebung noch ein dürftiges Unterkommen fanden und sich an Feuern erwärmen konnten, standen die Russen bei 15 Minusgraden auf der vom Wind ungeschützten Höhe. Die hölzernen Feldzäune standen am Morgen noch alle unversehrt da.

Beim ersten Morgengrauen des anbrechenden 8. Februar, einem Sonntag, eröffnete die überlegene russische Artillerie, bei der auch einige preußische Batterien mitwirkten, den zweiten Schlachttag. Die Franzosen eilten in die ihnen zugewiesenen Stellungen, die sich entlang der Bartensteiner Straße zu der Stadt und dann weiter über die Felder in Richtung Althof hinzogen. Napoleon wählte seinen Standpunkt bei der höher gelegenen Kirche. Bei der brüllenden russischen Kanonade hatten die Franzosen erhebliche Verluste, brachten aber nach und nach auch 90 Geschütze zum Einsatz. Um halb neun ließ Napoleon seinen rechten Flügel zum Angriff vorgehen, um die Russen von Südosten zu umfassen und ihnen den Rückzug abzuschneiden. Dann würde seine Hauptmacht die russische Mitte zerschlagen. Die nach Nordwesten entweichenden Reste der russischen Armee würden von dem heranrückenden Korps Ney vernichtet werden. So hoffte Napoleon, heute den Krieg zu beenden.

Beim Beginn des Angriffs setzte dichtes Schneetreiben ein; ein eisiger Nordwind blies den Soldaten den Schnee ins Gesicht, der bei zwölf Grad Kälte die Haut erstarren ließ. Die Fahnen und Adler waren nicht mehr zu sehen. Die angewiesenen Richtungen gingen verloren, die Formationen drängten sich zusammen, gerieten durcheinander, und als der Schneefall nachließ, sahen die erschrockenen Franzosen, daß sie vor den Kanonen der russischen Mitte standen. Die eigene Artillerie war zurückgeblieben, weil die ermatteten Pferde die Geschütze in dem hohen Schnee nicht weiterbrachten. Dichte Kartätschengarben zerfetzten nun auf 80 Schritt die dichtgedrängten Massen. Der Versuch, das Durcheinander zu ordnen und in die Geschützlinien einzudringen, mißlang. Marschall Augereau stürzte mit seinem Pferd inmitten seiner sterbenden Soldaten. Als sich dann die russische Infanterie mit dem Bajonett auf die Franzosen warf, wichen sie nach kurzem blutigen Nahkampf zurück, von russischer Infanterie und Kavallerie bis nahe an die Stadt verfolgt. Von diesem Zeitpunkt an hört das Korps Augereau auf, in den Listen der französischen Armee geführt zu werden.* Die gefährdete französische Mitte rettete Napoleon, indem er seine ganze Gardekavallerie und vier Divisionen andere Reiter den Russen entgegenwarf. Durch das Gewühl von Reitern und Pferden jagten die gelben Husaren von Nowgorod bis an die Friedhofsmauer, wo neben der Kirche Napoleon stand. Schon wollte Marschall Bessières mit dem Ruf: „Rettet den Kaiser!" ihn zum Verlassen des Platzes bewegen, als die todesmutigen Angreifer von der scharlachroten Garde zu Pferde von rückwärts zersprengt wurden. General Corbineau fiel durch ein Artilleriegeschoß vor Napoleons Füßen, während dieser ihm Befehle gab; der junge Kapitän Auzoni, einer seiner Lieblingsoffiziere fiel, während er Napoleon die Hand küßte. Unter hohen Verlusten stellten Napoleons Reiter die Lage wieder her.

Die Truppen kehrten wieder in ihre Linien zurück. Eine heftige Kanonade folgte, bis mit dem Eintreffen der Divisionen Davouts der Angriff auf die linke Flanke der Russen wiederholt wurde, wo sich nun die Schlacht konzentrierte. Serpallen wurde genommen, nach hin- und herwogenden Kämpfen um 13 Uhr auch die Kreegeberge besetzt. Russische Kavallerie nahm die Berge aber wieder in Besitz. Nun traf die letzte Division Davouts auf dem Schlachtfeld ein. Mit den anderen Truppen vereint nahm sie nun Klein Sausgarten und konnte die Kreegeberge vom Rücken her fassen und nehmen. Die in der Nähe befindliche Artillerie wurde jetzt auf die Berge gebracht und die russischen Linien nach Nordwesten hin mit 30 Geschützen unter Feuer genommen. Auklappen und Kutschitten wurden erobert, und die russische Linie bog sich nun in scharfem nach Norden geöffneten Winkel weit zurück. Unter dem sich kreuzenden Feuer der französischen Artillerie hatten die dichtgedrängten Karrees der Russen große Verluste. Schon liefen Scharen auf der Straße nach Königsberg davon. Die Schlacht schien für Bennigsen verloren, und sehnsüchtig erwartete er die Preußen, denen er schließlich entgegenritt.

General L'Estoqc war morgens um acht von Hussehnen aufgebrochen. Bei dem starken Frost auf den zugeschneiten Wegen saß die Kavallerie ab und führte die Pferde. Als Schlauthienen durchzogen werden sollte, wurden die Preußen von Kavallerie und Infanterie angegriffen. Auch vom Ende der Kolonne, von Wackern her, hörte man Gefechtslärm. Marschall

---

* Die Franzosen geben die Verluste des Korps Augereau mit 929 Toten, darunter ein General, ein Oberst und mehrere Stabsoffiziere, und 4.271 Verwundeten an, unter diesen Marschall Augereau, zwei Divisionsgenerale sowie eine Anzahl anderer höherer Offiziere. Die Verluste der ebenfalls am Angriff beteiligten Division St. Hilaire sind nicht genannt.

Ney hatte die Nacht in Orschen verbracht und stand mit seinem Korps zwischen den Preußen und Preußisch Eylau. Der neue Befehl Napoleons, nach Preußisch Eylau zu eilen, hatte ihn noch nicht erreicht. Auf Scharnhorsts Rat wurde nördlich über Pompieken ausgebogen, während die Nachhut die Truppen Neys nach Kreuzburg hinzog. Die Täuschung gelang, und um ein Uhr erreichte das preußische Korps mit nur 5.584 Mann Althof. Von hier war das Schlachtfeld bis Preußisch Eylau zu übersehen. Da die fliehenden Russen auf eine Niederlage des linken Flügels deuteten, wurde der Marsch über Schmoditten fortgesetzt. L'Estocq und Scharnhorst erfaßten die gefährliche Lage und setzten ihre Truppen sogleich aus der Marschformation zum Angriff auf Kutschitten an. Hierbei wurde ein Adler erbeutet, der der Königin Luise zum nächsten Geburtstag (10. März) als Geschenk des Heeres überreicht wurde.

Die Bataillone ordneten sich sogleich erneut, um mit wehenden Fahnen, unter den Sturmsignalen der Hornisten und dem Trommelwirbel der Tambouren, wie auf dem Exerzierplatz, weiter vorzugehen. Ein von der Division Friant besetztes Birkengehölz wurde unter heftigem Geschützfeuer der Franzosen nach einem blutigen Gefecht erobert und der Feind zurückgetrieben. Nun faßten auch die Russen wieder Mut, und zwei ihrer Divisionen stürmten das brennende Auklappen. Der ganze die Russen umfassende rechte Flügel der Franzosen wurde bis zu den Kreegebergen zurückgeworfen. Dort erst kam der Angriff vor der starken französischen Artilleriestellung zum Stehen.

Marschall Davout hatte auf den Kreegebergen persönlich die Verteidigung übernommen, die zurückflutenden Truppen aufgehalten und ihnen zugerufen: „Hier werden die Tapferen einen glorreichen Tod finden, die Feiglinge allein die Bekanntschaft der Wüsten Sibiriens machen."

Die Preußen hatten die begonnene Katastrophe für Bennigsen verhindert und die Lage wieder stabilisiert. Die einbrechende Dunkelheit beendete die Kämpfe, nur das Geschützfeuer hielt noch eine Weile an. Gegen 20 Uhr traf auch Neys Korps ein. Ney hatte den Befehl zum Eingreifen bei Preußisch Eylau erst bei Kreuzburg erhalten und war dann dem Weg, den die Preußen genommen hatten, gefolgt. Er besetzte Althof und Schmoditten. Seine Vorhut drang noch nach leichtem Gefecht in das mit Verwundeten überfüllte Schlodditten ein. Dadurch war der bisher unversehrte rechte Flügel der Russen bedroht. Ein Gegenangriff der Russen warf die Franzosen deshalb aus Schlodditten auf Althof zurück. Erst jetzt, etwa um 22 Uhr, war an der ganzen Front Ruhe. Zahllose Wachtfeuer erleuchteten neben den brennenden Dörfern die weiten schneebedeckten Felder.

Der blutige Kampftag hatte keine Entscheidung gebracht. Zum erstenmal schien das Glück Napoleon verlassen zu haben. Er fühlte sich so unsicher, daß er die Nacht zum 9. nicht wieder in Preußisch Eylau verbrachte, sondern sich in eine Ziegelei bei Krumlatsch, an der Straße nach Landsberg zurückzog.

Fünftägige Gefechte, vier Nachtmärsche bei hohem Schnee und scharfem Frost, eine weitere Biwaknacht ohne Feuer, Überanstrengung und Hunger, dazu zwei Schlachttage hatten die russischen Truppen entsetzlich mitgenommen. Die Divisionen des rechten Flügels hatten hohe Verluste erlitten.

Auch die größte menschliche Zähigkeit hat eine Grenze. Viele Leute trieb der Hunger in die umliegenden Dörfer. Andere begleiteten die Verwundeten, die in unabsehbaren Kolonnen nach Königsberg zogen. Die Verluste betrugen etwa 25.000 Mann. Insgesamt verfügte Bennigsen in dieser Nacht nur noch über etwa 30.000 Mann. Die Russen waren keineswegs besiegt, sie hatten sogar fünf Adler und sieben Fahnen erobert. Bei den Franzosen war aber das Korps Ney eingetroffen, und das Korps Bernadotte rückte in Eilmärschen näher. Entgegen der Ansicht eines Teiles seiner Offiziere und des Protestes der preußischen Generale, besonders Scharnhorsts, gab Bennigsen um 22 Uhr den Befehl zum Rückzug nach Königsberg. Damit überließ er das Schlachtfeld Napoleon, der deshalb als Sieger auftreten konnte. Einige Stunden nach dem Abmarsch der Russen zog auch das preußische Korps über Domnau nach Friedland, um den Nachschubweg für die russische Armee zu sichern. Später gab Bennigsen fehlende Lebensmittel und Munition als Grund für den Rückzug an.

Napoleon hatte am frühen Morgen den Rückzug über die Weichsel und die Verlegung seines Hauptquartiers nach Thorn erwogen. Als ihm dann aber der Abzug der Russen gemeldet wurde, erwachte sogleich wieder seine alte Tatkraft, und er konnte nun der Welt einen neuen großen Sieg bekanntgeben.

Auf dem Schlachtfeld lagen über 10.000 tote Menschen und nahezu ebensoviele Pferde, die nicht beerdigt wurden. Ein großer Teil der russischen Verwundeten, der nicht selbst das Kampffeld verlassen und zurückgehen konnte, wurde seinem Schicksal überlassen und blieb im Schnee liegen.

Der französische Chefchirurg Larrey sagt in seinem Bericht, daß er auf einer Fläche von etwa 25.000 qm über 10.000 gefallene Soldaten und mehr als 5.000 Pferde gezählt habe. Zwei Tage nach der Schlacht haben noch viele russische Soldaten im Schnee gelegen. Mit Erstaunen stellte Larrey fest, daß die Kälte keine Auswirkungen an den Verwundeten zu zeigen schien. Marschall Ney, der am 9. Februar über das Schlachtfeld ritt, rief angesichts der vielen Gefallenen aus: „Welches Massaker, und ohne Resultat!" In endlosen Schlittenkolonnen wurden die französischen Verwundeten nach Thorn und Bromberg gebracht, wobei viele unterwegs starben. Die Schlitten und Pferde waren von der ostpreußischen Bevölkerung requiriert worden.

Die Berichte der beiden Armeen über ihre Verluste entsprechen nicht der Wahrheit. Im Bulletin Nr. 58 der Grande Armee werden bei den Russen 12.000 Tote, 15.000 Gefangene, 45 Kanonen und 18 Standarten angegeben. Die eigenen Verluste betrügen angeblich 1.000 Tote, 5.700 Verwundete und ein Adler-Feldzeichen.

In Bennigsens Bericht an den Zaren steht, die Franzosen hätten mehr als 12.000 Mann, 1.000 Gefangene und zwölf Feldzeichen verloren. Er (v. Bennigsen) habe die Ehre, diese seiner Majestät zu übersenden. Die eigenen Verluste betrügen über 6.000 Mann.

Über die Verluste der Russen und Preußen sind keine genauen Angaben vorhanden. Sie werden etwa 26.000 Mann betragen haben, davon 5.000 Tote. Die tatsächlichen Verluste der Franzosen wurden erst 1891 bekanntgegeben. Sie betrugen nahezu die Hälfte der an der Schlacht beteiligten französischen Truppen, die auf etwa 67.000 Mann berechnet wurden:

	insgesamt	Offiziere	Mannschaften
Tote	5.130	237	4.893
Verwundete	24.373	784	23.589
Gefangene	1.165	13	1.152
insgesamt	**30.668**	**1.034**	**29.634**

Die Stadt Preußisch Eylau befand sich in einem schrecklichen Zustand. Die Kirche war als Lazarett und Magazin eingerichtet worden, wobei alles Holzwerk, bis auf Altar und Kanzel, verbrannt wurde. In den Straßen lagen Haufen toter Soldaten und Pferde. Die Scheunen vor dem Königsberger Tor waren abgebrannt, von den Wohnhäusern viele durch den Beschuß beschädigt. Die Bewohner, die sich während der Schlacht in den Kellern verborgen hatten, werden noch eine Woche nach der Schlacht als völlig verstört beschrieben, unfähig, an die Herstellung normaler Zustände zu denken. Die Aufzeichnungen des damaligen Pfarrers Johann Petzold geben ein ergreifendes Bild des „Jammers und Elends unter den Menschen, weil sie all das Ihrige in diesem schreckensvollen Kriege verloren und vor allem nicht ein Stückchen Brot behalten haben." Brutal und rücksichtslos hatten die Soldaten gehaust. Dem Pfarrer selbst, der sogar mehrmals geschlagen wurde und Tote begraben mußte, war all sein Vieh, Geld, der Schmuck seiner Frau, Silber, Kleider, Betten, Leinenzeug u.a.m. geraubt worden, so daß der Verlust 6.512 Reichstaler betrug, wovon ihm nichts ersetzt wurde.

Um der Welt den Anschein eines Sieges zu vermitteln, mußte Napoleon noch einige Tage in Preußisch Eylau bleiben. Am 10. Februar ließ er sogar seine Truppen bis zum Frisching vorrücken, als ob er die bei Schönfließ (südlich von Königsberg) stehende russische Armee angreifen wollte. Murats Kavallerie ließ er kurz bis in die Nähe Königsbergs herumstreifen. Unter dem Eindruck der Schlacht nahm Napoleon auch wieder Friedensverhandlungen mit König Friedrich Wilhelm auf, die sich ohne Ergebnis bis Mitte April hinzogen. Erst am 17. Februar verließ Napoleon Preußisch Eylau, das wenige Tage danach von preußischen und russischen Truppen besetzt wurde. Napoleon nahm in Landsberg im Pfarrhaus Quartier. Die Stadt hatte Schweres durchgemacht. Erst war am 5. und 6. Februar die hungernde russische Armee durchgezogen und am 7. morgens die Franzosen. „Mit wilder Plünderung der Stadt, und mit Mißhandlung der Einwohner begrüßte sie hier die Sonne", schrieb der damalige

Pfarrer Karl Kob in seiner Stadtchronik. Am Tage nach der Schlacht begann in wilder Eile der Rückzug mit neuer Plünderung und Gewalttaten. Alle Häuser wurden mit Verwundeten belegt. Über Napoleon schrieb Kob u.a.: „Der Kaiser quartierte sich bei mir mit Gefolge und Bedienung ein und war von vielen Wachen umgeben [...] Der Kaiser unterredete sich mit mir eine Viertelstunde und gab sein Befremden besonders darüber zu erkennen, daß ich an der linken Hand stark blessiert war und den Arm im Bande trug, da ich ihm offen erklärte, daß ein Franzose bei der Plünderung nicht nur meine Kostbarkeiten an Gold und Silber geraubt, sondern da er noch immer mehr haben wollte, mit Gewalt des Degens dieses zu erzwingen gedachte. Meine Frau mußte gleichfalls vor ihm erscheinen, und er sicherte uns eine Schadloshaltung zu, die er auch am Morgen seiner Abreise durch De Caulincourt überreichen ließ."

Der kritische Mangel an Lebensmitteln für sein Heer zwang Napoleon wieder die Winterquartiere aufzusuchen. Der strenge ostpreußische Winter erhöhte die Schwierigkeiten der Verpflegung, die schon durch weite Entfernungen von den Basen bestanden. Dazu kamen aber auch Zeichen der Unzufriedenheit und sich auflösender Zucht unter den Truppen, die eine Wiederherstellung der Disziplin notwendig machten. Ob wirklich französische Regimenter vom Schlachtfeld geflohen sind, wie einige glauben, ist ungewiß. Napoleon gibt nur zu, daß ein Teil des Trains die Flucht ergriffen hätte, als es hieß, die Kosaken kämen. Daß zahlreiche Marodeure vorhanden waren, beweisen die wiederholt dagegen angeordneten Maßnahmen.

Bei Preußisch Eylau erinnerte an die Schlacht ein Denkmal mit der Inschrift: „Dem glorreichen Andenken L'Estocqs, Diereckes und ihrer Waffengefährten."

Die Leiden der Bevölkerung

Die Franzosen führten sich keineswegs als das hochzivilisierte Volk auf, das sie zu sein vorgaben. Ein Beispiel ihrer Kulturauffassung gaben sie 1806 in Lübeck, wohin sich Blücher mit dem Rest seiner Armee zurückgezogen hatte. Die neutrale Stadt wurde barbarisch geplündert, Frauen vergewaltigt, zahlreiche Bürger ermordet und Teile der Stadt niedergebrannt. Dies geschah nicht während der Kämpfe, sondern nachdem Blücher die Stadt verlassen hatte. Die Marschälle Bernadotte und Soult hatten versprochen, Lübeck, das nicht zu Preußen gehörte und beteuerte ein Freund Frankreichs zu sein, schonend zu behandeln. Sie erlaubten ihren Soldaten aber schließlich doch die größten Ausschreitungen und Gewalttaten. Erst am nächsten Tag hörte das wilde Toben auf, nachdem der Wohlstand Lübecks vernichtet war.

Aus Preußen wurden Wertgegenstände und Kunstwerke, einschließlich Porzellan und Silberbesteck, auch solche von nur historischem Wert nach Frankreich geschafft. Darunter waren die Feldzeichen, die Preußen im Siebenjährigen Krieg erobert hatte, der Degen Friedrichs des Großen von seinem Sarg sowie der Wagen der Germania vom Brandenburger Tor. Bei diesem Kunstraub bediente sich Napoleon seines „Kunstministers" Vivant Denon, den er zum Generaldirektor des großen Musée Napoléon machte. Im Feldzug von 1807 war er ständig im Hauptquartier und ließ alle Kunstschätze, die er wertvoll genug fand, nach Paris schaffen.

Durch die lange Anwesenheit der französischen Armee hatte Ostpreußen ganz besonders schwer zu leiden. Nach dem Grundsatz Napoleons, daß der Krieg den Krieg ernähren müsse, trieben die Franzosen von allen Städten sofort enorme Geldkontributionen ein. Außer den anspruchsvollen Einquartierungen waren die Bewohner den fortwährenden Bedrohungen, Erpressungen und Mißhandlungen ausgesetzt. Dauernd wurden Lebensmittel, Pferdefutter, Wagen und Gespanne beschlagnahmt. Das letzte Pferd und die letzte Kuh wurden aus dem Stall geholt. Die Stadt Osterode mußte beim ersten Einmarsch der Franzosen am 2. Januar binnen zwölf Stunden 6.700 Taler zahlen, die nur mit größter Mühe aufgebracht werden konnten. Den Truppen Bernadottes, die am 7. Februar die Stadt durchzogen, wurde eine allgemeine Plünderung erlaubt oder befohlen. Die dabei geraubten Werte sind mit 80.174 Taler angegeben. Bürgermeister v. Pelchrzim wurde dabei auf dem Marktplatz öffentlich erniedrigt und brutal mißhandelt.

Das kleine Städtchen Bischofstein mit 2.000 Einwohnern hatte 3.916 Taler zahlen müssen und war dazu ausgeplündert und leerrequiriert worden. Als der Bürgermeister, Freiherr v.

Blomberg, die von nachfolgenden Truppen erneut geforderten Lieferungen nicht mehr aufbringen konnte, wurde er so bestialisch gefoltert, daß er am nächsten Tag starb.

Im Februar 1807 plünderten polnische Truppen unter General Dombrowski, dem Verfasser der polnischen Nationalhymne, die Stadt Dirschau und wüteten dort so barbarisch, daß selbst französische Offiziere entsetzt waren.

Der Magistrat der Stadt Bischofsburg registrierte unter dem 27. Februar: „Die Scheunen sind erbrochen, der Rest der Vorräte und alle Lebensmittel genommen, so daß die Bewohner weder Futter für die Tiere noch Lebensmittel für sich selbst haben."

Zu diesen offiziellen Kontributionen und Requisitionen, die treffender als „Raub" zu bezeichnen wären, kamen ungeheure Werte an Geld und Schmuck, die französische Offiziere für sich persönlich zusammenraubten. Sogar die Reste der „Grande Armée", die aus Rußland flohen und in bedauernswertem Zustand 1813 durch Ostpreußen zogen, waren zum Teil mit Raubgut bepackt.

Vor der Schlacht bei Friedland vergrub ein französischer General, von seinem Diener begleitet, eine große Blechdose mit geraubtem Gold in der Nähe von Schippenbeil unter einer Weide. Der General fiel in der Schlacht, und der Diener kam in Gefangenschaft. – Im Jahre 1828 logierten im Mühlenkrug in Schippenbeil zwei junge und ein älterer Franzose, die auf verdächtige Weise eine bestimmte Gegend absuchten. Eine Vernehmung ergab, daß es sich um den Diener und die zwei Söhne des Generals handelte. Sie fanden aber die Stelle nicht mehr, und der Schatz blieb in der Erde.

Das Heilsberger Schloß wurde abwechselnd als Kaserne, Getreidemagazin, Lazarett und Feldbäckerei benutzt, wobei alles Mobilar verbrannt wurde. Über die Zustände im Land berichtete der Generalstabsoffizier v. Knesebeck in einem Brief aus Heilsberg vom 10. März 1807 an Scharnhorst: „Das Elend ist hier jetzt auf einen Grad gestiegen, daß es nicht ärger steigen kann. Die Leute in den meisten Dörfern sind so rein ausgeplündert, daß sie das Wenige, wovon sie leben, von den Kosaken erbetteln müssen. Viele sterben dabei vor Hunger, und man hat in mehreren Dörfern, wo Truppen eingerückt sind, unbegrabene Leichen in den Häusern gefunden."

Den ausgeraubten Einwohnern war nicht einmal das Allernotwendigste geblieben, und viele überlebten den Winter nicht. Als im Frühjahr das erste Gras zu sprießen begann, wurde es mit Nesseln und anderen frühwachsenden Kräutern als Speise zubereitet. Baumrinde und Spreu dienten zum Brotbacken, und für das wenige noch vorhandene Vieh riß man das Stroh der Dächer herunter. Wie immer unter solchen Zuständen, brachen Typhus und Ruhr unter den hungernden Menschen aus. In Bischofstein starben fast 400, in Rößel 504 an diesen Seuchen. Ähnlich wird es auch in den anderen Städten gewesen sein.

Den Russen war befohlen, Requirierungen nur gegen Bescheinigungen vorzunehmen, doch sie nahmen oft, was sie brauchten, ohne dafür Quittungen auszustellen. Ihre regellose Verpflegungsweise führte oft zu Plünderungen. Es kam aber auch vor, daß Russen von ihrer knappen Verpflegung noch etwas den hungernden Bewohnern abgaben. Die Behauptung, daß die Russen schlimmer als die Franzosen gehaust hätten, läßt sich durch die objektive Literatur nicht begründen. Die Russen haben in Raten alle offiziellen Lieferungen und Requisitionen, zu einem Teil sogar auch andere von ihnen verursachte Schäden bezahlt, während die Mehrzahl aller ostpreußischen Städte an der Schuldenlast, die ihnen von den räuberischen Franzosen aufgebürdet worden war, über hundert Jahre zu zahlen hatten, bis sie endlich getilgt war.

Zwischen zwei großen Schlachten

Nach der Schlacht bei Preußisch Eylau hatten die französischen Truppen zunächst Quartiere im Raum von Mühlhausen (nördlich von Preußisch Eylau), Domnau und Bartenstein bezogen. Am 16. Februar ordnete Napoleon den Rückzug hinter die Passarge an. Er selbst nahm sein Hauptquartier vom 18. bis 21. Februar in Liebstadt, das schon bei den früheren Truppendurchzügen schwer gelitten hatte. Dort war auch längere Zeit das Quartier Marschall Soults gewesen, der den mittleren Passargeabschnitt befehligt hatte. Unter ihm waren etliche Zivilpersonen, darunter einige Bürger der Stadt, standrechtlich erschossen worden.

Die Kleinkrämerei in der preußischen Verwaltung verhinderte wirksame Maßnahmen. Selbst belanglose Kleiderfragen verzögerten die Aufstellung frischer Truppen, und alle Ausnahmen der Friedenszeit für Dienstpflichtige blieben weiter bestehen. Nicht einmal bei den am Feind stehenden Truppen wurden die entstandenen Verluste wieder aufgefüllt. Wie anders wäre die Schlacht bei Preußisch Eylau ausgegangen, wenn dort nicht 5.584, sondern 20.000 Preußen erschienen wären. Selbst wenn nur die vorhandenen Truppen zusammengehalten worden wären, hätte Bennigsen wahrscheinlich das Schlachtfeld behaupten können, denn 19 frische Reservebataillone und sechs fertige Kavalleriebrigaden standen nördlich des Pregels und sahen untätig dem Ringen der anderen zu. General v. der Marwitz hat berechnet, daß Preußen in der Lage war, aus den geretteten Trümmern des Heeres ein Korps von 37.000 Mann ins Feld zu stellen, sogar ohne ein allgemeines Aufgebot aller Wehrfähigen. Der kränkelnde Bennigsen war überfordert und bat Zar Alexander, ihn vom Oberbefehl der Armee zu entbinden, was der aber ablehnte.

Die Franzosen hatten ihre Winterquartiere in der Linie Passarge-Hohenstein-Neidenburg bezogen. Am 20. Februar rückte die russische Armee nach und stand am 1. März im Raum Heilsberg-Frauendorf, mit Vorhuten in Wormditt und Guttstadt. Am gleichen Tag traf auch das preußische Korps in Wormditt ein. In Heilsberg stießen Verstärkungen von 10.400 Mann zur russischen Armee, die jetzt, einschließlich der 11.300 Preußen, 61.000 Mann zählte.

Am 24. Februar stieß der preußische General v. Plötz über die Passargebrücken in Braunsberg auf das linke Ufer vor, wurde jedoch am 26. unter Verlust von 700 Mann und sechs Geschützen auf Heiligenbeil zurückgeworfen. Ähnlich erging es einer Abteilung unter Baron Korff, die am 24. Peterswalde besetzte und besiegt wurde. Auch die Russen hatten bei Guttstadt nachteilige Begegnungen mit dem Feind. Als Napoleon darauf am 3. März eine Offensivbewegung anordnete, wichen die russischen Vorhuten aus Wormditt, Arnsdorf und Guttstadt in die Gegend von Launau zurück, während sich die Armee bei Heilsberg aufstellte. Napoleon aber griff nicht an. Nun trat eine mehrmonatige Waffenruhe ein. Die Heere blieben nahe einander gegenüber liegen, die Preußen an der unteren Passarge, die Russen bei Mehlsack, Wormditt und Heilsberg. Das vereinigte Hauptquartier war in Bartenstein.

Napoleon hatte sein Hauptquartier vom 21. Februar bis 1. April in Osterode. In dieser Zeit wurden seiner stark geschwächten Armee insgesamt 120.000 Mann Ersatz zugeführt und eine gründliche Reorganisation vorgenommen. Ein machtvoller russisch-preußischer Angriff vor dem Eintreffen dieser enormen Verstärkungen hätte für Napoleon verhängnisvoll werden können.

Osterode war nach dem Stadtbrand von 1788 neu aufgebaut worden und war bis zum Ausbruch des Krieges Garnison einer Schwadron Heyking-Dragoner (Nr. 12) gewesen. Jetzt mußte es die Kaisergarde aufnehmen. Jedes Haus war bis unter das Dach mit Soldaten belegt, obwohl die Artillerie der Garde in Liebemühl und die Kavallerie in Schmückwalde untergebracht war. Den etwa 1.600 Einwohnern, die schon im Januar und Februar unter den Plünderungen gelitten hatten, blieb kaum der engste Raum für sich selbst. Napoleon zog in die alte Ordensburg, wo er selbst, wie immer, nur ein Zimmer bewohnte. Die übrigen Räume belegte sein Generalstab.

Da aus dem ausgeraubten Land nicht genügend Lebensmittel zum Unterhalt der Armee herausgeholt werden konnten, mußten die erbeuteten wohlgefüllten preußischen Magazine in Warschau, Thorn, Bromberg, Marienburg und Elbing die französischen Truppen ernähren. Branntwein und andere Dinge lieferten jüdische Händler aus Polen und machten dabei gute Geschäfte. Die Stadt Elbing mußte u.a. wöchentlich 100.000 Flaschen Bier liefern.

Wegen der jungen, schönen Maria Gräfin Colonna-Walewska, geb. Lacinska, verlegte Napoleon am 1. April sein Hauptquartier in das prächtige Schloß Finckenstein (vier Kilometer nördlich von Rosenberg). Während er seiner Gemahlin, der Kaiserin Josephine, zärtliche Briefe schrieb, ließ er die Gräfin kommen, die er zur Mutter des später bekannten französischen Staatsmannes Alexander Walewski machte.* Bei seinem Aufenthalt in Finckenstein unternahm Napoleon zumindest einmal eine Jagd auf die wilden Schwäne, die in großer Zahl auf dem nahe gelegenen Gaudensee nisteten. Es wird berichtet, daß

* Die Gräfin blieb Napoleon auch im Unglück treu. Erst 1816, nach dem Tode ihres Gatten und der Verbannung Napoleons, heiratete sie einen Grafen Ornano, starb aber im Jahr darauf nach der Geburt eines Sohnes.

er selbst ein schlechter Schütze war und keinen einzigen erlegte, während Marschall Murat wenigstens einen schoß.

Napoleon hatte seinen Adjutanten, General Bertrand, nach Memel geschickt und dem König Waffenstillstand und einen Sonderfrieden angeboten. Er wolle dem König sein Land und eine Machtstellung lassen, die ihm gebührt. Er habe sich überzeugt, daß Polen eine unabhängige Existenz nicht vertragen könne und daher den Gedanken einer Wiederherstellung eines polnischen Reiches aufgegeben.

Der kluge Minister Hardenberg riet, den Sonderfrieden unter Bruch des russischen Bündnisses abzulehnen. Die Machtgier Napoleons sei ebenso gefährlich wie die Unzuverlässigkeit seiner Versprechungen. Obwohl Friedrich Wilhelm den Frieden wünschte, war er dem Zaren gegenüber zur Treue verpflichtet, und das Angebot wurde abgelehnt. Der Zar setzte sich einige Monate später etwas leichter über solche Grundsätze hinweg und schloß einen Sonderfrieden ohne Preußen.

Zar Alexander, auf dem Weg zu seiner Armee, traf am 1. April 1807 an der Grenze bei Polangen ein, wo ihm der König entgegeneilte. Am nächsten Tag begrüßte Alexander die weinende Königin Luise. Vom 18. April bis zum 20. Mai hielten sich die beiden Monarchen im Hauptquartier in Bartenstein auf. Dort wurde am 26. April der sog. Koalitionsvertrag zwischen Rußland und Preußen abgeschlossen. Zar und König verbanden sich zu unverbrüchlichem Zusammenhalten gegen Napoleon. So wie dieser, blieb auch ein Vertrag mit Schweden (20. April 1807) durch die folgenden Ereignisse ohne Bedeutung.

Nachdem am 23. Februar Dirschau, nach einem für die preußischen Truppen sehr verlustreichen Kampf von dem zahlenmäßig weit überlegenen polnischen General Dombrowski eingenommen worden war (angeblich wurden die Gefangenen umgebracht), konnten die Danziger Truppen das Werdergebiet nicht mehr behaupten. Am 11. März wurde Danzig mit seinen 45.000 Einwohnern und 15.300 Soldaten eingeschlossen. Am 20. März blockierten 2.000 Franzosen den Zugang zur Nehrung und damit die letzte Landverbindung nach Pillau, so daß nur noch die Verbindung über See offen blieb. Das Belagerungsheer aus Sachsen, Badensern, Polen und Franzosen erreichte eine Stärke von 23.600 Mann; schwere Geschütze wurden von Thorn und Stettin herangeschafft.

Durch Zuführung russischer Verstärkungen und 1.200 Preußen stieg Danzigs Garnison auf fast 20.000 Mann. Gefechtsverluste, Krankheiten und massenweise Desertionen in den polnischen Regimentern verminderten erheblich die Stärke. Nie konnten alle Verteidigungswerke ausreichend besetzt werden. Den Hauptwall mußten sogar abgesessene Reiter bewachen. Am 24. April begann der Beschuß der Stadt mit 63 schweren Geschützen. Ohne Pause wurde um die Außenwerke Bischofsberg und Hagelsberg schwer gekämpft. Als in der Nacht zum 7. Mai der Holm, die von den Weichselarmen umflossene Insel nördlich der Stadt, von den Franzosen besetzt wurde, war auch die Verbindung zur See gesperrt. Danzig war nun in höchster Gefahr.

Bennigsen erkannte anscheinend nicht die Wichtigkeit Danzigs für die weitere Kriegführung. Wäre Danzig unter Einsatz des ganzen Heeres befreit worden, hätte Napoleon wahrscheinlich die Weichsellinie aufgeben müssen. Ein solcher Erfolg hätte vielleicht Österreich bewogen, den Kampf gegen Napoleon wieder aufzunehmen. Auch England wäre zu wirksamerer Hilfe angeregt worden. Eine ganz neue Kriegslage hätte entstehen können. Fiele aber Danzig, würden die dort gebundenen Truppen für Napoleon frei, und seine Übermacht wäre so groß, daß auch im Feld kaum Hoffnung auf einen Sieg blieb.

Bennigsen erklärte, daß ein Entsatz Danzigs nur durch einen allgemeinen Angriff möglich sei, der die französische Armee über die Weichsel zurückwerfe. Seine Armee – Ende April etwa 100.000 Mann – sei dazu nicht stark genug, und er müsse erst das Eintreffen weiterer Verstärkungen abwarten. Widerwillig gab er schließlich dem Drängen der Preußen nach, der bedrängten Festung Hilfe über See zu bringen, sagte das Mißlingen jedoch voraus.

Der Entschluß, Danzig Hilfe zu bringen, kam zu spät und wurde durch Änderungen und zersplitterte Befehlskompetenzen behindert. Beschlüsse wurden nicht von einer verantwortlichen Person gefaßt und durchgeführt, sondern eine uneinige Versammlung diskutierte darüber. Schon zu Beginn des Krieges hatte Scharnhorst bemerkt: „Was man tun müßte, das weiß ich wohl, was man tun wird, das wissen die Götter." Seit dem 2. Mai waren in Pillau 5.300 Russen und 1.300 Preußen versammelt. Davon wurden schließlich 2.600 über die Nehrung geschickt, während die anderen auf 66 Schiffen mit Abständen in Weichselmünde landeten. Napoleon hatte genügend Zeit, die Division Oudinot über Marienburg zur Verstärkung dort hinzuschicken. Nachdem am 14. Mai die letzten russischen Truppen ausgeladen waren, erfolgte am 15. der Angriff. Der Ausfall aus der Festung, der den Angriff unterstützen sollte, unterblieb, und die Angreifer mußten sich mit Verlusten von 1.469 Mann wieder nach Weichselmünde zurückziehen. Auch das Vorgehen der Truppen von der Nehrung her konnte den Ausgang des Kampfes nicht mehr ändern. Das völlig verzettelte Unternehmen schlug damit fehl, und beide Abteilungen warteten jetzt nur noch untätig auf die baldige Übergabe der Festung.

Um dem Wunsche der beiden Monarchen zu genügen, endlich irgend etwas zu tun, ließ Bennigsen am 11. Mai vier Divisionen bei Heilsberg und zwei bei Bürgerwalde zusammenziehen. Damit rückte er bis Launau und Arnsdorf vor. Alles wartete gespannt am 13. auf den Angriffsbefehl, als Bennigsen den bei der Vorhut vor Launau wartenden Monarchen sagen ließ, daß Napoleon mit seiner ganzen Macht im Anmarsch sei (was nicht der Fall war), und es daher besser sei, den Angriff aufzuschieben. Zum großen Erstaunen aller rückten die Truppen am nächsten Tag wieder in ihre alten Quartiere. Mißgestimmt verließen Zar und König die Armee. Der vernünftige Vorschlag Hardenbergs, Bennigsen durch den schwedischen General v. Essen zu ersetzen und das preußische Korps Blücher zu übergeben, mit Scharnhorst als Stabschef, wurde erörtert, aber nicht befolgt. Man wollte die jetzigen Befehlshaber nicht kränken. Auch in größter Not hatten persönliche Rücksichten den Vorrang.

So sah auch die Armee dem Untergang Danzigs monatelang tatenlos zu, wo jetzt das Pulver knapp wurde. Ein englisches Schiff mit 300 Zentner Pulver und 500 Scheffel Hafer segelte am 19. Mai nachmittags von Weichselmünde ab und gelangte, trotz heftigen Feuers der Franzosen, bis an die Biegung des Stromes am Holm. Hier verlor es beim Wenden durch Artillerietreffer das rechtsseitige Tauwerk, lief auf Grund und wurde Beute der Franzosen. Am 21. Mai hatte Danzig nur noch 325 Zentner Pulver. Bei einem Tagesbedarf von wenigstens 50 Zentner würde das nur noch für sechs Tage reichen.

Nach 76tägigem Kampf, bei dem die Stadt durch die Beschießung schwere Schäden erlitten hatte, wurde Danzig am 26. Mai den Franzosen übergeben. Der Besatzung war freier Abzug mit Waffen, Pferden und fahrbarem Geschütz zugesichert worden. Sie zog am 27. morgens über die Nehrung nach Pillau.

Da sich alle verpflichten hatten müssen, ein Jahr lang nicht gegen Frankreich zu kämpfen, fielen sie für die weitere Verteidigung Preußens aus.

Der König empfing den Kommandanten Danzigs, General Kalckreuth, ehrenvoll und machte ihn zum Feldmarschall. Er berichtete, daß der Feind kein Körnchen Hafer, Roggen, Heu und Stroh in der Festung finden werde. Außer den 200 Geschützen hatte er wirklich nicht viel zurückgelassen, in der Stadt aber befanden sich reiche Vorräte. Aus Respekt vor den Rechten der Bürger, waren diese von den Truppen nicht angerührt worden. Napoleon kannte solche Rücksichtnahme nicht und beschlagnahmte sofort alle Warenlager. Daraus ließ er eine Million Flaschen Wein an seine Soldaten verteilen. Dazu legte er der Stadt eine Kontribution von 20 Millionen Franken auf, die später um die Hälfte reduziert wurde. Außerdem ließen sich die höheren Offiziere noch hohe Summen für ihre Privatkassen auszahlen, Marschall Lefebvre zum Beispiel 400.000, General Rapp 1,2 Millionen Franken. Napoleon machte Lefebvre, der vom Mannschaftsstand aufgestiegen war, zum „Herzog von Danzig". Seine Frau, die ehemalige Wäscherin Katharina Hübscher (eine Analphabetin), sorgte als „Madame sans gêne" für zahlreiche Anekdoten. Erst 1813 wurde Danzig die lästigen und sehr teuren Gäste wieder los.

Daß die geplagte Bevölkerung keine freundlichen Gefühle gegen die fremden Eroberer hegte, ist verständlich. Wie aber beurteilten die Franzosen ihrerseits die Bewohner? In der Memoirenliteratur sind oft interessante Darstellungen zu finden, in denen die Bevölkerung Preußens, im Gegensatz zu den Polen, in sehr günstigem Licht erscheint. Die Darstellungen heben allgemein die Fruchtbarkeit des Bodens, die Wohlhabenheit und den hohen Kulturzustand der Landbevölkerung hervor. General Henri Jomini schreibt etwa: „Das nahe an Polen gelegene alte Preußen bietet den höchsten Triumph über die Barbarei sowie der Intelligenz über die Unbegabtheit. Auf der einen Seite zahlreiche betriebsame, wohlhabende Städte, reiche Bauernhöfe und eine bewundernswerte Kultur, auf der anderen armselige Dörfer, verwahrloste Hütten neben einigen Palästen, obwohl der Boden hier nicht im geringsten anders ist."

Ähnliches schreiben Percy, Friant, St. Chamans, Paulin und andere, die ihre Beobachtungen selbst im Land machen konnten und den Charakter der Bewohner im Vergleich mit den Polen beurteilen. Besonders interessant ist, was der damalige Korporal Coignet von seinem unbefangenen Grenadierstandpunkt aus über seine Erfahrungen während der Feldzüge in Polen und Ostpreußen über die Bevölkerung schreibt. Von den Polen sagt er: „Das ist eine Rasse ohne Menschlichkeit [une race sans humanité]. Sie würden einen Soldaten an ihrer Tür sterben lassen, ohne ihm zu helfen. Nichts an ihnen ist zu loben: immer verließen sie ihre Häuser; das taten die Deutschen niemals." Er schildert dann Begebenheiten, bei denen ostpreußische Frauen verwundete Franzosen gepflegt haben.

Coignet urteilt: „Die Deutschen – das ist die Menschlichkeit selbst [c'est l'humanité en personne]." In der neuen Ausgabe der *Nouvelle Bibliothèque* ist diese Stelle interessanterweise ausgelassen. Am Schluß schreibt Coignet dann: „Vivent nos bons Allemands! […] Hoch unsere guten Deutschen, die immer hilfsbereit waren und nie die Tür vor einem Franzosen zuschlugen."

Diese Stelle blieb sogar in der aktuellen Fassung der *Nouvelle Bibliothèque* erhalten. Nationalhaß oder politische Gegensätze gab es damals weder bei der preußischen Bevölkerung noch bei den französischen Soldaten. Der Haß gegen Napoleon bildete sich erst später, als französische Generale, besonders aber die berüchtigten „Commissaires" sich mit Erpressungen, Bestechlichkeit und gieriger Bereicherung verhaßt machten.

Solche Berichte sollen nicht darüber hinwegtäuschen, daß oft auch den ärmsten Leuten das letzte Stück Vieh genommen wurde und verborgene letzte Lebensmittel aufgespürt und geraubt wurden, wovon auch Coignet berichtet. Es kam auch nicht selten vor, daß „die gewöhnlichen Lebensmittel des Landmannes aus bloßem Mutwillen und Verachtung unbrauchbar gemacht wurden". Noch grausamer waren die massenhaften Plünderungen, denn gerade auf Geld und Wertsachen hatten es die Räuber abgesehen, wobei die Opfer häufig brutal mißhandelt wurden. Barbarisch empfand die Bevölkerung auch, daß die Soldaten rücksichtslos Möbel und Wirtschaftsgeräte verbrannten, um ihre Wachtfeuer zu nähren, daß sie dazu sogar die alten Holzhäuser abrissen und die jammernden Eigentümer nur verlachten. In Osterode wurde z.B. die ganze Vorstadt mit 95 Scheunen und 20 Wohnhäusern abgerissen, um die Backöfen der Armee zu beheizen. Es kam vor, daß verzweifelte Menschen sich wehrten und erschossen wurden. Französische Quellen berichten: In Criswald* wurde am 3. März 1807 ein Bauer standrechtlich erschossen, weil er einen Franzosen erschlagen hatte. In Weinsdorf wurden der Schulze Machholz, in Schwalg (Kr. Treuburg) die Gebrüder Wilke hingerichtet. In Glanden (Kr. Osterode) sollen zwölf Franzosen getötet worden sein. Am „Lac Royal" (Königsee) in der Hohensteiner Gegend wurden mehrere Soldaten des 17. Infanterieregiments ermordet und die Leichen in den See geworfen. Daraufhin ließ General Gudin zwölf Einwohner aus zwei Dörfern verhaften. Erst als sie erschossen werden sollten, nannten diese die Namen der Täter, die dann hingerichtet wurden.

Jeder wußte, daß Napoleon mit der wärmeren Jahreszeit wieder vorgehen würde. Er verfügte jetzt über 210.000 Mann, also mehr, als zu Beginn des Krieges. Davon standen 32.000 als Flankenschutz am Narew. Der verbliebenen imposanten Streitmacht von 178.000 Mann hatten die Russen und Preußen nur 109.000 Mann entgegenzustellen, dazu standen 20.000 nach wie vor am Narew. Zar und König hatten sich erneut treue Freundschaft gelobt, aber nicht viel zur Verstärkung der Armee getan. Das korrupte Verpflegungssystem der Russen besserte sich, als ab Juni die preußische Regierung die Auslieferung der Lebensmittel auch für die russischen Truppen übernahm.

---

* Es handelt sich hierbei offenbar um eine französisch verballhornte Schreibweise. Der Name kann nicht sicher mit einem deutschen Ort des Preußenlandes identifiziert werden.

Bennigsen entschloß sich, der Offensive Napoleons zuvorzukommen. Er wollte das bei Guttstadt an der Alle weit vorgeschobene Korps Neys (17.000 Mann) mit überlegenen Kräften angreifen und vernichten, um sich dann in die vorbereitete Stellung bei Heilsberg zurückzuziehen. Dort hoffte er, auch über den zahlenmäßig überlegenen Angreifer siegen zu können. Der Angriff wurde für den 4. Juni bestimmt. Am rechten Flügel sollte General Rembow vom preußischen Korps den Passarge-Brückenkopf von Spanden (zwölf Kilometer nordwestlich von Wormditt) besetzen. Er warf die französischen Vorhuten zurück, aber als die Preußen nach wirkungsvollem Artilleriefeuer zum Sturm antreten wollten – die Franzosen brachten schon ihre Geschütze zurück über den Fluß –, erfuhr Rembow, daß der Angriff auf den nächsten Tag verschoben worden war. Wegen plötzlicher Erkrankung hatte Bennigsen den Angriff auf den 5. Juni verlegt, aber die Preußen waren davon zu spät benachrichtigt worden. Marschall Ney war gewarnt und bereitete sich zur Abwehr vor, die Überraschung war vertan. Demzufolge wurde der Sturm der Preußen am nächsten Tag mit 500 Mann Verlusten abgewehrt. General Rembow zog sich darauf nach Wusen und am 6. nach Mehlsack zurück. Der Brückenkopf von Lemitten wurde dagegen von den Russen am Abend des 5. erobert, jedoch unter unverhältnismäßig hohen Verlusten.

Bei dem Angriff der Hauptmacht am 5. Juni eroberte General Bagration mit der russischen Vorhut nach hartem Kampf Altkirch und drängte die Franzosen auf Guttstadt ab, blieb dann aber stehen, um die Hauptmacht des Generals v. Sacken herankommen zu lassen. Dieser traf aber zu spät ein und zögerte trotz wiederholter Befehle Bennigsens auch dann noch so lange mit dem weiteren Vorgehen, daß dadurch das geplante Unternehmen scheiterte.* Marschall Ney hatte Zeit, seine Truppen von Guttstadt auf der Straße nach Deppen, wo drei Brücken über die Passarge führten, zurückzuziehen. Sacken hätte ihn leicht von diesen Brücken abschneiden können, ließ ihm aber den Weg offen. Nur der Kosakenhetmann Platow stieß über die Allebrücke bei Bergfriede den Franzosen nach und nahm ihnen einen Teil ihrer Bagage ab, darunter die des Marschalls. Die fast schon gelungene Einschließung des französischen Korps war mißlungen. Ney hatte sogar die Kühnheit bei Ankendorf stehenzubleiben. Dem Angriff Bennigsens am 6. Juni setzte Ney aber nur hinhaltenden Widerstand entgegen und zog sich in guter Ordnung, angesichts eines vierfach stärkeren Gegners, fast ungestört über die Passarge zurück. Die Franzosen hatten an den zwei Kampftagen etwa 400 Tote und Verwundete sowie 1.642 Gefangene, unter diesen 74 Offiziere, verloren. Die russischen Verluste werden auf über 2.000 Mann geschätzt, von denen etwa 350 als Tote anzusehen sind. Die Russen blieben bis zum 7. Juni abends untätig an der Passarge stehen und zogen sich dann bis Queetz zurück.

Die Nachricht vom Vorgehen der Russen am 5. Juni hatte Napoleon überrascht. Obwohl er an kein großes Unternehmen glaubte, ordnete er sogleich den Aufbruch der Armee an, obwohl er seine Offensive erst für den 10. Juni geplant hatte. Er verließ am 6. abends Finkenstein und begab sich über Saalfeld und Mohrungen zur Front. Auf diese Meldung hin ging Bennigsen in der Nacht zum 9. in Guttstadt über die Alle, um das befestigte Lager in Heilsberg zu erreichen. Zur Sicherung dieses Marsches wurden im Norden starke Kräfte von Heilsberg bis Launau vorgeschoben. Auf der anderen Seite deckte die bisherige Vorhut den Flußübergang, die am 8. nach leichten Gefechten auf Glottau zurückgewichen war und am 9. bei Queetz stand. Hier wurde sie heftig angegriffen und nur mit Mühe und großen Verlusten gelang es, die Stellung so lange zu halten, bis die Armee den Fluß überquert hatte. Dann ging auch diese Truppe nach Guttstadt, verbrannte die Brücken und zog sich nach Reichenberg zurück. Am 10. Juni trafen die französischen Vorhuten bei Launau auf die Russen, die bis Bewernick und Langwiese zurückwichen. Dort kam es zu einem schweren Gefecht. Mit dem Feuer aus 36 Geschützen konnten die Franzosen mit großen Verlusten die Russen bis Heilsberg zurückdrängen, wo die russische Armee in gut gewählten Stellungen auf den Höhen westlich der Stadt stand. Ihre Stärke betrug nahezu 90.000 Mann. Napoleon zog seine Truppen bei Guttstadt zusammen, die etwa 145.000 Mann zählten.

* Bennigsen beklagte sich mit gutem Grund beim Zaren über v. Sacken, dem er vorwarf, alle seine Unternehmen zu sabotieren, indem er seine Befehle nicht ausführe und entgegengesetzte Anordnungen treffe. General v. Sacken wurde aus der Armee entfernt. Im Befreiungskrieg erwies er sich später als einer der besten Korpsführer Blüchers.

Bennigsen hatte den Angriff der Franzosen am Ostufer der Alle erwartet, aber auch auf der Westseite Stellungen vorbereitet. Dazu hatte er, neben den drei Brücken in der Stadt, noch drei Kriegsbrücken über den Fluß legen lassen. Am Nachmittag des 10. Juni ließ Napoleon zwei Korps, Murats Kavallerie und die Gardefüsiliere, zusammen 64.500 Mann, die Stellungen auf dem Westufer der Alle angreifen. Er dirigierte den Angriff vom Windmühlenberg in Reimerswalde. Trotz mörderischen Abwehrfeuers gelang es den Franzosen zweimal eine Schanze in der Mitte der russischen Stellung zu nehmen. Beide Male wurden sie in Gegenstößen, unterstützt von 15 Schwadronen preußischer Kavallerie, wieder zurückgeworfen, wobei der tapfere General Warneck fiel. In dieser Schlacht erwarb der spätere General Wrangel als 22jähriger den Orden Pour le mérite. Der Angriff der Franzosen war abgeschlagen; sie hatten 1.398 Tote, 10.059 Verwundete und 864 Gefangene verloren. Die Verluste der Russen betrugen etwa 8.000 Mann, darunter drei gefallene und acht verwundete Generale. Auch von dieser Schlacht wird behauptet, daß bei besserer Führung den Franzosen von der Gegenseite eine entscheidende Niederlage beigebracht worden wäre. Es soll aber auch erwähnt werden, daß Bennigsen krank war und während der Schlacht mehrere Ohnmachtsanfälle erlitt. Unverständlich ist, daß ihm sein Abschied, um den er gebeten hatte, nicht bewilligt wurde.

Die Franzosen biwakierten in einer Linie von Bewernick, über Langwiese und Lawden bis in die Nähe von Retsch. Am nächsten Tag lagen sich beide Armeen tatenlos gegenüber, während die restlichen Franzosen eintrafen.

Napoleon wollte seinen Fehler vom Tag zuvor nicht wiederholen und diesmal die Russen mit überlegener Macht angreifen. Weil aber alle Truppen auf der einen Straße über Launau anrückten, dauerte es bis zum 12. Juni, bis alle beisammen waren. Bennigsen beschloß aber, dem neuen Angriff auszuweichen. Am 11. nachmittags schickte er bereits General Kaminskoi mit seinen Truppen an das preußische Korps zurück, dem er schon vorher unterstellt war. Er marschierte auf dem rechten Alle-Ufer bis Bartenstein, ging hier über den Fluß und zog in Richtung Königsberg weiter. Bennigsen brach mit der Hauptmacht in der Nacht zum 12. auf und schlug den gleichen Weg ein. Die Nachhut zerstörte die Brücken und verließ Heilsberg um 11 Uhr vormittags. Napoleon ging darauf auf dem linken Alle-Ufer in Richtung Königsberg vor. Das preußische Korps stand am 11. Juni noch zwischen Heiligenbeil und Mehlsack. Nun eilte es zur Verteidigung Königsbergs ebenfalls dorthin. Am 13. konnte sich das Korps mit den Truppen Kaminskois zwischen den Dörfern Gollau und Ludwigswalde (neun Kilometer südlich von Königsberg) vereinen. Am 14. bezog es eine Stellung fünf Kilometer weiter nordwestlich bei Gr. Karschau. Auf die Nachricht vom Herannahen starker feindlicher Kräfte ließ General L'Estoqc noch am gleichen Tag die Wälle Königsbergs besetzen. Da der Feind heftig nachdrängte, gab es ein solches Durcheinander, daß die preußischen und russischen Truppen erhebliche Verluste erlitten und die Franzosen nun an den Toren der Stadt standen. Die Trennung des preußischen Korps von der russischen Hauptmacht war gelungen.

Bennigsen versuchte Königsberg vor den Franzosen zu erreichen und sich mit dem preußischen Korps zu vereinen. Die Nachricht, daß sich feindliche Reiter schon bei Domnau gezeigt hatten, bewog ihn auf dem Ostufer weiterzumarschieren und bei Friedland über die Alle zu gehen. Er schickte Kavallerie voraus, um die Alleübergänge von Friedland, Wohnsdorf, Allenburg und Wehlau zu besetzen. In Friedland waren zwar schon Vorhuten vom französischen Korps Lannes, die aber von den Kosaken vertrieben wurden. Die an der Spitze marschierende russische Garde ging am 13. abends über den Fluß, um die Kavallerie und die Stadt zu sichern. Um 8 Uhr abends traf der leidende Bennigsen ein. Da nach Aussagen von Gefangenen das Korps Lannes allein bei Domnau stand und Napoleon gegen Königsberg vorgegangen war, wollte er den erschöpften Soldaten einen Ruhetag gönnen. Nur so viele Truppen sollten über die Alle gehen, wie zur Abwehr von Lannes nötig waren, falls dieser angreifen sollte.

Napoleon gab Marschall Lannes den Befehl, Friedland wieder zu nehmen, wenn es nur schwach besetzt sei. Lannes erkannte aber am Morgen des 14., daß er starke Kräfte vor sich hatte und kämpfte nur hinhaltend. Das immer stärker werdende Geschützfeuer veranlaßte Bennigsen auch die während der Nacht eingetroffenen Truppen der Hauptmacht nach und nach, so wie auch die Kräfte des Feindes immer stärker wurden, über die Alle zu schicken.

Friedland und das Ende des Krieges

Um 9 Uhr morgens hatte sich die russische Armee auf der großen Ebene vor der Stadt, gegenüber Heinrichsdorf und Postehnen zur Schlachtordnung aufgestellt. Die Stellung war extrem ungünstig. Die offene Ebene wird von der scharf geränderten tiefen Schlucht des Mühlenbaches, der hier in die Alle mündet, in zwei Teile gespalten. Hinter sich hatte die Armee die Alle mit beiderseitigen hohen Steilufern und die Stadt. Vor den Russen verdeckten Waldungen alle Bewegungen des sich annähernden Feindes.

Die im Freien stehenden Karrees der Russen hatten durch das Feuer von den Waldrändern erhebliche Verluste. Es kam zu etlichen Reitergefechten. Verbissen wurde um Heinrichsdorf gekämpft, das mehrmals den Besitzer wechselte, dann aber den Franzosen verblieb. Nach diesen lebhaften Kämpfen am Morgen hatte Bennigsen anscheinend keine Lust mehr, noch etwas zu tun. Er dachte weder daran, durch einen energischen Angriff den laufend stärker werdenden Feind, der um 9.30 Uhr erst 23.000 Mann Infanterie und 10.500 Reiter zählte, zurückzuwerfen und eine günstigere Stellung einzunehmen, noch seine Armee aus der gefährlichen Lage zurückzuziehen. Er ließ seine Truppen, dem verderblichen feindlichen Feuer ausgesetzt, weiterhin untätig auf der offenen Fläche stehen.

Gegen Mittag erschien Napoleon auf dem Schlachtfeld, inspizierte die gut übersehbare russische Aufstellung und traf seine Anordnungen für den Angriff. In der Stadt beobachteten russische Offiziere vom Kirchturm das Anrücken der französischen Kolonnen, aber Bennigsen gab auch jetzt noch keine Befehle. Die russischen Linien standen still. Nicht einmal eine Kriegsbrücke war über die Alle gelegt worden. Obwohl noch ein Teil seiner Truppen im Anmarsch war, gab Napoleon um 5 Uhr den Befehl zum Angriff. Auf den Vorschlag einiger Offiziere, bis zum nächsten Morgen zu warten, sagte er: „Nein, nein! Man trifft nicht ein zweites Mal seinen Gegner in solch einem Mißgeschick." Eine dreifache Batteriesalve gab das Signal zum Beginn des Angriffs. Nach heftigem Artilleriekampf traten gegen 18 Uhr die Divisionskolonnen des Korps Ney aus dem Sortlacker Wald und gingen als erste gegen den linken Flügel der Russen vor. Trotz der völlig versagenden obersten Führung schlugen sich die Russen mit größter Tapferkeit. Einen wesentlichen Anteil am Sieg Napoleons hatte General Sénarmont, der mit 28 schweren Geschützen zuerst die russischen Batterien auf dem östlichen Alle-Ufer zum Schweigen brachte und dann, ohne seine Verluste zu beachten, immer näher an die russische Linie heranfuhr, zuletzt bis auf 150 Schritt, und ein solch verheerendes Kartätschenfeuer in die dicht gedrängten Massen jagte, daß sich Haufen von Menschenleibern am Boden in ihrem Blut wälzten. Die nicht Getroffenen liefen, von französischer Infanterie verfolgt, in die Stadt. Noch hätte ein Angriff des starken russischen rechten Flügels eine Wende herbeiführen können, aber er rührte sich nicht.

Anscheinend hatte auch Bennigsen geglaubt, daß Napoleon erst am nächsten Morgen angreifen werde und er sich während der Nacht zurückziehen könne. Nun erst, als die Schlacht im Gange war, gab er den Befehl zum Rückzug. Für viele kam er zu spät, andere befolgten ihn nicht, wie z.B. Fürst Gortschakow, der den noch nicht angegriffenen rechten Flügel befehligte.

Fürst Bagration hatte die Vorstadt Friedlands anzünden lassen, um den Feind aufzuhalten. Irrtümlich wurden dabei auch die drei Brücken in Brand gesetzt. Um 20 Uhr war Friedland in französischer Hand und damit die Schlacht eigentlich schon entschieden. Teile des geschlagenen linken Flügels hatten sich noch über die brennenden Brücken retten können, andere versuchten schwimmend oder durch Furten ans andere Ufer zu kommen, wobei viele ertranken. Als nun auch die französischen Truppen gegenüber dem rechten russischen Flügel angriffen, verließ auch Fürst Gortschakow viel zu spät das Kampffeld. Er fand das brennende Friedland schon von den Franzosen besetzt und die Brücken verbrannt. Seine Truppen wandten sich nun zu der Furt bei Kloschenen (zwei Kilometer nordwärts). Reiter und Infanterie hielten die nachdrängenden Franzosen in einem Halbbogen zurück, deren Artillerie aber feuerte pausenlos in die dicht gedrängten Massen im Fluß. Erst die einbrechende Nacht beendete den Kampf, und die von der Furt abgedrängte Kavallerie, und ein großer Teil der Artillerie konnte nach Allenburg entkommen und dort ihre Armee auf dem östlichen Ufer wieder erreichen.

Die geschlagene russische Armee – Teile, die auf dem Ostufer gestanden hatten, waren sogar unversehrt – wälzte sich in wirrem Durcheinander nach Wehlau. Nach drei Nachtmärschen seit Heilsberg glich sie nach der Schlacht in dieser vierten Nacht nur noch einem wilden Heerhaufen. Die siegestrunkenen Franzosen biwakierten auf dem Schlachtfeld. Nach eigenen Angaben hatten sie 1.620 Tote, 10.051 Verwundete und 443 Vermißte verloren. Die nicht bekannten russischen Verluste werden bedeutend höher gewesen sein. Endlich hatte Napoleon durch einen Zufall den großen Sieg errungen, den er so lange gesucht hatte. Meisterhaft hatte er die Chance zu nutzen gewußt. Sein Bulletin strahlt demgemäß seine Siegerstimmung aus: „Soldaten! Am 5. Juni griff uns die russische Armee an. Der Feind mißverstand unsere Untätigkeit. Zu spät merkte er, daß unsere Ruhe die des Löwen war. In einem Feldzug von nur zehn Tagen haben wir 120 Kanonen und sieben Fahnen erobert, 66.000 Russen getötet, verwundet oder gefangengenommen. Wir nahmen dem Feind alle Magazine, Lazarette, die Festung Königsberg mit 300 Schiffen in ihrem Hafen, beladen mit Heeresgut aller Art, 160.000 Gewehre, die England geschickt hatte, um unsere Feinde zu bewaffnen. Von den Ufern der Weichsel kamen wir mit der Schnelligkeit des Adlers zu denen der Memel. In Austerlitz habt ihr meinen Krönungstag gefeiert, in Friedland habt ihr würdig den Jahrestag der Schlacht bei Marengo begangen.“

Die russische Armee erreichte am 15. Juni vormittags Wehlau, ging über den Pregel, setzte hinter sich die Brücken in Brand und sammelte sich dann bei Petersdorf. Die nächste Verteidigungslinie wäre der Pregel gewesen, der 50 bis 70 Meter breit und ziemlich tief, die Verteidigung enorm begünstigt hätte. Bennigsen glaubte aber, daß seine Armee zu einem ernsthaften Kampf kaum fähig war. Es gab keine Versorgung der Truppen mehr, und Tausende hatten vom Hunger getrieben ihre Formationen, soweit sie noch bestanden, verlassen. Ohne gedrängt zu werden, verließ Bennigsen in der Nacht zum 16. die Flußlinie und zog in Richtung Tilsit weiter. Es war der fünfte Nachtmarsch in nicht unterbrochener Folge. Dieser Entschluß, der das preußische Korps in Königsberg preisgab, zeigt die Kopflosigkeit Bennigsens.

Auf die Nachricht von der Niederlage der Russen bei Friedland entschloß sich der Kommandant Königsbergs, General v. Rüchel, die letzten preußischen Truppen nicht bei der Verteidigung Königsbergs zu opfern, sondern sie dem König für die zu erwartenden Friedensverhandlungen zu erhalten. Am 15. Juni um 16 Uhr zog General L'Estocq mit dem preußischen Korps in Richtung Labiau ab und verbrachte die Nacht in Kaimen. Am 16. überschritt das Korps die Deime. An diesem Tag zogen die Franzosen in das von den Verteidigern verlassene Königsberg ein, wo ihnen große Lager mit Vorräten in die Hände fielen. Am nächsten Tag schlossen sie die Festung Pillau ein.

Der Übergang der Franzosen über den Pregel bei Tapiau veranlaßte das preußische Korps den Marsch am 16. bis Laukischken (neun Kilometer südöstlich von Labiau) fortzusetzen. Hier erhielt L'Estocq die dringende Aufforderung Bennigsens, schnellstens heranzukommen und glaubte deshalb, daß Bennigsen am nächsten Morgen angegriffen werden würde. Deshalb ließ er seine übermüdeten Truppen gleich wieder aufbrechen und weitermarschieren. Dieser anstrengende Nachtmarsch überstieg aber die Kräfte der Soldaten; über 2.000 blieben erschöpft an den Wegen liegen. Sie wurden von den Franzosen gefangengenommen oder entzogen sich durch Desertieren allen weiteren Leiden und Strapazen.

Mit der Aufgabe Königsbergs war die letzte Hoffnung auf einen erträglichen Ausgang des Krieges erloschen. Die Soldaten verloren das Vertrauen; Unzufriedenheit und Mutlosigkeit breiteten sich aus. Gerüchte gingen um, daß die preußischen Soldaten der russischen Armee eingegliedert werden und die Heimat nie wiedersehen würden. Der Krieg war zu Ende, die Zukunft völlig ungewiß, Hunger und Überanstrengung bis zum körperlichen Zusammenbruch behinderten klares Denken; es ist verständlich, daß viele das sinkende Schiff verließen. Scharnhorst urteilte später: „Das preußische Korps hätte die blutigste Schlacht liefern können und würde nicht so viele Menschen verloren haben, als es durch die forcierten Märsche auf dem Rückzug von Königsberg nach Tilsit verlor. Seine Bataillone schmolzen hierbei zum Teil bis zur Hälfte. Ebendies war auch der Fall mit der russischen Hauptarmee.“

Als General L'Estocq am 17. um 7 Uhr früh mit der Kavallerie in Mehlauken (Liebenfelde, 27 km westlich von Labiau) eintraf, war die russische Armee, die er hier treffen sollte, schon weitermarschiert. Sie war am Abend zuvor hier angekommen, ohne vom Feind verfolgt zu werden, aber Bennigsen hatte es offensichtlich sehr eilig, um über die Memel zu kommen. Nach und nach traf die völlig erschöpfte Infanterie ein. Die Nachhut hatte verlustreiche Gefechte mit den hart nachdrängenden Franzosen gehabt und erreichte erst am späten Nachmittag Mehlauken. Von dem Füsilierbataillon Wakenitz, das Königsberg mit 490 Mann verlassen hatte, kamen nur noch 30 Mann an. Am Abend zogen die Preußen weiter und vereinigten sich am Morgen des 18. Juni noch einmal mit der russischen Armee vor Tilsit.

Napoleon war von Friedland ebenfalls nach Wehlau marschiert und gab die Stadt seinen siegreichen Soldaten angeblich zwei Tage zur Plünderung frei. Am 16. Juni war drei Kilometer stromaufwärts der Stadt eine Brücke über den Pregel gelegt worden, aber Napoleon dachte zunächst nicht an einen Memelübergang der Verbündeten bei Tilsit, sondern an einen Marsch der Russen pregelaufwärts nach Osten. Erst am 17. erkannte er die wirklichen Vorgänge und wandte sich nun ebenfalls nach Tilsit. Bis dahin hatte es also keine Gefahr für die Russen gegeben, und die Gewaltmärsche wären unnötig gewesen.

Seit dem frühen Morgen des 18. rollte bereits die russische Bagage auf der einzigen Schiffsbrücke über die Memel. Erst jetzt stieß die Vorhut der Franzosen auf die Nachhut der Russen. Bennigsen ließ am Abend und während der Nacht die vereinigte Armee, die Russen zuerst, auf das Nordufer der Memel übergehen. Die Russen lagerten auf den Uferhöhen hinter der Niederung, östlich von Pogegen, die Preußen westlich davon.

Am 19. Juni um 11 Uhr vormittags jagten die letzten Kosaken der Nachhut über die Brücke, dicht gefolgt von französischer Kavallerie. Die Pontons waren mit teergetränktem Stroh angefüllt und das Geländer der Brücke damit umwickelt. Stabsoffiziere, die bereitstanden, setzten die Brücke in Brand, und die Verfolger rissen ihre Pferde vor den auflodernden Flammen zurück. Bald strömten die Franzosen in die Stadt. Ein Quartiermacher belegte für Napoleon das Haus des Justizrats Siehr und stellte einen Offizier mit 15 Mann davor auf. Napoleon, der eine halbe Stunde später eintraf, wählte aber das hochgelegene Haus des Amtsrats Köhler, weil er von hier aus den Strom und das jenseitige Ufer übersehen konnte. In der Stadt, die nur 700 Haushalte hatte, bezogen 10.000 Mann Garde Quartier. Sie beschlagnahmten alle Lebensmittel und Backhäuser, wobei sie brutal und gewalttätig vorgingen. „Der 20. und 21. Juni waren die traurigsten Tage, die ich je erlebt habe", schrieb Siehr, „für keinen Preis war Brot zu haben […]". Obwohl weder Brot noch andere Lebensmittel aufzutreiben waren, erhielt der Magistrat eine Aufforderung nach der anderen zur Lieferung von Lebensmitteln, Pferdefutter und allen anderen Versorgungsgütern für die Armee.

General v. Bennigsen hatte zwar das Mißgeschick, einem der größten Feldherrn der Geschichte gegenüberzustehen, aber er hatte auch wiederholt Maßnahmen unterlassen, die selbst ein wenig begabter Heerführer hätte durchführen müssen. Während Napoleons Offiziere mit glühendem Eifer seine Eroberungspläne ausführten, auch wenn er seine Soldaten rücksichtslos und ohne Bedauern in den Tod schickte,* sahen viele russische Offiziere den Krieg in Ostpreußen nur als einen Freundschaftsdienst des Zaren für den König von Preußen. In ihrem Oberbefehlshaber sahen sie einen Fremden und murrten über den deutschen Einfluß in der russischen Führung. Viele gehörten der einflußreichen russischen Friedenspartei an oder standen ihr nahe, die in Napoleon keine Gefahr für Rußland sehen wollte und für die Beendigung des Krieges eintrat, den der Zar nur für Preußen führte.

In der preußischen Heeresführung hatte man schon lange die Fähigkeit und noch mehr den guten Willen Bennigsens bezweifelt. Etliche Offiziere sahen in ihm einen Beauftragten der Friedenspartei, wenn auch im Verborgenen, und hielten seine Bemühungen, gegen Napoleon zu kämpfen, nur für eine Tarnung seiner tatsächlichen Ziele. In seinen Berichten an den Zaren hatte Bennigsen die militärische Lage als hoffnungslos, und die Armee als nicht mehr kampffähig dargestellt; der Feind müsse darum um Waffenstillstand gebeten werden. Der Zar konnte sich gegen die durch die Mißerfolge Bennigsens immer stärker gewordene Friedenspartei an seinem Hof, deren eifrigster Verfechter sein Bruder, Großfürst Konstantin, war, nicht

---

* Zu den Eigenschaften eines großen Feldherrn scheint zu gehören, daß er keine Gefühle für Menschenleben haben darf. Als Fürst Metternich am 28. Juni 1813 in Dresden Napoleon zu einem Frieden der Vernunft überreden wollte, wobei er auch auf die zu erwartenden französischen Menschenopfer hinwies, antwortete Napoleon erregt: „Je me f... bien de la vie de deux cents mille hommes!" Etwas höflicher übersetzt heißt das: „Ich gebe einen Dreck um das Leben von 200.000 Menschen!"

mehr durchsetzen. Darum ließ er Bennigsen den folgenden Brief überreichen: „Als ich Euch ein schönes Heer anvertraute, das so viele Beweise von Tapferkeit gegeben hat, war ich weit entfernt, Nachrichten zu erwarten, wie Ihr sie Mir jetzt mitteilt. Wenn Ihr außer einem Waffenstillstand kein anderes Mittel kennt, um aus dieser drückenden Lage zu kommen, so erlaube ich Euch, dazu zu schreiten […] Ihr könnt urteilen, wie schwer ich mich zu diesem Schritt entschlossen habe."

Am 19. Juni ließ Bennigsen Napoleon den Wunsch nach einem Waffenstillstand übermitteln, auf den Napoleon antwortete, daß auch er dazu bereit sei.

Ganz Preußen, bis auf einige feste Plätze, war nun in Napoleons Hand. In Ost- und Westpreußen hielten noch die Festungen Graudenz und Pillau aus, in Pommern die kleine Festung Kolberg. Auch Memel, wo sich die königliche Familie aufhielt, war nicht von den Franzosen besetzt worden.

Der tapfere Kommandant der seit dem 22. Januar eingeschlossenen Festung Graudenz, General Courbière, hatte neben dem Feind von außen mit Krankheiten, Mangel an vielen Dingen und der Unzuverlässigkeit eines Teiles seiner Truppen zu kämpfen. Über 700 Mann starben an Krankheiten und etwa 800 desertierten, aber Courbière hielt weiterhin aus. Nach dem Abschluß des Friedens hielten die Franzosen die Blockade der Festung unter nichtigen Vorwänden noch bis zum 12. Dezember 1807 aufrecht. Danach beförderte der König Courbière zum Generalfeldmarschall.

Der Friede zu Tilsit

Nach dem Versagen der militärischen Kräfte Rußlands wollte Zar Alexander einer Verständigung mit Napoleon nicht ausweichen, auch wenn das dem Bartensteiner Vertrag zuwiderlief. Nach diesem durften Verhandlungen nur in Gemeinschaft mit Preußen geführt werden. Zudem war Alexander über Englands zaghafte Hilfe und Österreichs Zurückhaltung erbittert, deren Teilnahme am Kampf er erwartet hatte. Schon am 16. Juni schrieb er Friedrich Wilhelm: „Mit Bedauern verliere ich die Hoffnung, Ihnen nützlich zu sein, so sehr es mein Herz gewünscht hatte und so sehr die von mir eingesetzten Mittel dies zu versprechen schienen."

Napoleon umschmeichelte Alexander und beteuerte, wie hoch er ihn schätze und niemals feindliche Gedanken gegen Rußland gehegt habe. Dazu erklärte er, daß die Weichsel die wahre und natürliche Grenze Rußlands sei. Am 21. Juni schloß Frankreich mit Rußland Waffenstillstand. Mit Preußen, das nun allein der Besiegte war, wollte Napoleon gesondert verhandeln. Von seinem Bundesgenossen verlassen, war der preußische König der Gewalt des Siegers machtlos ausgeliefert und mußte ebenfalls um Waffenstillstand bitten.

Alexanders Zustimmung zu einer persönlichen Aussprache war Napoleon sehr willkommen. Am 24. abends begannen französische Pioniere zwei Flöße aus Balken herzustellen und etwas stromauf von der verbrannten Schiffsbrücke zu verankern. Am nächsten Tag errichteten sie auf dem einen Floß ein mit Segeltuch bespanntes Haus für die beiden Kaiser, auf dem anderen eines für ihre Begleiter. Die Pioniere hatten ihr Werk in dem seit dem 22. herrschenden stürmischen Regenwetter geschaffen. Am 25., pünktlich um ein Uhr, begaben sich die beiden Herrscher, unter Kanonenschüssen und Trompetensignalen der französischen und russischen Garden, die im Wechsel von beiden Ufern her- und hinüberschallten, mit ihrem Gefolge in die Boote. Auf den Flößen angekommen, umarmten sich beide Kaiser in voller Sicht der an beiden Ufern, trotz des Regenwetters, herbeigeströmten Soldaten.

In der zweistündigen Unterredung, ohne Minister, ging es um Preußen. Napoleon wollte es zertrümmert und die Hohenzollern entthront sehen. Darum hatte er mit Preußen noch keinen Waffenstillstand geschlossen, sondern nur die Übergabe der Festungen Kolberg, Graudenz und Pillau gefordert. Um sein Ziel zu erreichen, bot er Alexander die Weichsel als Westgrenze Rußlands an. Der Zar aber wollte seinen bisherigen Bundesgenossen auf keinen Fall vernichten. Auch das Angebot Napoleons, aller preußisch-polnischen Gebiete mit der polnischen Königskrone, lehnte Alexander ab, weil es an die Bedingung der völligen Zerstörung Preußens geknüpft war. Napoleon war über das Eintreten des Zaren für Preußen höchst erstaunt und fragte Alexander: „Aber sagen Sie mir doch, Sire, welcher Grund sie bewegen kann, für diesen König und dieses Preußen Partei zu ergreifen?" Da der Zar aber fest blieb, mußte Napoleon widerwillig dem König Preußens einen Teil seines Landes lassen.

Später bei den Friedensverhandlungen erklärte Napoleon dem preußischen Bevollmächtigten v. der Goltz: „Ohne die Fürsprache des Kaisers von Rußland wäre mein Bruder Jérôme König von Preußen geworden und die jetzige Dynastie verjagt worden." Und Zar Alexander sagte ein Jahr später zu dem französischen Botschafter Caulaincourt: „Die Rückerstattung eines Teiles der preußischen Staaten an den König von Preußen war für die Ehre Rußlands notwendig und unentbehrlich."

Machtlos in seinem eigenen Land stand derweil Friedrich Wilhelm in Wind und Regen, in einen russischen Offiziersmantel gehüllt am Ufer, während auf dem Floß sein Schicksal entschieden wurde. Wenn noch etwas für ihn zu retten war, lag es in den Händen Alexanders, der ihm einst geschrieben hatte: „Ich will eher meine Krone niederlegen, als dulden, daß der König von Preußen auch nur ein Sandkorn seines Besitzes verliert." In vielen Geschichtswerken wird Alexander ein ‚treuloser Bundesgenosse' und ‚wortbrüchiger Freund' genannt, was aber hätte er noch für den König tun können?

Nachdem noch eine zweite Besprechung auf dem Floß für den nächsten Tag vereinbart wurde, an der auch der König teilnehmen sollte, regte Napoleon an, Tilsit für neutral zu erklären. Er lud Alexander ein, mit einem Teil seiner Garde nach Tilsit überzusetzen, um die Friedensverhandlungen leichter zu gestalten. Der gleichen Einladung mußte auch der preußische König Folge leisten. Napoleon zog nun in das Haus des Justizrats Siehr um.

Bei der zweiten Zusammenkunft auf dem Floß ging Napoleon auf das Los Preußens gar nicht ein, sondern verlangte nur die sofortige Entlassung Hardenbergs, den er als hervorragenden Staatsmann fürchtete. Er wurde durch den Grafen v. der Goltz ersetzt, mit dem Napoleon ein leichteres Spiel hatte. Er zeigte deutlich seinen Unmut darüber, daß ihm am Tag zuvor die vollständige Vernichtung Preußens nicht gelungen war. Nach Beendigung der Unterredung lud er Alexander ein, am Abend bei ihm zu speisen, ohne die Einladung auch an den König zu richten. Als Friedrich Wilhelm Napoleon seine Begleiter vorstellte, erwies Napoleon ihm nicht die gleiche Höflichkeit, sondern zeigte diese erst bei späteren Zusammenkünften.

In Tilsit stand Napoleon auf dem Gipfel seiner Macht. Er veranstaltete große Feste und hielt Paraden und Manöver ab, an denen meistens auch König Friedrich Wilhelm teilnehmen durfte. Bei den Friedensverhandlungen konnten die preußischen Delegierten nichts erreichen. Daher kam Kalckreuth auf die Idee, daß Königin Luise mit ihrer Anmut und Freundlichkeit vielleicht mehr erreichen könne als die Diplomaten. Der König bezweifelte einen Erfolg, gab aber Kalckreuths Drängen nach. Die Königin erschrak über das Ansinnen, sich vor Napoleon, der sie beleidigt und verleumdet hatte, zu demütigen; sie fühlte sich seelisch erschöpft und körperlich unwohl, zumal sie ein Kind erwartete. Nach anfänglichem Sträuben willigte sie schließlich ein und bat nur um eine würdige Form der Zusammenkunft. Dem König schrieb sie: „Das ist das schmerzhafteste Opfer, das ich meinem Volke bringen kann, und nur die Hoffnung hat mich dazu bewegen können, ihm dadurch nützlich zu sein." Am 6. Juli folgte die Königin der Einladung Napoleons und begab sich nach Tilsit, wo sie das Ehrengeleit einer Eskadron französischer Gardedragoner erhielt. Etwa eine Stunde später machte Napoleon ihr seinen Besuch. Bei der Unterredung von 15 Minuten war nur Minister Talleyrand zugegen. Erfüllt von dem Vorsatz, wenn möglich Napoleon zu rühren, bat die Königin, trotz aller Versuche des Kaisers, sie von ihrem Vorhaben durch Zwischenfragen abzulenken, vor allem um Magdeburg, eine Provinz Preußens, die ihm seit 1666 gehörte. „Aber ich fühlte, daß ich zu einem Herzen aus Stein sprach", sagte sie später. Im ungeeigneten Augenblick trat der König ein, und Napoleon soll nachher zu Alexander gesagt haben: „Er erschien gerade zur rechten Zeit, eine Viertelstunde später, und ich würde der Königin alles versprochen haben." Napoleon lud das Königspaar zum Abendessen ein und verabschiedete sich. Bei Luises Ankunft vor Napoleons Quartier kam er ihr vor dem Haus entgegen und führte sie die Treppe hinauf. An der Tafel saß sie zwischen den beiden Kaisern. Später sagte Napoleon: „Die Königin von Preußen führte, trotz meiner Anrede und eifrigsten Bemühungen, ständig die Unterhaltung. Sie kam ganz nach ihrem Belieben immer wieder auf ihr Thema zurück und wählte es geschickt nach ihrem Gutdünken, aber immer mit so viel Takt, Scharm und Feingefühl, daß es nicht möglich war, ihr dies übelzunehmen. Auch muß man sagen, daß ihre Aufgabe wichtig und die Zeit kurz und kostbar war. Wäre sie früher eingetroffen, hätte das einen Einfluß auf unsere Verhandlungen haben können. Zum Glück war aber schon alles beschlossen. Es war offensichtlich, daß sie die eigentliche Herrscherin in Preußen war."

Als die Königin einsah, daß ihre Bemühungen erfolglos waren, sagte sie zu Napoleon: „Wie sehr würde ich Sie bewundern, Sire, wären Sie so großmütig wie Sie mächtig sind." Eine neue Einladung zum Abendessen nahm sie nur widerstrebend auf dringendes Zureden Alexanders an. Vor dem Essen hatten die drei Monarchen im Quartier Alexanders eine stürmische Unterredung. Als Friedrich Wilhelm die Friedensbedingungen für ihn erniedrigend nannte, schrie Napoleon wütend: „Es ist meine Absicht, Preußen zu demütigen. Ich will, daß es keine politische Macht mehr in Europa ist!" Auf Alexanders Einwand erwiderte er: „Es muß immer ein glühender Haß gegen die Franzosen bei den Preußen bestehen. Diese Völker können sich nicht versöhnen [...]" Demzufolge war die Stimmung beim Abendessen so, daß Napoleon schon nach einer Stunde die Tafel aufhob. Beim Abschied reichte Napoleon der Königin eine Rose. Als sie diese mit den Worten: „Zumindest mit Magdeburg" annahm, erwiderte er: „Ich muß Eure Majestät darauf hinweisen, daß es mir zukommt, Sie zu bitten und Ihnen, anzunehmen oder abzulehnen." Als Luise den Wagen bestieg sagte sie noch: „Sire, Sie haben mich furchtbar enttäuscht."

Ihrem Bruder Georg schrieb Luise: „Ich fand in Tilsit einen Götzen, der angebetet wird und die anderen Gekrönten mit Füßen tritt." Bei den Tilsiter Verhandlungen bemühte sich auch Graf v. der Goltz vergeblich um bessere Friedensbedingungen. Napoleon unterbrach ihn mit den Worten: „Mein Herr, vergessen sie nicht, daß Rache mein erstes Gefühl ist, und ich will es befriedigen. Die Preußen haben mir geschadet, und ich will mich rächen. Es ist keine Rede davon, noch zu verhandeln, denn ich habe bereits alles mit Zar Alexander verabredet. Der König von Preußen hat seine Stellung nur ihm zu verdanken."

Hierauf verwies Napoleon den Grafen an Talleyrand, der ihm kaum Zeit ließ, die Artikel näher anzusehen und in zwei Tagen die Unterschrift verlangte. So kam der Tilsiter Friede zustande, von dem der Franzose Lefebvre sagte: „Niemals verfügte die materielle Gewalt frecher über die Grundsätze von Recht und Anstand, niemals eine menschliche Macht willkürlicher über die Geschicke der Völker [...]"

Am 7. Juli schloß Napoleon mit Zar Alexander Frieden, dem es noch gelang, Graudenz für Preußen zu retten. Rußland erhielt das bisher preußische Gebiet Bialystock und den in Aussicht gestellten Erwerb Finnlands. Dafür trat es der Kontinentalsperre bei, die der eigenen Wirtschaft großen Schaden zufügte, und es würde Frankreich im Kampf gegen England unterstützen.

Am 9. Juli nahmen die beiden Kaiser mit großer militärischer Prachtentfaltung Abschied voneinander und verließen Tilsit. Justizrat Siehr berichtet: „Alexander hat seinem Wirt einen Ring von 1.000 Talern Wert und 300 Dukaten gegeben. Von mir wurde keine Notiz genommen, doch bleibt mir die Ehre."

Noch am späten Abend des 9. Juli um 11 Uhr mußte v. der Goltz den Frieden mit Preußen unterschreiben. In diesem verlor es alle Länder westlich der Elbe, aus denen das neue Königreich Westfalen unter König Jérôme gebildet wurde. Aus den polnischen Gebieten, die bei der Zweiten und Dritten Teilung Polens unter dem Namen Südpreußen und Neuostpreußen dem preußischen Staat angegliedert worden waren sowie dem Südteil Westpreußens (einschließlich des Kulmerlandes, jedoch ohne Graudenz) entstand das Herzogtum Warschau, das in Personalunion mit dem Königreich Sachsen verbunden wurde.

Danzig wurde mit einem erweiterten Landgebiet dem Namen nach eine Freie Stadt, in Wirklichkeit ein französischer Stützpunkt, der von einem französischen Gouverneur mit einer starken Besatzung beherrscht wurde.

Die Festlegung der Ostgrenzen im Tilsiter Frieden legen den Vergleich mit dem Versailler Diktat nahe. Entgegen den dringenden Wünschen der Polen ließ Napoleon die Verbindung zwischen Ostpreußen und dem übrigen Staat bestehen und verweigerte die Schaffung eines „Polnischen Korridors".

Von den 316.041 Quadratkilometern Preußens blieben noch 163.241, von 9.744.000 Einwohnern noch 4.938.000 übrig. Die Armee mußte auf 80.000 Mann reduziert und die Solda-

Königin Luise (1776–1810), die mit einem Minimum an höfischer Konvention aufgewachsen war, entzog sich strenger Etikette gerne, wofür das Volk sie stets liebte. Obwohl Luise keinerlei politische Ambitionen hatte, setzte sie sich für Preußen ein, sei es in Verhandlungen mit dem „Götzen" Napoleon, der ihr zutiefst zuwider war, sei es in der Durchsetzung der Steinschen Reformen, deren Wichtigkeit sie erkannte.

ten aus den abgetretenen Gebieten entlassen werden. Der Staat Friedrichs des Großen war vernichtet und Preußen aus der Reihe der Großmächte gestrichen. An dem Tag, an dem Preußen den Tilsiter Frieden unterschrieb, traf Österreichs General v. Stutterheim in Tilsit ein, um die „bewaffnete Vermittlung" Österreichs anzubieten. So wiederholte sich das „Zu spät" Preußens vom Jahre 1805 jetzt auf österreichischer Seite.

Mit Polen trieb Napoleon ein besonders hinterhältiges Spiel. Alle Fürsorge, die Preußen den neuen Provinzen (Süd- und Neuostpreußen) zuwandte, hatten nicht die Zuneigung der Polen gewonnen. Aus den Kreisen derer, die gegen die Teilungsmächte gekämpft und dafür von den Franzosen gelobt worden waren, hatten sich viele in das Frankreich der Revolution und Menschenrechte begeben. Sie hofften jetzt, mit französischer Hilfe das alte Polen wieder herzustellen.

Napoleon zog die Polen mit ihren Ansprüchen auf seine Seite, ohne je an die Errichtung eines großen polnischen Staates zu denken. Um möglichst viel aus ihnen herauszuholen, nährte er ihre Hoffnungen. Die Polen klammerten sich an ihn, ohne zu sehen wie sie mißbraucht und verachtet wurden.

Im Krieg Napoleons gegen Preußen regten sich sogleich Aufstandsabsichten. Je näher die Franzosen kamen, um so mutiger wurden die Polen. Als am 3. November 1806 französische Reiter in Posen einzogen, erlebten die Deutschen eine Schreckenszeit. Sie wurden ausgeraubt, mißhandelt und viele von ihnen ermordet. Unter dem Jubel der polnischen Bevölkerung zog Napoleon am 27. November in Posen ein. Bis zum 31. Januar 1807 hatte er ausgiebig Gelegenheit, wie er oftmals sagte, sie in ihrem eigenen Land genau kennenzulernen. Er ließ den General Dombrowski aus Italien kommen, um eine polnische Armee aufzustellen, auf die er großen Wert legte. Doch die Leistungen entsprachen nicht der Begeisterung und enttäuschten ihn sehr. Es kam zu keinen Erhebungen in Galizien und Russisch-Polen. Die Aufstände in den preußischen Teilen Polens hatten keinen Einfluß auf die Kriegführung und dienten nur der Ausplünderung der Deutschen.

Auch die Polen waren nicht befriedigt, zumal sie rücksichtslos zu allen Lasten herangezogen wurden. Sie klagten über die hohen Kriegssteuern, das Adelsaufgebot versagte und die Leibeigenen mußten zu den Waffen geprügelt werden. Die französischen Soldaten weigerten sich, gemeinsam mit Polen kaserniert zu werden. Dazu warteten die Polen vergebens auf die Ausrufung eines polnischen Königreiches. Sie hofften aber auf die Zukunft. Wie hoch ihre Hoffnungen gingen, verrät eine polnische Denkschrift von 1807. Zur Sicherung Frankreichs und Polens sollte Deutschland ein lockerer Staatenbund und auf den Raum zwischen Rhein und Oder beschränkt werden. Die Ansprüche Polens auf die deutschen Länder östlich der Oder sind also nicht neu.

Das Zwischenspiel des im Tilsiter Frieden geschaffenen Herzogtums Warschau dauerte nicht lange. Die Niederlage Napoleons in Rußland zerstörte auch die Hoffnungen der Polen, die beim Beginn des französischen Vormarsches bereits einen neuen polnischen Staat ausgerufen hatten. In der Völkerschlacht bei Leipzig kämpften polnische Truppen unter Dombrowski für Napoleon. Mit seinem Sturz endete das Herzogtum Warschau. Die kurze Zeit dieses Zwischenspiels brachte den betroffenen Gebieten keinen Segen. Der Strom der deutschen Kultur, der mit großem Aufwand dorthin gelenkt worden war, hörte auf zu fließen, und die Stelle preußischer Ordnung nahm wieder polnische Mißwirtschaft ein. Die Zivilisation sank hier wieder auf das alte Niveau zurück.

Unter der Willkür Napoleons

Die Lebensaufgabe Königin Luises bestand darin, den schwachen Charakter ihres Mannes zu stützen. Ihre schwerste Aufgabe war gewiß die, den tiefgekränkten, depressiven König von der geplanten Abdankung abzuhalten.

Da Napoleon Preußen in Tilsit nicht zu vernichten vermochte, wollte er wenigstens verhindern, daß es leben konnte. Am 12. Juli 1807 unterschrieb Kalckreuth leichtfertig einen unerfüllbaren Vertrag, nach dem Preußen zwar am 1. November von den Franzosen geräumt werden sollte, aber nur, wenn bis dahin die Kriegskosten in Höhe von 112 Millionen Franken bezahlt wären. So viel Geld war im ganzen Land nicht vorhanden und eine ausländische Anleihe in Preußens gegenwärtiger Lage nicht zu erhalten. Die Franzosen gingen daher zunächst nur hinter die Passarge zurück und ließen sich weiterhin von dem erschöpften Staat unterhalten. Alle Bemühungen, die teuren Gäste loszuwerden, schlugen fehl. Allein in den sechs Monaten bis zum Jahresende 1807 lieferte der nun um die Hälfte reduzierte preußische Staat: 1.079.065 Scheffel Brotgetreide, 1.322.122 Scheffel Hafer und 1.195.162 Scheffel andere Früchte sowie ungeheure Werte an anderen Leistungen. Der Staat verfügte in diesem halben Jahr über Einnahmen (aus dem unbesetzten Teil Ostpreußens) von 386.000 Taler, wurde aber gezwungen 2,5 Millionen Taler auszugeben.

Das wichtigste, das Napoleon im Tilsiter Frieden erreicht hatte, war, neben dem Kaltstellen Preußens, die Möglichkeit gegen England vorzugehen. Seine Waffe, auf die er große Hoffnungen setzte, war die schon im Oktober 1806 verfügte Sperre des Handels mit England für das europäische Festland. Weil in den von Napoleon beherrschten Ländern die Sperre am schärfsten kontrolliert werden konnte, kam der Handel hier fast vollständig zum Erliegen. Die Kaufleute der Hafenstädte des Preußenlandes, die aus der Ausfuhr der einheimischen und russischen Landesprodukte nach England ihren Hauptgewinn gezogen hatten, mußten alle Verbindungen mit England abbrechen. Die Preise aller sonst von England eingeführten Waren, besonders Kolonialwaren, stiegen ungeheuer an. Dazu war die Kaufkraft der Bevölkerung durch den Krieg und seine Folgen so gut wie erloschen. Die Wirkung der Kontinentalsperre wurde besonders nach der Ausschaltung der dänischen Flotte spürbar.

Nachdem England die spanische, holländische und französische Flotten beseitigt hat, ist nur noch Dänemark eine starke Seemacht. Napoleon plant, die Ostsee zu sperren, wobei das neutrale Dänemark zum Beitritt der Koalition gezwungen werden soll, damit seine Flotte den Sund sperrt. Die englische Flotte segelt darauf nach Dänemark und fordert ein Bündnis, bei dem die gesamte dänische Flotte bis zum Frieden in England verwahrt werden soll. Als diese freche Zumutung abgelehnt wird, beschießen die Engländer vom 1. bis 5. September 1807 Kopenhagen mit Brandgeschossen, wobei Teile der Stadt mit vielen Todesopfern in Schutt und Asche sinken. Dann wird die gesamte dänische Flotte kassiert und nach England gebracht. Mit diesem größten Piratenstreich der Geschichte auf ein neutrales Land ist der letzte europäische Konkurrent Englands auf den Meeren beseitigt.

Von allen preußischen Ländern hatten Ost- und Westpreußen am schwersten gelitten. Durch den langen Aufenthalt der großen Heeresmassen war das Land ausgeraubt und leerrequiriert worden. Ungeheure Kontributionen waren schon vor dem Friedensschluß von den Franzosen erpreßt worden. Ein Wagenzug nach dem anderen mit Beutegut war nach Frankreich geschickt worden. Selbst das Altargerät und Kirchensilber war diesen Weg gegangen. Obwohl die Franzosen der gleichen römischen Kirche angehörten, wurden von den 95 katholischen Kirchen Ermlands 49, von 75 Pfarreien 66 ausgeplündert. Auch das bischöfliche Palais in Frauenburg und die Residenz in Heilsberg waren verwüstet. Die Verluste an ermländischem Kirchengut betrugen 172.598 Reichstaler.

Manche Landesteile, besonders die Gebiete an der Alle und Passarge, wo konzentrierte Truppenmassen ihre Winterquartiere gehabt hatten, waren kaum noch bewohnt. Ludwig von Baczko berichtet, daß es dort noch 1809 Orte gab, wo noch kein einziges Haus wieder aufgebaut, die Dorfstelle mit hohem Gras bewachsen, die ganze Feldmark unbestellt war und mehr als drei Viertel der Einwohner gestorben oder weggezogen waren. In anderen Orten fehlten bis zu zwei Drittel der Bevölkerung. Im Jahre 1810 waren im Amt Allenstein noch 81, im Amt Heilsberg 200 und im Amt Wormditt noch über 300 Bauernstellen unbesetzt und unbearbeitet.

Die Landwirtschaft litt unter den enormen Verlusten des Viehbestandes. Nach der amtlichen Feststellung des Rechnungsrats Radefeld betrugen diese im Jahre 1807 (ohne das litauische und Marienwerdersche Kammerdepartement) 75.750 Pferde und 228.800 Rinder im Wert von 23.820.498 Reichstalern. Dazu kamen Materialien (Lebensmittel, Getreide, Wagen, Schlitten, Pferdegeschirr u.ä.) mit dem Wert von 75.529.058 Talern. Unter sonstigen Verlusten ist die Summe von 56.899.997 Talern aufgeführt. Schäden solchen Ausmaßes, die 156 Millionen Taler nur in diesem einen der drei Bezirke überstiegen, hatten den bisherigen Wohlstand der Bevölkerung vollständig ausgelöscht. Damit nicht genug, vernichtete eine durch den

Krieg eingeschleppte Rinderseuche fast den gesamten noch übriggebliebenen Viehbestand. Durch den Ausfall von Milch, Butter, Käse und Schlachtvieh, erreichte die schon vorhandene Notlage katastrophale Ausmaße.

Unter der hungernden Bevölkerung wütete 1807 die Ruhr. In diesem Jahr starb ein Viertel der Bevölkerung durch Gewalttaten, Seuchen und Hunger. Die Bevölkerung Ermlands z.B. verringerte sich von 95.905 im Jahre 1805 auf 68.576 (28,5 Prozent) am Ende des Jahres 1807. Die Anzahl der Dorfbewohner von Plausen (Kr. Rößel) ging von 382 zu Beginn des Jahres 1807 auf 53 im Jahre 1812 zurück, ein Verlust von 86 Prozent. Das Ausmaß der Not kann man sich heute kaum vorstellen. Mancher Bauer wußte nicht, ob er den letzten Scheffel Getreide säen oder zur Mühle bringen sollte, um seiner hungernden Familie noch einmal etwas Brot zu geben. Die Behörden gaben Listen wild wachsender eßbarer Kräuter heraus. Das war die ganze Hilfe des Staates.

Manche Städte hatte das Unglück besonders schwer getroffen. Liebstadt war vollständig niedergebrannt (7. Mai 1807). Angeblich war das Feuer von den Franzosen gelegt worden. Im Mai brannte auch Seeburg durch Fahrlässigkeit der dort einquartierten Russen ab. Auch Heiligenbeil war in diesem Jahr mit den letzten Laubenhäusern, dem Rathaus und den Stadttoren einem Brand zum Opfer gefallen. Schwer hatten die Schlachtorte Preußisch Eylau und Friedland sowie Napoleons Hauptquartier Osterode gelitten. Nachdem ein Großfeuer die Stadt Rößel im Vorjahr vernichtet hatte und die Bürger noch beim Wiederaufbau waren, brannten am 21. Juni 1807 die zwei Hauptflügel des Schlosses aus.* Das Feuer war von den Sträflingen des dort untergebrachten Zuchthauses angelegt worden, die größtenteils aus den polnischen Gebieten Neuostpreußens stammten. Sie hatten gehofft, dadurch von den in der Stadt lagernden französischen und polnischen Truppen befreit zu werden.

Napoleon wollte seine Armee so lange als möglich in Preußen lassen und schraubte deshalb die Bedingungen für ihren Abzug immer höher. Königin Luise klagte in den Briefen an ihre Geschwister, daß Napoleon die einst blühenden Provinzen Ost- und Westpreußen bis zur Verelendung aussauge und immer neue Forderungen stelle. Auf Napoleons Anweisung erklärte der französische Stabschef Berthier, er werde die Zivilverwaltung so lange im Besitz halten, bis 154 Millionen Frank bezahlt sind. Da dies unmöglich war, blieben 160.000 Franzosen weiter im Land, wo sie besser als in Frankreich oder im Gebiet eines Verbündeten leben konnten. Nirgendwo sonst könnten sie so frech auftreten. Sie wollten ihr Fleisch nur in Butter gebraten haben, das Roggenbrot nannten sie einen Hundefraß, und die beste Biersuppe gossen sie ihren gutwilligen Wirten fluchend vor die Füße.

Der durch den Unterhalt der Truppen auf dem Land lastende Druck wurde unerträglich und verhinderte nicht nur jeden Versuch einer Wiederbelebung der Wirtschaft, sondern richtete sie immer weiter zugrunde. Am Ende des Jahres 1807 sandte der verzweifelte König darum seinen Bruder Wilhelm nach Paris, um für jeden möglichen Preis die Räumung zu erreichen. Napoleon war jedoch mit der Situation in Preußen sehr zufrieden und wies alle Angebote ab. Die französische Armee werde weiterhin in Preußen bleiben.

Außer deren Unterhalt mußten noch die von den Franzosen aufgelegten Kontributionen aufgebracht werden, die z.B. allein für Ostpreußen acht Millionen Franken betrug. Der Stadt Königsberg wurde dazu noch eine extra Zahlung von vier Millionen Franken aufgebürdet, die nur durch Anleihen aufgebracht werden konnte. Königsberg hat an dieser Verschuldung fast 100 Jahre (bis 1901) gezahlt. Elbing zahlte an seiner Schuldenlast länger als 100 Jahre, und ähnlich erging es vielen Städten.

Ende des Jahres 1807 gelang es mit einer Zahlung von 182.000 Talern, die von der Stadt Elbing geliehen wurden, die Franzosen einen weiteren Schritt zurückzubewegen; sie räumten Ostpreußen bis hinter die Weichsel. Darauf konnte die königliche Familie am 18. Januar 1808 in ein einfaches Landhaus bei Königsberg, am Westrand der Hufen, ziehen. Der gegenüberliegende Park wurde später Luisenwahl genannt. In ihm stand das Denkmal der Königin mit der Inschrift: „Dem Genius Preußens – der unvergeßlichen Königin Luise – die Königs-

---

* Bei der Notlage des Staates blieb die Ruine dem Wetter ausgesetzt liegen, und die abgebrannten Bürger holten sich davon Ziegel für ihren Häuserbau. 1822 schenkte der König die Ruine der evangelischen Kirchengemeinde und bewilligte ihr zur Wiederherstellung 11.000 Taler. Der Südflügel wurde daraufhin als evangelische Kirche eingerichtet.

berger Bürger 1874." Ab Januar 1808 war Ostpreußen die einzige unbesetzte Provinz. Das übrige Staatsgebiet (mit allen Einnahmen) blieb weiter besetzt, weil die Kriegsschuld noch nicht bezahlt, ja noch nicht einmal endgültig festgesetzt war.

Die Kontinentalsperre legte die ganze Wirtschaft Preußens weitgehend lahm. Da vorher der größte Teil des zum Verkauf kommenden Getreides von England aufgekauft worden war, traf die Sperre die östlichen Agrargebiete besonders schwer. Sie zerstörte nicht nur den blühenden Ostseehandel, sondern auch den nach Übersee, vor allem mit Leinwand. Auch hiervon wurde, neben Schlesien, besonders das Preußenland betroffen, wo die Leinweberei eine wichtige Einnahmequelle für einen großen Teil der Bevölkerung war. Die Errichtung des Herzogtums Warschau beraubte Preußen eines günstig gelegenen Absatzmarktes und wirkte als Schranke gegen den Handel mit dem fernen Osten. Hinzu kam der Kampf um den deutschen Binnenmarkt. Andere Länder, die ebenfalls ihre bisherigen Absatzmärkte durch die Kontinentalsperre verloren hatten, bemühten sich hier einen Ersatz zu schaffen und stießen dabei mit den gleichen Bestrebungen Preußens zusammen. Die Sperre schadete den mit Napoleon verbündeten Staaten weit mehr als England.

Als die Lage Napoleons durch Spaniens Erhebung und die drohende Haltung Österreichs schwieriger wurde, kam durch erneutes Eingreifen des Zaren, den Königin Luise nach schwierigen Verhandlungen dazu gebracht hatte, ein neues Abkommen am 8. September 1808 zustande. Die noch zu zahlende Kriegsschuld wurde auf 140 Millionen Frank festgesetzt, obwohl inzwischen schon viele Millionen gezahlt worden waren und Frankreich die Staatseinnahmen im besetzten Gebiet kassiert hatte. Die französische Armee würde innerhalb 30 Tagen Preußen verlassen, jedoch 10.000 Mann als Besatzungen der Festungen Stettin, Küstrin und Glogau, würden bleiben, die weiterhin von Preußen zu unterhalten seien. In den nächsten zehn Jahren darf Preußen nicht mehr als 42.000 Mann unter Waffen halten. So erhielt der König, mehr als ein Jahr nach dem Friedensschluß, sein halbes Reich zurück, das ihm noch verblieben war. Bis dahin hatte Ostpreußen (bis zur Weichsel) allein die Kosten für die Staatsverwaltung und das Heer aufbringen müssen, und auch allein die Lasten der Kriegsentschädigung neben seiner eigenen Kontribution getragen. Erstmalig war dazu in Ostpreußen eine Einkommensteuer eingeführt worden. Ab 1809 konnten diese Lasten über das ganze Land aufgeteilt werden.

Als der letzte polnische Bischof von Ermland, Ignaz Krasicki, 1795 das Erzbistum Gnesen übernommen hatte, war der Reichsgraf Karl von Hohenzollern Bischof geworden. Dieser hatte sich in Oliva aufgehalten und sich nur selten in seiner Diözese sehen lassen. Durch seine feudale Lebensweise hatte er bei seinem Tod 1803 eine Schuldenlast von 42.000 Reichstalern hinterlassen. Der König hatte darum angeordnet, daß bis zur Tilgung der Schulden zwei Drittel der bischöflichen Einkünfte einzubehalten seien und die Wahl eines neuen Bischofs bis dahin ausgesetzt werde.

Im Fruhjahr 1808 war die Schuldenlast abgetragen, worauf das Domkapitel am 6. Juli den einzigen Kandidaten des Königs, Josef Prinz von Hohenzollern, zum Bischof wählte. Das Ermland hatte somit fünf Jahre keinen Bischof gehabt, in denen Weihbischof Andreas von Hatten das Bistum verwaltet hatte. Anders als sein Onkel Karl, war Josef ein frommer Priester, der im gegebenen Rahmen so bescheiden wie möglich lebte. Auch er regierte seine Diözese von Oliva aus und hielt sich nur im Sommer im Schloß Schmolainen auf.

Den Abzug der Franzosen hatte die preußische Regierung mit sofortiger Zahlung von 70 Millionen Franken (der Hälfte der festgesetzten Kriegsschuld) erkaufen müssen. Diese riesige Summe hoffte der Staat durch den Verkauf von Staatsdomänen aufzubringen. König Friedrich Wilhelm I. hatte zwar 1713 die gesetzliche Unverkäuflichkeit der Domänen festgelegt, und bis zum Zusammenbruch Preußens waren sie in Erbpacht vergeben worden. Die Zeit für den Verkauf war wegen der Kriegsfolgen äußerst ungünstig. In dem verarmten Land gab es nur wenige, die in der Lage waren, größere Güter zu kaufen. Als nach langen Verhandlungen der Verkauf 1811 in Fluß kam, waren etwa 50 Prozent der Käufer die bisherigen Pächter, die übrigen reiche Kaufleute, Staatsbeamte und zu einem geringen Teil Gutsbesitzer. Ab 1811 durften auch Juden Domänen kaufen. Ein wesentlicher Teil ging in die Hände der Heereslieferanten über. Da der Staat nicht in der Lage war, ihre Forderungen mit Geld zu bezahlen, mußte er sie mit staatlichem Grundbesitz entlohnen. Zum Beispiel stellte Hillel Jankel Finkelstein Forderungen von 77.000 Taler, wofür er alle Domänen des Amtes Mehlauken (Liebenfelde im Kr. Labiau) beanspruchte. Die Militärverwaltung riet aufs dringendste seine Forderungen zu erfüllen, da sonst die Lieferungen für die Lazarette eingestellt werden würden. Für Verpflegungslieferungen erhielt der Händler Ruppel die Domänen Althof-Memel und Grünheide. Der Kaufmann Jagmin erhielt ebenfalls für Verpflegungslieferungen die Domänen Caporn, Margen und Bischdorf für zusammen 115.200 Reichstaler. Während der preußische Staat zusammenbrach und größte Not im Land herrschte, wurden einige Leute sehr reich. Wegen der Notzeit waren die Preise sehr niedrig angesetzt, und alle Käufer machten ein gutes Geschäft auf Kosten der Staatskasse. Dazu legte mancher Gutsbesitzer für Heereslieferungen, die nicht er, sondern seine Bauern geleistet hatten, neben echten Lieferscheinen oft sehr fragwürdige Bescheinigungen vor.

Obwohl diese Papiere, wenn überhaupt, einen geringen Wert hatten, nützten die Besitzer die günstige Gelegenheit und erwarben damit Domänenbesitz zum vollen Nennwert. Es wurden bei weitem nicht so viele Domänen verkauft wie man geplant hatte, und die Einnahmen erfüllten nicht die Erwartungen. Von größerer Bedeutung war der Verkauf der Staatsforste, die ein Vielfaches der Bodenfläche der verkauften Domänen betrugen. Die Domänenverkäufe, die eine Umschichtung der Besitzverhältnisse bewirkten, hörten in Ostpreußen erst 1848 im Rahmen der Separation auf.

Reformen in schwerster Zeit

Nach der von Napoleon befohlenen Entlassung Hardenbergs war der preußische Staat praktisch führerlos. Der einzige, der Hardenberg hätte ersetzen können, war der Reichsfreiherr Karl von und zum Stein. Seit 1780 hatte er im preußischen Staatsdienst gewirkt, aber der König hatte ihn mit zornigen Worten am 4. Januar 1807 von seinem Ministerposten verjagt, weil seine Vorschläge für Reformen die absolute Gewalt des Königs eingeschränkt hätten. Auch der zaghafte König sah endlich ein, daß Preußen den genialen Stein, den auch Hardenberg aus seinem Asyl dringend empfahl, nötig brauchte. Ihn aber zurückzugewinnen, wenn überhaupt möglich, konnte nur der politisch klügeren Königin gelingen. Der mit Recht beleidigte Stein machte ihr diese Aufgabe nicht leicht. Daß sie schließlich doch gelang, war einer der größten politischen Verdienste der Königin Luise. Stein, gewiß der fähigste Staatsmann seiner Zeit, übernahm am 10. Juli 1807 in Memel als leitender Minister der preußischen Regierung sein schwieriges Amt. Seinem Wirken verdankt Preußen grundlegende Neuordnungen, die später als Musterbeispiele von anderen Staaten übernommen wurden. Er forderte nicht nur die Teilnahme des Volkes an der Verwaltung, sondern auch an der Gesetzgebung. Das große Reformwerk wurde von Hardenberg aus Riga weitmöglichst unterstützt.

Das berühmte Edikt vom 9. Oktober 1807 beseitigte diesmal wirklich und endgültig die Leibeigenschaft der Bauern. „Nach Martini [11. November 1810] gibt es in Preußen nur noch freie Leute", heißt es darin. Das bisherige Untertänigkeitsverhältnis hört sofort auf, alle gesetzlichen Unterschiede zwischem adligem und nichtadligem Eigentum sind ausgelöscht. Daß die bisher immer noch einflußreichen Adligen diese Beseitigung ihrer Rechte, da sie doch ihrer Meinung nach ein „fundiertes Recht" auf die Untertänigkeit der Bauern hatten, hinnehmen mußten, war wohl nur in einer solchen Notzeit möglich. Die Befreiung der Domänenbauern war in Ostpreußen schon von 1719 bis 1723 weitgehend durchgeführt worden und von Friedrich dem Großen 1777 noch weiter befördert worden. Stein beseitigte die letzten Reste ihrer Unfreiheit und machte vor allem die Bauern der adligen Grundherren frei, was bisher keinem König trotz besten Willens gelungen war. Damit schuf er die maßgebliche Grundlage für den heutigen Typ des Bauern.

Am 19. November 1808 gab die Städtereform diesen die kommunale Selbstverwaltung. Von jetzt ab hatte jede Stadt durch die Stadtverordneten und den Magistrat sich selbst zu regieren. Der bisherige staatliche „Steuerrat" wurde abgeschafft. Auch die mittelalterliche städtische Gerichtsbarkeit hörte auf und ging an staatliche Gerichte über. Das Edikt vom 24. November 1808 schuf eine einheitliche Staatsverwaltung und ein Staatsministerium mit moderner Ressorteinteilung.

Schon 1801 hatte Scharnhorst in Berlin die „Militärische Gesellschaft" gegründet, der u.a. auch v. Boyen, Clausewitz und Kleist angehörten. Ihre Reformvorschläge konnten aber erst nach dem Zusammenbruch des alten Staates durchgeführt werden. Zopf und Puder waren aber schon 1807 aus der Armee verschwunden. Da auch Spießrutenlaufen und Stockschlagen genannt werden, wurden diese Strafen trotz aller vorherigen Bemühungen anscheinend erst jetzt endgültig abgeschafft. Die alten traditionsreichen Namen der Regimenter verschwanden; ein von Grund auf neues Heer wurde aufgebaut.

Dem großen Reformwerk Steins brachte der preußische Adel heftigsten Widerstand entgegen. Aber noch ein anderer Gegner mußte besiegt werden: jene Gruppe von Phantasten, die in selbstmörderischer Freude die Vernichtung des alten Staates bejubelten und in der Verherrlichung der Feinde und ihres machtgierigen Kaisers nicht genug tun konnten.

Durch Abfangen eines Briefes erhielt Napoleon Kenntnis von den weitreichenden Plänen Steins. So konnte dieser die Reformen nicht zu Ende führen. Im Dezember 1808 forderte Napoleon die Auslieferung Steins, um ihn als Staatsfeind abzuurteilen. Der König mußte somit nicht nur seinen fähigsten Minister entlassen, sondern ihn sogar von seiner Polizei verfolgen lassen. Es gelang Stein jedoch, nach Böhmen zu entkommen.

Stein wurde 1812 nach Rußland gerufen. Er veranlaßte Zar Alexander, den russischen Verteidigungskrieg im Frühjahr 1813 als europäischen Befreiungskrieg gegen Napoleon weiterzuführen. Als Berater Rußlands nahm er am Wiener Kongreß teil und wird mit Recht als der wahre Überwinder Napoleons angesehen. In mehreren Denkschriften machte er Vorschläge für eine deutsche Reichsverfassung. Sein Werk in Preußen wurde von Fürst Hardenberg fortgesetzt, und Generationen konnten an dem weiterbauen, was er begonnen hatte. Seine Ideen fanden Eingang in die Weimarer Verfassung und in die anderer Staaten.

Steins Reformen liefen weiter. 1810 wurde die Gewerbefreiheit erweitert, das Finanzwesen straff geregelt und 1811 die bäuerlichen Lasten abgelöst.

Der Leiter des Schulwesens, Wilhelm von Humboldt, reformierte das höhere Schulwesen und begründete das humanistische Gymnasium. Alle Lehrer höherer Schulen mußten ihr Examen vor einer „wissenschaftlichen Deputation" in Königsberg, Berlin oder Breslau ablegen. Die 1788 in Preußen eingeführte Reifeprüfung erhielt 1812 ihre endgültige Form und wurde Voraussetzung für das Universitätsstudium. 1812 erhielten die Juden alle staatsbürgerlichen Rechte. Steins Ideen eilten seiner Zeit weit voraus.

Auch wenn die Steinschen Reformen die Grundlage für den Aufbau des Gesamtstaates bildeten, so sind sie doch besonders mit Ostpreußen verbunden, wo sie erdacht und zuerst durchgeführt wurden. Zum erstenmal seit Friedrichs Zeiten wurde wieder regiert, und das Volk erkannte trotz aller Not, daß es zu einem Staat gehörte, dessen Regierung sich wirklich um das Wohl seiner Untertanen sorgte und das Bestmögliche für sie tat. Damals verband sich die deutsche Nationalidee mit dem preußischen Staatsgedanken.

1808 hatten sich die Spanier gegen Napoleon erhoben und brachten ihm schwere Niederlagen bei. Das verleitete auch Österreich, sich gegen ihn zu erheben. Es hoffte, neben England auch Preußen und Rußland als Verbündete zu gewinnen. Der Zar stand aber treu zu Napoleon, und Preußen hätte nur zusammen mit Rußland mitgemacht. Österreich stand somit allein da. Napoleon besiegte die Österreicher in der Schlacht bei Wagram am 5. und 6. Juni 1809. Die Niederlage davor bei Aspern (21./22. Mai) war die erste Schlacht, die Napoleon verlor, änderte aber nichts am Ausgang des Krieges. So endete Österreichs Erhebung mit neuem Unglück. Im Frieden zu Schönbrunn (14. Oktober 1809) verlor es weitere Gebiete. Die Tiroler setzten auch nach dem Frieden ihren Freiheitskampf fort, wurden aber schließlich auch besiegt. Ein Verräter lieferte den Führer der Erhebung, Andreas Hofer, den Franzosen aus, die ihn am 20. Februar 1810 in der Festung Mantua erschossen.

Nach der Scheidung seiner ersten Ehe heiratete Napoleon 1810 die Tochter Marie Luise des österreichischen Kaisers Franz II.

Bei Österreichs Erhebung gerieten in Preußen patriotisch gesinnte Offiziere an den Rand der Meuterei, und etliche nahmen unter Protest ihren Abschied. An vielen Orten in ganz Deutschland begehrten kleine Gruppen auf, aber es fehlte jede Kommunikation, Planung und ein Zusammenspiel. Major Ferdinand von Schill brach eigenmächtig mit seinen Husaren auf und hoffte, damit eine allgemeine Erhebung zu veranlassen. Er fiel in Stralsund, elf seiner Offiziere wurden in Wesel erschossen, und über 500 seiner Soldaten endeten auf französischen Galeeren.

Napoleon hatte die geheimen Absichten Preußens erfahren, da auch schon die Zahlungen an Frankreich eingestellt worden waren. Wütend warf er Preußen vor, den Krieg geplant und den Vertrag gebrochen zu haben, wofür es bestraft werden müsse. Er verlangte erhöhte Geldzahlungen, die völlige Entwaffnung Preußens, die Abtretung Schlesiens und die Übersiedlung des Königs von Königsberg nach Berlin, um ihn besser überwachen zu können. Darauf kehrte die königliche Familie mit der preußischen Regierung, nach dreijähriger Abwesenheit, am 23. Dezember 1809 nach Berlin zurück. Napoleon ließ vorerst Schlesien bei Preußen und stimmte sogar zu, daß Hardenberg im Juni 1810 wieder als erster Staatsminister zurückkehren durfte.

Am 19. Juli 1810 starb plötzlich Königin Luise bei einer Reise zu ihrem Vater, erst 34 Jahre alt. Ihren Tod betrauerte das Volk mehr als den irgend eines Königs. Feldmarschall Blücher äußerte: „Wenn jetzt die ganze Welt in die Luft fliegen würde, wäre mir das gleichgültig." Luise hatte ihrem Volk ein leuchtendes Vorbild in tiefster Not gegeben. Ihrer Klugheit und ihrem diplomatischem Geschick verdankte der König die Lösung manch schwieriger Aufgabe. Noch kurz vor seinem Tode sagte Napoleon zu seinem Arzt: „Ich hatte große Hochachtung vor der Königin von Preußen. Sie war nicht nur schön und hoheitsvoll, sondern auch von einem starken, kämpferischen Geist beseelt."

Napoleons Zug nach Rußland

Napoleon war mit Rußland unzufrieden. Der Zar hatte zwar im Krieg von 1809 ein österreichisches Korps vom Kriegsschauplatz ferngehalten, aber sonst nichts getan. Dazu wurde die Kontinentalsperre in Rußland mit größter Lässigkeit gehandhabt. Napoleons Ziel nach der Alleinherrschaft in Europa drängte ihn zur Niederwerfung Rußlands, was auch Zar Alexander erkannte. Die gewaltsame Einverleibung der Nordseeküste und Lübecks ins französische Kaiserreich, die Ende 1810 erfolgt war, sowie die Absetzung seines Verwandten, des Herzogs von Oldenburg, hatten ihn gewarnt. Während er sich 1809 gegen Friedrich Wilhelm ablehnend verhalten hatte, suchte er 1811 ein Bündnis mit ihm, das der König zu dieser Zeit aber nicht wagen durfte.

Am 24. Februar 1812 zwang Napoleon Preußen zu einem Bündnis, nach dem es ein Hilfskorps von 20.000 Mann mit 60 Geschützen für den Krieg gegen Rußland zu stellen hatte. Außerdem mußte es den französischen Heeren den Durchmarsch gestatten und sie dabei ernähren. Damit kam ein neues Unheil über das Preußenland. Ohne Recht und Vertrag besetzte Napoleon auch noch Spandau und Pillau. Eine Anzahl preußischer Offiziere verließ die Armee, um nicht gegen den alten Bundesgenossen kämpfen zu müssen. Ein Teil davon trat sogar in russische Dienste und kämpfte auch gegen die Preußen.

Kein Krieg wurde bisher in einem so gewaltigen Umfang vorbereitet. Die „Grande Armée" von 610.058 Mann, 182.111 Pferden, 1.300 Geschützen und etwa 20.000 Troßwagen marschierte an der Weichsel zwischen Danzig und Pulawy auf. Der größte Teil davon waren zwangsverpflichtete Deutsche. Neben Österreichern, Bayern, Preußen, den Truppen der Rheinbundländer und des Königreichs Westfalen gehörten auch Holländer, Schweizer, Italiener und Polen dazu. Diese Riesenflut von Menschen und Pferden ergoß sich nun, nachdem in Westpreußen Lebensmittel und Futter aufgezehrt waren, über Ostpreußen.

Um die Forderungen der durchziehenden Truppen zu erfüllen, ohne die Bevölkerung gewalttätigen Plünderungen auszusetzen, hatte sich die Regierung bemüht, die Versorgung ausreichend vorzubereiten. Dazu war Ostpreußen in Versorgungsbezirke eingeteilt, in denen jeweils in Magazinen große Vorräte an Lebensmitteln und Pferdefutter gelagert werden sollten. Solche Magazine gab es in fast allen Städten des Landes. Obwohl die Vergütung verhältnismäßig hoch war, bemühten sich die Depotdirektoren vergeblich die Magazine durch freiwillige Lieferungen zu füllen. Auch die folgenden Zwangsmaßnahmen hatten wenig Erfolg, da infolge der Mißernte von 1811 großer Mangel herrschte. Mit den Zwangslieferungen wurden die letzten Vorräte aus dem Land gepreßt. Das etwa 1.500 Einwohner zählende

Schippenbeil mußte z.B. je 2.100 Scheffel Roggen- und Weizenmehl, 624 Scheffel Gemüse und 502 Schlachttiere abgeben. Zum Füttern ihrer Pferde ließen die Truppen das wachsende Korn abgrasen, so daß auch die nächste Ernte zum Teil vernichtet wurde. Bei der riesigen Anzahl der durchziehenden Truppen war alle Bereitwilligkeit vergebens und die geordnete Versorgung aus den mangelhaft gefüllten Magazinen unmöglich.

In Bischofstein erbrachen die ersten französischen Soldaten das Magazin und raubten es vollständig aus. Was sie nicht während ihres Aufenthalts verbrauchten, wurde auf geraubte Fuhrwerke geladen und mitgenommen. Die nächsten Truppen zwangen die Bewohner unter brutalen Mißhandlungen ihnen wieder Unterhalt zu geben, und so ging es weiter, bis alle Lebensmittel, Futtervorräte, Vieh, Wagen und Pferde fortgenommen waren. Als der Kommandant von Rastenburg die Stadt Bischofsburg aufforderte, eine gewisse Menge Getreide und Heu zu liefern, antwortete der Magistrat am 30. Juni 1812: „Die verlangte Fourage können wir hier unmöglich auftreiben. Es hat hier noch kein Magazin existiert; alle hier durchgezogenen Truppen sind von der Stadt nicht allein verpflegt worden, sondern selbige haben auch alle Vorräte gewaltsamer Weise mitgenommen."

Eine Liste der von Bischofsburg erbrachten Leistungen nennt u.a.: Gestellung von 50 zwei- und vierspännigen Fuhrwerken für Marschstrecken bis zu 30 Meilen (über 200 km). Requiriert (geraubt) wurden 40 Pferde, 15 Wagen, 180 Scheffel Roggen, zehn Scheffel Erbsen, 655 Scheffel Hafer, 1.177 Scheffel Gerste, 5.298 Pfund Rindfleisch, 1.027 Liter Branntwein, 8.172 Liter Bier, 1.691 Ellen feine und 415 Ellen grobe Leinwand.

Die Bürger, bei denen die letzten Truppen nichts mehr vorfanden, hatten furchtbare Gewalttaten zu erleiden, obwohl Preußen doch nun ein Verbündeter der Franzosen war. Die Plage nahm kein Ende; von Mai bis August durchzogen Truppen fortwährend das Land oder lagen hier im Quartier. Als die Truppen den Befehl erhielten, sich für 20 Tage mit Marschverpflegung zu versorgen, war das nichts anderes als ein Befehl zu rücksichtsloser Erpressung und Ausraubung der Zivilbevölkerung, wobei das Allerletzte genommen wurde. Die Franzosen brachten es fertig, aus dem erschöpften Land noch Werte von über 300 Millionen Franken an Leistungen herauszuziehen. Reichlich zwei Fünftel des Gesamtschadens, der dem preußischen Staat 1812 entstand, hatte allein Ostpreußen zu tragen.

Preußische Pioniere legten bei Tilsit eine Brücke über die Memel, deren Bau am 23. Juni um 6 Uhr abends beendet war. Zwei Stunden später begann der Übergang des 10. Korps, dessen wichtigste Truppen die Preußen waren. Dieses Korps hatte die Aufgabe, den linken Flügel der Hauptarmee zu sichern, mit der Napoleon in der gleichen Nacht die Memel bei Kowno zu überschreiten begann. Als Napoleon Stallupönen, die letzte deutsche Stadt verließ, mußten ihm zu Ehren die Kirchenglocken geläutet werden. Das österreichische Korps, das den rechten Flügel sicherte, ging über den Bug vor.

Obwohl die ganze russische Armee kaum 300.000 Mann zählt, endet der Feldzug Napoleons in einer Katastrophe. Zunächst gelingt es ihm, die Russen bei Smolensk und Borodino zu schlagen und in das von den Einwohnern verlassene Moskau einzurücken (14. September). Am nächsten Tag brennen die Russen die Stadt nieder. Alle Friedensangebote Napoleons werden auf Steins Rat vom Zaren in Petersburg nicht beantwortet.

Napoleons Armee steht 2.500 Kilometer von Frankreich entfernt, vom Nachschub so gut wie abgeschnitten, in einem verwüsteten, armen und feindlichen Land. Seinen 110.000 Mann stehen jetzt 140.000 Russen gegenüber. Beim Einbruch des Winters befiehlt er am 19. Oktober den Rückzug, der bald zur Flucht wird. Eine verlorene Schlacht zwingt die Armee auf demselben Weg verbrannter Erde zurückzugehen, auf dem sie gekommen war. Bei schneidender Kälte und heulenden Schneestürmen ziehen die Kolonnen, bald ohne Verpflegung, ohne Artillerie und dann ohne Pferde durch die menschenleere Eiswüste. Hungrig und frierend müssen sich die erschöpften Soldaten immer wieder zum Kampf stellen, um die fortwährenden Angriffe der Russen abzuwehren. An den zurückgelassenen Toten finden die nachfolgenden Russen manchmal grausige Beweise von Kannibalismus. Fast gelingt den Russen die Einkesselung der Franzosen, die unter großen Verlusten über die Beresina gelangen (26./27. November). Nur etwa 30.000 können sich retten. Napoleon verläßt am 5. Dezember die Reste der vernichteten „Grande Armée" bei Wilna und flieht mit einem Schlittengespann nach Paris, um mit einer neuen Armee den Krieg fortzusetzen. Der Feldzug hat ihn 552.048 Mann, etwa

167.000 Pferde und 1.200 Geschütze gekostet. Die Menschenverluste, von denen weniger als die Hälfte Franzosen waren, sind bis auf überlebende Gefangene als Tote anzusehen. In der gesamten Kriegsgeschichte gehört dieser Rückzug Napoleons zu den größten Niederlagen einer Armee überhaupt.

Die verwilderten Haufen überfluteten nun bettelnd Ostpreußen, sammelten sich bei Elbing und zogen dann weiter. Viele der jammervollen, zerlumpten Gestalten hatten Erfrierungen erlitten oder waren krank. Durch ihr früheres Benehmen hatten sie sich tausendmal den Haß der Bevölkerung verdient, jedoch wurden sie überall mitleidvoll versorgt. Trotz der Hilfsbereitschaft der Bewohner gab es einige Fälle von Plünderungen. Nur ein Fall ist bekannt, in dem Bauern angeblich eine Gruppe gewalttätiger Plünderer bei Döhlau (Kr. Osterode) erschlagen und in einen kleinen See geworfen haben sollen, der darauf „Franzosensee" genannt wurde.

Das preußische Korps unter General Hans David Ludwig Graf Yorck von Wartenburg hatte schon vor Riga geheime Verhandlungen mit den Russen aufgenommen. Marschall Macdonald, der Befehlshaber des 10. Korps, ließ Yorck im Stich und eilte mit seinen französischen Truppen zurück, wobei er sich bei Piktupönen (26. Dezember) den Weg nach Tilsit durch die von Osten vorrückenden russischen Truppen Generals v. Wittgenstein erkämpfen mußte. Am 25. Dezember verlegte der von Norden vorgehende russische General Hans von Diebitsch (bis 1801 preußischer Offizier, ab 1820 russischer Generalstabschef) den preußischen Truppen den Rückweg nach Tilsit. Die am Zarenhof wirkenden Personen, Stein, Clausewitz und Nesselrode, drängten Yorck zu der „Konvention von Tauroggen". Am 30. Dezember 1812 schloß York eigenmächtig, ohne Wissen und Zustimmung des Königs, in der Mühle von Poscherun bei Tauroggen mit den in russischen Diensten stehenden Generalen Diebitsch, Graf Dohna und Clausewitz den Vertrag, in dem sich das preußische Korps von Napoleon lossagte und damit die Befreiung Europas einleitete. Den Brief an den König schloß Yorck mit den Worten: „Jetzt oder nie ist der Moment, Freiheit und Größe wieder zu erlangen."

Preußens Erhebung

Der Abfall des preußischen Korps vereitelte die Pläne Marschall Murats, der nach Napoleons Abreise Oberbefehlshaber war, eine Verteidigungslinie an der Memel aufzubauen. Er konnte sich jetzt in Ostpreußen nicht mehr halten und zog alle noch verwendbaren Truppen nach Danzig zurück, um sich dort zu verteidigen. Die Russen folgten über Elbing und schlossen Danzig ein.

Das französische Hauptquartier war seit dem 11. Januar in Posen, wo sich Gruppen der aus Rußland kommenden Reste der Großen Armee sammelten. Andere wurden von den von Franzosen besetzten Festungen in Polen und Preußen aufgenommen. Am 17. übergab Murat den Oberbefehl an Prinz Eugène und reiste nach Neapel ab. Das Bayrische Hilfskorps unter Karl Fürst von Wrede zog über Thorn weiter. Das Denkmal für die rund 30.000 Bayern in München, die unter Frankreichs Fahnen in Rußland geblieben waren, trägt die Inschrift: „Auch sie starben für des Vaterlands Befreiung." Das polnische V. Korps konnte sich selbst in seiner Heimat nicht mehr reorganisieren und löste sich restlos auf. Fürst Schwarzenberg, der das österreichische Korps führte, hatte, wie Yorck, ebenfalls eine Konvention mit den Russen abgeschlossen. Er rückte mit seinen Truppen am 7. Februar aus Warschau nach Galizien ab. Das französische Korps Reynier hatte sich schon vorher von ihm getrennt und wurde am 13. bei Kalisch von den Russen vernichtet.

General Yorck zog am 8. Januar 1813 mit dem ersten Teil seiner Truppen in Königsberg ein und begann sofort durch Einstellung von Rekruten sein Korps zu verstärken. Am 11. schickten 29 ständische Deputierte eine Adresse an den König, in der sie ihn baten, die Erhebung von seiner Person aus in die Wege zu leiten. Sie erklärten sich zu jedem dazu notwendigen Opfer bereit.

Am 13. wagte Yorck einen zweiten selbständigen Schritt und teilte dem König mit, daß er mit den Russen gemeinsam gegen Napoleon operieren werde. Am 22. Januar erschien Stein mit der Vollmacht des Zaren, wonach er bis auf weiteres die Leitung der Behörden überneh-

Nach der Niederlage bei Jena und Auerstedt (1806) kam aus dem deutschen Volke ein Ruf nach innerer Erneuerung. Zentrum dieser Reformgesinnung war zunächst die Königsberger Albertina, nach
Gründung der Berliner Universität (1810) auch diese. In flammenden Reden rief Graf Yorck von Wartenburg (oben) noch vor einer Anweisung des zögernden Königs zur allgemeinen Volksbewaffnung auf.

men und die Kräfte des Landes für den Kampf gegen Napoleon organisieren sollte. Sein ungestümes Vorgehen stieß zwar auf Widerstand, aber für den 5. Februar 1813 wurde der Landtag einberufen, der die Mittel für die Aufrüstung bewilligte. 6.000 Rekruten waren schon freiwillig eingerückt und weitere 13.000 wurden bewilligt. Die Landwehr sollte auf 20.000 Mann mit 10.000 Mann Reserven gebracht werden, die von den Gemeinden und Domänen zu unterhalten waren. Alle waffenfähigen Männer zwischen 18 und 45 Jahren, ausgenommen Geistliche und Lehrer, aber einschließlich der Beamten, waren zum Dienst in der Landwehr verpflichtet. Auf Vorschlag Yorcks billigte der Landtag auch die Aufstellung eines aus Freiwilligen bestehenden „Preußischen National-Kavallerieregiments" von 1.000 Mann. Der größte Teil dieser Freiwilligen kam aus dem Memelland und aus Masuren. Am 8. Februar 1813 kapitulierte Pillau, die erste Festung der Franzosen, die im Befreiungskrieg zurückerobert wurde. Das geschah bereits fünf Wochen bevor der König offiziell Frankreich den Krieg erklärte. Am 21. Februar gab Yorck den Befehl zum Vormarsch auf Elbing und Marienburg.

Die Erhebung in Ostpreußen mit der Eröffnung des Krieges gegen Frankreich war nicht nur ohne Zustimmung des Königs, sondern gegen seine Anordnungen geschehen. Die Konvention von Tauroggen hatte er mit der Absetzung Yorcks beantwortet und befohlen, ihn vor ein Kriegsgericht zu stellen. Der Bote des Königs wurde aber von den russischen Vorposten nicht durchgelassen, so daß Yorck erst verspätet davon erfuhr. Ein Schreiben, das Yorck nach Beendigung des Landtags an den König sandte, schloß wieder mit den Worten: „Jetzt oder nie ist der Zeitpunkt, wo Preußen diese Unabhängigkeit durch die Anstrengung aller Kräfte wieder erwerben kann, nur darf der geflügelte günstige Moment nicht ungenutzt verstreichen."

Stein hob die Kontinentalsperre auf, und die dadurch aus ihrer Not befreiten Königsberger Kaufleute bewilligten 300.000 Taler für die Aufrüstung. Weil gerade Ostpreußen so furchtbar unter den Franzosen gelitten hatte, kam hier die Volkserhebung über alle noch bestehenden Bedenken hinweg mit elementarer Wucht zum Ausbruch. Wieder zogen Russen in großen Scharen durch Ostpreußen und drängten die Franzosen bis hinter die Oder, dann bis hinter die Elbe zurück. Dieses Mal war ihre Versorgung und Disziplin weit besser, und sie gaben der Bevölkerung wenig Anlaß zu Klagen.

Der verängstigte preußische König befand sich in einer Zwangslage. Seine Furcht vor Napoleon war so groß, daß er nicht wagte, Yorcks Tat zu billigen. Napoleon hatte einen Feldzug verloren, war aber nicht besiegt. Noch immer standen 80.000 seiner Soldaten im Land, und in Frankreich stellte er neue Divisionen auf. Seine Forderung nach neuen Hilfstruppen lehnten Preußen und Österreich ab. Um der Aufsicht der Franzosen zu entgehen, zog der König am 23. Januar mit der Regierung nach Breslau. Der Zar drängte zu einem Bündnis gegen Napoleon, und Abordnungen aus allen Landesteilen bestürmten Friedrich Wilhelm, nun endlich zu handeln. Nach langer „Bearbeitung" durch Scharnhorst und Blücher billigte der König das Verhalten Yorcks schließlich, und am 26. Februar kam das Bündnis mit Rußland zustande. Der 71jährige Blücher wurde Oberbefehlshaber der Armee und begann sofort neue Truppen aufzustellen. Die Bewaffnung und Ausbildung der zu Tausenden herbeiströmenden Freiwilligen war bei dem allseitigen Mangel eine ungeheure Aufgabe.

Die Begeisterung und Opferfreudigkeit im Volk war grenzenlos: „Jeder gab viel, viele gaben alles." Der letzte Spargroschen, das letzte Stück Silber wurden geopfert. Hunderttausende goldene Eheringe wurden für eiserne eingetauscht, die mit der Aufschrift versehen waren: „Gold gab ich für Eisen." Manche Frauen ließen sich, wenn sie nichts anderes hatten, die Haare abschneiden und gaben diese, denn Frauenhaar war damals eine wertvolle Handelsware. Die 15jährige Nanni von Schmettau aus Bartenstein gab ihr schönes Haar, und Kommissionsrat Heun ließ daraus, zusammen mit gespendeten Gold- und Silbersachen, Schmuck herstellen, der dann 196 Taler und 80 Groschen einbrachte. In Ostpreußen war eine in anderen Provinzen unbekannte Zusammengehörigkeit der Klassen, Stände, Geschlechter und Religionen vorhanden. Hier wurde ‚am deutschesten' gedacht, geschrieben, gelebt und gehandelt.

Aus jedem Haus kam ein Opfer für den Kampf um die Freiheit: ein Vermögen, ein Menschenleben, waffenfähige Söhne, Wertgegenstände aus altem Familienbesitz und der Schmuck der Frauen. Man wartete nicht erst, bis Registrierung und staatliche Aufforderung eine Steuer verlangten. Noch lange galt es als Schande, Silber zu besitzen. Die Erhebung in

Ostpreußen riß auch die Zögernden mit. Hier taucht die berechtigte Frage auf, ob der preußische Staat und die anderen deutschen Länder ohne die Erhebung in Ostpreußen ihre Freiheit wiedergewonnen hätten. General Yorck, ohne dessen mutige Tat die Erhebung nicht möglich gewesen wäre, schrieb nach dem Krieg: „Die Bewohner Ostpreußens waren die ersten, die entschlossen und selbstverleugnend der Nation den Impuls zu großen Taten gaben, die freudig sich in die Reihen der Krieger gegen die Unterdrücker stellten und gläubig und unverzagt ihre Habe und ihr Leben dem ersten Schimmer wiederkehrender Freiheit zum Opfer brachten."

Am 10. März 1813 stiftete der König einen Orden, das „Eiserne Kreuz", den nicht wie bisher nur Offiziere und Adlige, sondern jeder erwerben konnte. Erst am 16. März, nachdem Zar Alexander in Breslau eingetroffen war und die Russen seit dem 11. März in Berlin standen, erfolgte die offizielle Kriegserklärung Preußens an Frankreich. Am 17. März erließ Friedrich Wilhelm den bekannten Aufruf *An mein Volk*, in dem ein absoluter Monarch erstmalig um Opfer und Hilfe seiner Untertanen bat. Am selben Tag wurde die Landwehrordnung erlassen, die alle männlichen Bewohner von 17 bis 40 Jahren ohne Ausnahme zum Heeresdienst verpflichtete, wie sie in Ostpreußen schon seit dem 7. Februar bestand. Am 17. März zog auch Yorck mit seinen Truppen unter dem Jubel der Bevölkerung in Berlin ein.

Fast drei kostbare Monate waren, außer den Ereignissen in Ostpreußen, ungenutzt vergangen, ehe es zur allgemeinen Erhebung kam. Ohne diese Verzögerung hätte der neue Krieg am Rhein beginnen können und viele Tausende Tote erspart. Jetzt hatte Napoleon die gefährlichste Zeit überstanden und konnte mit weit überlegenen Kräften an die Elbe zurückkehren. Man ließ den Franzosen auch genug Zeit, in den von ihnen besetzten Gebieten die ersten Versuche des Volksaufstandes blutig zu unterdrücken.

Am 21. April wurde das Gesetz über den Landsturm erlassen, das jeden männlichen Staatsbürger zwischen 16 und 60 Jahren, der nicht in der Landwehr diente, zum Schutz seiner Heimat mit der Waffe verpflichtete. Die ostpreußische Landwehr stand jetzt schon vollzählig unter Waffen. Auch die Aufstellung des Landsturms von 130.000 Mann vollzog sich in Ostpreußen im Sommer 1813 unter allseitiger Begeisterung; ein glänzendes Beispiel des Opfermutes einer Provinz, die erst im Jahr zuvor erneut schonungslos ausgeraubt worden war. Schon am 3. Mai traf das freiwillige Kavallerieregiment bei Blüchers Armee in Schlesien ein, und 20.000 Mann Landwehr mit 13.000 in Reserve verstärkten den russischen Heeresteil, der Danzig belagerte.

Der Krieg wogt ohne Entscheidung in Schlesien und Sachsen hin und her. Erst als Österreich in den Krieg eintritt (12. August 1813), verschiebt sich das Kräfteverhältnis zugunsten der Verbündeten. In der Völkerschlacht bei Leipzig (16. bis 19. Oktober 1813) wird Napoleon von den Verbündeten (Rußland, Österreich, Schweden, Preußen) besiegt. Gegen 255.000 Verbündete kann Napoleon nur 165.000 Mann aufbieten. Sein sächsisches Hilfskorps läuft zu den Verbündeten über, und er flieht mit seinen französischen Truppen, etwa 85.000 Mann, über den Rhein. Fürst Schwarzenberg hatte auf Anweisung Kaiser Franz' II. (Napoleons Schwiegervater) den Fluchtweg aus dem eingeschlossenen Leipzig für Napoleon offengehalten. Wegen dieser Gefälligkeit muß der Krieg weitergeführt werden, der noch Tausende das Leben kosten wird. Bayern hat schon am 14. Oktober die Front gewechselt; der Rheinbund löst sich auf, und die noch besetzten Festungen ergeben sich.

Die Hauptlast des Krieges und der Schlacht bei Leipzig hatte, wie üblich, das preußische Korps getragen. In fast allen Geschichtswerken wird die Erstürmung des Grimmaischen Tors durch das ostpreußische Landwehrbataillon unter dem Königsberger Regierungsrat Friccius besonders hervorgehoben, das als erstes, unter ungeheuren Verlusten, in die Stadt einbrach. In dem Brief an seine Frau Rike schreibt Major Friccius: „Am Tore, das verrammelt war, wurde mir mein kostbares Pferd [...] schwer verwundet. Ich kam glücklich herunter und tat den Dienst zu Fuß. Mit eigener Hand stieß ich eine Mauer ein, kroch zuerst hindurch und war so der erste in der Stadt, wie es die Pflicht des Kommandeurs ist. Meine Leute folgten mir zum großen Teil und unter dem fürchterlichen Kugelregen drangen wir vor. Der Erfolg war, daß wir tausende von Franzosen in der größten Flucht vor uns hertrieben. Mein Häuflein aber wurde immer kleiner, zuletzt nur noch 15–20 Mann. Hätte man uns nicht im Stich gelassen, so wäre Leipzig beim ersten Angriff erobert und Napoleon, der noch darin war, gefangengenommen. Über unsern Wert und Mut werden höhere und öffentliche Urteile entscheiden, darum weiter kein Wort davon. Der Sturm mußte 4–5mal wiederholt werden[,] und mit tief bekümmertem Herzen muß ich gestehen, daß die Hälfte meines Bataillons ein Opfer geworden ist […]"

Auf dem Schlachtfeld lagen 80.000 Tote oder, was viel schlimmer war, Verwundete, die größtenteils erst nach qualvollen Leiden starben, denn es gab für sie keine ausreichende Versorgung. Die langen Reihen der Kreuze mit den ostpreußischen Namen auf dem am Grimmaischen Tor gelegenen Johannisfriedhof verschwanden um 1900. Nur die Gedenktafeln in den ostpreußischen Kirchen trugen noch bis 1945 die Namen derer, die damals ihr Leben ließen.

Danzig wurde von General Rapp verteidigt. Seine Besatzung bestand aus 35.000 Mann aus Rußland geretteter Truppen verschiedener Nationen, von denen nur etwa zwei Drittel dienstfähig waren. Das Belagerungskorps unter dem russischen General, Alexander Fürst von Württemberg, war erst im Sommer 1813 stark genug, um mit etwa 40.000 Mann zum Angriff übergehen zu können.

England hatte 100 schwere Geschütze geliefert, und vor Danzig ankerte eine englisch-russische Flottille. Ein Angriff war nur von dem erhöhten Gelände im Westen möglich, wo auch die stärksten Verteidigungsanlagen waren. Die Niederung östlich und südlich der Festung war von der Weichsel überflutet.

In Danzig herrschten Mangel und Krankheiten. Schon im Sommer waren täglich 60 Mann gestorben, jetzt brach auch noch Typhus aus. Am 2. September gelang es den Angreifern den Vorort Langfuhr und nach langen erbitterten Kämpfen auch die westlichen Höhen zu besetzen. Am 17. Oktober begann die Beschießung der Stadt aus 142 Geschützen, die sich hauptsächlich gegen die mit Vorräten angefüllte Speicherinsel richtete. In der Nacht zum 1. November gelang es dort ein Großfeuer zu entfachen, bei dem zwei Drittel der Speicher abbrannten. Mehrmals hatten die Schiffe die Verteidigungswerke von Weichselmünde und Neufahrwasser beschossen, mußten aber wegen stürmischen Wetters den Pillauer Hafen aufsuchen. Als nach schweren Kämpfen der für die Verteidigung entscheidende Bischofsberg in die Hände der Angreifer zu fallen drohte, bat Rapp am 29. November um Waffenstillstand. Am 1. Januar 1814 würde er demnach die Festung übergeben, denn nur so lange würden bei knapper Bemessung die Reste der Lebensmittel reichen.

Da die zur Besatzung gehörenden Rheinbundtruppen schon entlassen worden waren, marschierten am 2. Januar nur noch 8.000 Franzosen und Italiener aus Danzig ab. Auf den Wällen blieben 400 Geschütze stehen. In den elf Monaten der Belagerung waren über 19.000 Mann von Rapps Truppen gestorben. Danzig war als „Freistaat" von Franzosen und Polen aufs ärgste ausgesogen worden. Der Stadt waren ungeheure Lasten aufgebürdet worden, und ihr blühender Handel war vernichtet, so daß die Rückkehr zu Preußen als Erlösung empfunden wurde. Es dauerte jedoch Jahrzehnte, bis die Schäden überwunden waren.

Im Januar 1814 gehen die Verbündeten über den Rhein; am 31. März 1814 ziehen sie in Paris ein. Napoleon dankt am 11. April ab und erhält die Insel Elba als Aufenthalt zugewiesen. Der Erste Friede zu Paris (30. Mai 1814) gibt Frankreich die Grenzen von 1792 wieder und setzt den Bruder, Ludwig XVIII., des hingerichteten Königs auf den Thron.

Am 1. September 1814 tritt der Wiener Kongreß zusammen, um die politischen Verhältnisse Europas neu zu ordnen. Die zum Teil stürmischen Verhandlungen schleppen sich bis zum 19. Juli 1815 hin und vermitteln den Eindruck lästiger Unterbrechungen eines rauschenden Dauerfestes. Der Fürst von Ligne sagte: „Le Congrès danse, mais il ne marche pas [Der Kongreß tanzt, aber er kommt nicht vorwärts]." Der Wiener Hof gab täglich 50.000 Gulden allein für Mahlzeiten, für den ganzen Kongreß über 16 Millionen Gulden aus.

Man versuchte das Rad der Geschichte zurückzudrehen und die alten Zustände der absolut herrschenden Dynastien wieder herzustellen, die vor der Französischen Revolution geherrscht hatten. Die Delegierten wollten nach all dem Aufruhr Ruhe, die nicht durch Revolutionen und Forderung des Volkes nach Freiheiten, sondern nur durch die stabile, gottgewollte Ordnung der absolut regierenden Fürsten gewährleistet werden konnte. So wurden die alten Mächte und Zustände wieder hergestellt, die bald eine neue Revolution herausforderten.

Während der Kongreß feiert und tanzt, aber kaum arbeitet, landet Napoleon am 1. März 1815 in Frankreich, zieht am 20. triumphierend in Paris ein und stellt sogleich wieder eine Armee auf. Die Delegierten erschrecken und beeilen sich jetzt, den Kongreß zu Ende zu bringen. Am 25. März tagt in Wien eine Viermächtekonferenz, in der Österreich, Rußland, England und Preußen ihr Bündnis gegen Napoleon erneuern und Maßnahmen beschließen, den Friedensstörer erneut zu beseitigen.

Der Wiener Kongreß stellt das Gleichgewicht der fünf Großmächte Frankreich, England, Rußland, Österreich und Preußen wieder her. Preußen erhält die Provinz Posen, den Netzedistrikt, Thorn und Danzig zurück, dazu die Rheinprovinz, den größten Teil Westfalens, die Hälfte Sachsens und Vorpommern. Der größte Teil des Herzogtums Warschau wird als Königreich Polen durch Personalunion mit Rußland verbunden. Nur ein winziger Rest bleibt als „selbständiges" Polen bestehen: die Republik Krakau, unter dem Schutz der drei Großmächte.

Die Einigung Deutschlands und die Wiedererrichtung des Reiches, von so vielen Patrioten während der Befreiungskriege ersehnt und erhofft, erfüllt sich nicht. Nach langwierigen Verhandlungen wird schließlich der „Deutsche Bund" geschaffen, ein loser Staatenbund von 35 souveränen Fürsten und vier Städten. Da dieses Gebilde weder Hoheitsrechte noch ein Zentralorgan oder Minister hat, kann es keine Außenpolitik betreiben und sich innerer Angelegenheiten nur dann annehmen, wenn einstimmige Beschlüsse zustande kommen. Der Bund kann überhaupt nur etwas tun, solange die beiden konkurrierenden Großmächte Österreich und Preußen zusammenwirkten. Das einzige gesamtdeutsche Organ ist der „Bundestag", der unter österreichischem Vorsitz in Frankfurt tagt, ein Treffen von Abgeordneten der einzelnen Staaten ohne Volksvertretung. Die „Epoche Metternich" beginnt, die bis zur Revolution von 1848 dauert.

Napoleon wartet nicht, bis seine Gegner fertig sind; er greift zuerst an. Wieder sind es die Preußen, die den Hauptteil des Kampfes zu tragen haben. In der Schlacht bei Belle Alliance (Waterloo) stehen 117.000 Preußen unter Blücher und 95.000 Mann unter dem Herzog von Wellington (33.000 Engländer, 37.000 Deutsche, 25.000 Holländer) 125.000 Franzosen gegenüber. Napoleon wird vernichtend geschlagen (18. Juni 1815) und auf die Insel St. Helena im Südatlantik verbannt, wo er am 5. Mai 1821 stirbt. Nochmals wird Paris erobert, in das am 7. Juli die Verbündeten einmarschieren. Am 20. November 1815 wird der Zweite Friede von Paris geschlossen, in dem Frankreich die Grenzen von 1790 erhält, eine Kriegsentschädigung an die Verbündeten zahlen und einen Teil der geraubten Kunstschätze zurückgeben soll. Es gibt das Kohlegebiet des Saarlandes zurück, darf aber Elsaß-Lothringen behalten. Während die Städte in Preußen noch fast hundert Jahre an der von Napoleon aufgebürdeten Schuldenlast zahlen, erhält das zweimal besiegte Frankreich einen großzügigen Frieden.

Reich an Kriegsruhm und als Großmacht wiederhergestellt, aber wirtschaftlich erschöpft, geht Preußen aus den Befreiungskriegen hervor. So groß wie die Leistungen der Soldaten, so klein sind die der preußischen Diplomaten. Für Ost- und Westpreußen folgt nun ein volles Jahrhundert des Friedens, auch wenn seine Söhne auf entfernten Schlachtfeldern ihr Blut und Leben opfern müssen. Das alte Ordensland geht mehr und mehr im Gesamtstaat auf, für dessen Wiedererstehen es so große Leistungen und Opfer erbracht hat.

Vom Krieg 1815 zur Revolution 1848

Auch wenn das Preußenland während der Befreiungskriege von direkten Kampfhandlungen, bis auf die Kämpfe um Danzig, fast ganz verschont geblieben war, so befand es sich trotzdem am Ende des Krieges in einem trostlosen Zustand. Noch waren die Schäden von 1807 nicht beseitigt, und dazu kamen die von 1812/13. Besonders schwierig war es, den vernichteten Vieh- und Pferdebestand wieder zu ersetzen. Den Oberpräsidenten v. Auerswald in Ost- und v. Schön in Westpreußen gelang es nur nach und nach die übelsten Notstände zu beseitigen. Wie arm das Land war, zeigt z.B. die Grundsteuereinnahme von 1816. Während im Rheinland 4.969 Taler pro Quadratmeile gezahlt wurden, konnten in Ostpreußen nur 639 Taler aufgebracht werden.

Eine falsche Staatspolitik nutzte den Sieg der Freiheitskriege nicht aus. Obwohl Preußen die Hauptlast getragen und Österreich verhältnismäßig wenig beigetragen hatte, gelang es dem klugen österreichischen Staatskanzler Metternich, und später auch Schwarzenberg, jahrzehntelang Preußen vor den Wagen der habsburgischen Politik zu spannen.

Der heftige Wirtschaftskampf, der als Folge der Kontinentalsperre entbrannt war, nahm erst jetzt die schärfsten Formen an. Der Grund dafür lag in dem verstärkten Auftreten Englands auf dem europäischen Markt. Nachdem Frankreichs Streben nach wirtschaftlicher Vorherrschaft jetzt ausgeschaltet war, bemühte sich England an seine Stelle zu treten, um dadurch den wirtschaftlichen Gewinn des Sieges der Deutschen über Napoleon zu kassieren. Die während der Sperre gespeicherten Waren erlaubten England eine Ausfuhr zu niedrigsten Preisen, die als wirksame Waffe wirtschaftlicher Eroberungspolitik rücksichtslos angewandt wurde. Dies war besonders für Preußen verhängnisvoll, weil es als einziger Staat von Bedeutung in Europa an der Wirtschaftspolitik des Freihandels festhielt, in der irrtümlichen Hoffnung, daß diesem Beispiel auch die anderen Länder folgen würden. Hinzu kam noch, daß England unter dem Druck der Kontinentalsperre die eigene Agrarerzeugung so weit gesteigert hatte, daß es bedeutend weniger Getreide brauchte und das übrige aus seinen Kolonien einführte. Enorme Schutzzölle (etwa die Cornbill von 1815) verhinderten jede unerwünschte Einfuhr, so daß die Wiederherstellung der alten Handelsbeziehungen zu England unmöglich war.

Preußen verfügte über alle gewerblichen Rohstoffe der damaligen Zeit in ausreichendem Maße, so daß es seinen Eigenbedarf an gewerblichen Erzeugnissen voll befriedigen konnte. Neben dem Überschuß landwirtschaftlicher Produkte besaß Preußen mit seiner Leinen- und Tuchmanufaktur eine Ausfuhrindustrie von Weltgeltung. Kaum ein anderes Land brauchte Schutzzölle für seine Wirtschaft so nötig wie Preußen. Das völlig falsche Verhalten der preußischen Regierung hatte natürlich katastrophale Folgen, die eine ganze Reihe von Industrien und Gewerbezweigen im eigenen Land vernichteten und die darin beschäftigten Menschen ruinierten.

Das Wetter zeigte den Menschen wieder einmal, wie sehr sie von ihm abhängig sind: Nachdem es 1811 einen Sommer ohne Regen mit einer Mißernte gegeben hatte, wurde 1816 „das Jahr ohne Sommer" genannt. Dieses Verhängnis traf nicht nur Preußen, sondern führte weltweit zu Mißernten. Die Ursache war der Ausbruch des Vulkans Tambora auf den Kleinen Sundainseln (Indonesien) 1815, der riesige Mengen Staub und Asche in die Atmosphäre geschleudert hatte. Außergewöhnlich häufige Gewitter verursachten eine hohe Anzahl Brände. Hagel zerschlug die Saaten, und der fast täglich niederströmende Regen verwandelte die schwereren Ackerböden in Morastflächen. Wenn in Ost- und Westpreußen auch niemand verhungerte, so war diese Naturkatastrophe und Notzeit doch ein schwerer Rückschlag für den beginnenden Wiederaufbau.

In einem Bericht aus Süddeutschland schreibt ein unbekannter Zeitzeuge: „Der kalte Regen im Sommer erzeugte das Schrecklichste, was die Menschen treffen kann, einen allgemeinen Mißwuchs und den aus ihm entspringenden Brotmangel. Aller Orten drangen die Menschen ungestüm in die Läden der Bäcker, und jeder Morgen weckte zu jammervollen Klagen."

In den Neuengland-Staaten der USA, die auf dem gleichen Breitengrad wie Rom liegen, fiel im Juli und August Schnee. Die Mißernte 1816 war der Beginn einer allgemeinen Notzeit. Vom Herbst bis zur Ernte 1817 stieg der Preis für Brotgetreide etwa auf das Doppelte.

Am 1. Februar 1818 erhielt das Gebiet der ostpreußischen Litauer durch eine amtliche Verwaltungsordnung offiziell den Namen „Litauen". Diese Bezeichnung bezieht sich zu dieser Zeit ausschließlich auf den Nordostteil Ostpreußens. Einen litauischen Staat gab es damals nicht; ein solcher wurde erst wieder 1918 von den Deutschen geschaffen. Im eigentlichen Litauen wurde die litauische Sprache sogar 1849 durch russische Gesetze verboten. Das ostpreußische Litauen umfaßte die Kreise Memel, Heidekrug, Niederung, Tilsit-Ragnit, Pillkallen, Insterburg, Stallupönen, Gumbinnen und Darkehmen. Litauisch gesprochen wurde jedoch nicht nur in diesem Gebiet, sondern zum Teil auch in den Kreisen Labiau, Goldap, Wehlau und Angerburg.

Nachdem zu Herzog Albrechts Zeit die Einwanderung der Litauer in großem Umfang eingeleitet worden war, hatten sie sich im Laufe der Zeit in diesem Gebiet zur stärksten Volksgruppe entwickelt. Da Litauisch die allgemeine Umgangssprache dieser Gegend war, lernten natürlich auch die Kinder der Deutschen diese Sprache. So sprach zum Beispiel die nächste Generation der eingewanderten Salzburger neben deutsch auch litauisch und deren Kinder schon besser litauisch als deutsch. Die Regimenter der preußischen Armee aus dieser Gegend trugen den offiziellen Zusatz „Litauisches" zu der Regimentsnummer. Die Volkszählung von 1831 registrierte 125.440 Personen litauischer Sprache. Mit der Zeit setzte sich jedoch das Deutsche durch. 1912 gaben nur noch rund 90.000 Litauisch als Muttersprache an.

Orkanartige Frühjahrsstürme richteten hin und wieder große Schäden an Gebäuden und in Wäldern an. Ein solcher hatte 1813 gewütet, und ein anderer richtete 1818 für über fünf Millionen Taler Schäden in den Wäldern an.

Etwa fünf Kilometer nordöstlich von Georgenburg, beim Gut Szieleitschen, ließ König Friedrich Wilhelm III. auf einem von Linden umgebenen Platz einen gußeisernen Obelisken errichten. Bronzeplatten in deutscher und russischer Sprache zeigten an, daß hier Michael Andreas Fürst Barcley de Tolly, Oberbefehlshaber der russischen Armee im Kampf gegen Napoleon, am 25. Mai 1818 auf einer Reise zur Kur nach Wiesbaden starb.

Im Rahmen der Steinschen Verwaltungsreform wurde von 1818 bis 1820 das Land in Kreise eingeteilt. Bis auf die durch das Versailler Diktat bedingten Änderungen blieben diese bis 1945 bestehen. Die Bevölkerungszahl eines Kreises durfte 20.000 nicht unter- und 36.000 nicht überschreiten.

Obwohl die allgemeine Wehrpflicht weiter bestand, nach der eine dreijährige Dienstzeit für die Linienregimenter und eine zweijährige für die Reserve vorgesehen war, wurden in Ostpreußen nur 40.000 Rekruten im Jahr eingezogen, während die anderen 30.000 zu Hause bleiben durften.

Nach dem Abschied des Oberpräsidenten von Ostpreußen, Hans von Auerswald, übernahm 1824 der Oberpräsident Westpreußens, Theodor von Schön, auch Ostpreußen. Diese Vereinigung der beiden Provinzen wurde am 3. Dezember 1829 durch Kabinettsorder offiziell bestätigt, und das zusammengefügte Ordensland erhielt den Namen „Provinz Preußen". Schön war ein hervorragender Verwaltungsfachmann, dem das Land viel zu verdanken hat. Seit 1817 widmete er sich mit großer Energie der Wiederherstellung der Marienburg. Das sog. „Retablissement" (Wiederaufbau) der Provinz Preußen unter Schön hatte im wesentlichen drei Aufgaben zu bewältigen: die Heilung der Kriegsschäden, die das Land von 1807 bis 1813 erlitten hatte, die Beseitigung der Verschuldung des Grundbesitzes, verbunden mit der Hebung der landwirtschaftlichen Produktion, und die Fortführung der Regulierung der gutsherrlich-bäuerlichen Besitzverhältnisse. 1816 hatte Ost- und Westpreußen zusammen einen Retablissementfond von drei Millionen Taler erhalten. 1825 erwirkte Schön nochmals drei Millionen Taler, die jedoch nicht ausreichten, um die Schäden und die Verschuldung zu beseitigen. Die beginnende Agrarkrise machte alle Erfolge wieder zunichte. Schön ließ etliche Straßen bauen, und er brachte den Schulunterricht mit 400 neuen Schulen auf einen zeitgemäßen Stand. Für die katholische Kirche erreichte er, daß die bisher zu polnischen Diözesen gehörenden Gebiete dem Bistum Kulm unterstellt wurden, während das Elbinger-Marienburger Gebiet zum Ermland kam.

Immer noch war Preußen der Zufluchtsort der Verfolgten. Eine Sonderheit stellten aber die aus Rußland ausgewiesenen Philipponen dar. Eine radikal altgläubige, priesterlose Glaubensgemeinschaft, die nicht die Reformen der orthodoxen Kirche anerkannte, hatte den Zorn des Zaren erregt, nachdem es sogar zu Selbstverbrennungen ganzer Gemeinden gekommen war. Einer Gruppe wurde 1825 erlaubt, sich in der Johannisburger Heide anzusiedeln, jedoch unter der Bedingung, daß sie nur unkultiviertes Land ankaufen durften.

Sie erhielten sechs steuerfreie Jahre sowie Befreiung vom Wehrdienst für die erste Generation. Die erste Siedlung Eckertsdorf (Kr. Sensburg) mit 274 Einwohnern war bereits 1829 fertiggestellt. Nach weiteren Ortsgründungen stieg ihre Zahl bis 1842 auf 1.277. Anfangs zeigten sich die Philipponen als arbeitsame, friedliche Leute, dann aber gaben sie Nachbarn und Behörden allerlei Ärger. Sie wollten keine Familiennamen annehmen, die Töchter nicht zur Schule schicken und auch nicht Soldat werden. Sie waren streitsüchtig, dem Alkohol verfallen und sahen in Fisch- und Holzdiebstahl keine Vergehen. Mit der Zeit fügten sie sich mehr und mehr in die deutsche Umgebung ein, hielten aber an ihrem Volksbrauchtum weiterhin fest. Ihre Dörfer mit den russischen Blockhäusern und dem am Dußsee gelegenen Kloster mit dem charakterischen Zwiebelturm waren gern besuchte Ausflugsziele.

Im November 1830 erheben sich die Polen gegen die Russen. Die Landwehr wird einberufen, und vier Armeekorps werden zur Sicherung der fast 1.000 Kilometer langen Grenze eingesetzt. Zar Alexander I. läßt den Aufstand mit großen Truppenmassen niederwerfen und fügt Polen als russische Provinz seinem Reich bei. Regimenter aus Asien bringen erstmalig (soweit man weiß) die Cholera nach Europa. Eine Truppe von 21.000 polnischen Aufständischen unter General Rybinski läßt sich auf preußischem Gebiet internieren, und viele Städte müssen Einquartierungen dieser unerwünschten Gäste aufnehmen. Aus Polen kommend erfaßt 1831 die Cholera auch Preußen und fordert viele Todesopfer unter den Truppen und der Bevölkerung. Auch der Befehlshaber der preußischen Truppen, Generalfeldmarschall v. Gneisenau, der 1807 die kleine Festung Kolberg heldenhaft verteidigt hatte, erliegt in Posen der Seuche. Durch Einweisung aller Krankheitsverdächtigen in Quarantänelokale und durch Schutzkleidung des Pflegepersonals versucht man sich vor der Epidemie zu schützen, die erst im nächsten Jahr erlischt.

Den genialen Staatsmann, Reichsfreiherr v. Stein, brauchte nach dem Wiener Kongreß niemand mehr. Sein politisches Ziel, die Wiederherstellung eines geeinten deutschen Kaiserreiches, hatte er nicht erreichen können. Er starb 1831, 74 Jahre alt, auf Schloß Kappenberg bei Lünen.

1833 führte die Regierung die schon 1811 beschlossene Säkularisation aller Klöster in Preußen durch. Hierbei wurden die Franziskanerklöster von Cadinen, Springborn und Wartenburg aufgelöst und das Kollegiatstift in Guttstadt geschlossen. Im Jahr darauf wurde das alte Wartenburger Kloster als Strafanstalt eingerichtet. Nachdem 1846 ein Brand das Gebäude zerstört hatte, entstand dort ein modernes Zuchthaus, das noch heute besteht.

Nach dem Tode des ermländischen Bischofs Josef von Hohenzollern im Jahre 1836, der sich im Winter in Oliva und im Sommer auf dem Schloß Schmolainen aufgehalten hatte, wurde die Bischofsresidenz des Bistums nach Frauenburg verlegt, wo sie bis 1945 blieb. Das alte Bischofsschloß Heilsberg war seit 1772 nicht mehr von den Bischöfen benutzt worden.

In dem Grenzort Schmalleningken, wo die Memel in preußisches Gebiet tritt, wurde 1837 ein Winterhafen für 60 Lastschiffe fertiggestellt, die hier vor dem zerstörenden Eisgang geschützt waren.

Anscheinend haben die Preußen damals dem Alkohol zuviel zugesprochen, denn 1873 rief der König zur Gründung sog. Mäßigkeitsvereine auf. Es war die Zeit, zu der man überall den Alkohol bekämpfte. Auch die USA erließen 1838 das erste Alkoholverbot, dem noch viele folgten – am Ende alle erfolglos.

In dieser Zeit lasteten auf der Bevölkerung folgende Abgaben: Im Jahre 1838 zahlte die Stadt Bischofsburg mit 2.281 Einwohnern 1.520 Taler Klassensteuer, 540 Taler Gewerbesteuer und 720 Taler Service (an die königliche Kasse). Bierbrauen oder Schnapsbrennen kostete weitere Gebühren.

Bei der Landbevölkerung richtete sich die Klassensteuer nach der Größe des Bodens. Bauern mit zwei bis drei Hufen zahlten pro Hufe vier Taler, Bauern bis zu einer Hufe drei Taler. Von allen sonstigen Einwohnern wurde ein Taler kassiert. Dazu kamen noch Beträge für besondere Zwecke, z.B. für den Bau und die Einrichtung einer im Regierungsbezirk anzulegenden Anstalt für Geisteskranke. Regelmäßig zu leistende Zahlungen waren weiterhin die Kreiskommunalbeträge und die Kreis- und die Landarmenbeträge, die an die Kreisverwaltung gingen. Die Dorfgemeinden hatten auch den Unterhalt des Lehrers zu bestreiten, der eine festgesetzte Summe Geld, Naturalien, Futter und Brennholz erhielt.

Außer den Abgaben für den Staat, den Kreis und die Gemeinde mußte auch die Kirche unterhalten werden. In einer katholischen Gemeinde waren diese Abgaben an den Grundbesitz gebunden und betrugen pro Hufe je ein Scheffel Roggen und Hafer. Bauern, die Land nach Morgen besaßen, lieferten je eine Metze (3,435 l) Roggen und Hafer pro Jahr. Auch die Kalende (Geldzahlung am Neujahrstag) war entsprechend des Besitzstandes festgesetzt. Geistliche Handlungen wurden extra berechnet. Den höchsten Betrag brachten Beichten ein, danach Verlobungs- und Eheaufgebote, an dritter Stelle Begräbnisse. Mit geringeren Beträgen folgen Opfergeld, Patengeld, Fürbitten, Atteste, Osterzettel und sonstige Stolgebüren. Eine Beerdigung mit Glocke war teurer. Wurde dabei die Fahne gebraucht, wurde auch diese extra berechnet. So mußte der Pfarrer sehen, wie er sich und seine Kirche am Leben erhielt, wobei der eine seine Forderungen möglichst im Übermaß eintrieb, der andere so mitleidvoll war, daß er, wie seine Gemeinde, in Armut lebte.

Der Biber, das wertvolle und hochintelligente Pelztier, galt seit dem Siebenjährigen Krieg als ausgestorben. Um so mehr staunte man, daß irgendwo in der Wildnis noch einige überlebt hatten. Diese wurden 1805 und 1806, der allerletzte angeblich erst 1844 abgeschossen. Auch der Nerz durfte wegen seines kostbaren Felles nicht weiterleben und war zu dieser Zeit aus den Wäldern verschwunden. Hin und wieder war noch ein Bär in der Johannisburger Heide erlegt worden, der letzte ließ 1839 im Gebiet der Kernsdorfer Höhe, die letzte Wildkatze 1885 im Forst Trappen an der Memel das Leben.

Der letzte Lachs war 1827 aus der Passarge gefischt worden. Die einst so zahlreichen Lachswehre im Pregel waren verschwunden. Auch in der Skirwiet, dem Mündungsarm des Ruß (Memel), wo die bedeutendste Lachsfischerei ganz Preußens gewesen war, gab es keine Lachse mehr.

Das Getreide wurde noch immer nach Scheffeln gemessen. In den Kornspeichern walteten Scheffelmesser ihres Amtes, die durch geschicktes Manipulieren beim Einmessen sowohl die Bauern als auch die Käufer übervorteilen konnten. Darum wurden jetzt die Scheffelmesser, nachdem sie einen Kursus in der richtigen Anwendung des Scheffels absolviert hatten, vereidigt. Im Getreidehandel galt holländisches Maß, als Einheit die Last (60 Scheffel). Steckte man dem Scheffelmesser kein gutes Trinkgeld zu, strich er das Maß so lässig ab, daß es ein Übergewicht enthielt, um das der Bauer betrogen wurde. Machte der Bauer Einwände, kam es vor, daß ihm eine kräftige Handvoll seines Getreides ins Gesicht flog. Die Bezahlung erfolgte meistens in Silbergeld. Die Währung zu dieser Zeit war folgende:

Gold-Friedrichsdor	= 5	Taler
Gold-Dukaten	= 3	Taler
Silber-Taler	= 3	Gulden
Silber-Gulden	= 10	Silbergroschen
halber Silber-Gulden	= 5	Silbergroschen
Silber-Achthalber	= 2,5	Silbergroschen
Silber-Achtzehner	= 72	Pfennig
Silber-Sechser	= 24	Pfennig
Silbergroschen	= 12	Pfennig
halbe Silbergroschen	= 6	Pfennig
Kupfergroschen	= 3	Pfennig
halbe Kupfergroschen	= 1,5	Pfennig
360 Kupfer-Pfennig	= 1	Taler

Es gab auch Papiergeld, Kassenanweisungen genannt, das die Bevölkerung nicht gern annahm. Es hatte Werte von einem, fünf, 50, 100 und 500 Talern.

Die mit Eis aufgestaute Weichsel brach in der Sturmnacht zum 1. Februar 1840 durch den Deich und grub sich eine neue Mündung durch den 1.000 Meter breiten Dünenwall zur Ostsee. Die Flut ergoß sich durch das Dorf Neufähr, riß die Kirche und etliche Wohnhäuser mit Menschen und Vieh fort. Die Stromregulierung für die Schiffahrt, besonders aber die Instandhaltung der ausgedehnten Deichsysteme, erforderten zu jeder Zeit große Arbeits- und Kapitalaufwendungen, denn die Niederungen liegen bis zu zwei Meter unter dem Meeresspiegel. Schon seit 1832 waren umfangreiche Arbeiten im Gange.

Am 3. Januar 1841 wurde der 77jährige Bischof von Ermland, Stanislaus von Hatten, in seinem Frauenburger Palais mit einem Beil erschlagen und beraubt. Der Mörder, der Schneidergeselle Kühnapfel, wurde auf ausdrücklichen Befehl des Königs auf einer Anhöhe bei Frauenburg gerädert, obwohl diese Hinrichtungsart schon längst abgeschafft war. Es war das letzte Mal, daß sie in Preußen angewandt wurde, und man wundert sich, daß sich noch jemand fand, diese grausige Arbeit auszuführen.

Ab 1843 wurde Königsberg durch einen Gürtel von Forts geschützt und zu einer der stärksten Festungen des Staates ausgebaut. 1844 begann auch der Bau der Festung Boyen an der Seenenge bei Lötzen.

Rückwanderung der Kolonisten

Ein trauriges Kapitel der preußischen Regierung ist die Rückwanderung der sog. Kolonisten, aus den polnischen Gebieten Süd- und Neuostpreußens. In dem Bestreben, jene Gebiete, die bei der Zweiten und Dritten Teilung Polens an Preußen gefallen waren, kulturell und wirtschaftlich zu heben, waren dort durch staatliche Maßnahmen 32 deutsche Kolonien mit 2.700 Bauernhöfen angelegt worden. Dazu kamen noch Bauern, die Güter und Domänen gepachtet hatten, sowie viele Handwerker, die in Dörfer und Städte gezogen waren. Die Mehrzahl dieser Menschen war aus Ost- und Westpreußen gekommen.

Nach dem Tilsiter Frieden 1807 war der größere Teil dieser Gebiete an das Herzogtum Warschau, der kleinere Teil (Bezirk Bialystok) an Rußland gefallen. Diese Teilung blieb auch nach dem Wiener Kongreß bestehen. Das im Westen verkleinerte Herzogtum Warschau wurde jedoch nun ein „Königreich Polen", dessen König der russische Zar war. Die Kolonisten, die aufgrund der Werbung und Förderung durch die Regierung in die damals preußischen Gebiete gezogen waren, wollten nicht polnische oder russische Untertanen werden. Sie erwarteten, daß der Staat nun ebenso hilfsbereit ihre Rückkehr unterstützen und ihre finanziellen Verluste ersetzen würde. Der Staat aber konnte während der Franzosenzeit kaum die hohen Zahlungen an Frankreich aufbringen und war nach dem Krieg finanziell völlig erschöpft. Auch er hatte die enormen Investitionen, die er in diese Gebiete gesteckt hatte (Schulen, öffentliche Bauten, Brücken, Straßen u.ä.), verloren, die nun entschädigungslos von Polen und Russen kassiert worden waren. Dazu hatte die Anlegung der Mustersiedlungen für die 2.133 Familien in Südostpreußen 18.407.780 Taler, die Ansetzung der 600 Familien in Neuostpreußen 208.220 Taler gekostet, die nun auch verloren waren. Daran waren die Kolonisten aber schuldlos, und es hätten sich wohl, trotz aller Not, Wege finden lassen, diesen Menschen zu helfen.

Während die russische Regierung bei der Rückkehr der Kolonisten behilflich war und ihnen ihr Eigentum, einschließlich der Pferde, beließ, waren die Deutschen in den von Polen beherrschten Gebieten deren Schikanen und Räubereien ausgesetzt. Vielen wurde die Ausreise verweigert. Die Feindseligkeit war nicht überall gleich und hing von den regionalen Beamten ab. Einigen gelang es, ihr Land zu verkaufen, andere ließen es durch Verwandte oder Freunde bewirtschaften. In einigen Gegenden blieben die Kolonisten. Von den 505 im Bezirk Plock angesiedelten Familien, meldeten sich kaum 50 zur Rückkehr, die dann allerdings dem Neid und steigenden Haß der Polen ausgesetzt waren.

Das Erziehungsamt im neuen Herzogtum Warschau hatte am 1. Mai 1807 erklärt, daß alle von den Deutschen geschaffenen Einrichtungen, vor allem die Schulen, beibehalten werden. In der Praxis aber übernahm der polnische Klerus die Schulen und drängte die deutschen Lehrer hinaus. Zum Beispiel erklärte der Vikar Swiercewski dem Rektor der Bürgerschule in Plock, die Unterricht in Deutsch und Polnisch gab: „Der Deutsche kommt jetzt, da die Staatsverfassung polnisch ist, in keine Betrachtung. Die Deutschen sind nichts, Komplottmacher sind sie, und Du selbst bist ein solcher […]"

Die ersten Rückwanderer wurden freundlich aufgenommen. Als sie aber feststellten, daß der Staat zu keiner Hilfe bereit war und sie nur als Knechte oder Instleute unterkommen konnten, waren sie enttäuscht und verbittert. Hatte doch jeder der Bauern im Durchschnitt vier bis fünf Hufen als Eigentum besessen, und viele hatten außer ihren Pferden und einigen Kühen auch noch mancherlei Ackergerät auf ihren Wagen mitgebracht. Sie wollten wieder Bauern sein. Schließlich gelang es einem Teil von diesen, wieder einen Hof zu erwerben. Es waren meistens solche, die noch ihre Höfe verkaufen hatten können und daher das notwendige Kapital besaßen. Die Situation verschlechterte sich zunehmend, als immer mehr Kolonisten aus dem polnischen Gebiet eintrafen, denen alles, oft auch das letzte Bargeld, geraubt worden war. Da auch diese Besitzer großer Höfe gewesen waren, erwarteten auch sie, wieder Bauernhöfe vom Staat zu erhalten. Viele von ihnen hatten ihre Höfe in Ostpreußen verkauft, als sie in die Kolonien gezogen waren, und ihr ganzes Kapital in dem neuen Besitz investiert, der nun verloren war. Sie glaubten ein Recht auf Schadensersatz zu haben. Die Provinzregierung lehnte aber immer wieder jede Hilfe ab, da ja alle als Knechte oder Instleute Arbeit finden konnten, was die Rückwanderer wiederum ablehnten. Ihnen wurden keine

Geldmittel zur Verfügung gestellt, obwohl eine solche Unterstützung im Erlaß von 1816 vorgesehen war. Der Staat war nur gewillt für einige Jahre auf Einnahmen zu verzichten, aber kein Geld auszugeben.

Während die Rückwanderer verzweifelt ein Unterkommen suchten, begann ein langer Kampf mit den Behörden. Da die Gemeinden sie nicht aufnehmen wollten, lagerten sie manchmal mit Pferden, Kühen und anderen Haustieren in den Wäldern, ohne ein Dach über sich zu haben. In einigen Fällen besetzten sie gewaltsam staatliches Land und wurden von der Polizei vertrieben. Bittschriften an den König bewirkten, daß aus Berlin neue Anweisungen an die störrische Provinzregierung kamen. Ein Teil der Rückwanderer kehrte schließlich enttäuscht nach Rußland zurück, und die noch in Rußland und Polen Verbliebenen verzichteten auf eine Rückkehr nach Preußen.

Es dauerte lange, bis alle Rückwanderer irgendwo ein Unterkommen gefunden hatten. In Ostpreußen entstanden durch sie acht neue Dörfer, in denen sich auch andere Leute niederließen. Die größeren dieser Orte waren: Pomehren und Regerteln (Kr. Heilsberg), Karlsdorf (Kr. Insterburg), Grünwalde und Mensguth (Kr. Ortelsburg) und Zallenfelde (Kr. Preußisch Holland).

Wenn man bedenkt, daß die mit so vielen Schwierigkeiten erreichte Wiederansiedlung dieser Rückwanderer nur etwa zehn Prozent der damals ausgewanderten Kolonisten erfaßte, muß man von einem beschämenden Ergebnis sprechen.

Noch trauriger war das Verhalten der preußischen Regierung in der Provinz Posen. Dort wurde nichts für die Rückwanderer getan, so daß fast alle nach Rußland oder Polen zurückkehrten. Selbst der Abwanderung der ansässigen Bevölkerung sah die Regierung teilnahmslos zu und ließ z.B. die hochqualifizierten Tuchmacher nach Rußland auswandern. Es schien, als ob sie nur für das Wohl des polnischen Bevölkerungsteils zuständig war. Auch die agrarpolitischen Maßnahmen kamen nicht den deutschen Bauern, sondern nur den polnischen zugute, da man glaubte, daß über die Maßen unterstützte Polen gute Staatsbürger sein würden.

Das Ende der Leinweberindustrie

Die von Napoleon dem preußischen Staat aufgezwungene Kontinentalsperre und die danach folgende falsche Wirtschaftspolitik vernichteten die preußische Leinen- und Tuchweberei, mit der Preußen über eine Ausfuhrindustrie von Weltruf verfügt hatte. Vor dem Unglücklichen Krieg betrug der Anteil der Textilindustrie an der preußischen Gesamtausfuhr 43 Prozent. Nach Getreide war dieses also das wichtigste Ausfuhrprodukt, das einem großen Teil der Bevölkerung Arbeit und Brot gab. Dieses Gewerbe wurde, neben Schlesien, im Ermland und in Masuren ausgeübt. Vor 1807 gab es allein im Ermland 3.000 hauptgewerblich betriebene Leinenwebstühle. In ganz Ostpreußen waren 1816 noch 59.742, in Westpreußen 5.089 nebengewerbliche Webstühle in Betrieb. In der Bestandsaufnahme von 1772 sind allein in der kleinen Stadt Wormditt 36 Tuchmacher aufgeführt, die nach und nach ihre Betriebe schließen mußten. Ebenso bedeutungsvoll wie die Leinenweberei war die Tuch- und Zeugweberei, die im Jahre 1805 rund 1.600 gewerbliche Webstühle in Ostpreußen und 645 in Westpreußen betrieb. Die Weberei bildete die einträglichste Nebenbeschäftigung der Bauern. Der Landrat des Kreises Sensburg schrieb: „Die Leinwand ist der Weizen und die sichere Quelle des armen Mannes, woraus er seine Groschen nimmt. Vor 1807 hatte der Umsatz auf den masurischen Leinwandmärkten 350.000 Taler betragen, während der im Ermland noch höher lag. Allein die Ausfuhr von Leinengarn, die über die Häfen von Braunsberg und Pillau ging, betrug von 1801 bis 1805 im Durchschnitt jährlich 22.000 Zentner im Wert von 759.000 Taler. 1810 wurden noch 9.600 und 1841 nur noch 104 Zentner ausgeführt. Der Preis war von 34,5 Taler pro Zentner auf neun Taler gesunken, so daß auch diese Produktion eingestellt werden mußte. An Stelle des Garns trat für einige Zeit die Flachsausfuhr. Aber auch diese erlag bald der ausländischen Konkurrenz.

Die preußische Regierung gab den Klagen der Weber kein Gehör; sie tat nicht das Geringste, um diese wichtige Industrie zu erhalten, obwohl das leicht möglich gewesen wäre. Sogar die geplanten Selbsthilfemaßnahmen der Weber fanden bei der Regierung keine Unterstützung. Ein staatlicher Vorschuß zur Schaffung einer Außenhandelsstelle wurde ebenso abgelehnt wie die Beteiligung an einer Aktiengesellschaft zur Förderung der Ausfuhr nach Übersee, desgleichen die Forderung nach Ausschluß der englischen Waren von den Messen in Frankfurt an der Oder und Königsberg. Die Regierung ließ sich nicht einmal dazu bewegen, Einfuhrverbote zu erlassen oder Zölle zu erheben, um wenigstens den Binnenmarkt für die eigene Industrie zu retten. Tatenlos sah sie zu, wie England den gesamten Textilmarkt übernahm und mit seinen Produkten den preußischen Markt überschwemmte. Hier zeigte sich der kleine Geist des Königs Friedrich Wilhelm III. besonders deutlich, der nur ebensolche Kleingeister um sich sammelte und die Größe eines Freiherrn v. Stein weder erkannte noch ertragen konnte.

Der Deputierte der schlesischen Textilfabrikanten sagte: „Mag das preußische System auch noch so liberal gegen seine Nachbarn sein, es wird nur den Wohlstand seiner Untertanen opfern, ihre produzierenden Kräfte und Fähigkeiten, worin der eigentliche Nationalreichtum besteht, unterdrücken und nie die Engländer, Franzosen oder Österreicher dazu bewegen, ihre unter allen Umständen beibehaltenen Grundsätze, keine fremden Fabrikate zuzulassen, aufzugeben."

Alle Warnungen waren vergebens. Die zaghafte Regierung wagte nichts, was England hätte übelnehmen können. Während so fast alle Länder für preußische Textilien gesperrt blieben, war der preußische Innenmarkt für alle weit offen. Die Produktion in Preußen mußte eingestellt werden, und die hochqualifizierten Weber, vor allem aus Schlesien, wanderten in Massen nach Polen aus. Dort schützten hohe Einfuhrzölle die eigene Industrie und sperrten die bisherige Einfuhr aus Preußen, und der Markt war nach Rußland und weiter bis China offen. In vielen Städten entstanden ganze Webereivorstädte, und in kurzer Zeit blühte dort eine enorme Textilindustrie auf. Das Dorf Lodz wuchs von 331 Einwohnern im Jahre 1815 auf 4.909 des Jahres 1828 und wurde das Textilzentrum des Russischen Kaiserreiches. Noch bis 1945 hatte Lodz einen bedeutenden deutschen Bevölkerungsanteil, und die Textilindustrie ist auch heute noch der wichtigste Industriezweig der 800.000 Einwohner zählenden Stadt.

Die bäuerliche Bevölkerung des Preußenlandes wob hin und wieder noch einiges für den Eigengebrauch. Nach und nach aber wurden die kunstvoll aus Hartholz gefertigten Arbeitsgeräte für die Flachsbearbeitung, die gedrechselten Spinnräder und die Webstühle auf den Dachböden abgestellt, um nie mehr benutzt zu werden. Dort standen sie, verstaubt, manchmal noch bewundert, bis Polen und Russen sie nach 1945 zu Feuerholz zerschlugen und verbrannten. In den Schränken der Bauernhäuser lag noch manches handgewobene Wäschestück aus Großelterns Zeiten, das Kunde von deutscher Volkskunst ablegte und nun in fremde Hände fiel.

Die polnische Bevölkerung Preußens

In Westpreußen und der Provinz Posen zeigte die preußische Regierung in der Verwaltung dieser Provinzen verständnislose Unfähigkeit. Sie hoffte durch übertriebene Weitherzigkeit den Polen gegenüber, deren Liebe zu gewinnen. Obwohl die Polen zu ihrer Zeit das Deutschtum, nicht nur in Polen, sondern auch in den von ihnen annektierten deutschen Gebieten, mit allen Mitteln bekämpft hatten, trat der ansonsten so straff organisierte preußische Staat mit aller Milde den Polen gegenüber auf und trieb nicht nur eine Versöhnungspolitik, sondern bevorzugte vielfach die Fremden. Man ließ alle Polen in den Ämtern und setzte in Posen sogar einen polnischen Regierungspräsidenten ein. Die Hetze gegen das Deutschtum wurde stillschweigend geduldet und nahm oft beängstigende Formen an. Priester weigerten sich, die Beichte in deutsch zu hören, und ein katholischer Priester hielt als Abgeordneter im Berliner Landtag seine Hetzreden in polnischer Sprache.

Die Ansicht der preußischen Regierung, in der katholischen Kirche Westpreußens einen Bundesgenossen gegen demokratische Bewegungen zu sehen, kam dem Polentum zugute, weil der polnische Klerus weitgehend das Schulwesen beherrschte. Damit war, wie in Posen, die Einführung der Zweisprachigkeit in fast allen Schulen verbunden, worunter in erster Linie die Förderung der polnischen, nicht der deutschen Sprache verstanden wurde. Der nächste Schritt war, daß die deutsche Sprache von den örtlichen Schulbehörden, die zum großen Teil von katholischen Geistlichen besetzt waren, in vielen Schulen sogar ganz verboten wurde. Dies führte zum Rückgang des deutschen Bevölkerungsanteils und schließlich zur Polonisierung ganzer Gemeinden, z.B. Danzig-Heisternest und Hela. Tausende Deutsche wurden im preußischen Staat gezwungen, Polen zu werden. Der deutsche Bevölkerungsanteil in Westpreußen betrug 1825 rund 500.000 (68 Prozent), der polnisch-kaschubische 278.000 (32 Prozent). Der deutsche Anteil erreichte 1858 mit 69,1 Prozent seinen höchsten Stand. Von dann ab ging er stetig zurück, behielt aber dennoch immer das Übergewicht.

Nachdem die Russen den Aufstand der Polen von 1831 niedergeschlagen hatten, war das „Königreich Polen" eine russische Provinz geworden. Die Führer der polnischen Befreiungsbewegung gaben ihre Hoffnungen aber keineswegs auf. Den nächsten Aufstand planten sie auf breiterer Basis, dessen Vorbereitungen außerhalb der russischen Grenzen erfolgen sollten. Alle polnischen Untertanen Rußlands, Österreichs und Preußens sollten dieses Mal gleichzeitig losschlagen. Daher wurde, neben Posen, auch Westpreußen in den Aufstandsversuch von 1846 hineingezogen, obwohl er nicht weit über Vorbereitungen hinauskam.

Die Hoffnung der preußischen Regierung, die Polen durch übertriebenes Entgegenkommen und Eingehen auf all ihre Wünsche zu gewinnen, erfüllte sich nicht im geringsten. Die gewährte Freiheit und Toleranz wurde vielmehr zur Betreibung polnischer Agitation ausgenutzt. Der Landrat v. Loga meldete am 14. Dezember 1845 aus Kulm, daß polnische Gutsbesitzer der Kreise Kulm, Thorn, Strasburg und Graudenz in Briesen einen landwirtschaftlichen Verein gebildet haben, von dem die Deutschen ausgeschlossen wurden. Einzelheiten, wobei die Mitwirkung der polnischen Geistlichen festgestellt wurde, ließen keinen Zweifel, daß es sich hierbei um eine Zentrale revolutionärer Vorbereitungen handelt. Landrat Besser meldete am 27. Dezember aus Thorn außergewöhnliche Regsamkeit unter der polnischen Bevölkerung und Versammlungen der polnischen Gutsbesitzer. Der Kommandant der Festung Graudenz, General v. Dederoth, meldete am 31. Dezember die Bereitstellung zu einem von Paris geleiteten und mit Waffen und Geld unterstützten Aufstand, der gleichzeitig in Westpreußen, Posen, und Polen erfolgen sollte. Aus Polen sollten die Russen verjagt und in Preußen Danzig, Thorn und Posen erobert werden. Trotz all dieser Warnungen tat die preußische Regierung zunächst nichts.

Am 17. Februar 1846 wurde das Kirchdorf Okonin (zwölf Kilometer südöstlich von Graudenz) überfallen, wobei die deutschen Bewohner nach Graudenz fliehen konnten.

In der Nacht zum 22. Februar 1846 überfielen etwa 100 Polen Preußisch Stargard. Sie wollten das Zeughaus besetzen, die Truppen entwaffnen und alle Offiziere und Beamten ermorden. Der Überfall, bei dem der katholische Pfarrer Lobodzki aus Klonowken beteiligt war, konnte zum Glück abgewehrt werden.

In der Nacht zum 4. März versuchten mehr als 100 gut bewaffnete Polen vergeblich, die neue Festung Posen in ihre Gewalt zu bringen. Die Unruhen in dem kleinen polnischen Freistaat Krakau gaben den drei Großmächten den Grund, dieses Gebilde Österreichs zu zerschlagen.

Bei den Untersuchungen in der Provinz Posen wurde eine weit verzweigte Verschwörung entdeckt und 254 Verdächtige verhaftet. Es stellte sich heraus, daß höhere königliche Erziehungsinstitute die Revolutionäre förmlich ausgebildet hatten und ehemalige Schüler, in Schülervereinen straff organisiert, die Kader der Aufstandsbewegung bildeten. Die Spuren der Erhebung führten zu den höchsten polnischen Kirchenführern.

Nach den blutigen Berliner Märzunruhen von 1848, bei denen polnische Agitation wesentlich mitgewirkt hatte, wurden alle Verurteilten freigelassen, die am 22. März triumphierend in Posen einzogen. Sofort entstand ein Komitee zur Neuorganisation der Provinz auf nationalpolnischer Basis. Obwohl neben den 780.000 Polen auch 570.000 Deutsche in der Provinz wohnten, schienen diese für die Regierung nicht zu existieren. Eine polnische Deputation erlangte am 24. März vom König sogar die Erlaubnis, polnische Truppen aufzustellen. In Berlin wurde ein Werbebüro für diese polnische Armee geduldet. Schon im April hatten die Polen 18.000 Mann unter Waffen. Alle Proteste und Warnungen der deutschen Bevölkerung und einsichtiger Politiker blieben unbeachtet. Der Revolutionär Ludwik Mieroslawski,

Befehlshaber der polnischen Truppen in der Provinz, schickte am 19. April eine Erklärung an den preußischen König, daß das polnische Volk mit den bisher gewährten Freiheiten nicht befriedigt sei und weit größere Unabhängigkeit verlange.

An vielen Orten waren die preußischen Behörden schon vertrieben, und die deutschen und jüdischen Bewohner riefen verzweifelt um militärischen Beistand. Am 4. April 1848 sprachen sich die Danziger auf einer Kundgebung gegen polnische Ansprüche aus und forderten die Aufnahme der Provinz Preußen in den Deutschen Bund. Die Aufständischen hatten zwar aus Westpreußen Zuzug erhalten, aber es gab hier keine Unruhen.

In der Provinz Posen kam es bald zwischen den polnischen Truppen, die sich von den Behörden nichts mehr sagen ließen, und den preußischen Truppen zu ernsten Gefechten (etwa in Tremessen am 10. April mit der Ermordung der deutschen Einwohner, in Xions am 29. April mit über 300 Toten, in Miloslaw am 30. April mit 600 polnischen und 300 preußischen Toten u.a.m.).

Im Mai 1848 war in der Provinz Posen die Ruhe wieder hergestellt. Die preußische Regierung, die diesen Aufstand verschuldet hatte, zog keine Lehre daraus, sondern erlaubte am 25. Juni 1848 in Berlin die Gründung der „Polnischen Liga für Posen, Westpreußen und Schlesien", die sich der Organisation der polnischen Nationalbewegung widmete. Das Bestreben eines fremden Volkes, große Gebiete des Staates loszutrennen, wurde von der preußischen Regierung nicht nur wohlwollend geduldet, sondern gefördert und zum großen Teil finanziert.

Der Polenaufstand von 1863 zog bereits größere Scharen Freiwilliger nach Polen. Bismarck verhinderte durch Zusammengehen mit Rußland (durch die Alvenslebensche Konvention vom 8. Februar 1863) ein Übergreifen auf Preußen. Nach diesem erfolglosen Aufstand änderte sich die polnische Taktik. Es folgte ein zielbewußter Aufbau des polnischen Gemeinwesens mit wirtschaftlichen Organisationen. Eine Unzahl polnischer Vereine bekämpfte unter dem Deckmantel kultureller Zwecke das Deutschtum. Polnische Kreditanstalten, oft vom preußischen Staat gefördert, kauften deutschen Grundbesitz und brachten Massen polnischer Siedler ins Land. Gleichzeitig erfolgte der Ausbau einer polnischen Presse.

Die Regierung kümmerte sich weiterhin mit rührender Sorge um alles, was nicht preußisch war. Für die Belange des eigenen Volkes schien sie nicht zuständig zu sein. Als einzige Maßnahme gegen die immer aggressiver betriebene Polonisierung führte sie schließlich 1864, auf die immer lauter werdenden Proteste der deutschen Bevölkerung und das Drängen Bismarcks, die deutsche Unterrichtssprache, bis auf Religion und Kirchengebrauch, wieder in den preußischen Schulen ein.

Für Hunderttausende kam dieses Gesetz zu spät. Als Beispiel, wie erfolgreich das polnische Vorgehen war, soll die Polonisierung der sog. Bamberger dienen. In den Dörfern dieser Deutschen um Posen war der deutsche Unterricht von den örtlichen Schulbehörden, die von polnischen Geistlichen besetzt waren, verboten worden. Im Dorf Ratai hatte Propst Pluszczewsli sogar den Kindern verboten, auf dem Schulgeländer miteinander deutsch zu reden. Die Eingaben und Beschwerden der Bauern an die preußische Regierung hatten keinen Erfolg. Der preußische Generalleutnant v. Boguslawski berichtet: „Im Jahre 1855 kam ich zum ersten Male nach Posen; die Sprache der angesessenen Bauern war in jenen Dörfern durchgängig deutsch [...] 1860 von Posen versetzt, kam ich 1866 zum zweiten Male nach Posen. Ich fand, daß die älteren Leute fast alle noch deutsch, die Jugend jedoch vielfach polnisch sprach [...] Ich lebte dort von neuem in den Jahren 1875 bis 1883. Zu meinem Erstaunen antwortete auf meine deutsche Anrede fast alles in jenen Dörfern polnisch, nur die ältesten Leute sprachen deutsch. Jetzt beim Schluß des Jahrhunderts ist die Polonisierung längst vollzogen, und kein Mensch spricht mehr in jenen Dörfern ein deutsches Wort. Die Polonisierung mehrerer tausend Deutscher geschah also vor den Toren der Hauptstadt der Provinz, der Festung Posen, unter den Augen der höchsten Staatsbeamten und Schulbehörden, und zwar durch die Kirche und Schule. Man berechnet die Zahl der in der Provinz seit 50 Jahren polonisierten katholischen Deutschen sehr niedrig mit 200.000."

Erst im deutschen Kaiserreich, im März 1872, nahm der preußische Landtag, wieder auf Drängen Bismarcks, ein Gesetz an, das die Aufsicht über alle Schulen dem Staat übertrug, und 1886 sicherte das Schulgesetz dem Staat die Besetzung der Lehrstellen zu.

Im Deutschen Kaiserreich wurde keinem die Gleichberechtigung versagt, so daß für nationale Sonderwünsche kaum ein Bedarf vorhanden war. Trotzdem nahm die polnische Agitation zu, und seit den siebziger Jahren machte sich das wirtschaftliche Vordringen des Polentums nach Posener Vorbild, durch Gründung von Kreditvereinen und Erwerbsgenossenschaften, vor allem aber durch systematische Landkäufe, besonders in Westpreußen bemerkbar.

Ein „Gesetz betreffs Förderung deutscher Ansiedlungen in Westpreußen und Posen" (26. April 1886) ermöglichte in Westpreußen den Ankauf von 234 Gütern aus deutscher und 58 aus polnischer Hand, die bis 1916 mit 7.200 deutschen Familien besetzt wurden, von denen ein Drittel aus anderen Provinzen kamen. Diese Abwehrversuche der Regierung und der deutschen Bevölkerung führten sogleich zu verstärkter Tätigkeit der Polen. Mehr und mehr Land zwecks Aufteilung an kleine Siedler wurde erworben. Seit 1895 überzog sich auch Westpreußen mit einem Netz polnischer Volksbanken und Siedlungsinstituten, die diesem Zweck dienten. Die Behauptung, daß die Polen in Westpreußen durch die polenfeindliche Politik Bismarcks verdrängt wurden, ist schlicht falsch. Der polnische Volksteil stieg von 32 Prozent im Jahr 1825 auf 35 Prozent im Jahr 1905.

Die ostpreußischen evangelischen Masuren hatten aus bitterer Erfahrung nie eine Zuneigung zu Polen gezeigt. Die nationalpolnischen Bestrebungen hatten bei ihnen so gut wie keinen Erfolg. Ihre Sprache, vom Polnischen abweichend, war kein Merkmal einer un- oder antipreußischen Gesinnung. Früher von vielen Masuren gesprochen, ging die Sprache immer weiter zurück. (1925 sprachen 80 Prozent deutsch, zwölf Prozent masurisch und acht Prozent polnisch.) Um 1900 steigerten die Polen ihre Grunderwerbspolitik auch in Ostpreußen. Hauptsächlich waren die Kreise Osterode und Neidenburg dazu ausersehen. Aber auch in anderen rein deutschen Gebieten wurden Grundstücke von Polen übernommen. Von 1900 bis 1912 stieg der Grundbesitz polnischer Besitzer von 1.460 auf 29.000 Hektar. Die Industrialisierung, die eine massenweise Abwanderung der Landarbeiter gen Westen verursachte, leistete der Polonisierung Vorschub. In die entstandenen Lücken strömten polnische Landarbeiter. Die Großgrundbesitzer förderten diesen Massenzuzug, denn die Polen waren genügsamer und mit geringerem Lohn und primitiveren Unterkünften zufrieden. Selbst auf den Staatsgütern in Westpreußen waren oft mehr polnische als deutsche Landarbeiter beschäftigt.

Nachdem Bismarck abgetreten war, verließ die vielgerühmte preußische Toleranz gegenüber den Polen die Grenzen der Vernunft. Im Deutschen Reich durften sich die Polen unmäßig viel erlauben. In ihren Zeitungen durften sie die Deutschen beleidigen, bedrohen, verfluchen und sich in grenzenlosen Haßtiraden über sie ergehen, ohne daß ihnen jemand entgegentrat. So wurden sie zu immer aggressiverem Vorgehen ermuntert. Hier einige repräsentative Presseäußerungen: „[…] die Preußen sind die ärgsten Schurken, jene Judasse, die uns Polen aushungern, vernichten und zugrunderichten möchten […] Polen ist noch nicht verloren!" (Gazeta Grudzionska, Graudenz, April 1899), „Auf eigenem polnischen Land ein selbstständiges Volk, das ist unser Losungswort!" (Gornislonzak, Beuthen (Oberschlesien), 15. Dezember 1901), „So wie Herodes einst, von widerlichem Gewürm zernagt, lebendig verfault ist, so werdet auch ihr Deutschen verfaulen, ihr und eure ganze Volksgesamtheit." (Gazeta Grudzionska, 16. Oktober 1906), „Ein Fluch auf jene teutonischen Ungeheuer drängt sich auf unsere Lippen, auf jene Ungeheuer, die sich mit größter Schamlosigkeit erdreisten, in den Zeitungen mit ihrer diabolischen Gerechtigkeit zu prahlen." (Gazeta Gdanska, Danzig, 26. Oktober 1907) usw.

Ein sieben Strophen langes Gedicht des Dichters Dziennik Kujawski überzeugt den Leser, daß Gott, Jesus und alle Heiligen nur polnisch verstehen, der Teufel dagegen spricht deutsch:
„Lobe Gott nicht in einer fremden Sprache, denn auch der Teufel hinterm Ofen grunzt sein Gebet in deutscher Sprache […]"

Viel zitiert wurde das Gedicht des polnischen Dichters Lucjan Rydel (1870–1918) aus seinem Gefangenen:
„Wohin der Deutsche seinen Fuß setzt, da blutet die Erde 100 Jahre.
Wo der Deutsche Wasser schöpft und trinkt, da fault die Quelle 100 Jahre.
Wo der Deutsche dreimal Atem holt, da wütet 100 Jahre die Pest […]"

Solche beleidigenden Äußerungen einer fremden Minderheit mußten sich die Deutschen im liberalen Kaiserreich gefallen lassen. Erhob ein Staatsanwalt in besonders schweren Fällen Anklage, dann wurden den Angeklagten „Wahrung berechtigter Interessen" zugebilligt.

Eine derartige Feindseligkeit seitens einer nationalen Minderheit dürfte in der europäischen Geschichte einzigartig sein. Die gutwilligen und rücksichtsvollen Bemühungen der preußischen wie der kaiserlichen Regierung wurden mit Verachtung und Chauvinismus quittiert. Die propolnische Politik beider Staaten versagte in der Sicherung des Rechtes auf eine eigene, preußische kulturelle Identität.

Agrarkrise und Notstand

Von 1821 bis 1830 litt das Königreich Preußen unter der sog. Agrarkrise. Ihre Auswirkungen waren aber nirgends so verhängnisvoll wie in dem damals noch rein agrarischen Ost- und Westpreußen, wo 80 Prozent der Bevölkerung von der Landwirtschaft lebte. Trotzdem es von 1819 bis 1822 schlechte Ernten gegeben hatte, waren die Getreidepreise stetig tiefer gefallen. England, als ein Hauptabnehmer des Getreides, war ausgefallen. Dazu gab die preußische Regierung aus politischen Gründen die unbegrenzte Einfuhr russischen Getreides frei, das den schon übersättigten Markt überschwemmte. Roggen, der früher pro Scheffel 60 Silbergroschen gekostet hatte, war jetzt für zwölf kaum loszuwerden. Mehrere aufeinanderfolgende gute Ernten vergrößerten das Problem. Die in anderen Staaten bestehenden Schutzzölle und die beschwerlichen Transportverhältnisse behinderten den Verkauf in andere Länder. Mit den Getreidepreisen fiel auch der Wert des Grundbesitzes und betrug 1825 nur noch ein Drittel bis ein Achtel des Wertes vom Jahre 1800. Die falsche Wirtschaftspolitik der Regierung, die niedrigen Getreidepreise und die ins Bodenlose fallenden Werte für Grundbesitz verursachten eine allgemeine Kreditnot. Die Gutsbesitzer konnten ihre Verpflichtungen nicht mehr erfüllen. Allein in Ostpreußen wurden zwischen 1824 und 1834 etwa 230 Güter zwangsversteigert, die größtenteils aus adligem Besitz in bürgerlichen übergingen. Der anhaltende Zinsausfall führte dazu, daß auch die Pfandbriefe bis zu zwei Drittel ihres Wertes verloren.

Die Agrarkrise verursachte zunächst keine Hungersnot, wirkte sich jedoch nachteilig auf das übrige Wirtschaftsleben aus, das von der Landwirtschaft abhing. Der finanzielle Ruin vieler Gutsbesitzer und Bauern hatte einen Rückgang der Produktion zur Folge. Außerdem führte die Bauernbefreiung zu erneutem Bauernlegen, denn das Land des nun freien Bauern blieb weiterhin Eigentum des Gutsherrn. Da der Bauer die Forderung des Gutsbesitzers für das Land nicht erfüllen konnte, mußte er ihm den Hof überlassen. Nach 1816 gingen dadurch in Preußen über eine Million Hektar Bauernland in gutsherrlichen Besitz über. Bei dem niedrigen Getreidepreis war der Gutsherr nicht immer gewillt, den Bauern als Instmann oder Knecht zu beschäftigen. Viel Ackerboden blieb unbebaut liegen. Eine Milzbrandepidemie im Jahre 1826 vernichtete wieder einen großen Teil des Viehbestandes und verschärfte die üble Lage der Landwirtschaft noch mehr.

War der Ruin der Landwirtschaft schon schlimm genug, so versiegte mit dem Ende der Leinweberei auch diese nächst wichtigste Einnahmequelle der Bevölkerung. Die Bauern verloren ihren bisherigen Nebenverdienst, der sie in schlechten Zeiten über Wasser gehalten hatte, und die beruflichen Weber wurden arbeits- und verdienstlos. Da niemand mehr Geld hatte, mußte auch mancher Kaufmann seinen Laden schließen. Die Lawine rollte weiter und erfaßte nun auch den Handwerker, der keine Aufträge mehr erhielt und seine Gehilfen entlassen mußte. Immer mehr Leute verloren Arbeit und Brot. Viele konnten mit dem geringen Einkommen ihre Familie nicht mehr ernähren. Jetzt waren alle Voraussetzungen für eine Hungersnot vorhanden, die bei einer schlechten Ernte und der nachfolgenden Teuerung eintreten mußte.

Ein großer Teil der Bevölkerung lebte 1830 in Not, die u.a. in den Eingaben des Abgeordneten Ernst von Saucken an den König und an die Regierung zum Ausdruck kam. Im Dezember 1830 protestierte er gegen die Erhöhung der Salzsteuer, weil sie eine sozial ungerechte Maßnahme sei, unter der besonders die ärmsten Volksschichten zu leiden hätten. Unerträgliche Steuern und das völlige Unverständnis der Behörden trieben viele Familien zur

Auswanderung. Nur wenige konnten durch Verkauf ihrer Habe die Reisekosten nach Amerika bezahlen. Wenn vom 1. September 1832 bis zum 9. Mai 1833 allein aus dem Kreis Ortelsburg 829 Personen mit einer Auszugsgenehmigung nach Polen zogen – eine größere Anzahl zog wahrscheinlich ohne eine Genehmigung fort –, kann man sich das Ausmaß der Notlage vorstellen.

1832 gelang es Oberpräsident v. Schön nochmals 400.000 Taler zu erhalten, womit der totale Zusammenbruch der Landwirtschaft verhindert wurde. Eine lang anhaltende Trockenheit verursachte 1834 eine Mißernte des Roggens und der Kartoffeln, wodurch sich die schon bestehende Notlage zur Hungersnot steigerte. Im folgenden Winter nahm die Zahl der Arbeitslosen enorm zu, und die Preise für Lebensmittel, die sich inzwischen mit dem Rückgang der Produktion einigermaßen normalisiert hatten, verdoppelten sich.

In einem Dokument vom 16. Juli 1838, das in der Kugel auf der Spitze des Bischofsburger Kirchturms eingeschlossen war und nach der Zerstörung des Turms 1945 auf abenteuerliche Weise gerettet wurde, berichtet der damalige Lehrer Ludwig Zimmermann am 26. Juli 1838: „Auch Hungersnot haben wir erlebt, und zwar in Folge des Krieges im Jahr 1807, und beim Mißwachs der Kartoffeln 1834, wo trockne Eicheln und etwas Mehl zu Brod gebacken und verzehrt wurden, und daher durch 4 Monate 90 arme Kinder die begüterten Einsaaßen speiseten, weil das Elend zu groß war."

Die Berichte des Bischofsburger Magistrats an die Königsberger Regierung enthalten folgende Auszüge:

Februar 1836: „Die Not ist so groß, daß die Gemeinde die Beerdigung der Toten bezahlen muß. Wegen mehrjähriger Rückstände der Steuern ist man genötigt, die Grundstücke zur Versteigerung zu stellen",

Februar 1838: „Die Getreideernte hat im vorigen Jahr nicht das 2. Korn erreicht, und das aus andern Gegenden hier zum Markt kommende hat einen so hohen Preis, der in keinem Verhältnis zum Verdienst steht. Kartoffeln mangeln jetzt schon täglich".

Anläßlich der Königsberger Huldigung des neuen Königs Friedrich Wilhelm IV. bat v. Saucken am 25. Juli 1840 erneut vergeblich um die Herabsetzung des „so sehr drückenden hohen Salzpreises".

Im Jahr 1842 brach beim Vieh wieder Milzbrand (Anthrax) aus. Damals gab es noch keine Tierärzte, und die Bauern waren diesen Seuchen hilflos ausgeliefert. Bei der Epidemie von 1826, und auch bei dieser, beauftragte die Regierung den zuständigen Kreisphysikus und oftmals auch einen Stadtchirurgus mit der Untersuchung und Behandlung des erkrankten Viehs. Die Ärzte wußten aber nicht, was diese ansteckende Seuche verursachte, die auch auf Menschen übertragen wurde. Wie sollten sie da dem Vieh helfen?

Als Anton von Wegnern 1843 Landrat des Kreises Lyck wurde, ließ er elf Getreidedepots anlegen, um die Hungersnot zu bekämpfen. Die daraus bereitete „Wassersuppe" soll für viele „die einzige Nahrung" gewesen sein.

Im Jahre 1844 gab es eine katastrophale Mißernte. Vom Frühjahr bis Ende Juli herrschte große Dürre. Dann setzte ein Dauerregen ein, der den Rest der kümmerlichen Ernte verderben ließ. Tief gelegene Felder standen unter Wasser, und der Boden war so aufgeweicht, daß auch die Wintersaat für das kommende Jahr nicht eingesät werden konnte. Darum gab es auch 1845 kein Brotgetreide. Der Scheffel Roggen, der in normalen Zeiten einen Taler und zehn Silbergroschen wert war, kostete fünf Taler, Weizen sechs und Kartoffeln, die normalerweise für zehn Silbergroschen zu haben waren, kosteten zwei Taler. Die Notlage verschärfte sich besonders für die ärmere Bevölkerungsschicht, weil bei der schlechten Wirtschaftslage niemand eine Beschäftigung fand. Wieder wird von Eicheln zum Brotbacken berichtet.

Da die Regierung glaubte, die Not sei nur die Folge der Rückständigkeit der Bevölkerung, beschloß sie Musterbetriebe mit westdeutschen Bauern anzulegen. Ein dazu geschaffenes „Meliorationskomitee" in Allenstein kaufte 1845 Land in Rothfließ (Kr. Rößel) und siedelte dort acht hessische Bauern- und vier Handwerkerfamilien an. Die Versprechungen eines evangelischen Predigers und eigener Schule wurden nur unzulänglich erfüllt. Das Angebot, die katholische Schule mitzubenutzen, lehnten die Hessen empört ab. Sie erkannten bald die völlige Sinnlosigkeit dieser Regierungsmaßnahme, verkauften ihre Besitzungen und zogen wieder in ihre Heimat zurück.

Im Sommer 1845 besuchte der König die ostpreußischen Notstandsgebiete und half durch Vergeben von Bauprojekten die Arbeitslosigkeit zu mindern. Dadurch entstand z.B. die Straße Rößel-Sensburg. Die Hilfe der Regierung bestand vor allem darin, einen Notstandsausschuß mit zahlreichen Beamten einzusetzen, der untersuchen sollte, warum gerade hier solche Notstände auftraten. Schon die Einsetzung dieser Kommission zeigte, daß die Regierung überhaupt nicht begriff, was hier geschehen war. Jeder Bauer wußte, daß die Regierung große Schuld an der Agrarkrise traf, und mindestens jeder zweite Arbeitslose hätte den hohen Herren sagen können, daß er zuvor seinen Lebensunterhalt aus der von der Regierung vernachlässigten und vergraulten Leinweberei bezogen hatte. Da die Regierungsbeamten sich selbst keine Schuld geben konnten, mußten sie mit langen Untersuchungen andere Gründe finden. Die grundfalsche Wirtschaftspolitik hatte in Ostpreußen weit schlimmere Folgen als in anderen Provinzen verursacht, weil hier die ganze Wirtschaft nur auf Landwirtschaft und Weberei beruhte. Hinzu kam, daß die Provinz in der Franzosenzeit die schwersten Schäden des ganzen Königreiches erlitten hatte und am Ende des Befreiungskrieges hoch verschuldet und finanziell völlig erschöpft war. Viehseuchen und schlechte Ernten lösten die Hungersnöte in der schon katastrophalen Wirtschaftslage aus, waren aber nicht deren Ursachen. In der *Hartungschen Zeitung* griff v. Saucken die Regierung in drei Artikeln (Dezember 1846 bis Februar 1847) öffentlich an. Im ersten stand u.a.: „Gespenstisch geht das Gerücht im Volke umher, die Regierung werde in diesem Jahr nichts für die Notleidenden tun, weil in den vergangenen zwei Jahren die Verwendung großer Summen nicht in dem Umfange genützt habe, als es hätte sein können, weil große Mißgriffe gemacht sind und Unredlichkeit und Wucher auch hier ihre Feldlager aufgeschlagen hätten. Die [Betroffenen] sind bange und halten es für möglich, daß man die Unschuldigen strafen wolle, weil man die Schuldigen nicht fassen könne oder möge, daß man dem gräßlichen Ungeheuer, dem Hunger, seine Opfer [...] lassen werde [...] Es liegt im Interesse der Staatsregierung, durch tatkräftiges Handeln solche das Vertrauen untergrabende Meinungen schnell zu widerlegen. Denn mahnend klopft der Hunger bereits an tausend Türen [...]"

In einem Brief an Below schrieb v. Saucken: „Oh könnte ich die Herren in Berlin, die so viel von der christlichen Liebe reden und sonntäglich in die Kirche gehen, in Stelle deren nur in die Wohnungen des Jammers, zu den Brüdern in Christo führen – wahrlich sie könnten da einen besseren Gottesdienst halten [...] Wenn man bedenkt, daß man ins Wasser oder ins Feuer springt, um einen Menschen zu retten, und daß der Staat dafür noch Auszeichnungen gibt, so begreift man nicht, wie man Tausende schmählich untergehen, in brennendem Hunger umkommen sehen kann und die Hände ruhig im Schoße läßt, und daß die nicht alle aufgehangen werden, denen die Beachtung dieser Menschen übertragen, deren Pflicht es ist, für sie zu sorgen, und die sie retten können ohne Gefahr des Lebens, nur nicht ohne die, sich unbeliebt in Berlin zu machen, dem eigenen Fortkommen dadurch zu schaden. O Schmach über Schmach!"

Das *Allensteiner Kreisblatt* rät seinen Lesern am 17. März 1847, Gemüse anzubauen, „wegen frühzeitiger Gewinnung von Nahrungsmitteln". Auch 1846 sei die Kartoffelernte schlecht ausgefallen, wodurch ein Mangel an Grundnahrungsmitteln zu erwarten ist. Am 10. Mai gibt das Blatt bekannt, daß „in Berücksichtigung der gegenwärtigen ungewöhnlichen Teuerung der ersten Lebensbedürfnisse" die Klassensteuer für die unterste Stufe (Kopfsteuer für die Einwohner ohne Grundbesitz) für die Monate Mai bis Juli erlassen ist. Zu allem Unglück brach 1847 die Cholera wieder aus. Der Magistrat der Stadt Bischofsburg berichtet im Februar 1847 der Regierung in Königsberg: „Der Notstand hat in hiesiger Stadt eine bedeutende Höhe erreicht [...] Aus der Armenkasse erhalten 31 Personen nach Maßgabe ihrer Hilfsbedürftigkeit bare Unterstützung. 100 Kinder armer Eltern werden von den bemittelten Einwohnern täglich beköstigt [...]"

In dem Bericht des Magistrats vom April 1847 steht: „Der Roggen wird mit 3 Taler 8 Sgr. pro Scheffel bezahlt [...] Die Wochenmärkte sind leer. Es kommt nur selten ein Scheffel Getreide auf den Markt. Die beim Straßenbau beschäftigten Arbeiter verdienen nicht so viel, daß sie ihr Leben fristen können [...]"

Bürgermeister Schimanski von Hohenstein schreibt unter dem Jahr 1847: „Scharenweise kamen die Menschen von den Dörfern in die Stadt und bettelten." Am 9. Juli kam es sogar so weit, daß sich „300 Personen zusammenrotteten und vom Pfarrer Getreide auf Kredit forderten".

Ostpreußen überwand schließlich die Notzeit aus eigener Kraft. Als um 1850 die Wirtschaftsweise der Agrarreform (Separation) zunehmend wirksam wurde, herrschten bald wieder normale Zustände. Auch der Außenhandel regulierte sich, als England 1846 die Getreidezölle über einen Schilling abschaffte. Der Preis für den Scheffel Roggen lag nun wieder um einen Taler und 20 Silbergroschen, und Kartoffeln wurden mit zehn Silbergroschen gehandelt.

Die Politik von 1815 bis 1848

Nach dem Wiener Kongreß hatte das Volk eine Repräsentativ-Verfassung (Vertrag zwischen König und Volk) anstatt einer vom König aufgezwungenen erwartet. Obwohl König Friedrich Wilhelm III. schon 1813 eine solche versprochen hatte, kam keine zustande. Österreich wußte, daß eine Volksvertretung in seinem Vielvölkerstaat zu größten Schwierigkeiten führen würde und bemühte sich, Preußen im gleichen Lager zu halten, das sonst leicht Mittelpunkt der deutschen Einigungsbewegung geworden wäre. Preußen folgte aber willig Österreichs Regie, und in beiden Staaten wurden alle freiheitlichen Regungen unterdrückt. Besonders die Studenten, die opferbereit an den Befreiungskriegen teilgenommen hatten, fühlten sich betrogen. Sie hatten nicht nur für die Befreiung von Napoleon, sondern auch für ein besseres Verhältnis zwischen den Fürsten und deren „Untertanenvolk" gekämpft. Preußens Reformen waren ein hoffnungsvoller Anfang gewesen, aber noch immer fehlten Verfassungen. Die Studenten der Nationalbewegung schlossen sich in Burschenschaften zusammen. Die Farben ihrer Fahne, Schwarz-Rot-Gold, hatten sie vom Lützowschen Freikorps übernommen und galten als das Symbol der national-liberalen Bewegung.

Am 18. Oktober 1817 trafen sich über 500 Abordnungen der Studenten auf der Wartburg, um sich über einen neuen Weg zu beraten. 1818 schlossen sich die Burschenschaften der einzelnen Universitäten zur „Allgemeinen Deutschen Burschenschaft" in Jena zusammen. Die studentische Einheit Deutschlands sollte Beispiel und Ansporn für das übrige Volk sein.

Als der bekannte Staatsrat und Dramatiker August von Kotzebue im März 1818 in Mannheim von einem Studenten erstochen wurde, nahmen Österreich und Preußen die Tat zum Anlaß, die Burschenschaften der Verschwörung zu bezichtigen, und beschlossen, gemeinsam gegen Studenten, Professoren und die Presse vorzugehen. Nirgendwo wurden die Beschlüsse gegen Umsturz und Verschwörung strenger als in Preußen durchgeführt. Burschenschaften und Turnvereine wurden verboten, Universitäten erhielten einen staatlichen Kurator, der Studenten und Professoren überwachte. Viele Gelehrte verließen Preußen, und eine große Anzahl Studenten landete in Festungen und Gefängnissen. Einer der bekanntesten war der spätere Schriftsteller Fritz Reuter, der 1833 verhaftet, zum Tode verurteilt, dann zu 30 Jahren Festungshaft begnadigt und 1840 amnestiert wurde. Preußen verlor Sympathien, die es mit den fortschrittlichen Reformen gewonnen hatte, und wurde zum ,Totengräber' einer gesamtdeutschen Einheit. Der schlaue österreichische Kanzler Metternich hatte auf der ganzen Linie gesiegt und alle Ansätze zu einer nationalen Einheit im Keim erstickt.

In Ostpreußen war der Liberalismus besonders rege, da Oberpräsident v. Schön diese Ideen weitgehend schützte. Königsberger Studenten demonstrierten vor allem aus Oppositionslust und Freude am Widerspruch gegen die bestehenden Zustände. Die bedächtigen Ostpreußen waren aber keine Barrikadenkämpfer; sie wollten Reformen und eine Verfassung, aber keine Revolution. Da die liberale Bewegung wenig Widerspruch vom Staat und keinen von andersdenkenden Bürgern fand, wurde sie stärker und offensiver, besonders als an Stelle der besonnenen Ostpreußen etliche jüdische „Kämpfer für die Freiheit" die Führung übernahmen. Der regsame Politiker und Arzt Dr. Johann Jacoby wurde vor allem durch seine Flugschrift *Vier Fragen eines Ostpreußen* bekannt.

Viel Aufsehen erregte der aus Hamburg zugezogene Isaak Cohen. Nachdem er zum evangelischen Glauben übergetreten war, nannte er sich Ludwig Reinhold Walesrode und verursachte den Behörden viel Aufregung und Ärger. Schuld daran war der Königsberger Zensor und Polizeipräsident Erhard Abegg, der, soweit es sein Amt erlaubte, liberale Umtriebe schützte. Von 1843 bis 1846 verging kaum ein Monat, in dem es nicht irgendwelche Krawalle gab. Der König soll gesagt haben, daß dort „eine Ausgeburt der Hölle heranwächst".

Der bedeutendste der jüdischen Politiker Ostpreußens war der Jurist Eduard von Simson, der Präsident der auch „Burschenschafterparlament" genannten Frankfurter Nationalversammlung wurde. Außerdem war er Mitglied des preußischen Abgeordnetenhauses, wurde Reichsminister, Präsident des Reichstags, erster Präsident des Reichsgerichts, Präsident des Appellationsgerichts und der Goethegesellschaft.

Am 22. Mai 1815 hatte der König eine Ständeverfassung für das ganze Land versprochen. Mit dem Gesetz von 1823 beschränkte er aber sein Versprechen auf Provinzialstände, die an Beratungen teilnehmen, aber keine Beschlüsse fassen durften. Der erste Landtag der Provinz Preußen trat 1824 in Königsberg zusammen. Die Großgrundbesitzer stellten dazu 15, die Städte 13 und die Bauern sieben Vertreter. Wenn die Bauern stark benachteiligt erscheinen, so war es doch das erste Mal, daß sie überhaupt etwas sagen durften. Der Landtag tagte abwechselnd in Königsberg und Danzig.

Obwohl Preußen brav der Politik Metternichs folgte, stießen beide Mächte bei dem Streben nach der Vorherrschaft in Deutschland gegeneinander. Preußen erkannte, daß vor einer politischen Einheit die harmlosere der Wirtschaft erfolgen muß. Nach langwierigen Verhandlungen und einem erfolglosen Versuch Österreichs, die wirtschaftliche Einigung Deutschlands zu verhindern, trat schließlich ab 1833 der „Deutsche Zollverein" unter Preußens Führung in Kraft. Damit war ein einheitliches Wirtschaftsgebiet von der Ostsee bis zu den Alpen entstanden. Österreich war erstmalig ausmanövriert.

Unter König Friedrich Wilhelm III. hatten der preußische Staat und sein Königshaus die Katastrophe des totalen Zusammenbruchs überlebt, während Napoleons Herrschaft bei einem geringeren Sturz unterging. Auch wenn vieles an der Politik des Königs zu beanstanden ist, so muß man doch seinen besten Willen und aufrechten, prunklosen Lebenswandel anerkennen. Sein einziges eigenes Werk war der Zusammenschluß der Lutheraner und Reformierten in der Protestantischen Union 1817. Er starb, 70 Jahre alt, am 7. Juni 1840. Die Regierung übernahm sein 45jähriger Sohn, Friedrich Wilhelm IV. Dieser geistvolle „Romantiker auf dem Thron" hielt mit seiner konservativ-frommen Weltanschauung am Gottesgnadentum fest und kam mit den Forderungen der Wirklichkeit in Konflikt. Bei der Huldigung in Königsberg (10. September 1840) bat der Provinziallandtag hoffnungsvoll um die von seinem Vater versprochene Verfassung, von der aber auch er nichts wissen wollte.

Man schöpfte neue Hoffnung, als im April 1847 die Provinziallandtage nach Berlin berufen wurden. Der König dachte aber nicht an eine Mitbestimmung des Landtags und ging jeder Andeutung einer Verfassung aus dem Weg. Erst nach der Revolution von 1848 und der Konstitution von 1849 entstand ein verfassungsmäßiges Parlament. Auf dem Landtag wurde aber der Bau und die Finanzierung der Ostbahn beschlossen.

Inzwischen hatte es in Europa allerlei Aufruhr gegeben. Von 1822 bis 1829 hatten sich die Griechen von der Türkenherrschaft befreit. In Frankreich war König Karl X. Ende Juli 1830 vom Thron gejagt und ein „Bürgerkönig" (Louis Philippe) eingesetzt worden. In Belgien wurde 1831 nach einem Aufstand ein unabhängiges Königreich gebildet. Den polnischen Aufstand hatten die Russen zwar 1831 niedergeworfen, aber gerade dadurch erhielt das polnische Nationalbewußtsein eine enorme Stärkung. Der Liberalismus sah in den Polen Märtyrer der Freiheit, und überall schlugen die Wogen der Polenbegeisterung hoch.

Während die burschenschaftergeleitete Nationalversammlung in Frankfurt am Main die Gründung eines geeinten Reiches beriet, lud der tschechische Historiker Jan Palacky in bewußtem Gegensatz, im damals noch mehrheitlich deutschen Prag, zu einem Slawenkongreß ein, der am 2. Juni 1848 begann. Die Einladung zum Frankfurter Parlament hatte Palacky hochmütig abgelehnt. Noch mußten die Redner der 350 Teilnehmer in Prag deutsch reden, um von allen verstanden zu werden. Das Programm der Veranstaltung betonte, daß es auf den Ansichten Herders beruhte. Hier wurde der Panslawismus geboren und die Oder-Adria-Westgrenze gefordert, die 100 Jahre später verwirklicht wurde. Auch in Böhmen begann nun der Kampf gegen alles Deutsche.

Die Besitzansprüche Dänemarks auf das deutsche Schleswig und der Einmarsch der Dänen in Flensburg am 9. April 1848 verwickelten Preußen (im Auftrage des Deutschen Bundes) in einen Krieg mit Dänemark, der bis 1850 dauerte. (Der Wiener Kongreß hatte 1815 Holstein zu einem Glied des Deutschen Bundes erklärt, Schleswig aber nicht.)

Die Revolution von 1848

In Frankreich brach am 24. Februar 1848 zum drittenmal innerhalb 60 Jahren eine Revolution aus, in der das Bürgerkönigtum des Königs Louis Philippe beseitigt und die Zweite Republik ausgerufen wurde. Es war vorauszusehen, daß dieses Mal der Aufruhr auch in Deutschland revolutionäre Erhebungen hervorrufen würde.

Die aufbegehrenden Bürger lassen sich in drei Gruppen einteilen:

1. eine liberale, die eine freiheitliche Neuordnung in den einzelnen deutschen Staaten will,
2. eine nationale, mit dem Ziel der deutschen Einheit und
3. die Nationalbewegungen der nichtdeutschen Bevölkerungsgruppen in der habsburgischen Monarchie, die eigene Staaten gründen wollen.

Alle drei wurden von den regierenden Fürsten bekämpft, um ihre alte Macht nicht zu verlieren, was am Ende auch gelang.

In Wien fielen die ersten Demonstranten am 13. März unter den Salven der Soldaten. Metternich wurde zum Rücktritt gezwungen und floh am nächsten Tag unter falschem Namen nach England. Der mächtige Staatskanzler hatte nicht nur über 30 Jahre lang Österreich regiert, sondern seinen Willen auch anderen Staaten aufgenötigt. Die Epoche Metternich setzte jetzt Felix Fürst zu Schwarzenberg fort.

In Bayern, nach einem Aufruhr in München, gab König Ludwig I. am 20. März 1848 die Krone an seinen Sohn Ludwig II. ab.

In Berlin steigerten sich die Unruhen, bis am 15. März die ersten Schüsse fielen. Der König wollte den Aufstand mit der Armee brutal niederwerfen, denn 14.000 Soldaten standen nur 4.500 Aufständischen gegenüber. Prinz Wilhelm (der spätere Kaiser) floh nach England. Unsicher geworden, beugte sich der König schließlich der Forderung der Aufständischen, ließ alle verurteilten Polen frei und gab den Truppen den Befehl, Berlin zu verlassen.

Am 21. März machte der König, eine schwarzrotgoldene Schärpe oder Armbinde angelegt, den bekannten Umritt durch die Stadt. Die Aussage des Polizeichefs Stieber, daß er sich dabei von einem Hofschauspieler vertreten ließ, wird meistens als unwahr abgewiesen. Am nächsten Tag wurden die Särge der getöteten Zivilisten (183 Männer, fünf Frauen und zwei Kinder) in feierlichem Umzug am Schloß vorbeigeführt und begraben. Auch 20 gefallene Soldaten wurden irgendwo beerdigt.*

Die am 18. Mai in der Frankfurter Paulskirche tagende Nationalversammlung bemüht sich, alle deutschen Staaten in einem Kaiserreich zu vereinen. Sogar eine Verfassung und eine vorläufige Zentralregierung unter einem Reichsverweser (Erzherzog Johann von Österreich) kommt zustande. König Friedrich Wilhelm ist gezwungen, liberale Minister zu berufen und eine preußische Nationalversammlung wählen zu lassen.

Die Provinzen Preußen und Posen, die 1815 noch außerhalb des Deutschen Bundes geblieben waren, werden im April 1848 in den Bund aufgenommen und können somit ihre Vertreter in das Parlament nach Frankfurt senden. Bei den Wahlen zur Frankfurter Nationalversammlung wirkt die Provinz Preußen erstmalig als Glied eines gesamtdeutschen Staates, nicht nur des Königreichs Preußen mit. Der schon erwähnte Politiker v. Simson wird am 18. Dezember 1848 zum Präsidenten des Parlaments gewählt.

Auch wenn in der Provinz Preußen kein Blut floß, so kam es an einigen Orten, z.B. in Braunsberg, zu tumultartigen Unruhen. Bürgerwehr, Polizei oder Militär stellten jedoch die Ruhe wieder her, und die Anführer erhielten hohe Zuchthausstrafen. Otto Müller berichtet von einem Handgemenge am 30. April in der Stadt Barten, wo ein etwa 200 Mann starker Haufen von den benachbarten Gütern den Lehrer Kirschner aus Karschau (Kr. Rastenburg) befreien wollte, der wegen „aufreizender Reden" verhaftet worden war. Am folgenden Sonntag erschienen die Gutsarbeiter nochmals mit Verstärkung (etwa 500 Mann). Als aber die Bürgerwehr ein paar Schüsse in die Luft feuerte, zog auch dieser Haufen wieder ab. In Ostpreußen brach 1848 wieder die Cholera aus, was die Bevölkerung viel mehr bewegte als die Vorgänge im fernen Berlin.

---

* Arthur Schopenhauer vermachte in seinem Testament eine Summe den Hinterbliebenen der 1848 in Berlin gefallenen Soldaten, weil sonst niemand an diese Opfer der Revolution gedacht hatte.

War die Revolution an der Provinz Preußen ohne große Ereignisse vorübergegangen, so tobt sie in anderen Gegenden bis ins nächste Jahr weiter. Vom 24. bis 29. Juni 1848 gibt es in Paris 5.000 Tote, und im Dezember wird Louis Napoleon, Neffe Napoleons I., zunächst Präsident der Republik (1852 wird er Kaiser). Im Krieg in Schleswig-Holstein schließt Preußen mit Dänemark einen Waffenstillstand (26. August), den das Frankfurter Parlament am 16. September annimmt. Das löst einen Aufstand der Frankfurter aus, die am 18. September 1848 das in der Paulskirche tagende Parlament aus der Stadt jagen wollen. Erst nach dem Einsatz von Artillerie und vielen Toten ergeben sich die Rebellen.

In Österreich nehmen die Erhebungen der Ungarn, Tschechen und Italiener bedrohliche Ausmaße an. Die Zahl der Toten im dritten Wiener Aufstand (6. Oktober bis 1. November 1848) wird auf 2.000 bis 6.000 geschätzt. Weitere Tausende sterben an ihren Wunden. Kaiser Ferdinand dankt im Dezember 1848 zugunsten seines 18jährigen Neffen Franz Josef ab.

Durch die Niederwerfung der Revolution in Wien ermutigt, entschließt sich auch der preußische König schärfer vorzugehen. Er ruft General Wrangel aus Holstein mit 13.000 Soldaten nach Berlin (10. November) und läßt den Belagerungszustand verhängen. Der König ist wieder Herr der Lage. Am 5. Dezember löst er das preußische Parlament auf und erläßt von sich aus eine Verfassung nach seinen Wünschen.

Die endlosen Debatten in Frankfurt über die Errichtung eines deutschen Reiches kamen schließlich zu einem Ende, als beschlossen wurde, daß „kein deutsches Land mit nichtdeutschen Ländern zu einem Staat vereinigt werden dürfe". Als darauf Österreich ultimativ die Aufnahme seines ganzen Staates, also auch der nichtdeutschen Teile, in das zu bildende neue Reich forderte, stimmten die Abgeordneten am 27. März 1849 mit 267 gegen 263 für eine kleindeutsche Verfassung (ohne Österreich). Den Ausschlag gaben vier Österreicher, die damit gegen die Politik ihres Ministerpräsidenten protestierten. Die Verfassung wurde sofort von 28 deutschen Staaten anerkannt, ein einiges Deutsches Reich war entstanden. Am nächsten Tag wurde der König von Preußen zum Kaiser gewählt. 248 Abgeordnete stimmten für ihn, 290 enthielten sich der Stimme. Als darauf der Präsident der Nationalversammlung v. Simson eine Delegation nach Berlin führte, um Friedrich Wilhelm im April die Kaiserkrone offiziell anzubieten, lehnte dieser ab, denn er wollte keine Krone aus den Händen des Volkes. Er sprach danach von einem „Reif aus Dreck und Letten [Lehm] gebacken" mit dem „Ludergeruch [Verwesungsgeruch] der Revolution" behaftet. Damit war die gesamte Arbeit der Frankfurter Nationalversammlung nichtig; die einzelnen Staaten zogen ihre Vertreter zurück, und der Rest des Parlaments löste sich am 18. Juni 1849 auf.

Österreich zerschlug die letzte Erhebung in Italien im März 1849 und im Sommer mit Hilfe der Russen auch das revolutionäre Ungarn. Ein Aufstand in Sachsen im Mai 1849 endete mit 200 Toten. Mehr Opfer forderte die Niederwerfung der Aufstände in Baden und der Rheinpfalz (15. Juni bis 23. Juli 1849). Viele der Kämpfer für Freiheit und Einigkeit flohen ins Ausland oder wanderten nach Amerika aus; die letzten endeten vor Erschießungskommandos und in Gefängnissen. Die Revolution war zu Ende; die Fürsten hatten über die Bürger gesiegt. Alle Kämpfe und Opfer waren umsonst gewesen; der Traum von einem geeinten Deutschen Reich hatte sich nicht erfüllt.

Nach langem Hin und Her kam für Preußen am 31. Januar 1850 eine „revidierte" Verfassung zustande. Für das übrige Reich wurde 1851 der alte Staatenbund wieder eingeführt.

Die große Agrarreform

Die Bauernbefreiung, die schon vom Soldatenkönig und Friedrich dem Großen begonnen worden war, erreichte ihren Abschluß mit der sog. Separation, die von 1826 bis 1850 durchgeführt wurde. Sie bedeutete eine tiefgreifende Umwandlung der sozialen und betriebswirtschaftlichen Verhältnisse.

Bisher hatte es fast nur geschlossene Dörfer und selbständige Güter gegeben. Noch immer bestand die mittelalterliche Dreifelderwirtschaft. Die Wirtschaftsweise war primitiv, umständlich und sehr unrentabel. Die Äcker der einzelnen Bauern bestanden aus einem langen schmalen Streifen in jedem der drei (in Ausnahmefällen auch mehr) Felder der Dorfgemeinschaft.

Da nicht zu jedem Streifen ein eigener Weg führte, mußte die Bearbeitung jedes der drei Felder von allen Bauern gleichzeitig erfolgen. Durch diesen Flurzwang konnte es auch der Tüchtigste nicht viel weiter als der Faulste bringen. Keiner konnte seinen Streifen anders nutzen oder irgendwelche Neuerungen einführen. Die meisten Bauern wirtschafteten noch genauso, wie ihre Vorfahren vor 500 Jahren und auch mit den gleichen Erträgen.

Jeden Morgen ging der Gemeindehirt durch das Dorf, blies auf seinem Horn oder machte sich durch lautes Rufen bemerkbar. Das Vieh wurde dann aus den Ställen gelassen, und der Hirt trieb es auf die Weide. Nur wenige Gemeinden hatten ausreichendes Weideland. Da bei der Dreifelderwirtschaft nur Winter- und Sommergetreide angebaut wurden, blieb als einzige Weide nur das Brachfeld übrig, auf dem nur kümmerliches Unkraut wuchs. Das Gras der wenigen Wiesen wurde für Pferde und Zugochsen gebraucht. Darum war der Viehbestand niedrig und die Milchleistung gering.

Bei der bisherigen Dreiteilung in Winterung, Sommerung und Brache lag immer ein Drittel des Ackerbodens, die Brache, bis auf die fast wertlose Viehweide, ungenutzt. Durch die hohen Menschenverluste in den vorherigen Notzeiten sowie durch das schon genannte unkluge Verhalten der Regierung war zu dieser Zeit kaum die Hälfte des Ackerbodens bebaut.

Unter dem Begriff „Separation" sind folgende Vorgänge zusammengefaßt:

1. die Aufteilung des bisher gemeinschaftlich genutzten Landes (Weide, Wald, Dorfanger u.ä.),
2. die Ablösung der Nutzungsrechte der Grundherren auf bäuerlichem Land (Hüte-, Mast-, Schäferei-, Holzschlagrecht u.a.m.),
3. die Trennung von Guts- und Bauernland,
4. die Zusammenlegung der in den verschiedenen Dorffluren liegenden Felder des einzelnen Bauern möglichst zu einem einzigen Stück Land und
5. die häufig damit verbundene und von der Reform beabsichtigte Auseinanderlegung der Dörfer durch Neubau der Höfe auf den einzelnen neuen Grundstücken, wobei ein Dorfkern belassen oder auch das ganze Dorf in Einzelhöfe aufgelöst wurde.

Bezirksgeneralkommissionen hatten die Bauern über die Vorteile der Reform aufzuklären. Nach kurzer oder längerer Beratung stellten die Bauern dann einen Antrag, um die Separation durchzuführen. Nicht alle Bauern erkannten den Wert dieser drastischen Umwandlung und wehrten sich standhaft dagegen. Die große Mehrheit ließ sich aber leicht von den Vorteilen überzeugen, und überall kam die Separation in Fluß.

Mit den Reformgesetzen vertrat der Staat den Grundsatz des Allgemeininteresses gegen das Sonderinteresse der Großgrundbesitzer. Die Durchführung der Agrarreform war ein harter Kampf des Staates gegen den Eigennutz eines Standes, der nur höchst widerstrebend etwas von seiner politischen und wirtschaftlichen Vormachtstellung zugunsten des Volksganzen abgab.

Die Errichtung der Bauernhöfe auf den jeweiligen Grundstücken veränderten auch das Landschaftsbild. Die Reformen schufen lebensfähige wirtschaftliche Einheiten und klare, geschlossene Betriebsverhältnisse, wie sie noch hundert Jahre später in vielen Gegenden erstrebt, aber niemals erreicht wurden. Obwohl diese Wirtschaftsweise im Prinzip dieselbe war, die schon von den Pruzzen betrieben worden war, da jeder Bauer seinen eigenen Hof bewirtschaftet hatte, galt sie jetzt als etwas Neues, wofür die Regierung gelobt werden wollte. Damit war das heutige System der Landwirtschaft entstanden. An Stelle des alten Dreifeldersystems trat nun die Fruchtfolgewirtschaft mit Klee- und Rübenanbau, die durch selbständig arbeitende Einzelbetriebe ermöglicht wurde. Der Anbau der Hackfrüchte nahm bedeutend zu; Kartoffeln gewannen auch als Futter an Bedeutung. Mit Klee und Rüben war eine ausreichende Winterfütterung und vermehrte Viehhaltung möglich. Die zunehmende Düngerproduktion führte zur Verbesserung des Ackerbodens, dessen Ertragsfähigkeit durch Verbesserung der Fruchtfolge immer weiter anstieg. Mit der Entfesselung der Privatinitiative wurde bald das letzte Stück Land, das sich noch irgendwie bearbeiten ließ, auch genutzt. Nach 1850 begann in die Bauernhäuser ein zunehmender Wohlstand einzuziehen.

Von der Gesamtfläche Ostpreußens wurden landwirtschaftlich genutzt:

1815 – 20,5 %	1878 – 51,0 %
1849 – 44,3 %	1913 – 54,9 %

Nach der amtlichen Statistik von 1861 war die Nutzfläche der Provinz Preußen (Ost- und Westpreußen) wie folgt aufgeteilt:

Bauern	54,3 %
Güter	27,8 %
Staatliche Domänen und Forste	14,1 %
Städte	3,8 %

In den anderen preußischen Provinzen betrug der Anteil der Güter an der Gesamtfläche bis zu 50 Prozent. Die ländliche Bevölkerung vermehrte sich von 1818 bis 1867 um 85 Prozent. Das Preußenland wurde nun wieder das, was es früher gewesen war: eines der ertragreichsten Agrargebiete Europas, das jetzt wesentlich zur Ernährung der wachsenden Großstädte und besonders des westfälischen Industriegebietes beitrug. Bald kam jedes zehnte Brot, das in Deutschland gegessen wurde, aus Ostpreußen. Ostpreußische Pferde standen an der Spitze aller deutschen Pferdezuchtvereine, und die „Ostpreußische Herdbuchgesellschaft" war die älteste und größte Rinderzuchtvereinigung des Deutschen Reiches. Die Milchleistung dieser Kühe wurde bisher nirgendwo anders erreicht. Trotz ungünstigen Klimas wurden hier Ernteerträge und Zuchtleistungen erreicht, die über denen der Nachbarländer und anderer Provinzen des Deutschen Reiches lagen.

Hand in Hand mit der Belebung der Landwirtschaft ging die Entwicklung der Industrie, die durch den Bau der Eisenbahnen einen enormen Auftrieb erhielt. Lokomotiv- und Waggonfabriken, Schiffswerften und Fabriken der Nahrungsmittelindustrie entstanden. Die aufblühende Landwirtschaft löste einen Arbeitermangel und einen hohen Bedarf an modernen Maschinen und Geräten aus. Selbst in Kleinstädten entstanden Landmaschinenfabriken.

Eine 1863 neu eröffnete Flachsgarnspinnerei in Insterburg versuchte die untergegangene Weberindustrie wieder zu beleben. Anfangs erhielt sie noch einheimischen Flachs, bald aber führte sie 20.000 Zentner jährlich aus Rußland ein. Die florierende Wirtschaft ermöglichte die Kriegsschäden zu beheben und die Verschuldung weitgehend abzutragen. Der steigende Wettbewerb in der Landwirtschaft erweckte das Verlangen nach mehr Wissen und besserer Ausbildung. Höhere landwirtschaftliche Lehranstalten entstanden 1879 in Heiligenbeil und 1880 in Marggrabowa, die ersten Winterschulen ab 1874, Molkereischulen ab 1833 und Hufbeschlag-Lehrschmieden ab 1887.

Die Rekordleistungen in Tierzucht und Ackerbau wurden nicht von der Natur geschenkt, sondern mit viel Schweiß erarbeitet. Nirgendwo im Reich mußte dem Boden mit gleichem Fleiß, gleicher Anstrengung und Fähigkeit der Ertrag abgerungen werden. Daß allein menschliche Arbeit dem Boden seine Kultur und Fruchtbarkeit gegeben hat, fiel deutlich an den Landesgrenzen ins Auge. Auf einer Seite Hege und Pflege, auf der anderen Verwahrlosung und beginnende Steppe. Ernst W. Freissler schreibt darüber: „Es ist doch der gleiche Boden, links und rechts, westlich und östlich – doch was ist er unter deutschen Händen geworden, was unter fremden geblieben. Westlich der Grenzlinie [...] Äcker und Wiesen, gleichmäßig gepflegt, wechseln mit Waldinseln und Obstgärten, aus denen Ziegeldächer leuchten.

Im Osten aber: magere Weiden, von Gletscherschutt übersät, der vor Urzeiten das Land überschwemmt hat und seither kaum angetastet wurde; windschiefe Holzhütten, kümmerliches Vieh – eine Spanne von Jahrhunderten trennt die beiden Gebiete [...]"

Von der Revolution zum Kaiserreich

Das bedeutendste wirtschaftliche Ereignis nach der großen Agrarreform war der Bau der Eisenbahnen, die den Verkehr revolutionierten. Bis dahin waren die Verkehrsmittel für Menschen und Güter die gleichen wie zur vorgeschichtlichen Pruzzenzeit. Die Wagen waren zwar etwas besser, die Straßen dafür schlechter geworden. Der Bau der Ostbahn begann 1846 auf der Strecke Marienburg-Braunsberg und erreichte 1852 Dirschau und 1853 Königsberg. Die 785 Meter lange Weichselbrücke in Dirschau und jene über die Nogat in Marienburg, Meisterwerke der Stahlbaukunst, wurden am 12. Oktober 1857 dem Verkehr übergeben. Der Bau der Brücken war 1850 begonnen worden und hatte 5.080.948 Taler gekostet.

Zunächst wurde überall nur ein Gleis gelegt, jedoch sogleich das Land für ein zweites Gleis erworben und auch viele der Brücken dazu vorgesehen. Die fahrplanmäßige Stundengeschwindigkeit betrug bei Eilzügen 45 km, bei Personenzügen 35 km und bei Güterzügen 26 km. Bis zum 9. Juli 1863 wurde die Bahn täglich in beiden Richtungen von je einem Eilzug, einem Personenzug und zwei Güterzügen befahren.

Bis Ende 1868 wurden folgende Hauptbahnstrecken in Betrieb genommen:

von	bis	Strecke	fertiggestellt	
Bromberg	Danzig	162 km	6. August	1852
Marienburg	Braunsberg	84 km	19. Oktober	1852
Braunsberg	Königsberg	62 km	2. August	1853
Königsberg	Stallupönen	142 km	6. Juni	1860
Stallupönen	Eydtkuhnen	11 km	15. August	1860
Eydtkuhnen	Wirballen			
(Reichsgrenze)		1 km	1. Mai	1861
Bromberg	Thorn	50 km	24. Oktober	1861
Thorn	Alexandrowo			
(Reichsgrenze)		17 km	4. Dezember	1862
Insterburg	Tilsit	54 km	16. Juni	1865
Pillau	Königsberg	46 km	11. September	1865
Königsberg	Bartenstein	58 km	24. September	1866
Danzig	Neufahrwasser	11 km	1. Oktober	1867
Bartenstein	Rastenburg	45 km	1. November	1867
Rastenburg	Lyck	77 km	8. Dezember	1868

Die Betriebsmittel waren:

	Lokomotiven	Personenwagen	Güterwagen
Ende 1858	100	165	1.356
Ende 1867	173	290	3.141

Von den Lokomotiven waren bereits zwei Personenzuglokomotiven zu je 16.730 Taler und sieben Schnellzuglokomotiven zu je 17.460 Taler in den Elbinger Schichauwerken gebaut worden. Auf den Schichau-Schiffswerften (Elbing, Danzig, Königsberg) wurden auch der erste deutsche Schraubendampfer und das erste Hochsee-Torpedoboot gebaut. Durch die Eisenbahnverbindungen war die Provinz Preußen jetzt eng mit dem Wirtschaftsleben des Reiches verbunden.

Am 3. Oktober 1851 stimmten die Gesandten des Deutschen Bundes dem preußischen Antrag Bismarcks zu, daß die Provinzen Preußen und Posen, die 1848 dem Bund beigetreten waren, wieder daraus ausscheiden.

Zu dieser Zeit breitete sich der Anbau von Zuckerrüben in Preußen aus, und in vielen Gegenden entstanden Zuckerfabriken.

Nachdem der Leiter des chemischen Laboratoriums der Preußischen Akademie der Wissenschaften, Andreas Marggraf, schon 1747 den Zuckergehalt der Runkelrübe nachgewiesen hatte, war von dem Berliner Franz Achard, nach jahrelangen weiteren Versuchen, die erste Zuckerfabrik erbaut worden. Damit hatte er die Zuckerrübenindustrie gegründet und das bisherige englische Rohrzuckermonopol gebrochen. Rübenzucker ist Rohrzucker völlig gleich, und die Nebenprodukte, Rübenblätter und Rübenschnitzel, sind wertvolles Viehfutter.

Am 17. August 1868 wurde das einheitliche Dezimal- bzw. metrische System für Maße und Gewichte eingeführt. Die Umstellung brauchte eine lange Zeit. Während der Zentner sogleich angewandt wurde, weil er den Scheffel an Genauigkeit übertraf, und bald auch in Metern gemessen wurde, ließ sich das Zollmaß nicht so schnell verdrängen. Das Metermaß des Tischlers hieß immer noch „Zollstock" und zeigte auf einer Seite die metrische, auf der anderen die Zolleinteilung. Einige Industrieprodukte wie Nägel und Rohre wurden weiterhin in Zollgrößen hergestellt. Auch das Pfund blieb bestehen, obwohl es nun mit 500 Gramm ein wenig schwerer war. Die Landbevölkerung kannte bis 1945 noch die alten Zählmaße: Mandel (15 Stück), Bauern-Mandel (16 Stück) und Schock (60 Stück bzw. vier Mandel).

In den Wäldern erschienen im August 1853 Schwärme von Faltern der Nonnengruppe, die aus Polen und Rußland herüberkamen und große Schäden in den Nadelwäldern anrichteten. Trotz aller Vorsichts- und Bekämpfungsmaßnahmen breitete sich die Nonne aus, und manche Bestände wurden fast völlig vernichtet. Am schlimmsten war der Raupenfraß in den Jahren 1854 und 1855. Im folgenden Sommer hinderte Mangel an Nahrung die völlige Ausbildung der Raupen. Dazu wurden sie von epidemischen Krankheiten befallen und verendeten in solchen Mengen, daß stellenweise der Waldboden von ihnen bedeckt war. Dem Raupenfraß fielen etwa 34 Millionen Festmeter Holz zum Opfer.

Was die Nonne übriggelassen hatte, vernichtete bald darauf der Borkenkäfer, der sich seit 1858 in den Wäldern ausbreitete, bis auch bei ihm 1860 ein Stillstand eintrat und 1862 sein Zerstörungswerk beendet war.

Am 28. März 1855 brach die Weichsel an mehreren Stellen durch die Deichanlagen bei Groß Montau, am unteren Ende des Weichsel-Nogat-Deltas. Neben dem unübersehbaren Sachschaden kamen 27 Menschen dabei um. Fast der ganze Große Marienburger Werder wurde überflutet; die Wintersaat war vernichtet, und die Frühjahrsbestellung fiel aus.

Das Hochwasser der Weichsel, das durch die Nogat ins Frische Haff floß, vertiefte durch die starke Ausströmung das Pillauer Tief auf 7,5 m. Dadurch wurde der Pillauer Hafen auch für größere Schiffe zugänglich. Das Tief wurde dann durch zwei große Molen geschützt. Von den früher vorhandenen Tiefen bei Vogelsang, Kahlberg und Lochstädt war seit etlichen Jahrhunderten nichts mehr vorhanden. Das jetzige Pillauer Tief wurde erstmalig 1376 erwähnt, wurde aber zugedämmt, um die Nehrung zu schützen. 1497 riß ein Sturm es wieder auf, aber erst seit 1510 wurde es für größere Schiffe passierbar. Ursprünglich hieß es „Tief bei Wogram".

Während man heute noch in den evangelischen Gesangbüchern Lieder aus dem 17. Jahrhundert findet, kam das erste ermländische Gesangbuch erst 1855 heraus, das aber wenig gebraucht wurde, weil die Masse der ermländischen Bevölkerung noch immer nicht lesen und schreiben konnte.

König Friedrich Wilhelm IV. erlitt 1857 einen Schlaganfall, und wegen fortschreitender Geistesstörung übernahm sein Bruder Wilhelm Ende Oktober seine Stellvertretung und im März 1858 offiziell die Regentschaft.

Um 1820 verkehrte die Post an vielen Orten schon zweimal, bald danach sogar dreimal wöchentlich. Die Postwagen waren zuerst offene Kaleschen mit losem Verdeck, ohne Federn mit Hängesitzen. Sie wurden von zwei Pferden gezogen und beförderten auch Personen. Dann gab es die vierspännige Postkutsche und den bekannten neunsitzigen gelben Postwagen mit Postillon und Kondukteur. Alle größeren Orte waren durch diesen straff organisierten Postdienst verbunden, und die Postkutsche, die vor dem Dorfkrug hielt, und der „Schwager", der das Horn blies, gehörten zum alltäglichen Bild, das mit dem fortschreitenden Bau der Eisenbahnen nun allmählich verschwand.

Die Idee, die Oberländischen Seen durch einen Kanal zu verbinden, war bisher stets aufgeschoben worden, weil ein Höhenunterschied von 99,5 Metern überwunden werden mußte. Schon 1788 hatte König Friedrich Wilhelm II. die Möglichkeit dieses Kanalbaus untersuchen lassen.

Trotz der Notlage nach den Befreiungskriegen wurde der Bau 1825 von den ost- und westpreußischen Landständen befürwortet und 1844 begonnen. Neben sieben Schleusen dienen vier sog. geneigte Ebenen mit zwei nebeneinanderliegenden Schienenwegen und einem Antriebswerk mit Seilzug auf dem Scheitelpunkt zur Überwindung der großen Höhenunterschiede. Mit dem üblichen Schleusensystem wären dazu 32 Kammern notwendig gewesen. (1874–81 wurden die fünf Kußfelder Schleusen durch eine fünfte geneigte Ebene ersetzt.)

Die gegrabene Länge des Kanals beträgt 45 Kilometer, die Gesamtlänge der Wasserstraße 195 Kilometer. Die Antriebskraft liefert auf jeder Ebene eine Turbine, die mit dem Wasser des oberen Sees gespeist wird. Im Winter wird der Kanal trockengelegt. Die Baukosten betrugen 1.350.000 Taler. Am 28. Oktober 1860, dem Jahrestag des ersten Spatenstichs, wurde der Kanal in seiner ganzen Länge dem Verkehr übergeben. Dieses technische Wunder, das Schiffe (auf Schienenwagen) über Berge rollen läßt, erschloß eine reiche Gegend dem Verkehr, als das Eisenbahnnetz noch nicht voll ausgebaut war. Mit 3.000 bis 4.000 Fahrten jährlich genügte der Kanal seinen Anforderungen. Seine Bedeutung nahm erst ab, als 1893 die Bahnlinie Elbing-Saalfeld-Liebemühl-Osterode eröffnet wurde. Dennoch blieb er weiterhin in Betrieb.

Der Erbauer des Kanals, Baurat Steenke, trennte sich nicht von seinem Werk und blieb, trotz verlockender anderer Angebote, in Ostpreußen. Er baute sich eine Villa mit einem vielgelobten Park am Roethlofsee und widmete sich dem Ausbau und der Erhaltung seines Kanals; er starb 1884. Der Kanal hat den Zweiten Weltkrieg überdauert und wird auch heute noch von den Polen als einmalige Sehenswürdigkeit stolz vorgezeigt.

Die Wirtschaft der Provinz Preußen blühte im Krimkrieg 1853/56 enorm auf. England führte gegen Rußland Krieg und blockierte alle russischen Schwarzmeer- und Ostseehäfen. Der gesamte Handel Rußlands wickelte sich daher über die preußischen Häfen ab. Auch englische Schiffe luden ihre Waren in Memel, Königsberg und Danzig aus, wo sie an russische Großhändler weitervermittelt wurden. Meilenlange Wagen- oder Schlittenkolonnen zogen beständig zwischen Rußland und diesen Hafenstädten hin und her.

Am 2. Januar 1861 starb der geistesgestörte König Friedrich Wilhelm IV. im Alter von 66 Jahren, und der 64jährige Prinzregent Wilhelm wurde damit König von Preußen. Seine großartige Krönung in Königsberg am 18. Oktober 1861 war eine Demonstration der Macht der Krone gegen die Demokratie. Bei der Feier in der Schloßkirche waren alle Minister, Generale, Bischöfe und andere Würdenträger sowie Gesandte und Ehrengäste anderer Staaten zugegen. Es war das zweite und letzte große Krönungsfest eines preußischen Königs.

Im Februar 1863 brach in Polen wieder ein bewaffneter Aufstand gegen die russische Herrschaft aus. Die preußischen Truppen wurden in Alarmzustand versetzt und riegelten die Grenze gegen Polen ab.

Auch diese Erhebung wird von den Russen niedergeworfen. Preußen billigt die russischen Maßnahmen, und sein neuer Ministerpräsident, Otto Eduard Leopold Graf von Bismarck-Schönhausen, schließt darüber mit Zar Alexander II. die Alvenslebensche Konvention (8. Februar 1863), in der, falls notwendig, den Russen Preußens Unterstützung zugesagt wird. Damit wird die Annäherung Frankreichs an Rußland verhindert. Die Russen geben den polnischen Bauern das Eigentumsrecht an ihren Feldern, die bisher den Grundherren gehört hatten. Die polnische Kirche, die auf seiten der Rebellen stand, wird mit Einziehung des Kirchenvermögens bestraft.

Im Zusammenhang mit dem polnischen Aufstand kam es in Bredinken zu einem tragischen Vorfall. Die Dorfbewohner, die zu einem großen Teil polnisch orientiert waren, widersetzten sich mit nahezu 500 Demonstranten der angeordneten Entwässerung des Mühlenteiches, der nicht mehr bewirtschaftet war und das Umland versumpfte. Der Landrat bat um militärische Unterstützung, die mit einem Leutnant und 24 Infanteristen eintraf. Als der befohlene Dammdurchstich am 6. Mai 1863 unter dem Schutz des Militärs durchgeführt werden sollte, kam es zu einem Krawall mit den Zivilisten, bei dem zehn Männer und vier Frauen durch die Soldaten getötet und etwa 30 Personen verletzt wurden. Man vermutete, daß hinter dem widersetzlichen Verhalten polnische Aufwiegler im Zusammenhang mit der polnischen Erhebung standen.

Durch das in jener Zeit fehlende Interesse für historische Bauten waren viele der alten Ordensburgen in einen verwahrlosten Zustand geraten. Die meisten waren von den Franzosen für Munitions- und Futterlager, Lazarette, Bäckereien, Pferdeställe, Schlachthäuser und ähnliche Heereszwecke benutzt und dabei schwer beschädigt oder gar ruiniert worden. Dieses traf auch auf Schloß und Dom Marienwerder zu. Den Dom hatten die Franzosen als Futtermagazin und Exerziersaal benutzt. Die dringend notwendigen Restaurierungsarbeiten begannen im Winter 1822/23 an den noch vorhandenen zwei Flügeln des Schlosses. Der Süd- und Ostflügel waren schon 1798 abgebrochen und das Material zum Bau des neuen Gerichtsgebäudes verwendet worden. Nach umfangreichen Arbeiten wurde der Dom am 30. Oktober 1864 feierlich wieder eingeweiht. Die Wiederherstellung des bischöflichen Schlosses dauerte bis 1874.

Von 1862 bis 1864 wurde der neue Hafen von Tolkemit gebaut, der als der größte Segelboothafen des Deutschen Reiches galt. Das um die Burgruine Lochstädt liegende fruchtbare Kulturland aus der Ordenszeit war im Laufe der Zeit von einer bis zwei Meter hohen Sandschicht überweht worden. Zur Arbeitsbeschaffung ließ die Staatsregierung 1867 den alten Kulturboden wieder freilegen, auf dem seither wieder Getreide wächst.

Bei einer Festlichkeit aus Anlaß der Anwesenheit König Wilhelms I. am 13. September 1869 in Königsberg brach das Geländer der überfüllten Brücke über dem Schloßteich und 40 Personen ertranken.

Allmählich siegte der Mensch auch über den Wolf. Nachdem die Wölfe mit steigendem Erfolg bekämpft worden waren, hatten sich wieder größere Rudel im Winter 1812/13 gezeigt, die im Gefolge des Rückzugs der französischen Armee ins Land gelangt waren. Die sich verschlimmernde Wolfsplage löste verschärfte Gegenmaßnahmen aus. Die Behörden organisierten immer wieder große Wolfsjagden, und der Bevölkerung wurden Abschußprämien von bis zu fünf Taler für jeden erlegten Wolf gezahlt. 1817 wurden in Ostpreußen 351 Wölfe abgeschossen, im ganzen Königreich im Jahre 1819 noch 1.080. Die Zahl nahm dann stetig ab; 1871 wurden in Ostpreußen nur noch 89 erlegt.

Gegen Ende des 19. Jahrhunderts hörten die verheerenden Stadtbrände allmählich auf. Die Holzhäuser waren jetzt weitgehend durch Steinbauten ersetzt und die Löscheinrichtungen der Feuerwehren verbessert worden. Bei den alten handbedienten Pumpen, deren Wasserstrahl kaum die hohen Giebel der neuen Häuser erreichte, wurde Wasser mit Tonnen herangefahren und mit Eimern in den Behälter der Spritze gegossen. Ab 1870 kamen sehr wirksame Druck- und Saugpumpen in Gebrauch, die aber immer noch von Hand bedient wurden. Nach 1900 wurden die ersten Motorspritzen hergestellt, die sich aber nur die Städte leisten konnten. Auf den kleineren Dörfern wurden die pferdebespannten Handpumpen noch bis 1945 benutzt.

Die letzten großen Stadtbrände alten Stils gab es in folgenden Städten: Tuchel 1781, Seeburg 1783, Friedland 1795, Rößel 1806, Heiligenbeil 1807, Kreuzburg 1818, Memel 1854 und Allenburg 1867 und 1875. Von dann ab konnte ein Feuer im Stadtgebiet meistens auf einen Häuserblock beschränkt werden. Die Feuer auf den Bauernhöfen entstanden zum weitaus größten Teil von Mai bis September durch Blitzschlag.

Die Einwohnerzahl der Provinz Ostpreußen, die am Beginn des 18. Jahrhunderts mit 440.000 angegeben ist, wird folgendermaßen beziffert:

1740:	600.000	1813:	778.000
1805:	988.000	1867:	1.800.000

Die wichtigsten Ereignisse in der Politik sind folgende: Am 14. September 1862 wird Bismarck zum Ministerpräsidenten berufen, der sich für Preußens Vorherrschaft, die kleindeutsche Einigung und die Macht der Krone gegenüber dem Parlament einsetzt.

Der Bruch der dänischen Verpflichtungen gegenüber Schleswig-Holstein führt am 1. Februar 1864 zum Krieg der verbündeten Preußen und Österreicher gegen Dänemark. Die Verbündeten besetzen nach heftigen Kämpfen – der bedeutendste war die Erstürmung der Düppeler Schanzen durch die Preußen –, Schleswig und Jütland. Im Wiener Frieden vom 30. Oktober 1864 verzichtet Dänemark auf Schleswig/Holstein. Preußen erhält Schleswig, Österreich Holstein. Die Entscheidung über das endgültige Schicksal der Herzogtümer und die Lösung der deutschen Frage (Zusammenschluß zu einem Reich) führen zum Deutschen Krieg von 1866 (Preußen gegen Österreich und seine Verbündeten).

Die preußische Armee ist inzwischen dank dem Grafen v. Bismarck-Schönhausen mit dem Zündnadelgewehr ausgerüstet, dem ersten Hinterlader, bei dem die Patrone durch einen

Stahlstift gezündet wird. Das Gewehr hatte Nikolaus von Dreyse 1827 erfunden, und es wurde Vorbild für viele spätere Konstruktionen. Das Prinzip bildet noch heute die Grundlage modernster Büchsen und Gewehre.

Im Grunde ging es in diesem Kriege darum, ob Österreich oder Preußen die Vorherrschaft in Deutschland haben würde. Frankreich suchte eine Vereinigung der Deutschen zu verhindern und schloß mit Österreich ein Geheimabkommen (11. Juni 1866), nach dem Österreich, dessen Sieg von allen erwartet wurde, Schlesien erhalten sollte und Frankreich die Rheinprovinzen, wenn möglich auch Baden. Am gleichen Tage forderte Österreich im Frankfurter Bundestag die Mobilmachung des gesamten Bundesheeres gegen Preußen. Österreichs Mobilmachung hatte bereits im April begonnen. Das diplomatische Geschick Bismarcks vereitelte die drohende Einmischung Frankreichs. Nach Ablehnung eines letzten preußischen Vorschlags und Ultimatums am 15. Juni begann der Krieg.

Österreichs Verbündete waren Bayern, Baden, Württemberg, Sachsen, Hannover, beide Hessen, Frankfurt am Main und einige kleinere Länder. Auf preußischer Seite standen Italien, Mecklenburg, Braunschweig, Oldenburg, die drei Hansestädte und einige Kleinstaaten. Preußens Lage war ungünstig: Das geteilte Staatsgebiet erschwerte die Versammlung der Kräfte. Die Ausrüstung der Armee, außer dem Zündnadelgewehr, war veraltet; viele Fahrzeuge stammten noch von 1816. Die Abgeordneten verweigerten eine Kriegsanleihe, und die Köln-Mindener Eisenbahn mußte das Geld vorstrecken, damit die Armee ins Feld rücken konnte.

Vom 16. bis 27. Juni wurden die Hannoveraner besiegt und Hannover, Kurhessen, Nassau, Frankfurt am Main und Sachsen besetzt. Italien erklärte am 20. Juni den Krieg, wurde aber von Österreich schnell besiegt. Die Entscheidung gegen die österreichische Hauptmacht in Böhmen fiel in der Schlacht bei Königgrätz am 3. Juli 1866. Auf österreichischer Seite standen 215.000 Mann, auf preußischer 221.000. Österreich hatte 5.600 Tote, 7.600 Verwundete, über 22.000 Gefangene und über 6.000 Vermißte. Auf preußischer Seite gab es 1.065 Tote und rund 8.000 Verwundete, Gefangene und Vermißte.

Bismarck erklärte: „Die Streitfrage ist entschieden, nun gilt es, die Freundschaft mit Österreich wiederzugewinnen." Er widersetzte sich standhaft dem von den Generalen geforderten Einzug in Wien. Dementsprechend milde war auch der Friede von Prag am 23. August 1866. Österreich übertrug seine Rechte auf Holstein an Preußen und schied aus dem Deutschen Bund aus, der aufgelöst wurde. Unter Preußens Führung wurde der Norddeutsche Bund gegründet, dem alle Staaten nördlich der Mainlinie angehörten. Seine Organe waren der Bundespräsident (dieses erbliche Amt stand dem König von Preußen zu), der Bundesrat (Vertreter der einzelnen Bundesstaaten) und der Reichstag (gewähltes Parlament). Österreich erkannte die Neugestaltung Deutschlands im voraus an. Schleswig-Holstein, Hannover, Kurhessen, Nassau und Frankfurt wurden mit Preußen vereinigt, das damit ein zusammenhängender Staat wurde. Mit den Süddeutschen Staaten, die sich von den Gebietsforderungen Frankreichs bedroht fühlten, wurde ein Schutzbündnis abgeschlossen.

Kaiser Napoleon III. hatte noch vor den Friedensverhandlungen seine Vermittlung angeboten und den Anspruch auf die linksrheinischen Gebiete als Entschädigung für Preußens Landgewinn angemeldet. Bismarck gelang es aber, den Vertrag ohne ihn abzuschließen. Da Napoleons Forderung, daß der Friedensvertrag die Interessen Frankreichs beachten müsse, wenig berücksichtigt wurde, fühlte sich Frankreich beleidigt. Dieses war dann auch einer der Gründe, warum Frankreich dem Königreich Preußen 1870 den Krieg erklärte.

Der Norddeutsche Bund kaufte am 28. Januar 1867 das Postwesen von Thurn und Taxis, das seit 1595 diesem Haus gehört hatte. Am 25. Juni 1867 wählte der Bund die von Bismarck vorgeschlagenen Farben Schwarz-Weiß-Rot für seine Flagge.

Frankreich war nicht gewillt, ein vereinigtes Deutsches Reich zu dulden, auch wenn es nur ein kleindeutsches ohne Österreich war, und suchte einen Grund zum Krieg. Nach Vertreibung der spanischen Königin Isabella II. 1868 boten die Spanier dem Erbprinzen Leopold von Hohenzollern (aus der katholischen Linie Hohenzollern-Sigmaringen) die Königskrone Spaniens an. Obwohl der Prinz das Angebot ablehnte, nahm Napoleon das als Vorwand zum Krieg, den Frankreich am 19. Juli 1870 an Preußen erklärte. Die Ursachen für einen Krieg sind fast immer andere als die Vorwände, die ihn auslösen, aber man hat sich doch meist um gute Vorwände bemüht. Nun jedoch rief Napoleon III. seine Soldaten lediglich auf, mit ihm jene Länder wieder zu überrennen, über die schon ihre Großväter siegreich gestürmt waren.

Die süddeutschen Staaten schlossen sich Preußen und dem Norddeutschen Bund an. Die vereinigten deutschen Armeen zogen im August 1870 nach Frankreich. Österreich wäre gern gegen Preußen mit ins Feld gezogen, hatte aber Frankreich nur wage Zusicherungen gegeben und sein Handeln vom Verhalten Rußlands abhängig gemacht. Als der Zar aber trotz verlockender Angebote nicht zu bewegen war, gegen Preußen vorzugehen, blieb Österreich neutral.

Die französischen Armeen werden in großen Schlachten geschlagen, und Kaiser Napoleon wird am 1. September bei Sedan mit über 100.000 seiner Soldaten gefangengenommen. Am 4. September ruft Frankreich die Republik aus und setzt den Krieg fort. Am 19. September beginnen die deutschen Truppen mit der Belagerung von Paris.

Da am siegreichen Ausgang des Krieges nicht mehr zu zweifeln ist, wird der Zusammenschluß der deutschen Staaten zu einem Kaiserreich in die Wege geleitet. Bayern und die Staaten des Norddeutschen Bundes schließen am 23. November den „Deutschen Bund" als unmittelbare Vorstufe des Deutschen Reiches. Am 25. November tritt Württemberg dem Deutschen Bund bei. Am 3. Dezember trägt Bayerns König Ludwig II. Wilhelm von Preußen im sog. Kaiserbrief die deutsche Kaiserwürde an. Am 9. Dezember beschließt der Reichstag die Benennung „Deutsches Reich" als Namen des neuen deutschen Staates. Am 31. Dezember wird die Verfassung des Norddeutschen Bundes Reichsverfassung. Damit ist das neue Deutsche Reich geschaffen. Am 18. Januar 1871 wird der preußische König, Wilhelm I., im Spiegelsaal des Versailler Schlosses zum Kaiser des Deutschen Reiches ausgerufen.

Am 28. Januar 1871 kapituliert Paris. Bismarck ermöglicht dem französischen Volk sofort freie Wahlen (8. Februar 1871). Die Nationalversammlung stimmt den Friedensbedingungen zu: Rückgabe von Elsaß und eines Teiles von Lothringen sowie einer Kriegsentschädigung von fünf Milliarden Franken. Nun erst ziehen deutsche Truppen in Paris ein, besetzen es aber nicht. Der Krieg hatte sechs Monate gedauert. Von den 1.485.093 deutschen Soldaten waren 45.610 (3,7 Prozent) gefallen oder gestorben, die Hälfte davon durch Krankheiten. Der Friedensvertrag zu Frankfurt (10. Mai 1871) ist großzügig und legt Frankreich keine Rüstungs- oder Heeresbeschränkungen auf. Bald hat es die modernste Armee Europas, die 1914 stärker als die deutsche ist. Die Kriegsentschädigung konnte Frankreich leicht aufbringen, und es blieb ein wohlhabendes Land.

Das Preußenland, das außerhalb des alten Reiches gestanden hatte, gehörte nun erstmalig offiziell zum neuen Deutschen Reich. Für die Bevölkerung verschwand damit der letzte Rest jeglichen Bewußtseins einer Sonderstellung innerhalb des deutschen Staates und Volkes, in dem es nun aufging.

*Uns aber und unsern Nachfolgern an der Kaiserkrone
wolle Gott verleihen, allzeit Mehrer des Deutschen Reiches zu sein,
nicht an kriegerischen Eroberungen, sondern
an den Gütern und Gaben des Friedens auf dem Gebiete
nationaler Wohlfahrt, Freiheit und Gesittung.*
KAISERPROKLAMATION, VERSAILLES, 18. JANUAR 1871

3. Im deutschen Kaiserreich
(1871–1918)

Die gute Kaiserzeit

Die Gründung des Deutschen Reiches entsprach dem Willen der weitaus größten Mehrheit des deutschen Volkes. In der Proklamation hieß es, daß mit der Herstellung des Deutschen Reiches die Kaiserwürde erneuert worden sei. Damit wurde die Rechtsnachfolge des Heiligen Römischen Reiches und dessen Übernahme und Weiterbestehen betont. Neu war jedoch das Amt des deutschen Kaisers, denn im alten Reich hatte es nur einen deutschen König gegeben, der zum römischen Kaiser gekrönt werden konnte. Rechtlich war das Reich keine Monarchie, weil die Souveränität beim Bundesrat, nicht beim Kaiser lag. Seine verfassungsrechtliche Stellung war bedeutend schwächer als die des Präsidenten der späteren Weimarer Republik, von der Macht des Präsidenten der USA ganz zu schweigen. Der Bundesrat bestand aus den 58 Vertretern der einzelnen Staaten. Der Reichstag ging aus allgemeinen Wahlen hervor, und seine Mitglieder vertraten das gesamte Volk.

Das Kaiserreich, von dem das Preußenland nun ein Teil war, erhielt durch seinen Reichskanzler Bismarck die fortschrittlichste Gesetzgebung der Welt und Europa die vorbildlichste Friedensordnung. Am 1. Januar 1872 trat das Strafgesetzbuch des Deutschen Reiches in Kraft. Es folgte das Gesetz über die Maß- und Gewichtsordnung mit der Einführung des metrischen Systems im ganzen Reich, das in Preußen schon seit 1868 in Gebrauch war. Die alte preußische Nationalhymne, „Ich bin ein Preuße, kennt ihr meine Farben", wurde durch „Heil dir im Siegerkranz" ersetzt.

Die am 13. Dezember 1872 erlassene Kreisordnung schaffte das bis dahin bestehende erbliche Schulzenamt der Gemeinde ab. Der Schulze wurde durch den Gemeindevorsteher ersetzt, der von der Gemeinde gewählt wurde. Damit hörten auch die Privilegien der Schulzen, wie Zinsfreiheit, Gerichtsbarkeit und Einbehaltung von Strafgeldern, auf. Während der Schulze sein Amt alleine ausgeübt hatte, wurde der Gemeindevorsteher durch den Gemeinderat unterstützt; beide wurden nach Ablauf einer festgesetzten Amtszeit neu gewählt wurden. Ab dem 1. August 1934 hieß der Gemeindevorsteher Bürgermeister.

Für polizeiliche Aufgaben teilte die gleiche Kreisordnung den Kreis in Amtsbezirke ein, die mehrere Gemeinden umfaßten. Leiter des Amtsbezirkes war der Amtsvorsteher, der auf Vorschlag des Kreistages vom Oberpräsidenten der Provinz für je sechs Jahre ernannt wurde. Mit dem Reichsmünzgesetz vom 9. Juli 1873 wurde die reine Goldwährung und die Reichsmark eingeführt. Ein preußischer Taler wurde nun durch drei Mark ersetzt.

Im Herbst 1873 brach wieder die Cholera aus. Über das Verhältnis der Erkrankungen und Todesfälle zur Einwohnerzahl gibt es nur selten genaue Angaben. In der Stadt Bischofsburg, deren Einwohnerzahl im Jahre 1838 mit 2.281 beziffert ist, starben an der Cholera:

Winter 1848/49	144	August/September 1866	197
Winter 1852/53	40	September bis Dezember 1873	193
Oktober 1855	31		

In Rößel erkrankten im Winter 1848/49 von rund 4.000 Einwohnern 522, von denen 342 starben. Die Epidemie von 1866 forderte 361 Todesopfer.

Die Totenbücher zeigen, daß die Seuche immer in den Städten beginnt und erst einige Zeit später auf das Land übergreift. In den Städten fordert sie auch verhältnismäßig viel mehr Opfer als auf dem Land.

Die uralte Seuche der Pocken oder Blattern, eine akute, ansteckende Infektionskrankheit, die meist tödlich verläuft, wurde jetzt im Deutschen Reich durch Schutzimpfung überwunden. Nach dem Gesetz von 1874 mußte jedes Kind vor Vollendung des zweiten und im zwölften Lebensjahr geimpft werden.

Am 17. September 1873 wurde der König-Wilhelm-Kanal eröffnet, der die Minge mit dem Kurischen Haff südlich von Memel verbindet. Der Bau hatte zehn Jahre gedauert und drei Millionen Mark gekostet.

Das preußische Fischereigesetz vom 30. Mai 1874 regelt erstmalig die Küsten- und Binnenfischerei bis in alle Einzelheiten und ermöglicht eine gesunde Bewirtschaftung. Freies Fischen ist nicht mehr erlaubt. Mindestmaße für verschiedene Fischarten, Fang- und Schonzeiten, erlaubtes und verbotenes Fischgerät sind vorgeschrieben. Dazu werden Laich- und Schutzreviere benannt sowie die Gewässerverschmutzung durch Industrie- und Gewerbebetriebe kontrolliert.

Die Binnengewässer waren reich an Krebsen, die schockweise (60 Stück) verkauft wurden. Der gewerbliche Krebsfang mit Reusen erbrachte erstaunlich große Mengen. Einer der Pächter lieferte zum Beispiel wöchentlich zwei große Leiterwagen mit Krebsen zur Bahnstation Rothfließ (Kr. Rößel).

Durch die um 1882 auftretende Krebspest wurden die Bestände fast völlig vernichtet. Erst um 1900 war eine langsame Zunahme festzustellen. Außergewöhnlich zahlreich waren auch Bressen (eigentlich Brachsen oder Brassen). Es wird berichtet, daß 1862 in der Bucht des Spirdingsees zwischen Dommelhof und Luknainen mit zwei Zügen 22 Tonnen dieser Fische gefangen wurden.

1876 wurde der ostpreußische Fischereiverein gegründet, der sich um die Verbesserung der Zucht bemühte und alljährlich große Mengen Jungfische aus seinen Brutanstalten aussetzte.

Die preußische Regierung hatte alle staatlichen Gewässer verpachtet. Die Pächter waren zu dieser Zeit fast ausnahmslos polnische Juden, in deren Familien sich die Pachten vererbten. Mit den Fischen wurden die Märkte im damals russischen Polen beliefert. In den Städten Ostpreußens, dem Land der tausend Seen, wurden kaum Fische angeboten, was die Bevölkerung übelnahm. Erstmalig wurde 1897 das herkömmliche Pachtverfahren durch Erteilung einer Pacht an einen brandenburgischen Pächter durchbrochen. Ihm folgten weitere Pächter aus Brandenburg, Pommern und auch aus Ostpreußen. Nun wurden Fische in stetig steigender Menge ins Reich geliefert; geräucherte ostpreußische Flundern und Maränen galten bald überall als begehrte Delikatesse. Ebenso kam auch nun ein reichliches Angebot auf die ost- und westpreußischen Fischmärkte. Viele der altererbten Pachten blieben aber bis ins 20. Jahrhundert in den Händen der jüdischen Generalpächter.

Die Grenze zu dem damals russischen Polen war weitgehend offen. So wie die ostpreußischen Fische mit vielen anderen Produkten hinübergingen, so kamen gleichermaßen andere Güter herüber. In jedem Herbst rollten Güterzüge mit Hunderttausenden lebender Gänse über die Grenze, die in großen Umzäunungen gehalten wurden, bis sie auf die deutschen Märkte weitergeleitet wurden. Der rege und gut organisierte Grenzverkehr wurde ausschließlich von jüdischen Händlern geleitet. An jedem Grenzübergang sorgten Spediteure für die reibungslose Weiterbeförderung der Ein- und Ausfuhrgüter. Agenten leiteten die Tausende polnischer und jüdischer Einwanderer weiter.

Hand in Hand mit dem fortschreitenden Ausbau der Eisenbahn entwickelte sich auch das deutsche Postwesen. Die Postkutschen verschwanden nach und nach von den Landstraßen. In einigen abgelegenen Gegenden konnten sich die letzten Pferdepostwagen jedoch bis etwa 1920 halten. Die Deutsche Reichspost erreichte bald ein Niveau, das bis zum Zweiten Weltkrieg bestand und von keinem anderen Land jemals erreicht wurde. Selbst in kleinen Städten gab es eine zweimal tägliche Zustellung und eine tägliche selbst auf dem entlegensten Bauernhof, auch wenn der Schnee bis zu den Knien reichte. Daß eine Postsendung verlorenging oder gar gestohlen wurde, war undenkbar. Hatte man keine Briefmarke zur Hand, warf man einfach die paar Pfennige mit dem unfrankierten Brief in den Briefkasten, und man war sicher, daß der Brief am nächsten Tag seinen Empfänger erreichte. Die Leerung der zahlreichen Briefkästen erfolgte selbst in einer Kleinstadt fünf- bis zehnmal täglich genau auf die Minute zu den an jedem Briefkasten angegebenen Zeiten. Dieser zuverlässige, leistungsfähige Dienst an der Allgemeinheit beförderte nicht nur Post und wo nötig auch Personen, sondern zahlte die Rente im Haus des Empfängers in bar aus, zog Zeitungsgebühren ein, stellte Telegramme zu und leistete eine Reihe weiterer wichtiger Dienste.

Die Gründung des Kaiserreiches lief den Interessen der katholischen Kirche zuwider. Sie hatte erfolgreich das Kaisertum im 13. Jahrhundert beseitigt und Deutschland zu einem Wahlkönigtum reduziert, und jetzt sollte sie hinnehmen, daß ein neuer evangelischer Kaiser über die katholischen Gebiete Deutschlands herrschte. Es mußte bald zum Konflikt kommen, der als „Kulturkampf" bekannt ist. Der Grund waren die Gegensätze des von Liberalismus und Aufklärung geprägten modernen Staatsdenkens und die Bestrebungen der Kirche ihre bisherige Lehrautorität gegen jede staatliche Kontrolle zu stärken. Dies trat besonders bei den katholischen Geistlichen in Westpreußen und der Provinz Posen hervor, die diese Auseinandersetzung mit ihrem Streben nach Polonisierung und Lostrennung vom Reich verbanden. Bismarck hat wiederholt erklärt, daß die sog. Kulturkampfgesetze allein durch diese Polonisierungsbestrebungen ausgelöst wurden.

Zur Abwehr gegen den Protestantismus schlossen sich in den katholischen Gebieten die Gruppen des politischen Katholizismus schon Ende 1870 zur Zentrumspartei zusammen. Auf einer Seite stand das protestantische Bürgertum, das eine Trennung von Kirche und Staat zugunsten staatlicher Aufsicht über Schulwesen und Kultur forderte. Auf der anderen Seite standen die Katholiken, die zum Papst hielten und die Autorität der katholischen Kirche beibehalten wollten. In der Zentrumspartei sahen die Nationalliberalen eine Sammelstelle der Feinde des neuen protestantischen Kaisertums. Nichts lag Bismarck ferner, als ein Streit mit der katholischen Kirche. Die Beschlüsse des Vatikanischen Konzils von 1870 mit dem Dogma der Unfehlbarkeit des Papstes (18. Juli 1870), gegen das auch die deutschen Bischöfe gestimmt hatten, wurde aber als bedrohliche Machtverstärkung der katholischen Kirche angesehen. Die stetig zunehmende Opposition und schärfer werdenden Kampfmaßnahmen suchte Bismarck dann mit Gesetzen zu bekämpfen, die den besagten „Kulturkampf" (1871–1887) auslösten.

Mit dem sog. „Kanzelparagraphen" von 1871 stellte die Regierung den politischen Mißbrauch der Predigt unter Strafe. Das „Schulaufsichtsgesetz" von 1872 sprach die Aufsicht über die Schulen dem Staat zu und schloß katholische Ordensangehörige vom Lehrberuf an öffentlichen Schulen aus. Dann wurden die Kämpferorden der Redemptoristen, Lazaristen und Jesuiten verboten und die Priesterseminare einer Kontrolle unterworfen. Um die Macht der Kirche über Eheschließungen zu beschränken, wurde 1874 das Standesamt und 1875 die obligatorische Zivilehe eingeführt. Bischöfe und Priester, die sich diesen Gesetzen widersetzten, wurden abgesetzt oder mit Geldbußen, der besonders rebellische Bischof von Posen sogar mit kurzer Festungshaft bestraft.

Auch der ermländische Bischof, Philipp Krementz (1868–1885), widersetzte sich und wurde mehrmals bestraft. Da er sich auch weigerte, die Strafe zu zahlen, wurde er fünfmal gepfändet. Die katholischen Bauern kauften aber jedesmal das Pfandgut und gaben es dem Bischof zurück. Die Weigerung, die von Krementz verfügte Exkommunikation zweier katholischer Professoren am Lyceum Hosianum aufzuheben (es waren Staatsbeamte), führten dazu, daß ihm die Pfründe entzogen wurden und das Priesterseminar geschlossen wurde.

Als Papst Pius IX., unter dem das Unfehlbarkeitsdogma verkündet worden war, 1878 starb und der versöhnlichere Leo XIII. Papst wurde, lenkte auch Bismarck ein, und es kam zur Verständigung. Der Staat stellte bis 1887 seine Gegenmaßnahmen ein. 1913 wurde sogar der Jesuitenorden wieder zugelassen. Die Opposition der Zentrumspartei blieb aber weiter bestehen. Die katholische Kirche überstand den Kulturkampf ohne wesentlichen Schaden. Der aus Neidenburg stammende Dichter und Kulturhistoriker Ferdinand Gregorovius schrieb dazu: „Das Reich der Priester, die keine andere Waffe in der Hand führen als ein Kreuz, ein Evangelium, einen Segen und einen Fluch, ist bewundernswürdiger als sämtliche Reiche römischer oder asiatischer Eroberer. Dieses geistliche Imperium mag man verdammen oder hassen, doch wird es, solange die Erde steht, ein einziges unwiederholtes Phänomen moralischer Macht sein."

Das Schulwesen hatte sich im Laufe der Zeit weiter ausgebildet. In der Schulordnung von 1845 war die Schulpflicht vom sechsten bis zum 14. Lebensjahr festgelegt worden. Der Lehrer durfte einen Schüler bis zu acht Tagen beurlauben. Für Schulversäumnis wurde eine Strafe von vier bis 50 Pfennig pro Tag festgesetzt, die von der Polizei einzuziehen war. Mit der letzten Regelung um 1875 (das Strafgeld fiel dabei fort) war die moderne preußische Volksschule geschaffen, die bis 1945 bestand.

Die Ausbildung der Lehrer wurde 1872 geregelt. Nach erfolgreichem Besuch der Volksschule (ohne sitzenzubleiben) erhielt der angehende Volksschullehrer eine dreijährige Weiterbildung und Vorbereitung für den ebenfalls dreijährigen Besuch des Seminars. Mit einem geregelten Gehalt, Alters- und Hinterbliebenenversorgung wurde der Lehrerstand zu einem begehrten Beruf. Von nun an gab es keinen Mangel an gut ausgebildeten Lehrern mehr. 1901 wurde die Schulhygiene eingeführt, die den Kreisärzten aufgetragen wurde. Dazu wurden helle Klassenräume mit guter Ventilation gefordert. 1910 wurde die Anzahl der Turnstunden auf drei pro Woche erhöht.

Auf Drängen der beiden großen Städte Danzig und Elbing wurde 1878 die Provinz Preußen wieder in die zwei Provinzen Ost- und Westpreußen geteilt. Die beiden Städte hofften dadurch eine stärkere Berücksichtigung ihrer industriellen Erfordernisse zu erreichen.

Auch die Landwirtschaft Westpreußens erlebte einen enormen Aufschwung, besonders in der Erzeugung von Zuckerrüben und Getreide. In Kulmsee entstand die größte Zuckerfabrik Europas, eine andere entstand in Danzig, das zum größten Zuckerexporthafen wurde.

Ein beachtlicher Teil der stetig steigenden Getreideproduktion wurde im Land zu gebrauchsfertigen Lebensmitteln verarbeitet. Neben den kleineren Mühlenbetrieben, die in den Städten und in vielen Dörfern den Bedarf der Bevölkerung deckten, arbeiteten Großmühlen für den Export. Die Pinnauer Mühlenwerke bei Wehlau wurden mit Wasserkraft der Alle, falls nötig auch mit Dampf angetrieben. Neben einer Holzschleiferei und einer Braunholzpapierfabrik wurden dort täglich 60 Tonnen Getreide vermahlen. Die 1890 in Betrieb genommene Walzmühle bei Königsberg vermahlte täglich 250 Tonnen Getreide und schälte bis zu 50 Tonnen Erbsen. Diese Großmühle war damals schon weitgehend automatisiert, wobei die Zuführung des Getreides und die Abführung des Mehls mit automatischen Beförderungsanlagen erfolgte.

Einen bedeutenden Platz im Wirtschaftsleben nahm die Holzindustrie bzw. der Holzhandel ein. Großsägewerke entstanden besonders an der Memel, wo die riesigen Rohholzmengen aus Rußland eintrafen. Allein in Tilsit gab es 15 größere Sägewerke. Weitere Großbetriebe waren in Königsberg, Rudczanny (Niedersee im Kr. Sensburg), Peitschendorf (Kr. Sensburg) und Ortelsburg. Das Bauholz für die sich ausbreitenden Städte des Ruhrgebietes kam zum größten Teil aus Ostpreußen. Neben der Holzindustrie wurden fünf große Zellstoffabriken in Königsberg, Memel, Ragnit und Tilsit aufgebaut. Zündholzfabriken entstanden in Königsberg und Allenstein.

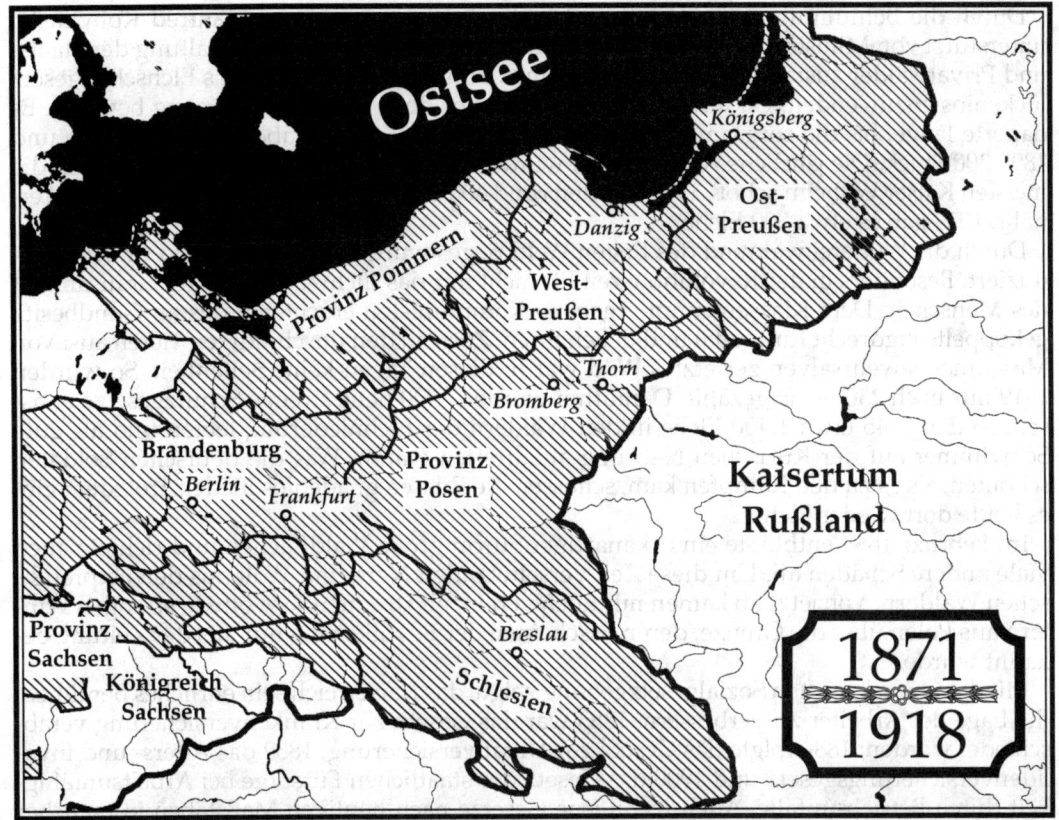

In Glottau (Kr. Heilsberg), an dem Ort, wo einst die Pruzzen ihre Götter in einer zentralen Kultstätte verehrt hatten, wurde 1878 mit der Anlage eines großartigen Kalvarienberges mit 14 Stationskapellen auf dem von der Kirche abfallenden Hang zum Quehlbach begonnen. Glottau war schon seit der Ritterordenszeit ein vielbesuchter Wallfahrtsort.

Die von der Angerapp betriebenen Mühlenwerke in Darkehmen (Angerapp) versorgten auch die Stadt mit elektrischem Licht, die 1880, als erste Stadt des Deutschen Reiches, elektrische Straßenbeleuchtung erhielt.

In Tapiau wurde 1887 eine Versuchs- und Lehranstalt für Molkereiwesen errichtet. In Preußen gab es damals nur noch die Molkereischulen in Kiel und in Proskau (Oberschlesien), im übrigen Reich nur eine in Weihenstephan (Freising in Bayern).

Am 25. März 1888 durchbrach die Nogat bei Jonasdorf (acht Kilometer stromabwärts von Marienburg) den Deich und überflutete den Kleinen Marienburger Werder mit 500 qkm Ackerland. Diese Katastrophe führte schließlich 1914 zum Bau des Dammes am Nogateingang, um das Eindringen des Weichseleises zu verhindern.

Die Eisenbahn machte die Einführung einer einheitlichen Zeit notwendig. Nach verschiedenen Experimenten wurde 1893 die mitteleuropäische Zeit für das ganze Deutsche Reich eingeführt.

Der Elch hatte sich in Ostpreußen seit Urzeiten bis gegen Ende des 18. Jahrhunderts in beachtlicher Anzahl erhalten können. Bis um 1700 soll er noch in ganz Deutschland heimisch gewesen sein. Der letzte Elch in Sachsen soll 1746 gesehen worden sein, in Schlesien 1776. Nur in Ostpreußen durfte er weiterleben. Aber auch hier kam er dem Untergang sehr nahe. Die Gutsherren unterlagen nicht den Jagdgesetzen und jagten nach ihrem Belieben. Beim Wilddieb wie beim Landesherrn war er als Jagdbeute äußerst beliebt. Beim Treffen des Kurfürsten Friedrich III. mit König August II. von Polen 1698 sollen 400 Stück Elch- und Rotwild erlegt worden sein. Friedrich Wilhelm I., der Soldatenkönig, war ein besonders begeisterter Elchjäger, der bei mancher Jagd mehr als 50 Elche schoß. So ging es weiter, bis 1849 nur noch elf Elche in Ostpreußen gezählt wurden.

Durch die Bemühungen des Vorsitzenden des Jagdschutzvereins, Manfred Kobylinski, unterstützt von Ministerpräsident Braun, kam eine gemeinsame Jagdverwaltung der Staats- und Privatwälder zustande. Erstmalig war eine Grundlage geschaffen, das Elchschongesetz lückenlos anzuwenden. Dadurch wurde der Elch vor dem völligen Untergang bewahrt. Es dauerte lange, bis die sorgsame Pflege Erfolg zeigte. 1885 gab es aber schon 85 Elche und 1899 300 Stück. Die jährliche Abschußzahl wurde auf sieben Tiere festgelegt, von denen die meisten Kaiser Wilhelm schoß. 1902 wurden rund 400 Elche gezählt und die Abschußzahl erhöht. 1914 gab es etwa 800 Elche.

Durch die Wilderei während des Ersten Weltkrieges wurde der Wildbestand drastisch reduziert. Besonders in der Revolutionszeit litt nicht nur das Elchwild unter der Grausamkeit des Menschen. Dem Klassenkampf ergebene Kommunisten erachteten das an Gundbesitz gekoppelte Jagdrecht für feudal und ließen ihren Zorn an den unschuldigen Tieren aus: Von Maschinengewehrsalven zerfetztes Wild war in diesen Tagen keine Seltenheit. So wurden 1919 nur noch 230 Elche gezählt. Daraufhin wurden 1920 neue strenge Schutzgesetze erlassen, so daß 1945 etwa 1.400 Elche in den Wäldern der Elchniederung lebten und als gute Schwimmer auf der Kurischen Nehrung anzutreffen waren. Was die deutschen Soldaten schonten, als es zu den Kämpfen kam, schossen die Russen gnadenlos nieder. Trotzdem gibt es heute dort wieder Elche.

Im Februar 1894 entblößte ein orkanartiger Sturm große Waldflächen und richtete auch viele andere Schäden an. Um diese Zeit verschwanden Nerz und Wolf aus den ostpreußischen Wäldern. Von jetzt ab kamen nur noch vereinzelt streunende Wölfe in strengen Wintern aus Polen über die Grenze, deren Erscheinen der Bevölkerung nur aus der Zeitung bekannt wurde.

Mit der umfangreichen Sozialgesetzgebung zeigte das Kaiserreich sein ehrliches Bemühen, die Lage der Arbeiter zu verbessern. 1883 war das Gesetz zur Krankenversicherung verabschiedet worden; 1884 folgte das Gesetz zur Unfallversicherung, 1889 das Alters- und Invalidenversicherungsgesetz und 1900 das Gesetz der staatlichen Fürsorge bei Arbeitsunfähigkeit durch Betriebsunfälle. Auch wenn jene Gesetze nach heutigen Maßstäben in mancher Beziehung nicht vollkommen scheinen, waren sie damals beispielhaft, besonders wenn man sie mit den Zuständen in anderen Ländern vergleicht, wo erst Jahrzehnte später ähnliche Anfänge gemacht wurden. Diese Gesetze erhoben Deutschland zum sozialpolitisch fortschrittlichsten Land der Welt. Selbst der Kaiser ging mit gutem Beispiel voran. Als er 1898 das Gut Cadinen (zwischen Elbing und Frauenburg) erwarb, machte er es zu einem Musterbetrieb mit vorbildlichen sozialen Verhältnissen für die Gutsarbeiter. Cadinen blieb bis 1945 im Besitz der kaiserlichen Familie.*

Auch für Hilfsbedürftige und Notleidende wurde weitgehend gesorgt. Im Herbst 1897 wurde in Angerburg ein Kinder-Krüppelheim eröffnet, das behinderte Kinder aus allen Teilen des Reiches aufnahm. In acht Anstaltshäusern versorgten 32 Schwestern 350 Kinder. Ein Handwerkshaus bildete geeignete ältere Kinder in verschiedenen Berufen aus. Außerhalb der Stadt Memel, in der sog. Plantage, entstand 1899 ein Lepraheim für 20 Kranke und zwei Verdächtige. 1910 waren dort 17 Leprakranke aus allen Gegenden Deutschlands untergebracht. Dieses Heim in der äußersten Ecke des Deutschen Reiches war anscheinend das einzige und letzte seiner Art.

Nachdem Danzig schon 1870 mit Stettin und 1883 mit Thorn Bahnverbindung hatte, erlebte die Stadt einen glänzenden Aufstieg. Dazu trug auch die von 1890 bis 1895 gegrabene neue Weichselmündung bei Schiewenhorst bei. Dieses wichtigste Bauwerk zur Stromregulierung entstand, wo sich kurz vor der Ostseeküste die Weichsel in den Danziger Westarm und den Elbinger Ostarm teilt. Hier wurde die 7,1 Kilometer breite Binnennehrung durchgraben und ein gerader Abfluß in die Ostsee geschaffen. Durch Schleusenanlagen von der Weichsel zu dem stillgelegten Danziger Arm wurde die Verbindung zum Danziger Hafen weiterhin offengehalten. Neue Industrien (Schiffswerften, Maschinenfabriken, Zuckerraffinerien, Brauereien, Gewehrfabrik und andere) förderten das Wirtschaftsleben. Die Einwohnerzahl Danzigs stieg bis 1880 auf 108.000 und bis 1900 auf 139.000.

* Kurz bevor die Russen in Cadinen eindrangen, flohen der Chef des Hauses Hohenzollern, Prinz Louis Ferdinand, und seine Frau, Prinzessin Kira, zusammen mit anderen Einwohnern zu Fuß über das Eis des Haffes.

Die kluge Politik Bismarcks bestimmte die politische Lage. Im Innern beseitigte er die Notstände, die durch die Industrialisierung für die Arbeiter entstanden, durch die vorbildliche Sozialgesetzgebung. Sein außenpolitisches Ziel war die Erhaltung des europäischen Friedens und Neutralisierung feindlicher Koalitionen. Durch den Berliner Kongreß verhinderte er 1878 einen drohenden Weltkrieg. Ein Bündnisangebot 1887 an England wurde aber von Lord Salisbury abgelehnt.*

Zu dieser Zeit setzte ein Wettlauf der europäischen Staaten um den Besitz der unzivilisierten Gebiete der Erde ein, um sie als Kolonien in ihren Besitz zu bringen. Am erfolgreichsten war England, dessen berühmter Kolonialpolitiker Cecil Rhodes erklärte: „Da die Oberfläche der Erde begrenzt ist, muß es die Aufgabe des britischen Empires sein, als Bahnbrecher des Fortschritts, so viel wie es nur irgend kann, von der Welt zu nehmen."

Auch Deutschland erwarb durch friedliche Vereinbarungen einige Schutzgebiete (1884/85 Deutsch-Südwestafrika, Kamerun, Togo und 1891 Deutsch-Ostafrika). Keines wurde durch Waffengewalt erobert. Bei anderen Staaten sah der „Erwerb" anders aus. Es sei nur an die indischen Sepoys erinnert, die reihenweise vor Kanonenrohre gebunden und von Pulverladungen zerrissen wurden, oder an die 26.730 Frauen, Kinder und Greise, die in englischen Konzentrationslagern (Concentration camps) umgebracht wurden, um die Buren zu unterwerfen.

Ein bedeutendes Ereignis architektonischer Art war 1880 die Vollendung des Kölner Doms, des mächtigsten Kirchenbaus der deutschen Hochgotik, der auch heute noch als bautechnische Meisterleistung gewürdigt wird.

Die Rußlanddeutschen hatten bis 1882 die Sonderrechte genossen, die Zarin Katharina die Große ihnen 1763 „auf ewige Zeiten" zugesichert hatte. Die Ermordung des Zaren Alexander II. 1881 durch einen deutschsprachigen Juden wurde zum Anlaß genommen, rußlanddeutsche Sonderrechte aufzukündigen. Viele Deutsche wanderten daraufhin aus Rußland aus, hauptsächlich nach Amerika.

Um die zunehmende Einfuhr deutscher Produkte zu drosseln, wurde 1887 in England die Herkunftsbezeichnung „Made in Germany" für alle deutschen Waren gesetzlich vorgeschrieben. Die Maßnahme bewirkte das Gegenteil, und „Made in Germany" wurde bald zum weltweiten Qualitätsbegriff. Es kam sogar vor, daß in Überseeländern englische Produkte mit dieser Aufschrift erschienen.

Am 9. März 1888 starb Kaiser Wilhelm I., 13 Tage vor seinem 91. Geburtstag. Auch wenn er selbst kein großer Herrscher gewesen war, so hatte er es aber verstanden, große Männer an führende Stellen zu berufen und zu ertragen. Seine menschlich schlichte Haltung hatte ihm die Verehrung des Volkes eingebracht. Den deutschen Kaiserthron bestieg nun sein 57jähriger, an tödlichem Kehlkopfkrebs erkrankter Sohn Friedrich III. Nach einer Regierungszeit von 99 Tagen starb dieser am 23. Juni, und sein 29jähriger Sohn Wilhelm II. wurde Kaiser. 1888 ging als „Dreikaiserjahr" in die Geschichte ein.

Obwohl Wilhelm II. friedliebend und besten Willens war, fehlten ihm Erfahrung und Reife und vor allem die Fähigkeit, große Männer zu erkennen und mit führenden Stellen zu betrauen. Er erwarb sich die Zuneigung des Volkes, aber sein diplomatisches Ungeschick und sich nur noch mit Leuten zu umgeben, die keine eigene Meinung zu äußern wagten, beeinflußten die deutsche Politik in verhängnisvoller Weise.

Auf der Kurischen Nehrung wurde 1901 in Rossitten eine Vogelwarte als einzige in Deutschland eingerichtet. Schon zur Ordenszeit waren hier Falken gefangen worden, die als Geschenke in viele Länder versandt worden waren. Mit allen Arten der Vögel überfliegen im Frühjahr und Herbst auch riesige Schwärme Krähen die Nehrung. Mit großen Zugnetzen fingen die Bewohner der Nehrung Tausende davon, die gesäubert eingesalzen wurden und einen wichtigen Bestandteil ihrer Ernährung bildeten. Die Krähen wurden durch einen Biß

---

* Daß Bismarck allen Staatsmännern seiner Zeit überlegen war, wurde auch vom Ausland anerkannt. Prof. T. Schmieder nennt ihn „Beweger der Geschichte eines ganzen Kontinents". Der Kaiser würdigte seine Verdienste, indem er Graf v. Bismarck-Schönhausen 1871 zum Fürsten v. Bismarck machte. Und zu seinem 80. Geburtstag verliehen ihm 378 Städte ihre Ehrenbürgerschaft. Noch 1950 wurde auf die Frage des Allensbacher Instituts für Demoskopie, wer für Deutschland das meiste geleistet hat, Bismarck mit großem Abstand an erster Stelle genannt.

in den Hinterkopf getötet (mit den Zähnen wurde die Hirnschale eingedrückt). Darum nannte man die Fänger „Kräijebieta" (Krähenbeißer).

Am 15. November 1901 wurde der Königsberger Seekanal dem Verkehr übergeben, an dem seit 1890 mit einem Kostenaufwand von über zwölf Millionen Mark gearbeitet worden war. Von der Pregelmündung bis zum Pillauer Hafen ist er 33 Kilometer lang, 6,5 Meter tief und hat eine Solenbreite von 35 Meter. Der Kanal wurde auch im Winter offengehalten und ermöglichte auch größeren Schiffen Königsberg anzulaufen. Jährlich liefen dort über 4.000 Schiffe ein und aus, im Jahre 1909 waren es 4.442.

Am 18. Oktober 1907 wurde die 416 Meter lange Königin-Luisen-Brücke in Tilsit eingeweiht. Bis dahin gab es eine Pontonbrücke im Sommer, und im Winter fuhr man über das Eis.

Nachdem der Betrieb des alten Masurischen Kanals gegen Ende des 18. Jahrhunderts eingestellt worden war, wurden mehrmals Pläne für einen neuen Kanal in Angriff genommen, der Königsberg mit den Masurischen Seen verbinden sollte. Dieser sollte aber nicht über die Angerapp, sondern über die Alle führen. Die verschiedenen Pläne kamen jedoch nie zur Ausführung, bis die preußische Staatsregierung am 14. Mai 1908 ermächtigt wurde, für den Bau des Kanals vom Mauersee zur Alle 14.700.000 Mark und für die Anlage von Staubecken im masurischen Seengebiet 1.815.000 Mark auszugeben. Der Preis für das benötigte Land war in diesen Beträgen nicht enthalten; es sollte von den Kreisen kostenlos zur Verfügung gestellt werden.

Schon Hochmeister Winrich von Kniprode hatte 1379 die Möglichkeit eines Kanals untersucht. Er fuhr zu diesem Zweck mit einem Kahn von Angerburg über den Mauer- und Löwentinsee und von Rhein über Spirdingsee, Pissek, Narew und Bug zur Weichsel. Er plante die Masurischen Seen mit dem damals wichtigsten Seehafen Danzig zu verbinden. Die Gewässer zwischen Spirding-, Sandeck-, Kessel- und Roschsee wurden flößbar ausgebaut. Für angebliche weitere Arbeiten sind keine Belege vorhanden. Der Große Kurfürst ließ 1681 Pläne für eine Verbindung zwischen Mauer- und Spirdingsee ausarbeiten, die von König Friedrich Wilhelm I. wieder aufgegriffen wurden, aber nie zur Ausführung kamen. König Friedrich I. plante erstmalig, einen Kanal vom Mauersee über Engelstein und Nordenburg zur Alle zu bauen und damit die Masurischen Seen mit Königsberg zu verbinden. Diese Pläne von 1703 sahen für den Kanal ungefähr den gleichen Weg vor, der für den heutigen Kanal gewählt wurde.

Die rund 250 Kilometer lange Wasserstraße von Königsberg nach Johannisburg sollte einen günstigeren Absatz für die Produkte des masurischen Gebietes ermöglichen und Verbrauchsgüter auf dem billigen Wasserweg von dem Königsberger Seehafen nach Masuren bringen. Außerdem regulierte der Kanal den Wasserstand der großen Seen, an deren Ufern 7.500 Hektar Wiesen vor Überschwemmungen geschützt wurden. Die Spiegelbreite des Kanals beträgt 25, die Solenbreite 14, die Tiefe 2,5 Meter. Der Höhenunterschied von 112,5 Metern vom Mauersee zur Alle wird durch zehn Schleusen reguliert, von denen einige eine Senkung oder Hebung von 17,2 Metern bewältigen.

Der zügig voranschreitende Bau des Kanals wurde durch den Ersten Weltkrieg und die folgende Notzeit aufgehalten, aber dann weitergeführt. Bei Ausbruch des Zweiten Weltkrieges war der Kanal fast fertig, wurde aber nach der Vertreibung der Deutschen bis heute nicht vollendet.

Mit einem Kostenaufwand von neun Millionen Mark wurde von 1906 bis 1909 die Münsterwalder Eisenbahnbrücke (bei Marienwerder) über die Weichsel erbaut, die nach der Besitznahme durch die Polen von 1928 bis 1930 abgebrochen und nach Thorn geschafft wurde.

Die Wälder wurden 1909 wieder von der Nonne heimgesucht. Große Flächen wertvoller Bestände mußten abgeholzt werden. Dazu kamen auch oberbayrische Holzfäller nach Ostpreußen. Wo die Schäden am größten waren, wurden vorübergehend Sägewerke errichtet, um die Stämme gleich dort zu verarbeiten.

Die ost- und westpreußischen Forste bestanden zu etwa 60 Prozent aus Kiefern, 20 Prozent Fichten und 20 Prozent Laubhölzern. Außer den angepflanzten Teilen war der Wald mehr oder weniger gemischt. In Westpreußen und im Süden Ostpreußens überwog stark die Kiefer, auf dem schwereren Boden des nördlichen Teils die Fichte. Laubwälder gab es hauptsächlich im Oberland (zwischen Elbing und Osterode). Kiefern erreichen in 140 bis 160 Jahren ihren höchsten Wertzuwachs. Für die Güte masurischer Kiefern sprach ihre Verwendung

1912 zum Bau des Hamburger Imperator-Hafens. Sie kamen aus dem Forst Pfeilswalde (Kr. Sensburg) und durften bei 23 Meter Länge keine Krümmung zeigen.

Es wurden Stämme bis zu acht Festmetern versandt. Zu Flößen gebunden, wurden sie im März 1912 über Pisseck (Galinde), Narew, Weichsel, Netzekanal usw. nach Hamburg gebracht, wo sie im Juli eintrafen und bis zum Herbst gerammt waren. Die Qualität des ostpreußischen Kiefernholzes liegt in seiner Feinringigkeit, die durch langsamen Wuchs auf geeignetem Boden bedingt ist. In Ostpreußen, zumindest bei der Landbevölkerung, hieß die Kiefer Fichte und die Fichte grundsätzlich Tanne.

Die Fürsorge des Staates für die Arbeiter und ärmeren Volksschichten führte zur Einrichtung zahlreicher Heilstätten und Anstalten. Als wegen Überfüllung der Anstalten für Geisteskranke in Allenburg und Kortau (Allenstein) Erweiterungen notwendig wurden, beschloß die Provinz 1901 den Ausbau der seit 1794 bestehenden Besserungsanstalt Tapiau zu einer dritten Irrenanstalt.

An der Burg Tapiau entstand ein eigener Stadtteil: die „Landespflegeanstalt der Provinz Ostpreußen". 1911 waren dort in mehreren neuen Gebäuden 532 männliche und 783 weibliche Insassen untergebracht. Ein besonderes „Festes Haus" war mit 68 gewalttätigen Geisteskranken belegt. Ebenfalls im Jahre 1901 entstand auch die Heilstätte „St. Andreasberg" bei Wormditt für Epileptiker und Geisteskranke. An Tuberkulose leidende Geisteskranke waren in den 1882 gegründeten Karlshöfer Anstalten (bei Rastenburg) in Isolierstationen untergebracht. Dort befand sich auch eine Erziehungsanstalt und eine Trinkerheilanstalt. Im April 1910 betreute die Anstalt 807 Epileptiker, 73 tuberkulöse Geisteskranke und 26 Alkoholiker.

Für die damals zahlreichen Tuberkulosekranken gab es die 1903 eröffnete Lungenheilanstalt für Männer im Hohensteiner Stadtwald. Alle Krankenzimmer (82 Betten) mit großen Fenstern lagen nach Süden. Eine gleiche Heilstätte für Frauen (Frauenwohl) befand sich bei Allenstein.

Das Preußenland, das jahrhundertelang ein Einwanderungsland gewesen war, gab jetzt infolge der Industrialisierung einen großen Teil seiner Menschenkraft an die Industriegebiete des Reiches ab. Von 1871 bis 1910 verließen 1.303.000 Personen ihre Heimat (781.000 Ost- und 522.000 Westpreußen). Die Anzahl der in Ostpreußen geborenen Rheinländer stieg von 0,2 Prozent im Jahr 1880 auf 1,2 Prozent im Jahr 1905, die der Westfalen von 0,3 Prozent auf 3,3 Prozent. Da die Zuwanderung aber nicht aufhörte, wobei Polen und Juden einen hohen Anteil stellten, und ein Geburtenüberschuß vorhanden war, nahm die Einwohnerzahl trotzdem langsam weiter zu. Die Geburtenzahl pro 1.000 Einwohner betrug:

	Ostpreußen	Westpreußen	Reichsdurchschnitt
1890	40,2 %	42,4 %	36,5 %
1910	31,4 %	36,9 %	30,5 %

Für 1871 wird die Bevölkerung Ostpreußens auf 1.800.000, die Westpreußens auf 1.400.000 geschätzt. Die Volkszählung von 1910 ergab für Ostpreußen 2.064.368 Einwohner, für Westpreußen (ohne Bromberg und Wirsitz) 1.703.474. In Ostpreußen lebten 55,7 Menschen auf einem Quadratkilometer, in Westpreußen 66,7. Als Sprache gaben in Westpreußen 1.100.000 Personen deutsch, 475.000 polnisch, 107.000 kaschubisch und 22.000 doppelsprachig an. Das waren 65 Prozent deutsch zu 35 Prozent polnisch/kaschubisch. Hier zeigte sich schon deutlich der Erfolg der Polonisierung, die sich das Kaiserreich gefallen ließ, denn 1858 war bei ähnlichem Wachstum der Völker das Verhältnis noch 69 zu 31 gewesen.

Die Firma Friedrich Fest in Rößel baute 1910 das erste Flugzeug in Ostpreußen, das sogar eine Art automatische Kurssteuerung hatte.

Die Landwirtschaft erlitt immer wieder die üblichen Rückschläge durch widriges Wetter. Ein verregneter Sommer verdarb 1907 einen großen Teil der Getreideernte. 1911 wurde der heißeste und regenärmste Sommer seit vielen Jahren registriert, in dem das Getreide teilweise vertrocknete oder nur einen kümmerlichen Wuchs erreichte. Der fehlende Regen fiel in doppelter Menge im nächsten Jahr, so daß es wieder eine reduzierte Ernte gab.

Im Juli 1914 fand mit der lange geplanten Abschließung der Nogat von der Weichsel ein großartiges Kulturwerk der Wasserwirtschaft seinen Abschluß. Der Höhenunterschied von acht Meter auf dem 50 Kilometer langen Lauf wurde durch drei Schleusen reguliert. Damit war die Gefahr einer Wiederholung der Katastrophe von 1888 beseitigt. Es war das letzte der großen Wasserbauwerke zur Regulierung der bis dahin noch nicht ganz gezähmten Weichsel.

Der Anfang des 20. Jahrhunderts war für Deutschland und somit auch für Ost- und Westpreußen eine goldene und glückliche Zeit mit einer blühenden Wirtschaft und einem allgemeinen steigenden Wohlstand. Niemals in seiner ganzen Geschichte hat Deutschland reicher geblüht, niemals mächtiger und von der Welt geachteter dagestanden als vor Ausbruch des Weltkrieges. Das Durchschnittseinkommen pro Kopf der Bevölkerung war von 504 Mark im Jahre 1900 auf 726 Mark im Jahre 1913 gestiegen. Die Steuern waren erstaunlich niedrig; von 78 Prozent der Bevölkerung wurden überhaupt keine Personalsteuern verlangt. Das Gesamtsteueraufkommen pro Kopf der Bevölkerung betrug in Preußen 25 Mark, während in England 58 und in Frankreich 61 Mark erhoben wurden. Mit der gesetzlichen Kranken- und Unfallversicherung, Alters- und Invalidenrente genoß der deutsche Arbeiter eine soziale Sicherheit, von der in anderen Ländern kein Arbeiter zu träumen wagte. Noch lange sprach man von dieser glückliche Zeit, „da das Bier zehn Pfennig gekostet hatte".

Für die Regierungen der Nachbarländer war dieser Wohlstand allein ein Grund zu ernster Besorgnis, denn sie mußten fürchten, daß ihre Völker bald ein ähnliches Lebensniveau fordern würden.

Ein Weltkrieg wird geplant

Da der Erste Weltkrieg, wie seriöse Historiker zunehmend meinen, den Zweiten verursachte, in dem Ost- und Westpreußen untergingen, sollen die Ursachen, die dazu führten, und die Vorwände, die ihn auslösten, etwas näher erklärt werden.

Deutschland war zwischen 1871 und 1914 ein friedliches Land. Während England und Frankreich den größten Teil Afrikas eroberten und ihre asiatischen Kolonialreiche ausdehnten, während Rußland mit der Türkei und Japan kämpfte und auch die USA in Kriegen gegen Spanien und Mexiko neue Gebiete eroberten, hatte das Kaiserreich keine Ansprüche auf irgendein Gebiet und bedrohte keinen Nachbarn.

Selbst wenn man weit zurückgreift, muß man trotz gegenteiliger Propaganda feststellen, daß von allen Mächten Preußen/Deutschland das friedlichste aller Länder war. Nach H. Schoeps beteiligten sich an den Kriegen der Welt von 1701 (Gründung Preußens) bis 1933:

Frankreich:	28 %	Rußland:	21 %
England:	23 %	Preußen/Deutsches Reich:	8 %

Dabei sind die innerdeutschen Einigungskriege von wenigen Wochen Dauer mitgerechnet. Der amerikanische Professor Wright untersuchte, welche Länder die insgesamt 287 Kriege von 1800 bis 1940 führten.

Demnach beteiligten sich an diesen Kriegen:

England an	80 = 28 %	Türkei an	43 = 15 %
Frankreich an	75 = 26 %	Polen an	32 = 11 %
Spanien an	66 = 23 %	Schweden an	26 = 9 %
Rußland an	63 = 22 %	Holland an	23 = 8 %
Österreich an	55 = 19 %	Preußen und Deutsches Reich an	23 = 8 %

Die traditionelle Freundschaft zwischen England und Preußen hatte die Reichsgründung 1871 zugelassen. Bis zum Anfang der neunziger Jahre hatte England den weltwirtschaftlichen Aufstieg Deutschlands kaum wahrgenommen. Dann aber geriet er mit den englischen Vormachts- und Handelsinteressen in Konflikt. Englands Feindschaft stieg in demselben Maße, wie der deutsche Einfluß in der Welt wuchs. Durch Gegenmaßnahmen, wie das Gesetz, das den Aufdruck „Made in Germany" für alle deutschen Waren verlangte, ließ sich der deutsche Handel nicht mehr einschränken. Nach seinen altüberlieferten Staatsgrundsätzen konnte

England niemals dulden, daß ein starker wirtschaftspolitischer Wettbewerber, vor allem nicht Deutschland, die überragende Macht auf dem Kontinent gewönne. Deshalb mußte England mit allen Mitteln gegen jede Ausdehnung deutscher Macht wirken. Die *Saturday Review* schrieb prophetisch schon 1897, daß zwischen den beiden großen, unversöhnlichen, entgegengesetzten Mächten England und Deutschland der größte Krieg ausgetragen werden wird, den die Welt je gesehen hat. Wörtlich hieß es weiter: „Wenn Deutschland morgen aus der Welt vertilgt würde, so gäbe es übermorgen keinen Engländer in der Welt, der nicht um so reicher wäre. Völker haben jahrelang um eine Stadt oder um eine Erbfolge gekämpft; müssen sie nicht um einen jährlichen Handel von fünf Milliarden Krieg führen?"

Zu dem schlechten Verhältnis mit England sagte Bismarck: „Bedauerlicherweise weiß ich kein Mittel dagegen, da das einzige mir bekannte, der deutschen Industrie einen Zaum anzulegen, nicht gut anwendbar sei."

Nach der Reichsgründung hatten die Deutschen durch ihren Fleiß alle anderen Völker wirtschaftlich eingeholt oder gar überholt. Im Handel vieler Länder stand Deutschland bereits vor England, ebenso in der Erzeugung vieler Industrieprodukte. In der Stahlerzeugung war England schon 1893 überholt worden. Mit der Erzeugung von 18.935.000 Tonnen im Jahre 1913 war Deutschland hinter den USA der zweitgrößte Stahlerzeuger der Welt. England produzierte 1913 nur 7.800.000 Tonnen und 1914 nur noch ein Drittel der deutschen Erzeugung. Auf der Brüsseler Weltausstellung 1910 verkaufte Deutschland viermal so viele Maschinen wie England und vierzehnmal so viele wie Frankreich.

Im Transatlantikverkehr waren die „Imperator" (52.000 BRT) und die „Vaterland" (54.000 BRT) die größten, modernsten und sichersten Luxusdampfer der Welt. Die „Vaterland" hatte für ihre 3.909 Passagiere und 1.245 Mann Personal Rettungsboote für 6.000 Personen, während die bekannte englische „Titanic" (46.000 BRT) für ihre 2.224 Menschen an Bord nur 1.178 Rettungsbootplätze hatte. Die englischen Schiffahrtsgesellschaften waren nicht gewillt, ihre jahrhundertelange Führung jetzt den deutschen Konkurrenten zu überlassen.

Außergewöhnliches leisteten deutsche Wissenschaftler, von denen folgende den Nobelpreis erhielten: Emil von Behring (1901) für die Begründung der Serumheilkunde und Entwicklung der Impfstoffe gegen Diphterie und Tetanus, Wilhelm Röntgen (1901) für die Entdeckung der Röntgenstrahlen, Robert Koch (1905) für die Entdeckung des Tuberkelbazillus und die Behandlung der Tuberkulose, Paul Ehrlich (1908) für die Entwicklung des Präparats Salvarsan, das besonders zur Behandlung von Syphilis wirksam ist, Max Planck (1918) für seine Arbeiten zur Thermodynamik (Begründer der Quantentheorie, Plancksches Strahlungsgesetz u.a.m.) und viele andere.

Deutschland hatte die wenigsten Analphabeten aller Staaten Europas. Mit über 30.000 neuen Buchtiteln (ab 1911) jährlich erschienen hier dreimal so viele Bücher wie in England, Frankreich oder den USA. Deutsche Dirigenten leiteten die Symphonieorchester von Minneapolis, Chicago, St. Louis, Cincinnati, Boston und New York.

Deutschland war weltführend in der Herstellung von Fotokameras, optischen Geräten, Textilfärbemitteln, Werkzeugmaschinen und in der Erzeugung billigen Kunstdüngers, der eine Revolution in der Agrarerzeugung einleitete. Siemens-Elektromotoren trieben Straßenbahnen von St. Petersburg bis Kapstadt an, AEG lieferte Telefonanlagen für Buenos Aires und andere Weltstädte. Zum Bau des Panamakanals konnte nur eine deutsche Firma einen schwimmenden Kran von 250 Tonnen Hubkraft kurzfristig liefern, der, elektrisch betrieben, von nur einem Mann bedient wurde. Auf der Auto-Ausstellung in New York im Januar 1914 bot Mercedes einen 60 PS-Wagen für 6.500 Dollar an (der Ford T kostete 550 Dollar). Krupp-Eisenbahnschienen, Rosenthaler und Meißner Porzellan, Zeiss-Ferngläser, Hohner-Harmonikas, Bechstein-Klaviere, Faber-Bleistifte, Adler-Schreibmaschinen, Nürnberger Spielzeug und Märklin-Modelleisenbahnen waren Qualitätsbegriffe, die überall in der Welt bekannt waren. Die deutsche Wundertablette Aspirin wurde auf der ganzen Welt verlangt. Eine englische Zeitung schrieb: „Geh' durch dein Haus, und diese verhängnisvolle Marke [Made in Germany] grüßt dich überall, vom Klavier im Wohnzimmer bis zur Tasse im Küchenschrank. Die Abflußrohre sind in Deutschland gemacht sowie der Feuerhaken am Kamin, die Figur auf dem Kaminsims, Bleistift, Opernglas und das Bild an der Wand von der englischen Dorfkirche."

Selbst ein an Politik uninteressierter Engländer mußte einsehen, daß hier Abhilfe geschaffen, also ein Krieg geführt werden mußte.

Auch im internationalen Sport fühlten sich die Briten durch die Deutschen in ihrem Stolz verletzt. Im Autorennen „Rund um die Erde" (New York-Paris) 1908 siegte Hans Köppen nach 165 Tagen Wettkampf. Der Pilot Werner Landmann brach im Juni 1914 den bisherigen Weltrekord im Dauerflug mit 21 Stunden und 40 Minuten. Beim Grand Prix Autorennen in Frankreich am 1. Juli 1914 holten sich Deutsche mit Mercedeswagen den ersten und zweiten Preis.

Deutschland war „über den Berg" und hatte sein Recht auf eine angemessene Stellung in der Welt auf friedlichem Weg erreicht, ohne daß England eine Gelegenheit gefunden hatte einzugreifen. Das deutsche Nationalvermögen nahm so zu, daß Deutschland in einigen weiteren Jahren ruhiger Weiterentwicklung als Weltmacht nicht mehr so leicht zu beseitigen gewesen wäre. Um so mehr mußte England auf die baldige Vernichtung dieses lästigen Konkurrenten drängen. Der englische Staatsmann Lord Balfour erklärte sehr deutlich: „Wir sind wahrscheinlich töricht, daß wir keinen Grund finden, Deutschland den Krieg zu erklären, ehe es zu viele Schiffe baut und uns unseren Handel wegnimmt [...]"

Auf den Einwand, daß die Briten mehr arbeiten könnten, um konkurrenzfähiger zu sein, sagte er: „Das würde eine Senkung unseres Lebensstandards bedeuten; ein Krieg ist wahrscheinlich einfacher für uns. Das ist keine Frage von Recht oder Unrecht, sondern eine Frage unserer Vorherrschaft."

England war weder gewillt einen erfolgreichen Konkurrenten auf dem Weltmarkt noch ein starkes Deutsches Reich zu dulden. Die englische Politik verfolgte daher die Isolierung und Einkreisung Deutschlands, um es zum geeigneten Zeitpunkt zu vernichten.

Durch grobe Fehler in der deutschen Außenpolitik wurden die Ziele Englands begünstigt. Der Kaiser entließ im März 1890 Bismarck. Sein Nachfolger Caprivi lehnte die von Rußland gewünschte Erneuerung des Rückversicherungsvertrages 1890 ab. Damit geriet das von Bismarck geschaffene Bündnissystem ins Wanken. Der Vertrag hatte eine Annäherung Frankreichs an Rußland verhindert. Seine Nichterneuerung führte 1892 prompt zum Bündnis Frankreichs mit Rußland. Jetzt hatte Deutschland seinen Rücken nicht mehr frei. Für Rußland, das sein altes Ziel, den Besitz der Meerengen (Bosporus/Dardanellen), im Krimkrieg nicht erreicht hatte, eröffneten sich jetzt neue Möglichkeiten mit noch größerem Gewinn. Am Zarenhof bildete sich bald eine Kriegspartei, die ein politisches Programm für die russische Außenpolitik, verfaßt von N.J. Danilevskij, mit folgenden Forderungen vertrat:

1. Schaffung eines „Großrußlands" dem auch die Ukrainer im österreichischen Galizien, dem Buchenland und Ungarn angehören sollen und die Weichsel die Westgrenze dieses Reiches bilden soll,

2. Erwerb Konstantinopels und der Meerengen und

3. Schaffung einer Slawenkonföderation, eines Großreiches von der Weichsel bis zum Pazifik, vom Eismeer bis zur Adria das Millionen Slawen unter Rußlands Führung vereinen soll.

Dieses Programm konnte nur nach Zerschlagung der Türkei, Österreich-Ungarns und Deutschlands, also nur durch Krieg, verwirklicht werden. Der Versuch Kaiser Wilhelms II., mit Zar Nikolaus bei einer Zusammenkunft auf der Insel Björkö am 24. Juli 1905 ein Bündnis zu schließen, scheiterte. Der Krieg war schon beschlossen, und der Vertrag wurde vom russischen Parlament nicht ratifiziert.

Für Ostpreußen sah die russische Planung vor, „diesen deutschen Keil endgültig aus dem russischen Körper herauszureißen". Die Provinz sollte als viertes Ostseegouvernement (neben Estland, Livland und Kurland) Rußland eingegliedert werden. Es ist anzunehmen, daß damals noch nicht an eine Vertreibung der Deutschen gedacht wurde, sondern an eine Russifizierung. Danzig, die pommersche Kaschubei, Westpreußen, Posen und Teile Schlesiens sollten zu einem unter russischem Zepter stehenden Polen gehören, dessen Ostgrenze eine „innere Angelegenheit" Rußlands sei. Für Deutschland waren damit die Grundlagen für einen Zweifrontenkrieg geschaffen.

Am 8. April 1904 wurde zwischen England und Frankreich die „Entente cordiale" gegründet. Alle Differenzen zwischen beiden Ländern wurden beseitigt, um jetzt gemeinsam gegen Deutschland vorzugehen.

Wilhelm II. (1859–1941) kam 1888 auf den deutschen Kaiser- und den preußischen Königsthron. Seine sozialpolitischen Bestrebungen ließen den Kaiser bei seinen Untertanen in hoher Gunst stehen, seine Offenheit und Ehrlichkeit bei Äußerungen machten es feindseligen Kräften jedoch leicht, ihm kriegerische Absichten zu unterstellen. Solche aber lagen dem „Friedenskaiser" Wilhelm II. fern.

Der Erste Seelord, Admiral Fisher, schlug 1904 vor, die deutsche Handelsflotte ohne Kriegserklärung in den Häfen zu überfallen und zu vernichten. Der Lord der Admiralität Lee erklärte 1905: „Die britische Flotte werde den ersten Schlag zu führen wissen, ehe man auf der anderen Seite der Nordsee Zeit haben wird, die Kriegserklärung in der Zeitung zu lesen."

Ab 1906 hielten England und Frankreich gemeinsame Generalstabsbesprechungen. 1907 trat auch Rußland der Entente bei. Damit war die Einkreisung Deutschlands gelungen. Mit allen verfügbaren Mitteln bearbeitete nun die Entente ihre drei Völker, um sie unter Zurückdrängung ihrer Gegensätze gemeinsam auf die Front gegen Deutschland umzulenken. England peitschte den Revanchewillen gegen das schon halb vergessene Elsaß-Lothringen in Frankreich auf und brachte den Russen bedeutende Opfer, um auch sie gegen Deutschland aufzuhetzen.

Die Auswirkung der alliierten Einkreisungspolitik war ab 1908 in den ostpreußischen Grenzgebieten zu spüren. In der Chronik der Stadt Lyck wird berichtet, daß eine deutliche Veränderung im Verhalten der russischen Offiziere und Beamten festzustellen war, von denen eine Anzahl täglich in die Stadt zum Einkaufen kam. Während die Bevölkerung friedlicher Arbeit nachging und den Wohlstand genoß, bereiteten die Nachbarn den Krieg vor.

England und Frankreich schlossen 1912 einen Flottenvertrag, der die gemeinsamen Maßnahmen für den Krieg regelte. Ein Geheimabkommen sah das Eingreifen eines britischen Expeditionskorps bei Kriegsausbruch in Frankreich vor. Auch das Zusammenwirken mit den Russen wurde bis zu einer gemeinsamen Landung an der Küste Pommerns und von dort zum Vormarsch auf Berlin geplant. Im „neutralen" Belgien wurde die allgemeine Wehrpflicht eingeführt. Als der englische Northcliff-Konzern 1912 die Mehrheit der Aktien der führenden russischen Zeitung *Nowoje Vremja* aufkaufte, erschienen dort die gleichen Hetzartikel wie in der englischen *Times* und im französischen *Matin*. Überall in der Welt wurde eine Deutschfeindlichkeit erweckt und weiter gesteigert.

Die Polen hatten die Idee eines großen polnischen Reiches niemals aufgegeben. Besonders setzte sich der Führer der Nationaldemokratischen Partei, Roman Dmowski, dafür ein. Den Franzosen versprach er schon 1907 volle Unterstützung im kommenden Krieg gegen Deutschland. Ebenso sicherte er den Russen jede Hilfe bei einem Aufmarsch gegen Deutschland und Österreich zu.

Nachdem Raymond Poincaré 1912 französischer Ministerpräsident und Außenminister geworden war, bereitete er den Krieg mit allem Nachdruck vor. Er führte die dreijährige Dienstzeit ein und gab Rußland enorme Kredite zum Bau strategischer Eisenbahnen in seine westlichen Grenzgebiete und zur Aufstellung von Millionenheeren. Schon beim Abschiedsbankett der französischen Manöver 1912 brachte der als Ehrengast geladene russische Großfürst Nikolai (Oberbefehlshaber der russischen Armee 1914/15) unter dem Beifallsklatschen der Generale den Trinkspruch aus: „Auf unsere künftigen Siege – auf Wiedersehen in Berlin, Messieurs!"

Die größte Schwäche Deutschlands lag in der verhängnisvollen, an Unfähigkeit grenzenden Mittelmäßigkeit seiner Politiker, die nicht sahen, daß Englands Einkreisungspolitik irgendwann einmal zur Gewalt übergehen würde. Sie unterschätzten den Zusammenhalt der drei Großmächte und darum die Gefahr eines allgemeinen Krieges. Das Urteil jenes französischen Offiziers konnte die deutsche Politik nicht besser beschreiben, als er sagte: „Eure Armeen sind zu fürchten, aber Eure Diplomatie, sie ist ein Lachkrampf [un éclat de rire]."

Die USA hatten gegen alle Nachbarn Kriege geführt, um ihr Land zu vergrößern. Jetzt griffen sie nach weiter entfernten Zielen. 1897 wurde Hawaii, 1898 die Philippinen und 1899 Puerto Rico annektiert. Kuba wurde 1898 besetzt und den USA unterstellt. Das „Land der Freiheit" war früh in die Reihe der imperialistischen Mächte eingetreten. Die Macht im Staat ging immer mehr in die Hände der sich im Hintergrund haltenden Finanzgewaltigen über. Theodore Roosevelt sagte um 1900: „Diese Welt ist weder ein Kloster noch eine Republik platonischer Ideen. Wir leben im Zeitalter der Morgan und Rockefeller, der Gould und Harriman, und nicht in einer Kolonie der Urchristen. Zwar haben wir viele ‚Bruderschaften', was gut ist, aber die Herrschaft der 20 Milliardäre, der Stahl- und Kohlekönige zerstäubt sie [...]"

Die Hochfinanz der USA war über das Riesengeschäft begeistert, das bei dem geplanten weit entfernten Krieg zu machen war. Bereits 1913 gingen 70 Prozent des gesamten Exports als Kriegsmaterial nach England und Frankreich. Um einen Weltkrieg zu finanzieren, war es zweckmäßig, die Kontrolle über die Finanzen der USA zu übernehmen. Dazu wurde am 23. Dezember 1913 die private „Federal Reserve Bank" gegründet, der die Regierung die absolute Kontrolle über ihr Geld übergab. Bisher hatte der Senat über die Finanzierung der Kriege abgestimmt. Nun konnte über Summen verfügt werden, die niemals vom Senat bewilligt worden wären. Von nun an wird die Wirtschafts- und Außenpolitik von diesen Mächten bestimmt, denen sich Präsident und Regierung fügen müssen. Da sie auch die Informationsmittel beherrschen, bilden sie die gewünschte öffentliche Meinung, und ihre Millionen finanzieren den Wahlkampf des Präsidenten, mit dem sie handelseinig geworden sind.

Österreich-Ungarn hatte trotz seines hohen wirtschaftlichen und kulturellen Standes ernste Probleme mit seinen verschiedenen Nationalitäten. Vor allem strebten die Serben nach Bildung eines Großreiches auf Kosten Österreichs. Da Deutschland außer Österreich-Ungarn keinen zuverlässigen Verbündeten hatte, durfte ihm dessen Gefährdung angesichts der eigenen Bedrohung nicht gleichgültig sein.

Kurz zusammengefaßt hatten die Hauptmächte folgende Gründe, um den Weltkrieg zu führen:

England: Mitbewerbung Deutschlands auf dem Weltmarkt und seine politische und militärische Macht für immer zu beseitigen,

Frankreich: Revanche für die Niederlage von 1870/71, Rückgewinnung des Elsaß und Lothringens, Auflösung des deutschen Kaiserreiches, Vertreibung Deutschlands aus seinen Schutzgebieten (Kolonien) und vom Weltmarkt,

Rußland: Streben nach den Meerengen (Bosporus/Dardanellen), der Panslawismus mit der Errichtung eines Großrussischen Reiches, Gewinnung neuer Landgebiete und Seehäfen im Westen,

USA: Riesengewinne, die das Großkapital aus der Finanzierung des Krieges holen konnte; die ursprünglich nicht beabsichtigte Teilnahme an den Kämpfen wurde erst nötig, als die Mittelmächte nicht zu besiegen waren und ein Vergleichsfrieden die Rückzahlung der den Alliierten gewährten Kredite in Frage gestellt hätte.

Der Weltkrieg bricht aus

Zivilisation und Fortschritt hatten sich über die Menschheit ausgebreitet. Das deutsche Volk glaubte, daß es niemandem in den Sinn kommen könne, diesen glücklichen Zustand zu zerstören. Stephan Zweig schrieb: „Es war das goldene Zeitalter der Sicherheit. Niemand glaubte an Kriege, an Revolutionen und Umstürze. Alles Radikale, alles Grausame schien bereits unmöglich in einem Zeitalter der Vernunft."

Da Deutschland keine Ansprüche gegen irgendein Land hatte und in Frieden und Wohlstand lebte, wähnte es sich in falscher Sicherheit. Am 28. Juni fielen die tödlichen Schüsse auf den österreichischen Thronfolger Franz Ferdinand und seine Gemahlin. Heute geht die Geschichtswissenschaft davon aus, daß der Mord vom serbischen Generalstab geplant und mit Wissen und Zustimmung hoher russischer Stellen ausgeführt wurde.

Im Juli 1914 hatte sich die politische Lage so entwickelt, wie der englische Außenminister Grey im September 1912 seinem russischen Kollegen Sasonow vorausgesagt hatte: „[...] wenn die in Frage stehenden Umstände eingetreten sein würden, werde England alles daransetzen, die deutsche Machtstellung zu beseitigen."

Kein seriöses Geschichtswerk vertritt heute noch den Standpunkt, daß es keinen Weltkrieg gegeben hätte, wäre Franz Ferdinand nicht ermordet worden. Daß der Krieg schon vor dem Attentat beschlossen war, sagte z.B. Oberst Edward House, wichtigster Berater von US-Präsident Wilson, bereits am 30. Mai in seinem Lagebericht: „Sobald England zustimmt, werden Frankreich und Rußland über Deutschland und Österreich-Ungarn herfallen." Auch der deutsche Marineattaché in Tokio berichtet am 10. Juni 1914: „Ich bin betroffen über die Gewißheit, mit der hier alles den Krieg gegen Deutschland in naher Zeit für sicher hält, [...] eine Art Mitleid über ein noch nicht ausgesprochenes Todesurteil [...]"

Die ganze Welt wußte, daß der Krieg zur Vernichtung Deutschlands unmittelbar bevorstand, nur der deutsche Kaiser und sein Kanzler sahen dies nicht. Englands meisterhaftes diplomatisches Geschick verstand es, noch Friedensliebe vorzutäuschen, als es zum Krieg schon fest entschlossen war. Noch am 25. Juli wollte der Kaiser alle Großkampfschiffe in die Ostsee schicken, um England nicht zu reizen. Seinen Flottenchef wies er ärgerlich zurecht, daß an der friedlichen Haltung Englands keine Zweifel erlaubt seien. Einige der wichtigsten Ereignisse liefen nun wie folgt ab:

15. Juli: Die britische Flotte beginnt eine Probemobilisierung, die sie in einen fast vollkommenen kriegsmäßigen Zustand versetzt;

16. Juli: Der französische Staatspräsident Poincaré begibt sich mit Außenminister Viviani und Staatssekretär Margerie auf dem Panzerkreuzer „France" zu intensiven Besprechungen nach Petersburg;

20. Juli: In Rußland werden die Reservisten der Korps an der deutschen und österreich-ungarischen Grenze einberufen;

25. Juli: In Serbien wird um 15 Uhr die Mobilmachung befohlen. Um 21 Uhr befiehlt Wien darauf eine Teilmobilmachung gegen Serbien. Es werden keine Truppen an der russischen Grenze mobilisiert. Der Kronrat des Zaren befiehlt ebenfalls eine Teilmobilisierung. Bis zum 28. sind 13 russische Armeekorps mobilgemacht;

26. Juli: Alle Festungen Rußlands werden in Kriegszustand versetzt, und die „Kriegsvorbereitung" (geheime Mobilmachung) wird befohlen;

27. Juli: Die britischen Flottenteile in Übersee erhalten Befehl, die deutschen Schiffe in ausländischen Gewässern in Sicht zu halten;

28. Juli: Um 7 Uhr geht die britische Schlachtflotte auf Kriegsstation; dem Heer wird um 17 Uhr „drohende Kriegsgefahr" befohlen. Als die scharfen Forderungen, die Österreich an Serbien stellt, im Hinblick auf die sichere russische Hilfe nicht voll erfüllt werden, erklärt Österreich am 28. mittags an Serbien den Krieg;

29. Juli: Am Abend teilt der deutsche Reichskanzler dem englischen Außenminister Grey mit, daß im Falle eines Krieges Deutschland die Neutralität Belgiens achten und von Frankreich keine Gebietsabtretung fordern werde, vorausgesetzt, daß England neutral bliebe. An der russischen Ostseeküste sind alle Leuchtfeuer gelöscht worden. Die russische Ostseeflotte hat begonnen, Minen zu legen;

30. Juli: Die Reichsregierung mahnt Wien eindringlich: „Wir sind zwar bereit unsere Bündnispflicht zu erfüllen, müssen es aber ablehnen, [...] uns von Wien leichtfertig in einen Weltbrand hineinziehen zu lassen [...]" Um 15 Uhr wird in Rußland die Mobilmachung befohlen. Das ist der entscheidende Schritt von Verhandlung zum Krieg. Die Generalmobilmachung Rußlands muß zwangsläufig auch die Mobilisierung Deutschlands auslösen. Das Weitere läuft jetzt fast automatisch ab. In Frankreich werden elf Infanterie- und drei Kavalleriedivisionen an der deutschen Grenze mobilisiert und gehen in Bereitstellung. Die britische Regierung geht auf das deutsche Neutralitätsangebot nicht ein. Sie will den Krieg, braucht aber die nötige demokratische Legitimation. Sie erwartet, daß Deutschland die Neutralität Belgiens verletzen werde, was Englands Kriegseintritt, als Beschützer der kleinen Neutralen, moralisch rechtfertigte. Der Kaiser telegraphiert mit dem Zaren und versucht das Äußerste, um die Katastrophe zu verhindern. Der US-Botschafter in Berlin meldet nach Washington: „Halte deutsche Friedensbemühungen für aussichtslos und allgemeinen Krieg für sicher." Der britischen Mittelmeerflotte wird befohlen, „die schnellen deutschen Schiffe, vor allem die „Goeben"" zu stellen. Im Indischen Ozean wird der Kreuzer „Königsberg" von drei britischen Kreuzern beschattet, denen er in der Nacht entkommen kann;

31. Juli: Um 11.30 Uhr befiehlt Kaiser Franz Josef, aufgrund der Generalmobilmachung Rußlands, die Mobilmachung Österreich-Ungarns. Nach weiteren Telegrammen Kaiser Wilhelms an Zar Nikolaus ergeht um 15.30 Uhr das Ultimatum an Rußland, die Kriegsvorbereitungen binnen zwölf Stunden einzustellen, oder Deutschland müsse mobilmachen. Massen französischer Truppen aus Madagaskar, Senegal und Algier werden in Marseille ausgeladen. Deutschland fragt in Paris an, welche Haltung Frankreich in einem deutschrussischen Krieg einnehmen werde. Ab 21 Uhr rücken die fünf mobilisierten französischen Grenzkorps in ihre Bereitstellungen. Truppen des 28. und 30. französischen Dragonerregiments beziehen Quartiere im angeblich neutralen Belgien;

1. August: Frankreich beantwortet die deutsche Anfrage spöttisch, daß es nach seinen Interessen handeln werde. Um 14.15 Uhr erhält die britische Flotte den Befehl nach dem Mobilmachungsplan zu verfahren. Nach Bekanntgabe der französischen Mobilmachung (15.55 Uhr) befiehlt der Kaiser um 17 Uhr nun auch die Mobilmachung für Deutschland. Der deutsche Botschafter in Petersburg übergibt um 18 Uhr dem russischen Außenminister die deutsche Kriegserklärung, nachdem dieser dreimal versichert, daß Rußland die Kriegsvorbereitungen nicht einzustellen gedenke. Auf die Anfrage des deutschen Botschafters in London, ob England neutral bleibe, wenn Deutschland die Neutralität Belgiens wahren würde, antwortet Außenminister Grey ausweichend. Auf die Frage, ob er Bedingungen stellen könne, unter denen England neutral bleiben würde, sagt er schließlich, daß er sich verpflichtet fühle, ein Versprechen der Neutralität endgültig zu verweigern. Damit war indirekt die Kriegserklärung ausgesprochen. Der deutsche Vormarsch durch Belgien war also nicht der Kriegsgrund für England. Um 20 Uhr besetzen Kosaken den Ort Klein Zwalinnen im Kreis Johannisburg. Ab 21 Uhr überschreiten französische Truppen die Grenze in den Vogesen;

2. August: Das britische Kabinett bestätigt das Bündnis mit Frankreich. Es ist die letzte Abstimmung für Krieg. Zwei Minister treten protestierend zurück. Frankreich wird informiert, daß England die deutsche Flotte nicht durch die Nordsee oder den Kanal lassen werde. Für das neutrale Holland bestimmte Getreideschiffe werden gezwungen, englische Häfen anzulaufen. Um 12.30 Uhr meldet das Reichspostamt, daß alle Kabel nach England und Übersee unterbrochen sind. England führt also schon Krieg. Der französische Oberbefehlshaber Joffre ordnet um 18.30 Uhr die Variante zu Plan 17, den französischen Aufmarsch durch Belgien an. Der deutsche Gesandte in Brüssel überreicht um 19 Uhr dem belgischen Außenminister die Aufforderung, dem deutschen Heer den Durchmarsch zu gestatten. Alle entstehenden Schäden würden voll vergütet und die Unabhängigkeit Belgiens in keiner Weise angetastet werden. Belgien steht aber im alliierten Lager und lehnt ab;

3. August: In der Nacht zum 3. wird der französische Botschafter in London informiert, daß England im Laufe des Tages die Armee mobilmachen werde. Deutsche Truppen überschreiten die belgische Grenze. Damit hat England den erwarteten Vorwand zum Krieg und lehnt alle weiteren deutschen Angebote ab. Um 13 Uhr wird die englische Mobilmachung bekanntgegeben. Im Mittelmeer entkommt die „Goeben" mit Mühe zwei verfolgenden englischen Kreuzern. Um 18 Uhr erhält die britische Flotte den Befehl, beim Morgengrauen mit voller Angriffsfreiheit auf alle deutschen Schiffe auszulaufen. Frankreich unterließ eine Kriegserklärung. Sie erfolgte durch Deutschland, um damit von Belgien den Durchmarsch der deutschen Truppen zu erwirken;

4. August: Um 19 Uhr erhält Deutschland das englische Ultimatum, die Truppen aus Belgien zurückzuziehen. Es ist nur eine Formsache für die Kriegserklärung, denn England steht bereits seit über 24 Stunden mit Deutschland im Krieg. Der Weltkrieg hat begonnen.

Zusammenfassend ist festzustellen, daß England, Frankreich und Rußland den Weltkrieg mit vollem Bewußtsein anstrebten. Serbien wurde von Rußland im Einvernehmen mit Frankreich als Provokateur angestellt und befolgte russische Weisungen.

Die Kriegserklärungen an Rußland, als bereits Millionenheere gegen die deutsche Grenze marschierten, und die an das ebenfalls im Aufmarsch begriffene Frankreich, lieferten der Feindpropaganda den Grund, Deutschland als Angreifer und alleinigen Urheber des Krieges hinzustellen. Dem Kaiser wurden Welteroberungspläne angedichtet, die keine reale Grundlage hatten. Dazu wurden unbedachte Äußerungen des Kaisers, der kein gewogener Diplomat war, als „Beweis" seiner Kriegsabsichten zitiert. Deutschland war im Frieden aufgestiegen, wie es im glorreichsten Krieg nicht möglich gewesen wäre. So klagte dann der Kaiser nicht zu Unrecht: „Mitten im Frieden überfällt uns der Feind."

Der amerikanische Historiker Harry E. Barnes, der sich mit der Kriegsschuldfrage des Ersten Weltkrieges befaßt, stellt fest, daß von allen Mächten, die am Krieg teilnahmen, Deutschland wohl die einzige sei, die keine Schuld träfe. Zu ähnlichen Erkenntnissen gelangten auch andere Historiker, von denen (neben den deutschen) auch eine ganze Reihe englischer und amerikanischer zu nennen wäre.

Die Übermacht der Alliierten überzeugte die Amerikaner von Anbeginn, daß Deutschland nicht siegen würde. Die Hochfinanz stellte sich auf die Niederlage Deutschlands ein und ließ keine Änderung mehr zu, so daß Deutschland auch dann nicht mehr siegen konnte, wenn sich ihm das Schlachtenglück wider Erwarten zuwenden sollte.

Die Friedensstärke der Armeen betrug 1914:

Deutsches Reich (67 Millionen Einwohner)	754.000
Österreich-Ungarn	445.000
Frankreich (39,6 Millionen Einwohner)	767.000
Rußland	1.440.000
französische Kolonialtruppen	86.000
Britisches Empire	etwa 800.000

Die Kriegsstärke der Feldheere lag im August 1914 bei:

Mittelmächte (Deutsches Reich/Österreich-Ungarn)	3.819.000
Dreibund (England/Frankreich/Rußland)	5.707.000

Hätte Deutschland in gleichem Maße wie Frankreich die Wehrkraft des Volkes in Anspruch genommen, wäre das deutsche Kriegsheer 1914 um zwei Millionen Mann stärker gewesen. So aber konnten zunächst nicht einmal alle ausgebildeten Reservisten einberufen werden, da für sie keine Ausrüstung vorhanden war.

Seriöse Historiker bezeichnen heute übereinstimmend den Ersten Weltkrieg als die größte Tragödie der modernen Geschichte. Alles Folgende, bis zur Drohung eines dritten Weltkrieges, hat sich zwangsläufig daraus ergeben.

In Ostpreußen bereitet man sich auf die Ernte vor, die dieses Jahr besonders reich zu werden verspricht. Während sich der strahlende Sommerhimmel über dem blühenden Land wölbt, ist die Stimmung der Bevölkerung durch die bedrohliche politische Entwicklung bedrückt. Die großen russischen Herbstmanöver werden dieses Jahr im Gebiet von Wilna abgehalten. Sonderbar ist, daß sie dieses Jahr schon vor der Ernte beginnen. Die Städte und Dörfer jenseits der Grenze sind mit mehr Soldaten als Einwohnern belegt. Manche sibirischen Regimenter sind dazu bereits im Mai, einige schon im März aufgebrochen. Trotzdem geht die Bevölkerung ihrer Arbeit nach und will nicht an einen Krieg glauben. Man hofft, daß die Vernunft siegen und die Gefahr vorbeigehen werde. Seit 100 Jahren hat es hier keinen Krieg mehr gegeben, und es ist unfaßbar, daß in diesem fortgeschrittenen Zeitalter die Menschheit in das alte Mordbrennen zurückfallen könnte.

Man hat doch niemandem etwas weggenommen, sondern sich alles mit Fleiß und ehrlicher Arbeit verdient. Hat man nicht ein Recht, die Früchte seiner Arbeit zu genießen? – Über den weiten Getreidefeldern leuchten im Grün der Bäume die roten Dächer der Bauernhöfe. Schwarzweiß geflecktes Vieh liegt wiederkäuend im Wiesengrund, und am Horizont erhebt sich der Turm der alten Dorfkirche; ein Bild des Friedens und Wohlstandes. In dem Brief eines gefallenen Russen liest man später. „Die Bauern leben hier besser als bei uns die Bojaren [adlige Gutsbesitzer]. Ein Dorf gleicht hier einer russischen Stadt. Die Deutschen wissen gut zu leben, aber auch wie man arbeitet."

Man weiß aber auch, daß die Grenzen ungeschützt sind und von allen Provinzen des Reiches Ostpreußen die gefährdetste ist. Seit der Kriegserklärung Österreichs an Serbien (28. Juli) ist die Kriegsgefahr bedrohlich nahe gerückt. Beunruhigend wirkt auch, daß in den Garnisonen Offiziere ihre Familien ins Reich schicken, mehrfach sogar auch ihre Möbel. Die Mobilmachung am 1. August abends beseitigt die Spannung: Es gibt Krieg. Das Läuten aller Glocken um 18 Uhr mahnt an den Ernst der Stunde.

Die ersten Reservisten rückten ein, und Landsturmmänner bezogen ihre Posten an Eisenbahnen, Brücken und anderen wichtigen Stellen. Eine Anzahl Kriegstrauungen wurden noch schnell vollzogen. Das Bewußtsein, für eine gerechte Sache einzutreten, schuf eine Atmosphäre der Gemeinschaft, und das Volk erhob sich mit nationaler Begeisterung zur Selbstverteidigung gegen eine Welt von neidischen und raubgierigen Feinden. Daß Deutschland keine territorialen oder politischen Kriegsziele hatte, wußte jeder.

Von den insgesamt acht deutschen Armeen steht nur eine, die 8. unter General Prittwitz, in Ostpreußen. Sie soll die Russen so lange aufhalten, bis nach einem schnellen Sieg über Frankreich ausreichende Kräfte gen Osten geführt werden können. Falls notwendig muß Ostpreußen aufgegeben und die Weichsellinie verteidigt werden. So hat es der Generalstab geplant.

Der Feind im Land

Unter General Schilinski, dem Oberbefehlshaber der russischen Nordwestfront, standen zwei russische Armeen bereit, um Ostpreußen von zwei Seiten zu erobern. Im Nordosten (bei Kowno) hatte sich die Njemenarmee unter dem baltendeutschen General Rennenkampf, im Süden (im Raum Ostrolenka-Mlawa) die Narew-Armee unter dem bewährten General Samsonow versammelt.

Allein gegen Ostpreußen hatte Rußland folgende Kräfte aufgeboten:

Gewehre	485.000
Maschinengewehre	976
Geschütze	1.260

Dieser Masse konnte auf deutscher Seite mit Mühe, unter Heranziehung aller Reserven und des letzten Landwehrmannes, entgegengestellt werden:

Gewehre	175.000
Maschinengewehre	324
Geschütze	794

Jede der beiden russischen Armeen war stärker als die deutsche 8. Armee. Die ersten Kämpfe auf ostpreußischem Boden gab es in den Kreisen Treuburg, Lyck und Johannisburg, wo das II. russische Armeekorps eindrang, das damals zur Narew-, nach der Schlacht bei Tannenberg zur Njemenarmee gehörte. Seit dem 1. August kamen fortwährend kleine Abteilungen Russen, meist Kosaken, über die Grenze, brannten einige Höfe nieder und zogen sich nach einem Schußwechsel mit den herbeieilenden deutschen Sicherungstruppen wieder zurück. Die ersten Flüchtlingsfuhrwerke zogen von der Grenze ins Landesinnere, und auch die ersten Polen erschienen sogleich, um die Höfe nahe der Grenze auszurauben. Am 9. August kam es bei Bialla (Gehlenburg) zum ersten größeren Gefecht mit einer russischen Kavalleriedivision, die sich dann zurückzog. Russische Flugzeuge überflogen fast täglich das Land, um nach deutschen Truppenbewegungen Ausschau zu halten. Manchmal warfen sie auch Bomben, unter anderem auch auf den Lycker Bahnhof.

Mit Beginn der Kampfhandlungen trat Rußland öffentlich als „Befreier aller slawischen Völker" auf. Das Manifest des Zaren vom 1. August sprach von „Rußlands geschichtlichem Vermächtnis" in bezug auf die slawischen Völker. Der Aufruf des Großfürsten Nikolai richtet sich an die Polen in Rußland, Preußen und Österreich. Darin heißt es: „Mit offenem Herzen und brüderlich entgegengestreckter Hand kommt Euch das große Rußland entgegen. Es glaubt zuversichtlich, daß das Schwert, welches den Feind bei Grunwald schlug, noch nicht verrostet ist [...]" Rußland rechnete mit einer wirksamen Unterstützung durch alle Slawen bei der Verwirklichung seiner Kriegsziele.

Am 11. August dringen stärkere russische Kräfte bei Mierunsken (Merunen) über die Grenze und besetzen Marggrabowa (Treuburg). Am 18. August stoßen die Russen nach Lyck vor. Am nächsten Morgen ziehen Truppen des Generals Scheidemann (Kommandeur des II. russischen Armeekorps) in tadelloser Ordnung, ohne Gewalttätigkeiten, in Lyck ein. Um Plünderungen zu verhüten, läßt er vor Geschäfte und öffentliche Gebäude Posten stellen. Das Lazarett erhält als russisches Personal einen Wundarzt und eine Krankenschwester. Der deutsche Sanitätsoffizier, die Ärzte und auch das übrige Personal bleiben auf ihren Posten. Auch die Polizei bleibt in ihren Uniformen weiter im Dienst. Scheidemann läßt aber den Landrat, den Bürgermeister, den Pfarrer und vier weitere Bürger als Geiseln festnehmen, die auf die

Festung Ossowiez und später nach Sibirien geschafft werden. Alle Schußwaffen, darunter wertvolle Jagdbüchsen, müssen abgeliefert werden. Die Zeitung muß weiterhin erscheinen. Darin wird am 20. die erste Bekanntmachung des Stadtkommandanten für die Einwohner der Stadt Lyck und Umgebung veröffentlicht: „Alle Einwohner werden aufgefordert, ihrer friedlichen Beschäftigung nachzugehen, denn die russische Armee kämpft nur mit den bewaffneten Mächten Deutschlands. Wir haben durchaus nicht die Absicht, auch nur jemanden zu bedrücken und um so weniger ihn seiner Freiheit zu berauben, falls er nicht der Armee Schaden zufügt [...] Alle Einwohner haben für alle Produkte und Fabrikate Papiergeld anzunehmen. Im Fall der Weigerung wird eine Strafe von 1.000 Mark oder 3 Monate Arrest auferlegt. Der Wert einer deutschen Mark beträgt 46 Kopeken [...]"

In dem Grenzort Prostken erscheint am 19. August morgens eine Abteilung Kosaken. Sie durchschneiden die Telefondrähte und besetzen Postamt und Bahnhof. Dann folgt eine riesige Menge Infanterie und Artillerie, die nach kurzer Rast nach Lyck weiterziehen. Adolf Pogoda berichtet: „Sämtliche Kaufgeschäfte wurden ausgeplündert, wobei sich die russischen Sanitätssoldaten besonders hervortaten. Die Zivilbevölkerung aus den benachbarten polnischen Dörfern erschien, Männer, Frauen und Kinder, um sich an der allgemeinen Plünderung zu beteiligen. Die Straßen waren bedeckt mit Kistchen, Papier und anderen Sachen [...]"

In Lyck requirieren durchziehende Truppen Lebens- und Futtermittel, tauschen lahme Pferde gegen deutsche aus und bedienen sich in den Geschäften, teils gegen russisches Geld, teils ohne Bezahlung. Pferde und Wagen werden beschlagnahmt, von denen die Eigentümer nie mehr etwas wiedersehen. In Lyck lagernde Kosaken und Polen plündern die Wohnungen der geflohenen Bürger. Oft werden auch Leute auf der Straße überfallen. Alle Dörfer und Höfe der Umgebung sind von Polen ausgeraubt; große Viehherden werden fortgetrieben.

Am 14. August überschreitet die Hauptmacht der Njemenarmee die deutsche Grenze bei Eydtkuhnen (Eydtkau). Der russische Schriftsteller Solschenizyn beschreibt den großen Unterschied, den die Grenze trennt: „Die bärtigen Bauern in ihrer Kompanie kamen aus dem Staunen nicht heraus – wie bringen die Deutschen es nur fertig, ihre Höfe so in Ordnung zu halten, daß man keine Spuren von Arbeit sieht, daß alles so sauber aussieht? Wie können sie sich in dieser Reinheit bewegen? [...] Sie waren durch Polen gezogen, das den gewohnten Anblick bot. Dort ließen die Menschen sich gehen; doch von der deutschen Grenze an verwandelte sich alles, wie durch eine Bewegung mit dem Zauberstab. Die Felder, die Straßen, die Häuser – alles war hier anders, als wären sie aus einer ganz anderen Welt."

Der russische Vormarsch wurde kurz von General François und seinen ostpreußischen Soldaten des I. Armeekorps am 17. bei Stallupönen (Ebenrode) aufgehalten. Befehlswidrig zwang er das III. und Teile des XX. russischen Korps zum Zurückgehen. Dabei gingen sechs Feldgeschütze verloren, aber der 27. russischen Infanteriedivision wurden schwere Verluste zugefügt. 3.000 Gefangene und sechs Maschinengewehre fielen in deutsche Hand. Trotz des Sieges mußte General François auf Befehl von General Prittwitz noch in derselben Nacht sein Korps hinter Gumbinnen zurückführen, wo Prittwitz die Armee zur Schlacht zusammenzog.

Am 19. August stößt eine der beiden russischen Gardekavalleriedivisionen beim Dorf Mallwischken (Mallen, 15 km nördlich von Gumbinnen) auf die 2. ostpreußische Landwehrbrigade. Nach heftigem Kampf, in den dann auch die 1. Kavalleriedivision eingreift, müssen sich die Russen zurückziehen. Allein vor dem Dorf liegen 40 Offiziere in prunkvollen Uniformen mit Orden behängt und 300 gefallene Gardereiter. Sieben Geschütze mußten die Russen zurücklassen. Aber auch 13 Offiziere und 219 Landsturmmänner sind gefallen.

Am 20. August wird die Schlacht durch die beiden Divisionen des Generals François eröffnet. Kurz vor Sonnenaufgang um 4.30 Uhr erstürmt die 2. Division die russischen Feldstellungen bei Mallwischken und stößt gegen Kussen vor, wobei 4.000 Gefangene gemacht werden. Um 5.30 Uhr geht die 1. Division mit dem Ziel Kattenau (17 km nordöstlich Gumbinnen) vor. Das XVII. Korps, das entlang der Straße Gumbinnen-Stallupönen angreift, kommt gegen starke Feindkräfte unter hohen Verlusten nur langsam voran. Das I. Reservekorps, auf dem rechten Flügel der Angriffsfront, findet ebenfalls starken Widerstand, aber überall wurde Boden gewonnen.

Trotz der aussichtsvollen Lage brach General Prittwitz die Schlacht ab, als beim Armeeoberkommando in Nordenburg die Nachricht vom Anmarsch der Narewarmee gegen die deutsche Grenze eintraf, die seine Verbindung mit der Weichselbasis bedrohte. Am Abend des 20. August befahl er den sofortigen Rückzug über die Weichsel, da es um die Erhaltung der einzigen Armee zu gehen schien, die im Osten stand. Sein Stabsquartier zog nach Bartenstein. Die deutschen Verluste in der Schlacht bei Gumbinnen betrugen etwa 10.000 Mann; über die russischen gibt es keine Angaben. Prittwitz wollte jetzt Ostpreußen ohne weitere Kämpfe den Russen überlassen. Dem Hauptquartier in Koblenz meldete er, daß auch die Weichsellinie nicht gehalten werden kann.

Die 1. Kavalleriedivision am äußersten linken Flügel hat den Rückzugsbefehl nicht erhalten. Sie war durch die russischen Linien bis Pillkallen vorgedrungen und befand sich weit hinter der russischen Front. Als die erwarteten deutschen Truppen nicht nachfolgten, traten die ostpreußischen Reiter auf dem gleichen Weg den Rückmarsch an. Obwohl die Landwehrbrigade ihre Stellungen verlassen hatte und auf dem Marsch nach Königsberg war, erreichte die Division am 21. mit 600 Gefangenen die deutschen Nachhuten.

Am Abend des 21. erhält General François einen Brief von einem bekannten Königsberger Astronomen. Dieser schlägt vor, die totale Sonnenfinsternis am Nachmittag des 21. mit einem Großangriff auf die Russen zu verbinden, wobei die Sonnenfinsternis bei den ungebildeten Russen eine Panik auslösen könnte. Abgesehen davon, daß der Brief zu spät eintraf, war die Absetzbewegung bereits im Gange. Außerdem verminderten schwere Gewitterwolken die Wirkung der Finsternis erheblich.

Der Rückzug der deutschen Truppen löst eine Massenflucht der Bevölkerung in die gesichert erscheinenden Teile der Provinz und hinter die Weichsel aus. Die deutschen Behörden hatten bis jetzt die Bewohner zum Bleiben ermutigt, jetzt verlassen aber viele ihre Posten. Die Etappeninspektion Dirschau fordert die Bevölkerung auf, sich mit ihrem Viehbestand in die westlichen Teile der Provinz zu begeben und dort die Befreiung ihrer Heimat abzuwarten. Etwa 400.000 Menschen verlassen Haus und Hof und versuchen den vordringenden Russen zu entkommen.

Aus Allenstein wird berichtet, daß Flüchtlinge aus dem Grenzgebiet dort zunächst spärlich eintrafen. Aber seit Mitte August riß der Elendszug nicht mehr ab. Turnhallen, Säle und andere Gebäude waren bald überfüllt, und die Nachfolgenden mußten weiterziehen. Die Eisenbahnzüge waren vollgestopft, und auf dem Bahnhofsplatz lagerten ständig Hunderte, die ein Weiterkommen suchten. Hin und wieder fuhren Militärtransporte und ein Zug mit Verwundeten aus den Grenzkämpfen durch. Die Bevölkerung wurde durch die Berichte der Flüchtlinge über Greueltaten der Kosaken beunruhigt.

Um den 20. August war nicht mehr zu übersehen, daß die Lage auch für Allenstein bedrohlich wurde. Die Lazarette schafften alle transportfähigen Verwundeten hinter die Weichsel, die Behörden schickten ihre Akten, die Banken und Kassen das meiste Geld fort. Das Generalkommando gab aber keine genaue Auskunft über die militärische Lage. Der Oberbürgermeister wurde zu Bekanntmachungen veranlaßt, um die Bevölkerung zum Bleiben zu ermutigen. Am 24. wurden aber alle Wehrpflichtigen, die noch nicht einberufen waren, aufgefordert, sich in Marienburg beim Wehrbezirkskommando Allenstein zu melden, das demnach auch schon die Stadt verlassen hatte. Nun brachen auch Tausende Allensteiner auf, um über die Weichsel zu kommen. Wer Verwandte im Reich hatte, fuhr gleich bis dorthin.

Unabsehbare Kolonnen, Wagen an Wagen, soweit das Auge reicht, wälzen sich auf den Hauptstraßen nach Westen. Der Flüchtlingszug erhält überall Zuwachs und kommt oft nur schrittweise weiter. Nicht nur die Breite der Fahrbahn ist ausgefüllt, auch im Straßengraben und auf den angrenzenden Äckern gehen Fußgänger, trotten Vieh und Kälber, Pferde und Fohlen. Einige der ermüdeten Menschen ziehen Handwagen, andere schieben Schubkarren oder Kinderwagen. Die Bauern haben ihre Wagen zu sog. Leiterwagen eingerichtet, wie sie als Erntewagen verwendet werden, um mehr aufladen zu können.

Sie sind bepackt mit Pferdefutter, Eßwaren, Hausrat, Truhen, Matratzen und Federbetten, darauf Alte und Kranke, Frauen und Kinder. In den Gesichtern Trauer, Verstörtheit und Verzweifelung – ein trostloser Anblick, aber nirgendwo laute Klage. Neben dem Wagen trottet mit hängender Zunge der treue Hund. Oft sind die Straßen verstopft, und stundenlang geht es nicht weiter. Dann muß die Straße für Militär freigemacht werden. Geschütze und Fahrzeuge, Reiter und Infanterie, verstaubt und verschwitzt, hasten in der einen oder anderen

Richtung vorbei. „Wo sind die Russen?" wollen die Flüchtlinge wissen, aber die Soldaten können es meist auch nicht sagen. Bei jedem Aufenthalt holen die Frauen ihr Strickzeug hervor; ihre Hände sind nicht gewohnt, untätig zu sein. Nachts wird irgendwo am Straßenrand oder auf einem Feld gerastet, die Pferde versorgt und etwas zum Essen zubereitet. Am frühen Morgen, bevor die Sonne aufgeht, formiert sich der Zug von neuem, und es geht weiter. Einmal traben an einem Flüchtlingszug einige Ulanen entlang und rufen: „Zurück, zurück! Ihr fahrt dem Feind entgegen!"

Zögernd besetzt die Njemenarmee den freigegebenen Ostteil der Provinz bis zur Alle-Deime-Linie. Das bedrohte Königsberg wird für jeden weiteren Zuzug gesperrt. Viele Flüchtlinge, die dort unterzukommen hoffen, werden, soweit möglich, versorgt und in die von den Russen noch nicht unmittelbar bedrohten Kreise Braunsberg, Preußisch Holland und Mohrungen geleitet.

Die Narew-Armee dringt in breiter Front über die südliche Grenze vor. Am 22. August erscheint die erste Kosakenabteilung in Neidenburg, plündert die Bürger und brennt die Stadt mit 200 Häusern und der Kirche nieder. Völlig unverständlich ist, warum die Russen ein Land, das sie schon als russische Provinz ansehen, derart verwüsten und ausplündern. Sogleich strömen auch hier Scharen polnischer Zivilisten über die Grenze, und eine Plünderungsorgie ungeheuren Ausmaßes setzt ein. Nicht nur die leerstehenden Häuser und Höfe der Geflohenen werden ausgeräumt, auch die Dagebliebenen verlieren oft ihre Habe. Nirgendwo haben russische Offiziere jemals die Plünderungen der Polen verhindert. Wahrscheinlich waren sie angewiesen, die Polen gewähren zu lassen, weil sie auf ihre Freundschaft und Hilfe hofften. Dagegen sahen manche Offiziere den Ausschreitungen ihrer Soldaten nicht immer tatenlos zu. In Bischofsburg z.B. wurden sogar zwei plündernde Russen erschossen, anderswo wurden Plünderer ausgepeitscht.

Von Ortelsburg kommend erreicht am 25. August die Vorhut der Narewarmee Bischofsburg und geht weiter bis Rothfließ vor. Am gleichen Tag besetzen Vorhuten der Njemenarmee, von Rastenburg kommend, Rößel. Ohne es zu wissen stehen die äußersten Spitzen der beiden russischen Armeen nur 25 Kilometer voneinander entfernt. Rennenkampf sucht aber noch nicht die Verbindung zur Narewarmee, sondern rückt zögernd gegen Königsberg vor, wo er die Hauptmacht der deutschen 8. Armee vermutet. Am nächsten Tag beginnt die Schlacht von Tannenberg, und die Vorhut der Narewarmee wird zur Umkehr gezwungen.

Am 27. August vormittags erscheint in Allenstein ein russischer Kosakenvortrupp, nachmittags ziehen größere Verbände in die Stadt. Von den fast 40.000 Einwohnern sind nur 4.000 bis 5.000 mit Oberbürgermeister Zülch anwesend. Der russische Befehlshaber verlangt, daß Vertreter der Bürger ihn vor der Stadt gebührend zu empfangen haben. Notgedrungen begibt sich Zülch mit noch drei weiteren Herren im schwarzen Gehrock und Zylinderhut an die Hohensteiner Straße, wo die seltsame Zeremonie durchgespielt wird.

Währenddessen ist die Plünderung im Gange, an der sich auch der Pöbel der Stadt eifrig beteiligt. Die Russen verhielten sich hier korrekt und haben die Einwohner in keiner Weise belästigt. Die näherkommende Schlacht zwang sie schon am nächsten Tag Allenstein eiligst zu verlassen. Sie kamen nicht einmal dazu, die großen Eisenbahnbrücken über die Alle zu sprengen.

In dem vom Feind besetzten Teil des Landes sind die zurückgebliebenen Bewohner der Willkür der Russen ausgesetzt. Ihr Los ist unterschiedlich und richtet sich nach den jeweiligen Truppen und ihren Kommandeuren. Vor allem verhalten sich Garde-, baltische und finnische Regimenter diszipliniert und menschlich, manchmal sogar hilfsbereit. Andere Truppen plündern, brennen und morden, und die Bevölkerung muß oft Schreckliches erleiden. Am schlimmsten wüten die Kosaken, die in der Regel die Vorhut bilden und als erste mit der Bevölkerung zusammentreffen. Bemerkenswert ist auch, daß die Truppen des russischen Generals Samsonow sich im allgemeinen besser als die des baltendeutschen Generals Rennenkampf betrugen.

Von der Stadt Lyck wird am 27. August eine Kontribution von 30.000 Rubel (75.000 Mark) gefordert, die in 24 Stunden zu zahlen ist. Bei Nichtzahlung würden die am 19. verhafteten sieben Geiseln erschossen und andere Strafen angewandt werden. Nachdem eine zwölfstündige Verlängerung der Zahlungsfrist erreicht wird, kann die Summe aufgebracht werden.

Die Kaufleute zahlen zum größten Teil in Rubel, was die Russen nicht gern sehen, weil sie den Rubel (aus nicht erklärtem Grund) mit 2,50 Mark anrechnen müssen, der offizielle Kurs aber nur 2,20 beträgt. Von der eben zum Abschluß kommenden Schlacht bei Tannenberg erfährt die Bevölkerung zunächst nichts, aber die bisher meist freundlichen Russen werden zurückhaltend, und der Handel zwischen ihnen und den Deutschen hört fast ganz auf.

Eine Kolonne polnischer Fuhrleute, die für die Russen Nachschub befördern, kommen mit Beutegut hochbeladen von Lötzen zurück. Die deutsche Polizei hält sie an und bringt sie zur russischen Wache, wo sie sofort freigelassen werden und mit ihrem Raubgut weiterziehen dürfen.

Die Russen betrachten die Deutschen als eine Art unheimlicher Wesen, die Leistungen vollbringen können, zu denen sie selbst nicht fähig sind. Wegen dieser Überlegenheit sind sie auch als Besiegte höchst gefährlich. Diese Angst zeigt sich in allen Bekanntmachungen der russischen Befehlshaber, die zwar Schutz versprechen, aber vor allem hohe Strafen androhen.

Für die Niederschrift einer Bekanntmachung hatten die russischen Befehlshaber nicht immer Personen mit guten Sprachkenntnissen zur Hand. Deshalb mußten manchmal sogar die jüdischen Händler herhalten, die der russischen Armee einen großen Teil ihrer Verbrauchsgüter lieferten. Auf solche Weise kam wahrscheinlich die Bekanntmachung des General Siewers zustande, die Elemente jiddischer Grammatik aufweist:

„Die Russische Kaiserliche Armee ist eingetreten in Euerem Gebiet, daher bekantmache ich in allgemeinem wissenschaft:

Sämtliche Personen mänlichen Geschlechts im Arbeitsalter Deutsche und Juden müssen augenblicklich sich entfernen und nachfolgen dem abtretenden Deutschen Militär, im schlimmsten Fälle werden sie als Gefangene genommen. Ebenso werden in Gefangenschaft genommen Deutsche und Juden im Arbeitsalter, die gefunden werden in Hospitäler und Krankenhäuser und als Gesunde sich erweisen.

Durch das Militär werden Einpfänder genommen und zwar von den reicheren und achtbarsten deutschen Bewohnern, die mit ihrem Leben verantworten müssen, für jedes feindliche Erzeigen gegen das russische Militär [...] für nichtzeitige Herstellung in Noht der Russischen Armee, Pferde und Fuhren, wie auch bei Entsagung zum Verkaufen oder Verbergen Eßoder anderer Waren, die nöthig sind für gebrauch der Armee, für jede Art Brechen und Schadenmachen, hauptsächlich Eisenbahnstrecke, Telegraph und Telephon, für vergiftung Eßwaren und Wasser, Schuldige werden übergeben dem Kriegsgericht und geurteilt nach Gesetzen der Kriegszeit. Für Aufbewahrung des Gewähres, Pulwers und explodierende Elemente, für Verkauf von Pläne, Zeichnungen und Anfertigung solcher, für Aufbewahrung von Posttauben, telephonische, telegraphische, und andere Experimente, können nützlich sein zur übergabe der Lage des Russischen Militärs oder andere schädliche dem gange des militärischen operation Tätigkeit und überhaupt für jede kleinste feindliche Tätigkeit unverglichen nicht nur gegen russische Armee, sondern auch bei einzelnen Fällen, werden die Schudigen dem Feldkriegsgericht übergeben, ihr Hab und Gut wird vernichtet, außerdem werden die Bewohner der Städte, Dörfer und Gemeinde, wo der Schuldige angehörig ist, mit höchster Kontribution belegt.

Allen gebliebenen Einwohnern mit ausnahme die müssen verlassen das Gebiet, bitte ungestört seine friedliche Arbeit weiterzuführen."

Auch die deutsche Bevölkerung hatte Angst vor Spionen und verdächtigte in den ersten Kriegstagen jede Person, die durch irgend etwas auffiel, ein Spion zu sein. Täglich wurden Leute festgenommen und nach der Befragung wieder entlassen. Gerüchte von französischen „Goldautos" gingen um, die angeblich riesige Mengen Geld und Gold nach Rußland bringen sollten. Nächtelang hielten Stadt- und Dorfbewohner an Straßensperren Wache und bereiteten manchem Militärwagen Verzögerungen und den Insassen viel Ärger.

Obwohl kein Zivilist je einen Schuß auf die Russen abgegeben hat, nahmen die Russen bei Schießereien mit deutschen Nachhuten grundsätzlich eine Mitwirkung der Zivilbevölkerung an. Außerdem glaubten sie, daß unter den zurückgebliebenen Bewohnern unzählige Spione tätig waren.

Wenn sich eine Armee zurückzieht, wird sie durch Nachhuten geschützt. Diese müssen den Feind so lange aufhalten, bis der Abmarsch mit allen Versorgungseinheiten (Bäckerei,

Schlächterei, Fuhrpark), Artillerie, Munition, Pioniergerät, Feldlazarett u.ä. gesichert ist. Auch danach wird der Feind so lange als möglich aufgehalten, indem seine Vorhut angeschossen und zum Halten gezwungen wird. Diese muß warten, bis genug Truppen herangekommen sind, um den Widerstand zu brechen. Erst wenn der Feind mit starker Macht herankommt, den die Nachhut nicht mehr aufhalten kann, zieht sie sich ein weiteres Stück zurück, und der gleiche Vorgang wiederholt sich.

Die Russen taten, als wüßten sie nicht, daß so Krieg geführt wird. Wenn sie in den Ort eindrangen, aus dem kurz zuvor geschossen wurde, und keine deutschen Soldaten vorfanden, glaubten sie, daß die Einwohner geschossen hätten. Die Männer, die sich mit den Russen nicht verständigen und darum den wirklichen Hergang nicht erklären konnten, wurden erschossen, der Ort in Brand gesteckt. Auf diese Weise verlor der größte Teil der von den Russen erschossenen Zivilpersonen ihr Leben.

Bei Gefechten um das Dorf Abschwangen (Kr. Preußisch Eylau) schossen deutsche Küras-siere auf ein heranfahrendes russisches Auto und ritten dann fort. Das Auto fuhr zum Nach-bardorf Almenhausen weiter, das von Russen besetzt war. Von dort kamen russische Drago-ner und behaupteten, die Zivilisten hätten den Fürsten Trubetzkoi erschossen, der im Auto gewesen war. Alle Männer wurden erschossen, das Dorf in Brand gesteckt. Zur weiteren Ver-geltung wurden auch in Almenhausen die Männer erschossen, von Jugendlichen bis zu Grei-sen, aus beiden Dörfern insgesamt 70 Personen.

Am 27. August erschossen die Russen den Gemeindediener von Santoppen (Kr. Rößel) weit vom Dorf entfernt. Am nächsten Tag ging seine Frau zum Pfarrer, um das übliche Totenge-läut zu veranlassen. Wegen der Nähe der Russen verbot er das Läuten. Darauf bat die Frau den Glöckner, der nachmittags läutete. Bald stürmte eine Abteilung Kosaken wild schießend ins Dorf, tat den Einwohnern aber zunächst nichts. Dann zogen weitere Truppen ins Dorf. Plötzlich begannen die Russen die Männer zusammenzutreiben, wobei drei erschossen wur-den. Da die meisten Einwohner das Dorf verlassen hatten, waren es nur 14 Männer und ei-ne Frau (sie ließ sich nicht von Mann und Sohn trennen), die auf den Platz vor der Kirche ge-bracht wurden. Unter diesen waren Pfarrer Werner und Professor Kallweit aus Rößel. Von sechs Soldaten mit aufgepflanztem Seitengewehr bewacht, durften sie sich nicht rühren oder miteinander sprechen. Spät abends fuhr ein höherer Offizier vor und rief den Wachsoldaten von seinem Wagen aus zu, alle zu erschießen.

Die sechs Mann traten zurück und feuerten auf die Wehrlosen, auch als sie schon am Bo-den lagen, bis sich keiner mehr rührte. Der schwer verwundete Bauer Lompa aus Warpuh-nen (Kr. Sensburg) kam aus seiner Ohnmacht wieder zu sich, als ein Russe ihn umdrehte und seine Uhr fortnahm. Er schleppte sich dann mühsam fort und kam als einziger Augenzeuge mit dem Leben davon. Auch die Schwester Professor Kallweits, die mit ihrem Bruder Pfar-rer Werner besucht hatte, wurde tot aufgefunden. Ein 91jähriger Altbauer wurde erschossen, als er seine drei Enkelinnen vor Vergewaltigung schützen wollte.

Vor Bischofstein wurden die vorrückenden Russen ebenfalls von deutschen Nachhuten ei-nen Tag lang (28. August) aufgehalten. Als am 29. August größere Mengen Infanterie und Rei-tertruppen gegen die Stadt vorgingen, mußten sie sich absetzen. Nachdem die Russen ohne Widerstand mit wildem Schießen in die Stadt eingedrungen waren, durchsuchten sie alle Häuser nach deutschen Soldaten und forderten Uhren und Geld. Der Bahnhof, die Dampf-mühle mit dem Sägewerk und etliche Anwesen wurden niedergebrannt, zehn Einwohner und 26 Flüchtlinge erschossen. Den Toten waren, neben Geld und Uhren, auch alle Papiere abgenommen worden, so daß die erschossenen Flüchtlinge nicht identifiziert werden konn-ten und als Unbekannte begraben werden mußten.

Auch der Unterschied in der Kultur der beiden Völker, verbunden mit der Angst vor Spio-nen, führte zu tödlichen Mißverständnissen. Jagdwaffen oder auch nur Patronen, Ferngläser, Notizbücher oder eine Landkarte galten bei den Russen als Beweise für Spionagetätigkeit. Briefträger, vor allem aber Förster, wurden als ganz besonders gefährliche ‚uniformierte Spio-ne' angesehen. Fast jeder, der mit einem Fahrrad unterwegs war, wurde erschossen. Dem Spionenwahn allein fielen etwa 350 Männer zum Opfer.

Die Ausplünderung des Landes nahm unvorstellbare Ausmaße an. Die reiche Beute lock-te immer mehr Räuber herbei. Das mit den Russen mitziehende polnische Raubgesindel zog manchmal sogar vor den Russen her, und mancher Ort wurde ausgeplündert, bevor die ersten Russen erschienen. In Bischofstein z.B. kamen diese Polen unerkannt mit den letzten Flüchtlingen und gleich hinter diesen in die Stadt. Wie ein Heuschreckenschwarm fielen sie über Geschäfte und Wohnhäuser der geflohenen Bürger her, zerschlugen die Fenster und plünderten mit aggressiver Dreistigkeit, obwohl von den 3.200 Einwohnern noch fast 300 in der Stadt waren. Das Raubgut packten sie auf ihre Wagen und fuhren davon. An diesem Tag (27. August) wurde zwar die erste russische Patrouille weit außerhalb der Stadt gesehen, die Russen kamen aber erst zwei Tage später, am 29. August, in die Stadt.

Das Raubgesindel stand mit den Kosaken in enger Verbindung und leistete auch Kundschafterdienste. Es wird berichtet, daß die jüdischen Händler, die den russischen Truppen Nachschub zuführten, die Soldaten zu Plünderungen veranlaßten und ihnen das Geraubte für wenig Geld abkauften. Auch ihre Wagenkolonnen fuhren hochbepackt ins polnische Rußland zurück.

Ein ganzes Volksvermögen wurde aus dem Land geschleppt, wobei gewerbsmäßige Banden mitwirkten. Aber nicht nur die unteren Ränge der Soldaten und Polen raubten, sogar höhere russische Offiziere beteiligten sich an den Plünderungen. In der späteren Untersuchung gegen General Rennenkampf sagten Bahn- und Gendarmeriebeamte der Stationen Wilna und Kybartai aus, daß nach dem Einmarsch in Ostpreußen eine enorme Güterausfuhr einsetzte. Beim Raub und Bahntransport waren besonders die persönlichen Adjutanten General Rennenkampfs beteiligt, so berichtete Generaladjutant Baranow.

Daß sich die Russen nicht immer von der schlechtesten Seite zeigten und oft auch korrekt und menschlich handelten, wurde schon erwähnt. Wo es aber zu Ausschreitungen kam, wurden sie roh und zerstörungswütig begangen. Oft wurden in den angezündeten Häusern Menschen absichtlich mitverbrannt. Die Leichen Erschossener wurden unbeerdigt liegengelassen.

In Geigenau (Kr. Lyck) wurde auf die Bewohner geschossen, als sie aus den brennenden Gebäuden ihr Vieh retten wollten. Ein Husarenrittmeister ließ in Heinrichswalde (Kr. Niederung) 31 Einwohner öffentlich auspeitschen. Bei den Verhaftungen wurde oft mit wüster Roheit verfahren. Der Menschenraub beim Rückzug der Russen, mit der grausamen Verschleppung Tausender, war der Gipfel unmenschlichen Terrors. In einigen Fällen trieben die Russen sämtliche Bewohner ganzer Dörfer, Säuglinge und Greisinnen, mit sich fort. Alte und Schwache, die den eiligen Rückzug zu sehr behinderten, wurden einfach erschossen. Unter den 13.680 Verschleppten waren etwa 4.000 Frauen und mehr als 2.500 Kinder. Bei den primitiven Zuständen in Sibirien und im Ural gingen 5.340 (39 Prozent) der Verschleppten elend zugrunde und sahen ihre Heimat nie wieder. Außer diesen verloren 1.620 weitere ostpreußische Zivilpersonen ihr Leben. Kein einziger von diesen hatte auch nur einen Finger, geschweige denn ein Gewehr, gegen die Russen erhoben.

Die Schlacht bei Tannenberg

Nachdem General Prittwitz die Schlacht bei Gumbinnen am 20. August abgebrochen hatte, war der Rückzug der 8. Armee in vollem Gange. Das I. Korps war im Bahntransport nach Graudenz unterwegs. Generaloberst v. Moltke (Chef des Generalstabes im Hauptquartier in Koblenz) billigte aber diesen Entschluß nicht. Er vertrat die Auffassung, daß ein Versuch zur Vernichtung der Narewarmee gemacht werden müsse, bevor man die wichtige Position in Ostpreußen aufgeben dürfe. Er enthob Prittwitz seines Kommandos und übergab es General v. Hindenburg, der schon im Ruhestand war. Als Chef des Stabes wurde ihm General Ludendorff zugeteilt. Nachdem telegraphische Befehle den Rückzug der deutschen Truppen aufgehalten hatten und der Angriff auf die Narew-Armee befohlen war, trafen die Generale am 23. August nachmittags in Marienburg ein, als die ersten Kämpfe gegen die Narewarmee bei Frankenau, Lahna und Orlau (nördlich von Neidenburg) schon im Gange waren.

Den Schlachtplan hatte Oberstleutnant Max Hoffmann entworfen und die ersten Maßnahmen schon durchgeführt. Hindenburg und Ludendorff konnten also unverzüglich die weitere Ausführung übernehmen. Durch äußerst gewagte Entblößung der Front gegen die Njemenarmee – nur ein schwacher Kavallerieschleier und einige Landwehrtruppen blieben dort – sollte die Narewarmee angegriffen werden, bevor sich beide russische Armeen vereinen würden. Ein bloßer Sieg über die Narewarmee genügte nicht. Nur wenn es gelang, diesen Feind zu vernichten, bekämen die deutschen Truppen freie Hand gegen die Njemenarmee, um Ostpreußen befreien zu können. Und nur wenn Rennenkampf der angegriffenen Narewarmee nicht zu Hilfe kommen würde, war ein solcher Sieg über Samsonow möglich. Es war ein äußerst gewagtes Unternehmen. Selbst bei Konzentrierung aller Kräfte auf die Narewarmee, war diese den Deutschen zahlenmäßig noch immer weit überlegen. Außerdem mußten auf deutscher Seite auch die älteren Jahrgänge der Landwehr und sogar die alten des Landsturms in vorderster Linie gegen die beste russische Jugend kämpfen. In der Schlacht bei Tannenberg kamen zum Einsatz:

Deutsche:	Russen:
I. Armeekorps (1. und 2. Infanteriedivision)	XV. Armeekorps
General v. François	General Martos
I. Reservekorps (1. und 36. Reservedivision)	XXIII. Armeekorps
General v. Below	General Kondratowitsch
XVII. Armeekorps (35. und 36. Reservedivision)	XIII. Armeekorps
General v. Mackensen	General Klujew
XX. Armeekorps (37. und 41. Infanteriedivision)	VI. Armeekorps
General v. Scholtz	General Blagowietschenski
1. Landwehrdivision	I. Armeekorps
General v. der Goltz	General Artamanow (später General Sirelius)
3. Reservedivision	II. Armeekorps
General v. Morgen	General Scheidemann
1. Kavalleriedivision (Teile)	4. Kavalleriedivision
General v. Brecht	6. Kavalleriedivision
6. gemischte Landwehrbrigade	15. Kavalleriedivision
Festungsreserve Thorn und Graudenz	

insgesamt:		insgesamt:	
153.000	Mann	209.000	Mann
296	Maschinengewehre	384	Maschinengewehre
728	Geschütze	673	Geschütze

Dazu stand die Njemenarmee mit drei Korps' und fünfeinhalb Kavalleriedivisionen (246.000 Mann) im Rücken der Deutschen.

Am 24. August begibt sich Hindenburg mit seinem Stab zum Generalkommando des XX. Korps nach Riesenburg. Am 25. August ist die gewaltige Umgruppierung noch in vollem Gange. In Tag und Nacht rollenden Bahntransporten und übermenschlichen Fußmärschen sind alle deutschen Truppen in Bewegung. Am Abend trifft das I. Armeekorps über Königsberg und Marienburg in Deutsch Eylau ein. Samsonow rückt weiter nordwestlich gegen das deutsche XX. Korps vor. Die Vorhuten seines rechten Flügels stoßen über Bischofsburg bis Rothfließ vor, dem von Norden heraneilenden deutschen XVII. Korps entgegen.

Die Umgruppierung der deutschen Truppen gelang, wenn auch manche Bahntransporte schon unter dem Feuer russischer Artillerie ausgeladen wurden und Infanterieregimenter, nach tagelangen Gewaltmärschen völlig übermüdet, aus der Marschkolonne sofort überlegene Feindkräfte angreifen mußten.

Mehrere Krisen mußten überwunden werden, die besonders gefährlich waren, weil nach Heranziehung der Landwehrdivision aus Schleswig-Holstein keine Reserven vorhanden waren. Selbst die Besatzungen der Festungen Königsberg, Graudenz und Thorn waren im Feld eingesetzt.

Am 26. August beginnt die große Schlacht, nicht in geschlossener Front, sondern in einzelnen Kämpfen auf einem Raum von über 100 Kilometer Breite von Lautenburg bis nördlich von Bischofsburg. Der Angriff von Norden trifft den rechten Flügel der Narewarmee im

Raum Rohtfließ völlig überraschend. General Mackensen geht über Lautern, General Below über Seeburg und die 6. Landwehrbrigade dazwischen vor. Nach schwerem Kampf wird Sauerbaum erobert. Bei Klein Bößau, den Teistimmer See im Rücken, leisten die Russen erbitterten Widerstand. Besonders schwer ist der Kampf um die 400 Meter langen Kiesgruben (ein Kilometer westlich des Dorfes), wo sich die Russen verschanzt haben. Mit den hoch aufgeworfenen Abraumaufschüttungen beherrscht diese Stellung weithin das Gelände. Erst als die Gruben von der Artillerie der Landwehr unter Feuer genommen werden, können die pommerschen Landsturmmänner die Stellung von Norden umfassen und im Sturmangriff erobern. Vor Einbruch der Nacht wird auch Groß Bößau erobert. Von den schweren Kämpfen bei Sauerbaum zeugten die Gräber von 22 deutschen Offizieren und 329 Soldaten sowie 302 Russen. Der Weg in die rechte Flanke und in den Rücken der Narewarmee war für die beiden Armeekorps geöffnet. Das rechte Flügelkorps Samsonows war nicht nur besiegt, es floh in wilder Panik nach Ortelsburg.

Seit dem Nachmittag wälzt sich durch Bischofsburg eine regellose Masse fliehender Russen. In den engen Straßen fluchen die Fuhrleute, wo Wagen beim rücksichtslosen Überholen ineinandergefahren sind; Infanterie und Reiter drängen sich in höchster Eile auf den Bürgersteigen vorbei. Andere umgehen die Stadt, um über Felder, Gärten und Zäune schneller fortzukommen. Nachts setzen die Russen einige Häuser in Brand. Am nächsten Morgen sind sie, bis auf einige Kosaken, verschwunden, und die ersten deutschen Truppen erscheinen. Die Stadt bot ein wüstes Bild: Kleider, Haushaltswaren, Stoffe, Stroh und andere Dinge lagen umher. Alle Schaufenster und viele andere Fenster waren eingeschlagen, Geschäfte und leerstehende Wohnungen geplündert. In dem Chaos der russischen Flucht war verstecktes Gesindel aufgetaucht, das auch hier mit den Flüchtlingen in die Stadt gekommen war, und viel ärger als die Russen gehaust hatte.

Im Süden, auf dem rechten Flügel der deutschen Front, war am 26. August General v. François mit seinen Ostpreußen in harten Kämpfen ostwärts bis über Seeben (zehn Kilometer südlich von Gilgenburg) vorgedrungen und bereitete sich auf die Erstürmung von Usdau, dem Schlüsselpunkt des südlichen Kampffeldes, vor. Links davon hatten Truppen des XX. Korps Faulen und Groß Gardienen (zehn Kilometer östlich von Gilgenburg) erreicht. An diesem Tag waren einige Tausend Gefangene eingebracht worden. Das Armeeoberkommando hatte sich nach Löbau begeben.

Am 27. August um 4 Uhr früh beginnen 112 deutsche Geschütze die befestigten Stellungen der Russen um Usdau auf einer Breite von 2.500 Metern sturmreif zu schießen. Gegen 11 Uhr wird das Dorf, und nördlich davon auch die stark verschanzte Höhe mit der Windmühle erobert, deren brennende Flügel funkensprühend durch die Luft wirbeln. Damit ist auch das linke Flügelkorps (I) Samsonows geschlagen und geht in Richtung Neidenburg und Soldau, dann bis Mlawa zurück. Samsonow läßt den Kommandeur, General Artamanow, ablösen, um ihn vor ein Kriegsgericht zu stellen. Während die Kernmasse der Narew-Armee (XIII. und XV. Korps) weiter in Richtung Hohenstein-Allenstein vordringt, hat ihre Umklammerung von Süden begonnen. Auf dem linken Flügel der deutschen Front hat das russische VI. Korps Ortelsburg geräumt und damit den beiden deutschen Korps (Mackensen und Below) den weiteren Weg nach Süden zur Einschließung der russischen Mitte von Osten her freigegeben.

Am 28. August tobt die blutige Schlacht weiter. Am frühen Morgen soll sich die 41. Infanteriedivision von Westen zwischen die Russen schieben und umfassend von Süden das Dorf Waplitz (zehn Kilometer südlich von Hohenstein) erstürmen. Als sich der Morgennebel lichtet, befindet sich die Division im offenen Gelände südlich Waplitz. In ihrem Rücken, auf dem Küchenberg, können die russischen Artilleriebeobachter jedes Regiment und jede Kompanie erkennen. Ihre Batterien stehen in günstiger Stellung hinter Wittmannsdorf, und ohne Pause feuern sie ihre Salven von hinten in die vorgehenden Deutschen, die zunächst glauben, von eigener Artillerie beschossen zu werden. Gnadenlos wird die 41. Division zusammengeschossen. Als Massen russischer Infanterie von Norden aus Waplitz und von Süden aus Wittmannsdorf angreifen, wenden sich die Trümmer der Division nach Südwesten, durchbrechen um 9 Uhr die russische Linie und sammeln sich in Thurowken, von wo sie frühmorgens aufgebrochen waren. Die Division hat ein Drittel ihres Bestandes (2.800 Mann) verloren und ist zunächst kampfunfähig.

An den anderen Frontabschnitten dringen die Deutschen aber unentwegt weiter nach Osten vor. Bei Dröbnitz, an der Seenenge bei Mühlen (südwestlich von Hohenstein) und nochmals bei Sauden (kurz vor Hohenstein) kommt es zu schweren Kämpfen. Aber schon mittags besetzt die 3. Reservedivision das brennende Hohenstein. Gleichzeitig greifen von Norden Teile der 1. Landwehrdivision an, die nach 52stündiger Bahnfahrt von Holstein in Biessellen (20 km westlich von Allenstein) ausgeladen wurden. Vor Hohenstein treffen sie auf das von Allenstein sich zurückziehende XIII. Russenkorps, wobei es zu harten Kämpfen kommt. Als die 3. Reservedivision eingreift, graben sich die Russen ein. Ihr Marschziel Hohenstein haben sie nicht erreicht, und die geplante Vereinigung mit dem XV. Korps kommt nicht zustande. Bei den Russen beginnt jetzt die Auflösung. Regimenter stürmen todesmutig, die Zarenhymne singend, gegen die deutschen Linien, um im deutschen Abwehrfeuer liegenzubleiben und dann, keinen Befehlen mehr gehorchend, zurückzufliehen.

General Samsonow hatte schon am Morgen sein Hauptquartier in Neidenburg abgebaut, um sich zum XV. Korps nach Nadrau (acht Kilometer südöstlich von Hohenstein) zu begeben. Bewußt hatte er damit die Verbindung mit General Schilinski abgebrochen, der die Katastrophe verschuldet hatte und ihm nun keine Befehle mehr erteilen konnte. Noch ehe er beim XV. Korps eintraf, hatte General v. François Neidenburg erobert. Nachdem Samsonow die Auflösung und Flucht selbst von zwei Eliteregimentern mit angesehen hatte, gab er am Abend den Befehl zum Rückzug über Neidenburg.

Das deutsche Hauptquartier befand sich an diesem Tag in Frögenau, vier Kilometer westlich von Tannenberg. Oberstleutnant Hoffmann regte an, auf den Armeebefehlen „Tannenberg" anzugegeben, um der Schlacht diesen historischen Namen zu verleihen. Abends begab sich die Führung der Armee in die dazu eingerichtete Auguste-Viktoria-Schule in Osterode.

Am Ostrand der Einkesselung sind die Soldaten des Korps Mackensen in Eilmärschen von Norden bis zum Forstgebiet Gedwangen, Warchallen, Ittau und Wiesendorf (14 km westlich bis vier Kilometer südlich von Ortelsburg) vorgedrungen.

Am 29. August hat der Kampfeslärm die ganze Nacht nicht aufgehört. Einige russische Helden wollen auch in dieser Lage noch die Ehre retten. Regimenter, Kompanien oder zusammengewürfelte Haufen versuchen, den Ring der deutschen Truppen zu sprengen, um zu entkommen.

Rennenkampf rückt noch immer langsam gegen Königsberg vor. Auch wenn er jetzt noch besserer Einsicht folgen würde, wäre es für Samsonow schon zu spät. Jetzt könnten schon Truppen aus der Schlachtfront gezogen und gegen seine Armee bereitgestellt werden. In Rennenkampfs Hand hatte es gelegen, die Narewarmee zu retten und Ostpreußen zu erobern, aber er tat es nicht.

Der Versuch der Russen, aus der Umklammerung zu entkommen, wird zum Chaos. Das XIII. Korps liegt zusammengedrängt um Grieslienen (sechs Kilometer nordöstlich von Hohenstein). Erst um 3 Uhr morgens können sich die ersten Regimenter vom Feind lösen und den Rückmarsch auf der Straße über Schwedrich und Kurken durch das unwegsame Wald- und Seengebiet antreten, denn die Hauptstraße nach Süden ist in Hohenstein von den Deutschen gesperrt. Das ganze Korps muß durch die Seenenge Schlaga-Mühle zwischen dem Plautziger und den kleineren Seen südlich davon hindurch. Das wäre schon ohne Feindeinwirkung eine schwierige Aufgabe; jetzt aber braucht die deutsche Artillerie nur die schmale Stelle unter Feuer zu halten, um diesen Weg zu sperren. In der Eile des Rückzugs versperren sich Fahrzeuge gegenseitig den Weg, und der größte Teil der Trosse und Artillerie muß zurückgelassen werden. Schon um sechs Uhr haben die Deutschen den Rückzug der Russen erkannt und stoßen nach. Eine Stunde später tobt der Kampf auf fast 20 Kilometer Frontbreite, und um 10 Uhr haben sich über 8.000 Russen bei Grieslienen, Mörken und in den nahen Wäldern ergeben. Der größte Teil des Korps hat aber schon die Seenenge passiert und wird jetzt von den Deutschen hart verfolgt.

Auch Samsonow kann mit dem XV. Korps nicht mehr über Neidenburg fliehen und muß nach Osten ausweichen. Die Kraftwagen hat der Armeestab irgendwo stehengelassen und ist auf Pferde der Leibkosakenabteilung umgestiegen. Am frühen Morgen hat die Spitze des XV. und Teile des XXIII. russischen Korps Orlau (zehn Kilometer nördlich von Neidenburg) erreicht. Die Straßen und Wege sind mit Nachschubfahrzeugen aller Art verstopft. Während die vorderen Teile der Kolonnen zurückhasten, schiebt sich das andere Ende, wo vom Rückzug

Im Jahre 1410 hatte die Armee des Deutschritterordens in Tannenberg eine verheerende Niederlage durch eindringende Polen und Litauer hinnehmen müssen. 1914 konnten die deutschen Verteidiger sich hierfür revanchieren, indem sie der russischen Invasionsarmee eine ebensolche Niederlage bereiteten.

noch nichts bekannt ist, weiter vor. Das wilde Chaos läßt sich nicht mehr durch schreiende Offiziere oder Kosaken regeln. Die Russen hoffen bei Muschaken nach Janowo und somit über die Grenze zu kommen. Ihre Spitzen werden aber in Muschaken von deutschen Maschinengewehren empfangen. Sie ziehen nun auf den Waldwegen des großen Forstgebietes weiter ostwärts, um bei Willenberg russisches Gebiet zu erreichen. Aber nur wenige Kilometer weiter südlich trabt auch deutsche Kavallerie nach Osten und erreicht spät nachmittags Willenberg. In Gewaltmärschen, bei glühender Hitze, folgt die Infanterie. Sie hat letzte Nacht nur drei Stunden rasten dürfen und muß sich viermal zum Gefecht entwickeln, wobei Hunderte Russen gefangengenommen und viele Fahrkolonnen erbeutet werden. Gegen 20 Uhr zieht sie in Willenberg ein, das nun fest in deutscher Hand ist. Als die Spitze von Mackensens Korps am Abend Kannwiesen (zwölf Kilometer westlich von Willenberg) erreicht, hat sich die deutsche Zange um die Russen geschlossen.

Durch die vielen Wälder und wenigen Ackerfluren in dem Einschließungsring wogt eine ungeordnete Masse russischer Truppen nach Süden oder Osten. Wenn die Spitzen von deutschen Truppen angeschossen werden, fluten die Haufen zurück, um an einer anderen Stelle ein Durchkommen zu versuchen. Es ist die Zentralgruppe der Narewarmee, das XV., etwa die Hälfte des XXIII. und die Mehrheit des bei Grieslienen entkommenen XIII. Korps, im ganzen rund 120.000 Mann. Auch Samsonow irrt mit seinem Stab umher. Seine Leibkosaken suchen vergeblich nach einer Öffnung aus dem Kessel. In der Nacht versuchen russische Truppenteile die Absperrung an der heiß umkämpften Straße Neidenburg-Willenberg zu durchbrechen, wobei es zu verlustreichen Nachtgefechten kommt. Viele laufen zurück, aber einige kommen auch durch. Nachdem das in Posen stationierte Luftschiff V erfolgreiche Aufklärung geleistet und russische Lager und Bahnanlagen bombardiert hatte, wurde es an diesem Tag beim Bombenwurf auf den Bahnhof Mlawa abgeschossen.

Am 30. August, beim Morgengrauen, versucht auch Samsonow mit den Stabsoffizieren durch die deutsche Absperrung bei Willenberg zu entkommen. Ihre Pferde haben sie zurückgelassen und sich mühsam zu Fuß weitergeschleppt. Von Hunger und Durst erschöpft, zwei Nächte ohne Schlaf, ist der 55jährige Samsonow am Ende seiner Kraft. Deutsche Sperrposten und Kraftwagen mit Infanterie auf der Straße nach Muschaken veranlassen die Offiziere wieder, zurück in den Wald zu fliehen. Samsonow bittet seine Begleiter wiederholt, sich nicht mehr um ihn zu kümmern und einzeln die Flucht zu versuchen. Sie nehmen die Schulterklappen, die silbernen und goldenen Fangschnüre und Ordensschnallen von ihren maßgeschneiderten Uniformen und vergraben alles mit ihren Papieren im weichen Waldboden. Als sie weiter nach Osten hasten, fallen plötzlich in der Nähe Schüsse. Die Offiziere laufen eiligst weiter und merken nicht, daß Samsonow zurückgeblieben ist. Später wird bekannt, daß sich der Kommandeur der 2. russischen Armee, General Alexander Wasiliewitsch Samsonow, im Willenberger Forst erschossen hat. Er wurde unerkannt von einem Förster begraben. Erst im Sommer 1915 fand seine Frau sein Grab. Die Leiche wurde mit militärischen Ehren über Stockholm nach Rußland überführt und in der Familiengruft der Samsonows im Bezirk Charkow beigesetzt. Nur einer der Stabsoffiziere, Oberst Lebedew, erreichte in der Nacht zum 31. russisches Gebiet und meldete den Untergang der 2. Armee.

Die übermüdete Infanterie, die gestern abends in Willenberg ankam, wird um fünf Uhr früh schon wieder alarmiert und stellt sich gefechtsbereit den ausbrechenden Russen entgegen. Nach einer Aufforderung ergeben sich drei Kilometer westlich von Willenberg 1.100 Russen mit 41 Geschützen, 26 Maschinengewehren, 2.000 Pferden und der Kriegskasse mit 300.000 Rubel. Auch eine Frau in der Uniform eines Gefreiten der Infanterie ist darunter. Aus dem Kessel werden den ganzen Tag über letzte Ausbruchsversuche unternommen. Tapfere Offiziere bilden kleine und größere Kampfgruppen, die seit dem Morgengrauen versuchen, aus dem Kessel zu entkommen. Entlang der schicksalsschweren Straße und der Bahnlinie Neidenburg-Willenberg rennen die Russen mit aufgepflanztem Bajonett, oftmals die Zarenhymne singend, 15mal gegen die deutsche Linie an. Überall werden sie aber abgewiesen. Schließlich treten sie mit weißen Fahnen aus den Wäldern und ergeben sich.

Am 30. versuchen die Russen den Einschließungsring mit frischen Truppen von außen her zu sprengen. Die Lage ist kritisch, da die Deutschen an der Einschließungsfront dem angreifenden Feind den Rücken bieten und Reserven nicht vorhanden sind. Am frühen Morgen greift eine Division des russischen VI. Korps das noch brennende Ortelsburg an und deckt die Stadt mit schwerem Artilleriefeuer ein. Mit eilig herbeigeführten geringen Kräften gelingt es aber General Mackensen, die Russen nach Osten zurückzuwerfen.

Im Süden, von Mlawa kommend, erobert das I. russische Korps zum zweiten Mal Neidenburg. General v. François wirft den größten Teil seiner 2. Division, die an der Straße Neidenburg-Willenberg an der Einschließungsfront steht, den russischen Marschkolonnen in die rechte Flanke. Der Kampf tobt bis in die Nacht hinein, und die Gardesoldaten des russischen Generals Sirelius, der jetzt das I. Korps führt, dringen bis Moddelken (acht Kilometer östlich von Neidenburg) vor. Der Durchbruch gelingt aber nicht. Noch in der Nacht erteilt Sirelius den Befehl zum Rückzug. Am Morgen ist Neidenburg wieder in deutscher Hand. Die Schlacht bei Tannenberg ist am Abend des 30. August beendet.

Als die Krise der Narewarmee im russischen Hauptquartier bekannt wurde, erging an die Njemenarmee der Befehl, unverzüglich Hilfe zu leisten. General Rennenkampf schickte daraufhin vier Kavalleriedivisionen zur Erkundung vor, die in drei Kolonnen bis Allenstein durchstoßen sollten. Von diesen brach die Division Gurko in der Nacht zum 30. aus der Gegend von Angerburg auf. Nach Zusammenstößen mit Bahnsicherungstruppen erreichte sie am frühen Nachmittag Allenstein, wo es vor der Stadt zum Gefecht kam. Die 1.500 abgesessenen Reiter konnten jedoch nicht in die Stadt eindringen und kehrten um 15 Uhr wieder um. Die zweite Kolonne, die 2. und 3. Kavalleriedivision unter Generalleutnant Khan Hussein, zog, weit nach Westen ausholend, über Landsberg und befand sich in der Nacht zum 31. in der Nähe von Guttstadt. Ein Gegenbefehl rief sie zurück und ordnete die Zerstörung der Bahnanlagen von Wormditt an. Um 15 Uhr begann der Angriff auf den Bahnhof, der von nur wenigen deutschen Verteidigern erfolgreich abgewehrt wurde. Vor Sonnenuntergang brachen die Russen den Kampf ab und zogen über Migehnen und Kaschaunen in Richtung Landsberg ab. Wormditt war der weiteste westliche Punkt, den die Russen erreicht hatten. Die 2. Gardekavalleriedivision unter General Rauch bildete die dritte Kolonne, über deren

Vorgehen kein Bericht vorliegt. Alle vier Divisionen bestanden aus je vier Regimentern zu sechs Schwadronen nebst reitender Artillerie.

Am 31. August ergeben sich die letzten Russen im Einschließungsring ohne größere Kampfhandlungen. Bis zum Mittag zählt man über 60.000 Gefangene, darunter 13 Generale, und 350 erbeutete Geschütze. Bewachung, Abtransport und Verpflegung dieser Menschenmasse bereiten große Schwierigkeiten. Die Kosaken, die all die grausamen Roheiten an der Bevölkerung verübt haben, befürchten die Rache der Bewohner oder Bestrafung. Vor der Gefangennahme trennen sie deshalb die farbigen breiten Biesen von ihren Hosen ab, die sie als Kosaken kennzeichnen. Sie werden aber nirgendwo behelligt. Abteilungen von Gefangenen werden zur Beerdigung der 50.000 gefallenen Russen eingesetzt, die zu je 100 Mann ein gemeinsames Grab erhalten. Wegen der Sommerhitze müssen die Leichen schnell begraben werden, um den Ausbruch von Seuchen zu verhindern. Nach dem Durchkämmen der Wälder erhöht sich die Anzahl der gefangenen Russen bis zum Abend des 1. September auf 92.000. Die deutschen Verluste werden mit 4.000 Toten und 9.000 Verwundeten angegeben.

Der Sieg war vor allem durch das Stillstehen Rennenkampfs ermöglicht worden, obwohl vor ihm keine nennenswerten deutschen Kräfte standen. Ein großer Anteil am Gelingen der Einschließung wird dem General des I. ostpreußischen Armeekorps, Hermann von François, zugeschrieben, der den Rückzug der Narewarmee aus dem Kessel, teils durch eigenmächtiges Handeln, verhinderte. Während im Reich Extrablätter den Sieg verkünden, wenden sich die abgekämpften deutschen Soldaten unverzüglich der Njemenarmee zu, die noch immer fast die Hälfte Ostpreußens besetzt hält.

Die Schlacht an den Masurischen Seen

Als die letzten Kämpfe auf dem Schlachtfeld von Tannenberg noch im Gange waren, wurden bereits die Vorbereitungen für den Angriff auf die Njemenarmee eingeleitet. Auf die hoffnungslose Lagebeurteilung des Generals Prittwitz hatte Generalstabschef Moltke das Garde-Reservekorps, das XI. Armeekorps und die sächsische 8. Kavalleriedivision aus dem so wichtigen rechten Flügel der Westfront herausgezogen und nach Ostpreußen geschickt. Moltke glaubte, daß die Entscheidung im Westen schon gefallen war. In der folgenden Marneschlacht (5. bis 12. September) wurde aber der deutsche Vormarsch zum Stehen gebracht. Viele Kritiker behaupten, daß dieser entscheidende Wendepunkt des Krieges nicht eingetreten wäre, wenn diese Truppen an der Westfront geblieben wären. Für die Tannenbergschlacht kamen sie zu spät, standen aber für diese nächste Schlacht zur Verfügung.

Am 2. September zog das Armee-Oberkommando nach Allenstein. Die Frontlinie der Russen verlief von Labiau über Tapiau, Allenburg, Gerdauen, Angerburg und Lötzen nach Johannisburg. Wieder wurden durch gewagte Entblößung der Front gegen die Narewarmee, die immerhin noch 88 Bataillone, 37 Schwadronen und 372 Geschütze zählte, und gegen die sich sammelnde X. Armee, alle deutschen Kräfte gegen die Njemenarmee zusammengezogen.

Am 6. September beginnt der Angriff auf einer Frontbreite von 150 Kilometern. Der Plan sieht wieder eine umfassende Bewegung von Süden her vor. Die Russen werden aus Johannisburg, Nikolaiken und Rhein geworfen. Nördlich der Seen werden Rößel, Bartenstein und Preußisch Eylau ohne Kampf erreicht.

Am 7. September zerschlägt die 3. Reservedivision bei Bialla (Gehlenburg) das halbe XXII. Russenkorps. Arys mit dem Truppenübungsplatz wird von acht finnischen Bataillonen verteidigt und erst nach hartem Kampft vom I. Korps erobert, wobei 1.000 Gefangene gemacht werden. Das I. Korps steht damit zur Umfassung nach Norden bereit. Das Armeeoberkommando zieht nach Rößel.

Am 8. September tobt die Schlacht an der ganzen Frontlinie. Der frontale Angriff kommt aber nicht vorwärts. Die Russen sind in ihren tiefen Feldstellungen vor Artilleriebeschuß ziemlich sicher und wehren alle Angriffe ab. Der Kommandant der Feste Boyen, Oberst Busse, hat die Aufforderung zur Übergabe (27. August) abgelehnt und die kleine Festung gehalten. Jetzt haben die Russen das ganze II. Armeekorps vor die Seenenge gelegt, um einen deutschen Durchbruch von hier zu verhindern. Mackensens XVII. Korps, das von hier vorgehen soll, greift um 5 Uhr früh, mittags und um 8 Uhr abends an, kann aber die russische Sperrfront, die durch zwei weitere Divisionen verstärkt worden ist, nicht durchbrechen. Die zwei Straßen in diesem Engpaß sind mit Munitionskolonnen, Sanitätswagen und Nachschubfahrzeugen aller Art völlig verstopft. Die beiden Kavalleriedivisionen, die zu dieser Zeit schon weit hinter den russischen Linien sein sollen, warten noch immer hinter Lötzen auf den Durchbruch der Infanterie durch die russische Front.

Der rechte Umfassungsflügel des Generals v. François hat mit seinem I. Korps jetzt aber die feindlichen Seensperren im Süden durchbrochen und stößt nach Norden vor. Unter dem Verlust von 1.000 Gefangenen werden die Russen bis Widminnen (19 km südöstlich von Lötzen) zurückgeworfen. Die 3. Reservedivision geht zur Sicherung des deutschen rechten Flügels auf Lyck vor.

Am 9. September erstürmt das I. Korps, nach schweren Kämpfen, die festen Stellungen der Russen auf der Linie Possessern (Großgarten, elf Kilometer südlich von Angerburg) – Kruglanken – Siewken – Neu-Freudenthal – Soltmahnen – Groß Gablick (22 km östlich von Lötzen). Vier russische Divisionen, die bei Lötzen die Seenenge sperrten, fliehen und lassen 5.000 Gefangene und 60 Geschütze zurück. Der Weg für Mackensens Korps und die beiden Kavalleriedivisionen aus dem Lötzener Engpaß ist frei. Damit hat das I. Korps die Entscheidung für die Schlacht errungen, und die Umfassung der Russen nach Nordosten beginnt.

Die 3. Reservedivision trifft auf einen vielfach stärkeren Feind bei Talussen, Monken und Neuendorf (sechs bis acht Kilometer südwestlich und südlich von Lyck), und ihr Angriff läuft sich fest. Der nördliche Teil der Front von Lötzen bis zum Kurischen Haff kommt trotz heftiger Kämpfe auch an diesem Tag kaum weiter. Bei dem Gefecht um Gerdauen werden 75 Wohnhäuser und viele Nebengebäude zerstört.

Am Abend ist die Spannung beim deutschen Oberkommando groß. Rennenkampf hat drei Reservedivisionen zur Verstärkung erhalten, und ein Korps ist im Anmarsch auf Tilsit festgestellt. Wenn er angreift, kann er mit seiner Übermacht leicht die dünne Front durchbrechen und den Deutschen eine vernichtende Niederlage beibringen. Zieht er sich zurück, entgeht er der Vernichtung. Nur wenn er in seinen befestigten Stellungen noch einen Tag stehenbleibt, kann ihn der deutsche rechte Flügel umfassen. Das Luftschiff Z-4 bombardiert an diesem Tag russische Lager bei Insterburg.

Am 10. September, bevor es hell wird, finden die deutschen Truppen die befestigten Stellungen der Russen vor Gerdauen verlassen und die Stadt in Flammen vor. Rennenkampf hat den allgemeinen Rückzug befohlen. Auch die Stellungen vor Lyck sind von den Russen verlassen, und die 3. Reservedivision zieht unter dem Jubel der Bevölkerung und dem Läuten der Glocken in die Stadt. Den Soldaten werden Blumen an die Uniform gesteckt, und jeder bemüht sich, die Befreier so gut als möglich zu bewirten. Jetzt hörten die Lycker erstmalig vom Sieg bei Tannenberg und den Namen Hindenburg.

Die ganze deutsche Front geht jetzt vor. Die zwei Kavalleriedivisionen (1. und 8.) des rechten Flügels sollen nordostwärts vorstoßen und die Verbindung Insterburg-Kowno blockieren. Rennenkampf wirft den verfolgenden Deutschen starke Kräfte entgegen, um seinen Rückzug zu decken.

Am 11. September wird von Goldap bis zum Pregel schwer gekämpft. Insterburg und Marggrabowa (Treuburg) werden erreicht. Weil sich das XI. Korps zwischen Mauersee und Pregel irrtümlich von starken Feindkräften bedroht fühlt, wird der Umfassungsflügel zur Hilfeleistung nach Westen befohlen. Bis der Irrtum korrigiert wird, ist ein halber Tag verloren. Die Russen, deren Rückzug ansonsten abgeriegelt worden wäre, strömen in Massen unbehindert durch Stallupönen nach Osten. Aus dem Plan der Einschließung von nur einer Seite kann jetzt nur noch eine erfolgreiche Verfolgung werden. Zu harten Kämpfen kommt es an diesem Tag auch nördlich von Dombrowsken (Königsruh, sieben Kilometer nordöstlich von Treuburg).

Am 12. September steht die 3. Reservedivision in Suwalki auf russischem Boden und sichert den deutschen Angriff von Süden. Das I. Korps wirft die Russen nördlich der Rominter Heide weiter nach Norden und Osten zurück. Seine 1. Division macht 1.000 Gefangene und erreicht Pillupönen (Schloßbach, 15 km südsüdöstlich von Stallupönen). Auf der Straße Stallupönen – Eydtkuhnen fliehen russische Divisionen nebeneinander beiderseits der Straße, während die Fahrbahn mit Fahrzeugen vollgestopft ist. Der deutsche Nordflügel erreicht Tilsit. Hindenburg zieht mit dem Armee-Oberkommando nach Insterburg in das Hotel Dessauer Hof, das bisherige Hauptquartier Rennenkampfs.*

Am 13. September verfolgen die deutschen Truppen die fliehenden Russen bis Eydtkuhnen, und ihre Artillerie feuert in die zurückflutenden Massen auf den Rückzugsstraßen. Im Süden dringen russische Kräfte von Neuendorf und Monken (sechs Kilometer südlich von Lyck) in nordwestlicher Richtung vor und erreichen Bartossen (Bartendorf, sechs Kilometer westlich von Lyck). Im Bahntransport herbeieilende Reserven aus Lötzen werden in Woszczellen (Neumalken, sieben Kilometer nordwestlich von Lyck) ausgeladen und werfen die Russen wieder zurück.

Am 14. September kam es zu den letzten größeren Kämpfen. Südlich der Straße Wirballen – Alvitas warf Rennenkampf den ermatteten deutschen Truppen alles entgegen, was er an kampffähigen Verbänden zusammenraffen konnte. Dadurch entkam noch ein großer Teil der fliehenden Russen in das unwegsame Gebiet westlich der Memel. Die Deutschen durften nicht nachdrängen, weil sie den österreich-ungarischen Truppen eiligst Hilfe bringen mußten. Schon am 12. war dazu das Garde-Reservekorps aus der Front gezogen worden.

Mit knapper Not entging der Südflügel der Njemenarmee der Einschließung durch das I. ostpreußische Korps, das auch in der Tannenbergschlacht den linken Flügel bildete und den Kessel schloß. Es hat auch dieses Mal den weitesten Weg (etwa 150 km) fortwährend kämpfend zurückgelegt. Der Verlust des halben Tages am 11., die verlustreichen Kämpfe und die Übermacht der Russen haben einen vollen Erfolg verhindert. Schon in den Schlachten bei Gumbinnen und Tannenberg wurden die Reihen der Regimenter stark gelichtet. Nun füllt ein weiterer Teil die Heldengräber und ein noch größerer die Lazarette. Das Korps ist ausgeblutet und am Ende seiner Kraft.

Die Schlacht endete auf russischem Boden. Ostpreußen war nun (wenn auch nur vorübergehend) vom Feind befreit, und die geflohenen Bewohner kehrten größtenteils wieder in ihre Heimat zurück. Ihre Wohnungen waren ausgeraubt und verwüstet, das Vieh weggetrieben oder verbraucht. Große Rinderherden, die zur Verpflegung der Armee zusammengetrieben worden waren und bei dem eiligen Rückzug zurückgelassen werden mußten, lagen haufenweise zusammengeschossen auf den Weiden. Viele Bewohner fanden ihre Wohnstätten nur noch als verkohlte Trümmerhaufen vor. In der Schlacht an den masurischen Seen hatten folgende Kräfte teilgenommen:

	Bataillone	Schwadronen	Geschütze
Russen	228	173	994
Deutsche	184	99	1.074

Die Verluste der Russen betrugen 70.000, die der Deutschen 37.000 Mann. 30.000 Russen waren gefangengenommen und 150 Geschütze erbeutet worden. Die Njemenarmee war 28 Tage in Ostpreußen gewesen. Sie hatte in dieser Zeit etwa 135.000 Mann (davon 45.000 Gefangene), 200 Geschütze und die meisten Transportmittel verloren.

Der russische General Kurlow, der zum Gouverneur Ostpreußens ernannt worden war, um dort eine „strenge" Verwaltung einzurichten, mußte seine Reise in die neue russische Provinz abbrechen und umkehren.

Die beiden russischen Armeen (Rennenkampf und Samsonow) hatten zusammen 410 Bataillone, 232 Kavallerieschwadronen und 1.392 Geschütze nach Ostpreußen geführt. Diese Heeresmasse war von einer deutschen Armee zerschlagen worden, die bei ihrem höchsten Stand 224 Bataillone, 128 Schwadronen und 1.130 Geschütze hatte. Zusammen hatten die beiden russischen Armeen 310.000 Mann und 650 Geschütze verloren. Während auf deutscher Seite Reservejahrgänge und Landwehr, sogar die 40 bis 60 Jahre alten Landsturmmänner an

---

* Genau ein Jahr später kam Hindenburg, von einem sonntäglichen Jagdausflug zurückkehrend, durch Insterburg. Vor dem Marktplatz wurde sein Kraftwagen zurückgewiesen, weil dort gerade eine Gedenkfeier zur Erinnerung an die vor einem Jahr erfolgte Befreiung der Stadt aus russischer Hand abgehalten wurde. Der Wagen mußte einen Umweg machen; man hatte Hindenburg in seiner Zivilkleidung nicht erkannt.

der Front kämpften, war dieser Verlust den besten Kräften der aktiven russischen Armee zugefügt worden, dessen Zahl zwar leicht, deren Qualität aber nicht ersetzt werden konnte.

Während die 8. deutsche Armee die Russen aus Ostpreußen vertrieb, waren die österreichisch-ungarischen Truppen in Galizien und Südpolen geschlagen worden und zogen sich in die Karpaten und hinter den Dunajec (Zufluß der oberen Weichsel) zurück. Sie hatten 350.000 Mann verloren und eine größere Niederlage erlitten als die Russen bei Tannenberg. Die ganze Ostfront drohte zusammenzubrechen. Hindenburg mußte deshalb auf die Verfolgung der Njemenarmee verzichten und mit dem Hauptteil seiner Truppen aus dem immer noch stark bedrohten Ostpreußen nach Schlesien eilen, um durch einen Angriff in die Flanke der Russen ihren Vormarsch aufzuhalten. Die erhoffte Mithilfe der Österreicher erfüllte sich aber nicht. Die kleine deutsche Armee, deren Regimenter nach den Schlachten in Ostpreußen kaum noch die Hälfte der ursprünglichen Gefechtsstärke hatten, drang bis an die Weichsel vor. Nach der Schlacht bei Warschau (9. bis 19. Oktober), wo 14 vollwertige russische Divisionen gegen fünf abgekämpfte deutsche auftraten, mußte die Front, wegen erneuten Zurückgehens der Österreicher am linken Flügel, wieder zurückgenommen werden.

Die Russen kommen wieder

In Ostpreußen waren unter dem Befehl des Generals v. Schubert nur folgende abgekämpfte Truppen zurückgeblieben: I. Korps, I. Reservekorps, 3. Reservedivision, 1. Kavalleriedivision, 1. Landwehrdivision (v. der Goltz), einige Landwehrbrigaden und die Hauptreserve Königsberg. Damit war die Besetzung einer durchgehenden Front nicht möglich. Durch kühne Vorstöße bis an die mittlere Memel suchte die kleine Streitmacht aber so lange als möglich die Anwesenheit der gesamten 8. Armee vorzutäuschen. Der Gefechtskalender des Großen Generalstabs führt vom 16. September 1914 bis zur Winterschlacht in Masuren nicht weniger als 45 kleinere und größere Kampfhandlungen auf, wo diese weit verstreuten kleinen Gruppen an der ganzen Front von Schirwindt bis Augustow und von Johannisburg bis Thorn kämpften. Neben der Landwehr sind auch die Landsturmbataillone von Braunsberg, Marienburg, Allenstein, Osterode und Lötzen genannt, manche sogar mehrmals.

Rennenkampf hatte enorme Verstärkungen erhalten und seine geschlagene 1. Armee neu geordnet. Am 28. September trat er aus den Memelfestungen Kowno, Olita und Grodno mit acht Armeekorps erneut zum Vormarsch auf Ostpreußen an. Die russische 10. Armee ging von Bialystok gegen Lyck vor, das am 7. Oktober 1914 wieder von den Russen besetzt wurde. Auf 100 Kilometer Frontbreite entbrannte die Schlacht. Es gab größere Kämpfe jenseits der Grenze bei Grajewo (20 km südsüdöstlich von Lyck) und Filipow (17 km nordnordöstlich von Treuburg) und auf deutschem Boden bei Bialla (Gehlenburg).*

Die wenigen deutschen Truppen können dieser gewaltigen Übermacht nicht standhalten. In dieser Not bittet General v. François, der am 4. Oktober den Oberbefehl der reduzierten 8. Armee übernommen hat, die oberste Heeresleitung dringend um Verstärkung. Hindenburg bemüht sich mit unzulänglichen Kräften die österreichische Front in Polen zu festigen, so daß an eine Rückführung der dort eingesetzten Truppen nach Ostpreußen nicht zu denken ist. Da keine Reserven vorhanden sind, wird überstürzt das neuaufgestellte XXV. Reservekorps aus Schlesien nach Ostpreußen verladen. Es sind Kriegsfreiwillige, deren Ausbildung eben erst begonnen hat, der jüngste ist 16, der älteste 70 Jahre alt. Ihre Ausrüstung ist unvollständig, denn zuerst wurden die für die Westfront vorgesehenen Reservetruppen ausgerüstet. Das Korps hat bei seinem Einsatz in Ostpreußen keine Feldküchen, die Soldaten keine Decken. Es fehlt an Offizieren und Unteroffizieren. Obwohl General v. Scheffer-Boyadel sein Korps als „nicht verwendungsbereit" bezeichnet, wird es in diesem Zustand im scharfen Bewegungskrieg am Brennpunkt großer Entscheidungen eingesetzt.

* Paul Edler von Rennenkampf blieb noch einige Monate an der Spitze der 1. Armee. Seine Unfähigkeit ließ sich aber nicht länger verheimlichen. Er mußte gehen und zog sich grollend auf seine Güter in Estland zurück. Beim Ausbruch der Revolution 1917 floh er und versteckte sich bei einem Fischer in Taganrog am Asowschen Meer. Er wurde aber von den Bolschewiken aufgespürt und im Mai 1918 ermordet.

Am 13. Oktober hatten Landwehr- und Landsturmtruppen die Russen aus Lyck geworfen. Am 14. wehrten die Schlesier starke russische Angriffe auf die zum Teil brennende Stadt erfolgreich ab. In den folgenden Tagen warfen sie in zügigem Angriff die Russen über die Grenze zurück und eroberten am 18. Oktober Grajewo. Auf deutschem Boden hatten die Russen das Land weitgehend verwüstet. Das große Grenzdorf Prostken war total niedergebrannt, aber die Polenhäuser auf der anderen Seite der Grenze waren alle unversehrt. Bei den polnischen Bauern in Mirucie fanden die Soldaten des Infanterieregiments 228 noch voll beladene Wagen mit deutschen Schuhen und anderen Waren, die aus den Lycker Geschäften geraubt worden waren.

Im Ostteil des Kreises Lyck trieben die Freiwilligen die Russen aus den Dörfern Pissanitzen (Ebenfelde), Romanowen (Heldenfelde), Borschimmen und Petzkau. Die fehlende Ausbildung und den Mangel an Führungspersonal mußten die Freiwilligen mit hohen Blutopfern bezahlen. Der Nachschub versagte meistens. Wenn überhaupt Verpflegung herankam, gab es wegen der fehlenden Feldküchen nur Zwieback, Speck oder etwas Brot, nie eine wärmende Suppe oder Kaffee. Da die Russen die meisten Brunnen vergiftet hatten, gab es oft nicht einmal Wasser, und die Soldaten mußten froh sein, wenn sie ihre Feldflaschen aus einem See füllen konnten. Die Märsche auf grundlosen, aufgeweichten Wegen, das Kampieren unter freiem Himmel bei strömendem Regen oder nächtlicher Kälte mit hungrigem Magen, ohne Decke, stellten übermenschliche Anforderungen an das schlesische Freiwilligenkorps. Die Soldaten litten unter Magen- und Darmerkrankungen, und die Ruhr brach aus.

Am Nordende der Front kämpften Königsberger Landwehrtruppen dreimal um Schirwindt (9., 11./12. und 27. Oktober). Diese östlichste Stadt des Deutschen Reiches wurde dabei bis auf die Kirche und zwei Häuser eingeäschert. Das I. Reservekorps hielt die Russen bei Wirballen auf, das I. Korps und die 1. Kavalleriedivision im Raum der Rominter Heide und die 3. Reservedivision bei Marggrabowa. Zwischen all diesen klafften große Lücken in der Front.

Die Führung wußte, daß die wenigen deutschen Truppen die russischen Massen nicht aufhalten konnten und hatte dieses Mal die Zivilbevölkerung rechtzeitig vor der drohenden Gefahr gewarnt und in bereitgestellten Bergungszügen abtransportiert. Die zurückgekehrten Bewohner hatten sich eben wieder notdürftig in ihren verwüsteten Wohnstätten eingerichtet, und die Bauern wollten die Wintersaat aussäen und die Kartoffeln ernten, als sie ihre Heimat abermals verlassen mußten. Auch wenn das Gebiet, das man jetzt dem Feind überließ, nicht annähernd so groß war wie das vom August, so mußten doch 350.000 Menschen Haus und Hof wieder verlassen. Unter dem immer stärker werdenden russischen Druck hielt die Front noch bis Anfang November, dann begann unter ständigen weiteren Kämpfen das schrittweise Zurückweichen, bis Mitte November die vorgesehenen Stellungen hinter der masurischen Seenkette und der Angerapp erreicht waren.

Am 2. November kämpfen Landsturmmänner aus Lötzen und Osterode bei Sokollen (Rosensee), an der Südgrenze des Kreises Johannisburg. Das XXV. Korps wird aus der Front genommen, und am 3. November marschieren die schlesischen Freiwilligen abermals durch Lyck, für dessen Befreiung ihr erstes Blut geflossen war. Das Korps zählt nur noch etwa die Hälfte des ursprünglichen Bestandes. Die anderen liegen in Gräbern oder in Lazaretten. Auch ein voll ausgebildetes und ausgerüstetes Korps hätte die Lage an der ostpreußischen Front nicht ändern können; dazu hätte es stärkerer Kräfte bedurft.

Um an der Front in Polen den drohenden Einbruch von sieben russischen Armeen nach Schlesien zu verhindern, das mit seiner Industrie von größter Wichtigkeit für die Kriegführung war, forderte Hindenburg Truppen aus Ostpreußen. Auch deshalb mußte der Ostteil der Provinz den Russen überlassen werden. Die 1. Reservedivision und das schwer mitgenommene schlesische XXV. Reservekorps, das sein Kommandeur jetzt als „marsch- und kampffähig" beurteilte, wurden am 5. November verladen und nach Thorn transportiert.

Am 5. November besetzen die Russen Goldap. Lyck liegt unter Artilleriebeschuß, und am 7. ziehen russische Truppen zum dritten Mal in die Stadt ein, wo sich 144 Zivilpersonen, zum Teil aus der Umgebung, befinden. Polen und Russen plündern die Wohnungen aus, und etliche Häuser brennen ab. Auf dem Friedhof werden Gräber geöffnet, um nach Schmuck der Toten zu suchen. Aus den Zinksärgen werden die Gebeine herausgeworfen und die Särge ins russische Polen geschafft. Ähnlich ergeht es den Städten Bialla (Gehlenburg) und Johannisburg, die ebenfalls wieder in russische Hand fallen. Die Gefechte bei Göritten (fünf Kilometer südsüdöstlich von Stallupönen) vom 6. bis 8. November sind im Gefechtskalender als Schlacht bezeichnet. Am 9. und 10. kämpft die 70. Landwehrbrigade bei Goldap. Vom 13. bis 16. kommt es zur Schlacht bei der Rominter Heide (westlich davon), und am 14. und 15. halten Landsturmmänner die Russen bei Rudczanny (Niedersee) auf. Grenzschutztruppen des XX. Korps und die aus Graudenz kämpfen vom 13. bis 17. bei Neidenburg. Dann läßt der einbrechende Winter den Bewegungskrieg zum Stellungskampf erstarren.

Aus der Gegend von Thorn hatte am 11. November Hindenburgs Gegenstoß mit 250.000 Deutschen gegen 600.000 Russen begonnen. Diese Offensive mit der Schlacht bei Lodz hätte ein entscheidender Sieg über die Russen werden können, wenn die wenigen Verstärkungen von der Westfront, die zuerst vom Generalstab abgelehnt worden waren, bei Beginn des Angriffs vorhanden gewesen und nicht tropfenweise eingetroffen wären. Trotzdem erlitten die Russen eine schwere Niederlage, und die Massen ihrer „Dampfwalze" wurden zum Stehen gebracht.

Kriegsgeschichtlich wird dieser deutsche Angriff als eines der glänzendsten Unternehmen des ganzen Ersten Weltkrieges bewertet, das die Siege bei Tannenberg und an den masurischen Seen übertrifft. Dabei wurde eine deutsche Gruppe von 60.000 Mann von fast 500.000 Russen fester eingeschlossen als Samsonow bei Tannenberg. Diese Gruppe, darunter das aus Ostpreußen herausgeholte XXV. schlesische Freiwilligenkorps, schlug sich nicht nur aus der Umklammerung, sondern nahm dabei auch ihre 10.000 gefangenen Russen und die 64 eroberten Geschütze mit.

Die Winterschlacht in Masuren

In Ostpreußen hatten sich in dem geräumten Gebiet nur vereinzelte Bewohner geweigert ihre Heimat zu verlassen. Deshalb war dieses Mal die Anzahl der Greueltaten gering. Dafür nahmen die Russen eine systematische Zerstörung der Sachwerte, besonders aller technischen Einrichtungen, vor. Die etwa 200 Kilometer lange Front verlief von Trapponen (Trappen) an der Memel, westlich um den Schoreller (Adlerswalder) Forst, zur Eymenis bei Mallwischken (Mallen), östlich um Gumbinnen, entlang der Angerapp bis zum Goldapfluß, östlich um den Mauersee, um Lötzen, Nikolaiken, Rudczanny (Niedersee), Ortelsburg, Willenberg und südöstlich Janowo und Mlawa weiter nach Polen. Hier standen im Januar 1915 etwa 100.000 Deutsche, zum größten Teil Landwehr und Landsturm, der 220.000 Mann starken 10. russischen Armee unter General Siewers gegenüber. Unter übermenschlichen Anstrengungen hatten sie den häufigen, kraftvoll geführten russischen Angriffen standgehalten und dem Feind das weitere Vordringen verwehrt.

Mit dem Einbruch der mittwinterlichen Kälte war die Front in Schnee und Eis erstarrt. Die Russen bereiteten sich zu einer großen Offensive für den Beginn der wärmeren Jahreszeit vor. Dazu stellten sie eine neue 12. Armee (13 Infanterie- und 3. Kavalleriedivision) im Raum westlich von Bialystok zusammen.

Die Ereignisse der ersten Kriegsmonate hatten den Kriegsplan umgekehrt. Sollte ursprünglich zuerst der Feind im Westen bezwungen und dann mit allen Kräften im Osten vorgegangen werden, so suchte man jetzt im Westen das Errungene in festen Stellungen zu behaupten und im Osten die Russen zu schlagen. Während der Krieg im Westen viele Menschenleben und Riesenmengen Material verschlang, waren den Russen mit unterlegenen Kräften harte Schläge erteilt worden, trotz knapper Munition und dem Versagen der Unterstützung der von deutschfeindlichen Elementen durchsetzten Österreicher.

Nachdem Hindenburg und Ludendorff die Front in Polen gefestigt hatten, wollten sie nicht bis zum Frühjahr warten, sondern den Russen zuvorkommen und sie mitten im Winter angreifen, was bisher noch niemand gewagt hatte. Ostpreußen sollte endgültig befreit und der Bevölkerung die Rückkehr in die Heimat ermöglicht werden.

Ende Januar und Anfang Februar rollten drei neuaufgestellte Reservekorps (XXXVIII., XXXIX. und XL.) sowie das XXI. Korps heran, aus denen eine neue 10. Armee gebildet und die 8. Armee mit dem XL. Korps verstärkt wird, weil sie kein vollständiges Korps mehr hatte (das I. Korps hatte seine 1. Division abgeben müssen). Damit standen in Ostpreußen nun rund 250.000 Mann für den bevorstehenden Angriff zur Verfügung. In beiden Armeen waren nur sehr wenige aktive Truppen. Die große Mehrheit bestand aus neu ausgebildeten Freiwilligen verschiedenen Alters, aus älteren Ersatzreservisten und ungedienten Landsturmleuten, die noch nie im Feuer gewesen waren. Der deutsche Aufmarsch blieb den Russen verborgen. Nördlich Gumbinnen stand die neue 10. Armee (General Oberst v. Eichhorn) und südlich die 8. (General v. Below).

Hindenburg plante, die Mitte zurückzuhalten und zuerst mit dem Südflügel durchzubrechen, um dann mit dem Nordflügel umfassend die 10. russische Armee einzuschließen. Am 5. Februar verlegte er sein Oberkommando-Ost nach Insterburg. Am gleichen Tag setzte einer der gefürchteten ostpreußischen Schneestürme ein. Ein eisiger Ostwind trieb mannshohe Wehen auf, und die Temperatur näherte sich 30 Minusgraden. Sogar die wintergewohnten Russen halten eine Offensive bei dem Wetter für unmöglich und sind voll damit beschäftigt, ihre dauernd zugewehten Schützengräben freizuschaufeln.

Am 7. Februar treten die Soldaten des weißhaarigen Generals Litzmann beim ersten Licht des Tages und in heulendem Schneesturm zum Angriff an. Sie sollen den Übergang über den Pissekfluß (Galinde) erzwingen, der vom Spirdingsee nach Süden zum Narew fließt. Sein Ostufer haben die Russen mit Feldstellungen schwer befestigt und ein Stützpunktsystem davor errichtet. Die Führung hat Schlitten bereitgestellt und Vorkehrungen getroffen, die Fahrzeuge mit Schlittenkufen zu versehen, damit sie im Schnee beweglich sind. Trotzdem sind übermenschliche Anstrengungen nötig, um in dem tief verschneiten Wald- und Seengelände bei diesem Wetter vorwärtszukommen. Fortwährend gegen Kosaken kämpfend, erreicht die 2. Infanteriedivision am Nachmittag Snopken (Wartendorf, zwei Kilometer westlich von Johannisburg) und erstürmt das festungsartig verschanzte Dorf. Wegen hoher Schneeverwehungen und Feindwiderstandes gelangen die übrigen Truppen erst nachmittags an den Fluß, dessen Befestigungen frontal angegriffen werden müssen. Trotzdem erzwingt die 80. Reservedivision noch am späten Abend und in der Nacht den Übergang bei Wrobeln. Einige Truppenteile haben heute fast 40 Kilometer bewältigt.

Am 8. Februar vormittags gelingt es auch der 79. Reservedivision den Fluß bei Gehsen zu überschreiten. Johannisburg verteidigen die Russen mit zwei Regimentern und dem Feuerschutz schwerer Artillerie. Erst nach blutigem Häuserkampf fällt die Stadt mit über 3.000 Gefangenen in deutsche Hand. In der Nacht werden die Russen auch aus Bialla geworfen.

Am 8. tritt auch der Nordflügel zum Angriff an, wobei es im Schoreller Forst zu schweren Kämpfen kommt. Auf den zugeschneiten Nebenwegen stehen die Artilleriepferde zitternd bis zum Bauch in Schneewehen und bringen die Geschütze trotz der Schlittenkufen nicht mehr weiter. Sie werden auf die Hauptstraßen verwiesen, und die Infanterie muß oft ohne Unterstützung der Artillerie angreifen. Da Geschütze und Munitionswagen unbedingten Vorrang haben, müssen Feldküchen und Versorgungsfahrzeuge zurückbleiben, so daß die Fronttruppen oft ohne Verpflegung sind. So schwierig wie der Nachschub ist der Abtransport der Verwundeten. Manche Schwerverwundete erfrieren, ehe sie zum Verbandsplatz gebracht werden können. Die Toten sind, so wie sie fielen, in kurzer Zeit steifgefroren. Brot und Inhalt der Feldflaschen sind ebenso hart gefroren wie das Kühlwasser der Maschinengewehre. Dazu nimmt der wehende Schnee oftmals jede Sicht.

Am 9. Februar wird am ganzen Nordabschnitt schwer gekämpft, und die Russen werden überall zurückgedrängt. Brennende Dörfer und Bauernhöfe bezeichnen den Weg des zurückgehenden Feindes. Die Deutschen marschieren und kämpfen Tag und Nacht. Nur selten gibt es eine ganz kurze Rast. Nachts wird das zerstörte Schirwindt erreicht. Auch die hart verteidigte, schon über der Grenze liegende Stadt Wladyslawow (Naumiestis) wird noch in der Nacht von den übermüdeten und hungrigen Soldaten erstürmt. Die Häuser sind noch von den Russen geheizt, auch Verpflegung haben sie zurückgelassen. Seit der letzten Rast sind die Soldaten 29 Stunden ununterbrochen auf den Beinen gewesen. Dem russischen Nordflügel ist jetzt der Rückweg über Wladyslawow nach Kowno versperrt, und seine Trosse suchen nach Süden zu entkommen, wo sie die Rückzugsstraßen der dort abziehenden Russen noch mehr verstopfen. In dieser Nacht ziehen die Deutschen auch durch die Ruinen von Pillkallen (Schloßberg), das schon im August fast völlig zerstört worden ist.

Am 10. Februar sind die Deutschen in Stallupönen (Ebenrode), Wirballen und Wilkowischki. Damit ist auch die Bahnlinie nach Kowno unterbrochen. In Eydtkuhnen (Eydtkau) wird in der Nacht die dort sorglos ruhende 56. russische Reservedivision überrascht, die glaubte, weit hinter der Front zu sein. Der zähe Straßenkampf dauert bis gegen Morgen. Dann sind 10.000 Gefangene, sechs Geschütze, viele Maschinengewehre, 80 Feldküchen, drei Lazarettzüge, viel Material und große Vorräte an Verpflegung in deutscher Hand. Die Truppen konnten daraufhin endlich einmal ausgiebig versorgt werden.

Im Süden stehen die Deutschen bei Sutzken (Morgengrund), zehn Kilometer südwestlich von Lyck. Die Russen haben ihre Stellungen vor Lötzen geräumt. Die deutschen Truppen stoßen sogleich nach und nehmen Widminnen ein. Erkundung und Nachrichtenübermittlung an der langen Front wird trotz des schlechten Wetters hauptsächlich durch die Fliegerabteilung durchgeführt.

Am 11. Februar wird besonders am Südflügel schwer gekämpft. Während der Nordteil der deutschen Zange gut vorankommt und den rechten Flügel der Russen fest umschließt, liegen die Truppen des Südteils an den Seenengen zwischen Lyck und Lötzen und um Lyck immer noch fest. Der russische Armeeführer hat die Gefahr erkannt und wirft immer neue Massen in die Schlacht. Trotz heftiger Kämpfe bei Groß Gablick, Wensowken (Groß Balzhöfen), Neu-Jucha (Fließdorf) und Woszczellen (Neumalken) kann nirgendwo ein Durchbruch erreicht werden. Beim Einbruch der Dunkelheit wird Neu-Jucha (15 km nordwestlich von Lyck) erstürmt, das wie eine natürliche Festung beschaffen ist.

Am 12. Februar hält das III. sibirische Korps weiterhin standhaft seine Stellungen um Lyck und erobert am Morgen das Dorf Baitkowen (Baitenberg) wieder zurück. Der Wind aus dem Osten weht wieder stärker und treibt den Angreifern eisigen Schnee ins Gesicht. Während die Russen in ausgebauten Stellungen stehen, können sich die Deutschen kaum eine flache Mulde zum Schutz gegen feindliches Feuer in den hart gefrorenen Boden kratzen.

Mit hohen Verlusten wird Thalyssen (Talussen) und der Wachtberg gestürmt. Dort lagen auf dem späteren Ehrenfriedhof die Gräber von 78 Deutschen und 178 Russen. Schwere Kämpfe entwickelten sich um die Seenenge Woszczellen (Neumalken). Dieses Gefecht beobachtete der Kaiser mit Hindenburg und Ludendorff von Grabnick aus, wo später der „Kaiserstein" errichtet wurde.

Am 13. Februar haben Teile des I. Korps den Sawindasee (Groß Margensee) im Norden umgangen und greifen die Russen bei Woszczellen in der Flanke an. Am Nachmittag wird das Dorf im Sturmangriff genommen. Damit ist endlich diese Sperre beseitigt. Die Härte dieser Kämpfe bezeugten die Gräber von 218 Deutschen und 112 Russen auf dem Soldatenfriedhof bei Grabnick. Die Sibirier legen sich nun etwas enger um Lyck und halten eine Linie etwa fünf Kilometer vor der Stadt im Norden, Westen und Süden. Teile des I. Korps sind nach Osten vorgedrungen und stehen am Abend acht Kilometer westlich Marggrabowa, wo General Siewers bisher sein Hauptquartier hatte.

Der nördliche Einschließungsarm dringt auf schneebedeckten schlechten Wegen im russischen Polen weiter nach Süden vor, wobei tägliche Marschleistungen bis zu 40 Kilometer erreicht werden. Spät abends ist die große Straße Suwalki – Grodno erreicht. Viele Gefangene werden gemacht und große Mengen Nachschubgüter erbeutet, womit die eigenen Truppen versorgt werden.

Am 14. Februar vormittags wird Neuendorf (sechs Kilometer südlich von Lyck) erstürmt und der linke Flügel der Russen eingedrückt. Erst jetzt geht das sibirische Korps zurück, wobei der Abmarsch an einigen Stellen zur Flucht wird. Die deutschen Truppen um Lyck drängen sogleich dem abziehenden Feind durch die Stadt nach und nehmen dabei noch 5.000 Gefangene. Auf dem Marktplatz der weitgehend zerstörten Stadt begrüßt der Kaiser die Truppen.

Im Kreis Lyck, der durch die dreimalige Besetzung und die Kämpfe besonders schwer gelitten hatte, gab es 4.106 zerstörte Gebäude. 133 Einwohner waren von den Russen getötet, 21 verwundet, 871 Männer, 170 Frauen und 163 Kinder nach Rußland verschleppt worden, von denen nur wenige zurückkamen. Im Kreisgebiet gab es 2.229 deutsche und 2.216 russische Soldatengräber.

Am Nachmittag des 14. änderte sich plötzlich das Wetter. Ein Südwind brachte warme Luft herbei, und anhaltendes Tauwetter setzte ein. So wie bisher Eis, Schnee und Kälte alle Bewegungen behindert hatten, so versank jetzt alles auf den grundlosen polnischen Wegen im

Schlamm. Vor Geschütze und Wagen mußte die doppelte oder dreifache Anzahl Pferde gespannt werden. Der Schlamm behinderte aber auch gleichermaßen die Russen und ihre Trosse mit Verpflegung, Pferdefutter und Sanitätsmaterial fielen als willkommene Beute in deutsche Hände. Aber nicht immer ließen sich die Russen die Güter unzerstört abnehmen. Als eine Verpflegungskolonne auf der Straße Suwalki – Sejny sich ergeben mußte, schnitten sie die Säcke auf und streuten alles in den Schneematsch der Straße. Auf etwa drei Kilometer Länge watete man in Hafer, Mehl, Grütze, Zucker, Röstbrot, Tee und anderen Dingen.

Manchmal erschossen die Russen auch alle ihre Pferde, bevor sie sich ergaben. Erstaunlich war, welche Mengen Raubgut sie auf ihren Bagagewagen mitschleppten. Von Damenhüten mit großen Federn, Kleidern und Schuhen, Geweihen, aus den Rahmen geschnittenen Gemälden bis zum Grammophon und der Nähmaschine war alles vorhanden, was die russische Zivilisation entbehrte.

General Siewers versuchte von seiner Armee zu retten, was noch möglich war. Er hatte den Rückzug und die totale Verwüstung des deutschen Gebietes befohlen. Nur Trümmer und Asche sollten die Deutschen vorfinden. Kaiser Wilhelm informierte sich über die Schäden und sandte tief beeindruckt das folgende Telegramm an den Reichskanzler v. Bethmann-Hollweg: „Meine Freude über den herrlichen Erfolg wird beeinträchtigt durch den Anblick des einst so blühenden Striches, der lange Wochen in den Händen des Feindes war. Bar jedes menschlichen Fühlens hat er in sinnloser Wut auf der Flucht fast das letzte Haus und die letzte Scheune verbrannt oder sonst zerstört. Ich weiß mich mit jedem Deutschen eins, wenn ich gelobe, daß das, was Menschenkraft vermag, geschehen wird, um in Ostpreußen neues, frisches Leben aus den Ruinen entstehen zu lassen. Wilhelm II. I.R. [Imperator Rex], Lötzen, 16. Februar 1915."

In einem beispiellosen Feldzug war Ostpreußen vom Feind befreit worden. Der zweite Teil der Schlacht (17. bis 27. Februar) tobte im russischen Polen weiter und erreichte erst dort ihren Höhepunkt.

Unter dem Druck der deutschen Umfassung hatten sich Reste des III. und XXVI. Russenkorps nach Grodno gerettet. Das XX. Korps mit großen Teilen der beiden anderen floh in das schutzversprechende Waldgebiet um Augustow. In blutigen Kämpfen wurden die Russen in jenem Riesenforst eingeschlossen und mußten sich schließlich ergeben. In den weiten Kasernenanlagen von Augustow sammelten sich 92.000 Gefangene, darunter neun Generale. Unter dem erbeuteten Kriegsgerät waren 200 Geschütze und 170 Maschinengewehre. In der Kriegsgeschichte hatte es nie zuvor Waldkämpfe diesen Ausmaßes und unter solch extremen Witterungsverhältnissen gegeben. Wieder war eine russische Armee nahezu vernichtet. Insgesamt waren 110.000 Gefangene und 300 Geschütze in deutsche Hand gefallen. Um den Sieg strategisch auszunutzen, fehlten aber die Kräfte. An die Stelle der zerschlagenen 10. Armee traten sogleich neue Kräfte. Die deutschen Truppen im Osten reichten nicht, um eine endgültige Entscheidung gegen die russische Übermacht zu erreichen.

Auf Befehl des Kaisers erhielt diese Offensive den Namen „Winterschlacht in Masuren". Hindenburg schrieb später darüber: „Ihr Name mutet an wie Eiseshauch und Totenstarre. Vor dieser Schlacht steht der rückblickende Mensch, wie wenn er sich selbst fragen müßte: Haben wirklich irdische Wesen dies alles geleistet, oder ist das Ganze nur ein Märchen oder Geisterspuk gewesen? Sind jene Züge durch Winternächte, jene Lager im eisigen Schneetreiben und endlich der Abschluß für den Feind so schrecklichen Kämpfe im Wald von Augustow nur die Ausgeburten menschlicher Phantasien?"

Um die russische Öffentlichkeit von der Niederlage abzulenken, befahl Großfürst Nikolai einen dritten Einfall in Ostpreußen. Nach eintägigem Gefecht mit den wenigen deutschen Sicherungskräften besetzten die Russen am 18. März 1915 die unbefestigte Stadt Memel. Diese nördlichste Grenzstadt war bis jetzt von Kampfhandlungen verschont geblieben, obwohl sie in ihrer exponierten Lage äußerst gefährdet war. Die Mehrzahl der 22.000 Einwohner war bisher nicht geflohen, und die meisten von diesen konnten jetzt über das Tief zur Nehrung entkommen. Die Zurückgebliebenen mußten aber drei Tage lang die Leiden der feindlichen Besetzung erdulden. 63 von ihnen verloren ihr Leben, und 458 wurden nach Rußland verschleppt.

Die Fliehenden gerieten bei 14 Grad Kälte in einen heftigen Schneesturm und kamen nicht weiter. In den kleinen Nehrungsdörfern konnten nur wenige Schutz finden. Die meisten erfaßte der Sturm auf den weiten ungeschützten Strecken zwischen den Dörfern. Schwarzort lag 20 Kilometer vom Tief, bis Perwelk waren es weitere 15 Kilometer. Eine Anzahl der Alten, Schwachen und Kinder kam in dem Unwetter um.

Eilig herbeigeführte deutsche Truppen vertrieben schon am 21. März die Russen aus Memel. Gleichzeitig mit dem Vorstoß auf Memel hatten die Russen von Tauroggen aus einen erfolglosen Handstreich auf Tilsit versucht. Mit der Erstürmung von Tauroggen am 28. März war die Gefahr auch für das Gebiet nördlich der Memel beseitigt. Ganz Ostpreußen war nun endgültig vom Feind befreit. Die geflohene Bevölkerung kehrte in ihre Heimat zurück und begann mit dem Wiederaufbau. Der weitere Krieg im Osten wurde auf russischem Boden geführt. Hindenburgs Oberkommando-Ost befand sich in Lötzen.

Die russische Führung reagierte auf die Niederlage mit gewaltigen Gegenangriffen. Sie warf Formationen gegen die deutschen Linien, von denen jede einzelne stärker als die gesamten deutschen Kräfte an der Ostfront waren. In den Kämpfen von der Memel bis zum Narew flossen Ströme russischen Blutes, aber die deutsche Front hielt.

Die deutsch-österreichischen Offensiven im Sommer 1915 zwangen die Russen zur Aufgabe Polens. Im Rahmen dieser Operationen rückte auch die Front um Ostpreußen weiter nach Osten. Im Norden erreichte der deutsche Vormarsch ins Baltikum die Düna.

Der Krieg in Ostpreußen hatte ungeheure Schäden verursacht. 41.414 Gebäude waren niedergebrannt oder im Kampf zerstört worden, 60.000 weitere mehr oder weniger stark beschädigt. 39 Städte und fast 2.000 Dörfer und Güter waren ganz oder teilweise zerstört. Der Verlust an Tieren betrug 135.000 Pferde, 250.000 Rinder und 200.000 Schweine. Etwa 100.000 Familien hatten ihren ganzen Besitz verloren. Mehr als 800.000 Menschen hatten Haus und Hof verlassen müssen. Die Summe der geraubten Wertgegenstände ist niemals geschätzt worden. Dazu erpreßten die Russen überall hohe Kontributionen. Zum Beispiel mußten die wenigen zurückgebliebenen Einwohner von Rößel (am 2. September) innerhalb von zwei Stunden 30.000 Mark aufbringen. Der schwerste Verlust waren aber die 1.620 toten und 13.680 verschleppten Zivilpersonen.

Die fast 28.000 in Ostpreußen gefallenen deutschen Soldaten wurden in architektonisch schönen Ehrenfriedhöfen beigesetzt. Auch die des Gegners wurden mit derselben Sorgfalt gepflegt wie die eigenen. Auf den Hügeln des weiten Kampfgeländes verstreut ruhen sie, denen dieses höchste persönliche Opfer abgefordert wurde. Bei Allenburg ist das einzige Grabmal preußischer Garde auf deutschem Boden, wo am 9. September 130 Soldaten der 1. Garde-Reservedivision auf dem Kampffeld von Schallen fielen. Der schönste Friedhof ist wohl der am Schwenzaitsee bei Angerburg, der ruhig über den See und die weite Landschaft blickt.

Die Kriegsjahre 1914 bis 1918

Sobald der letzte russische Soldat den Boden Ostpreußens verlassen hatte, war der Wiederaufbau überall in vollem Gange. Als das Ausmaß der Schäden zu übersehen war, setzte die Hilfe aus dem Reich ein. Schon im September 1914 war eine Kriegshilfekommission gebildet worden, und im Oktober hatte der preußische Staat 400 Millionen Mark zur sofortigen Zahlung von Vorentschädigungen bereitgestellt, die bis Oktober 1915 auf 625 Millionen erhöht wurden. Das Gefühl nationaler Verbundenheit aller Deutschen trat damals stark hervor. Im ganzen Reich entstand die Bewegung der „Ostpreußenhilfe". Die meisten Großstädte übernahmen „Patenschaften" für die zerstörten ostpreußischen Städte, die Provinzen für die Landkreise. Nicht nur Gebäude, auch die zerstörten technischen Anlagen und Brücken mußten wieder hergestellt werden. An Stelle der fehlenden Arbeiter wurden russische Kriegsgefangene eingesetzt. Der größte Teil von ihnen war in der Landwirtschaft tätig. Ihre militärische Bewachung bestand meistens nur dem Namen nach. Sie wurden morgens von ihrer Unterkunft von einem Familienangehörigen abgeholt und abends wieder dorthin zurückgebracht. Sie wurden von ihren Arbeitgebern verpflegt, und da es ihnen verhältnismäßig gut ging, gab es keine Fluchtversuche. Besonders diejenigen, die auf Bauernhöfen arbeiteten, wurden wie Familienangehörige behandelt und hatten es hier meist besser als in ihrer russischen Heimat. Obgleich Facharbeiter und Baustoffe knapp waren, schritt der Wiederaufbau zügig voran. Bis zum Kriegsende war mehr als die Hälfte der zerstörten Gebäude wieder aufgebaut und bis 1925 der ganze Aufbau vollendet.

Obwohl Ostpreußen so schwer mitgenommen war, bot es noch Raum für die Unterbringung von etwa 20.000 evakuierten Deutschen aus den Kriegsgebieten Polens und Wolhyniens.

Hin und wieder überflogen russische Flugzeuge das Land und erinnerten die Menschen, daß der Krieg nicht weit von der Landesgrenze immer noch im Gange war. Ende April 1915 fielen Bomben auf den Lycker Bahnhof. In der Nacht zum 1. Juni warf ein russisches Luftschiff Bomben nahe des Lazaretts, wobei einige Soldaten verletzt und ein paar Pferde getötet wurden.

Ende Oktober 1914 war die Türkei auf seiten der Mittelmächte in den Krieg eingetreten, im Oktober 1915 folgte Bulgarien. Der Schwerpunkt der Kämpfe lag an der Westfront, wo der deutsche Vormarsch nach der Marneschlacht (5. bis 12. September 1914) zum Stehen kam und der Stellungskrieg begann. Das „sichere Siegesrezept" des Schlieffen-Plans gelang nicht, weil Schlieffens Nachfolger, der jüngere Moltke, nicht die Fähigkeiten seines Vorgängers besaß. Zudem fehlte ihm General Ludendorff, der alle Einzelheiten des Planes bearbeitet hatte, aber 1913 aus dem Generalstab entfernt worden war.

Im Londoner Geheimvertrag vom 26. April 1915 versprachen die Westmächte Italien Südtirol. Darauf kündigte Italien am 3. Mai 1915 den Dreibund mit Berlin und Wien und erklärte am 23. Mai 1915 an Österreich-Ungarn und am 28. August 1916 an Deutschland den Krieg. Seine militärischen Leistungen blieben jedoch in bescheidenen Grenzen.

Trotz des Krieges wurde 1915 der 100. Geburtstag Bismarcks nicht ohne Gedenkfeiern übergangen. Dabei wurde beschlossen, 400 Bismarcktürme zu bauen, von denen 225 zustande kamen. Die Idee dieser Türme war nicht neu. Schon bald nach dem Tod des Eisernen Kanzlers waren solche Gedenktürme errichtet worden. In Ost- und Westpreußen standen solche an den folgenden Orten, wo sie von 1901 bis 1915 erbaut worden waren: Osterode (der erste), Graudenz, Melno (Kr. Graudenz), Flatow, Bromberg, Lichtfelde (Kr. Stuhm), Kulm, Thorn, auf dem Galtgarben (Samland), Obereißeln (östlich von Ragnit), auf den Fürstenauer Höhen (östlich von Drengfurt) und einigen weiteren Orten.

Der Krieg hinderte die Regierung nicht, am 11. Mai 1916 ein noch neues Fischereigesetz zu erlassen. Hatte das Gesetz von 1874 die wilde Fischerei beseitigt und klare Verhältnisse geschaffen, so mußte jetzt die Ausgabe zu vieler Erlaubnisscheine durch die Gemeinden geregelt werden. Die Gewässer wurden nach Art der Jagdbezirke in Fischereibezirke aufgeteilt und noch strengere Schonmaßnahmen angeordnet. Pachten wurden nur noch an Einzelpersonen vergeben; nur der Spirdingsee wurde von einer Genossenschaft bewirtschaftet. Ab 1919 wurden nur noch Berufsfischer zugelassen.

Im Kriegsjahr 1916 verblutete ein großer Teil der europäischen männlichen Jugend in Materialschlachten bisher unbekannten Ausmaßes. Die Schlacht um Verdun forderte fast 700.000 Tote (362.000 Franzosen und 336.831 Deutsche). Die englisch-französische Entlastungsoffensive an der Somme kostete die Alliierten 614.000, die Deutschen 440.000 Mann Verluste (Gefallene, Verwundete und Vermißte). Die große russische Offensive im Juni 1916 brach schließlich nach Verlusten von nahezu einer Million Mann zusammen. Die Gesamtzahl der gefallenen deutschen Soldaten stieg bis zum Jahresende 1916 auf 1.015.845.

Unter Bruch des Kongo-Vertrages und der Berliner Konferenz (1885) dehnten die Alliierten den Krieg auch auf die deutschen Schutzgebiete aus. Alle wurden von den Alliierten erobert, außer Ostafrika, wo sich General Paul von Lettow-Vorbeck bis zum Kriegsende hielt.

Im August 1916 erklärte Rumänien den Krieg an die Mittelmächte, 1917 folgte Griechenland. Eine enorme Belastung für die deutsche Führung war die Hilfe, mit der sie ihre Verbündeten stützen mußten. Deutsche Truppen kämpften an der österreichisch-ungarischen, türkischen, bulgarischen und ab 1917 an der finnischen Front.

Angesichts der unentschiedenen militärischen Lage und der ungeheuren Menschenopfer, nach erfolgreicher Abwehr im Westen und siegreichem Vordringen im Osten, erklärten die Mittelmächte am 12. Dezember 1916 ihre Bereitschaft zum Frieden. Ohne Wissen der Deutschen war es ein günstiger Zeitpunkt, denn Meutereien im französischen Heer führten zu einer äußerst gefährlichen Krise. Nur mit drastischen Mitteln – in manchen Kompanien wurde jeder zehnte Soldat erschossen – konnte die Disziplin wieder hergestellt und die Front besetzt werden.

Das Großkapital im fernen Amerika, das alles auf den Sieg Englands und Frankreichs gesetzt hatte, mußte mit Recht befürchten, daß diese bei einem Vergleichsfrieden nicht in der Lage sein würden, die Anleihen zu bezahlen. Ein solcher Friede mußte darum verhindert werden. Unter amerikanischem Druck und dem Versprechen, bald in den Krieg einzutreten, wiesen die Alliierten das Friedensangebot ab. Dadurch wurde Deutschland zum Weiterkämpfen gezwungen. Die einzige Waffe, die es noch einsetzen konnte, die vielleicht Abhilfe bringen konnte, waren die U-Boote. Nachdem alle englischen Handelsschiffe rechtswidrig bewaffnet worden waren, brauchten sie nur eine neutrale Flagge zu setzen, um vor Versenkung gesichert zu sein. Die deutschen Soldaten wurden täglich mit amerikanischen Granaten überschüttet, aber die US-Transportschiffe durfte Deutschland nicht versenken, obwohl es die Mittel dazu besaß. Wenn das rechtswidrig war, wo und wann kümmerte sich der Gegner um Recht? Viel zu spät, erst am 9. Januar 1917, genehmigte der Kaiser widerwillig den uneingeschränkten U-Bootkrieg.

Der Krieg war von künstlich geschürtem Völkerhaß bestimmt. Eine Flut von Lügen- und Haßpropaganda wurde von der Feindpresse produziert, wie man sie von zivilisierten Ländern nicht für möglich gehalten hätte. Durch die Einbeziehung ganzer Kontinente und Millionen getöteter Menschen wurden erstmals weltweite Ausmaße erreicht. Die böswillige Mär von der Brutalität der „Hunnen", vom Abhacken belgischer Kinderhände und Abschneiden französischer Frauenbrüste, vom Versenken von Lazarettschiffen und Erstechen englischer Krankenschwestern appellierte an die primitivsten Instinke in der alliierten Bevölkerung und erzeugte einen unversöhnlichen Haß gegen alles Deutsche. Nach dem Kriege rühmten sich einige Urheber der Propagandalügen, damit einen wichtigen Beitrag zum Sieg geleistet zu haben. Auch Kanadas Kriegsminister Sam Hughes erklärte, daß die von ihm gebilligte Geschichte von dem kanadischen Soldaten, den die Deutschen an einem Scheunentor gekreuzigt hätten, ein „besonders erfolgreicher Schwindel zur Anwerbung von Freiwilligen für die Armee" gewesen war. Man entdeckte die psychologische Kriegsführung und erkannte die Macht, die aus einer Erweckung der Urinstinkte erwächst. Einmal sensibilisiert, akzeptierte die leichtgläubige Bevölkerung auch die abstrusesten Greuelbehauptungen.

In den USA wurden die Bürger mit stetig zunehmender Propaganda für den Kriegseintritt reifgemacht. Über die abgehackten Kinderhände schrieb der Präsident der *New York Evening Post*, Oswald G. Villard: „Als mir von diesen Babys erzählt wurde, deren Zahl bald in die Millionen ging, verlangte ich Beweise, erhielt aber keine. Ich erklärte, daß Babys mit abgehackten Händen nur wenige Minuten leben würden, wenn nicht Chirurgen zur Stelle wären, die sie sachkundig verbinden und den Schock auffangen würden [...]"

Spätere Untersuchungen in Belgien haben keinen einzigen Fall der Greuelfiktion bestätigen können. Aber täglich wurde diese Propaganda in immer neuen Variationen von den Pressekonzernen des Lord Northcliff in England und des William R. Hearst in den USA verbreitet. Bald wagte kein Deutschamerikaner mehr seine Herkunft zu erwähnen. Die Propaganda war so wirksam, daß selbst heute noch einige glauben, solche Greueltaten seien tatsächlich von den Deutschen verübt worden.

Die ganze Welt hörte von den Luftangriffen deutscher Zeppeline auf einige englische Städte. Sie hörte jedoch nichts über englische Luftangriffe auf Köln und Düsseldorf. Daß bei einem französischen Angriff auf Karlsruhe 82 Kinder getötet wurden, ist fast unbekannt. Dieser bösartigen Propagandaflut stand Deutschland völlig hilflos gegenüber, da es selbst nichts Vergleichbares leisten konnte.

Zum gedruckten Wort kam die neue und viel wirksamere Waffe des Films. Der 1914 in den USA produzierte Film *The Monster of Berlin* (Das Ungeheuer von Berlin) wurde auch in allen neutralen Ländern gezeigt. Wer die Hetzfilme sah, der hatte mit eigenen Augen gesehen, wie deutsche Soldaten Kriegsgefangenen die Augen ausstachen, Kindern die Hände abhackten, Frauen vergewaltigten, Museen ausraubten und Kirchen niederbrannten. Nach einer solchen Vorführung meldete sich oft eine große Anzahl der jungen Männer freiwillig zur Armee, um die „Hunnen" auszurotten. Sonntags betete Amerika für den Frieden; an den Werktagen produzierte es Waffen und Granaten, um den Krieg in Gang zu halten. Sein scheinheiliger Kampf für „Zivilisation" und „Demokratie" war nichts weiter als eine besonders gewinnbringende Finanzoperation.

Amerikas Hochfinanz hatte schon Riesensummen in den Krieg gesteckt. Im Januar 1915 ernannte die britische Regierung das private Bankhaus Morgan zur Agentur für alle Kriegsmaterialeinkäufe in den neutralen USA. John P. Morgan jun. investierte allein drei Milliarden Dollar. Als wichtigster Gläubiger war er daher auch der Delegierte Amerikas zur Reparationskonferenz. Im Frühjahr 1917 hatte England sein Konto bei Morgan um 400 Millionen Dollar überzogen, die es nicht mehr bezahlen konnte. Etwas Entscheidendes mußte getan werden.

Der absehbare Zusammenbruch Rußlands gefährdete Amerikas Investitionen aufs höchste. Denn die Deutschen würden danach alle Kräfte gegen die kriegsmüden Engländer und Franzosen einsetzen und einen Verständigungsfrieden erreichen. Aber nur ein besiegtes Deutschland konnte gezwungen werden, diese Riesensummen aufzubringen. Da der militärische Sieg der Alliierten nicht zu erreichen war, beschlossen Amerikas Finanziers, die USA jetzt in den Krieg eintreten zu lassen.

Als nach dem Sturz des Zaren im März 1917 die neue Regierung den Krieg fortsetzte, ließ Ludendorff Lenin mit etwa 200 revolutionären Begleitern (darunter angeblich nur 23 Russen) aus der Schweiz durch das Reich über Schweden nach Rußland reisen, um es aus dem Krieg zu führen. Die Reichsregierung unterstützte ihn dazu mit 200 Millionen Rubel. Aus New York eilte Trotzki mit 300 Leuten herbei.

Der US-Botschafter in London, W.H. Page, meldete Washington am 5. März, daß bei der kommenden Krise das US-Finanzwesen zusammenbrechen müsse. Nur die Kriegserklärung an Deutschland könne die Katastrophe vermeiden, die für die USA ebenso schrecklich wie für Europa sein würde. Die Morgan-Finanzagentur kann den Bedarf Englands und Frankreichs nicht länger befriedigen. Beide Länder müssen in den USA einen Kredit haben, der ausreicht, um den Zusammenbruch zu verhindern. Die Kriegserklärung an Deutschland wäre ein solcher Kredit.

Präsident Wilson wollte aber nicht verstehen und erklärte noch am 2. April, daß die USA nicht die Unterwerfung Deutschlands anstreben. Er sagte: „Wir haben nur ein Gefühl der Sympathie und Freundschaft für Deutschland." Er ließ sich aber schnell anders belehren. Schon vier Tage später, am 6. April 1917, unterschrieb er die Kriegserklärung an das Deutsche Reich. Als Vorwand diente notgedrungen Deutschlands uneingeschränkter U-Bootkrieg und die Versenkung (7. Mai 1915) des als Passagierschiff getarnten englischen Hilfskreuzers „Lusitania", dessen Eigenschaft als Waffen- und Munitionstransporter damals entschieden abgeleugnet wurde, heute aber nicht mehr bestritten wird.*

Mit dem Kriegseintritt der gewaltigen Industriemacht Amerikas, das über unerschöpfliche Rohstoffquellen, Material und Menschenreserven verfügte, war der Krieg für Deutschland endgültig verloren. Auf die deutsche „Friedensresolution" vom 19. Juni 1917, für einen Verständigungsfrieden, konnten die Alliierten nur mit Ablehnung antworten. Für sie war der Kriegseintritt der USA die Garantie zum Sieg, auch wenn amerikanische Truppen erst im Mai 1918 in wirksamer Anzahl an der Westfront eingesetzt werden konnten. Daß mit dem Eingreifen der USA auch das Ende der englischen Vormachtstellung eingeleitet wurde, erkannten die sonst so klugen englischen Politiker nicht.

Die Niederlage Deutschlands und damit die Investitionen der Hochfinanz waren nun sichergestellt. Aber mit der Erfüllung des Versprechens der Amerikaner, war nun auch England gezwungen Forderungen zu erfüllen, die es bis dahin verweigert hatte. Am 2. November 1917 sagte der britische Außenminister Balfour dem Zionistenführer Lionel Walter Lord Rothschild britische Hilfe zur Gründung eines nationalen jüdischen Staates in Palästina zu. Damit war einer der Grundsteine für die spätere Gründung des Staates Israel gelegt.

1917 fielen 281.905 deutsche Soldaten, davon 143.000 an der Westfront. Die Gesamtzahl der Gefallenen betrug am Jahresende 1.297.750.

* Die deutsche Botschaft hatte in US-Zeitungen amerikanische Staatsbürger gewarnt, daß sie das Schiff nicht benutzen sollten. Die „Lusitania" verließ New York am 1. Mai 1915 und wurde am 7. vor der irischen Küste von einem deutschen U-Boot torpediert. Von den 1.198 Personen, die den Tod fanden, weil das Schiff wegen der explodierenden Munition außergewöhnlich schnell sank, waren 128 Amerikaner. – Man weiß heute, daß der Vorfall bewußt von der britischen Admiralität und amerikanischen Helfern herbeigeführt wurde, um den USA einen Grund zum Kriegseintritt zu liefern.

Am 8. Januar 1918 gab der amerikanische Präsident Woodrow Wilson seine berühmten Vierzehn Punkte als Grundlage für einen „gerechten Frieden" bekannt. Der Kernpunkt war das Selbstbestimmungsrecht der Völker, das er zum Prinzip staatlicher Entscheidungen erklärte.

Erst jetzt erreichte die deutsche Rüstung ihren Höchststand. Pro Monat wurden u.a. 1.125 Geschütze, 14.000 Maschinengewehre, 200.000 Gewehre und 1.870 Flugzeugmotoren hergestellt. Aber am 28. Januar 1918 brach in Berlin ein Streik von 500.000 Rüstungsarbeitern aus, und auch in Österreich-Ungarn streikten die Industriearbeiter. Kommunistische Insurgententätigkeit zeigte ihre ersten Erfolge.

Rußland stellte den Krieg jetzt endgültig ein. Am 8. November 1917 hatte Lenin die russische Regierung gestürzt. Am 15. Dezember schloß er Waffenstillstand, obwohl der amerikanische Finanzier Jakob Schiff ihm (bzw. Trotzki) 200 Millionen Dollar zur Weiterführung des Krieges gegeben hatte. Niemand ahnte, daß diese Revolution eine neue Epoche der Weltgeschichte einleiten würde. Am 9. Februar 1918 schlossen die Mittelmächte mit der Ukraine Frieden. Durch deutsche Hilfe erklärte Estland am 24. Februar seine Unabhängigkeit. Im Frieden zu Brest-Litowsk (3. März 1918) verzichtete Deutschland auf Reparationen und Rußland auf das Baltikum, Polen und die Ukraine, die wieder selbständige Staaten werden sollten. Finnland hatte gleich nach der Revolution seine Unabhängigkeit erklärt.

In Rußland tobte nun der Bürgerkrieg. Der Zar (aus deutschem Fürstengeschlecht), seine Gemahlin (geb. Alix von Hessen) und ihre fünf Kinder wurden in der Nacht zum 17. Juli 1918 von Bolschewisten in Jekaterinburg (Swerdlowsk im Ural) ermordet.

Die meisten der gegen Rußland eingesetzten deutschen Truppen wurden jetzt an die Westfront gebracht, um vor Ankunft der amerikanischen Truppen eine Entscheidung zu erreichen. Am 21. März 1918 trat das deutsche Westheer noch einmal zur Offensive an. Es war die größte Leistung der Deutschen, die dort seit 1914 vollbracht wurde. Noch einmal standen deutsche Truppen an der Marne. Jetzt ließen sich die Gegner aber nicht mehr zu einem Frieden zwingen. Hatten der Hunger in der Heimat, die Kämpfe an der Front, die feindliche Propaganda und die inneren Unruhen Deutschland nicht bewältigen können, so mußte das ungeheure Kriegspotential Amerikas seine Erschöpfung herbeiführen. Die Gegenoffensive der Alliierten am 18. Juli mit 1.200.000 frischen amerikanischen Truppen und einer erdrückenden Übermacht von Tanks (Panzern) warf die Deutschen auf die sog. Siegfriedlinie zurück. Sie hatten in ihrer letzten Offensive 125.000 Tote verloren.

Im Herbst 1918 stehen an der Westfront 3,2 Millionen erschöpfte deutsche Soldaten, in Nesselfasern gekleidet, von Rübenmarmelade und Eichelkaffee ernährt, mit eisernen Patronen, Papierverbandstoff und unzureichendem Material versehen, 3,6 Millionen wohlgenährten und noch reichlicher ausgerüsteten Feinden gegenüber, deren Zahl täglich um 10.000 Mann wächst. 5.400 Flugzeuge kämpfen gegen 2.000 deutsche, 1.500 Tanks gegen 200 (meist erbeutete) deutsche.

Nach Aufwiegelung der Tschechen und Slowaken erkennen die Westmächte (vom 30. Juli bis 13. September 1918) die Unabhängigkeit eines noch nicht bestehenden tschechoslowakischen Staates an. Nach vergeblichen Angriffen des österreichisch-ungarischen Heeres in Italien, ist auch dessen Kampfkraft erschöpft. Auf den Versuch Kaiser Karls, Mitte September einen einseitigen Frieden anzuregen, gehen die Alliierten nicht ein. Deutschland hat keine frischen Kräfte mehr einzusetzen wie die Feinde. Statt eines frischen, mächtigen Amerika, stehen seine Verbündeten selbst vor dem Zusammenbruch. Die Front hält noch aus, die Heimat bricht zuerst zusammen.

Polen soll wiedererstehen

Obwohl die Zukunft Polens vom Ende des Krieges abhing, drang Österreich auf eine möglichst baldige Errichtung eines neuen polnischen Königreiches. Im August 1916 wurde in Wien diesbezüglich eine Vereinbarung getroffen, die bald bekannt wurde. Von vornherein stand fest, daß von Polen niemals auch nur die Spur eines Dankes zu erwarten war, wenn Deutschland die Polen mit seinem Blut von der russischen Herrschaft befreite, genauso, wie auch die wirtschaftliche und kulturelle Hebung der polnischen Bevölkerung in Preußen nicht die geringste Anerkennung fand. Wie immer man das polnische Problem lösen wollte, für Deutschland konnten nur Nachteile entstehen.

Die österreichisch-ungarische Regierung sah dagegen in der Errichtung eines polnischen Staates keine Gefahr. Sie glaubte, das katholische Polen an ihren Vielvölkerstaat binden zu können. Obwohl die deutsche Heeresleitung erkannte, daß bei der grundsätzlich deutsch-feindlichen Haltung der Polen eine große Gefahr entstehen würde, mußte sie aus Rücksicht auf den Verbündeten nachgeben, zumal der Generalgouverneur von Warschau, der die Verhältnisse besser kennen sollte, die Ansicht vertrat, daß sich viele Polen sofort freiwillig melden und bis zum Frühjahr fünf ausgebildete Divisionen einsatzbereit sein würden.

Bei allgemeiner Wehrpflicht würden eine Million Polen auf deutscher Seite kämpfen. Der Generalgouverneur glaubte auch, die polnische Geistlichkeit werde diesen Vorgang wirksam unterstützen.

1916 bestanden gute Aussichten auf einen Sonderfrieden mit Rußland; Verhandlungen in Stockholm entwickelten sich günstig. Angeblich bestand aber Ludendorff auf Loslösung Polens von Rußland. Es ist unverständlich, wie die mehr als zweifelhafte Aussicht auf polnische Waffenhilfe dem Frieden mit Rußland vorgezogen werden konnte. Vielleicht war dies der größte Fehler des ganzen Krieges. Die Ausrufung eines „Königreichs Polen" beendete die Hoffnung auf diesen Frieden. Am 5. November 1916 verkündete eine österreichisch-deutsche Proklamation die Wiederaufrichtung eines polnischen Königreiches, wobei der König durch die Polen eingesetzt werden sollte. Den beiden Kaisern sandten die Polen daraufhin folgendes Telegramm: „An diesem Tage, da das polnische Volk erfährt, daß es frei sei und einen selbständigen Staat mit eigener Regierung erhalten wird, durchdringt die Brust eines jeden freiheitsliebenden Polen das Gefühl der Dankbarkeit gegen diejenigen, die es mit ihrem Blut befreit [...] haben. Daher senden wir den Ausdruck unserer Dankbarkeit und die Versicherung, daß das polnische Volk seinen Bundesgenossen die Treue zu bewahren imstande ist [...]"

Das Gegenteil war der Fall. Die Werbung für polnische Freiwillige verlief fast ergebnislos, und die polnische Geistlichkeit stachelte das Volk zu offenem Widerstand gegen die Deutschen auf. Da die Russen zu der Zeit schon aus Polen geworfen worden waren, erkannten sie, daß die Verwirklichung ihrer Pläne nunmehr von den Westalliierten abhängen würde. Denn daß zu dem neuen Polen auch die deutschen Ostprovinzen gehören mußten, war für die polnischen Politiker selbstverständlich. Der Warschauer Vorsitzende des amerikanischen Hilfskomitees, Georg Sasnowski (seit Ende 1915 in den USA), versprach den Amerikanern den Sieg innerhalb von 60 Tagen nach Eintritt in den Krieg. Die Polen würden die von Österreich geknechteten Völker aufwiegeln und damit die Ostfront zum Zusammenbruch bringen. Aber die Umstimmung der Amerikaner zur Teilnahme am Krieg war zu dieser Zeit noch nicht weit genug vorgeschritten. Sie mußten schließlich in den Krieg eintreten, um die den Alliierten gewährten Kredite sicherzustellen. Für die polnischen Interessen hätten sie es gewiß nicht getan, obwohl die Polen alles daransetzten, das zu erreichen. Sie hatten aber einen wesentlichen Anteil an der Propaganda, die Amerika für den Krieg reif machte. Zum Beispiel richtete der Pianist Ignaz Paderewski jeweils nach seinen Klavierkozerten einen Appell zur „Befreiung der polnischen Nation" an seine Zuhörer. Die Amerikaner, die schon damals nichts über die Geschichte Osteuropas wußten, waren von diesen Darstellungen tief beeindruckt. Über Oberst House, Freund und Vertrauter von Präsident Wilson, war Paderewskis Wirken von bedeutendem Einfluß. (Paderewski wurde 1919 Polens erster Ministerpräsident und Außenminister.)

Seit August 1917 wirkte der Politiker Roman Dmowski in den USA. Mit Hilfe der Presse und Kundgebungen der Amerikapolen machte er die Amerikaner mit den polnischen Forderungen nach Ost- und Westpreußen, Posen und Schlesien vertraut. Über Professor Lord, den Berater des Präsidenten, wirkte auch er nachdrücklich auf Präsident Wilson, der ursprünglich nur an eine Neutralisierung der Weichsel und einen Freihafen in Danzig gedacht hatte.

Auch wenn Wilson die ihm vorgelegten Landkarten und Volkslisten nicht als Fälschungen erkennen konnte, stand er den unmäßigen Landforderungen der Polen zunächst ablehnend gegenüber. Ganz überraschend trat er plötzlich für das Gegenteil ein. Heute weiß man, daß Dmowski ihm unmißverständlich mit den Wahlstimmen der Amerikapolen gedroht hatte. Da nach dem Kriegseintritt der USA, neben vielen anderen Amerikanern auch die sehr zahlreichen Deutschamerikaner Wilson nicht mehr unterstützten, verlor seine Partei die Kongreßwahlen im November 1918, wodurch Wilsons Gegner die Mehrheit im Kongreß erhielten. Wilson fügte sich den polnischen Forderungen dann um so mehr, als sie auch von den Franzosen nachdrücklich vertreten wurden. In einer Denkschrift des französischen Außenministeriums vom 20. Dezember 1918 steht: „Es liegt in Frankreichs Interesse, ein starkes antideutsches Polen zu schaffen. Je mehr Polen auf Kosten Deutschlands vergrößert werde, um so sicherer werde es dessen Feind sein. Grundsätzlich soll Polen alle deutschen Gebiete erhalten, deren Bevölkerung zu mehr als 30 Prozent polnisch ist."

Nach dem 13. Wilsonpunkt sollte ein unabhängiger polnischer Staat errichtet werden mit den Gebieten, die „unstreitbar" von einer polnischen Bevölkerung bewohnt waren. Da es innerhalb der deutschen Reichsgrenzen solche Gebiete nicht gab, hätte kein Stück deutschen Bodens an Polen ausgeliefert werden dürfen. Selbst die am stärksten von Polen bewohnte Provinz Posen war mit 444.000 Deutschen keineswegs „unstreitbar" polnisch, zumal bei einer Abstimmung, wie die Ergebnisse von 1920 und 1922 bewiesen, viele Polen für Deutschland gestimmt hätten. Der amtliche Kommentar der amerikanischen Regierung vom Oktober 1918 bestätigte dies ausdrücklich. Bei der Anfechtung durch Polen erklärte sie, daß eine Volksbefragung durchzuführen sei, um das „unstreitbar" nachzuweisen. Bei der Aufstellung der Vierzehn Punkte wurde nicht daran gedacht, den deutschen Osten zu zerstückeln. Selbst im Oktober 1918 denkt die amerikanische Regierung nicht daran und fordert im Zweifelsfall die Volksabstimmung. Es gab auch einsichtige Polen, die eine Inbesitznahme deutschen Bodens ablehnten. Marschall Pilsudski versagte den Aufständischen in Posen die Hilfe, „damit die Grenze Polens nicht zu weit nach Westen gerückt werde".

Die Gründung Polens von seiten der Mittelmächte war schon längst völlig bedeutungslos geworden. Die Auffassung, mit der die Reichsregierung dem polnischen Problem gegenüberstand, war so naiv und wirklichkeitsfremd, daß sie lächerlich wirkte. An dem Tage, als die oberste Heeresleitung die Alliierten um Waffenstillstand ersuchte, wurde in Berlin noch über Polen verhandelt. Da Kaiser Wilhelm die ihm vom Prinzen Radziwill und dem Grafen Roniker angebotene Krone Polens abgelehnt hatte, wurde der Habsburger Erzherzog Stephan dafür ausersehen. Der Waffenstillstand nahm den Verhandelnden dann alle weiteren Sorgen um die Zukunft Polens ab.

Die Hungerblockade

Obwohl die Feindmächte bis an die Grenze ihrer Leistungskraft aufgerüstet hatten, hatte sich Deutschland am wenigsten mit Kriegsvorbereitungen befaßt. Keine Vorräte irgendwelcher Art waren angelegt worden. Noch im Juli 1914 waren große Mengen Brotgetreide nach Frankreich ausgeführt worden. Mit einer Hungerblockade hatte die Reichsregierung überhaupt nicht gerechnet, weil sie völkerrechtlich ausdrücklich verboten war.

Für die Kriegführung zur See waren klare Regeln erlassen worden, die in der „Londoner Erklärung", einer internationalen Vereinbarung vom 26. Januar 1909, von allen Seemächten als bindend angenommen worden waren. Danach galten Rohstoffe, die nicht in der Kriegswirtschaft verwendet wurden, und Lebensmittel nicht als Kriegskonterbande, weil sie dem Unterhalt der Zivilbevölkerung dienten. Die Vereinbarung sollte genau das verhüten, was England beschlossen hatte, nämlich eine Hungerblockade. Mit brutaler Rücksichtslosigkeit brach England die internationalen Abmachungen und unterwarf die gesamte neutrale Schiffahrt britischer Kontrolle. Proteste der neutralen Länder wurden nicht beachtet. Sogar deutsche Reisende wurden von neutralen Schiffen heruntergeholt und als Gefangene abgeführt. Das Völkerrecht ließ England nur so weit gelten, wie es zu seinem Vorteil war.

Am 2. November 1914 erklärte England die ganze Nordsee als Kriegsgebiet. Die gesamte Schiffahrt aus und nach norwegischen, dänischen, schwedischen und holländischen Häfen stand damit unter der absoluten Kontrolle und Aufsicht Englands. Der Chef der britischen Propaganda, Charles Masterman, erklärte dazu: „Langsam aber sicher, gleich einer unsichtbaren Hand, die einen Menschen im Dunkeln erdrosselt, hat England seine Hand an die Kehle Deutschlands gelegt, und es wird von dieser Umklammerung erst ablassen, wenn der Gegner tot ist. Das Opfer mag kämpfen und um sich schlagen und sich in diesen Todeskrämpfen winden – der Würgegriff wird dessen ungeachtet immer fester werden."

Bald machten sich die Auswirkungen der Blockade bemerkbar. Besonders der Mangel an Salpeter wurde für die Armee äußerst gefährlich. Deutschland wehrte sich mit seinem Erfindergeist, aber Kupfer, Chrom und Nickel waren neben anderen kriegsnotwendigen Stoffen während des ganzen Krieges nie in der benötigten Menge vorhanden. Da Salpeter (Stickstoff) hauptsächlich aus Chile eingeführt worden war, hätte Deutschland bald das Schießen einstellen müssen. Dem Chemiker Fritz Haber war es aber gelungen, Stickstoff aus der Luft zu gewinnen, so daß chilenischer Salpeter nicht mehr notwendig war, um Schießpulver herzustellen. Die Chemiker Friedrich Bergius und Matthias Pier entwickelten ein Verfahren zur Herstellung von Benzin aus Kohle, so daß Deutschland sich auch mit Treibstoff selbst versorgen konnte.

Der Mangel an Lebensmitteln zwang die Regierung zur Bewirtschaftung des Brotgetreides. Damit wurde am 28. Januar 1915 begonnen, wobei auch das sog. Kriegsbrot (Vollkornbrot) bei einer Rationierung von 500 Gramm pro Person und Tag eingeführt wurde. Kakao und Zitronen verschwanden aus den Läden, Speiseöl wurde äußerst knapp. Im Oktober 1915 wurden zwei fleischfreie Tage (Dienstag und Freitag) für Gaststätten eingeführt. Aber noch gab es keine Not; trotz mancher Knappheit war die Ernährung ausreichend.

1915 wurden die ersten Metallsammlungen bei der Bevölkerung durchgeführt. Das Kleingeld aus Silber, Nickel und Kupfer verschwand aus dem Verkehr und wurde durch Eisen (fünf und zehn Pfennig) und Aluminium (ein Pfennig) ersetzt. Um den Mangel an Kleingeld zu beheben, druckten viele Städte Notgeld. An der Sammlung des Goldgeldes beteiligte sich ganz besonders die Schuljugend. Die Schüler des Rößeler Gymnasiums zum Beispiel sammelten 1.100 goldene Zwanzigmarkstücke, die der Reichsbank zugeführt und in Papiergeld umgewechselt wurden. In der glücklichen Kaiserzeit hatten selbst die Bürger einer kleinen Stadt solche Goldschätze beiseite legen können.

Die Wirkung der Hungerblockade trat zunehmend stärker hervor. Schon im Frühjahr 1916 war die Ernährung unzureichend. Immer schärfere Maßnahmen mußten ergriffen werden. Neben Brot, das auf 450 Gramm herabgesetzt wurde, mußten auch Butter und Kartoffeln rationiert werden, bis zum Jahresende auch Fleisch, Fett und die meisten anderen Lebensmittel. Die Industrie entwickelte eine erstaunliche Menge Ersatznahrungsmittel. Den Bauern wurden strenge Ablieferungspflichten für ihre Produkte auferlegt. Nur bestimmte Getreidesorten durften verfüttert werden. Spinnstoffe wurden mit Brennesselfasern gestreckt. Statt ledernen gab es hölzerne Schuhsohlen.

Beim Ährenlesen auf abgeernteten Feldern und beim Nachgraben nach der Kartoffelernte betätigten sich besonders eifrig die Schulkinder. Fast jede Schule übernahm ein Stück Gemeindeland in Parkanlagen, auf dem Dorfanger oder anderen geeigneten Plätzen. Die Schüler gruben es um und pflanzten Gemüse, hauptsächlich Kartoffeln darauf. Die Volksschüler von Rößel produzierten im Durchschnitt jährlich rund 20 Zentner Kartoffeln. Auch bei den Sammlungen von Altmetall, Papier, Brennesselstengeln, Laub und Eicheln beteiligte sich in erster Linie die Schuljugend.

Die Kartoffelernte im Reichsgebiet erbrachte 1916 nur die Hälfte der normalen Menge (25 Millionen Tonnen statt 50), was katastrophale Folgen hatte. An Stelle der üblichen sieben Pfund Kartoffeln wurden z.B. in Berlin nur fünf Pfund und zwei Pfund Rüben ausgegeben. Bald waren es drei Pfund Kartoffeln und vier Pfund Rüben. Im Januar 1917 war das Verhältnis zwei zu fünf Pfund, und im Februar gab es in vielen Großstädten überhaupt keine Kartoffeln mehr, nur noch Rüben. Da die Rüben dem Vieh entzogen wurden, ging die Milchproduktion dementsprechend zurück. Nach amtlichen Berechnungen kamen 1916 in den Großstädten nur noch 130 Gramm Eiweiß und 1.344 Kalorien pro Tag und Person der Bevölkerung. Im Frühjahr 1917 gingen diese Mengen auf 30 Gramm und 1.100 Kalorien zurück. Die Brotration war in einigen Großstädten auf 160 Gramm gesunken. Der sog. „Rübenwinter" von 1916/17 forderte über 100.000 Zivilpersonen als Opfer der Hungerblockade.

Die absolute Mindestmenge, die zur Erhaltung des menschlichen Körpers notwendig ist, richtet sich nach Alter, Körpergewicht und Arbeitsleistung; im Durchschnitt liegt sie bei 2.800 Kalorien pro Tag. Wird diese Mindestmenge über einen längeren Zeitraum erheblich reduziert, verfällt der Körper. Neben Abmagerung verliert er die Abwehrkräfte, so daß die Todesfälle drastisch ansteigen. Im letzten, gefährlichen Stadium der Unterernährung tritt die Ödemkrankheit auf.

Seit Frühjahr 1917 wurde eine enorme Zunahme von Magen- und Darmerkrankungen festgestellt. Im Sommer brachen in den am schlechtesten versorgten Gebieten – anscheinend stand Sachsen an erster Stelle von diesen – ruhrähnliche Erkrankungen mit vielen Todesfällen auf. In Dresden wurden drei Viertel der Bevölkerung davon befallen.

Nur in geschlossenen staatlichen Anstalten waren genaue Untersuchungen und Berichte darüber möglich. In einer Strafanstalt z.B. nahmen die Insassen bei 2.700 Kalorien bis zum Jahresende 1917 durchschnittlich sieben Kilogramm ab. Als die Kost 1918 auf 2.300 Kalorien gesenkt werden mußte, traten schon im April bei 19 Prozent der Insassen Ödeme auf.

Die Zunahme der Sterbefälle gegenüber der Friedenszeit betrug:

1915:	9,5 %	1917:	32,2 %
1916:	14,3 %	1918:	37,0 %

Ungewöhnlich hoch waren die Sterbefälle bei den über 60 Jahre alten Personen. Von diesen starben im Durchschnitt 25 Prozent mehr Männer als Frauen.

In ländlichen Gegenden konnte sich die Bevölkerung mit Mühe und mehr oder weniger Erfolg einige zusätzliche Lebensmittel beschaffen. Wer das nicht konnte, vor allem ältere und gebrechliche Menschen in den Großstädten, war dem Hungertod ausgeliefert. Schon eine gewöhnliche Erkältung führte oftmals zu Lungenentzündung oder Herzversagen mit Todesfolge. Tausende Säuglinge starben infolge der Unterernährung der Mütter, andere Kinder trugen lebenslange Schäden davon. Mütter hungerten für ihre Kinder und bezahlten oftmals mit dem Leben.

Deutschlands Versuch, durch U-Boote eine Gegenblockade Englands zu erreichen, wurde in der ganzen Welt als ein Akt furchtbarer Barbarei verschrien. Daß der erfolgreichen Blockade Englands dagegen in Deutschland täglich Menschenleben zum Opfer fielen, nahm man, wenn überhaupt, befriedigt zur Kenntnis. Mitten in Europa wurde von Menschen, die sich mit ihrer Gesittung und Menschlichkeit brüsteten, ein gnadenloser Krieg gegen Frauen und Kinder geführt. Sie konnten ihren Mitmenschen die Nahrung verweigern und Säuglinge verhungern lassen und dabei gleichzeitig scheinheilig beten.

Die Bewirtschaftung der Lebensmittel, die nicht vorsorglich, sondern erst bei eintretendem Notstand eingerichtet und zwangsläufig erweitert wurde, konnte mit der Entwicklung nicht Schritt halten und erreichte nie eine gleichmäßige Erfassung und Verteilung im ganzen Reichsgebiet. Es gelang auch nicht, einen Ausgleich innerhalb der Mittelmächte herzustellen. Während Deutschland hungerte, boten Gaststätten in Budapest weiße Brötchen und Menüs mit 20 Fleischgerichten an. Im tschechischen Teil Böhmens gab es überhaupt keinen Mangel. Es war sicher notwendig, Konstantinopel mit Brotgetreide zu versorgen. Aber mußten diese Güterzüge nur aus Deutschland kommen, wo doch die Getreideregionen der Ukraine und Rumäniens in der Hand der Mittelmächte waren? Als Folge der mangelhaften Organisation blühte der Schleichhandel und verärgerte die Nichtbesitzenden. Die Stimmung der anfangs opferfreudigen Bevölkerung verschlechterte sich zunehmend, als sie sah, daß der Krieg für viele zu einem großen Geschäft wurde.

In den landwirtschaftlichen Überschußprovinzen Ost- und Westpreußen erreichten die Auswirkungen der Hungerblockade naturgemäß nicht die Ausmaße wie in den anderen Provinzen des Reiches. Wenn die Bevölkerung auch das Fehlen vieler Produkte wie alle anderen spürte und besonders in den größeren Städten auch gehungert wurde, so kam es hier doch nie zu den katastrophalen Zuständen, wie sie in den Großstädten des Reiches herrschten.

Hier waren doppelt so viele Menschen wie im übrigen Reich (fast die Hälfte der Bevölkerung) in der Landwirtschaft tätig. Diese konnten sich, trotz manchen Einschränkungen, doch immer sattessen. Die andere Hälfte, selbst die Bewohner der Städte, hatten in der Regel Verwandte oder gute Bekannte auf dem Land, von denen sie hin und wieder einige zusätzliche Lebensmittel erhalten konnten. Andere boten ihre Mithilfe, besonders in der Erntezeit und beim Dreschen an, um sich sattzuessen und natürlich auch, um etwas Nahrhaftes mitzubekommen.

Um die Not in den Großstädten und Industriegebieten zu lindern und vor allem jene Kinder vom Hungertod zu retten, wurden von Mitte Mai bis Mitte September 1917 viele Kinder in die Ostprovinzen, besonders nach Ost- und Westpreußen verschickt. Sie wurden bei Familien untergebracht und gingen auch hier zur Schule.

Der Mangel an Metallen zwang die Regierung im Sommer 1917 die Ablieferung der Kirchenglocken, Orgelpfeifen und anderer Gegenstände aus Buntmetallen zu fordern. Auch die Hausfrauen mußten ihre kupfernen Waschkessel und Kochtöpfe abliefern. Trotzdem konnte die Kriegsindustrie den Bedarf an Munition immer nur zu zwei Dritteln oder drei Vierteln decken.

Der ungewöhnlich kalte Winter 1917/18 verstärkte die Not und erhöhte die Sterbefälle. In Ostpreußen setzte schon Ende Oktober starker Frost ein. Langanhaltende Schneefälle im November hatten sich bis Weihnachten, bei Temperaturen von 20 bis 30 Grad, zu einer Schicht von über einem Meter angesammelt. Die Wege waren unpassierbar, und auf den Landstraßen war nur eine Schlittenspur eingefahren, so daß ein Ausweichen fast unmöglich war. Kälte und Schnee verzögerten das Dreschen und die Ablieferung des Brotgeteides. Ein Teil der Wintersaat erstickte unter der dicken Schneelast. Noch im März waren Pumpen und Wasserleitungen eingefroren.

Wieviele Opfer die englische Hungerblockade gekostet hat, gab der Direktor des Kaiser Wilhelm-Instituts für Arbeitsphysiologie, Max Rubner, der sich besonders mit Ernährungslehre befaßte, im Dezember 1918 bekannt. Demnach starben während des Krieges an den direkten Folgen der Blockade 762.796 Personen, und zwar in den Jahren:

1915:	88.325 Opfer	1917:	259.627 Opfer
1916:	121.174 Opfer	1918:	293.760 Opfer

Die Todesursache durch Unterernährung ist im Einzelfall schwer festzustellen, da die Opfer an Krankheiten sterben, an denen ein Teil von ihnen auch bei normaler Ernährung gestorben wäre. Eine genaue Ermittlung ist nur dadurch möglich, daß man die Todesrate eines Friedensjahres, in diesem Fall 1913, mit der in den Kriegsjahren vergleicht, was Professor Rubner in seiner Arbeit tat.

Seine sorgfältige Untersuchung ist von keinem ernsthaften Forscher bezweifelt worden. So schreibt z.B. auch der amerikanische Professor H.C. Peterson in *Propaganda for War*: „Bis zum Kriegsende 1918 kamen durch Unterernährung und Krankheit als Folge der Blockade schätzungsweise 763.000 Deutsche ums Leben."

Die Hungerblockade wurde aber mit dem Ende des Krieges keineswegs beendet, sondern noch verschärft und bis Juli 1919 aufrechterhalten. Die Engländer wußten genau, daß sie trotz Waffenstillstand weiterhin jeden Tag deutsche Menschen mordeten. Die *Daily News* berichtete am 22. November 1918 unter der Überschrift „Blockade und Hungersnot": „Abgesehen von der Niederlage im Felde wäre das Deutsche Reich genötigt gewesen, sich infolge unserer wirtschaftlichen Kriegführung zu ergeben, denn die Masse der Bevölkerung in den Großstädten und Industriegebieten befindet sich seit mindestens zwei Jahren in einem Zustand des Verhungerns."

Die Todesfälle durch die Blockade während der acht Monate der Nachkriegszeit wurden statistisch nicht genau erfaßt. Aufgrund der bekannten Zahlen aus der Kriegszeit und den Zuständen werden sie aber auf 235.000 geschätzt. Dazu kommen weitere 180.000, denn mit dem Ende der Blockade hörte die Sterblichkeit nicht schlagartig auf. Es dauerte lange, bis bei den chaotischen Zuständen nach dem Krieg ausreichende Lebensmittel vorhanden waren, und bei vielen war die Gesundheit so weit ruiniert, daß sie auch durch ausreichende Nahrung nicht mehr zu retten waren. Somit hat die Hungerblockade mehr als eine Million deutsche Zivilpersonen, überwiegend Kinder, Frauen und alte Menschen gefordert. Für zwei an der Front gefallene deutsche Soldaten mußte ein Zivilist in der Heimat durch mittelbare Feindhandlung sterben.

Das Reichsgesundheitsamt gab auch die Zahlen über den Geburtenrückgang während des Krieges und des Jahres 1919 bekannt. Danach gab es in Deutschland 4,093 Millionen weniger Geburten als in der Zeit zuvor. Ohne Zweifel hat die Hungerblockade auch einer großen

Anzahl Kindern den Eintritt ins Leben verweigert. Über menschliche Leiden gibt es keine Statistik. Das Ausmaß von Körper- und Seelenschmerz, den die Blockade verursachte, kann man nur an den äußeren Erscheinungen erahnen. Der Amerikaner J.T. Shotwell schrieb: „Zerstörtes Vermögen kann wiederhergestellt werden, aber unwiederbringlich ist die Zerstörung menschlichen Lebens, in welcher der Krieg am grausamsten war. Die vernichteten Stätten der Frontgebiete werden wieder aufgebaut werden, aber das vernichtete Leben läßt sich nicht zurückrufen. Jenes große Ringen mit dem Tode selbst und die Arbeit deutscher Gelehrter und Ärzte in ihrem Kampf gegen die Lebenszerstörung, ist ein Kapitel der Geschichte, das im Innersten ergreift und für jeden bedeutungsvoll ist, auf welcher Seite er auch im Krieg gestanden haben mag."

Die Hungerblockade verursachte aber nicht nur Todesfälle, sondern bei einer wahrscheinlich noch größeren Anzahl Menschen, besonders bei Kindern und Jugendlichen, dauernde Gesundheitsschäden. Trotzdem haben sich die Erwartungen der Engländer anscheinend doch nicht ganz erfüllt, denn sie hatten mit einer Wirkung gerechnet, wie sie ein F.W. Wile in einem Artikel im *Weekly Dispatch* am 8. September 1918 unter der Überschrift „Die Hunnen von 1940" beschrieb: „Ich weiß, daß nicht nur Zehntausende Deutsche, die bis jetzt ungeboren sind, für ein Leben körperlicher Minderwertigkeit vorausbestimmt sind, sondern daß auch Tausende Deutsche, die bis jetzt noch nicht empfangen sind, das gleiche Schicksal erleiden werden."

Sir Robert Stephenson Smythe Baden-Powell sagte: „Wir werden bis 1940 warten müssen, um zu sehen, wer den Krieg wirklich gewonnen hat. Die wirklichen Folgen der Blockade Deutschlands wird diese verbrecherische Nation erst in Zukunft erfahren. Die völlige Unterbindung der Einfuhr von Lebensmitteln und die Einschränkung inländischer Erzeugnisse, besonders von Fleisch und Fett, hat verheerende Krankheiten zur Folge, die sich über das ganze Land ausgebreitet haben.

Deutschland ist heute ein verpestetes Land. An vielen Orten wütet Hungertyphus, und die Tuberkulose ist epidemisch. Die Ruhr fordert Hunderte Opfer, und Hautkrankheiten nehmen rapide zu. Ansteckende Seuchen wie Scharlach, Typhus und Diphtherie wirken verheerend auf das Leben der Kinder. Der Mangel an Milch hat furchtbare Folgen an jungen Müttern, Kindern und Kranken verursacht. All das bedeutet, daß es im Jahre 1940 wahrscheinlich ein deutsches Volk geben wird, das an körperlicher Degeneration leidet [...] Für den furchtbaren Ernährungszustand Deutschlands ist unsere Blockade verantwortlich, somit auch für die bleibenden Folgen, die andauern werden. Deutschland wird einen entsetzlichen Preis dafür zu zahlen haben, daß es beabsichtigte, Weltmacht zu werden."

Mit klaren Worten ist hier der Sinn des Krieges für England von einem britischen General offen ausgesprochen: Weil Deutschland „Weltmacht zu werden" schien, beschloß England, das deutsche Volk sei durch die Hungerblockade zu vernichten.

Man staunt zunächst über die menschenverachtende Roheit, die aus dem Artikel spricht. Hier freuen sich Menschen über die furchtbaren Leiden, die ihr Volk einem anderen nur aus wirtschaftlicher Gewinnsucht zugefügt hat und schwelgen in der Hoffnung, daß diese Leiden sich über Jahrzehnte hinaus auswirken und schließlich zum biologischen Untergang jenes Volkes führen werden. Dieser Massenmord an wehrlosen Kindern, Frauen und alten Leuten wird nicht verheimlicht, sondern unumwunden der Öffentlichkeit bekanntgegeben. Daß die Hungerblockade nach dem Ende des Krieges noch weiter aufrechterhalten wurde, um Deutschland zu einem Frieden um jeden Preis zu zwingen, zeugt von einer Gesinnung, die dem Anschein von Kultur, Menschlichkeit und Religion, den die Alliierten sich so gerne geben, Hohn spricht. Viele Historiker, besonders nichtdeutsche, behaupten, daß die Hungerblockade der entscheidende Anstoß für Deutschlands resigniertes Einlenken war.

Revolution und Ende des Krieges

Den Ost- und Westpreußen lag das Interesse an den Vorgängen im Osten natürlich näher als der Bevölkerung im Westen des Reiches. Litauen unterstand seit 1915 dem deutschen Oberkommando Ost. Neben den Hilfsmaßnahmen, die Litauen wieder zu einem selbstständigen Staat machen sollten, wurde auch die bisherige russische Entnationalisierung aufgehoben und das Schulwesen auf der Grundlage der litauischen Sprache neu aufgebaut. Dazu kam das gesamte Lehrmaterial und auch viele Lehrkräfte aus Ostpreußen.

Der Zusammenbruch der russischen Front gab zu Hoffnungen Anlaß. Nachdem die deutsch-russischen Friedensverhandlungen nach dem Waffenstillstand (15. Dezember 1917) von den Russen am 10. Februar 1918 abgebrochen wurden, nahmen die Mittelmächte am 18. Februar den Kampf wieder auf. Deutsche Truppen besetzten Livland und Estland. Am 2. März wurden die Verhandlungen in Brest-Litowsk wieder aufgenommen, die am 3. März zum Frieden führten.

Die gewaltige Übermacht der Feinde – gegen Deutschland kämpften 21 Staaten (San Marino nicht mitgezählt) –, die Hungerblockade, die Feindpropaganda und schließlich der Kriegseintritt der USA hatten die physische und seelische Widerstandskraft des deutschen Volkes ausgehöhlt. Auch im Vielvölkerstaat Österreich-Ungarn zeigten sich zunehmend Zersetzungserscheinungen. Zu all dem blieb auch das Friedensprogramm der Vierzehn Punkte des US-Präsidenten nicht ohne Wirkung.

Hatten nicht die Alliierten immer wieder versichert, daß sie nicht gegen das deutsche Volk, sondern nur gegen den „Kaiserismus" und das preußische Junkertum kämpften? Besonders Wilson hatte das immer wieder öffentlich erklärt: Am 14. Juni 1917 z.B. hieß es: „Wir sind nicht die Feinde des deutschen Volkes" und am 6. April 1918: „Deutschland etwas anderes als Gerechtigkeit zu bieten, hieße, unsere Sache entehren." Die Vierzehn Punkte Wilsons hörten sich zunächst ganz verlockend an: Das Ende der Geheimdiplomatie, die den Völkern die Einsicht in die politischen Vorgänge verwehrte, die Freiheit der Meere, Rüstungsbegrenzung und ein Völkerbund zur friedlichen Regelung aller Streitfragen und das Selbstbestimmungsrecht der Völker klangen für das blutende und hungernde Deutschland wunderbar. Ein Friede, der auf den Grundlagen solch edler Ziele verwirklicht werden sollte, und der Deutschland erlaubte, den Krieg ehrenvoll zu beenden, mußte angenommen werden. Das war die Stimmung im deutschen Volk.

Ende September 1918 stimmte Kaiser Wilhelm einer Verfassungsänderung zu. Die Macht, Kriege zu erklären und Frieden zu schließen, ging auf den Reichstag über. Es war das letzte Gesetz, das der Kaiser erließ. Damit hatte Deutschland eine parlamentarische Regierungsform.

Im Oktober begannen die Mittelmächte zusammenzubrechen, aber die Fronten hielten noch. Ludendorff hatte am 29. September die Reichsregierung zu Waffenstillstandsverhandlungen aufgefordert. In der Nacht zum 4. Oktober wurde das diesbezügliche Angebot, unter Berufung auf die Vierzehn Punkte, über die Schweiz an Präsident Wilson übermittelt.

Die schroffe Antwort Wilsons (8. Oktober) löst allerdings Bestürzung aus. Er fordert die Räumung der besetzten Gebiete und fragt, ob die Regierung „nur für diejenigen Gewalten des Reiches spricht, die bisher den Krieg geführt hätten". Am 12. Oktober nimmt die Reichsregierung die Forderung an und erklärt, daß sie sich auf die Mehrheit des Reichstages und des deutschen Volkes stützt. Darauf fordert Wilson in der scharfen Note vom 14. Oktober die Einstellung des U-Bootkrieges, Garantien, daß die militärische Übermacht der Alliierten bestehen bleibt, und die Absetzung des Kaisers. Daß Wilson sich anmaßt, einem anderen Volk seine Staatsform mit Gewalt aufzuzwingen, ist das erste Zeichen, daß seine Vierzehn Punkte nicht das meinen, was sie sagen.

Inzwischen ist die Not weiter gestiegen. In Berlin gibt es für die Bevölkerung kein Fleisch mehr. Die vorgesehene magere Kartoffelration kann kaum zur Hälfte beschafft werden. Dazu bricht die sog. „Spanische Grippe" aus, die unter der vom Hunger geschwächten Bevölkerung außergewöhnlich viele Todesopfer fordert.

Am 20. Oktober stellt Deutschland den U-Bootkrieg ein und teilt Wilson mit, daß nunmehr eine parlamentarische Regierung in Deutschland bestehe. Darauf antwortet Wilson am 23. Oktober: „Wenn die USA mit den militärischen Beherrschern und monarchischen Autokraten verhandeln sollen, werden sie die bedingungslose Übergabe verlangen." General Ludendorff, der als General-Quartiermeister die politische Entwicklung weitgehend beeinflußt hatte, tritt am 26. Oktober zurück und geht nach Schweden. Am 29. verläßt der Kaiser Berlin und begibt sich ins Hauptquartier der Armee nach Spa. Der Weg für die Revolution ist frei.

Wilson wird gemeldet, daß eine deutsche Volksregierung mit vollen Machtbefugnissen die Verhandlungen führen werde.

Inzwischen hatte Bulgarien (30. September) den Kampf eingestellt. Am 28. Oktober wird die tschechische Republik ausgerufen, und am gleichen Tag beginnen die Matrosen der deutschen Hochseeflotte, die so lange tatenlos in den Häfen gelegen hatte, zu meutern.

Am 29. Oktober 1918 erklärt Jugoslawien seine Unabhängigkeit; die Türkei stellt am 30. den Kampf ein. Am 31. bricht in Budapest die Revolution aus. Am 3. November schließen die Alliierten mit Österreich Waffenstillstand. Kaiser Karl emigriert in die Schweiz. Die Donaumonarchie Österreich-Ungarn hat aufgehört zu bestehen.

Die von kommunistischen Interessengruppen initiierten Meutereien in der Flotte greifen weiter um sich. Am 4. November ist Kiel, am 5. Lübeck in der Hand aufständischer Matrosen und Arbeiter. Am 6. hat die Revolution alle Nordseestädte erfaßt; am 7. flammt sie in Mecklenburg, Braunschweig, im Rheinland und in Bayern auf. Eine Bayrische Republik wird ausgerufen; das Haus Wittelsbach hört nach über 700 Jahren auf zu regieren, ebenso treten die Welfen in Braunschweig ab. Ein Zeitalter ist zu Ende.

Als der Führer der kommunistischen Bewegung (Spartakusbund), Karl Liebknecht, am 21. Oktober 1918 aus dem Zuchthaus entlassen wurde, rief er von der russischen Botschaft in Berlin seine Anhänger zur Revolution auf. Sie war weder vom Volk noch von der Armee gewollt und erzeugte Haß und Abscheu. Kardinal Faulhaber nannte sie „Meineid und Hochverrat". Bald breitete sie sich über ganz Deutschland aus, und überall entstanden die verhaßten Arbeiter- und Soldatenräte. Nirgendwo wurde der Revolution zunächst entschlossener Widerstand geleistet.

Am 5. November erging vom amerikanischen Staatssekretär Lansing die historische „Lansingnote", in der es heißt: „Die alliierten Regierungen erklären […] ihre Bereitschaft zum Friedensschluß mit der deutschen Regierung aufgrund der Friedensbedingungen, die in der Rede des Präsidenten Wilson an den Kongreß am 8. Januar 1918 [die Vierzehn Punkte] sowie der Grundsätze, die in seinen späteren Ansprachen niedergelegt sind."

Am 9. November wurde in Berlin die Republik ausgerufen. Der Kaiser (auch der Kronprinz) verzichteten auf den Thron und ging am 10. ins Exil nach Holland, um seinem Volk weitere Opfer durch einen drohenden Bürgerkrieg zu ersparen. Damit hörten auch die Hohenzollern nach 500 Jahren auf zu regieren.

Im Vertrauen auf die Ehrenhaftigkeit Präsident Wilsons und der neuen Großmacht Amerika nahm die deutsche Regierung das Angebot der Vierzehn Punkte an und schloß am 11. November im Wald von Compiègne den Waffenstillstand.

Die besetzten Gebiete und Elsaß-Lothringen müssen innerhalb 15 Tagen geräumt werden. Sofort sind 5.000 Lokomotiven, 150.000 Güterwagen und 5.000 Lastkraftwagen zu liefern. Das Gebiet westlich des Rheins wird von den Alliierten besetzt. Alle Kriegsgefangenen in deutscher Hand sind sofort zu entlassen. Die deutsche Hochseeflotte mit allen U-Booten sowie Flugzeuge, Geschütze und Waffendepots sind auszuliefern. Auch im Osten sind die besetzten Gebiete zu räumen. Im Baltikum bleiben die deutschen Truppen jedoch bis zum Jahresende, da ein bolschewistischer Vorstoß befürchtet wird, ehe die neuen Staaten Estland, Lettland und Litauen ihre Verwaltungen aufgebaut haben.

Mit Wilsons Vierzehn Punkten übernahm Deutschland auch die Verpflichtung für alle Schäden der Zivilbevölkerung Entschädigung zu leisten. Daraus ergab sich für das Reich eine Schuldsumme von 25 bis 30 Milliarden Mark. Da Wilson ausdrücklich erklärt hatte, daß „Völker und Provinzen nicht von einer Staatsoberhoheit in eine andere verschoben werden dürfen, als ob sie Ware oder Steine in einem Spiel wären", war eine Zerstückelung des deutschen Ostens nicht zu befürchten.

Damit war nicht nur ein Waffenstillstand, sondern der Vorfriede abgeschlossen. Es war ein völkerrechtlich bindender Vertrag über die Grundlagen des Friedens, der nur noch seine redaktionelle Festlegung im Friedensvertrag finden durfte und nicht mehr zu ändern war.

In dem Notenwechsel Wilson-Lansing mit der deutschen Reichsregierung hatten die amerikanischen Vertreter im Namen der Alliierten immer wieder darauf hingewiesen, man könne nicht eher einen Waffenstillstand abschließen, bis nicht alles in Hinsicht auf den Frieden völlig klar sei. Wolle Deutschland auf der Grundlage der Vierzehn Punkte lediglich verhandeln, dann gäbe es nur „Übergabe". Das Deutsche Reich mußte also allen Grundlagen des Friedens, wie ihn die Feindmächte verlangten, zustimmen, um zum Waffenstillstand zu gelangen. Es handelt sich also um einen kompletten gegenseitigen Vertrag – völkerrechtlich: „Vorfriedensvertrag" – der alle Bestimmungen des endgültigen Friedens enthält und dessen Rechtsverbindlichkeit außer Frage steht.

Damit war der Weltkrieg zu Ende. Obwohl fast alle Länder der Welt gegen Deutschland im Krieg standen, befand sich kein feindlicher Soldat auf deutschem oder österreichisch-ungarischem Boden, außer einem kleinen Flecken im Elsaß und einem noch kleineren in Südtirol. Während von allen Kirchtürmen Großbritanniens, Frankreichs und Belgiens die Glocken läuteten, irrten die Deutschen führungslos und unsicher im Aufruhr der Revolution einer schrecklichen Zukunft entgegen. Obwohl die Waffen schwiegen, hörte das Sterben nicht auf, denn die Schlinge der Hungerblockade wurde jetzt noch fester angezogen.

Kritiker behaupten, daß Deutschland den Weltkrieg hätte gewinnen können. Neben schwerwiegenden strategischen Fehlern nennen sie die Eingriffe des Kaisers in die Kriegführung als Hauptgrund für die Niederlage. Während Friedrich der Große sich als erster Diener des Staates gefühlt hatte, verlangte Wilhelm II., daß die Diener des Staates ihm dienten. Von seinen Ratgebern verlangte er weniger Rat als Gehorsam, der ihm auch fast immer geleistet wurde. Weder Kaiser noch Reichskanzler erkannten den Ernst der Lebensgefahr für Deutschland und wer sein Hauptfeind war. Sie hofften auf einen Ausgleich von Wohlwollen statt Interessen. Obwohl von vornherein feststand, daß dieser Krieg nur mit der vollen Selbstbehauptung oder völligen Vernichtung Deutschlands enden konnte, wollten sie nicht glauben, daß England aus weltmachtspolitischen Gründen Krieg gegen Deutschland führen zu müssen meinte. Ihre englischen „Freunde" wußten diese Einstellung geschickt zu nähren und gaben vor, daß England nur eine Gelegenheit suche, um mit Deutschland Frieden zu schließen. Darum erhielt die deutsche Presse wiederholt Anweisungen, England nicht scharf anzugreifen. Die Kanalküste durfte nicht besetzt werden, und Großadmiral Tirpitz durfte 1914 nicht die deutsche Hochseeflotte einsetzen, obwohl das die einzige wirksame Waffe gegen England war. Als 1916 auch seine Forderung nach dem uneingeschränkten U-Bootkrieg abgelehnt wurde, trat er zurück.*

Die Hoffnung, durch militärisch schonende Behandlung Englands einen gnädigen Frieden zu erreichen, war einer der größten Trugschlüsse der Reichsführung. Die verwandtschaftlichen Beziehungen des Kaisers zu England waren bei all dem gewiß nicht ohne Einfluß.

Die Kritiker scheinen aber die Macht jener Kräfte zu unterschätzen, der sich auch große Staatsmänner beugen. Hätte Deutschland alles richtig gemacht, hätte der Krieg wahrscheinlich nur länger gedauert und noch mehr Opfer gekostet. Durch Deutschlands enorme Leistungen waren seine Feinde ohnehin schon zu weit größeren Anstrengungen gezwungen worden, als sie erwartet hatten. Sogar die USA waren in den Krieg gezwungen worden, was ursprünglich nicht beabsichtigt war. Ob aber jene Mächte im Hintergrund, die den Krieg gegen Deutschland finanziert hatten, bis zum Verzicht auf ihren Rieseneinsatz und die erwarteten Gewinne hätten gezwungen werden können, ist doch sehr fraglich. Natürlich hätte ein gerechter Friede zustandekommen können (wie oft behauptet wird), wenn Amerika nicht in den Krieg eingetreten wäre. Er wäre wohl auch viel früher möglich gewesen, wenn Amerika sich von Anbeginn an neutral verhalten hätte. Aber wäre der Krieg dann überhaupt begonnen worden?

Die großen Finanziers hatten nun ihr geplantes Geschäft gemacht. Die Millionen Toten, selbst die 120.000 umgekommenen Amerikaner, haben ihren Schlaf gewiß nicht beunruhigt.

* Beim Ausbruch des Krieges stand Deutschland mit U-Booten in Qualität und Anzahl an der Spitze aller Nationen; aber sie durften nur äußerst beschränkt eingesetzt werden. Erst als die feindliche Abwehr voll ausgebaut war, erfolgte der Einsatz mit entsprechend verringerter Wirkung und hohen Verlusten. (1915 hatten die U-Boote das vierfache, 1916 das dreifache der Erfolge von 1917, trotz der einschränkenden Befehle.) Außer der einzigen großen Seeschlacht vor dem Skagerak (31. Mai/1. Juni 1916), die ungewollt zufällig zustande kam und vor der Entscheidung abgebrochen wurde, kam die deutsche Kriegsflotte praktisch nicht zum Einsatz. Sie konnte daher intakt den Engländern übergeben werden (elf Linienschiffe, fünf Kreuzer, sechs kleine Kreuzer und 50 Torpedoboote). Durch die Selbstversenkung in Scapa Flow (21. Juni 1919) suchte Admiral v. Reuter die Ehre der Marine zu retten.

Die Bilanz des Krieges sind zehn Millionen Tote, 20 Millionen Verwundete, 732 Milliarden Goldmark an direkten und 606 Milliarden an indirekten Kosten. Dafür hätte man in den kriegführenden Ländern alle sozialen Probleme lösen können. Statt dessen produzierten die Politiker eine Totenkolonne, die in Dreierreihen von Madrid bis Stockholm reichte. Auf der anderen Seite der Bilanz stehen die ungeheuren Gewinne des Großkapitals, deren Höhe in keiner Statistik erscheint. Aber auch der Aufstieg der US-Industrie und des Handels, deren Gewinne in den Statistiken aufgeführt sind, erregen Erstaunen. In den USA gab es am Ende des Krieges viele Tausende neuer Millionäre.

In Deutschland sieht die Bilanz trauriger aus. Von den 13.387.000 Kriegsteilnehmern sind 2.000.876 gefallen oder in Lazaretten (bis 1920) gestorben (= 14,95 Prozent). Es gibt 507.000 Kriegswitwen und fast eine Million vaterlose Kinder. Dazu kommt eine Million Tote der Zivilbevölkerung durch die Hungerblockade und vier Millionen weniger Geburten nur während des Krieges. Die deutsche Volkssubstanz hat eine folgenschwere Einbuße erlitten. Die wirtschaftlichen Verluste, mochten sie auch noch so hoch sein, waren weniger weitreichend in ihren Folgen. – Die Zahl der Weltkriegstoten ist heftig umstritten und schwankt auch in der seriösen Forschung. Folgende Tabelle gibt eine der nachvollziehbarsten Schätzungen der Menschenverluste wieder:

	Tote	Verwundete	Gefangene /Vermißte	insgesamt
England	908.371	2.090.212	171.652	3.170.235
Frankreich	1.357.800	4.266.000	537.000	4.160.800
Rußland	1.765.000	4.950.000	2.500.000	9.215.000
Italien	475.000	947.000	600.000	2.022.000
Belgien	13.716	44.686	34.659	93.061
USA	120.144[1]	198.059	4.480	322.683
Andere Staaten	396.228	298.806	253.279	948.313
Alliierte insgesamt	**5.036.259**	**12.794.763**	**4.101.070**	**21.932.092**
Deutschland	1.691.841[2]	4.216.058	1.152.800	7.060.699
Österreich-Ungarn	1.200.000	3.620.000	2.200.000	7.020.000
Türkei und Bulgarien	412.500	552.390	277.029	1.241.919
Mittelmächte				
insgesamt	**3.304.341**	**8.388.448**	**3.629.829**	**15.322.618**
Alle Staaten				
insgesamt	**8.340.600**	**21.183.211**	**7.730.899**	**37.254.710**

[1] 77.889 auf dem europäischen Kriegsschauplatz, 42.255 in den USA.
[2] Zuzüglich 309.035, die 1918 noch unter Verwundeten und Vermißten enthalten sind.

4. Die Weimarer Republik

(1918–1933)

Das furchtbare erste Friedensjahr

D ie Rückführung des deutschen Westheeres ins Reich war die letzte große militärische Leistung Hindenburgs. Mit zu kurz angesetzten Räumungsfristen hatten die Alliierten gehofft, große Teile der deutschen Truppen gefangennehmen zu können. Durch erschöpfende Gewaltmärsche gelang es jedoch, dieser Bedrohung zu entgehen. Die deutsche Armee wurde dann bis auf einen kleinen Rest aufgelöst und die Soldaten in die Heimat entlassen. Damit war Deutschland wehrlos geworden.

Dic neue Republik stand auf unsicherem Boden. Die Kommunisten, von Rußland mit Waffen, Geld und Propagandamaterial versorgt, versuchten sogleich die oberste Gewalt an sich zu reißen. Auf dem ersten Kongreß der Arbeiter- und Soldatenräte (16. bis 20. Dezember 1918) wurde jedoch die Entscheidung über Nationalversammlung oder Rätesystem zugunsten der Nationalversammlung gefällt. Trotzdem wurde ein „Zentralrat der deutschen Sozialistischen Republik" gewählt, der als souveränes Organ Preußens bis Juni 1920 bestand. Aber nicht nur die Kommunisten empfanden Deutschlands Niederlage nicht als Unglück.*

Hatten bisher viele in Präsident Wilson den großen Menschenfreund und Friedensbringer gesehen, so wurden sie schwer enttäuscht, als bekannt wurde, daß nur der Kampf an den Fronten beendet sei, aber der Krieg gegen Frauen und Kinder weitergeführt werde. Die Hungerblockade wurde nicht nur weiterhin aufrechterhalten, sondern noch verschärft, indem sie jetzt auch auf die Ostsee ausgedehnt wurde. Damit war nicht nur jede Einfuhr aus Schweden und Finnland gesperrt, sondern die deutschen Fischer, die den ganzen Krieg über die Ostsee befischt hatten, durften jetzt nicht mehr ausfahren. Die Alliierten, die prahlten, für Freiheit und Menschenrechte zu kämpften, hofften mit noch mehr verhungerten Deutschen die

---

* Zum Beispiel schrieb der Großindustrielle (Präsident der AEG) und spätere Minister Walther Rathenau, der als Vertrauter des Kaisers großen Einfluß auf die Politik gehabt hatte: „Die Weltgeschichte hätte ihren Sinn verloren, wenn der Kaiser siegreich durch das Brandenburger Tor in Berlin eingerückt wäre."

Unterschrift unter einen Verzichtvertrag zu erzwingen, der nichts mit Menschenrechten zu tun haben sollte. Alle Versprechungen der alliierten Propaganda waren verstummt, und nur Forderungen machten sich noch laut. Die Ententemächte bestanden auf Demütigung der Wehrlosen und protziger Zurschaustellung eigener Überlegenheit.

Die Amerikaner Prof. Alonzo E. Taylor und Dr. Vernon Kellog, die zur Untersuchung der Ernährungszustände Ende November 1918 nach Deutschland geschickt wurden, berichteten: „Ein Drittel der Kinder leidet an Unterernährung […], und in Norddeutschland gibt es täglich 800 Todesfälle durch Hunger und Krankheit als Folge der unzureichenden Ernährung."

Kellog berichtete weiter, daß die Deutschen nur 60 Prozent der Lebensmittel der Vorkriegszeit zur Verfügung haben. Sie können mit 80 Prozent überleben und brauchen daher dringend 20 Prozent der Vorkriegsmenge. Aber Hilfsmaßnahmen, die von humanitären amerikanischen Organisationen in die Wege geleitet wurden – die Farmer wollten gern ihre Überproduktion loswerden –, scheiterten an der Weigerung Englands, Hilfsgüter durch ihre Blockade zu lassen. Der amerikanische Kongreß bewilligte schließlich 100 Millionen Dollar für Lebensmittel für Europa, jedoch unter der Bedingung, daß nichts davon für Deutschland verwendet werden dürfe. Es war das gleiche Amerika, das nach den Worten Präsident Wilsons „nur ein Gefühl der Sympathie und Freundschaft" für Deutschland gehegt hatte.

Die „American Relief Administration" (ARA) brachte ein enormes Hilfsprogramm in Gang, das auch die Bolschewisten in Rußland großzügig unterstützte. Allein Polen erhielt insgesamt 159 Millionen Dollar, teils als Geschenk und teils als Anleihe.

Anfang Dezember 1918 besetzten alliierte Truppen das Gebiet westlich des Rheins. Die deutsche Universität Straßburg wurde geschlossen, den deutschen Professoren Lehrverbot erteilt. Gleichzeitig begannen Massenausweisungen Deutscher aus ihrer angestammten Heimat Elsaß-Lothringen.

Die Polen wollten das Ergebnis der Friedenskonferenz nicht abwarten, sondern gleich vollendete Tatsachen schaffen, da sie durch Gewalt mehr als durch Verhandlungen zu erreichen hofften. In Posen brach am 27. Dezember 1918 in Anwesenheit Paderewskis ein offener Aufstand aus. Bis zum Januar 1919 brachten die Polen fast die ganze Provinz in ihre Gewalt. Von dort aus sollten dann alle anderen deutschen Gebiete, die von Polen beansprucht wurden, besetzt werden. Zur Abwehr dieser Aggression wurden in den anderen Ostprovinzen Heimatwehren und Freiwilligenkorps gebildet, die mit Waffengewalt die Polen an der Weichsel bei Thorn und an der Netze bei Bromberg aufhielten. Im Gegensatz zur Provinz Posen verhielt sich der polnische Teil der Bevölkerung Ost- und Westpreußens ruhig. Als Deutschland daranging, die Provinz Posen wieder in Besitz zu nehmen, traten die Alliierten dazwischen und legten am 16. Februar eine Demarkationslinie fest, um die Polen und ihr Raubgut zu schützen. Sie konnten nun gefahrlos die deutsche Bevölkerung der Provinz ausrauben und zum Verlassen ihrer Heimat nötigen.

Im Reich kam es zu blutigen Kämpfen zwischen nationalen und kommunistischen Verbänden, die oft Ausmaße eines Bürgerkrieges annahmen. Zur Erhaltung der staatlichen Ordnung mußten die wenigen Truppen eingesetzt werden, die sich nur mit Waffengewalt behaupten konnten. Mit großer Mühe gelang es, eine verfassungsmäßige Regierung zustandezubringen und Deutschland vor einer bolschewistischen Diktatur zu retten. Auf der Reichskonferenz des Spartakusbundes (30. Dezember 1918) wurde die Kommunistische Partei Deutschlands (KPD) gegründet, die die Diktatur des Proletariats forderte und diese sogleich mit Gewalt zu erzwingen versuchte. Bei dem Spartakusaufstand in Berlin konnte die Lage erst nach schweren Kämpfen vom 6. bis 13. Januar 1919 wieder hergestellt werden. Der Ausgang dieser Kämpfe rettete die Demokratie und die Einheit des Reiches. Nun erst war die Regierung imstande, die Nationalversammlung am 6. Februar in Weimar zusammenzurufen, von der Friedrich Ebert zum ersten Reichspräsidenten gewählt wurde.

Seit dem 18. Januar tagte in Versailles die Friedenskonferenz, die von den Großbankiers und den Rachegefühlen Frankreichs und Englands beherrscht wurde.* Der völkerversöhnende Geist der Vierzehn Wilson-Punkte, auf deren Grundlage der Waffenstillstand zustan-

---

* Neben dem offiziellen Delegierten John P. Morgan jun. hatte der Bankier und Berater mehrerer US-Präsidenten Bernard Baruch (1870–1965) großen Einfluß auf die Beschlüsse der Friedenskonferenz. Er vertrat mehrere Weltorganisationen mit angeblich zehn Millionen Mitgliedern.

de gekommen war, existierte nicht mehr. Vertreter Deutschlands waren von der Konferenz ausgeschlossen. Aus Habgier, Haß und Rache wurde hier eine Welt errichtet, in die alle Probleme der Zukunft eingebaut waren und die darum 20 Jahre später eine noch größere Katastrophe erleiden mußte.

Die politischen Kämpfe wurden durch den Hunger und die Not im Volke verschärft. Die Alliierten, die eine demokratische Regierung als Bedingung zum Waffenstillstand gefordert hatten, taten nichts, um diese zu erhalten. Präsident Wilson wurde vom Beauftragten der US-Regierung für Westeuropa, William C. Bullitt, gewarnt: „Wenn wir nicht die Ebert-Regierung etwas kräftiger unterstützen als die Russen den Spartakusbund, wird Deutschland bolschewistisch werden. Österreich und Ungarn werden Deutschlands Beispiel folgen. Das übrige Europa wird dann nicht lange der Ansteckung entgehen."

Um der Falschbehauptung der alleinigen Kriegsschuld Deutschlands entgegenzutreten, forderte die Reichsregierung die Einsetzung einer neutralen Kommission und Offenlegung der Dokumente aller beteiligten Staaten.

In einer scharfen Note lehnte England den Vorschlag ab (7. März 1919). Die Wahrheit durfte keine Gelegenheit bekommen, ans Licht zu treten.

Bei der unterernährten Bevölkerung stieg die Sterblichkeit enorm an. Allein der Grippe-Epidemie fielen 334.000 Menschen zum Opfer. Der schwedische Arzt Johan Erik Johansson, der als Mitglied einer Ärztekommission Deutschland bereiste, schloß seinen Vortrag vor der Schwedischen Ärzte-Gesellschaft mit den Worten: „Ich will Sie nicht mit einer Schilderung meiner Gefühle über das Unglück, dessen Augenzeuge ich war, ermüden, sondern nur bemerken: Ich haben einen Teil meiner Ausbildung in Deutschland genossen. Ich besitze viele Erinnerungen der Arbeitsfreude und guten Kameradschaft mit deutschen Kollegen. Ich habe diese Freunde in bitterster Not und ohne Hoffnung, glücklichere Zeiten zu erleben, wiedergesehen."

Auch Winston Churchill war über das Sterben in Deutschland genau unterrichtet, denn am 3. März 1919 erklärte er vor dem Unterhaus: „Wir halten unsere militärische Macht in vollem Umfang aufrecht. Wir führen die Blockade mit äußerster Schärfe durch. Unsere Heere sind jederzeit einsatzbereit. Deutschland ist dem Verhungern nahe. Unsere Offiziere, die ganz Deutschland bereist haben, berichten von den harten Entbehrungen, die das deutsche Volk erleidet, und von der großen Gefahr eines Zusammenbruchs des gesamten sozialen und nationalen Lebens unter der Wirkung des Hungers und der Unterernährung. Jetzt ist der rechte Zeitpunkt gekommen, den Vertrag durchzusetzen."

Unter dem Schutz der freiwilligen Heimatwehr waren in Ostpreußen im Januar die Wahlen zur National- und zur preußischen Landesversammlung abgehalten worden. In Westpreußen hatte sich der „Deutsche Volksrat" und in Ostpreußen der „Ostpreußische Heimatbund" gebildet, in denen sich die Deutschen jeder Parteizugehörigkeit zusammengeschlossen hatten. Die Revolution hatte man zur Kenntnis genommen, aber bis jetzt war hier alles ruhig geblieben. Das änderte sich nun. Durch Demobilisierung der Armee und aus Gefangenschaft heimkehrenden Soldaten vergrößerte sich die Einwohnerzahl. Da sich die Lebensmittelversorgung zunehmend verschlechterte, wurde die Ernährung der Bevölkerung jetzt auch hier zu einem ernsten Problem. Einiges Gesindel hielt die Zeit für gekommen, sich nun am Eigentum der Besitzenden zu vergreifen. Hier und da beunruhigten von Polen unterstützte Spartakistenbanden das Land. Von entlassenen Soldaten wurden in allen Städten und größeren Dörfern Heimwehren gegründet, die in den Grenzgebieten die Bevölkerung auch gegen Einfälle der Polen schützten.

In Königsberg hatte sich eine mit kriminellen Elementen und Gesindel durchsetzte sog. „Volksmarinedivision" (Vorstufe einer Roten Armee) gebildet. Diese hatte die 560 Mann der Heimatwehr entwaffnet und sich im Schloß festgesetzt, von wo aus sie die Bevölkerung terrorisierte. Sie stand auch schon mit der nur 35 Kilometer entfernten Roten Armee in Verbindung.

Der Generalbevollmächtigte für die baltischen Länder, August Winnig, hatte in diesen die Verteidigung gegen den Bolschewismus organisiert. Am 22. Januar 1919 war er zum Reichskommissar für Ost- und Westpreußen ernannt worden. Zunächst galt es, die Ordnung in Königsberg wieder herzustellen. Winnig hatte weitgehende Vollmachten zur Aufstellung eines Grenzschutzes in Zusammenarbeit mit den militärischen Dienststellen. Mit diesen Freiwilligenverbänden befreite er am 4. März 1919 Königsberg und, damit ganz Ostpreußen, von dem kommunistischen Terror.

Im April 1919 protestierten 98 Prozent der Bevölkerung des Kreises Heydekrug und 78 Prozent des Kreises Memel mit ihrer Unterschrift bei den Siegermächten gegen eine befürchtete Angliederung an Litauen.

Nach Bekanntwerden der Friedensbedingungen (7. Mai 1919), wonach der deutsche Osten zerrissen werden soll, erfaßt grenzenlose Erregung die bedrohten Provinzen. Am 22. Mai treten ihre gewählten Vertreter der National- und Landesversammlung in Danzig zu einem „Ostparlament" zusammen und beraten Maßnahmen zur Rettung der Heimat. Am 27. Mai 1919 versammeln sich Behörden, Parlamentarier und andere wichtige Personen aus beiden Provinzen in der Marienburg und geben ihrer Entschlossenheit Ausdruck, dieses Land dem Deutschtum zu erhalten.

So groß ist die Verzweiflung und Erbitterung, daß sogar der Plan auftaucht, aus den Provinzen Ost- und Westpreußen, Posen und Schlesien einen Oststaat zu bilden, der durch eine Trennung von Deutschland diesem ein Eingreifen von Westen ersparen soll. Mit eigenen Waffen und mit Hilfe der im Baltikum stehenden Freikorps will man sich gegen die Zerstückelung zur Wehr setzen. Der Plan setzte allerdings voraus, daß Deutschland den Friedensvertrag nicht unterschriebe.

Zur Reichsregierung fehlte das nötige Vertrauen. Sie war nach der mit Verachtung angesehenen Revolution entstanden, hatte soeben die Provinz Posen verloren, war schwach, ungeschickt im Verhandeln und scheute den Kampf. Wie sollte sie da die anderen Ostprovinzen schützen?

Nachdem Deutschland am 28. Juni 1919 zur Unterschrift des Versailler Diktats gezwungen worden war, gaben die Alliierten zwei Wochen später, am 12. Juli, gnädig bekannt, daß die Lebensmittelblockade nun aufgehoben sei. Sie hatte noch acht grausame Monate nach dem Ende des Krieges gedauert. Deutschland hatte aber kein Gold, das verlangt wurde, um Lebensmittel zu kaufen und jetzt auch keine Handelsschiffe mehr, um sie zu transportieren. Der Hunger verließ Deutschland noch lange nicht.

Am 11. August 1919 gab sich die deutsche Republik eine Verfassung, in der der Anschluß Deutschösterreichs ebenso vorgesehen war wie in der am 14. März 1919 angenommenen österreichischen Verfassung. Der von beiden Seiten als selbstverständlich angenommene Zusammenschluß wurde jedoch von den Alliierten verboten. Trotzdem hofften alle österreichischen Parteien, mit Ausnahme der Legitimisten und Kommunisten, daß es dennoch gelänge, die Wiedervereinigung mit dem Deutschen Reich zu verwirklichen. Deshalb stand an der Spitze des aus den Trümmern des Habsburgerreiches entstandenen Deutschösterreich zwei Jahre lang nur ein interimistisches (zwischenzeitliches) Staatsoberhaupt. Erst im Dezember 1920 wurde Dr. Michael Hainisch zum ersten Präsidenten Österreichs gewählt.

Das Diktat von Versailles

Beim Abschluß des Waffenstillstands hatte sich Deutschland keineswegs den Alliierten bedingungslos unterworfen, sondern einen genauen, rechtsverbindlichen Vertrag abgeschlossen, in dem die Friedensbedingungen eindeutig festgelegt waren. Nachdem Deutschland sich im Vertrauen auf diesen Vertrag entwaffnet hatte, wäre es eine Ehrenpflicht der Alliierten gewesen, ihren Teil der Vereinbarungen genau zu erfüllen. Allein die Ententemächte dachten nicht daran, ihren aus der deutschen Einhaltung der vertraglichen Reglementierung des Friedensprozesses gewonnenen Machtzuwachs aufzugeben.

Darauf, daß der Friede von Versailles kein freiwillig geschlossener Vertrag, sondern ein Diktat war, weist u.a. die Tatsache, daß eine deutsche Delegation zu den Besprechungen in Paris überhaupt nicht zugelassen war. Es gab also keine Verhandlungen, sondern die Alliierten handelten unter Ausschluß des Vertragspartners Deutschland die neuen Friedensbedingungen aus. Die Geheimbesprechungen wurden nicht protokolliert. Schon dieses war ein Bruch des ersten Wilson-Punktes, in dem öffentlich zustandegekommene Friedensverträge gefordert wurden.

Für den 7. Mai wird eine deutsche Delegation nach Paris befohlen, um die Friedensbedingungen (in französischer und englischer Sprache) in Empfang zu nehmen, mit der ultimativen Forderung, diese innerhalb von 14 Tagen vorbehaltlos zu unterschreiben. Der Vertrag, mit dem Charakter eines Strafgerichts, gestattet keine Aushandlung. Mündliche Debatten sind nicht erlaubt. Jeder Schriftverkehr hat in französischer oder englischer Sprache zu erfolgen. In 440 Artikeln wird u.a. gefordert: Gebietsabtretungen (ohne Abstimmung) von 87.000 qkm mit über sieben Millionen Einwohnern. Deutschland verliert dadurch u.a. 75 Prozent der Eisen- und Zinkförderung, 83 Prozent der Erz- und 40 Prozent der Steinkohlenlager, dazu 16 Prozent der Getreide- und 18 Prozent der Kartoffelerzeugung.

Deutschland, wo täglich Hunderte an Hunger sterben, hat sofort zu liefern: 140.000 Milchkühe, 30.000 Pferde, 120.000 Schafe, 15.000 Mutterschweine und 10.000 Ziegen. Weiter wird verlangt: Abtretung aller Schutzgebiete. Lieferung von Roh- und Fertiggütern, Industrieanlagen, Kohle, Holz u.ä. Als erste Rate der später festzusetzenden Kriegsentschädigung sechs Milliarden Goldmark. Die Anzahl der zu liefernden Lokomotiven wird auf 7.981, der Eisenbahnwagen auf 230.000 erhöht. Die deutsche Handelsflotte (alle Passagier- und Frachtschiffe über 1.600 Tonnen sowie eine Anzahl kleinerer Schiffe) ist abzuliefern.

Deutschland verliert das gesamte Auslandsvermögen, auch das von Privatpersonen. Für alle Schulden und Verpflichtungen, die auf dem Auslandsbesitz ruhen, kommt Deutschland weiterhin auf.

Die Friedensverträge, die Deutschland mit Rußland und Rumänien abgeschlossen hat, sind ungültig. Die deutschen Flüsse werden internationalisiert. Die Alliierten erhalten zollfreien Zugang zum deutschen Markt. Die deutschen Kriegsgefangenen werden erst entlassen, wenn sie von den Alliierten nicht mehr gebraucht werden. 895 namentlich benannte Generale und Politiker, darunter der Kaiser, Hindenburg und Ludendorff, sind zur Aburteilung als Kriegsverbrecher an die Alliierten auszuliefern. Das deutsche Heer wird auf 100.000, die Marine auf 15.000 Mann beschränkt. Kampfflugzeuge, U-Boote und schwere Waffen sind verboten; Befestigungen sind zu schleifen.

Zum ersten Mal in der neueren Geschichte taucht der Gedanke auf, den besiegten Feind zu bestrafen, indem man seine Führer öffentlichkeitswirksam hinrichtet und das ganze Volk durch ungeheure Reparationen büßen läßt. Als Begründung wird die längst als unwahr entlarvte Morgenthau-Behauptung angeführt, wonach Deutschland den Krieg beschlossen hätte.*

In seiner Anrede an die Feindmächte erklärte der Führer der deutschen Abordnung, Außenminister Graf Brockdorff-Rantzau: „Es wird von uns verlangt, daß wir uns als die allein Schuldigen am Kriege bekennen. Ein solches Bekenntnis wäre aber eine Lüge [...] Wo wir hier allein der großen Zahl unserer Gegner gegenüberstehen, sind wir nicht schutzlos; Sie selbst haben uns einen Bundesgenossen zugeführt: Das Recht, das uns durch den Vertrag über die Friedensgrundsätze gewährleistet ist. Die Grundsätze des Präsidenten Wilson sind für beide Kriegsparteien, für Sie wie für uns, bindend geworden!"

Er weist den Wort- und Vertragsbruch nach, den der Vertragsentwurf in Hinsicht auf den Vorfrieden enthält. Er stellt weiterhin fest, daß die Alliierten mit der Fortsetzung der Hungerblockade Hunderttausende schuldloser Menschen mit kaltblütiger Absicht umgebracht haben, nachdem sie den Krieg gewonnen hatten und ihr Sieg völlig gesichert war. Aber die Gegner wußten selbst, daß sie den Vorfriedensvertrag in allen Paragraphen brachen. So machte auch der Protest, daß mit der Ablieferung der Milchkühe den hungernden Kleinkindern die letzte, ohnehin schon unzureichende Milchration entzogen werde, auf die Vertreter der Kultur und Menschenrechte keinen Eindruck. Die deutsche Delegation erklärte aber: „Wir unterzeichnen weder unser Todesurteil noch die Aberkennung unserer Ehre."

* Der aus Mannheim stammende Henry Morgenthau (1856–1946) war der Vater des US-Finanzministers Henry Morgenthau jun. (1891–1967), der durch den „Morgenthau-Plan" berüchtigt ist. Von 1913 bis 1916 war er amerikanischer Botschafter in Konstantinopel. Dort will er gehört haben, daß am 5. Juli 1914 in Potsdam ein Kronrat stattgefunden habe, an dem der Generalstab, alle wichtigen Botschafter, Bankiers, Eisenbahn- und Industriedirektoren anwesend gewesen wären. Der Kaiser habe gefragt: „Sind Sie für den Krieg bereit?", worauf alle „Ja" geantwortet hätten. Obwohl die Unwahrheit dieser Behauptung nachgewiesen war – nicht eine einzige der genannten Personen war damals in Potsdam – wurde dieses als „Beweis" der alleinigen deutschen Kriegsschuld anerkannt und diente als Rechtfertigung für den Artikel 231 des Versailler Vertrages.

Im Reichstag kommt es zu lärmenden Debatten. Ministerpräsident Philipp Scheidemann wendet sich mit aller Schärfe gegen den Vertrag und sagt am 12. Mai 1919 in der National-versammlung: „Dieses Buch [der Vertragstext] in dem hundert Absätze beginnen: Deutsch-land verzichtet, verzichtet, verzichtet, dieser schauerlichste und mörderische *Hexenhammer*, in dem einem Volk das Bekenntnis zur eigenen Unterwürfigkeit, die Zustimmung zur er-barmungslosen Zerstückelung, das Einverständnis zur Versklavung abgepreßt werden soll, dieses Buch darf nie zum Gesetzbuch der Zukunft werden […] Welche Hand müßte nicht ver-dorren, die uns in diese Fesseln legt."

Die *London Times* brachte einen Aufsatz über Scheidemanns Rede, in dem der wahre Grund des Krieges deutlich zum Ausdruck kam: „Sollte Deutschland in den nächsten 50 Jahren wie-der Handel zu treiben beginnen, dann haben wir diesen Krieg umsonst geführt."

Am 15. Mai protestierten etwa 20.000 Menschen vor dem Reichstag gegen die Annahme des Diktats. Selbst die englische *Daily News* schrieb am 15. Mai: „Ob der Vertrag gerecht oder unge-recht ist, hat überhaupt keine Bedeutung, denn er ist unmöglich!" Nachdem alle deutschen Ein-wendungen von den Alliierten kategorisch abgelehnt wurden, legten Delegationsführer Brock-dorff-Rantzau und Ministerpräsident Scheidemann am 20. Juni aus Protest ihre Ämter nieder.

Es blieben noch drei Tage, bis am 23. Juni 1919 das Ultimatum ablief, worauf die Franzo-sen ins Reich einmarschieren und mit den einzelnen Ländern separate Friedensverträge ab-schlössen. Dazu versuchte Frankreich das westrheinische Gebiet von Deutschland loszurei-ßen. Unter französischer Besetzung sollten dort „autonome Republiken" gebildet werden. Dem widersetzten sich aber die USA und England.

Dem neuen Ministerpräsidenten, Gustav Bauer, gelingt es nach verzweifelten Bemühungen, ein neues unterzeichnungsbereites Kabinett zu bilden. Am Sonntag den 22. findet die ent-scheidende Nationalversammlung statt. Angesichts der drohenden Zerschlagung des deut-schen Volkskörpers, der grausamen Hungerblockade, der massiven Drohung der Sieger mit militärischem Einmarsch, der eigenen Ohnmacht und in der Hoffnung auf eine baldige Re-vision findet sich eine Mehrheit von 237 gegen 138 Stimmen (bei sechs Enthaltungen) zur Annahme des Diktats, nachdem es gelungen ist, den Kriegsverbrecherartikel abzuändern.

Am 23. Juni um 16.45 Uhr informiert die neue deutsche Regierung die Franzosen, daß sie zur Unterschrift des Vertrages bereit ist, „ohne jedoch anzuerkennen, daß das deutsche Volk Urhe-ber des Krieges sei, und ohne eine Verpflichtung nach Artikel 227 bis 230 des Vertrages zu über-nehmen." Natürlich lehnten die Alliierten auch diese Vorbehalte ab und bestanden auf bedin-gungsloser Unterzeichnung. Die französische Armee stand marschbereit am Rhein. Bis zum Beginn des Einmarsches blieben nur noch wenige Stunden. Die Mehrheit des Hauses stimmte nun für die Unterschrift ohne Vorbehalt, „der übermächtigen Gewalt weichend und ohne da-mit ihre Auffassung über die unerhörte Ungerechtigkeit der Friedensbedingungen aufzuge-ben." Der feindliche Einmarsch war damit zunächst verhütet. Im Rückblick scheint es aber, daß es besser gewesen wäre den Einmarsch zu erdulden, als durch die Unterschrift einem Vertrag, der mehr die Schande der Alliierten als jene Deutschlands ausdrückt, den Mantel der Legalität zu geben. Es war jedoch vor allem die Hungerblockade, durch die die Unterschrift erpreßt wur-de. Deutschland hatte eigentlich nur die Wahl zu unterschreiben oder zu verhungern.

Am 28. Juni 1919 betrat die deutsche Delegation unter Führung des neuen Außenministers Hermann Müller den überfüllten Spiegelsaal in Versailles, unterschrieb die auf dem Tisch ausgebreiteten Papiere und verließ den Saal. Es wurde kein Wort gewechselt, aber der Jubel und das Hohngelächter der triumphierenden Sieger pflanzte sich nach draußen fort.

Die Vierzehn Punkte Wilsons hätten die Grundlage eines halbwegs gerechten Friedens wer-den können, wenn die Siegermächte nicht jeden Punkt schamlos gebrochen hätten. Gerade ausländische Historiker bezeichnen den Bruch des Vorfriedens durch das Diktat von Ver-sailles als eine einzig dastehende Ungeheuerlichkeit in der Geschichte der Kulturvölker. Hier sind einige dieser Stimmen:

Der Vertreter Südafrikas, General Jan C. Smuts: „Ich habe den Vertrag unterzeichnet, weil der Krieg beendet werden muß. Die acht Monate nach dem Waffenstillstand sind wahr-scheinlich schrecklicher und erschütternder gewesen als die Kriegsjahre";

Graf Cartagena, Botschafter Spaniens: „Ich bin der festen Überzeugung, daß Deutschland alles tat, was in seinen Kräften stand, um den Ausbruch des Krieges zu verhüten, durch den es ohnehin nichts zu gewinnen hatte. Besiegt, mit seinen Küsten vom Feind blockiert, von Lebensmitteln entblößt, mit anderen Worten: mit dem Messer an der Kehle, war es gezwungen, in Versailles das Bekenntnis einer Schuld abzulegen, die es nicht auf sich geladen hatte. Dieses Schuldbekenntnis hat die wahren Schuldigen gerettet und als Grundlage für einen Vertrag gedient, der auf Lüge aufgebaut ist und Europa keinen Frieden bringen wird";

Italiens Ministerpräsident Francesco S. Nitti: „Der Friedensvertrag ist das größte Verbrechen der modernen Völker";

Rolf Brandt, der in Versailles zugelassene deutsche Reporter: „Es gibt kein Recht, das hier nicht gebeugt, kein Grundsatz, der nicht verraten, kein Gesetz, das nicht gebrochen wurde. Nicht nur, daß wir deutsches Land verlieren, nicht nur, daß man uns ausraubt nach Gesetzen von Straßenräubern, man nimmt uns das Leben dazu";

Dr. Alfred von Wegerer, Leiter der Zentralstelle zur Erforschung der Kriegsursachen: „Noch niemals in der Geschichte der Menschheit haben sich Siegerstaaten so weit vergessen, einen ruhmreichen Gegner, der in gutem Glauben, einem zugesagten gerechten Frieden entgegenzusehen, den Kampf eingestellt hatte, unter derartigen Schmähungen zur Unterzeichnung eines Friedensvertrages zu zwingen".

Am Tag der Unterzeichnung sprach Frankreichs Ministerpräsident Clemenceau zu Offizierschülern und versicherte ihnen: „Seien Sie unbesorgt um ihre Zukunft! Der Friede, den wir heute geschlossen haben, sichert Ihnen zehn Jahre voller Konflikte in Mitteleuropa."

Der französische Marschall Foch sagte, vor einer Landkarte Europas stehend, zu Offizieren: „Ein neuer Krieg ist unvermeidlich, und hier (auf Westpreußen zeigend) wird er ausbrechen."

Der englische Abgeordnete Philip Snowden erklärte: „Mehr als alle anderen, die für den Vertrag verantwortlich sind, ist Präsident Wilson zu beschuldigen, der nicht darauf bestanden hat, daß auch nur eine einzige seiner Friedensbedingungen gehalten wurde. Sein Eingreifen in den europäischen Krieg war in jeder Beziehung verhängnisvoll [...] Er hat uns die Gewißheit zurückgelassen, daß vor uns ein Menschenalter von Krieg und Blutvergießen liegt."

Wilson erreichte weder die Ratifizierung des von ihm unterzeichneten Vertrages noch den Beitritt der USA zum Völkerbund. In den Debatten im Kongress sagte Senator P.C. Knox: „Der Vertrag ist eine Anklage gegen die, die ihn entworfen haben, ein Verbrechen gegen die Zivilisation. Er bildet die Grundlage für jahrzehntelanges Blutvergießen [...]" – Wilson erhielt 1919 den Friedensnobelpreis.

Als in Versailles die alleinige Kriegsschuld Deutschlands festgelegt wurde, veröffentlichte die Sowjetregierung, gegen den Protest der Westmächte, die Geheimakten des zaristischen Außenministeriums, aus denen nicht nur die Schuld Rußlands, sondern besonders auch die Frankreichs ersichtlich war. Lenin erklärte dazu, daß der Krieg geführt wurde, um zu entscheiden, ob Deutschland oder England den Weltmarkt beherrschen sollte.

Wer den Versailler Vertragstext, seine Maßlosigkeit und Absurdität kennt, wird Verständnis dafür haben, daß sich das deutsche Volk gegen diesen zu Recht als „Schanddiktat" bezeichneten Vertrag wehrte und gegen ihn aufbegehrte. Wer dieses Diktat beseitigte, konnte sich der Unterstützung des ganzen Volkes gewiß sein.

Ebenso wie Deutschland mußten auch Österreich und Ungarn ähnliche imperialistische Verträge der Sieger annehmen und sich zur „Alleinschuld" bekennen. Im Frieden zu St. Germain (10. September 1919) wurde das Gebiet der deutschen Bevölkerung Böhmens und Mährens (28.000 qkm mit drei Millionen Einwohnern) der neugegründeten Tschechoslowakei übergeben. Südtirol kam zu Italien, die Südsteiermark und Südkärnten zu dem neugegründeten Jugoslawien. Dem neuen Bundesstaat „Deutschösterreich" wurde nicht nur die gewünschte Wiedervereinigung mit dem Deutschen Reich, sondern auch das Wort „Deutsch" in seinem Namen verboten.

Die Zerstückelung des Preußenlandes

Keine Provinz des Deutschen Reiches wurde durch das Friedensdiktat so hart getroffen wie das alte Ordensland Preußen, das aufs neue gespalten wurde. Als die Alliierten hinter geschlossenen Türen die Friedensbedingungen aushandelten, waren die Deutschen – zum

Unterschied der ständigen Vertreter Polens – nicht zugelassen. Unter solchen Voraussetzungen war nicht zu erwarten, daß ein Ergebnis zustande kommen würde, das auf Recht und Vernunft basierte. Während der französische Premierminister Clemenceau alle Wünsche der Polen erfüllen und ihnen so viel deutsches Land geben wollte, wie sie verlangten, hatte Englands Vertreter Lloyd George realistischere Ansichten. Am 25. März 1919 warnte er in einem Memorandum: „Ungerechtigkeit und Anmaßung, ausgespielt in der Stunde des Triumphes, werden nie vergessen und vergeben werden. Deshalb bin ich entschieden dagegen, mehr Deutsche als unbedingt nötig deutscher Herrschaft zu entziehen, um sie einer anderen Nation zu unterstellen. Ich kann mir keine stärkere Ursache für einen künftigen Krieg vorstellen, als daß das deutsche Volk, das sich zweifellos als eines der kraftvollsten und mächtigsten der Welt erwiesen hat, von Ländern umgeben werden soll, deren Völker noch nie vorher eine stabile Regierung zustande gebracht haben, aber denen große Massen Deutsche zugeteilt werden, die eine Vereinigung mit ihrem Heimatland fordern. Der Vorschlag der Polen, 2.100.000 Deutsche der Aufsicht eines Volkes zu unterstellen, das noch niemals im Laufe seiner Geschichte zu einer dauerhaften Selbstregierung fähig war, muß meiner Beurteilung nach früher oder später zu einem neuen Krieg in Europa führen."

Lloyd George konnte jedoch nur verhindern, daß Danzig damals noch nicht den Polen übergeben wurde, wie es die Polen und Franzosen verlangten.

Von den beiden Provinzen des Preußenlandes hatte Ostpreußen am Ende des Ersten Weltkrieges eine Fläche von 37.047 qkm mit 2.064.000 Einwohnern. Westpreußen war 25.550 qkm groß und hatte 1.703.000 Einwohner (ohne die Kreise Bromberg und Wirsitz, die damals zur Provinz Posen gehörten).

Das Diktat von Versailles zerriß Westpreußen in vier Teile:

1. Der größte Teil, von der Ostsee bis zur Provinz Posen (42.000 qkm mit 1,1 Millionen Deutschen), kam ohne Abstimmung zu Polen. Dieses Gebiet wurde der „polnische Korridor", der jetzt Ostpreußen vom übrigen Reich trennte.

Ursprünglich hatten Wilson und seine Berater eine ganz andere Vorstellung von Polens gefordertem Zugang zum Meer gehabt, als wie er jetzt geschaffen wurde. Wenn der Punkt über „unbestritten polnische Bevölkerung" gelten sollte, wie es der 13. Punkt Wilsons gefordert hatte, dann war ein polnischer Zugang zum Meer nur durch Land einer „unbestritten deutschen Bevölkerung" möglich. Ursprünglich war wohl nur an eine Straße, eine Eisenbahn und die Weichsel gedacht worden. Natürlich galt auch dieser Wilson-Punkt nicht, und Polens Zugang zur See war an seiner schmalsten Stelle 34, an anderen Stellen bis zu 225 Kilometer breit.

2. Danzig wurde mit einem großen Landgebiet ohne Volksabstimmung zur „Freien Stadt" erklärt, in der aber Polen so viele Rechte erhielt, daß in Wirklichkeit Danzig ein Protektorat Polens war, über dessen Rechte der Völkerbund wachen sollte. Die Danziger hatten immer wieder gegen eine Abtrennung vom Deutschen Reich protestiert. Am 23. März 1919 hatten sich dazu über 70.000 auf dem Heumarkt versammelt, am 25. April 1919 waren es über 100.000, die das von Wilson garantierte Selbstbestimmungsrecht forderten, das ihnen nun verweigert wurde. Gegen ihren energischen Protest wurde ihnen jetzt die deutsche Staatsangehörigkeit aberkannt. Unter den über 330.000 Bewohnern des Danziger Gebiets – die Stadt allein hatte 194.000 Einwohner – lebten dreieinhalb bis vier Prozent Polen.

3. Aus dem Gebiet, das im Westen noch übrig blieb, die Kreise Schlochau, Flatow und Deutsch Krone, zusammen mit einem kleinen Rest der Provinz Posen (die ebenfalls ohne Abstimmung Polen zugesprochen wurde) entstand die neue Provinz „Grenzmark Posen-Westpreußen".*

4. Der Rest, der im Osten übrig blieb, wurde als neuer Regierungsbezirk Marienwerder der Provinz Ostpreußen angegliedert, die somit (ohne Soldau und Memelgebiet) 34.336 qkm

---

* Zunächst wollte die preußische Verwaltung diese Restgebiete Westpreußens und Posens auf die benachbarten Provinzen aufteilen. Dagegen wehrte sich die Bevölkerung und forderte die Bildung einer selbständigen Provinz mit dem Namen „Grenzmark Posen-Westpreußen". Dabei ging es vor allem darum, daß nach dem Verlust der beiden Mutterprovinzen Posen und Westpreußen wenigstens deren Namen in der Bezeichnung einer Restprovinz erhalten blieben. Diese Reste bildeten ab 1. Oktober 1922 die neue preußische Provinz mit Schneidemühl als Provinzhauptstadt.

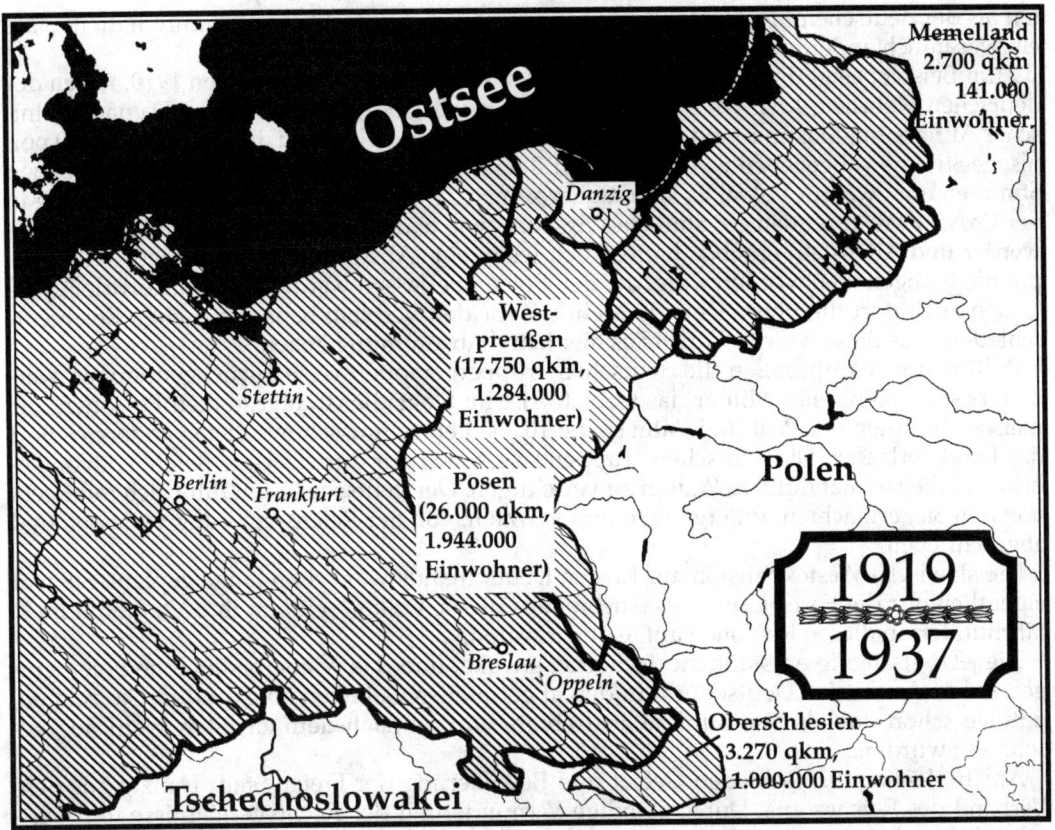

groß war und 2,5 Millionen Einwohner zählte. Bei den Pariser Verhandlungen scheiterte Polens Forderung, ihnen auch den Ostteil Westpreußens und den Südteil Ostpreußens (einschließlich des Ermlandes) ohne Abstimmung zu überlassen, am Einspruch Englands. Polen mußte daher in diesen Gebieten zähneknirschend eine Volksabstimmung hinnehmen. Stadt und Landkreis Elbing wurden nicht in das Abstimmungsgebiet einbezogen. Die übrigen Kreise Westpreußens bildeten den Abstimmungsbezirk Marienwerder. Die Aufteilung Westpreußens:

	Fläche		Einwohner	
an	qkm	Prozent	Personen	Prozent
Polen	15.853	62	964.034	57
Freistaat Danzig	1.914	8	330.630	19
Provinz Ostpreußen und Grenzmark Posen-Westpreußen	7.806	30	408.512	24
insgesamt	**25.573**	**100**	**1.703.176**	**100**

Über die Vorkriegsverhältnisse in Westpreußen sind eindeutige Unterlagen vorhanden. Bei der Volkszählung von 1910 gaben 65 Prozent der Bevölkerung deutsch als Muttersprache an. Daß das Bekenntnis zu einer Sprache nicht mit der derselben Nationalität gleichgesetzt werden kann, ist bekannt. In diesem Fall spricht es aber für Deutschland. Denn selbst bei der unter grausamem, polnischen Terror abgehaltenen Abstimmung in Oberschlesien, bei der vielerorts Deutsche nicht einmal bei der Stimmenauszählung anwesend sein durften, hatten 307.000 Polnischsprechende für Deutschland gestimmt. In den Gebieten, wo das Versailler Diktat eine freie Abstimmung überhaupt zuließ, stimmten über 90 Prozent der Bewohner für Deutschland. Wenn alle Stimmberechtigten, die sich in diesen Gebieten 1910 zu einer anderen als der deutschen Muttersprache bekannten, gegen Deutschland gestimmt hätten, wäre ein wesentlich anderes Ergebnis zustandegekommen.

Zum Beispiel zeigt die Sprachstatistik des Kreises Oletzko/Treuburg von 1910, neben der deutschen Mehrheit, 1.523 Masowier und Polen sowie 9.981 Zweisprachige. Da nach polnischer Auffassung Masuren und Zweisprachige eindeutig Polen sind, hätten rund 11.500 polnische Stimmen abgegeben werden müssen. Tatsächlich gab es aber von 28.627 abgegebenen Stimmen nur zwei für Polen. Es kann daher keinen Zweifel geben, daß eine Abstimmung in der Provinz Westpreußen ein ähnliches Ergebnis wie in den Abstimmungsgebieten Marienwerder und Allenstein ergeben hätte. Auch wenn eine Abstimmung nur in dem Teil Westpreußens abgehalten worden wäre, der den Polen überlassen werden mußte (Korridor), hätte sich auch dort die überwiegende Mehrheit für den Verbleib beim Deutschen Reich entschieden. Aus diesem Grund durfte es hier keine Abstimmung geben.

Während in Westpreußen die deutschen Truppen etappenweise zurückgenommen werden, besetzt polnisches Militär das Gebiet. Alle im Staatsdienst angestellten Personen, die meisten Beamten der Post und Bahn sowie 10.000 Lehrer müssen mit vielen anderen sofort das Land verlassen. Die deutschen Truppen lassen sich nur durch strikte Befehle davon abbringen, die Heimat mit den Waffen zu verteidigen. Der deutsche Osten fühlt sich mit Recht von den Siegermächten hintergangen und verraten, von der Reichsregierung verlassen und abgeschrieben.

Die slawische Westexpansion auf Kosten Deutschlands war schon lange geplant. Sie war eigentlich nur die Fortsetzung des Ausbreitens dieser Völker, seitdem ihre Vorfahren im 7. Jahrhundert in diesen Regionen aufgetaucht waren.

Die jetzt erstmalig entstandene Tschechoslowakei und das wiedererstandene Polen gingen sofort daran, das Deutschtum in den abgetretenen Gebieten auszurotten. Sie zeigten, daß sie schon damals Verhältnisse anstrebten, wie sie nach dem Zweiten Weltkrieg geschaffen wurden.

Am 10. Januar 1920 schieden Gebiet und Bevölkerung der Freien Stadt Danzig aus dem Verband des Reiches aus. Durch ständige Verminderung der Rechtsverhältnisse und wirtschaftlichen Lebensgrundlagen hatte Danzig mit stetig wachsenden Schwierigkeiten zu kämpfen, die schließlich zu einem völligen Niederbruch seiner Wirtschaft und seines Handels führten. Man hatte das Schicksal Danzigs in die Hände seines ärgsten Feindes gelegt.

Das Land nördlich der Memel (2.656 qkm mit 146.000 Einwohnern) wurde gegen den Protest der Bevölkerung völkerrechtswidrig von Ostpreußen abgetrennt und erhielt zunächst eine französische Besatzung. Den Begriff „Memelland" hatte es vorher nicht gegeben. Seit der Zeit des Ritterordens war dieses Gebiet immer ein Teil Ostpreußens gewesen und die Grenze nie verändert worden.

Nachdem Deutschland im Frieden von Brest-Litowsk die Anerkennung Litauens als selbständigen Staat durchgesetzt hatte, wurde Litauen auch in Versailles als unabhängige Republik anerkannt und erhob nun ebenfalls Ansprüche auf deutsches Land. Am 10. Februar 1920 verließen die letzten deutschen Truppen Memel, und am 16. Februar übernahm Frankreich im Namen der Westalliierten die Verwaltung des Memellandes.

Wie schon im Jahr zuvor protestierten im April 1920 erneut 88 Prozent der Memelländer bei den Alliierten gegen eine Angliederung an Litauen. Die Elternbefragung durch die französische Besatzungsmacht zur Feststellung der Muttersprache ergab folgendes Resultat: Von den ländlichen Schülern sprachen 40,5 Prozent litauisch. Von den befragten Eltern wünschten aber nur 2,2 Prozent litauischen Lese- und Schreibunterricht, 11,2 Prozent litauischsprachigen Religionsunterricht. Um ein für Litauen günstiges Ergebnis zu erreichen, waren die rein deutsche Stadt Memel und die ebenfalls deutschen Herderschüler von der Befragung ausgeschlossen.

Die wirtschaftliche Abschnürung des Memellandes vom deutschen Mutterland hatte natürlich einen drastischen Niedergang des gewohnten Lebensniveaus zur Folge. Mit der gewaltsamen Besetzung des Memelgebietes 1923 durch Litauen war die Zerreißung des Preußenlandes zunächst beendet. Wie Polen und Tschechen versuchten auch die Litauer das Deutschtum auszulöschen, wenn auch nicht mit der gleichen imperialistischen Selbstgerechtigkeit und Aggressivität.

Einer der wichtigsten Grundsätze, vielleicht der wichtigste, auf denen der Waffenstillstand und Vorfriede abgeschlossen worden war, den auch die Alliierten ausdrücklich anerkannt hatten, war der, daß „Völker und Provinzen nicht von einer Staatsoberhoheit in eine andere verschoben werden dürfen, als ob sie Ware oder Steine in einem Spiel wären". Aber genau das war gewaltsam, ohne Befragung der Bewohner, mit Millionen Deutschen geschehen.

Die Volksabstimmung

Die maßlosen Gebietsforderungen der Polen hatten selbst Präsident Wilsons Argwohn erregt, da er ursprünglich für ein Polen eingetreten war, das nur Gebiete einer „unbestreitbar polnischen Bevölkerung" einschließen sollte. Ebenso war der britische Premierminister Lloyd George dagegen, rein deutsche Gebiete polnischer Herrschaft zu unterstellen. Wilson meinte: „Wir sollten uns nicht nur von polnischen Auffassungen leiten lassen. Ich traf mich mit Dmowski und Paderewski [...] Sie zeigten mir eine Landkarte, auf der sie praktisch die halbe Welt beanspruchen."

Die Forderung der Polen nach Danzig wurde zurückgeschraubt und ein Freistaat gebildet. Der polnische Anspruch, ganz Ostpreußen in Besitz zu nehmen, wurde abgelehnt. Darauf verlangten sie zumindest die Südhälfte der Provinz, da dort eine mehrheitlich polnische Bevölkerung wohne. Aufgrund dieser Behauptung wurde eine Volksabstimmung unter alliierter Kontrolle angeordnet. Denn wenn in diesem Gebiet eine überwiegend polnische Bevölkerung ansässig ist, wie die Polen behaupten, dann konnten die Alliierten mit einer ordnungsgemäß durchgeführten Volksabstimmung das Land den Polen rechtmäßig übergeben, ohne daß irgendwelche Einwendungen gemacht werden konnten.

Gleich nach dem Waffenstillstand waren der Warschauer Generalintendant des evangelischen Konsistoriums Bursche und der Apotheker Lewandowski aus Posen nach Paris geeilt, um Polens „Anrecht auf Masuren" zu begründen. Als Beweis führten sie an, daß 80 Prozent der Bevölkerung Polen seien. Die überreichte Denkschrift sagte: „Es wäre daher eine der menschheitsfördernsten Taten in weitester Bedeutung des Wortes, würde man die Masuren aus der schmählichen preußischen Gefangenschaft, in der sie jahrhundertlang schmachten, befreien und diesen Zweig mit dem polnischen Mutterstamm vereinen."

Den Polen war eine Abstimmung gar nicht recht, denn sie wußten, daß sie bei einer ehrlich durchgeführten Volksbefragung keinen Flecken deutschen Landes erhalten würden. Deswegen gaben sie aber die Hoffnung keineswegs auf, Ostpreußen später bei einer günstigeren Gelegenheit zu annektieren. Mit hinterlistiger diplomatischer Raffinesse gelang es ihnen, die Formel zur Abstimmung so zu formulieren, daß die Frage bei der Wahl lautete: „Anschluß an Polen oder Ostpreußen" (anstatt Deutschland). Bei der zu erwartenden Entscheidung für Ostpreußen könnte Deutschland bei einer späteren Annektierung Ostpreußens durch Polen keine Einwände erheben.

Das Abstimmungsgebiet umfaßte im Westen die ehemaligen westpreußischen Kreise Marienburg, Marienwerder, Rosenberg und Stuhm, die das Abstimmungsgebiet Marienwerder bildeten. Im Südteil Ostpreußens bildeten die Kreise Allenstein Stadt und Land, Rößel, Lötzen, Sensburg, Oletzko, Osterode, Neidenburg, Ortelsburg, Johannisburg und Lyck den Abstimmungsbezirk Allenstein. Die Kosten der Abstimmung hatte das Land zu tragen.

Durch eine gezielte Propaganda und Einschüchterung bis zur Drohung versuchte Polen so viele Stimmen wie nur irgend möglich für einem Anschluß an ihren neuen aufsteigenden Staat zu gewinnen. Dazu wurden in Warschau zwei Komitees gebildet, eines für den Marienburger Bezirk und das Ermland, das andere für Masuren. Unterstützt von polnischen Zeitungsgründungen in Lyck und Ortelsburg trieben sie Desinformationspolitik. Sie lockten mit dem Traumbild einer aufblühenden polnischen Wirtschaft und drohten, daß die Insel Ostpreußen früher oder später an Polen fallen müsse. Das mit Reparationsforderungen überbelastete und von inneren Kämpfen erschütterte Deutschland bot offensichtlich keine gute Zukunft. Der junge polnische Staat werde jede erdenkliche Hilfe von den Alliierten erhalten. Bei dem Zustand, in dem sich das besiegte, wirtschaftlich erschöpfte und gedemütigte Reich befand, glaubten wohl die Polen sogar an einen Erfolg. Man bezweifelte aber Polens Leistungsfähigkeit und traute den Deutschen selbst in dieser traurigen Lage mehr zu, als den vom Glück begünstigten Polen.

Die polnisch gesinnten Ermländer organisierten sich unter Führung eines Baczewski und den katholischen Priestern Langwald, Osinski und Barczewski. Der Leiter des masurischen Komitees, Generalintendant Bursche, bestach im April 1919 drei masurische Bauern und nahm sie nach Paris. Dort traten sie als „Masurendeputation" vor die Friedenskommission und baten, masurisch sprechend, um „Erlösung ihrer Heimat aus der deutschen Unterdrückung." Bei ihrer Rückkehr wurden die drei verhaftet und wegen Landesverrat angeklagt. Sie hatten Tausende russischer Rubel, aber keine Zloty bei sich.

Alle politischen Parteien (außer den „Unabhängigen Sozialisten") bildeten gemeinsam Arbeitsgemeinschaften zur Vorbereitung auf die Abstimmung. In beiden Abstimmungsgebieten wurde ein „Heimatdienst" gebildet, der aufklärend wirkte und die Zuversicht der Bevölkerung stärkte.

Am 10. Januar 1920 tritt der Friede in Kraft. Die deutschen Truppen und alle höheren Regierungsstellen mit den höheren Beamten haben das Abstimmungsgebiet binnen 14 Tagen zu verlassen. Am 12. Februar wird es von englischen und italienischen Truppen besetzt. Die Verwaltung übernimmt eine interalliierte Kontrollkommission, bestehend aus Engländern, Franzosen, Italienern und Japanern, die ihren Sitz in Allenstein und Marienwerder nimmt. Die Grenze zum nördlichen Ostpreußen wird gesperrt, die nach Polen geöffnet. Jedem Kreis wird ein alliierter Vertreter zugeteilt. Die niederen deutschen Beamten bleiben im Dienst, aber jeder Verkehr mit einer Dienststelle außerhalb des Abstimmungsgebietes ist ihnen verboten.

Die Kommissare sind zunächst erstaunt, überall nur deutsche Menschen anzutreffen. Bei aller Geneigtheit, den Wünschen der Polen entgegenzukommen, wahren sie meistens doch – oft erst auf Druck der Engländer – ihre Unparteilichkeit, so daß die Abstimmung schließlich ordnungsgemäß durchgeführt werden kann.

Nach zähen Verhandlungen war es dem Leiter der Arbeitsgemeinschaft Ermland und Masuren, Max Worgitzki, gelungen, daß keine polnischen Truppen im Abstimmungsgebiet stationiert wurden, so daß den Polen die Möglichkeit genommen war, mit Waffengewalt vollendete Tatsachen zu schaffen.

Während die Polen über unbeschränkte Geldmittel verfügten, mußten die Deutschen mit knappen Mitteln auskommen. Die Polen verstanden es auch, um die alliierten Offiziere zu katzbuckeln und teure Tanz- und Gesellschaftsabende für sie zu veranstalten, wo immer das möglich war.

Die katholischen Polen brachten in den überwiegend von Katholiken bewohnten ermländischen Kreisen bewußt religiöse Aspekte in den Wahlkampf. Wiederholt wurde von polnischer Seite gefordert, daß es die Pflicht jedes Katholiken sei, für Polen zu stimmen. In einem polnischen Bühnenstück, das in vielen Dörfern im südlichen Ermland aufgeführt wurde, ließen sie die Gottesmutter erklären, nur polnisch gesprochene Gebete zu erhören.

Als am 13. April in Bischofsburg ein erregter Volkshaufen in das Hotel „Bischofsburger Hof" eindrang und die polnischen Werber sowie die Theatergruppe belästigten, wurden alle Heimwehren auf Befehl der Kontrollkommission aufgelöst, weil die Bischofsburger Heimwehr (120 Mann) die polnischen Provokateure nicht genug beschützt hatte und nicht mit Waffen gegen die deutschen Demonstranten vorgegangen war.

Die Polen verbreiteten das Gerücht, daß die Auslieferung des Abstimmungsgebietes an Polen von den Alliierten ohnchin schon beschlossen sei, daß die Abstimmung nur ein Schauspiel wäre, wobei ermittelt werden würde, wer gegen Polen ist, daß sie selbst Schwarze Listen führen, und sobald sie Herren im Lande sind, werden sie gegen alle, die für Deutschland eintreten, gnadenlos und scharf vorgehen.

Ein umfassendes, deutliches Bild über die Zustände im Abstimmungsgebiet vermitteln die Berichte der britischen Kommissare, Ernst Rennie aus Allenstein und Henry Beaumont aus Marienwerder, an das britische Foreign Office. Am 25. Februar 1920 berichtet Beaumont: „Das Auftreten der Polen in den kürzlich besetzten Gebieten soll die Schwierigkeiten zeigen, denen die Einwohner ausgesetzt sind, wenn sie sich entscheiden, deutsch zu bleiben. Dieses Verhalten besteht darin, die Verbindung zwischen diesem Gebiet und dem benachbarten polnischen Territorium sowie dem Transit jedes mögliche Hindernis in den Weg zu legen. Die Grenze wird strikt bewacht, Personen, die auf der anderen Seite Geschäfte haben, werden am Überschreiten gehindert. Züge werden stundenlang bei der Ein- und Ausreise aufgehalten, oder der Verkehr ist ganz eingestellt worden. Post-, Telegraphen- und Telephonverbindungen sind ständig unterbrochen. Um in das Gebiet der Freien Stadt Danzig zu kommen, muß man einen schmalen Streifen polnischen Gebietes zur großen Weichselbrücke in Dirschau durchqueren.

Dort ist der Weg von Polen (in französischen Uniformen) gesperrt, die sich weigern, deutsch zu verstehen. Eine ähnliche Sperre ist beim Dorf Mühlhaus errichtet, bevor man Danziger Gebiet betritt. Damit ist dieses Gebiet von seinem Einkaufszentrum und seinem Haupthafen fast vollständig abgeschnitten. Die Verbindung mit Berlin ist noch viel schwieriger und unregelmäßiger."

Am 10. März berichtet er: „Unser Aufenthalt in diesem Gebiet war lang genug, um alle Mitglieder der Kommission zu überzeugen, daß das Ergebnis der Abstimmung feststeht und die überwältigende Mehrheit für Deutschland stimmen wird. Die Provokationen, die Unterdrückung und die Intoleranz der polnischen Behörden in dem kürzlich von ihnen besetzten Gebiet haben einen schlechten Eindruck auf die Meinung nicht nur der Deutschen, sondern aller unparteiischen Beobachter gemacht.

Die Abneigung der Deutschen und Polen gegeneinander sowie die Erbitterung infolge der polnischen Intoleranz gegenüber der deutschen Bevölkerung des Korridors, die viel schlimmer als die frühere deutsche Intoleranz gegenüber den Polen ist, hat Ausmaße erreicht, daß es unmöglich ist zu glauben, daß die gegenwärtige Regelung irgendeine Aussicht auf Dauer haben kann."

Über die auf dem Ostufer der Weichsel zu ziehende Grenze sagt Beaumont in dem gleichen Bericht: „Wenn die Grenze jetzt unbefriedigend ist, so wird sie es um so mehr sein, wenn sie auf dieser Seite gezogen werden muß, ohne einer natürlichen Linie zu folgen, wobei sie Deutschland vom Stromufer abschneidet. Ich kenne keine ähnliche von einem Vertrag geschaffene Grenze. Irgendeine Änderung scheint hier unvermeidlich."

In dem Bericht Beaumonts vom 31. März heißt es: „Seit unserer Ankunft sind wir zu der Überzeugung gekommen, daß die Regelung der polnischen Frage in Paris zu dem Zweck absichtlich ersonnen worden sein muß, […] um eine offene Wunde zwischen Polen und Deutschland zu lassen, die durch die Zeit eher vergiftet als geheilt werden wird."

Am 12. April erläßt die Kontrollkommission Verordnungen über die Durchführung der Abstimmung. Danach ist stimmberechtigt, wer am 1. Januar 1920 das 20. Lebensjahr vollendet hat, im Abstimmungsgebiet geboren wurde oder mindestens seit dem 1. Januar 1905 (Gebiet Allenstein) bzw. dem 1. Januar 1914 (Gebiet Marienwerder) dort seinen Wohnsitz hat. Abgestimmt wird in der Gemeinde, die Wohnsitz, Aufenthalts- oder Geburtsort ist.

Am 29. April 1920 schreibt Beaumont an Unterstaatssekretär Sir E. Crowe: „Wir kamen alle mit Sympathien für Polen hierher, aber seitdem wir die Dinge aus unmittelbarer Nähe gesehen haben, haben wir alle, auch die Franzosen, unsere Ansichten geändert. Sogar der preußische Militarismus war harmlos, verglichen mit dem, was überall an unseren Grenzen vor sich geht. Unser Eindruck ist, daß ein Angriff von seiten Polens wahrscheinlicher als von seiten Deutschlands ist."

Am 15. Juni 1920 berichtet Beaumont aus Marienwerder: „Seit dem 21. Mai ist die Hauptlinie Marienburg – Dirschau – Schneidemühl für jeden Verkehr zwischen Ostpreußen und Deutschland geschlossen. Das Ergebnis ist der fast völlige Stillstand des Eisenbahnverkehrs durch den Korridor […] Eine neue Anordnung ab 15. Juni sperrt jeden Personendurchgangsverkehr zwischen Ostpreußen und Deutschland über Danzig und Neustadt, die einzige noch verfügbare Linie, weshalb die Verbindung nunmehr allein auf die Linie Marienwerder – Schmentau – Czersk beschränkt ist, auf der nur langsame Personenzüge verkehren und der Transitverkehr auf die Tageszeit beschränkt ist."

Als es offensichtlich wurde, daß die alliierte Kontrollkommission trotz aller polnischen Bemühungen im allgemeinen unbeeinflußt blieb und tatsächlich eine ehrliche Abstimmung durchführen würde, in der die Polen nicht die geringste Aussicht haben würden, machten sie am 22. Juni den Vorschlag, die Abstimmung fallenzulassen. Polen wolle sich dann mit den vier Kreisen Allenstein Stadt und Land, Osterode und Neidenburg begnügen, während die anderen sieben bei Ostpreußen bleiben dürfen. Von deutscher Seite wurde dieses „großzügige Anerbieten" abgelehnt.

Am 24. Juni berichtet Rennie an die Botschafterkonferenz in Paris über die Maßnahmen, die von der Kommission zur Erfüllung polnischer Forderungen durchgeführt wurden: Den alliierten Kreisoffizieren wurden Polen beigeordnet. In die Kontrollkommission und Abstimmungskomitees wurden Polen aufgenommen. Vorsitzende der Komitees wurden ausgewechselt, die Abstimmungsregeln geändert. Besondere Paßbüros wurden in Soldau, Graudenz und Posen eingerichtet, um Polen die Einreise zu erleichtern. Dem Generalinspekteur der Polizei wurde ein polnischer Offizier beigeordnet. Polizisten und Lehrer wurden aus dem Dienst entfernt, weil die Polen ihnen Parteilichkeit vorwarfen. Polnischen Versammlungen wurde besonderer Schutz gewährt.

Nachdem Rennie feststellt, daß die Masuren sich weigern von polnischen Agenten gewonnen zu werden, berichtet er am 2. Juli 1920 aus Allenstein: „Trotz des Protestes der Alliierten Verbindungskommission in Konitz ist über 700 Deutschen in den ersten beiden Wählerzügen die Durchfahrt durch den Korridor verweigert worden." Am 5. Juli berichtet er, daß angesichts der nahen Abstimmung die Bevölkerung sich ruhig verhält: „Die polnische Haltung ist jedoch provozierend; zum Beispiel sind Gerüchte verbreitet worden, daß sofort nach der Abstimmung polnische Truppen in das Gebiet einrücken werden. Deutsche Wähler aus dem Korridor haben mit harten Repressalien zu rechnen [...]"

Am 9. Juli telegraphiert Beaumont an das Foreign Office: „Grenzpolizei hat 37 Polen verhaftet, die in der Nacht des 7. Juli in das Gebiet übertraten. Sie waren mit Bomben und Messern bewaffnet. Die Pässe waren alle am selben Tag in Graudenz ausgestellt und von der französischen Militärmission mit Visen versehen. Alle Männer sind Soldaten der polnischen Armee. Sie sagen aus, daß sie einer Truppe angehören, die zur Verfügung eines Propagandakomitees in Marienburg und Allenstein steht." Und am nächsten Tag telegraphiert er: „Weitere 76 Polen sind verhaftet worden, die unter verdächtigen Umständen oder ohne Pässe das Abstimmungsgebiet betraten. Alle haben in Graudenz Anweisung erhalten, sich beim hiesigen polnischen Komitee zu melden. Unter ihnen sind Soldaten des 55. Infanterieregiments aus Thorn, die zu einem Sonderauftrag abgestellt sind."

Ab 1. Juli treffen die ersten Stimmberechtigten aus dem Reich ein. Unter größten Schwierigkeiten kamen 157.074 heimattreue Ostpreußen und 24.000 Westpreußen aus allen Teilen des Reiches und wurden jubelnd in der Heimat begrüßt. Obwohl die überwiegende Mehrheit der Stimmen für Deutschland durch die Einheimischen ausreichend gesichert war, ließen es sich diese Landsleute nicht nehmen, auch ihre Stimmen abzugeben. Bei einer Kundgebung heimattreuer Ostpreußen in Gelsenkirchen am 6. Juli 1920 wurde folgende Entschließung verabschiedet: „Die Ostpreußen des rheinisch-westfälischen Industriebezirks in mehr als 1.000 Vertretern aller landsmännischen Vereinigungen heute zu Gelsenkirchen versammelt, beklagen bitter die Ohnmacht unseres Vaterlandes, welche es unmöglich macht, den unerhörten Ansprüchen Polens auf den seit Jahrhunderten deutschen Boden unserer altpreußischen Heimat kraftvoll entgegenzutreten. Daß jeder rechte Masur bei der Volksabstimmung seinem deutschen Vaterlande die Treue halten wird, ist unsere feste Zuversicht, und daß auch wir für unsere Heimat eintreten und unsere Stimmen in die Waagschale werfen, erscheint uns als selbstverständliche Dankespflicht."

Da die Polen diesen Personen größte Schwierigkeiten bei der Durchreise durch den Korridor bereiteten und vielen die Durchreise verweigerten, wurde der „Seedienst Ostpreußen" erweitert. Diese Seeverbindung war erst am 1. Februar 1920 in Betrieb genommen worden. Nun war es notwendig, eine große Anzahl in Ostpreußen geborene, im Westen lebende Wahlberechtigte über diese Brücke von pommerschen Häfen nach Pillau zu befördern. Dazu reichten die beiden kleinen Dampfer des Seedienstes nicht aus. In Kolberg und Swinemünde sammelten sich die Schiffe, die Deutschland noch besaß, darunter die Bäderdampfer von Helgoland und Rügen, Eisenbahnfähren, acht alte, abgerüstete Torpedoboote und ein dänisches Schiff. Damit wurden insgesamt 89.637 Personen zur Abstimmung und 67.636 zurücktransportiert.

Die Abstimmung fand am 11. Juli 1920 statt und vollzog sich überall in Ruhe und Ordnung. Sie fiel im ganzen Abstimmungsgebiet wie erwartet oder sogar weit über den Erwartungen aus. Im Allensteiner Gebiet wurden 97,85 Prozent der gültigen Stimmen, im Gebiet Marienwerder 92,42 Prozent für Ostpreußen abgegeben, in Masuren waren es sogar 99,3 Prozent. Den alliierten Wahlüberwachungskommissionen zeigte sich das Ausmaß der polnischen Lügen. Der Vertreter Frankreichs soll ausgerufen haben: „Das ist unglaublich!"

Die Abstimmung rettete nicht nur die beiden gefährdeten Teile Ost- und Westpreußens für Deutschland, sie zeigte auch deutlich aller Welt das Unrecht des Friedensdiktats, dem zufolge das übrige Westpreußen und das Memelland ohne Befragung der Bewohner von Deutschland abgetrennt worden waren. Sie ließ keinen Zweifel darüber, daß sich auch in diesen Landesteilen eine einwandfreie Mehrheit für Deutschland ergeben hätte.

Die Abstimmung zeigte aber auch, daß die 300 Jahre lange polnische Herrschaft im Ermland nicht spurlos vorübergegangen war. Während von der überwiegend evangelischen Bevölkerung in den Kreisen entlang der polnischen Grenze erstaunlich wenige Stimmen für Polen abgegeben wurden, wollten über 13 Prozent der Katholiken im Landkreis Allenstein lieber zu Polen gehören. Der höchste Prozentsatz polnischer Stimmen wurde im Kreis Stuhm abgegeben, wo im Grenzgebiet einige Dörfer und eine Anzahl Güter mehrheitlich für einen Anschluß an Polen stimmten. In den einzelnen Kreisen war das Abstimmungsergebnis folgendes:

	insgesamt	gültig	für Ost-preußen	für Polen	für Polen
Gebiet Allenstein	371.715	371.189	363.209	7.980	2,15 %
Marienwerder Land	105.004	104.841	96.894	7.947	7,48 %
Ortelsburg	48.780	48.715	48.204	511	1,0 %
Osterode	47.482	47.428	46.385	1.043	2,2 %
Lyck	36.611	36.578	36.534	44	0,12 %
Allenstein Land	36.573	36.388	31.486	4.902	13,5 %
Rößel	36.039	36.010	35.252	758	2,1 %
Rosenberg	34.628	34.571	33.498	1.073	3,1 %
Sensburg	34.372	34.359	34.334	25	0,07 %
Johannisburg	34.069	34.050	34.036	14	0,04 %
Lötzen	29.401	29.387	29.378	9	0,03 %
Oletzko (Treuburg)	28.650	28.627	28.625	2	0,01 %
Marienwerder Stadt	27.422	27.386	25.607	1.779	6,48 %
Stuhm	24.958	24.888	19.984	4.904	19,65 %
Neidenburg	22.600	22.563	22.233	330	1,5 %
Marienburg	17.996	17.882	17.805	191	1,0 %
Allenstein Stadt	17.138	17.084	16.742	342	2,0 %
insgesamt	**476.719**	**476.030**	**460.103**	**15.927**	**3,35 %**

Daß dieses Ergebnis nicht, wie die Polen behaupten, durch Wahlbeeinflussung zustande kam, zeigten die Reichstags- und Gemeindewahlen vom 4. Mai 1924, bei denen es nicht mehr um die polnische Frage ging. Das Ergebnis blieb das gleiche; nur etwa zweieinhalb Prozent polnische Stimmen wurden abgegeben.

Obwohl polnische Vertreter in allen Kommissionen und in jedem Kreis die Abstimmung mit überwacht und sich von der korrekten Durchführung überzeugt hatten, protestierte Polen am 15. Juli gegen die Abstimmung und lehnte die Anerkennung des Ergebnisses ab. Die Siegermächte mußten aber notgedrungen das Ergebnis respektieren. Am 12. August sprach die Botschafterkonferenz in Paris das Abstimmungsgebiet widerwillig Deutschland zu. Am 16./17. August 1920 wurde es wieder von der preußischen Verwaltung übernommen. Die Abstimmung hatte gezeigt, daß keine Deutschen unter polnischer, aber die Mehrzahl der Polen lieber unter deutscher Herrschaft leben wollten. Die Polen und ihre alliierten Freunde hatten sich vor aller Welt blamiert. Das durfte nicht noch einmal passieren. Die Abstimmung in Oberschlesien im März 1921 zeigte dann, daß eine Volksbefragung auch anders durchgeführt werden konnte.

Schon bei der Festlegung der neuen Grenze brach die Entente ihr eigenes Diktat und setzte sich ohne jedes Unrechtsbewußtsein über das Ergebnis der Abstimmung hinweg. Der Artikel 28 bis 30 hatte die Hauptfahrrinne der Weichsel als Grenze bestimmt. Auf polnischen Wunsch wurde sie jedoch auf das östliche Ufer verlegt. Die von einem Franzosen geleitete Kommission für die Grenzziehung bezog sogar noch die östlich der Weichsel gelegenen Dörfer Neu-Liebenau, Kleinfelde, Kramersdorf, Außendeich und Johannisdorf des Kreises Marienwerder, ebenso den wichtigsten Hafen Kurzebrack mit allen Anlagen, mit ein. Dazu wurde die Eisenbahnbrücke der Bahn Marienwerder-Münsterwalde mit ihrem Brückenkopf und innerem Deich sowie das Gebiet bis zum weit entfernten zweiten Deich den Polen zugeteilt.

Am 15. April 1920 protestiert die Reichsregierung gegen diese Entscheidung des Pariser Botschafterrates. Die Note schließt: „Der Friedensvertrag sieht für Polen nur ein Stromaufsichtsrecht vor, das in keiner Weise die Begründung zu territorialen Gebietsansprüchen geben kann [...] Es wäre ein Widersinn, die Bevölkerung eines Landstreifens zur Abstimmung über ihr künftiges Schicksal aufzufordern, wenn von vornherein feststeht, daß über ihr Schicksal ohne Rücksicht auf die Abstimmung negativ entschieden werden muß."

Selbstverständlich war der Einspruch vergebens. Es gab keine Gerechtigkeit für Deutschland, das nun auch im Osten von der Weichsel abgeschnitten war. Polen hatte aber drei strategisch wichtige Brückenköpfe auf der Ostseite der Weichsel in seiner Hand. Bei allen Maßnahmen zeigte sich der Grundsatz der Alliierten, daß bei ihnen Gewalt vor Recht ging. Die Grenze, die das Deichsystem siebenmal durchschnitt, verhinderte einen wirksamen Deichschutz durch Deutschland, und gefährdete aufs höchste die Marienwerderer und auch die Marienburger Niederung. Als Gipfel des Unrechts wurde der im Versailler Diktat vorgesehene Zugang Ostpreußens zur Weichsel auf einen praktisch wertlosen vier Meter breiten Weg beim Hafen Kurzebrack beschränkt, der obendrein durch Schlagbaum und Grenzposten gesperrt wurde.

Im Süden des Kreises Marienburg durften die Polen den Bahnhof Garnsee in Besitz nehmen. Die Stadt mußte sich von jetzt ab ohne Bahnhof behelfen, bis 1927 ein neuer eingerichtet werden konnte. Vom Kreis Osterode wurden die Dörfer Klein Lobenstein, Klein Nappern und Groschken abgetrennt, die am 31. Oktober 1920 Polen übergeben werden mußten. All das mußte sich Deutschland gefallen lassen und jeden Rechtsbruch hinnehmen, obwohl die überwältigende Mehrheit beider Abstimmungsgebiete für Deutschland gestimmt hatte.

Um die Bahnlinie Mlawa-Thorn auf ihrer ganzen Länge in polnische Hand zu bringen, hatten die Alliierten schon vor der Abstimmung den Bahnknotenpunkt Soldau mit dem umliegenden Gebiet (501 qkm mit 24.767 Einwohnern) ohne Abstimmung und gegen den mehrfach bekundeten Willen der fast rein deutschen Bewohner Polen zugeteilt. Die alte Grenze war 1343 zwischen dem Ordensland und Masowien festgelegt und seither nie verändert worden.

Die Münsterwalder Eisenbahnbrücke – von Deutschland von 1906 bis 1909 mit einem Kostenaufwand von neun Millionen Mark erbaut – wurde von den Polen 1928 bis 1930 abgebaut und fortgeschafft. Ebenso wurde die Straßenbrücke über die Weichsel bei Mewe von den Polen beseitigt.

Demokratie, Feinddiktatur, Inflation

Die unmöglichen Reparationsforderungen sowie die schwere Bedrückung auf allen Gebieten verursachten wirtschaftliche Unsicherheit, wilde Parteienkämpfe und eine sich zunehmend verschlechternde Notlage, die schließlich zu Inflation und wirtschaftlichem Zusammenbruch führte. Der tägliche Kampf, dem Hunger zu entgehen, erfaßte immer breitere Volksschichten. Besonders hart war das Los der vielen Kriegswitwen, vor allem wenn sie noch Kinder zu versorgen hatten.

Die deutsche Leistungsfähigkeit war im November 1918 auf 28,36 Milliarden Goldmark geschätzt und im März 1919 auf 33,82 Milliarden erhöht worden, jedoch unter der Voraussetzung, daß das deutsche Privateigentum im Ausland, der öffentliche Besitz in den abgetretenen Gebieten und die Handelsflotte Deutschland belassen bzw. als Reparationen angerechnet werden würden. Aus den Beständen der Reichsbank konnten nur 2,3 Milliarden Goldmark und 0,5 Milliarden Silbermark abgeliefert werden. Da die Mark nun ohne Gold- und Silberdeckung war, verlor sie zunehmend an Wert. Im Dezember 1919 entsprachen zehn Reichsmark einer Goldmark.

Da das Versailler Diktat die Höhe der Reparationen offengelassen hatte, werden die Forderungen immer höher geschraubt. In England gewinnt den Wahlkampf derjenige, der von Deutschland die höchste Summe zu fordern verspricht. Die Sieger wollen jetzt einen hohen Lebensstandard haben, dessen Kosten Deutschland aufbringen soll. Schließlich reden die Politiker von utopischen Summen von bis zu 800 Milliarden Goldmark. Als Vergleich: Das gesamte deutsche Nationalvermögen betrug bei Kriegsausbruch 300 Milliarden Goldmark.

In Deutschland haben sich die politischen Unruhen bis zu Straßenschlachten gesteigert. Radikale Parteien kämpfen gewalttätig um die Macht. Im Januar 1920 randalieren Kommunisten (KPD) und Sozialisten (USPD) vor dem Reichstag. Es gibt 42 Tote und fast 100 Verletzte. Das Volk schiebt die Schuld an den chaotischen Zuständen auf die Regierung, die das Erbe des verlorenen Krieges angetreten hat.

Am 13. März 1920 versucht der ostpreußische Landschaftsdirektor Wolfgang Kapp die Reichsregierung zu stürzen. Truppen besetzen die Regierungsgebäude in Berlin, und die geflohene Regierung ruft von Stuttgart zum Generalstreik auf. Nach blutigen Kämpfen in vielen Städten bricht der Kapp-Putsch zusammen. Die Berliner Unruhen wirken sich auch in Ostpreußen aus. Kapp hatte viel für die vom Reich abgeschnittene Provinz getan. Mit ihm mußten auch der Oberpräsident Winnig und der kommandierende General v. Estorff, die sich auf seine Seite gestellt hatten, abtreten. Kapp floh, stellte sich aber 1922 und starb im Gefängnis. Als neuer Oberpräsident wurde Rechtsanwalt Ernst Siehr aus Insterburg (bis 1932) eingesetzt. Trotz allen Aufruhrs und der allgemeinen Notlage wurde am 26. September 1920 die erste Deutsche Ostmesse in Königsberg eröffnet.

Im Ruhrgebiet nutzen die Kommunisten den Putschversuch zum Aufstand. Ihre „Rote Armee" besiegt die nationalen Freikorps und bringt fast das ganze Ruhrgebiet in ihre Hand. Erst nach schweren Kämpfen können Truppen im April die Ordnung wieder herstellen. Frankreich nimmt den Einsatz der Truppen zum Anlaß, den Maingau und Frankfurt am Main zu besetzen. Im Zentrum der Stadt (Hauptwache) feuern sie mit Maschinengewehren auf wehrlose Zivilisten, wobei es Tote und Verletzte gibt.

Nachdem die Abstimmung in Ostpreußen nicht zu dem erwarteten Erfolg geführt hat, beschließen die Sieger die ebenfalls im Vertrag von Versailles vorgesehene Abstimmung für Eupen und Malmedy einfach nicht durchzuführen. Die Gebiete werden am 20. September 1920 ohne Volksbefragung Belgien übergeben.

Die deutschen Flüchtlinge, die aus den von Polen übernommenen Gebieten im Reich eintreffen, berichten über die grausame Bedrückung der Deutschen. Während sich Polen im Minderheitenschutzvertrag am 28. Juli 1919 verpflichtete, die Rechte der Deutschen sowie aller anderen Minderheiten zu achten und garantieren, betrieben sie zur gleichen Zeit die ersten zwei Konzentrationslager Mitteleuropas in Szczypiorne und Stralkowo im Posener Gebiet.

In seiner Denkschrift an den britischen Außenminister Balfour hatte Dmowski erklärt: „Das heutige Danzig ist deutsch, aber unter normalen Bedingungen, d.h. unter Bedingungen einer natürlichen wirtschaftlichen Entwicklung, wird es unweigerlich eine polnische Stadt werden." Wie eine „natürliche Entwicklung" unter polnischer Herrschaft aussah, konnte man am Beispiel Thorns sehen. Von den 30.509 deutschen Einwohnern des Jahres 1910 (Gesamteinwohnerzahl 46.227) waren 1921 nur noch 4.923 vorhanden. Seit dem Inkrafttreten des Friedens (Januar 1920) waren also 25.586 Deutsche aus Thorn verschwunden. Um diese rapide „natürliche Entwicklung" weiterzubetreiben, fordert der Starost (Landrat) Kasprzak in einer öffentlichen Rede auf dem Marktplatz in Reichthal (südlichste Stadt der Provinz Posen) die Polen auf: „Die Peitsche auf sie!" Mit Peitsche und Knüppel müssen die Deutschen aus Polen gejagt werden. Die Entdeutschung ist das Hauptziel der Regierung.

Einen ausführlichen Bericht über die Zustände in Westpreußen erstattete der Staatskommissar für öffentliche Ordnung im September 1920: „Das heutige Polen bemüht sich, die Schrecken des Thorner Blutgerichts, das vor fast 200 Jahren das Entsetzen der damaligen Welt erregte, in den Schatten zu stellen. Unerhörte Grausamkeiten und Gewalttaten, Vergewaltigungen von deutschen Frauen und Mädchen, Untersuchungsmethoden, die an die grausamsten Foltern des Mittelalters erinnern, sind an der Tagesordnung. In einigen Teilen Pommerellens ist die Furcht vor der polnischen Bürgerwehr so groß, daß die Deutschen nachts im Freien bleiben, um beim Herannahen dieser Horden besser fliehen zu können."

Die Reichsregierung zählt in ihrer Note an die polnische Regierung vom 20. November 1920 seitenlange Fälle auf, in denen Deutsche enteignet, mißhandelt, gefoltert, vergewaltigt und ermordet wurden und schließt: „Die vorgehende Zusammenstellung erbringt den erdrückenden Beweis, daß die Deutschen in Polen keineswegs die zugesagte Gleichberechtigung genießen, sondern daß sie fast überall als vogelfrei gelten [...]"

Die Polen führten aber ihre Ausrottungspolitik unbekümmert weiter fort. Selbst in großen Städten gab es 1921, unter den wohlwollenden Augen von Polizei und Militär, die schlimmsten Ausschreitungen gegen Deutsche.

Polen ist entschlossen, das Industriegebiet Oberschlesiens in Besitz zu nehmen. Da dies durch eine ehrliche Abstimmung nicht zu erreichen ist, soll die Bevölkerung durch grausamen Terror dazu gezwungen werden. Als im Februar 1920 die deutschen Truppen das Gebiet verlassen und die preußische Polizei durch eine Abstimmungspolizei ersetzt wird, sind die Deutschen schutzlos. Das Gebiet wird in überwiegender Mehrzahl von Franzosen besetzt, die offen mit den Polen zusammenarbeiten, den Terror dulden und die polnischen Banden mit Waffen versorgen. Massenweise werden Deutsche gefoltert, verstümmelt, totgeschlagen und ihre Leichen geschändet. Dörfer werden ausgeraubt und in Brand gesteckt, an der Grenze sogar mit Artillerie beschossen. Jede deutsche Arbeit zur Abstimmung ist fast unmöglich. Deutsche Versammlungen werden mit Handgranaten auseinandergesprengt. Allein von den Vertrauensleuten der deutschen Verbände werden etwa 150 ermordet. Selbst am hellen Tage werden Passanten in belebten Straßen ausgeplündert und fast nackt ausgezogen. Obwohl Engländer und Italiener gewillt sind, eine ehrliche Abstimmung durchzuführen, sind sie gegen die beherrschende Stellung der Franzosen machtlos. Sogar der Vatikan sieht sich gezwungen, das Verhalten des polnischen Klerus, der mit allen Kräften den brutalen Kampf gegen die Deutschen fördert, öffentlich scharf zu verurteilen.

Trotz dieses Terrors erbringt die Abstimmung am 20. März 60 Prozent der Stimmen für Deutschland. Damit ist der Verbleib Oberschlesiens beim Deutschen Reich eindeutig festgelegt. Dennoch dulden die Alliierten, daß polnische Truppen, als Freikorps getarnt, am 17. August 1921 Oberschlesien besetzen. Deutschland darf keine Truppen einsetzen, aber Freikorps, die nur mangelhaft mit Gewehren bewaffnet sind, treiben die Polen, die über Maschinengewehre und Artillerie verfügen, aus dem Land. Trotzdem entscheiden die Alliierten, daß der wertvollste Teil des Industriegebietes (3.213 qkm mit 980.000 Einwohnern), entgegen dem Abstimmungsergebnis, Polen übergeben werden muß.

Im polnischen „Korridor" – er wurde von dem polnischen Delegationsführer Dmowski bei den Pariser Verhandlungen erstmalig so genannt – trennte nicht nur Ostpreußen vom Reich, sondern er durchschnitt auch die natürlichen Wirtschaftsbeziehungen, die in Jahrhunderten entstanden waren. Ostpreußen mußte sich neue Märkte über weite Entfernungen erschließen, da der größte Teil der bisherigen Absatzgebiete jetzt in polnischer Hand war. Allein mit Posen und Westpreußen war z.B. 1913 ein Umsatz von 200.000 Tonnen und etwa 215.000 Stück Vieh getätigt worden. Die katastrophalen Folgen der Grenzziehung zeigten sich zunächst am Rückgang des Verkehrs. 1913 verkehrten in diesem Gebiet täglich 382 Personen- und 503 Güterzüge, jetzt waren es noch 200 Personen- und 80 Güterzüge. 61 Eisenbahnlinien wurden zerrissen, 34 weitere blockiert. Im Straßenverkehr sind nur einige Hauptstraßen für den Durchgangsverkehr nach Polen freigegeben, während die übrigen verfallen.

Die Transportkosten stiegen enorm an, zumal auch die Weichsel, bisher eine wichtige und vielbenutzte Wasserstraße, ausfiel. Zwar war der Eisenbahnverkehr durch das Pariser Abkommen vom 21. April 1921 geregelt worden, das einen beschränkten Verkehr zuließ, aber schikanöse Maßnahmen der Polen erschwerten und verteuerten den Verkehr erheblich. An den Personenzügen wurden von polnischem Militär alle Fenster geschlossen und die Türen verriegelt. Den Reisenden wurde gedroht, daß die Bahnlinie bewacht sei und der Zug beschossen werden würde, wenn auch nur ein Fenster geöffnet würde.

Auf die Wirtschaft der Insel Ostpreußen wirkten diese Zustände äußerst nachteilig. Sie trafen das Land zu einer Zeit, als die Wirtschaft im Reich unter den Gewaltmaßnahmen der Siegermächte zusammenzubrechen drohte. An der neuen Grenze entstanden unerträgliche Erschwernisse. Die Absperrung von den bisherigen Märkten, nötigt die Bauern zu weiten Fahrten, um ihre Produkte umzusetzen. Bei Marienwerder dürfen die Besitzer der Außendeichländereien diese nur zu bestimmten Zeiten und auf vorgeschriebenen Wegen betreten. Zu ihrem dort weidenden Vieh gelangen sie, statt in Minuten, erst auf weiten Umwegen. Die Folge dieser Belastungen ist die hohe Verschuldung der Landwirtschaft, die in Ostpreußen doppelt so hoch wie der Reichsdurchschnitt ist. Da die kleinen Städte der Grenzgebiete von der umwohnenden Landbevölkerung lebten, zog ihre Not auch die Not dieser Städte mit sich. Dazu kam, daß ein großer Teil von diesen ihr naturgemäßes Kundengebiet durch die Grenzziehung verloren hat. Bischofswerder z.B. hat von 56 Orten, die dort einkauften, 52 verloren. Von 24 Ladengeschäften sind neun eingegangen, von 44 Handwerksbetrieben bestehen nur noch 17.

Ebenso katastrophal sind die Auswirkungen der Grenzziehung in den industriellen Gebieten. Eine Zuckerfabrik in Marienwerder, die 300 Arbeiter beschäftigt hatte, mußte stillgelegt werden, da ihr Absatz nach Westpreußen gegangen war. Tilsits blühende Holzindustrie wurde durch die Sperrung der Memel zum größten Teil vernichtet; 13 Sägewerke mußten schließen.

Das Mißverhältnis zwischen erhöhtem Geldbedarf und verminderter Erzeugung macht eine gesunde Finanzwirtschaft unmöglich. In Tilsit z.B. haben sich die Steuern verdreifacht, die Ausgaben aber verzehnfacht. Den Grenzkreisen erwuchs, neben gesteigerten Wohlfahrtsausgaben, die Notwendigkeit zu neuen Straßenbauten und verlorengegangenen Einrichtungen. Sie haben in der Regel den dreifachen Finanzbedarf der Vorkriegszeit. Der Kreis Marienwerder lag bis 1920 beiderseits der Weichsel. Sein Hafen Kurzebrack, der 1913 einen Umschlag von 14.000 Tonnen hatte, ist tot, obwohl er jetzt Ostpreußens einziger Zugang zur Weichsel ist. Der Kreis mußte für Wegebauten fast zwei Millionen, für Krankenhäuser und ähnliche Einrichtungen eine Million, für Schulbauten 600.000 und für Flüchtlinge 400.000 Mark ausgeben.

Auf der Pariser Wirtschaftskonferenz im Januar 1921 hatte der englische Finanzfachmann J.M. Keynes vergeblich vor den Schäden für die Wirtschaft gewarnt, wenn aus Deutschland ein Armenhaus gemacht wird. Er wies auch auf die Folgen hin, die die deutschen Reparationsgüter und Gelder der Weltwirtschaft zufügen. Trotzdem forderten die Sieger 269 Milliarden Goldmark, zahlbar in Jahresraten von drei Milliarden. Diese unmöglich zu erfüllende Forderung lehnte die Reichsregierung ab. Darauf setzte die Reparationskommission auf der Londoner Konferenz (21. Februar bis 14. März 1921) die Schuldsumme auf „nur" 132 Milliarden Goldmark fest, die in Gold-Zwanzigmarkstücken aneinandergereiht, angeblich bis zum Mond reichen würden. Dazu keine Anrechnung der bisherigen Leistungen an Waren und Geld, des konfiszierten Auslandbesitzes, der Handelsflotte usw. Lloyd George stellte fest, daß die Summe fast dem Vierfachen des gesamten Goldbestandes der Erde entspricht. Die bedingungslose Annahme wird am 5. Mai durch ein Ultimatum – Androhung einer neuen Hungerblockade und Besetzung des Ruhrgebietes – erzwungen.

Die Summe war bewußt so hoch angesetzt, daß sie nicht abgetragen werden konnte. Die deutsche Leistungsfähigkeit sollte mit Mühe und Not nur für die Zinsen reichen. Um den Druck auf Deutschland zu verschärfen, besetzten die Alliierten Düsseldorf, Duisburg, den Ruhrort Mühlhausen und Oberhausen. Den Deutschen wurde täglich gezeigt, daß sie fortan Sklaven der Alliierten sind und Gewalt und Macht an die Stelle von Recht und Wahrheit getreten sind.

Die Reparationen brachten die deutsche Wirtschaft aus dem Gleichgewicht und wirkten sich schließlich auf die Weltwirtschaft verhängnisvoll aus. Die Mark verlor zunehmend weiter an Wert; Ende Oktober 1922 entsprachen 1.000 Reichsmark einer Goldmark.

Rußland stand als ehemaliger Gegner Deutschlands nicht auf seiten der Sieger. Lenin weigerte sich, die Schulden des Zarenreiches zu übernehmen, worauf die Westmächte zu Gegnern der Sowjets wurden. Als militärische Interventionen fehlschlugen, versuchten die Westmächte mit politischem und wirtschaftlichem Druck ihr Ziel zu erreichen. Als sie der Sowjetunion anboten, den Versailler Vertrag nachträglich zu unterschreiben, um von Deutschland Reparationen zu erhalten und damit die Schulden zu bezahlen, nahmen Deutschland und Sowjetrußland während der Wirtschaftskonferenz in Genua 1922 mit dem sog. Rapallo-Vertrag diplomatische und wirtschaftliche Beziehungen auf.

Am 13. Mai 1922 wird zum erstenmal der Muttertag gefeiert. Weil deutsche Sportler von den Olympischen Spielen ausgeschlossen sind, werden am 18. Juni 1922 die Deutschen Kampfspiele in Berlin eröffnet.

Der neue französische Ministerpräsident, Raymond Poincaré, hatte seinen Wählern versprochen, Deutschland wie einen Schwamm auszupressen. Ihm genügt das Versailler Diktat nicht; er will Deutschland in mehrere Staaten aufteilen und vor allem das Ruhrgebiet besetzen und ausbeuten. Obwohl Deutschland, nach Stresemanns Worten, „die Grenzen des Tragbaren in Erfüllung des Friedensdiktats weit überschritten hat", läßt Poincaré am 11. Januar 1923 das Ruhrgebiet besetzen. Als Vorwand gibt er an, daß von den geforderten 200.000 cbm Telegraphenmasten am Stichtag 185 cbm gefehlt hätten und auch die Kohlenlieferungen nicht termingerecht erfolgt wären. Für Frankreich ist der Friede nur ein Wechsel der Waffen, mit denen der Krieg weitergeführt wird. Nach dem Verlust des oberschlesischen Industriegebietes muß der Verlust des Ruhrgebiets Deutschland endgültig vernichten. Die Lieferung von Kohle in alle Teile des Reiches, die nicht von Alliierten besetzt sind, hört mitten im Winter auf. Der größte Teil der Industrie im ganzen Reich ist dadurch lahmgelegt. Poincaré erklärt: „Wir müssen so handeln, daß unsere besiegten Gegner nicht in der Lage sind, die Friedensbedingungen zu erfüllen. Der Plan zur Besetzung des Ruhrgebiets war seit langer Zeit fertig."

Die Reichsregierung verkündet den passiven Widerstand. Die widerstrebenden Ruhrarbeiter werden mit Massenverhaftungen, enormen Geld- und Gefängnisstrafen sowie Erschießungen gezwungen, für Frankreich zu arbeiten. Bei einer Demonstration der Krupp-Arbeiter werden 13 erschossen und 30 verwundet. Der Besitzer und die Direktoren von Krupp erhalten 15 und 20 Jahre Zuchthaus. Insgesamt werden 131 Deutsche erschossen und über 100.000 aus dem Ruhrgebiet ausgewiesen.

Die USA verurteilen diesen französischen Gewaltakt und England erklärt: „Die Besetzung des Ruhrgebiets ist ein Überfall in Friedenszeit und ein Bruch des Versailler Friedensvertrages." Obwohl die Alliierten schon viele Male ihr Diktat gebrochen hatten, wurde später fälschlich behauptet, daß Hitler *erstmalig* den Friedensvertrag gebrochen habe.

Da Deutschland sein wichtigstes Industriegebiet verloren hat, die Ruhrbevölkerung aber unterhalten muß, kann die Wirtschaft nur noch durch ständig neugedrucktes Geld in Gang gehalten werden, das keine Deckung hat und unweigerlich zum Staatsbankrott führen muß. Beim Beginn der Ruhrbesetzung entsprach eine Goldmark noch 2.612 Reichsmark. Dann aber sank die Mark rapide und stand zur Goldmark:

am 31. Januar 1923	1:12.250
im Juni	1:25.000
am 20. Juli	1:100.000
am 16. August	1:1 Million
am 2. Oktober	1:100 Millionen
am 11. Oktober	1:1 Milliarde
am 19. Oktober	1:10 Milliarden
am 15. November	1:1 Billion

Einfache Leute, die ihr Leben lang nur mit Mark und Pfennigen gerechnet hatten, waren nicht in der Lage, auf einmal in Millionen und Milliarden zu rechnen. Andere horteten Waren aller Art, um möglichst keine überflüssige Mark dieses ständig wertverlierenden Geldes über Nacht zu behalten. Die Inflation nahm vor allem dem Mittelstand das letzte ersparte Geld. Der Staat, dem sie ihre Ersparnisse anvertraut hatten, wälzte seine Schulden auf die Bürger ab. Der Wirtschaftswissenschaftler Arthur Rosenberg nannte die Inflation „eine der größten Räubereien der Weltgeschichte".

Das Ausmaß der Not zeigt sich auch in dem enormen Anstieg der deutschen Auswandererzahlen. Der jährliche Durchschnitt von etwa 17.000 steigt 1923 auf fast 120.000, von denen die meisten in die USA auswandern.

Während die ärmeren Volksschichten, besonders kleine Sparer und Rentner ins Elend gestürzt wurden, war die Inflation für Großindustrielle, Großgrundbesitzer und Finanzspekulanten eine goldene Zeit. Da die Gerichte bis fast zum Ende den unrealistischen Grundsatz „Mark ist Mark" vertraten, wurden Kredite mit wertloser Papiermark abgezahlt und in Konkurs geratener Besitz damit aufgekauft. Wer Zugang zu ausländischer Währung hatte, konnte für lächerliche Summen Millionenwerte zusammenraffen. Der bekannte Hugo Stinnes erwarb ein ganzes Wirtschaftsimperium. Sogar in einem kleinen ermländischen Dorf ließ ein altes Mütterchen vom Pfarrer eine Messe lesen, damit diese herrliche Zeit noch recht lange dauern möge, denn ihre Familie hatte zwei in Konkurs geratene Bauernhöfe im Dorf aufkaufen können.

In dieser Not werden die politischen Kämpfe immer brutaler. Unter dem Schutz französischer Truppen rufen Separatisten im Oktober 1923 in Aachen eine „Rheinische Republik", drei Tage später in Speyer einen „Autonomen Pfalzstaat" aus. In Sachsen übernehmen Kommunisten die Regierung. Im gleichen Monat versuchen Kommunisten, beraten von sowjetischen Offizieren, einen Aufstand in Hamburg unter streikenden Werftarbeitern in Gang zu setzen. Im Oktober und November werden kommunistische Koalitionsregierungen in Sachsen und Thüringen von Reichswehrtruppen zerschlagen, wobei es Kämpfe und Exekutionen gibt.

Die Alliierten diskutieren noch immer, ob sie das Memelland Polen oder Litauen geben oder einen Freistaat daraus machen sollen. Daß es weiterhin bei Deutschland bleiben könne, wie es die Bevölkerung oft und deutlich zum Ausdruck gebracht hat, kommt natürlich nicht in Frage. Der Wilson-Punkt des Selbstbestimmungsrechts, eine der Hauptgrundlagen des Waffenstillstands, wird der Bevölkerung auch hier verweigert.

Den Verhandlungen macht Litauen ein Ende, indem es am 10. Januar 1923, einen Tag vor der Ruhrbesetzung, das Memelland durch Freischaren besetzt. Eine Völkerbundkommission stellt fest, daß die Freischaren litauische Soldaten in Zivilkleidern waren und auch, daß die Bevölkerung einen Anschluß an Litauen keineswegs will. Der Zeitpunkt war – im Einvernehmen mit den Franzosen – gut gewählt. Der Protest über die Besetzung des den meisten unbekannten Memellandes ging bei der Entrüstung über die Besetzung des Ruhrgebiets, das jeder kannte, völlig unter. Wie schon gehabt, wurde auch hier der gewaltsame Überfall von den Alliierten anerkannt, und die Pariser Botschafterkonferenz sprach, unter Mißachtung des Völkerrechts, das Memelgebiet Litauen zu. Dabei wurde Tilsit von seinem Wasserwerk getrennt, das auf dem anderen Ufer der Memel lag. Das Gebiet erhielt zwar 1924 ein Autonomiestatut unter Aufsicht des Völkerbundes, doch wurde versucht, eine litauische Provinz daraus zu machen. Der Landtag von 29 Personen hatte nie mehr als fünf litauische Abgeordnete. Um den Autonomiestatus zu beseitigen inszenierte Litauen dauernd Vorfälle, die vor dem Völkerbund verhandelt wurden. So nahm selbst das kleine Litauen, das erst 1918 wieder von den Deutschen geschaffen worden war, an der Leichenfledderei teil.

Als Folge ständiger Demütigung, Ausplünderung und Vergewaltigung Deutschlands durch die Siegermächte und das dadurch verursachte Chaos, durch die Inflation und die steigende Arbeitslosigkeit bricht die staatliche Ordnung fast völlig zusammen. Die steigende Not begünstigt immer mehr die Verhetzung der Bevölkerung durch kommunistische Aufwiegler. Auch bei den nicht so leicht zu erregenden Ostpreußen kommt es zu ernsthaften Unruhen. In Bischofsburg besetzen randalierende Jugendliche am 25. Oktober 1923 Bäcker- und Fleischerläden und zwingen die Besitzer unter Drohungen, Lebensmittel herauszugeben. Die Polizei verhaftet drei Jugendliche und bringt sie ins Rathaus. Bald sammelt sich ein Haufen Leute und verlangt die Freilassung der Festgenommenen. Als versucht wird, ins Rathaus einzudringen, geben die Polizisten einige Warnschüsse ab, worauf sich die Menge verzieht. Am Abend versammelt sich aber wieder eine größere Menschenmenge auf dem Markt. Von aggressiven Wortführern aufgehetzt und angeführt, kommt es zur Plünderung einiger Geschäfte. Polizei, Landjäger und Bürger treten der tobenden Horde erfolglos entgegen. Als den Aufforderungen der Polizeibeamten, die Plünderung einzustellen, keine Folge geleistet wird, muß die Polizei schließlich ihre Schußwaffen anwenden. Dabei werden neun Personen verwundet, von denen eine später stirbt. Aber auch das hält einige der tobenden Haufen nicht von weiterem Plündern ab. Erst mit der aus Allenstein eintreffenden Polizeiverstärkung kann die Ruhe wiederhergestellt und die Rädelsführer verhaftet werden. Auch in anderen Städten kam es zu Unruhen, die aber in der Regel nicht zu Schießereien ausarteten. In Braunsberg z.B. räumten Arbeitslose Lebensmittelgeschäfte aus und verteilten die Eßwaren unter dem Volk. Wenn es schon in dem ansonsten ruhigen Ostpreußen zu blutigen Krawallen kam, wo die Ernährungslage immer noch besser als anderswo war, kann man ermessen, wie verzweifelt die Lage in den Großstädten des Reiches war.

In aussichtsloser Lage hat Dr. Gustav Stresemann die Regierung übernommen (11. August 1923). „Kein Bankier hätte auf Deutschlands Weiterbestand auch nur 100.000 Dollar gesetzt", schrieb ein Historiker. Aufruhr bis an den Rand des Bürgerkrieges und politische Morde (von 1919 bis 1922 gab es 376 Tote; dies spitzte sich weiter zu) gehören zum Alltag. In München versuchen Adolf Hitler und einige andere Patrioten einen Putsch, doch der sog. Marsch auf die Feldernhalle scheitert, da die unfähige, überforderte Polizei mit Maschinengewehren auf die Zivilisten schießt; es gibt 19 Tote. – Stresemann hat am 26. September den passiven Widerstand im Ruhrgebiet beendet. Der Weiterbestand des Reiches ist aber nur möglich, wenn in dem Chaos eine stabile Währung geschaffen werden kann. Das gelingt schließlich Dr. Hjalmar Schacht. Am 15. November wird die Rentenbank eröffnet, und die neue Rentenmark steht zur Goldmark 1:1; also die letzte Rate von einer Billion Reichsmark zu einer Goldmark = einer Rentenmark = einem Viertel Dollar.

Die Maßnahme war eigentlich ein Bluff, denn die Stabilisierung konnte die verlorenen Vermögenswerte nicht ersetzen. Anstatt einer Golddeckung belegte der Staat Grundbesitz mit einer Grundschuld, die in Rentenbriefen vergeben wurde. Hätte aber eine genügende Anzahl Leute versucht, ihre Mark in Rentenbriefe einzutauschen, wäre diese provisorische Währung zusammengefallen. Aber nach der katastrophalen Inflation faßten die Menschen Vertrauen zu der neuen Währung.

In Ostpreußen brachte die Währungsreform der Landwirtschaft, und davon ausgehend, der ganzen Wirtschaft einen weiteren Rückschlag. Die Ernte war bereits größtenteils gegen alte Reichsmark abgeliefert worden. Viele Landwirte wurden zur Aufnahme von Krediten gezwungen, die nur kurzfristig und zu überhöhten Zinsen erhältlich waren. Gleichzeitig erfolgte auf dem Weltmarkt ein katastrophaler Preissturz aller Agrarprodukte, was in Ostpreußen zu den niedrigsten Preisen des ganzen Reiches führte.

Das neue Polen

Die systematische Bekämpfung der Deutschen in den von Polen übernommenen Gebiete begann sofort mit der Besitznahme. Schon im Oktober 1919 sagte der führende Politiker Grabski, das „fremde Element" in Polen muß auf 1,5 Prozent herabgedrückt werden. Die Grundsätze des Minderheitenschutzgesetzes, ein Bestandteil der polnischen Verfassung und des Versailler Vertrages, wurden bedenkenlos übergangen. Die rücksichtslose Durchführung dieses polnischen Plans machte alle Entscheidungen des Völkerbundes und des Haager Gerichts illusorisch. Deutsche Bauernhöfe wurden massenhaft enteignet und die meisten deutschen Schulen geschlossen. Durch tausendfach verfügte Ausweisungen und weitere Methoden der Unterdrückung wurden die Deutschen gezwungen, ihre Heimat zu verlassen. In den Archiven des Völkerbunds lagern noch heute 20 Kisten mit Beschwerden und Gesuchen ausgewiesener Deutscher aus jener Zeit, heißt es. Polen wurde so oft wegen Bruchs des Minderheitenschutzabkommens verurteilt, daß es sich schließlich 1934 von diesem Abkommen einseitig lossagte.

Ähnlich wie den Deutschen erging es auch der Bevölkerung der litauischen, weißrussischen und ukrainischen Gebiete, die sich Polen aneignete. Auch den Juden wurde das Leben schwer gemacht, und viele dieser sog. Ostjuden zogen nach Deutschland. In Ostpreußen lebten etwa 9.000 Glaubensjuden, die hauptsächlich in den Städten wohnten.

In Westpreußen war dieser Kampf, der zum Teil unter äußerer Wahrung von gewissen gesetzlichen Formen mit Mitteln der Verwaltung, aber auch mit dem brutalen Terror einer feindseligen und besitzgierigen Bevölkerung geführt wurde, so erfolgreich, daß im ersten Jahrzehnt der polnischen Herrschaft nahezu drei Viertel der deutschen Bevölkerung zur Auswanderung gezwungen, nicht wenige auch ermordet wurden. Westpreußens deutscher Bevölkerungsanteil sank von 65 auf 16 Prozent. Bemerkenswert bei dieser Vertreibung ist die Mißachtung der Gesetze und die unbedingte Gefolgschaft, die alle Teile der polnischen Bevölkerung, alle Parteien und die gesamte Presse der Regierung leisten. Es gibt keine polnische Stimme, die das Recht vor den Nationalgedanken stellt. Begeistert sangen die Polen jenes blutrünstige Lied, das noch vom ersten Slawenkongreß stammen soll:

„Plündert, raubet, senget, brennet! Laßt die Feinde qualvoll sterben!
Wer die deutschen Hunde hänget, wird sich Gottes Lohn erwerben.

Ich, der Propst, verspreche euch fest dafür das Himmelreich.
Jede Sünd' wird euch vergeben, selbst der wohlbedachte Mord,
aber Fluch dem Bösewicht, der vor uns für Deutschland spricht [...]"

In Sprichwörtern („Polen muß so rein wie ein Glas klares Wasser sein") oder in Reden („Das fremde Element wird sich umsehen müssen, ob es sich anderswo nicht besser fühlt") kam das Ziel der polnischen Politik deutlich zum Ausdruck. Die Deutschen hatten – zumindest in der ersten Zeit – nur die Wahl, unter hohen wirtschaftlichen Verlusten ihre Heimat zu verlassen oder unter Aufgabe ihres Volkstums und drückenden Bedingungen im Land zu bleiben.

Kaum hatten die Polen ihre Eigenstaatlichkeit erreicht, begannen sie gegen alle Nachbarn Krieg zu führen. Nachdem ihnen die Gebiete mit den mehrheitlich deutschen Bewohnern zugespielt worden waren, fühlten sie sich stark genug, auch ihren östlichen Nachbarn Land zu entreißen, das von anderen Völkern bewohnt war.

Schon im Januar 1919 überfallen sie die ukrainische Volksrepublik und besetzen auch die litauische Hauptstadt Wilna. Im März erleiden die polnischen Truppen Rückschläge, können aber Im April in Litauen und der Ukraine große Gebiete zurückerobern. Wilna wird einfach dem polnischen Staat eingegliedert. Eine neue polnische Offensive bringt noch mehr ukrainisches Land unter polnische Gewalt. Die Forderung der Westmächte nach Autonomie der Ukraine bis zu einer Volksabstimmung ist damit hinfällig und wird nie erfüllt. Eine von der Pariser Friedenskonferenz festgesetzte Ostgrenze (8. Dezember 1919) haben die Polen schon überschritten und dringen, ohne darauf zu achten, weiter vor.

Während die Sowjetarmeen in schweren Kämpfen an der Wolga und auf der Krim stehen, nutzen die Polen die Gelegenheit und besetzen die russischen Gebiete von Weißrußland, Ostgalizien und die Ukraine bis Kiew (8. Mai 1920), ein Territorium, das doppelt so groß wie das ethnische Polen ist und in dem weniger als fünf Prozent Polen leben (außer Ostgalizien, wo es 20 Prozent Polen gab). Sie fordern von Rußland ein Gebiet, das von mehr als 20 Millionen Russen bewohnt ist. Der polnische Angriff bedroht lebensgefährlich die Sowjetunion, die durch mehrere großzügige Friedensangebote versucht den Krieg zu beenden. Polen will im Kolonialrausch aber *noch* mehr Land haben und weist alle Angebote ab.

Den Sowjets gelingt es schließlich einige Truppen freizumachen und die Polen im Juli 1920 bis vor die Tore Warschaus zurückzujagen. Russische Vorhuten stehen vor Graudenz; gleichzeitig befreien sie Wilna. Nun flehen die Polen die Westmächte um Hilfe an. Dem französischen General Weygand gelingt das „Wunder an der Weichsel"; die Sowjets werden zum Rückzug gezwungen. Teile der weit nach Westen vorgedrungenen 4. Sowjetarmee weichen auf ostpreußisches Gebiet aus, um der Gefangennahme zu entgehen. Die Polen können aber nicht mehr alle vorher von ihnen besetzten Gebiete zurückerobern.

Zur Festlegung der Ostgrenze Polens setzten die Alliierten eine Kommission ein, die „auf der Grundlage sorgfältiger ethnographischer Forschung eine gerechte Grenzlinie zu bestimmen" hatte. Am 11. Juli 1920 wurde ihre Entscheidung der polnischen Regierung übergeben. Da diese Note vom britischen Außenminister Curzon unterzeichnet war, wurde diese von den Westmächten garantierte Grenze „Curzon-Linie" genannt. Die polnische Regierung unter Ministerpräsident Grabski erkannte diese Grenze zwar offiziell an, dachte aber nicht daran, sie wirklich zu beachten.

Die polnischen Kämpfe mit Litauen endeten am 7. Oktober 1920 mit dem Vertrag von Suwalki, in dem Wilna ausdrücklich Litauen belassen wurde. Aber schon zwei Tage danach besetzten die Polen erneut Wilna und gliederten es nach einigen politischen Manövern ihrem Staat ein.

Der noch nicht gefestigte Sowjetstaat (die Union entstand erst im Dezember 1922) verlor im Frieden von Riga (18. März 1921) 139.200 qkm Land mit sieben Millionen Einwohnern an Polen. Obwohl dieser Vertrag sich über die alliierte Grenzfestlegung hinwegsetzte und auch der Anerkennung dieser Grenze durch die polnische Regierung widersprach, erkannte der alliierte Botschaftsrat das eigenmächtige Vorgehen Polens und die durch Gewalt erzwungenen Grenzen Polens wohlwollend an. Sie überließen Millionen nichtpolnischer Menschen der polnischen Herrschaft, Diskriminierung, Verfolgung und harter Assimilationspolitik.

Entgegen der ursprünglichen Forderung des US-Präsidenten Wilson war Polen wieder zu einem Vielvölkerstaat geworden. Nach der Volkszählung von 1921, bei der nicht alle Befragten wagten, ihre wahre Volkszugehörigkeit anzugeben, bestand Polen aus:

Polen	15.400.000
Ukrainer	5.200.000
Juden	3.350.000
Weißrussen	1.750.000
Deutsche	1.000.000
Litauer	400.000
Tschechen u.a.	300.000
insgesamt	**27.400.000**

Demnach betrug der polnische Volksanteil in Polen nur 56 Prozent. Von den bei Kriegsende in diesen Gebieten lebenden rund dreieinhalb Millionen Deutschen waren schon zu diesem Zeitpunkt mehr als zwei Drittel vertrieben oder umgebracht worden. Die Deutschen verteilten sich auf:

Posen - Westpreußen	503.615
Ost-Oberschlesien	338.338
Galizien	29.810
Bielitz - Teschen	29.010
Wolhynien und Ostpolen	26.107
insgesamt	**1.007.279**

Das Verhältnis zwischen Danzig und Polen wurde im Pariser Vertrag vom 9. November 1920 festgelegt. Als Freistaat erhielt Danzig zwar seine eigene Flagge, Währung, Polizei-, Post- und Gerichtshoheit, aber Polen vertrat Danzigs Außenpolitik, verwaltete die Weichsel und alle Eisenbahnen. Dazu mußte Danzig sich der Zollhoheit Polens unterwerfen und seinen Hafen einem Ausschuß unterstellen, der zur Hälfte mit Polen besetzt war. Polen durfte im Hafen einen Post-, Telegraphen- und Telephondienst einrichten. Somit war Danzig nur dem Namen nach eine „Freie Stadt".

Schon vor dem Abschluß des Waffenstillstandsvertrags, als die ersten polnischen Annektierungsabsichten bekannt wurden, hatte der Magistrat der Stadt Danzig am 14. Oktober 1918 das nachstehende Telegramm an das Innenministerium in Berlin gesandt: „Präsident Wilson will alle Länder unzweifelhaft polnischer Bevölkerung zu dem unabhängigen neuen polnischen Staat vereinigen. Demgegenüber stellen wir fest, daß Danzig nimmermehr diesem Polen angehören darf. Unsere alte Hansestadt Danzig ist durch deutsche Kulturkraft entstanden und gewachsen. Sie ist kerndeutsch. Wir nehmen für uns das Selbstbestimmungsrecht der Völker in Anspruch. Wir wollen deutsch bleiben immerdar. Der Magistrat – [gez.] Dr. Bail, Bürgermeister."

Am 14. Juni 1922 kam die Verfassung zustande. Der Senat (Regierung) und der Volkstag (Parlament) stellten die Staatshoheit dar. Amts- und Volkssprache war deutsch. Wie es Danzig ergangen wäre, wenn die Polen es ganz in ihre Gewalt bekommen hätten, zeigt das Schicksal Westpreußens.

Den Schutz des Freistaates übernahm 1922 der Völkerbund, den ein Oberkommissar vertrat. Er wurde mit allerlei Streitigkeiten voll beschäftigt, bei denen es scheinbar um Kleinigkeiten ging, die aber alle dadurch entstanden, daß Polen seine Rechte über Danzig ständig erweitern wollte und der Danziger Senat gezwungen war, sich zu verteidigen. Als die Polen ihr Ziel, den Danziger Hafen ganz in ihre Hand zu bekommen, nicht erreichten, begannen sie 1923 das Fischerdorf Gdingen, außerhalb des Freistaatgebiets, mit französischem Kapital zu einem modernen Konkurrenzhafen auszubauen, um den Handel Danzigs, von dem die Stadt seit ihrer Gründung gelebt hatte, abzuwürgen. Dazu verlangten sie die Westerplatte, um die Zufahrt zum Danziger Hafen auch militärisch abzuriegeln. Am 14. März 1924 übergab der Völkerbundsrat die Westerplatte, bisher ein beliebter Badestrand, den Polen.

Der Danziger Senat protestierte vergeblich, obwohl er darauf hinwies, daß Polen für ein Waffenarsenal den eigenen Hafen Gdingen zur Verfügung habe.

Am 19. November 1925 gestand der Völkerbundsrat Polen eine ständige Mannschaft von 88 Mann auf der Westerplatte zu. Die Polen legten das so aus, daß sie zu jeweils drei Soldaten zusätzlich einen Unteroffizier oder Offizier stationieren durften. Auch in diesem Fall waren die Danziger Proteste nutzlos. Sie mußten sich sogar gefallen lassen, daß die Westerplatte zur Festung ausgebaut wurde und Danzig zum Unterhalt dieser Zwingburg auf seinem Boden drei Millionen Gulden (2.400.000 Mark) beisteuern mußte. Der Streit um die Westerplatte flammte 1933 erneut auf, als Polen seine Militärmannschaft entgegen den Verträgen enorm verstärkte.

Nach dem Sieg der Polen über Russen und Litauer werden ihre Forderungen auf Ostpreußen, Pommern und Schlesien immer lauter. Polens Ministerpräsident Grabski erklärt 1924, daß die Machtpolitik Polens sich entscheiden müsse, ob sie zuerst in nördlicher Richtung zur Ostsee oder in südöstlicher nach der Ukraine und dem Schwarzen Meer vorgehen soll. Er sagt u.a.: „Die Entscheidung der ostpreußischen Frage, die der Versailler Vertrag getroffen hat, ist zu künstlich, als das sie aufrechterhalten werden kann, und darum eins von beiden: Entweder wir lenken die polnische Machtausdehnung gegen Rußland […] und legen damit zugleich die Entscheidung der nur provisorisch geregelten ostpreußischen Frage in die Hand Deutschlands, oder aber wir setzen unsere ganze Kraft dafür ein, daß die ostpreußische Frage durch Polen im Sinne Polens entschieden werde. Ist das aber der Fall, dann ist jedes Schwanken unzulässig. Ohne Zugang zum Dnjepr kann Polen bestehen. Aber ohne beständigen Zugang zum Meer kann es nicht bestehen […]"

Grabski wendet sich dann Oberschlesien zu und legt dar, daß auch die dortige Teilung nur vorübergehend sein kann und ganz Oberschlesien zu Polen kommen muß. Er schließt seine Ausführungen: „Polens Bestand ist erst dann gesichert, wenn wir in dem unabwendbaren Krieg mit Deutschland siegen."

Die polnische Zeitung *Gazeta Gdanska* forderte am 9. Oktober 1925: „Polen muß darauf bestehen, daß es ohne Königsberg und ganz Ostpreußen nicht bestehen kann. Wir müssen jetzt in Locarno verlangen, daß ganz Ostpreußen liquidiert wird […] Dann wird es ja keinen Korridor mehr geben. Sollte dies nicht auf friedlichem Weg geschehen, dann gibt es ein zweites Grunwald [Tannenberg 1410]."

Im Mai 1926 schrieb die gleiche Zeitung: „Mit Rußland können wir uns leicht verständigen, […] während wir selbstverständlich unseren Marsch auf Stettin und Königsberg richten. Polens natürliche Grenze im Westen ist die Oder, im Osten die mittlere und untere Düna. Darum lautet unsere Parole: Von Stettin bis Riga. Doch fürs erste wollen wir Rußland nicht reizen, weil es Riga nicht für immer aufgeben möchte. Es wird uns später sowieso gehören. Unsere jetzige Parole heißt darum vorerst: Von Stettin bis Polangen [Nordende Ostpreußens]. Deutschland ist machtlos, England wird mit Rußland zu tun haben, und wir werden mit Hilfe Frankreichs freie Hand gegen Deutschland haben."

Im Programm des staatlich geförderten „Polnischen Westmarkenverbandes" von 1926 werden die gleichen Grenzen gefordert. Es gibt polnische Landkarten dieser Zeit mit dieser Westgrenze und der östlichen an der Wolga. Die polnische „Geschichtslehre" besagt, daß Mitteldeutschland schon vor 3.000 Jahren von Polen bewohnt war und die Lausitzer Kultur slawisch gewesen sei.

Der Pfarrer und Professor Lukaszkiewicz gab 1929 ein Geschichtswerk mit offizieller Druckerlaubnis des Bischofs von Kulm heraus. Darin sagt er: „Wir haben ein Recht, uns das wieder zu nehmen, was die Polanen vor Otto I. im Westen und was sie vor den Warägo-Russen im Osten hatten. Die Deutschen haben Polen an der Oder und Ostsee beraubt und die Russen in Kiew. Wir müssen dies unbedingt zurückerhalten. Das ist kein Raub oder Imperialismus, das ist die Pflicht, geraubtes Erbgut wieder zurückzuholen. Die Ostsee muß der Stützpunkt und das Schwarze Meer die Ergänzung der Großmachtstellung Polens werden […] Christus und Polen von Meer zu Meer, das ist die Losung der Polen. Zuviel haben wir schon an die Deutschen, die Litauer und Juden verschenkt."

Wenn der Herr Professor seine angeführten Gründe auch für andere Völker gelten ließe, dann könnten die Deutschen mit dem gleichen Recht, als direkte Nachkommen jener Germanen, die in den Gebieten ansässig waren, in denen sich später die Vorfahren der Polen ausbreiteten, ganz Polen als göttliches Erbe zurückverlangen, allerdings mit einem großen Unterschied: Während der Herr Professor seine Forderungen mit Irrtümern (oder Falschinformationen) begründet, könnten die Deutschen geschichtliche Tatsachen dafür anführen.

Die Polen errichteten 1926 zwei weitere Konzentrationslager in Bereza-Kartuska und Brest-Litowsk, in denen 30.000 Menschen eingesperrt wurden.

Am 25. Januar 1930, anläßlich einer Feier in Thorn zur Erinnerung an die vor zehn Jahren erfolgte Inbesitznahme Westpreußens, sagte der Führer der Christlich-Nationalen Partei, Dr. Bartoszewicz, u.a.: „Wenn Danzig nicht Polen einverleibt wurde, wie es hätte geschehen sollen, so muß Polen alles daransetzen, daß dieser jetzige Zustand nur eine vorübergehende Periode ist […] Wir haben aber noch eine andere Frage, die uns am meisten schmerzt, das ist die ostpreußische Frage. Wenn die Kreuzritter von Polens Gnaden sich auf dem rechten Weichselufer festgesetzt haben, so haben wir trotzdem unser gutes Recht auf den Besitz dieser Gebiete nicht verloren […]"

Die Warschauer Zeitschrift *Liga der Großmächte* brachte einen Artikel, den die *Münchener Neueste Nachrichten* am 3. Oktober 1930 veröffentlichte: „Der Kampf zwischen Polen und Deutschland ist unausbleiblich. Wir müssen uns dazu systematisch vorbereiten. Unser Ziel ist ein neues Grunwald, aber diesmal ein Grunwald in den Vororten Berlins. Unser Ideal ist ein Polen mit der Oder und der Neiße als Grenze im Westen. Preußen muß für Polen zurückerobert werden, und zwar das Preußen an der Spree. In dem Krieg mit Deutschland wird es keine Gefangenen geben, und es wird weder für menschliche noch kulturelle Gefühle Raum sein. Die Welt wird erzittern vor diesem Krieg. In die Reihen unserer Soldaten müssen wir übermenschlichen Opfersinn und den Geist unbarmherziger Rache und Grausamkeit tragen. Von heute ab werden wir jede Nummer dieses Blattes dem kommenden Grunwald in Berlin widmen."

Diese Zitate könnten noch seitenlang fortgesetzt werden. Ihr Inhalt über die Jahre ist immer gleich. Aus allen spricht die Selbstverständlichkeit, mit der Polen große Gebiete rein deutschen Landes fordert und sie sich gewaltsam zu nehmen bekanntgibt. Sie sagen auch, daß Polen zur Verwirklichung seiner Expansionsvorhaben den günstigen Zeitpunkt abwarten müsse.

Das Besitzrecht, das die Polen auf Ostpreußen und Oberschlesien geltend machen, wird bei jeder Gelegenheit mit Nachdruck betont. Dabei handelt es sich keineswegs nur um Äußerungen einzelner besonders radikaler Politiker. Es mag heute kaum glaubhaft erscheinen, daß Deutschland, das jahrelang die Heere der ganzen Welt von seinem Boden ferngehalten hatte, einen Angriff Polens fürchtete. Aber Deutschland war entwaffnet und völlig wehrlos, durch innenpolitische Kämpfe zerrissen, die jederzeit zum Bürgerkrieg führen konnten und stand dazu vor dem totalen wirtschaftlichen Zusammenbruch. Vielleicht war es die Besonnenheit Marschall Pilsudskis, die Polen von dem Angriff auf Deutschland zunächst abhielt.

Unterdessen ging der Kampf gegen das Deutschtum in Polen weiter. Um ein Gegengewicht für die berechtigten Klagen der deutschen Minderheit zu produzieren, übergaben die Polen dem Völkerbund im November 1931 eine mehrere hundert Seiten starke Beschwerde des „Verbandes der Polen in Deutschland". Demnach leiden die Polen in Deutschland unter einem furchtbaren Terror und werden auf allen Gebieten brutal und grausam unterdrückt. Dem Aktenpaket ist die Anklageschrift des polnischen Minderheitenführers Baczewski beigefügt. Er weiß das bedauernswerte Los der unerlösten Polen auf deutschem Boden, der eigentlich polnisch sein müßte, im rechten Licht darzustellen. Jede einzelne der vorgebrachten Klagen ist schlicht lächerlich. Der Völkerbund muß sich aber damit befassen, und ehe sich jede einzelne Klage als verdrehte und aufgebauschte Absurdität oder Verdrehung erweist, ist längst der Eindruck entstanden, daß die polnische Minderheit in Deutschland weit mehr leiden muß als die deutsche in Polen.

Ein beliebter Angriffspunkt sind die Schulen. Zunächst werden alle Kinder im Schulalter, deren Eltern neben deutsch auch polnisch oder masurisch sprechen, oder die auch nur polnisch klingende Namen haben, als polnische Kinder bezeichnet. Dabei stellt man fest, daß von all diesen „polnischen" Kindern nur 0,5 Prozent polnische Schulen besuchen. Nun wird behauptet, daß die 99,5 Prozent dieser Kinder, die deutsche Schulen besuchen, alle viel lieber in polnische gingen, wenn nicht der „grausame deutsche Terror" sie daran hinderte. Nun erfüllen sogar die polnischen Schulen ohne Schüler (in Oberschlesien gab es 24) ihre Aufgabe. Denn der „deutsche Terror" ist so groß, daß selbst da, wo polnische Schulen bestehen, die Eltern nicht wagen, ihre Kinder in diese Schulen zu schicken. Die Wahrheit, daß die Eltern als deutsche Staatsbürger ihre Kinder selbstverständlich auch in deutschen Schulen unterrichtet haben wollen, um sie in ihrem späteren Fortkommen nicht zu benachteiligen, wird natürlich verschwiegen.

Bei der Errichtung dieser Zwergschulen in Deutschland geht es den Polen vor allem darum, in der Person des polnischen Lehrers, der sich als Agent und Advokat Polens fühlt, einen gut ausgebildeten Aufrührer in ein deutsches Dorf zu setzen. Provoziert er Zwischenfälle, werden sie freudig von der polnischen Propaganda aufgebläht und gegen Deutschland verwendet.

Polnische Schulen werden in Orten eingerichtet, wo es nur ganz wenige oder auch gar keine polnischen Kinder gibt. In Piassutten (Seenwalde im Kr. Ortelsburg) wird die polnische Schule im Januar 1932, bei einer Gesamtschülerzahl von 154, nur von einem Kind besucht. Die polnische Schule in Skaibotten (Kr. Allenstein) hat von 109 schulpflichtigen Kindern sechs, die in Hohendorf (Kr. Stuhm) drei Schüler.

Der Kampf der Polen, möglichst viele Kinder in die polnischen Schulen zu bringen, ging nicht selten bis in den Beichtstuhl des polnisch gesinnten katholischen Priesters. Zwergschulen dieser Art waren im ganzen Südteil Ostpreußens vorhanden. Sie beunruhigten die deutsche Bevölkerung, die es nicht verstehen konnte, daß die Behörden widerspruchslos die aggressive Propaganda duldeten, die von polnischen Staatsangehörigen auf deutschem Boden getrieben wurde.

Während die Polen in Deutschland unbehindert so viele Schulen errichten, wie sie wollen, selbst da, wo keine gebraucht werden, sind von den 2.000 deutschen Schulen in Posen und Westpreußen 1924 nur noch 500 vorhanden, 1933 kaum noch 200 (= zehn Prozent). Obwohl sich die Polen in Deutschland in jeder Beziehung frei entwickeln können und mit größter Militanz auftreten, wird Deutschland beim Völkerbund mit derartigen wirklichkeitsfernen Behauptungen angeklagt. – Polens Kampf in Deutschland beschränkt sich natürlich nicht auf Schulen. Eine polnische Bank bietet zweiprozentige landwirtschaftliche Kredite bei zehnjähriger Tilgungsfrist an, allerdings unter der unwichtig erscheinenden Bedingung, daß keine weiteren Belastungen anderswo aufgenommen werden. Die Kredite werden auch bereitwillig an Deutsche ausgegeben, und unter dem Druck der Not geht mancher in diese Falle. In weiser Voraussicht wird die erste Hypothek niedriger gehalten als sie der Schuldner braucht, aber ihm werden weitere Kredite zu den gleichen Bedingungen versprochen. Geht er aber zu einer deutschen Bank, ist die Polenhypothek fällig. Also muß er weiterhin zur polnischen Bank gehen. Jetzt werden aber an jede Summe, die er erhält, Bedingungen angeknüpft. Er muß seine Kinder in die polnische Schule schicken und für die polnische Sache eintreten. Mit der Schlinge des polnischen Geldes um seinen Hals kann er sich nicht mehr wehren.

Während Polen einen kalten Krieg in Deutschland mit diesen und ähnlichen Mitteln führt, geht der Kampf gegen das Deutschtum im polnischen Machtbereich weiter. Die polnische Volkszählung 1931 registriert 32.192.936 Einwohner, davon 22.206.076 (69 Prozent) polnischer und nur noch 741.095 (2,3 Prozent) deutscher Muttersprache (598.898 Evangelische, 134.880 Katholische, 6.803 Juden, 514 andere). Wieder wagten viele nicht, sich als Deutsche zu bekennen. Der Danziger St. Adalbertskalender des Jahrgangs 1932 schreibt in seinem Rückblick auf 1931: „In unserem Nachbarstaat Polen herrscht nach wie vor die rücksichtslose Diktatur Pilsudskis. Nicht nur die deutschen Minderheiten haben zahlreiche neue Leiden durchkosten müssen, sondern namentlich auch die Ukrainer, die von einem Terror heimgesucht wurden, der die ganze zivilisierte Welt aufschreien ließ. Der Völkerbund wurde sowohl mit dieser Klage wie mit einer Reihe von Klagen der deutschen Minderheit – besonders hinsichtlich des Wahlterrors, durch den allein 10.000 deutsche Wähler ihres Wahlrechtes beraubt wurden – befaßt, ohne daß es aber zu einer durchgreifenden Besserung gekommen ist."

Die Ausrottung der Minderheiten in Polen ist auch im Ausland bekannt. Der *Manchester Guardian* schreibt am 14. Dezember 1932: „Die Minderheiten in Polen sollen verschwinden [...] Diese Politik wird rücksichtslos vorwärtsgetrieben, ohne die geringste Beachtung der Weltmeinung, internationaler Verträge oder des Völkerbundes. Die Ukraine ist unter der polnischen Herrschaft zur Hölle geworden. Von Weißrußland ist dasselbe mit noch größerem Recht zu sagen [...]"

Diese Situation in Deutschland wird als Ursache und in Relation neben spätere historische Entwicklungen zu stellen sein, soll sich ein realistisches Bild jener Zeit ergeben.

Die Bevölkerung Ostpreußens wurde von der Ungewißheit über ihr zukünftiges Schicksal bedrückt. Die polnische Propaganda, zu der sich Stimmen hoher polnischer Politiker und Generalstabsoffiziere gesellten, ließ keinen Zweifel darüber, daß Polen das Abstimmungsergebnis von 1920 nicht anerkannte und weiterhin die Annexion Ostpreußens verlangte. In Polen wurde ganz offen davon gesprochen, Ostpreußen sowie Pommern und Schlesien zu besetzen. Jeder Pole war überzeugt, daß diese Gebiete Polen gehörten. Die schutzlose Insel Ostpreußen bot sich den Polen geradezu zum Zugreifen an, auch wenn die kleine Reichswehr hier mehr Garnisonen als in anderen Provinzen unterhielt. – Und was wäre geschehen, wenn Polen zugepackt hätte? Ohne den Korridor zu verletzen, konnte vom Reich kaum Hilfe kommen. Dann aber stand Polen vor aller Welt als der Angegriffene da und durfte mit aller Macht gegen Deutschland vorgehen, das keine schweren Geschütze, keine Kampfwagen und keine Flugzeuge hatte. Polen dagegen hatte 297.900 Mann unter Waffen und 3.200.000 ausgebildete Reservisten. Dazu 730 schwere Geschütze, 290 Kampfwagen und 1.000 Kriegsflugzeuge. Deutschland hätte protestiert, aber weiter kaum etwas tun können. Im Völkerbund hätte es Debatten gegeben, aber nichts Ernsthaftes wäre unternommen worden.

Ostpreußens Schicksal hing an einem dünnen Faden, der irgendwann reißen mußte. Alle glaubten, daß Polen seine oft genug bekanntgegebene Absicht, Ostpreußen zu annektieren, auch durchführen werde. Die Menschen lebten in ständiger Furcht, am nächsten Morgen polnische Soldaten vor der Haustür zu sehen. Die dauernde gefährliche Bedrohung ließ das Bedürfnis nach Schutzmaßnahmen wachsen, die aber wegen der Entwaffnungsbestimmungen des Friedensdiktats nicht durchführbar waren. Dem Verlangen nach Sicherheit schien für viele Menschen nur die DAP, ab 1920 NSDAP, Rechnung zu tragen, die auch vorgab, preußische Rechtsstaatlichkeit und Tradition aufrechterhalten zu wollen.

Politisches und wirtschaftliches Chaos 1924–1933

Die Ausbeutung der deutschen Wirtschaft durch die Gewaltmaßnahmen der Sieger, die Hilflosigkeit der oft wechselnden deutschen Regierung, die stetig zunehmende Arbeitslosigkeit, die tiefgreifende Verarmung durch die Inflation und die steigende allgemeine Not waren die Ursachen, daß radikale Strömungen immer stärker wurden und die gemäßigten Parteien mehr und mehr zurücktraten. Kommunisten und Nationalsozialisten nahmen mit jeder neuen Wahl zu. Während die Kommunisten eine Diktatur des Proletariats nach vermeintlich russischem Muster anstrebten, versprachen die Nationalsozialisten die Befreiung Deutschlands, den Wiederaufbau des wirtschaftlichen und gemeinschaftlichen Lebens und die Lösung der drängendsten sozialen Probleme.

In dem Chaos zunehmender politischer und sozialer Kämpfe hatte die schwankende Republik nur noch in dem preußischen Staat mit seiner hervorragenden Verwaltung und Polizei einen Rückhalt. Die Verdienste des Ostpreußen Otto Braun, der den preußischen Staat von 1920 bis 1933 regierte, werden von den Historikern besonders hervorgehoben. Er bekämpfte mit Erfolg den rheinischen Separatismus. Die mit französischer Unterstützung entstandene „Rheinische Republik" und der autonome „Pfalzstaat" hörten im Februar 1924 auf zu bestehen.

Im Juli/August wurden auf der Londoner Konferenz die deutschen Reparationszahlungen durch den Dawes-Plan neu geregelt. Danach wurden steigende Jahreszahlungen bis 2,5 Milliarden Goldmark gefordert, beginnend mit 1,5 Milliarden für 1924/25. Die Unmöglichkeit dieser Zahlungen wurde dadurch verschleiert, daß große Auslandsanleihen (Dawes-Anleihe) dem Reich zugeführt wurden, aus denen die Zahlungen geleistet wurden. Dazu wurde das gesamte Eisenbahnvermögen verpfändet, und von 1925 bis 1932 zahlte die Reichsbahn jährlich 660 Millionen Mark an Reparationen. Die Gesamthöhe der noch zu zahlenden Summe wurde offengelassen.

Neben allen anderen Gütern mußte Deutschland auch Luftschiffe als Reparationen für die Feindmächte bauen. Im Oktober 1924 flog LZ 126 von Friedrichshafen zum Marineluftschiffhafen Lakehurst (etwa 65 km südlich von New York), um in amerikanischen Besitz überzugehen.

Die Feindmächte hatten wahrscheinlich damit gerechnet, daß die Insel Ostpreußen in solch enorme Schwierigkeiten geraten würde, daß sie von dem selbst nicht lebensfähigen Reich aufgegeben und in absehbarer Zeit eine Beute der Polen werden würde. Die neuen Nachbarstaaten verfolgten eine Politik, die nicht auf Handel, sondern nur auf eigene Wirtschafts- und politische Interessen ausgerichtet war. Der alte Handelspartner Rußland war im Chaos der Revolution untergegangen. Als er wieder auftauchte, stand dem ostpreußischen Kaufmann eine staatliche Dienststelle mit dem System einer kollektiven Wirtschaft gegenüber. Der ehemals umfangreiche russische Transitverkehr kam nur langsam in sehr beschränktem Maße wieder in Gang. Die Flößerei auf der Memel, die früher die ostpreußischen Sägewerke jährlich mit zwei Millionen Festmeter Holz versorgt hatte, war tot. Besonders verlustreich wirkten sich die großen Entfernungen von den neuen Absatzgebieten aus. Allein die wesentlich erhöhten Frachtkosten verursachten der ostpreußischen Wirtschaft einen jährlichen Verlust von 19,5 Millionen Mark. Für die notwendig gewordene Zunahme der Ausfuhr über die Ostsee mußte der Königsberger Hafen weiter ausgebaut werden. Zu all dem kam der katastrophale Tiefstand der Wirtschaft im Reich. Wenn trotz all dieser Nöte das abgetrennte Ostpreußen überlebte, war das ein Erfolg des Reiches, das die Provinz nicht aufgeben wollte, und der ostpreußischen Bevölkerung, die alle Kräfte einsetzte, um sich zu erhalten.

Die 1920 gegründete Ostmesse, die auch von Rußland beschickt wurde, entwickelte sich mit der Zeit zu einem wichtigen Umschlagplatz für den ganzen osteuropäischen Handel. Die Königsberger Albertus-Universität, besonders das landwirtschaftliche Institut mit seinem hervorragenden Ruf, zog viele Studenten aus dem Reich und dem Ausland an.

Durch Stauung der Alle bei Friedland war von 1921 bis 1923 das „Ostpreußenwerk" entstanden, das große Teile der Provinz mit Strom versorgte. Auch die Talsperre bei Groß Wohnsdorf gehörte zu dieser Anlage. Bisher hatte es, neben den Städten, nur für wenige Dörfer elektrischen Stromanschluß gegeben. Jetzt aber wurden die meisten Dörfer damit versorgt.

Im Mai 1924 stellte der ostpreußische Lehrer Ferdinand Schulz mit seinem aus Besenstielen selbstgebauten Segelflugzeug, das „Besenstielkiste" genannt wurde, in Rossitten einen Weltrekord im Segelflug auf, indem er acht Stunden und 42 Minuten in der Luft blieb. Schulz stürzte 1929 tödlich mit einem Motorflugzeug in Stuhm ab und wurde in Heilsberg begraben.

Zu dieser Zeit rühmte sich die Stadt Schippenbeil den schwersten Mann Ostpreußens zu haben. Dies war der Hotelbesitzer Briese, der 250 Kilo wog. Bei Bahnfahrten durfte er mit besonderem Erlaubnisschein und eigenem Klappstuhl den Gepäckwagen benutzen, weil er sich nicht durch die Tür der Personenwagen zwängen konnte.

Um die Not im Ruhrgebiet zu lindern, nahm Ostpreußen im Sommer 1924 eine große Anzahl unterernährter Jugendliche auf, die bei Bauern untergebracht wurden, um wieder zu Kräften zu kommen.

Am 28. Februar 1925 starb Reichspräsident Ebert, und am 26. April wurde Feldmarschall v. Hindenburg in dieses Amt gewählt.

Am 16. Oktober 1925 kamen die Locarno-Verträge zustande, in denen Deutschland auf Elsaß-Lothringen und Frankreich auf das Rheinland verzichtete. Die jetzige Westgrenze wurde von England, Frankreich, Belgien, Italien und Deutschland garantiert. Auch wenn hier ewiger Friede gelobt wurde, blieb die französische Besetzung, auch östlich des Rheins, bestehen, und die Reparationszahlungen gingen weiter. Die einseitige Entwaffnung Deutschlands war mit dem Vertrag unvereinbar, was allerdings geflissentlich übersehen wurde. Trotz starken Drängens Frankreichs, einen gleichen Vertrag auch mit Polen abzuschließen, weigerte sich Reichskanzler Stresemann. Keine deutsche Regierung war bereit, die völkerrechtswidrige Grenze im Osten anzuerkennen.

Am 24. April 1926 schlossen Deutschland und die Sowjetunion einen Freundschaftsvertrag. Die Vertragspartner sicherten sich im Falle eines Krieges gegenseitige Neutralität zu und kamen überein, sich an einem Boykott gegen einen der Partner nicht zu beteiligen.

Am 8. September 1926 wurde Deutschland durch einstimmigen Beschluß aller 48 in Genf vertretenen Staaten in den Völkerbund aufgenommen.

Am 31. Januar 1927 forderten die Alliierten, auf Polens Wunsch, daß die Befestigungen in Ostpreußen, einschließlich 22 Unterständen bei Königsberg, bis zum 15. Juni zu beseitigen sind. Danach stellte die Abrüstungskommission fest, daß Deutschland alle Verpflichtungen erfüllt habe. Somit gab es für die anderen Mächte keinen Grund mehr, nun auch ihrerseits die versprochene Abrüstung vorzunehmen.

Das unehrliche Verhalten der Siegermächte weiß Adolf Hitler für seine Parteiwerbung zu nutzen. Er will die Einhaltung des Versailler Vertrages verweigern, den Kommunismus beseitigen und den jüdischen Einfluß in Politik, Finanzwesen und Wirtschaft ausschalten.

Am 16. Juli 1927 beschloß der Reichstag das Gesetz zur Arbeitslosenversicherung, da sich die Notlage zunehmend verschlechterte.

Am 18. September 1927 fand die feierliche Einweihung des Tannenberg-Denkmals in Anwesenheit von Hindenburg, Ludendorff und einer Volksmenge von 80.000 statt. Zehn Jahre nach der Schlacht, am 31. August 1924, hatten Hindenburg und Ludendorff den Grundstein dazu gelegt. Zu dem Architektenwettbewerb hatten 352 Bewerber 385 Entwürfe eingesandt. Den ersten Preis hatten die Brüder Walter und Johannes Krüger aus Berlin erhalten. Die Arbeiten hatten im Mai 1926 begonnen. Von März bis September 1927 hatten 200 Arbeiter in drei Schichten den Rohbau errichtet. Die Kosten von 1.620.000 Mark waren durch Sammlungen im ganzen Reichsgebiet aufgebracht worden.

Am 27. Dezember 1927 wurde die Selbständigkeit der Gutsbezirke aufgehoben, die bis jetzt eigene kommunale Ortschaften unter ihrem Namen mit eigener Polizei (aber ohne Gerichtsbarkeit) gebildet hatten. Sie wurden in eine der benachbarten Gemeinden eingegliedert. Damit war der letzte Rest der gutsherrlichen Vorrechte beseitigt, die ihren Ursprung in der Ordenszeit hatten, aber erst in den folgenden Jahrhunderten ihre Höhepunkte mit der Versklavung der Bauern erreichten.

Es dauerte lange, bis sich die Reichs- und Staatsregierung zu wirksamen Hilfsmaßnahmen für die sich immer mehr verschärfende wirtschaftliche Notlage Ostpreußens bereit fanden. Es scheint, als ob sie erst abwarten wollten, ob die Provinz auch wirklich beim Deutschen Reich bleiben durfte, da andernfalls jede Hilfe nur den Polen zugutegekommen wäre. Erst im Januar 1926 war von der Reichsregierung ein Ostfond bereitgestellt worden, von dem Ostpreußen bis 1928 etwa 27 Millionen Mark erhielt. Die Schuldenlast der Landwirtschaft erhöhte sich 1927 um weitere 20 Prozent (80 Millionen Mark). Darauf wurden auf Anregung Hindenburgs 1928 für Ostpreußen 75 Millionen Mark bewilligt, die zwar den Kreditmangel behoben, aber nicht ausreichten, eine grundlegende Besserung der Notlage herbeizuführen.

Um Hindenburg wieder in seiner alten Heimat wohnhaft zu machen, regte der Besitzer von Gut Januschau (südöstlich von Rosenberg), Elard von Oldenburg, eine Sammlung an, mit deren Erlös das Nachbargut Neudeck für ihn gekauft werden sollte. Es wurde ihm zu seinem 80. Geburtstag am 2. Oktober 1928 als Dank der Nation übergeben. Hier starb er auch am 2. August 1934.*

Bei den Olympischen Spielen im Sommer 1928 in Amsterdam dürfen erstmalig wieder deutsche Sportler teilnehmen. Sie erlangen zehn Gold-, sieben Silber- und 14 Bronzemedaillen.

Die 1926 gegründete Deutsche Lufthansa nimmt am 1. Mai 1928 den Flugverkehr Berlin – Königsberg – Moskau auf. In Hamburg und Bremen laufen 1928 die „Europa" und die „Bremen", die modernsten Passagierdampfer der Welt, vom Stapel, die sogleich das Blaue Band für die schnellste Überquerung des Atlantischen Ozeans erringen.

Die Zustände in Deutschland verschlechtern sich immer mehr. Die Regierung wechselt immer öfter, aber keine kann auch nur die geringste Abhilfe schaffen. Die Verschuldung des Reiches steigt immer weiter. Beim Ruhrbergbau müssen täglich Tausende Feierschichten ein-

---

* Neudeck hatte Friedrich der Große 1755 dem Obersten Otto Friedrich von Hindenburg verliehen. Es war im Besitz eines Bruders Hindenburgs gewesen, der es in der Wirtschaftskrise an eine Bank abgeben mußte. In Neudeck sind die Eltern und Großeltern Hindenburgs begraben, der sich dort oft aufgehalten hatte. Die Sammlung, die Oldenburg mit 1.000 Mark eröffnete, erbrachte nur einen Teil der Kaufsumme. Das übrige zahlte der deutsche Industrieverband. Das 1928 neu errichtete Herrenhaus wurde im Sommer 1945 niedergebrannt.

Zur Erinnerung an den Sieg in der Schlacht von Tannenberg 1914, in der die russische Armee unter v. Hindenburg und Ludendorff zurückgeschlagen wurde, baute man das 1927 fertiggestellte Tannenberg-Nationaldenkmal. Es enthielt bis zur Invasion der Sowjets den Sarg des 1934 verstorbenen Hindenburg.

gelegt werden. Die Anhänger der verschiedensten politischen Parteien liefern sich jedes Wochenende blutige Straßenschlachten.

In diesem Chaos ist es nur natürlich, daß die NSDAP mehr und mehr Anhänger gewinnt. Sie verspricht Arbeit und Brot für alle, Brechung der Zinsknechtschaft und Gleichberechtigung des erneuerten Deutschlands. Immer mehr Wähler jubeln dem der Partei seit 1921 vorstehenden Adolf Hitler zu, dessen auf die Bedürfnisse der Zeit zugeschnittenes Programm als der einzige rettende Ausweg aus dieser Not erscheint.

In Ostpreußen trat der Nationalsozialismus erst nach dem Erscheinen des aus Elberfeld stammenden späteren Gauleiters Erich Koch im September 1928 wahrnehmbar in Erscheinung. In der oberen Führung der Partei gab es auch später keinen Ostpreußen, aber die Versprechungen dieser Partei, die Not zu beenden und eine Revision des Versailler Diktats durchzuführen, gewann ihr auch hier im Laufe der Zeit Anhänger.

So wie der Winter 1917/18 außergewöhnlich kalt und schneereich gewesen war, so brachte auch der Winter 1928/29 ungewöhnlich große Kälte. Stellen- und zeitweise sanken die Temperaturen bis 45 Grad minus. Noch Jahrzehnte später wurde er „der Kalte Winter" genannt. Metertief drang der Frost in den Boden, so daß Wasserleitungen in den Städten zufroren und die Leute monatelang ihr Wasser von wenigen tiefen Brunnen holen mußten. Schneeverwehungen an Böschungen der Landstraßen zwangen die Schlitten, daneben auf den Feldern zu fahren. Tote Vögel lagen im Schnee; Rebhühner und Hasen kamen vom Hunger getrieben auf die Bauernhöfe, um Futter zu finden. In den Wäldern fanden Förster verhungerte und erfrorene Rehe. Am 2. Februar 1929 wurden in Königsberg 35 Grad, in Treuburg 42 Grad gemessen, am 12. Februar waren es noch immer 40 Grad minus. Etwa die Hälfte der Obstbäume (stellenweise bis zu 85 Prozent) und ein Teil der Wintersaat überstanden die Kälte nicht.

Das deutsche Volk will nicht glauben, daß die maßlose Ungerechtigkeit des Versailler Diktats Bestand haben soll. Am 11. August 1929 fordert der Reichsausschuß für das deutsche

Volksbegehren die Regierung zu entscheidenden Maßnahmen gegen die Versklavung des deutschen Volkes (sog. Freiheitsgesetz) auf. Im 1. Artikel heißt es: „Die Reichsregierung hat den auswärtigen Mächten unverzüglich in feierlicher Form Kenntnis davon zu geben, daß die erzwungene Kriegsschuldanerkennung der geschichtlichen Wahrheit widerspricht, auf falschen Voraussetzungen beruht und völkerrechtlich ungültig ist."

Im 2. Artikel wird gefordert, daß die Reichsregierung darauf hinzuwirken hat, daß diese Artikel förmlich außer Kraft gesetzt werden. Ferner hat sie zu erreichen, daß die besetzten Gebiete unverzüglich und bedingungslos geräumt werden.

Der Artikel 3 verbietet die Übernahme weiterer Lasten, die auf der Kriegsschuldanerkennung beruhen.

Nachdem Deutschland bis 1926 Luftschiffe nur für die Feindmächte bauen durfte, startete das neue Luftschiff „Graf Zeppelin" (LZ 127) am 15. August 1929 zum ersten Flug um die Welt in östlicher Richtung. Die Flugzeit betrug 20 Tage, vier Stunden und 14 Minuten.

Als auch die Alliierten einsahen, daß die Reparationszahlungen nach dem Dawes-Plan nicht mehr aufzubringen waren, werden die Forderungen in dem neuen Young-Plan auf den Haager Konferenzen im August 1929 und im Januar 1930 reduziert. Demnach schuldet Deutschland „nur noch" 121 Milliarden Goldmark. Diese Summe ist bis 1988 in 59 Jahresraten, bis 1966 ansteigend von 1,7 auf 2,4 Milliarden, dann abnehmend von 1,7 Milliarden auf 900 Millionen zu zahlen. Wieder muß die Regierung im Ausland Kredite (Young-Anleihe) aufnehmen, um die Zahlungen leisten zu können.

Die bereits hoch überschuldete Reichsregierung muß weiterhin der schwer ringenden Wirtschaft ungeheure Summen entziehen und ohne Entgelt Waren und Güter für die Siegermächte produzieren. Diese Gelder und Waren strömen auf die westlichen Börsen und Märkte, wo sie die mißliche Lage der Weltwirtschaft verschärfen, die bereits durch Überproduktion und Absatzschwierigkeiten leidet. Durch Einziehung der kurzfristigen Kredite und drastische Beschränkung des umlaufenden Geldes führt die Federal Reserve Bank (die Privatbank, die über das Geld der USA verfügt) die Weltwirtschaftskrise herbei, die mit dem dramatischen Sturz der Wertpapiere an der New Yorker Börse am 24. Oktober 1929 eingeleitet wird.

In Deutschland macht die Weltwirtschaftskrise alle Bemühungen, die Wirtschaft wieder aufzubauen, zunichte. Die Kredite, die sie bis jetzt noch notdürftig in Gang gehalten hat, bleiben aus; die Notlage verschärft sich zunehmend weiter. Diskonterhöhungen, Börsenkrach, Schließung von Banken und Sparkassen, Devisenbewirtschaftung, durch Notverordnungen in Kraft gesetzte Lohn- und Gehaltskürzungen und die rapid steigende Arbeitslosigkeit zeigen, daß in dem von Reparationsleistungen erschöpften Reich der Zusammenbruch begonnen hat. Der von politischen Kämpfen erschütterte Staat kann nur noch durch Ausnahmerecht und Notstandsgesetze regiert werden. Immer mehr Wähler verlieren das Vertrauen zu den bisherigen Regierungsparteien und wenden sich den Kommunisten oder Nationalsozialisten zu, die als einzige der 36 Parteien, die der Wahlzettel aufführt, realistisch scheinende Lösungen versprechen.

In Ostpreußen wirkt sich die Weltwirtschaftskrise in Form einer Agrarkrise aus, in der viele Bauernhöfe und Güter zugrunde gehen. Durch erneutes Eintreten Hindenburgs im März 1930 setzte die sog. Osthilfegesetzgebung ein, die den völligen Zusammenbruch aufhält und schließlich der Landwirtschaft eine spürbare Erleichterung bringt. Entscheidend war jedoch, daß es durch Anwendung aller modernen Erkenntnisse gelang, Spitzenleistungen in der Produktivität und Tierzucht und damit hohe Marktwerte zu erreichen.

Die Verbreitung der Rundfunktechnik in dieser Zeit machte für Ostpreußen die Errichtung eines zentral gelegenen Senders notwendig, der in Heilsberg erbaut wurde. Zuerst wurden zwei Sendetürme mit teurem, aus Amerika eingeführtem Kiefernholz errichtet. Dann wurde der eine Turm abgetragen und der andere noch mehr erhöht.

An der polnischen Grenze kommt es von polnischer Seite fortwährend zu Übergriffen und Überfällen. Zum Beispiel protestiert die Reichsregierung am 7. Juni 1930 in Warschau wegen einer dieser Grenzverletzungen, wenn am 13. Juni schon die nächste folgt. Wie schon in allen vorhergehenden Jahrhunderten tat die polnische Regierung nichts, um Abhilfe zu schaffen.

Danzig kämpfte derweil ums Überleben. Mit der Entscheidung der Alliierten, aus Danzig einen Freistaat zu machen, war keine der beiden Seiten zufrieden. Die Danziger wollten deutsch bleiben, die Polen wollten Danzig annektieren. Daß Danzig eine absolut deutsche Stadt ist, stört die Polen keineswegs. Sie haben bis jetzt die Mehrzahl der Deutschen aus den vormals deutschen Gebieten des polnischen Staates vertrieben und werden es auch schaffen, Danzig zu einer ‚polnischen Stadt' zu machen. Fortwährend suchten sie ihren Einfluß auf Danzig zu stärken und setzten sich fast immer durch.

Obwohl nur im Freihafen ein polnisches Postamt erlaubt war, brachten die Polen in der Nacht zum 5. Januar 1925 heimlich im ganzen Stadtgebiet an allen polnischen Gebäuden polnische Briefkästen an und richteten einen polnisch uniformierten Postdienst ein. Der Völkerbundskommissar ordnete die Entfernung der Briefkästen an, worauf Polen mit militärischer Besetzung Danzigs drohte und der Völkerbund kleinlaut nachgab.

Polen ergriff alle erdenklichen Maßnahmen, um Danzigs Wirtschaft zu vernichten, so daß die Freie Stadt schließlich vielleicht sogar selbst um Aufnahme in den polnischen Staat hätte bitten müssen. So wie der Bau der polnischen Hafenanlagen in Gdingen voranging, wurde ein Handelszweig nach dem anderen durch Angebot besonderer Vorteile von Danzig nach Gdingen hinübergezogen.

Den Danzigern war erlaubt, frei von allen polnischen Einfuhrzöllen, Rohstoffe und Waren aller Art für ihren Eigenbedarf zu importieren. Weiter erlaubten die Verträge ihnen, Fertigwaren ohne Beschränkung im polnischen Zollgebiet abzusetzen. Anstelle des niedergehenden Handels entstand eine Industrie für Fertigprodukte. Polen versuchte nun die Danziger Zollverwaltung, die im Rahmen der polnischen Zollhoheit eine vertraglich festgelegte Selbständigkeit besaß, in die Hand zu bekommen. Unter dem Vorwand, daß die zollfreie Einfuhr ein großer Schmuggel sei, reichte Polen eine Klage beim Völkerbund ein. Wenn durch Einfuhrverbot die Danziger Fertigwarenindustrie lahmgelegt werden konnte, würde die Danziger Wirtschaft vor Polen kapitulieren müssen. Der Völkerbundskommissar für Danzig, der italienische Graf Gravina, wies aber nach sorgfältiger Prüfung die polnische Beschwerde als völlig unbegründet zurück. Darauf sperrte Polen unter klarem Bruch der Verträge die Einfuhr Danziger Waren. Nun konnten die Danziger so viel einführen, wie sie wollten, sie konnten jedoch ihre Waren nicht mehr im polnischen Machtbereich absetzen. Wegen langer Transportwege und der überall bestehenden hohen Zollschranken war aber nur in Polen ein einigermaßen rentabler Absatz möglich gewesen. Obwohl Danzig unter dem Schutz des Völkerbundes stand, durfte Polen ungehindert die Wirtschaft Danzigs systematisch schädigen und auf eine Zerstörung hinwirken. Viele Danziger Firmen mußten ihre Tätigkeit einstellen. Von 110.000 sozialversicherten Erwerbstätigen des Jahres 1932 waren 35.000 arbeitslos. Fast bei jeder Tagung des Völkerbundes brachte Danzig Beschwerden vor. Von 1922 bis 1933 wurden 106 Streitfälle behandelt, die meistens zugunsten Polens entschieden wurden.

Der internationale Schutz, der Danzig nach den Bestimmungen des Versailler Diktats zustand, wurde gegenüber der zielsicheren Strategie Polens, Danzig in Besitz zu nehmen, dem Freistaat oftmals nicht gewährt. Es gelang Danzig nicht einmal, die von den Polen unter allerlei Vorwänden in die Stadt eingeschleusten 16.000 polnischen Arbeiter zum Verlassen des Staatsgebiets zu veranlassen. Am 2. Juli 1931 patrouillierten auf einmal polnische Marinesoldaten rechtswidrig durch die Stadt, und wieder gab der Völkerbund nach. Die Danziger Polizei wurde sogar angewiesen, diesen polnischen Streifendienst vor Protestäußerungen der Danziger Bevölkerung zu schützen.

Da die polnischen Chauvinisten nicht in ihre Schranken gewiesen wurden, folgte einer Provokation die nächste. Polnische Soldaten, Postbeamte, Eisenbahner, polnische Kriegsschiffe, Lokomotiven mit polnischen Flaggen, polnische Banken, Zeitungen und Briefkästen sollten bei fremden Besuchern den Eindruck einer polnischen Stadt erwecken.

In Ostpreußen wurde trotz oder wegen der Notzeit ein großer Siedlungsplan durchgeführt. Durch Abwanderung hatte die Provinz allein zwischen 1925 und 1933 4,2 Prozent ihrer Bevölkerung verloren. Durch eine hohe Geburtenrate wurde jedoch diese Verminderung aufgewogen. Dazu hatte sich seit 1871 eine steigende Verschiebung der Landbevölkerung in die Städte vollzogen. Von 1871 bis 1925 verlor die Landbevölkerung 62.500, bis 1933 weitere 52.800 Personen. In der gleichen Zeit wuchsen die Städte um das Dreifache des Bestandes von 1871. In ländlichen Gemeinden unter 1.000 Einwohnern lebten 1933 nur noch 60 Prozent der Bevölkerung. Das Siedlungsgesetz vom 11. August 1919 suchte die Bevölkerungsdichte auf dem Lande zu erhöhen. Dazu gab der preußische Staat eine beträchtliche Menge Domänenland frei. In Ostpreußen wurden zwischen 1919 und 1930 auf 94.000 Hektar 7.820 neue Bauernstellen geschaffen. Die Durchschnittsgröße der Grundstücke von zwölf Hektar reichte gerade zur Ernährung einer Bauernfamilie aus.

Im Ermland, wo es fast keine Staatsdomänen gab, stand einer geringen Menge Land eine große Anzahl landhungriger Bauernsöhne gegenüber. Zum Beispiel meldeten sich für 20 Siedlerstellen in Zechern (Kr. Heilsberg) 150 Siedlungswillige. Sie wollten aber nicht in evangelische Gegenden ziehen. Bei einer Siedlerversammlung im März 1928 waren nur neun Personen bereit, aus dem Ermland nach Eckartsberge bei Schneidemühl überzusiedeln.

Nach fast zwölfjähriger Besetzung räumten die Franzosen im Juni 1930 die Mainzer Rheinlandzone. Nach Artikel 430 des Versailler Diktats würden diese Gebiete sofort wieder besetzt werden, wenn Deutschland nicht in vollem Maße seine Verpflichtungen erfüllt.

Bei der Reichstagswahl am 14. September 1930 steigen die Mandate der Nationalsozialisten von zwölf auf 107. Die Kommunisten erreichen 77. Nach diesem Stimmenzuwachs der beiden radikalen Parteien haben beide Aussicht, an die Macht zu kommen. Vor die offenbar unausweichliche Wahl gestellt, in Deutschland die Nationalsozialisten oder die Kommunisten herrschen zu lassen, entscheidet sich die Mehrheit des Volkes doch lieber für Hitler. Die meisten Deutschen fürchten eine kommunistische Regierung mit den chaotischen Folgen, wie sie derzeit in Rußland vorhanden sind.

Sie haben von den grauenhaften Zuständen und den Fehlplanungen der offenbar unfähigen kommunistischen Regierung gehört.* Für verhungernde Wolgadeutsche haben sie Sammlungen durchgeführt und den Guerillakrieg kommunistischer Banden während des Ruhraufstandes und bei den Unruhen in Thüringen und Königsberg erlebt. Trotzdem gelingt es den Kommunisten, einen großen Teil der verzweifelten Arbeitslosen und andere Unzufriedene auf ihre Seite zu ziehen.

Am 13. Juli 1931 erschüttert die Bankkrise das schon gefährlich schwankende Reich noch mehr. Die beiden größten Banken, die Darmstädter und die Nationalbank, machen Pleite. Bankhäuser und Börsen bleiben drei Wochen lang geschlossen; die Zinsen steigen auf mehr als 20 Prozent. Die Zahl der Arbeitslosen überschreitet die Fünf-Millionen-Grenze. Dazu sind viele nur mit Kurzarbeit beschäftigt und die meisten Frauen in nicht bezahlter Hausarbeit und Kindererziehung tätig. Die unerfüllbaren Reparationszahlungen können nur noch zu einem Teil aus der erschöpften Wirtschaft gepreßt werden und müssen durch weitere Auslandsanleihen gedeckt werden.

Um an die Macht zu kommen, gehen vor allem die Kommunisten mit brutaler und rücksichtsloser Gewalt gegen die anderen Parteien vor. Die Straßenkämpfe zwischen Kommunisten und Nationalsozialisten fordern viele Hundert Tote auf beiden Seiten. Die Zahl der nationalsozialistischen Opfer ist jedoch deutlich höher. Alle bürgerlichen Parteien versagen. Nur die NSDAP scheint als einzige Partei dem Kommunismus Halt zu gebieten und wird allein deshalb von vielen gewählt. Im Winter 1931/32 steigt die Arbeitslosigkeit weiter, und im Februar 1932 sind 6,1 Millionen Menschen ohne Lohn.

Wegen der Unmöglichkeit, die Zahlungen des Young-Planes bei der katastrophalen Wirtschaftslage zu leisten, wird am 20. Juni 1932 durch das Hoover-Moratorium eine einjährige Stundung erreicht. Die Konferenz von Lausanne setzt am 9. Juli die deutsche Schuld auf drei Milliarden Goldmark fest. Verglichen mit den bisherigen Forderungen ist das ein enormer Nachlaß. Das Abkommen wurde jedoch nicht ratifiziert und die Schuld nicht bezahlt. Mit dem Ende der Reparationszahlungen war die Grundlage für eine Normalisierung der chaotischen Zustände geschaffen, die jedoch erst die Nationalsozialisten zu nützen verstanden. Die wirk-

---

* Die Kommunisten hatten im russischen Volk einen Völkermord unvorstellbaren Ausmaßes entfesselt. Hunderttausende abendländischer Menschen wurden wie Vieh abgeschlachtet; die ganze Intelligenzschicht ermordete man. Fünf Millionen Bauern mußten verhungern. Die Belegschaft der Sklaven-Arbeitslager überstieg 15 Millionen. Jede Kirche wurde zerstört oder für andere Zwecke verwendet, jeder Kleriker als Volksschädling oder Verbrecher behandelt. Von Trotzki stammt der Ausspruch: „Es ist uns völlig gleichgültig, ob Millionen Russen getötet werden müssen, um die Idee des Bolschewismus durchzusetzen." Bald hatte Rußland ein stumpfsinniges Proletariat, friedlich, arbeitswillig, leicht zu beherrschen und zu keiner Revolte fähig.

liche Last aus den Reparationen, die Deutschland noch zu tragen hatte, betrug immerhin noch 15,4 Milliarden Goldmark. Deutschland hatte bis jetzt Leistungen von 68 Milliarden Goldmark erbracht, wobei der Wert der Schutzgebiete und vieles andere nicht eingerechnet ist.*

Am 10. April 1932 wird Hindenburg mit 19,4 Millionen Stimmen als Reichspräsident wiedergewählt. Adolf Hitler hat 13,4, der Kandidat der Kommunisten, Ernst Thälmann, 3,7 Millionen Stimmen erhalten. Um die immer stärker werdende NSDAP niederzuhalten, verbietet Reichskanzler Brüning am 15. April die NSDAP-Organisationen Sturmabteilung (SA) und Schutzstaffel (SS).

Bei den preußischen Landtagswahlen am 24. April werden die Nationalsozialisten mit 162 Sitzen die stärkste Partei in Preußen. Offenbar wollen viele nichts mehr von einer als unfähig empfundenen demokratischen Regierung wissen.

Im Reichstag zeigen die Parteien trotz der Notlage ihr Unvermögen zu jeder vernünftigen Zusammenarbeit. Auch Reichspräsident v. Hindenburg scheint von dieser ‚Demokratie ohne Demokraten' genug zu haben. Am 29. Mai 1932 entläßt er Reichskanzler Brüning und beauftragt am 31. Mai Franz von Papen, eine Regierung zu bilden, die nur dem Reichspräsidenten verantwortlich ist. Der Reichstag wird aufgelöst.

Am 16. Juli werden die zwischenzeitlich verbotenen NSDAP-Organisationen wieder erlaubt. Darauf gehen die Kommunisten zur Offensive über und in einem Monat gibt es 89 Tote und 1.100 Verletzte. Bis zum 15. September sind 155 Tote registriert. Laut preußischer Statistik gab es im ersten Halbjahr 1932 allein in Preußen 322 Terroranschläge, von denen 203 von der KPD, 75 von der NSDAP und 21 von SPD und Reichsbanner verübt wurden.

Die registrierte Zahl der Arbeitslosen beträgt 6,75 Millionen, das ist ein Drittel der nicht in der Landwirtschaft tätigen Arbeiter.

Unter grobem Mißbrauch des Notstandsartikels stürzt v. Papen am 20. Juli 1932 die verfassungsmäßige preußische Staatsregierung und ernennt sich zum Reichskommissar für Preußen. Über Berlin und Brandenburg wird der Ausnahmezustand verhängt. Damit verfügte die diktatorische, antirepublikanische Reichsregierung auch über die bisher stärkste Stütze der Republik, die preußische Staatspolizei. Der bundesstaatliche Aufbau des Reiches ist damit zerschlagen; die Weimarer Republik hat aufgehört eine Republik zu sein.

Bei den Reichstagswahlen am 31. Juli 1932 erhält die NSDAP als stärkste Partei von 609 Sitzen 230. Ihre Abgeordneten erklären, daß sie in den Reichstag einziehen, nicht um zu debattieren, sondern um die Debatten zu beenden und durch Taten zu ersetzen. Zusammen mit der KPD, die über mehr als 100 Sitze verfügt, und der DNVP (Deutschnationale Volkspartei) bilden sie eine antidemokratische Mehrheit im Reichstag, die keine parlamentarische Arbeit mehr zuläßt.

Trotz des politischen Chaos' und des Zusammenbruchs der deutschen Wirtschaft nimmt das Luftschiff LZ 127 „Graf Zeppelin" 1932 den regelmäßigen Flugverkehr mit Südamerika auf. Bis der Verkehr 1937 eingestellt wird, hat das Luftschiff 590 Flüge gemacht, davon 144mal den Atlantik überquert und 13.110 Fluggäste unfallfrei befördert.**

1932 werden die wichtigsten Fernstraßen von 1 bis 138 numeriert. Die Reichsstraße 1 (zirka 1.000 km) führt von Aachen über Königsberg – Insterburg – Gumbinnen nach Eydkuhnen an Ostpreußens Ostgrenze.

* Nach dem Zweiten Weltkrieg wurden die Auslandsschulden des Deutschen Reiches im Londoner Abkommen vom 27. Februar 1953 geregelt. Für die noch ausstehende Reparationsschuld wurde im Artikel 5 ein Aufschub zugestanden, um nach einem Friedensvertrag mit beiden Teilstaaten festgesetzt zu werden. Die Auslandsanleihen, die das Deutsche Reich zur Erfüllung der Reparationsforderungen aufgenommen hatte, sind keine Reparationsschulden und wurden von der Bundesrepublik übernommen. Diese Anleihen (1,6 Milliarden Mark, davon 888 Millionen für die Young-Anleihe) wurden bis 1980 zurückgezahlt.

** Der Luftverkehr war erstmalig 1909 von der Deutschen Luftschiffahrts A.G. (DELAG) eröffnet worden. Ihre fünf relativ kleinen Luftschiffe hatten bis zum Ausbruch des Ersten Weltkrieges 1.588 Flüge gemacht und 34.000 Fluggäste unfallfrei befördert. Nach dem Waffenstillstand baute die DELAG zwei kleine Zeppeline und unterhielt 1919 einige Monate lang einen regelmäßigen Flugdienst, bei dem 2.380 Personen in 103 Flügen ohne Unfall befördert wurden. Auf Befehl der Alliierten wurde der deutsche Luftverkehr eingestellt und 1920 mußten die beiden Luftschiffe an Frankreich und Italien ausgeliefert werden. Der Bau von Luftschiffen wurde Deutschland bis 1926 verboten. Nur die Luftschiffe durften gebaut werden, die an die Feindmächte als Reparationen abzuliefern waren. Beim Flugverkehr in die USA mußten die Luftschiffe einen Umweg um England machen, das drohte, jedes deutsche Luftschiff über seinem Gebiet ohne Warnung abzuschießen.

Mit der steigenden Not nehmen die bürgerkriegsähnlichen Zustände größere Ausmaße an. Die halbmilitärischen Kampftruppen der vier großen Parteien, das Reichsbanner mit 2.200.000, der Stahlhelm mit 500.000, SA und SS mit 400.000 und der Rotfront-Kampfbund mit 250.000 Mann, liefern sich weiterhin zunehmend blutigere Straßenschlachten. Die öffentliche Ordnung ist aufs höchste gefährdet.

Am 17. Juli 1932 gab es z.B. in Altona 17 Tote und 64 Verletzte. Erst nach dem Einsatz von Polizei-Panzerwagen konnte die Ruhe wieder hergestellt werden. 1932 gab es über 400 Tote und 1.000 Schwerverletzte.

Es gab 34 Parteien, im Reichstag bewaffnete Polizei, lärmende Tumulte und Tintenfaß- schlachten. Der fortgesetzte Regierungswechsel erbrachte in zwölf Jahren (1919 bis 32) 20 Reichskabinette mit Regierungszeiten von 27 Tagen bis zu 21 Monaten. Bei der Notlage des deutschen Reiches war das ein unerträglicher Zustand.

Im Winter 1932/33 erreicht das Chaos seinen Höhepunkt. Schon 1930 waren 15.000 Betrie- be in Konkurs gegangen, die Gesamtproduktion war um 53 Prozent zurückgegangen. 1931 waren es 19.000 Firmen, die in Konkurs gingen. Viele weitere hatten ihre Tätigkeit ohne Kon- kursverfahren eingestellt. Dieser Vorgang hatte sich in steigendem Maße auch 1932 fortge- setzt. Am Jahresende 1932 zählte man 5.770.000 unterstützte Arbeitslose, zu denen noch Milli- onen Nichtunterstützte kamen. In Wirklichkeit betrug die Zahl der Arbeitslosen etwa neun Millionen, denn ein großer Teil war nicht registriert, weil sie verdienende Verwandte hatten und deshalb sowieso nichts erhalten hätten oder aus anderen Gründen die Bedingungen zum Empfang der Unterstützung nicht erfüllen konnten. Das Deutsche Reich hatte die höchste Ar- beitslosenquote der Welt. Da auch Familienangehörige mithungerten, lebten über 20 Millionen Deutsche unter dem Existenzminimum.

Dieser Notstand erzeugte jenes radikale politische Meinungsklima, in dem Hitlers Aufstieg möglich wurde. In diesem furchtbaren Chaos konnte keine Partei zu radikal sein, um ge- wählt zu werden, wenn nur die Aussicht bestand, daß sie diese Not beenden oder auch nur mildern würde, was bisher noch keiner gelungen war. Am 2. Dezember 1932 wechselte wie- der die Regierung und General Kurt von Schleicher übernahm die Nachfolge v. Papens, der sich dann Hitler anschloß.

All diese Nöte betrafen natürlich auch das vom Reich abgetrennte Ostpreußen, auch wenn die politischen Kämpfe in den größeren Städten hier nur selten bis zu Todesopfern ausarte- ten. Das lag vielleicht auch daran, daß hier, wo fast die Hälfte der Bevölkerung in der Land- wirtschaft tätig war, der Hunger nicht so groß wie in anderen Provinzen des Reiches war. Aber wenn auch die Politik hier nicht so ernst genommen wurde, so wirkte sich der Zusammen- bruch der Wirtschaft im Reich auch in Ostpreußen verheerend aus. Neben der Schließung vie- ler Firmen, Geschäfte und Handwerksbetriebe, gingen auch viele Güter und Bauernhöfe zu- grunde. Mancher Bauer, dessen Hof seit Jahrhunderten von seinen Vorfahren bewirtschaftet worden war und ihm mehr als ein Arbeitsplatz war, mußte ihn verlassen, um in der Stadt ein Unterkommen zu finden und die Menge jener Arbeitslosen zu vergrößern, die nicht unter- stützungsberechtigt waren. Einige brachten das nicht über sich und griffen zur Jagdbüchse oder zum Strick.

Reichspräsident v. Hindenburg hatte lange gezögert, Adolf Hitler die Macht zu übergeben, obwohl er schon lange die stärkste Partei vertrat. Erst als keine Regierungsbildung mehr zu- standekam, berief er ihn am 30. Januar 1933 zum Reichskanzler. Für viele war dies ein Hoff- nungsschimmer. Wenn es überhaupt noch eine Möglichkeit gab, in dieses Chaos Ordnung zu bringen, dann konnte Hitler mit jener Utopie, die er versprochen hatte, an die aber kaum noch jemand glaubte, beginnen.

5. Im national-
sozialistischen Staat

(1933–1945)

Arbeit und Brot

Mit dem 30. Januar 1933 begann die Existenz des neuen nationalsozialistischen Staates, der das Dritte Reich genannt wurde. Während in Berlin die SA den Sieg mit einem großen Fackelzug feierte, wurde das Ereignis in Ostpreußen mit mehr Gelassenheit aufgenommen. Seitdem die Regierungen immer öfters wechselten, erwartete man auch von dieser zunächst keine umwälzenden Taten. Auch wenn der Nationalsozialismus von auswärts eingeführt worden war, hatte er auch hier zahlreiche Anhänger gewonnen. Neben dem nächstliegenden Versprechen, Arbeit und Brot zu beschaffen, war es der Kampf gegen den Kommunismus und die Hoffnung, daß eine starke Regierung für eine vernünftige und völkerrechtliche Grenzregelung der abgetrennten Provinz eintreten werde, die der Partei Wähler zugeführt hatte. Nirgendwo im Reich war die ständige Drohung einer Annektierung durch eine gefürchtete Feindmacht so groß, wie in Ostpreußen. Trotzdem war die Zahl der Anhänger Hitlers hier nicht größer als in anderen Provinzen des Reiches.

Ein Soziogramm der NSDAP zeigt, daß sie mit Recht eine Vertretung des *ganzen* Volkes genannt werden kann, im Gegensatz zur kommunistischen Alternative, die den Klassenhaß schürte. Die nationalsozialistische Partei bot einen Querschnitt durch alle Schichten des Volkes: vom Arbeiter bis zum Akademiker, vom Angestellten bis zum Adligen war jeder gesellschaftliche Stand vertreten. Neben ein paar verkrachten Existenzen und Schlägern standen viele selbstlose Idealisten.

Als Hitler Reichskanzler wurde, stand er vor einem Chaos. Die Not hatte ihren Höhepunkt erreicht, wobei es offenbleiben muß, ob sie sich weiter verschlechtert oder auch ohne Hitler gebessert hätte.

„Seit Menschengedenken hat das deutsche Volk kein so trauriges Weihnachten erlebt. Allein in der Zeit vom 1. bis 15. Dezember 1932 sind in Deutschland weitere 250.000 Menschen arbeitslos geworden [...]", liest man in einem Geschichtswerk.

Den Reichstagsbrand vom 27. Februar 1933 nutzte Hitler, um die kommunistischen Abgeordneten und Parteiführer zu verhaften, da es sich bei dem Brandstifter erwiesenermaßen um einen Kommunisten handelte. Bei den Reichstagswahlen am 5. März durften die Deutschen zum letztenmal verschiedene Parteien wählen, wobei die Nationalsozialisten nur 44 Prozent der Stimmen erhielten. Mit der DNVP zusammen erreichten sie eine knappe absolute Mehrheit von 52 Prozent, die zu einer Regierungsbildung ausreichte. Danach forderte Hitler ein „Ermächtigungsgesetz" für vier Jahre, das der Reichstag mit 444 gegen 94 Stimmen annahm. Nun erst hatte Reichskanzler Hitler die ganze Macht in seinen Händen.

Von Wahlversprechen hielt man damals nicht mehr als heute. Hitler ging aber daran, sein Versprechen für Arbeit und Brot, das nach allgemeiner Ansicht unerfüllbar war, tatsächlich einzulösen. Dazu griff er allerdings zu verwegenen Maßnahmen, die kein Politiker vor ihm gewagt hätte. Zunächst versetzte er der internationalen Hochfinanz einen lähmenden Schock, indem er einfach die deutsche Finanzwirtschaft aus dem Weltsystem löste und sie unabhängig machte. Hatte er schon den Juden den Kampf angesagt und sie weltweit zu seinen Feinden gemacht, erklärte er nun auch noch der allmächtigen Hochfinanz den Krieg.

Darüber schrieb Churchill später in seinen Memoiren: „Das unverzeihliche Verbrechen Deutschlands vor dem Zweiten Weltkrieg war der Versuch, seine Wirtschaftskraft aus dem Welthandelssystem herauszulösen und ein eigenes Austauschsystem zu schaffen, bei dem die Weltfinanz nicht mehr mitverdienen konnte."

In seiner Rundfunkansprache am 2. Februar 1933 erklärte Hitler, daß binnen vier Jahren die Arbeitslosigkeit überwunden sein müsse. Obwohl dieses Ziel unerreichbar schien, wurde 1936 tatsächlich erstmalig die Vollbeschäftigung erreicht. Schon Anfang Februar hatte Hitler den Reichsbankpräsidenten Dr. Hans Luther gefragt, wieviel Geld er zur Arbeitsbeschaffung freimachen könne. Die Summe von 150 Millionen, die Luther glaubte beschaffen zu können, hätte kaum gereicht, um den Arbeitslosen vier Mark pro Tag für eine Woche zu geben. Die Arbeitslosenunterstützung allein verschlang rund 77 Millionen Mark pro Woche.

Hitler berief darauf Hjalmar Schacht, eine Finanzierung unabhängig von der Reichsbank in die Wege zu leiten. Das geschah in Form der „MEFO" (Metallurgische Forschungsgesellschaft mbH) Wertpapiere. Hitler gelang es, die vier größten Wirtschaftskonzerne (Krupp, Siemens, Gutehoffnungshütte und Rheinmetall) zur Finanzierung und Deckung dieser Papiere zu gewinnen. Dazu wurden alle Einlagen vom Deutschen Reich gedeckt. Die risikolosen Mefo-Wechsel zahlten einen für damals guten Zinssatz von vier Prozent und konnten jederzeit in Bargeld umgewechselt werden. Die Mefo-Wechsel waren ein voller Erfolg; innerhalb von vier Jahren wurden 12 Milliarden Mark in Mefo-Wechsel investiert. Mit solchen Summen konnte die Arbeitslosigkeit tatsächlich beseitigt werden.

Schon vom ersten Monat der Machtübernahme an waren die Erfolge der neuen Regierung für alle deutlich zu sehen. Bereits im Juli war die Zahl der Arbeitslosen von über 6 Millionen auf 4,5 Millionen und bis zum Jahresende 1933 auf 3,5 Millionen gesunken. Das hieß, daß etwa 10 Millionen Menschen, die in Armut und Not gelebt hatten, nun wieder in geordneten Verhältnissen lebten. Selbst Hitlers Erzfeinde mußten seine Erfolge anerkennen. Die Zeitung der Sozialdemokraten, *Zeitschrift für Sozialismus*, schrieb 1934 aus dem Exil: „Im Anblick der verzweifelten Lage des Proletariats, der jungen Leute mit Hochschulabschlüssen und einer Zukunft verschlossener Türen, der zum Bankrott verurteilten kaufmännischen und kunstgewerblichen Mittelklasse und der Bauern, die durch den Zusammenbruch der Preise für ihre Produkte gefährlich bedroht waren, haben wir alle versagt. Wir waren nicht fähig, den Massen irgend etwas zu bieten, außer Reden über den glorreichen Sozialismus."

In Ostpreußen zwang der nunmehrige Gauleiter Erich Koch den bisherigen Oberpräsidenten Wilhelm Kutscher zum Rücktritt und übernahm selbst dieses Amt. Mit seiner „Arbeitsschlacht" wollte Koch als erster Gauleiter des Reiches die Arbeitslosigkeit beseitigen. Schon am 15. August 1933 meldete die *Preußische Zeitung*, daß Ostpreußen als erste Provinz des Reiches ohne Arbeitslose sei. In Wirklichkeit war die Zahl der 131.000 Arbeitslosen, die im Februar 1933 vorhanden waren, auf etwa 2.500 gesunken, was immerhin eine erstaunliche Leistung war. Diese Arbeitslosen waren zwar vorübergehend berufsfremd, z.B. zu Erntearbeiten, eingesetzt worden, waren aber im Herbst wieder ohne Arbeit. Darüber schwiegen jedoch die Zeitungen.

Paul von Beneckendorff und von Hindenburg (1847–1934) bildet eine Klammer, die Kaiserreich und Drittes Reich verbindet. Infolge des Ersten Weltkrieges war er der volkstümlichste Heerführer. Seit 1925 Reichspräsident, setzte v. Hindenburg im Januar 1933 Adolf Hitler als neuen Reichskanzler ein, nachdem dieser und die NSDAP bei der Wahl von 1932 die meisten Stimmen erhalten hatten.

Nun begannen aber stillgelegte Fabriken wieder zu arbeiten. Die Schichauwerft in Königsberg beschäftigte schließlich 12.500 Personen. Viele fanden beim Bau der Autobahn Elbing – Königsberg Arbeit.* In erstaunlich kurzer Zeit kam die gesamte Wirtschaft wieder in Gang.

Den Bauern gaben weitgehende Schutzmaßnahmen eine bisher nicht gekannte Sicherheit. Die Zwangsversteigerungen verschuldeter Höfe hörten auf, und ein Umschuldungsverfahren schuf wieder tragbare Verhältnisse. Das Erbhofgesetz vom 29. September 1933 machte alle Bauernhöfe von 7,5 bis 125 Hektar unverkäuflich und unbelastbar; sie mußten ungeteilt vererbt werden.

Die Begeisterung über diese Erfolge wog schwer bei der Beurteilung der neuen Staatsführung. Die verschiedenen Parteien wurden zur Auflösung genötigt oder einfach verboten. Von den sieben Königsberger Zeitungen bestanden Ende 1933 nur noch drei, an erster Stelle die 1932 gegründete nationalsozialistische *Preußische Zeitung*. Gewerkschaften und Vereine wurden aufgelöst oder in die Organisationen der Partei übernommen.

Auch der Boykott gegen die Juden wurde zunächst größtenteils übersehen. Daß sie aus öffentlichen und führenden Positionen entfernt wurden und zum großen Teil ins Ausland gingen, erfuhr die Masse des Volkes kaum. Die Aktion gegen die jüdischen Kaufleute mit dem Leitspruch „Kauft nicht bei Juden!" hatte zunächst geringen Erfolg, nicht zuletzt, weil sie nur einen Samstagvormittag andauerte. So leicht ließen sich Gewohnheiten nicht ändern. Die Landbevölkerung kaufte ihren täglichen Bedarf nach wie vor im Dorfkrug. Bei den wenigen größeren Einkaufsfahrten in die nächste Stadt wußten sie meistens nicht – und kümmerten sich auch nicht darum – ob der Geschäftseigentümer Deutscher oder Jude war. Viel wichtiger war zum Beispiel ein Besuch der Kronprinzessin Cäcilie von Preußen, die 1933 anläßlich der Johanniter-Tagung in Bartenstein am Gottesdienst teilnahm. Sie wurde vom „Stahlhelmbund", dem „Luisenbund", dem Landrat und anderen Personen sowie einer großen Volksmenge begrüßt.

Durch eine Reihe von Gesetzen wurde vieles bis dahin Unbeachtete geordnet. Die neue Regierung wollte keine Vorherrschaft einer Klasse über eine andere dulden. Alte Klassenunterschiede sollten beseitigt und der Arbeiter dem Fabrikbesitzer gleichgestellt werden. Das gefiel vielleicht manchem Arbeiter, aber kaum einem Fabrikbesitzer. Besonders die standesbewußten ostpreußischen Gutsbesitzer wollten von solchen Ideen nichts wissen. Es wundert daher nicht, daß eine Anzahl von diesen in das Hitler-Attentat vom 20. Juli 1944 verwickelt waren und am Galgen endeten.

Mit dem Gesetz vom 14. Juli 1933, das Neubildungen von Parteien verbietet, gibt es nur noch eine Partei, die alles überwacht und alles leitet. Schutzgesetze für Arbeiter geben diesen Rechte, die in anderen Staaten erst nach Jahrzehnten durch Druck der Gewerkschaften eingeführt werden. – Das vorbildliche Tierschutzgesetz von 1933 besteht noch heute.

Hitler wollte nicht nur eine scheinbare Zustimmung des Volkes für seine Regierung, sondern das Einverständnis seiner Mehrheit. Dazu wurde am 4. Juli 1933 ein Gesetz zur Volksbefragung erlassen, bei der alle Wähler, Männer wie Frauen, ihre Zustimmung oder Ablehnung über die Handlungen der Regierung bekunden sollten. Diese Volksbefragungen wurden fast jedes Jahr durchgeführt (1933, 1934, 1935, 1936, 1938). Die Wahl war geheim, so daß jeder seine Meinung frei äußern konnte. Bisher hat noch keine Demokratie ihre Bürger so oft um ihre Meinung gefragt. Bei jeder der fünf Befragungen stimmten über 90 Prozent mit „Ja". Bei jeder stimmten auch einige mit „Nein", was Millionen andere ebenso leicht hätten tun können.

Die Abstimmung im Saargebiet wurde vom Anfang bis zum Ende von den Alliierten überwacht und ergab das gleiche Ergebnis: Über 90 Prozent stimmten für Hitler. Er konnte seine Pläne deshalb durchführen, weil die Mehrheit des deutschen Volkes zu der Zeit hinter ihm stand. Diese Zustimmung hatten ihm seine beeindruckenden Erfolge verschafft.

---

* Die geplanten Strecken Königsberg – Insterburg – Gumbinnen – Stallupönen (Ebenrode) – Eydtkuhnen und Insterburg – Tilsit kamen wegen des Ausbruchs des Krieges nicht mehr zustande. Ebenso wurden die Pläne für die Strecken Danzig – Bromberg – Posen und Danzig – Thorn nicht mehr ausgeführt.

Der Wirtschaftskrieg gegen Deutschland

Mit seinem Kampf gegen die Juden hatte sich Hitler einen Gegner geschaffen, dessen Macht er offensichtlich nicht kannte. Hier handelte es sich nicht um eine kleine Minderheit, die man ohne Folgen einfach aus dem Land jagen konnte, sondern um eine Volksgruppe, die zwar nur 0,85 Prozent (1932) der Bevölkerung betrug, die aber weite Gebiete der Wirtschaft und der Wissenschaften beherrschte. Dr. Nahum Goldmann, jahrelanger Präsident des Jüdischen Weltkongresses, schrieb: „Das deutsche Judentum war eines der einflußreichsten Zentren des europäischen Judentums. Im 19. und Anfang des 20. Jahrhunderts hatte es einen meteorhaften Aufstieg erlebt […] Sie herrschten im Großbankwesen unvergleichbar zu anderen Ländern. Sie kontrollierten sogar solche Branchen der Industrie, die normalerweise nicht in jüdischen Händen sind, z.B. die Schiffs- und elektrische Industrie. Namen wie Ballin und Rathenau bestätigen diese Feststellung […] Die Zeit von 1870 bis 1933 ist wahrscheinlich der glorreichste Aufstieg, den irgendein Zweig des Judentums jemals erreicht hat. Die Masse der deutschen Juden war niemals voll assimiliert und war mehr jüdisch, als Juden in anderen westeuropäischen Ländern."

Schon sechs Wochen nach Hitlers Ernennung zum Reichskanzler erfolgte die Kriegserklärung einflußreicher amerikanischer Juden im Namen des Weltjudentums. Am 12. März 1933 beschlossen die Führer des „American Jewish Congress" den Wirtschaftskrieg gegen Deutschland, der mit einer Großkundgebung im Madison Square Garden (New York) am 27. März offiziell eröffnet werden würde.* Am 24. März verkündete die Schlagzeile im *London Daily Express*: „Declaration of War of World Jewry against Hitler [Kriegserklärung des Weltjudentums gegen Hitler]."

Als Anfang Mai 1933 Hjalmar Schacht als Nicht-Nationalsozialist eine Reise in die USA unternahm, um auf einer Freundschaftstour die Amerikaner über die tatsächlichen Zustände in Deutschland aufzuklären, fand er sich von einem feindseligen Anti-Deutschland-Tumult umgeben. Nachdem am 10. Mai Zehntausende gegen ihn demonstrierten, mußte er unverrichteter Dinge wieder abreisen. Durch andauernde neue Greuelgeschichten breiteten sich die Boykottdemonstrationen über alle Länder, selbst nach Argentinien und Australien aus.

Als der Boykott mit einer maßlosen Greuelpropaganda über deutsche Verbrechen an Juden verstärkt wurde, ordnete man eine eintägige Boykott- und Vergeltungsaktion für den 1. April 1933 gegen die jüdischen Geschäfte in Deutschland an. Sie bewirkte genau das Gegenteil, denn damit lieferte die Reichsregierung der Auslandspropaganda den Beweis für den Terror der Deutschen gegen die Juden. Die Bilder der SA-Leute vor jüdischen Geschäften erschienen in der ganzen Welt, die nun glaubte, daß diese SA-Posten ständig dort stünden. Schon im April war der deutsche Export um zehn Prozent gesunken und ging stetig weiter zurück.

Noch war der nationalsozialistische Parteiapparat nicht gut genug ausgebaut, als daß diese Aktion überall auf gleiche Weise durchgeführt wurde. In den Dörfern und Kleinstädten Ostpreußens geschah überhaupt nichts. Selbst ein begeisterter SA-Mann wäre wohl kaum bereit gewesen, sich hier vor ein Geschäft zu stellen, um die Kunden zu belästigen, wenn fast jeder Passant und wahrscheinlich auch der jüdische Inhaber ihn persönlich kannten. Deswegen wurden zu dem Unternehmen in der sog. „Kristallnacht" 1938 ausgesuchte Kommandos aus anderen Orten im Schutz der Dunkelheit eingesetzt, um unerkannt zu bleiben.

Am 20. Juli 1933 begann die „Jüdische Weltwirtschaftskonferenz" in Amsterdam, die der britische Gewerkschaftskongreß veranstaltete. Abordnungen aus 35 Ländern berieten wochenlang, wie der Boykott verschärft werden könne und wie Boykottbrecher zu bestrafen seien.

Am 7. August rief der Präsident des Jüdischen Weltwirtschaftsbundes, Samuel Untermeyer, in der *New York Times* zum „heiligen Krieg gegen Deutschland" auf: „Der jetzt beschlos-

---

* Im und um den Madison Square Garden hatten sich am 27. März mehr als 50.000 Menschen versammelt. Die Reden wurden in 200 amerikanische Städte übertragen, wo gleichzeitig große Versammlungen abgehalten wurden. New Yorks katholischer Bischof, Francis T. McConnell, trat zusammen mit dem Rabbiner und Politiker Stephen Samuel Wise auf und forderte den Kampf, bis die Nationalsozialisten beseitigt seien. Ein weltweiter Boykott gegen alle deutschen Waren setzte ein, der besonders in den USA wirksam wurde. Sogar die schon festgelegte Siegestour Max Schmelings, nach seinem Sieg über Joe Louis, mußten die Veranstalter absagen.

sene Krieg gegen Deutschland ist ein heiliger Krieg. Er muß bis zum Tode Deutschlands, bis zu seiner völligen Vernichtung geführt werden."

Auf dem 18. Zionistenkongreß in Prag (August 1933) und auf der Konferenz des jüdischen Weltkongresses (5. September 1933) in Genf war die Durchführung des Boykotts das Hauptthema. Nahum Goldmann forderte einen „bitteren und gut geplanten" Krieg gegen das Deutsche Reich.

Bernard Lecache-Lifschitz erklärte: „Unsere Mission ist es, den [...] Boykott gegen Deutschland zu organisieren und schließlich einen Krieg ohne Gnade zu erreichen."

Stephen Samuel Wise gab bekannt: „Wann der jüdische Boykott endet, hängt nicht von dem jüdischen Volk, sondern von der Naziregierung ab [...] Die Juden werden dieses Mittel nicht eher aufgeben, bis das große Unrecht, das den Juden in Deutschland zugefügt worden ist, beseitigt ist und sie wieder in den Status und in die Positionen eingesetzt sind, die rechtmäßig ihnen gehörten, bevor Hitler die Macht übernahm."

Auch die US-Gewerkschaft „American Federation of Labor" mit ihren drei Millionen Mitgliedern verpflichtete sich zum Kampf gegen Deutschland, dem sich auch englische Gewerkschaften sowie die Führung der Labour-Partei anschlossen. Der Erzbischof von Liverpool forderte die englischen Katholiken auf, den Boykott zu unterstützen. In den Auslagen Londoner und New Yorker Geschäfte forderten Plakate: „Boykottiert deutsche Waren!" Autos mit Spruchbändern und Lautsprechern fuhren langsam durch die Geschäftsstraßen. An den Türen der Geschäfte warnten Schilder die Vertreter deutscher Waren, nicht einzutreten.

Die drei größten jüdischen Organisationen in Polen erließen bindende Anweisungen, scharfe Mittel zum Boykott deutscher Waren anzuwenden.

Der zionistische Politiker V. Jabotinsky schrieb im Januar 1934: „Der Krieg gegen Deutschland ist nun seit Monaten von jeder jüdischen Gemeinde, in jeder Konferenz, in allen Gewerkschaften und von jedem einzelnen Juden in der Welt geführt worden [...] Wir wollen einen geistigen und materiellen Krieg der ganzen Welt gegen Deutschland in Gang setzen."

Noch war Hitler nicht Herr im eigenen Haus, noch war er nicht Oberbefehlshaber der Reichswehr, als der Weltkrieg gegen ihn schon im Gange war, auch wenn die Kanonen noch bis 1939 schwiegen.

Durch strikte Rationierung der Devisen hatte Deutschland bisher die notwendigen Lebensmittel einführen können. Mit dem weiteren Rückgang der Exporte wurde dies aber in Frage gestellt. Der amerikanische Politiker John F. Dulles forderte bereits die Beschlagnahme der deutschen Guthaben in den USA für schon gelieferte Lebensmittel. Edwin Black schrieb in seinem Werk *The Transfer Agreement*...: „Wenn das Reich seine Auslandsrechnungen nicht mehr bezahlen konnte, war es bankrott [...] Die Reichsbank, durch den Boykott diesem Druck ausgesetzt, würde bald keine Mittel mehr haben, um Lebensmittel zu kaufen. Wenn die Exporte zu weit sanken, würde Deutschland wieder einer Hungersnot ausgesetzt sein [...] 1919 war ein besiegtes Deutschland durch eine Blockade zur Unterwerfung gehungert worden [...] Dieses Mal blockierten keine feindlichen Schiffe die Seewege und keine feindlichen Divisionen standen an den Grenzbrücken. Aber genauso wirkungsvoll war dieser Boykott, der Deutschland hinderte, Devisen zu verdienen, um Nahrungsmittel zu importieren [...]

Gleichzeitig nahm die Bedrohung an den Grenzen Polens von Stunde zu Stunde zu. Polens angriffslustige Militärclique [Poland's pro-invasion military hawks] fand bei der durch jüdische Boykott-Komitees aufgehetzten Bevölkerung weitverbreitete Unterstützung [...]"

Spätestens nach dieser weltweiten Reaktion hätte die Reichsregierung ahnen können, daß sie einer Macht gegenüberstand, die ihr Vorgehen nicht hinnahm und der sie nicht gewachsen war.

Der Journalist Lewis Wyndham gab Hitler den realistischen Rat, Deutschland mit der Liga der monopolistischen Staaten zu vereinen: „Die friedliebenden Nationen sind schwerer bewaffnet als Sie es sind, Herr Hitler, und haben unbegrenzte Hilfsquellen zur Verfügung. Sie werden ganz gewiß Krieg gegen Sie führen, wenn Sie sich nicht deren Willen unterwerfen und mit diesem ‚unabhängigen Staat-Zeug' weitermachen."

Der britische Unterstaatssekretär im Foreign Office, Sir Robert Vansittart, der nicht zu Unrecht als „Deutschenhasser" bezeichnet wird, sagte: „Wenn Hitler versagt, wird sein Nachfolger der Bolschewismus sein; wenn er erfolgreich ist, werden wir ihm innerhalb von fünf Jahren einen europäischen Krieg präsentieren."

Polen und das Dritte Reich

Polen hoffte, die Machtergreifung der NSDAP als einen Kriegsgrund nutzen zu können. Der polnische Diktator Marschall Józef Klemens Pilsudski war zwar eigentlich kein Deutschenfeind, doch für Polens Größe war er durchaus bereit, einen Krieg gegen Deutschland zu führen, aber nur, wenn England und Frankreich Deutschland im Westen angriffen. Lord Vansittart unterstützte die polnischen Kriegspläne, soweit seine Machtmittel reichten.

Der tschechische Gesandte Girsa berichtet am 10. Mai 1933 aus Warschau: „In polnischen Offizierskreisen herrscht die Ansicht vor, daß ein Krieg gegen Deutschland unvermeidlich ist. Höhere Offiziere, von denen diese Überzeugung ausgeht, sind der Ansicht, daß Polen in diesem Krieg nur dann siegen kann, wenn er jetzt [1933] geführt wird, wo Deutschland militärisch noch nicht vorbereitet und im Inneren von politischen Kämpfen zerrissen ist [...] Der Generalstab hat schon Maßnahmen an den Grenzen eingeleitet. So wurde Anfang April mit der Konzentration der Kavallerie an der deutsch-litauischen Grenze und im Korridor begonnen, wohin auch die Elitetruppe KOP von der russischen Grenze verlegt wurde."

In England aber waren neben der Partei Vansittards auch andere Stimmen zu hören. Churchill hatte z.B. am 24. November 1932 im Unterhaus gefordert: „Wenn die englische Regierung wirklich etwas für den Frieden tun will, dann muß sie für die Revision der Friedensverträge sorgen." England soll die Frage Danzigs und des Korridors aufrollen, hieß es.

Bei einer Generalstabsbesprechung in Paris am 18. Mai 1933 erklärte der polnische Kriegsminister Kasprzycki: „Wir haben keine Grenzbefestigungen, denn wir beabsichtigen vom Beginn der Operationen an in Deutschland einzumarschieren."

Der Historiker Ferdinand O. Miksche schreibt: „Vergeblich hoffte Polen damals (1933) auf Frankreichs Zustimmung". Der polnische Generalstab hatte neben Truppenzusammenziehungen und Reservisteneinberufungen auch schon die notwendigen Provokationen in die Wege geleitet.

Am frühen Morgen des 6. März setzte das polnische Kriegsschiff „Wilja" Truppen auf der Westerplatte, vor der Einfahrt zum Danziger Hafen, ab. Die Danziger verhielten sich ruhig, um den Polen keinen Grund zum Eingreifen zu geben. Trotz seiner starken Armee wollte Pilsudski jedoch nicht allein marschieren. Zum Bedauern Vansittarts lehnte England aber eine Beteiligung an diesem Krieg ab, und ohne England wollte sich auch Frankreich nicht an dem Krieg gegen Deutschland beteiligen.

Nachdem Hitler mehrmals seine friedlichen Absichten gegenüber Polen bekundet hatte, änderte auch Pilsudski seine Haltung und war schließlich zu einer Verständigung mit Deutschland bereit. Am 16. November 1933 wurde die Absicht bekanntgegeben, einen deutsch-polnischen Nichtangriffspakt abzuschließen, der am 26. Januar 1934 zustandekam. Hitler hatte deutlich klargestellt, daß er den polnischen Staat und seinen Wunsch nach einem Zugang zum Meer anerkenne, daß aber der durch den Versailler Vertrag geschaffene Zustand für Deutschland unerträglich sei. Das Abkommen schließe keine Anerkennung der jetzigen Grenze ein, sondern im Gegenteil, daß mit diesem Vertrag die Grundlage geschaffen werden soll, auch die Territorialfrage zu lösen.

Die wichtigsten Bestimmungen des Vertrages lauteten: „Beide Regierungen wollen durch unmittelbare Verständigung eine neue Phase in den politischen Beziehungen zwischen Polen und Deutschland einleiten. Beide Regierungen erklären ihre Absicht, sich über alle Fragen, welcher Art sie auch sein mögen, unmittelbar zu verständigen [...] Unter keinen Umständen werden sie zum Zweck der Austragung solcher Streitfragen zur Gewalt schreiten. Die Vertragsdauer wird auf zehn Jahre festgelegt."

Der damalige Politiker v. Weizsäcker schrieb: „Ein solches deutsches Entgegenkommen verdient wahrhaftig Anerkennung [...] Kein parlamentarischer Minister von 1920 bis 1933 hätte so weit gehen können."

Der Vertrag war besonders für die Bewohner Ostpreußens eine Überraschung, die nun glaubten, den Einmarsch der Polen nicht mehr befürchten zu müssen. Die Hoffnung, daß nun auch die Lage für die unter polnischer Herrschaft lebenden Deutschen erträglicher werden würde, erfüllte sich leider nicht. Der Kampf gegen das Deutschtum wurde trotz des Vertrages mit zunehmender Härte weitergeführt und hatte sich im Laufe der Zeit so weit verschärft, daß jetzt eine legale Auswanderung kaum noch möglich war. Die deutschen Konsuln in Polen berichten fortwährend über Ausschreitungen gegen die Deutschen. In Thorn wurde z.B. die Versammlung der deutschen Vertrauensmänner für die Stadtverordneten von einer Gruppe des polnischen Schützenverbandes überfallen. Einige ältere Leute wurden weggeschickt, die anderen von sechs Polizisten in eine dunkle Seitengasse geführt, wo sie von den dort wartenden Polen angegriffen wurden. Mehr als zwölf wurden zum Teil schwer verletzt, einer starb, ein anderer schwebte längere Zeit in Lebensgefahr.

Die Reichsregierung übersah in ihren Bemühungen um Frieden alle Terrorakte der Polen und setzte ihre großzügige Freundschaftspolitik fort. Während dem Dresdener Streichquartett die Einreise nach Polen verweigert und die Konzerte abgesagt werden mußten (April 1934), wurde der polnische Tenor Jan Kiepura in Deutschland begeistert gefeiert und vom deutschen Staatsoberhaupt in seiner Loge empfangen. Der Bischof Ermlands, Maximilian Kaller, predigte nicht nur in den südlichen Dörfern des Kreises Allenstein in polnischer Sprache, sondern auch bei der großen Wallfahrt in Dietrichswalde, obwohl die polnische Minderheit deutsch gut verstand, die große Mehrheit der deutschen Wallfahrer aber kein polnisch. Im Mai 1935 wurde in München die polnische Kunstausstellung eröffnet. Zur gleichen Zeit meldete der deutsche Konsul v. Küchler aus Thorn, daß bei den antideutschen Kundgebungen ein Deutscher namens Groen totgeschlagen worden war (16. April 1935). Sein Kollege in Posen meldet die Ermordung des deutschen Bauern Rudolf Rieck aus Neuhütte (18. April 1935). Angesichts dieser Zustände fragte die in Bromberg erscheinende *Deutsche Rundschau:* „Wo bleibt die gegenseitige Verständigung?"

Schon am 13. September 1934 hatte Polen das Freundschaftsabkommen dreist gebrochen, indem es den Minderheiten-Schutzvertrag von 1919 ohne Ankündigung oder Benachrichtigung einer deutschen oder anderen Stelle kündigte.*

Nur England protestierte und Frankreich schloß sich notgedrungen an. Damit war die Angelegenheit erledigt, denn der Völkerbund tat nichts.

Auch die deutsche Regierung tat nichts, und verließ sich weiterhin auf das Verständigungsabkommen. Trotz der Berichte des deutschen Botschafters v. Moltke, daß die Bedrückung der Deutschen in Polen seit dem Abschluß des Vertrages enorm verschärft worden sei, ändert die Reichsregierung ihre wohlwollende Haltung Polen gegenüber nicht. Die verbliebenen Deutschen im polnischen Staat fühlen sich verraten und im Stich gelassen.

Nach Pilsudskis Tod am 12. Mai 1935 gewannen wieder die Kräfte in Polen die Oberhand, die den Krieg gegen Deutschland um jeden Preis wollten.

Der deutsch-polnische Freundschaftspakt hatte die Hoffnung genährt, daß die Probleme, die das Versailler Diktat dem deutsch-polnischen Verhältnis aufgebürdet hatte, bei gutem Willen durch verständnisvolle Verhandlungen gelöst werden könnten. Als aber Hitler dem polnischen Botschafter Lipski am 22. Mai 1935 den Vorschlag machte, die Abtrennung Ostpreußens durch den Bau einer besonderen Eisenbahnlinie und einer Autobahn durch den Korridor zu beenden, ging Polen nicht darauf ein. Auch als im September 1935 der Generalinspektor des deutschen Straßenwesens, Dr. Fritz Todt, bei seinem Besuch in Warschau diese berechtigte Bitte wiederholte, lehnte Polen jede Regelung der Korridor-Frage schroff ab.

Während die deutsche Presse noch 1937 das deutsch-polnische Verhältnis im besten Licht darstellt, läßt die polnische ihrem Deutschenhaß freien Lauf. Auf Versammlungen werden laut die Forderungen erhoben, Polens Grenze müsse nicht nur die Oder sein, sondern die Elbe sei Polens rechtmäßige Westgrenze. Berlin sei keine deutsche Stadt, sondern eine alte polnische Ansiedlung und selbstverständlich sei Ostpreußen „urpolnisches Land". Am 7. April 1937 weist das Auswärtige Amt den deutschen Gesandten v. Moltke an, bei der polnischen Re-

---

* Die Verpflichtung zum Minderheitenschutz war die Gegenleistung der neuen Staaten dafür, daß ihnen 1919 benachbarte Gebiete anderer Völker unterstellt wurden. Mit der Annulierung dieser Gegenleistung war auch die damit verbundene Festlegung der Staatsgrenzen aufgehoben. Jener Vertrag war Polen, das Millionen von Nichtpolen in sein Staatsgebiet einbeziehen durfte, zur Bedingung gemacht worden. Polen hat jedoch diesen Vertrag zu keiner Zeit beachtet, weder gegenüber Deutschen noch gegenüber Ukrainern, Juden oder irgendeiner anderen Minderheit. Der Völkerbund, dessen Plicht es war, hier schützend einzugreifen, interessierte sich offenbar für das Schicksal dieser Menschen nicht.

gierung zu protestieren: „[…] daß in Reden, Resolutionen sowie durch Verwendung von Transparenten und Landkarten polnische Forderungen auf deutsche Gebiete erhoben worden sind […], daß derartige Kundgebungen, unter Teilnahme hoher polnischer Beamter, die deutsch-polnischen Beziehungen stark belasten müßten […]"

Das neue Dritte Reich

Die Abrüstung Deutschlands hatte die Einleitung einer allgemeinen Abrüstung aller Staaten sein sollen. Während Deutschland aber nun schon 14 Jahre wehrlos war, hatten die anderen Länder weiter aufgerüstet. Als auch auf der Londoner Abrüstungskonferenz alle bedeutenden Länder eine Beschränkung ihrer Rüstungen wieder ablehnten, zog sich die Reichsregierung am 14. Oktober 1933 von der Konferenz zurück und trat am 23. Oktober aus dem Völkerbund aus.

Weil der Führer der SA, Ernst Röhm, die Eingliederung der SA in die Reichswehr unter seiner Führung forderte, wurde er eines beabsichtigten Putsches beschuldigt und am 30. Juni 1934 mit einigen SA-Führern und einer Anzahl Gegner der deutschen Regierung erschossen. Hierbei trat erstmalig die Gestapo und die politische (schwarze) SS in Erscheinung. Nachdem es einige „wilde" Konzentrationslager schon 1933 gegeben hatte, von denen das Volk nichts wußte, hörte man jetzt von solchen Einrichtungen, die neben Gefängnissen und Zuchthäusern anscheinend auch dem Strafvollzug dienten; mehr wußte man nicht.

Am 2. August 1934 starb Reichspräsident v. Hindenburg. Aufgrund des Ermächtigungsgesetzes übernahm Hitler die Funktionen und Rechte des Reichspräsidenten und nannte sich „Führer und Reichskanzler". Die Reichswehr wurde auf seine Person vereidigt. Damit war der „Führerstaat" geschaffen, in dem Adolf Hitler die absolute Befehlsgewalt innehatte.

Bei der Volksabstimmung im Saargebiet am 13. Januar 1935 bekannten sich 90,76 Prozent der Bevölkerung zur Wiedervereinigung mit Deutschland.

Darauf verstärkte Frankreich seine Armee und führte eine zweijährige Dienstzeit ein (16. März 1935). Obwohl Deutschland die Unversehrtheit Frankreichs garantiert und nichts getan hatte, das als Bedrohung hätte aufgefaßt werden können, schloß Frankreich ein Militärbündnis mit den Sowjets, das nur gegen Deutschland gerichtet sein konnte.

Nachdem sich alle Staaten weiterhin weigerten, die versprochene Abrüstung vorzunehmen und alle deutschen Angebote einer Verständigung unbeachtet ließen, erklärte der Reichskanzler den Versailler Vertrag für vielfach gebrochen und daher ungültig und forderte den Wiederaufbau einer deutschen Wehrmacht. Am 16. März 1935 führte er die allgemeine Wehrpflicht ein.

Damit brach das Versailler Diktat, das von seinen Schöpfern schon so oft zum eigenen Vorteil außer Kraft gesetzt worden war, vollends zusammen. Deutschland erklärte aber, daß es alle Artikel, die das gemeinschaftliche Zusammenleben mit allen Nachbarstaaten betreffen, weiterhin respektieren werde; daß es bereit sei, mit jedem Nachbarstaat einen Nichtangriffspakt zu schließen und seine Bewaffnung zu beschränken, wenn die Beschränkung auch für die anderen Staaten gelte. Deutschland wird jede Bemühung aktiv unterstützen, um eine Beschränkung der Rüstung, besonders der schweren Angriffswaffen, herbeizuführen. Um Frankreich keinesfalls zu beunruhigen, soll ihre Maginot-Linie intakt bleiben.

Am 19. Mai 1935 wurde die erste fertiggestellte Strecke der Autobahn Frankfurt am Main – Darmstadt dem Verkehr übergeben. Beim Ausbruch des Krieges waren 3.160 km fertiggestellt und 2.012 km im Bau. Sie dienten später anderen Ländern als Vorbild für den Bau ihrer Autostraßen.

Am 18. Juni 1935 kam auf Hitlers Anregung das deutsch-englische Flottenabkommen zustande, das Englands Seeherrschaft garantierte.

Am 26. Juni 1935 wurde der Reichsarbeitsdienst (RAD) mit halbjährlicher Dienstzeit für männliche Personen vom 18. bis 25., für Mädchen vom 17. bis 25. Lebensjahr eingeführt. Bauernsöhne und in Berufsausbildung stehende Personen waren von diesem Dienst befreit.

Der männliche Arbeitsdienst leistete gemeinnützige Arbeiten, wie Trockenlegung sumpfigen Bodens, Deichbauten und Flurbereinigung. Die Mädchen wurden zu einem großen Teil ihrer Dienstzeit Bäuerinnen oder kinderreichen Hausfrauen als Hilfe zugewiesen. Auch das half, die Arbeitslosigkeit zu vermindern und die Jugendichen wenigstens für sechs Monate einer nützlichen Beschäftigung zuzuführen.

Um eine Familiengründung zu erleichtern, erhielten junge Eheleute Ehestandsdarlehen für die Anschaffung von Möbeln und Hausrat. Bis 1935 wurden 378.000 Darlehen in Höhe von 206 Millionen Mark gewährt.

Auf dem Gebiet der Technik darf als Meilenstein gelten, daß im März 1935 in Deutschland die erste Fernsehsendung der Welt übertragen wurde.

Auf dem Reichsparteitag in Nürnberg im September 1935 verkündete Hitler das „Gesetz zum Schutz des deutschen Blutes und der Ehre". Neben anderem wurden Mischehen zwischen Juden und „Ariern", das hieß im Sprachgebrauch der Regierung vor allem „Volksdeutschen", verboten.

Am 2. Oktober 1935 wurde der Leichnam Paul von Hindenburgs in dem nunmehr zum „Reichsehrenmal" erklärten Tannenberg-Denkmal beigesetzt.

Seit der Machtübernahme Hitlers hatte die deutsche Wirtschaft einen phantastischen Aufschwung erlebt. Nachdem der wichtigste Wirtschaftszweig Ostpreußens, die Landwirtschaft, wieder auf einer gesunden Grundlage stand, erholte sich auch die übrige Wirtschaft erstaunlich schnell.

Der Seekanal von Pillau zum Königsberger Hafen wurde auf acht Meter vertieft, so daß auch große Überseeschiffe den Hafen anlaufen konnten. Auch die baltischste Industrie, die Bernsteingewinnung, erhielt neuen Auftrieb. In den Tagebaugruben bei Palmnicken-Kraxtepellen, die sich kilometerweit ausdehnten, wurde 1934 eine Rekordförderung von 600 Tonnen Rohbernstein erreicht. Das Kilo kostete je nach der Güte drei bis 120 Mark. Der Jahresumsatz der staatlichen Bernsteinindustrie lag zwischen einer und drei Millionen Mark. Die Einnahmen der Landwirtschaft überstiegen die der Jahre vor dem Weltkrieg. Das Nationaleinkommen war um fast 40 Prozent gestiegen.

Am 7. März 1936 besetzte die deutsche Wehrmacht das entmilitarisierte Rheinland. Drei kleine Infanterieverbände, zusammen etwa 3.000 Mann – ausländische Zeitungen sprachen von 50.000 –, überschritten den Rhein und wurden von der Bevölkerung jubelnd begrüßt.

Das Volk, das noch vor wenigen Jahren Arbeitslosigkeit, Revolten, bittere leibliche Not und die fortwährenden Demütigungen der Umwelt ertragen hatte, lebte jetzt in steigendem Wohlstand einer, so schien es, glanzvollen nationalen Wiedererneuerung. Trotzdem wurde nicht alles, was die Reichsregierung tat, kritiklos hingenommen, und auch die feindselige Haltung des Auslands gab Anlaß zu Sorgen.

Bedrohliche Kriegspolitik

Der bedeutendste weltpolitische Gegenspieler Adolf Hitlers war Franklin D. Roosevelt, der seit 1933 Präsident der USA war. Durch geheime Beistandsversprechen bestimmte er wesentlich die Haltung der alliierten Mächte Europas gegenüber Deutschland. Der Weltkrieg war für die USA eine so glückliche Zeit gewesen, daß es bei der noch immer anhaltenden Wirtschaftskrise nichts Besseres als einen neuen Krieg geben konnte. Roosevelt förderte den Weltwirtschaftskrieg gegen Deutschland, um ihn baldmöglichst und zu einem Weltkrieg mit Waffen zu verschärfen.

Immer für Krieg waren die Riesenkonzerne der US-Industrie sowie das Großbankwesen, die der schwedische Forscher Sven Hedin „die Kriegsgewinn-Erbhöfe" nannte. Er schrieb u.a.: „Dieser Krieg wird in die Geschichte als der Präsident Roosevelts eingehen." Obwohl die sog. Neutralitätsgesetze Roosevelt an der unmittelbaren Beteiligung an weltpolitischen Maßnahmen zunächst hinderten, führte er die USA trotzdem zielstrebig schrittweise in die internationale Politik und in den Krieg gegen Deutschland.*

* Die Neutralitätsgesetze waren ausdrücklich zu dem Zweck geschaffen worden, daß es jeder zukünftigen US-Regierung unmöglich sein sollte, noch einmal, wie im Ersten Weltkrieg, an einem europäischen Krieg teilzunehmen. Roosevelt mußte viel Geduld, Diplomatie und Doppelzüngigkeit anwenden, bis er genau das tun konnte, was diese Gesetze grundsätzlich verhindern sollten.

Der Aufstieg Deutschlands mit der Diskriminierung der Juden sowie der weltweite Boykott boten die besten Aussichten für einen neuen Weltkrieg. Die Vorbereitungen dazu ließen nicht lange auf sich warten. Der erste Probeflug des Langstreckenbombers B-17 am 28. Juli 1935 zeigt, daß bald nach Roosevelts Amtsantritt ein Übersee-Einsatz und Angriffskrieg geplant war.

Im März 1936 erklärte Churchill, daß Englands Außenpolitik seit 400 Jahren darin bestanden hat, sich der stärksten Macht auf dem Kontinent entgegenzustellen, gleichgültig, welche das war, und diese erfolgreiche Politik dürfte nicht geändert werden. Im November 1936 sagte er zu dem amerikanischen General und Großindustriellen Robert E. Wood: „Deutschland wird zu stark, wir müssen es zerschlagen." Er forderte, daß die Bombardierung deutscher Städte im Hinterland sofort bei Beginn des nächsten Krieges beginnen müsse. Die Pläne für den uneingeschränkten Bombenkrieg gegen Deutschland lagen schon 1936 fertig in den Tresoren des englischen Kriegsministeriums. Schon 1925 hatte Churchill geschrieben: „Vielleicht wird es sich im nächsten Krieg darum handeln, Frauen und Kinder oder die Zivilbevölkerung überhaupt zu töten. Und die Siegesgöttin wird sich zuletzt voll Entsetzen dem vermählen, der dies im größten Ausmaß zustande bringt."

Ab 1936 durften die deutschen KdF-Schiffe keinen englischen Hafen mehr anlaufen. Es ging wohl darum, daß englische Arbeiter nicht wissen sollten, wie gut deutsche Arbeiter lebten und schließlich gar ähnliche soziale Errungenschaften forderten.

Obwohl England, Kanada und die USA das Genfer Protokoll von 1925 unterschrieben hatten, das chemische und biologische Waffen verbot, wurde in den drei Staaten ein planmäßiges, ausgedehntes Entwicklungsprogramm in Gang gesetzt. Während in England und den USA die Arbeit auf diesen Gebieten nie eingestellt worden war und nun intensiv ausgebaut wurde, entstanden in Kanada neue Forschungsstätten.

Die letzten Friedensjahre 1937/38

Die Menschen hatten sich an braune Uniformen und all die Dinge, die den nationalsozialistischen Staat nach außen kennzeichneten, gewöhnt. Wenn ein alter Bürgermeister durch einen wenig beliebten Nationalsozialisten ersetzt wurde, hörte man einige sarkastische Bemerkungen, aber auch das gehörte zu der neuen Zeit. Von dem, was hinter der äußeren Kulisse geschah, wußte man fast nichts. Eine Anzahl Organisationen hatte alle Berufsgruppen erfaßt, um sie an die Partei zu binden. Überall herrschte das Führer- und Gefolgschaftsprinzip.

Die Schulkinder marschierten im Jungvolk hinter ihren Führern, und so wie Lehrer, Ärzte, Juristen und andere in NS-Verbänden organisiert waren, so gab es in jedem Dorf den Ortsbauernführer, der auch die Bauern zu führen hatte. Alle hatten Arbeit und Brot. Unter dem Leitspruch: „Keiner soll hungern, keiner soll frieren!" wurde jeden Winter das „Winterhilfswerk" in Gang gesetzt, das sich auch um die ärmsten Leute kümmerte. Neue Wohnungen, besonders Einfamilienhäuser mit Garten, wurden in großer Anzahl gebaut. Der Lebensstandard hob sich, und wenn auch manches beanstandet wurde, war der weitaus größte Teil des Volkes mit der Regierung zufrieden.

Das deutsche Luftschiff „Hindenburg", das 50 Passagiere in bequemen Kabinen beförderte und fahrplanmäßig zwischen Frankfurt am Main und New York verkehrte, wurde bei der Landung in Lakehurst am 6. Mai 1937 offenbar durch ein Brandgeschoß zerstört. Waren die 36 Todesopfer die ersten des Zweiten Weltkrieges? Der deutsche Luftschiffverkehr (auch nach Südamerika) wurde daraufhin eingestellt.

Die Freizeitorganisation „Kraft durch Freude" (KdF) baute moderne Erholungsheime, veranstaltete Konzerte, und Theateraufführungen, organisierte Bus-, Bahn- und Seereisen auf neuerbauten KdF-Schiffen.

Zum erstenmal im Leben konnten arbeitende Menschen in bisher unerschwinglichen Urlaub fahren. Bis zum Ausbruch des Krieges nahmen 39 Millionen Deutsche an solchen Urlaubsreisen teil. Der billige Preis – ein achttägiger Aufenthalt in einem Kurhotel an der See kostete z.B. 35 Mark – konnte leicht mit einer zu diesem Zweck geschaffenen Sparkarte im Laufe des Jahres zusammengespart werden. Ein vielseitiges Angebot umfaßte ein- und mehrtägige Ausflugsfahrten innerhalb Deutschlands, jedoch auch bis zu zwölftägige Seereisen auf den KdF-Schiffen nach Norwegen, den Azoren oder Madeira.

Großen Zuspruchs erfreute sich auch das „Volkswagen"-Projekt. Für einen Preis von knapp unter 1.000 Mark konnte sich auch ein einfacher Arbeiter, mit einem Sparvertrag von fünf Mark wöchentlich, dieses neue Auto ersparen.

Heute sind die Ansichten über die sozialen Leistungen jener Zeit sehr verschieden. In einem Geschichtswerk liest man, daß es Hitler überhaupt nicht um die Verbesserung der Lebensverhältnisse der arbeitenden Menschen ging. Die Erholungsheime waren von vornherein als Lazarette geplant und die Urlaubsschiffe als Truppentransporter. Das Volkswagenwerk wurde nur zum Bau des Geländewagens für die Wehrmacht angelegt. Der Arbeitsdienst wurde zur systematischen Indoktrination der Jugend geschaffen. Obwohl die deutsche Wehrmacht, mit Ausnahme weniger motorisierter Divisionen, bis kurz vor Kriegsbeginn pferdebespannt war und die Soldaten marschieren mußten, werden die Autobahnen in den meisten Geschichtswerken als „Militärstraßen" bezeichnet. Alles, was Hitler tat, war nach dieser Ansicht nur von einem Kriegswillen geleitet. – Diese vielfach sicher gewollt einseitige Sicht trägt den Tatsachen aber nicht objektiv Rechnung.

Demgegenüber schreibt ein anderer Autor: „Der Nationalsozialismus, von einer übergroßen Mehrheit des Volkes getragen, hat sich nicht innenpolitisch als unbrauchbar erwiesen, sondern wurde von außen militärisch besiegt."

Unter den Fortschritten der Technik des Jahres 1938 ist der Flug einer Focke-Wulf FW-200 „Condor" zu nennen, die am 10. August ohne Zwischenlandung von Berlin nach New York flog. Damit wurde erstmals gezeigt, daß ein regelmäßiger Flugverkehr über den Nordatlantik möglich war. Im Elbinger Schichauwerk wurde der erste betriebstaugliche Mehrzylinder-Kohlenstaubmotor der Welt produziert (26. April 1938).

Die Rominter Heide, Teile der pommerschen Halbinsel Darß und die Schorfheide (nordwestlich von Eberswalde in Brandenburg) wurden von dem Reichsforst- und -jägermeister Hermann Göring zu ersten Naturschutzgebieten erklärt. Das preußische Jagdgesetz vom 18. Januar 1934 wurde zum Muster für den Schutz von Natur und Wild späterer Zeiten. Der Abschuß von Adlern, die Anwendung von Gift, Stahlfallen oder künstlichem Licht wurde verboten. Für die Schaffung neuer Jägergesetze wurde Göring vom Internationalen Jägerkomitee ganz besonders gelobt. Die deutsche Jagdgesetzgebung galt anderen Ländern als vorbildlich und sollte sich im folgenden als richtungsweisend herausstellen.

Nachdem etliche preußische Könige vergeblich versucht hatten, schwedische Hirsche oder kanadische Elche in der Schorfheide heimisch zu machen, gelang es Göring 1934/35, mit Elchkälbern aus Ostpreußen ein neues Elchrevier zu schaffen. Die ersten Elche kalbten dort im Mai 1937. Dazu wurden viele dort schon ausgestorbene Vogelarten und andere Wildtiere wie europäische Wisente, Biber und Otter wieder heimisch gemacht. 1936 zahlten 140.000 Besucher je 20 Pfennig Eintritt, um dieses Naturschutzgebiet zu besuchen, das späteren Nationalparks anderer Länder als Vorbild diente.

So wie der letzte deutsche Kaiser in der Rominter Heide oft gejagt hatte, so lud auch Göring Diplomaten und Staatsoberhäupter zu Jagden in ostpreußische Reviere ein. Im Herbst 1938 wilderte er dort einige der fast ausgestorbenen Wisente aus, die im Berliner Zoo gezüchtet worden waren. In Pommern leben noch heute Wisente in einem Park.

In Ostpreußen gab es eigentlich nicht nur den einen bekannten Ort auf der Kurischen Nehrung, wo Krähen gefangen und gegessen wurden, sondern noch einen zweiten, nämlich die besseren Gaststätten in Königsberg. Aus Langhanken (Kr. Bartenstein) wird berichtet, daß in einem Waldstück Tausende der schwarzen Saatkrähen nisteten und auf den Feldern große Schäden anrichteten. In den ersten Maitagen veranstalteten Sportschützen jedes Jahr ein Wettschießen auf die noch nicht flügge gewordenen Jungkrähen. Am 6. Mai 1937 wurden dort 1.300 erlegt, gerupft und als Delikatesse für 50 Pfennig das Stück an die Stammkunden nach Königsberg geliefert. Während auf der Nehrung niemand einen Hehl daraus machte, daß es sich um Krähen handelte, erschienen sie auf den Speisekarten der feinen Gaststätten als „Saathuhn in pikanter Sauce".

Auch Hans Graf von Lehndorff berichtet, daß in seinen Jugendtagen in der Umgebung von Trakehnen von ihm und seinen Spielgefährten Hunderte junger Saatkrähen geschossen und für 20 Pfennig pro Stück einem Königsberger Händler verkauft wurden. Abgezogen und ausgenommen fand man sie auch als „Sarkauer Täubchen" in Lebensmittelgeschäften. (Sarkau war der bekannteste Ort auf der Nehrung, wo von den Fischern große Mengen Krähen gefangen wurden.)

Nach der Ermordung des deutschen Botschaftsrats Ernst vom Rath am 7. November 1938 in der deutschen Gesandtschaft in Paris durch den polnischen Juden Herschel Grynszpan, kommt es in Deutschland gegen die hier lebenden Juden zu einer Vergeltungsaktion. Nach außen wurde sie als eine spontane Volksreaktion hingestellt; wahrscheinlich war sie aber eine von der Partei befohlene Aktion, die von ausgesuchten Kommandos ausgeführt wurde. Von den im Reich vorhandenen 1.420 Synagogen wurden 267 zerstört, von 100.000 jüdischen Geschäften und Warenhäusern etwa 7.500 demoliert. In manchen Städten drangen Schlägertrupps auch in die Wohnungen von Juden ein, und es kam zu Plünderungen.

Selbst in den Kleinstädten Ostpreußens wurden in der Nacht zum 10. November die Schaufenster jüdischer Geschäfte mit gehässigen Schriften beschmiert. In größeren Städten wurden auch hier Synagogen angezündet. Obwohl körperliche Gewaltanwendung von der Partei ausdrücklich verboten worden war, kam es in Heilsberg sogar zur Ermordung eines jüdischen Ehepaars. Über die Täter erfuhr man damals nichts. Heute weiß man, daß zumindest der SA-Mann Franz Rogall von einem Parteigericht zu einer Disziplinarstrafe verurteilt wurde, nicht wegen Mordes, sondern wegen Nichtbefolgung eines Befehls.

Während später im Umfeld des Bromberger Blutsonntages und bei der Vertreibung der Ostdeutschen die Mehrheit der polnischen Bevölkerung die Gewalttaten billigte und sich oft selbst daran beteiligte, verurteilte 1938 die große Mehrheit des deutschen Volkes solches Verhalten gegen die Juden. Das Ansehen der Partei sank nach diesen Ausschreitungen erheblich. Die Stimmung gegenüber den Juden wurde – nicht zuletzt durch die Aggressivität ausländischer Juden gegen das Deutsche Reich – auch im Volke zunehmend kühler.

Man brach zunehmend die Zelte ab, jüdische Geschäfte wurden verkauft. Ein Teil der Juden zog in die Großstädte, die anderen verließen das Land. Der deutsche Staat förderte die Auswanderung mit allen Mitteln. Dann aber sperrten fast alle Länder die Einwanderung von Juden oder erschwerten sie so weit, daß es einer Sperre gleichkam. Die USA wiesen schließlich sogar Schiffe mit jüdischen Einwanderern ab, die gültige Einreisevisa hatten. Im Oktober 1939 hörte die Auswanderung der Juden ganz auf, da alle Länder ihre Aufnahme verweigerten.

1932 hatte es im Deutschen Reich 564.000 Juden gegeben. Die Volkszählung am 17. Mai 1939 registrierte 330.892 Juden, dazu 72.738 jüdische Mischlinge ersten sowie 42.811 Mischlinge zweiten Grades, was eine Gesamtzahl von 446.441 „Voll-" oder „Teiljuden" ergibt. Demgegenüber werden im Abkommen zur Auswanderung der Juden zwischen dem Deutschen Reich und dem Bevollmächtigten der Evian-Konferenz, dem US-Anwalt George Rublee (1. Februar 1939) 600.000 Juden im damaligen Reichsgebiet (mit Österreich und dem Sudetenland) genannt.

Über die Konzentrationslager im Dritten Reich heißt es bei Carola Stern: „Nach dem Pogrom vom 9. Nov. 1938 wurden etwa 35.000 Juden in KZ-Lagern inhaftiert; Hauptgrund: um sie zur verstärkten Auswanderung zu zwingen. Dadurch erhöhte sich die Zahl der KZ-Häftlinge auf etwa 60.000; sie ging bis zum Kriegsausbruch jedoch auf rund 25.000 zurück."

Unruhige politische Lage

Der erhoffte Ausgleich mit Polen, zu dem der Verständigungsvertrag von 1934 geschaffen worden war, kam nicht zustande. Polen dachte nicht daran, den Kampf gegen die Deutschen in seinem Verwaltungsgebiet einzuschränken oder seine Forderungen nach mehr deutschem Land aufzugeben. Was Polen von Verträgen hielt, hatte die *Gazeta Warszawska* schon am 2. Februar 1929 deutlich erklärt: „Polen ist ein Staat, der es sich leisten kann, Verträge zu achten oder auch nicht zu achten." Damit sprach das Blatt einen Staatsgrundsatz aus, der schon immer in Polens Machtbereich galt. Das Deutsche Reich, als Opfer der polnischen Überfälle und Annexionen von 1918 bis 1922, strebte eine Verständigung an, während Polen mit dem Raub weiterer deutscher Gebiete drohte.

Polen lehnt alle deutschen Vorschläge zum Schutz der deutschen Minderheit ab. Während Deutschland immer neue Kompromißvorschläge macht, geht Polen immer schärfer gegen die Deutschen vor. Der letzte deutsche Großgrundbesitz wird enteignet, im Gerichtsverkehr die deutsche Sprache verboten. Deutsche Industriearbeiter und Angestellte werden entlassen. In einigen Gegenden beträgt ihre Arbeitslosigkeit 60 bis 80 Prozent. In Konitz werden im Juli 1937 zahlreiche Deutsche zu langjährigen Haftstrafen verurteilt. Evangelische Geistliche werden abgesetzt, ausgewiesen oder polnischen katholischen Kirchenoberen unterstellt.

Am 5. November 1937 kommt noch einmal eine „übereinstimmende Erklärung" (nicht gemeinsame) der deutschen und polnischen Regierung über den Schutz der Minderheiten zustande, in der beide Staaten für sich erklären, die Rechte der Minderheiten zu achten. Mehr konnte Deutschland trotz größter Bemühungen nicht erreichen. In Polen ändert sich trotzdem nichts.

Schon sechs Tage später, am Jahrestag der polnischen Unabhängigkeitserklärung (11. November 1918), fanden in einigen Dörfern des Freistaates Danzig Feiern der polnischen Minderheit statt. Der anwesende Ministerpräsident Marian Chodacki erklärte dabei, daß dies bald polnischer Boden sein werde. Am 22. November 1937 demonstrierten mehrere hundert Polen vor dem deutschen Konsulat in Krakau und riefen in Sprechchören: „Nieder mit den Deutschen!" und „Es lebe das polnische Danzig!"

Im Winter 1937/38 mußten die deutschen Fischer von der Halbinsel Hela, insgesamt über 600 Personen, ihre Wohnstätten verlassen, obwohl sie die polnische Staatsangehörigkeit besaßen. Wenngleich diese Vertreibung mitten im Winter erfolgte, wurde ihnen keine andere Unterkunft zugewiesen. Ohne Entschädigung zu erhalten, mußten sie schließlich ins Reich gehen.

In Warschau und Wilna gab es im März 1938 Demonstrationen, bei denen das von Litauen 1923 annektierte deutsche Memelgebiet gefordert wurde.

Während in Deutschland den Polen das größte Theater Berlins für ihren „Polnischen Kongreß" (6. März 1938) zur Verfügung steht, zu dem über 3.000 Polen (viele aus Polen) zusammenkommen, werden in Polen die Vereinsheime der Deutschen demoliert, geschlossen oder gar enteignet, die Vereine aufgelöst und ihr Vermögen beschlagnahmt. 1938 werden im Korridorgebiet elf deutsche Schulen geschlossen, der Weiterbau des deutschen Gymnasiums in Bromberg und die Eröffnung von drei Schulneubauten verboten. Durch eine Agrarreform war der deutsche Grundbesitz weitgehend enteignet worden. Obwohl 1938 von dem Land, das dieses Gesetz betraf, nur noch 20 Prozent in deutscher und 80 Prozent in polnischer Hand war, wurden 1939 von den Deutschen 22.732, von den Polen aber nur 11.988 Hektar gefordert. Gegen deutsche Bauern wurde ein sog. „Wiederkaufrecht" angewandt, wobei sie ihren Besitz zu einem lächerlichen Preis „verkaufen" mußten. Willi Utecht aus Seehof erhielt z.B. für seinen Hof 2,4 Prozent, Adolf Bleich in Lipiagora nur 0,5 Prozent des tatsächlichen Wertes.

Am 12. Februar 1938 lud Hitler den österreichischen Bundeskanzler v. Schuschnigg zu einer Besprechung nach Berchtesgaden ein, um eine Beteiligung der österreichischen Nationalsozialisten an der Regierung zu erreichen. Nachdem Schuschnigg eine Volksbefragung zu manipulieren suchte, die zweifellos den Wunsch des Volkes für eine Wiedervereinigung mit dem Reich ergeben hätte, trat er am 11. März zurück. Neuer österreichischer Bundeskanzler wurde Dr. Arthur Seyß-Inquart. Die neue nationalsozialistische Regierung erbat sich sogleich von ihm die Erlaubnis für den Einmarsch reichsdeutscher Truppen, der auch am 12. März 1938 unter dem Jubel der Bevölkerung erfolgte. Daß damit der langgehegte Wunsch der Österreicher und der Reichsdeutschen in Erfüllung gegangen war, bestätigten erstere in der Volksabstimmung vom 10. April, in der die überwältigende Mehrheit für den politischen Anschluß an das Deutsche Reich und die staatliche Wiedervereinigung mit ihm stimmten.

Der gewaltsamen Einverleibung, von der in manchen neueren Geschichtsbüchern die Rede ist, sollen hier zwei Zitate entgegengestellt werden. Nachdem die Alliierten im Friedensdiktat von St. Germain die erneute Vereinigung Österreichs mit dem Reich verboten hatten, sagte Staatskanzler Dr. Karl Renner am 6. September 1919 in der Wiener Nationalversammlung: „Deutschösterreich wird niemals darauf verzichten, die Wiedervereinigung mit dem Deutschen Reich als Ziel seiner friedlichen Politik zu betrachten."

Reichstagspräsident Paul Löbe erklärte am 30. August 1925 in Wien: „Wir verwahren uns gegen den Vorwurf, Annexionismus zu betreiben. Wo Teile eines großen Volkes daran gehindert werden, sich mit dem Stammvolk zu vereinen, kann von Annexionismus nicht die Rede sein, das ist lediglich die Anwendung des Selbstbestimmungsrechts [...]"

Als die Tschechen sich im 15. Jahrhundert in Böhmen ausbreiteten und die ansässigen Deutschen durch einen grausamen Völkermord weitgehend beseitigten, blieben die westlichen Randgebiete übrig. Die etwa 3,5 Millionen Sudetendeutschen in diesem geschlossenen Sprachgebiet wurden 1919 unter Mißachtung des Selbstbestimmungsrechts der neugegründeten Tschechoslowakei zugeschlagen.

Die Wiedervereinigung Österreichs mit dem Reich ermunterte auch diese Deutschen, die ersehnte Befreiung aus der tschechischen Unterdrückung zu fordern. Sie verlangten eine Autonomie innerhalb des tschechischen Staates oder eine Volksabstimmung für einen Anschluß an das Deutsche Reich. Die Tschechen reagierten mit scharfen Gewalt- und Unterdrückungsmaßnahmen. Sie verhängten das Standrecht, besetzten die noch deutsch besiedelten Gebiete mit Truppen, verboten Versammlungen und verhafteten viele Deutsche, so daß sich in der Atmosphäre der Angst niemand mehr sicher fühlte. Über 200.000 Deutsche flohen über die Grenze ins Reich. Auf dem Nürnberger Parteitag mahnte Hitler: „Wenn diese gequälten Kreaturen kein Recht und keine Hilfe für sich selber finden können, sie beides von uns bekommen werden. Die Deutschen in der Tschechoslowakei sind weder wehrlos noch sind sie verlassen [...]"

Nach etlichen Konferenzen der englischen und französischen Außenminister überreichten diese der Prager Regierung am 19. September eine Note, in der sie die Abtretung der deutsch bewohnten Gebiete an das Deutsche Reich vorschlugen. Nach der Warnung ihrer Verbündeten, daß die Tschechen bei Ablehnung mit keiner englisch-französischen Hilfe rechnen dürfen, falls es zu einem militärischen Konflikt kommen sollte, nahm die Prager Regierung am 21. September notgedrungen die Vorschläge an. Die Entscheidung über die Angliederung der sudetendeutschen Gebiete an das Reich war also schon eine Woche vor der Münchener Konferenz gefallen, ohne daß Deutschland an den Verhandlungen beteiligt war.

Aber noch gab die Prager Regierung nicht auf. Am 23. September 1938 befahl sie die Mobilmachung und zog anderthalb Millionen Reservisten ein. Am 27. wurden alle Radioapparate konfisziert und 20.000 Deutsche einfach als Geiseln verhaftet. Ihnen wurde Erschießung angedroht, falls Deutschland etwas zum Schutz der Sudetendeutschen unternehmen würde.

Nachdem der britische Premierminister Chamberlain zweimal mit Reichskanzler Hitler konferiert hatte (15./16. und 22. bis 24. September) trafen am 29. September Chamberlain, Frankreichs Ministerpräsident Daladier, Mussolini und Hitler in München zusammen. Am 30. wurde das Abkommen unterzeichnet, das die sudetendeutschen Gebiete wieder unter deutsche Verwaltung stellte. Chamberlain erklärte: „Durch die Korrektur eines Versailler Fehlers wurde eine berechtigte deutsche Forderung befriedigt."

Die Krise nutzte das imperialistische Polen um neue Beute auf Kosten der Tschechoslowakei zu machen. Am 2. Oktober 1938 besetzte Polen das reiche, hochentwickelte Olsa-Industriegebiet (902 qkm, 227.500 Einwohner), in dem ebensoviel Erz und Kohle gefördert wurde, wie in dem gesamten bisherigen Polen.

Das Gebiet, das bis 1919 zu Österreich gehörte, hatte eine starke deutsche Volksgruppe, die sofort hart bekämpft wurde. Alle deutschen Schulen wurden geschlossen, deutsche Betriebe polnischen Verwaltern unterstellt, die deutschen Arbeiter und Angestellten rücksichtslos entlassen und alle Rentenzahlungen an Deutsche eingestellt.

Der deutsche Innenminister teilt am 5. November 1938 dem Auswärtigen Amt mit, daß in den ihm unterstellten Flüchtlingslagern über 5.000 Deutsche aus dem Olsa-Gebiet aufgenommen wurden. Dazu sind weitere Tausende über die Reichsgrenze gekommen, die nicht um Aufnahme in ein Flüchtlingslager ersucht hätten. Der tägliche Zugang beträgt etwa 120 Personen. Nach 20jähriger tschechischer Unterdrückung genügte schon ein Monat polnischer Herrschaft, um fast die Hälfte der Deutschen aus ihrer Heimat zu vertreiben.

Von diesem „Sieg" berauscht verschärfte sich der Kampf gegen die Deutschen auch im polnisch verwalteten Teil des Preußenlandes, so daß in jeder Nacht mehr Deutsche ins Reich flohen. Zur Versorgung dieser unglücklichen Menschen mußten im Grenzgebiet Flüchtlingslager eingerichtet werden, von wo sie dann weitergeleitet wurden.

Am 24. Oktober 1938 übergab der deutsche Außenminister Joachim von Ribbentrop dem polnischen Botschafter Lipski einen Sieben-Punkte-Plan. Er wies darauf hin, daß mit Italien eine Verständigung unter Verzicht auf Südtirol, mit Frankreich unter Verzicht auf Elsaß-Lothringen erreicht wurde. Er hoffe, daß unter Verzicht auf Westpreußen, Ost-Oberschlesien und Posen auch mit Polen eine Beseitigung aller Reibungspunkte erreicht werden könne.

Der deutsche Vorschlag lautete:

1. Der Freistaat Danzig kehrt zum Deutschen Reich zurück.

2. Durch den Korridor wird eine exterritoriale, Deutschland gehörige Autobahn und eine zweigleisige Eisenbahnlinie gebaut.

3. Polen erhält im Danziger Gebiet ebenfalls eine solche exterritoriale Autobahn und Eisenbahnlinie.

4. Polen erhält eine Absatzgarantie für seine Waren im Danziger Gebiet.

5. Die beiden Nationen garantieren ihre gemeinsamen Grenzen.

6. Der Nichtangriffspakt von 1934 wird um zehn bis 25 Jahre verlängert.

7. Beide Länder fügen ihrem Vertrag eine Konsultationsklausel bei.

Der deutsche Vorschlag war zweifellos ein maßvolles Angebot, dennoch lehnte Polen ihn am 19. November 1938 ab und deutete an, daß Polen eine Rückkehr Danzigs zum Deutschen Reich sofort mit Krieg beantworten würde.

Polen will Krieg führen, weil eine deutsche Großstadt, die nicht zum polnischen Staat gehört, nach dem Wunsch der Bevölkerung wieder zum Deutschen Reich zurückkommen soll, von dem sie gegen ihren Willen 20 Jahre lang abgetrennt war. Bei einem Zusammentreffen Hitlers mit dem polnischen Außenminister Josef Beck am 5. Januar 1939 und bei weiteren Besprechungen der Außenminister und Botschafter blieb Polen bei seiner kompromißlosen Haltung.

Das schicksalsschwere Jahr 1939

Der psychologische Krieg gegen das Deutsche Reich steigerte sich 1938 in England und Polen zu einem bisher nie erreichten Ausmaß. Kein Tag verging mehr, an dem die Presse beider Länder nichts Nachteiliges über Deutschland brachte und die Saat des Hasses ausstreute. Meisterhaft wurde diese psychologische Kriegführung von London initiiert und betrieben.

Polen, der besondere Schützling Roosevelts und von den USA enorm gegen Deutschland aufgehetzt, ferner von England als „Schwert" gegen eine deutsche Vormacht auf dem Kontinent auserwählt, fühlte sich bereits im Frühjahr 1939 in der Lage, Nachkriegspläne für ein alsbald besiegtes Deutschland zu entwickeln. Warschauer Regierungskreise erörterten diese freimütig mit den englischen Diplomaten Gladwyn Jebb und William Strang, die zu „speziellen Besprechungen" nach Polen geschickt worden waren. Sie berichteten, daß Polen Ostpreußens Annexion plane, da die deutsche Bevölkerung dort im Abnehmen und das Gebiet in Wirklichkeit sowieso polnisch sei, daß man Umsiedlungen vornehmen könne und daß Polen als junger und schnell wachsender Staat eine seiner Bedeutung angemessene Küstenlinie haben müsse.

Ein getreues Bild über die politische Lage geben die Berichte des polnischen Gesandten in den USA, Jerzy Graf Potocki. Sein Bericht vom 12. Januar 1939 an das Warschauer Außenministerium beginnt: „Die öffentliche Meinung drückt sich hier in steigendem Haß gegen Faschismus, gegen Hitler und alles, was mit Nationalsozialismus zu tun hat aus. Die Propaganda ist hier vollständig in den Händen der Juden, die Radio, Film und Presse unter ihrer Kontrolle haben.

Obwohl diese Propaganda sehr plump und darauf ausgerichtet ist, Deutschland so schwarz wie möglich darzustellen, ist sie bei dem geringen Bildungsstand der Amerikaner so wirksam, daß die Leute über die wirklichen Zustände in Europa keine Kenntnis haben. Gegenwärtig wird den Amerikanern beigebracht zu glauben, daß Kanzler Hitler und der Nationalsozialismus das größte Übel und die größte Gefahr sind, die die Welt bedrohen [...] Den Amerikanern wird gesagt, daß der Friede in Europa nur an einem dünnen Faden hängt und daß Krieg unvermeidbar ist. Keine Mühe wird gescheut, um ihnen einzuhämmern, daß im Fall eines Weltkrieges die USA sich dabei aktiv für Freiheit, Demokratie und Menschenrechte beteiligen müssen [...]"

Jetzt rächt es sich, daß die Begründer der Tschechoslowakei die Grenzen ihres zukünftigen Staates so weit ausgedehnt hatten, daß darin mehr Angehörige anderer Völker als Tschechen wohnten. Da es den Deutschen gelungen ist, aus der tschechischen Herrschaft zu entkommen, fordern Slowaken und Ruthenen ebenfalls ihre Unabhängigkeit. Die künstlich geschaffene Tschechoslowakei löst sich in ihre verschiedenen Völker auf, ohne daß Hitler den Anlaß dazu gegeben hat. Als der Bürgerkrieg auszubrechen droht, reist der slowakische Führer Dr. Tuka und der tschechische Staatspräsident Dr. Hacha mit seinem Außenminister nach Berlin. Nach längeren Verhandlungen kam am 15. März 1939 ein Vertrag zustande, nach dem das Deutsche Reich den Schutz über das neu geschaffene Protektorat Böhmen und Mähren übernahm. Die Slowakei wurde selbständig, die Karpato-Ukraine (Ruthenien), die bis 1918 zu Ungarn gehört hatte, wurde wieder von Ungarn in Besitz genommen. Hitler gewährte den Tschechen jene Autonomie, die diese den Sudetendeutschen verweigert hatten. Das Protektorat erhielt die Rechte eines selbständigen Zoll- und Hoheitsgebietes und tschechisch blieb weiterhin Amtssprache. Eigentlich war damit – zwar in abgewandelter Form – ein historischer Zustand wiederhergestellt worden, denn Böhmen hatte seit 805 und Mähren seit 822 dem Heiligen Römischen Reich Deutscher Nation angehört, und Prag war für lange Zeit Hauptstadt des ersten Reiches gewesen.

Trotz mancher Bedrängnisse und dem Bestreben der Litauer, aus dem Memelland eine litauische Provinz zu machen, hatte die deutsche Bevölkerung hier nicht unter Terror und Vertreibung wie in Polen zu leiden. Auch unter litauischer Herrschaft blieben sie die überwiegend stärkste Volksgruppe. Bei den Wahlen am 30. September 1935 hatte die deutsche Liste 81 Prozent der Stimmen mit 24 deutschen und fünf litauischen Abgeordneten im Parlament erreicht. Bei den Wahlen am 11. Dezember 1938 waren es 87 Prozent. Der Ausnahmezustand, den Litauen 1926 verhängt hatte, bestand aber immer noch.

Nach einer deutschen Aufforderung gab Litauen das Memelland in dem Vertrag vom 22. März 1939 an das Deutsche Reich zurück. Litauen erhielt besondere Vorzugsrechte im Memeler Hafen, die seinen wirtschaftlichen Bedürfnissen entsprachen.

Der deutsche Geschäftsträger in Washington, Thomsen, meldete am 27. März 1939, daß der „weltpolitische Führungsanspruch" des Präsidenten Roosevelt das Ziel habe, Deutschland mit allen Mitteln zu vernichten. Dr. Bavendamm schrieb, daß 1938/39 nicht etwa Hitler das internationale Geschehen beherrschte, sondern daß Roosevelt das Gesetz des Handelns erzwang und daß hier der eigentliche Grund für den frühzeitigen Kriegsausbruch und auch für die deutsche Niederlage liegt.

In Polen steigert sich die Aggression gegen die Deutschen weiter. Bei Massenversammlungen im März in Bromberg und anderen Städten grölen Sprechchöre: „Wir wollen Danzig, wir wollen Königsberg!" Nach den Versammlungen werden an vielen Orten Deutsche überfallen, niedergeschlagen und beraubt.

Der deutsche Konsul, v. Janson, meldet am 13. April aus Danzig, daß sich die deutschfeindlichen Ausschreitungen in Pommerellen erheblich verstärkt haben. Etwa 100 Deutsche sind über die Grenze ins Danziger Gebiet geflüchtet und berichten von lebensgefährlichen Zuständen.

Im Gebiet von Berent fahren zugereiste polnische Banden auf Kraftwagen umher, überfallen Gehöfte, greifen die Anwesenden tätlich an und zerschlagen die Wohnungseinrichtungen. Die deutschen Bewohner sind so verängstigt, daß sie ihre Wertsachen vergraben, sich am Tage nicht mehr auf die Straßen und Felder wagen und die Nächte außerhalb der Gehöfte in irgendwelchen Verstecken verbringen.

Der Wiederaufstieg Deutschlands hat auch bei seinen Gegnern all jene Probleme wieder aufsteigen lassen, die sie zum Ersten Weltkrieg veranlaßt hatten. Dieses Mal aber tritt ein noch viel schwererer Grund in den Vordergrund: Durch Hitlers offenen Kampf gegen die Juden sind diese in der ganzen Welt zu erbitterten Feinden Deutschlands geworden, und ihr weltweiter Wirtschaftskrieg gegen das Reich läßt keinen Zweifel an ihrer verborgenen Macht. England, Frankreich und die USA sind entschlossen, Deutschland nicht noch stärker werden zu lassen und suchen jetzt nur noch eine gute Gelegenheit, es endgültig zu zerschlagen.

Diese Gelegenheit scheint sich zu bieten, als der deutsche Außenminister v. Ribbentrop am 21. März 1939 dem polnischen Botschafter Lipski gegenüber den Vorschlag vom Oktober vorigen Jahres wiederholt (Rückkehr Danzigs, Straße und Bahnlinie durch den Korridor usw.). Das wurde verschiedentlich als Bedrohung des Weltfriedens gedeutet. Polen verkündet darauf am 23. März die Teilmobilisierung. Die Einberufung von drei Reservejahrgängen löst große Begeisterung im polnischen Volk aus. Nach seiner Rückkehr aus Warschau übergibt der polnische Botschafter am 26. März die Antwortnote, mit der Polen die deutschen Vorschläge wieder ablehnt. Damit scheint jede Möglichkeit, auf friedlichem Wege eine Verständigung und die lebenswichtige Verkehrsverbindung zwischen dem Reich und Ostpreußen zu erhalten, erschöpft zu sein.

Ermutigt durch geheime Hilfsversprechungen Roosevelts, ferner unter dem Druck der einflußreichen Kreise, gibt England den Polen eine Blankovollmacht für die Verhandlungen mit Deutschland. Für den Fall eines Krieges wird ihnen die Erfüllung ihrer Forderungen zugesagt: die Annektion Ostpreußens, Pommerns und Schlesiens. Am 31. März 1939 gibt der britische Premierminister Chamberlain diese Garantieerklärung für Polen bekannt: „Im Falle irgendeiner, die Unabhängigkeit Polens bedrohenden Aktion, bei der die polnische Regierung es als notwendig ansieht, mit ihren Streitkräften Widerstand zu leisten, hält sich die Regierung seiner Majestät für verpflichtet, der polnischen Regierung sofort alle in ihrer Macht stehende Unterstützung zu gewähren [...] Die französische Regierung nimmt in dieser Angelegenheit denselben Standpunkt ein."

Dieser Freibrief macht jede friedliche Verständigung zwischen Polen und Deutschland illusorisch. Polen steht nun vor der Erfüllung seiner Wünsche. Es ist mehr als wahrscheinlich, daß dieser Schritt nicht im Interesse des englischen Volkes gefaßt war, sondern auf Druck höherer Mächte erfolgt sein mußte. Dementsprechend heftig war auch die Kritik.

Der britische Minister Duff Cooper argumentierte: „Niemals in der Geschichte hat England einer zweitrangigen Macht die Entscheidung darüber überlassen, ob Großbritannien in einen Krieg einzutreten habe oder nicht. Jetzt ist diese Entscheidung in die Hände von einigen Leuten gelegt, deren Namen in England unbekannt sind. Und diese Unbekannten können morgen die Entstehung des europäischen Krieges befehlen."

Auch Winston Churchill erklärte: „Niemand konnte daran zweifeln, daß diese [die Garantieerklärung Großbritanniens an Polen] aller menschlichen Voraussicht nach einen großen Krieg bedeutete, in den auch wir verwickelt werden mußten."

Wie der britische Historiker Liddel Hart feststellt, hatte die Garantieerklärung für Polen eine „kriegsherausfordernde" Wirkung. Der US-Botschafter in Paris, William C. Bullit, erklärte dem amerikanischen Journalisten Karl von Wiegand im April 1939, daß der Krieg in Europa eine beschlossene Sache sei. Auf den Einwand v. Wiegands, daß am Ende Deutschland in die Arme des Bolschewismus getrieben werden wird, sagte Bullit: „Es werden nicht genug Deutsche übrig bleiben, die wert sind bolschewisiert zu werden."

Sofort nach der britischen und der darauffolgenden französischen Garantieerklärung beginnt in Polen eine wilde Hatz gegen Deutschland und eine sich in beängstigendem Maße steigernde Verfolgung der deutschen Einwohner. In den polnischen Zeitungen erscheinen all die bekannten polnischen Forderungen: Die Armee soll jetzt Danzig besetzen, in Ostpreußen einmarschieren usw. Einige wollen die Westgrenze Polens bis zur Oder vorschieben. Auf Versammlungen wird die Elbe als Westgrenze Polens gefordert, und Berlin sei keine deutsche, sondern eine alte polnische Ansiedlung. An Hauswänden hängen Plakate mit der Parole „Auf nach Berlin!" und ähnlichen Aufrufen. Die deutschen Zeitungen bringen täglich Berichte über die polnischen Ausschreitungen gegen die Deutschen und von anmaßenden Grenzverletzungen.

Der britische Botschafter in Berlin, Neville Henderson, schreibt am 26. April 1939 an den britischen Außenminister, Lord Halifax: „Ein exterritorialer Durchgang durch den Korridor ist eine durchaus gerechte Regelung. Wenn Schottland von England durch einen irischen Korridor getrennt wäre, würden wir mindestens so viel fordern, wie Hitler jetzt verlangt [...]"

Polens Garantierende wollen aber keine Verständigung und bestärken das Land weiter in seiner Unnachgiebigkeit. Am 27. April führt England die allgemeine Wehrpflicht ein. Da England noch nie im Frieden solche Maßnahmen ergriffen hat, kann dies als deutsche Kriegsdrohung an das Deutsche Reich verstanden werden. Hitler weiß mit nichts Besserem auf diese Entwicklung zu reagieren, als das englische Flottenabkommen und den Freundschaftspakt mit Polen am 28. April 1939 zu kündigen.

Polens Botschafter Potocki berichtet am 30. April aus Washington über ein Gespräch mit dem vertrauten Berater Roosevelts, General Edwin M. Watson. Das Thema betraf das Verhalten Polens gegenüber Deutschland. Präsident Roosevelt war über den Besuch des deutschen Außenministers in Warschau im Januar 1939 beunruhigt. Potocki berichtet u.a.: „Roosevelt wünscht, so behauptet Watson, daß sich die polnische Regierung jedem Versuch Hitlers, eine friedliche Verständigung über die Danzig- und Korridorfrage zu erreichen, standhaft widersetzt. Sie soll sich auf keinen Fall zum Nachgeben verleiten lassen. Ich konnte Watson versichern, daß die polnische Regierung keine Absicht hat, einem Druck von seiten Hitlers nachzugeben und keinen Zoll polnischer Herrschaft über ehemalige deutsche Gebiete aufgeben wird. Watson regte aber mit starkem Nachdruck an, daß die polnische Regierung Feuer mit Feuer bekämpfen und Hitler offen herausfordern müsse. Er hob hervor, daß die Familie Roosevelts beiderseitig, von seiner Mutter und seinem Vater her, jüdisches Blut hat und der Präsident darum zuzügliche Gründe zum Haß gegen Hitler und Deutschland hat.

General Watson zeigte mir eine Kopie von einem Entwurf eines Vertrages mit der Sowjetunion, der besagte, daß bei der geringsten Provokation die Sowjetarmee gemeinsam mit der polnischen Armee die Deutschen angreifen werde. Der Präsident hat weiter vorgeschlagen, daß eine solche Provokation leicht von der polnischen Regierung herbeigeführt werden könnte [...]

Ich erklärte, daß Polen kein Freund der Sowjetunion sei und sie als einen möglichen Feind ansehe. Unsere Gesandtschaft hier weiß nichts über einen vorgesehenen Vertrag zwischen der Sowjetunion und den USA. Die Kopie des Vertragsentwurfs, die der General zeigte, scheint nur ein Bluff des amerikanischen Präsidenten zu sein."

Wenn somit festgestellt werden muß, daß der Krieg schon fest beschlossen war, dann ist es völlig gleichgültig und nebensächlich, ob die deutsche Wehrmacht am 1. September oder zu irgendeinem anderen Zeitpunkt gegen Polen vorging und den Krieg auslöste.

Die *Gazeta Polska* schrieb am 10. Mai 1939, Ostpreußen bekäme immer mehr einen polnischen Charakter, da die Deutschen ins Reich abwandern. Es sei ein Unglück für Ostpreußen, daß es immer noch zum Deutschen Reich gehöre.

Während die Polen im Deutschen Reich z.B. in Wien am 19. Mai auf dem Kahlenberg eine Gedenktafel für ihren mittlerweile verstorbenen Marschall Pilsudski mit polnischer Aufschrift aufstellen durften, meldet der deutsche Botschafter v. Moltke aus Warschau am 19. Juni 1939: „Die Lage der deutschen Volksgruppe hat sich in den letzten Wochen ganz wesentlich verschlechtert, und die Verhetzung hat Ausmaße angenommen, wie ich sie während meiner langjährigen Tätigkeit noch nicht habe beobachten können. Am 13. war Senator Hasbach bei dem Ministerpräsidenten, um noch einmal auf diesem Wege den Versuch zu machen, eine Besserung der Zustände herbeizuführen. Unmittelbar darauf erfolgte der bisher schwerste Schlag gegen das Deutschtum mit der Enteignung des Deutschen Hauses in Bromberg, der Schließung und Beschlagnahme des Deutschen Hauses in Lodz, des evangelischen Vereinshauses in Posen und des Deutschen Hauses in Tarnowitz [...]"

Der Versuch Papst Pius' XII., die europäischen Staaten an den Verhandlungstisch zu bringen, um alle Probleme zu lösen, wurde sofort von Frankreich hart verurteilt und auch von England und Polen scharf abgewiesen, noch ehe der deutsche Reichskanzler seine Antwort formuliert hatte, da er Rücksprache mit Mussolini nahm, der aber sogleich zustimmte.

In Polen zeigte die Zeitung *Dziennik Poznanski* am 26. Juni eine Karte mit Begründungen der historischen Gebietsansprüche Polens und einer polnischen Westgrenze, die über Bremen, Hannover, Göttingen, Fulda, Würzburg und Erlangen verlief. Eine Postkarte der „Vereinigung polnischer Büchereien", die eine Landkarte mit einer ähnlichen Westgrenze Polens zeigte, war 1939 in großen Mengen im Umlauf. Der Oberbefehlshaber der polnischen Armee, Marschall Edward Rydz-Smigly, sprach besonders offen vor seinen Offizieren und sagte: „Wir wollen den Krieg mit Deutschland. Wir werden ihn bekommen. Deutschland wird ihn nicht verhindern können, auch wenn es das wollte."

Bei einer großen Feier am 29. Juni in Gdingen, an der etwa 3.000 Polen und einige polnische Minister teilnahmen, las man auf großen Schildern: „Danzig ist polnisch und wird polnisch bleiben!"

Am 30. Juni 1939 wurde in Polen das Sondergesetz über den Kriegszustand erlassen. Dieses Gesetz hob die bürgerlichen Rechte auf und ordnete Sondermaßnahmen an, z.B. die „Überwachung und Internierung verdächtiger Personen für den Kriegsfall". Die systematische Erfassung aller Deutschen im polnischen Verwaltungsgebiet war die erste Maßnahme hierzu. Sie war der erste Schritt zu einem ‚gläsernen Deutschen', den die polnische Regierung unter Vorschützung staatssicherheitlicher Gründe zu schaffen gedachte. Ständige Bespitzelung war ein psychologisches und machtpolitisches Instrument.

In Polen gab es aber auch einige warnende Stimmen. Der Staatssekretär im Außenministerium, Jan Graf Szembek, beurteilte die Lage am 6. Juli so: „Im Westen gibt es allerlei Elemente, die offen zum Krieg treiben: die Juden, die Großkapitalisten, die Rüstungsfabrikanten. Alle stehen heute vor einer glänzenden Konjunktur, denn sie haben einen Ort gefunden, den man in Brand stecken kann: Danzig und eine Nation, die bereit ist, Krieg zu führen: Polen. Die Zerstörung unseres Landes läßt sie gleichgültig, da später alles wieder aufgebaut werden müßte, würden sie auch daran verdienen […]"

Bei einer Rede Marschall Rydz-Smiglys auf einer Großkundgebung in Krakau am 4. August riefen erneut Sprechchöre: „Wir wollen Danzig, wir wollen Königsberg!"

Um die polnische Begeisterung für den Krieg gegen Deutschland nicht erlahmen zu lassen, schickten die USA General MacArthur und England General Ironside nach Polen. Man wollte zeigen, daß Polen mächtige Verbündete hatte. Beide Generale lobten die angeblich hohe Schlagkraft der polnischen Armee. Zu weiteren Besprechungen reiste der polnische Oberbefehlshaber Rydz-Smigly nach Paris und Polens Außenminister Josef Beck nach London.

Im Danziger Gebiet war es zu Handgreiflichkeiten polnischer Zollinspektoren gekommen. Der Danziger Senat hatte sich in Protestnoten an Polen darüber beschwert. Als Antwort stellte Polen dem Senat der Freien Stadt am 4. August ein anmaßendes und völkerrechtswidriges Ultimatum: Es lautete, daß die Einfuhr aller Lebensmittel nach Danzig gesperrt würde, wenn die Regierung der Freien Stadt bis zum 5. August um 18 Uhr nicht die feste Zusage gäbe, daß sie sich künftig nie mehr in die Tätigkeit der polnischen Zollbeamten einmischen werde. Im übrigen werden die polnischen Zollbeamten auf Danziger Gebiet von jetzt an Waffen tragen. Das Ultimatum gab den Danzigern klar zu verstehen, daß Polen sie aushungern würde, wenn sie sich polnischen Forderungen nicht beugten.

Auf Veranlassung Hitlers nahm Danzig das Ultimatum an. Wenn der Reichskanzler Krieg um jeden Preis hätte haben wollen, hätte es genügt, den Danziger Senat zu veranlassen, Danzigs Rückkehr zu Deutschland zu erklären. Das hätte zweifelsfrei eine polnische militärische Reaktion ausgelöst, und der Krieg wäre ausgebrochen, ohne daß Deutschland offiziell den Anlaß dazu gegeben hätte. Dieses bestätigte sogar die Warschauer Zeitung *Czas* am 7. August: „Die Geschütze sind auf Danzig gerichtet […] Alle sollten wissen, daß diese Geschütze schießen, wenn die Behörden der Stadt […] Polen vor irgendwelche vollendete Tatsachen stellen wollen."

Roosevelt wußte, daß nur ein Angriff von deutscher Seite den US-Kongreß veranlassen könnte, die Neutralitätsgesetze aufzuheben. Bei der polnischen Kriegsbegeisterung befürchtete er einen polnischen Angriff. Deshalb ließ er am 11. August dem polnischen Außenminister die Nachricht übermitteln, er möge dafür sorgen, „daß die Geschichte nicht berichtet, der erste Akt der Aggression militärischer Art sei von Polen ausgegangen".

Roosevelt wollte mit dieser Warnung keineswegs den Frieden erhalten, sondern den Krieg in einer Form herbeiführen, die ihm die Teilnahme daran erleichterte.

In Moskau tagen die Militärkommissionen der UdSSR, Englands und Frankreichs, um ein Militärbündnis zustandezubringen. Laut Sitzungsprotokoll vom 15. August erklärt der britische Admiral Drax, daß alle britischen Geschwader sich im Kriegszustand befinden. Ebenso seien die 130 Einheiten der Versorgungsflotte mobilisiert.

In seinem Bericht an den Leiter der Zentralabteilung des Foreign Office schrieb der britische Botschafter in Berlin, N. Henderson, am 16. August: „Wenn ein Waffenstillstand erhalten werden soll – und dies ist die letzte Hoffnung –, dann muß die Mißhandlung der deutschen Minderheit in Polen aufhören. Ich wünschte, daß einige englische Zeitungen Korrespondenten dorthin schickten, um sich und auch Sie zu informieren. Unsere Botschaft in Warschau weiß nichts darüber [...] Von allen Deutschen ist Hitler der gemäßigste, soweit es Danzig und den Korridor betrifft [...]"

Die Warschauer *Depesza* fordert am 20. August nicht nur einen Krieg gegen Hitler, sondern gegen Deutschland selbst mit der Vision: „Deutsches Blut wird im kommenden Krieg in solchen Strömen fließen, wie es seit der Entstehung der Welt noch nicht gesehen worden ist."

Stalin erklärte in seiner bedeutsamen Rede vor dem Politbüro der Kommunistischen Partei und den höchsten Offizieren der Roten Armee am Abend des 19. August 1939, daß die Entscheidung über Krieg oder Frieden in den Händen der sowjetischen Führung läge. Der Abschluß eines Militärbündnisses mit England und Frankreich würde Hitler davon abhalten, gegen Polen vorzugehen. Er müsse dann einen Ausgleich mit den beiden Westmächten suchen, wodurch für die Sowjetunion eine sehr unvorteilhafte Lage entstünde. Dagegen werde ein Vertrag mit Deutschland zum Krieg führen, denn die Westmächte werden Polen helfen und darum Deutschland den Krieg erklären.*

Die Rede wurde im September 1939 in Frankreich von der Nachrichtenagentur „Havas" veröffentlicht und erschien in Genf in der *Revue de droit International*. Am 29. November 1939 wurde sie von Stalin in der *Prawda* dementiert und blieb darum umstritten. 1995 wurde der Originaltext der Rede von Wissenschaftlern der Historischen Fakultät der Universität Nowosibirsk veröffentlicht. (Das Original ist interessierten Personen unter der Registrierung Nr. 7 op./1/d 1223 im Aufbewahrungszentrum der historisch-dokumentarischen Sammlungen zugänglich.)

Die britisch-französische Militärmission war mit der Ausrede entlassen worden, daß ein Bündnis nicht abgeschlossen werden könne, solange Polen der Roten Armee ein Durchmarschrecht verweigere. Die deutsche Delegation, die bisher ergebnislos über ein Handelsabkommen verhandelt hatte und enttäuscht abreisen wollte, war am 19. August überraschend zur Unterzeichnung gebeten worden. Am 23. kam Deutschlands Außenminister v. Ribbentrop nach Moskau, und der deutsch-sowjetische Wirtschafts- und Nichtangriffspakt wurde abgeschlossen. In dem geheimen Zusatzprotokoll wurden die beiderseitigen Interessensphären abgegrenzt und die Teilung Polens vereinbart, die zwangsläufig zum Krieg führen mußte, den Stalin als „wünschenswert" bezeichnet hatte. Es handelte sich somit keineswegs um einen einseitigen Entschluß Hitlers, einen Krieg auszulösen, sondern um ein von zwei Vertragspartnern vereinbartes Unternehmen, das auf Stalins Initiative erfolgt war.

Der Zweite Sekretär der deutschen Botschaft in Moskau, Hans Heinrich Herwarth, verriet den Vertrag, einschließlich des geheimen Zusatzprotokolls, unverzüglich seinem amerikanischen Kollegen Charles Bohlen. Schon am 24. August kannte Roosevelt alle Einzelheiten. Er informierte aber weder England und Frankreich, die vielleicht Polen zum Nachgeben gemahnt hätten, noch Polen, das vielleicht doch noch eingelenkt hätte, um sein voraussehbares Ende zu verhindern.

Am 23. August 1939 wurde das fahrplanmäßige Verkehrsflugzeug Berlin – Danzig – Königsberg um 14.25 Uhr von polnischer Flak von Hela aus beschossen. Seit dem 22. abends flogen die Verkehrsmaschinen nicht mehr durch die vorgeschriebenen Zonen über den Korridor, sondern machten den Umweg über die Ostsee. Die beiden Maschinen, die nach dem Abschluß des Hitler-Stalin-Paktes die deutsche Delegation am 24. von Moskau nach Berlin zurückbrachten, flogen nach der Zwischenlandung in Danzig mit Jägerschutz weiter.

Am 24. August stellte Polen den Eisenbahnverkehr durch den Korridor ein. Die einzige Verbindung Ostpreußens mit dem Reich bestand jetzt nur noch über die Ostsee. Alle Gütertransporte hörten auf; der Aufkauf von Vieh und Agrarprodukten mußte in Ostpreußen eingestellt werden. Eine längere Dauer dieser Sperre hätte zu enormen Schwierigkeiten der Wirtschaft geführt.

Am 24. August wurde auf zwei weitere Maschinen auf dem Flug von Danzig nach Berlin geschossen. – Die Lufthansa-Maschine D-APUP (Flugzeugführer Böhmer) wurde um 13.15 Uhr

---

* Stalin sagte weiter, daß die Sowjetunion in diesem Krieg erhebliche territoriale Gewinne machen werde, aber hinter Deutschland stehend zunächst neutral bleiben werde, um erst zum günstigsten Zeitpunkt in den Krieg einzugreifen, wenn sich Deutschland und die Westmächte genügend geschwächt hätten.

von Hela und einem weit vor der Küste liegenden polnischen Kriegsschiff, das Flugzeug D-AMYO (Flugzeugführer Neumann) um 16 Uhr von Hela aus beschossen. Bei einem Abschuß wäre die Beschießung aus so großer Entfernung leicht zu leugnen gewesen. So hätte die Angreiferrolle glaubwürdig bestritten werden können. Der polnische Rundfunk sendet Agitation pur, in der der baldige Vormarsch der polnischen Armee und das Ende Deutschlands angekündigt werden. Fast täglich kommt es zu ernsthaften Grenzverletzungen, wobei nicht nur polnische Banden und Milizgruppen, sondern auch reguläre Truppen Überfälle auf deutsches Gebiet verüben. Es gibt nächtliche Schießereien mit deutschen Grenzschutztruppen. In einigen Fällen weichen die Polen erst nach längeren Gefechten, unter Zurücklassung von einigen Toten, über die Grenze zurück. Vertreter der ausländischen Presse erhalten Gelegenheit, das Kampffeld mit den Toten in polnischen Uniformen zu besichtigen und die polnischen Grenzbewohner sowie die am Gefecht beteiligten Grenzschutzleute zu befragen.

Zollämter und Polizeidienststellen meldeten u.a. Beschießung deutscher Zollbeamten (ein Fall mit Maschinengewehr); Feuerüberfall auf ein deutsches Zollhaus; Sprengung eines deutschen Bahnwärterhäuschens; Schüsse über die Grenze auf fliehende Volksdeutsche; Beschießung deutscher Flugzeuge über deutschem Gebiet; Überfall auf deutsche Försterei; Beschießung von Bauern bei der Feldarbeit. Der Artillerist Heinrich Julius Rotzoll berichtet: „Unser Artillerieregiment 57 wurde Mitte August 1939 aus Königsberg an die von Polen gefährdete Grenze bei Garnsee im Kreis Marienwerder verlegt. Die Arbeit auf den Feldern war in diesem Raum schon seit Wochen zum Lebensrisiko geworden. Bis sieben Kilometer Tiefe in ostpreußisches Reichsgebiet fielen polnische Kavallerietrupps ein [...]"

Von diesen Überfällen, die anscheinend militärische Gegenmaßnahmen von deutscher Seite auslösen sollten, wird heute verschiedentlich behauptet, daß sie von SS-Leuten in polnischen Uniformen durchgeführt worden seien. Die gefallenen Polen habe man in polnische Uniformen gesteckt, und es seien von der SS erschossene Konzentrationslagerinsassen gewesen. Obgleich diese Auffassung sich einer gewissen Popularität erfreut, teilt die seriöse Geschichtsschreibung sie nicht. Angesichts der Tatsache, daß die deutsche Presse seitens der Regierung um Zurückhaltung gegenüber dem aggressiven Nachbarn gebeten wurde, erscheint diese Version auch unlogisch; der Bericht über die alltägliche Realität hätte zu Propagandazwecken bereits vollkommen ausgereicht.

Nach Bekanntwerden des Hitler-Stalin-Paktes schließt England mit Polen einen Beistandsvertrag, um jede vielleicht noch vorhandene Verhandlungsbereitschaft Polens zu unterbinden. Der Pakt bekräftigt nochmals Englands Verpflichtung zur Hilfeleistung für Polen.

Am 28. August schreibt der *Danziger Vorposten*: „Die starken polnischen Truppenzusammenziehungen an der Danzig-polnischen Grenze werden in den letzten Stunden in auffälliger Form fortgesetzt. Von den Polen sind, außer in der Korridorspitze gegen Danzig, drei weitere Hauptfronten aufgestellt worden, die sich gegen das Reich und gegen Ostpreußen richten [...]

Gegen Ostpreußen sieht der polnische Plan augenscheinlich einen Angriff auf das Gebiet von Marienwerder, Riesenburg und Dt. Eylau vor. Die dritte Front marschiert gegen Oberschlesien auf. Polen hat nach eigenen Meldungen bisher angeblich insgesamt zwei Millionen Truppen aufgestellt, wovon die Hauptmasse im Korridor stehen soll."

Die Zeitung warnt, daß bei der bekannten Disziplinlosigkeit der Polen damit gerechnet werden muß, daß auch ohne Willen der obersten polnischen Heeresleitung ernsthafte Übergriffe auf deutsches Gebiet erfolgen können.

Scheinheilig schlägt England direkte deutsch-polnische Verhandlungen vor. Hitler willigt in die Entsendung einer polnischen Delegation nach Berlin ein, die am 30. August eintreffen soll.

Nach dem Abschluß des deutsch-russischen Paktes glaubt die Reichsregierung in einer besseren Verhandlungsposition zu sein. In der Einkreisungsfront gegen Deutschland ist nicht nur eine große Lücke entstanden, sondern bei der Beteiligung der Sowjetunion an einer Aufteilung Polens müßte die englisch-französische Garantie, genauso wie gegen Deutschland, auch gegen die Sowjetunion angewandt werden. Wenn aber die beiden Westmächte gegen Rußland nicht Krieg führen wollen – und das glaubt man – dann würde die Garantie damit aufgehoben und gegenstandslos sein. Darum glaubt man jetzt sogar, nicht nur die Rückkehr Danzigs fordern zu können, sondern auch über eine Volksabstimmung im Korridorgebiet verhandeln zu können und arbeitet einen 16-Punkte-Vorschlag aus.

Im Auswärtigen Amt wartet man bis Mitternacht vergebens auf die Unterhändler. Die polnische Regierung folgt der Weisung des britischen Botschafters Kennard in Warschau, auf das deutsche Angebot nicht einzugehen. Sie ordnet am Nachmittag des 30. August offiziell die Mobilmachung ihrer Streitkräfte an, die aber schon aufmarschiert sind und sprengt die Dirschauer Weichselbrücke. Hinzu kommt, daß der deutsche Konsul Schillinger in Krakau ermordet wird.

Noch am 31. August schreibt der britische Botschafter nach London: „Wenn überhaupt ein echter Friede zwischen Polen und seinem mächtigen Nachbarn bestehen soll, müssen die Beschwerdegründe des letzteren, die nicht Herr Hitler geschaffen hat, sondern die nationale Beschwerdegründe sind, restlos beseitigt werden." Er schlägt die Rückkehr Danzigs, eine extraterritoriale Verbindung zwischen dem Reich und Ostpreußen sowie eine Lösung des Minderheitenproblems vor.

Am 31. August um 11 Uhr sucht der schwedische Großindustrielle und Vermittler Birger Dahlerus mit dem britischen Legationsrat Forbes Polens Botschafter Lipski in Berlin auf, um ihm Hitlers 16 Punkte vorzutragen. Lipski erklärt, daß er keinen Anlaß habe, sich für Angebote von deutscher Seite zu interessieren. Hitler bat Dahlerus, er möge London nochmals um Vermittlung ansprechen. Die Antwort auf seinen Telefonanruf lautete: „Shut up! [Halt's Maul!]"

Die Reichsregierung hatte die Wahl, unter unzumutbarer Demütigung (endgültige Preisgabe Danzigs, Vertreibung der restlichen Deutschen aus dem ehemals deutschen Land in Polen) oder Kampf um Deutschlands Lebensrechte. Da Hitler durch den Vertrag mit Stalin den Rücken frei hatte und nicht glaubte, daß England und Frankreich wegen Polens Imperialpolitik Krieg führen würden, tat er das, was seine Feinde erhofft hatten. Ihre Politik, ihn als „Angreifer" zum Krieg zu zwingen, war geglückt. In der Reichstagsrede am 1. September 1939 erklärte er: „Seit 5.45 Uhr wird jetzt zurückgeschossen."

Die deutsche Wehrmacht marschierte in den polnischen Verwaltungsbereich ein, der Zweite Weltkrieg hatte begonnen.

Die Leiden der Deutschen in Polen

Von den 3,5 Millionen Deutschen, die nach dem Ersten Weltkrieg unter polnische Herrschaft kamen, registrierte die Volkszählung 1931 nur noch 741.000. Die Deutschen selbst ermittelten 1931 noch 1.018.000 Deutsche in Polen. 277.000 hatten bei der Volkszählung nicht mehr gewagt, sich als Deutsche zu bekennen. Das Deutschtum war, seitdem es den Polen ausgeliefert wurde, um drei Viertel seines Bestandes dezimiert worden. In einem Austreibungs- und Vernichtungsprozeß ohnegleichen war in etwas über zehn Jahren ein Volkstum bis auf ein Viertel ausgerottet worden, das der Träger der höchsten Kultur, des Wohlstandes, der wirtschaftlichen, technischen und geistigen Entwicklung gewesen war. Durch diese Politik beraubte sich Polen seiner besten Wirtschaftskräfte, denn der Reichtum eines Landes besteht weniger in toten Bodenschätzen und Ackerflächen als in der Leistungskraft seiner Bewohner. Der Rückgang der Agrarerzeugung, des Bergbaus und die große Arbeitslosigkeit waren die Folge davon, daß der polnische Staat jenem Bevölkerungsteil die Produktionsmittel nahm, der sie geschaffen hatte, und allein leistungsfähig zu nutzen verstand.

Die vorgefundenen Werte in den ehemals preußischen Gebieten, erlaubten Polen lange von dieser Substanz zu leben. Als sie erschöpft war, zeigte sich eine allgemeine Verarmung. In 20 Jahren war nicht etwa eine Angleichung des Lebensstandards der polnischen Gebiete an den der früheren preußischen erreicht worden, sondern die ehemals preußischen Landesteile waren auf das Niveau der polnischen Verhältnisse abgesunken, und in den polnischen Regionen kehrte der Bauer von der Petroleumlampe zum Kienspan zurück.

Bis 1939 hatte sich der deutsche Volksanteil in Polen weiter vermindert. Die deutsche Stadtbevölkerung war eher bereit gewesen, die Heimat zu verlassen – sie war um etwa 85 Prozent gesunken –, als die Bauern, von denen 55 Prozent Polen verlassen hatten. Zum Beispiel war Bromberg von 77,4 auf 12,6 Prozent entdeutscht worden, Graudenz von 84,8 auf 10,6 Prozent, Thorn von 66 auf 5,7 Prozent.

Mit der englischen Garantieerklärung vom 31. März glaubte Polen am Ziel seiner Bestrebungen zu sein und ging nun mit aller Schärfe gegen die Deutschen vor. Presse und Rundfunk hetzten in einem nationalen Propagandafeldzug die Bevölkerung auf. Immer wieder wurde gepredigt, daß im Kriegsfall „kein einheimischer Feind lebend entrinnen darf", womit alle Deutschen gemeint waren. Die Rede von einer geplanten Massenmordaktion ging um, und einige wohlmeinende Polen warnten ihre deutschen Nachbarn, sich auf das Schlimmste gefaßt zu machen.

Das Auswärtige Amt erhielt täglich die Berichte der deutschen Konsulate über die Bedrückung und Verfolgung der Deutschen. Ab April gab es Massenentlassungen deutscher Arbeiter. Im Mai wurden viele der noch vorhandenen deutschen Schulen geschlossen. Die deutsche Schule und das Bethaus der Brüdergemeinde in Lodz wurden demoliert, alle Gesangbücher und die Bibeln zerrissen. Der deutsche Konsul v. Berchem berichtete aus Lodz über die Ausschreitungen gegen die Deutschen am 13. und 14. Mai in der Industriestadt Tomaszow-Mazowiecki, wo noch 3.000 Deutsche unter 39.000 Polen lebten.

„Nachdem die Massen mit übelsten Hetzreden aufgewiegelt waren, forderten sie die sofortige Entlassung aller Deutschen, die aus den Fabriken getrieben wurden [...] In wilder Raserei wurden alle deutschen Geschäfte und Privatwohnungen vollständig demoliert. Die Deutschen wurden wie Freiwild gejagt. Sie flüchteten auf das Land hinaus und kehrten erst bei Tagesanbruch wieder zurück. Viele wurden durch Messerstiche und Stockschläge erheblich verletzt [...] Dem Deutschen Schmiegel wurde der Schädel gespalten, sein Sohn aus dem Fenster des zweiten Stockwerks geworfen, eine Frau auf der Flucht totgeschlagen [...] Die Polizei tat nichts, um Leben und Eigentum der Deutschen zu schützen. Man fürchtet die Polen, die vor keinem Roheitsakt zurückschrecken. Sie werden von der hiesigen deutschen Bevölkerung viel schlimmer eingeschätzt als die schlimmsten Terroristen der früheren russischen Zeit."

Viele Familien wanderten ab, nachdem sie zu lächerlichen Preisen ihren Besitz verkauft oder einfach verlassen hatten, um ins Deutsche Reich zu gelangen. Ein großer Teil von diesen wurde aber an der Grenze aufgefangen und wieder zurückgewiesen, so daß sie völlig mittellos dastanden.

Gastwirt Anton Podschwa aus Trzynietz (Olsa) wurde erschossen. Viktor Ortlieb aus Neu-Barkoschin wurde auf der Straße halb totgeschlagen. Der Kindergottesdiensthelfer Lenz wurde zwischen Schubin und Klein Salzdorf vom Rad gestoßen und grausam mißhandelt; Fahrrad und Büchertasche wurden geraubt. Bei der versuchten Flucht nach einem polnischen Überfall wurde der Deutsche Stühmer aus Neudorf (Kr. Briesen) totgeschlagen. Sogar auf Danziger Hoheitsgebiet wurde der Fleischermeister Max Grübner aus einem polnischen Diplomatenauto erschossen, das dann auf polnisches Gebiet floh.

Im Juni wurden deutsche Sport-, Gesang-, Skat- und ähnliche Vereine teils verboten und ihre Gebäude enteignet, teils wurden die Führer auf der Polizeiwache so lange mißhandelt, bis sie eine „freiwillige" Auflösung ihres Vereins unterschrieben. Ein deutsches Krankenhaus in Posen und die des Johanniterordens in Dirschau und Briesen wurden enteignet. Die deutschen Schwestern mußten noch am gleichen Tag die Gebäude verlassen. Die sozialen Einrichtungen der deutschen wurden vernichtet, etwa hundert Wirtschafts-Genossenschaften mit allem Besitz entschädigungslos enteignet.

Polnische Gymnasiasten überfallen die Schüler der Thorner Dürerschule. Deutsche Kinder werden auf dem Schulweg mit Steinen beworfen und blutig geschlagen. Ähnlich ergeht es evangelischen Kirchgängern. Gottesdienste werden durch Horden randalierender Polen auseinandergetrieben. Auch die deutschen Katholiken werden nicht verschont. Ihr Gottesdienst wird rüde unterbrochen, wenn deutsche Lieder gesungen oder deutsche Gebete gesprochen werden. Das *Passauer Bistumsblatt* vom 9. Juli berichtet: „Der Haß der polnischen Chauvinisten gegen die deutsche Volksgruppe in Polen ist schon so weit gediehen, daß selbst das Gotteshaus vor deutschfeindlichen Ausschreitungen nicht verschont bleibt [...] Der Vatikan ließ den polnischen Episkopat [Gesamtheit der Bischöfe] wegen der fortgesetzten Beeinträchtigung der deutschen Katholiken zur Ordnung rufen."*

Die Überfälle auf Deutsche nehmen überall mit steigender Brutalität derart zu, daß eine starke Fluchtbewegung nach Deutschland einsetzt. Viele Flüchtige werden aber von polni-

* Der Bericht des deutschen Botschafters v. Moltke vom 1. August 1939 enthält den folgenden Absatz: „Der Klerus verkündet dem Volke, daß Polen vor einem heiligen Krieg gegen das deutsche Neuheidentum steht, und läßt sich an Chauvinismus kaum übertreffen. So wird berichtet, daß einzelne Geistliche auf dem flachen

schen Grenzwachen gefaßt und in Gefängnisse geworfen. Wer sich der Festnahme durch Weglaufen entziehen will, wird rücksichtslos niedergeschossen. Die Grenze ist zur Todeszone geworden.

Der deutsche Botschafter v. Moltke warnt die deutsche Regierung, keine Vergeltungsmaßnahmen gegen die polnische Minderheit in Deutschland auszuüben, da sich die Polen dadurch keinesfalls von weiteren Gewaltmaßnahmen zurückhalten lassen würden. Sie würden im Gegenteil deutsche Repressalien als willkommenen Anlaß und als Rechtfertigung gegenüber dem Ausland benutzen, um *noch* schärfer gegen die Deutschen vorzugehen.

Das tun die Polen aber ohnehin. Pfarrer Schenk in Hallkirch wird durch Steinwürfe schwer verletzt. Auf dem Friedhof Neulaube werden die Grabmäler zerschlagen. In der Kirche in Rheinsberg wird das Altarfenster zertrümmert. In Bromberg wird von den Kanzeln verkündet, daß die Tötung eines Deutschen keine Sünde und im voraus vergeben sei. Der Vorsitzende der deutschen Minderheit im polnischen Parlament, Eugen Neumann, wird ermordet.

Die Zahl der Überfälle steigt erneut. In manchen Orten werden alle Häuser der Deutschen demoliert, anderswo etliche niedergebrannt, die Bewohner dabei beraubt und schwer mißhandelt. Immer mehr Deutsche verbringen die Nächte in Wäldern und anderen Verstecken. Anpöbeln und beschimpfen, Einschlagen der Fenster in deutschen Häusern, in evangelischen Kirchen, Pfarrhäusern und Schulen, selbst in der deutschen Botschaft in Warschau, sind alltägliche Vorkommnisse. Und immer von neuem hören die Deutschen, daß sie bei Ausbruch des Krieges alle umgebracht werden würden.

Im August erreicht der Terror gegen die Deutschen den Höhepunkt, der nur noch durch die Schreckenstage Anfang September übertroffen wird. In einer großangelegten Verhaftungswelle werden vor allem solche Deutschen festgesetzt, die in höheren Positionen tätig waren. Mitte August werden fast alle deutschen Arbeiter und Angestellten fristlos entlassen. Ihnen wird keine Arbeitslosenunterstützung gewährt, da ihre Entlassungen als „selbstverschuldet" gelten. Beim Abtransport Verhafteter auf einem Lastwagen schießt das Begleitkommando in die dichtgedrängten Menschen, wobei acht tödlich und viele andere teils schwer verletzt werden. Viele werden beschuldigt Hochverrat begangen zu haben. Bei den Verhören werden sie so schwer mißhandelt, daß einige die Beschuldigung sogar zugeben. In polnischen Gefängnissen werden Foltermethoden angewandt, die in den Kerkern des Mittelalters nicht erlaubt waren. In den beeidigten Aussagen liest man: „[...] geschlagen bis zur Bewußtlosigkeit; bei den Verhören fast alle Zähne verloren; tagelang weder Nahrung noch Wasser erhalten; bis zur geistigen Verwirrung geschlagen; Frauen nennen Folterungen mit elektrischem Strom und Einspritzungen brennender Flüssigkeiten in die Geschlechtsorgane."

Die deutschen Konsuln berichten von Schließungen deutscher Zeitungen, Enteignungen, massenhaften Haussuchungen, Verhaftungen mit Folter, Brandstiftungen, Morden, Überfällen und verschärfter Sperrung der Grenze. Seit dem 15. August ist der kleine Grenzverkehr ganz eingestellt. Immer mehr verängstigte Deutsche versuchen zu fliehen, wobei jedoch viele ihr Leben verlieren. Nach Geflüchteten wird eifrig gesucht. Die Verfolgung der Deutschen steigert sich immer mehr. Wer den Menschenjägern nicht entfliehen kann, wird verhaftet, brutal geschlagen, gefoltert, in zwei neue Konzentrationslager verschleppt oder totgeschlagen. Schlagzeilen deutscher Zeitungen lauten: „Die Flut des Terrors steigt – Polnische Massenjagd auf Deutsche – Neue Opfer polnischen Terrors – Aus Besitz und Arbeit gejagt – Deutschen das Leben zur Hölle gemacht – Deutsche Mütter konnten nur ihre Kinder retten – Massenverschleppungen nach Innerpolen."

In jeder Nacht gelingt es erschöpften Flüchtlingen deutsches Gebiet zu erreichen. In den dort errichteten Aufnahmelagern werden bis zum 21. August rund 70.000 Menschen aufgenommen. Weitere Tausende sind nach Danzig geflohen oder privat untergekommen. Wie lange hätte wohl ein anderes Land unter solchen Umständen gewartet, ihren verfolgten Volksangehörigen militärisch zu helfen? Dabei ist zu bedenken, daß diese unglücklichen Menschen nicht etwa in ein fremdes Land eingewandert waren, sondern daß ihre deutsche Heimat völkerrechtswidrig den Polen ausgeliefert worden war.

Lande schon Gottesdienste für den polnischen Sieg abhalten und erklärt haben, daß sie nicht für den Frieden beten können, da sie für den Krieg seien. Ein vom Kardinal angeordneter Bittgottesdienst für den Frieden wurde von den Geistlichen vielfach so umgestaltet, daß für den polnischen Sieg gebetet wurde."

Da Deutschland noch immer nicht auf die polnischen Provokationen reagiert, steigern diese sich nun zu ihrem blutigen Finale. Am 31. August und in der folgenden Nacht gibt es mehr als zehn polnische Überfälle auf deutsches Gebiet mit längeren Feuergefechten und Toten und Verwundeten auf beiden Seiten.

Der Beginn des Zweiten Weltkrieges

Um den Ersten Weltkrieg auszulösen genügte ein Mord. Für den Einmarsch der Franzosen ins Reich genügte eine etwas zu spät erfüllte Reparationslieferung. Noch geringer sind nun die Anlässe, um militärische Maßnahmen gegen andere Länder zu ergreifen. Der Anlaß für den deutsch-polnischen Krieg war ganz anders. Jahrzehntelang berichteten der deutsche Botschafter und die Konsuln jeden Monat ohnmächtig über die dauernde Unterdrückung und die Gewalttaten gegen die deutsche Bevölkerung der preußischen Gebiete im jetzigen Polen. Bis zum Ausbruch des Krieges blieben die polnische Politik und auch die deutschen Ziele die gleichen: Deutschland wollte eine Revision des Versailler Diktats und eine vernünftige Lösung des Korridorproblems, Polen wollte noch mehr, sogar *viel* mehr deutsches Land haben.

Daß der Korridor in der bestehenden Form für Deutschland ein unerträglicher Zustand war, sahen sogar viele Franzosen ein. Der französische Historiker Professor Jacques Bainville schrieb z.B.: „Stellen wir uns einmal vor, daß Frankreich besiegt worden wäre und der Sieger hätte aus irgendwelchen Gründen Spanien einen Korridor nach Nizza gegeben. Wie lange würde Frankreich, vorausgesetzt, daß es ein Staat geblieben wäre, diese Amputation dulden? Nur so lange, wie der Sieger es dazu zwingen würde und wie Spanien imstande wäre, seinen Korridor zu verteidigen. Mit dem polnischen Korridor kann es sich nicht anders verhalten."

Schon 1928 erkannte Robert Tourly: „Die deutsch-polnische Grenze ist ein Unsinn, der Korridor eine einschneidende Zerstückelung, unter der ein Land leiden muß, die Verflechtung Danzigs mit Polen eine unbegreifliche Zwangseinmischung, die alle Grundsätze des Rechts mit Füßen tritt […] Ein großes Unrecht ist begangen worden; man muß es wiedergutmachen."

Der französische Professor Albert Bayet schrieb: „Wenn ich ein Deutscher wäre, gäbe es für mich keine andere Frage als die Beseitigung des Korridors. Frankreich hätte sich niemals einen Korridor von Nancy nach Le Havre gefallen lassen […]"

Der Korridor ist unzählige Male als Ursache eines neuen Krieges bezeichnet worden und löste den Krieg schließlich auch aus. Wie kann aber Deutschland der allein Schuldige an diesem von Polen immer wieder angekündigten Krieg sein, wenn die Polen schon vor 1930 einen Krieg mit Deutschland für „unvermeidbar" erklärten.

In Deutschland mußten der „Reichsparteitag des Friedens" abgesagt, der Autobahn- und Siedlungsbau und andere Projekte eingestellt werden. In Frankreich demonstrierte die KPF (Kommunistische Partei Frankreichs) für den Frieden und wurde prompt darauf verboten. Fast alle europäischen Monarchen, der Papst und viele Politiker forderten Verhandlungen. Wer wollte den Krieg?

Obwohl es sich eingebürgert hat, Adolf Hitler als den alleinigen Urheber des Zweiten Weltkrieges betrachten, sind viele ausländische Geschichtswissenschaftler heute anderer Ansicht. Hier sind einige dieser Stimmen.

Der britische Historiker A.J.P. Taylor meint: „Der Stand der deutschen Rüstung 1939 liefert den unzweifelhaften Beweis, daß Hitler nicht an einen allgemeinen Krieg dachte und wahrscheinlich überhaupt keinen Krieg wollte."

Der jüdisch-amerikanische Wirtschaftsfachmann Dr. Burton H. Klein schreibt: „Erst nach der Schlacht bei Stalingrad und nach dem Beginn der großen Luftangriffe auf deutsche Städte begann Deutschland ernsthaft seine Kriegsindustrie zu mobilisieren. Die höchste Leistung wurde jedoch erst Mitte 1944 erreicht […]"

Der US-Amerikaner Dr. Harry E. Barnes erkennt: „Seit Geburt, Tod und Auferstehung Jesu Christi hat wahrscheinlich auf dem Gebiet der Dogmen, Lehrmeinungen und politischen Praxis nichts ein so großes Interesse erregt wie die Beschuldigung, Hitler habe den Ausbruch des Krieges im September 1939 allein verursacht."

Auch der englische Geistliche und Historiker P.H. Nicoll, der selbst zwei Söhne im Krieg gegen Deutschland verlor, sagt ganz sachlich: „Sollten Anstand und Sachlichkeit unter Historikern je wieder zur Geltung kommen, dann werden sie zugeben müssen, daß die Hauptverantwortung für den europäischen Krieg von 1939 fast ausschließlich England trägt."

Der bekannte schwedische Forscher Sven Hedin äußert: „Die Frage, warum es zum neuen Weltkrieg kam ist nicht nur damit zu beantworten, daß die Grundlage in den Friedensverträgen von 1919 gelegt wurde, oder in der Niederhaltung Deutschlands und seiner Verbündeten nach dem Ersten Weltkrieg, oder in der uralten Politik Großbritanniens und Frankreichs. Der entscheidende Anstoß kam von jenseits des Atlantischen Ozeans."

Der italienische Historiker Professor Gaetano Salvemini: „Nicht der erste Schuß löst den Krieg aus. Es ist das herausfordernde Wort jener kriegstreibenden Mentalität, das den Krieg auslösen wird." In der Zeit vor Ausbruch des Krieges hatte Deutschland so viele herausfordernde Worte gehört, daß es nicht mehr viel auszulösen gab.

An Zitaten ähnlicher Aussage von souveränen Menschen herrscht kein Mangel. Dennoch ist z.Z. unter Historikern die Ansicht vertreten, Adolf Hitler habe „den Krieg immer gewollt". Diese These, deren Dogma in letzter Zeit zu schwinden beginnt, wird auch von den Medien noch eifrig vertreten, hier freilich aus primär politischen Gründen.

Tatsache ist: Deutschland trat mit etwa 75 Divisionen in den Krieg ein. 60 Prozent der wehrfähigen Bevölkerung waren unausgebildet. Das Friedensheer war etwa 400.000 Mann stark (gegenüber 754.000 im Jahre 1914). Munition war für nur zehn bis 15 Kampftage vorhanden. Wenn Deutschland nicht schon 1939 zusammenbrach, so lag dies daran, daß die rund 110 französischen und britischen Divisionen im Westen sich während des Polenfeldzugs gegenüber den 23 deutschen Divisionen völlig untätig verhielten.

Den zwei deutschen Schlachtschiffen standen 22 englisch-französische, den 132 übrigen Schiffen der deutschen Kriegsmarine standen 560 Kriegsschiffe Englands, Frankreichs und Polens gegenüber. Daß Deutschland für einen längeren Krieg keineswegs gerüstet war, ganz zu schweigen für einen „Welteroberungskrieg", wird heute von keinem Historiker mehr ernsthaft bestritten.

Bekanntlich fielen die ersten Schüsse des Zweiten Weltkrieges auf Danziger Gebiet (nicht auf polnischem) am 1. September 1939 um 4.45 Uhr (nicht um 5.45 Uhr, wie Adolf Hitler in seiner Reichstagsrede am selben Tag gesagt hatte), als das im Hafenkanal liegende Schulschiff „Schleswig-Holstein" die Festungsanlagen der Westerplatte beschoß, denn alle Schüsse, die bisher von Polen auf Deutsche abgegeben worden waren, zählen merkwürdigerweise nicht.

Mit den polnischen Truppen auf der Westerplatte, den überzahlreichen Zollinspektoren und in die Stadt geschleusten polnischen „Arbeitern" stand eine starke polnische Kampftruppe auf Danziger Boden. Beträchtliche Mengen Waffen waren in die Stadt geschmuggelt und neun strategisch gelegene polnische Gebäude als Stützpunkte ausgebaut worden. Der Hauptstützpunkt war die polnische Post in der Altstadt, die in nächtlichen Aktionen sogar mit starken Panzerplatten verstärkt worden war. Diese Kampftruppe hatte den Auftrag, sich in Danzig bis zum Erscheinen der polnischen Armee zu halten.

Um diese Truppe auszuschalten bevor Danzig zum Kampfplatz wurde, nahm das alte Kriegsschiff die festungsartige Westerplatte unter Feuer. Der erste Angriff deutscher Marinetruppen blieb aber im polnischen Abwehrfeuer liegen. Die Schiffsartillerie hatte bei den starken Befestigungswerken keine genügende Wirkung erreicht. Darauf wurde der Vorort Neufahrwasser geräumt, und am 2. September nachmittags griffen Stukas (Sturzkampfflugzeuge) die Werke an. Aber erst am 7. September, nach Angriffen deutscher Pioniertruppen, ergaben sich die 200 Mann der Besatzung. Die polnische Post am Hevelius-Platz war so stark ausgebaut und die Besatzung in Postuniformen so gut bewaffnet, daß sie sich erst ergab, als es am Nachmittag des 1. September der Feuerwehr gelang, Benzin in die Kellerräume zu leiten und in Brand zu setzen.

Drei polnische Armeen waren im Osten, Süden und Westen auf Ostpreußen angesetzt. Eine vierte Armee, die stärkste, stand bei Posen, um je nach der Lage einzugreifen. Eine fünfte Armee stand im Raum Krakau-Lemberg, um den beim Reich verbliebenen Teil Oberschlesiens zu besetzen.

Die deutschen Kräfte waren in zwei Heeresgruppen zusammengefaßt. Die nördliche (v. Bock) bestand aus der 4. Armee v. Kluge, die in Pommern stand und der zunächst noch durch den Korridor getrennten 13. Armee v. Küchler in Ostpreußen. Die südliche Gruppe (v. Rundstedt) bestand aus der 8. Armee Blaskowitz, der 10. Armee v. Reichenau und der 14. Armee List, die in Schlesien verteilt waren.

Der deutsche Offensivplan gelang in einer nicht für möglich gehaltenen Schnelligkeit. Der Nordgruppe gelang bereits in den ersten Tagen der Durchstoß zur Weichsel, die Gefangennahme der polnischen Korridorarmee (Schlacht in Westpreußen vom 1. bis 5. September), der Weichselübergang bei Kulm, die Eroberung der Festung Graudenz, die Einnahme von Bromberg und Thorn sowie die Erstürmung der Narew- und Buglinie.

Schon am 3. September beherrschte die deutsche Luftwaffe den polnischen Luftraum. Die Südgruppe befreite Ost-Oberschlesien und rückte am 6. September in Krakau ein, wo am Grabmal Pilsudskis eine deutsche Ehrenwache aufgestellt wurde. In einer Woche waren alle deutschen Gebiete befreit worden, die Polen von 1918 bis 1921 annektiert hatte.

Die vor der 10. Armee zurückweichenden polnischen Truppen wurden in der Kesselschlacht bei Radom (8. bis 12. September) zerschlagen. Vorgeworfene Kräfte verlegten vor Warschau den polnischen Armeen in Posen den Rückzug über die Weichsel. Nach Einschließung und Zerschlagung dieser Kräfte (7. bis 19. September) waren die polnischen Armeen westlich der Weichsel fast völlig zerschlagen. Am 14. September wurde Warschau eingeschlossen. Am 17. begann die Sowjetarmee das Gebiet Ostpolens zu besetzen (das Polen 1921 ja Rußland abgenommen hatte).

Am 18. September war der Feldzug entschieden und ging dem Ende zu. Die polnische Regierung floh mit Staatspräsident Moscicki, dem Oberbefehlshaber Rydz-Smigly und dem Staatsschatz nach Rumänien, wo sie zu ihrer Überraschung interniert wurden. Ebenso wurden fast 100 polnische Flugzeugbesatzungen interniert, die mit ihren Maschinen nach Rumänien geflohen waren. An diesem Tage trafen die Spitzen der Roten Armee und der deutschen Wehrmacht bei Brest-Litowsk zusammen.

Nach Beschießung und Bombardierung kapitulierte das energisch verteidigte Warschau am 27. September. Die Einwohner wurden sogleich mit deutschen Lebensmitteln versorgt. Die Großküchen des Hilfszuges Bayern gaben täglich 160.000 warme Mahlzeiten und Brot aus.*

Am 28. September 1939 kapitulierte die Festung Modlin. Die 35.000 polnischen Soldaten wurden freigelassen. Als letzte ergab sich die Seefestung Hela am 1. Oktober. Damit war der Polenfeldzug beendet.

Vom ersten Tag des Krieges ab gab es auf polnischer Seite Kriegsverbrechen. Bei der kurzen Kriegsdauer, während der sich die Polen ständig auf dem Rückzug befanden, hatten sie kaum Gelegenheit dazu. Umso erstaunlicher ist die große Anzahl der Verbrechen, die von Wehrmachtsrichtern eingehend untersucht und dokumentiert wurden. Alle notgelandeten oder per Fallschirm abgesprungenen Flieger wurden mißhandelt und fast immer anschließend ermordet. Eine Gefangennahme durch die Polen überlebten in der Regel nur die wenigen deutschen Soldaten, denen es gelang zu fliehen. Mehrfach ist die Verwendung von Dum-Dum-Geschossen bezeugt und in einem Fall die Anwendung von Giftgas. Viele der Berichte belegen die Mißachtung des Roten Kreuzes als nichtmilitärische Hilfseinheit: Auf unbewaffnetes deutsches Sanitätspersonal wurde rücksichtslos geschossen.

Nach polnischen Angaben betrugen die Verluste im Kampf gegen Deutsche und Sowjets 123.000 Gefallene, 133.700 Verwundete, 694.000 Gefangene in deutscher und 217.000 in sowjetischer Hand. Rund 75.000 Mann hatten die rumänische und andere Nachbargrenzen überschritten.

Während die polnischen Kriegsgefangenen in deutscher Hand den Krieg den Umständen entsprechend gut überlebten, wurden die unter den Sowjets, die im Sommer 1941 noch lebten – allein in Katyn wurden weit mehr als 4.000 Offiziere ermordet –, den Engländern über-

---

* Den Dank für diese großmütige Behandlung erhielten die deutschen Soldaten bei dem Warschauer Aufstand (August 1944). Der Historiker Kurt Zentner schreibt: „Die deutschen Soldaten werden erbarmungslos niedergemacht. Verwundete werden aus den Fenstern der Lazarette gestürzt, Krankenschwestern buchstäblich geschlachtet." Keiner dieser Mörder wurde angeklagt. Die Deutschen gewährten den Aufständischen eine ehrenhafte Kapitulation und die Rechte von Kriegsgefangenen nach den Genfer Bestimmungen.

geben, um eine polnische Exilarmee (unter General W. Anders) aufzustellen. Die deutschen Verluste betrugen 10.572 Gefallene, 30.322 Verwundete und 3.409 Vermißte.

Am 31. Oktober 1939 erklärte der sowjetische Volkskommissar für das Äußere, Molotow, vor dem Obersten Sowjet: „Ein nicht allzu kräftiger Stoß durch die deutsche Wehrmacht und durch die Rote Armee genügten, und nichts blieb von Polen, dieser häßlichen Ausgeburt des Versailler Vertrages, übrig."

Die Septembermorde

Die deutschen Menschen, die 20 Jahre lang unter polnischer Willkürherrschaft ausgehalten hatten, waren nun frei. Doch nicht alle hatten den Tag der Befreiung erleben dürfen. Beim Kriegsbeginn tobte sich der Haß und die Mordlust der Polen gegen die Deutschen in so grauenvoller Gestalt und so ungeheurem Maße aus, wie niemand es für möglich gehalten hätte. Ein wahrer Blutrausch erfaßte Soldaten und Zivilisten, Männer, Frauen und Jugendliche. Die Untaten waren nicht das Werk einzelner. Sie waren geplanter und gründlich vorbereiteter Völkermord, der nur durch das schnelle Vordringen der deutschen Wehrmacht nicht im beabsichtigten Umfange ausgeführt werden konnte. Es war nicht nur eine Aktion eines verbrecherischen Regimes, sondern ein Unternehmen, an dem sich die Masse des polnischen Volkes mit Begeisterung und archaischer Grausamkeit beteiligte.

Die polnischen Behörden hatten Listen der zu inhaftierenden Deutschen angelegt, nach denen diese Personen ohne richterlichen Haftbefehl am 1. und 2. September festgenommen wurden. Dazu kamen weitere Verhaftungen durch die Ortsbehörden. Die Festnahmen wurden oft mit solcher Brutalität vorgenommen, daß viele schon dabei schwere Verletzungen erlitten, denen sie teilweise später erlagen, und einige sogar ermordet wurden. Die Zusammengetriebenen wurden unter scharfer Bewachung und unmenschlicher Behandlung nach Osten in Marsch gesetzt. Bei der etwa 700 Personen starken Gruppe des Kreises Obornik gab es z.B. 231 Tote.

Die Schicksale der Verschleppten sind in der im Bundesarchiv Koblenz aufbewahrten unveröffentlichten *Dokumententation der Verschleppungsmärsche der Deutschen aus Posen und Pommerellen im September 1939* in allen Einzelheiten aufgezeichnet. Die Kartei gibt Auskunft über den Leidensweg von 4.500 Verschleppten, die mit Vor- und Zunamen, Alter, Wohnort, Beruf, den genauen Marschwegen, dem jeweiligen Schicksal und den Zeugen aufgeführt sind. Von diesen 4.500 aus den preußischen Gebieten sind nachweislich 1.794 ermordet worden. Dazu kommen Tausende Deutsche aus Mittelpolen und Galizien. Von manchen Marschgruppen überlebte niemand, von anderen wurden die Überlebenden durch deutsche Soldaten befreit. Die Polen behaupten auch heute noch, daß die Deutschen eine „Fünfte Kolonne" gebildet hätten, die sie bekämpfen mußten. Inzwischen haben sogar einige polnische Historiker gewagt festzustellen, daß die Volksdeutschen meist loyale Staatsbürger waren und die Fünfte Kolonne eine Erfindung polnischer Kriegspropaganda war.

Oft riefen die Wachleute in jedem Ort, durch den die Elendskolonne zog, die Zivilisten herbei und sahen dann ruhig zu, wie die Verhafteten sadistisch geschlagen und mit Steinen beworfen wurden. Bald wankten viele blutbesudelt, mit notdürftig verbundenen Kopfwunden, in der Kolonne mit. Es gab keine Verpflegung, trotz Staub und brennender Hitze oft nicht einmal Wasser. Wer erschöpft hinfiel oder aus der Reihe stolperte, wurde mit harten Schlägen, Fußtritten oder Bajonettstichen angetrieben.

Wer zusammenbrach und nicht mehr weiterkonnte, wurde erschossen. In anderen Fällen wurden die Marschunfähigen in Gruppen zurückgelassen, um angeblich mit einem Wagen nachgebracht zu werden. Sie wurden erschossen, sobald sich die Marschkolonne genügend weit entfernt hatte. Etliche Marschgruppen wurden fast vollständig liquidiert. Mehr als 50.000 Deutsche waren damals inhaftiert oder befanden sich auf solchen Gewaltmärschen. Es waren Männer und Frauen jeden Alters, Greise, Mütter und Kinder. Der Arzt Dr. Robert Weise, der einen Verschleppungsmarsch überlebte, sagt unter Eid vor Kriegsgerichtsrat Dr. Horst Reger u.a. folgendes aus: „Ich bin am 1. September von meiner Wohnung aus verhaftet worden [...] Der Direktor Dr. Gustav Klusack wurde durch zwei Steinwürfe am Hinterkopf so schwer getroffen, daß er mit dem Gesicht auf das Straßenpflaster fiel und bewußtlos liegenblieb. Als Arzt hatte ich sofort den Verdacht, daß Dr. Klusack einen Schädelbasisbruch erlitten hatte. Ich versuchte daher beim Kommandanten unseres Zuges durchzusetzen, daß er in einem Krankenhaus zurückgelassen würde. Die Bitte wurde aber abgeschlagen. Wir schleppten Dr. Klusack, der aus Mund und Nase blutete, sich mehrmals erbrach und halb bewußtlos war, weiter mit [...]

[Nach einer Woche Fußmarsch] wurde ein gewisser Schmolke, der Prothesenträger vom Weltkrieg ist, mit seiner Ehefrau, seiner etwa 16jährigen Tochter und seinem 1 1/2jährigen Söhnchen, ferner ein weiterer Prothesenträger und eine Frau Blank [...] zurückgelassen [...] Ich erfuhr von einem Begleitmann, daß sie erschossen worden seien. Auf dem mir vorgelegten Photo [der Leichen] erkenne ich die beiden Invaliden und die 16jährige Tochter Schmolke wieder [...]

Es ging dann [...] weiter. Dort mußten wir als nicht marschfähig folgende Personen zurücklassen: den Landwirt v. Treskow, Fräulein Dr. Hanna Bochnik, Fräulein Molzahn, den Juden Goldschmied und noch andere Personen. Außerdem blieb der Student Hermann Pirscher zurück, der sich erbot, die Zurückgelassenen zu betreuen. Nachdem wir etwa zwei Kilometer weitermarschiert waren, hörten wir Schüsse. Für mich bestand kein Zweifel, daß auch diese Zurückgebliebenen erschossen worden waren. Die Ausgrabungen haben dies später bestätigt.

Am 17. September befreiten uns endlich deutsche Truppen. Der Weg, den wir zurückgelegt hatten, mag etwa 320 Kilometer betragen haben. Vom Begleitpersonal waren uns alle Wertsachen abgenommen worden [...]"

Viele der Deutschen wurden gleich an ihrem Wohnort umgebracht. In manchen Dörfern im Grenzgebiet wurden alle männlichen Bewohner, ohne Rücksicht auf ihr Lebensalter, erschlagen, in anderen ganze Familien ausgerottet. Dieses Abschlachten geschah überall: in Westpreußen, Posen, Ost-Oberschlesien und auch in den deutschen Siedlungsgebieten in Galizien und um Lodz. Schrecklicher als die Morde an sich war die bestialische Art, in der sie verübt wurden.

Zahlreiche Frauen und Mädchen wurden von polnischen Soldaten oder zivilen Brandschatzerbanden vergewaltigt; sogar Leichen erschlagener Frauen wurden noch geschändet. Die unzähligen Fälle der Verstümmelungen übertrafen oft die Verbrechen der mittelalterlichen Inquisition. Dem im Weltkrieg schwer kriegsbeschädigten Gutsbesitzer Kirchhoff aus Solkau schlugen die Polen bei vollem Bewußtsein das gesunde Bein und beide Arme ab; nachdem sie ihn noch entmannt hatten, ließen sie ihn sterbend liegen. Augenausstechen und Zungenabschneiden sind als häufige Foltermethoden bezeugt; Verwundete wurden absichtlich lebendig begraben.

Der 73jährige Bildhauer Albert Bissing aus Lissa sagte unter Eid aus: „Wir wurden zu zweien zusammengefesselt auf einen Arbeitswagen geworfen, auf dem sich nur ein schmales Brett befand. Ich litt unter den Erschütterungen und der engen Fesselung große Schmerzen. Von Kriewen aus fuhren immer Radler vor uns her, die die Dörfer, durch die wir kamen, mobilisierten. Mit Stöcken und Peitschen wurde auf uns eingeschlagen [...] Mein Mitgefangener, Schlossermeister Häusler, bekam von einem an einem Lederriemen befestigten Metallgegenstand einen Schlag ins Auge, daß der Augapfel heraushing. Er bat später um einen feuchten Lappen, um die Schmerzen zu lindern, man sagte ihm, daß sei nicht nötig, er würde sowieso erschossen [...] Zu uns neun Mann kamen hier noch zwei Landwirte, Hermann Lange und Wilhelm John aus Sentschin [...] Einer war derart in den Rücken getreten worden, daß er nicht aufrecht stehen konnte, dem anderen hatte man alle Zähne bis auf zwei ausgeschlagen [...]"

Nach weiteren Quälereien wurden alle erschossen, außer Albert Bissing, der wegen seines hohen Alters zu zehn Jahren Gefängnis „begnadigt" wurde.

Im Abschlußbericht des Oberstkriegsgerichtsrats Dr. Boetticher steht: „Die Menschen sind nicht immer erschossen, sondern häufig mit allen möglichen Werkzeugen, zum Teil vor den Augen ihrer Angehörigen erschlagen worden. Eine große Zahl der Leichen ist mit schweren Verstümmelungen aufgefunden worden [...] Bei Tarlowa in der Nähe von Kolo hat das polnische Militär auf eine große Anzahl Volksdeutscher geradezu eine Treibjagd [...] veranstaltet. Man fand etwa 130 Tote [...]"

266

Das Massaker an der deutschen Zivilbevölkerung am 3. September 1939 ging als „Bromberger Blutsonntag" in die Geschichte ein. Der polnische chauvinistische Wahn machte vor keinem Menschen Halt. Die deutsche Regierung hatte nur die Möglichkeiten, dem Völkermord tatenlos zuzusehen oder sich einzuschalten. Ungeschehen machen konnte das Leid der Menschen jedoch niemand.

Die Mordgier der Polen gipfelte im sog. „Bromberger Blutsonntag", dem 3. September 1939, in und um Bromberg. Die Hölle brach gegen 10 Uhr morgens los, als die von der Kanzel herab aufgehetzten Polen aus ihren Kirchen kamen. Der Möbelfabrikant Herbert Matthes sagte vor Kriegsgerichtsrat Dr. Alfons Waltzog unter Eid aus, wie er und seine beiden Söhne, 13- und 15jährig, mit etwa 400 anderen Deutschen von polnischen Soldaten durch die Stadt getrieben und dem johlenden, wild schlagenden Mob ausgesetzt wurden. Schon dabei wurden viele Menschen erschlagen. Ein Teil wurde zum Verladen von Munition weggeführt, die anderen etwa 250 Personen wurden aus der Stadt getrieben und im Laufe des Tages (der letzte Teil am nächsten Morgen) ermordet.

Auch im neutralen Ausland wurde das entsetzliche Massaker bekannt. Der schwedische Journalist Christer Jäderlund berichtete am 5. September 1939 in der *Stockholms Tidningen*: „Eine fürchterliche Bartholomäusnacht fand am Sonntag und in der Nacht zum Montag in Bromberg statt, bevor die deutschen Truppen die Stadt besetzten. Eine unbeschreibliche Schreckensstimmung lagert noch heute über der Stadt. Der Sonntag war fürchterlich. Die Anzahl der ermordeten und scheußlich verstümmelten Menschen – Deutsche, auch Polen, die als deutschfreundlich verdächtig waren – wird auf etwa 1.000 geschätzt. Ich fotografierte eine ganze Reihe von großen Leichenhaufen, die noch heute teils auf den Straßen, teils in den Wäldern sowie in den Gärten umherliegen. Die Fotografien sind jedoch zu gräßlich, um in einer Zeitung veröffentlicht zu werden."

Frau Johanna Giese aus Bromberg beschreibt in ihrer Aussage die Ermordung ihres Schwiegersohnes und ihres 19jährigen Sohnes Reinhard. Der 25jährige Sohn Friedrich wurde im Stadtteil Hopfengarten zusammen mit der ganzen Familie erschossen, bei der er sich befand.

Die 14jährige Dorothea Radler aus Bromberg berichtet der internationalen Ärztekommission, die nach den Untersuchungen Gutachten ausstellte, wie am Sonntag ihr 18jähriger und am Montag ihr 16jähriger Bruder von polnischen Soldaten erschossen wurden. Danach wurde ihr Vater durch mehrere Schüsse schwer verletzt. „Sie verboten uns, daß wir ihm zu trinken gaben oder ihm sonst halfen. Mein Vater bat die Soldaten um den Gnadenschuß. Sie lachten: ‚Du kannst ja krepieren!' Die [polnische] Menge johlte dazu. Erst nach fünf Stunden gab ein Soldat meinem Vater den Gnadenschuß in die Schläfe."

Die 19 Jahre alte Vera Gannot wohnte mit ihren Eltern in der Thorner Straße 125, vier Kilometer von der Stadt entfernt. Vor Kriegsgerichtsrat Dr. Waltzog sagt sie unter Eid aus, wie ihr Vater von polnischen Soldaten niedergeschlagen, mit einem Seitengewehr gestochen und dann erschossen wurde. Nachdem die Soldaten die Zivilisten aufgefordert hatten das Haus zu plündern, da sie es sonst in Brand stecken würden, zogen sie ab [...] Nach Mißhandlungen neuer Horden wurden ihr schließlich von Zivilisten und Soldaten die Kleider vom Körper gerissen, und während sie nackt von etwa zehn Mann an Händen und Füßen am Boden festgehalten wurde, verging sich einer der Polen an ihr, wobei sie Verletzungen erlitt.

Zu diesen Ermordeten kamen noch die dazu, die in den polnischen Konzentrationslagern sadistisch zu Tode gequält wurden. Auch eine große Anzahl der Deutschen, die ihren Wehrdienst im polnischen Heer ableisten mußten, wurden liquidiert. Der dort dienende Unteroffizier Georg Ludwig sagte aus, daß seine Truppe an toten Soldaten vorbeikam, die durch eigene (polnische) Gendarmerie erschossen worden waren. „Später holten Gendarmen auch aus meiner Gruppe einen Soldaten heraus, der Rock wurde ihm ausgezogen, ein Schuß fiel, und der Mann fiel in sich zusammen. Es war ein Deutscher aus Tarnowitz."

Der kurze Ausschnitt mag genügen, an dieser Stelle ein Bild des unmenschlichen Alltags jener Zeit zu vermitteln. Glaubhafte Berichte und Beweise füllen Bücher- und Aktenregale. Der Völkermord an den Ostdeutschen, und speziell der Bromberger Blutsonntag, stellt sich als eines der bestdokumentierten Verbrechen der Geschichte dar.

Oberkriegsgerichtsrat Dr. Ulrich Schattenberg schreibt zusammenfassend in seinem Bromberger Bericht: „Bei den Haussuchungen wurden zunächst von den Soldaten und dem Mob sämtliches Geld und die Wertsachen geraubt, die Wohnungen auch sonst ausgeplündert und völlig verwüstet. Die Männer der Familien, ohne Rücksicht auf ihr Alter, von 13jährigen oder gar 10jährigen Jungen bis zum 70- oder 80jährigen Greis, wurden in fast allen Fällen in viehischer Weise umgebracht. Nur in wenigen Fällen begnügte man sich mit dem einfachen Erschießen. Zumeist wurden die Opfer [...] derart zusammengeschlagen, daß ihre Gesichter bis zur Unkenntlichkeit verstümmelt wurden [...] In vielen Fällen mußten die Deutschen die Ermordung ihrer Väter, Brüder oder Kinder mit ansehen, ohne ihnen, wenn die Verletzten noch nicht gleich tot waren, Hilfe bringen zu dürfen. Dabei wurden sie noch von den Soldaten und dem Pöbel verhöhnt. In anderen Fällen mußten sie die Ermordung der Angehörigen ansehen, um dann selbst erschlagen oder erschossen zu werden."

Auf Anfragen vieler Geistlicher und Laien bei der Erzdiözese Gnesen-Posen, ob die veröffentlichten Berichte über polnische Greueltaten der Wahrheit entsprechen, schickte die Verwaltung am 29. Januar 1940 die Berichte zweier Geistlichen mit einer Beglaubigung aus, in denen u.a. steht: „Trotz der kaum glaublichen Roheit und Grausamkeit von der diese Berichte zeugen, möchten wir betonen, daß es sich nicht etwa um Ausnahmefälle handelt. Vielmehr haben alle deutschen katholischen Geistlichen ohne Ausnahme mehr oder weniger unter dem Terror jener Tage gelitten[,] und mancher von ihnen hat mehr als einmal dem Tode ins Auge sehen müssen. Darüber hinaus hat unsere gesamte deutsche Bevölkerung allein um ihres Deutschtums willen die schwersten Opfer an Gut und Blut bringen müssen, sind doch allein bis jetzt über 5.000 Tote festgestellt worden, die auf grausamste, oft bestialische Weise von den Polen hingemordet worden sind. Diese furchtbaren Verbrechen sind aber nicht nur vom verhetzten Pöbel begangen worden, sondern auch von gebildeten Polen, ja selbst von Polizeibeamten und Offizieren des polnischen Heeres, die schützend hätten eingreifen sollen. Man hält das alles vielleicht für unglaublich, weil doch das polnische Volk als fromm galt [...] Dies bezeugen der Wahrheit gemäß: [Es folgen Unterschriften von zehn Geistlichen, darunter zwei Domherren]."

Da diese Aktionen bereits vor dem Krieg geplant und vorbereitet wurden, handelt es sich um eine kaltblütig durchgeführte Ausrottungsmaßnahme, dem ersten Massenmord ungeheuren Ausmaßes und Kriegsverbrechen des Zweiten Weltkrieges. Bis heute ist für dieses Verbrechen keine Wiedergutmachung geleistet worden.

Die Vorgänge sind durch mehrere tausend Aussagen Überlebender, durch herbeigezogene Vertreter der ausländischen Presse, einer internationalen Ärztekommission und die Ermittlungen der Wehrmachts-Untersuchungsstelle zuverlässig bezeugt. Über die Zahl der ermordeten Deutschen ist folgendes Zahlenmaterial vorhanden: Gleich nach Beendigung der Kampfhandlungen legte die „Zentrale für Gräber ermordeter Volksdeutscher" (unter der Leitung von Dr. Kurt Lück und Pastor Karl Berger) eine Kartei an, in der bis zum 17. November 5.437 namentlich identifizierte Ermordete verzeichnet wurden. Am 7. Februar 1940 gab die Reichsregierung die Zahlen von 12.857 nachweislich Ermordeten und eine Liste von 45.000 Vermißten bekannt, die heute bestritten werden. Eine Untersuchung des „Göttinger Arbeitskreises" stellte über 10.000 Opfer der deutschen Volksgruppe in Polen fest.

Nach zwei Jahrzehnten befragte das Bundesarchiv Zeugen. Dabei handelte es sich nur um den Teil der Zeugen, die zwischenzeitlich nicht verstorben waren, auch die Flucht und Austreibung von 1945/46 überlebt hatten und in der Bundesrepublik ausfindig gemacht werden konnten. Überlebende im „DDR"-Staat, in Österreich, in Polen Verbliebene und in andere Länder Ausgewanderte konnten nicht befragt werden. Außerdem beantworteten nicht alle die Fragebogen. Da für jeden Todesfall auch noch mehr als ein Zeuge verlangt wurde, mußte das Ergebnis entsprechend niedrig sein. Wenn trotz all dieser Umstände und Beschränkungen noch 3.841 Morde dokumentiert werden konnten, dann muß damals eine Mordkatastrophe ungeheuren Ausmaßes erfolgt sein.

In Bromberg waren die beiden evangelischen Kirchen mitsamt den Pfarrhäusern niedergebrannt worden. Allein auf dem evangelischen Friedhof wurden 649 ermordete Deutsche beerdigt. (Dieser Friedhof wurde 1945, wie die meisten, eingeebnet.) In polnischer Literatur wird heute behauptet, daß es sich bei den in Bromberg vorgefundenen Leichen um Polen gehandelt habe, „darunter viele Frauen und Kinder, die von deutschen Flugzeugen gejagt und mit Maschinengewehren niedergeschossen worden waren. Die Verstümmlung der Leichen ist offensichtlich später durch die deutschen Faschisten erfolgt".

Der bekannte russische Autor Lew Kopelew, der 1981 den Friedenspreis des deutschen Buchhandels erhielt, sieht den Fall noch ganz anders: „Der furchtbare Bromberger Blutsonntag, an dem die Nazis Polen auf den Straßen erschlugen, an Laternenpfählen und Balkongittern aufhängten und die volksdeutschen Strolche johlend Frauen und Kinder aus der Stadt jagten [...]"

Wenn zu einer Zeit (1979), als noch zahlreiche Zeitzeugen lebten, diese Massenschlächterei an unschuldigen und wehrlosen deutschen Menschen in das Gegenteil verkehrt werden konnte, wobei die polnischen Täter als die Opfer dargestellt werden, ohne daß jemand wagte dagegen zu protestieren, dann wird es wohl wirklich zutreffen, was ein Autor zynisch anmerkte, daß es nur eine Frage der Zeit ist, bis die Bombardierung von Dresden den Nationalsozialisten angelastet werden wird.

Die Zeit der Siege 1939–1942

Deutschland war für einen Krieg, weniger noch für einen Weltkrieg, in keiner Weise gerüstet. Wäre es möglich gewesen, diesen hinauszuzögern, hätte Deutschland seine kriegstechnische Überlegenheit schaffen und vielleicht damit seine politischen Forderungen durchsetzen können. 1938 hatten Otto Hahn und Fritz Straßmann die Kernspaltung des Urans nachgewiesen und damit die Voraussetzung für den Bau der Atombombe geschaffen. Diese Bombe bauten später Wissenschaftler, die die nationalsozialistische Politik aus Deutschland getrieben hatte. Seit 1936 baute Deutschland Düsenflugzeuge, die Grundlage der Radartechnik war erforscht, Raketenwaffen waren viel weiter als irgendwo anders entwickelt. Die militärische Führung erkannte aber die Bedeutung dieser Arbeiten nicht oder erst zu spät. Um diese mögliche Überlegenheit Deutschlands zu verhindern, war es notwendig den Krieg jetzt und nicht später herbeizuführen. Was geworden wäre, wenn Deutschland seine Rüstung hätte beenden können, bleibt Spekulation.

Der deutsche Generalstabschef Ludwig Beck hatte 1938 erklärt: „Deutschlands militärische Lage […] ist nicht so stark wie 1914, weil alle gegebenenfalls gegen Deutschland stehenden Mächte ebenfalls seit Jahren in erheblichem, teilweise stärkstem Maße aufgerüstet werden. Außerdem verfügt Deutschland, wie bekannt, noch auf Jahre hinaus, über eine noch unfertige Wehrmacht. Die wehrwirtschaftliche Lage Deutschlands ist schlechter als 1917/18. Deutschland kann sich also in seiner jetzigen Lage der Gefahr eines langen Krieges nicht aussetzen. Ein Krieg wird aber von unseren Gegnern von vornherein als langer Krieg ins Auge gefaßt und geführt werden […]"

Die Standardwaffe der Deutschen Wehrmacht bis zum Kriegsende war der Karabiner 98k, ein robustes Gewehr, dessen Verschluß 1898 auf den Markt gekommen war. Bis auf wenige motorisierte, waren die deutschen Divisionen pferdebespannt. Die ganze Artillerie einer Infanteriedivision wurde von Pferden gezogen. Die Geschütze waren zum größten Teil Konstruktionen aus dem Ersten Weltkrieg. Die Panzerabwehrkanonen wurden spöttisch „Heeres-Anklopfgerät" genannt. Sie waren so wirkungslos, daß sie ab 1942 nach und nach durch bessere Geschütze ersetzt werden mußten. Während z.B. die Russen von Anbeginn eine Anzahl automatische Gewehre und Scharfschützen mit vorzüglichen Zielfernrohren in ihren Einheiten hatten, begannen die Deutschen solche erst 1943 in sehr begrenzter Anzahl einzuführen. Die deutschen leichten Panzer mußten gleich nach Beginn des Krieges durch zweckmäßigere ersetzt werden. Der russische T-34 war und blieb für lange Zeit der beste Panzer der Welt, von dessen Existenz die deutsche Heeresführung überhaupt nichts wußte. Es dauerte viel zu lange, bis er von Deutschland nachgebaut wurde. Den von Läusen geplagten deutschen Soldaten in Rußland wurde ein Läusepulver geliefert, das zwar entsetzlich stank, aber gänzlich wirkungslos war. An dem von Läusen übertragenen Fleckfieber starben Hunderttausende deutsche Soldaten. – Diese Aufzählung deutscher Unterlegenheit könnte noch weit fortgesetzt werden.

Der Krieg ließ sich nicht mehr aufhalten. Als Mussolini noch am 2. September einen Vermittlungsversuch unternahm, dem Deutschland und Frankreich zustimmten, lehnte England ab. Man wollte das erreichte Ziel, den Krieg gegen Deutschland, keinesfalls wieder aufgeben. Am 3. September übergab Englands Botschafter Henderson in Berlin das Ultimatum, das den Kriegszustand herstellte. Die entsprechende französische Kriegserklärung ging kurz danach ein. Englands Außenminister Lord Halifax erklärte am gleichen Tag: „Jetzt haben wir Hitler zum Krieg gezwungen […]"

England benahm sich so, als ob es wegen der Garantie der polnischen Grenzen gezwungen sei, unwillig Krieg gegen Deutschland zu führen. Als aber die Sowjetunion ebenfalls in

Polen einmarschierte, wurde die Kriegserklärung ihr gegenüber nicht wiederholt. Damit gaben die Westmächte deutlich zu erkennen, daß sie den Krieg nicht gegen die Angreifer Polens, sondern gegen Deutschland führten und ihm die Alleinkriegsschuld anlasten wollten. Noch deutlicher trat dieses zutage, als die Westalliierten nach ihrem Sieg Polen der Sowjetunion auslieferten, die den von ihr annektierten Teil Polens behielt und die polnische Exilregierung nicht wieder einsetzte.

Winston Churchill erklärte dann auch etwas später deutlich genug: „Dieser Krieg ist nicht gegen Hitler oder den Nationalsozialismus, sondern gegen die Stärke des deutschen Volkes, das für immer zerschmettert werden muß, ganz gleich, ob es in den Händen Hitlers oder eines Jesuitenpriesters ist."

Die britische Zeitung *Sunday Correspondent* schrieb am 18. März 1989: „Wir sind 1939 nicht in den Krieg eingetreten, um Deutschland vor Hitler oder die Juden vor Auschwitz oder den Kontinent vor dem Faschismus zu retten. Wie 1914 sind wir für den nicht weniger edlen Grund in den Krieg eingetreten, weil wir eine deutsche Vorherrschaft in Europa nicht akzeptieren können."

Wenn damit auch nicht alle Kriegsgründe genannt sind, so gibt man heute doch offen zu, daß Polen nur der Anlaß, aber nicht der Grund für den Zweiten Weltkrieg war. Deutschland konnte den Krieg nicht vermeiden, da seine Gegner ihn beschlossen hatten und suchten.

Hätten die Westmächte während oder gleich nach dem Polenfeldzug angegriffen, hätten sie damit nicht nur ihre immer wieder angeführte Bündnispflicht gegenüber Polen erfüllt, sondern auch den Krieg rasch mit verhältnismäßig wenig Menschenopfern beenden können.

Hitler, der gehofft hatte, den Krieg auf Polen zu beschränken und daß die Westmächte wegen Polen keinen Krieg auf sich nehmen würden, sah sich nun in einen großen Krieg verstrickt, für den Deutschland nicht vorbereitet war. Daher suchte er weiterhin nach einem Weg aus dieser bedrohlichen Lage. Trotz des Kriegszustandes hielt er weiterhin alle vorhandenen Kontakte mit dem Ausland offen, um vielleicht doch noch eine Verständigung zu erreichen. Die beste Verbindung bestand noch immer über den Schweden Dahlerus. Aber alle Angebote und Vorschläge Deutschlands mit weitgehenden Zugeständnissen lehnte England stets ab. Sie sollen noch bis 2006 geheim und unter Verschluß bleiben; ein Datum, das in der Vergangenheit schon mehrfach hinausgeschoben und schließlich bis auf dieses, aktuell gültige Datum verlängert wurde. Die Endgültigkeit auch dieses Termins ist zweifelhaft.

Die Bereitstellung der deutschen Truppen zum Angriff auf Polen hatten nur die Bewohner der Grenzdörfer wahrgenommen. Aber daß Krieg drohte, merkte man überall an der Einberufung der Reservisten und den Nachrichten. Dieses Mal gab es keine nationale Begeisterung wie 1914. Mit bedrückendem Ernst zogen die Wehrpflichtigen in die Kasernen. Viele hörten auch die protzigen Reden, die von polnischen Sendern in deutscher Sprache ausgestrahlt wurden und bangten um die Zukunft. Um so beruhigender war es dann, als durch das schnelle Vorgehen der Deutschen Wehrmacht die Gefahr beseitigt wurde, daß deutsches Land zum Kampffeld geworden wäre. Es schien, als ob Ostpreußen, das im vorigen Krieg so viel erdulden mußte, dieses Mal unbeschadet davongekommen war. Man sah jetzt häufig polnische Kriegsgefangene, die größtenteils auf den Bauernhöfen arbeiteten und keine Not litten.

Nach dem Polenfeldzug wurde der Teil Westpreußens, der 1920 Ostpreußen angegliedert worden war (Regierungsbezirk Marienwerder), wieder der Provinz Westpreußen zugeteilt, die jetzt Reichsgau Danzig-Westpreußen hieß. Angeblich verlangte Gauleiter Koch Ersatz dafür und erhielt den Kreis Suwalki und den Bezirk Zichenau. Diese Gebiete hatten zwar von 1795 bis 1808 zu der damaligen Provinz Südpreußen gehört, jedoch nie zu Ostpreußen. Über diese Angliederung hat sich auch niemand gefreut. Als gerecht empfand man aber die Rückkehr des Gebiets von Soldau und die wiederhergestellte Landverbindung mit dem Reich. Nach diesen Änderungen hatte der „Gau" Ostpreußen eine Fläche von 52.727 qkm mit 3.337.000 Einwohnern.

Obwohl Wölfe nur selten und vereinzelt in besonders strengen Wintern aus Polen über die Grenze wechselten, zeigten sich im ersten Kriegswinter außergewöhnlich viele, die auch im Sommer dablieben. Das Forstamt Lyck registrierte im Sommer 1940 drei Jährlingsfohlen, 16 Rinder (teilweise Jungvieh) und 76 Schafe, die von Wölfen gerissen wurden. Sogar ein Bauer wurde beim Dungfahren angefallen. Die übliche Blaubeerernte fiel in dieser Gegend zum größten Teil aus, weil sich die Sammler fürchteten, in den Wald zu gehen. Eine Anzahl der geschossenen Wölfe wogen 52 bis 57 kg.

Die deutschen Gebiete, die nach dem Ersten Weltkrieg von Polen annektiert worden waren, kehrten wieder zum Deutschen Reich zurück. Aus dem eigentlichen Polen wurde das Generalgouvernement Krakau und Warschau unter deutscher Verwaltung gebildet.

In seiner Reichstagsrede am 6. Oktober 1939 machte Adolf Hitler wieder ein Friedensangebot, das auf Roosevelts Versprechen amerikanischer Hilfe wieder abgelehnt wurde. Der ehemalige britische Ministerpräsident Lloyd George meinte dagegen: „Die letzte Rede Hitlers kann als Grundlage einer Friedenskonferenz dienen [...]" Offenbar erkannten weder Hitler noch Lloyd George, worum es in diesem Krieg tatsächlich ging.

Im November beschloß der US-Kongreß die gesetzlich verankerte Neutralität zu umgehen und die europäischen Alliierten mit Kriegsmaterial und notfalls mit Lebensmitteln zu versorgen.

Ein Vermittlungsangebot (7. November 1939) der Königin der Niederlande und des Königs von Belgien an den König von England, den Präsidenten von Frankreich und den deutschen Reichskanzler wurde von England und Frankreich getadelt und umgehend abgelehnt.

Nach einem Vertrag mit Sowjetrußland (16. November 1939) kehrten 128.000 Deutsche aus Wolhynien, Galizien und dem Generalgouvernement ins Reich zurück, die hauptsächlich im Westpreußen-Posener Raum angesiedelt wurden. Aufgrund weiterer Verträge wurden 77.000 Deutsche aus Estland und Lettland, 45.000 aus Litauen und 202.000 aus dem Buchenland, Bessarabien und der Dobrudscha ins Reich zurückgeführt.

Im Dezember 1939 bietet die Reichsregierung über die US-Botschaft in Oslo den zwei Westmächten die Wiederherstellung eines polnischen Staates an, wenn sie zu Friedensgesprächen mit Deutschland bereit wären. Auch diesmal lehnen sie jede Form von Verhandlungen ab.

Als Finnland sich weigert, den Sowjets Stützpunkte zu überlassen, greifen die Russen am 30. November 1939 Finnland an. Da die Russen nur schwache und schlecht ausgerüstete Kräfte einsetzen (vielleicht um Deutschland zu täuschen), zieht sich der Krieg bis März 1940 hin. Finnland muß Ostkarelien abtreten. Im Juli 1940 besetzt Stalin kurzerhand die drei baltischen Staaten und gliedert sie dem sowjetischen Imperium ein.

Am 28. März 1940 beschließen England und Frankreich die Verminung der norwegischen Küste und anschließende Landung in Norwegen, der Deutschland am 9. April knapp zuvorkommt. Der Feldzug in Norwegen kostet Deutschland 1.317 Tote, 1.604 Verwundete und 2.375 Vermißte.

Auf seine immer wieder wiederholte Beteuerung, daß Amerikas Söhne in keine ausländischen Kriege gesandt werden würden, wurde Roosevelt 1940 (erstmalig in der Geschichte der USA) für eine dritte Amtsperiode gewählt. Damit konnte er seine Kriegspolitik mit verstärktem Eifer fortsetzen und einem Vertrauten sagen: „Vielleicht kann ich niemals Krieg erklären, aber vielleicht kann ich ihn trotzdem führen."

Im Mai 1940 wird Premierminister Chamberlain gestürzt und Winston Churchill eingesetzt. So wie Churchill zwischen den politischen Parteien hin- und herwechselte, wie es seinem Vorteil entsprach, so vertritt er auch jetzt Interessen, die nicht England dienen. Der britische Historiker John Charmley stellt später ganz richtig fest, daß Churchill England keineswegs gerettet, sondern vielmehr dem britischen Empire den Todesstoß versetzt hat. Chamberlain soll noch vor seinem Tod im Jahre 1940 gesagt haben, daß „Roosevelt und die Juden England in den Krieg getrieben haben".

Am 10. Mai 1940 beginnt die deutsche Offensive im Westen. Obwohl die Alliierten an Truppen und Panzern haushoch überlegen sind und auch die deutschen Angriffspläne durch Spionage kennen, gelingt der Wehrmacht in zehn Tagen dennoch der Durchbruch zur Kanalküste. Die britische Armee wird am 24. Mai bei Dünkirchen eingeschlossen. Der Reichskanzler läßt den Angriff anhalten, damit 338.000 britische und verbündete Truppen nach England übersetzen können. Er hofft nach dieser britischen Niederlage und seiner ehrenbezeugenden Geste erneut auf eine Verständigung mit England, die jedoch eher möglich gewesen sein könnte, wenn diese Engländer ganz regulär in deutschen Gefangenenlagern gelandet wären.

Nachdem der deutsche Sieg sicher ist und um sich einen Anteil an der französischen Beute zu sichern, tritt am 10. Juni auch Italien in den Krieg ein. Am 14. Juni ziehen deutsche Truppen in Paris ein und am 22. unterzeichnet Frankreich den Waffenstillstand. Darauf dehnt England seine Blockade auf ganz Festlandeuropa aus und versenkt am 3. Juli die vor Oran liegende Flotte seiner französischen Verbündeten, um sie einem möglichen deutschen Zugriff zu entziehen.

Nach Frankreichs Zusammenbruch tritt Roosevelt schärfer für das Eingreifen der USA in den Krieg ein. Der Kongreß bewilligt 37 Milliarden Dollar, um England mit Kriegsmaterial zu versorgen.

In der Reichstagsrede vom 19. Juli 1940 richtet Hitler, nun als Sieger, eindringlich ein Friedensangebot an England: „In dieser Stunde fühle ich mich verpflichtet [...], noch einmal einen Appell an die Vernunft auch in England zu richten [...] Ich sehe keinen Grund, der zur Fortführung des Krieges zwingen könnte. – Ich bedaure die Opfer, die er fordern wird. Auch meinem eigenen Volk möchte ich sie ersparen [...]" England lehnte aber wieder ab.

Der Reichskanzler hatte der deutschen Luftwaffe Angriffe auf englische Städte strengstens verboten. Churchill brauchte aber solche, um die britische Bevölkerung von der Notwendigkeit des Krieges zu überzeugen sowie als Vorwand für die geplante Bombardierung deutscher Städte. Schließlich mußte Churchill doch die Initiative ergreifen und ließ deutsche Städte bombardieren. Als Hitler nicht darauf reagierte, befahl Churchill den ersten Bombenangriff auf die Innenstadt Berlins für die Nacht zum 26. August 1940. Drei Nächte später erfolgte der zweite Angriff, dem in den Wohnvierteln viele Menschen zum Opfer fielen.

Jetzt forderte Adolf Hitler öffentlich die Einstellung des Bombenkrieges gegen die Zivilbevölkerung und drohte andernfalls mit Vergeltungsschlägen. Churchill antwortete mit weiteren Luftangriffen. Erst als die RAF (Royal Air Force) fast vier Monate lang deutsche Städte bombardiert hatte, genehmigte Hitler am 6. September 1940 schweren Herzens Gegenangriffe auf englische Städte. Damit gab er die letzte Hoffnung auf, mit England eine Verständigung zu erreichen. Die ganze Welt schrie nun auf, und die Bilder der zerstörten Kathedrale Coventrys überzeugten alle die Propaganda aufnehmenden Zivilisten vom „Barbarentum der Deutschen". Hitler hatte Churchills Erwartungen voll erfüllt. Nun konnte der Krieg auch gegen die deutsche Zivilbevölkerung ohne jede Beschränkung so geführt werden, wie er schon lange geplant worden war. Dies kam auch deutlich in der britischen Regierungserklärung vom 18. April 1941 zum Ausdruck: „Bei dem vergangenen Luftangriff auf Berlin handelt es sich nicht um eine Vergeltungsmaßnahme, sondern um die planmäßige Verfahrungsweise [...] Diese Politik wird bis zum Kriegsende mit hoffentlich immer stärkeren Mitteln auch dann fortgeführt, wenn keine weiteren deutschen Angriffe auf England mehr erfolgen sollten [...]"

Daß Churchills Ziel die Massentötung der Zivilbevölkerung war, hatte er schon 1924 in der *Pall Mall Gazette* bekanntgegeben: „Ich bin dafür, methodisch bereitete Bakterien unter Menschen und Tieren zu verbreiten, Schimmelpilze, um die Ernten zu verderben, Milzbrand, um Pferde und Vieh zu vernichten, und die Pest, um nicht nur ganze Armeen, sondern die Bewohner großer Regionen zu töten."

In den USA werden im Frühjahr 1940 alle deutschen und italienischen Schiffe beschlagnahmt, im Juni alle Bankguthaben gesperrt und die Konsulate beider Länder geschlossen. Roosevelt baut die Armee für den Kriegseintritt auf. Erstmalig in ihrer Geschichte setzt er eine allgemeine Wehrpflicht durch (16. September 1940). Als erstes Kontingent werden 900.000 Rekruten ausgebildet. Es gelingt ferner, den Geheimcode der Japaner zu entschlüsseln und ihre Nachrichtenübermittlung mitzuhören.

Im November 1940 kommt Molotow nach Berlin und legt weitgehende Forderungen vor, in deren Ablehnung viele Historiker eine entscheidende Wende des Krieges sehen. Da Molotow auch den ganzen Balkan als russisches Interessengebiet fordert, wäre die deutsche Treibstoffversorgung unter russische Kontrolle gekommen. Die deutsche Führung erkennt, daß sie dem Krieg mit Rußland nicht ausweichen kann. Sie muß England den Rücken kehren und erteilt am 18. Dezember 1940 die verhängnisvolle Weisung für „Barbarossa", den Feldzug, der den Angriff der Sowjetunion vorwegnimmt.

Der letzte verzweifelte Versuch, sich mit England zu verständigen, war der Flug von Hitlers Stellvertreter Rudolf Heß, der am 10. Mai 1941 nach England flog, um mit britischen Politikern zu verhandeln. Der Reichskanzler weigerte sich zu glauben, daß eine englische Regierung bereit war, ihr Weltreich für offenkundig nichtenglische Interessen zu opfern.

Nachdem Mussolini Griechenland angegriffen hatte (28. Oktober 1940), die Italiener aber zurückgeworfen wurden und englische Truppen in Griechenland landeten, mußte Hitler den Balkanfeldzug durchführen (6. bis 23. April 1941). Die Wehrmacht besetzte Jugoslawien und Griechenland, anschließend auch die Insel Kreta (20. Mai bis 2. Juni 1941). Die deutschen Verluste betrugen 2.559 Gefallene, 5.820 Verwundete und 3.169 Vermißte.

Dieses war der letzte siegreich abgeschlossene Feldzug der Wehrmacht, und es war das letzte Mal, daß genaue Angaben über die eigenen Verluste von der deutschen Führung bekanntgegeben wurden. Dann muß Deutschland mit dem Afrika-Korps den Italienern zu Hilfe eilen, als sie in Nordafrika an allen Fronten zurücklaufen.

Seit 1920 galten alle Vorbereitungen der Sowjets dem Krieg zur Verwirklichung der Weltrevolution. Auch der Pakt mit Hitler war von diesem Gesichtspunkt aus zustandegekommen. Stalin wollte einen möglichst lange andauernden, verlustreichen Krieg zwischen Deutschland und England/Frankreich herbeiführen. Zu dem Zweck wollte er Deutschland Rohstoffe und Nahrungsmittel liefern. Nach Erschöpfung beider Seiten plante Stalin dann – mit guten Erfolgsaussichten –, gegen alle drei Mächte vorzugehen und eine kommunistische Herrschaft auch in Westeuropa zu errichten.

Der deutsche Sieg im Westen hatte zwar die erhoffte Entwicklung verändert, aber nachdem Hitler die Forderungen Stalins im November 1940 abgelehnt hatte, sah Stalin 1941 die Zeit für gekommen, mit der Eroberung Europas zu beginnen. Schon zwölf Tage vor Beginn des Krieges, am 19. August 1939, hatte Stalin in seiner Rede unmißverständlich erklärt, daß er mit dem Ausbau der Roten Armee bereits umfangreiche Vorbereitungen für den Eroberungskrieg durchführe, der gegen Deutschland, Frankreich und England geführt werden würde.

Die endgültige Entscheidung Hitlers zum Angriff auf Sowjetrußland fiel, als bei dem Militärputsch in Jugoslawien Anfang April 1941 die Angriffsabsicht Stalins erkannt wurde. Auch wenn in einigen Geschichtswerken noch vom „Überfall" auf die Sowjetunion die Rede ist (wie auch vom „Überfall" auf Polen), so beweist die Fülle der inzwischen veröffentlichten Dokumente und Publikationen eindeutig, daß der Aufmarsch von 198 Sowjetdivisionen (davon 28 Reserve) an der deutschen Ostgrenze zum Angriff und nicht zur Verteidigung erfolgte. Diese Bereitstellung mußte auf deutscher Seite jene Reaktion hervorrufen, die auch prompt erfolgte. Fest steht heute auch, daß die Wehrmacht dem russischen Angriff nur um wenige Tage oder Wochen zuvorkam.

Am 5. Mai 1941 sprach Stalin beim Abschluß eines Lehrgangs der Kriegsakademie. An der feierlichen Sitzung nahmen die Spitzen der Partei und Armee teil. In seiner Rede sagte Stalin u.a.: „Der Plan des Krieges ist bei uns fertig […] Im Laufe der nächsten zwei Monaten können wir den Kampf gegen Deutschland beginnen […]"

Die Sowjetunion wurde auch nicht von dem deutschen Angriff überrascht. Nikita Chrutschtschow schreibt in seinen Memoiren: „Zu behaupten, daß wir einen deutschen Angriff nicht erwartet hätten, ist einfach dumm […] Niemand, der auch nur das Mindeste an politischem Verstand hat, sollte glauben, daß wir überrascht wurden. Aber auch heute noch versuchen einige von Stalins Lakaien ihn reinzuwaschen, indem sie Hitler beschuldigen, uns getäuscht zu haben […]"

Demnach könnte Stalin das Losschlagen absichtlich den Deutschen überlassen haben, um Hitler als Aggressor hinzustellen. Damit erleichterte er den USA und England, Hilfsaktionen für Rußland in Gang zu setzen. Die sowjetische Führung hätte durchaus die Initiative übernommen, wie man heute glaubt, sie war nur ein wenig langsamer als die deutsche.

Stalin konnte es sich leisten, den Krieg auch auf seinem Boden zu führen, aber Hitler nicht, und mußte deshalb sobald als möglich zuschlagen. Stalin hatte den Pakt mit Deutschland von Anbeginn mit der Absicht abgeschlossenen, ihn zu unterlaufen. Seit 1939 arbeitete der Generalstab der Roten Armee umfangreiche Offensivpläne gegen Westeuropa aus. Am 15. Mai 1941 wurde der endgültige Angriffsbeschluß und Aufmarschplan erlassen. Stalin soll am 13. Juni den Angriff für Anfang Juli befohlen haben, ohne jedoch den genauen Angriffstag festzusetzen. Neun Tage nach diesem Befehl schlug aber Hitler zu. Am gleichen 22. Juni hatte auch Napoleon 1812 den Krieg mit Rußland begonnen. Beide führten zu Katastrophen.

Die deutsche Angriffsarmee bestand aus den Heeresgruppen: Nord, Mitte und Süd. In Ostpreußen stellten sich die Heeresgruppe Nord und Teile der Gruppe Mitte auf. Diese Menge Soldaten hatte in fast jedem Ort Quartiere belegt. Besorgt ahnte die Bevölkerung, daß ein Krieg mit Rußland bevorstand. Als an jenem Sonntagmorgen die Menschen in Hörweite durch den Geschützdonner geweckt wurden, die anderen die Nachricht aus dem Radio vernahmen, war das eingetreten, was sie bangend befürchtet hatten.

Bei den Bomben, die am nächsten Tag von russischen Flugzeugen auf Memel abgeworfen wurden, gab es einige Blindgänger, die zweifelsfrei als Produkte der angeblich neutralen USA identifiziert wurden.

In Ostpreußen befand sich jetzt die Befehlszentrale des Krieges. Das Führerhauptquartier, Wolfschanze genannt, war von August 1940 bis Mai 1941 im Görlitzer Wald (sieben Kilometer östlich von Rastenburg) gebaut worden. Hitler traf hier am 23. Juni 1941 ein und verließ es erst, abgesehen von kurzen Unterbrechungen, als die Russen im November 1944 wieder an Ostpreußens Grenze standen.

Der Sonderzug des Oberkommandos der Luftwaffe stand bei Breitenheide (neun Kilometer westlich von Johannisburg) oder bei Rostken (zwischen Arys und Johannisburg). Göring hielt sich oft in Rominten auf, wohin er auch seine Kommandeure zu Besprechungen befahl. Das Auswärtige Amt befand sich in Jägerhöhe bei Angerburg.

Die Rote Armee war den Deutschen an Truppenstärke und Bewaffnung weit überlegen. Von den 144 deutschen Divisionen griffen am Morgen des 22. Juni 99 an. (Fünf Divisionen waren Armee-Reserven, das Oberkommando des Heeres hielt 28 Divisionen in Reserve. Fünf deutsche Divisionen in Finnland und sieben in Rumänien nahmen noch nicht am Angriff teil.) Auf russischer Seite standen auf der 1.200 km langen Front von der Ostsee bis zu den Karpaten 185 Divisionen. Den 3.550 deutschen Panzern (1.690 leichte und 1.610 mittlere) standen 14.600 russische (9.000 leichte, 5.600 mittlere und schwere) gegenüber. Die russischen Panzer waren mit Dieselmotoren, die deutschen hingegen noch mit feuergefährlichen Benzinmotoren ausgestattet. Zu Beginn des Rußlandfeldzugs betrug die wirksame Schußentfernung der deutschen Panzer 500 Meter, die der russischen 1.500 Meter. Die deutsche Luftwaffe verfügte über 2.700, die russische über 6.000 Flugzeuge.

Die deutsche Wehrmacht mit den Truppen der verbündeter Staaten stießen überraschend durch die an der Grenze zum Angriff zusammengeballten russischen Armeen, konnten sie umfassen und vernichten. Der volle Umfang der russischen Vorbereitungen war nicht erkannt worden. War dies das Werk des gegen Hitler arbeitenden deutschen Nachrichtendienstes? Trotzdem verlor die Rote Armee in den ersten Wochen an der mehr als 2.000 km langen Angriffsfront von Finnland bis Bulgarien 3.800.000 Gefangene, 1.500 Panzer und 1.000 Flugzeuge. Aber Rußland hatte fast unerschöpfliche Reserven – bei der Mobilmachung waren 303 Divisionen aufgestellt worden – und die Hilfe der USA.

Die Sowjetsoldaten sind mit bolschewistischer Propaganda fanatisiert und stehen unter steter Aufsicht ihrer Politkommissare. Die (gewollte) Folge ist die gnadenlose Ermordung deutscher Gefangener und Verwundeter. Unter Leitung speziell ausgebildeter Anführer wird auch die fremde Zivilbevölkerung hinter der deutschen Front zu einem ebenso grausamen Partisanenkampf gegen die deutschen Truppen gezwungen.

Wie brutal der Kampf geführt wurde, zeigt Stalins sog. „Fackelmänner"-Befehl (Nr. 0428), der anordnet, daß Partisanen in deutschen Uniformen – möglichst in solchen der Waffen-SS – hinter der Front russische Dörfer überfallen, die Einwohner ermorden und die Häuser niederbrennen. „Es ist darauf zu achten, daß Überlebende zurückbleiben, die über die ,deutschen' Greueltaten berichten können [...]", heißt es. Die rund 2,5 Millionen Toten dieses Terrors gegen das eigene Volk während des Krieges werden folglich den Deutschen angelastet.

Roosevelt hatte im März 1941 die Amerikaner vor der großen Gefahr gewarnt, die von Deutschland drohe. Tausende deutscher Flugzeuge würden von Afrika den kürzesten Weg über den Atlantik nach Brasilien fliegen und von dort errichteten Basen Nordamerika erobern. Dieser Nonsens wurden von vielen geglaubt, denn alle „wußten" ja dank der Vorarbeit der Medien, daß Hitler den Krieg begonnen hatte, um die Welt zu erobern.

Das im März 1941 erlassene „Leih- und Pachtgesetz" ermöglichte es Roosevelt, alle Gegner Deutschlands mit Waffen zu beliefern. Von den neuen Anlagen zum Bau der Transportflotte für den Überseekrieg lief das erste der 5.650 Liberty-Schiffe (je 10.000 bis 14.000 BRT), die während des Krieges gebaut wurden, schon im September 1941 von diesem gewaltigen „Fließband". Im Juli lösten US-Truppen die englische Besatzung von Island ab. US-Kriegsschiffe übernahmen den Schutz der Geleitzüge von Amerika bis Island und hatten Befehl, von ihren Routen abzuweichen, um deutsche Schiffe aufzuspüren und ohne Warnung zu versenken. Auch das mußte Hitler von den immer noch „neutralen" USA hinnehmen.

Im August 1941 stellten Roosevelt und Churchill bei Besprechungen auf dem Atlantik das Nachkriegsprogramm der „Atlantik-Charta" auf, das allen Völkern Freiheit und Selbstbestimmung garantierte. So wie die Vierzehn Punkte Wilsons nach dem Ersten Weltkrieg nicht für Deutsche galten, so geschah es nach dem Zweiten Weltkrieg auch mit der Atlantik-Charta.

Roosevelts Politik im Pazifik, auch Japan zum Krieg zu zwingen, führte endlich zum Erfolg. Nach dem japanischen Angriff am 7. Dezember 1941 auf die als Köder ausgelegte US-Flotte in Hawaii, erklärten auch Deutschland und Italien am 11. Dezember den USA den Krieg, die doch in Wirklichkeit schon lange Krieg führten. Noch war die Kriegserklärung nicht ausgesprochen, als am 9. Dezember in den USA landesweit über 600 deutschstämmige US-Bürger inhaftiert wurden. Ebenso wurden nach dem Ereignis von Pearl Harbor alle japanischen Amerikaner in Konzentrationslagern gesammelt.

In Rußland hätte der Krieg nach Hitlers Plänen im Herbst beendet sein sollen. Die zusammengeschmolzenen deutschen Divisionen stehen erschöpft, ohne Winterbekleidung, in Eis und Schnee vor Moskau. Da Stalin von dem deutschen Journalisten Richard Sorge aus Tokio weiß, daß Japan Rußland nicht angreifen wird, holt er seine winterfesten sibirischen Divisionen heran, die Moskau retten. Die Deutschen werden zum erstenmal 100 und mehr Kilometer zurückgeworfen. Aber ab Mai 1942 dringt die deutsche Wehrmacht noch einmal in Südrußland bis zum Kaukasus vor und erreicht im Oktober Stalingrad. Damit haben die deutschen Eroberungen ihre größte Ausdehnung erreicht.

Die USA setzen 1942 die größte Hilfsaktion der Weltgeschichte zur Rettung der Sowjetunion in Gang. Historiker weisen später nach, daß Stalin den Krieg ohne diese Hilfe kaum hätte gewinnen können.

Die Maßnahmen der nationalsozialistischen Regierung gegen die Juden hatten sich im Laufe des Krieges mehr und mehr verschärft. Die Juden waren größtenteils in Ghettos zusammengefaßt worden und hatten ab September 1941 einen gelben Davidschild auf ihrer Kleidung zu tragen. Da die Unterwerfung der Sowjetunion nicht wie erwartet gelungen war, erkannte die deutsche Führung, daß ein Friede in absehbarer Zeit nicht zu erreichen war. Man folgte – wie die Amerikaner es schon mit den Deutschen und Japanern getan hatten – der neuzeitlichen militärischen Gepflogenheit, zivile Angehörige einer Nation oder eines Volkes, mit dem man sich im Krieg befindet, als potentielles Sicherheitsrisiko zu inhaftieren. So wurden die in Deutschland lebenden Juden 1942/43 in großer Zahl in Konzentrationslager gebracht.

Aus Ostpreußen erfolgte der Abtransport dieser bedauernswerten Menschen von Allenstein aus. Der erste von drei Transporten, etwa 1.000 Personen, ging am 24. Juni 1942 im Personenzug angeblich nach Minsk, wo die Männer im Straßenbau eingesetzt worden sein sollen. Pro Person durften nur zwei Handkoffer und ein Rucksack, aber kein Geld mitgeführt werden. Das Gepäck wurde mit LKW zur Bahn gebracht.

Am 2. August erfolgte der Abtransport aller Personen von 65 Jahren und darüber sowie einer Reihe anderer Personengruppen. War nur ein Ehepartner über 65, wurde er von dem jüngeren nicht getrennt. Ebenso blieben Familien und deren Kinder bis zu 16 Jahren zusammen. Bei diesem Transport, der in das Alterskonzentrationslager Theresienstadt ging, waren auch die Insassen des jüdischen Altersheimes der Provinz Ostpreußen in Allenstein.

Der letzte Transport ging am 15. März 1943 in D-Zugwagen nach Berlin und von dort in verschlossenen Güterwagen am 17. März ebenfalls nach Theresienstadt. Der Abtransport der Juden aus Westpreußen erfolgte wahrscheinlich von Danzig aus auf ähnliche Weise. Auch diese durften kein Geld mitnehmen, konnten es aber, auch die Bankkonten, nach Theresienstadt überweisen, das Devisengebiet war. So verließen die letzten Juden das Preußenland, in dem nun auch für die ursprünglichen Bewohner das Ende nicht mehr fern war.

Niederlagen und Rückzüge

Stalingrad ist der Wendepunkt des Krieges. Von den eingeschlossenen 240.000 deutschen Soldaten gehen fast 123.000 in russische Gefangenschaft (31. Januar bis 2. Februar 1943), von denen nur etwa 3,5 Prozent überleben. Die Rote Armee dringt jetzt Schritt für Schritt unaufhaltsam nach Westen vor. Am 13. Mai 1943 ergeben sich die 250.000 Mann des Afrikakorps, und im Juli landen die Alliierten in Sizilien. Angloamerikanische Luftflotten legen eine deutsche Stadt nach der anderen in Trümmer. Roosevelt und Stalin hatten Hitler zum Gejagten gemacht.

Die Alliierten befassen sich 1943 eingehend mit Nachkriegsplänen für das besiegte Deutschland. Schon 1942 hatte der Berater Präsident Roosevelts, Theodore N. Kaufman, einen in allen Einzelheiten ausgearbeiteten Plan zur Sterilisation aller deutschen Männer und Frauen zur „Ausrottung des deutschen Volkes [extinction of the German race]" entworfen. US-Zeitungen lobten den Plan. Die *New York Times* schrieb z.B.: „Ein Plan für ewigen Frieden unter den zivilisierten Völkern."

Im Januar 1943 fordert Professor Ernest Albert Hooton, alle Parteiführer zu erschießen und alle deutschen Männer, auch Familienväter, länger als 20 Jahre zum Wiederaufbau in zerstörte Gebiete zu senden. Durch ständigen Zuzug von Fremden aus anders gearteten Kulturkreisen und dauernde rassische Vermischung werde das deutsche Volk auf das Niveau eines unterentwickelten Landes absinken, dessen Konkurrenz die Welt nicht mehr zu fürchten brauche. Jeffrey M. Peck ergänzte dazu: „Ich hoffe, daß sich das Bild der Deutschen von exklusiv weiß und christlich zu braun, gelb und schwarz, zu Islam und jüdisch ändern wird [...] Der deutsche Identitätsbegriff muß gewechselt werden."

In New York wurde 1943 das „Joint Committee zur Umerziehung der Deutschen" unter Leitung des bekannten amerikanischen Psychologen Prof. Kurt Lewin gegründet. Es gab vor: „Wir werden die gesamte Tradition auslöschen, auf der die deutsche Nation errichtet ist."

Ende Juli 1943 verglüht Hamburg in einem unvorstellbaren Feuerorkan. Unter den schwelenden Trümmern der Wohnviertel, von 58 Kirchen, 24 Krankenhäusern und 277 Schulen liegen die Leichen von über 30.000 Menschen, darunter 10.000 Kinder. Der englische General J.C. Fuller nennt dieses „eine erschreckende Schlächterei, die selbst für einen Attila eine Schande gewesen wäre." Kein Land ist bisher mit solcher Brutalität und so kaltblütigen Sinnes zerstört worden. Ein gütiges Geschick bewahrte Deutschland aber vor der Anwendung der chemischen, biologischen und atomaren Kampfmittel, die zu seiner Vernichtung von den Westalliierten entwickelt und erprobt wurden.*

Nach Mussolinis Sturz (25. Juli 1943) schloß die neue italienische Regierung einen Sonder-Waffenstillstand (8. September 1943). Nun war das Deutsche Reich auch an der Südgrenze Österreichs bedroht.

Im Sommer 1943 gab auch die Sowjetunion einen Nachkriegsplan für Deutschland bekannt, der die Abtretung ostdeutscher Gebiete an Polen und Rußland vorsah. Auf der Teheran-Konferenz (28. November bis 1. Dezember 1943) schlug Churchill die Oderlinie als polnische Westgrenze und die Abtretung ganz Oberschlesiens an Polen vor. Roosevelt und Churchill stimmten Stalins Forderung nach dem Gebiet von Königsberg zu. Die Bevölkerung der betroffenen Gebiete sollte „ausgetauscht" werden.

Eine manipulative Presse hat maßlose Feindseligkeit und abgrundtiefen Haß gegen alles Deutsche erzeugt. Schließlich glaubte fast die gesamte abendländische Menschheit, daß alles Böse in der Welt nur von den Deutschen kommt. In dieser Atmosphäre des Abscheus erklärte Roosevelt: „Wir müssen mit dem deutschen Volk hart verfahren, nicht nur mit den Nazis. Entweder müssen wir das Volk kastrieren, oder wir müssen die Deutschen so behandeln, daß sie nicht weiterhin Menschen in die Welt setzen, die so weitermachen wollen wie bisher."

---

* Wie hoffnungslos Deutschland den Alliierten in der Kriegsrüstung unterlegen war, zeigen die Zahlen des Flugzeugbaus. Die USA, Kanada und England hatten 1942 monatlich 1.378 Bomber und 1.959 Kampfflugzeuge produziert, die deutsche Industrie dagegen im Durchschnitt nur 596 Flugzeuge aller Typen. Zu dieser Produktion der Westmächte kam noch der enorme Flugzeugbau der Sowjetunion hinzu. Die Feindmächte verfügten über 75 Prozent der personellen und materiellen Reserven der Welt. Wie im Ersten Weltkrieg, so erreichte auch im Zweiten die deutsche Rüstung erst im letzten Kriegsjahr die höchste Produktion. Dies allein widerlegt die Behauptung, daß beide Kriege von Deutschland geplant und angefangen wurden, um die Welt zu erobern.

Nach solcher Vorbereitung sollte die Menschheit hinnehmen, was man mit Deutschland vorhatte. Am 27. Februar 1944 schrieb Churchill an Stalin: „Am 6. Februar teilte ich der polnischen Regierung erstmalig mit, daß die Sowjetunion die Grenze in Ostpreußen so festzulegen wünscht, daß sie Königsberg in das sowjetische Territorium einschließt. Diese Mitteilung war ein Schlag für die Polen, die in dieser Entscheidung eine erhebliche Verkleinerung der Größe und wirtschaftlichen Bedeutung jenes deutschen Gebietes sehen, das Polen erhalten soll [...]

Ich erinnerte Herrn Mikolajczyk daran, daß die Erde dieses Teils von Ostpreußen mit russischem Blut getränkt ist, das für die gemeinsame Sache reichlich vergossen wurde. Hier griffen russische Truppen im August 1914 an und gewannen die Schlacht bei Gumbinnen und andere Kämpfe [...] Dadurch zwangen sie die Deutschen zwei Armeekorps, die auf Paris zumarschierten, [nach Ostpreußen] abzuziehen, was beim Sieg an der Marne eine wesentliche Rolle spielte [...]"

Am 6. Juni 1944 landen Amerikaner und Engländer in Frankreich. Die ausgeblutete, mangelhaft ausgerüstete und unzureichend versorgte Wehrmacht kämpft im Norden, Osten, Süden und Westen gegen eine vierfache Übermacht an Soldaten und eine hundertfache an Material.

Nach dem Ausbruch aus dem Normandie-Landekopf (31. Juli) und der zweiten Landung in Südfrankreich (15. August) stehen die Westalliierten im Herbst 1944 an der Reichsgrenze. Am 8. September detonieren in London die ersten V2-Raketen, gegen die es keine Abwehr gibt. Das bestärkt die Hoffnung auf weitere deutsche Wunderwaffen.

Der US-Finanzminister (später Präsident der amerikanischen Finanz- und Entwicklungshilfe für Israel) Henry Morgenthau jun., dessen Einfluß den des Amtes eines normalen Finanzministers weit übersteigt, stellt den bekannten „Morgenthau-Plan" auf, der auf der zweiten Konferenz von Quebec (10. bis 16. September 1944) von Roosevelt und Churchill angenommen wird. Nach diesem Plan soll Deutschland in einzelne Staaten aufgeteilt, die Bevölkerung zu Kleinbauern „agrarisiert" und industrielle Betätigung verboten werden. Die Amerikaner sollen Deutschland möglichst bald verlassen und die Besetzung Russen, Tschechen und Polen überlassen.

Daß der Plan nicht in vollem Umfang zur Anwendung kam, ist US-Kriegsminister Henry L. Stimson, Staatssekretär Cordell Hull und der amerikanischen Öffentlichkeit zu verdanken, die durch Zufall davon erfuhr. Hull wies in einem Memorandum nach, daß der Morgenthau-Plan den Hungertod von 40 Prozent des deutschen Volkes verursachen würde (was ja beabsichtigt war), da sich nur 60 Prozent auf dem ihnen überlassenen Boden ernähren könnten. Roosevelt behauptete dann, daß ein solcher Plan (dessen Ausführung er mit seiner Unterschrift genehmigt hatte) nicht existiere und eine propagandistische Erfindung der Deutschen sei. In seinem Buch *Germany is Our Problem* rühmt sich aber Morgenthau mit diesem Plan und bekennt, daß er auch der Urheber der Potsdamer Beschlüsse war. Die Konferenzen von Jalta und Potsdam bewegten sich im Rahmen des Morgenthau-Plans und wurden nur in einigen Punkten abgeändert.

Diplomatisch hatte Deutschland den Krieg schon verloren, bevor er begann, militärisch in Stalingrad, endgültig jetzt, als die Invasion in Frankreich gelungen war und die Russen vor Ostpreußen standen.

Das Vorspiel zum Untergang

Bei dem russischen Großangriff am 22. Juni 1944, dem 3. Jahrestag des Beginns des Rußlandfeldzuges, brach die deutsche Ostfront im Mittelabschnitt zusammen. Von 38 Divisionen wurden 28 ausgelöscht. 398.000 deutsche Soldaten waren gefallen oder gefangen. Von 47 Generalen fielen zehn und 21 waren gefangen. Nach dieser größten Katastrophe der Wehrmacht – in Stalingrad waren halb so viele umgekommen – standen die Russen an der Grenze Ostpreußens.

Ein schwerer Luftangriff der Russen zerstörte am 27. Juli 1944 große Teile Insterburgs. Bei mehreren Angriffen auf Tilsit im Juli/August wurden 1.014 Häuser zerstört und 400 schwer beschädigt. Meist einzelne Flugzeuge warfen nachts Bomben auf deutsche Grenzstädte.

Am 31. Juli begann der Abtransport der etwa 44.000 Einwohner der bedrohten Stadt Memel und einigen tausend Flüchtlingen über See nach Pillau, Danzig und Gotenhafen. Nur 4.000 Männer blieben zurück, die notfalls die Marine wegbringen konnte. Das gesamte Memelgebiet wurde geräumt und die Bewohner in den Kreisen unmittelbar südlich der Memel untergebracht.

Unter den deutschen Flüchtlingen sind auch viele Litauer, die ebenso Haus und Hof verlassen haben und sich keinesfalls von den Russen „befreien" lassen wollen. In den östlichen Grenzkreisen, Pillkallen, Stallupönen, Goldap, Treuburg und Lyck werden nur die östlichen Gemeinden geräumt. Auch die Tiere müssen leiden. Auf die Pregelwiesen bei Georgenburg und Insterburg werden über 40.000 hochwertige Rinder getrieben, von denen täglich nur 1.000 abtransportiert werden und viele eingehen. Nach 14 Tagen befehlen Kreisleiter und Bauernführer, daß alle arbeitsfähigen Männer zur Fortsetzung der Erntearbeiten zurückkehren müssen. Mit den Männern gehen auch die meisten Frauen und Kinder, was stillschweigend geduldet wird.

Nach einer Vereinbarung zwischen Gauleiter Koch und dem Berliner Gauleiter Dr. Josef Goebbels war Ostpreußen Zufluchtstätte der bombenbedrohten Berliner Familien, vor allem der Schulkinder geworden. Hunderttausende dieser Kinder waren in ostpreußischen Familien aufgenommen worden. Auf die vom Staat angebotene Vergütung der Unterhaltskosten hatten die Gastgeberfamilien freiwillig verzichtet. Jetzt wurden diese Kinder in sicherere Gebiete des Reiches verlegt. Die erwachsenen Evakuierten sollten bleiben, aber viele von ihnen fuhren trotzdem zurück und zogen die Bomben in Berlin der größeren Gefahr vor, hier den Russen in die Hände zu fallen.

Bis jetzt waren verhältnismäßig wenige Bomben auf Ostpreußen gefallen. Dreimal hatten Russen schon Königsberg bombardiert. In der Nacht zum 27. August 1944 griffen schließlich 200 britische Bomber, nachdem sie das neutrale Schweden überflogen hatten, Königsberg an, wobei es 1.000 Tote und 10.000 Obdachlose gab. Fünf Prozent der Stadt wurden zerstört. In der Nacht zum 30. griffen 660 britische Bomber speziell die dicht besiedelte Innenstadt an, wobei sie ihre neuen Brandstrahlbomben mit vernichtender Wirkung einsetzten. Der Angriff galt dieses Mal ausschließlich der Zivilbevölkerung und verursachte 2.400 Tote, 150.000 Obdachlose und die 43prozentige Zerstörung der Stadt. Alle historischen Gebäude, Schloß, Dom und zwölf weitere Kirchen, alte und neue Universität, Museen, Börse, Opernhaus und Staatsbibliothek lagen in Trümmern. Die Industrieviertel, Hafen und Hauptbahnhof blieben unversehrt.

Ostpreußen wurde von einem Gauleiter verwaltet, der nicht für sich beanspruchen konnte, ein vorbildlicher Volksführer zu sein. Trotz aufgedeckter Unterschlagungen und persönlicher Bereicherung blieb Koch stets weiter im Amt. Als die Ukraine aufgegeben werden mußte, wo er seit 1941 als Volkskommissar geherrscht hatte, war er mit seinem Stab im Herbst 1943 aus seinem Palast in Rowno wieder nach Ostpreußen gezogen. Den Gauleitern als Reichsverteidigungskommissare unterstand jetzt der Ausbau von Verteidigungsstellungen, nach Hitlers Erlaß vom 18. Oktober auch die Aufstellung des Volkssturms. Der ehrgeizige Koch stürzte sich im August mit besonderem Eifer auf den Bau eines von Hitler genehmigten „Ostwalls". Dazu wurden alle vorhandenen Arbeitskräfte herangezogen, was eine Verzögerung für andere wichtige Arbeiten mit sich brachte.

Die Bauern mußten während der Erntezeit ihre Höfe verlassen und mit allen anderen, die von ihren Arbeitsplätzen weggeholt wurden, mit Hitlerjugend und Arbeitsdienstmännern, Schützen- und Panzergräben ausheben. Gegen die Einberufung zu Schaufelarbeiten gab es keine Einspruchsmöglichkeit. Die Wehrmacht mußte mit Erntekommandos weitgehend helfen, um die Getreideernte einzubringen. Am Ende wurden sogar Frauen zu Schaufelarbeiten eingesetzt. Der Ostwall gliederte sich in mehrere gestaffelte Linien:

Die östlichste Stellung entstand von Suwalki, entlang Augustow-Kanal, Bobr und Narew zur Weichsel bei Plock. Eine zweite Stellung lief von der Memel, nahe der Grenze entlang, ab südlich von Mlawa bis zur Drewenz in Richtung Thorn. Dahinter wurden noch Zwischenstellungen angelegt. Die Rominter Stellung lief östlich Ragnit, östlich Gumbinnen, an der Rominte entlang. Die Angerappstellung entstand ab östlich von Tilsit, entlang der Inster und Angerapp bis zum Mauersee. Eine sog. Seenstellung zog sich vom Selmentsee bei Lyck zum

Roschsee, dem Niedersee, östlich von Ortelsburg, zwischen Hohenstein und Neidenburg auf Graudenz zu. Eine weitere Zwischenstellung lief vom Roschsee, auf den Höhen westlich von Grabnick, zum Sonntag- und Haschnersee.

Der in Westpreußen liegende Teil dieser Anlagen unterstand dem dortigen Gauleiter Albert Forster. Er ließ besonders Elbing, nach seinen Worten zu einer „uneinnehmbaren Festung", absichern. Um die Stadt entstand ein 20 Kilometer langer Panzergraben (sechs Meter tief, am oberen Rand sieben Meter breit) vom Haff im Nordosten, über die Höhen vor der Stadt bis zum Drausensee.

Die weit über 1.000 Kilometer langen Erdarbeiten stellten eine ungeheure Arbeitsleistung der Bevölkerung dar, die glaubte, damit ein sinnvolles Verteidigungswerk zum Schutz ihrer Heimat geschaffen zu haben. Die Anlagen waren meist ohne Mitwirkung der Wehrmacht entstanden und entsprachen nicht immer deren Bedürfnissen. In die Einmannbunker, spöttisch „Kochtöpfe" genannt (eingegrabene Zementröhren von 60 cm Durchmesser, 1,30 m hoch, mit einem Zementdeckel abdeckbar, um Panzer darüber rollen zu lassen), ist kein Soldat je eingestiegen.

Die Evakuierung des bedrohten Gestüts Trakehnen (15 km von der Grenze) wurde von der Gauleitung schroff abgelehnt. Zur selben Zeit ließ Gauleiter Koch aber sein eigenes Gestüt Krasne (Kr. Zichenau) abtransportieren. Bei einem Ferngespräch des Landstallmeisters am 1. September erklärte Koch wenig mitfühlend, falls die Russen wirklich vorübergehend über die Grenze kommen sollten, könnten ja die Trakehner im Wettlauf mit den russischen Panzern ihre Leistungsfähigkeit beweisen. Schließlich erlaubte er den Abtransport der wertvollsten Zuchthengste und einiger der besten hochtragenden Stuten.

Im Sommer 1944 hatte das Königsberger Oberpräsidium einen „Evakuierungsplan Ostpreußen" aufgestellt. Gauleiter Koch verbot jedoch, daß er den Kreisen und Gemeinden zugeleitet wurde. Da es keinen Zweifel gab, daß die Grenzkreise bald Kampfgebiet sein würden, versuchten die für den Evakuierungsplan Verantwortlichen den Plan wenigstens als „geheime Anweisung" weiterzugeben, aber auch das lehnte Koch entschieden ab. Als die Heeresgruppenführung bereits Ende September klar erkannte, daß beiderseits der Bahnlinie Gumbinnen-Wilkowischki eine russische Großoffensive zu erwarten war, forderte sie eindringlich die Evakuierung der östlichen Grenzkreise. Sie stellte auch klar, daß eine zu späte Räumung auch die eigenen Truppenbewegungen gefährlich behinderte. Trotz dieser drohenden Gefahr lehnte Koch jede Evakuierung ab und wies die Kreisleiter entsprechend an.

Am 2. September hatte Finnland den Kampf eingestellt, und die dort eingesetzten russischen Divisionen waren jetzt für die baltische Front frei. Am 5. Oktober traten diese zum Angriff auf die dünn besetzte Memelfront an. Am 7. erhielt die Bevölkerung des Memelgebietes zum zweitenmal den Befehl zur eiligen Räumung, die durch einbrechende Panzerrudel zur überstürzten Flucht ausartete. Am gleichen Tag verließen auch die letzten Zivilpersonen die Stadt Memel. Nur Volkssturm und Polizeitruppen blieben zurück. Während ein großer Teil der Bevölkerung des südlichen Memelgebietes noch mit der Bahn weggebracht werden konnte, wurde den Treckkolonnen der Fluchtweg auf der Straße Heidekrug-Memel abgeschnitten, als die Russen am 9. Heidekrug besetzten. Die Stadt Memel war mit Flüchtlingen überfüllt. Einer von diesen, Werner Kuhrau, berichtet über das Chaos: „Auf dem Friedhof sind zahlreiche Wehrmachtswagen aufgefahren. Ein Teil der Fahrzeuge brennt; andere liegen halb verschüttet in tiefen Erdtrichtern [...] zerfetzte Särge, ein toter Soldat [...]

In der Stadt ist eine Kolonne litauischer Flüchtlinge mit ihren Wagen bombardiert worden. Es ist ein blutiges und schreckliches Bild, das wir sehen. Zerbrochene Wagen, zerrissene und verwundete Menschen und Pferde, Blutlachen, Bombentrichter und Staub [...]

Der Weg zur Nehrung über das Haff liegt unter Artilleriefeuer. Immer je drei Wagen stehen wartend nebeneinander, ohne jede Deckung. An den Anlegestellen zerfetzte Pferde, Tote und Verwundete [...]"

Nur wer bis zum Abend des 9. Oktober über die Rußbrücke gekommen war, kam davon. Alle anderen wurden auf der Strecke Prökuls – Heydekrug von russischen Panzern überrollt. Sie feuerten rücksichtslos in die Trecks, schoben die Wagen mit scheuenden Pferden und schreienden Menschen splitternd und krachend zur Seite in den Graben, um die Straße für nachfolgende Fahrzeuge freizumachen. Die Flüchtlinge wurden ausgeraubt, Frauen und Mädchen brutal und mehrfach vergewaltigt, und viele von ihnen ermordet. Wer konnte, ließ Pferde, Wagen und Gepäck liegen und floh in Richtung zur Haffküste.

Unter dem Schutze zurückgehender deutscher Truppen konnten sich noch viele retten. Es gelang auch, auf dem Nordufer der Memel einen Brückenkopf zu halten, aus dem noch viele Flüchtlinge über die Tilsiter Brücke entkamen.

Die Russen hatten beiderseits von Memel die Ostsee und das Haff erreicht und damit die Heeresgruppe Nord und Mitte endgültig getrennt. Hitler hatte andere Pläne und verweigerte den Armeen der abgeschnittenen Gruppe Nord, darunter zwei Panzerdivisionen, den Durchbruch nach Ostpreußen. Nur die 61. Infanteriedivision wurde Anfang Oktober von Libau nach Pillau überführt. In dem Brückenkopf Memel wurden drei der besten Divisionen eingesetzt. Die Frontlinie verlief etwa 7,5 Kilometer von der Stadt entfernt. Die Versorgung mußte, wie zur Heeresgruppe Nord (Kurland) über See gehen. Der schwierige Weg über die Nehrung konnte nur nachts benutzt werden. Vom 10. bis 12., am 14. und 23. Oktober wehrten die Verteidiger schwerste russische Angriffe ab. An den ersten drei Tagen der Schlacht verloren die Russen 150 Panzer, am 14. Oktober weitere 66. Russische Bombergeschwader und der Feuerorkan der Artillerie machten Memel zu einem Trümmerhaufen. Die deutschen Divisionen verloren 60 Prozent ihrer Kampfstärke.

Am 10. Oktober wurde die Räumung des Kreises Tilsit-Ragnit sowie der östlichen Gemeinden der Kreise Schloßberg (Pillkallen) und Ebenrode (Stallupönen) angeordnet. In der Rominter Heide ging Göring das letzte Mal auf Jagd. Die notdürftig aufgefüllte Heeresgruppe Mitte stand Mitte Oktober mit ihren drei Armeen (2., 3. und 4. Panzerarmee) größtenteils noch auf polnisch-litauischem Boden. Nur bei Schirwindt und im Memelgebiet hatten die Russen schon deutschen Boden gewonnen. Stäbe und Versorgungstruppen lagen schon in Ostpreußen.

Am 19. November verfehlte das von Pillau kommende Motorschiff „Füsilier" (6.157 BRT) mit 60 Mann Besatzung und 250 Soldaten die Memeler Hafeneinfahrt und wurde von russischer Artillerie versenkt. Nur ein Rettungsboot mit 22 Personen erreichte den Hafen von Libau, wo neun Mann beim Anlegen an der steilen Mole bei dem hohen Seegang ertranken.

Obwohl die zu spät erfolgte Räumung des Memelgebietes deutlich genug gezeigt hatte, daß bessere Vorbereitungen unbedingt erforderlich waren, verbot Gauleiter Koch weiterhin solche und bezeichnete sie gar als „Verrat und Sabotage". Über die Notwendigkeit einer rechtzeitigen Räumung kam es zwischen der Wehrmachtsführung und der Gauleitung ständig zu Streitigkeiten, bei denen der Gauleiter stets Sieger blieb.

Am 16. Oktober tritt die weißrussische Front mit fünf Armeen gegen die Front der 4. Armee zwischen Suwalki und der Memel zur Offensive an. Von 4 bis 6 Uhr liegt ein brüllender Feuerorkan auf den deutschen Stellungen. Flächenbombardierungen in bisher nicht gekanntem Ausmaß verstärken die Hölle. In mehreren Wellen wird Gumbinnen schwer zerstört. Das Dröhnen der Front schreckt die Menschen noch weit im Hinterland auf, die den Einbruch der Russen fürchten, aber nichts ist für eine Flucht vorbereitet worden.

Die 1. ostpreußische Division liegt im Brennpunkt des Angriffs und hält mit Mühe die Angriffswellen der Russen bis 7 Uhr auf. Dann geht wieder schwerstes Trommelfeuer und Bombenteppiche auf die Stellungen nieder. Der größte Teil der Artillerie, der Pak-Geschütze (Panzerabwehrkanonen) und auch der Soldaten sind vernichtet. Die 1. Division, die vom ersten Kriegstage an im Einsatz stand, erleidet an diesem Tag die höchsten Verluste des ganzen Krieges. Trotzdem gelingt den Russen nicht der Durchbruch. Aber nachdem die letzten Granaten verschossen und Geschütze gesprengt sind, müssen die wenigen, die noch leben und gehen können, kämpfend zurückweichen.

Für die Grenzkreise besteht höchste Gefahr, aber die Partei hält am Verbot der Evakuierung fest. Der Landrat von Ebenrode (Stallupönen) gibt eigenmächtig den Befehl zur Räumung des Kreises. Als bereits um das 20 Kilometer entfernte Eydkuhnen gekämpft wird, befiehlt er am 17. um 5 Uhr früh auch die schnellste Evakuierung des Gestüts Trakehnen. Über die im Kreis Gumbinnen liegenden Zweiggestüte Mattischkehmen, Jonasthal und Gudden hat er keine Befehlsgewalt. Als diese gegen den bestehenden Befehl dennoch 30 Stunden später abrücken, werden fast alle von russischen Panzern überrollt. Frauen und Kinder können sich zu Fuß fliehend retten. Die Gespannführer, die ihre Pferde nicht im Stich lassen wollen, werden erschossen. Wären die Befehle der Partei befolgt worden, hätten die Russen das ganze Gestüt erbeutet. Von 27.116 registrierten Pferden kamen schließlich nur etwa 1.500 durch.* Auch der zweite Tag der Offensive beginnt mit schwerstem Trommelfeuer. Die Russen erobern Wirballen, und die Verteidiger von Schirwindt werden eingeschlossen und bis zum Abend vernichtet. Die viel zu spät erteilten Räumungsbefehle am 17. für die nördlichen und östlichen Gemeinden der Kreise Schloßberg (Pillkallen) und Goldap und erst am 20. für den Kreis Gumbinnen, als die Russen schon im Kreisgebiet sind, lösen eine panikartige Flucht der Bevölkerung aus. Der massierten russischen Artillerie, den Panzerbrigaden, Schlachtfliegern und Bombergeschwadern hat die 4. Armee nichts Gleichwertiges entgegenzusetzen. Die benötigten Reserven sind nicht vorhanden.

Am 18. Oktober ruft der Reichskanzler zur Bildung des Volkssturmes auf: „Während der Gegner glaubt, zum letzten Schlag ausholen zu können, sind wir entschlossen, den zweiten Großeinsatz unseres Volkes zu vollziehen [...]"

Alle waffenfähigen Männer von 16 bis 60 Jahren, nicht ausgebildet und schlecht bewaffnet, sollen jetzt die alliierten Millionenheere aufhalten. Die Aufstellung, Bewaffnung und Versorgung der kreisweise aufgestellten Bataillone ist Aufgabe der Parteiorganisation. Ebenso werden die Führer bis zum Bataillon von der Partei bestimmt. Es kommt sogar vor, daß erfahrene Soldaten von unerfahrenen Parteileuten geführt werden, die nie Soldat gewesen sind. In der Regel werden aber doch Reserveoffiziere als Truppenführer eingesetzt.

Nach heftigen Auseinandersetzungen mit Gauleiter Koch gelang es schließlich, die Volkssturmbataillone den jeweiligen Divisionskommandeuren zu unterstellen. Die Bewaffnung bestand aus Beutegewehren, Panzerfäusten und leichten Maschinengewehren. Oft waren pro Gewehr nur fünf Schuß Munition vorhanden. Einige Bataillone erhielten alte Uniformen, die meisten nur eine gelbe Armbinde. Es gab keine Decken, Erkennungsmarken, Verbandspäckchen und Schuhe, so daß viele in Halbschuhen marschierten. Als Gefechtstroß wurden Bauernwagen und Pferde requiriert. Von den Russen wurden gefangene Volkssturmmänner, besonders wenn sie keine Uniformen trugen, als „Partisanen" erschossen.

Am dritten Tag der Schlacht (18. Oktober) können die Russen bei wolkenlosem Himmel ihre Luftwaffe voll einsetzen. Wo deutsche Truppen die Russen aufhalten, rauschen Bombenteppiche mit guter Treffsicherheit auf sie herab. Schlachtflieger brausen pausenlos über das Kampfgebiet und feuern auf jeden einzelnen Mann. Die Stadt Eydtkuhnen fällt in russische Hand.

Am 19. hält der russische Druck unvermindert an. Während die deutschen Verteidiger immer weniger werden, werfen die Russen laufend neue Verbände in den Kampf und dringen beiderseits der Rominter Heide vor. Um dringend benötigte Kräfte freizumachen wird in der Nacht zum 20. der Brückenkopf nördlich von Tilsit geräumt. Die Luisenbrücke und die danebenliegende Eisenbahnbrücke werden gesprengt. Die Nordfront verläuft jetzt am Südufer von Memel und Ruß, von der östlichen Reichsgrenze zum Kurischen Haff.

Am 20. brechen die zusammengeballten Panzerverbände der russischen 11. Gardearmee durch die deutsche Linie und gehen bei Groß Waltersdorf über die Rominte. Ohne Widerstand dringen sie am nächsten Tag südlich Gumbinnen vor und erreichen in der Nacht die Angerapp bei Nemmersdorf (Kr. Gumbinnen). Der Vorstoß der Russen von Ebenrode (Stallupönen) auf Gumbinnen kann dagegen bei Trakehnen aufgehalten werden. Die russischen Panzer gehen hauptsächlich auf den mit Flüchtlingswagen überfüllten Straßen vor, wobei die Trecks zusammengeschossen und überrollt werden. Zwischen zertrümmerten Wagenteilen, toten und verletzten Pferden liegen leblose oder noch wimmernde Menschen, häufig Frauen. Nicht immer haben die vordersten russischen Truppen Zeit zu rauben, zu vergewaltigen und zu morden. Manchen Flüchtlingen gelingt es, aus dem Chaos zu Fuß zu entkommen; sie fallen aber oft den Russen wieder in die Hände.

Als dem Landrat Paul Uschdraweit des Kreises Angerapp (Darkehmen) die Erlaubnis zur Räumung verweigert wird, obwohl die Russen schon im Kreisgebiet sind, befiehlt er am 22. eigenmächtig die sofortige Räumung. Auch der stellvertretende Kreisleiter Kaiser bittet die Gauleitung

---

* In der Geschichte der Trakehner war dieses die dritte Flucht. Im Krieg 1806/07 flüchtete das Gestüt nach Rußland und erlitt hohe Verluste. Im Krieg von 1812 ging die Flucht nach Schlesien mit noch größeren Verlusten. Nach den ersten beiden Kriegen gab es eine Rückkehr.

telephonisch um den Räumungsbefehl, da die Russen nur noch vier Kilometer von der Stadt entfernt sind. Der Beauftragte des Gauleiters (Dargel) beschimpft die Kreisleitung, daß sie „aus Angst die Hosen vollhabe". Er befiehlt, die Flüchtlinge zurückzujagen: „Schießen Sie doch ein paar über den Haufen [...] Die Frauen sollen Wasser heiß machen und auf die Russen gießen [...] Jede Räumung ist vom Gauleiter verboten, und sie sind verantwortlich, daß die Flucht aufhört."

Am Morgen des 23. Oktober war der Kreisteil ostwärts der Angerapp geräumt, und alle Frauen und Kinder (außer einigen Angestellten der Behörden) hatten die Stadt Angerapp (Darkehmen) verlassen. Landrat Uschdraweit hatte allen Grund, wegen seines eigenmächtig erteilten Räumungsbefehls Strafmaßnahmen der Partei fürchten, die auch prompt erfolgten.*

Die Einnahme von Gumbinnen verhinderten im Erdkampf eingesetzte Flakgeschütze, die neun Panzer abschossen. Das unausgebildete Goldaper Volkssturmbataillon kämpfte an der Straße Goldap – Gumbinnen, wobei es 76 Mann verlor. Die Russen drangen gegen Groß Waltersdorf vor und am 22. eroberten sie nach schwerem Häuserkampf Goldap. Pausenlos stürmten sie gegen Pillkallen vor, das aber von den Resten der 1. Division gehalten wurde.

Um den tiefen, äußerst gefährlichen Einbruch der Russen bei Nemmersdorf zu bereinigen wurde von Norden die abgekämpfte 5. Panzerdivision und die nur teilweise ausgerüstete Panzerdivision „Hermann Göring" zum Angriff nach Süden angesetzt. Zum Angriff von Süden nach Norden gab Hitler die Führer-Grenadier-Brigade aus seinem Hauptquartier frei, die als solche noch keinen Fronteinsatz erlebt hatte. Auf der Straße Goldap-Gumbinnen trafen die Führergrenadiere am 21. Oktober bei Daken auf die Russen. In den mehrere Tage dauernden schweren Kämpfen kamen die Grenadiere gegen die vielfache Übermacht der Russen nur langsam voran. Von Osten, Norden und Westen warfen die Russen massenweise neue Truppen, Panzer, Schlachtflieger und Bombengeschwader den Führergrenadieren entgegen. Unter Abschuß von 30 Feindpanzern und erheblichen Verlusten erreichten sie Groß Tellrode, wo um die Brücke über die Rominte hart gekämpft wurde. In ebenso harten Kämpfen hatten sich auch die zwei Divisionen von Norden durchgekämpft und trafen bei Groß Waltersdorf auf die Führergrenadiere.

Die Zange um den russischen Einbruchskeil war geschlossen, und eine neue Front konnte aufgebaut werden, die bis zu 50 km zurückgedrängt worden war. Auf 150 km Breite stand sie zwischen Goldap und Pillkallen bis zu 30 km auf deutschem Boden. Etwa 100.000 Zivilpersonen waren im Memelgebiet und in den östlichen Grenzkreisen in die Hände der Russen gefallen, von denen bedeutend weniger als die Hälfte überlebte.

Die deutschen Truppen waren nicht mehr die von 1941. Auch die besten Divisionen bestanden – bis auf wenige einzelne – aus immer wieder nachgeführtem Ersatz. Das Fehlen der eigenen Luftwaffe, der Mangel an Munition und der ungeheure Überfluß beim Feind wirkten deprimierend auf den Kampfgeist der Soldaten. Ihre Kräfte reichten nicht aus, das verlorene Gebiet wieder zurückzuerobern. Nur Goldap konnten sie den Russen entreißen.

Bei dem deutschen Angriff am 3. November wurden die Russen in und um Goldap eingeschlossen. Trotz schwerer russischer Entlastungsangriffe von außen und Ausbruchsversuchen von innen wurde Goldap bis zum 5. November zurückerobert. Die Front verlief dann vor dem Ostrand der schwer zerstörten Stadt, die fortwährend unter russischem Artilleriefeuer lag.

* In kluger Voraussicht informierte Landrat Uschdraweit einen dort anwesenden Offizier des Sicherheitsdienstes (SD) und bat ihn, das Telephongespräch und das erteilte Räumungsverbot dem Reichsführer-SS Himmler zu melden. Dies geschah, und Himmler genehmigte die Maßnahmen des Landrats.
Die Gauleitung in Königsberg tobte und leitete eine Untersuchung ein, um zu ermitteln, durch wen Himmler von diesem Gespräch erfahren hatte. Obwohl die Nachforschungen zu keinem Ergebnis führten, enthob der Gauamtsleiter Dargel (Kochs Gehilfe) Kreisleiter Lenk seines Amtes und stellte ihn zur Wehrmacht ab, weil er nicht gegen den Räumungsbefehl des Landrats eingeschritten war, wie es seine Pflicht gewesen wäre. Soldat zu sein war also nach Ansicht einiger Parteifunktionäre eine Strafe. Auch der Stellvertreter des Kreisleiters Kaiser wurde abgesetzt, weil er die Flucht der Bevölkerung, trotz ausdrücklichen Befehls, nicht verhindert hatte. Obwohl er nur ein Bein hatte, wurde er zum Volkssturm abgestellt. Landrat Uschdraweit entging einer Bestrafung, da man wohl glaubte, daß er unter Himmlers Schutz stand.

Während höhere Parteifunktionäre der Gauleitung eine rechtzeitige Räumung verhinderten oder zu spät anordneten, gehörten einige von ihnen zu den ersten, die flohen und die Menschen ihrem Schicksal überließen. Dadurch kamen nicht nur Menschen ums Leben, auch Unmengen von Sachwerten gingen verloren. Riesige Viehherden, volle Speicher und Lagerhäuser mußten zurückgelassen werden.

Statt die Trecks aus der bedrohten Provinz herauszuleiten, wurden sie in den inneren Kreisen untergebracht. Die Stadtbevölkerung und Leute ohne Fahrzeuge reisten relativ problemlos ins Reich und überlebten größtenteils den Krieg. Von der Landbevölkerung dagegen kam ein großer Teil bei der folgenden erneuten Flucht um, da die Wagen der Trecks streckenweise Chaos verursachten und die geordnete Flucht behinderten.

Nemmersdorf im Kreis Gumbinnen

Die schrecklichen Greueltaten, die von den Russen in Nemmersdorf verübt wurden, waren im Verhalten der Roten Armee gegenüber der deutschen Bevölkerung nichts Außergewöhnliches. Nemmersdorf wurde nur deshalb so bekannt, weil es zurückerobert wurde und Journalisten der in- und ausländischen Presse ausnahmsweise diesen einen Tatort besichtigen und darüber berichten konnten. Zudem wurden die grausamen Verbrechen hier von einer internationalen Ärztekommission in allen Einzelheiten dokumentiert, so daß sie nicht geleugnet werden können. Zum ersten Mal sah man auf deutschem Boden gekreuzigte nackte Frauen an Scheunentoren hängen und Kinder im Vorschul- und Windelalter mit eingeschlagenen Schädeln. Beim späteren Vormarsch der Russen gab es in fast jedem Ort ein „Nemmersdorf", ohne daß ein Reporter ein Wort darüber verlor oder ein Arzt einen Blick auf die Toten warf.

Eine rechtzeitige Räumung des Kreises Gumbinnen war nicht erfolgt. Auf den Straßen zogen Flüchtlingstrecks, von den schnell vordringenden Russen vorwärtsgehetzt. Einer von diesen rollte im Morgengrauen des 21. Oktober über die Angerappbrücke und hielt auf der Hauptstraße von Nemmersdorf, um die übermüdeten Pferde zu tränken und zu füttern. Bei dem Nieselregen kauerten Frauen und Kinder fröstelnd unter den Wagenplanen. Die Dorfbewohner hatten keinen Räumungsbefehl erhalten und waren zu Hause. An diesem Morgen drang auch die Spitzengruppe der Feindpanzer über die Angerappbrücke in das Dorf ein. Aus Regen und Nebel rasselten plötzlich die russischen Panzer über zersplitternde Wagen, scheuende Pferde und schreiende Menschen hinweg.

Eine Kolonne von sieben Treckwagen hatte bereits das Dorf durchquert, da rief ein durchfahrender Krad-Aufklärer einem Kutscher zu: „Haut bloß ab, die Russen kommen und bringen alle um, selbst die Kinder!" Kurz danach feuerte der erste Sowjetpanzer in den Treck und verstellte ihm den Weg. Von beiden Enden überfuhren Panzer nun diese eingekeilten Wagen. Noch Lebende zerrten die Russen unter den Wagentrümmern hervor, nahmen ihnen Uhren und Schmuck ab, erschossen sodann alle Männer. Das aufgerissene Gepäck durchwühlten sie nach Wertsachen.

Der Nemmersdorfer Bürgermeister hatte noch am frühen Morgen eilig die evakuierten Frauen und Kinder zur 6,5 Kilometer entfernten Bahn gebracht. Bei seiner Rückkehr kam er nicht mehr dazu abzusteigen und wurde gleich auf seinem Wagen erschossen. Über das, was dann im Dorf geschah, gibt es keinen Bericht, da kein Augenzeuge überlebte.

Auf dem Hof des Landwirts Johann Grimm, etwa einen halben Kilometer vom Dorf entfernt, bricht die Familie um sieben Uhr früh mit zehn polnischen Arbeitern, sechs polnischen Frauen und deren Kinder zur Flucht auf, als die Russen erscheinen. Ein Wagen mit den beiden Müttern der Eheleute und ihren zwei Kindern kann im Nebel entkommen. Grimm wird vom Wagen gezerrt und erschossen. Während die Russen das Gepäck nach Raubgut durchwühlen, hüllen die Polen Margot Grimm in ein altes Tuch und schärfen ihr ein, kein deutsches Wort zu sagen. Die Frage der Russen, ob Deutsche unter ihnen seien, verneinen sie und retten dadurch Frau Grimm das Leben.

Ein ungewöhnliches Erlebnis hatte die Frau des Nemmersdorfer Gendarms, die bei dem Kampfeslärm mit ihren beiden Kindern aus dem Dorf lief. Ein deutscher Panzer raste an ih-

Die Ereignisse, denen die Nemmersdorfer Bürger ohne Überlebende zum Opfer fielen, ließen selbst den Bromberger Blutsonntag noch harmlos aussehen. „Nemmersdorf" gilt heute als Synonym für Schrecken, der nicht zu überbieten ist, war jedoch beileibe kein Einzelfall im leidgeprüften Preußenland, sondern steht vielmehr in einer Reihe ähnlicher Verbrechen der Roten Armee.

nen vorbei, obwohl die Besatzung das Winken der Frau gesehen haben müßte. Danach kam ein Spähwagen, hielt an und wartete, bis die Frau mit den Kindern aufgestiegen war. Während der Fahrt stellte die Frau mit Entsetzen fest, daß sie auf einem russischen Fahrzeug saßen. Der noch junge Kommandant brachte sie zu einer Straßenkreuzung und zeigte ihnen die Richtung, in der sie weiterlaufen sollen. So etwas konnte ein Russe nur dann wagen, wenn er außer Reichweite seines Politkommissars war. Sonst wurde „Mitleid mit dem Feind" in der Roten Armee hart bestraft.

Am nächsten Morgen (22. Oktober) griff das eiligst aus Insterburg herangeführte Ausbildungs-Bataillon (Panzergrenadierarmeebataillon 413) Nemmersdorf an und zwang unter hohen eigenen Verlusten die Russen zum Rückzug. Nachmittags trafen auch Teile der von Norden kommenden Panzerdivision „Hermann Göring" ein.

Vor dem Dorf fand Hauptmann Werner Held die Leichen von vier deutschen Soldaten mit durchgeschnittenen Kehlen. Über das Entsetzliche, das die deutschen Soldaten in Nemmersdorf vorfanden, geben die unter Eid aufgenommenen Vernehmungen der „Wehrmachts-Untersuchungsstelle für Verletzungen des Völkerrechts" genaue Auskunft. Aus diesen Protokollen sind folgende gekürzte Auszüge entnommen. Die Aussage von Oberleutnant Dr. Heinrich Amberger, die später auch dem Nürnberger Militärtribunal vorlag, lautet: „Ich sah [...] einen von russischen Panzern zusammengefahrenen Flüchtlingstreck, von dem nicht nur die Fahrzeuge und Zugtiere, sondern auch eine große Anzahl von Zivilisten, vorwiegend Frauen und Kinder, durch die russischen Panzer plattgewalzt waren. Am Straßenrand und in den Höfen der Häuser lagen massenhaft Leichen von Zivilisten, die nicht durch Kampfhandlungen getötet, sondern gefoltert und ermordet worden waren.

Am Straßenrand saß eine durch Genickschuß getötete alte Frau. Nicht weit davon lag ein Säugling, der durch einen Nahschuß durch die Stirn ermordet worden war. Etliche Männer waren durch Schläge mit dem Spaten oder Gewehrkolben in das völlig zertrümmerte Gesicht getötet worden [...] Aber nicht nur in Nemmersdorf, auch in benachbarten Ortschaften [...] wurden zahllose gleichartige Fälle festgestellt. Lebende deutsche Zivilisten habe ich weder in Nemmersdorf noch in den Nachbarorten angetroffen, obschon von dort infolge der überraschenden russischen Panzervorstöße keine nennenswerte Zahl von Flüchtlingen hat fortkommen können."

Der Volkssturmmann Karl Potrek aus Königsberg, dessen Kompanie zu Aufräumungsarbeiten in Nemmersdorf eingesetzt wurde, berichtet: „Nicht weit von dem großen Gasthaus ‚Weißer Krug' stand ein Leiterwagen. An diesem waren vier nackte Frauen in gekreuzigter Stellung durch die Hände genagelt. An einer Scheune hinter dem Gasthaus ‚Roter Krug' waren an beiden Scheunentüren je eine Frau nackt in gekreuzigter Stellung durch die Hände genagelt.

In den Wohnungen fanden wir insgesamt 72 Frauen einschließlich Kinder und einen alten Mann [...] die alle bestialisch ermordet worden waren [...] Unter den Toten befanden sich auch Kinder im Windelalter, denen mit einem harten Gegenstand der Schädel eingeschlagen war. In einer Stube fanden wir eine alte Frau von 84 Jahren, die vollkommen erblindet gewesen war [...] Diese Leichen mußten wir auf den Dorffriedhof tragen, wo sie liegenblieben, weil eine ausländische Ärztekommission sich zur Besichtigung der Leichen angemeldet hatte.

Inzwischen kam eine Krankenschwester aus Insterburg, die in Nemmersdorf beheimatet war und ihre Eltern suchte. Unter den Ermordeten fand sie ihre Mutter von 72 Jahren und auch ihren alten, schwachen Vater von 74 Jahren [...] Von der Ärztekommission wurde festgestellt, daß sämtliche Frauen wie Mädchen von acht bis zwölf Jahren vergewaltigt worden waren, auch die alte blinde Frau von 84 Jahren [...]"

Aus den weiteren Berichten geht hervor, daß in den Dörfern Wusterwitz und Schulzenwalde etwa 50 ermordete Personen gefunden wurden. In dem Torfbruch südlich Brauersdorf lagen 35 Leichen. Unter weiteren Toten waren auch 50 französische Kriegsgefangene. Alle diese wurden ohne Presseleute und ohne Ärztekommission beigesetzt, aber mit einem Gebet und Kreuz. Was geschah aber mit den Toten in jenen Orten, die nicht mehr von deutschen Truppen zurückerobert wurden? Darüber gibt die damals 19jährige Margot Strahl Auskunft, die mit anderen halbverhungerten Frauen und Mädchen Anfang April 1945 im Kreis Pillkallen zur Arbeit eingesetzt wurde: „Auf Wiesen, Feldern, in Gehöften, Leichen ohne Ende. Im Oktober 1944 waren die Russen schon einmal durchgebrochen, und aus dieser Zeit lagen noch

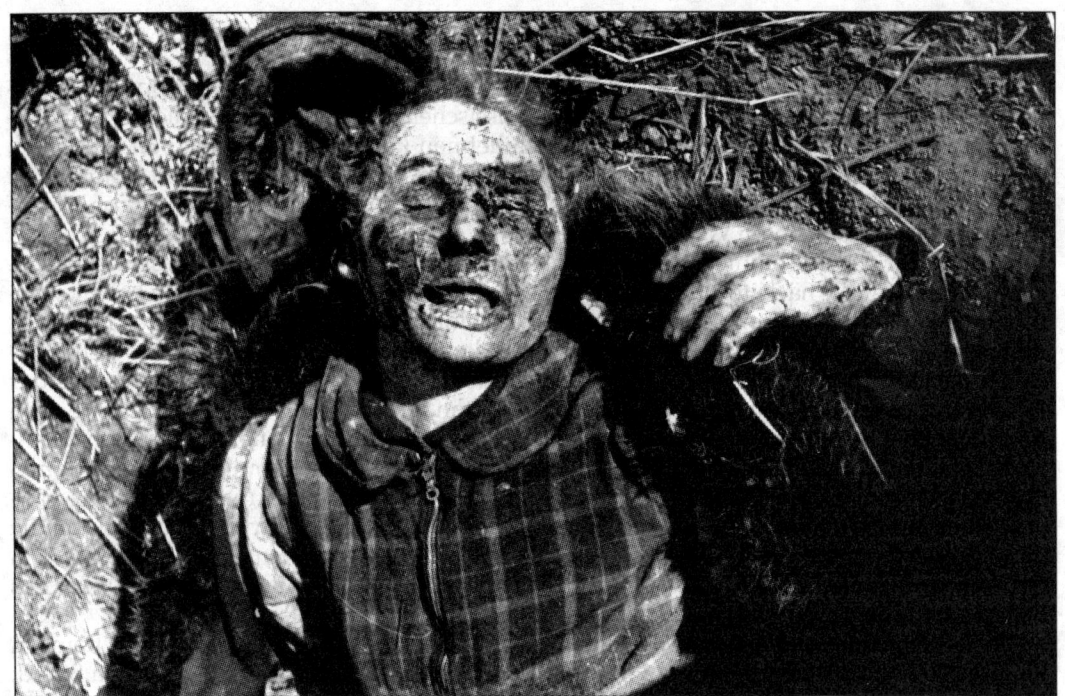

Einzigartig an den Nemmersdorfer Verbrechen sind nicht diese als solche, sondern ist die Tatsache, daß sie – im Gegensatz zu vielen anderen Ereignissen gleicher Art – nach Rückeroberung der Stadt von einer internationalen Ärztekommission objektiv untersucht und von Journalisten dokumentiert wurden.

viele Menschen, auch Wehrmachtsangehörige, unbestattet umher [...] Soweit noch Splittergräben frei waren, mußten wir die Toten da hineinlegen, zuschütten und festtreten [...]"

Mit der Veröffentlichung des grauenhaften Geschehens von Nemmersdorf in Wort und Bild sollte die Bevölkerung zu noch größerer Bereitschaft für die Verteidigung ihrer Heimat angespornt werden. Erreicht wurde das Gegenteil: Die Angst vor den Russen und die Bereitschaft zur Flucht nahmen zu.

Die zu dieser Zeit nicht mehr neutrale Auslandspresse zeigte wenig Interesse für die Greueltaten. Kriegsverbrechen an Deutschen waren nicht gefragt. Sogar die Ermordung der 50 französischen Kriegsgefangenen wurde verschwiegen. Der Reporter des Genfer *Courier*, der Nemmersdorf und Nachbarorte gesehen hatte, erwähnte nur zwei ermordete „Landarbeiter französischer Herkunft" und danebenliegend 30 massakrierte deutsche Soldaten. Er schrieb aber kein Wort über die Vergewaltigungen, Kreuzigungen nackter Frauen oder brutalen Morde an Säuglingen und Greisen. Ein Sowjet-Denkmal in Nemmersdorf verkündet heute: „EWIGER RUHM DEN HELDEN."

Generalmajor Erich Dethleffsen (letzter Generalstabschef der 4. Armee), vor einem amerikanischen Militärgericht in Neu-Ulm am 5. Juli 1946 zum Fall Nemmersdorf vernommen, bestätigte die bekannten Zeugenaussagen. Über die Behandlung der russischen Zivilbevölkerung durch die deutsche Wehrmacht befragt, gab Dethleffsen eine eingehende Darstellung. Evakuierungen wurden nur da durchgeführt, wo die Bevölkerung aus der Kampfzone entfernt werden mußte, um deren Leben zu schützen. Plünderungen, Mißhandlungen und ähnliche Übergriffe seien nur in den seltensten Fällen vorgekommen und wurden stets gerichtlich verfolgt.

Unter deutscher Besetzung war die russische Bevölkerung statistisch gesehen sicherer als es heute die Einwohner einer Großstadt sind. Keine russische Frau und kein russisches Mädchen brauchte zu fürchten, von deutschen Soldaten überfallen und vergewaltigt zu werden. Einzelfälle, die es gewiß gegeben hat, kamen weit seltener vor als heute z.B. in Nordamerika aufgrund der ‚normalen' Kriminalitätsrate.

Die Ruhe vor dem Sturm

Nach Abschluß der russischen Herbstoffensive blieb die Front der Heeresgruppe Mitte verhältnismäßig ruhig. Bis zum Beginn der großen russischen Winteroffensive verlief sie vom Kurischen Haff, am Südufer der Memel über Schillehnen (Schillfelde), östlich von Pillkallen, westlich von Stallupönen (3. Panzerarmee), westlich von Trakehnen, östlich von Goldap und Treuburg, westlich von Augustow, am Bobr (4. Armee), am Westufer des Narew zur Weichsel 30 km nordwestlich von Warschau (2. Armee).

An der mehr als 500 Kilometer langen Front standen 35 zum Teil schwer angeschlagene Divisionen. Um für die nächste Offensive der Russen die notwendigen Reserven zu haben, wurde die 6. Panzer- und die 3. Panzergrenadierdivision zur Auffrischung aus der Front genommen. Da nicht genug Ersatz vorhanden war, konnten die geschwächten anderen Divisionen nicht auf volle Sollstärken aufgefüllt werden und auch nicht zur Erholung aus der Front gezogen werden. Auf jedem Frontkilometer standen daher nur 28 bis 60 Mann, je nach Bedrohung der Stellung. Der Oberbefehlshaber der Heeresgruppe, Generaloberst Hans Reinhardt, glaubte trotzdem, die Stellung halten zu können, aber nur, wenn ihm diese Truppen belassen würden. Diese wenigen Soldaten konnten natürlich keinen massierten Panzerangriff einer russischen Großoffensive aufhalten. Das sollten die Panzertruppen tun, die an die Einbruchsstellen geworfen werden würden. Auch für den Reichskanzler wurde es jetzt in Ostpreußen zu gefährlich. Am 20. November 1944 verließ er die bombensicheren Bunker des Führerhauptquartiers Wolfschanze bei Rastenburg und zog zentraler ins Reich.

Die russische Luftwaffe zeigte sich wenig in dieser Zeit. Störflugzeuge warfen nachts Bomben im Frontgebiet. Bei einem Bombenangriff im Dezember geriet der Bahnhof von Lyck in Brand. Munitionsanstalten, Schiffswerften und andere Rüstungsbetriebe arbeiteten wie bisher weiter. Auch in den Städten änderte sich kaum das gewohnte Leben: die Geschäfte waren geöffnet, die Kinos ausverkauft und die Straßen mit Menschen und Wagen belebt. Auf den Bauernhöfen hatte sich jedoch das Leben erheblich verändert. Dort war die evakuierte Landbevölkerung der Grenzkreise untergebracht worden, die Pferde und Wagen unterzustellen hatten. Küche, Wohnräume und Haushalt des Bauernhauses mußten sich in der Regel jetzt zwei Familien teilen.

Obwohl Gauleiter Koch um die militärische Lage weiß, verbietet er weiterhin jede Räumung und stellt Vorbereitungen zur Flucht und unerlaubtes Verlassen Ostpreußens unter Strafe. Die militärische Führung weigert sich, Ostpreußen der Heeresgruppe als Operationsgebiet zu unterstellen (auch nicht als es später eingeschlossen ist). So behält Koch als Verteidigungskommissar die Gewalt bis zur Front. Jeder setzt sein Leben aufs Spiel, der ohne seine Genehmigung eine Räumung, oder auch nur Vorbereitungen dazu anordnet. Koch kann gegenüber den Wehrmachtsoffizieren anmaßend auftreten, denn er hat die volle Unterstützung hoher Stellen.

Die Befehlsverhältnisse sind weiter dadurch verwirrt, daß der Befehlshaber im Wehrkreis 1 (Ostpreußen), General Otto Lasch, nicht der Heeresgruppe Mitte (die Ostpreußen verteidigt), sondern dem Oberbefehlshaber des Ersatzheeres, Heinrich Himmler, unterstellt ist, der als Parteimann nichts von Truppenführung versteht. General Lasch unterstehen alle in Ostpreußen anwesenden Truppen der Heimatgarnisonen. Die Kriegsgefangenen unterstehen dem höheren SS- und Polizeiführer, das Bewachungspersonal dem Wehrkreis.

Die Heeresgruppe erkennt bald zwei russische Aufmarschräume. Einer ist zwischen Eydkuhnen und Schirwindt, wo fünf Armeen mit zwei Panzerkorps aufmarschieren, der andere hinter den russischen Brückenköpfen am Narew, wo sich sechs Armeen und fünf Panzerkorps versammeln. Elf vollzählige und gut ausgerüstete russische Armeen gegen drei geschwächte deutsche ist bei allem Optimismus ein zu ungleiches Verhältnis. Auch Generalstabschef Heinz Guderian warnt, daß die schwachen Kräfte der Ostfront einer derart starken russischen Offensive nicht gewachsen sind und daß bei einem einzigen gelungenen russischen Durchbruch die Front zusammenbrechen werde.

Nun aber nimmt die militärische Führung der Heeresgruppe die stärksten Kräfte in Ostdeutschland weg, auf die diese sich gestützt hatte, um die erwartete russische Großoffensive vielleicht doch aufhalten zu können. Vier Panzerdivisionen werden nach Ungarn abtransportiert.

In einem ausführlichen Lagebericht weist die Heeresgruppe nach, daß sie nunmehr ihren Auftrag, Ostpreußen zu halten, nicht mehr erfüllen kann.

Sie beantragt daher wenigstens den Frontbogen am Narew zurückzunehmen, um die Front zu verkürzen und stärker zu besetzen. Hitler lehnt dieses ab und auch die wiederholten Anträge des Generalstabschefs und der Heeresgruppen, die Heeresgruppe Nord nach Deutschland zu überführen. Die letztere Entscheidung begründet Hitler damit, daß Kurland mit dem Hafen Libau gehalten werden muß, um von dort eine neue Offensive gegen Rußland zu führen.

Die Bevölkerung blickt angstvoll auf die Front und wird auch noch von Partisanen beunruhigt. Das Kirchdorf Turoscheln (Mittenheide im Kr. Johannisburg) erlebt den Raubüberfall einer Polenbande. Die Einstellung der Polen hat sich grundlegend geändert. Sie wissen, daß unermeßliche Beute auf sie wartet. Diese Polen wollten offenbar nicht abwarten, bis der größte Raub der polnischen Geschichte mit dem Vormarsch der Russen beginnen würde. Partisanen wurden seit August 1944 meist einzeln mit Flugzeugen in den ostpreußischen Wäldern abgesetzt. Allein im Raum Lötzen waren es bis Ende Dezember 89 Mann, die mit Fallschirmen abgesprungen waren. Viele waren deutsche Kriegsgefangene, oft fremder Volkszugehörigkeit, die bei der russischen Offensive als deutsche Offiziere auftreten und durch falsche Befehle Verwirrung stiften sollten. Zur Abwehr wurden deutsche Gendarmerie-Einheiten in die Waldgebiete verlegt. Bis zum 20. Januar 1945 waren etwa 200 dieser Feindtruppen oder Agenten festgenommen oder unschädlich gemacht worden.

An der Front stieg mit dem Einbruch der kalten Witterung die Gefahr. Seen, Flüsse und Sumpfgebiete, die im Sommer große Hindernisse bildeten, waren bei der starken Eis- oder Frostschicht sogar für schwere Panzer befahrbar. Generaloberst Guderian hatte zwar schon im Sommer 1944 erreicht, daß die alten Befestigungsanlagen im Heilsberger Dreieck durch aufzustellende Festungsverbände besetzt werden sollten, aber die dazu vorgesehenen Beutewaffen ließ Hitler zum Westwall schaffen. Der Eindruck, daß die Reichsführung auf die Verteidigung Ostpreußens eher geringen Wert legte, schlich sich ein.

Am Jahresende 1944 war Deutschlands Lage hoffnungslos. Bei Aachen standen die Amerikaner bereits auf deutschem Boden. Die letzte deutsche Offensive in den Ardennen im Dezember war gescheitert. Der „Bundesgenosse" Italien kämpfte nun auch gegen Deutschland. Auf dem Balkan zogen sich die Deutschen durch Bulgarien zurück. Auch dieser „Bundesgenosse" hatte Deutschland den Krieg erklärt. Rumänien, jetzt ebenfalls auf Seite der Russen, war ganz und Ungarn fast ganz von Russen besetzt.

Am 1. Januar 1945 sprach Hitler in seinem „Neujahrsaufruf" zum letzten Mal zum deutschen Volk. Nachdem er von den Millionen Deutschen sprach, die zu Spaten und Schaufel gegriffen haben, von den Tausenden Volkssturm-Bataillonen und anderen neuen Verbänden, lobte er den Fleiß der Fabrikarbeiter und schloß die kurze Rede: „Das, meine Volksgenossen, wird einmal eingehen als das Wunder des 20. Jahrhunderts! Ein Volk, das in Front und Heimat so Unermeßliches leistet, so Furchtbares erduldet und erträgt, kann daher auch niemals zugrunde gehen. Es wird aus diesem Glutofen von Prüfungen sich stärker und fester erheben als jemals zuvor in seiner Geschichte."

Schon in seinem Vortrag am 26. Dezember 1944 hatte Guderian auf die Gefahr hingewiesen, in der sich die Heeresgruppe befand. Als er dazu die Zahlen über den gewaltigen russischen Aufmarsch vorlegte, soll Hitler wütend gesagt haben: „Das ist der größte Bluff seit Dschingis Khans Zeiten!"

Nach dem Abzug der vier schlagkräftigsten Panzerdivisionen war die Lage für Ostpreußen hoffnungslos. Inzwischen hatte die Nachrichtenzentrale für fremde Heere genaue Zahlen der russischen Bereitstellung festgestellt. Das Kräfteverhältnis war demnach für die Infanterie 1:11, für Artillerie 1:20, für Panzer 1:7. Den Luftflotten der Russen hatte die deutsche Luftwaffe fast nichts mehr entgegenzusetzen. An Angriffspunkten konnten die Russen ihre Kräfte beliebig konzentrieren, so daß sich dort das Kräfteverhältnis noch weit gefährlicher zuungunsten der Deutschen verschob.

Am 9. Januar 1945 legte Generalstabschef Guderian dem Reichskanzler die neuesten Zahlen vor und schlug einen strategischen Rückzug aus Italien, Norwegen, dem Balkan und die Rückführung der eingeschlossenen Kurland-Armee vor, um mit den freigewordenen Truppen zum Schutz der bedrohten Heimat die Ostfront zu verstärken. Er betonte nachdrücklich, daß die Front infolge ihrer dünnen Besetzung und fehlenden Reserven der bevorstehenden russischen Offensive nicht gewachsen ist. Nachdem Guderian gegangen war, erklärte Hitler:

„Noch nie war die Ostfront so stark wie jetzt. Sie wird nicht verstärkt werden […]" Damit war das Todesurteil über Ostpreußen ausgesprochen.

Auch die Gauleitung wußte, daß eine Großoffensive der Russen unmittelbar bevorstand. Die grausame Warnung von Nemmersdorf hätte sie zumindest jetzt veranlassen müssen, Anweisungen für die Evakuierung der Bevölkerung zu geben, aber nichts geschah. Auf das ständige Drängen der Militärbefehlshaber hatte Koch (der alles für seine eigene Flucht vorbereitet hatte) schließlich die Räumung einer 30 Kilometer breiten Zone hinter der Front erlaubt. Aber nur Alte, Kranke und kinderreiche Mütter mit ihren Kindern hatten Ostpreußen verlassen dürfen. Die anderen waren nur in weiter rückwärts gelegene Kreise geleitet worden, wo sie dann dasselbe Schicksal wie die Bewohner der Aufnahmekreise erlitten. Volkssturmpflichtige Männer mit ausländischen Arbeitern wurden in die geräumten Gebiete zurückgeschickt, um das Getreide zu dreschen und abzutransportieren. Die Bauern des Kreises Lyck wurden noch um den 10. Januar aus ihrem Aufnahmekreis Allenstein auf ihre Höfe geschickt, um Pferdefutter zu holen. Von den Familien getrennt, gerieten viele in den russischen Angriff. Es war vorauszusehen, daß es bei der bevorstehenden Offensive zu einer furchtbaren Katastrophe unter der Zivilbevölkerung kommen mußte. Wenn auch niemand mehr an einen deutschen Sieg glaubte, so hatte doch kaum jemand einen so schnellen und so totalen Zusammenbruch befürchtet, wie ihn diese Offensive brachte.

Keine bisherige russische Offensive war derart gut vorbereitet gewesen. Nicht nur die amerikanischen Lieferungen hatten Höchstzahlen erreicht, auch die russische Kriegsindustrie produzierte steigende Mengen. Gegenüber den zwei unvollständigen deutschen Heeresgruppen (HG Mitte und HG A südlich von dieser) standen vier sowjetische Fronten (Heeresgruppen) zur Offensive bereit. Die 3. weißrussische Front (General Tscherniakowski) würde beiderseits Insterburg auf Königsberg vorgehen und die deutsche 4. Armee einschließen. Die 2. weißrussische Front (Marschall Rokossowski) würde durch das nördliche Polen ins südliche Ostpreußen und weiter bis Elbing vorstoßen, um Ostpreußen vom Reich zu trennen. Die 1. weißrussische (Marschall Schukow) und die 1. ukrainische Front (Marschall Koniew) standen zum Stoß auf Schlesien der Heeresgruppe A gegenüber. An der 600 Kilometer langen Front standen mehr als 200 russische Divisionen zum Angriff auf die etwa 65 deutschen bereit.

Um die unmenschlichen Greueltaten und das wahnsinnige Morden der Sowjetsoldaten begreifen zu können, muß man etwas von der Kriegspropaganda kennen, der die Rote Armee jahrelang ausgesetzt war. Wenn einfältigen, leichtgläubigen Menschen, denen keine andere Informationsquelle zugänglich ist, immer wieder antideutscher Haß eingehämmert wird, muß das auch eine Wirkung zeigen. Das Resultat dieser Konditionierung war die Vernichtung der Bewohner des Landes auf solch bestialische Weise, wie die Geschichte nur selten etwas Ähnliches aufzuweisen hat. Verständlich ist, daß sich diese Ausbildung am grausamsten bei den ersten Opfern zeigt, an denen sich der fanatisierte Mob austobte, und das waren die Bewohner Ostpreußens.

Ähnlich wie die amerikanische Presse lag auch die sowjetische Propaganda in Händen einer extrem antideutschen Interessengruppe. Zu dieser gehörte auch der bolschewistische Schriftsteller Ilja Ehrenburg, der mit Artikeln und Aufrufen die Emotionslenkung in der Roten Armee bestimmte. In Zeitungen und als Flugblatt verbreitet, auch in seinem Buch *Der Krieg* erwähnt, schrieb er 1942: „Die Deutschen sind keine Menschen. Das Wort ‚Deutsch' ist von jetzt ab für uns der schrecklichste Fluch […] Wir wollen nicht reden, wir wollen uns nicht entrüsten. Wir wollen töten. Wenn Du nicht im Laufe eines Tages wenigstens einen Deutschen getötet hast, so hast Du den Tag verschwendet […] Hast Du einen Deutschen getötet, dann töte einen zweiten. Es gibt nichts Lustigeres für uns, als ein Haufen deutscher Leichen. Zähle nicht die Tage, zähle nicht die Kilometer, zähle nur die von Dir getöteten Deutschen!"

In seinem Aufruf an die Soldaten der Roten Armee vor ihrem Einmarsch in deutsches Gebiet im Januar 1945 schrieb Ehrenburg mit religiösem Eifer: „Tötet, tötet, ihr galanten Soldaten der Roten Armee! Es gibt nichts an den Deutschen, das unschuldig ist, die Lebenden nicht, die Ungeborenen nicht. Brecht mit Gewalt den Rassenstolz der deutschen Frau. Nehmt sie als rechtmäßige Beute. Folgt den Worten des Genossen Stalin, zerstampft für immer das faschistische Untier in seiner Höhle. Tötet, ihr tapferen vorwärtsstürmenden Rotarmisten, tötet!"

ZEITABSCHNITT III (AB 1945)
— UNTERGANG, LEIDEN UND STERBEN —

Es war ein Land, – wir liebten dies Land,
aber Grauen sank drüber wie Dünensand.
Verweht wie im Bruch des Elches Spur
ist die Fährte von Mensch und Kreatur.
AGNES MIEGEL, 1953

6. Unter der Gewalt der Roten Armee

(1945)

Die russische Januaroffensive

Der Aufmarsch der Russen war schon lange beendet. Sie warteten nur noch auf starken Frost, der ihren Panzern ein sicheres Vorgehen über weichen Boden und Flüsse ermöglichte. Als die Meteorologen einsetzenden Dauerfrost voraussagten, bestimmte Stalin den 12. Januar zum Beginn der Offensive. Bis dahin hielten die Politkommissare nach dem täglichen Waffendienst Vorträge und zeigten Propagandafilme über die Untaten der deutschen „Faschisten", um die Soldaten zu Haß und grausamer Rache aufzustacheln. Im Tagesbefehl des Marschalls Tschernjachowski vom 12. Januar 1945 heißt es u.a.: „Zweitausend Kilometer sind wir marschiert und haben die Vernichtung all dessen gesehen, was wir in 20 Jahren aufgebaut haben. Nun stehen wir vor der Höhle, aus der die faschistischen Angreifer uns überfallen haben. Wir bleiben erst stehen, wenn wir sie gesäubert haben. Gnade gibt es nicht – für niemanden, wie es auch keine Gnade für uns gegeben hat. Es ist unnötig von Soldaten der Roten Armee zu fordern, daß Gnade geübt wird. Sie brennen vor Haß und Rachsucht. Das Land der Faschisten muß zur Wüste werden […]"

Daß Plündern selbstverständlich ist, zeigt der Befehl des Verteidigungskommissars vom 26. Dezember 1944. Danach dürfen Soldaten, die sich gut führen, einmal im Monat Extrapakete über die Feldpostämter nach Hause schicken: Soldaten und Unteroffiziere fünf Kilogramm, Offiziere zehn Kilogramm, Generale 16 Kilogramm.

Am 12. Januar 1945 eröffnete Marschall Konjew mit der 1. ukrainischen Front aus dem Baranow-Brückenkopf an der oberen Weichsel die große Januaroffensive. Noch im Dunkel der Nacht, um 1.30 Uhr, donnerten Tausende russische Geschütze los und überschütteten die deutschen Stellungen mit einem rasenden Trommelfeuer. Die gewaltige Übermacht von Menschen, Geschützen, Panzern und Hunderten Schlachtfliegern konnten die schwachen deutschen Kräfte nicht aufhalten. Die Front riß bei diesem ersten Ansturm auf einer Breite von 150 Kilometern auf, und die Russen stürmten geradewegs auf Schlesien los.

Am 13. Januar tritt am anderen Ende der russischen Angriffsfront die 3. weißrussische Front General Tschernjachowskis im Raum Gumbinnen (an der Naht der 3. Panzerarmee und 4. Armee) zum Vormarsch auf Königsberg an. Um sieben Uhr früh zerreißt ein brüllendes Stahlgewitter die Stille des nebligen Wintermorgens, als 350 russische Batterien die deutschen Stellungen mit einem Feuerorkan zudeckten. Nach zweistündigem Trommelfeuer stürmen 14 Schützendivisionen und zwei Panzerbrigaden vor. Den ganzen Tag wird schwer um Pillkallen gekämpft, das gehalten wird. Nur bei Kattenau (17 km nordwestlich von Gumbinnen) gelingt den Russen ein tiefer Einbruch. Die 3. Panzerarmee wirft ihre einzige Reserve, die 5. Panzerdivision in die Lücke, die unter Verlust von zwölf ihrer 30 Sturmgeschütze Kattenau zurückerobert. Die Russen werfen laufend neue Divisionen und Panzerbrigaden in die bis nach Groß Waltersdorf tobende Schlacht, während die deutschen Kräfte durch die hohen Verluste immer schwächer werden. Munition und Treibstoff werden knapp.

Am 14. Januar erfolgt der dritte russische Angriffsschlag, als Marschall Rokossowski mit der zweiten weißrussischen Front aus den Narewbrückenköpfen nördlich Warschau den Vormarsch auf die Südgrenze Ostpreußens antritt. Seine wichtigste Aufgabe ist der Durchbruch nach Elbing, um Ostpreußen vom übrigen Reich zu trennen. Gleichzeitig geht die erste weißrussische Front Marschall Schukows aus den Brückenköpfen südlich Warschau zum Angriff mit der Hauptrichtung Posen vor. Ihr rechter Flügel soll sich zur Unterstützung Rokossowskis nordwärts nach Bromberg und Nakel wenden. Damit war die russische Offensive mit allen vier Fronten (Heeresgruppen) im Gange.

In der Nacht zum 15. muß die Heeresgruppe Mitte auf Befehl Hitlers die zwei Panzerdivisionen „Brandenburg" und „Hermann Göring" abgeben, um die bei der Heeresgruppe A durchgebrochenen Russen aufzuhalten, was aber nicht mehr gelingt. Womit soll die Heeresgruppe jetzt die vorstürmenden russischen Panzerkeile aufhalten? Da sie keine Reserven mehr hat, zieht sie Truppen aus dem nicht angegriffenen Frontabschnitt der 4. Armee. Aber die deutschen Soldaten müssen marschieren, während die Russen motorisiert und schnell beweglich sind. Es nützt nichts, daß 54 Feindpanzer abgeschossen werden, Hunderte neue rollen heran, während kein deutscher ersetzt werden kann. Die wenigen deutschen Panzerverbände können oft nicht in die Kämpfe eingreifen, weil nicht genügend Treibstoff vorhanden ist, oder sie müssen wegen Kraftstoffmangels den Kampf abbrechen.

Unter Einsatz ungeheurer Mengen Artillerie, Panzer, Schlachtflieger und Bomber tobt die Schlacht bei scharfem Frost weiter. Auch der Volkssturm wird eingesetzt und schlägt sich oft ebenso standhaft wie die Soldaten, obwohl er mit den Beutegewehren und den paar Patronen in den Hosentaschen einen ungleichen Gegner vor sich hat. Der Volkssturmmann Tiburzy erhält für den Abschuß mehrerer Panzer sogar das Ritterkreuz.

Für die Wehrmachtssoldaten gab es die schwache Hoffnung, eine grausame russische Gefangenschaft zu überleben. (In den ersten Wochen der Offensive wurden jedoch die meisten, die sich ergaben, erschossen.) Volkssturmleute konnten sich nicht einmal solchen Hoffnungen hingeben. Sie wurden in der Regel auf der Stelle erschossen und dienten den Russen zum Vorwand, alle männlichen Zivilisten als Partisanen zu behandeln.

Am 16. Januar, bei zehn Grad Kälte, geht das schwer umkämpfte Pillkallen verloren, und südlich davon zerreißen die russischen Panzer die notdürftig besetzte Verteidigungslinie. Die Erlaubnis zur Räumung des Frontbogens nördlich Schillfelde erfolgt zu spät. Die militärische Führung lehnt auch die Zurücknahme der 4. Armee in eine kürzere Verteidigungslinie ab.

Am 17. Januar kann der entscheidende Durchbruch der Russen mit größter Anstrengung noch aufgehalten werden. Da keine Reserven vorhanden sind, versucht die 3. Panzerarmee mit zusammengerafften Alarmeinheiten auf der Linie Eichwald-Inster-Memel den Zusammenhang der Front herzustellen.

Am 18. Januar durchbricht ein starker russischer Panzerverband diese dünne Linie sechs Kilometer nördlich von Breitenstein (28 km nordöstlich von Insterburg) und geht zügig in Richtung Königsberg vor. Die Front der 3. Panzerarmee kann wegen fehlender Kräfte nicht mehr geschlossen werden. Die Russen gelangen somit in den Rücken der im Raum Tilsit stehenden deutschen Truppen.

Am 19. Januar sind die Russen in Ragnit, am 20. in Gumbinnen, Tilsit und Gilge am Kurischen Haff, am 21. in Insterburg. Am 22. hat sich ihr Durchbruch bis zur Deime, bis Wehlau,

Darkehmen und Goldap ausgeweitet. Auch im Süden ist die Front der 2. Armee ausein-andergerissen. Nachdem die Russen am 18. Mlawa eingenommen haben, besetzen sie am 19. Soldau und Lautenburg. Am 19. bombardieren sie die Bahnanlagen und die Innenstadt von Allenstein.

Am 20. Januar werden die Sarkophage v. Hindenburgs und seiner Frau (auch die Fahnen aus dem Fahnenturm) aus dem Tannenberg-Denkmal entfernt und auf Wehrmachtslastwa-gen nach Königsberg gebracht. Am Eingangs- und Gruftturm wurden Sprengungen vorge-nommen, die beschränkte Schäden verursachten. Generalleutnant Otto von Hindenburg (ein Verwandter des ehemaligen Reichspräsidenten) begleitete die Sarkophage auf dem Trans-port tiefer ins Reich. (Der Denkmalskomplex wurde von den Polen erst nach dem Krieg ab-gebrochen.)

Die von Süden nordwärts vordringenden Russen erreichen Willenberg, Neidenburg und Gilgenburg. Nördlich der Straße Allenstein – Passenheim werden sie zwar bis zum 23. auf-gehalten, ihre Panzer umgehen aber die Stellungen und besetzen Wartenburg.

Die Gauleitung hatte alle Warnungen und Bitten der Wehrmachtsführung unbeachtet ge-lassen und eine Evakuierung der Bevölkerung nicht erlaubt. Jetzt flohen Frauen, Kinder und Greise – die Männer waren im Volkssturm – in wilder Panik. Trecks, manchmal in zwei Rei-hen nebeneinander, verstopften die vereisten und schneeverwehten Straßen. Oft ging es nur schrittweise voran. Am Straßenrand zogen Mütter mühsam ihre Kinder auf Rodelschlitten. Manche hatten nur ihre Kinder an der Hand, das jüngste auf dem Arm, und baten mitge-nommen zu werden. Wurde die Straße für Truppen freigemacht, mußten alle in eisiger Käl-te warten und kamen überhaupt nicht weiter. Einige pflichtvergessene Organisatoren, die ei-ne Evakuierung hätten leiten sollen, machten sich davon. Nur wenige hatten den Mut, auch entgegen dem Befehl der Gauleitung die Räumung eigenmächtig anzuordnen.

Die Russenpanzer waren oftmals schneller und rasselten rücksichtslos in dieses Chaos hinein, zermalmten oder schoben zur Seite, was nicht rechtzeitig die Straße freimachte. Was über Ostpreußen hereinbrach, war die Entfesselung der Hölle gegen Frauen, Kinder und al-te Menschen.

Deutlich war das russische Ziel erkennbar, Ostpreußen mit der 4. Armee einzuschließen. Während im Norden und Süden der Provinz schwere Kämpfe tobten, blieb es im Osten noch immer ruhig. Die im Kampf stehenden Truppen hatten ihre Munitionsreserven verbraucht. Beim Beginn der Schlacht war die Armee für nur drei Großkampftage mit Munition und Kraftstoff bevorratet. Dann kam nur noch wenig oder nichts heran. Eine Division verbraucht an einem Großkampftag bis zu einer Güterzugladung Munition. Da diese Menge nicht mehr vorhanden war, konnte die schwach besetzte Front trotz größter Tapferkeit der Soldaten nicht mehr gehalten werden. Panzer, Geschütze und Zugmaschinen mußten gesprengt werden, weil kein Treibstoff vorhanden war.

Die Versorgung war ein Muster totaler Fehlorganisation, teilweise aber auch das Resultat von Sabotage. Es gab keine einheitliche Verwaltung für den Nachschub. Einem Oberquar-tiermeister unterstanden nur die Lager des Heeres. Über die Marinelager verfügte eine Stel-le in Kiel. Dazu gab es Lager der Luftwaffe, des Arbeitsdienstes, der Organisation Todt und andere. Als sich der Kampf um Ostpreußen seinem Ende näherte, stellte die Heeresführung erstaunt fest, daß in den Wäldern im Samland große, teils unterirdische Treibstoff- und Mu-nitionslager vorhanden waren, von denen sie bis dahin nichts wußte. Da die Lager nicht mehr geräumt werden konnten, mußten sie gesprengt oder, wie ein Vorrat von zwei Millionen Ku-bikmeter Dieseltreibstoff, in den Sand gepumpt werden.

Am 21. Januar hat die auf Elbing vorgehende russische Heeresgruppe Hohenstein und Oste-rode überrannt. Sie steht vor Allenstein, entlang der Drewenz und vor Thorn. Die beiden rus-sischen Durchbruchskeile haben von Tapiau bis Osterode einen Abstand von nur 130 km. Die 4. Armee steht von dieser Linie bis zu 180 Kilometer entfernt im Osten. Trotzdem lehnt Hitler ihre Rückführung auf die masurische Seenstellung ab. Als der Führer der Heeresgruppe (Rein-hardt) sich entschlossen hat, entweder die Genehmigung zur Rücknahme der 4. Armee zu er-halten oder eigenmächtig den Befehl dazu zu geben, ruft er Hitler an und erreicht nach lan-ger Debatte die Genehmigung. Obwohl die Rückführung noch in der Nacht zum 22. beginnt, ist es um Tage zu spät, denn der Feind steht bereits im Rücken der Armee.

Am 22. Januar besetzen die von Süden vordringenden Russen Allenstein, Liebemühl und Mohrungen. Nördlich Wartenburg wirft sich die Panzerdivision „Großdeutschland" den schon bis Groß Lemkendorf vorgedrungenen Russen in den Weg und wirft sie in schweren Kämpfen bis zum 25. nach Wartenburg zurück, das dreimal den Besitzer wechselt. Bis zum 29. Januar werden 80 Russenpanzer abgeschossen, aber der deutsche Angriff auf Allenstein kann wegen Treibstoffmangels nicht weitergeführt werden. Während die Russen immer neue Panzerverbände und Truppen in die Schlacht werfen, verbluten die zusammengeschmolzenen deutschen Divisionen.

Bei der Festung Boyen (Lötzen), dem Rückgrat der Seenstellung, trifft die zurückgehende 4. Armee schon auf die Angriffsspitzen der russischen Nordfront. Die Besetzung der Seenstellung ist von den Ereignissen längst überholt. In der Woche vom 22. bis 29. Januar entschied sich Ostpreußens Schicksal. Im Süden konnte die 4. Armee den russischen Vormarsch zwar verlangsamen, aber in ihrem Rücken brachen die Russen jetzt zum Frischen Haff durch und trennten damit Ostpreußen vom Reich.

Am 23. Januar, vor Tagesanbruch, führte der russische Hauptmann Djatschenko neun Panzer T-34 auf der Straße Osterode – Elbing mit großer Rücksicht an den Flüchtlingskolonnen entlang. Die Panzer gaben keinen Schuß ab und warteten geduldig, bis man ihnen Platz machte. Zweimal überholten sie deutsche Wehrmachtskolonnen, die sie ebenfalls vorbeiließen und offenbar nicht als Russen erkannten. Mittags drängten sie sich mühsam durch das mit Fahrzeugen vollgestopfte Preußisch Holland. Dabei verloren die letzten beiden Panzer den Anschluß. Die vorderen sieben fuhren aber weiter. Eingekeilt in die Wagenkolonne ging es um 16 Uhr bei Gronau, kurz vor Elbing, nur schrittweise vorwärts. Hier befand sich der einzige südliche Übergang über die um Elbing gezogenen Panzergräben. Nachdem die sieben Russenpanzer den Übergang hinter sich hatten, bogen sie nach Norden ab und drangen von Osten in die Stadt ein.

Die Bewohner Elbings fühlten sich sicher; die Front war weit entfernt. An dem friedlichen Winterabend war die Straßenbeleuchtung eingeschaltet. Autos und Straßenbahnen fuhren, und auf den Bürgersteigen bewegte sich das geschäftige Leben einer großen Stadt. Erst hier wurden die durch die Stadt rasselnden Panzer als russische erkannt. Eiligst alarmierte Panzervernichtungstrupps schossen nacheinander vier der jetzt wild um sich feuernden Panzer ab, ein fünfter wurde am Stadtrand von der Besatzung verlassen. Die übrigen zwei rasten nordwärts aus der Stadt.

Nach russischen Angaben wurden nur zwei Panzer in der Stadt vernichtet und die fünf übrigen tarnten sich sieben Kilometer nördlich der Stadt bei einigen Gebäuden und warteten drei Tage auf die nachfolgenden russischen Truppen. Die Hauptmacht des russischen Stoßkeils zum Haff besetzt an diesem 23. Januar Briesen, den Bahnknotenpunkt Gosslershausen, Bischofswerder, Freystadt, Rosenberg, Preußisch Holland und Mühlhausen.

Am 24. Januar ist der russische Durchbruchsstreifen bereits 70 Kilometer breit, als die Russen Riesenburg, Christburg und Liebstadt einnehmen. Die 3. Panzer- und die 4. Armee sind in Ostpreußen fast ganz eingeschlossen.

In dieser kritischen Lage beschließt der Befehlshaber der Heeresgruppe (Reinhardt) mit einem Teil der noch unverbrauchten Truppen der 4. Armee in einem massierten Angriff zwischen Elbing und Osterode zur Weichsel durchzubrechen um die Verbindung mit dem Reich wieder herzustellen. Durch die offengehaltene Landverbindung soll die Zivilbevölkerung abgeführt und die Räumung Ostpreußens bis zur Weichsel schrittweise durchgeführt werden. Die etwa 400.000 Soldaten in Ostpreußen – das sind fast doppelt so viele wie in Stalingrad – wären dazu fähig gewesen, wenn die Heeresführung volle Handlungsfreiheit gehabt hätte.

Am 25. Januar unterbrechen die Russen die zweite und letzte Bahnlinie mit dem Reich zwischen Elbing und Marienburg. Der Morgenschnellzug aus Königsberg kam noch durch. Alle späteren Züge werden in Braunsberg, Heiligenbeil oder Ludwigsort angehalten und am nächsten Tag zurückgeschickt.

Im Osten besetzen die Russen am 25. die Festung Boyen (Lötzen), den Hauptstützpunkt der Seenstellung, nachdem sie den Mauersee auf Schlitten überquert und bei Steintal das Westufer gewonnen haben. Die im Festungsbereich eingelagerten Vorräte für 36.000 Mann und drei Monate erbeuten die Russen.

Die drei Heeresgruppen der Ostfront werden umbenannt. Die HG Nord wird HG Kurland, HG Mitte wird HG Nord und HG A wird HG Weichsel.

Die für den Angriff zur Weichsel vorgesehenen Divisionen, die an der nicht angegriffenen Front bei Treuburg, Augustow und am Bobr gestanden hatten, eilen in Gewaltmärschen, bei Schneetreiben, auf vereisten und mit Flüchtlingen verstopften Straßen, quer durch Ostpreußen in ihre befohlenen Bereitstellungsräume an der Passarge und im Raum Wormditt.

An der Nordfront ist Königsberg in größter Gefahr. Die Reste der 3. Panzerarmee brauchen dringend Verstärkung, die nur durch Zurücknahme der 4. Armee zu beschaffen sind. Damit hätten Königsberg geschützt, der Angriff zur Weichsel weitergeführt und eine zusammenhängende Front gebildet werden können. Aber die militärische Führung verbot die Zurücknahme der Front auf die Alle-Linie.

Das Oberkommando der Armee befürchtet, daß Königsberg mit dem einzigen Versorgungshafen Pillau überrannt werden könnte und wirft darum zwei der Angriffsdivisionen eiligst dorthin. Eine weitere Division bleibt im Kampf gebunden, so daß für den entscheidenden Angriff nur drei Divisionen zur Verfügung stehen. Durch diese Schwächung ist der Erfolg in Frage gestellt.

Am 26. Januar treffen die letzten Einheiten der drei Divisionen nach dem langen Anmarsch von 200 und mehr Kilometern in ihren Ausgangspositionen ein (rechts 28. Jäger, Mitte 170., links 131. Division) und treten sogleich zum Angriff an. In strahlend heller Vollmondnacht um 19 Uhr gehen die Soldaten ohne Artillerievorbereitung oder sonst einen Schuß abzugeben über die leuchtenden Schneefelder vor. Die Überraschung gelingt, und es geht zügig vorwärts. In Sommerfeld (Kr. Heilsberg) finden die Deutschen die Russen noch in den Betten mit den von ihnen vergewaltigten Frauen. Ahnungslose russische Truppen werden in die Flucht geschlagen oder gefangengenommen. Die 170. Division erbeutet 96 Geschütze einer russischen Artillerietruppe. Die befreiten Dörfer boten entsetzliche Bilder. Überall lagen die gräßlich verstümmelten und geschändeten Leichen der Zivilbevölkerung.

Die Russen führten eiligst fünf Panzerbrigaden und etliche Schützenkorps heran; ihr Widerstand verstärkte sich. Bei den Kämpfen um Kalkstein (Kr. Heilsberg), das zweimal den Besitzer wechselte, fielen 380 Russen und 129 Deutsche. Neue Schneestürme häuften hohe Schneewehen auf die Straßen. Bei Sportehnen gingen die deutschen Truppen über die Passarge und standen am 29. Januar acht Kilometer südlich von Preußisch Holland. Damit war ihre Angriffskraft erschöpft. Jetzt fehlten die zwei an die 3. Panzerarmee abgegebenen Divisionen. Auch der gleichzeitige Angriff der 7. Panzerdivision von Westen gegen den russischen Einbruchskeil hatte sich festgelaufen.

Der realitätsferne Gauleiter Koch hatte Hitler in einem Funkspruch informiert: „4. Armee feige auf der Flucht ins Reich. Ich verteidige Ostpreußen mit dem Volkssturm weiter." Darauf befahl Hitler, der Angriff sei sofort einzustellen, und er setzte am 30. den Oberbefehlshaber der 4. Armee (Hoßbach) ab.

In der kritischen Lage hatte Generaloberst Reinhardt am 26. Januar in einem Ferngespräch mit Hitler erneut die dringend notwendige Rücknahme der 4. Armee gefordert. Eine Entscheidung wurde bis 17 Uhr zugesagt. Als diese bis 19 Uhr nicht eintraf und kein verantwortlicher Offizier zu erreichen war, meldete die Heeresgruppe, daß sie nun die 4. Armee, wie beantragt, auf die Alle-Linie zurücknehmen müsse. Darauf wurden Reinhardt und sein Stabschef ihrer Kommandos enthoben. Sachkenner haben bestätigt, daß Reinhardt durch seinen Entschluß eine Katastrophe verhindert hat. Mitten in einer gefährlichen Krise wurden drei bewährte Armeeführer entlassen, die ihre Truppen und das Land kannten, während die neuen sich erst mit den Verhältnissen vertraut machen mußten. Neuer Oberbefehlshaber der Heeresgruppe wurde Generaloberst Lothar Rendulic, der bisher die Heeresgruppe Kurland geführt hatte. Nachfolger Hoßbachs wurde General F.W. Müller. Beide führten Hitlers Befehle wortgetreu aus und ließen die 4. Armee da, wo sie stand, von den Russen zerschlagen. Später schrieb Hoßbach: „Um nach diesen Ereignissen die Aussicht auf Erfolg der operativen Handlung sicherzustellen, hätte ich nicht nur den General Müller, sondern auch den Generalobersten Rendulic, seinen Chef des Stabes, den Gauleiter Koch und den Befehlshaber der 3. Armee, Generaloberst Reuß, festnehmen lassen müssen, um Einheit auf dem ostpreußischen Kriegstheater zu erreichen […]"

Am 27. Januar besetzen die Russen kampflos Rastenburg und brennen es zum größten Teil sinnlos nieder. Als die Russen an diesem Tag die Haffküste bei Tolkemit erreichen, ist Elbing eingeschlossen. Jetzt ist Ostpreußen mit dem Reich nur noch durch die Frische Nehrung verbunden, auf der es nur einen Feldweg gibt. Der Nachschub für die Heeresgruppe in Ostpreußen ist jetzt nur noch über See und über den einzigen Hafen Pillau möglich.

In Königsberg herrscht ein Chaos. Zurückflutende Wehrmachtsverbände sind mit unzähligen Flüchtlingen in die Stadt geströmt. Die organisatorischen Stellen haben völlig versagt. Es gibt keine Leitung oder Versorgung der Flüchtlinge. In den Lazaretten liegen 11.000 Verwundete. Die Flüchtlinge drängen weiter nach Pillau, um auf einem Schiff aus dem eingeschlossenen Ostpreußen zu entkommen. In Pillau sterben täglich Verwundete und Flüchtlinge. Schon am 25. Januar hatte der erste große Geleitzug 22.000 Flüchtlinge nach Danzig und Gotenhafen gebracht. In der folgenden Nacht um 1.30 Uhr war das Fort Stiehle, das auf einer kleinen Anhöhe am Hafen lag und als Munitionslager diente, aus ungeklärter Ursache explodiert. Da in den Lagerhallen nur noch wenige Flüchtlinge lagen, gab es nur 300 Ziviltote und 600 Verletzte.

Nach zwei Wochen zügigen Vormarsches standen die Russen überraschend am 27. Januar vor Königsberg und beschossen die Stadt erstmalig mit Artillerie. Sie glaubten, daß sie eine starke Festung vor sich hatten und blieben vor den alten Forts des äußeren Befestigungsgürtels stehen.

Am 28. Januar wird General Otto Lasch, nach Klärung der verwirrten Befehlsverhältnisse, zum Festungskommandanten von Königsberg ernannt. Am gleichen Tag zieht Gauleiter Koch von seinem Gut Friedrichsberg (acht Kilometer westlich vom Stadtzentrum) in seinen bombensicheren Bunker in Neutief, auf dem Nordende des südlichen Nehrungsteils. Die Bevölkerung erfährt nichts von seiner Flucht. Bei seinem Funkverkehr mit Berlin gibt er weiterhin Königsberg als Standort an und vermittelt so den Eindruck, als ob er sich in der eingeschlossenen Festung aufhalte. Dort ließ er den Kreisleiter Wagner als seinen Stellvertreter zurück, der beim Endkampf fiel.

Die von Süden vorgehenden Russen besetzen Bischofsburg und Rößel. Um den Bahnknotenpunkt Korschen wird vom 28. bis 31. Januar heftig gekämpft. Die sogenannte „Allestellung" zwischen Friedland und Schippenbeil, für die 70.000 Festmeter Holz verbaut worden waren und die von der Partei für uneinnehmbar erklärt wurde, lassen die Russen unbeachtet. Sie gehen einfach hinter beiden Enden über die fest zugefrorene Alle. Bei Friedland, das am 28. von den Russen besetzt wird, kommt es dabei zu größeren Kämpfen.

Während russische Panzerkeile ins nördliche Samland vorstoßen, umgehen andere Königsberg im Norden. Nach hartem Kampf fällt Neuhausen (neun Kilometer nordöstlich der Stadt). In der Nacht zum 29. wird ein Einbruch der Russen nach Quednau, am Nordrand der Stadt, unter Abschuß von 30 Panzern verhindert.

Am 29. Januar erreichen die Russen südlich von Königsberg die Haffküste zwischen Brandenburg und Maulen, wodurch das Samland und Königsberg von der 4. Armee abgeschnitten werden, auch wenn ein schmaler Verbindungsweg am Haffufer wieder freigekämpft werden kann.

Noch immer wälzt sich der Flüchtlingsstrom bei über 20 Grad Kälte und vereisten, überfüllten Straßen nach Pillau. Wehrmachtsfahrzeuge kommen den Flüchtlingen entgegen. Wagen, die zu weit ausweichen, stürzen um und bleiben liegen. Pferde brechen die Beine und kommen nicht mehr hoch. Alte, von den Wagen gestürzte Leute sitzen im Graben; kleine Kinder gesellen sich zu ihnen.

In der Nacht zum 30. besetzen die Russen ohne Gegenwehr Seerappen, überschreiten die Bahnlinie nach Pillau und dringen in die Gartenstadt Metgethen ein. Die Einwohner werden im Schlaf überrascht. Niemand hat sie gewarnt oder auch nur geweckt. Ebenso wird der Vorort Moditten besetzt. In der nächsten Nacht erreichen die Russen das Haff und drücken die Deutschen westwärts bis Fischhausen zurück. Die Munitionsanstalten Powangen-Blumenau können noch gesprengt werden. Damit ist nicht nur die Landverbindung mit Pillau, sondern auch der wichtigste Versorgungsweg, der Seekanal durch das Haff, blockiert und 150.000 Menschen der Fluchtweg nach Pillau versperrt.

Am 24. Januar war von Hitler endlich die Räumung des Memeler Brückenkopfes genehmigt worden. In den drei Nächten vom 25. zum 27., bei 30 Grad Frost, war die Überführung der Truppen mit den acht Fähren zur Nehrung durchgeführt worden. Am 28. um 4 Uhr früh verließ der letzte deutsche Soldat diese alte nördlichste Stadt des Deutschen Reiches. Auch die Schiffe und Fähren fuhren in der gleichen Nacht nach Pillau. Trotz anstrengender Nachtmärsche über die Nehrung kamen die Truppen zu spät im Samland an, um die wichtige Riegelstellung zwischen Cranz und Königsberg zu besetzen. Die Russen hatten diese Linie schon weit überschritten und standen Ende Januar nur noch zehn bis 15 Kilometer von der Westküste des Samlands entfernt. Die zwei Divisionen konnten die Russen aber jetzt ein Stück zurückwerfen und eine Front aufbauen, die in Nord-Südrichtung von Neukuhren an der Ostsee nach Heydekrug am Frischen Haff lief.

Der Druck der gewaltigen russischen Übermacht von allen Seiten führte zur Bildung des Kessels von Heiligenbeil, in dem die deutsche 4. Armee unterging. Die Russen griffen fast täglich an und drängten die deutschen Truppen mit den Massen der Flüchtlinge und den Ortsansässigen auf immer enger werdendem Raum zusammen. Ende Januar hatten die Russen den Kessel bis zur Alle bei Heilsberg, Schippenbeil und Friedland, am Frischen Haff bis Brandenburg und Tolkemit eingeengt. Die Küste zwischen diesen beiden Orten war die einzige Öffnung zum Abzug der Flüchtlinge und Heranbringen von Nachschub über das Eis des Haffes. Dazu waren noch das eingeschlossene Elbing, das eingeschlossene Königsberg und der mit dem Rücken zur winterlichen See offene Kessel im Samland (mit Pillau) in deutschem Besitz.

An der Nogat-Weichselfront hatten die Russen seit dem 23. Januar Thorn eingeschlossen und am 26. Kulm besetzt. Am 27. überschritten sie südlich Mewe die Weichsel und eroberten am gleichen Tag Bromberg, Nakel, Vandsburg und Zempelburg. Am 29. besetzten sie Marienwerder. Vom 27. Januar ab kämpften sie um die Marienburg. Bei der schweren Beschießung wurde die Burg erheblich beschädigt. Erst am 8. März gingen die Russen südlich der Burg über die Nogat, und ein Rest der Verteidiger hielt sich noch am 15. April in der Burg. Im Süden Westpreußens hatten die Truppen Marschall Schukows bis Ende Januar Schneidemühl eingeschlossen, Flatow besetzt und zwischen Frankfurt und Küstrin die Oder erreicht.

Die Besetzung der ostpreußischen Kreise

Um den Ablauf des russischen Vordringens nicht verwirrend zu zerstückeln, sind die Kreise im folgenden ungefähr in der Reihenfolge aufgeführt, in der sie besetzt wurden. Dabei wurden jedoch die Gebiete, die im Norden von der 3. weißrussischen Front, und die im Süden zu gleicher Zeit von der 2. Front erobert wurden, soweit wie möglich auseinandergehalten. Zur besseren Orientierung folgt eine alphabetische Auflistung.

Allenstein	Insterburg	Pogegen
Angerburg	Johannisburg	Preußisch Eylau
Bartenstein	Labiau	Preußisch Holland
Braunsberg	Lötzen	Rastenburg
Darkehmen/Angerapp	Lyck	Rößel
Elchniederung	Memel	Samland
Gerdauen	Mohrungen	Sensburg
Goldap	Neidenburg	Stallupönen/Ebenrode
Gumbinnen	Ortelsburg	Tilsit/Ragnit
Heiligenbeil	Osterode	Wehlau
Heilsberg	Treuburg	
Heydekrug	Pillkallen/Schloßberg	

Beim Beginn der russischen Januaroffensive war das Memelland (die Kreise Memel, Heydekrug und der nördlich der Memel gelegene Teil des Kreises Tilsit/Ragnit (ehemals Kreis Pogegen)) schon in russischer Hand. Nur die Brückenköpfe bei Tilsit und Memel wurden noch von deutschen Truppen gehalten. Von den Kreisen Pillkallen/Schloßberg, Stallupönen/Ebenrode, Gumbinnen, Goldap und Treuburg waren kleine oder große Teile schon von den Russen besetzt.

Der Landkreis Memel: Aus dem Stadt- und dem Landkreis Memel war schon Anfang August 1944 die Zivilbevölkerung evakuiert worden. Durch den glücklichen Ausgang dieser ersten Bedrohung beruhigt, flohen bei der russischen Oktoberoffensive nur etwa zwei Drittel der Landbevölkerung. Die Zurückgebliebenen fielen den Russen in die Hände. Etwa 1.000 Menschen wurden mit ihren Trecks von den Russen überrollt. In nur zwei Tagen, am 9. und 10. Oktober, hatten die Russen den gesamten Landkreis Memel besetzt. Die als Brückenkopf verteidigte und dabei zerstörte Stadt Memel wurde erst am 28. Januar, nach dem Abzug der deutschen Soldaten, von den Russen besetzt.

Der Kreis Heydekrug: Ähnlich wie dem Landkreis Memel erging es dem Kreis Heydekrug. Der größte Teil der Bevölkerung war zwischen dem 6. und 9. Oktober in den Kreis Labiau evakuiert worden. Viele Trecks aus dem Nordteil des Kreises wurden jedoch im Raum Heidekrug von den russischen Panzern eingeholt. Auch hier gelang es einigen, unter Zurücklassung ihres Gepäcks und manchmal auch ihrer ermordeten Familienangehörigen, zu Fuß an die Haffküste zu entkommen. Die zurückgehenden deutschen Truppen leisteten erst bei Heydekrug und an den Fähren über den Rußstrom bei den Dörfern Ruß und Minge Widerstand. Am Abend des 9. Oktober drangen Sowjetpanzer in die Kreisstadt ein. Sie wurden noch einmal vertrieben, aber am 11. war Heydekrug endgültig in russischer Hand. Am 19. verließen die deutschen Soldaten Ruß und am 23. Minge. Damit hatten die Russen den ganzen Kreis besetzt. Etwa 3.000 der Bewohner waren zurückgeblieben und den Russen in die Hände gefallen. (Heydekrug war erst 1941 zur einzigen Stadt des Kreises erhoben worden.)

Der (frühere) Kreis Pogegen: Von diesem nördlich der Memel gelegenen Kreis, der erst 1919 bei der Abtrennung des Memellandes entstanden war, gehörten drei Viertel zum Kreis Tilsit/Ragnit, der übrige westliche Teil zum Kreis Heydekrug. Hier wurde die Evakuierung am 7. Oktober 1944 für das ganze Gebiet angeordnet. Während die Bewohner des östlichen Teils über die Tilsiter Luisenbrücke ungestört das südliche Memelufer erreichten – nur wenige Leute blieben zurück –, kam es im westlichen Teil, wo der Befehl erst am 8. eintraf, zu Stockungen an den zu wenigen Übergängen über den Ruß. Nachdem die Russen am 10. südlich von Heydekrug bis zum Ruß durchgestoßen waren, wurden hier viele Trecks überrollt. Beim Rückzug der deutschen Truppen kam es nur bei Koadjuthen, Piktupönen und Schmalleningken zu größeren Kämpfen. Am 18. war das ganze Gebiet, bis auf den Brückenkopf Tilsit, in russischer Hand.

Die Trecks des nordwestlichen Kreisteils wurden erst in den Kreis Labiau und dann ins Samland weitergeleitet. Frauen und Kinder ohne Fahrzeuge wurden nach Sachsen gebracht. Die Trecks aus dem östlichen Gebiet durften zunächst nur bis hinter die Memel ziehen. Am 17. Oktober wurden sie in den Kreis Bartenstein weitergeleitet. Den Einwohnern Pogegens wurde Friedland zugewiesen. Unverständlich ist, warum die einmal in Bewegung gesetzten Trecks nicht sogleich durch Ostpreußen hindurchgeführt und in das weniger gefährdete Reichsgebiet geleitet wurden.

Der Kreis Stallupönen/Ebenrode: Während der russischen Oktoberoffensive war der Kreis vom 11. bis zum 18. etappenweise evakuiert worden. Bei dem schnellen Vorstoß der Russen durch das südliche Kreisgebiet, der bis Nemmersdorf führte, wurden viele Trecks und die nicht geflohenen Bewohner von den Russen überrollt. Das Schicksal dieser Menschen ist unbekannt, da es kaum Überlebende gab. Bekannt ist jedoch, daß deutsche Frauen unter russischer Bewachung im Frühjahr 1945 dort viele Leichen beerdigen mußten. Am 16. Oktober warfen russische Bomber die Kreisstadt in Brand. Beim Abschluß der Kämpfe Anfang November war der größte Teil des Kreises, bis auf die Nordwestecke entlang der Bahnlinie Stallupönen – Pillkallen bis westlich Trakehnen, in russischen Händen. Die Trecks zogen zunächst in den Kreis Insterburg, und als auch der bedroht wurde, in ihren Aufnahmekreis Preußisch Eylau.

Bei der russischen Januaroffensive wurde die in deutscher Hand gebliebene Nordwestecke des Kreises am 19. von den Russen kampflos besetzt.

In allen evakuierten Gebieten der Grenzkreise waren neben den deutschen Soldaten auch noch Eisenbahner, Polizei und andere Dienststellen anwesend. Dazu wurden immer wieder Bauern mit ihren ausländischen Arbeitern zurückgeschickt, vor allem um Getreide zu dreschen und in Sicherheit zu bringen. Ihnen waren manchmal auch die Familien gefolgt. Meistens entkamen diese Personen den schnell vorgehenden Russen, manchmal aber auch nicht.

Der Kreis Pillkallen/Schloßberg: Dieser östlichste Kreis des Deutschen Reiches war bereits während der Augustkrise teilweise geräumt worden. Bei der Oktoberoffensive wurde die Bevölkerung vom 9. bis 23. vollständig evakuiert. Die Trecks der Bauern zogen in den Aufnahmekreis Wehlau. Im Kreisgebiet kam es bei Schirwindt, Schillfelde und Pillkallen zu schweren Kämpfen. Als die Front zum Stehen kam, verlief sie von Schillfelde über Jägerswalde, östlich Pillkallen und weiter südwärts auf Stallupönen zu. In den westlichen Teil kehrten nur volkssturmpflichtige Männer und Arbeitskommandos zurück.

Bei der russischen Januaroffensive wurde schwer um Pillkallen gekämpft, in das am 16. die Russen eindrangen. Um einer drohenden Umklammerung zu entgehen, zogen sich die deutschen Truppen am selben Tag aus dem Nordteil des Kreises zurück. Am 18. war das ganze Kreisgebiet in russischer Hand. Die im Bereich der ehemaligen Front liegenden Orte wurden fast vollständig zerstört, darunter auch die Kreisstadt mit den großen Mühlenwerken, der Eisengießerei, Landmaschinenfabrik und anderen Großbetrieben.

Wie die Bewohner der anderen evakuierten Kreise erlitten auch diese in der zweiten Phase der Flucht die höchsten Verluste. Noch in Pommern wurden ganze Familien aus dem Kreis Pillkallen ohne Grund erschossen.

Der Kreis Tilsit/Ragnit: Als die Russen am 10. Oktober 1944 das Nordufer der Memel erreicht hatten, ordnete die Kreisleitung die Räumung in Zonen von je zehn Kilometern an. Bis zum 7. November hatten die Bewohner das Kreisgebiet planmäßig in geschlossenen Trecks verlassen und begaben sich in ihren Aufnahmekreis Mohrungen. Tilsit und Ragnit lagen nun in der Frontlinie. Tilsit wurde durch Bomben und Artillerie schwer beschädigt.

Nur wenige Tage nach dem Beginn der sowjetischen Winteroffensive durchbrachen russische Panzerkräfte die Memel-Inster-Stellung bei Hohensalzburg und drangen westwärts auf Schillen vor. Um nicht abgeschnitten zu werden, zogen sich die Deutschen Truppen aus dem Raum Tilsit eiligst nach Westen zurück. Ohne Widerstand zu finden, besetzten die Russen vom 15. bis zum 22. Januar das ganze Kreisgebiet. Für die evakuierte Bevölkerung auch dieses Kreises begann die eigentliche Leidenszeit erst bei dem zweiten Aufbruch zur Flucht aus dem Gastgeberkreis, mitten im eisigen Winter.

Der Kreis Elchniederung: Auch die Nordgrenze des Kreises Elchniederung war seit Oktober Frontlinie, denn auch hier standen auf der anderen Seite des Rußstromes die Russen. Es war der einzige Kreis Ostpreußens ohne Stadt. Der Hauptort mit dem Sitz der Kreisverwaltung, Heinrichswalde, war noch immer ein Dorf. Die Bewohner waren zwischen dem 11. Oktober und 1. November, bis auf die üblichen Dreschkommandos und anderen Dienste, in die Kreise Samland und Heiligenbeil evakuiert worden. Personen ohne Fahrzeuge waren schon anderweitig ins Reich gefahren.

Am 19. Januar 1945 brachen russische Panzer durch die deutsche Auffanglinie bei Schillen (Kr. Tilsit/Ragnit) und drangen überraschend in das südliche Kreisgebiet ein. Am Abend besetzten sie den wichtigen Verkehrsknotenpunkt Kreuzingen und stießen bis Liebenfelde im Kreis Labiau vor. Um nicht abgeschnitten zu werden, blieb den deutschen Truppen auch in diesem Kreis nur der eilige Rückzug durch das Große Moosbruch und entlang der Haffküste.

Der Volkssturm war schon am 17. abgerückt. Am 18. hatten die deutschen Truppen ihre Stellungen am Südufer des Ruß verlassen, und vom 19. bis zum 21. hatten die Russen das Kreisgebiet ohne Gegenwehr in Besitz genommen.

Der Kreis Gumbinnen: Als bei der Oktoberoffensive die Russen schon in den Kreis eingebrochen waren und die Gauleitung noch immer die Räumung verbot, gab Bürgermeister Wilhelm Schleuß am 20. eigenmächtig den Räumungsbefehl für die Kreisstadt. Ebenso ordnete Kreisbauernführer Fritz Feller auf eigene Verantwortung die Evakuierung der Landbevölkerung für den 21. um 6 Uhr früh an. Erst dann gab auch Gauleiter Koch nach. Es war jedoch zu spät, und viele Trecks aus den südlichen Gemeinden wurden von den Russen überrollt. Aus dem östlichen Gebiet (Schweizersfelde, Amtshagen) wurde ein Teil der Bewohner mit der Bahn und auf Wehrmachts-LKW weggebracht. So kam es zu den schrecklichen Verbrechen in Nemmersdorf und vielen anderen Dörfern und Städten. Nach Abschluß der Kämpfe blieb der südöstliche Teil des Kreises in russischer Hand. Die Front verlief von Grünhof über Domlardshof, Jägershagen, Großwaltersdorf, entlang der Straße nach Goldap.

Erst im November erreichten die Trecks ihren vorgesehenen Aufnahmekreis Osterode. Familien ohne Fahrzeuge wurden nach Pommern und Sachsen weitergeleitet. Auch hier mußten volkssturmpflichtige Männer mit Gespannen und Fremdarbeitern zu den üblichen Arbeiten zurückkehren.

Bei der Januaroffensive griffen die Russen am 17. hier an. Um Gumbinnen wurde hart gekämpft, das am 19./20. in russische Hand fiel. Den im Kreis anwesenden Bauern und Arbeitern gelang es vom 13. bis zum 21. das Kreisgebiet zu verlassen, das am 22. Januar von den Russen besetzt war.

Der Kreis Insterburg: Bei der russischen Oktoberoffensive wurde das Kreisgebiet zwar ernstlich bedroht, blieb aber von einem Einbruch der Russen verschont. Dem Bürgermeister der Stadt Insterburg, Dr. Wander, gelang es mit viel Mühe, etliche Sonderzüge herbeizurufen, um Tausende Menschen, die sich auf dem Bahnhof angesammelt hatten, abzutransportieren.

Nachdem die Front zum Stehen kam, wurde das Kreisgebiet östlich der Straßen Aulenbach – Insterburg und Insterburg – Nordenburg vom 3. bis 21. November evakuiert. Viele Frauen, Kinder und Alte waren schon im Oktober mit der Bahn nach Sachsen gebracht worden. In den Orten, durch die diese Straßen führten, durften nur die Bewohner auf der Ostseite ihre Wagen beladen und abfahren, die auf der Westseite wohnten, mußten bleiben.

Entgegen des strikten Verbotes Gauleiter Kochs traf Insterburgs Bürgermeister Dr. Wander, soweit es ihm möglich war, Vorbereitungen für den nächsten Großangriff der Russen. Alle Personen, die nicht gebraucht wurden, sollten die Stadt verlassen. Weil viele nicht weggehen wollten, drohte Wander mit Entzug der Lebensmittelkarten. Auf Beschwerden einiger Bürger beim Landesernährungsamt in Königsberg rief dieses Dr. Wander an und befahl: „Karten müssen an alle ausgegeben werden." Wander blieb aber fest: „Nur an die, die hier unbedingt gebraucht werden." Zweifellos hat das mutige Auftreten Dr. Wanders vielen Insterburgern das Leben gerettet.

Als bei der Januaroffensive die Russen schon im Kreisgebiet standen, gab am 19. um 4.30 Uhr Gauleiter Koch zum Erstaunen aller den Befehl zur Räumung der Stadt, „die aber nicht überstürzt zu werden braucht, da man noch fünf Tage Zeit habe". Dr. Wanders hatte es aber sehr eilig, denn in der Stadt waren noch etwa 9.000 Menschen. Auch die Bevölkerung des im Herbst nicht geräumten westlichen Kreisteils brach nun in großer Hast auf. Von den Bahnhöfen der zwei aus dem Kreis führenden Bahnlinien (nach Wehlau und Gerdauen) fuhren bis zum 21. Flüchtlingszüge ab. Die Trecks aus dem nördlichen Kreisteil suchten über Markthausen, Groß Schirrau und Taplacken zu entkommen. Viele von diesen wurden schon nach wenigen Tagen von den Russen überrollt. Die südlicheren Gemeinden (nördlich des Pregels) wollten bei Siemohnen/Norkitten auf die Reichsstraße 1 gelangen. Die großen Stauungen an diesem Pregelübergang wurden von russischen Tieffliegern angegriffen, wobei es hohe zivile Verluste bei den Flüchtlingen gab. Jene, denen die Pferde erschossen waren, aber auch andere, die eingekeilt waren, ließen die Wagen stehen und flüchteten zu Fuß weiter. Die Gemeinden südlich des Pregels flohen in Richtung Allenburg.

Am 19. durchbrachen russische Panzer die Insterstellung bei Breitenstein und stießen westwärts bis Aulenbach vor. Bei dem Gegenstoß deutscher Panzer am 20. kam es bei Warkau (13 km nördlich von Insterburg) zu harten Kämpfen. Auf Insterburg ging von 10 bis 13 Uhr ein schwerer Luftangriff nieder. Da die Stadt fast leer war, gab es dabei „nur" 30 Tote. Seit vormittags schoß Artillerie in die Stadt, aus der abends die letzten Züge abfuhren, teils unter weiteren Bombeneinschlägen. Einer der Züge stieß am 21. vor Wehlau auf einen anderen Zug, in dessen letzten Wagen Munition geladen war. Bei der Explosion gab es zwölf Tote und etwa 100 Verletzte.

Am Abend des 21. standen die Russen schon in Georgenburg, kaum 1.000 Meter nördlich der Stadt. In der Nacht zum 22. zog sich der Volkssturm, der in der Insterstellung hohe Verluste erlitten hatte, nach Süden zurück, und am Morgen des 22. drangen die Russen in Insterburg ein.

An diesem Tag stießen russische Panzer aus dem Kreis Labiau nach Südwesten bis zum Pregel bei Taplacken (30 km westlich von Insterburg) vor. Damit war der Kreisteil nördlich des Pregel in russischer Hand. Bis zum 23. hatten die Russen auch den südlichen Kreisteil in ihrem Besitz.

Der Kreis Labiau: Als der russische Vorstoß auf Königsberg in vollem Gange war, wurde am 19. abends die Räumung des östlichen Kreisteils bis zur Deime befohlen und vom 20. bis 22. überstürzt durchgeführt. Die Straßen hatten schon vorher die Massen der Trecks aus den östlichen Kreisen und die zurückflutenden Wehrmachtsverbände kaum fassen können. An ein schnelles Weiterkommen war daher nicht zu denken. Man mußte froh sein, wenn es nur im Schritt weiterging. Die russischen Panzer fuhren dagegen viel schneller. Am 22. wurde die Räumung auf das Gebiet von der Deime bis zur Straße Kampken – Pronitten – Lindenau ausgedehnt. Bei dem Durcheinander erhielten viele keine Kenntnis davon. Als z.B. der Gutsbesitzer von Neyken am 22. bei der Partei anrief, um etwas über eine Räumung zu erfahren, sagte ihm jemand: „Hier ist alles fort. Hier arbeitet niemand mehr." Am 24. Januar waren die Russen in Labiau und überschritten sogleich die Deime. Am 25. früh erschienen sie an der Kanalstellung, die von der Haffküste bei Postnicken, entlang des Westkanals, über Kaimen, durch den Forst Greiben und weiter südlich bis zum Pregel lief. Beim Straßen- und Bahnübergang über den Kanal bei Nautzken durchbrachen die Russen auch diese Linie und hatten am Abend des 25. den ganzen Kreis Labiau in ihrem Besitz. Am Abend des 26. standen sie bereits im Kreis Samland auf der Linie Postnicken – Damerau – Schönwalde.

Die sich mühsam vorwärtsquälenden Trecks hatten sie mit der üblichen grausamen Rücksichtslosigkeit überholt und versetzten die vor ihnen fliehenden Menschen in Angst und Schrecken. Die vielgerühmte Deimestellung, an der die Russen im Ersten Weltkrieg erfolgreich aufgehalten worden waren, hatte sie dieses Mal nicht einen einzigen Tag aufhalten können. Der Teil der Bevölkerung des Kreises Labiau, dem die Flucht gelungen war, teilte nun das Schicksal der Bewohner des Samlands und Königsbergs.

Der Kreis Wehlau: Auch im Kreis Wehlau verhinderte die Partei eine rechtzeitige Evakuierung. Selbst als am 22. Januar russische Panzer acht Kilometer vor Wehlau gesehen wurden, verweigerte die Kreisleitung den Aufbruch zur Flucht. Auf Anrufe der besorgten Ortsbehörden und Gutsbesitzer, daß es bald zu spät sein werde, antwortete der zaghafte Landrat, daß an einer Stelle einmal Schluß gemacht werden müsse. Der Kreis Wehlau dürfe sich doch nicht auch noch auf die überfüllten Landstraßen begeben. Im nördlichen Kreisgebiet hatten die Russen Goldbach (18 km nordwestlich von Wehlau) erreicht. Die meisten Gemeinden brachen am 22. selbständig oder auf Veranlassung der Ortsbehörden auf. In Allenburg war mittags noch verkündet worden, daß keine Gefahr bestünde, aber auf Druck der Wehrmacht gab der Bürgermeister um 18 Uhr den Befehl zur Räumung der Stadt bis 19 Uhr. Züge fuhren nicht mehr. Die Alten und Kranken wurden mit LKW weggebracht, die anderen machten sich bei mehr als 20 Grad Kälte und eisigem Wind zu Fuß auf den Weg nach Friedland.

Die Hauptstraßen waren so überfüllt, daß nicht durchzukommen war; zum Teil waren sie für die Wehrmacht gesperrt. Bald waren aber auch die Nebenwege völlig verstopft. Der Treck aus Groß Plauen, der in Friedland über die Alle wollte (18 km, d.h. drei Stunden Fußmarsch), kam in elf Stunden nur zehn Kilometer weit. Eigentlich sollten die Trecks nach Elbing geleitet werden. Da dort aber nicht mehr mit einem Durchkommen zu rechnen war, lenkte die Polizei einen Teil in Richtung Pillau, den anderen auf Heiligenbeil zu. Nördlich der Straße Tapiau – Taplacken, noch mitten in ihrem Heimatkreis, wurden die Treckkolonnen von Russenpanzern überrollt, wobei sich grauenhafte Szenen abspielten. Direktor Otto Meyhöfer aus Wehlau schrieb über das Chaos: „Wir mußten die Reichsstraße 1, die freigehalten werden sollte, bei Oppen kreuzen und kamen in den nördlichen Bogen Poppendorf – Grünhayn. Da auch die Straße Köthen – Tapiau gesperrt war, standen die Trecks zu vielen Tausenden in diesem Bogen und auf den Anfahrtsstraßen zu ihm. Bis 14 Uhr waren wir, uns schrittweise vorschiebend, bis Grünhayn gelangt. Russische Artillerie schoß über uns hinweg [...] Wir gingen zu Fuß vor, um nach der Ursache der Stockung zu sehen. Als wir Tapiau erreichten, kamen schon Leute von den Trecks nachgelaufen. Panzer hätten wahllos in die Trecks hineingeschossen[,] und alle seien in die Hände der Russen gefallen [...]"

Wäre der Räumungsbefehl nur 24 Stunden eher erteilt und der Abtransport auf geregelte Weise durchgeführt worden, hätten sich diese Menschen alle retten können. Von den drei Städten wurde Wehlau am 22., Tapiau am 23. und Allenburg am 24. von den Russen besetzt. Den letzten Rest des Kreises nahmen sie am 26. Januar in Besitz.

Der Kreis Goldap: Während der Oktoberoffensive drangen die Russen am 18. im Südosten bei Dubeningen und Wehrkirchen in den Kreis ein. Am 20. griffen sie auch von Norden an. Der Räumungsbefehl für die östlichen und nördlichen Gemeinden kam am 17., zum Teil erst am 18. und wie meistens zu spät. Am Abend des 19. wurde für den Morgen des 20. die Räumung auch für das übrige Gebiet und für die Stadt befohlen. Zwischen 4 und 5 Uhr früh verließen die letzten Evakuierungszüge Goldap. Da Gauleiter Koch angedroht hatte, jeden erschießen zu lassen, der von Räumung sprach, hatte es auch hier keine Vorbereitungen für die Abführung der Wirtschaftsgüter gegeben. Ungeheure Werte blieben zurück. Die Molkerei rief bei der Kreisverwaltung an, sie solle den Abtransport der vielen Tausende Zentner Käse und Butter veranlassen, aber der Kreisleiter war mit seinem Stab schon fort. In der Mühle lagerten 2.500 Doppelzentner Weizen neben einer weit größeren Menge Roggen. Es gab aber noch ein Dutzend weitere Mühlen und Speicher im Kreis, die im Herbst alle vollgefüllt waren. All diese dringendst benötigten Lebensmittel blieben nun für die Russen zurück. Die Trecks der Landbevölkerung zogen in ihren Gastgeberkreis Rößel.

Am 21. nach 15 Uhr heulten die ersten Granaten in die Stadt, in die am 23. die Russen einzogen. Nach schweren Kämpfen besetzten deutsche Truppen am 3. November wieder die stark zerstörte Stadt. Die Front verlief nun entlang der Straße Goldap – Gumbinnen, am Westufer des Goldapsees, bei Bodenhausen und entlang der Straße nach Treuburg. Männer und Gespanne kehrten zu den üblichen Arbeiten zurück. Manche besäten sogar noch ihre Äcker mit Wintergetreide (Brotkorn), von dem sie jedoch nichts mehr ernten sollten.

Bei der Winteroffensive besetzten die Russen den westlichen Kreisteil vom 20. bis 22. Januar, wobei es nur im nördlichen Teil zu Kämpfen kam.

Der Kreis Treuburg: Beim Beginn der russischen Herbstoffensive am 16. Oktober 1944 brachen die Bewohner unverzüglich zum Aufnahmekreis Sensburg auf. Als am 22. die Räumung befohlen wurde, waren die meisten schon unterwegs. Am 26. war der ganze Kreis geräumt. Wie überall mußten volkssturmpflichtige Männer mit ihren Arbeitern zurückkehren. Alle Leute ohne Fahrzeuge (etwa 40 Prozent der Gesamtbevölkerung) wurden nach Sachsen weitergeleitet. Nur die Bauern mußten die schreckliche zweite Phase der Flucht mitmachen. Bei der Pferdeaushebung im Dezember 1944 mußte die Wehrmacht auch den Treuburger Bauern die besten Pferde gegen Bescheinigungen abnehmen, obwohl die Bauern diese so nötig auf der weiteren Flucht gebraucht hätten. Die Bezahlung dafür haben sie nie erhalten.

Bei der Oktoberoffensive erreichten russische Truppen die Reichs- und Kreisgrenze am 21. nördlich Merunen. Schon am 16., also zwei Tage vor dem offiziellen Aufruf, wurde hier schon ein Teil des Volkssturms aufgestellt. Der Rest wurde am 21. einberufen und mit der Wehrmacht bei den schweren Kämpfen in der Nordostecke des Kreises eingesetzt, die bis zum 26. tobten. Nachdem die russische Offensive zum Stehen gebracht worden war, verlief die Front hier von Hallenfelde (Kr. Goldap) über Garbassen, Filipow in südlicher Richtung, meist östlich der Reichs- und Kreisgrenze entlang.

Bei der Winteroffensive drohte den deutschen Truppen die Einschließung. Darum zogen sie sich ab 20. Januar kampflos zurück. Den Rückzug deckte der Volkssturm, der meistens als letzter die Stellungen verließ. Auf den beiden Hauptstraßen bei Merunen und Reuß drangen am 20. die Russen in das Kreisgebiet ein. Nur die Stadt Treuburg wurde bis zum 23. verteidigt. Am 24. Januar war der ganze Kreis in russischem Besitz.

Der Kreis Darkehmen/Angerapp: Bei der Oktoberoffensive 1944 drangen Spitzen der Panzerkeile am 21. bis in das östliche Kreisgebiet vor. Während auf Veranlassung der Ortsbehörden ein großer Teil der Bevölkerung schon am 19. geflohen war, verbot die Gauleitung noch immer jede Räumung. Erst am 21. erlaubte sie die Evakuierung des nördlichen Kreisteils, am 22. der Stadt und am 1. November des südlichen Kreisgebiets. Inzwischen hatten aber schon 90 Prozent der Bewohner den Kreis in Richtung des Aufnahmekreises Preußisch Holland verlassen. Nach dem deutschen Gegenangriff war der Kreis am 25. Oktober feindfrei. Bei Luftangriffen war Darkehmen am 22., 23. und 25. bombardiert worden. Im November beschoß russische Artillerie die Stadt.

Nachdem die Front im Osten vor der Kreisgrenze zum Stehen gekommen war, wurde die Bevölkerung im November endgültig evakuiert. Etwa 35.000 Rinder, 10.000 Schweine und 20.000 Tonnen Getreide konnten noch abgeführt werden.

Als bei der Januaroffensive die Russen am 22. in den Kreis eindrangen, gab Landrat Paul Uschdraweit eigenmächtig den Befehl zur Räumung, ohne die Gauleitung zu benachrichtigen. Die Wehrmacht zog sich fast ohne Widerstand zurück. Die Partei aber setzte das Volkssturmbataillon zur Verteidigung der Kreisstadt ein, wobei fast alle sinnlos fielen. Schon am 24. hatten die Russen das ganze Kreisgebiet besetzt.

Der Kreis Lyck: Die russische Oktoberoffensive trieb die Bewohner des Kreises Lyck zum zweitenmal auf die Flucht. Das Gebiet östlich der Bahnlinie Lötzen – Lyck – Prostken (etwa zwei Drittel des Kreises) wurde geräumt. Der Aufnahmekreis war Allenstein. Etliche der Sonderzüge mit Personen ohne Fahrzeug fuhren gleich weiter nach Pommern und Sachsen. Die Männer mit ihren Hilfskräften kehrten zurück, um zu dreschen, Kartoffeln und Rüben zu ernten und die Felder für das nächste Jahr zu bestellen, wobei sie hin und wieder von russischer Artillerie und Tieffliegern beschossen wurden.

Als bei der Januaroffensive am 19. Lautenburg und Soldau besetzt waren, wodurch der Fluchtweg nach Westen bedroht war, erklärte die Gauleitung, daß für Lyck keine Gefahr bestünde. Die Wehrmacht erkannte die Lage besser und zog sich am 19. über die Reichsgrenze zurück. Am 23. hatte sie den ganzen Kreis kampflos geräumt.

Der Räumungsbefehl am 20. kam zu spät. Manche erhielten ihn erst in der Nacht. Bei eisiger Kälte und Schneestürmen brachen die Trecks am 21. oder am 22. überstürzt auf. Die Straßen waren noch zum Teil von zurückgehenden Wehrmachtskolonnen überfüllt und von diesen glattgefahren. Die Wagen, meist von Frauen, Kriegsgefangenen oder Fremdarbeitern gelenkt, rutschten seitwärts ab, Pferde, die nicht scharf beschlagen waren (also Stollen in den Hufeisen hatten), glitten aus und stürzen. Schon nach wenigen Kilometern ging jeder Zusammenhalt verloren. Der letzte Eisenbahnzug fuhr aus Prostken am 22. vormittags, aus Lyck gegen 20.30 Uhr ab.

Am gleichen Tag drangen die Russen ohne Gegenwehr von Norden, Osten und abends von Süden in das Kreisgebiet ein. Die noch im geräumten Ostteil des Kreises anwesenden Männer und Fuhrwerke aus dem Aufnahmekreis Allenstein gingen im Chaos der Flucht unter. Ihre Familien mußten nun ohne Männer, ohne Pferde und Wagen, mit ihren Gastgebern weiterfliehen. Mit den Russen oder gleich hinter ihnen kamen die Scharen der Polen zum Plündern. Am 24. war der gesamte Kreis von den Russen besetzt.

Der Kreis Angerburg: Aus Richtung Goldap drangen die Russen am 20. und 21. Januar in das nördliche, ab 24. aus dem Kreis Treuburg auch in das südliche Kreisgebiet ein. Um nicht abgeschnitten zu werden, räumten die deutschen Truppen kampflos das östliche Kreisgebiet und zogen sich hinter die Seenlinie zurück. Nur am Westufer des Mauersees leisteten Truppen der Festung Boyen Widerstand. Auf Anordnung der Wehrmacht hatte die Evakuierung der Bevölkerung schon am 16. in den Aufnahmekreis Heilsberg begonnen. Am 22. verließen die Behörden und die letzten Zivilisten Angerburg. Die Landbevölkerung brach zwischen dem 20. und 23. Januar auf. Am 26. war der ganze Kreis in russischer Hand. Auch die Bewohner dieses Kreises erlitten die hohen Verluste erst bei der zweiten Fluchtphase. Viele Trecks, die aus Ostpreußen entkommen waren, wurden noch im März in Pommern von den Russen überrollt.

Der Kreis Lötzen: In das Kreisgebiet Lötzen drangen die Russen am 22. Januar von Osten ein. Der nordöstliche Teil war schon im November evakuiert worden. Für das übrige Gebiet erfolgte die Räumung weder planmäßig noch rechtzeitig. Erst ab 21. erlaubte Kreisleiter Jankowski eine abschnittsweise Räumung. Einige Gemeinden erhielten den Befehl erst am 24., andere überhaupt nicht. Manche Trecks wurden deshalb schon im Kreisgebiet von den Russen überrannt. Der östliche Kreisteil brach am 21. und 22., der mittlere am 23. und der westliche am 24. auf. Die Züge auf der Bahnlinie Lyck – Lötzen – Rastenburg waren meist schon völlig überfüllt, ehe sie im Kreis eintrafen. Sie gelangten nur noch bis Heilsberg, Bartenstein oder Preußisch Eylau. Am Abend des 22. ließ der Festungskommandant von Lötzen die Stadt räumen. Da nur ein Räumzug zur Verfügung stand, der auch noch abfuhr, ließ er die übrigen Einwohner mit LKW der Wehrmacht wegbringen. Aus Rhein konnte ein Teil der Bewohner mit der Kleinbahn nach Rastenburg entkommen.

In dem Chaos auf den Landstraßen lösten sich die anfangs geschlossenen Trecks bald auf. Andere wurden von der Gendarmerie zurückgewiesen, die irrtümlich glaubte, daß die Russen schon in Korschen den Weg nach Westen abgeschnitten hätten. Die Wehrmacht nahm diesen Trecks die Pferde, manchen auch die Wagen ab. Bis zum 18. war der Kreis in russischer Hand.

Ein Teil der Bevölkerung war nicht geflohen, weil der Räumungsbefehl zu spät eintraf oder die Flucht im Winter aussichtslos erschien. In einigen Gemeinden blieben 30 bis 50 Prozent der Bewohner zurück. Mit den Zurückgewiesenen war die Anzahl der Personen, die die Russen vorfanden, und somit auch die Zahl der Ermordeten, recht hoch. Langenwiese zählte zwölf Tote, Schwansee sieben, Kronau 52, Widminnen 30, Rhein 30, Billsee sechs, und ähnlich sah es in fast allen 85 Gemeinden aus. Die Trecks, soweit sie nicht schon in Ostpreußen von den Russen eingeholt worden waren, wurden im Raum Danzig/Pommern überrollt. Nur zehn bis 15 Prozent kamen über die Oder.

Der Kreis Gerdauen: Da nach Zerschlagung der deutschen Front die Russen schnell vorankamen und den Kreis Gerdauen bedrohten, gab der Kreisleiter am 20. eigenmächtig den Befehl zur Räumung des östlich vom Masurenkanal gelegenen Kreisteils. Als am 21. Januar auch der Gauleiter die Räumung erlaubte, waren die Bewohner schon unterwegs. Am 22. abends war das Gebiet östlich des Kanals geräumt. Schon am 23. Januar nachmittags drangen russische Panzer in das nördliche Kreisgebiet ein. Nach Gefechten an der Swine hatten die Russen am nächsten Tag den Nordteil des Kreises besetzt. Nur um Schneiderin wurde noch heftig gekämpft. Am 24. griffen die Russen auch von Osten an und nahmen bis zum 25. das Gebiet bis zum Masurenkanal mit der Stadt Nordenburg in Besitz. Die Bewohner des Gebiets zwischen Kanal und Gerdauen flohen vom 23. bis 25., während für das Gebiet westlich von Gerdauen noch Räumungsverbot bestand. Am 26. flohen aber auch diese Bewohner auf Befehl der Wehrmacht, des Landrats, der Bauernführer oder auch aus eigenem Entschluß.

Auf Drängen des Kreisleiters und des Landrats, die Kreisstadt Gerdauen räumen zu lassen, rief endlich die Gauleitung aus Königsberg am 24. gegen 19 Uhr an: „Für den Abtransport der Bevölkerung werden fünf Züge bereitgestellt. Der erste trifft gegen 20 Uhr dort ein. Die Menschen sind sofort auf dem Bahnhof zu versammeln […]" In größter Eile brachen 5.000 Menschen auf und zogen bei 20 Grad Kälte zum Bahnhof. Während sie zitternd auf die angesagten Züge warteten, leuchtete der Himmel im Osten blutrot vom Feuerschein der brennenden Dörfer, und der Geschützdonner dröhnte beängstigend nahe. Da Stunde um Stunde verging, ohne daß ein Zug erschien, rief der Kreisleiter gegen 23 Uhr wieder die Gauleitung an. Nach zwei Stunden meldete sich dort schließlich jemand: „Die fünf Züge? – Noch nicht da? – Die kommen auch nicht, das war doch nur eine Beruhigungsmaßnahme für die Bevölkerung […]" Landrat, Bürgermeister und Ortsbauernführer gingen nun daran, die Räumung entgegen dem Befehl der Gauleitung eiligst durchzuführen.

Am 25. brachen die Russen den deutschen Widerstand bei dem Bahn- und Straßenübergang bei Pröck und gingen auch im Norden über den Kanal. Am 26. stießen sie nördlich und südlich Gerdauens nach Westen vor. Am 26. gegen 22 Uhr, als russische Granaten bereits im Vorfeld der Stadt einschlugen, gab auch der berüchtigte Organisationsleiter Dargel von der Königsberger Gauleitung die Erlaubnis zur Räumung Gerdauens. Am 28. war der ganze Kreis in russischer Hand.

Die Trecks zogen über Schippenbeil, Bartenstein und Landsberg zur Haffküste. Bei Bartenstein wurden viele von russischen Panzern überrollt. Nur wenige kamen mit ihren Wagen über das Haff nach Westen durch. Ein größerer Teil wurde unter Zurücklassung des Gepäcks über See gerettet.

Während die dritte weißrussische Front das nördliche Ostpreußen besetzte, erreichte die zweite weißrussische Front die Südgrenze der Provinz und stieß auf die Haffküste vor. Die ersten Opfer für diese von der Sowjetpropaganda aufgehetzten Russen waren die unglücklichen Bewohner des Kreises Neidenburg.

Der Kreis Neidenburg: Am 18. Januar drangen russische Panzer in den Kreis ein und stießen in Richtung Osterode vor. Die Bewohner glaubten, weit im Hinterland der Front zu sein und wurden völlig überrascht. Im Dorf Kurkau zum Beispiel, drei Kilometer südlich von Soldau, ahnte niemand etwas von der drohenden Gefahr. An dem kalten Wintertag waren die Bauern beim Dreschen, als gegen 13.30 Uhr russische Panzer ins Dorf rasselten. Gegen die in die Stadt Soldau eingebrochenen Panzer organisierte Bürgermeister Karl Börger mit den anwesenden Soldaten die Verteidigung. Der heftige Widerstand, bei dem sechs sowjetische Panzer abgeschossen wurden, hielt die Russen bis zum nächsten Tag auf, ehe sie Soldau besetzten. Aus dem Soldauer Lazarett flohen sogar nur mit Hemd und Unterhose bekleidete Schwerverwundete, da sie wußten, was sie von den Bolschewisten zu erwarten hatten. Russische Panzerverbände stießen am 18. an Soldau vorbei auf Osterode vor, andere standen abends vor Neidenburg.

Der überraschende Einbruch der Russen löste eine überstürzte und panikartige Flucht der Bevölkerung aus. Noch war der Fluchtweg über Osterode offen, und die Trecks, die aus dem Südwestteil des Kreises sofort aufbrachen, kamen bis Pommern durch. In Neidenburg rief der höchst besorgte Landrat Crewell die Gauleitung in Königsberg an, erhielt aber die Antwort: „Wer nur das Wort „Räumung" in den Mund nimmt, begeht Landesverrat!" Soweit Räumungsbefehle von den Ortsbehörden eigenmächtig ausgegeben wurden – die Kreisleitung hatte sich wie üblich schnell abgesetzt –, kamen sie zu spät. Nur wenige einzelne Trecks, die ohne Befehl abgefahren waren, kamen durch. Alle anderen, fortwährend von Tieffliegern beschossen, wurden schon im Heimatkreis oder in den Nachbarkreisen überrollt. Kaum zehn Prozent der Bevölkerung gelang die Flucht, weit weniger als in anderen Kreisen. Auch die Ermordung von Zivilpersonen erreichte hier traurige Rekordzahlen.

Am 19. vormittags erfolgte auf Neidenburg ein schwerer Luftangriff, der die Stadt in Brand setzte. Nachmittags stießen russische Truppen auch von Janowo über die Reichsgrenze vor. Bis zum Abend war der Südwestteil des Kreises mit Neidenburg, am 20. der mittlere Teil bis zum Omullefluß und am 21. der ganze Kreis von den Russen besetzt. Bürgermeister Wilhelm Mack aus Malga beschrieb, was mit der Bevölkerung geschah: „Alle Männer, gleich welchen Alters, werden von den Russen sofort erschossen oder lebendigen Leibes in die angesteckten Gebäude geworfen. So verbrennen Frau Anna Bryer mit zwei kleinen Kindern, im anderen Gehöft das Ehepaar Korzan mit ihren drei kleinen Kindern [...]" Es folgen die Namen von 19 erschossenen Personen.

In Krokau wurden zwei Familien mit je vier Kindern in einer Scheune verbrannt. Überall geschah Ähnliches. Soweit es Überlebende gab, ist das Ausmaß des Völkermordes verläßlich dokumentiert.

Der Kreis Osterode: Im Kreis bestand noch striktes Fluchtverbot, als bereits in der Nacht zum 19. Januar russische Panzer aus dem Kreis Neidenburg in das Kreisgebiet eindrangen. Auch hier artete die darauf folgende Flucht zur Panik aus. Am 19. und 20. fuhren noch Flüchtlingszüge, auch aus den vier Städten, ab, von denen einige tatsächlich noch bis ins Reich kamen. Erst am 20. nachmittags ordnete der Kreisleiter die Räumung an. Auf den Bahnhöfen warteten die Menschen bei eisiger Kälte zitternd auf die angesagten Züge, bis die Russen erschienen. Die Landbevölkerung, soweit sie sich auf die Flucht begab, kam kaum 24 Stunden vor den Russen auf die vereisten Straßen. Da der Fluchtweg und die Durchbruchsrichtung der Russen zum Haff die gleichen waren, wurden die mühsam vorwärtskriechenden Trecks bereits im nördlichen Kreisgebiet oder im Raum Mohrungen von den Russen überholt. Von den Fliehenden kamen kaum 20 Prozent über die Weichsel.

Das Kreisgebiet, in dem es zu keinen größeren Kämpfen kam, war am 22. Januar mit den Städten Gilgenburg, Hohenstein, Osterode und Liebemühl in russischer Hand. Osterode brannten die Sieger größtenteils nieder. Vor der Ruine der Post lag haufenweise deutsches Geld, das niemand mehr wollte.

Auch hier war die Zahl der Ermordeten sehr hoch. Von einem langen Treck bei Liebemühl wurden alle Männer erschossen oder erschlagen. Unter den Leichen in Frögenau befanden sich auch die neun Monate alten Zwillinge der Frau Sawodni, die eine Eßgabel im Hinterkopf stecken hatten. Im Forsthaus Grünort hatten Leute aus Buchwalde Schutz gesucht. Als diese erschossen wurden, erhielt Frau Winter, deren Mann und 16jähriger Sohn auch unter den Toten waren, 15 Ein- und Ausschüsse, ohne tödlich verletzt zu werden. Sie schleppte sich nachts in den Wald und blieb als einzige am Leben.

Der Kreis Ortelsburg: Kreisleiter Schulz weigerte sich, ohne Befehl des Gauleiters die Räumung zu erlauben. Erst als die Russen in der Nacht zum 19. bei Flammberg in das südliche Kreisgebiet eingedrungen waren, erlaubte der weltfremde Gauleiter Koch eine teilweise Räumung, die am 20. Januar endlich für den ganzen Kreis galt. Der erste Bombenangriff auf die mit Flüchtlingen überfüllte Kreisstadt am 19. forderte besonders bei den zusammengedrängten Massen auf dem Bahnhof viele Opfer.

Der Hauptangriff der Russen kam nicht aus der Richtung, wo Panzergräben und Straßensperren gebaut worden waren, sondern von Westen. Am 21. sperrten sie die Straße nach Allenstein bei Passenheim und gingen nach Osten vor. Als einziger Fluchtweg war jetzt nur noch die Straße nach Norden über Bischofsburg offen. Während Ortelsburg öfters bombardiert wurde, kam es südlich der Stadt zu heftigen Kämpfen. Dabei fiel auch Kreisleiter Schulz, der nicht geflohen war. Bis zum 26. war der süd- und südöstliche Teil mit Willenberg, am 28. auch der nördliche Teil mit der Kreisstadt Ortelsburg und Passenheim in russischer Hand.

Der Kreis Mohrungen: Obwohl der westliche Nachbarkreis Rosenberg (der dem westpreußischen Gauleiter Forster unterstand) nach rechtzeitiger Vorbereitung schon seit dem 19. Januar auf der Flucht war, bestand im Kreis Mohrungen noch striktes Pack- und Fluchtverbot. Auf dringende Vorstellungen besorgter Personen erklärten die Behörden, daß überhaupt keine Gefahr bestünde. In Saalfeld gab sie am 21. bekannt, daß die Russen zurückgeschlagen waren, und die Trecks aus Osterode wurden aufgefordert, zurückzukehren. Erst am Abend des 21. erlaubte der Kreisleiter die Räumung. Viele Gemeinden erhielten den Befehl erst am 22. Die Flucht erfolgte unvorbereitet und überstürzt in kleinen Gruppen oder einzeln. Etwa ein Drittel der Bewohner machte keinen Versuch zu fliehen. Die meist einzeln abfahrenden Wagen mußten stundenlang warten, ehe sie auf die Straßen einbiegen konnten, die mit Trecks aus anderen Kreisen schon völlig verstopft waren. Vor einem Flußübergang standen die Wagen über 24 Stunden bei mehr als 20 Grad Kälte und scharfem Ostwind. Einer der Wartenden notierte: „Die Pferde zittern, auf den Wagen gibt es Tote, erfrorene alte Frauen und verhungerte und erfrorene Kleinkinder […]" Auf dem Bahnhof Mohrungen stand ein langer, mit Flüchtlingen überfüllter Güterzug. Schließlich fuhr die vordere Hälfte ab, die andere blieb stehen. Abends kam eine alte Lok, die seit drei Tagen von Zichenau unterwegs war. Die vier völlig übermüdeten Eisenbahner ließen sich überreden, den Zug wegzuführen. Nachts fuhr er an der Kreisgrenze vor Grünhagen auf einen haltenden Lazarettzug, dessen letzte Wagen aus den Schienen sprangen.

Bei ihrem Durchbruch zur Haffküste stießen die Russen am 23. Januar entlang der Straße Osterode – Preußisch Holland vor und erreichten schon gegen Mittag Christburg, Saalfeld und Mohrungen. Wenige Stunden später standen sie bereits in der nächsten Kreisstadt Preußisch Holland.

Am 24. stießen russische Verbände auch aus Richtung Allenstein in den Kreis vor, der bis zum Abend in russischer Hand war. Nur bei Mohrungen hatte es größere Kämpfe gegeben. Teile der deutschen Truppen befanden sich im Zustand der Auflösung. Zu schweren Kämpfen kam es in der nordöstlichen Ecke des Kreises um Liebstadt, die sich bis Ende des Monats hinzogen. Die meisten Trecks wurden bald nach ihrem Aufbruch überrollt. Nur etwa ein Drittel kam über die Weichsel, noch viel weniger schafften es über die Oder.

Der Kreis Allenstein: Am 21. Januar, bei starker Kälte und Schneefällen, drangen die Russen von Süden in den Kreis ein. Sowohl der Regierungspräsident Dr. Schmidt wie auch der

Oberbürgermeister Schiedat beschworen später, daß ihre Bemühungen um die rechtzeitige Räumung als „Panikmacherei" bis zuletzt schroff abgelehnt wurden. Als die russischen Panzer am Nachmittag kaum noch zehn Kilometer von der Stadt entfernt waren, wurde um 15 Uhr auch ohne Befehl von „oben" eine Räumung (wahrscheinlich von Schiedat) angeordnet, die eine Panik auslöste.

Hildegard Aminde war auf dem vollgedrängten Allensteiner Bahnhof: „Dann habe ich meine Mutter in den Viehwagen gezwängt [...] Unsere letzten Habseligkeiten ließ ich auf dem Bahnsteig liegen. Gegen Mitternacht fuhr der Zug endlich ab. Er hielt in Wartenburg – wieder eine unübersehbare Menschenmenge. In unseren Wagen warf eine Frau drei kleine Kinder. Der Zug fuhr ab, sie selbst kam nicht mehr mit. In bitterer Kälte wurden wir drei Tage und Nächte zwischen Braunsberg und Heiligenbeil hin- und hergeschoben. Am 24. wurden wir auf freiem Feld ausgeladen [...]"

Gegen 23 Uhr standen die Russenpanzer mit ihrer motorisierten Infanterie vor Allenstein und schossen mit Granatwerfern in die Stadt. Nach einem Telefonat mit der Gauleitung erhielt Regierungspräsident Schmidt die Erlaubnis, seinen Sitz nach Seeburg (32 km nördlich) zu verlegen. Dr. Schmidt verstand. Er fuhr sogleich mit fünf seiner Beamten ab und war am nächsten Morgen schon in Braunsberg, etwa 100 Kilometer entfernt, als am 22. gegen 3 Uhr morgens die ersten Panzer in die Stadt eindrangen.

Obwohl Allenstein die zweitstärkste Garnison Ostpreußens hatte, wurde die Stadt überrumpelt und kaum verteidigt. Die Einfahrtsstraßen waren schon seit Monaten mit enormen Panzersperren verbarrikadiert worden, von denen die Russen kaum Notiz nahmen. Um 6 Uhr früh besetzten sie den Bahnhof, von dem nur zwei Züge abgefahren waren. Die meisten der wartenden Menschen waren schließlich in der eisigen Winternacht zu Fuß in Richtung Guttstadt aufgebrochen. Auf der Straße herrschte ein Chaos fliehender Menschen, zurückflutender Soldaten, Kinderwagen, Autos, Rodelschlitten und Pferdewagen. Manche kehrten schon nach wenigen Kilometern um, andere blieben in den Dörfern am Weg zurück. Viele wurden von den Russen eingeholt.

Im Nord- und Nordostteil des Kreisgebietes kam es zu schweren Kämpfen. Das Aufhalten der Russen ermöglichte hier einigen Bewohnern die Flucht. Erst am 31. Januar konnten die Russen die letzten Dörfer im Kreis besetzen. Die Stadt Allenstein wurde nach der Einnahme zu einem großen Teil durch Brandstiftung zerstört, das große Abstimmungsdenkmal von den Bolschewisten gesprengt.

Da kein Räumungsbefehl von der Gauleitung für den Kreis erteilt wurde und Anordnungen der Ortsorgane, wenn überhaupt, viel zu spät erfolgten, trafen die Russen einen großen Teil der Bewohner noch zu Hause an. In 54 der 130 Gemeinden war über die Hälfte der Einwohner zurückgeblieben. Darum war die Zahl der ermordeten Zivilpersonen sehr hoch. Aus der langen Liste seien hier zehn typische Beispiele genannt: In Jonkendorf gab es 14 Tote, in Cronau 16 (und drei ermordete französische Kriegsgefangene), in Diwitten acht (und zwei französische Kriegsgefangene), in Klein Kleeberg 14, in Schönbrück neun, in Schönwalde über 100, in Spiegelberg 15, in Lengainen 20, in Fittigsdorf 13, in Herrmannsort 17. Die Todesursachen in Herrmannsort z.B. waren: fünf Männer (60- bis 80jährig) und zwei Frauen mit sieben Kindern erschossen, ein Mann lebendig verbrannt, zwei Frauen (50- und 70jährig) zu Tode vergewaltigt.

Der Kreis Johannisburg: Gegen scharfen Protest der Gauleitung hatte die NSV (NS-Volkswohlfahrt) vorsorglich im Herbst 8.000 bis 9.000 Personen aus dem Kreis, die nicht unbedingt gebraucht wurden, nach Pommern evakuiert.

Am 19. Januar zerstörte ein schwerer Luftangriff zwei Drittel der Stadt Johannisburg. Erst darauf wurde, viel zu spät, die sofortige Räumung angeordnet. Da es kaum Züge gab, sagte der Befehl: „Die Bevölkerung ist zu Fuß in Richtung Sensburg in Marsch zu setzen." Es herrschten 18 Grad Kälte und dichtes Schneetreiben. Zur Aufnahme waren die westpreußischen Kreise Neustadt und Dirschau bestimmt. Die Trecks brachen am 21. geordnet in Marschrichtung Ortelsburg/Allenstein auf. Durch den Vorstoß der Russen auf Allenstein war der Fluchtweg nach Westen abgeschnitten und mußte nach Norden in Richtung Sensburg, Nikolaiken, Arys umgeändert werden. Dadurch gerieten die Trecks mit denen anderer Kreise zusammen, und es kam schon im nördlichen Kreisgebiet zu Stockungen. Bis zum Abend des 22. war der Kreis geräumt. Etwa zehn Prozent der 53.089 Bewohner blieben zurück.

An der Brücke in Arys hielten deutsche Soldaten den Treck an, da um 17 Uhr die Brücke gesprengt werden sollte. Kein Bitten half; vor den Augen der verzweifelten Menschen flog die Brücke pünktlich in die Luft. Die dicht aufgefahrenen Wagen mußten auf der schmalen, glatten Straße wenden. Wagen rutschten ineinander und in die Gräben, Pferde scheuten, Menschen schrien, Deichseln und Räder brachen. Von den 35 Wagen, die bis hierher gekommen waren, gelang es nur 15 zu wenden, um einen anderen Fluchtweg zu suchen. Die anderen blieben zerbrochen und umgestürzt liegen.

Die geordnete Räumung wurde zur wilden Flucht. Die vereisten, verstopften Straßen, auf denen die Wehrmacht unbedingte Vorfahrt hatte, boten das gleiche Bild wie überall: abgerutschte, umgestürzte und verlassene Wagen, gefallene Pferde mit gebrochenen Beinen, haufenweise abgeworfenes Gepäck, um die Wagen zu erleichtern. Die regellose Flucht wurde für die Mehrzahl der Trecks in den Nachbarkreisen durch die schnell vordringenden Russen beendet. Den überrollten Trecks wurden in der Regel die Pferde abgenommen, die Wagen in die Straßengräben gekippt, die Menschen ausgeraubt, Männer teils erschossen oder abgeführt, Frauen und Mädchen sofort von ganzen Horden vergewaltigt und dann mit den Kindern zu Fuß nach Hause geschickt. Besonders grausam wüteten die Russen auf der Straße Arys – Nikolaiken. Dort sollen allein aus dem Kreis Lyck an die 3.000 Flüchtlinge umgekommen sein.

Wie die Nachbarkreise, so mußte die Wehrmacht auch diesen Kreis fast kampflos den Russen überlassen, die mit schwachen Kräften oft nur zögernd vorgingen. Vom 22. bis 25. Januar besetzten sie das ganze Kreisgebiet mit den drei Städten Arys, Gehlenburg und Johannisburg. Polnische Banden führten ihren privaten Raubzug im Gefolge und an der Seite der Roten Armee aus. Häufig hatten sie die Dörfer und Höfe sogar schon ausgeplündert, bevor die ersten Russen erschienen.

Der Kreis Preußisch Holland: Im Gegensatz zu anderen Kreisen hatten die organisierenden Stellen hier die Evakuierung gut vorbereitet. Daß es trotzdem nicht zu einer geordneten Räumung kam, lag an dem überraschend schnellen Vordringen der Russen zur Haffküste, das auch hier ein Chaos verursachte. Am 20. Januar erhielt die Bevölkerung den Befehl zum Packen, die Evakuierten aus dem Kreis Darkehmen den Befehl zur Abfahrt. Am Tag darauf fuhren auch die meisten einheimischen Trecks ab. Manche Gemeinden erhielten aber den Befehl zur Abfahrt gar nicht mehr. Viel neuer Schnee war gefallen, und die Temperatur sank auf 20 Grad minus. Kälte, hoher Schnee und verstopfte Straßen veranlaßten viele Flüchtlinge zur Umkehr. In der Kreisstadt liefen viele Einwohner im dichten Schneefall zum Bahnhof, aber es fuhr kein Zug mehr. Wer fliehen wollte, mußte zu Fuß gehen.

Die russischen Panzer holten die meisten Trecks ein; nur eine geringe Anzahl Menschen entkam den Maschinen. Oft handelte es sich um Minuten. Von zwei gleichzeitig abfahrenden Trecks kam der eine aus Krönau durch, der andere aus Taulen, der zehn Minuten zurückgeblieben war, wurde vor Elbing von den Russen überrollt. Am 23. mittags waren die Russen in Preußisch Holland und am späten Abend auch in Mühlhausen. Der direkte Fluchtweg über Elbing mit den einzigen Straßen, auf denen eine geordnete Räumung möglich gewesen wäre, waren in russischer Hand. Bürgermeister Grunwald aus Hermsdorf berichtet: „Am 23. gegen 21.30 Uhr rückte der Russe mit schweren Panzern ein. Ich habe keinen Räumungsbefehl erhalten. Die Bevölkerung wurde ohne vorherige Warnung überrannt; sämtliche Bewohner waren zu Hause.

Am 27. stießen deutsche Truppen nach Hermsdorf vor […] Als sie sich am 7. Februar zurückziehen mußten, flüchteten wir mit ihnen […]"

Im Kreisgebiet befanden sich keine größeren deutschen Truppenverbände. Der deutsche Angriff am 26. drang bis Schlobitten und Rogehnen vor, und erst dann kam es hier zu heftigen Kämpfen. Alle noch lebenden Bewohner, bis auf einige Alte und Kranke, wollten auf keinen Fall ein zweites Mal den Russen in die Hände fallen und flohen in den Heiligenbeiler Kessel. Nur wenige Bewohner des Kreises erreichten den rettenden Westen.

Der Kreis Sensburg: Am Spätnachmittag des 24. Januar erhielten die süd- und östlichen Gemeinden den Befehl zur Räumung. Bereits am Tag darauf drangen die Russen von Arys her in das Kreisgebiet ein und besetzten am 26. die Stadt Nikolaiken. Den west- und nördlichen Gemeinden wurde die Räumung erst am 26. und 27. Januar erlaubt. Einige einsichtige Bürgermeister veranlaßten aber schon vor dem amtlichen Befehl die Räumung. Ein Teil der Bevölkerung kam auch noch mit der Bahn fort. Am 26. fuhr der letzte Räumungszug von Sensburg ab. Bei dem heillosen Durcheinander auf den verstopften Straßen, und weil der Übergang über die Weichsel nicht mehr möglich war, kehrten die Trecks aus 45 Gemeinden zur Hälfte wieder in die Heimat zurück.

Durch den zu späten Fluchtbeginn, die völlig verstopften und vereisten Straßen, wurden die meisten Trecks schon im nördlichen Kreisgebiet oder bei Rößel, Bischofstein und Heilsberg von den Russen eingeholt. Aus 43 Gemeinden wurden die Trecks von den Russen überrollt, aus vier Gemeinden flüchtete niemand, aus 16 die Hälfte der Einwohner, aus elf weniger als die Hälfte. Fünf Trecks, die bis Pommern kamen, wurden dort im März überrannt. Einschließlich der von der Flucht zurückgekehrten fielen fast 60 Prozent der Einwohner in die Gewalt der Russen. Dementsprechend ist die Zahl der Ermordeten auch hier sehr hoch. Aus der langen Liste folgen hier zehn Beispiele: In Schönfelde gab es 17 Tote, in Hammerbruch 35, in Brödienen 21, in Muntau 14, in Weißenburg 25, in Julienhöfen 28, in Ukta elf, in Gurkeln 25, in Reuschendorf 28, in Hohensee zehn. Der Pfarrer Ernst Woelki berichtet, daß von 82 ermordeten Katholiken nur vier Männer zwischen 16 bis 65 Jahre alt waren. Die übrigen waren Frauen, Kinder und Greise.

Der Kreis Heilsberg: Das zentral gelegene Heilsberg war ein Knotenpunkt der Fluchtbewegung, wo etwa 250.000 Menschen durchzogen. Auch hier verhinderten unfähige Organisatoren eine rechtzeitige Räumung. Selbst als Guttstadt am 21. Januar zum Kampfgebiet erklärt wurde, lehnte Kreisleiter Tietze und Landrat Hundrieser trotz der Warnung der Wehrmacht und des Drängens von Bürgermeister Eisermann die Räumung der Stadt scharf ab. Eine besorgte Mutter erhielt auf der NSV-Dienststelle die Auskunft, daß keine Gefahr bestünde und gerade Mütter mit kleinen Kindern rechtzeitig weggebracht würden. Nachdem der Ortskommandant am 22. eigenmächtig die Räumung anordnete und die Mutter nun erneut zur NSV lief, mußte sie feststellen, daß diese Parteigenossen alle über Nacht geflohen waren.

Am 22., 23. und 24. wurde eine abschnittsweise Räumung befohlen, die aber von den Einheimischen und auch von den Evakuierten aus dem Kreis Angerburg nur teilweise und zögernd befolgt wurde. Bei dem Chaos auf den verstopften Landstraßen, bei Kälte und Schneesturm erschien ein Fortkommen aussichtslos. Immer wieder hieß es: „Die Russen sind doch auch Menschen." In Alt-Garschen z.B. beschlossen die Einwohner einmütig, nicht zu fliehen.

In Peterswalde bestanden die organisierenden Kreise noch am 21. darauf, daß alle männlichen und weiblichen Personen über 14 Jahre die Schanzarbeiten fortsetzen. Dem Räumungsbefehl vom 24. folgten nur sieben Familien, die in Richtung Landsberg abfuhren. Ein weiterer Treck von elf Wagen kam wegen Schneeverwehungen und verstopften Straßen nur bis zu dem sechs Kilometer entfernten Launau und kehrte dann um. Alle anderen blieben im Dorf, in das immer mehr Flüchtlinge strömten, von denen nur wenige weiterzogen.

Am 23. drangen die Russen ohne Widerstand von Westen in das Kreisgebiet ein und standen am 26. auf der Linie Arnsdorf-Beiswalde-Queetz-Rosengarth. Als bei dem deutschen Angriff (26. bis 29. Januar) dieser Teil des Kreises wieder befreit wurde, zögerten die noch Lebenden nicht mehr und flohen trotz Schnee und Kälte ohne Gepäck nur mit dem, was sie auf dem Körper trugen.

In Heilsberg verboten die Behörden den Verkauf von Fahrkarten und ließen den Bahnhof absperren. Kreisleitung und Landratsamt setzten sich aber rechtzeitig nach Braunsberg ab. Die Bevölkerung fragte sich mit Recht, ob die Verantwortlichen die Aufgabe hatten, die rechtzeitige Evakuierung der Bevölkerung zu organisieren oder möglichst alle den Russen in die Hände zu spielen.

Am 30. Januar erreichte ein russisches Bataillon mit fünf Panzern von Bischofstein her den östlichen Stadtrand. In wilder Hast floh noch ein Teil der Bewohner in Richtung Mehlsack, wo noch ein schmaler Landstreifen zur Flucht offen war. Nach einigen Kämpfen im Vorort Neuhof drangen die Russen am 31. um 6 Uhr früh in die Innenstadt ein. Sie fielen über die Nonnen im Kloster und die dort Schutz suchenden Frauen und Mädchen her und brannten dann fast die ganze Innenstadt nieder. Für die Kreisstadt, die über 10.000 Einwohner und eine starke Garnison hatte, war weder von der Gauleitung noch einer anderen Stelle ein Räumungsbefehl erteilt worden.

In Peterswalde wollte auch dann noch niemand fliehen, als am 1. Februar bekanntgegeben wurde, daß am nächsten Tag die Russen im Dorf sein würden. Nur die ortsfremden Flüchtlinge brachen auf. Erst als Pfarrer Preuschoff und der Bürgermeister die Leute überzeugten, was sie zu erwarten hatten, fuhr um 15 Uhr ein Treck ab, aber etwa 50 Personen blieben zurück. Von den Dorfbewohnern wurden 52 im Dorf oder auf der Flucht ermordet, 39 wurden verschleppt, 108 (eine außergewöhnlich hohe Zahl) erreichten den Westen.

Manche Gemeinden blieben fast vollzählig zu Hause. Als die Russen am 3. Februar Guttstadt besetzten, waren von den 6.000 Einwohnern noch etwa die Hälfte in der Stadt.

Der Kreis Preußisch Eylau: Am 25. Januar drangen die Russen von Nordosten in das Kreisgebiet ein und erreichten am späten Abend Uderwangen. Am 27. überschritten sie die Straße Königsberg – Preußisch Eylau und vereinten sich am 28. bei Tharau mit den südlich von Königsberg vorgehenden Russen. Am 29. brachten deutsche Truppen den russischen Vorstoß auf der Linie Kreuzburg-Dollstädt-Kripitten zum Stehen.

Auch hier gab es selbst nach dem Eindringen der Russen ins Kreisgebiet keine planmäßige Räumung. Scharf überwacht wurde aber das strikte Verbot selbständiger Flucht, die jetzt nicht mehr von der Partei, sondern von den Russen diktiert wurde. Manchmal flohen die Bewohner erst, wenn die ersten russischen Granaten ins Dorf heulten. Ein Teil der Bevölkerung ging mit der zurückgehenden Wehrmacht mit. Die hier untergebrachten Evakuierten des Kreises Stallupönen/Ebenrode warteten nicht erst auf Befehle, sondern flohen rechtzeitig. Nur wenige von ihnen fielen den Russen in die Hände.

Am 31. Januar drangen die Russen auch von Süden vor und besetzten am 2. Februar um 10 Uhr die Stadt Landsberg. Hier hatte Bürgermeister Blaedtke am Tag zuvor morgens die Räumung angeordnet. Nachmittags hatten zurückbleibende Zivilpersonen und deutsche Soldaten einige Geschäfte geplündert, um sich dringend benötigte Lebensmittel zu verschaffen.

Kreisleiter Neumann hielt sich in Augam an der Westgrenze des Kreises versteckt, angeblich weil Gauleiter Koch befohlen hatte, ihn zu erschießen. Bei einem Gegenstoß konnten deutsche Truppen in Hanshagen 400 aus Landsberg verschleppte Zivilisten und Bewohner des Dorfes befreien. Frau Helene Hermann kehrte nach Hanshagen zurück und geriet bei der zweiten Flucht mit 30 anderen Frauen den Russen in Buchholz erneut in die Hände. Sie schrieb später: „Wir gefangenen Frauen mußten die Zufahrtsstraßen nach Landsberg vom Schnee freihalten […] Was an Gewalttaten, Vergewaltigungen und Quälereien an Frauen und Mädchen erfolgte, geht nicht zu beschreiben."

Durch den schnellen Vormarsch der Russen und das Versagen der Gauleitung bei der Räumung, konnte sich ein großer Teil der Bevölkerung nicht mehr retten. Auch viele Trecks aus anderen Kreisen, die sich noch auf den verstopften Straßen befanden, wurden von den Russen überrollt.

Den deutschen Truppen gelang es, die am 4. Februar von Osten angreifenden Russen bis zum 8. aufzuhalten. Den Einwohnern von Preußisch Eylau blieb nur noch der Fluchtweg zum Haff durch den Kreis Heiligenbeil offen. Am 9. Februar besetzten die Russen die Kreisstadt, bis zum 12. das mittlere und bis zum 18. fast kampflos das ganze Kreisgebiet.

Der Kreis Rastenburg: Am 26. Januar drangen die Russen von Osten in das Kreisgebiet ein, aber Kreisleiter Schulz, der auch Landrat war, verweigerte noch immer die Räumung, obwohl er seit Tagen von besorgten Bürgermeistern und Ortsgruppenleitern dazu gedrängt wurde. Erst nachmittags gab er den Befehl, den die meisten Landgemeinden erst am Abend oder in der Nacht erhielten, falls die Russen nicht schon dort waren. Bei vielen anderen erschienen die Russen, während sie in der grimmigen Kälte noch beim Beladen ihrer Wagen waren.

Am 24. und 25. waren bereits etliche Güter und Gemeinden auf eigene Verantwortung getreckt. Diese hatten die besten Aussichten durchzukommen. An diesen Tagen fuhren auch noch Züge mit Frauen und Kindern von Barten, Drengfurt, Rastenburg und Korschen ab, die aber aus dem eingeschlossenen Ostpreußen nicht mehr herauskamen.

Am 26. um 22 Uhr (zehn Stunden bevor die Russen eintrafen) wurde auch das Provinz-Er-ziehungsheim evakuiert. Da keine Züge mehr fuhren, brach Heimleiter Gloth mit den 200 Kin-dern zu Fuß auf. Nach vier Tagen erreichten die völlig erschöpften Kinder mit schweren Er-frierungen Bartenstein und konnten nicht mehr weiter. Als die Russen kamen, holten sie ein Mädel nach dem anderen, die ganze Nacht hindurch.

Die Mehrzahl der Trecks, denen es noch gelang fortzukommen, wurden noch im Heimat-kreis oder bei Landsberg von den Russen überrollt. Dabei waren auch viele Trecks aus ande-ren Kreisen. Landrat Schulz versank mit seinem Auto unter das Eis im Haff. Etwa 35 Prozent der Bevölkerung waren nicht geflohen.

Bereits am 27. Januar hatten die Russen das ganze Kreisgebiet von Osten nach Westen durchstoßen und Rastenburg besetzt. Nur um den Bahnknotenpunkt Korschen, wo Flücht-lingszüge aus Allenstein und Rastenburg liegengeblieben waren, wurde bis zum 31. ge-kämpft. Damit war der ganze Kreis besetzt.

In Rastenburg waren von den rund 18.000 Einwohnern über die Hälfte mit vielen Flücht-lingen zurückgeblieben. Von der Bevölkerung des Kreises gelang etwa 20 Prozent die Flucht in den Westen.

Im Kreisbericht der späteren Ostdokumentation heißt es: „Beim Einmarsch der Russen wurden in fast allen Gemeinden alle oder ein großer Teil der zurückgebliebenen Bewohner erschossen. Besonders hohe Verluste durch Massenerschießungen erlitten die Gemeinden Baumgarten, Schülzen, Muhlack, Neuendorf [darunter zwölf französische Kriegsgefangene; …] In Henriettenhof wurde ein Massengrab mit 58 Leichen gefunden."

Der Kreis Rößel: Hier machten sich einige Behördenbürokraten schon davon, als die Rus-sen die Nachbarkreise Sensburg und Allenstein erreichten. Aus Rößel verschwanden sie be-reits in der Nacht zum 26. Januar. Nur der Ortsgruppenleiter zeigte sich noch am 27. stolz in voller Uniform, bestieg sein Auto, „um die Front zu besichtigen" und wurde nie mehr gese-hen. Ebenso verschwand über Nacht der Bürgermeister, ließ aber seine Frau zurück. Eine Räumung des Kreises wurde weder von der Gau- noch der Kreisleitung angeordnet.

Am 27. Januar drangen die ersten Russen von Süden in das Kreisgebiet ein und besetzten am 28. Bischofsburg, wo die ersten Sowjetpanzer von wenigen deutschen Soldaten mit Nah-kampfmitteln abgeschossen wurden. Am selben Tag standen russische Truppen, von Ra-stenburg kommend, vor Rößel. Da niemand mehr von den Orts- oder Kreisbehörden da war, der sich um die Zivilbevölkerung kümmerte, griff Chorpsgeneral Hörlein ein und gab am Vor-mittag den Befehl zur sofortigen Räumung Rößels. Aber bereits am Nachmittag besetzten die Russen kampflos die Stadt. Von den über 5.000 Einwohnern befanden sich noch über 3.000 und viele Flüchtlinge in der Stadt.

Am 29. stießen russische Verbände von Korschen her in den Nordteil des Kreises vor und besetzten nachmittags nach kurzem Gefecht und Artilleriebeschuß Bischofstein. Das westli-che Kreisgebiet mit der Stadt Seeburg nahmen die Russen nach örtlichen Kämpfen am 31. Ja-nuar vormittags in Besitz.

Der Ziegelei- und Sägewerkbesitzer Paul Thater aus Neudims (nördlich von Bischofsburg) beklagte sich bei der Flucht über die deutschen Soldaten: „In Lautern wurde uns der Schlep-per mit Anhänger […] beschlagnahmt. Wir hatten nur noch ein Pferdegespann, die anderen Pferde waren uns von den Soldaten in der Nacht aus dem Stall gestohlen worden. Im übri-gen war es erschütternd zu sehen, wie sich die Soldaten benommen haben. Wenn wir mehr Ostpreußen an der Front gehabt hätten, wäre es m.E. noch nicht zu dem Durchbruch der Rus-sen gekommen […]"

Über die Hälfte der Kreisbewohner waren zu Hause geblieben und gerieten mit vielen der hier untergebrachten Evakuierten aus dem Kreis Goldap unter die Russen. Nach Rückkehr der Überrollten handelte es sich hierbei um etwa 75 Prozent der Land- und 40 Prozent der Stadt- und fahrzeuglosen Dorfbevölkerung. Auch hier war die Zahl der Ermordeten bei der großen Zahl der anwesenden Menschen sehr hoch. Bei der späteren Ermittlung wurden aus 54 Gemeinden 524 namentlich bekannte Ermordete registriert. Dazu kommen die Opfer aus den übrigen 31 Gemeinden sowie die vielen ermordeten Flüchtlinge, die den Überlebenden nicht näher bekannt waren. Wie das in einem der Fälle aussah, berichtet Josef Przymusinski aus Kubillen (Kr. Goldap): „Ein großer Holzschuppen [...] der ganze Fußboden von hinten bis vorn voll lauter Frauenleichen und darunter größere und kleinere Kinder, die sich die Mütter an die Brust gedrückt haben [...]"

Auf dem Hof der Bäuerin Katharina Schulzki in Bischofstein waren etwa 90 Flüchtlinge, die Bäuerin und ein paar Einheimische anwesend, als einige von Polen aufgehetzte Russen hereinstürmten und alle erschossen. Der Hof wurde dann von den Russen abgesperrt, die Leichen in den Keller geworfen, alles mit Benzin übergossen und angezündet. Von diesen Toten sind weniger als zehn Personen namentlich bekannt, die noch heute alle unter dem unkrautüberwucherten Schutthaufen des ehemaligen Bauernhauses liegen.

Der Kreis Bartenstein: Als am 25. Januar Vorbereitungen zum Trecken erlaubt wurden, die Flucht aber noch verboten wurde, waren die meisten Bewohner des Gebiets östlich der Alle schon unterwegs. Jetzt folgten auch die aus dem nördlichen Teil des Kreises. Kreisleiter Hermann versuchte vergeblich, Gauleiter Koch von der Notwendigkeit der Räumung zu überzeugen. Erst als die Russen am 27. in das nördliche Kreisgebiet vorstießen, erlaubte er in der Nacht zum 28. die Flucht. Am 28. abends hatten die Russen das nördliche Kreisgebiet mit den Städten Domnau und Friedland mit dem großen Kraftwerk besetzt. Eine schlaue Parteistelle hatte die Friedländer am 27. aufgefordert, einige Kilometer hinter die Stadt zu gehen. Was die 5.000 Menschen bei der Kälte und den Schneestürmen dort tun sollten, wurde allerdings nicht gesagt. Aus Bartenstein fuhr am 28. noch ein Zug mit Frauen und Kindern ab, der aber nur bis Braunsberg kam. Da auch die evakuierten Trecks aus dem Kreis Tilsit-Ragnit erst mit ihren Gastgebern weiterfahren durften, waren die Straßen bald völlig verstopft. Dazu hatten sich hier auch noch zahlreiche Trecks aus den Kreisen Wehlau, Gerdauen, Lötzen und Rößel angesammelt. Ein Teil der Bartensteiner, die zu Fuß flüchteten, kehrten bei dem Schneesturm und 20 Grad Kälte nach wenigen Kilometern wieder um. Auch der größte Teil des Trecks aus Groß Schwansfeld fuhr wieder zurück, nachdem die Wagen in 36 Stunden nur zwölf Kilometer vorangekommen waren. Etwa 15 bis 20 Prozent der Kreisbewohner blieben zurück, von den 3.400 Einwohnern Schippenbeils etwa 700.

Am 30. gab die Wehrmacht die Alle-Stellung im mittleren Kreisgebiet auf und zog sich hinter die Straße Bartenstein-Preußisch Eylau zurück, wo es vom 4. bis 7. Februar zu heftigen Kämpfen kam. Am 3. und 4. Februar besetzten die Russen kampflos auch das südliche Kreisgebiet mit Bartenstein.

Qualvoll litten auch die Tiere. Bei dem Versuch, Viehherden bei der kalten Witterung zurückzutreiben, gingen alle zugrunde. Annemarie Kniep aus Loschkeim traf auf eine Herde und notierte am 1. Februar: „Wir wollen sehen, ob noch Kühe zu melken sind. Es ist ergebnislos: blutige, erfrorene, eiternde Euter. Am Zaun schiebt sich müde ein prächtiger, aber lahmer Bulle entlang. Neben ihren frischgeborenen toten Kälbern stehen unglücklich muhende Kühe [...]"

Viele Trecks wurden schon im Kreisgebiet überrollt, andere erst später in Pommern. Nur wenige erreichten den rettenden Westen. Auch hier wurde gemordet wie überall, wo die Rote Armee deutsche Menschen vorfand. In Minten (Groß Schwaraunen) wurden 75 Personen erschossen, darunter 20 Jugendliche zwischen 13 und 17 Jahren. Auf dem Gut Rohden bei Schippenbeil mußte Frau Stauts zusehen, wie 30 bis 40 willkürlich zusammengetriebene Menschen, unter denen auch ihr Mann war, erschossen wurden.

Der Kreis Braunsberg: Im Gegensatz zu anderen Kreisen, wo sich die deutschen Truppen oft ohne oder nur nach kurzem Widerstand zurückzogen, wurde der Kreis Braunsberg Kampfgebiet des Kessels von Heiligenbeil. Die Russen, die von Westen in den Kreis vorgedrungen waren, am 25. Januar Wormditt besetzt und am 27. Stangendorf (vier Kilometer westlich von Braunsberg) erreicht hatten, wurden bei dem deutschen Angriff (26. bis 29. Januar) wieder zurückgeworfen. Weil der Landfluchtweg nach Westen abgeschnitten war, gab es keine planmäßige Räumung. Die Bevölkerung, soweit die vorstürmenden Russen sie nicht überrannten, wurde aus den Kampfzonen meist nur in weiter zurückliegende Orte evakuiert. Die Straßen waren schon verstopft, ehe eine unmittelbare Gefahr für den Kreis bestand, denn hier drängte sich der Flüchtlingsstrom aus dem ganzen Kessel zusammen, der über das Haff zur Nehrung zog. Dieser letzte Weg zum Haff mußte unbedingt offengehalten und verteidigt werden.

Dem Zug der Flüchtlinge aus fast allen Kreisen Ostpreußens schloß sich auch ein Teil der Bewohner des Kreises Braunsberg an. Der Ortskommandant ließ alle nicht vollbesetzten Flüchtlingswagen zusätzlich mit Frauen, Kindern, Alten und Verwundeten beladen. In Passarge gaben fünf Feldküchen warmes Essen aus, bevor die Wagen auf das Eis rollten. In Frauenburg war der Ortsgruppenleiter und Bürgermeister schon am 25. Januar heimlich geflohen und hatte die Einwohner einfach im Stich gelassen. Nach dem schweren Bombenangriff am 5. Februar war es deshalb die Wehrmacht, die die Räumung ankündigte. Da die Soldaten nur gute Worte und keinen Zwang anwendeten, blieben über 1.000 Einwohner in Frauenburg zurück, das am 8. die Russen besetzten.

In Braunsberg dagegen herrschte die Partei noch immer mit eiserner Härte. Malermeister Freitag wurde z.B. standrechtlich erschossen, weil er gesagt hatte, daß es ein Wahnsinn wäre, all die Menschen über das Haff zu jagen.

Am 5. Februar, ab 7.15 Uhr, ging ein schwerer Luftangriff auf Braunsberg nieder. Die meisten der 120 Toten waren Soldaten. Viele von ihnen hatten als Verwundete in den beiden Lazaretten gelegen. Am 9. erfolgte wieder ein schwerer Luftangriff. Darauf gab die Partei am 10. den Befehl zur Räumung. Zurückbleibende wurden in den nächsten Tagen zwangsweise weggebracht.

Am 11. Februar räumten die deutschen Truppen Wormditt. Nur mit großer Mühe konnten sie die Einwohner zum Verlassen der Stadt bewegen. Auch hier blieb ein beträchtlicher Teil zurück. Eine offizielle Räumung war weder bei der ersten Besetzung am 25. Januar noch bei dieser angeordnet worden.

Das selbstständige Wirken der Partei wurde am 13. beendet. Kreisleiter Packheiser und Bürgermeister Werner hatten sich auf Befehl der 14. Division dem Ortskommandanten zu unterstellen. Nach den russischen Angriffen seit dem 4. Februar war das ganze südöstliche Kreisgebiet mit den beiden Städten Wormditt und Mehlsack bis zum 16. Februar in russischer Hand.

Am 15. wurde das schon stark zerstörte Braunsberg wieder bombardiert. Schwere Kämpfe tobten nördlich von Pettelkau an der Auto- und Ostbahnkreuzung (acht Kilometer südlich von Braunsberg). Am 25. wurden etwa 130 transportfähige Alte und Kranke nach Heiligenbeil gebracht, die etwa 70 übrigen im evangelischen Krankenhaus untergebracht. Zu ihrer Betreuung blieben freiwillig fünf Personen zurück. Am 7. März ging der letzte schwere Bombenangriff auf Braunsberg nieder. Am 13. März verließen die letzten deutschen Truppen die Stadt. Erst am 20. folgten die Russen und hatten damit den ganzen Kreis besetzt.

Einem Teil der Bevölkerung hatten die überraschend vordringenden Russen den Fluchtweg abgeschnitten; andere waren freiwillig zurückgeblieben. Eine größere Anzahl war bei den Kämpfen und bei der Flucht umgekommen. Nur etwa 20 Prozent der Kreisbewohner erreichten das Westufer der Oder.

Der Kreis Heiligenbeil: Der Kreis war seit Oktober 1944 Aufnahmegebiet für den Kreis Elchniederung und wurde dann Durchzug- und Sammelraum für Flüchtlinge aus allen Gegenden des Landes. Am 23. Januar hatten sich die Menschen noch durch die Fenster in den aus Königsberg eingelaufenen Zug gezwängt. Als er nachts noch immer ohne Lok dastand, stiegen sie aus; es fuhr kein Zug mehr aus Heiligenbeil. Der erste russische Vorstoß in den Nordostteil des Kreises kam nach dem deutschen Gegenstoß etwa an der Kreisgrenze bis Anfang März zum Stehen. Am 6. Februar ordnete die Kreisleitung die Evakuierung der Bevölkerung für den ganzen Kreis an, aber nur wenige brachen auf. Den meisten erschien eine Flucht bei der eisigen Kälte auf den verstopften Straßen und über das Eis des Haffes, unter ständigem Fliegerbeschuß, fast aussichtslos. Die Frauen wollten auch nicht ohne ihre zum Volkssturm einberufenen Männer fliehen.

Viele hielten die Berichte über die Greueltaten der Russen für Propaganda, denn „die Russen sind doch auch Menschen" und konnten ihren Mitmenschen so etwas doch gar nicht antun. Die Schreckensbilder auf dem Haff dagegen, wo sich Sterbende in ihrem Blut wälzten und ganze Familien mit Pferd und Wagen vor den Augen der anderen zwischen den Eisschollen versanken, waren furchtbare Wahrheit. Die Entscheidung war schwer, und manche zogen die Russen den Gefahren der Flucht vor. Diesen Irrtum mußten die meisten mit ihrem Leben bezahlen.

Dem zur Luftwaffe einberufenen Bürgermeister gelang es, vom Flugplatz Heiligenbeil etwa 1.600 Frauen, Kinder und Kranke nach Danzig auszufliegen. Eine planmäßige Evakuierung kam aber nirgendwo mehr zustande. Lokale Räumungen wurden nur noch durch das Kampfgeschehen diktiert.

Am 8. Februar drangen die Russen von Osten vor und eroberten nach schweren Kämpfen am 25. Zinten. Westlich der Stadt konnte diese Front dann bis Anfang März gehalten werden. In dem sich verengenden Kessel stauten sich die Massen der Flüchtlinge. Wohnhäuser, Ställe und Scheunen waren bis zum letzten Winkel belegt. Auf Straßen, Höfen und anderen Abstellplätzen standen Treckwagen, Schlitten und Wehrmachtsfahrzeuge, neben der Straße und auf verschneiten Feldern brüllende, sterbende und tote Tiere. Ab Februar bis zur Räumung zogen etwa 800.000 Menschen durch Heiligenbeil. Etwa 400 nicht mehr transportfähige Alte und Kranke blieben in Krankenhäusern und Lazaretten zurück. Viele starben hier. Die Toten wurden am Friedhof niedergelegt, wo ein Wehrmachtskommando täglich die gefallenen Soldaten und die verstorbenen und durch Beschuß umgekommenen Flüchtlinge beerdigte.

Am 26. Februar wurde die Bevölkerung aufgefordert, Heiligenbeil zu verlassen. Es dauerte aber bis Ende des Monats, bis die letzten Zivilisten, teils zwangsweise, aus der Stadt und dem übrigen Kreisgebiet fortgebracht waren. Einige Orte an der Haffküste wurden erst Anfang März evakuiert. Nur wenige Personen blieben freiwillig zurück. Am 16. März verließen die letzten Zivilisten Brandenburg, das am 17. von den Russen besetzt wurde.

Die Munitionsanstalt bei Ludwigsort (westlich von Brandenburg) arbeitete noch immer mit voller Kapazität. Nachdem der Ortsgruppenleiter als einer der ersten geflohen war, drohte der Kreisleiter dem Kommandanten, Oberstleutnant Gehret, mit dem Kriegsgericht, falls er es wagen sollte, seiner Belegschaft oder anderen Einwohnern Hinweise für eine Flucht zu geben.

Bei der am 13. März beginnenden russischen Offensive zur Beseitigung des Kessels fiel Brandenburg am 16., und Heiligenbeil lag unter fortwährendem Artilleriefeuer und rollenden Bombenangriffen. Unter erbitterten Kämpfen drangen die Russen am 24. März in die brennende Stadt ein.

Am 28. fielen die letzten deutschen Soldaten bei Balga am Haff, und die Überlebenden setzten zur Nehrung über. Damit war der letzte Zipfel des Kreises Heiligenbeil in russischer Hand, auf dessen Erde eine ganze Armee in einer der blutigsten Schlachten des ganzen Krieges untergegangen war.

Der Kreis Samland: Obwohl die Russen am 25. Januar schon in dem 28 Kilometer von Königsberg entfernten Kaimem standen, erteilte Kreisleiter Wagner nochmals striktes Fluchtverbot, da für den Kreis und für Königsberg keine Gefahr bestünde. Als die Russen am 26. in den Kreis eindrangen, flohen viele aus eigenem Entschluß. Der selbstherrliche Gauleiter Koch hatte angedroht, daß jeder, der flieht, seinen Grundbesitz verliert. In etlichen Orten gaben Wehrmachtsoffiziere den Befehl zur Flucht, in anderen Volkssturmführer oder Ortsgruppenleiter. Die Fliehenden mischten sich unter die unaufhörlich durchziehenden Trecks aus den östlichen Kreisen. Es herrschten um 20 Grad Kälte, scharfer Wind und Schneetreiben. Die Bevölkerung der nördlichen Gebiete floh in den Westteil des Samlands, die der östlichen nach Königsberg und die südlich vom Pregel nach Heiligenbeil oder an die Haffküste. Fast alle versuchten dann Pillau zu erreichen, das auch das Ziel der Trecks aus den östlichen Kreisen war.

Pillau war ein menschlicher Ameisenhaufen. Die Menschen konnten nicht so schnell weiterbefördert werden, wie sie herbeiströmten. Die Eisenbahnzüge nach Pillau waren stets überfüllt. Lazarettzüge mit Schwerverwundeten mußten bei Kälte und Schneestürmen oft tagelang warten, bis wieder Schiffe zur Verfügung standen. Die Flüchtlinge wurden zunächst auf Fähren nach Neutief auf den südlichen Nehrungsteil übergesetzt. Ab 25. Januar kamen die großen Schiffstransporte in Gang.

Von den 385.000 Einwohnern Königsbergs waren noch 140.000 in der Stadt. In unverantwortlicher Weise forderten die Behörden am 27. Januar diese auf, sich bei einem russischen Panzerangriff nach Pillau zu begeben. Das löste sofort eine Massenflucht aus, und die mit der Koordination beauftragten Stellen taten nichts, um diesen Massenstrom zu regeln. Die überfüllten Züge faßten nur wenige, und Tausende versuchten trotz eisiger Kälte und hohen Schnees zu Fuß Pillau zu erreichen. Dort konnten die Menschen weder untergebracht noch weiterbefördert werden. Viele kehrten in den nächsten Tagen wieder zurück, während aus der Stadt neue Kolonnen kamen. Major Rückert, der in der Festung Königsberg stationiert war, berichtete: „Auf der Straße Königsberg – Fischhausen ließ ich den Elendszug der Flüchtlinge an mir vorbeiziehen [...] Besonders schlimm hatten es die Frauen mit kleinen Kindern, die ihre Kinderwagen durch den Schnee schieben mußten. Viele mögen am Wege zusammengebrochen sein. Ein Streifenoffizier aus Fischhausen erzählte mir, daß sein Kommando etwa 20 erfrorene Kinder am Wegesrand aufgefunden hätte."

Da die Hauptstraßen meistens für den Rückzug der Wehrmacht freigehalten und für Flüchtlinge gesperrt wurden, mußten die Trecks – besonders viele aus den Kreisen Labiau und Wehlau – auf Nebenstraßen ausweichen, wo sie in den russischen Vormarsch gerieten und überrannt wurden. Am 27. überschritten die Russen die Straße Königsberg – Cranz und standen abends auf der Linie Cranz-Kiauten-Mollehnen-Fuchsberg (zehn Kilometer nordwestlich des Stadtzentrums).

Im Osten erreichten die Bolschewisten Arnau (zehn Kilometer vom Stadtzentrum), und um 15.30 Uhr heulten die ersten Granaten in die Hauptstadt Ostpreußens.

Am 28. Januar blieben die Russen östlich der Stadt stehen, die Autobahnbrücke bei Gollau wurde gesprengt und Gauleiter Koch, der keinesfalls der Kapitän auf einem sinkendem Schiff sein wollte, floh nach Neutief. Während Tausende Flüchtlinge auf Weiterbeförderung warteten, wurde Koch mit Stab, Gepäck, Autos, Windhunden und den Pferden seines Marstalls übergesetzt. Der Festungskommandant, General Lasch, wurde dadurch weitgehend von widersinnigen Maßnahmen der unfähigen Koordinationsstelle verschont. Neben Kreisleiter Wagner blieb auch Oberbürgermeister Dr. Will in Königsberg zurück. Die Straße nach Pillau war jetzt völlig verstopft. Die Flüchtlinge wurden zur Fischhauser Bucht geleitet, wo sie unter Zurücklassung von Pferd und Wagen zu Fuß über das Eis nach Pillau zogen.

In der Nacht zum 30. sprengten Pioniere die Palmburger Pregelbrücke, vier Kilometer östlich von Königsberg, über die bisher die Trecks gerollt waren. Im Königsberger Hafen drängten sich Tausende, um auf die wenigen noch abfahrenden Schiffe zu gelangen. Der Reichssender Königsberg schwieg seit dem 30. Januar. Am Vormittag brachten die Russen beim Bahnhof Seerappen den aus Königsberg kommenden Flüchtlingszug durch einige Schüsse in den Kessel der Lok zum Stehen und stürzten sich auf die Menschen. Eine Anzahl wurde gleich erschossen und Frauen und Mädchen an Ort und Stelle vergewaltigt. Einige entkamen nach Königsberg, die anderen wurden abgeführt und starben zum größten Teil nach furchtbaren Leiden später. Am 31. war Königsberg fest eingeschlossen. Auch bei diesem Vorstoß der Russen wurden viele Trecks, besonders aus dem mittleren Samland überrollt.

Fischhausen erhielt erst am 31. die Räumungserlaubnis. Der Bürgermeister von Peyse, wo das Elektrizitätswerk für Königsberg stand, war schon am 30. geflohen, die Bevölkerung aber hatte strikten Befehl zu bleiben. Die Bewohner dieses Gebietes konnten nur nach Norden ins westliche Samland oder nach Pillau fliehen. Vor Tenkitten hielt die Polizei alle Trecks an und ließ keine Wagen mehr nach Pillau. Die Pferde wurden ausgespannt und irrten mit den vielen Viehherden umher. Die Menschen zogen zu Fuß weiter.

Da nicht genug Schiffe in Pillau zur Verfügung standen, wurden viele auf die Nehrung übergesetzt und traten den 95 Kilometer langen Fußmarsch nach Danzig an. Diesen strömte eine gleiche Kolonne Menschen entgegen, die über das Haffeis die Nehrung bei Narmeln erreicht hatten und nach Pillau geleitet wurden. Dies ist ein typisches Beispiel unsinniger Flüchtlingskoordination.

Während der Heiligenbeiler Kessel zerschlagen und Königsberg erobert wurden, war es im westlichen Samland verhältnismäßig ruhig. Erst am 13. April begann die Offensive zur Eroberung dieses Gebietes. Eine offizielle Aufforderung zur Räumung gab es zu der Zeit nicht mehr, weil sich alle Verantwortlichen längst abgesetzt hatten. Damit hatte auch die Kontrolle über volkssturmpflichtige Männer aufgehört.

Landrat v. der Groeben fuhr auf eigene Verantwortung nach Rauschen und in die Dörfer der weiten Umgebung, um die Bürgermeister zu alarmieren. Der größte Teil der jetzigen Bevölkerung, von denen viele schon zwei- und dreimal geflohen waren, wollten nicht mehr fliehen, da der Krieg doch nun bald zu Ende sein mußte. Dem Landrat gelang es nur, wenige zur Flucht zu bewegen. Der letzte Zug der Kleinbahn verließ Rauschen am 14. April mittags. Viele Flüchtlinge fielen aber dem Tieffliegerbeschuß zum Opfer. Aus Groß Kuhren flüchteten ebenfalls nur sehr wenige; aus Palmnicken eine größere Anzahl. Die Bewohner des südwestlichen Kreisgebietes flüchteten bis zum 15. nach Peyse oder Pillau. Fischhausen wurde bis zum 15. abends geräumt. Nachdem die Russen am 17. Peyse besetzt hatten, war der Kreis Samland mit Königsberg, bis auf den Nehrungsstreifen mit Pillau, in russischer Hand. Rund 24 Prozent der Bewohner des Landkreises Samland waren umgekommen; über ihr Schicksal ist nur in wenigen Fällen etwas bekannt.

Die große Flucht

Für die Evakuierung der Zivilbevölkerung aus den bedrohten Gebieten war nicht die Wehrmacht, sondern die lokale NSDAP-Leitung zuständig. Der Hauptschuldige an der furchtbaren Katastrophe und dem Tod Hunderttausender unschuldiger Menschen war darum der unfähige Gauleiter und Reichsverteidigungskommissar Erich Koch. Die wiederholten Anträge der Heeresgruppe, Ostpreußen als Operationsgebiet zu übernehmen, lehnte die militärische Führung stets ab. Da Kochs Macht nicht eingeschränkt werden durfte, waren die militärischen Befehlshaber machtlos. Als die Wehrmacht Koch auf die Gefahr hinwies, Ostpreußen könne durch einen russischen Vorstoß entlang der Weichsel vom Reich getrennt werden, belehrte Koch die Offiziere, daß es „Feigheit" sei, von solch einer Möglichkeit zu sprechen. So wurden alle Vorbereitungen zu einer Flucht verboten und als „Feigheit und Sabotage am Widerstandswillen des Volkes" bestraft. Nirgendwo ließ Koch eine rechtzeitige Räumung zu. Offensichtlich versuchte die lokalpolitische Führung die Zivilbevölkerung möglichst nahe der Front zu halten, um die Kampfbereitschaft der Soldaten zu stärken. Man erwartete von ihnen mehr Widerstandswillen, wenn sie nicht nur menschenleere Dörfer und Höfe verteidigten, sondern Frauen und Kinder des eigenen Volkes.

Statt eines planmäßigen und frühzeitigen Abtransports mit der Eisenbahn und eines geordneten Abzugs der Bauern, begann eine verspätete Flucht in verzweifelter Panik. Dieser überstürzte Massenaufbruch der Bewohner einer ganzen Provinz geschah im Chaos des Rückzugs der Wehrmacht auf schneeverwehten, vereisten und überfüllten Straßen, bei heulenden Schneestürmen und Temperaturen von bis zu 30 und mehr Minusgraden. Für sich selbst hatte Koch besser vorgesorgt. Zu seiner Flucht standen ihm ein gepanzertes Auto, ein Flugzeug (Fieseler Storch) und ein Eisbrecher zur Verfügung.

Wenn eine Räumung überhaupt befohlen wurde, kam sie fast immer zu spät. Damit war ein Abtransport mit der Bahn nur in beschränktem Maße, oft aber gar nicht mehr möglich. Die Stadtbevölkerung und alle anderen ohne eigene Fahrzeuge waren auf Mitnahme durch die Wehrmacht angewiesen oder mußten zu Fuß gehen. Ohne geordnete Evakuierung fühlten sich viele einer Flucht in Schnee und eisiger Kälte nicht gewachsen und blieben auch darum zu Hause. Sie trösteten sich mit der sehr verbreiteten Ansicht: „Was soll uns denn passieren? Die Russen sind doch auch Menschen." So fand die zu Haß und grundloser „Rache" aufgehetzte Rote Armee eine recht zahlreiche deutsche Bevölkerung vor, an der sie ihren Sadismus auslebte, und holte einen anderen großen Teil auf der Flucht ein.

Da die Räumung, vor allem der Landbevölkerung, von einem Kreis in einen anderen, zentraleren innerhalb der Provinz erfolgte, stauten sich im Innern des Landes immer größere Massen an. Wie vom Militär warnend vorausgesagt, kam es bei der Flucht dauernd zu gegenseitiger Behinderung. Die Flüchtenden wollten den Russen entkommen, die Wehrmacht mußte die Beweglichkeit der Truppen und des Nachschubs sichern, ohne die der Feind nicht aufgehalten und der Abzug der Flüchtlinge nicht gedeckt werden konnte. Wenn die Soldaten zu ihrer Verwunderung noch die Bewohner vorfanden, waren sie es, die die Zivilisten im letzten Moment zur Flucht nötigten und auf ihren Fahrzeugen mitnahmen. Beim Versagen bzw. der Gegenarbeiten der überforderten Gauverwaltung wäre die Katastrophe sonst noch weit größer gewesen. Ein paar Bürokraten der Verwaltungsbehörden wollten anfangs sogar Standgerichte an Fluchtstraßen aufstellen, um durch Aufhängen einer Anzahl der Fliehenden am Straßenrand die Flucht aufzuhalten. Aber bald duldete sie die Flucht.

Die Stadtbewohner konnten ihre Wohnungen leichter als die Bauern ihre Höfe verlassen. Zum letzten Mal wurde das Vieh überreichlich gefüttert und losgebunden, die Stalltür trotz Wind und

Wieviel Hab und Gut kann eine Familie auf einem einzigen Wagen retten, zumal wenn besonders Dingen des täglichen Überlebens Vorrang gegeben werden muß?! Viele Preußen waren nicht reich, doch nach der Flucht vor der Roten Armee waren sie bitterarm. Dabei konnte sich bereits glücklich schätzen, wer sein Leben und das seiner Lieben zu retten vermochte.

Kälte offengelassen, und schweren Herzens machten sich die Menschen auf den ungewissen Weg. Wohl zum letzten Mal in der Kriegsgeschichte der abendländischen Menschheit verdankt ein großer Teil der Flüchtenden ihre Rettung den Pferden. Vom Durchhalten der Tiere hing die noch mögliche Rettung ab. Hätte es damals schon eine vollmotorisierte Landwirtschaft gegeben, hätten sich angesichts der Treibstoffknappheit nicht so viele Menschen retten können.

Das maßlose Leid, dem die Bevölkerung ausgesetzt wurde, überstieg alle Vorstellungen. Da die jüngeren Männer in der Wehrmacht, die älteren beim Volkssturm waren, stand oft die Frau mit den Kindern alleine da. In vielen Fällen war einer der Kriegsgefangenen, die auf den Bauernhöfen arbeiteten, die einzige männliche Hilfe. So mancher Wagen wurde von einem Franzosen, Belgier, Ukrainer oder Polen durch Tieffliegerbeschuß, Granaten und Bomben kutschiert. Die Franzosen zeigten hierbei häufig noch am meisten Mitgefühl. Sie halfen und litten mit den Deutschen; sie starben mit ihnen und manchmal sogar *für* sie an den Straßenrändern unter den Kugeln der Russen als ob sie Deutsche wären. Auf den überfüllten Straßen herrschte ein fürchterliches Chaos, das sich oft in ein blutiges Schlachtfeld verwandelte.

Nebeneinanderfahrende Wagen rutschen auf der vereisten Straße ineinander, andere rutschen seitwärts ab, kippen um, Pferde stürzen, Deichseln, Räder oder andere Wagenteile brechen. Wehrmachtsfahrzeuge versuchen an den dicht aufgefahrenen Treckkolonnen vorbei- oder entgegenzukommen. Dann feuern Tiefflieger in die Kolonne. Die russischen Piloten haben Anweisung, jede Flüchtlingskolonne zu beschießen, „da dort Soldaten zu vermuten sind". Die Hauptstraßen sind manchmal für Flüchtlinge gesperrt, und sie müssen dann versuchen, auf tief verschneiten und kaum befahrbaren Nebenwegen weiterzukommen. So quält sich die Schlange aus Menschen, Tieren und Wagen bei eisiger Kälte voran, immer wieder aus der Luft angegriffen. Der damals 15 Jahre alte Otto B. aus Turauken (Kr. Osterode) schreibt: „Vor Mehlsack werden wir immer wieder mit Bordwaffen beschossen. Auf der Straße [liegen] zusammengeschossene Wagen, Autos, viele Tote und Verwundete. Tote Pferde, noch vor den Wagen. Ihr Blut rinnt in den ausgefahrenen Wagenspuren den Hügel herab."

Pfarrer Kuehnert aus Schmoditten bei Preußisch Eylau berichtet: „In frostklirrender Nacht steht die unübersehbare Reihe von Wagen, deren Menschen kein Unterkommen mehr finden konnten. Furchtbar ist das Wimmern der Kinder vor Kälte und Hunger [...]"

Magdalena Krüger aus Sellwethen (Kr. Labiau) schreibt: „In Schaaken und Thiemsdorf brennen bereits die ersten Häuser [...] Wir sind nun die dritte Nacht bei 30 Grad Kälte unter freiem Himmel. Erfrorene Kinder liegen in Decken gehüllt am Wege [...]"

Pastor Kurt Ehmer aus Klein Jerutten (Kr. Ortelsburg) berichtet: „In Pr. Eylau ist in der evangelischen Kirche ein Sammelflüchtlingslager eingerichtet [...] In einem Massengrab werden 36 Kinder begraben. Sie sind auf der Flucht erfroren [...]"

Das überraschend schnelle Vordringen der Russen und die fast immer zu spät angeordnete Räumung verringern die Aussicht auf das Gelingen einer Flucht. Oftmals holen die Sowjetpanzer die Fliehenden schon im Heimat- oder in den Nachbarkreisen ein. Das ursprüngliche Fluchtziel im Nordteil der Provinz war Pillau, im Südteil die Weichselübergänge. Als die Zange um Ostpreußen am 25. Januar zugemacht wurde, stauen sich die Flüchtlingsströme zu einem unentwirrbaren Durcheinander. Entmutigt kehren viele nach Hause zurück. Die allgemeine Bewegung geht nun zur Küste des Frischen Haffs, über das Eis zur Nehrung und weiter nach Danzig oder Pillau. Jetzt stauen sich die Trecks um Heiligenbeil. Täglich kommen mehr Menschen hinzu, als über das Eis geleitet werden können. Jedes Haus, jeder Stall und Schuppen ist mit frierenden, hungrigen und kranken Menschen vollgestopft. Eine junge Frau, die gerade geboren hat, ist am Fußboden angefroren. Ein Toter wird zum Fenster hinausgereicht, weil der Weg zur Tür mit erschöpften Menschen versperrt ist. Auf dem Friedhof stehen Kinderwagen mit erfrorenen Säuglingen.

Nachdem am 25. Januar die letzte Bahnlinie ins restliche Reich unterbrochen war, kam kein Zug mehr aus Ostpreußen hinaus. Frau Alshut aus Allenstein ist mit ihrem Kind bis Braunsberg gekommen und schreibt: „Voll besetzte Züge aus Königsberg blieben auf der Strecke nach Elbing stehen [...] Der Bahnhof war überfüllt, nirgends eine Bleibe zur Nacht. Abends zwängt man die Flüchtenden, um ihnen überhaupt eine Unterkunft zu geben, in Güterwagen. Darin bleiben sie bei strenger Kälte vier Tage und Nächte. Nach drei Tagen waren in einem einzigen Wagen schon drei kleine Kinder gestorben [...]"

Polnische Zivilarbeiter verließen ihre bisherigen Arbeitgeberfamilien, rotteten sich zu Banden zusammen, raubten Fuhrwerke und zogen plündernd nach Polen. Es kam auch vor, daß der „treue" mitgeflüchtete Pole, der bislang als Familienangehöriger betrachtet worden war, bei einer günstigen Gelegenheit mit dem bepackten Wagen der Familie verschwand. Dem Kurat Ernst Hoppe aus Allenstein zogen herumstreunende Polen im eisigsten Wintersturm seinen guten Anzug und die Schuhe aus. Auch er berichtet, daß Polen jetzt schon mit geraubten Fuhrwerken voller Beute auf dem Rückweg in ihr Land waren.

Aus dem immer enger werdenden Heiligenbeiler Kessel zogen laufend die Flüchtlinge über das Haffeis, ohne daß zunächst ein Nachlassen der Stauung spürbar wurde. Der Pfarrer Bernecker aus Heiligenbeil berichtet: „Die Not der Flüchtlinge wird immer größer. Es gibt kein Brot, keine Medikamente, keine sanitären Hilfsmittel. Der wochenlange Aufenthalt im Freien bei strenger Kälte, die ungenügende Ernährung – selten nur eine warme Mahlzeit –, der ungenügende Schlaf, das alles bewirkt bei den meisten Erkältungskrankheiten, vor allem Durchfall [...]

Vom 21. Januar bis 22. Februar finden täglich auf dem neuen Friedhof Beerdigungen statt. Eine ganze Kompanie hebt lange Gräben aus. Täglich um 14.30 Uhr werden dann die Zivilisten, gut 50 an der Zahl, in einer gemeinsamen Feier beigesetzt. Eine Feststellung der Person wird nicht mehr vorgenommen. Ab 15 Uhr werden die Soldaten beerdigt. Es sind etwa 150 täglich."

Auf dem Leidensweg der Ostpreußen über das Eis des Haffes kamen einerseits Tausende um. Das Eis rettete andererseits aber auch Hunderttausende vor den Russen. Der bitterkalte ostpreußische Winter hatte hier eine Brücke gebaut, ohne die ein Entkommen dieser Menschen nicht möglich gewesen wäre.

In Pillau haben sich große Menschenmassen angestaut. Dort liegt die 1. U-Boot-Lehrdivision mit den Wohnschiffen „Pretoria" (16.662 BRT), „Robert Ley" (27.288 BRT) und „Ubena" (9.554 BRT), die fahrbereit auf den Befehl zur Verlegung nach Hamburg warten und Flüchtlinge mitnehmen werden. Der realitätsblinde Gauleiter Koch will das unbedingt verhindern. Mit der Lüge, daß er schon alles mit Großadmiral Dönitz besprochen habe, will er den Befehlshaber, Kapitän zur See Poske, veranlassen, sofort auszulaufen und keinesfalls Flüchtlinge mitzunehmen. Nach kurzer Rücksprache mit der Marineleitung wurde Erich Koch von Poske darüber aufgeklärt, daß er keine Befehlsgewalt über die Marine habe.

Am 23. Januar kündigte die Gauleitung für die Nacht das Eintreffen eines Sonderzuges mit 500 Frauen und Kindern an, die sofort auf die Schiffe zu bringen wären. Der Zug traf um 1 Uhr nachts ein, und die Passagiere wurden auf dem kürzesten Weg auf die „Pretoria" gebracht. Die Einschiffung fiel nicht auf, aber es handelte sich um die Königsberger Gauleitungsfunktionäre, die statt der angekündigten Flüchtlinge die 1. Klasse-Kabinen in Beschlag nahmen, während die echten Flüchtlinge in überfüllten Häusern und eiskalten Lagerschuppen lagen. Am 23. lief der beschädigte Kreuzer „Emden" aus Königsberg durch das Pillauer Tief. Neben 1.300 Wehrmachtsangehörigen und Zivilpersonen hatte er auch die beiden Hindenburg-Särge an Bord.

Am 25. Januar um 8 Uhr morgens kam der Befehl zum Auslaufen. Nachdem tagsüber 22.000 Flüchtlinge und verwundete Soldaten eingeschifft worden waren, verließ abends dieser erste Massentransport Pillau. Dem Geleitzug schloß sich auch das KdF-Schiff „Der Deutsche" (11.435 BRT) an, auf dem im Hafen der Königsberger Schichauwerft Patienten, Schwestern und Ärzte Königsberger Krankenhäuser sowie eben zur Luftwaffe einberufene 16jährige Jugendliche eingeschifft worden waren.

Nachdem am 27. auch die Bevölkerung Königsbergs aufgefordert wurde nach Pillau zu gehen, sammelte sich eine kaum noch regelbare Menschenmasse an. Bei der Einschiffung des ersten großen Geleitzuges war es noch geordnet und ruhig zugegangen, bald aber begann ein rücksichtsloser Kampf, um auf ein Schiff zu kommen. Der Andrang wurde so groß, daß die Menschen über die Kaimauer gedrängt wurden und im eisigen Wasser ertranken. Darauf wurden die Schiffe zunächst an einen Kai dirigiert und die dort zusammenströmende Menschenmenge durch starke Sperrketten von Volkssturmmännern und Soldaten zurückgehalten. Dann wurden die Schiffe an den anderen Kai zu den dort versammelten Frauen, Kindern und Verwundeten bugsiert.

Auch die Ostsee war Kriegsgebiet. Schon im Herbst waren einige deutsche Schiffe an der baltischen Küste versenkt worden. Es konnte kaum ausbleiben, daß bei den Massentransporten über einen großen Zeitraum Schiffe versenkt werden würden. Die erste riesige Katastrophe war die Torpedierung der aus Gotenhafen am 30. Januar ausgelaufenen „Wilhelm Gustloff" (25.484 BRT). Von den 10.582 Menschen an Bord waren 8.954 Flüchtlinge aus Preußen. Um 21.16 Uhr torpedierte und versenkte ein russisches U-Boot das KdF-Schiff. Neun Schiffe konnten gemeinsam 1.239 Schiffbrüchige aus der eisigen See retten. Für 9.343 Menschen kam jede Hilfe zu spät. – Die „Wilhelm Gustloff"-Katastrophe sollte das mit Abstand größte Schiffsunglück aller Zeiten bleiben.

Die Einschiffung in Pillau wurde jetzt schon empfindlich von den Russen gestört. Am 5. Februar (14 Uhr) erlebten die 70.000 Flüchtlinge einen Luftangriff von 60 russischen Bombern. Die dicht gedrängten Menschen am Pier gerieten in Panik, aber die meisten Bomben fielen ins Wasser. Daher gab es nur 54 Tote und 82 Verletzte. Einige kleinere Schiffe waren gesunken. Sehr verlustreich wirkte sich auch das Feuer der russischen Artillerie aus, das vermutlich von in der Stadt sitzenden Seydlitz-Agenten geleitet wurde. Zum Beispiel sank die „Meteor" (3.717 BRT) nach mehreren Artillerietreffern.

Seydlitz-Leute waren die aus russischen Kriegsgefangenenlagern rekrutierten und politisch umerzogenen deutschen Soldaten, die unter General Seydlitz (in Stalingrad gefangengenommen) jetzt für die Sowjets kämpften.

Am 9. Februar verließ der Verwundetentransporter „General von Steuben" (14.660 BRT) mit 1.467 Schwer- und 1.213 gehfähigen Verwundeten, Ärzten, DRK-Schwestern und über 900 hochschwangeren Frauen und Müttern mit kleinen Kindern Pillau. Nur ein Torpedoboot begleitete das Schiff. Um 0.30 Uhr wurde es von den Torpedos jenes russischen U-Bootes getroffen, das auch die „Wilhelm Gustloff" versenkt hatte. Nur 630 Überlebende konnten aus dem eiskalten Wasser gerettet werden. Die nächste große Schiffskatastrophe war die Torpedierung der „Goya", die am 16. April von Hela auslief. Auch hierbei kamen viele Flüchtlinge aus Ostpreußen ums Leben.

Trotz der größer werdenden Gefahr ging der Abtransport der Flüchtlinge von Pillau weiter. Nach Angaben der Marine hatte sie vom 23. Januar bis 15. Februar 289.837 Flüchtlinge auf Schiffen abtransportiert und etwa 50.000 auf die Nehrung übergesetzt. Am 8. März wurden die Transporte von Pillau eingestellt. Die Russen stürmten gegen Danzig und Gotenhafen vor, wo etwa zwei Millionen Flüchtlinge auf Rettung warteten. Der gesamte verfügbare Schiffsraum wurde jetzt dorthin geleitet. Die Flüchtlinge in Pillau wurden auf die Dörfer im Samland verteilt, wo die Front zu dieser Zeit trügerisch ruhig war. Erst im April, nachdem Danzig und Gotenhafen gefallen waren, erreichte der Abtransport von Pillau noch einmal einen letzten Höhepunkt.

Insgesamt gelang es etwa 1.140.000 Personen Ostpreußen zu verlassen: 49.000 auf dem Landweg vor der Einschließung, 450.000 über das Haffeis, 190.000 von Pillau über die Nehrung und 451.000 von Pillau über See. Wenn die Flüchtlinge die Seereise überstanden hatten, waren sie aber noch lange nicht in Sicherheit. In Danzig, Gotenhafen und Hela begann für die meisten der Kampf wieder von neuem, um unter Bomben und Granaten auf ein Schiff zu kommen. Waren sie ein zweites Mal den Russen entkommen, wurden sie in den Ausladehäfen im Westen gnadenlos von den Bomben der Engländer und Amerikaner empfangen. Als in dem kleinen Hafen Swinemünde am 12. März Flüchtlinge von den Schiffen aus Pillau und Kolberg in bereitstehende Güterzüge umgeladen wurden, griffen Hunderte amerikanischer Bomber den Hafen und die kleine Stadt an. 1.500 Tonnen Spreng- und Brandbomben lösten einen unvorstellbaren Feuerorkan aus. Die Toten, von denen nur wenige identifiziert wurden, mußten in Massengräbern beigesetzt werden. Bis 1989 stand dort ein Mahnmal, dessen Text 26.000 getötete Zivilisten und 9.000 Soldaten nannte; diese Zahlen können als äußerst niedrig angesetzt betrachtet werden.

Bei der Flucht im eisigen Winter wurden die Menschen von Flugzeugen gejagt, von Bomben zerfetzt, von Panzern zermalmt, erschossen, zu Tode gequält oder nach Sibirien deportiert. Viele erfroren, brachen durch das Eis des Haffes oder ertranken in der Ostsee. Wer aber diese wahnsinnige Flucht überlebte, hatte ein erträglicheres Leben vor sich als die Zurückgebliebenen.

Über das Eis des Haffes

Der Strom der Flüchtlinge von der Haffküste über das Eis zur Nehrung wird am 25. Januar ohne Warnung durch Aufbrechen einer Fahrrinne zwischen Pillau und Elbing jäh unterbrochen. Auf der Elbinger Schichauwerft liegen drei fast fertige Torpedoboote, die von der Marine abgeschleppt werden sollen. Die Treckwagen müssen eiligst aus dem Weg fahren oder abrupt anhalten, als das Ungetüm des Eisbrechers auftaucht und krachend die dicke Eisdecke unter sich zermalmt. Der Schiffsverband zieht vorbei, und die Trecks kehren enttäuscht um. Die 30 Meter breite Fahrrinne wird auch weiterhin offengehalten. Eine zweite Fahrrinne wird nach Rosenberg aufgebrochen, um Nachschub von Pillau nach Elbing und in den Heiligenbeiler Kessel zu bringen.

Der Zug der Flüchtlinge stockt tagelang, während laufend neue Trecks hinzukommen und sich am Haff stauen. Baumstämme und Bohlen werden herangeschafft und Pioniere bauen nacheinander acht Brücken über die Fahrrinne, fünf für Flüchtlinge und drei für die Wehrmacht, die bei Schiffsverkehr eingezogen und dann wieder an den Eisrändern verankert werden. Erst am 28. Januar setzen sich die Trecks über die ersten Brücken wieder in Bewegung.

In den Flüchtlingsstrom kam eine gewisse Ordnung. Polizei, Volkssturm und Soldaten waren zur Regelung des Übergangs eingesetzt. Auch die sonst hilflosen Koordinatoren konnten sich hier als nützlich erweisen. Etwa zwei Kilometer vor dem Haff entstand die sog. Treckstadt. In diesem Riesenlager mußten sich alle Neuankommenden den zugeteilten Kolonnen anschließen.

Für Flüchtlinge ohne Fahrzeug, die dem Fußmarsch nicht gewachsen sind, wird unter Gewaltanwendung Platz auf den Wagen geschaffen. Nicht lebenswichtige Dinge werden abgeladen, was oft unter Tränen oder stummer Bitterkeit geschieht. Nur selten legen die Besitzer Hand mit an. Der Strand ist übersät mit zurückgelassenem Hausrat, Truhen, Fahrrädern, Bündeln, Wäsche, Kleidern, Nähmaschinen... Und dazwischen hier und dort totes Vieh und tote Menschen; viele tote kleine Kinder sind darunter, nur wenige Tage alt. Auf die Frage einer jungen Frau, wie sie mit ihrem fünf Monate alten Säugling bei 15 Grad Kälte über das Haff kommen soll, antwortet ein aus dem Osten kommender Kreisleiter mit brutaler Offenheit: „Eines müssen Sie opfern, entweder das Kind oder Sie werden von den Russen geschändet."

Auf sechs Eisstraßen strömen die Flüchtlinge mit Wagen und zu Fuß über das Haff. Die Wege sind von Pionieren erkundet und mit Tannenbäumchen und Stangen notdürftig gekennzeichnet. Um das Eis nicht zu überlasten, müssen die Wagen mit befohlenem Abstand fahren und dürfen nicht halten. Bei dem Andrang der Menschenmassen, die dem Chaos und Beschuß zu entrinnen suchen, muß der Übergang auch bei Tage weitergehen. Bei klarem Wetter stürzen sich russische Flugzeuge mit Bordwaffen und Bomben auf die Kolonnen. Die weite, völlig deckungslose Eisfläche wird zum Vergnügen der russischen Piloten zu einem Schießplatz, auf dem sie begeistert ein launiges Wettschießen auf ihre wehrlosen Ziele veranstalten.

Dazu schießt die russische Artillerie in die Kolonnen. Scheuende Pferde gehen durch und rasen in die Menschen. Zwischen dem Bersten der Granaten, Schreien und Wimmern der Getroffenen und dem verzweifelten Rufen von Kindern nach ihren verlorengegangenen Eltern, zerfetzen Explosionsfontänen die Wagenreihen. Wagen mit Pferden und Menschen brechen durch das Eis. Nicht immer gelingt es, rechtzeitig abzuspringen. Mütter mit kleinen Kindern, Alte und Schwache verschwinden im gurgelnden Wasser. Neben zertrümmerten Wagen liegen tote und verwundete Menschen und Pferde in ihrem Blut. Naß gewordene Schuhe und Kleidung sind sofort hart gefroren. Wer ganz durchnäßt ist und nicht schnell genug in trockene Kleider kommt, erfriert.

Oftmals herrschen bis zu 30 Grad Kälte. Dazu sind viele überstürzt aufgebrochen und haben nicht die richtige Kleidung für einen Daueraufenthalt im Freien mitgenommen. Es gibt viele Erfrierungen und alle leiden an Darmkrankheiten. Erschütternd ist das Los der Mütter, die kleine Kinder, besonders Säuglinge bei sich haben. Die frosterstarrten Finger können kaum eine Windel wechseln. Geht es nicht schnell genug, friert die nasse Windel an der Haut an. Das Kind verliert weitere Wärme. Wird die Windel nicht gewechselt, leitet die Nässe die Kälte noch schneller in den kleinen Körper, dessen Temperatur langsam weiter absinkt. Es gibt keinen Schluck heiße Milch oder auch nur warmes Wasser. Das kleine Herz schlägt langsamer und bleibt schließlich stehen, obwohl das Kind unter Decken und Kissen keine Erfrierung erlitten hat. Todesursache ist Unterkühlung (Hypothermie). Auf diese Weise sterben die meisten Kleinkinder, aber auch größere Kinder und alte Leute, die auf den Wagen liegen. Manche Mütter bringen es nicht über sich, ihre toten Kinder liegenzulassen und schleppen sie weiter mit.

Kolonnen, die bei Schneegestöber, Nebel oder nachts das Eis überqueren, kommen oft ohne oder mit wenig Beschuß durch. Dann ist aber die Gefahr, von der abgesteckten Fahrbahn abzukommen, besonders groß. Die von Bomben und Granaten aufgerissenen Löcher sind nur mit einer dünnen Eisschicht bedeckt und bei inzwischen darauf gewehtem Schnee nicht mehr zu erkennen. Wenn Räder in Risse geraten, brechen oft große Eisstücke los und sinken mit dem Gefährt in die Tiefe. Aus den überdachten Wagen kann sich kaum einer retten. Viele, die bei einem Halt ausscheren und weiterfahren, finden besonders in der Nacht einen plötzlichen Tod im eiskalten Wasser.

Nach dem Fall Elbings (10. Februar) bleiben die Eisbrücken in der Fahrrinne liegen und frieren fest. Trotzdem gibt es Stockungen, weil Munitionstransporte vorgelassen werden müssen, Trecks zusammengeschossen wurden oder sich vor der Nehrung stauen, weil die Abfahrtsstelle zerbombt wurde. So stehen oft kilometerlange Wagenkolonnen bei bitterer Kälte auf der Stelle, dem Artilleriebeschuß und den Fliegerangriffen schutzlos ausgesetzt. Wenn die Flugzeuge heranbrausen, werfen sich alle nieder. Mütter drücken ihre schreienden Kinder unter sich, als ob sie die Geschosse aufhalten könnten.

Die russischen Piloten fliegen immer wieder an und feuern in die Kolonnen. Überall zerschossene Wagen, tote, sterbende und verwundete Menschen. Mit Wäschestücken versuchen frosterstarrte Hände blutende Wunden zu verbinden. Hunderte Pferde liegen auf dem Eis und lassen erkennen, wieviele Treckwagen hier ein schreckliches Ende fanden.

Vor den einen Wagen der Familie Kosche aus Herzogswalde (Kr. Mohrungen), den Vater Paul führt, der seine Schwester bei sich hat, fährt der andere mit dem Franzosen Charles, Frau Anna und den beiden Kindern Ilse (15) und Klaus (13). Als die Flugzeuge anfliegen springen die Kinder vom Wagen und laufen weg. Die Bombe die vor den Pferden des ersten Wagens einschlägt, überschüttet sie mit einer Wasserfontäne. Die scheuenden Pferde rasen unter dem Feuer der Bordwaffen quer über das Eis, bis das eine der Pferde getroffen stürzt und liegenbleibt. Wegen Einbruchsgefahr darf auch während des Angriffs nicht angehalten werden. Als die Flugzeuge abfliegen, findet Frau Anna ihre Tochter, aus dem Mund blutend, bewußtlos neben einem umgestürzten Wagen. Ihr Mann und seine Schwester sind beide tot. Ihr Sohn fiel wahrscheinlich in eines der Eislöcher und bleibt verschollen. Die Tochter starb am nächsten Tag auf der Nehrung. Frau Kosche erhielt ein zweites Pferd und fuhr mit dem Franzosen alleine weiter.

Erschütternde Szenen spielen sich ab. Eine heulende junge Frau stochert mit einer Stange im Wasser, um ihre Kinder zu finden. Anderswo bricht eine Mutter mit dem kleinsten Kind durch die dünne Eisschicht auf einem der Eislöcher und ertrinkt. Auf dem Wagen bleiben vier Kinder, das älteste 13 Jahre, zurück. Lange hört man noch ihr Schreien und Rufen nach der verschwundenen Mutter.

Als eine Kolonne von Artillerie beschossen wird, werden die befohlenen Abstände nicht mehr eingehalten, und eine zu dicht aufgefahrene Wagengruppe bricht durch das überlastete Eis. Verzweifelte Menschen umstehen die Einbruchstelle, in der ihre Angehörigen mit Pferden und Wagen verschwunden sind. Frau Neubauer aus Gerdauen berichtete später: „Gegen Mittag kommen wir in die Nähe von Kahlberg [...] Dann schießen Wasserfontänen, durchsetzt mit Eisstücken, neben der Reihe der Wagen hoch. Wieder und immer wieder, viel höher als die Wagen. Russische Granaten [schlagen ein; ...] Die Frauen reißen die Kleinkinder aus den Wagen. Immer neue Salven heulen heran. Wagen werden auseinandergerissen, Menschen zerfetzt. Hilflos kauern wir zusammen und pressen uns aufs Eis oder an die Wagen. Krater um Krater zuckt in der Fahrbahn auf. Weit fliegen die Eissplitter umher. Wasser rauscht über die Ränder und läuft langsam wieder zurück. Die Pferde sind kaum zu halten, wir selbst schon beinahe in heller Panik und viele laufen davon. Ein Gespann bricht aus und geht mit dem hin- und herschleudernden Wagen durch.

Endlich geht es weiter, weg von den Granaten, den immer neuen Löchern im Eis, dem Heulen und der wilden Angst [...]"

Wer dem Chaos im Kessel entkommen will, muß den einzigen Weg benutzen, der noch hinausführt. Der Zeitpunkt der Haffüberquerung kann aber nicht selbst gewählt werden, man hat zu gehen, wenn man in die Kolonne eingereiht wird. Weder Bomben, Granaten noch Tiefflieger, weder eisige Kälte noch Schneestürme können die Menschenschlangen vom Eis vertreiben. Wie aus einem unerschöpflichen Vulkan strömen sie Tag und Nacht von der Küste zur Nehrung. In Alt-Passarge (an der Haffküste) und Narmeln (auf der Nehrung) hat die Wehrmacht inzwischen behelfsmäßige Verpflegungsstellen für die Flüchtlinge eingerichtet, wo auch Pferdefutter ausgegeben wird und Kranke notdürftig betreut werden.

Bei mehr als 20 Grad Kälte versucht eine Mutter, unter einer Decke mit einer Kerze etwas Milch für ihr vor Hunger schreiendes Kind aufzutauen und zu erwärmen. Eine andere berichtet: „Ich taue ein Stückchen gefrorene Milch im Mund auf und füttere mein Kleines wie die Vögel, Mund an Mund."

Alte Leute sitzen oder liegen halb erfroren und sterbend auf dem Eis. Einer Mutter sind bereits zwei Kinder erfroren, als sie in die Mitte des Haffes kommt. Sie läßt sie liegen und schleppt sich mit den anderen beiden weiter. Bis sie in die Nähe der Nehrung kommt, sind auch diese erfroren.

Schaurig ist die Fahrt über das Eis während der Nacht. Aufsteigende Leuchtkugeln und Brände bezeichnen die Front im Osten, von wo das Dröhnen der Artillerie zu hören ist. Herabsinkende Leuchtbomben der russischen Nachtflieger tauchen die Eisfläche in ein gespenstisches rötliches Licht. An der Seite der Eisstraße zerschossene Wagen, tote und verwundete Pferde und Menschen. Im Schutze der Nacht fahren Sanitätswagen die Eisstraßen ab und sammeln Verwundete und Leichen. An den Auf- und Abfahrtsstellen wachsen die langen Gräberreihen der Flüchtlingsfriedhöfe. Viele Kleinkinder müssen bestattet werden: Es gibt keine oder nur selten ein wenig Milch.

Die Nehrung ist zwar mit Kiefern bewachsen, doch der Weg ist für weite Strecken aus der Luft zu erkennen. Außerdem haben sich hier so viele Menschen angestaut, daß die Russen diese treffen, wo immer sie ihre Bomben fallen lassen. Der unbefestigte Weg ist von den vielen Fahrzeugen aufgewühlt. Daneben liegen zerbrochene Wagen, massenweise Haushaltsgut und wie neben allen Fluchtwegen tote Menschen und Pferde. Im Strom der Bauernwagen und Fußgänger ziehen Gruppen verwundeter Soldaten mit, ohne Führung, Versorgung und Verpflegung, die von den Sanitätseinrichtungen der Wehrmacht nicht mehr ordnungsgemäß abtransportiert werden können.

An einer Stelle hat ein Fliegerangriff die Kolonne getroffen. Fast 50 Wagen mit toten Pferden und Menschen liegen zertrümmert und verbrannt auf und neben dem Weg. Überlebende suchen nach Resten ihrer Habe, um zu Fuß weiterzuziehen.

Auf der Sanitätsstelle versucht eine Mutter, an den völlig überlasteten Arzt zu kommen. Ihr Kind ist an der Windel angefroren. Vom Rücken, Gesäß und den Füßchen löst sich die zarte Haut und bleibt an der Windel kleben.

Weil der unbefestigte Weg nicht alle Fahrzeuge aufnehmen kann, die von Pillau und über das Haff heranströmen, ist parallel zur Nehrung, etwa 350 Meter vom Ufer eine Eisstraße von Pillau nach Stutthof abgesteckt worden. Emma Ramonat aus dem Kreis Mohrungen wollte in Kahlberg oder einer anderen Stelle auf die Nehrung fahren, aber Soldaten wiesen sie jedesmal ab. Sie mußte mit dem Treck sämtliche 56 Kilometer auf der Eisstraße bleiben, halb verhungert, todmüde, schutzlos den pausenlos angreifenden Flugzeugen und der Artillerie ausgesetzt. Als ihr beide Pferde vor dem Wagen abgeschossen wurden, ging Frau Ramonat mit den Kindern an der Hand zu Fuß weiter.

Um die Nehrungsstraße weiter zu entlasten, wurde eine Anzahl Trecks, die über See abtransportiert werden sollten, auf zwei Eisstraßen von der Haffküste nach Pillau dirigiert. Schließlich belegten fast 10.000 Baupioniere und Männer der OT (Organisation Todt) 65 Kilometer des Nehrungsweges mit einem Knüppeldamm. Als der Verkehr trotzdem weiter zunahm, wurden 30.000 bis 40.000 Treckwagen aus Pillau angehalten und wieder zurückgeschickt. Ebenso brachten Wehrmachts-LKW von der sich um Narmeln zusammengedrängten Menschenmasse etwa 6.000 nach Pillau zurück.

Gegen Ende Februar wird der Übergang über das Haff noch gefährlicher. Durch Tauwetter und Stürme hat sich eine 30 Zentimeter tiefe Wasserschicht auf dem Eis angesammelt. Dadurch sind die Rinnen im Eis und die Bombenkrater nicht mehr zu sehen. Einbrüche in die Ostsee wie dieser mehren sich: „Plötzlich bricht der vor uns fahrende Wagen mit den Vorderrädern durch. Schreiend klettern Frauen und Kinder hinten herunter. Langsam neigt sich der Wagen nach vorn und zieht die Pferde unter das Eis. Bald ist der letzte Oberteil der Wagenplane im Wasser verschwunden."

Das Eis hielt bis Ende Februar. Dann wurde es zu brüchig. Granaten und Bomben setzten das Wasser in Bewegung, wodurch immer mehr Haarrisse und Spalten in der Eisdecke entstanden, die in ihrem besten Zustand Lasten bis zu drei und vier Tonnen getragen hatte. Jetzt mußten die Wagen drastisch erleichtert, die Abstände vergrößert und auf keinen Fall durfte angehalten werden. Schließlich durften nur noch ganz leichte Wagen das Eis überqueren. Noch in den ersten Märztagen kamen einzelne Wagen auf die Nehrung. Am 4. März war das Eis mit allem, was der Elendszug darauf zurückgelassen hatte, verschwunden. Etwa 450.000 Menschen hatten das Haff überschritten; die darin versunkenen und die im Dünensand begrabenen hat niemand gezählt.

Überrollt

Durch die zu späte Räumung der bedrohten Gebiete wurde ein großer Teil der geflohenen Bevölkerung von den schnell vordringenden Russen eingeholt. Einige wurden gleich nach dem Aufbruch, andere erst nach den Leiden der langen Flucht im März in Pommern überrollt. Über die hilflosen Menschen brach dann das gnadenlose Strafgericht der aufgeputschten, siegesumnebelten Bolschewisten herein.

Die Russen glauben wirklich, daß die deutschen Soldaten in Rußland jedes weibliche Wesen vergewaltigt, gefoltert und umgebracht hatten. Daß sie kleine Kinder aufgespießt, verbrannt oder sonstwie zu Tode gequält hatten. Sie hatten es ja selbst in den zahllosen Filmen mit eigenen Augen gesehen. Jetzt hatte die Rote Armee den Auftrag, „Rache" zu nehmen und alttestamentarisch „Gleiches mit Gleichem" zu vergelten.

Schon das erste Zusammentreffen mit den Russen ist für viele tödlich. Wahllos werden Männer, oft auch Frauen und Kinder, erschossen. Grundsätzlich wird jeder, der eine Uniform trägt, ob Wehrmacht, Volkssturm, Post, Polizei oder Eisenbahn, auf der Stelle erschossen. Nach der üblichen Ausplünderung und den Massenvergewaltigungen werden die wenigen Überlebenden zu Fuß nach Hause geschickt. In einigen Fällen dürfen sie sogar ihre Wagen und Pferde behalten. Schon hier und auf dem Heimweg werden viele, zunächst vor allem Männer, zum Abtransport nach Sibirien abgeführt.

Auf der Straße Liebemühl – Preußisch Holland rasseln am 23. Januar russische Panzer und LKW mit Infanterie an dem Treck aus dem Kreis Osterode vorbei. Die Flüchtlingskolonne bleibt ratlos stehen; die Flucht ist nun sinnlos geworden. Dann kommen Marschkolonnen heran. Die Russen fuchteln mit ihren Maschinenpistolen vor den Gesichtern der verängstigten Menschen, reißen ihnen die Kleider auf und fordern: „Uri, Uri! [Uhren, Uhren!]" Zitternd geben die Frauen ihre Eheringe, Schmuck und Wertsachen her. Kinderweinen, Frauenschreie ertönen, und die üblichen Vergewaltigungen erfolgen. Als die Russenkolonne weiterzieht, wenden die Bauern die Wagen und treten den traurigen Rückmarsch an. Am nächsten Tag halten Polen und Russen den Treck in Maldeuten (Kr. Mohrungen) an. Nur wer polnisch spricht, darf weiterfahren. Die anderen müssen bei eisiger Kälte den Tag und die nächste Nacht auf einem freien Platz zubringen. Keiner darf sich entfernen. Polen und Russen durchwühlen die Wagen und stehlen schamlos, was sie wollen. Die ganze Nacht erschallen Schreie der gequälten Frauen und Mädchen. Am nächsten Tag werden alle Männer abgeführt und die Frauen auf die Heimfahrt geschickt. Sie haben ihre Männer nie wiedergesehen. – Die damals 15jährige Hannelore Kallweit aus Schneegrund (Kr. Goldap) berichtet: „Bei eisiger Kälte und Schneesturm erreichten wir am 31. Januar Grünwalde [Kr. Gerdauen]. Plötzlich wurde die Tür aufgerissen [...] Mein Vater wurde gleich von uns gerissen und vor uns erschossen. Nun stürzten sich die Soldaten auf [uns] Frauen und Mädchen. Jede wurde vergewaltigt. Oft standen mehrere [Rotarmisten] an [...] Bevor man uns nach Hause schickte[,] wurde uns alles abgenommen, nur was wir anhatten, blieb uns. Meinen Vater mußten wir liegenlassen, ob er jemals ein Grab bekam?"

August Feuerwänger aus Kubillen (Nordenfeld im Kr. Goldap) wird in Schulen (Kr. Heilsberg) überrollt: „In der Nacht holten sie unseren Neffen, den wir von Kindheit an als Pflegesohn hatten, aus dem Bett und erschossen ihn. Mit ihm starben weitere 80 Deutsche, vom Säugling bis zum Greis [...]"

Frau L. Sternberg aus Groß Nappern (Kr. Osterode) wurde mit ihrem Treck in Saalfeld überrollt und machte sich mit ihren Kindern, der 7jährigen Ingrid, der 6jährigen Jutta und der 2jährigen Oda, zu Fuß auf den Heimweg: „Tiefer Schnee, wohl 20 bis 25 Grad unter Null. Keine Handschuhe, die man mir abgenommen hat. Die Helle blendet. Wo der eisige Ostwind den Schnee weggeweht hat, ist die Straße spiegelglatt. Endlich ein heiles, offenbar noch bewohntes Haus. Aber als wir eintreten, sehen wir ein Bild unvorstellbaren Grauens: verschüttetes Essen, Tote sitzen auf dem Sofa, hängen über Stühle, liegen auf Betten. Fußboden und Wände sind mit Blut besprizt. Nur ein Hund kläfft uns an. Wir flüchten ins Freie [...] Über Kuppen nach Hanswalde [...] Überfahrenes, zerquetschtes Vieh, Zivilisten mit eingeschlagenen Köpfen neben ausgeplünderten, umgestürzten Trecks. In einer halbzerstörten Scheune etwas Stroh. Ich reibe den Kindern die erfrorenen Füße mit Schnee."

Julius Jebram aus Scharnau (Kr. Neidenburg) wurde im Kreis Osterode überrollt und zur Nacht auf einen Bauernhof bei Grabitzken eingewiesen: „Da im Viehstall auch noch Frauen sind, die unausgesetzt belästigt werden, gehe ich mit meinem Schwager heimlich zur Scheune. Dabei sehen wir mit an, wie die Russen ein weinendes Kind vor den Augen der Mutter erschießen, um sie dann zu vergewaltigen [...]"

Nach dem Eisenbahnunglück des Flüchtlings-Güterzuges aus Mohrungen in der Nacht zum 23. Januar, schleppten sich, nach stundenlangem Warten bei 25 Grad Kälte, die Menschen zum Bahnhof Grünhagen (Kr. Preußisch Holland), wo ein Rettungszug eintreffen sollte. Als am Morgen die Russen erschienen und wild in die Menschenmenge schossen, brach eine Panik aus. Der damals 15jährige Erwin Kreft aus Saalfeld erlebte, wie alles schreiend durcheinanderlief. Viele rannten zu dem einige 100 Meter entfernten Wald. Die Russen schossen mit ihren Panzerkanonen und Maschinengewehren auf die Fliehenden. Selbst tief im Wald hörte man noch das Schreien der Frauen und Kinder und die Schüsse der Russen. Dann trieben sie die Menschen wieder zusammen. Nachdem sie allen Uhren, Ringe und andere Wertsachen abgenommen hatten, wurden alle Männer in Uniform abgeführt, die anderen mit dem Ruf: „Dawai, damoi! [Los, nach Hause!]" auf der Straße nach Süden davongejagt.

Anneliese Langecker aus Wiersbinnen (Stollendorf im Kr. Johannisburg) erzählt: „Ich war 12 Jahre alt, als Opa, Mutter und wir drei Kinder flüchten mußten [der Vater war Soldat; ...] Nach drei Tagen kam ein großes Heer Russen [...] Sie haben die Häuser angesteckt und alles niedergeschossen oder totgeschlagen [...] Mutti und Opa wurden erschossen. Meine [6jährige] Schwester wurde zertreten und ist qualvoll gestorben, mein [9jähriger] Bruder Horst bekam schwere Schläge mit dem Gewehrkolben. Nur ich allein kam mit dem Leben davon. Sie wollten auch mich erschießen, aber ich habe nur einen Schulterschuß bekommen [...]"

Der Gutsverwalter von Gisbertshof (bei Eichmedien im Kr. Sensburg) beschreibt, wie die Russen die Trecks im benachbarten Wilkendorf (südwestlich von Rastenburg) überrollten. Die freiwillig mitgetreckten Polen, die sich mit den Russen verständigen können, geben sich auf einmal als geknechtete Sklaven aus. Jeder Bauer, der einen Polen bei sich hat, wird auf der Stelle erschossen, seine Familie muß absteigen, und der Pole fährt mit dem Wagen der Familie ab, wohin er will. Unter den Flüchtlingen sind auch viele französische Kriegsgefangene, die mit ihren Bauern, meist älteren Leuten, zusammen sind. Sie werden ohne Unterschied zusammen mit den Deutschen vor einen Lattenzaun getrieben und erschossen. Jeder, der sauber aussieht, ist für die Bolschewisten ein Kapitalist oder Offizier und wird ohne Verhör, ohne Urteil und ohne Gnade erschossen. Ein Berg steifgefrorener Leichen türmt sich neben der Hinrichtungsstätte.

Der Treck des Revierförsters Theophil Jahn aus dem Kreis Johannisburg wurde in Reuschendorf (Kr. Sensburg) überrollt. Ein russischer Feldwebel sagte zu Jahn: „Wir morden nicht, wir Soldaten – aber nach ein paar Tagen kommen andere. Da Männer sich verstecken

– und Frauen [...]" Nach drei Tagen kommen die „anderen" und erschießen in Reuschendorf 28 Männer, Frauen und Kinder, darunter eines, das erst sechs Wochen alt ist.

Fritz Prengschat aus Eichenfeld (Kr. Gumbinnen) beschreibt, wie die Russen seinen Treck hinter Liebemühl einholten. Die kämpfende Truppe tat ihnen nichts; sie nahm ihnen nur Uhren und Ringe ab. Von den nachfolgenden „anderen", leichenfleddderndem Pöbel und plündernden Polenbanden, wurden die Flüchtenden erneut angehalten: Die Männer wurden zu einer Gruppe zusammengestellt und gewissenlos abgeknallt. Prengschat lag „nur" verwundet unter acht Leichen.

Karl Kensy aus Jägersdorf (Kr. Neidenburg) fiel im Kreis Osterode den Russen in die Hände. Einen zweiten Wagen fuhr sein polnischer Arbeiter, auf dem eine Frau aus dem Nachbarort Muschaken mit ihren beiden Töchtern mitfuhr, der die Russen schon Wagen und Pferde abgenommen hatten. Karl Kensy berichtet: „Als es dunkel wurde, stürzten sich die Russen wie wilde Bestien auf die Frauen und Mädchen [...] Geschrei und Gejammer die ganze Nacht [...] Selbst Kinder von neun Jahren wurden vergewaltigt. Eltern, die sich für ihre Kinder einsetzen wollten, wurden geschlagen oder einfach erschossen. Mariechen, das ältere der Mädchen aus Muschaken[,] hatte sich auf meinem Wagen verborgen. Ein Russe fand sie und wollte mich erschießen. Der polnische Arbeiter, der immer wie ein Sohn bei uns gelebt hatte, setzte sich für mich ein und rettete mein Leben. Das Mädchen wurde aber so geschlagen und zerkratzt, daß es am nächsten Morgen kaum noch zu erkennen war. Etwa 45 Russen müssen in dieser Nacht bei ihr gewesen sein [...] Die Bettauflagen, zwischen denen sie sich verborgen hatte, waren völlig durchblutet [...]"

Nicht nur einfache Soldaten, sondern auch Offiziere mit vier und fünf Sternen beteiligten sich an den Vergewaltigungen. Immer wieder wird berichtet, daß beide Eltern erschossen wurden, die ihre Tochter schützen wollten.

Frau Hedwig Podschull berichtet, wie ihr Treck aus dem Kreis Johannisburg bei Rößel von russischen Panzern zum Halten gezwungen wurde. Die Wagen wurden nach Abschirren der Pferde und restloser Ausplünderung des Gepäcks einen steilen Abhang hinuntergestoßen. Unbekümmert um alle Zuschauer begannen die grauenhaftesten Vergewaltigungen von Frauen jeden Alters. Frau Podschull, hochschwanger, begab sich in Begleitung einer Verwandten mit ihrem zweiten Kind an der Hand zu Fuß auf den Weg nach Hause. Sie schrieb: „Unterwegs sahen wir nur Bilder des Grauens: In den verschneiten Straßengräben lagen die verstümmelten Leichen geschändeter Frauen und Mädchen, erschossene oder erschlagene Männer, sogar Kinder [...]"

Wo immer die Russen unter den Flüchtlingen deutsche Soldaten antreffen, werden diese sofort ermordet. Frau Liesbeth Riedel aus dem Kreis Pillkallen berichtet, wie sie einen Soldaten mit einer Kette an einen Lastwagen binden und unter dem Lachen der Rotarmisten zu Tode schleifen. Eine andere Frau erlebt in Groß Peisten (bei Landsberg), wie ein russischer Offizier einen deutschen Soldaten mit dem Bajonett ersticht. Lachend zeigt er der Frau dessen Soldbuch, und sie liest: „Leo Zimmermann, Damerau, Kreis Bartenstein."

An der Straße Gehlenburg – Arys, am Weg zum Forsthaus Drigelsdorf, wird der zurückkehrende Treck aus Lindensee (Dupken im Kr. Johannisburg) am 1. Februar von Russen aufgehalten. Die Menschen werden zu einem Haufen zusammengetrieben, und unter Anleitung eines Offiziers werden die älteren Leute selektiert und auf die Wagen zurückgeschickt. Die jüngeren werden in den Straßengraben geführt, und auf das Kommando des Offiziers und seinen Ruf: „Chleb sa chleb, krow sa krow! [Brot für Brot, Blut für Blut!]" schossen etwa zehn Soldaten mit ihren Maschinenpistolen in den jammernden und flehenden Menschenhaufen. Frau Auguste Skrodzki berichtet: „Bevor ich an meinen Wagen kam[,] fielen schon die Schüsse. Danach spielte einer Ziehharmonika und tanzte. Unter den Toten aus Lindensee waren die drei Schwestern Joachim (Trude 24, Martha 21[] und Herta 17). Frau Brozio, die sich nicht von ihren Kindern trennen ließ, ist mit drei Töchtern (23, 21 und 18) und ihrem 14jährigen Sohn auch tot. Unsere Tochter Gertraud (15) ist tot, unsere Tochter Elisabeth (es war ihr 14jähriger Geburtstag) hatte einen Durchschuß unter der rechten Schulter und einen Streifschuß an der Wange. Otto Clench (15) war schwer verwundet und starb sechs Tage später. Als es ruhig wurde, standen unsere Tochter Elisabeth und der zehnjährige Erich Spandra aus Neuendorf bei Lyck auf. Erich hatte einen Streifschuß am Kopf. Während er dalag, wurden ihm Stiefel und Socken ausgezogen. 32 meist junge Menschen waren tot [...]"

Für viele, besonders für Männer und Jugendliche, endet der Heimweg in Sibirien, meist ohne Wiederkehr. Soweit sie nicht schon bei der ersten Begegnung mit den Bolschewisten abgeführt werden, geschieht es irgendwo auf dem Weg nach Hause.

Kurt May aus dem Kreis Rastenburg wurde am 28. Januar in Falkenau im Kreis Bartenstein überrollt und zu Fuß zurückgeschickt. Er berichtet: „Eine Frau, die bereits sichtbar schwanger war, wurde in der ersten Nacht mindestens 25mal mißbraucht, eine andere starb an den Folgen dieser Bestialitäten. Auf dem Rückweg sahen wir neben zahllosen erschossenen deutschen Soldaten und Zivilisten bei Rosenthal auf einem Haufen 16 erschossene französische Kriegsgefangene [...]"

Alfred Weng aus dem Kreis Preußisch Holland, damals 14 Jahre alt, berichtet: „Bei Karthaus in Westpreußen wurden wir von den Sowjets überrollt. Meine Schwester Eva, gerade 16 Jahre alt, wurde vom Wagen gezerrt[,] und wie Wilde fielen die Russen über sie her. Dann wurde sie von ihnen mitgenommen[,] und wir haben sie nie mehr wiedergesehen. Völlig ausgeplündert, ohne Eva, machten wir uns wieder auf den Heimweg. Grausam sahen die Straßen aus. Überall Tote, von Panzern zermalmt. Mit dem Wagen kamen wir nicht weit. Er wurde uns mitsamt den Pferden weggenommen[,] und wir gingen zu Fuß weiter. In Marienburg nahmen die Russen unseren Vater mit. Auch ihn haben wir nie mehr wiedergesehen.

Nun hatte Mutter die ganze Verantwortung und schaffte es, mit uns drei Jungen nach Hause zu kommen. Der Hof stand zwar noch, war aber völlig ausgeplündert und verwüstet. Auf den Nachbarhöfen lagen noch die Toten in Häusern und Gärten. Ganze Familien waren ausgelöscht. Mutter sprach oft von Vater und Eva [...]"

Unter den Russen gibt es auch einige, wenige andere. Auf dem Rückweg droht der Wagen von Kurt Kensy aus Jägersdorf (Kr. Neidenburg) auf der glatten Straße in den Graben abzurutschen. Zwei Russen springen helfend hinzu und stemmen sich gegen den Wagen. Dann kommen uns russische Panzer auf der vereisten Straße entgegen. Sie halten an der Seite, lassen die Wagen vorbei und fahren erst dann weiter. – Menschlich gegen die Deutschen zeigen sich überall besonders die Ukrainer.

Die Hölle der Daheimgebliebenen

Wer wissen möchte, was den meisten Deutschen heute unbekannt ist, der kann in kritischer Literatur nachlesen, daß bei der Besetzung Deutschlands 1945 von den Truppen der Sieger drei Millionen Frauen und Mädchen auf derart brutale Weise vergewaltigt wurden, daß 200.000 dabei ihr Leben verloren. Ebensowenig bekannt ist, daß nach der Kapitulation der deutschen Wehrmacht noch vier Millionen Menschen durch Mord, Folter und Hunger einen gewaltsamen Tod erleiden mußten.

Tatsächlich waren die Ausmaße der alliierten Kriegsverbrechen dergestalt, daß z.B. bei der Besetzung und Plünderung von Freudenstadt durch französische Truppen über 800, nach der Besetzung Stuttgarts 1.198 Frauen und Mädchen von 14 bis 74 Jahren in Krankenhäusern wegen der Folgen der Vergewaltigungen ärztlich behandelt werden mußten.

In Anbetracht dieses Umfanges der unmenschlichen Behandlung der Besiegten verwundert es nicht, daß „Verbrechen der Alliierten an Deutschen" außer Strafe gestellt und diese Amnestie in dem Überleitungsvertrag vom 26. Februar 1952 sogar noch von der Bundesrepublik Deutschland anerkannt wurde.

Das Unglück, die ersten zu sein, an denen das grauenvolle und unverdiente Strafgericht vollzogen wurde, brach nun über die Bewohner Ostpreußens mit unfaßbarer Gewalt herein. Jeder deutsche Mensch war Freiwild und all sein Hab und Gut Beute. In Ostpreußen ereignete sich mehr als lediglich das Ende eines Krieges. Nach Stalins Willen sollten die Bewohner des Landes ausgerottet und alle Spuren deutscher Kultur vertilgt werden. Es handelt sich hierbei nicht um einzelne Aktionen aufgehetzter Truppenteile, sondern um die geplante und gründlich vorbereitete Vernichtung ganzer Provinzen. Was sich hier ereignete, ruft Erinnerungen an die in der Weltgeschichte bekannten Untergänge ganzer Volksgruppen, Rassen und Völker im Altertum und im Mittelalter wach. Im Blutrausch stürzte sich die Rote Armee auf die Menschen. Der Besitzer von Gut Tykrehnen (bei Rauschen im Kr. Samland), Max

Schneege, schrieb: „Ich war überzeugt, daß das Leben unter sowjetischer Gewalt keineswegs angenehm sein wird, ahnte aber nicht, daß inmitten des 20. Jahrhunderts – unter den Augen der zivilisierten Welt, insbesondere jener Nationen, die Hüter der abendländischen Kultur sein wollen – sich Jahre anschließen sollten, zu deren Schilderung die Begabung eines Dante erforderlich wäre [...]"

Da die Sowjetsoldaten glaubten, daß die intensive Propaganda über die deutschen Untaten in Rußland der Wahrheit entsprach, nahmen sie nicht nur die deutschen Frauen als „rechtmäßige Beute", so wie es Ehrenburg gepredigt hatte, sondern sie befolgten auch sein immer wieder von neuem gefordertes Gebot „Tötet! Tötet!" mit dem er vom Berge Sinai zu ihnen herabgekommen war, denn „es genügt nicht, die Deutschen nach Westen zu treiben, sie müssen ins Grab gejagt werden!"

Unvorstellbar erscheint unserem Denken, daß diesem Haß auch Millionen unschuldige Menschen des eigenen Volkes zum Opfer gefallen waren (und noch fielen). In den zurücker- oberten Gebieten Rußlands, die von der deutschen Wehrmacht besetzt gewesen waren, hatte die Rote Armee unter der Anleitung ihrer Politkommissare oft ebenso grauenhaft gewü- tet, wie jetzt unter der deutschen Bevölkerung.* Der Vorwand für diese gräßliche Schläch- terei war schlicht der: Da nach sowjetischer Propaganda die deutschen „Faschisten" alle guten Sowjetbürger ermordet hatten, waren diejenigen, die nach der „Befreiung" wohlbehalten an- getroffen wurden und nicht den Partisanen angehört hatten, Verräter, die für die Deutschen gearbeitet hatten. Darum waren sie genauso wie die Deutschen zu bestrafen.

In Wirklichkeit ging es aber vor allem darum, diese Menschen für immer zum Schweigen zu bringen. Sie hatten eine jahrelange Besetzung durch die deutschen „Faschisten" gut überstan- den und hätten das offizielle Bild, das die sowjetische Propaganda von den deutschen Solda- ten erstellt hatte, gefährlich gestört. Stalin fürchtete mit Recht, daß diese Menschen nie mehr treue kommunistische Sowjetbürger geworden wären. In dem von der Roten Armee zurück- eroberten Teil Rußlands wurden nach groben Schätzungen zwei Millionen Sowjetbürger als „Kollaborateure" von ihren sozialistischen Landsmännern und „Befreiern" ermordet, die eben- so wie die Opfer der sog. „Fackelmänner" dem deutschen Schuldkonto zugeschrieben wurden.

Das Verhältnis zwischen deutschen Soldaten und der russischen Bevölkerung zeigte sich, als bei deutschen Rückzügen viele Russen mit den deutschen Truppen zurückzugehen ver- suchten. An Ausladebahnhöfen sammelten sich oft Tausende, um mit entleerten Güterzügen zurückgenommen zu werden. Sie machten größte Anstrengungen, um nicht von ihren eige- nen sozialistischen Brüdern „befreit" zu werden.

In dem Bericht des Bundesarchivs vom 28. Mai 1974, *Vertreibung und Vertreibungsverbrechen*, heißt es: „Bei den Vergewaltigungen handelt es sich nicht etwa um Einzelfälle, sondern um Massenvergehen. Sie sind als eine der grauenhaftesten völkerrechtswidrigen Gewalttaten zu verzeichnen [...]" Sie vollzogen sich oft in brutalster und schamlosester Weise, in Gegenwart der Kinder und anderer Personen. Niemand blieb verschont; weder 10- noch 80jährige, nicht Hochschwangere, die Insassen von Alterheimen, die Nonnen in Klöstern, Krankenhaus- Schwestern und manchmal nicht einmal Tote. Viele Opfer mußten Vergewaltigungen von 20, 40 und auch 60 Russen innerhalb von 24 Stunden über sich ergehen lassen, bis zur Todesfol- ge oder bis zum Freitod.

Nach ihrem langen Aufenthalt in Polen waren die Russen mit Geschlechtskrankheiten stark verseucht und infizierten ihre Opfer. Da die wenigen deutschen Ärzte, die ohnehin keine Me- dikamente hatten, für die meisten unerreichbar waren, blieben auch diese Krankheiten un- behandelt. Die damit verbundenen Qualen sind unbekannt, weil in normalen Zeiten diese Leiden nie jenes Stadium erreichen, in dem der Körper mit Geschwüren bedeckt ist.

Oftmals wurden Frauen und Mädchen nach den Massenvergewaltigungen sadistisch er- mordet und ihre Leichen auf zynischste Weise geschändet. Auch noch Lebenden wurden die Leiber aufgeschlitzt, Holzstücke und andere Gegenstände in den Unterleib gerammt oder

* Die deutschen Soldaten fanden nicht nur beim Vormarsch in fast jeder Stadt Rußlands Leichenhaufen er- mordeter Zivilisten, sondern auch beim Rückzug, wenn bei Gegenstößen Gebiete oder Orte wieder von deut- schen Truppen besetzt wurden. Während es sich beim Vormarsch hauptsächlich um die Insassen der GPU-Ge- fängnisse und solcher Personen handelte, die von den Sowjets als unzuverlässig angesehen wurden, waren es bei der Wiedereroberung durch die Sowjets harmlose Zivilbewohner, die massenweise umgebracht wurden.

auf andere unbeschreibliche Arten zu Tode gequält. Alexander Solschenizyn erlebte den Einmarsch der Russen in Ostpreußen und schrieb: „Wir alle wußten, daß deutsche Mädchen vergewaltigt und dann erschossen werden konnten. Es war fast eine Kampfauszeichnung."

Ein Angehöriger der Seydlitz-Leute, der Frontbeauftragte Zahn, schrieb: „Ich sah etwa 20 Rotarmisten vor der Leiche einer zu Tode geschändeten, sicherlich weit über 60 Jahre alten Frau Schlange stehen. Sie johlten, schrien und warteten darauf, ihre viehischen Gelüste an dem leblosen Körper zu befriedigen."

Das Adjektiv „viehisch" sowie andere in den Berichten gebrauchte Attribute, die sich auf Tiere beziehen, sind völlig unzutreffend. Es handelt sich hierbei ausschließlich um *menschliche* Untaten, auch wenn ihre Qualität scheinbar paradox als „unmenschlich" eingestuft werden muß, denn es gibt kein noch so wildes Tier, das dergestalt mit seinen Artgenossen umgeht. Viele Frauen und Mädchen wählten den Freitod, um sich den brutalen und erniedrigenden Vergewaltigungen zu entziehen. Sie tranken die im Haushalt verwendete Essigsäure (Essigessenz), schnitten sich die Pulsadern auf, erhängten sich oder gingen ins Wasser.

Wie dem Raubtier die Aasfresser, so folgten den Russen die Polen. Unter den gewöhnlichen Räuberbanden gab es frisch aufgestellte Milizverbände. Alle gaben sich als „Partisanen" aus und wüteten mit unbeschreiblicher Grausamkeit unter der wehrlosen deutschen Restbevölkerung. Noch bis 1947 sind zahlreiche Mordfälle dokumentiert. Viele Polen setzten sich jetzt schon in die schönsten deutschen Häuser und holten sich, was ihnen gefiel, denn alles, was die Russen nicht fortschafften, stahlen nun sie.

Die Existenzgrundlage der Bevölkerung wurde total zerstört. Besondere Kommandos trieben das Vieh nach Rußland, wobei ein großer Teil der Tiere unbeachtet zugrunde ging. Lebensmittelvorräte wurden vernichtet, das Getreide fortgeschafft, auch die neue Ernte, deren Saat noch von den Deutschen gesät worden war. Neben Plünderung und Vergewaltigung gehörte Brandstiftung zum Zeitvertreib der Bolschewisten. Große Teile vieler Städte, Schlösser, Guts- und Bauernhäuser wurden niedergebrannt. In Königsberg, wo der größte Teil der überlebenden Einwohner verhungerte, kamen sogar Fälle von Kannibalismus vor. Allein die Aufzählung der Leiden der Bewohner Ostpreußens würde den Rahmen jeden Buches sprengen. Ein paar Auszüge aus der Fülle der Berichte müssen genügen, um einen beispielhaften Einblick in das Geschehen zu vermitteln.

Auf dem Gut Herholz in Reuschendorf (Kr. Sensburg) sind die aus Jesken (Kr. Treuburg) evakuierten Familien Gottlieb Leszinskis und Johann Biallas' untergebracht. Am 28. Januar erscheinen die ersten Russen. Am 30. erfährt die zwei Kilometer entfernt im Dorf untergebrachte Familie von Johann Gollup, die ebenfalls aus Jesken ist, daß auf dem Gut alle, außer Ursel Leszinski, tot sind. Mit einem Schlittengespann wird Ursel geholt. Nachdem sie von ihren blutverkrusteten Kleidern befreit ist und zwischen Wärmeflaschen im Bett liegt, antwortet sie auf die behutsamen Fragen, was denn geschehen sei: „Als wir gestern mittags gerade den Tisch deckten, kamen drei Russen herein. Sie lachten, nahmen Herrn Biallas ins Nebenzimmer und erschossen ihn. Lachend kamen sie wieder herein […] und einer schoß mit seiner Maschinenpistole mitten in uns hinein. Liesbeth und Herta Biallas, meine Schwester und ich rannten ins Freie, wurden aber verfolgt. Ich wurde getroffen und blieb im Garten liegen. Die Russen glaubten wohl, ich sei tot, denn sie verfolgten die drei anderen Mädchen. Ich hörte Schüsse, dann war es still. Ich begann im Schnee zu frieren, die Wunden taten weh und ich kroch dann mühsam ins Haus zurück. Muttchen war völlig verstört. Vater lag mit einem Rückenschuß im Nebenzimmer und lebte noch. In der Tür zum Eßzimmer lag Frau Biallas und wimmerte, im Eßzimmer lagen Frau Dombrowski aus Bittkau (Kr. Treuburg) mit ihren drei Kindern und Frau Stachel aus Legenquell (Kr. Treuburg) mit ihren zwei Kindern. Alle waren tot.

Muttchen zog mir Schuhe und Trainingshose aus. Alles war voll Blut. Da kamen die Russen wieder. Muttchen lief zu Vater und warf sich neben ihn aufs Bett. Ich blieb in meinem Blut auf dem Fußboden still liegen. Die Russen stiegen über mich, töteten Frau Biallas durch einen Kopfschuß und gingen dann ins Zimmer meiner Eltern. Ich hörte zwei Schüsse, gleich darauf kamen die drei Russen wieder an mir vorbei und gingen fort […] Ich schleppte mich zu meinen Eltern. Sie hatten Schüsse in der Schläfe und waren beide tot. Ich kletterte über meinen Vater und blieb zwischen den Eltern liegen."

Ergänzend zu Ursel Leszinskis Bericht fügt Johann Gollup hinzu, daß es zu der Zeit keine Ärzte und Krankenhäuser gab und sie das Mädchen nicht retten konnten. Es starb am 1. Februar und wurde im Garten begraben. Am nächsten Tag beerdigte Johann Gollup mit den Männern seiner Heimatgemeinde die anderen 14 Toten in einem Gemeinschaftsgrab.

Die Frau des Lehrers Neubauer in Roggenhausen (Kr. Heilsberg) wundert sich später, wie sie das alles ertragen konnte... wie die Russen ihre Tochter Ruth vornahmen, ihr die Kleider und die Wäsche vom Leib rissen... wie sie auch Ruths Freundin nacheinander vergewaltigten... wie im anderen Haus auf dem Fußboden ein nacktes junges Mädchen mit zerschlagenem Schädel lag, den Rosenkranz noch in den verkrampften Händen...

Der Pfarrer Gerhard Fittkau aus Süßenberg (Kr. Heilsberg) beschreibt den „bestialischen Rausch der roten Soldateska. Fast alles Weibliche, dessen die [...] hemmungslosen Rotarmisten habhaft wurden, ist in einer Weise, zu der das Tier nicht fähig ist, vergewaltigt worden."

Ein 14jähriges schwachsinniges Mädchen wurde in Gegenwart seiner Pflegemutter und anderer Zeugen, selbst nachdem es infolge innerer Blutungen bewußtlos geworden war, solange mißbraucht, bis die ganze Reihe der 17 anstehenden Soldaten ihre zügellose Gier befriedigt hatte. In mehreren Fällen mußten Kinder der Schändung ihrer Mutter und die Mütter der Vergewaltigung ihrer zum Teil minderjährigen Töchter zusehen. Bei dem Versuch, sich diesen Greueln zu entziehen, wurden vier Mädchen ermordet, mehrere Männer mißhandelt und erschossen. Als die NKWD, die sowjetische politische Geheimpolizei, ihre „Verwaltung" einrichtete, gehörte zu ihren ersten Maßnahmen die Jagd auf Frauen und Mädchen. Nur wenige der unglücklichen Opfer kehrten verseucht und seelisch gebrochen vom „Kartoffelschälen", wie es beim Abholen sarkastisch hieß, zurück. Die meisten wurden in die Sklavenlager der UdSSR verschleppt und sind dort elend umgekommen. In Süßenberg wurden 25 harmlose Dorfbewohner ohne Anlaß ermordet, auch mehrere deutsche Soldaten, die sich ohne Widerstand gefangen gaben. In den Nachbardörfern war es oft noch schlimmer, wie Gerhard Fittkau berichtet.

Frau Maria Banner aus Voigtsdorf (Kr. Rößel) berichtet: „Wenn wir uns vor Scham das Gesicht mit den Händen bedeckten, rissen sie uns die Hände weg. Es war so furchtbar erniedrigend, ihnen so hilflos ausgeliefert zu sein [...] Am schlimmsten war es, wenn die Russen total betrunken waren [...] Wir hatten kaum noch etwas zu essen. [Die Lebensmittel hatten die Bolschewisten beschlagnahmt.] Die Polen kamen mit Pferdefuhrwerken auf den Hof und nahmen alles, was ihnen gefiel: Decken, Betten und Kleidung. Wir hatten nichts mehr zu melden [...]"

Die Familie des Oberinspektors im Landratsamt Lyck, Heinrich Brodowski, befand sich im Aufnahmekreis Allenstein in dem kleinen Dorf Gedaithen. Seine Frau sagte aus, wie ihr Mann in der Nacht zum 24. Januar durch Genickschuß ermordet wurde. Die Opfer wurden wahllos ausgesucht. Neben ihm lagen ein 14jähriger Junge, ein älterer Mann und eine jüngere Frau.

Frau Brodowski sagt weiter aus: „Mein Kind Marianne war 15 Jahre alt. Sie wurde von 10 Russen vergewaltigt. Als sie versuchte wegzulaufen, zerrten die Russen sie in den Schnee, traten sie mit Füßen und rissen an ihren blonden Zöpfen. Erst nach zwei Stunden durfte sie zurückkommen. Ihre Kräfte reichten nur bis zur Tür [...] Sie war so verseucht, daß sie sich am 1. September hinlegen mußte und am 17. Dezember starb. Sie war nur noch wie eine Mumie, kaum 50 Pfund schwer."

Frau Katharina Göbel aus Kronau (Kr. Lötzen) berichtet, wie die Rotarmisten am 26. Januar nachmittags ins Dorf kamen und die Scheune des Bauern Hermann in Brand setzten. Dann wurden die Frauen in ein Zimmer gesperrt, die Männer alle erschossen. Unter den 52 Toten waren 18 französische Kriegsgefangene, die bei den Bauern in Kronau und Grundensee gearbeitet hatten.

Die ersten Russen, die ins Pfarrhaus in Petershagen (Kr. Preußisch Eylau) schauen, benehmen sich anständig und warnen vor denen, die nach ihnen kommen. Als jene erscheinen, werfen sie alle Bewohner binnen zehn Minuten aus dem Haus. Auf die bittende Frage von Frau Erna S., wo ihre kranke Schwiegermutter untergebracht werden könnte, antwortet der jüdische Kommissar zynisch in gebrochenem Deutsch: „Totschießen – sowieso sterben!" Mit der alten Frau werden auch ihr 79jähriger Ehemann und alle anderen Männer, darunter eine Anzahl gefangener deutscher Soldaten, erschossen.

Dem Bauern Wilhelm Reddig aus Podlechen (Kr. Rastenburg) schreibt später seine Schwester, was mit seiner Familie geschah: „Am 28. Januar überfielen die Russen den Hof, nachdem sie den Nachbarhof angezündet und den Besitzer Johann Bludau erschossen hatten. Seine Frau und vier Kinder flüchteten auf unseren Hof [...] Die Russen riefen die Leute heraus. Als unser 80jähriger Vater als erster ging, wurde er gleich erschossen. Dann ging Frau Bludau, die auch erschossen wurde. Ihr folgte das Mädchen Minna Koscharski mit dem kleinsten Kind der Frau Bludau auf dem Arm. Sie wurde durch Kopfschuß getötet und das Kind angeschossen. Danach haben die Russen Deine drei Kinder und die übrigen drei der Bludaus zusammen mit dem verletzten kleinen Kind in den Kartoffelkeller gesperrt. Die Kinder hörten noch zwei Schüsse [...] als Deine Frau und unsere Mutter erschossen wurden [...]"

Die Kinder blieben ohne Nahrung drei bis fünf Tage in dem dunklen Keller, bis andere Russen sie zu einer Kindersammelstelle nach Korschen brachten.

Bei einem Saufgelage der Bolschewisten, zu dem immer junge deutsche Mädchen herbeigeschleppt wurden, erstach ein Kapitän eine 16jährige mit einem Dolch, nachdem er sie vergewaltigt hatte.

Johann Schulze aus Osterode bezeugt, daß bei einem anderen Trinkgelage russischer Offiziere die 18 Jahre alte Irmgard Jäger mit Benzin übergossen und angezündet wurde. Sie starb nach zwei qualvollen Tagen.

Friedrich Junga (Kuckuckswalde im Kr. Ortelsburg) berichtet, wie ein Viehsammelkommando die Pferde und den Rest des Viehbestandes vom Hof holt. Als Viehtreiber nehmen sie auch Jungas Bruder, den Arbeiter Patzkowski und die zwei Lehrjungen mit. Den Jungen gelingt es später, auszureißen. Dafür werden der Arbeiter und Jungas Bruder erschossen. Als die beiden Jungen wieder eingefangen werden, erschießen die Rotarmisten auch diese.

In Waldburg (Kr. Ortelsburg) sind die sieben Überlebenden der Gemeinde in ein Haus zusammengezogen. Am 5. Februar kommt ein polnisches Fuhrwerk mit fünf Russen. Als die Frage: „Seid ihr Deutsche?" mit „Ja" beantwortet wird, schießen die Russen, und die Polen plündern die Leichen aus. Es folgen die Namen von fünf Frauen und zwei alten Männern.

In Landsberg (Kr. Preußisch Eylau) werden alle Deutschen in der Kirche eingesperrt. Säuglinge und Alte sterben, junge Mütter gebären auf dem Fußboden, Russen holen ständig Frauen und Mädchen für die Massenvergewaltigungen heraus, manche Frau 10- bis 15mal an einem Tag.

Robert Killisch aus Kurwien (Kr. Johannisburg) berichtet, wie eine Frau mit drei Töchtern, die jüngste etwa acht, die älteste vielleicht zwölf, von über 100 Russen vergewaltigt werden, bis alle vier besinnungslos daliegen.

Die 15jährige Brunhilde Schorwinzki aus Hagenau (Kr. Mohrungen) wehrt sich, als ein russischer Offizier sie zum Vergewaltigen wegzerrt. Sie liegt später mit zertrümmertem Schädel und abgehackten Händen im Straßengraben. Ihre Großmutter erhängt sich daraufhin.

In Finken (Kr. Preußisch Eylau) waren nur zwei alte Leute zurückgeblieben, die beide erschossen wurden. Nach der Rückkehr von 36 geflüchteten Dorfbewohnern (20 waren bereits auf der Flucht umgekommen), verhungerten 18 von diesen. Einen Mann ertränkten die Polen im Brunnen.

Die unmenschlichen Zustände in den sowjetischen Konzentrationslagern und Gefängnissen forderten Tausende Todesopfer. Dort wurden vor allem diejenigen eingesperrt, die dem NKWD verdächtig erschienen, aber auch viele willkürlich zusammengetriebene Menschen, um die Transportzüge zu füllen, die laufend Arbeitssklaven nach Rußland brachten. In dem Riesenlager von Preußisch Eylau starb über die Hälfte der Inhaftierten. Von 8.000 Insassen im Gefängnis von Graudenz starben etwa 5.000, die meisten an Flecktyphus und Ruhr.

Waltraut Straub aus Mauenfelde (Kr. Gerdauen) wurde im Frühjahr in einem Frauen-Kommando zur Beerdigung der unzähligen Leichen eingesetzt. Gleich am ersten Tag mußten sie 17 Frauen und Kinder, die sich erhängt hatten, abschneiden und begraben. Dann fischten sie Leichen aus dem Gutsteich, die nicht mehr identifizierbar waren. Bei Henriettenhof lagen 28 erschossene SS-Soldaten. In Schönfließ hatten die Russen alle schwangeren Frauen der Umgebung zusammengetrieben und bis zu ihrem schrecklichen Ende grausam mißhandelt. Die fast 300 Frauenleichen wurden in zwei Massengräbern im Wald bei Schönfließ beerdigt. Unzählige weitere, nicht minder schockierende Verbrechen sind in der *Ost-Dokumentation* festgehalten.

Der Kessel von Heiligenbeil

Im Kessel von Heiligenbeil stehen 24 deutsche Divisionen, von denen keine den vollen Bestand an Soldaten und Material hat, 80 russischen und einer Anzahl Panzerbrigaden gegenüber. Von allen Seiten wird der Kessel schwer angegriffen. Fortwährende Fliegerangriffe auf die Straßen und den Hafen Rosenbergs erschweren aufs höchste den Nachschub und den Abtransport der Verwundeten. Der entsagungsvolle, verlustreiche Abwehrkampf ist militärisch aussichtslos und kann nur noch dem Schutz der Bevölkerung und den zusammengeballten Flüchtlingen dienen, die auf fast eine Million geschätzt werden. Es ist erstaunlich und spricht für die taktische und charakterliche Überlegenheit der Wehrmacht, daß die gewaltige russische Übermacht noch zwei Monate braucht, um den verhältnismäßig kleinen Raum des Kessels zu erobern. Ein Oberleutnant der 24. Panzerdivision schreibt: „Am 29. Januar greifen die Russen erneut mit Panzern an. Wir haben keine Pak, nur ein paar Panzerfäuste. Hier werden von einzelnen Soldaten, alles Ostpreußen, Taten vollbracht, von denen die Welt nichts weiß. Ein ungleicher Kampf: Mann gegen Panzer. Frauen und Mädchen in vorderster Front helfen unsere Verwundeten zu bergen, sie schleppen aber auch Munition heran. Und sie sterben wie Soldaten. Mein Gott, hätten wir nur genügend Waffen, genügend Munition und Kraftstoff [...]"

Unter großen Verlusten gelingt es am 31. Januar, die zwischen Brandenburg und Königsberg bis ans Haff vorgedrungenen Russen zurückzuwerfen und die Verbindung mit Königsberg wieder herzustellen. Um die Orte Heide-Maulen, Heide-Waldburg, Warthen und Wundlacken wurde wochenlang schwer gekämpft, denn die Russen wollten diese schmale, an einigen Stellen nur 500 Meter breite Verbindung wieder unterbrechen. Anträge der Heeresgruppe zum Ausbrechen der Besatzung Königsbergs nach Süden und Angriff auf Elbing, um sich mit der Heeresgruppe Weichsel zu vereinen, lehnte die militärische Führung ebenso ab, wie die Zusammenfassung aller Kräfte um Königsberg.

Die dezimierten Truppen der 4. Armee, denen als Ersatz nur Ausbildungs- und Genesungskompanien zugeführt werden können, sind nicht mehr in der Lage, die übermächtigen Russen aufzuhalten. Die älteren Befestigungsanlagen des sog. „Heilsberger Dreiecks" waren im Herbst besonders entlang der Alle von Launau bis Bartenstein durch Panzergräben und Feldstellungen verstärkt worden. Aber auch hier kommt keine feste Front mehr zustande. Vom 1. bis 7. Februar wird im Raum Frauendorf-Raunau-Reimerswalde-Neuendorf schwer gekämpft, wobei die Orte mehrmals den Besitzer wechseln. Vom 6. Februar ab unterstützen abwechselnd die beiden Kreuzer „Lützow" und „Admiral Scheer" die schweren Kämpfe. Sie schießen von der Ostsee über Nehrung und Haff bis 30 Kilometer ins Land. Im Gegensatz zum Heer hatte die Marine noch genügend Munition. Die drei Torpedoboote, die den jeweiligen Kreuzer sichern, nehmen auf der Rückfahrt nach Gotenhafen Flüchtlinge von Kahlberg mit.

Am Haff stauen sich unübersehbare Mengen von Wehrmachts- und Flüchtlingsfahrzeugen. Gnadenlos stürzen sich russische Flugzeuge auf sie, und die Artillerie jagt Salve auf Salve in die zusammengeballten Wagen, Pferde und Menschen. Was die Soldaten der kämpfenden Truppe hier zu erleiden haben, kann man nicht in Worte fassen. Bei der eisigen Kälte können sie sich nicht einmal in den hart gefrorenen Boden eingraben. Gehöfte und Häuser sind die bevorzugten Ziele der russischen Artillerie und Kampfflieger und liegen bald vollständig in Trümmern. Jeden Tag gibt es neue Tote und Verwundete.

Greift der Feind an, liegen die Wehrmachtssoldaten im Feuerorkan der Artillerie, Stalinorgeln und Bombergeschwader. Die das Stahlgewitter überleben, stemmen sich den Panzern und der anstürmenden Infanterie entgegen. Dieses grausame Spiel wiederholt sich wochen- und monatelang. Russische Panzer werden zu Dutzenden vernichtet, aber für jeden von diesen werfen die Russen drei neue in den Kampf, scheint es. Die Gefechtsstärken nehmen fortwährend ab. Bataillone und Regimenter werden zusammengelegt; die 18. Panzergrenadier-Division muß ganz aufgelöst werden. Die Front wird immer näher zum Haff zurückgedrückt. Deprimierend ist die Munitionsknappheit. Während die deutschen Soldaten täglich mit Unmengen Granaten und Bomben überschüttet werden, müssen die eigenen Granaten an manchen Tagen auf nur acht Schuß pro Geschütz rationiert werden. Auf Infanterieziele darf überhaupt nicht geschossen werden. Ebenso muß mit Kraftstoff gespart werden. Eine deutsche Luftwaffe scheint in den Augen der Soldaten nicht mehr zu existieren. Der wenige Nachschub kann nur nachts über das Haffeis herangebracht werden.

Am 11. Februar besetzten die Russen Wormditt, am 16. nach weiteren schweren Kämpfen Mehlsack. Hierbei fiel der Oberbefehlshaber der dritten weißrussischen Front, General Tschernjakowski (dem zu Ehren Insterburg später seinen russischen Namen erhielt). Vielleicht war dies der Grund, daß der Druck der Roten Armee bis zum 13. März nachließ. Der Nachfolger, Marschall Wassilewski (Generalstabschef und Verteidiger Stalingrads), machte sich erst mit der Lage vertraut und nahm dann Umgruppierungen vor. Der Kessel war nur noch ein schmaler Bogen von 50 Kilometer Breite und 20 Kilometer Tiefe, dessen Front von nordöstlich Frauenburg, über Breitlinde, Pellen, westlich Zinten nach Heide-Maulen am Haff verlief, mit der schmalen Verbindung (Haffnotweg) nach Königsberg.

Große Schwierigkeiten bereitete der Abtransport der Verwundeten. Im Sägewerk am Rosenberger Hafen wurden Hunderte Pferdeschlitten gebaut, auf denen die Verwundeten in Stroh und Papiersäcke gebettet über das Haff nach Pillau gebracht wurden. Sogar 20 große Segelschlitten wurden dazu eingesetzt. Die Gehfähigen mußten diesen Weg, in Begleitung einiger Sanitäter, jeweils in einem Nachtmarsch bewältigen.

Am 12. März setzte Hitler einen anderen Oberbefehlshaber, den aus Tilsit stammenden Generaloberst Weiß, für die Heeresgruppe ein, deren Befehlsstand sich in Neuhäuser (vier Kilometer nördlich Pillau) befand.

Am 13. März beginnt die russische Großoffensive mit sieben Armeen gegen den Rest der deutschen 4. Armee, um den Kessel endgültig zu beseitigen. Wie bei jedem Großangriff werden die deutschen Verteidiger mit einem Feuerorkan überschüttet. Bombergeschwader laden ihre Last ab und holen die nächste heran; Kampfflieger feuern in jedes Schützenloch. Nachdem die Erde derart durchgepflügt ist, brechen die Panzermassen mit der nachfolgenden Infanterie hervor. Die Überlebenden Deutschen setzen sich erbittert weiter zur Wehr. Noch intakte Geschütze verschießen die letzten Granaten und bringen die Russen, nach Abschuß von 39 Panzern, sogar zum Stehen. Aber Tag für Tag tobt die Schlacht mit gleichem Menschen- und Materialeinsatz weiter. Die letzte Verbindung der 4. Armee (Haffnotweg) nach Königsberg geht verloren. Die Heeresgruppe ist dadurch in zwei Teile gespalten. Am 16. fällt Brandenburg; eiligst wird die Munitionsanstalt Ludwigsort gesprengt. Die Nachschublieferungen an Munition in den Kessel haben ganz aufgehört. Am 15. März notiert Major Klenth, Ortskommandant von Braunsberg: „Im Raum Königsberg-Braunsberg stehen 750 Geschütze. Munition: an Schwerpunkten pro Geschütz 20, sonst 6 Schuß [...]" Bei den schweren Kämpfen treten Seydlitz-Leute vermehrt in Erscheinung. Oft fordern sie über Lautsprecher zur Übergabe auf.

Noch ist genug Pioniergerät vorhanden, um die restlichen Truppen mit allen Waffen und Gerät auf die Nehrung überzusetzen. Doch alle diesbezüglichen Anträge werden abgelehnt. Nur die unersetzlichen Pionier-Baubataillone, die OT-Verbände, Werkstatteinheiten, ein Regimentsstab, der keine Soldaten mehr hat und von jeder Division die Feldersatzbataillone, für die es ohnehin keinen Ersatz mehr gibt, setzen über. Mit diesen sollen alle „fremdländischen Soldaten" mitgehen, damit diese nicht später gegen die Deutschen kämpfen.

Am 20. März besetzen die Russen die aufgegebenen Ruinen von Braunsberg. Am 21. greifen sie nach schwerem Trommelfeuer den ganzen Tag lang an. Der grauenhafte Untergang der Reste der 4. Armee in diesem Feuerorkan, die zeitweise Auflösung jeder militärischen Ordnung und die durcheinanderlaufenden Haufen aufgelöster Verbände bieten erschütternde Szenen.

Am Steilufer des Haffes haben sich Tausende Versprengte, Deserteure und angeblich Kranke eingegraben, um irgendwie auf die Nehrung zu kommen. Die große Masse der Soldaten aber kämpft mit verzweifelter Tapferkeit und unzulänglichen Mitteln weiter. Hier verbluten die Reste jener Divisionen, die vom ersten Tag des Krieges im Einsatz gewesen waren und zu den kampfkräftigsten der Wehrmacht gezählt hatten. Trotz Einsätzen der Feldpolizei hausen in den Kellern von Heiligenbeil Fremdarbeiter (Polen, Tschechen, Italiener u.a.). Am Tage plündern sie die offenstehenden Wohnungen, nachts überfallen sie einzelne Verpflegungsfahrzeuge, die der notleidenden Bevölkerung Linderung bringen sollen, und warten auf die Russen, um als „mutige Partisanen" dann offen rauben und morden zu können.

Am 23. März ist die Front kaum fünf Kilometer vom Haffufer entfernt und der ganze Kessel nur 22 Kilometer lang. Zum neunten Mal beantragt die Heeresgruppe die Rückführung der Reste der Armee auf die Nehrung, die vom Hafen Rosenberg noch möglich ist. Der Reichskanzler lehnt ab. Vor dem einzigen Hafen Rosenbergs, von dem schweres Gerät verladen werden kann, haben sich Fahrzeuge aller Art, schwere Waffen, Panzer ohne Treibstoff, Geschütze ohne Munition und Pioniergerät angesammelt. Dazu warten Tausende Verwundete auf ihren Abtransport. Auch die Russen wissen das, und pausenlos liegt der enge Raum und der Hafen unter schwerem Artilleriefeuer und dem Bombenhagel der Luftgeschwader. Heiligenbeil wird mit Phosphorgranaten in Brand geschossen und am 24. von den Russen besetzt.

Am 25., bei strahlendem Sonnenschein, liegt die ganze Front seit dem Morgengrauen unter schwerstem Beschuß. Welle auf Welle russischer Bomber laden ihre tödlichen Lasten ab. Pausenlos sind die Schlachtflieger in der Luft und schießen auf alles, was sich noch rührt. Dann folgt ein Panzerangriff nach dem anderen. Der Hafen Rosenberg geht verloren, wird wieder zurückerobert und fällt endgültig in sowjetische Hand. Einer der letzten Kriegsberichterstatter kommentierte: „Heißer und erbitterter wurde wohl nirgends um ein Stück Erde gerungen als hier in Deutschland."

Fast alle Pferde kommen durch das Artilleriefeuer um, die Fahrzeuge werden durchsiebt oder zertrümmert. Eine Stellung gibt es nicht mehr. Die Soldaten kämpfen in kleinen und größeren Gruppen. Im losen Sand am Haff werden viele Eingegrabene verschüttet und Verschüttete wieder aufgeworfen. Ohne Unterbrechung blafften die Waffen der Artillerie, heulten die Stalinorgeln und bellten die Panzer- und Pak-Geschütze. Kaum ein Quadratmeter, auf dem kein stählernes Saatgut in die ehemals fruchtbaren Furchen fällt. Jetzt erlaubt Hitler das Übersetzen auf die Nehrung, „nachdem Panzer, Artillerie, Fahrzeuge und alles Gerät übergesetzt seien". Dazu war es allerdings schon zu spät. Den total zerbombten Hafen Rosenbergs hatten die Russen in ihrer Gewalt. Eine andere Möglichkeit, schweres Gerät zu verladen, gab es nicht. Nur die überlebenden Soldaten konnten noch gerettet werden. Die Überfahrt war nur nachts möglich, und auch dann wurde sie noch von Flugzeugen und Artillerie gestört, wodurch hohe Verluste entstanden. Von dem Kessel war jetzt nur noch die ins Haff hinausragende Halbinsel Balga übrig, auf die jetzt alle Rohre der Russen gerichtet wurden. Mit größter Tapferkeit hielten die kümmerlichen Reste der ausgebluteten Divisionen die knapp acht Kilometer lange Front und wehrten alle russischen Angriffe ab. Bei diesen letzten Kämpfen wurde auch der Restteil der Ordensburg Balga durch sowjetische Bomben und Granaten zerstört. An den beiden Einladestellen Balga und Kahlholz wurden zuerst alle Verwundeten weggeführt, deren Verladung an den Steilufern sehr schwierig war. Größere Schiffe konnten hier nicht anlegen; Sturmboote und Pontons der Pioniere sowie Fährpräme der Marine führten das Rettungswerk durch.

Die Kompanie des ostpreußischen Oberleutnants P.B. (24. Panzerdivision) zählt noch 28 Mann, mit wilden Bärten, verdreckt, zerrissen, verlaust, übermüdet, etliche mit blutigen Verbänden. Sie haben noch ein Maschinengewehr mit zwei Kästen Munition und zehn Patronen für jedes Gewehr. Der Oberleutnant berichtet: „So stehen wir nun auf engstem Raum. Es ist ein letztes Festkrallen in unseren ostpreußischen Heimatboden [...] Ich habe Stalingrad und andere schwere Kämpfe erlebt, dieses hier bei Balga, das ist das Grauen, das hat keiner von uns je gesehen. Es ist, bei Gott, ein Massenmorden, ein Kampf ohne Gnade, der kein Ende nehmen will [...]

Von allen Seiten heulen Granaten heran. Ein neuer Tag, eine neue Schlacht. Die letzte? Rauch, Dunst, Feuer bedecken das Stückchen Erde. Ich bete zu Gott und mit mir meine Kameraden [...] uns zu erlösen aus dieser irdischen Hölle [...] Meine Leute kämpfen, jeder um sein Leben. Noch einmal zeigt sich die Treue des deutschen Soldaten zu seiner Heimat. Noch einmal zeigt er, zu welch soldatischer Größe er fähig ist, wenn es um die Heimat geht. Bis abends verbluten alle russischen Angriffe [...] Wir sind noch neun Mann und bauen ein Floß. Um 23 Uhr verlassen wir die Küste, aber das Floß trägt nicht [...] Gegen 5 Uhr früh nimmt uns ein Fischerboot auf."

Viele versuchen auf primitiven Flößen aus Brettern, Balken, Scheunentoren, Kanistern und allem, was auf dem Wasser schwimmt, auf eigene Faust die neun Kilometer entfernte Nehrung zu erreichen. Wenn aber der Morgen graut, sind die russischen Flieger da und schießen auf die Wehrlosen. Der Fischer Joseph Rückwarth aus Neu-Passarge lag mit seinem Boot in Fliegertarnung an der Nehrung und beobachtete, wie die ersten Flöße in Sicht kamen: „Nachmittags waren es dann viele kleinere und größere Flöße, die mit Soldaten besetzt waren. Doch wir durften bei Tageslicht aus unserer Tarnung nicht heraus, um sie aufzunehmen. Mit dem Fernglas mußte ich hilflos zusehen, wie russische Flieger sie immer wieder angriffen und die Artillerie sie beschoß. Mehrmals sah ich, wie eine Bombe auf einem der Flöße einschlug[,] und dann war es verschwunden. Sobald es anfing zu Dunkeln [sic] gingen wir hinaus [...] Ich nahm mit meinem Schiff etwa 300 Mann auf, darunter Leute, die erst auf den Flößen verwundet worden waren [...] Zwei Nächte sind wir noch nach Balga gefahren und haben Menschen geholt. Dann war der Kampf dort zu Ende."

Trotz schwersten Beschusses und dank des Ausharrens der Nachhut gelang die Überführung von 3.530 Soldaten, 2.830 Verwundeten und 3.300 russischen Hiwis (Hilfswilligen). Am 29. März, bei starkem Nebel, der den Einsatz der feindlichen Flieger verhinderte, verließ um 6.30 Uhr das letzte Boot die Küste.

Seit Beginn der letzten Großoffensive (13. März) hatten die Reste der 4. Armee 2.557 russische Panzer, 2.734 Geschütze, 304 Granatwerfer und 1.172 Maschinengewehre vernichtet sowie 82 Flugzeuge abgeschossen.

Der Kampf im Samland

Die 3.500 Soldaten der 4. Armee, die auf die Nehrung gelangten und eine der blutigsten Schlachten des ganzen Krieges überlebt hatten, wurden sofort neu formiert und im Samland und in Pillau eingesetzt. Dort war die Front verhältnismäßig ruhig geblieben, denn die Russen hatten alle entbehrlichen Kräfte zum Zerschlagen des Kessels von Heiligenbeil eingesetzt. Sie nahmen sogar in Kauf, daß ihre Front im Samland zurückgeworfen und die Verbindung Königsberg – Pillau wieder hergestellt wurde.

Die über die Kurische Nehrung aus Memel eingetroffenen zwei Divisionen kämpften sich am 4. Februar von Cranz durch die Ausläufer der Roten Armee nach Westen durch. Von See her unterstützte sie der Kreuzer „Prinz Eugen". Die bis Groß Kuhren vorgedrungenen und im Raum Thierenberg stehenden russischen Truppen mußten zurückweichen. Die Dörfer auf der Nehrung einschließlich Cranz wurden den Russen überlassen, ohne die Bevölkerung vorher zu evakuieren. Viele gingen mit der Wehrmacht zurück, die Mehrheit blieb aber zu Hause. Nach dem Krieg wurde festgestellt, daß allein in dem mit Flüchtlingen überfüllten Cranz 800 Tote gefunden worden waren. Die Front verlief dann von der Ostsee östlich Neukuhren, westlich Pobethen, östlich Thierenberg, westlich Medenau, durch den Kobbelbuder Forst und westlich Heydekrug zum Frischen Haff.

Am 5. Februar griffen um 14 Uhr russische Bomber Stadt und Hafen von Pillau an, wobei es 54 Tote und 82 Verletzte gab. In der Nacht zum 11. holten kleinere Schiffe die Einwohner und Flüchtlinge aus Neukuhren.

In Königsberg wirkte unterdessen General Lasch unermüdlich, um die zur Festung erklärte Stadt in den bestmöglichsten Verteidigungszustand zu setzen. Zahllose Versprengte und Deserteure hatten bei der Zivilbevölkerung Unterschlupf gefunden. Offiziersstreifen griffen in den ersten zwei Wochen die erstaunliche Anzahl von 30.000 Mann auf und führten sie Aufstellungen neuer Bataillone zu. Sogar der Munitionsmangel konnte zu einem beträchtlichen Teil behoben werden, da in der Schichau-Werft und der Petereit-Fabrik laufend Granaten gedreht und gefüllt werden konnten.

Am 19. Februar um 5.30 Uhr griffen Truppen aus Königsberg und dem westlichen Samland in Richtung gegeneinander die zwischen ihnen liegenden, gut ausgebauten russischen Stellungen an. Vom Pillauer Seetief unterstützte der Kreuzer „Admiral Scheer" den Angriff. Zwei Zerstörer und zwei Torpedoboote arbeiteten sich mühsam durch das Eis des Seekanals und beschossen die sowjetischen Stellungen bei Peyse und Groß Heydekrug. Bei diesem letzten deutschen Angriff in Ostpreußen trafen sich beide Angriffsspitzen aus Ost und West am 20. Februar. Königsberg war jetzt nicht nur durch den schmalen Streifen am Haff mit dem Heiligenbeiler Kessel, sondern auch wieder mit Pillau verbunden. Der Angriff gegen den zahlenmäßig überlegenen Feind hatte hohe Verluste gefordert. Tagelang wurde um den Galtgarben gekämpft, der mehrmals den Besitzer wechselte, aber schließlich in russischer Hand blieb.

Den Einschließungsring im Westen von Königsberg hatte die 1. Infanteriedivision für die nachfolgende 5. Panzerdivision aufgebrochen und die Vorstadt Metgethen erobert. Die Division war nach den ungeheuren Verlusten bei der russischen Herbst- und Winteroffensive nach Königsberg zur Neuaufstellung verlegt worden, weil außer einigen Stäben und Versorgungstruppen nichts mehr vorhanden war. Sie war hauptsächlich mit 16- und 17jährigen Rekruten aus Königsberg aufgefüllt worden. Aber auch Hitlerjungen von 14 und 15 Jahren waren nach kurzer Ausbildung mit eingereiht worden. Diese jungen Soldaten waren mit einer Begeisterung vorgegangen, die bei den alten Soldaten nicht mehr vorhanden war, und hatten dementsprechend hohe Verluste erlitten. Jemand verglich sie nicht zu Unrecht mit den Helden von Langemark.

In dem zurückeroberten Gebiet boten sich den deutschen Soldaten grauenhafte Bilder, besonders in dem westlich von Königsberg gelegenen Villenvorort Metgethen. Die Russen hatten sich auch hier nicht anders als im übrigen Preußen aufgeführt. Aber wie im zurückeroberten Nemmersdorf, wurde auch hier eine amtliche Untersuchung veranlaßt. Auf einem Tennisplatz lagen die Leichenteile von 32 Zivilisten, die mit einer Sprengladung zerfetzt worden waren. Überall fand man ermordete Männer, Frauen und Kinder, viele bis zur Unkenntlichkeit verstümmelt. Einige der Frauen hatten noch den Strick um den Hals, mit dem sie zu Tode geschleift worden waren, andere hingen, kaum bekleidet, mit den Füßen an die Äste der Obstbäume gebunden. Manche, deren Unterleiber bestialische Verstümmelungen zeigten, steckten mit dem Kopf im Morast eines Grabens. Die Leichen der ermordeten Flüchtlinge lagen, zu Hügeln aufeinandergeworfen, neben den leeren Flüchtlingszügen, die noch auf und vor dem Bahnhof standen.

Die Russen hatten auch die eigenen Toten nicht beerdigt. Alle Wohnungen waren ausgeplündert. Zerschlagene Möbel und Haushaltsgut lagen auf Straßen und Höfen, aufgedunsene Rinder- und Pferdekadaver verbreiteten einen entsetzlichen Verwesungsgeruch, und zwischen all dem hatten die Bolschewisten traut gehaust.

Eine Kommission aus Ärzten, Kriminalisten und in- und ausländischen Journalisten stellte u.a. fest: „Was man an nicht verbrannten Leichen entdeckt, zeugt von sadistischer, viehischer Bestialität."

Der Zustand der wenigen, verstümmelten Überlebenden war an der Todesgrenze. Es war nicht möglich, sie in die Stadt zu entlassen. Sie wurden im Parkhotel untergebracht und dort von Ärzten und Schwestern betreut.

Aus Königsberg zogen sogleich Zehntausende nach Pillau, um mit einem Schiff fortzukommen. Die dortigen überfüllten Zustände veranlaßten aber viele, in ihre noch verhältnismäßig bequemen Wohnungen zurückzukehren. Hätten sie die Entbehrungen ertragen, wären die meisten wahrscheinlich gerettet worden. So aber teilten sie schließlich das Los der zurückgebliebenen Königsberger, von denen am Ende nur etwa 22 Prozent überlebten. In Königsberg gab es eine Zeit der Ruhe – vor dem Sturm. Die Geschäfte waren geöffnet, die Kinos spielten, und die Fabriken stellten Munition her.

In Pillau geht unterdessen der Abtransport der Flüchtlinge weiter. Nach dem Zustrom der Massen aus Königsberg, sind Stadt und Hafen zum Bersten überfüllt. Die Pillauer erhalten weiterhin Lebensmittelkarten; die Flüchtlinge stehen in langen Schlangen vor den Ausgabestellen der NSV und werden mit Gemeinschaftsverpflegung versorgt.

Die Kampffront der Festung Königsberg wird jetzt bedrohlich geschwächt. Die zwei kampfkräftigsten Divisionen (1. Infanteriedivision und 5. Panzerdivision) werden herausgezogen und an der Samlandfront eingesetzt. Auch 70 Flakgeschütze und andere Truppen müssen abgegeben werden. Von der mühsam hergestellten Munition wird ein großer Teil in den Heiligenbeiler Kessel geschickt, wo der Kampf dem Ende zugeht. Erneute Anträge, die letzten Divisionen mit den schweren Waffen aus dem Kessel noch vor der Vernichtung nach Königsberg ausbrechen zu lassen, werden von der militärischen Führung abgelehnt.

Nachdem die Zivilbevölkerung bis Anfang März abtransportiert worden war, hatte die 4. Armee keine militärische Aufgabe mehr zu erfüllen. General Lasch mußte als Nachbar untätig zusehen, wie die Armee zugrunde ging, ohne helfen zu dürfen.

Als der Heiligenbeiler Kessel zerschlagen war, wurde aufgrund des nunmehr kleineren Kampfraumes der Stab der Heeresgruppe abtransportiert und die Führung der Samlandarmee dem Stab der vernichteten 4. Armee mit ihrem General Müller übergeben. Die Einsetzung Müllers als Oberbefehlshaber, der im Gegensatz zu seinem verantwortungsbewußten Vorgänger seine Armee in den sicheren Untergang geführt hatte, nahm den Offizieren und Soldaten das letzte Vertrauen. Obwohl jeder wußte, daß die Offensive gegen Königsberg und das Samland unmittelbar bevorstand, wurden 10.000 Leichtverwundete aus dem Heiligenbeiler Kessel in die schon überfüllten Lazarette Königsbergs gebracht. General Lasch konnte sie jedoch noch rechtzeitig zurück nach Pillau zum Abtransport bringen lassen.

Die Russen hatten nach dem Ende der Heiligenbeiler Schlacht mehr als vier Armeen mit 60 Schützendivisionen und zwei Panzerkorps zur Verfügung, die jetzt zur Eroberung von Königsberg und dem Samland eingesetzt wurden. Ihre Aufstellung um Königsberg erfolgte unbehindert und kaum getarnt. Die russischen Panzer konnten sich vor den deutschen Linien frei bewegen, weil bei dem Munitionsmangel jede Granate für die kommende Schlacht aufgespart werden mußte. Auch dann würde der Vorrat nur für einen Großkampftag reichen. Ein Drittel der gesamten russischen Luftwaffe war hier konzentriert, während auf deutscher Seite kein einziges Kampfflugzeug vorhanden war. Die Flak durfte wegen Munitionsmangels nur auf Erdziele schießen.

Die Russen setzten 30 Divisionen auf Königsberg an. Diesen standen vier notdürftig aufgefüllte und mangelhaft ausgerüstete deutsche Divisionen und einige Volkssturmbataillone gegenüber; das waren etwa 250.000 Mann gegen 35.000. Für Panzer war das Verhältnis 1:100. Nach dem Abzug der 5. Panzerdivision war nur noch eine Sturmgeschützkompanie in der Festung.

Die Siegesgewißheit der Sowjets spricht auch aus einem Brief, den ein Soldat seiner lieben Hanka schrieb, der sie aber nicht erreichte: „Wir stehen in Ostpreußen vor Königsberg. Es geht uns gut, wir haben sehr viel erbeutet, essen sehr gut und reichlich. In Königsberg warten noch größere Schätze auf uns. Ich habe der Mutter, der Freundin acht Meter Seide geschickt, Schuhe und Mantel, Stiefel und Strümpfe, Stoff für Anzüge und Kleider.

Wenn wir Königsberg genommen haben, bekommen wir Ruhe, dann kann ich mehr schicken. Wir können essen, was das Herz begehrt. Manchmal sind wir mit den Füßen über die guten Dinge getrampelt [...]"

Auch hier setzten die Russen Seydlitz-Leute ein, von denen sich einige in die Stadt geschmuggelt hatten. In der Arndtstraße wurden zwei gefaßt, die Fernsprechkabel angezapft und abgehört hatten. Am 23. März hatte sich eine Gruppe als Rückkämpfer ausgegeben, die sich angeblich durch die Russen geschlagen hatten. Plötzlich feuerten sie mit ihren teils verborgenen Maschinenpistolen und entkamen mit etwa 30 Gefangenen zu den russischen Linien.

Am 6. April verläßt um 4 Uhr früh ein letzter Lazarettzug Königsberg in Richtung Pillau. Bei Tagesanbruch beginnt der sowjetische Angriff mit einer Wucht, die auch alte Frontkämpfer noch nicht erlebt hatten. In der Stadt befinden sich etwa 110.000 Einwohner und Flüchtlinge, 35.000 Soldaten, 8.000 Volkssturmmänner und 15.000 Fremdarbeiter. Tausende Geschütze überschütten tagelang das Stadtgebiet mit Granaten, und in nicht endenden Wellen werfen Luftgeschwader ihre Bomben in das brennende Inferno. Zwischen Trankwitz und Charlottenburg (im Nordwesten) brechen die Russen durch die deutsche Front; südwestlich am Haff gehen Haffstrom Kalgen, Spandienen und Prappeln verloren. Mit allen Kräften erweitern die Russen am nächsten Tag diese Einbruchsräume. Sie erobern Ponarth, und nachdem gegen Abend die Eisenbahnbrücke gesprengt wurde, stehen sie im Südwesten am Pregel. Im Norden haben sie die Hufen besetzt und stehen vor der Innenstadt. Der Antrag von General Lasch, sich mit der Besatzung und der Zivilbevölkerung nach Westen abzusetzen und die Samlandfront zu verstärken, wird von der Armeeführung in schärfster Form abgelehnt. Schon in der Nacht geht die letzte Straßenverbindung mit Pillau verloren.

Der 8. April beginnt mit dem üblichen russischen Trommelfeuer. Beim Stadtteil Kosse bilden die Russen einen Brückenkopf auf dem Nordufer des Pregels und verbinden sich im Laufe des Tages mit den von Norden vorgehenden Verbänden. Der Einschließungsring um Königsberg ist damit geschlossen, der ganze Stadtteil südlich vom Pregel ist in russischer

Hand. Der nordöstliche Stadtbezirk liegt die ganze Nacht unter schwerem Artilleriefeuer und laufenden Bombereinsätzen. Alle Nachrichtenverbindungen sind zerstört, eine ordnungsmäßige Kampfführung ist nicht mehr möglich.

Das Jammern und Wehklagen der Bevölkerung in den Kellern wird durch das Inferno der über ihnen krachenden Granaten und Bomben übertönt. Die brennende Stadt ist in eine Staub- und Rauchwolke gehüllt, in der pausenlos die Blitze berstender Explosivgeschosse aufzucken. Auf Veranlassung von Parteifunktionären wird um Mitternacht des 8. ein Ausbruchsversuch nach Westen unternommen, den Generalmajor Sudau führt. Dem Aufruf der Gauverwaltung folgen einige tausend Zivilisten. Während Gauleiter Koch im sicheren Bunker in Neutief sitzt, fällt sein Stellvertreter Großherr. Der erbetene Gegenangriff von Westen bleibt aus. Der Ausbruch bricht im russischen Abwehrfeuer zusammen. Auch Generalmajor Sudau fällt. Als Salven der Stalinorgeln in die auf dem Trommel-Platz wartende Menschenmenge schlagen, läuft alles in Panik durcheinander, um irgendwo Deckung zu suchen. Tote und Verwundete bleiben liegen. – Nur einzelnen kleinen Gruppen gelingt der Durchbruch.

Aufgrund der aussichtslosen Lage und mit Rücksicht auf die Zivilbevölkerung entschließt sich General Lasch am Morgen des 9. April zur Kapitulation. Um diese Zeit ist nur noch das östliche Stadtgebiet zwischen Neuem Pregel, Oberteich und Steindamm in deutscher Hand. Um 17.30 Uhr meldet Lasch per Funk dem OKH (Oberkommando des Heeres), daß der Kampf um Königsberg beendet sei, da die Munition verschossen und die Verpflegungslager ausgebrannt seien. Erst am Abend kommt die Verbindung mit der russischen Führung zustande. Von den von Marschall Wassilewski gegebenen Versprechen, aufgrund derer die Kapitulation erfolgte, wird kein einziges gehalten werden.

Am 10. April werden die deutschen Soldaten am Sackheimer Tor zusamengetrieben und in die Gefangenschaft abgeführt, zunächst nach Insterburg und Stablack, dann nach Rußland. Im Schloß wehren sich noch etwa 150 Mann Polizei- und SS-Truppen. Die Russen treiben im Feuer beider Seiten deutsche Frauen vor ihren Panzern her. Als die Deutschen die Frauen erkennen, stellen sie das Feuer sofort ein. Sie ergeben sich am 10. April gegen Mitternacht.

Gauleiter und Reichsverteidigungskommissar Koch funkt aus seinem Bunker in Neutief, unter „Standort: Festung Königsberg", daß General Lasch, ein „Verräter und Saboteur", die Festung feige den Russen übergeben habe. Aufgrund dieses ‚offenkundig' aus Königsberg kommenden Funkspruchs muß dies auch Hitler glauben. General Lasch wurde daraufhin in Abwesenheit zum Tode durch den Strang verurteilt und seine Familie infolgedessen verhaftet. Sie kam durch glückliche Umstände mit dem Leben davon. Die Russen verurteilten Otto Lasch zu 25 Jahren Arbeits- und Besserungslager; 1955 wurde er entlassen.

Als Oberbürgermeister Dr. Hellmuth Will am 10. April zwei russischen Offizieren das Stadthaus übergibt, erklären sie: „Alle Gebäude, die wir nicht für eigene Zwecke brauchen, werden grundsätzlich niedergebrannt." Dr. Will berichtet später, daß er die Rauchwolke und den Feuerschein der brennenden Stadt auf dem Elendsmarsch der Königsberger Bevölkerung durch die Kreise Labiau und Wehlau noch zehn Tage lang sehen konnte.

General Müller wurde seines Kommandos enthoben und zur Berichterstattung nach Berlin befohlen. Der kümmerliche Rest der Heeresgruppe wurde unter der Bezeichnung „Armee Ostpreußen" dem aus Fischhausen stammenden General Dietrich von Saucken unterstellt. Am Dohna-Turm befindet sich heute eine Gedenktafel mit der russischen Inschrift: „Auf diesem Turm hißten nach der Vernichtung der Hitler-Garnison am 10. April 1945 sowjetische Soldaten die Siegesfahne über Königsberg."

Drei Tage nach der Einnahme Königsbergs ist der Aufmarsch der Russen zum Großangriff auf die Samlandfront beendet. General v. Saucken hat sich kaum orientieren können, als beim Morgengrauen des 13. April an der ganzen Front der Stahlhagel losbricht. Bombergeschwader wühlen die deutschen Stellungen um, wieder und wieder. Die Russen haben genug Geschütze und Munition, um nicht nur die Front zu zerfetzen. Auf Fischhausen geht ein schwerer Luftangriff nieder, wobei auch das deutlich mit dem Rote-Kreuz-Zeichen versehene Lazarett zerstört wird, in dem Hunderte Verwundete umkommen.

Als sich der Rauch und Pulverdampf nach dem Beschuß von der deutschen Front verzieht, stürzen sich die am meisten gefürchteten Schlachtflieger auf alles, was sich noch regt. Gegen Panzer und Infanterie können sich die Verteidiger wehren, gegen die Flugzeuge sind sie machtlos. Als die russischen Panzerrudel und Infanteriemassen heranstürmen, gibt es nur noch wenige Überlebende. Überall wird die deutsche Front überrannt. Wer noch laufen kann, flieht; die nicht gehfähigen Verwundeten fallen den Russen in die Hände. Es sind von diesen keine Überlebenden bekannt.

Tausende Einheimische und Flüchtlinge machen sich auf den Weg nach Pillau, viele bleiben aber, denn nun würde ja der Krieg bald zu Ende sein. Wie sollten sie ahnen, daß der Friede viel furchtbarer als der Krieg sein würde. Der 14. April beginnt mit dem erwarteten Feuerorkan der Artillerie, wonach der russische Angriff fortgesetzt wird. Um nicht abgeschnitten zu werden, müssen die deutschen Truppen im Norden Samlands eiligst nach Süden ausweichen. Sie versuchen in der Höhe von Germau die Russen aufzuhalten. Medenau und Groß Heydekrug gehen verloren.

Der dritte Schlachttag beginnt mit gleicher Macht. Die notdürftige Front zerreißt, und alles drängte fluchtartig nach Pillau. Zwischen den oftmals waffenlosen Soldatenhaufen und Wehrmachtswagen versuchen auch die Flüchtlinge, den rettenden Hafen zu erreichen. In das Chaos auf den verstopften Straßen schlagen Granaten, fallen Bomben und feuern die Schlachtflieger. All die furchtbaren Szenen der Fluchtstraßen wiederholen sich, mit dem einzigen Unterschied, daß jetzt nicht 25 Grad Kälte herrschen. Auch hier sind die russischen Panzer schneller. Bei Palmnicken fallen etwa 30.000 Flüchtlinge in die Hände der Roten Armee; ebenso besetzen sie Rauschen. Mit den Flüchtlingen werden auch viele Soldaten überrollt, die Verwundeten, die Vorratslager und fast die gesamte Artillerie.

Am 16. April machen sowjetische Bomber und Artillerie aus Fischhausen einen Schutthaufen, durch den sich der ganze Verkehr nach Pillau hindurchquälen muß. Pausenlose Luftangriffe verursachen ungeheure Verluste unter den dichtgedrängten Massen der Fliehenden. Auf dem Friedhof liegen noch etwa 2.000 Leichen, die niemand mehr begräbt. Auch die Verluste der Soldaten sind erschreckend hoch. Die 1. Division verlor ihren letzten Kommandeur. Die wenigen Überlebenden bildeten noch eine Kampfgruppe, die bei Lochstädt endgültig unterging. Die Front um Fischhausen brach zusammen; nachmittags besetzten die Russen die brennenden Trümmer der Stadt. Auf der Halbinsel Peyse, wo sich auch das große Kraftwerk befand, das Königsberg mit Strom versorgt hatte, gingen die Reste der 5. Panzerdivision mit einigen Infanterie-Einheiten zugrunde. Das große Marine-Waffenarsenal wurde gesprengt. Auf allen verfügbaren Wasserfahrzeugen konnte ein Teil der Soldaten auf die acht Kilometer entfernte Nehrung entkommen. Die anderen gingen in Gefangenschaft, als am 17. April die Russen Peyse besetzten.

Jetzt galt es, den Tenkitter Riegel zur Nehrung zu halten, um den Abtransport der Verwundeten und Flüchtlinge zu ermöglichen. Hinter diesem Riegel drängten sich auf dem zwölf Kilometer langen Landstreifen die Reste der Samlandtruppen, die Verbände des Festungskommandanten von Pillau und Tausende Flüchtlinge zusammen. Am schwierigsten war der Abtransport der Verwundeten, deren Zahl bei dem pausenlosen Beschuß erschreckend anstieg.

Das große Fassungsvermögen des Pillauer Hafens hatte vom 25. Januar bis 25. April 1945 den Abtransport von 451.230 Flüchtlingen und 141.000 Verwundeten ermöglicht. Auch die Einwohner der seit 1936 offiziell als „Seestadt Pillau" bezeichneten Hafenstadt hatten ihre Heimat verlassen. Da im März nur Nachschub-Transporter nach Pillau gekommen waren, hatten sich wieder viele Flüchtlinge angesammelt, die versuchten, auf diesen wegzukommen. Der Hafenkommandant berichtet, daß Säuglinge von den ladenden Schiffen wieder in die Menschenmenge geworfen wurden, um Familienangehörigen den Zugang zum Schiff zu ermöglichen. Soldaten, die versuchten, in Frauenkleidern an Bord zu gelangen, wurden festgenommen und standrechtlich erschossen. Beim Beladen wurden immer wieder Menschen ins Wasser gestoßen, besonders, wenn Artillerieeinschläge eine Panik auslösten. In solchen Momenten gelang es manchmal einigen Soldaten, auf das Schiff zu kommen und sich so lange zu verstecken, bis sie auf See waren. Die Feldgendamerie hatte schließlich keine Kontrolle mehr. Viele von ihnen hatten sich schon selbst auf den Schiffen davongemacht.

Nachdem Danzig und Gotenhafen Ende März von den Russen erobert worden waren, liefen wieder mehr Schiffe Pillau an. Neben den fortwährenden Luftangriffen, lag der Hafen auch unter ständigem Beschuß schwerer russischer Artillerie. Ihr Feuer wurde von einem Fesselballon geleitet, der ungestört bei Balga in der klaren Frühlingsluft stand.

Bei einem Luftangriff am 12. April sank im Hafen die „Weserstein" (1.923 BRT), wobei 60 Verwundete den Tod fanden. Eine Bombe im Vorschiff der „Wiegand" (5.869 BRT) konnte wegen ihrer Lage nicht entschärft werden, und das Schiff fuhr mit ihr und 2.800 Flüchtlingen nach Rendsburg.

Trotz laufenden Bombenangriffen und ständigen Artilleriefeuers war alles eingesetzt, um Flüchtlinge und Soldaten auf den Südteil der Nehrung überzusetzen. Das letzte größere Schiff, das Pillau anlief, war die „Mars", die nach fünf Luftangriffen in der Nacht zum 14. April mit 2.000 Verwundeten und Flüchtlingen ohne Geleit nach Kopenhagen abfuhr. Von jetzt ab waren es nur noch kleinere Schiffe, die Verwundete und Flüchtlinge nach Hela brachten. Wegen des schweren Beschusses konnten auch diese nicht im Hafen anlegen. Von Behelfsstegen, vom Strand und von der Nordmole brachten kleine Fahrzeuge die Menschen auf die weiter draußen auf See liegenden Schiffe.

Am 15. April warten 32.000 Flüchtlinge und Verwundete auf ihren Abtransport. Das Übersetzen auf die südliche Nehrung kann nur bei Nacht erfolgen. Am 17. trifft eine Granate im Hafen gestapelte Artilleriemunition. Die Explosionen zerstören mehrere kleine Schiffe. Am 18. wagt sich noch einmal ein Schiff in den Hafen. Oberleutnant P.B. aus Kastaunen (Kr. Elchniederung) soll mit 20 Mann für die geordnete Einschiffung sorgen. Aber die Soldaten können die Absperrung kaum halten. Bomben fallen in die Menschenmenge, und die zum Schiff drängenden Menschen werden rücksichtslos niedergetreten: „Gegen 20 Uhr wird es so schlimm, daß ich mit einem offenen Aufstand rechne. Das Schiff wird regelrecht gestürmt. Obwohl schon mehr Personen als zulässig an Bord sind, wollen immer mehr hinauf. Nur mit Gewalt kann das Schiff die Leinen losmachen und ablegen. Von hinten schieben die Massen nach, und vorn stürzen Menschen ins Wasser und ertrinken. Keine Befehle, keine Schreie helfen. Immer mehr werden ins Wasser gedrückt. An den Schiffswänden hängen andere in Trauben. Sie müssen mit Gewalt zurückgestoßen werden [...]"

So starben die Bewohner Königsbergs

Das Schicksal der in Königsberg verbliebenen Zivilbevölkerung, die hauptsächlich aus Frauen, Kindern und alten Leuten bestand, war eine endlose Kette von Terror, Drangsalierung, Plünderung, Raub, Mord, Schändung und Entbehrung, die für die meisten mit einem qualvollen Hungertod endete. Ein solch schreckliches Ende hat keine andere deutsche Großstadt erlebt.

Wenn der Höhepunkt des großen Sterbens auch erst nach der Eroberung der zur „Festung" erklärten Stadt einsetzte, so begann es für viele schon Ende Januar 1945, als den Russen Flüchtlingszüge, einige Vororte und auch viele jener Menschen in die Hände fielen, die als Ausgebombte in den Dörfern der Umgebung Unterkunft gefunden hatten oder die Großstadt verlassen hatten, weil sie sich bei dem Herannahen der Front auf dem Lande sicherer fühlten.

Eine Frau aus dem Vorort Charlottenburg berichtet, wie die Bewohner eines Hauses in Powayen (20 km westlich von Königsberg) am 1. Februar aus dem Haus gejagt werden. Auf der Straße liegen tote deutsche Soldaten, junge Flakhelfer sind darunter. Einigen haben die Bolschewisten die Köpfe abgetrennt. – Zwei Tage und Nächte bleiben 400 Menschen in einer von Russen bewachten Feldscheune. Das Grauen nimmt kein Ende. Eine Mutter wird gezwungen, eine Kerze zu halten, während sich die Russen an ihrer 12jährigen Tochter vergehen. Männer und Frauen werden getrennt und in verschiedenen Richtungen abgeführt. Kinder werden den Eltern entrissen. Manche verzweifeln, erhängen sich, schlucken Gift. Zwei Mädchen schneiden sich die Pulsadern auf. Brutal geschlagen, immer wieder mißbraucht, werden die Menschen weitergetrieben. Viele brechen zusammen, die Russen schießen in die Menge der Erschöpften, schlagen und treten sie hoch. Unter denen, die nicht mehr weiter können, ist eine sterbende Mutter mit vier Kindern. Anständig zeigen sich allein die Ukrainer unter den Sowjetsoldaten. Wann immer sie können, stecken sie den Frauen Lebensmittel zu und sagen gebrochen: „Deutsche Soldaten gut zu uns, wir gut zu Deutschen." Gefühllos sind auch die russischen Frauen in Uniform, die Viehherden nach Osten treiben. Wer noch brauchbare Schuhe an den Füßen hat, dem werden sie von den Frauen unter Schlägen und Flüchen ausgezogen – bei Schnee und Eis.

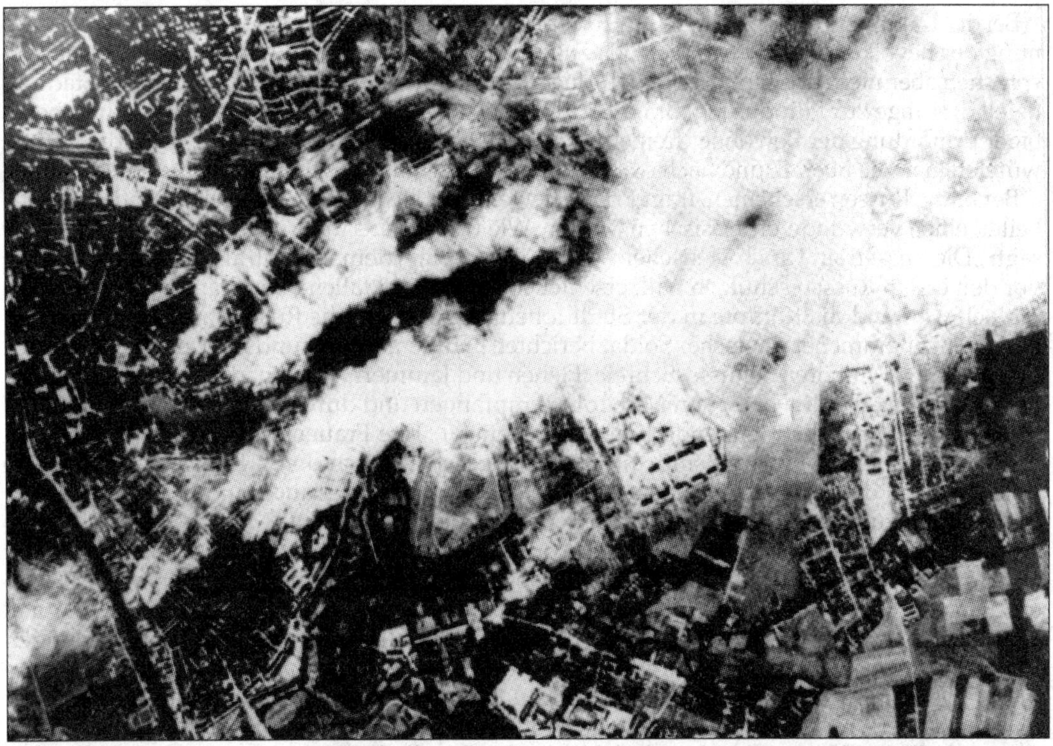

Es waren englische und amerikanische Bomber, die 1944 das blühende Königsberg mit Zerstörung überzogen. Ziel waren dabei vor allem die zivilen Wohngebiete der Innenstadt. Das nachfolgende Feuer vernichtete, was die Bomben verschont hatten (oben). – Da selbst die Brücken über den Pregel unpassierbar waren, mußte ein notdürftiger Behelf für die leidenden Bewohner geschaffen werden (unten).

Bei der Kapitulation Königsbergs am 10. April hatte General Lasch ausdrücklich um die Schonung der Bevölkerung gebeten, die auch zugesichert wurde. Für die Sowjets hatten solche Versprechen aber nicht die geringste Bedeutung. Den „heldenhaften Siegern" wurde die Stadt offiziell drei Tage zur Plünderung, Brandstiftung, uneingeschränkten Vergewaltigung und beliebiger Ermordung der Bewohner freigegeben. Auch das war ohne Bedeutung, denn die Russen wüteten hier wie überall, und nach Ablauf der drei Tage ging alles in der üblichen Weise weiter.

Bevor die Russen erscheinen, fragt Frieda Bewerwick, die in einem deutschen Notlazarett arbeitet, einen verwundeten russischen Major: „Wie wird es uns unter den Russen ergehen?" Er sagt: „Die Russen sind auch Menschen." Am nächsten Tag, dem 9. April, als der Major die Frau vor den ersten Russen schützen will, erschießen sie ihn und fallen über Frau Bewerwick her.

Noch während die Kämpfe in der Stadt toben, stürzen sich die Russen auf ihre Opfer. Ein gefangengenommener deutscher Soldat berichtet: „Frauen, Kinder und Greise müssen zurück in den Keller. Wir hören Schüsse, Schreie, Flehen und Jammern. Frauen, die sich losreißen und herausstürzen, werden oben von Mongolen empfangen und durch Genickschuß getötet [...] Wir werden durch die brennende Innenstadt gehetzt. Tote Frauen und Kinder säumen den Weg des Grauens. Manchen sind die Köpfe abgeschlagen, anderen haben sie brennende Holzstücke in den aufgeschnittenen Leib gesteckt [...] Wer im Rauch und angesichts dieser Bestialitäten zusammenbricht, wird von den Mongolen erschlagen."

Frau Erna Gudath berichtet, wie am 8. April die Zivilisten aus dem Luftschutzbunker der Theaterstraße abgeführt wurden. Auf dem Weg holten sich die Russen immer wieder Frauen zur Vergewaltigung heraus. Oftmals standen zehn Russen bei einer Frau an. In Schönfließ wurden alle in einen GPU-Keller gesperrt. Hier holten sich die Russen besonders die jungen Mädchen heraus, die dauernd vergewaltigt wurden. Viele kamen nicht mehr zurück. Andere lagen mit blutigem Unterleib im Keller und starben. Die ersten sechs Tage gab es überhaupt nichts zu essen, am siebten Tag drei Pellkartoffeln. Das dreijährige Kind der Frau G. starb in diesem Keller an Hunger. Nach sechs Wochen wurden die Überlebenden aus dem Keller entlassen. Das tote Kind blieb liegen, die Mutter durfte es nicht mitnehmen.

Ein damals 13jähriges Mädchen, dessen Vater als Soldat vermißt wurde und dessen Mutter bei dem Beschuß getötet worden war, erlebte, wie der erste Trupp Russen nur „Deutsch Soldat nix?" fragte. Der nächste nahm Uhren und Schmuck. Der dritte Trupp trieb alle hinaus und einige Straßen weiter in einen anderen Keller. Überall brannte es, und auf den Straßen lagen tote deutsche und russische Soldaten, Frauen, Kinder und alte Leute. Obwohl der Kampf noch tobte, holten sich die Russen aus diesem Keller laufend Frauen. Dann wurden alle wieder auf die Straße gejagt. Brennende Häuser stürzten ein, und schreiende Frauen mit Kindern stürzten aus den Kellern, um irgendwo anders Schutz zu suchen. Panzer schossen in die Häuser und deutsche Soldaten kamen mit erhobenen Händen heraus. Johlende, betrunkene Rotarmisten plünderten, warfen Möbel und Betten aus den Fenstern, rissen weinende Frauen von ihren Kindern, zerrten sie in Hausflure, quälten die Schreienden. – Dann wurde ein Elendszug von Frauen und Kindern zusammengetrieben und aus der Stadt geführt, während Russen fortwährend Frauen aus dem Zug holten. – Ein planloser Todesmarsch durch das Samland begann. Täglich starben Menschen an Erschöpfung oder nahmen sich selbst das Leben. Nach drei Wochen gelangten die Überlebenden wieder nach Königsberg und wurden im Todeslager Rothenstein eingesperrt.

Die vergewaltigte Lisa Glahs, die ihr sechsjähriges Söhnchen bei sich hat, will das Krankenhaus aufsuchen. Für den kurzen Weg braucht sie zwei Stunden, weil sie von einer Vielzahl Bolschewisten vergewaltigt wird. „Mein Kind mußte alles mit ansehen. Ich konnte kaum noch gehen und blutete stark [...]" Später muß Lisa Glahs mit anderen Frauen Leichen einsammeln, die in einen Bunker geworfen werden. Sie sehen, wie ein Russe mit einem Hammer einem toten deutschen Soldaten die Goldzähne ausschlägt. Sie finden tote Frauen jeden Alters und auch ganz junge Mädchen. Die meisten sind entkleidet und haben Tisch- oder Stuhlbeine im Unterleib stecken.

Erschütternd sind die Berichte aus den Lazaretten und Krankenhäusern. Wie überall hatten die Russen auch im Elisabeth-Krankenhaus die Nonnen und Ordensschwestern vergewaltigt. Die Rotarmisten warfen die Verwundeten aus dem dritten Stock des Lazaretts im Ostpreußenwerk.

In der Kopernikus-Klinik hatte eine junge Frau eine komplizierte Zangengeburt und gebar ein totes Kind. Die noch blutende Frau wurde unmittelbar nach der Geburt vergewaltigt und starb kurz darauf – sie verblutete. Zwei Tage später erschoß sich der deutsche Arzt.

Im Krankenhaus der Barmherzigkeit versahen Ärzte und Schwestern barfuß oder auf Strümpfen ihren Dienst, da die Russen ihnen die Schuhe von den Füßen gerissen hatten. Zwei blutende Frauen, die gerade entbunden hatten, liefen aus dem Krankenhaus, verfolgt von etlichen Russen, die auf der Straße über sie herfielen und sie vergewaltigten.

Ein Teil der Ärzte sowie das männliche Sanitätspersonal der Lazarette wurden gefangengenommen und nach Rußland verschleppt. Die Schwestern jagte man nach den Massenvergewaltigungen fort. Überall fehlten Ärzte, Schwestern und anderes Hilfspersonal. Wasser gab es nur aus Brunnen, Teichen oder dem Pregel. Operiert wurde bei Kerzenlicht. Alle Stationen waren überbelegt. Überall lagen Tote und Sterbende, um Hilfe rufende Kranke und Verletzte und viele kleine Kinder. „Ich sah, wie die Russen nicht nur tote Frauen vergewaltigten, sondern auch ein Mädchen, das sicher nicht älter als fünf Jahre war und danach blutend vor dem Krankenhauseingang liegenblieb [...]"

Die Nervenklinik war als Lazarett eingerichtet worden. Zuerst fordern die Russen Uhren und Schmuck. Einige Verwundete werden dabei in ihren Betten erschossen. Dann stürzen sie sich auf die Krankenschwestern. – Oft bringen die Russen schwerverwundete Kameraden, bei denen keine Hilfe mehr möglich ist, und erklären: „Wenn dieser Russe stirbt, sterben deutsche Soldaten." Es ist keine leere Drohung. Täglich werden im Lazarett deutsche Soldaten herausgesucht und erschossen. Die Schwestern müssen sie begraben. Sie bitten, die erschossenen Soldaten nicht zusammen mit den Pferden in einen Bombenkrater zu werfen, aber die Russen erlauben kein zweites Grab.

In einer Privatklinik übergießen die Russen die Betten mit den Kranken mit Benzin und zünden sie an. – Der Leiter der Klinik hat gerade eine eben entbundene Frau auf dem Operationstisch, als die Russen über sie herfallen. Der Arzt nahm daraufhin Gift, und seine Schwestern begruben ihn später im Garten.

Der Hochbunker auf der Laak diente als Entbindungsheim. Die Russen warfen die eben oder noch nicht entbundenen Frauen, meist unter Zurücklassung ihrer Kinder, auf die Straße.

Die Schloßteichpromenade ist mit unzähligen Frauenleichen jeden Alters übersät. Alle liegen „in gewissen Stellungen, und die meisten sind grauenvoll verstümmelt". Ein Arzt, Prof. Dr. Ehrhardt, berichtet: „Da die Russen kein Alter verschonten, habe ich Tripper-Erkrankungen bei einem vierjährigen Kinde, aber auch bei einer 84jährigen Frau gesehen [...] Russische Ärzte fragten mich später, ob es in Ostpreußen immer so viele Geschlechtskrankheiten gegeben habe. Ich konnte nur wahrheitsgemäß erwidern, daß sie recht selten gewesen seien."

Ein langer Zug junger Männer hält sich wie verängstigte Kinder an den Händen. Es sind die erblindeten Soldaten der Blinden-Unterrichtsanstalt, die von den Russen aus ihren Unterkünften geworfen wurden. Eine Gruppe von 45 Waffen-SS-Soldaten muß sich nackt ausziehen und wird in einem Haus in die Luft gesprengt. Einige dieser 45 Ermordeten sind namentlich bekannt.

Während im übrigen Ostpreußen die überlebenden Bewohner größtenteils an ihren Wohnorten, oft sogar in ihren Häusern verbleiben durften, wurden die Königsberger aus ihren Kellern und Häusern gejagt und planlos durch das Land getrieben. Dabei waren sie dauernden Plünderungen, Mißhandlungen und die Frauen und Mädchen den Massenvergewaltigungen ausgesetzt. Sie erhielten keine Verpflegung und mußten sich von dem ernähren, was sie auf dem Weg in verlassenen Häusern, Rübenmieten oder sonstwie fanden. Wer nicht durchhalten konnte, wurde in der Regel von den Besatzern erschlagen oder erschossen.

„Am Abend des 9. April müssen wir dreimal um den Stadtteil Schönbusch marschieren. Überall hören wir die Schreie mißhandelter Frauen und verlassener Kinder. Mich schleppt ein Russe auf den Kirchhof und ein Russe nach dem anderen [...] sie stehen Schlange [...]"

Nach zwei Tagen ist diese Frau in einer Marschkolonne, die in das Todeslager Rothenstein getrieben wird. Auf einer Wiese sind zwei nur oben bekleidete Frauen an Händen und Füßen angepflockt und offensichtlich durch Stiche ermordet.

Eine andere Frau berichtet, wie die Menschen gleich Vieh aus der Stadt getrieben werden. Der Straßengraben wird Tummelplatz sowjetischer Sexualorgien. Eine junge Frau verliert den Verstand. Ein 16jähriges Mädchen stirbt unter den Händen ihrer Peiniger. „Auch meine knapp 10jährige Nichte wird nicht verschont. Die Mutter wird in den Ural verschleppt, ihre Eltern wurden erstochen." In einer Kaserne gibt es sechs Tage lang nichts zu essen, dann nur einen viertel Liter Wassersuppe und drei Scheiben Brot.

Drei Tage werden die Frauen aus dem Vorort Juditten durch das Land getrieben. Bei den Russen sind polnische Zivilarbeiter, die mit langen Peitschen auf die erschöpften Frauen schlagen, um sie schneller voranzutreiben. Über die Straßen sind schon andere getrieben worden. Zu beiden Seiten liegen die Leichen geschändeter Frauen, die Röcke über dem Kopf, mit zerrissenem Unterleib. Endlich erreichen sie das Lager Karmitten.

Eine andere Kolonne wird in eine Kirche getrieben, wo die Männer von Frauen und Kindern getrennt und auf Nimmerwiedersehen weggeführt werden. Eine betroffene Frau berichtet: „Mutter und ich umarmten Vater zum Abschied. Vor mir saß Frau D. mit fünf Kindern und einem Säugling auf dem Arm. Jedes Kind hing weinend am Hals des Vaters [...] Und dann begann für uns die Hölle. In dieser Nacht erwürgten Mütter ihre Kinder, um sich dann selbst umzubringen. In dieser Nacht wurden Selbstmordgedanken geboren und in den kommenden Tagen und Nächten ausgeführt. Und doch sollte es danach Nächte geben, die noch grauenvoller waren [...]"

Eine junge Polin lief mit dem russischen Posten an der Kolonne auf und ab, bis sie ein enormes Kleiderbündel auf dem Arm hatte. Frauen mußten auf der Stelle Stiefel und Mäntel ausziehen, wenn die Polin es verlangte. Um den quälenden Durst zu löschen, aßen die erschöpften Menschen Schnee. In einem Waldstück packte ein Soldat ein 11jähriges Mädchen mit langen Zöpfen, hob es auf die Arme und rannte mit ihm in den Wald. Alle hörten die gellenden Schreie des Kindes. Gebeugten Hauptes ging die Mutter mit dem kleinen Sohn an der Hand weiter. Das kleine Mädchen fand wieder zu der Kolonne zurück, starb aber dann. Überall lagen rechts und links am Straßenrand die Toten mit entblößten Leibern im Schnee.

Ein russischer Soldat schrieb in einem Feldpostbrief: „Ich bin jetzt in der Nähe der Stadt Königsberg [...] Nun will ich Dir schreiben, wie unsere Slawen mit den deutschen Frauen umgehen [...] Den Männern geht es nicht so schlecht, aber das Leben der Frauen ist schwer. Denn sie machen es so mit ihnen. Einer hält sie fest, und der andere macht mit ihnen, was er will. Es waren auch Frauen, die das nicht überleben konnten und es nicht aushielten und starben [...]"

In den unzerstörten Kasernen im Stadtteil Rothenstein richtete der NKWD ein Lager für „verdächtige" Zivilisten ein, die mit etwa 4.000 Menschen belegt waren. Als zweites Lager in Rothenstein dienten neun Fahrzeughallen, wo in jede Halle bis zu 2.000 Menschen gezwängt wurden, die auf dem kahlen Zementboden lagen. Insgesamt waren hier also ständig über 10.000 Deutsche eingesperrt. Als Aufseher und Dolmetscher waren Polen angestellt, die ihre Hauptaufgabe in brutalem Schlagen sahen. Sie raubten sogar noch die Toten aus, die mit jedem Tag mehr wurden. War eine Halle leergestorben bzw. die Überlebenden abtransportiert worden, wurde sie gleich wieder aufgefüllt. Neuankömmlinge erhielten vier bis sechs Tage weder Wasser noch irgendeine Nahrung. Dann gab es pro Tag und Person 200 Gramm Brot, und nur wer eine Blechdose oder ein anderes Gefäß hatte, erhielt eine Schöpfkelle voll Wassersuppe. Die sanitären Einrichtungen bestanden aus zwischen den Hallen ausgehobenen offenen Gruben, über die einige Bretter gelegt waren. Am bedauernswertesten waren Mütter mit kleinen Kindern.

Von hier wurde die Menschenfracht mit LKW nach Insterburg gebracht, von wo die Transporte nach Rußland gingen. Bei den erbärmlichen Zuständen und der ungenügenden Ernährung wütete die Ruhr. Wenn die nachts verschlossenen Hallen morgens geöffnet wurden, mußten die noch Lebenden erst die Toten hinausbringen. Als die Todesfälle selbst für den NKWD zu viel wurden und Ansteckungsgefahr für die Bewacher drohte, lösten die Russen das Lager auf. Zurück blieben riesige Massengräber. Niemand hat die Toten genau gezählt, die sich auf deutlich mehr als 10.000 belaufen, geschweige denn an eine Identifizierung gedacht.

Im Samland gab es, außer diesem, noch die Lager Spandienen, Löwenhagen, Karmitten, Schönwalde, Stantau, Fort Dohna und das Gefängnis Königsberg.

Zu den nächtlichen Verhören in den Lagern gehörte immer das Schlagen der Polen. Frau Paula Decker aus Metgethen schrieb später: „Dauernd wurden wir verhört, fast immer nachts. Wir wurden geschlagen und mißhandelt. Die Quälereien will und kann ich im einzelnen nicht angeben [...]"

Wer aus irgendeinem Grunde bestraft wurde, kam in einen Kellerraum von drei mal dreieinhalb Metern. Im Falle einer „bestraften" Frau befanden sich darin z.B. 63 Menschen, also sechs pro Quadratmeter. Ekelhaft war der Gestank der eigenen Exkremente, die nicht entfernt werden durften.

Im Lager Karmitten wurden die halb verhungerten Menschen einmal am Tag ins Freie geführt, um unter den Augen der Posten ihre Notdurft zu verrichten, Männer und Frauen durcheinander. Erna Link berichtet: „Zu essen gab es fast nichts, einmal am Tag eine dünne Wassersuppe, in der ein paar verfaulte Kohlblätter und Kartoffelschalen herumschwammen. Zehn Tage lang erhielten wir kein Stück Brot. Wir waren schon so schwach, daß wir taumelten […] und sind zuletzt nur noch gekrochen […] Einige Frauen waren von ihren kleinen Kindern angeblich ‚zur Arbeit' weggeholt worden und durften zu ihren Kindern nicht mehr zurück. Diese Frauen waren dem Wahnsinn nahe.

Das Allerschlimmste waren jedoch die Vernehmungen, die nur nachts vorgenommen wurden […] Ein russischer Offizier führte die Vernehmung, und ein Zivilpole war Dolmetscher […] Der Pole hielt mir einen Gummiknüppel unter die Nase mit den Worten: ‚Riech mal, das ist Bonbon, kriegst Du nachher. Ich werde Dich schlagen, auf die Erde werfen, betrampeln und durchs Fenster werfen.' Es ist einfach unglaublich und läßt sich mit Worten kaum schildern, was wir Frauen hier ausgehalten haben. Es war die Hölle. Fast alle wurden verprügelt. Sie mußten die Hosen herunterziehen, sich über einen Schemel legen, und 25 Schläge mit dem Gummiknüppel waren ihnen sicher. Damit wir das Schreien der armen Opfer hörten, wurden die Fenster weit geöffnet […] Hier wurden Geständnisse erpreßt, wie Zugehörigkeit zur NSDAP, auch wenn eine solche nie bestanden hatte. Die Frauen kamen oft nur kriechend zu uns zurück. Das Gesäß zeigte nicht nur blutunterlaufene Striemen, sondern klaffende Platzwunden, und es ist vorgekommen, daß diese Frauen bei ihrer zweiten Vernehmung trotz dieser Wunden wieder geschlagen wurden. Ein 22jähriges Mädchen mußte sich nackt ausziehen […] und wurde so brutal geschlagen, daß sie nicht gehen, sitzen oder liegen konnte. Das wiederholte sich in der nächsten Nacht. Sie kam nicht mehr zu uns zurück […] Viele Frauen waren so verzweifelt, daß sie sich die Pulsadern öffneten, eine Frau hängte sich auf […] Warum nur, was hatten wir verbrochen? Waren wir Ostpreußen die einzigen, die den Krieg verloren hatten? Mußten wir für ganz Deutschland büßen? Gab es nichts und niemanden, der diesem Treiben Einhalt gebot?

Am 15. Mai wurden wir ins Lager Preußisch Eylau gebracht. Es waren die acht Blocks der ehemaligen Infanterie-Kaserne. Hier herrschten auf den Etagen Polen […] die man nur mit großen Knüppeln bewaffnet sah, von denen sie sehr oft Gebrauch machten […] Als ich ins Lager kam, waren dort etwa 14.000 Personen, und bereits Ende Juni 1945 waren wir nur noch etwa 6.000. Die übrigen 8.000 waren inzwischen gestorben. Täglich fuhren mehrere Wagen mit den nackten Leichen zu den Splittergräben, wo sie hineingeworfen, mit Chlor überschüttet und vergraben wurden."

Inzwischen wurden die noch lebenden Königsberger, die nicht eingesperrt oder verschleppt worden waren, zu Arbeiten eingesetzt. Nur wer arbeitete, erhielt die übliche Tagesration von 200 (später 400) Gramm Brot. Bei einigen Kommandos gab es dazu noch eine Wassersuppe. Zu keiner Zeit gaben die Russen irgendwelche Lebensmittel an die nichtarbeitende Bevölkerung aus. Auch die Kinder arbeitender Frauen oder andere Familienangehörige erhielten nichts. Das hieß, daß alle Alten und die Kinder unweigerlich verhungern mußten. Selbst die Ration für die Arbeitenden zögerte nur ihren Hungertod hinaus, wenn es ihnen nicht gelang, noch zuzüglich etwas Eßbares zu beschaffen. Mütter, die versuchten, mit ihrer Ration auch noch ihre Kinder am Leben zu erhalten, waren bald selbst nicht mehr arbeitsfähig. Das Leben war ein fortwährender Kampf mit dem Hungertod, der meistens siegte. Zunächst durften die Deutschen die Schrebergärten bebauen. Ende Mai wurde jedoch alles beschlagnahmt, und Militärposten verhinderten den weiteren Zugang zu den Gärten.

Die russische Verwaltung faßte große Ländereien zu Kolchosen zusammen. Als Arbeitskräfte dafür wurden Frauen zusammengetrieben und mit Lastwagen dorthin gebracht. Auf diese Weise gelangte Käthe Faust aus Königsberg in die Gegend von Pillkallen. Sie schreibt: „Wir Frauen, ausgehungert und schwach, müssen das Roßwerk ziehen. Einige werden sogar vor einen Pflug gespannt. Pro Tag gibt es 200 Gramm Roggen, den wir uns selbst mahlen müssen." (Ein Roßwerk ist ein von Pferden gezogenes Kraftwerk zum Antrieb landwirtschaftlicher Maschinen.)

In Königsberg wurden immer mehr Zivilrussen angesiedelt. Der Unterschied zwischen beiden Völkern könnte kaum größer sein. Die Russen leben in Häusern und Wohnungen, die Deutschen in Kellern, Ruinen, Lauben und Buden, ständig in der Angst, wieder weiterziehen zu müssen und dabei die letzten Gegenstände zu verlieren. Noch 1947 fuhren Lastwagen durch die Stadt und nahmen Frauen zwangsweise auf die Kolchosen mit, ohne danach zu fragen, ob sie Kinder hatten, die ohne Mütter zurückblieben.

Mit dem Beginn des Winters 1945/46 stieg die Sterbeziffer erheblich an. Schon im Herbst hatte man allein im „Krankenhaus der Barmherzigkeit" täglich 30 bis 40 Tote gezählt. Die meisten fielen aber in ihren Behausungen dem Hungertyphus zum Opfer. Auf dem Basar wurden Frikadellen angeboten, die angeblich Menschenfleisch enthielten.

Im Sommer ließ sich allerlei Grünzeug als Nahrung verwenden. Hauptsächlich wanderten alle Brennesseln und das Melde-Unkraut in die Kochtöpfe. Das war aber kaum ein Tropfen auf den heißen Stein, denn davon konnten sich nicht 25.000 Menschen ernähren. Hungertyphus, Unterernährung und Mord forderten weiterhin viele Opfer.

Das große Sterben erreichte im kalten Winter 1946/47 den Höhepunkt. In jeder Unterkunft lagen Typhus- und Fleckfieberkranke sowie sterbende, verhungerte und erfrorene Menschen. Erschütternd war es besonders für jene Kinder, die den Tod ihrer Mütter miterleben mußten. Die Kinder lebten meist nur einige Tage länger und wurden häufig von anderen Königsberger Mitbürgern ausgemergelt auf der Straße gefunden. Ganze Familien starben so aus. In den Kellern lagen haufenweise die Leichen. Das Beerdigungskommando konnte die Arbeit nicht mehr bewältigen. Auf den Friedhöfen waren die vielen Toten wie Holz übereinandergestapelt. Sie konnten erst beim Auftauen des Bodens beerdigt werden.

Anneliese Kreutz, die ihre Leidenszeit in ihrem Buch *Das große Sterben in Königsberg* ausführlich beschrieben hat, erwähnt diese kleine Episode, die eigentlich allein genügt, um das große Sterben exemplarisch darzustellen: „Zunächst fanden wir zwei tote steifgefrorene Frauenleichen in den Ruinen. Dann bemerkten wir eine Tür und öffneten sie. Der Raum war, bis auf einen Ofen und ein Bettgestell, leer. Auf dem Bett lag eine Frauenleiche. Wir traten näher und bemerkten daneben zu unserem Entsetzen ein Paar große blaue Kinderaugen. Erschüttert starrte ich auf das Kind, das schon halb im Jenseits war, aber bei vollem Verstand. Es lag still neben der toten Mutter. Dazu war es bitter kalt. Wir legten die heruntergefallene Bettdecke auf das Kind. Es wußte, daß die Mutter tot war, hatte es doch die Hosen der Mutter ausgezogen und sich damit bekleidet, um wärmer zu sein. Mich verfolgten die großen blauen Augen, wo ich ging und stand.

Am nächsten Tag war das Kind verstorben, der eiserne Ofen entfernt, das Bett umgestülpt und Mutter und Tochter lagen starr auf dem Fußboden. Ein Grauen erfaßte mich, würde ich eines Tages auch so liegen? Was empfand man, wenn man verhungerte?

Immer mehr Menschen starben. Ich sah viele wanken, im Schnee hinfallen, wieder ein paar Schritte tun, dann wieder fallen [...]"

Dann wurde vor einer Seitenstraße der Hindenburgstraße gewarnt, wo angeblich Menschen in Keller gezerrt und ermordet wurden. Die grausige Wahrheit kam ans Licht, als dem Arzt Dr. Piontek Fleisch angeboten wurde, das er als Menschenfleisch identifizierte. Eine russische Bande wurde festgenommen, die sich deutscher Mittelsmänner bedient hatte, um das Fleisch anzubieten. Neben diesem Fall sind in dem Bericht des Leiters des Gebiets Kaliningrad (Trifimow) an den Innenminister der UdSSR (Kruglow) vom 2. April 1947 eine Anzahl Fälle von Kannibalismus unter der hungernden deutschen Bevölkerung mit den Namen der Betreffenden und allen Einzelheiten dokumentiert.

Nicht nur die schwere Arbeit und die unzureichende Ernährung machten den Menschen das Leben so schwer, noch schlimmer war die ständige Angst um das nackte Leben. Keinen Abend konnten sie sich in Ruhe hinlegen. Schaurig gellten die Schreie der Überfallenen durch die Nacht. Auf dem Weg zu oder von der Arbeit, sogar am hellen Tag wurden die Frauen vergewaltigt und ausgeraubt. Das russische Militär in den Königsberger Kasernen schien nur aus Banditen zu bestehen, denn diese Soldaten waren es, die in Trupps zu vier bis sechs Mann diese Überfälle und Morde ausübten.

Vielen Deutschen gelang es jetzt, in Litauen Lebensmittel zu erbetteln, einer beträchtlichen Anzahl sogar unter den Litauern unterzutauchen. Ganz überraschend wurden Ende Oktober 1947 solche Deutsche aus Königsberg nach Deutschland ausgewiesen, die keine „gesellschaftlich nützliche Arbeit" verrichteten, also meist alte Leute. Sie wurden von der Miliz aufgefordert, innerhalb einiger Stunden auf einem Sammelplatz zu erscheinen und hatten keine Gelegenheit, ihre außerhalb Königsberg arbeitenden Angeörigen zu benachrichtigen. Diese fanden bei ihrem nächsten Besuch leere Keller vor. Bis zum Oktober 1948 wurden auch die letzten Königsberger nach Mitteldeutschland (in die sowjetische Besatzungszone) abgeschoben.

Wie viele Königsberger hatten diesen Blutzoll überlebt? Dazu ist folgendes Zahlenmaterial vorhanden: In der Festung Königsberg befanden sich 110.000 Deutsche. Davon war ein Teil bei den Kämpfen umgekommen, der auf knapp 5.000 geschätzt wird. Dazu kamen die Königsberger, die in den Flüchtlingszügen und den Vororten schon im Januar in russische Gewalt gerieten. Demnach waren mindestens 115.000 Königsberger lebend in russische Hand gefallen. Bei der ersten Zählung im Juni 1945 lebten noch 73.000 Deutsche in Königsberg. Im Oktober 1945 wurden 50.000 genannt. Bei der Volkszählung am 1. Juni 1946 wurden offiziell 43.000 Deutsche in der Stadt registriert. Die nächste Zählung, die anscheinend im Herbst 1946 durchgeführt wurde, ermittelte 37.795. Im März 1947 werden nur noch 24.000 genannt. Zu diesen Zahlen müssen jene Personen hinzugerechnet werden, die bei den Zählungen außerhalb der Stadt zur Arbeit eingesetzt, in Lagern festgehalten oder verschleppt worden waren, aber noch lebten. Die genaue Zahl der Einwohner Königsbergs, die unter den Russen durch Mord, Folter, Hunger und Seuchen umkamen, läßt sich nicht ermitteln, wird aber von den meisten Experten mit 85.000 beziffert, was mit allem vorhandenen Quellenmaterial übereinstimmt.

Die Frage, ob die Russen die Deutschen absichtlich verhungern ließen, kann ohne Zweifel mit „Ja" beantwortet werden. Der russischen Verwaltung in Ostpreußen und den Behörden in Moskau waren die Zustände bis in alle Einzelheiten bekannt. Die Anordnung, daß an nicht arbeitende Personen grundsätzlich keine Nahrungsmittel ausgegeben werden durften, *mußte* zum Hungertod führen. Es handelte sich also um einen geplanten und bewußt durchgeführten Völkermord.

Das Ende in Pillau und auf der Nehrung

Seit Wochen liegt Pillau in einem Feuerorkan, der Stadt und Hafen zu einem Trümmerfeld macht. Pausenlos feuert russische Artillerie in die brennende Stadt, über der Luftgeschwader in rollenden Wellen ihre Bomben abwerfen. Zertrümmerte und verlassene Flüchtlingswagen mit toten Pferden versperren die Straßen, die immer wieder geräumt werden müssen. Am 20. April erlebt Pillau den bisher schwersten Luftangriff.

Den zähen Widerstand bei Tenkitten können die Sowjets erst nach vier Tagen brechen, nachdem ihre Bomben alles wieder und wieder umgepflügt haben. Die Marinebatterie „Adalbertskreuz" hat die letzte Granate verschossen, und in der Nacht zum 21. rollen die Russenpanzer über das Kraterfeld, bis sie bei der alten Ordensburg Lochstädt erneut aufgehalten werden. Nachdem auch die Marinebatterie „Lochstädt" niedergekämpft ist, stehen die Russen am 23. vor Neuhäuser, dem letzten Riegel vor Pillau (fünf Kilometer nördlich der Stadt).

Unterdessen werden in pausenlosem Einsatz jede Nacht die Zivilisten auf die südliche Nehrung übergesetzt. Schließlich sind in der Stadt, neben den vielen Soldaten, nur noch Volkssturmleute, einige Behördenleiter und jene Parteifunktionäre, die nicht wagen, Pillau ohne Befehl zu verlassen. Sicher aber sitzt noch immer Gauleiter und Reichsverteidigungskommissar Erich Koch nur einige hundert Meter entfernt auf der gegenüberliegenden Seite des Tiefs in seinem Bunker.

Gauleiter Koch hat die zwei Hochsee-Eisbrecher, „Ostpreußen" und „Pregel", abfahrbereit an der Mole liegen. Hitler hatte ihn zur Berichterstattung nach Berlin befohlen, aber Koch meldete, daß er „im Kampf verletzt worden und reiseunfähig" sei. Am 23. April wird die „Ostpreußen" mit Schrankkoffern, Lebensmitteln, Weinkisten, Bols-Likören, zwei Windhunden und einem Mercedes beladen. Im Hafen stehen noch Hunderte Flüchtlinge, aber keine Frau und kein Kind darf auf das Schiff, auf dem noch 400 Personen Platz gehabt hätten. Koch kommt dann mit seinem engeren Stab an Bord, und in der Dämmerung läuft der Eisbrecher mit dem Ziel Hela aus.

Zur gleichen Zeit durchbrechen die Russen den Sperriegel bei Neuhäuser. Die Truppen des Marine-Schützen-Regiments und der Wehrmacht setzen sich auf die Stadt-Riegelstellung ab. Die Marinebatterie „Neuhäuser" wird nach Verbrauch ihrer Munition eingeschlossen und durch Masseneinsatz schwerer Bomben überwältigt. Auch von dieser Batterie überlebt niemand.

Am 24. April belegen russische Luftgeschwader im Tiefflug das ganze Stadtgebiet streifenweise mit Bomben. Pillau ist nur noch ein rauchender Trümmerhaufen, unter dem unzählige Flüchtlinge und Soldaten begraben sind. Nach Trommelfeuer und Bombardierung versuchen russische Sturmboote über das Haff beim Flugplatz Neutief zu landen, um den Fluchtweg aus Pillau zu unterbinden. Die Landung wird abgewiesen. Nachdem die letzten Zivilisten auf die Nehrung übergesetzt sind, werden jetzt Soldaten hinübergeschafft.

Am 25. April dringen die Russen in die Ruinen von Pillau ein, wobei es zu harten Straßenkämpfen kommt. Auch hierbei treten Seydlitz-Leute auf, die über Lautsprecher zur Übergabe auffordern. Die Marinebatterien „Nordmole" und „Kamstigall" sind die Hauptstützen der Verteidigung. Als es dunkel wird, werden die Hafenanlagen gesprengt und nicht mehr brauchbare Schiffe in den Hafeneinfahrten versenkt. In der Nacht werden unter ständigem Artilleriefeuer 12.200 Soldaten nach Neutief übergesetzt und 7.000, meist Schwerverwundete, nach Hela gebracht. Die Fähren sind bereits mit 800 Mann überladen, aber jetzt müssen 1.200 hinauf. Bei der Panik an den Anlegestellen ist die Einschiffung nur unter Anwendung von Gewaltmaßnahmen möglich.

Am 26. April frühmorgens um 4.30 Uhr verlassen die letzten Boote unter dem immer noch anhaltenden schweren Artilleriebeschuß den Pillauer Hafen. Zurück bleiben Teile der 83. Infanteriedivision, die Marineartilleristen und eine beträchtliche Anzahl andere Soldaten. Einige versuchen über das etwa 500 Meter breite, stark bewegte Seetief zu schwimmen. Die Schlacht war beendet; Pillau hatte nicht kapituliert.

Vom 23. Januar bis 25. April waren mindestens 651.000 Menschen über die Seestadt geschleust worden. Die Stadtbehörden hatten von Januar bis März 1.563 Todesfälle von Zivilpersonen registriert. In den Kämpfen um die Stadt waren rund 8.000 Soldaten gefallen. Die Toten der letzten Tage, soweit sie nicht unter Häusertrümmern begraben waren, blieben unbeerdigt liegen.

Am 26. April, um 5 Uhr früh, besetzten die Russen den Pillauer Hafen und landeten mit Schnell- und Sturmbooten von der Haff- und Seeseite auf der Nehrung, sieben Kilometer von der Nehrungsspitze, um die dort zusammengedrängten Truppen gefangenzunehmen. Am 27. setzten die Russen Panzertruppen über eine bereits fertige Pontonbrücke und eroberten Neutief. Den schon abgeschnittenen deutschen Truppen gelang es, die russische Sperrfront beim Kilometer sieben zu durchbrechen und dahinter ihrerseits Sperriegel zu errichten. Es fehlten aber Waffen und Munition in ausreichender Menge.

Mit den Resten der geschlagenen Divisionen schleppten sich mühsam die Flüchtlinge weiter. Notdürftig wurden sie von der Truppe verpflegt. Nachts schliefen sie zusammengedrängt im Freien, den Bomben russischer Flieger ausgesetzt. Am Tage flogen Bomber und Kampfflieger in niedriger Höhe über der einzigen Straße und verursachten hohe Verluste. Sie brauchten kaum zu zielen; wo sie auch hinschossen, trafen sie meistens Menschen.

In verlustreichen Abwehrkämpfen konnten die Verteidiger nur hinhaltenden Widerstand von einer Sperre zur nächsten leisten, wo die Stellungen in dem losen Sand dann wieder von Bomben und Granaten zerfetzt wurden. Dazu mußte der beiderseitige lange Strand der Nehrung gegen Landungen gesichert werden, die wiederholt von den Russen versucht wurden. Auf dem schmalen, stellenweise nur 800 Meter breiten Landstreifen trommelten die Russen fast pausenlos mit ihrer Artillerie, den Salvengeschützen und Granatwerfern.

Über das Haff rauschten die Salven von 180 schweren Geschützen. Von See her schossen oft russische Kanonenboote. Pak feuerte am Ufer entlang. Bei Tag und oft auch nachts dröhnten Bomber über die Nehrung, und vom ersten Tageslicht bis zum Dunkelwerden rasten Schlachtflieger über die Baumkronen und feuerten auf alles, was sich rührte, oder auch überall dahin, wo sie Menschen vermuteten. Trotz größter Anstrengung und ungeheuren Materialeinsatzes gelang es den Russen nicht, die deutschen Verteidiger zu überrennen.

Pillau an der Frischen Nehrung war ein rettender Hafen und das wichtigste Etappenziel der Flüchtlinge über das Meer. Wer es frühzeitig bis hierher geschafft hatte, konnte hoffen, den Sowjets zu entrinnen. Über die Ostsee konnten 2,5 Millionen Ostdeutsche evakuiert werden.

Vom 30. April bis 1. Mai gingen die Sperren bei Marmeln, in der Mitte der Nehrung, verloren. In drei Kampftagen wurden 26 Sowjetpanzer abgeschossen. Am 3. Mai ging Kahlberg, am 5. Pröbenau verloren. Am 7. Mai stand die Front bei Bodenwinkel, am südlichen Ansatz der Nehrung.

Das Ende in Westpreußen

Als Truppen der ersten weißrussischen Front (Marschall Schukow) am 20. Januar 1945 bei Hohensalza die Reichsgrenze überschritten, ordnete Gauleiter Albert Forster sofort die Räumung der bedrohten Kreise im Südosten Westpreußens an. Auch als er aus dem Führerhauptquartier von Bormann gerügt wurde und der Gauleiter Pommerns, Franz Schwede-Coburg, ihm drohte, seine Ostgrenze für die Flüchtlinge zu sperren, hielt er seine Räumungsbefehle aufrecht. Wenn sie nicht überall befolgt wurden, lag das am Widerstand einiger Kreisleiter, die Beziehungen zu Bormann hatten oder sich eigenmächtig widersetzten. In dem folgenden Chaos richtete sich die Flucht aber auch hier nach der militärischen Lage, die von den Russen diktiert wurde, und es gab in vielen Fällen keine rechtzeitigen Räumungsbefehle mehr. Als der zum Haff vorstoßende Panzerkeil der 2. weißrussischen Front (Marschall Rokossowski) am 22. Januar in den Kreis Rosenberg einbrach, erfolgte die Räumung im Regierungsbezirk Marienwerder, also der Kreise Elbing, Marienburg, Marienwerder, Stuhm, und Rosenberg, zwar etwas früher als in den noch mehr bedrohten ostpreußischen Nachbarkreisen, aber nicht so rechtzeitig, daß alle auf den verschneiten und mit Flüchtlingen der östlichen Gebiete verstopften Straßen entkommen konnten.

Als in Stuhm Kreisleiter Franz auf den zweiten Anruf beim Regierungspräsidenten Dr. Huth am Abend des 21. keine Räumungserlaubnis bekommt, stellt er den Ortsgruppenleitern frei, nach eigenem Ermessen zu handeln. Er selbst verließ um 4 Uhr früh mit seinem Gefolge die Kreisstadt. Das Ermessen der Ortsgruppenleiter war sehr unterschiedlich. Einige zogen sich gleich zurück, andere sorgten für eine sofortige geordnete Räumung, und noch andere hielten tapfer weiter aus und rissen so unwillentlich ihre Gemeinde mit in den grauenhaften Untergang. Am 24. besetzten die Russen Christburg, Altmark, Posilge und am 25. die Kreisstadt Stuhm.

Die Stadt Elbing wurde von dem schnellen Durchbruch der Russen vollkommen überrascht. Nachdem die ersten russischen Panzer am Abend des 23. Januar durch die Stadt gestürmt waren, ordnete der Kreisleiter die völlige Räumung an, die aber bald geändert wurde. Nur Frauen, Kinder und Leute, die nicht in der Stadt gebraucht wurden, sollten Elbing verlassen. Die Menschen lassen sich aber nicht mehr aufhalten und fliehen bei 20 Grad Kälte aus der Stadt. Eiligst werden alle verfügbaren Züge zusammengestellt und rollen nach Westen. Am 24. werden die Krankenhäuser und das Gefängnis nach Danzig evakuiert. Am nächsten Tag ist aber die Bahnlinie nach Marienburg von den Russen blockiert. Am gleichen Tag trifft der Eisbrecher aus Pillau ein, um die drei fast fertigen Torpedoboote von der Schichau-Werft abzuschleppen. Auf die Nachricht einer neuen Fluchtmöglichkeit strömt sogleich eine Menschenmenge zu den Anlegestellen, denn jedes Boot kann 1.000 Menschen mitnehmen. Auch die Russen bemerken, daß dort etwas im Gange ist und schießen mit ihrer Artillerie dahin. In der Angst läuft ein Teil der Menge auseinander, Tote und Verwundete bleiben liegen, die übrigen drängen sich dichter an die Anlegestellen. Trotz des Artilleriefeuers werden die Torpedoboote von Schleppern an die Kaimauer bugsiert. Eisschollen behindern das Anlegen. Die durch die einschlagenden Granaten bis zum Rand der Panik erregte Menschenmasse drängt vorwärts und stürmt auf die Schiffe. Viele werden über den Rand der Kaimauer geschoben und stürzen ins eisige Wasser. Darauf werden die Boote wieder vom Kai weggezogen. Unter dem Heulen und Krachen der Granaten wird nochmals versucht, die Menschen an Bord zu nehmen. Dann aber setzt sich der Schleppzug in Bewegung und läßt die schreiende Menge zurück. Nur einigen hundert ist es gelungen, auf die Schiffe zu kommen, auf denen wenigstens 3.000 Platz gehabt hätten.

Jetzt bleibt nur noch der Weg zu Fuß über die Nogat-Weichsel-Niederung nach Danzig offen, auf dem weitere Zehntausende die Stadt verlassen, so daß von den anfangs über 100.000

Menschen nur noch etwa 20.000 zurückbleiben. Als die Russen am 26. Januar im Osten bei Tolkemit das Haff erreichen und im Westen bei Zeyer stehen, ist Elbing von drei Seiten eingeschlossen.

Die Stadt verteidigt sich bis zur Nacht zum 10. Februar, wobei sie größtenteils zerstört wird. Auf dem Kampffeld liegen 30 abgeschossene Russenpanzer. Unter anhaltendem schweren Beschuß gelingt etwa 3.200 Soldaten mit 850 gehfähigen Verwundeten und einer Anzahl Frauen und Kinder der nächtliche Ausbruch im Norden der Stadt aus dem Einschließungsring. Hinter sich hören sie noch die Schüsse der beginnenden Mordorgie, aber nicht mehr die Schreie der Frauen und Kinder aus den Kellern der zerschossenen Häuser. Aus dem Lazarett mit 2.400 Verwundeten, vier Ärzten und dem Sanitätspersonal hat sich nie ein Überlebender nach dem Kriege wieder gemeldet. Die Ausgebrochenen erreichten Danzig, nachdem sie noch Verluste durch russische und dann durch deutsche Artillerie erlitten, die glaubte, angreifende Russen vor sich zu haben.

Die Zivilisten, die die Einnahme Elbings durch die Russen am 10. Februar überlebten, wurden nach Preußisch Holland getrieben. Dort wurden Arbeitsfähige aussortiert und teils nach Rußland verschleppt, teils zu Fuß nach Soldau oder Zichenau abgeführt. Sie gingen in den Lagern, bei der Deportation oder in Rußland zugrunde. Arbeitsunfähige wurden „nach Hause" entlassen. Von den etwa 1.800, die den Russen in die Hände fielen, haben nur einige überlebt.

Daß es auf den Straßen Westpreußens nicht anders ist als es in Ostpreußen war, zeigt der folgende Ausschnitt aus dem Bericht des Oberstabsarztes Dr. Rudolf Jähnecke. Bei hohem Schnee, 20 Grad Kälte und eisigem Wind steht Wagen an Wagen, und der Treck schiebt sich nur schrittweise weiter. Ein verzweifelt winkender Mann hat das Rote Kreuz am Wagen gesehen. Sein anderer Arm hängt leblos von seiner Schulter herab: „Er wies auf einen Wagen, der auf dem freien Feld stand und rief, seine Frau verblute, wenn ich nicht sofort helfen könne. Ein Panzertrupp der Russen hätte sie vor zwei Tagen in der Nacht erwischt [...] Ich habe im Feld unter unmöglichsten Umständen Operationen durchgeführt. Aber eine Uterustamponade auf einer verschneiten Ebene, über die ein eisiger Wind fegte, und auf einem Wagen, auf dem die Frau mit durchbluteten Kleidern lag, versuchte ich zum erstenmal in meinem Leben, und ich werde wahrscheinlich nie erfahren, ob ich noch hatte helfen können [...] Am Kopfende der Frau hockte ein Vierzehnjähriger mit verstörtem Gesicht, der immer dem Weinen nahe war. ‚Er hat zusehen müssen‘, sagte der Bauer. ‚Mich haben sie zusammengeschlagen, als der fünfzehnte über ihr war und ich das Licht fallen ließ. Dann hat Albert das Licht halten müssen, bis alle fertig waren [...]"

Das furchtbare Elend auf den Straßen, Beschießung durch Flugzeuge, von Panzern überrollte Trecks, die Hölle der Daheimgebliebenen, all das nahm hier ungemindert seinen Fortgang. Immer wieder berichteten Augenzeugen, daß im Kampfgebiet von Ostpreußen bis Pommern deutsche Soldaten, die den Russen in die Hände fielen, gnadenlos erschossen wurden. Nur wenn es sich um große Gruppen handelte, wurden sie als Gefangene abgeführt.

Auf einem Gutshof überholten die Russen eine Kolonne von 600 russischen Gefangenen. Die deutsche Wachmannschaft, 14 Mann und zwei Offiziere, wurden sofort erschossen, wenig später auch 17 von den russischen Gefangenen. Bei Eichberg (Kr. Deutsch Krone) wurden aus einer Gruppe von etwa 100 zusammengetriebenen deutschen Gefangenen alle Offiziere (es waren zwölf) ohne Grund abseits geführt und erschossen.

Man sollte annehmen, daß die Untaten der Sowjetsoldaten, deren Umfang etwa 20 Millionen Deutsche betraf, auch in Rußland bekannt wurden. Das trifft jedoch keineswegs zu. Die russische Geschichtsschreibung hat es verstanden, die Sowjetsoldaten als die großen Helden darzustellen, die mit mustergültiger Menschlichkeit die Deutschen „vom Naziterror befreiten".

Die Propagandabehauptungen vom Morden, Brennen und Vergewaltigen der deutschen Soldaten in Rußland werden als unbezweifelbare Tatsache in Rußland sogar bis heute behauptet. Noch während die Opfer unter den Händen der Rotarmisten schrien und starben, wurde am 9. Februar 1945 in der Militärzeitschrift *Krasnaja swesda* das kulturelle Selbstbewußtsein der sowjetischen „Befreier" gepriesen: „Wenn die Deutschen marodierten und unsere Frauen schändeten, heißt das nicht, daß wir dasselbe tun müssen [...] Unsere Soldaten werden es nicht zulassen, daß so etwas geschieht; nicht aus Mitleid mit dem Feind, sondern aus dem Gefühl der persönlichen Würde."

In Danzig und Gotenhafen drängen sich die Flüchtlingsströme zusammen: die Menschen aus der eigenen Provinz mit den bei ihnen untergebrachten Flüchtlingen, die Massen, die ohne Unterlaß über die Nehrung heranziehen und jene, die im Pendelverkehr mit Schiffen von Pillau hergebracht werden. Täglich werden Zehntausende über See weitertransportiert. Aller verfügbare Schiffsraum, auch aus der Nordsee, ist hier eingesetzt.

Die Schiffe sind die Hoffnung all derer, die unter größten Strapazen, unter feindlichem Feuer, oft unter Verlust von Familienangehörigen und dem letzten Fluchtgepäck, krank und mit Frostwunden, bis hierher das nackte Leben gerettet haben. Trotz eisiger Kälte und Schneesturm reißt die lange Menschenschlange, meist Frauen und Kinder, am Hafen Tag und Nacht nicht ab. Die großen Passagierschiffe, die für knapp 2.000 Fahrgäste eingerichtet sind, nehmen in dieser Notlage weit über 10.000 Menschen auf. Die Dampfer können aber nicht nach Belieben fahren, sondern müssen warten, bis genug Sicherungsfahrzeuge den Geleitschutz übernehmen können, denn die Ostsee ist Kriegsgebiet, in dem russische U-Boote höchst gefährlich sind.

Die „Wilhelm Gustloff" (25.484 BRT) ist das Wohnschiff der II. U-Boot-Lehrdivision (ULD) Gotenhafen, die nach Westen verlegt wird. Die U-Bootleute wollen nicht auf ein Geleit warten, und das Schiff läuft am 30. Januar aus. Es sind, außer der Besatzung, das Personal der ULD, 373 Marinehelferinnen, 4.658 namentlich registrierte Flüchtlinge und eine große Anzahl nicht registrierter Flüchtlinge an Bord. Um 21.15 Uhr trifft ein Fächer von drei Torpedos des russischen U-Bootes S-13 (Kapitän 3. Ranges A.J. Marinescu) die „Wilhelm Gustloff", auf der eine Panik entsteht. Das Schiff neigt sich auf die Seite, die linksseitigen Boote können nicht herabgelassen werden. Bei einigen der anderen sind die Davits, die schwenk- bzw. kippbaren Hebezeuge zum Wassern der Rettungsboote, eingefroren. Manche werden zu früh ausgeklinkt und fallen ins Wasser, andere schlagen beim Aufsetzen um, weil sie überladen sind. An den Aufgängen kämpfen sich die Stärksten nach oben und einige Schüsse fallen. Am Oberdeck wird um die Rettungsflöße gekämpft. Neun herbeieilende Schiffe können 1.239 Menschen retten. Ein Besatzungsmitglied, Heinz Schön, schreibt, daß 9.343 Menschen den Tod fanden. Diese größte Schiffskatastrophe der Weltgeschichte war für die internationalen Nachrichtendienste UPI (United Press International) und Reuters nicht des Erwähnens wert.

Die russische Januaroffensive war am Monatsende an der Nogat und Weichsel zum Stehen gekommen. Von Schwetz verlief die Front in westlicher Richtung nördlich Zempelburg quer durch das südliche Westpreußen. Da kein starker deutscher Verband zur Verteidigung dieser Front vorhanden war, wurde die 4. Panzer-Division aus Kurland (ohne Panzer) herangeholt, die nur notdürftig mit schweren Waffen ausgerüstet werden konnte.

In dem Maße, wie die deutsche Niederlage deutlicher hervortrat, machten sich die Polen stärker bemerkbar. Zuerst machten sie Jagd auf Forstleute. Etliche wurden tot aufgefunden, andere blieben einfach verschwunden. Dann überfielen sie abgelegene deutsche Bauernhöfe. Sie raubten Lebensmittel, schlachteten Schweine und mißhandelten die Bewohner. Bald überfielen sie Dörfer, nahmen die Dorfkasse mit und setzten Gebäude in Brand. Als die deutsche Bevölkerung fliehen mußte, plünderten sie nicht nur die verlassenen Häuser und Höfe aus, sondern überfielen auch etliche Trecks und raubten Lebensmittel, Betten, Kleider und vor allem Wertsachen. England versuchte, eine polnische Partisanenbewegung in Gang zu bringen und versorgte die Polen durch Luftabwurf mit Waffen, Sprengstoff, Funkgeräten, gefälschten Papieren und anderem Gerät. Bei der von einem SS-Einsatzstab geleiteten Bekämpfung der Partisanen kam es zu verlustreichen Waldgefechten aber zu keinem Erfolg.

An der Front trat erstmals die von den Sowjets aufgestellte polnische Armee (General Poplawski) auf. Als erste deutsche Stadt besetzte das 11. polnische Infanterie-Regiment (Oberst Kondatowicz) am 31. Januar das von den deutschen Truppen geräumte Flatow. Nun beteiligten sich auch polnische Soldaten an all den Untaten, die bisher die Russen als ihr besonderes Vorrecht betrachtet hatten. Zwei junge Wehrmachtssoldaten, die sich ergeben hatten, stießen sie unter Schlägen auf die Straße, wo sie sich entkleiden mußten. Nach sadistischer Quälerei wurden beide schließlich durch Genickschuß ermordet. Die polnischen Soldaten zeigten überall, daß sie an Grausamkeit ihren russischen Mitslawen nicht nachstanden.

Ein furchtbares Los stand den Deutschen des ehemaligen Korridorgebiets bevor, denen die Flucht nicht gelungen war. Hier ging die Zivilverwaltung sogleich an die Polen über. Die grausame Weise, wie diese Menschen gequält wurden, stellt oft noch die schlimmsten Verbrechen der Sowjets in den Schatten.

Die Einwohner Thorns, die kurz vor der Einschließung (23. Januar) aus der Stadt geflohen waren, blieben verschollen. Neben der polnischen Bevölkerung blieben 600 Deutsche zurück. Am 2. Februar brachen die Truppen (31. und 73. Infanteriedivision) unter Mitnahme der Zivilisten und Verwundeten aus Thorn aus. Nach ungeheuren Strapazen, verzweifelten Kämpfen und einem Marsch von mehr als 50 Kilometern durch feindliches Gebiet erreichten vom 5. bis 7. Februar 19.000 von den 32.000 ausgebrochenen Soldaten und Zivilisten die deutsche Front bei Schwetz. Die Schlitten mit den Verwundeten, Alten und Kranken waren im hohen Schnee und vorübergehenden Tauwetter liegengeblieben.

Am 12. Februar begann die russische Frühjahrsoffensive gegen die Südfront der deutschen 2. Armee in Westpreußen. Die deutsche Front bestand größtenteils nur aus einer Reihe von Stützpunkten mit großen Lücken dazwischen, gegen die jetzt fünf russische Armeen vorgingen, die keinen Munitions- oder Treibstoffmangel kannten.

Nach schweren Kämpfen eroberten die Russen am 13. Schwetz. Der wichtige Nachschubbahnhof Tuchel lag unter ständigen Luftangriffen und Artilleriefeuer, so daß der Betrieb am 13. ganz eingestellt werden mußte. Um einen verlustreichen Ortskampf zu vermeiden, wurde Tuchel in der Nacht zum 15. kampflos geräumt. Die 4. Panzerdivision, die einzige in Westpreußen, hatte im Raum Tuchel vom 10. bis 14. Februar 99 Panzer, zwölf Sturmgeschütze, zwei Panzerspähwagen und 41 Pak abgeschossen bzw. vernichtet. Mit knapper Munition und Treibstoff hatte sie den Durchbruch der Russen nach Danzig verhindern und ihren Vormarsch verlangsamen, aber nicht aufhalten können.

Am 15. Februar waren die Sowjets in Schneidemühl. Am 16. wurde Stadt und Festung Graudenz nach Sprengung der Weichselbrücke eingeschlossen. Am 18. besetzten die Russen Konitz. So wie sie Ostpreußen abgeschnitten hatten, so stießen ihre Panzerkeile jetzt nach Norden zur Ostseeküste vor und umfaßten Westpreußen im Westen. Die für die Versorgung der Truppen und den Abtransport der Flüchtlinge so wichtige Eisenbahn Danzig – Neustadt – Stolp – Köslin wurde am 28. unterbrochen. Ein zweiter Panzerkeil stieß in Richtung Kolberg vor und bildete einen zweiten Kessel in Pommern.

Auch hier wurden Räumungsbefehle von der Danziger Gauleitung gar nicht oder viel zu spät erteilt. Das Drama überstürzter Flucht auf verstopften Straßen wiederholte sich auch hier. Die Russen stießen von Süden mitten durch die Ost-West-Fluchtbewegung. Die Trecks auf der Ostseite des russischen Durchbruchs wandten sich mit der einheimischen Bevölkerung westwärts nach Danzig. Trecks, die zwischen die beiden Stoßkeile der Roten Armee geraten waren, konnten weder vor noch zurück und mußten auf das Eintreffen der Russen warten. Ebenso blieben Züge mit Flüchtlingen und Verwundeten dort liegen. Unter den Flüchtlingen waren viele, die den langen Leidensweg aus dem Kessel von Heiligenbeil, über das Eis des Haffes und über die Nehrung geschafft hatten und nun doch noch den Russen in die Hände fielen.

Am 5. März erobern die Russen Mewe, den Eckpfeiler der Front von der Weichsel nach Westen. Am 6. kapituliert Graudenz. Dort waren 45.000 Zivilisten, größtenteils Deutsche, eingeschlossen worden. Von den 10.000 Soldaten und Volkssturmmännern sind bei der Übergabe, einschließlich der Verwundeten, noch 4.000 Mann übrig. Am 7. fällt Preußisch Stargard, und am 8. erreichen die Russen bei Stolpmünde die Ostseeküste und haben die Zange geschlossen. Der Rest Westpreußens ist eingeschlossen und nur noch über See erreichbar. In diesem Kessel befinden sich mindestens 1,5 Millionen Menschen und etwa 100.000 Verwundete aus Kurland, Ostpreußen und der Front des Kessels.

Auf der Ostseite des Kessels eroberten die Russen am 8. März Dirschau. Der umfassende Durchbruch der Russen verursachte in und um Karthaus ein wirres Durcheinander. Die Fliehenden aus den Raum Tuchel und Konitz wollten nach Danzig, die Flüchtlinge aus Ostpreußen drängten weiter nach Westen, die vor den Russen in Pommern flohen, strömten nach Osten. Die einen wollten aus Karthaus heraus, die anderen auf denselben Straßen hinein. Alle waren von russischen Schlachtfliegern gejagt worden. Mütter schleppten auf ermüdeten

Armen ihre toten Kinder. Auf den Wagen lagen Leichname, Sterbende, Kranke und Verwundete. Die Gauverwaltung, deren Aufgabe es war, die Fluchtbewegung zu leiten, hatte versagt und war teilweise schon geflohen. So stießen die Flüchtlingsströme auf diesem Verkehrsknotenpunkt von allen Seiten ineinander und zudem problematischerweise in die Absetzbewegung der Wehrmacht hinein.

Am 10. März sind die Russen in Lauenburg. Erstmalig greifen die großen Kriegsschiffe „Prinz Eugen", „Schlesien" und „Leipzig" in die Erdkämpfe in der Danziger Bucht ein. Am 11. erobern die Russen Karthaus und Tiegenhof, am 12. Neustadt und am 13. erreichen sie bei Putzig die Danziger Bucht und unterbrechen die Landverbindung mit der Halbinsel Hela.

Da die letzte Landverbindung mit dem Reich durch Hinterpommern nicht mehr besteht, durch die Trecks und Sonderzüge aus Danzig und Gotenhafen geleitet worden waren, sind die großen Lagerhallen mit Flüchtlingen überfüllt. Aus Feldküchen und Feldbäckereien werden sie notdürftig verpflegt. Obwohl Handels- und Kriegsmarine laufend die Menschen abtransportieren, trotzdem die Anlegeplätze fortwährend von russischen Schlachtfliegern und Bombern angegriffen werden, nimmt die Zahl der Flüchtlinge täglich zu.

Mitte März stehen die Russen zehn Kilometer vor Gotenhafen und 15 km vor Danzig. General v. Saucken gelingt es noch einmal, eine Front um die beiden Häfen aufzubauen. Deren Rückhalt ist die schwere Artillerie der deutschen Kriegsschiffe, in deren Bereich die ganze Front liegt. Bis Ende Januar waren beide Häfen Umsteigeplätze für die Flüchtlinge aus Ostpreußen gewesen, jetzt brauchten sie selbst dringend Hilfe.

In der Nacht zum 19. März bombardierten 300 bis 400 amerikanische sog. „Superfestungen" das von Flüchtlingen überquellende Danzig. Die Flugzeuge kamen von Westen und flogen weiter nach Osten. In der Nacht zum 20. kamen sie von sowjetischen Flugplätzen aus dem Osten, warfen wieder ihre Bomben fast ungestört in die brennende Stadt und flogen nach Westen ab. Am Tage waren russische Flugzeuge pausenlos in der Luft. Am 20. März begann die Evakuierung Danzigs, die aber nur teilweise und zögernd befolgt wurde.

Die West-Ost-, Ost-West-Wechseleinsätze der westalliierten Bomberflotten hatten Danzig weitgehend zerstört. In der Nacht zum 23. flogen sie einen Großeinsatz auf die mit Flüchtlingen überfüllten östlichen Orte Heubude, Krakau und Neufähr, wobei Tausende Frauen und Kinder umkamen. Am 23. begann der russische Großangriff mit einem unvorstellbaren Feuerorkan.

Ein russischer Panzerangriff reißt die Front bei Zoppot auf und stößt bis zur Küste vor; Danzig und Gotenhafen sind dadurch voneinander getrennt. Von Zoppot aus drängen die Russen die Verteidiger nach beiden Seiten bis an die beiden Städte zurück. Der Brückenkopf besteht nun aus drei Teilen: die Halbinsel Hela, Gotenhafen und Danzig mit der Weichselniederung.

Aus dem gefährdeten Gotenhafen fliehen die Menschenmassen, die dort auf Schiffe gewartet haben, unter heftigem Artilleriefeuer auf das nördlich des Hafens gelegene Höhengelände, die Oxhöfter Kämpe. Bald drängen sich am Strand der Steilküste Zehntausende und hoffen auf rettende Schiffe.

Am 24. März bombardieren die Sowjets die Danziger Innenstadt. Die neuen Brände können nicht mehr gelöscht werden, da Strom- und Wasserversorgung in der Nacht zerstört wurden. Die Feuer weiten sich zu Flächenbränden aus und setzten den Asphalt der Straßen in Brand. Schwarze Rauchwolken hängen über der Stadt, und viele Menschen ersticken in den Kellern. Nach einer Aufforderung zur Einstellung des Kampfes, bei der Marschall Rokossowski den deutschen Soldaten wieder die üblichen Bedingungen – gute Behandlung, Belassung des persönlichen Eigentums und sofortige Heimkehr beim Kriegsende – „garantiert", erfolgt am 25. (Palmsonntag) ein verheerender Luftangriff. Das dabei entstehende Flammenmeer wächst sich erschreckend weit aus.

Im Danziger Hafen Neufahrwasser (sechs Kilometer nördlich der Stadt) sind seit etlichen Tagen keine Flüchtlinge mehr ausgeladen, sondern gleich nach Hela gebracht worden. Darum warten hier nur noch 4.000 auf ihre Rettung, als am 24. die ersten Granaten und Raketensalven in das Hafengelände heulen. Die Sowjets sind jetzt nur noch 1.500 Meter entfernt, und niemand erwartet mehr ein großes Schiff. Da läuft abends die „Ubena" (9.554 BRT) in den Hafenkanal ein, weil der Freihafenkai von den Russen eingesehen wird. Beim Drehen in dem nicht sehr breiten Weichselarm kommt sie mit dem Heck auf Grund und kommt erst gegen Morgen frei. So muß die Einschiffung bei Tageslicht erfolgen. Die Menschen strömen auf das

Schiff, ein ganzes Entbindungsheim ist dabei. Die Salven der russischen Artillerie kommen näher und schlagen in nächster Nähe ein. Die Menge läuft kopflos auseinander, nur die Getroffenen bleiben liegen. Schließlich sind die letzten an Bord, und als die „Ubena" ins offene Wasser gleitet, setzt ein Stahlhagel russischer Artillerie auf den Hafen ein, um wenige Minuten zu spät. Im Bersten der Granaten erschüttert eine gewaltige Explosion den Hafen. Betonquadern, tonnenschwere Schiffsteile, Steine und ein Regen von Metallteilen prasseln herunter. Gleich darauf erfolgt eine zweite Explosion. Zwei im Hafen liegende Munitionsschiffe sind durch Treffer in die Luft geflogen. Die „Ubena" kam durch, und von den fast 80 auf der Fahrt geborenen Kindern gaben die Mütter einigen Mädchen den Namen Ubena. Die letzten von 500.000 Menschen, die hier seit Januar durchgeschleust worden waren, hatten Neufahrwasser verlassen. Von hier fuhr kein Schiff mehr. 30 zurückgelassene U-Boote erbeutete die Rote Armee.

Am 25. März erreicht der Kampf um Gotenhafen den Höhepunkt. Schweres russisches Artilleriefeuer liegt auf Stadt und Hafen. Von See her feuern die deutschen Zerstörer. Immer noch hasten Flüchtlinge durch die Stadt und die Fähren bringen sie nach Oxthöft. Der Kreuzer „Leipzig" verläßt den Hafen, von wo er 14 Tage lang in die Kämpfe eingegriffen hat. Die Hafenanlagen werden gesprengt, und in der Hafeneinfahrt wird der ausgeschlachtete Rumpf des Schlachtschiffes „Gneisenau" versenkt. Unterdessen schafft die Rettungsflotte der kleineren Seefahrzeuge schon an diesem Tag 35.000 Flüchtlinge von der Oxhöfter Kämpe nach Hela, in den folgenden Tagen und Nächten weitere 42.000. Auch vom Seebahnhof Gotenhafen werden am 26. und in der Nacht zum 27. noch Tausende abgeholt. Die Russen haben die Einschiffung der Flüchtlinge am Strand erkannt und schießen über die Höhe mit Granatwerfern und Stalinorgeln in die meist aus Frauen und Kindern bestehenden Massen der Flüchtlinge. Die Rettungsaktion der Marine geht währenddessen weiter.

An dem bedeutungsvollen 25. März stehen die Russen auf dem Höhenrand westlich von Danzig. Vor ihnen liegt jetzt die Stadt wie auf einem Präsentierteller, wo sie jede Bewegung erkennen und unter Feuer nehmen können. Der verzweifelte Kampf auf dem Höhengelände gegen die immer wieder angreifenden Russen, die ihre zahlenmäßige und materielle Überlegenheit voll ausspielen können, kostet auf deutscher Seite enorme Verluste. Ein ungeheures Industriepotential arbeitet ungestört für die Gegner, während die deutsche Industrie unter katastrophalem Rohstoffmangel und Bombenhagel produzieren muß und die Nachschubwege unter den Bomben und dem Beschuß der Feindflugzeuge liegen. Der Krieg ist bereits verloren. Es geht für die Deutschen nur noch darum, so viele Menschen wie möglich vor den Sowjets zu retten.

In dem brennenden Danzig tobt unter dem Hagel von Granaten und Bomben die Hölle. Die im Stadtgebiet kämpfenden Truppen (389., 252. Infanteriedivision und 12. Luftwaffenfelddivision) bestehen nur noch aus Kampfgruppen, die sich der 4. Panzerdivision unterstellen. Die Russen kommen nur schrittweise voran. Den Behörden hat Gauleiter Forster befohlen, die Stadt nicht ohne Befehl zu verlassen. Er selbst hat sich aber am 24. mit seinem Stab und dem Regierungspräsidenten Dr. Huth auf dem Salondampfer „Zoppot" nach Hela abgesetzt, ohne sich weiter um die Beamten zu kümmern. Manche wagen nicht, selbständig zu handeln und fallen den Russen in die Hände, was in der Regel ihr Tod ist.

Am 26. März besetzen die Russen Oliva, und in der Nacht zum 27. räumen die deutschen Truppen kampflos Langfuhr. In der Nacht zum 28. geben sie den Westteil Danzigs auf und ziehen sich hinter die Mottlau zurück. Ihnen schließen sich jetzt viele Einwohner an, die sich bisher nicht von ihrem Heim und Besitz hatten trennen können. Am 29. wird im Ostteil der Stadt gekämpft und am 30. ist Danzig endgültig in sowjetischer Hand. Mit Wodka und Musik feiern die Russen ihren Sieg. Seydlitz-Leute fordern zur Übergabe auf, und zwischen den Durchsagen spielen sie Mozarts *Eine kleine Nachtmusik.*

Bei den Kämpfen und der Siegesfeier war die Stadt Danzig zu 50, die historische Altstadt sogar zu 90 Prozent zerstört worden. Etwa 47 Prozent der Einwohner hatten sich auf Schiffen retten können. Ein großer Teil war zuvor auf dem Landweg geflohen. Die Russen übergaben Danzig unverzüglich den Polen.

Die Sowjets entledigten sich grundsätzlich aller unbequemen deutschen Verwundeten, die ihnen in die Hände fielen. Stabsarzt Dr. Horst Wolf, der bei seinen Schwerverwundeten in einem Danziger Lazarett blieb, berichtet, daß die Russen in der hirnchirurgischen Abteilung einfach alle Verwundeten in ihren Betten erschossen. Das Gebäude seiner Abteilung setzten sie in Brand. Vor dem Gebäude lagen sterbende Verwundete und angebrannte Leichen. Sie hatten sich nach draußen geschleppt und starben an ihren überstrapazierten Operations- und Brandwunden. Frauen, die zu ihrem eigenen Schutz Zuflucht unter dem Roten Kreuz des Lazarettes gesucht hatten, versuchten zu viert je einen Verwundeten aus dem Brandbereich zu Tragen. Nach einigen Metern wurde ihnen ihre Last von herumstehenden Russen aus den Händen geschossen. Offiziere schauten belustigt zu. Andere verängstigte Frauen waren dabei, mittels zusammengeknoteter Betttücher, die ans Fensterkreuz gebunden waren, solchen Verwundeten aus dem ersten Stock herauszuhelfen, die ihre Arme noch gebrauchen konnten. Als die Frauen sahen, daß ihre Bemühungen nur der Schießlust der Russen dienten, und aus Angst, selbst abgeschossen zu werden, gaben viele auf. Dr. Wolf gelang es, etwa 40 Verwundete auf dem Rücken in ein Nachbargebäude zu tragen. Mit Hilfe von drei ebenfalls zurückgebliebenen Sanitätsfeldwebeln wurden die Verwundeten auf zusammengestellte Tische, Zeichentafeln und auf den Fußboden gelegt. Es gab keine Heizung und als Beleuchtung einige Kerzen. In der Nacht erschien ein Kommissar mit einigen Soldaten, die Wlassow-Leute und SS suchten. Er bedrohte Dr. Wolf mit der Pistole, in der Meinung, daß er solche irgendwo versteckt halte. Nach kurzer Verständigung mit seinen Begleitern ging er zu den Tischen, leuchtete den Verwundeten mit seiner Taschenlampe in die Gesichter – und erschoß eine Anzahl von ihnen. Über die nächste Nacht berichtet der Stabsarzt: „Wieder stand ein jüdischer Kommissar vor mir, dieses Mal aber ein anderer. Mehrere Soldaten mit Maschinenpistolen begleiteten ihn. Wir gingen zu den Verwundeten. Auch heute suchten sie Wlassow-Leute und SS. Meine Feldwebel [...] betätigten sich an den Verwundeten, als ob sie Verbände wechselten [...] Der Kommissar hatte die Reihen abgeschritten und niemand[en] gefunden, der wie ein Wlassow-Russe aussah. Er wollte wissen, wo ich sie versteckt hielt [...] Noch einmal schritt er die Tischreihen ab und blieb unschlüssig stehen. Dann zog er die Pistole und erschoß etwa jeden vierten der Verwundeten [...]"

Nachdem die Russen am 28. März Gotenhafen besetzt hatten, wurden in der Nacht zum 5. April die Reste der drei deutschen Divisionen, die so lange die Russen aufgehalten hatten, von der Oxhöfter Kämpe nach Hela geholt.

Die zurückgebliebenen Einwohner, die den Untergang Danzigs und die Siegesfeier der Russen überlebt hatten, starben entweder im NKWD-Lager Graudenz, in Sibirien oder in einem der polnischen Konzentrationslager. Die wenigen, die all dem entgingen, wurden von den Polen ins westlichere Deutschland vertrieben.

Auch Dr. Wolf wurde von seinen noch lebenden Verwundeten weggeholt und mit einigen hundert Zivilisten nach Graudenz getrieben. Dort wurde er als Lagerarzt im Zuchthaus eingesetzt. Er berichtet, wie unter den Tausenden auf engstem Raum zusammengepferchten Zivilgefangenen Typhus, Ruhr, Fleckfieber und Tuberkulose wüteten. In den Zellen war nur Platz zum Stehen. Nicht alle konnten ihre Notdurft bei dem täglich einmaligen Gang zur Latrine verrichten, zumal viele an Darmkrankheiten und Durchfall litten. Die vergitterten Fenster durften nicht geöffnet werden. Die Toten kamen in ein riesiges Massengrab; als es voll war, wurden sie außerhalb des Zuchthauses in Panzergräben verscharrt. Aus den Verhörräumen hörte man dauernd Schläge und Schmerzensschreie. – Wer all das überlebte, befand sich schließlich in einem verriegelten Viehwagen auf dem Transport nach Rußland.

Die Verteidiger Danzigs waren auf den Raum zwischen der Ostsee und dem überschwemmten Danziger Werder ausgewichen. Pioniere hatten auf Befehl der Armee am 27. März die Schleusen geöffnet und die Weichseldämme durchstoßen. Dadurch standen die Nordteile des Danziger und Marienburger Werders unter Wasser, das als wirksame Sperre zwischen den deutschen und sowjetischen Truppen diente. In diesem Kessel, dessen breiteste Stelle zwölf Kilometer maß und vom Ansatz zur Frischen Nehrung bis Neufähr (27 km) reichte, befanden sich noch viele Flüchtlinge. In jeder Nacht wurden etwa 30.000 nach Hela gebracht, obwohl die Anlegestelle an der Weichselmündung (Schiewenhorst) unter ständigem Artilleriefeuer und Fliegerbeschuß lag. Der Kessel wurde dauernd beschossen und mit Bomben belegt. An der Sperrfront am Nehrungsansatz griffen die Russen immer wieder mit einer ungeheuren Feuerwalze an. Amerikanische Bombergeschwader legten Bombenteppiche über die deutschen Stellungen im Kiefernwald. Als sich der Staub und Qualm verzog, war nur noch eine zerwühlte Kraterfläche mit zersplittertem Gehölz übrig, über die die Russen vorstürmten – und trotzdem wurden sie wieder aufgehalten.

Erst am 6. Mai waren alle Flüchtlinge auf Schiffen abtransportiert. Dann folgten Truppen, um noch so viele wie möglich bis zu dem bald erwarteten Ende dem Zugriff der Russen zu entziehen. Die ständigen Luftangriffe auf die Verladestelle forderten viele Opfer, und etliche Schiffe wurden auf See von Flugzeugen versenkt.

Nach Bekanntgabe der deutschen Kapitulation verließ die beladene Fähre mit den letztmalig aus Hela gekommenen Schiffen in der Nacht zum 8. Mai die Weichselmündung. Die letzten zwei kleinen Schiffe folgten gegen Abend. Für die 40.000 zurückbleibenden Soldaten gab es kein Schiff mehr; auf sie wartete nur noch die gefürchtete russische Gefangenschaft, aus der die meisten nicht zurückkehren sollten.

Die Ostseeküste von Bodenwinkel bis Bohnsack mit der dahinterliegenden Niederung (und der Halbinsel Hela) war bei der Kapitulation am 8. Mai 1945 noch fest in deutscher Hand. Im letzten Wehrmachtbericht vom 9. Mai wurden diese Soldaten noch einmal lobend erwähnt: „In Ostpreußen haben deutsche Divisionen noch gestern die Weichselmündung und den Westteil der Frischen Nehrung tapfer verteidigt, wobei sich die 7. Division besonders auszeichnete. Dem Oberbefehlshaber, General der Panzertruppen von Saucken, wurden in Anerkennung der vorbildlichen Haltung seiner Soldaten die Brillanten mit Schwertern zum Ritterkreuz des Eisernen Kreuzes verliehen […]"

Das Ende auf Hela

Seitdem Danzig-Neufahrwasser und Gotenhafen (Gdingen) ausgefallen sind, ist Hela zum Knotenpunkt des Schiffsverkehrs im Kampfraum der Danziger Bucht geworden. Hier wird der Nachschub für Pillau und die Weichselniederung umgeladen, und es ist der Stützpunkt für die Kriegsschiffe, die hier nachts ihre Munition, Treiböl und Verpflegung ergänzen. Hela ist nur ein Fischerdorf ohne Kaianlagen. Der kleine Hafen kann kein Schiff von über 3.000 Tonnen aufnehmen, so daß ständig etwa 20 Schiffe auf offener Reede ankern, die mit Booten und Fähren ent- und beladen werden. Menschenverluste durch fortwährende Luftangriffe und Artilleriebeschuß, Bombentreffer und Feuer auf den Schiffen sind keine Gründe, um den Ladebetrieb einzustellen. Neben dem Umschlag der riesigen Gütermengen werden täglich Tausende Verwundete und Zehntausende Flüchtlinge eingeschifft und weiterbefördert.

Nach einem Luftangriff liegt stark qualmend eine mit Flüchtlingen überfüllte Hafenfähre bewegungslos auf dem Wasser, als ein offenbar leerer Luxusdampfer mit hoher Fahrt vorbeirauscht. Der Kommandant des Torpedobootes T-23 hält das Schiff an und fordert es auf, die Fähre nach Hela abzuschleppen. Einige Männer in langen Mänteln und Stiefeln erscheinen an Deck, und jemand ruft von dem Dampfer zu dem Boot hinunter: „Hier an Bord hat Gauleiter Forster das Sagen, und Sie haben uns gar nichts zu befehlen!" Erst als der Kommandant der Gauleitung auf dem Luxusdampfer unmißverständlich mit Beschießung droht, läßt diese die Flüchtlingsfähre abschleppen.

Am Abend des 8. April verlassen die Kreuzer nach Wochen ununterbrochenen Kampfes die Danziger Bucht. Sie konnten den Verlust Danzigs enorm verzögern, aber nicht verhindern. Vor ihrer Flak hatten auch die russischen Flieger Respekt, die sich jetzt um so gewagter auf die Schiffe stürzen.

In der Nacht zum 10. fuhr der kleine Dampfer „Neuwerk" aus Pillau irrtümlich auf Gotenhafen zu. Sowjetische Schnellboote versenkten ihn um 4.20 Uhr durch Torpedotreffer. An Bord befanden sich 13 Mann Besatzung, 854 Verwundete, 60 Eisenbahner und etwa 100 Flüchtlinge. Ein deutsches Schnellboot konnte nur acht Mann der Besatzung retten. Als die Polen später das Heck der „Neuwerk" hoben, fanden sie darin 540 Leichen, darunter viele von Kindern.

Der Ladebetrieb in Hela fordert weitere Opfer. Am 11. April sinkt die „Moltkefels" (7.862 BRT), auf der sich 4.500 Flüchtlinge befanden, sowie das Lazarettschiff „Posen" (1.069 BRT), wobei etwa 1.000 Menschen umkommen.

Am 16. April wird auch die erst 1942 erbaute „Goya" (5.230 BRT) unter den üblichen Luftangriffen beladen. Während das danebenliegende Zubringerschiff 600 Flüchtlinge auslädt, reißt eine Bombe im Vorschiff das Deck der „Goya" auf, das schon mit Verwundeten belegt war. Die „Goya" hat schließlich 60 Schwer- und 325 Leichtverwundete, 1.800 Soldaten und etwa 5.000 Flüchtlinge an Bord. Nach anderen Quellen waren es laut Schiffsliste 6.488 Personen. Die Liste sei aber nicht vollständig gewesen, da immer wieder Leute dazwischengeschoben worden waren. Die Mindestzahl wird bei 7.000 angesetzt. Überall in Gängen, Kabinen und Laderäumen stehen, sitzen und liegen Frauen, Kinder, Verwundete und Soldaten. Die Flüchtlinge sind meistens aus Ostpreußen und hatten Danzig über die Nehrung erreicht oder waren über See angekommen und in Danzig, Gotenhafen oder Hela ausgeladen worden.

Um 20 Uhr verläßt die „Goya" im Geleitzug, der von zwei Minensuchbooten gesichert wird, die Reede von Hela. Um 23.45 treffen zwei Torpedos des russischen U-Bootes L-3 (Kapitänleutnant V.K. Konovalow) das Schiff. Die Beleuchtung erlischt, und Wasser rauscht hörbar ins Schiffsinnere. Unter Deck bricht eine unbeschreibliche Panik aus. Alles drängt zu den Treppen nach oben. Viele Flüchtlinge, besonders Kinder, werden niedergerissen und zertrampelt. Das Schiff senkt sich hinten und bricht in zwei Teile auseinander, ehe die Rettungsboote hinabgelassen werden können. In 20 Minuten ist die „Goya" gesunken.

Zwischen Schiffstrümmern und Leichen schwimmen verzweifelte Menschen. Da nur 1.500 Schwimmwesten an Bord gewesen waren, hatte nicht einmal jeder vierte eine erhalten. Den Kampf um die wenigen Rettungsflöße gewinnen nur die Stärksten. Von 98 Menschen, die das Minensuchboot M-328 nach zwei Stunden erschöpft und lebensgefährlich unterkühlt aufnimmt, sind 94 Soldaten, zwei Männer und zwei Frauen. Zehn von ihnen sterben noch auf dem Weg nach Kopenhagen. Schnellboote können noch weitere 83 Personen retten.

Der Untergang der „Goya" und der „Wilhelm Gustloff" (kurz vor dem Waffenstillstand auch noch der „Kap Arkona") sind die größten Schiffskatastrophen, die aber fast unbekannt sind. Auch heute noch gilt allgemein der Untergang der „Titanic" im Jahre 1912 als die größte Schiffskatastrophe der Seefahrt, bei der jedoch lediglich 1.513 Menschen ums Leben kamen.

Auf Hela treffen weiterhin die Massentransporte von Pillau und aus der Weichselniederung ein; am 15. April z.B. 18.000 Verwundete, 33.000 Flüchtlinge und 8.000 Volkssturmmänner. Die wenigen Häuser reichen kaum für die Schwerverwundeten, Alten, Kranken und Frauen mit Kleinkindern. Den anderen werden Lagerplätze im Nehrungswald angewiesen, wo sie in Erdlöchern unter Zelten und Decken kampieren. Tiefflieger jagen darüber und werfen Bomben wo immer sie Menschenansammlungen entdecken, z.B. vor den Küchenbaracken. Auf einem Verpflegungsboot sind drei Kessel zu je 6.000 Portionen Essen in Dauerbetrieb. Dazu sind im Wald Badewannen zum Suppekochen eingemauert. Der Abtransport der Menschenmassen geht trotz der Verluste zügig weiter. Gegen Ende April bleiben aber die Schiffe aus. Manche hält der Treibstoffmangel zurück, andere wollten sich nicht mehr wenige Tage vor dem Kriegsende dem Bomben- und Granatenhagel aussetzen, der sie in Hela erwartet. Am 28. laufen nochmals sieben Schiffe mit 24.000 Menschen aus. Dann kommt zwei Tage lang kein Schiff und die Menschenmassen stauen sich wieder an. Vizeadmiral Thiele (Befehlshaber der östlichen Ostsee) ruft verzweifelt nach Abhilfe: „Es sind abzutransportieren: 225.000 Soldaten und 25.000 Zivilisten, davon 175.000 auf Hela."

Die Schiffe der deutschen Handelsflotte, die gemeinsam mit der Kriegsmarine so viele Menschen aus dem Osten gerettet hatten, lagen in und um die Kieler Bucht vor Anker und warteten auf den angesagten Waffenstillstand. Nun aber wurden alle noch einmal mit den letzten Resten Treiböl, sogar aus stillgelegten U-Booten, aufgetankt und die letzten Kohlen herbeigeschafft. Am 2. und 3. Mai führten die Engländer aber einen Großangriff auf diese Schiffe durch, wobei 23 Handelsschiffe versenkt und acht weitere beschädigt wurden. Einen militärischen Grund gab es für diese Versenkungen nicht.

Am 5. Mai können darum nur noch 14 Schiffe nach Hela auslaufen. Aber aus Kopenhagen werden vier dort liegende Schiffe sowie die 5. Zerstörer- und die 3. Torpedobootflottille, die bisher Geleite durch das Skagerrak nach Norwegen gesichert haben, nach Hela befohlen, wo sie am 5. Mai abends eintreffen. Noch einmal tritt die eingespielte Organisation auf Hela in Tätigkeit. Geduldig schieben sich die langen Kolonnen der Flüchtlinge und Soldaten in der befohlenen Reihenfolge an die Anlegestellen, und die Kleinfahrzeuge pendeln zwischen diesen und den Schiffen hin und her. Alle Zivilisten kommen auf die Schiffe, nur Soldaten bleiben zurück. Im Morgengrauen des 6. Mai verläßt die Rettungsflotte mit 43.025 Menschen Hela – die größte Zahl, die je an einem Tag abtransportiert wurde.

Die westlichen Ostseehäfen sind bereits so überfüllt, daß sie keine weiteren Flüchtlinge mehr unterbringen und verpflegen können. Auch in Kopenhagen herrschen katastrophale Zustände. In den überfüllten Lagerschuppen sterben Kinder, Alte und Kranke. Manche sind noch nicht von den Schiffen heruntergekommen, weil kein Platz zu finden ist. Dazu sind die Engländer jetzt eingetroffen und passen auf, daß ein deutsches Schiff, das einmal in dänischen Gewässern ist, diese nicht mehr verläßt. Einige Torpedoboote setzen ihre Menschenfracht an Ankerplätzen der dänischen Küste ab und kehren eiligst nach Hela zurück. Am 8. Mai abends treffen die letzten fünf Schiffe unter ständigen britischen Fliegerangriffen und heftigem Artilleriefeuer in Hela ein, obwohl der Waffenstillstand mit den Engländern schon seit 72 Stunden in Kraft ist. Gegen 23 Uhr verläßt die letzte Rettungsflotte mit etwa 20.000 Soldaten Hela, um nicht mehr zurückzukehren.

Um Mitternacht tritt der Waffenstillstand auch mit Rußland in Kraft, wonach kein deutsches Schiff mehr einen Hafen verlassen darf. Zu dem Geleit von Hela stoßen auch die letzten Schiffe aus Kurland, darunter 19 Schnellboote aus Libau, von denen jedes bis zu 180 Soldaten an Bord hat. Die Russen versuchen mit allen Mitteln, die Schiffe in ihre Häfen zurückzubringen. Obwohl seit Mitternacht Waffenruhe ist, greifen sie die Schiffe den ganzen Tag über mit Flugzeugen und Schnellbooten an, wobei hohe Verluste eintreten. Die „Lieselotte Friedrich" wird durch einen Lufttorpedo versenkt. Am 9. und 10. Mai erreicht die Flotte Kiel und Flensburg. Das Rettungsunternehmen konnte wegen der Kapitulation nicht zu Ende geführt werden. Zurück blieben etwa 55.000 Soldaten auf Hela, 40.000 im Weichselbrückenkopf und 200.000 in Kurland, die nun in jahrelange russische Gefangenschaft gehen mußten.

Die größte Rettungsaktion der Weltgeschichte war beendet, zu der die Kriegsmarine 790, die Handelsmarine 475 Schiffe eingesetzt hatte. Dabei wurden 123 Schiffe der Handelsmarine versenkt.

Die Menschenverluste bei den Transporten werden mit 20.000 beziffert. Diese Zahl enthält offenbar *nicht* die Verluste vom Herbst 1944 (zirka 2.000), die der „Kap Arkona" und der „Thielbeck" (zirka 8.000) sowie die in den Häfen beim Ein- und Ausladen. Bei der rücksichtslosen Kriegführung der Feindmächte und den oft chaotischen Zuständen ist die Zahl der Opfer mit etwa einem Prozent der abtransportierten Menschen erstaunlich gering. Trotzdem müssen die alliierten Verbrechen als eine grausame Massenvernichtung unschuldiger Menschen betrachtet werden, die keinem militärischen Zweck diente.

abtransportiert von	Flüchtlinge	Soldaten	insgesamt
Libau-Windau	–	100.000	100.000
Memel/Königsberg	(unbekannt)	(unbekannt)	118.690
Pillau/Königsberg	451.000	141.000	592.000
Danzig-Gotenhafen-Hela	992.000	355.000	1.347.000
Kolberg	70.000	7.500	77.500
Swinemünde	65.000	5.000	70.000
insgesamt			**2.305.190**

Wo die Putziger Nehrung ins pommersche Festland übergeht, marschierten am Morgen des 10. Mai 1945 die einzelnen Truppenteile geordnet an ihrem Oberbefehlshaber, General v. Saucken, vorbei. Das Oberkommando der Wehrmacht hatte ihm ein Flugzeug geschickt, das ihn nach Flensburg bringen sollte. Er ließ es mit Verwundeten beladen und ging mit seinen Soldaten in russische Gefangenschaft, die für ihn bis 1955 dauerte. Ihm schlossen sich elf weitere Generale an. Von diesen zwölf überlebten nur vier die Gefangenschaft.

Der Abmarsch aus dem Weichselbrückenkopf erfolgte über Fischerbabke, Tiegenhof und Elbing nach Braunsberg, wo die Verbände aufgeteilt und in die verschiedenen Regionen Rußlands abtransportiert wurden. Saucken hatte erreicht, daß die Truppen ihre Verpflegungswagen mitführen durften, da bekannt war, daß die Russen bei diesen Märschen keine Verpflegung ausgaben. Für diese Soldaten, die den Krieg überlebt hatten, hörte das Sterben mit dem Ende des Krieges nicht auf. Ein großer Teil von ihnen sah Deutschland nie wieder; andere kehrten mit unheilbaren Gesundheitsschäden zurück.

Ende des Krieges

Im Frühjahr 1945 näherte sich der Krieg immer schneller seinem Ende. Auf der Jalta-Konferenz (4. bis 12. Februar) erfolgte die ‚Zweiteilung der Welt' in einen amerikanischen und sowjetischen Machtbereich. Deutschland sollte in Besatzungszonen aufgeteilt werden. Den Polen wurden offiziell die deutschen Gebiete zugeteilt, die ihnen inoffiziell schon vor Ausbruch des Krieges in Aussicht gestellt worden waren. Jetzt wurde es „Entschädigung" für den von Rußland wieder in Besitz genommenen Teil Ostpolens genannt, der ohnehin Rußland gehörte. Die endgültige Westgrenze Polens sollte aber erst auf einer Friedenskonferenz festgelegt werden. Ein Geheimprotokoll sah u.a. die Entführung deutscher Arbeitskräfte in andere Länder vor.

Vom 13. bis 15. Februar wurde Dresden durch angloamerikanische Luftangriffe zerstört. Nach Angaben des Internationalen Roten Kreuzes, die später als richtig bewiesen wurden, kamen in der mit Flüchtlingen überfüllten Stadt 275.000 Menschen um.*

Im Westen gab es nichts mehr zu erobern, nur noch zu besetzen. Nach dem Übergang über den Rhein erfolgte in breiter Front die Besetzung des Reichsgebietes bis zur Elbe und bis nach Österreich. Am 12. April starb Roosevelt. Der indische Freiheitskämpfer Mahatma Gandhi forderte am 17. April einen Frieden mit Deutschland und Japan „ohne Strafe und Rachsucht", worüber die Alliierten wohl nur höhnisch lächelten.

Im Osten besetzten die Russen am 13. April Wien und schlossen am 25. Berlin ein. An gleichen Tag trafen amerikanische und russische Truppen bei Torgau an der Elbe zusammen. Am 30. April erschoß sich Hitler im Bunker der Reichskanzlei und setzte als neuen Reichskanzler Großadmiral Karl Dönitz ein, der von seinem Hauptquartier in Flensburg die Kapitulation der deutschen Wehrmacht einleitete.

Obwohl die Tschechen von allen vom Krieg betroffenen Völkern am besten durch den Krieg gekommen waren, brach in Prag am 5. Mai ein Aufstand aus, bei dem die dort anwesende deutsche Bevölkerung auf bestialische Weise ermordet wurde.**

Unterdessen rettete die Kriegs- und Handelsmarine die letzten Flüchtlinge vor dem Zugriff der Russen. Da die meisten westdeutschen Anlaufhäfen überfüllt waren oder die von Engländern besetzten nicht mehr angelaufen werden durften, wurden etwa 250.000 Flüchtlinge nach Dänemark gebracht, das von deutschen Truppen besetzt war. Sie wurden hauptsächlich in den Häfen Nyborg, Aarhus und Kopenhagen ausgeladen.

---

* Bis zum Abend des 20. März wurden 202.041 genau gezählte Tote, überwiegend Frauen und Kinder, geborgen. Der Leiter der Bergungsarbeiten rechnete zu diesem Zeitpunkt mit 250.000 Toten. Da der Abtransport und die Beerdigung der Toten nicht rechtzeitig zu bewältigen war, wurden 68.650 Leichen eingeäschert. Die Zerstörung deutscher Städte hatte zu diesem Zeitpunkt keine militärische Bedeutung mehr.

** Der Aufstand war eigentlich ein Pogrom und kein „Freiheitskampf", wie er manchmal euphemistisch und unrichtig genannt wird, denn der Krieg war zu Ende und die künftige Selbständigkeit der Tschechoslowakei von den besiegten Deutschen nicht im geringsten bedroht.

Die Vorfahren der deutschen Volksgruppe waren dort seit dem Beginn indogermanischer Kultur in Europa ansässig. Böhmen wurde schließlich im Heiligen Römischen Reich Deutscher Nation nahtlos ein deutsches Land, und Prag war lange eine deutsche Hauptstadt gewesen. Hier hatte es im Zweiten Weltkrieg keine Ernährungsprobleme, Luftangriffe oder Partisanenkämpfe gegeben. Die Tschechen waren vom Wehrdienst freigestellt.

Zur Vernichtung der Deutschen errichteten die Tschechen 1.215 Konzentrations- und 846 Straflager, in denen die meisten Todesfälle vorkamen. Was in diesen geschah, überschreitet oft die Grenze zum Wahnsinn. Die Foltern reichten vom einfachen Prügeln bis zum Exitus bis zu jener Methode, bei der sich eine Ratte langsam in den Bauch des Gefolterten frißt.

In einigen Gegenden wurden die Deutschen zu Fuß wie Vieh über die Grenze getrieben. Auf dem furchtbaren Todesmarsch der 44.000 Deutschen, die Ende Mai aus Brünn getrieben wurden, kamen etwa 10.000 um.

In Aussig wurden am 30. und 31. Juli 2.317 Deutsche, meist Mütter mit Kindern, erschlagen oder lebend von den Elbebrücken geworfen und sodann auf die im Wasser Treibenden von den Tschechen ein Wettschießen veranstaltet.

Nach dem Kriegsende verweigerte die alliierte Militärregierung den Flüchtlingen in Dänemark wegen der katastrophalen Ernährungslage die Rückführung nach Deutschland. Sie wurden in Lagern untergebracht, in denen sich Ende Oktober 1946 rund 206.000 Personen befanden und zwar:

135.000 aus Ostpreußen	6.000 aus Westpreußen
37.000 aus Danzig	4.000 aus Brandenburg
23.000 aus Pommern	1.000 aus Schlesien

Von diesen waren 35 Prozent Kinder, 35 Prozent Frauen und 30 Prozent Männer (die Mehrzahl über 60 Jahre). Die Sterblichkeit der Kleinkinder und alten Leute war in den ersten Monaten außergewöhnlich hoch. Der dänische Ärzteverband und das dänische Rote Kreuz verweigerten den Flüchtlingen ausreichende ärztliche Hilfe. Nur bei gefährlichen Epidemien, die auch das dänische Volk bedrohten, griffen sie ein. Viele Kinder litten aber an durchaus heilbaren Darminfektionen und Scharlach. So mußten allein 1945 etwa 7.000 Kleinkinder sterben. Es gab aber auch vereinzelt dänische Ärzte, die, entgegen den Befehlen von „oben", das Leben eines Kindes durch eine Operation retteten.

Am 3. Mai 1945 lagen in der Neustädter Bucht (Teil der Lübecker Bucht) die „Kap Arkona" und die „Thielbeck", die nicht mehr an den Seetransporten teilnahmen, in Erwartung der Kapitulation unter weißer Flagge vor Anker. Darauf waren evakuierte Konzentrationslagerhäftlinge untergebracht, die angeblich gemäß einer Übereinkunft zwischen der Reichsregierung und dem schwedischen Roten Kreuz nach Schweden gebracht werden sollten. Bei dem Angriff englischer Flugzeuge brannten sofort die oberen Decks der „Kap Arkona". Da das Feuer die Aufgänge versperrte, konnten sich von den etwa 6.500 Häftlingen nur 200 bis 300 retten. Auch von den 2.000 Menschen auf der schnell sinkenden „Thielbeck" gelang nur wenigen die Rettung. Welchem militärischen Ziel diente dieser Massenmord?

Am 7. Mai unterschrieb Generaloberst Alfred Jodl im westalliierten Hauptquartier in Reims die bedingungslose Kapitulation der deutschen Wehrmacht, die in der Nacht zum 9. Mai im russischen Hauptquartier in Berlin-Karlshorst von Feldmarschall Wilhelm Keitel wiederholt wurde. Der letzte Wehrmachtbericht vom 9. Mai erwähnt lobend die Soldaten im Weichselbrückenkopf und schließt folgendermaßen: „Auf Befehl des Großadmirals hat die Wehrmacht den aussichtslos gewordenen Kampf eingestellt. Damit ist das fast sechsjährige Ringen zu Ende. Es hat uns große Siege, aber auch schwere Niederlagen gebracht. Die deutsche Wehrmacht ist am Ende einer gewaltigen Übermacht ehrenvoll unterlegen. Der deutsche Soldat hat, getreu seinem Eide, in bestem Einsatz für sein Volk für immer Unvergeßliches geleistet. Die Heimat hat ihn bis zuletzt mit allen Kräften und schwersten Opfern unterstützt. Die einmalige Leistung von Front und Heimat wird in einem späteren Urteil der Geschichte ihre endgültige Würdigung finden. Den Leistungen und Opfern der deutschen Soldaten [...] wird auch der Gegner die Achtung nicht versagen. Jeder Soldat kann deshalb die Waffen aufrecht und stolz aus der Hand legen und in der schwersten Stunde unserer Geschichte tapfer und zuversichtlich an die Arbeit gehen für das ewige Leben unseres Volkes.

Die Wehrmacht gedenkt in dieser schweren Stunde ihrer vor dem Feind gebliebenen Kameraden. Die Toten verpflichten zu bedingungsloser Treue, Gehorsam und Disziplin gegenüber dem aus zahllosen Wunden blutenden Vaterland."

In Ostpreußen feierten die Russen die deutsche Kapitulation als großen Sieg der Sowjetunion über die deutschen „Faschisten". Soldaten und Offiziere erhielten hohe Orden. Für alle Truppen, die an der Eroberung Ostpreußens (vom 13. Januar bis 10. April 1945) beteiligt gewesen waren, wurde ein besonderer Ostpreußen-Orden geprägt, von dem über 750.000 verliehen wurden.

Als die Wehrmacht die Waffen niederlegte, hörte der Massenmord an unschuldigen Zivilisten und jetzt wehrlosen Soldaten keineswegs auf, sondern erreichte neue, ungeahnte Höhepunkte. Von den deutschen Soldaten, die nicht aus dem Krieg heimkehrten, lebte im Frühjahr 1945 noch fast jeder dritte. Im ersten Friedensjahr starben mehr Menschen eines gewaltsamen Todes als in irgend einem Jahr des Krieges.

Was die Alliierten mit Deutschland vorhatten, ließ sich nicht einmal ansatzweise mit dem Völkerrecht vereinbaren. Zu nennen wären die Zwangsverschleppung deutscher Arbeiter und Wissenschaftler, der Raub der Kunstschätze, aller Patente und des Reichsbankdepositums.*

Von den Patenten wurde später gesagt, daß ihr Wert allein alle Kriegskosten der Gegner Deutschlands mehrfach aufwog. Erst durch die deutschen Forschungsergebnisse und Konstruktionspläne konnten die USA und UdSSR Weltraumraketen und moderne Düsenflugzeuge bauen.

Diese Selbstbedienung war aber nur möglich, wenn man das Völkerrecht außer Kraft setzte, und dazu war es wiederum notwendig, das völkerrechtliche Subjekt, das Deutsche Reich, zu beseitigen. Mit der Verhaftung der Reichsregierung Dönitz am 23. Mai 1945 war dieser Zustand erreicht. Nun konnten die Sieger mit den Deutschen ohne Recht und Gesetz verfahren, wie immer es ihnen beliebte.

In der Potsdamer Konferenz (17. Juli bis 2. August 1945) legten die Sieger die Grundsätze zur künftigen Behandlung Deutschlands fest, das in vier Besatzungszonen aufgeteilt wurde. Die deutschen Gebiete östlich der Oder-Neiße-Linie wurden bis zum Friedensvertrag unter polnische bzw. russische Verwaltung gestellt (wobei die Westmächte der UdSSR die Abtretung Nord-Ostpreußens im Friedensvertrag zusicherten). Die Austreibung der Deutschen aus Polen, der Tschechoslowakei, Ungarn und Jugoslawien (nicht aus den fremder Verwaltung unterstellten Reichsgebieten) „auf geregelte und humane Weise" wurde von den Westmächten gebilligt. Die betreffenden Staaten sahen das als Aufforderung an, die schon längst laufende Vertreibung und Ausrottung der Deutschen verschärft fortzusetzen. Dabei durften sie ungestraft deren gesamten Besitz rauben und über zwei Millionen Volksdeutsche grausam ermorden.

Polen nahm ein Viertel des deutschen Staatsgebietes unter seine Verwaltung und verstand darunter, daß es dieses Land „auf ewig" behalten durfte. Die Hoffnung, daß das Ende des Krieges den unter Russen und Polen lebenden Deutschen eine Erleichterung brächte, erfüllte sich nicht; im Gegenteil, es wurde viel schlimmer. Die Russen im nördlichen Ostpreußen verweigerten weiterhin der nicht arbeitsfähigen Bevölkerung Lebensmittel, und im polnischen Machtbereich wurde die Vertreibung gesteigert und das Konzentrationslagerwesen zur Mißhandlung und Ausrottung der Deutschen emsig weiter ausgebaut.

Welchen Eindruck Ostpreußen auf einen unbeteiligten Beobachter machte, beschreibt der US-Diplomat und Historiker George F. Kennan: „Die Katastrophe, die über dieses Gebiet mit dem Einzug der sowjetischen Truppen hereinbrach, hat in der modernen Geschichte Europas keine Parallele. Es gab weite Landstriche, in denen, wie aus den Unterlagen ersichtlich, nach dem ersten Durchzug der Sowjets von der einheimischen Bevölkerung kaum noch ein Mensch – Mann, Frau oder Kind – [...] am Leben war, und es ist nicht glaubhaft, daß alle in den Westen entkommen wären. Die Wirtschaft [...] war total zerstört. Ich selbst flog [...] mit einer amerikanischen Maschine ganz niedrig über die ganze Provinz, und ich sah ein vollständig in Trümmern liegendes und verlassenes Land [... Die Sowjets hatten] die einheimische Bevölkerung auf eine Weise hinausgefegt, wie es seit den Tagen der asiatischen Horden nicht mehr geschehen ist."

Und wo waren eigentlich die für die Fluchtkoordinierung verantwortlichen Herren der Gauleitung und Verteidigungskommissare der vier deutschen Ostprovinzen geblieben? Sie hatten sich alle rechtzeitig nach Westen abgesetzt und waren dort untergetaucht. Erich Koch landete mit dem Eisbrecher „Ostpreußen" am 24. April in Hela, wo in den nächsten Tagen Proviant und Kohle übernommen wurden. Bei der Weiterreise weigerte sich Koch erneut, Flüchtlinge und Verwundete mitzunehmen, die, schutzlos dem Tieffliegerbeschuß ausgesetzt, an den Anlegestellen auf eine Weiterbeförderung warteten.

In nächtlicher Fahrt erreichte die „Ostpreußen" Rügen, wo der Kommandant der Insel dem Gauleiter den Aufenthalt verweigerte. In der Nacht zum 3. Mai lief das Schiff in Kopenha-

---

* Es handelte sich um 250 bis 300 Tonnen Goldbarren, die mit Kunstschätzen, Geld und anderen Wertsachen im Kaiserrodaer Salzbergwerk in Thüringen ausgelagert waren, sowie um eine nicht genannte Menge Gold, die bei Einsiedl am Walchensee in Bayern gefunden wurde. Edelmetall und Geld wurden zunächst in die Tresore des Reichsbankgebäudes in Frankfurt am Main gebracht, wo es später einer besonderen Kommission übergeben wurde.

gen ein. Dort suchte Koch im Zivilanzug vergeblich einen Unterschlupf. Die Fahrt endete am 7. Mai in Flensburg, wo Koch das Schiff verließ und zunächst als Major der Reserve, dann als einfacher Soldat und Landarbeiter in Hasenmoor (38 km nördlich von Hamburg) untertauchte. Erst 1949 wurde er erkannt und von den Briten an die Polen ausgeliefert. Ein Warschauer Gericht verurteilte ihn 1958/59 wie üblich zum Tode, dann aber geschah etwas Eigenartiges: Er wurde zu lebenslänglicher Haft „begnadigt".

Die Polen vollstreckten Tausende Todesurteile an harmlosen Deutschen, die keine Ämter bekleidet und nichts verbrochen hatten. Es gab sogar öffentliche Massenerhängungen deutscher Frauen und Mädchen. Auch Kochs Amtskollegen, die Gauleiter Albert Forster von Danzig/Westpreußen, Franz Schwede-Coburg von Pommern und Arthur Greiser von Wartheland (Posen) wurden ebenfalls entdeckt, an Polen ausgeliefert, zum Tode verurteilt und ermordet. Koch aber, der als der aalglatteste aller Gauleiter galt und dem man mit Recht eine Mitschuld am Massenmord an den Ostdeutschen zusprechen konnte, durfte weiterleben. Gerüchte gingen um, daß er sich sein Leben mit dem spurlos verschwundenen Bernsteinzimmer erkauft hatte, wofür aber jeder Beweis fehlt. Den Rest seines Lebens verlebte er im Zuchthaus Wartenburg, wo er 90jährig im November 1986 starb.

Dem deutschen Volk wurde nun vorgeworfen, daß es bewußt einem „teuflischen Diktator willig gefolgt" war und dafür hart bestraft werden müßte. Aber wie hätte das Volk 1933 erkennen können, daß die Befreiung vom Versailler Joch, der Wiederaufstieg Deutschlands, zu einem neuen Weltkrieg führte? Selbst der großen Mehrheit des Reichstags fehlte diese Erkenntnis, als die Abgeordneten Reichskanzler Adolf Hitler die Ermächtigung zur Diktatur gaben. Auch die Kirchen stellten sich hinter den deutschen Staatschef. Staatsoberhäupter, Majestäten und Diplomaten pflegten einen außerordentlich freundlichen Umgang mit ihm, und sogar Churchill schrieb 1935 über ihn: „Sollte unser Land einmal besiegt werden, so hoffe ich, daß wir einen Vorkämpfer gleichen Schlages finden [...]"

Der eigentliche Sieger des Weltkrieges war Stalin, über den der französische Historiker Stéphane Courtois schrieb: „Er war der größte Verbrecher des [20.] Jahrhunderts. Aber gleichzeitig sein größter Politiker: der kompetenteste, professionellste, der am perfektesten seine Mittel in den Dienst seiner Zwecke zu stellen verstand [...]"

Während Hitler sich in einen Krieg mit der ganzen Welt einlassen mußte und erst nach zwei Jahren die Industrie für den Kriegsbedarf zu mobilisieren begann, wartete Stalin mit seinem Kriegseintritt kühl berechnend, begann aber mit der Mobilisierung seiner Kriegsindustrie schon im Januar 1939.

Das deutsche Volk war nach fünfeinhalb Jahren gewaltigen Ringens unter ungeheuren Opfern von der riesigen Übermacht seiner Feinde und dem beispiellosen Verrat aus seinen eigenen Reihen besiegt worden. Im Gegensatz zum Ersten Weltkrieg hatte sich dieses Mal nicht das ganze deutsche Volk einmütig hinter seine Führung gestellt. Eine Anzahl Generale, höhere Stabsoffiziere, Politiker und adlige Gutsherren waren bestrebt, Hitler zu beseitigen, auch um den Preis einer schweren deutschen Niederlage. Sogar der Chef des deutschen militärischen Nachrichten- und Spionagedienstes, Admiral Wilhelm Canaris, arbeitete für den Feind.*

Von den deutschen Offensiv- und Aufmarschplänen bis zur Entwicklung und Produktion der geheimem V1- und V2-Raketen wurde alles dem Feind zugetragen.

So konnte der Chef des britischen Geheimdienstes nach dem Krieg erklären, daß England keine Spione in Deutschland gebraucht habe, da die Deutschen selbst gekommen seien und alles verraten hätten. Während die deutschen Soldaten ihr Leben für die Heimat einsetzten, arbeiteten jene für Deutschlands Niederlage, wozu sie bedenkenlos auch Hunderttausende deutsche Soldaten in den Tod schickten.

Dazu war es den Feindmächten schon vor Beginn des Krieges gelungen, das Nachrichtensystem der Wehrmacht zu entschlüsseln. Es gab keine Befehle, keine Angriffspläne und keine Meldungen, die vom Feind nicht mitgelesen werden konnten. Es kam oft vor, daß ein Befehl aus dem deutschen Hauptquartier früher in den Händen des gegnerischen Kommandeurs war als bei dem deutschen Truppenführer. Noch niemals in der Geschichte war eine krieg-

---

* Erika Canaris, die Witwe des Admirals, erhielt nach dem Krieg eine Pension aus den USA, die von Allen W. Dulles, dem Chef des US-Geheimdienstes in Europa im Zweiten Weltkrieg, angeregt worden war. Später bestätigte Dulles, daß Canaris Verbindungen zum US-Geheimdienst (CIA) unterhalten hatte.

führende Macht so genau über die Absichten und alle Einzelheiten des Gegners informiert, wie in diesem Krieg die Feindmächte über Deutschland.

Rückblickend meinen einige Historiker, der wahrscheinlich größte Fehler der deutschen Führung war die Ostpolitik. Wären die Deutschen nicht als Eroberer, sondern als Befreier nach Rußland gegangen, hätte die Masse der Russen die Deutschen unterstützt und das kommunistische System selbst beseitigt. Das soll Stalins größte Sorge gewesen sein. – Hinterher fällt es allerdings leicht, kluge Ratschläge zu geben. Daß die Wehrmacht im übrigen bei der sowjetischen Zivilbevölkerung häufig keineswegs als Eroberer betrachtet wurde, zeigen die ihr entgegengebrachten Reaktionen: Vor allem in der sowjetisch geknechteten Ukraine wurden die deutschen Soldaten ganz selbstverständlich als Befreier begrüßt. Selbst als Deutschlands Niederlage schon erkennbar war, meldeten sich noch Tausende Russen freiwillig bei den Deutschen, um unter General Andrej Wlassow für ein freies Rußland gegen Stalin zu kämpfen. Die mißtrauische Reichsführung stieß die wiederholt dargebotene Hand, die wohl fähig gewesen wäre, das Sowjetsystem zu besiegen, zu ihrem eigenen Schaden zurück.

General Andrej Andrejewitsch Wlassow (1900–1946), einer der besten russischen Heerführer, war im Juli 1942 in deutsche Gefangenschaft geraten. Er wäre wohl imstande gewesen, eine russische Millionenarmee aufzustellen und den Krieg im Osten nicht nur militärisch, sondern auch menschlich zu gewinnen. Natürlich wollte er kein Kolonialreich für Deutschland erobern, was aber ohnehin nicht in der Absicht der Reichsführung lag. Ähnlich wie Karl XII. von Schweden 1708 und Napoleon 1812 versuchte auch Hitler mit beschränkten Mitteln rein militärisch Rußland zum Frieden zu zwingen, das über unbeschränkten Raum und unerschöpfliche Mittel verfügte. Karl von Clausewitz, der als der Begründer der modernen Kriegslehre gelten kann, hatte klar und deutlich geschrieben: „Rußland kann nur durch eigene Schwäche und die Wirkung inneren Zwiespalts bezwungen werden."

Etwa 850.000 Russen standen im Dienst der deutschen Wehrmacht, die teils in der Arbeitsorganisation Todt, andere bei der Truppe, vor allem beim Transportwesen (Troßfahrer), eingesetzt waren. Ein anderer Teil kämpfte in bewaffneten Verbänden gegen Partisanen, in einigen Fällen auch gegen die Rote Armee. Alle, die bis zum Kriegsende nicht den Sowjets in die Hände gefallen waren, standen nun unter der Gewalt der Westmächte. Auf Stalins Verlangen übergaben die Alliierten alle prodeutschen Osteuropäer den Sowjets, obwohl sie genau wußten, daß sie diese unglücklichen Menschen dem sicheren Tod auslieferten.

Die Russen wehrten sich oft verzweifelt gegen die Auslieferung, die in vielen Fällen mit brutaler Gewalt durchgeführt wurde. Oftmals baten die Russen, lieber gleich erschossen zu werden. Sogar alte Emigranten, die Rußland während der Revolution verlassen hatten, also niemals Sowjetbürger gewesen waren, wurden ausgeliefert, wie z.B. der ehemalige General der Zarenarmee und Schriftsteller Peter Krasnow, der seit 1919 in Frankreich und Deutschland gelebt hatte.

Besonders barbarisch vollzog sich die Auslieferung der Kosaken, die ihre Familien bei sich hatten. Hierbei kam es zu beschämendem Verhalten englischer Offiziere, einschließlich des britischen Oberbefehlshabers in Italien, Feldmarschall Harold Alexander, in dessen Machtbereich sich die Kosaken befanden. Alexander war mit Krasnow gut befreundet gewesen. Krasnow trug sogar einen der höchsten englischen Orden. Jetzt aber ließ Alexander alle Bittgesuche Krasnows, der die Kosaken retten wollte, unbeantwortet und übergab den alten 76jährigen Freund ungerührt mitsamt den Kosaken den Sowjets. (Es kam zu Massenselbstmorden, verzweifelten Fluchtversuchen, Hunger- und Sitzstreiks, aber grausam wurden die wehrlosen Menschen zusammengeschlagen und blutend oder bewußtlos auf die Lastwagen geworfen und den Sowjets zur Ermordung übergeben. Von den insgesamt 5,5 Millionen ausgelieferten Russen wurden alle Wlassow-Truppen, alle, die in der deutschen Wehrmacht gedient hatten, alle Kosaken, die auf deutscher Seite standen, sowie die meisten der regulären Kriegsgefangenen sofort erschossen. Der Rest kam in die arktischen Lager, was in der Regel die Vollstreckung des Todesurteils über einen längeren Zeitraum bedeutete. Sie alle hatten zu viel von der westlichen Welt gesehen und wären nie mehr gute Kommunisten geworden. Krasnow wurde mit dem deutschen General v. Pannwitz, der die Kosaken geführt hatte, aufgehängt.)

In den russischen Ausladehäfen hörten die englischen Schiffsbesatzungen oft die Salven der Erschießungskommandos, noch während die letzten Kolonnen unter schärfster Bewachung vom Schiff geführt wurden. Trotzdem holten die Schiffe den nächsten Schub, bis auch die letzten diesem Schicksal übergeben waren. Die Sowjetregierung gab Ende 1945 bekannt, daß 5.236.130 Sowjetbürger repatriiert worden waren.

Das vorzeitige Ende des Krieges in Europa bewahrte Deutschland vor der Atombombe, die eigentlich nicht an Japan erprobt, sondern gegen Deutschland eingesetzt werden sollte. Auch wenn die Arbeiten mit Hochdruck vorangetrieben wurden, kam die erste Probeexplosion erst am 16. Juli 1945 zustande, und die ersten zwei Bomben waren erst in den ersten Augusttagen 1945 einsatzbereit.

Vielleicht werden sich künftige Historiker wundern, warum nicht auch Deutschland den Bau einer Atombombe anstrebte, obwohl es seit 1938 die Möglichkeit besaß, die Forschungsergebnisse weiterzuentwickeln. Die deutsche Führung interessierte sich seit 1939 für die unvorstellbaren Möglichkeiten, die sich aus der Kernspaltung ergaben. Man glaubte aber, daß die Anwendung der Atomenergie zu kriegerischen Zwecken das Ende der Menschheit bedeuten würde.

Rüstungsminister Albert Speer schrieb, daß Adolf Hitler vor der Möglichkeit zurückschreckte, unseren Planeten möglicherweise in einen flammenden Himmelskörper verwandelt zu sehen. Zu Otto Skorzeny sagte Hitler: „Die durch Kernspaltung freigesetzte Energie und dazu noch die Radioaktivität als Waffe würde[n] das Ende unseres Planeten bedeuten. Das wäre die Apokalypse [...] Und wie sollte man ein solches Geheimnis bewahren? Unmöglich! Kein Land, keine Gruppe zivilisierter Menschen kann bewußt eine solche Verantwortung übernehmen. Von Schlag auf Gegenschlag würde die Menschheit sich gegenseitig ausrotten [...]" – Diese Skrupel hatten die Alliierten nicht.

Als Japans Regierung sich nach Friedensbedingungen erkundigte, war in kürzester Zeit mit dem Ende des Krieges zu rechnen. Am 6. August 1945 warf ein US-Bomber die erste Atombombe (Uran) auf die Stadt Hiroshima (343.000 Einwohner). Sie verletzte, verbrannte, verstümmelte und tötete 129.556 Menschen und zerstörte 67 Prozent der Häuser. Die zweite Bombe (Plutonium) am 9. August auf Nagasaki tötete 39.000 und verletzte 40.000 der 250.000 Einwohner. Tausende starben oder erkrankten an den Folgen auch noch jahrelang danach.

Wollten die Amerikaner ‚noch schnell vor Torschluß' die Atombombe an Menschen ausprobieren, oder sandten sie die umfangreiche Studiengruppe von Ärzten und Wissenschaftlern aus reiner Menschlichkeit umgehend nach Japan, um die Wirkung der beiden Bomben gründlich zu studieren?

Nachdem auch noch die Sowjetunion am 8. August Japan den Krieg erklärt hatte, beendete der Waffenstillstand am 14. August 1945 den Zweiten Weltkrieg auch in Ostasien.

Eine Berechnung der materiellen Kosten des Krieges ist äußerst schwierig, falls überhaupt möglich. Deswegen sind die verschiedenen Berechnungen auch alle unterschiedlich. Allein die direkten Geldausgaben der kriegführenden Regierungen werden mit mehr als einer Million Milliarden US-Dollar (Wert von 1950) angegeben, also 1.000.000.000.000.000 Dollar. An erster Stelle stehen immer die USA, gefolgt von England, Deutschland oder der UdSSR. In einem Geschichtswerk steht, daß England mehr ausgab als das an Bevölkerung doppelt so große Deutsche Reich, ein anderes setzt die deutschen Ausgaben fast so hoch oder höher als die englischen an. Zu diesen Summen kommen die angerichteten Zerstörungen der Sachwerte. Was ist z.B. der Preis für eine zerbombte Stadt?

Die Verluste der Menschenleben sind leichter zusammenzuzählen, aber trotzdem geben die verschiedenen Quellen auch da unterschiedliche Zahlen an. Besonders bei der Aufteilung in einzelne Kategorien zeigen einige von diesen enorme Unterschiede. Zum Beispiel werden die in den deutschen Konzentrationslagern umgekommenen Menschen heute mit mehreren Millionen beziffert, während die schweizer Zentrale des Roten Kreuzes nach zehnjähriger Forschung (1956) 300.000 Tote angab.

Nach der Bilanz des Internationalen Roten Kreuzes aus dem Jahre 1958 hat der Zweite Weltkrieg weltweit mehr als 55 Millionen Todesopfer gefordert – der russische Bolschewismus aber allein in seinem eigenen Machtbereich 100 Millionen im „Frieden".

Folgende Tabelle kann nicht auf mehr Einzelheiten eingehen. Wissenswert wäre z.B. eine Unterscheidung der Partisanen von unbeteiligten Zivilisten, oder welcher Teil der russischen

Opfer auf das Konto ihres eigenen unmenschlichen Systems geht. Weiterhin sind Schweden, Niederländer, Dänen, Esten, Ukrainer und viele andere Ausländer auf deutscher Seite gefallen, und schweizer Städte wurden einige Male ‚irrtümlich' von Alliierten bombardiert.

	Soldaten gefallen	Zivilpersonen getötet	davon bei Luftangriffen	insgesamt
Deutsches Reich	3.330.000[1]	2.610.000	775.000[2]	5.940.000
Auslandsdeutsche	380.000	1.020.000	–	1.400.000
Bulgarien	10.000	10.000	–	20.000
Finnland	82.000	2.000		84.000
Italien	242.200	153.000	64.350	395.200
Rumänien	300.000	200.000	–	500.000
Ungarn	200.000	290.000	–	490.000
Japan	1.600.000	672.000	668.000	2.272.000
Achsenmächte und Ver-				
bündete insgesamt	**6.144.200**	**4.957.000**	**1.507.350**	**11.101.200**
Belgien	12.000	76.000	–	88.000
Brasilien	943.000	–	–	943.000
British Commonwealth[3]	108.930	–	–	108.930
China	2.810.220[4]	20.000.000	–	22.810.220
Dänemark	1.800	–	–	1.800
Frankreich	213.320	375.000	58.000	588.320
Griechenland	88.000	325.000	–	413.000
Großbritannien	264.400	92.670	60.695	357.070
Jugoslawien	305.000	1.200.000	–	1.505.000
Niederlande	7.900	200.000	–	207.900
Norwegen	3.000	7.000	–	10.000
Philippinen	27.000	91.000	–	118.000
Polen	210.000	2.200.000[5]	–	4.410.000
Sowjetunion	7.600.000	6.700.000	–	14.300.000
Tschechoslowakei	10.000[6]	–	–	10.000
USA	407.300	6.000	–	413.300
Alliierte insgesamt	**13.011.870**	**31.272.670**	**118.695**	**46.284.540**
beide Tabellen				
zusammen	**19.156.070**	**36.229.670**	**1.626.045**	**57.385.740**

[1] Darunter 170.000 Österreicher.
[2] Darunter 24.000 Österreicher.
[3] Australien 23.365, Kanada 37.476, Indien 24.338, Neu-Seeland 10.033, Süd-Afrika 6.840, britische Kolonien 6.878.
[4] National-China 1.310.220, Rot-China (Kommunisten) 1.500.000.
[5] Die von Polen meistens genannten Verluste wurden durch Bevölkerungsvergleich der Jahre 1946 und 1931 auf dem jetzigen polnischen Territorium ermittelt und schließen nicht nur alle Polen ein, die nach dem Krieg nicht nach Polen zurückkehrten, sondern auch die damalige hohe deutsche Bevölkerungsziffer im polnischen Machtbereich. Nicht alle Zahlenspiele der Polen sind so durchsichtig; zur wissenschaftlich-statistischen Erhebung sind sie sämtlich unbrauchbar. (Am Ende des Krieges verließen rund 500.000 Ukrainer und mindestens 220.000 Juden Polen. Dazu kehrte die Mehrzahl der polnischen Zivilarbeiter aus Deutschland (angeblich 2,5 Millionen) sowie die meisten Angehörigen der polnischen Anders-Armee (über 100.000 Mann unter englischem Kommando) nicht nach Polen zurück.)
[6] Das Protektorat Böhmen und Mähren wurde nicht bombardiert, und die Tschechen waren vom Militärdienst befreit. Die Verluste entstanden auf alliierter Seite, auf der 215.000 Tschechen kämpften.

7. Das Ende: Verschleppung, Konzentrationslager, Vertreibung

(1945 und danach)

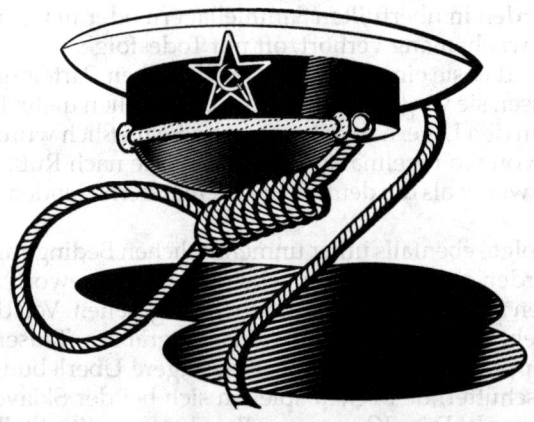

Verschleppte Sklaven

In früheren Zeiten brannte der Sieger die unterworfenen Städte nach der Eroberung nieder, und die Bevölkerung, soweit sie nicht sofort getötet wurde, verkaufte er als Sklaven. Mit dem Fortschritt der Zivilisation entstand die Auffassung, daß nur Soldaten gegeneinander kämpfen dürfen und die Zivilbevölkerung zu schonen sei. Internationale Gesetze, zu deren Einhaltung sich alle Kulturstaaten verpflichteten, verboten Soldaten jeder Nationalität die Tötung Wehrloser und den Zivilisten jegliche Kampfhandlung. Dieses wurde so ernst genommen, daß für Zuwiderhandlungen schärfste Strafen vorgesehen waren: standrechtliche Erschießung der schuldigen Zivilpersonen oder, wenn diese nicht zu ermitteln waren, Geiselerschießungen. Ebenso verpflichteten sich die Signatarstaaten dieser Regelung, Verwundete und Sanitätspersonal zu schützen, Kriegsgefangene menschlich zu behandeln und noch vieles andere. Man hatte den Krieg zwar nicht abschaffen können, ihn aber doch weitgehend zivilisiert.

Nachdem schon im Ersten Weltkrieg einige dieser Regeln unbeachtet geblieben waren, trat im Zweiten Weltkrieg eine zunehmende Verrohung der Kriegführung ein. Die Massentötung wehrloser Zivilisten wurde von manchen Kriegsplanern dem Kampfe gegen Soldaten vorgezogen, so daß die Zahl der Opfer der Zivilbevölkerung erschreckend hoch ist.

Ein beschämendes Kapitel der angeblich zivilisierten Menschheit des 20. Jahrhunderts ist die Rückkehr zur Sklavenhaltung, zu der auch die Westmächte, die stets vorgeben, für „Freiheit und Menschenrechte" zu kämpfen, ihre Zustimmung gaben. Die umfangreichste und grausamste Sklavenhaltung übte jenes Land aus, das sich „sozialistisch" und „Arbeiterparadies" nannte. Man schätzt, daß sich nach dem Krieg mindestens zwölf Millionen, wahrscheinlich aber 18 oder gar 20 Millionen Arbeitssklaven in den Lagern der Sowjetunion befanden. Sklavenheere solchen Ausmaßes hatte Europa selbst in der Antike nicht gesehen.

Die sowjetischen Pläne sahen vor, aus jenen deutschen Gebieten, die sie zu annektieren gedachten bzw. den Polen übergeben wollten, ein von den deutschen Bewohnern verlassenes

367

Land zu machen, um dadurch die Zustimmung der Westmächte für die Annexion leichter zu erreichen. Die Deportation der noch vorhandenen Deutschen in die Konzentrationslager in der Arktik, in Sibirien oder im Ural war das nächstliegende Mittel, dieses Ziel zu erreichen.

Die Verschleppungen begannen sogleich beim Einmarsch der Roten Armee. Aus den überrollten Trecks wurden oftmals die Männer abgeführt, von denen man in der Regel nie wieder hörte, während Frauen und Kinder in ihre Heimatorte zurückgeschickt wurden. Mitte Februar begann dann die systematische Massenverschleppung. In den Ortschaften waren sowjetische Kommandanturen eingerichtet worden, deren Hauptaufgabe das Abtreiben des Viehs und der Abtransport der Bewohner war. Entweder wurden die Menschen unter einem Vorwand – in der Regel zu einem angeblichen Arbeitseinsatz – zur Kommandantur befohlen und dort verhaftet, oder Kommandos durchkämmten die Dörfer und Höfe. Da es kaum noch Männer gab, waren hauptsächlich Frauen und Mädchen die Opfer. Auch die Fahndung nach „Nazis" bzw. dem, was die Russen darunter verstanden, diente vor allem dazu, Zwangsarbeiter zu erfassen.

Die Verhafteten wurden in überfüllten Sammellagern oder in Gefängnissen unter schwersten Mißhandlungen wochenlang verhört, oft mit Todesfolge.

Sie sollten aussagen, daß sie einer nationalsozialistischen Parteiorganisation angehört hatten oder wieviele Russen sie vergiftet hatten oder dergleichen mehr. Durch Ruhr und Typhus waren die Todesfälle in den Lagern ungeheuer hoch. Schließlich wurden die Verhafteten nach Insterburg gebracht, von wo regelmäßig Bahntransporte nach Rußland gingen, da bis dorthin Breitspur, d.h. die weiter als die deutschen auseinanderliegenden russischen Schienen, gelegt worden war.

Die Deportation erfolgte ebenfalls unter unmenschlichen Bedingungen, die viele nicht überlebten. Die Toten wurden an Haltestellen neben die Gleise geworfen, oder die letzten zwei Wagen der Züge waren zur Aufnahme der Leichen vorgesehen. Von denen, die den Transport überlebten, endete mehr als die Hälfte in den Massengräbern. Tausende bleiben spurlos verschwunden. Verschleppte hatten zu jener Zeit geringere Überlebungschancen als kriegsgefangene Soldaten. Erschütternde Szenen spielten sich bei der Sklavenjagd und den überraschenden Verhaftungen ab. Fritz Klemm aus Burgkampen (Kr. Stallupönen/Ebenrode) berichtet z.B.: „Kinder bis zu 10 Jahren werden ihren Müttern entrissen. Die Frauen flehen händeringend, die Kinder jammern und schreien. Es gibt keine Worte für das, was wir empfinden. – Nach 28 Tagen, am 2. März, kommen wir im Ural an. Als die Russen die Waggontüren öffnen, leben noch über die Hälfte (65 %). Im Lager starb dann nochmals die Hälfte [...]"

Frau Emma W. aus dem Kreis Neidenburg schreibt: „Meine Schwester war nur halb angezogen, als sie uns zusammentrieben und abführten. Es gab herzzerreißende Szenen; Menschen werden auseinandergerissen, eine Mutter muß vier Kinder zurücklassen, eine andere sechs, nur das jüngste von neun Monaten darf sie mitnehmen. In einem anderen Fall bleibt ein Kleinkind von elf Monaten einfach zurück. Von unserem alten Vater dürfen wir nicht Abschied nehmen [...]"

Anna Schiel aus Königsberg war schon am 30. Januar aus dem Flüchtlingszug bei Seerappen gefangengenommen worden. Nach furchtbarer Leidenszeit mit unzähligen Verhören in Schönwalde wurde eines Tages eine Kolonne der Gefangenen, darunter Mütter, die mit Gewalt von ihren Kindern getrennt worden waren, ohne Verpflegung 37 Kilometer bis Groß Lindenau getrieben. Völlig erschöpft bat Frau Schiel den Posten, sie zu erschießen. Der erwiderte ungerührt radebrechend: „Dann Zahl stimmt nicht." Schließlich erreichte sie lebend, bei 50 Grad Kälte, das Lager Ulmurzia 510 hinter dem Ural.

Die 15jährige, schon erwähnte Hannelore Kallweit mußte mit ihrer Mutter auf Kolchosen arbeiten: „[...] und die Vergewaltigungen gingen weiter.

Eines Tages wurden wir auf Lastwagen verladen [...] Meine Mutti wurde dann in ein Zimmer gesperrt. Sie wollte mir noch etwas sagen, wurde aber zurückgestoßen [...] Ich wurde in ein anderes Zimmer gebracht. Hier war ein russischer Offizier, ein Pole dolmetschte. Ich weinte, wurde verhört, geschlagen und flog die Treppe hinunter. Das waren die letzten Stunden, die ich mit meiner Mutti verlebte [...]"

Die Mutter wurde nach Rußland verschleppt, wo sie starb. Nach weiterer Arbeit auf dem Gut wurde Hannelore Kallweit mit anderen gleichaltrigen Jungen und Mädchen eingesperrt und ständig nachts verhört. „Wir mußten vieles unterschreiben, was wir nicht lesen konnten, es war alles russisch geschrieben. Oft wurden wir geschlagen [...]" Die Jugendlichen wurden dann nach Insterburg gebracht, wo das Mädchen mit 20 bis 25 Frauen und Mädchen eine Gefängniszelle teilte, in der kaum Platz war, um auf dem Boden zu liegen.

„An den Wänden standen Namen von Frauen oder Männern, die dann und dann nach Rußland abtransportiert waren. Nun wußten auch wir, wohin es ging [...] Später wurden wir zu unserer Notdurft auf den Hof getrieben, wo über eine große Grube Bretter gelegt waren. Immer waren Posten dabei. Ging es nicht schnell genug, wurde man einfach in die Fäkaliengrube hineingestoßen. Keiner von denen kam mehr heraus. Es war einfach grausam. Zu essen bekamen wir nur eine Tasse gekochten Hafer am Tag [...]", berichtet Hannelore Kallweit weiter.

In den verschlossenen Viehwagen des Transportzuges herrschte eine furchtbare Enge, ein Holzeimer diente als Toilette. Der Zug fuhr nur nachts. Es war eisig kalt, und viele waren nur dürftig bekleidet. Alle hatten nur das an, was sie gerade trugen, als sie festgenommen wurden. Denen, die etwas mehr hatten mitnehmen können, war das längst abgenommen worden. „In der Nacht kamen die Posten und warfen die Verstorbenen einfach aus den Waggons [...]", erinnert sich die Zeugin.

In einem Holzfällerlager am Onega-See mußten die Frauen und Mädchen, von Hunger und Kälte geplagt, schwerste Arbeit leisten. Dazu wurden sie bei Schneestürmen auch noch nachts hinausgetrieben, um die Bahnlinie freizuschaufeln. Wassersuppe und ein kleines Stück Brot waren ihre einzige Nahrung. Wurde die Arbeitsnorm nicht erfüllt, gab es auch kein Essen.

Auch Aussichtslosigkeit und Verzweiflung quälten die Verschleppten: „Ich weinte damals oft und dachte, wo mag meine Mutti sein. Ich wurde krank, bekam Geschwüre und mußte ins Krankenzimmer [...] Verbandszeug und Medizin gab es nicht. Rechts und links starben die Frauen auf den Pritschen. Ich dachte, wann bist du dran [...] Wie durch ein Wunder ist langsam alles abgeheilt.

Es starben viele. Sie wurden an den Baracken aufgestapelt, und wenn wir aus dem Wald kamen, mußten wir sie begraben. Alle Sachen wurden den Toten ausgezogen, die dann im Wald verscharrt wurden [...]" – Im Oktober 1949 wurde Frau Kallweit schließlich in die russische Besatzungszone entlassen.

Im Bericht einer anderen Frau, Gertrud K., steht: „Als wir zur Verschleppung zusammengetrieben wurden, waren wir in einem Haus mit über 20 Personen. Einer jungen Frau, die schon drei Kinder zu betreuen hatte, wurde ein Kind geboren. Sie hatte fünf Messerstiche an Gesicht, Brust, Arm und Leib von einem Russen erhalten, dem sie sich widersetzt hatte. Auch das kleinste Kind war dabei verletzt worden [...] Das Neugeborene starb nach einigen Tagen, weil die Mutter keine Nahrung hatte und Milch nicht zu erhalten war."

Maria Hermanowski aus Wartenburg beschreibt die heimtückische Weise, in der die Menschen zum Abtransport nach Rußland zusammengetrieben wurden: „Eines Tages tauchten überall russische Soldaten auf, um angeblich Leute für einen kurzen Arbeitseinsatz zu beschaffen. Andere Menschen wurden, wo sie gerade waren, von Soldaten gezwungen, zur Registrierung mitzukommen. Sie waren mitunter nur dünn bekleidet und hatten nichts bei sich. All diese Menschen haben ihr Zuhause nicht mehr wiedergesehen, unter ihnen auch meine Schwester und ich [...]

Mehrere Stationen gab es auf dem Weg ins Ungewisse, und auf jeder wurde eine gründliche Vernehmung durchgeführt, was ausschließlich nachts geschah. Meistens waren Polen als Dolmetscher eingesetzt [...] Den Wartenden vor der Tür lief ein kalter Schauer über den Rücken, wenn die Schreie der Geprügelten zu ihnen drangen [...]

Die letzte Station war das Zuchthaus in Insterburg [...] In den Morgenstunden am 3. März 1945 setzte sich der Transport mit etwa 1.000 Verschleppten in Bewegung. Wer waren nun diese zu Tode geängstigten und tief unglücklichen Menschen? Junge Mädchen von ca. 16 Jahren aufwärts – meine Schwester war 18 und ich 20 Jahre alt –, junge Mütter, denen man die Kleinstkinder abgenommen hatte, junge Burschen, die noch nicht vom Kriegsdienst erfaßt waren. Männer und Frauen jeden Alters, nicht wenige, die weit über 60 waren.

An den Waggonwänden hatte sich durch unseren Atem eine dicke Frostschicht gebildet, die wir mit unseren Fingernägeln abkratzten, um den Durst etwas zu stillen [...] Wenn der Zug endlich hielt, schrien wir alle lauthals um Wasser. Das muß wohl sehr knapp gewesen sein, denn es kam vor, daß dann heißes, ölig schmeckendes Wasser aus der Lokomotive entnommen wurde. Eine wahre Tragik war das Verrichten der Notdurft. Die angebrachte Ablaufrinne war bei der Kälte schnell zugefroren. Hinzu kam, daß die Leute bei der erbärmlichen Verpflegung Durchfall bekamen. […] Zu alledem gesellte sich die Läuseplage […]"

Am 23. März erreichte der Transport sein Endziel Imaschulenka im Südostural. Nach 14tägiger Ruhe begann für die meisten die Arbeit im Kohlenbergwerk. „Leider nutzte vielen, besonders den älteren unter uns, Beten und Dulden nichts mehr. Sie waren zu geschwächt und konnten sich bei der unzureichenden Ernährung nicht mehr erholen, zumal es keinen Arzt und keine Medikamente gab. Hinzu kam, daß der Lebenswille für diesen harten Kampf nicht mehr ausreichte. Nach fünf Wochen hatte sich die Zahl der Lagerinsassen um die Hälfte reduziert […] Aus heutiger Sicht wäre zu sagen, daß diese Lagerleitung humane Gesinnung hatte […]"

Noch weitere drei Lager mußten die Schwestern durchlaufen, bis sie im Frühjahr 1949 entlassen wurden. Erst dann erfuhren sie, daß ihr Vater in einem Lager in Rußland im Juli 1945 verstorben war.

Der Pfarrer von Süßenberg (Kr. Heilsberg), Gerhard Fittkau, wurde auf den „Urteilsspruch" der polnischen Köchin des Kommandanten, zusammen mit einigen anderen Geistlichen, älteren Männern, Frauen und halbwüchsigen Kindern verhaftet. Auf seinen Einwand, daß er Priester sei und infolge einer früheren Tuberkulose nur noch einen Lungenflügel habe, sagte sie ihm zynisch: „In Rußland gibt es keine Invaliden, und Popen brauchen wir hier nicht mehr."

In einem Dorf, das ausschließlich vom NKWD und seinen Opfern bevölkert war, erfolgten 14 Tage lang die berüchtigten Verhöre: „Tagelang erhielten wir nicht einmal Wasser und keine Gelegenheit, unsere Notdurft ordentlich zu verrichten." Mitgefangene Polen nahmen unter bolschewistischer Duldung den Deutschen das Letzte ab. Von Insterburg erfolgte schließlich am 6. März der Transport mit etwa 2.500 Zivilpersonen nach Rußland.

Der Geistliche berichtet: „Zu 49 Männer jeden Alters von 14 bis 73 Jahren in einen dunklen, eiskalten Waggon (ohne Pritschen oder Stroh) gepreßt, erhielten wir während der 21tägigen Fahrt nur fünfmal jeder einen Liter warme Wassersuppe; sonst nur, wenn es den Wachen einfiel, geringe Mengen kalten Wassers und einige Scheiben steinharten Dörrbrots aus grobem Maisschrot, das die meisten nicht kauen und verdauen konnten. Wir hatten unterwegs sieben Tote im Waggon, auf dem ganzen Transport starben mindestens 400 bis 500 Verschleppte […] Am Ziel der Fahrt wankten die Überlebenden in ein Zwangsarbeiterlager in der Tundra im Vorgebiet des Nordurals, nicht weit vom Nördlichen Eismeer […] Verpflegung und Unterkunft waren derart unzureichend, daß schon im ersten Monat ein Viertel der Belegschaft starb […] Mitte August lebten nur noch 20 von Hundert der Verschleppten. Die persönliche Behandlung durch die russischen Beamten war in den Lagern im allgemeinen korrekt. Mißhandlungen erlaubten sich nur polnische Unterführer. Hitze, Hunger, Schlaflosigkeit und eine entsetzliche Insektenplage zermürbte[n] unsere letzte Widerstandskraft."

Ende August 1945 wurde Gerhard Fittkau mit dem ersten Heimkehrertransport Kranker und Arbeitsunfähiger nach Deutschland entlassen. In Frankfurt an der Oder erhielten die kranken und mittellosen Heimkehrer für zwei Tage Verpflegung und wurden auf die Straße gejagt mit der Drohung, daß keiner mehr in den Teil Deutschlands jenseits der Oder zurückkehren dürfe.

Diese Eröffnung gab vielen den Rest: „Viele, denen die Hoffnung auf die Rückkehr in die Heimat und auf das Wiedersehen mit ihren Angehörigen die Kraft erhalten hatte, alle Leiden der Verschleppung zu überstehen, brachen nach ihrer Entlassung in das deutsche Flüchtlingselend zusammen und starben an den Straßenrändern oder in den überfüllten und von Seuchen dezimierten Flüchtlingslagern der russischen und auch der anderen Zonen in der Fremde ihres verwüsteten Vaterlandes einen ebenso einsamen Sowjettod wie in einem russischen Sterbelager an der Petschora oder im Ural."

Gisela Muth aus Tolkemit, damals 15 Jahre alt, wurde im Februar 1945 mit ihrer Mutter und der 17jährigen Schwester Felizitas „zur Arbeit" abgeholt. Die 12jährige Schwester mußte allein zurückbleiben. Eine lange Kolonne Menschen wurde in das 35 Kilometer entfernte Preußisch Holland getrieben.

Gisaela Muth erinnert sich: „Manchmal verließen mich die Kräfte auf dem Marsch. Trautmanns Mädchen zogen mich mit und sprachen mir Mut zu. Ohne ihre Hilfe hätte ich es nie geschafft. Die Wachtposten machten mit denen, die nicht mitkamen, kurzen Prozeß, das heißt, [sic] sie wurden erschossen.

Nach bangen Tagen wurden wir auf offenen LKWs nach Bartenstein gebracht. Von Insterburg aus traten wir den leidvollen Weg nach Rußland an [...] Unterwegs hörte ich, daß meine Schwester Felizitas auch auf dem Transport sei. Eingepfercht in die Waggons, war es nicht möglich sich auszustrecken. Wir hockten mit angezogenen Beinen. Als Toilette war [da nur] eine Holzrinne nach draußen geführt. Es war eine entwürdigende Situation, sich vor allen Mitmenschen dorthin begeben zu müssen. Neben der Kälte war der Hunger unbeschreiblich [...] Die Toten lagen unter uns, bis an einer Haltestelle die russischen Begleiter frugen: ‚Frau kaputt?' Nach drei Wochen wurden wir im Ural ausgeladen. Wir waren sehr entkräftet[,] und das große Sterben begann. Die Ruhr brach aus. Angeblich sollen 4.000 Menschen angekommen sein, von denen nur 1.000 bis 1.200 überlebt haben."

Auch die zwei Schwestern erkrankten, und Felizitas Muth starb am 23. April 1945, zwei Tage nach ihrem 18. Geburtstag.

Gisela Muth stand ebenfalls am Abgrund: „Eine Tolkemiterin, die neben mir lag, riß mich immer wieder aus meiner Bewußtlosigkeit und bewahrte mich so vor der berüchtigten Kampherspritze. Alle, die elend waren und sie bekamen, starben. Meiner Nachbarin habe ich es zu verdanken, daß ich am Leben blieb."

Im Sommer 1945 wurde das Lager geräumt, und Frau Muth kam auf eine Kolchose zu einer Kinderbrigade, in der die meisten um die 16 Jahre alt waren. Das schützte sie jedoch in keiner Weise vor schwerster Arbeit von Sonnenaufgang bis Sonnenuntergang. Der russische Wachtposten kannte den Hunger der Mädchen. Er weckte sie heimlich und ließ sie hinaus, damit sie sich Kartoffeln holen konnten. Gisela Muth schreibt in ihrem Bericht, daß sie vielen liebenswerten und mitfühlenden russischen Menschen begegnet ist. Sie erfuhr schließlich, daß ihre Mutter schon im Lager Preußisch Holland und auch der Vater auf der Deportation nach Rußland gestorben waren. Nach fast fünf Jahren grausamen Sklavenlebens wurde sie im November 1949 entlassen.

Die hohe Todesrate auf den Transporten und in den Lagern wird in allen Berichten bestätigt. Der kriegsgefangene Arzt Dr. Werner Dietrich schreibt, daß von 2.000 Zivilpersonen eines Deportationstransportes, die Altersspanne von 15 bis 65 Jahren umfassend, kaum noch 300 in arbeitsfähigem Zustand im Lager Kopeisk im Ural ankamen. In fast allen Lagern brachen oft Ruhr und Typhus aus.

Im Gefängnis Tapiau hielten die Russen etwa 2.000 Frauen und Mädchen fest. Auch von hier wurden laufend Transporte in die UdSSR zusammengestellt, die mit Lastwagen nach Insterburg gebracht und dort in die russischen Breitspurzüge verladen wurden.

Frau Paula Decke aus Königsberg berichtet: „Zu je 800 bis 1.000 müssen die Frauen im Hof antreten. Der letzte für den Ural bestimmte Transport umfaßt 900 Personen, von denen manche weißhaarig und andere kaum 13 Jahre alt sind. Von denen, die man in das Kohlenbergwerk Ruja im Ural verschleppt und dort in unterirdischen verwanzten Baracken unterbringt, sterben im Durchschnitt täglich etwa 40 an Typhus und Hunger [...]"

In einem anderen Lager starben von 2.750 Insassen 2.265. Die Bezeichnungen „Vernichtungs-" und „Todeslager" sind angesichts solcher Zustände nicht übertrieben.

Moritz Friederici aus Selsen (Kr. Elchniederung), der auf der Flucht bei seiner Schwester in Heide-Maulen an der Haffküste untergekommen war, mußte hilflos zusehen, wie in den letzten Januartagen seine Frau sowie seine Töchter und Enkel, ferner die Schwester von russischen Soldaten abgeführt wurden. Eine Bekannte aus seinem Heimatkreis, Martha Polenz, berichtet, wie die Tochter seiner Schwester, Lilli Haupt, auf dem Fußboden einer Baracke in Rußland liegend, ohne Hilfe ein Mädchen zur Welt brachte: „Ein sehr hübsches Kind mit blondem Haar und blauen Augen. Man konnte das Kind nicht waschen und wickelte es in Lumpen ein. Nach drei Tagen hat Gott das Kleine erlöst, zwei Tage später folgte die Mutter [...]"

Christel Grunwald aus Pupkeim (Tolnicken im Kr. Allenstein), 15 Jahre alt, berichtet, wie sie Ende Januar 1945 mit ihrem Vater und den Schwestern Irene (21) und Valeria (18) im Dorf arbeiten mußte. Am zweiten Tag wurden alle, die zur Arbeit gingen, überraschend zur Kommandantur getrieben.

Frau Grunwald erzählt: „Unter strenger Bewachung mußten wir in Viererreihen 18 Kilometer nach Allenstein gehen. So wie wir zur Arbeit gingen, mußten wir mit. Wir durften uns nichts von zu Hause holen. Von der Straße konnten wir unseren elterlichen Bauernhof sehen. Dort wartete meine Mutter mit den jüngeren Brüdern am Abend vergebens auf unser Heimkommen [...]“

In Allenstein wurden die drei Schwestern von ihrem Vater getrennt, und der übliche Leidensweg folgte. Am 9. April erreichte der Transportzug das Lager 1083 Botania bei Tscheljabinsk in Sibirien.

Die Deportierten waren am Ende: „Wir fielen völlig entkräftet in den Schnee. Ich konnte nicht mehr gehen und wurde bis zum Lager getragen [...] Im ersten Halbjahr sind täglich 20 bis 30 Frauen gestorben – es herrschte Typhus [...]“

Die Toten wurden nachts auf LKW geladen und ohne Bekleidung weggebracht, um in Massengräbern verscharrt zu werden. Christel hebt hervor, daß der russische Lagerarzt, Dr. Alexander, sein Möglichstes für die Frauen tat, auch wenn er ohne Medikamente wenig helfen konnte. Die drei Schwestern überlebten die Deportation. Christel wurde im Sommer 1947, Valeria im Sommer 1948 und Irene Grunwald im Sommer 1949 entlassen.

Einige Transporte hatten in all dem Unglück noch das besondere Pech, in ein Lager zu geraten, in dem Polen als Aufsichtspersonal angestellt waren, wie z.B. in dem Waldlager Nogatka (Baschkirische ASSR im Südural): „Polnische Brigaden hatten das Kommando. Sie schikanierten, peinigten und schlugen uns, wo immer sich eine Gelegenheit bot [...] Viele wurden geschlagen, bis sie tot liegen blieben. Einer, der in die Brigadierstube bestellt wurde, erhängte sich, um den Qualen zu entgehen. Erst dieses Ereignis veranlaßte die russische Lagerverwaltung zum Einschreiten [gegen die polnische Grausamkeit]. Das Schlagen wurde in diesem Umfang verboten.“

Für viele Überlebende, die nach Jahren ins westlichere Deutschland zurückkamen, war der Leidensweg noch nicht zu Ende. Besonders für jene, die keine Familienangehörigen vorfanden, begann ein neuer Kampf ums Überleben. Beschämend war das Verhalten der bundesrepublikanischen Öffentlichkeit und Behörden, die deutlich mehr für die zurückkehrenden Landsleute hätten tun können. – Für die Rückkehrer gab es keine Heimat mehr. In einer fremden Umgebung mußten sie sich ein Unterkommen und eine Arbeit suchen, um ihren Lebensunterhalt zu verdienen. Viele waren als halbe Kinder verschleppt worden und hatten keine Berufsausbildung. Die Eltern, Geschwister oder der Ehemann waren verschollen. Neben den gesundheitlichen Dauerschäden, durch jahrelange Unterernährung und schwerste Arbeit verursacht, waren es auch besonders die psychischen Wunden, die Vergewaltigungen und Organschäden, die viele von diesen Mädchen und Frauen oft für den Rest ihres Lebens zu späteren normalen Sexualbeziehungen unfähig machten. Die Behörden der Sowjetischen Besatzungszone (SBZ) wollten sogar nicht einmal wahrhaben, daß es Verschleppte gab und nannte die Rückkehrer ohne jedes Verständnis für ihr Leid „neu Zugewanderte“. Der westdeutsche Staat zahlte ihnen eine Entschädigung: ab 1. Januar 1947 eine Mark und ab 1. Januar 1949 zwei Mark pro Tag der Gefangenschaft. Mit diesem beleidigenden Almosen glaubte er alle Leiden und unheilbaren Schäden dieser Menschen abgegolten zu haben.

Von den über 900.000 nach Rußland verschleppten Zivilpersonen gibt das Deutsche Rote Kreuz 422.000 als „verschollen“ an. Sie starben auf den Transporten und in den Lagern, ohne daß jemand sie für wert befand, ihren Namen auf eine Totenliste zu setzen.

Ränkespiel um den deutschen Osten

In der Atlantik-Charta, die Roosevelt und Churchill 1941 der Welt als „Friedensplan der Demokratien“ verkauft hatten, hieß es: „Ihre Länder suchen keine territoriale oder andere Vergrößerung. Sie wünschen keine Gebietsveränderungen, die nicht mit den frei geäußerten Wünschen der betroffenen Völker übereinstimmen [...]“

Daß es sich dabei um leere Politphrasen handelte und sie in Wirklichkeit das Gegenteil im Sinn hatten – zumindest für die ostdeutsche Bevölkerung Preußens –, zeigten sie in den Konferenzen von Teheran und Jalta, wo die Übergabe der deutschen Ostprovinzen an Polen (der

Auf der Jalta- oder Krimkonferenz (4. bis 11. Februar 1945) einigten sich die teilnehmenden Nationen, England, die Vereinigten Staaten und die UdSSR, auf eine jeder internationalen Gesetzgebung widersprechende Aufteilung des Deutschen Reiches. Die unheilige Trinität Winston Churchill, Franklin D. Roosevelt und Josef Stalin prägte das künftige Europa auf Kosten Deutschlands und vor allem Preußens.

Nordteil Ostpreußens an die UdSSR) mit der Vertreibung der einheimischen deutschen Bevölkerung eingehend besprochen wurde, aber die „Wünsche der betroffenen Völker" mit keinem Wort Erwähnung fanden.

Bei allen Gesprächen der Alliierten über die Nachkriegspläne für das besiegte Deutschland stand von vornherein fest, daß Ostpreußen auf jeden Fall unter polnische Verwaltung gestellt werden solle. Schon 1942 hatte die polnische Exilregierung in London Ostpreußen, Danzig und Oberschlesien gefordert. Die deutsche Bevölkerung sollte vertrieben werden und die Heimat von fast 20 Millionen Deutschen an Polen fallen. General Sikorski übergab Roosevelt zwei Denkschriften, in denen Polen die Besetzung der von Deutschland abzutretenden Gebiete durch polnische Truppen forderte, und zwar bis zum linken Oder-Ufer einschließlich Stettins und entlang der Lausitzer Neiße. Churchill stimmte diesen Plänen am 12. Februar 1943 so weit zu, Ostpreußen den Polen zu übergeben, die deutschen Bewohner aus ihrer Heimat zu vertreiben und mit polnischer Bevölkerung aus dem östlichen Polen zu ersetzen, auf dessen Besitz Stalin bestehen werde. Am 14. März 1943 erörterte Roosevelt mit dem britischen Außenminister Eden diesen Plan, und auch er stimmte ihm zu. Damit war die heutige Oder-Neiße-Linie und das Schicksal des Preußenlandes schon im März 1943 festgelegt.

Als vereinzelt durchsickerte, daß den Polen die deutschen Ostprovinzen übergeben werden sollten, schrieb der bekannte britische Publizist Henry N. Brailsford 1944 in seiner Studie *Our Settlement with Germany*: „Weil die Russen den Polen einen Gebietsstreifen nehmen werden, auf den diese sehr schwache ethnographische Ansprüche haben, folgt daraus nicht, daß sie von den Deutschen Gebiete nehmen sollten, auf die sie überhaupt keinen Anspruch haben. Das gesamte Gebiet, das sie annektieren wollen, ist durch und durch deutsch."

Churchill erklärte am 14. Dezember 1944 im Unterhaus, daß die deutschen Gebiete, die Polen erhalten werde, hochentwickelt, gesund und lebenskräftig seien, im Gegensatz zu dem Gebiet, daß Polen an Rußland abgeben muß. Zu der beschlossenen „vollständigen Austreibung der Deutschen" sagte er: „Die Austreibung ist die Methode [...], die am meisten befriedigt und am dauerhaftesten sein wird. Es wird keine Vermischung der Völker geben [...] Es wird reiner Tisch gemacht werden [...]"

Einige britische Abgeordnete protestierten, von denen einer (Raikes) sagte: „Welche Fülle menschlichen Elends! Ich glaube nicht, daß die Fundamente einer neuen Welt besser werden, wenn man fünf Millionen Deutsche von einem Ufer der Oder auf das andere bringt, – das ist nicht die Art von Regelungen, die die Atlantik-Charta versprach, bevor sie zu einem bloßen Gespenst wurde, das der Premierminister heute endgültig zu Grabe getragen hat."

Andere stimmten Churchill zu, wie der Abgeordnete Boothby, der erklärte: „Ich bin auch der Meinung [...], daß Ostpreußen [...] aus dem deutschen politischen Körper herausgeschnitten und die deutsche Bevölkerung Ostpreußens, wie der Premierminister sagt, vertrieben werden soll. Das ist hart, aber – bei Gott – sie verdienen es [...]"

Warum gerade die Bewohner Ostpreußens diese schreckliche Strafe „verdient" hatten, begründet Boothby damit, daß Ostpreußen der „Herd der Infektion des preußischen Militarismus" sei. Daß sein eigenes Land mit der Anzahl der geführten Kriege weit an der Spitze aller Länder Europas liegt, Preußen und Deutschland zusammen dagegen am Ende einer solchen Aufzählung der europäischen Großmächte stehen, wußte der Abgeordnete wohl nicht. Die klaren Worte Churchills zeigen aber, daß die Formulierung „vorläufige Verwaltung" auf der späteren Potsdamer Konferenz nur eine Verschleierung für die fest beschlossene Tatsache war, an die sich die Welt schon einmal gewöhnen sollte, bevor die Alliierten sie als vollendet präsentierten: der vollständige Raub deutsch-preußischen Bodens und Besitzes.

Mit dem nahenden Ende des Krieges rückte für die Polen die größte Rauborgie ihrer Geschichte in greifbare Nähe, auf die sie sich begeistert vorbereiteten, ganz gleich, unter welcher Regierung sie erfolgte. Schon das von Stalin eingesetzte „Polnische Komitee der Nationalen Befreiung" konfiszierte mit dem Dekret vom 6. September 1944 – also schon geraume Zeit vor dem Ende des Krieges – kurzerhand alle ländlichen Grundstücke, „die im Eigentum von Angehörigen des Deutschen Reiches nichtpolnischer Nationalität sowie von polnischen Staatsbürgern deutscher Nationalität sind".

Die polnische Exilregierung in London hatte sich der Rückgabe des ostpolnischen Gebietes an Rußland widersetzt, wodurch sie mit den Sowjets und mit Churchill in Streit geriet. Die Proteste der Polen gegen die russische Propagandabehauptung, das Massaker von Katyn hätten die Deutschen verübt, gaben dazu Stalin den willkommenen Anlaß, alle Beziehungen mit der Exilregierung abzubrechen. Unter russischer Obhut entstand aus dem „Komitee der Nationalen Befreiung", das sich am 22. Juli 1944 als alleinige polnische Exekutive ausgab, am 31. Dezember 1944 die provisorische „Regierung der Nationalen Einheit".

Auf der Jalta-Konferenz wurde beschlossen, daß die endgültige Regelung der polnischen Grenzen der Friedenskonferenz vorbehalten sei. Aber noch bevor dieser Entschluß gefaßt war, verkündete der Präsident des polnischen Nationalrats, Boleslaw Bierut, einen Tag nach Beginn der Konferenz (5. Februar 1945), daß „ohne Rücksicht auf die Ansichten der internationalen Konferenz" eine polnische Verwaltung in den deutschen Gebieten bis an die Oder und Lausitzer Neiße eingerichtet werde und das Land „polnisches Staatsgebiet" sei. Aber noch hatte die Rote Armee nicht alles Land für die Polen erobert, das diese schon jetzt zu polnischem Staatsgebiet erklärten.

Im Gefolge der Roten Armee erschien bald die polnische Miliz, die im Laufe der Zeit immer mehr an Macht gegenüber den Sowjets gewann. Sie sah ihre Hauptaufgabe im Ausplündern, Quälen und Töten der Deutschen. Gleichzeitig begann die erste Ansiedlung von Polen. Oft waren es polnische Zivilarbeiter oder Kriegsgefangene, die sich beim Einmarsch der Russen in den deutschen Ostprovinzen befanden und sich nun leerstehende Häuser oder Bauernhöfe aneigneten und sich dort als neue Besitzer bequem einrichteten. Bald nach der Eroberung ergoß sich eine Flut beutegieriger Scharen aus Polen in die deutschen Gebiete, um sich ein Haus, eine Villa oder einen Bauernhof anzueignen.

Ab 28. Februar 1945 wurden im polnischen Machtbereich zahlreiche Konzentrationslager für Deutsche eingerichtet, womit die massenweise Ausrottung der deutschen Bevölkerung unter staatlicher Aufsicht begann.

Am 5. März 1945 verfügt die provisorische polnische Regierung, daß der Besitz von Personen, die geflohen und nicht zurückgekehrt sind, dem polnischen Staat gehöre. Ebenso hat das gesamte Vermögen des Deutschen Reiches und der Besitz von Personen deutscher Staatsangehörigkeit als „aufgegebenes Vermögen" zu gelten und falle an den polnischen Staat. Obwohl die Polen sofort bei ihrem Erscheinen mit der Plünderung der deutschen Häuser begannen, soweit sie diese nicht selbst übernahmen und die deutschen Besitzer einfach hinausjagten, hatten sie nun ein Staatsgesetz, das den Raub rechtfertigte und ihnen den gesamten Besitz der Deutschen, soweit sie ihn haben wollten, „rechtmäßig" übereignete. Dieses Gesetz gilt bis heute.

Das sog. „Ministerium für die wiedergewonnenen Gebiete" richtete vom 14. bis 31. März 1945 fünf neue Wojewodschaften (Regierungsbezirke) ein: Masuren, Danzig, Pommern, Ober- und Niederschlesien.

Die Übernahme der Verwaltung durch die Polen erfolgte nicht einheitlich, sondern durch die einzelnen russischen Militärbefehlshaber. Im südlichen Ostpreußens geschah dies am 23. Mai 1945. Um die Entstehung deutscher Verwaltungsstellen zu verhindern, hatten die Polen aber schon lange davor ihre eigene Behördenstruktur errichtet.

Nach einigen politischen Manövern wurde die provisorische polnische Regierung am 5. Juli 1945 von den USA und England anerkannt, unter Zurückziehung der Anerkennung der polnischen Exilregierung in London, die damit bedeutungslos wurde. So leicht ließen die Alliierten jene Regierung fallen, für die sie angeblich in den Krieg gezogen waren.

Die Polen bemühten sich, so schnell wie möglich vollendete Tatsachen zu schaffen. Schon am 20. Juni wurden die ersten polnischen Schlagbäume an der Neiße errichtet und gleich darauf der polnische Zloty als Währung eingeführt. Im Juli 1945 setzten die Polen die erste große Vertreibungswelle in Bewegung. Zuerst sperrten sie die Oder-Neiße-Linie für alle von Westen kommenden Rückkehrer. Dann räumten sie gewaltsam einen breiten Gebietsstreifen am östlichen Oder- und Neiße-Ufer von der deutschen Zivilbevölkerung und trieben 300.000 Deutsche rücksichtslos über diese Linie nach Westen, um bei der Potsdamer Konferenz diese Gebiete als von Deutschen „freiwillig" verlassen vorzuweisen. Als der deutsche Charakter dieser Gebiete zur Sprache kam, log Stalin, daß kein Deutscher mehr in den Gebieten lebe, die den Polen übergeben worden seien.

Auf der Potsdamer Konferenz (17. Juli bis 2. August 1945) behaupteten die Polen einfach, daß sich östlich der Oder-Neiße nur 1,5 Millionen Deutsche befänden, die nach der Ernte alle „freiwillig" abziehen würden.* Tatsächlich befanden sich nach der ersten Massenvertreibung noch über fünf Millionen dort. Dazu behaupteten die Polen einfach, daß zur Ansiedlung der fünf Millionen Polen aus dem an die Sowjetunion abzutretenden Gebiet Ostpolens (in Wirklichkeit waren es nur 2,136 Millionen) die Annexion der ostdeutschen Gebiete unbedingt erforderlich sei. Trotzdem wurden diese Gebiete, die Polen ohnehin schon mit Zustimmung der Alliierten an sich gerissen hatte, ihnen nicht als Besitz zugesprochen, sondern bis zur Friedensregelung nur zur „Verwaltung" übergeben. Das größte Verbrechen der Neuzeit auf europäischem Boden wurde über das Völkerrecht hinweg kaltschnäuzig und mitleidlos fortgesetzt.

Das Potsdamer Abkommen vom 2. August 1945, in dem Ostpreußen in zwei Teile gespalten wurde, stellte den nördlichen Teil unter sowjetische, den südlichen unter polnische Verwaltung. Daß diese Regelung keine „vorläufige" war, zeigten auch Russen und Polen deutlich mit der fortgesetzten Vertreibung und Ausrottung der deutschen Bewohner, was einer vorläufigen Regelung widersprach. Darum brauchten sie auch keinen ernstgemeinten Protest von den Westmächten zu befürchten, auch wenn hierbei die größten Verbrechen gegen Menschen- und Völkerrecht verübt wurden. Auch der amerikanische Präsident Truman ließ keinen Zweifel an der Endgültigkeit der Potsdamer Regelung aufkommen, als er am 9. August 1945 erklärte: „Das von Polen verwaltete Gebiet wird Polen in die Lage versetzen, seine Bevölkerung besser zu versorgen. Es bietet eine kurze und leicht zu verteidigende Grenze gegen Deutschland. Von Polen besiedelt, wird es die Grundlage für eine homogene Nation bilden."

---

* Offenbar sollten die Deutschen noch das von ihnen gesäte Getreide für die Polen ernten, um dann völlig ausgeplündert aus ihrer Heimat vertrieben zu werden. Die Polen sahen aber bis zu der Zeit ein, daß die rechtlosen Deutschen auch weiterhin als Arbeitssklaven zu gebrauchen waren und hielten einen Teil von ihnen, besonders arbeitsfähige Männer, noch jahrelang zurück.

Der Übergang von einer Staatsgewalt in eine andere, wie er im Laufe der Geschichte oft geschah, wäre weniger bedeutend, wenn mit diesem Wechsel nicht der Glaube an alles Recht schlechthin, besonders an das Recht auf Heimat, hinfällig geworden wäre. Dazu wurden eine viele Jahrtausende bestehende Geschichte und eine organische Kultur ausgelöscht und Millionen Menschen ihr gesamter rechtmäßiger Besitz geraubt.

Die Polen variieren die Rechtfertigung ihrer Landansprüche gegenüber Deutschland zwischen der Phrase von der „Rückkehr der historischen Westgebiete" und der Behauptung, „der Verlust des östlichen Gebietes berechtige Polen zu einer Kompensation im Westen".

So wie die „historische" Begründung keiner Überprüfung standhält – die Gebiete haben niemals zu einem polnischen Reich gehört und sind nie von Polen bewohnt gewesen –, so gibt es auch für die Kompensations-Theorie keine rechtliche Begründung. Da es sich bei dem „Verlust" des ostpolnischen Gebietes nur um die Rückgabe des russischen Gebietes handelt, das Polen 1920 widerrechtlich von Rußland übernommen hatte, kann Polen auch keinen Kompensationsgrund geltend machen. Die polnische Ostgrenze war nun die Curzon-Linie, wie sie 1920 von den Westalliierten, nach sorgfältiger ethnographischer Untersuchung, festgelegt und damals auch von Polen anerkannt worden war.

Bei einem Wertvergleich sind selbst nach polnischen Angaben die deutschen Ostgebiete sechsmal wertvoller als das an Rußland zurückgegebene Gebiet. Für das ausgedehnteste Sumpfödland Europas nahmen die Polen mit Oberschlesien das „Ruhrgebiet des Ostens" und einige der besten Agrargebiete Europas. Bei dieser „Kompensation" erzielten sie einen Gewinn, der selbst die übermäßigen Reparationsforderungen des Versailler Diktats weit übertraf.

Desweiteren ist die Behauptung falsch, daß Polen die deutschen Gebiete zur Unterbringung der aus dem an Rußland abgegebenen Ostgebiet umgesiedelten Polen brauchte. Den aus diesem Gebiet kommenden 2,136 Millionen Polen standen 222.000 Volksdeutsche gegenüber, die vor 1939 in der alten polnischen Republik gewohnt hatten und nach dem Kriegsende von dort vertrieben oder ermordet wurden. Außerdem verließen 713.000 Ukrainer, Weißrussen und andere das polnische Staatsgebiet westlich der Curzon-Linie und zogen zu ihren Landsleuten ins sowjetische Gebiet oder wanderten in westliche Länder aus.

Ebenso verließen 250.000 Juden Polen. Dazu kehrte ein großer Teil der polnischen Zivilarbeiter und Kriegsgefangenen aus Deutschland sowie die Mehrzahl der unter englischem Kommando kämpfenden polnischen Armee nicht nach Polen zurück. Weiterhin soll es über zwei Millionen polnische Kriegsopfer gegeben haben (polnische Quellen nennen gar bis zu sechs Millionen). Daher hatte Polen gegenüber 1939 ein enormes Bevölkerungsdefizit. Mit dem vergleichsweise geringen Landverlust im Osten die Vertreibung von weit über 13 Millionen Deutschen rechtfertigen zu wollen, ist absurd. Die umgesiedelten Polen hätten leicht ohne Erhöhung der Bevölkerungsdichte der Vorkriegszeit innerhalb der Grenzen Polens angesiedelt werden können. Tatsächlich wurden nur 1,71 Millionen dieser Polen in den deutschen Ostprovinzen angesiedelt, die übrigen 426.700 ließen sich im eigentlichen Polen nieder. Für jeden dieser umgesiedelten Polen waren mehr als fünf Deutsche von ihrem Besitz und aus ihrer Heimat vertrieben worden. Trotz des Massenzustroms, bei dem die umgesiedelten Ostpolen eine Minderheit waren, verringerte sich die Bevölkerung im Südteil Ostpreußens von 48 auf 27 Personen pro Quadratkilometer.

Das Gerücht, daß bei der Festlegung der polnischen Westgrenze die Westmächte die weiter östlich liegende Glatzer Neiße gemeint hätten und die Polen dann jene durch die Westgrenze der Lausitzer Neiße ersetzt hätten, trifft nicht zu. Die Grenze wurde auf der Potsdamer Konferenz genau festgelegt, lediglich Stettin wurde nicht den Polen zugeteilt.

Dort verlief die Grenze „von der Ostsee unmittelbar westlich [von] Swinemünde und von dort die Oder entlang". Ungeachtet dessen raubte der polnische Staat am 19. November 1945 die Hauptstadt Pommerns und zudem Deutschlands größten Ostseehafen. Dazu besetzten sie ein 930 qkm großes Landgebiet auf der Westseite der Oder, das in Potsdam eindeutig *nicht* unter polnische Verwaltung gestellt worden war.

Daß Polen sich derart unverfroren über die Beschlüsse der Potsdamer Konferenz hinwegsetzte, entsprach seinem alten Staatsgrundsatz, daß Polen ein Staat sei, der es sich leisten kann, Verträge zu achten oder auch nicht zu achten. Offensichtlich respektierten auch die großen Siegermächte diesen Grundsatz, denn niemand protestierte gegen diesen Rechtsbruch und Landraub der Polen.

Als Lohn zäher Bemühungen und kalkulierter Opfer war Polen 1945 zum Hauptnutznießer des deutschen Unglücks geworden.

Die polnischen Konzentrationslager

Mit dem Kriegsende brach das blutigste Friedensjahr der Geschichte Europas an. Die millionenfache Orgie von Gewalt, Raub und Mord tobte sich jetzt erst richtig ungehindert aus und steigerte sich zu unvorstellbaren Ausmaßen. Noch bevor die bedingungslose Kapitulation unterschrieben und der letzte deutsche Soldat entwaffnet war, stürzten sich Polen, Tschechen und Jugoslawen auf die wehrlosen Deutschen und wüteten unter den Frauen, Kindern und alten Leuten derart blutrünstig, daß in den Vertreibungsgebieten 2,75 Millionen ostdeutsche Zivilpersonen einen gewaltsamen, grauenhaften Tod fanden. Diese Toten reden eine deutlichere Sprache, als Worte es vermögen und beweisen, welcher Art die Gegner Deutschlands waren. Die völlige Ausrottung einer Zivilbevölkerung am Ende eines Krieges, dessen militärische Entscheidung schon gefallen war, ist für die weißen Kulturvölker nahezu einzigartig. Man muß in der Geschichte weit zurückgehen, um in den Vernichtungskriegen der Antike ähnliche Massentötungen einer wehrlosen Bevölkerung am Ende eines Krieges zu finden.

Die Tschechen brachten über 400.000 Zivilpersonen und viele Tausende deutsche Soldaten um. Die sadistischen Quälereien und abscheulichen Todesarten hielte man nicht für möglich, wenn die Berichte nicht unter strengsten Maßstäben dokumentiert worden wären.

In Jugoslawien wurden alle dort verbliebenen Deutschen in Konzentrationslager eingesperrt und 175.000 von ihnen ermordet. Das war mehr als ein Viertel der deutschen Gesamtbevölkerung Jugoslawiens und zwei Drittel der beim Kriegsende dort noch anwesenden Deutschen.

Von den über 900.000 in die Sowjetunion verschleppten deutschen Zivilpersonen kamen mehr als die Hälfte um. Die Deportation der 1,5 Millionen Rußlanddeutschen in die asiatischen Teile der UdSSR haben 350.000 bis 400.000 nicht überlebt. In den sowjetischen Konzentrationslagern in Deutschland starben von 1945 bis 1950 über 100.000 Deutsche. Die Zahl der Ermordeten im Gebiet der SBZ wird mit 180.000 angegeben.

Zu diesen sind noch 220.000 zugezogene Personen sowie etwa zwei Millionen kriegsgefangene deutsche Soldaten zu rechnen, die im Gewahrsam osteuropäischer Staaten ihr Leben verloren. Vorsichtigen Schätzungen zufolge dürften allein im Osten etwa fünf Millionen Deutsche durch Mord, Folter, Hunger und Seuchen umgekommen sein.

Obwohl das Morden der Sieger sich vor allem gegen die nun wehrlosen Deutschen richtete, waren sie nicht die einzigen Opfer. Massenweise wurden auch Balten, Ukrainer, Ungarn, Rumänen und andere in die sowjetischen Zwangsarbeitslager verschleppt.

Die Westmächte lieferten fünfeinhalb Millionen Menschen gegen ihren Willen an Stalin aus, von denen mehr als die Hälfte sofort liquidiert wurde.

In Jugoslawien ließ Tito 200.000 Angehörige antikommunistischer Truppenverbände exekutieren. Von der albanischen Minderheit in Jugoslawien wurden 40.000 ermordet.

Der Massenmord an Wehrlosen wütete jedoch nicht nur in kommunistischen Ländern, sondern auch in Belgien, Frankreich und Italien.

In Frankreich wurden über eine Million Menschen verhaftet, 7.040 nach Sonderurteilen der „Résistance" getötet und 105.000 weitere ohne Urteil unter den Augen der amerikanischen Truppen ermordet.

Auch das Massensterben in den Kriegsgefangenenlagern steigerte sich am Ende des Krieges zu neuen Höhepunkten. Am grausamsten wurde mit den Gefangenen in Jugoslawien, der Tschechoslowakei und Polen verfahren, von denen nur ein geringer Teil überlebte. Sogar die Amerikaner produzierten Hunderttausende Hungerleichen – James Bacque nennt fast eine Million – in den Todeslagern am Rhein und anderen.*

* Um diesen geplanten Massenmord zu verschleiern, wurden diese Gefangenen nicht als Kriegsgefangene registriert und konnten dadurch fast spurlos verschwinden. Im Gewahrsam der USA befanden sich 3.097.000, der UdSSR 3.060.000, Englands etwa 1.500.000 und Frankreichs über 937.000 deutsche Kriegsgefangene.

Dazu blühte der neuzeitliche Sklavenhandel. Obwohl die Genfer Konvention jedem Unterzeichnerstaat verbot, seine Kriegsgefangenen anderen Ländern zu übergeben, lieferten die Anglo-Amerikaner dessen ungeachtet 765.000 Gefangene an Frankreich, 26.000 an die Beneluxstaaten und 200.000 an die Sowjets aus, die ihrerseits etwa 75.000 Gefangene an Polen und 25.000 der Tschechoslowakei übergaben.

Wer die Grausamkeiten der Russen erleiden mußte, wird sich kaum vorstellen können, daß es noch Schlimmeres gab. Und doch behaupten all jene, die das Unglück hatten, beide kennenzulernen, daß die Polen weit schlimmer waren. Das ist zunächst erstaunlich, da die Russen überwiegend Atheisten waren, wogegen die Polen als besonders fromme Katholiken gelten. Ihr Glaube an eine Art von göttlicher „Auserwähltheit" scheint es aber gerade gewesen zu sein, aus dem heraus die Polen eine gewisse Heiligkeit ihres blutrünstigen Tuns ableiteten: Der Katholizismus radikalisierte sie erst richtig. Überlebende bezeugen, daß oftmals Rotarmisten die Deutschen gegen die Polen schützten. Bei aller zur Schau gestellten Primitivität schienen die Russen im Deutschen noch immer eher den Mitmenschen zu sehen.

Während im Gebiet Ostpreußens, das den Polen übergeben wurde, vorerst ein Neben- und Durcheinander russischer und polnischer Herrschaft bestand, ging in dem ehemals polnischen Staatsgebiet Preußens (Westpreußen bzw. dem polnischen Korridor) die Gewalt sofort an die Polen über. Damit begann für die dort ansässigen und zurückgebliebenen Deutschen ein Terror, der die Verbrechen der Russen noch übertraf. Die eilig aufgestellte polnische Miliz herrschte mit unglaublicher Grausamkeit und beraubte, folterte und quälte die wehrlosen Deutschen in Massen zu Tode. Die polnischen Septemberverbrechen von 1939 wiederholten sich in weit größerem Ausmaß. Damals dauerte die Hölle 18 lange Tage, dieses Mal etliche Jahre. Der geistliche Superintendent Johannes Klein aus Lauban (Niederschlesien) schreibt: „Zu unterscheiden ist die Lage unter russischer und unter polnischer Besetzung bzw. Verwaltung, wobei ziemlich allgemein gilt, daß die Drangsale von Seiten der Russen weit geringer waren, als von Seiten der Polen […] Der Pole war bei weitem der brutalere, sadistischere, während dem Russen trotz allem eine gewisse Menschlichkeit nicht abzusprechen war […] Er gab Brot und Tabak, wenn er darum gebeten wurde, während der Pole das Brot eher in den Schmutz trat, als daß er es einem bittenden Deutschen gegeben hätte […] Ich habe mehrfach Männer begraben, die in polnischen Milizkellern totgeschlagen worden waren oder die sich aus Furcht, weil sie zur Miliz bestellt waren, das Leben genommen hatten."

Auch Fleischermeister Paul Thiel aus Freystadt stellt fest: „Die Gerechtigkeit erfordert aber, zu bemerken, daß trotz all dem das Verhalten der Sowjets nicht diesen Grad barbarischen Sadismusses [sic] annahm, wie später bei den Polen […] Was hier geschehen ist, ist einfach nicht mit Worten wiederzugeben."

Schon auf der Flucht waren viele Deutsche in die Hände der Polen gefallen. Waren deutsche Soldaten nicht in der Nähe, überfielen polnische Banden die Flüchtlingstrecks bevor die ersten Russen erschienen. Frau Sofie Jesko berichtet, wie ihr Treck plötzlich von LKW mit vermummten Zivilisten überholt und zum Auffahren auf einen Acker aufgefordert wurde. Sie umstellten sofort die Wagen und begannen, sie auszuplündern. Frau Sofie gelang es, sich als Polin auszugeben und zu entkommen. Alle anderen wurden erschlagen. Die Kleinkinder riß eine alte, wild aussehende Polin den verzweifelten Müttern aus den Armen „und schlug sie mit dem Kopf auf die Kante des LKWs".

Die Leichen wurden auf einen Haufen geschleppt, mit Benzin übergossen und angezündet. Über den weiteren Weg nach Hause schreibt Frau Sofie: „Überall […] stießen wir auf niedergemachte Soldaten und Zivilisten, überall trafen wir Trupps von polnischen Bengeln, die mit deutschen Gewehren bewaffnet Jagd auf Versprengte machten und sich rühmten, wieviele sie schon ermordet hätten und wie sie sie gequält hätten."

Auf dem Gebiet des ehemaligen polnischen Staates befanden sich beim Ende des Krieges 922.000 Deutsche, die meisten in den ursprünglich deutschen Ostprovinzen Posen und Westpreußen. Durch besondere Gesetze wurden sie entrechtet und ihr Besitz enteignet. Die Mehrheit von ihnen, auch Mütter mit kleinen Kindern, wurden in eilig errichtete Konzentrationslager eingesperrt, die nicht nur Todeslager, sondern zudem grausame Folteranstalten waren. Die Einweisung beruhte nicht auf einem rechtskräftigen Urteil, sondern nur in der Eigenschaft der Inhaftierten als Deutsche. Neben diesen Lagern dienten auch die mit Deutschen überfüllten Zuchthäuser und Gefängnisse nur dem Zweck, Deutsche zu foltern und zu Tode zu quälen. Im polnischen Machtbereich gab es damals 1.255 Konzentrationslager, von denen die letzten erst Anfang der fünfziger Jahre aufgelöst wurden.

Neben den zahlreichen Berichten Überlebender, die in der sog. „Ostdokumentation" im Bundesarchiv Koblenz zusammengefaßt sind, wurden die Zustände in den polnischen Konzentrationslagern u.a. auch in einem Prozeß des Landgerichts Hannover Ende 1951 eingehend untersucht und so beschrieben: „Familien wurden rücksichtslos auseinandergerissen, Mütter von ihren Kindern, sogar von Säuglingen getrennt. Kamen die betreffenden Angehörigen dennoch einmal zusammen [...] dann gab es dafür entsetzliche Prügelstrafen bzw. die Todesstrafe. Vergewaltigungen der Frauen durch die Polen waren an der Tagesordnung. Die meisten Polen waren überdies geschlechtskrank. An Verpflegung gab es täglich mittags 1/2 Liter Wassersuppe, dazu morgens und abends 3 bis 4 alte, meist faule [...] Kartoffeln und eine halbe Scheibe Brot [...]"

In der weiteren Beschreibung werden die sanitären Verhältnisse genannt, die aller Beschreibung spotteten, so daß eine große Läuseplage herrschte. Der deutsche Lagerarzt erhielt grundsätzlich keine Medikamente oder medizinische Instrumente. Medikamente, die er anfangs aus Abfallgruben und Trümmerhaufen mühsam zusammengesucht hatte, zertraten die Polen mit Füßen. Bei diesen Zuständen lag die Sterblichkeitsziffer im Lager verständlicherweise sehr hoch. Weiter heißt es in dem Bericht: „Andere wurden planmäßig von den Polen erschossen oder erschlagen. Wieder andere dienten den polnischen Partisanen als lebende Zielscheiben und wurden gewissermaßen aus Spielerei erschossen." Als einmal eine Gruppe von 60 bis 70 Leuten nach anstrengendem Fußmarsch im Lager ankam, veranstalteten die Polen mit diesen halb verhungerten Menschen eine sog. „Nachtübung", wobei sie etwa die Hälfte totschlugen [...]"

Wie die Einlieferung in ein polnisches Konzentrationslager erfolgte, beschreibt Dr. Heinz Esser, der als Lagerarzt eingesetzt war: Die nachts aus ihren Häusern gejagten und ausgeplünderten Bewohner eines ganzen Dorfes wurden zum vorbereiteten Lager getrieben, wo sie den ganzen Tag bei Wind und Wetter vor dem Büro auf ihre Registrierung warten mußten. Nachdem jedem einzelnen Mantel, Jacke und Schuhe geraubt worden waren, wurden sie mit Kolben und Bleikabeln geschlagen, so daß diese Menschen blutüberströmt und oft mit gebrochenen Rippen und Gliedern weitergestoßen wurden. Viele Menschen erschlugen oder erschossen die Polen gleich hier vor dem Lager. Zum Erschlagen mußte sich das Opfer niederknien und erhielt Schläge mit einem Knüppel auf den Kopf. Im Lager schließlich ging das Schlagen und Quälen weiter: „Johann L. wurde bereits vor dem Büro blutig geschlagen [...] Dann trieb man ihn in die Werkstätte [...] An seiner Leiche stellte ich zwei Stunden später fest: Schädel mehrfach gespalten, Bart abgetrennt und verbrannt, Brandwunden im Gesicht, Fingernägel ausgerissen, rechts Schlüsselbein gebrochen, Unterarme zwei- und dreifach gebrochen."

Dr. Esser berichtet weiter, wie nach dem Wecken um 5 Uhr alle Männer ohne Rücksicht auf Alter und Gebrechen, selbst 90jährige, zum sog. „Frühsport" antreten mußten. Dabei wurde erneut jeder brutal geschlagen und getreten. Die Kommandos wurden in polnischer Sprache gegeben, die viele nicht verstanden. „Hierbei kam es zu Mißhandlungen, die nicht zu beschreiben sind und die regelmäßig mit tödlichem Ausgang endeten", erzählt Dr. Esser. Nach diesem „Frühsport" wurden täglich etwa zehn Tote vom Platz geschleppt: „Manche der so gequälten, die noch gar nicht tot waren, kamen dessen ungeachtet ins Massengrab." Die Wachtposten sahen diesen Mordtaten ebenso wie ihr Kommandant Ceslaw Gimborski lachend und höhnend zu. Dann wurden die Arbeitskommandos eingeteilt.

Die Arbeit, die bei einer Verpflegung von 200 bis 300 Kalorien pro Tag verrichtet werden mußte, unter Stock- und Peitschenhieben oder schwersten, blutigen Mißhandlungen, war schlimmer als Sklavenarbeit. Ohne Rücksicht auf ihren schlechten Ernährungs- und Gesundheitszustand oder bestehende Krankheit mußten Männer und Frauen zwölf Stunden und länger in dürftiger oder zerrissener Kleidung, voller Ungeziefer und eiternden Wunden, die nicht behandelt werden durften, bei jedem Wetter schwerste Arbeiten verrichten. Auch bei Regen und grimmigster Kälte wurde die Arbeit rücksichtslos verlangt, bis die Menschen zusammenbrachen. Man schoß auch auf Menschen, die z.B. zur Latrine gingen, wie auf Schießbudenfiguren. Manche kamen in einen unterirdischen stockfinsteren Raum, der bis fast Mannshöhe mit stinkendem Wasser gefüllt war, und mußten darin etliche Tage und Nächte stehen, bis sie endlich durch den Tod von ihren Qualen erlöst wurden.

Dr. Esser erinnert sich: „Am 2. September 1945 kamen etwa 100 Frauen von einem Arbeitskommando bei strömendem Regen bis auf die Haut durchnäßt ins Lager zurück. Sie mußten Nazi-Lieder singen und nach dem Übungsplatz marschieren.

In der Platzmitte wurde ein Schemel aufgestellt, worüber sich der Reihe nach jede Frau legen mußte und 25 bis 30 Schläge mit Knüppeln auf das Gesäß erhielt. Diesen Frauen hing danach die Haut und Muskulatur buchstäblich in Fetzen herunter. Nur auf ärztlichen Protest kamen sie in die Krankenstube. Dort lagen sie ohne Verbandszeug, das der Kommandant verweigerte, auf schmutzigen Strohsäcken, wimmernd vor Schmerzen, während Fliegenschwärme in den eiternden Wunden saßen. Nach qualvoller Leidenszeit wurden sie endlich durch den Tod erlöst.

Am 15. September wurden 16 Männer vor einen Wagen gespannt und mußten unter ständigen Stockschlägen schwere Eisenteile im Nachbardorf holen. Sie konnten sich kaum halten vor Schwäche und Hunger. Unterwegs im Walde wurden auf diese Männer regelrechte Schießübungen veranstaltet, wobei die Hälfte [ermordet wurde; ...] Die anderen kehrten blutüberströmt und sich nur mühsam vorwärtsschleppend ins Lager zurück [...] Einer schrie vor Schmerzen, weil er vier tiefe Bajonettstiche im Körper hatte. Aber er durfte nicht ins Revier oder ärztlich behandelt werden. Er erhängte sich in der Nacht [...]

Kinder erlebten ähnliche Grausamkeiten. Wegen Kleinigkeiten und oft aufgrund bewußter falscher Anzeigen eines polnischen Postens wurden Jungen von 12 bis 14 Jahren ausgepeitscht, bis sie zusammenbrachen. Kleine Kinder wurden von den Müttern grausam getrennt. Sie sahen sich nie mehr wieder. Das Flehen und Schreien der Mütter und Kinder wurde mit Treten, Schlägen und Schüssen beantwortet. Auch Mütter, die ihre Säuglinge stillten, wurden von diesen getrennt, so daß die Kinder bald verhungerten, während ihre Mütter wie Vieh mit Stöcken gejagt und geprügelt wurden.

Lehrer, Beamte, Kaufleute und Geistliche waren besonderen Schikanen ausgesetzt, die [sie] fast immer das Leben kosteten. Man kam hierbei auf die grausamsten Methoden [Es folgen Einzelheiten und Namen.]"

Schlagen gehörte ebenso zum täglichen Leben, wie das Schänden der Frauen und Mädchen durch betrunkene Posten, die dafür sorgten, daß nach ärztlicher Feststellung alle Opfer geschlechtskrank waren. Selbst schwerkranke Frauen wurden vergewaltigt. Ein ungeklärter Barackenbrand im Lager lieferte den Polen einen Grund zu einem Massenmord von 581 wehrlosen Deutschen. Dabei wurde die gesamte Belegschaft der Krankenbaracke, 285 Personen, teils durch Genickschuß getötet oder durch Schläge betäubt, oft noch lebend ins Massengrab geworfen und verscharrt.

Die Zahl der in den polnischen Lagern Ermordeten wurde geheimgehalten. Auch Familienangehörige erhielten keine Auskunft und erst recht keine Todesurkunde. Nur aus dem Lager Lamsdorf gelang es Dr. Esser eine genaue Totenliste herauszuschmuggeln. Dort wurden von August 1945 bis zum Herbst 1946 von insgesamt 8.064 Inhaftierten deutschen Zivilisten 6.488 von dem polnischen Wach- und Lagerpersonal ermordet, darunter 828 Kinder.

Frau G.W. aus Orchheim (Kr. Mogilno), die durch die Lager Pakosch, Gronowo und Landsberg ging, berichtet in ihrer späteren Aussage: „Arbeiten mußten wir sehr schwer, alle, ob alt oder jung, krank oder gesund [...] Das Essen war schlecht [...] Die polnische Lagerpolizei war dauernd betrunken und hat uns grundlos geschlagen. Viele Frauen wurden vergewaltigt und dazu noch halb tot geschlagen [sic]. In den Nächten wurden wir aus dem Schlaf gerissen, mußten vor ihnen tanzen, einige ganz nackend. Sie wurden auf den Lagerhof getrieben mußten sich auf Kommando in die Pfützen [...] niederlegen und das alles im Winter und höchstens in Hemden. Wer sich weigerte, der wurde geschlagen [...] Im Lager sind viele gestorben, teils verhungert, andere wurden erst halb tot geschlagen [sic], dann hieß es, sie wären [einfach] so gestorben [...]" – Auch die 15jährige Schwester von Frau G.W. kam in diesem Lager um.

Der Bauer P.S. wurde bei seiner Verhaftung von der Miliz so geschlagen, daß er zusammenbrach. Zwei der Polen schleppten ihn dann in eine Zelle, wo er sich ausziehen mußte. Dann schleuderte ihn einer der Milizionäre auf die Pritsche. Der Zeuge erinnert sich: „Der andere schlug gleich los mit dem Gummiknüppel. Beim ersten Schlag dachte ich, er hätte mich im Kreuz durchgehackt. Da aber noch [...] 20 Schläge folgten, ging mir die Luft aus. Ich drehte mich um in Todesangst, da bekam ich den letzten Schlag ins Gesicht [...]"

Der Bauer wurde mit über 60 Mitgefangenen auf einem grausamen Marsch, bei dem es viele Tote gab, ins Lager Hohensalza getrieben, wo die Neuzugänge mit den in allen Lagern üblichen Prügeln empfangen wurden. Weiter erinnert er sich: „Anschließend alle zur Abendandacht antreten. Da mußten alle auf die Knie fallen und eine polnische Liturgie singen. Wehe dem, der nicht runter [auf die Knie] kam und nicht sang, der wurde mit Füßen heruntergetreten [...] Hier Beten, dort Morden. Dann ging es auf die Pritschen, alle mußten sich ausziehen. Man kam revidieren [nachsehen], wer nicht ausgezogen war, wurde geschlagen bis er alle [tot] war. Des Morgens wurden die Toten entkleidet. Vier Mann mußten die Leichen an Händen und Füßen anfassen und singend in die Leichenkammer tragen [...] Wehe dem, der nicht sang, auf den peitschten die Gummiknüppel. Das Bild sah man jeden Tag. Die Menschen starben wie die Fliegen.

In dem Lager waren zwei Baracken mit Frauen, da war was los. Die [...] wurden ständig verfolgt und des Nachts vergewaltigt. In der Nacht hörte man immer Frauengeschrei [...]"

Am 25. März 1945 wurden alle Männer von 15 bis 55 Jahren in Marsch gesetzt und im Lager Montwy den Russen übergeben. Dieser Wechsel der Bewacher entschied für die Deportierten über Leben und Tod: „Wir waren froh wie kein anderer, als wir aus dieser Hölle raus waren [...] Als wir da [ins russische Lager] reinkamen, atmeten wir auf; denn nun wurden wir nicht mehr von den Polen verfolgt, durften uns auf dem Lagerplatz frei bewegen [...]"

In vielen Berichten erwähnen die Überlebenden die zur Schau gestellte katholische Frömmigkeit der Polen und die große Erleichterung, die deutsche Gefangene bei dem Wechsel von polnischer in russische Gefangenschaft empfanden.

Aus dem Konzentrationslager Langenau berichtet Frau Mira aus Oberstrelitz (Kr. Bromberg): „Im Oktober 1945 mußten wir Leichen ausgraben, die schon seit 1939 in der Erde waren [...] Die Polen beschimpften und verhöhnten uns [...] Dann mußten wir die Schädel im See waschen. Die Männer wurden auch sehr geschlagen. Frauen blieben auch nicht verschont. Zwei ältere Männer [aus Goldfeld, Kr. Bromberg, namentlich genannt] hatten Spitzbärte. An denen tobten die Polen besonders ihre Wut aus. Sie wurden auf den Rücken gelegt, man kniete auf ihrer Brust und riß mit einem Taschenmesser den Bart aus. Dann schnitten ihnen die Polen Hakenkreuze mit dem Messer ins Kinn [...]"

Frau F.K. aus Vandsburg (Kr. Zempelburg) beschreibt, wie sie mit anderen Frauen aus dem Konzentrationslager Potulice mit bloßen Händen Leichen ausgraben mußte. Alle Schädel in deren Gebissen Goldkronen sichtbar waren, mußten sie einem bestimmten Polen geben, der die Zähne dann herausbrach.

Überlebende aus den Konzentrationslagern, Zuchthäusern und Gefängnissen berichten, daß sie sich bei den Kontrollen mit „deutsches Schwein" zu melden hatten. In dieser Situation wurden sie stets brutal mißhandelt.

Frau E.S. aus Zoppot bei Danzig berichtet in ihrer Aussage: „Wir wurden mit anderen Deutschen, ca. 25 Frauen und 40 Männer, in zwei kleine gegenüberliegende Kellerräume gesperrt [... Die Männer] mußten 10 Tage lang stehen, auch des nachts [sic]. Zum Umsinken war kein Platz. In dem ersten Keller hatten die Männer schon sehr viel Prügel bekommen. Nun aber erst hier! Einmal am Tag gab es Kartoffelsuppe, die aber nur der bekam, der ein Gefäß besaß. Mein Mann hatte nichts und bekam auch nichts. Ich fand eine kleine Blechbüchse auf dem Hof, in der ich knapp ein[en] Viertel [sic] Liter Suppe erhielt. Die Büchse meinem Mann weiterzugeben, wurde mir nicht erlaubt. Morgens und abends gab es schwarzen Kaffee ohne etwas dazu [...]

Abends gegen 9 Uhr wiederholte sich täglich dasselbe: Milizleute, stark angetrunken, öffneten laut schimpfend [...] unsere Türen. Die Männer mußten der Reihe nach vor unserer Tür antreten, den Hosenboden freimachen und wurden vor unseren Augen mit Gummiknüppeln bearbeitet. Wir mußten dabei singen. Taten wir es nicht, weil uns die Stimme versagte, so drohte man den Männern mit doppelten Portionen. Wir sangen heilige Lieder. Die Polen wußten genau, daß zum Teil unsere eigenen Männer dabei waren. Von der Roheit dieser Henkersknechte macht sich die zivilisierte Welt gar keinen Begriff. Abends waren sie stets betrunken, so daß sie zu allem fähig waren. So ließ man sie auf uns Wehrlose los […] Sie quälten uns die ganze Nacht.

Als wir zum Abmarsch ins Gefängnis nach Danzig antreten mußten, habe ich meinen Mann kaum wiedererkannt […] Er konnte kaum mehr gehen [… In Danzig] haben wir furchtbar gehungert. Die Männer machten Hungerrevolte. Aus allen Fenstern zugleich hörte man sie schreien: ‚Wir haben Hunger!' Der Kommandant ließ sie durch schreckliche Prügel strafen und entzog ihnen das ganz Wenige, das sie sonst bekamen […]"

Im Sommer 1945 lagen russische Soldaten im Gerichtsgebäude in Danzig, die offen Partei für die Deutschen nahmen und durch die geöffneten Fenster auf die Polen schimpften. Sie hatten das Hungergeschrei der Männer gehört, und der russische Kommandant hatte damals noch so viel Macht, daß er die Polen zwingen konnte, genügend Essen auszugeben. Frau E.S. berichtet weiter: „Leider kam diese Hilfe für den größten Teil unserer Männer zu spät. Von insgesamt 2.500 Männern waren in den ersten zweieinhalb Monaten über 2.000 gestorben. Sie waren buchstäblich verhungert […] Hinzu kamen die Quälereien Nacht für Nacht. Immer wieder wurden sie nachts herausgeholt und so geschlagen, daß die Zähne flogen. Am Tage mußten sie schwer arbeiten. Das haben die wenigsten ausgehalten. Auch mein Mann soll am 25. Juli 1945 hier gestorben sein. Von meinem Bruder und seiner Frau, die angeblich ebenfalls im April 1945 in das Gefängnis Danzig eingeliefert wurden, fehlt bis heute jede Spur.

Die russischen Soldaten warfen uns während unserer halbstündigen Spaziergänge auf dem Gefängnishof des öfteren Brot, Äpfel, Zigaretten und anderes zu. Wir durften die Sachen aufheben, mußten sie aber drinnen wieder abliefern. Wir durften nichts von dem behalten, was uns die Russen schenkten […]"

Erst ab Herbst 1945, nachdem Tausende Tote wie verendetes Vieh namenlos in Massengräbern verscharrt worden waren, wurden in Danzig Totenlisten angelegt. Im Herbst nahmen die Polen den Inhaftierten alle warmen Bekleidungsstücke ab. Die Frauen durften nur ein dünnes Hemd, Waschhose, Waschbluse und Rock behalten und mußten damit den ganzen Winter hindurch in einem Raum mit glaslosen Fenstern oder im Freien arbeiten. Arbeitszeit war von 7 bis 20 Uhr, auch an Sonn- und Feiertagen. Sie war begleitet von ständiger Mißhandlung: „Ich habe im Herbst 1947 gesehen, wie Männer […] furchtbar mit Gummiknüppeln verprügelt wurden. Auch nachts hörte man oft das Schreien der Männer […] Andertags fehlten ihnen die Zähne[,] und sie sahen schrecklich aus […]"

Im Dezember 1947 wurde Frau E.S. ins Zuchthaus Fordon überführt. Im Mai 1948 erkrankte sie an Typhus, nachdem sie im August 1945 in Danzig schon Flecktyphus überstanden hatte. Sie durfte sich dieses Mal nicht hinlegen, da der „Arzt" (von Beruf Melker) ihre Krankheit für simuliert erklärte. Erst nach drei Wochen kam sie, kaum noch bei Besinnung, in das notdürftige „Spital". Im März 1949 wurde sie ins Todeslager Potulice gebracht, in dem zu der Zeit über 17.000 Deutsche waren, von denen etwa 10.000 außerhalb des Lagers arbeiteten.

Katastrophal wirkte sich die Einweisung in die Lager auf die Kinder aus, die ihren Müttern meist schon am Lagertor entrissen wurden. Die polnische Regierung betrachtete diese Kinder als „Staatseigentum". Säuglinge und in den Lagern geborene Kinder starben fast alle. Die Kinder wurden gesondert von den Erwachsenen untergebracht und weitestgehend sich selbst überlassen. Viele starben an Seuchen oder verhungerten. Zum Teil kamen sie auch in sog. „Kinderheime", wo ebenfalls viele verhungerten, oder sie wurden einfach fremden polnischen Familien gegeben. Jeder Schriftverkehr mit den Eltern war verboten. Manchen Müttern gelang es nach Jahren bei der Ausweisung, ihre oft nur noch polnisch sprechenden Kinder zurückzubekommen. Viele wurden aber ausgewiesen ohne ihre Kinder je wiederzusehen. Oft verweigerten die polnischen Familien die Rückgabe der ihnen übergebenen Kinder an ihre deutschen Mütter. Andere verlangten „Vergütung der Kosten" als Bedingung der Rückgabe, die von den in den Konzentrationslagern unbezahlt arbeitenden Müttern nicht aufgebracht werden konnte. Auch diese mußten die Heimat ohne ihre Kinder verlassen. Eine Mutter hat von fünf Kindern nur noch eines zurückbekommen; und dieses war kein Einzelfall.

Die Diakonisse K.E. aus Bromberg, inhaftiert vom November 1945 bis September 1947 im Konzentrationslager Potulice, berichtet Näheres über das Leiden und Sterben der Kinder, die in regelrechten Kinder-Konzentrationslagern eingesperrt waren. Auf eine Erkundigung im „Kinderheim" Schwetz, wo 1946 viele Kinder hingebracht worden waren, wurde erklärt: „Es sind Tausende Kinder hierher gekommen. Wir konnten sie listenmäßig nicht erfassen. Die meisten waren noch so klein, daß sie ihren Namen nicht wußten. Sehr viele sind gleich von polnischen Leuten abgeholt worden. Wir wissen nicht, wo sie sind."

Tatsache war, daß so viele Kinder in die Kinderheim-Lager wie z.B. Thorn, Schwetz, Bromberg, Schubin, Hohensalza, Tuchel, Konitz und andere gepreßt wurden, daß die Versorgung mit Lebensmitteln sowie die Organisation der Betreuung völlig zusammenbrach und als Folge der katastrophalen Zustände Seuchen ausbrachen, die ein ungeheures Massensterben verursachten.

Kinder von acht Jahren mußten bei polnischen Bauern alle Feld- und Stallarbeiten verrichten. Von einem Kind wird berichtet, daß es sich zum Striegeln der Pferde auf einen Schemel stellen mußte. Bewegte sich das Pferd, fiel das Kind in den Mist. Kam der Bauer und das Mädchen war mit dem Abreiben nicht fertig, wurde es stets geschlagen.

„Eines Abends hatte ich dienstlich in einer Kinderbaracke zu tun. Ein Junge, 13 Jahre alt, war ins Lager gekommen und hörte, daß seine neunjährige Schwester in der Baracke sei. Er kam an die Baracke. Sie freuten sich des Wiedersehens nach fast drei Jahren. Der Platzkommandant traf die beiden an. Der Junge bekam einen Schlag ins Genick, daß er zu Boden fiel. Hierauf bekam er Fußtritte, daß einem beim Anblick fast das Herz brach. – Von wie vielen Fällen könnte man noch berichten! Grausam war die Behandlung deutscher Kinder in Polen", berichtet ein Betroffener.

Aus Bromberg wurde R.S. mit ihren Eltern zunächst im Gefängnis Krone (an der Brahe) eingesperrt. Ihre Mutter erlag den grausamen Quälereien schon am 10. März 1945. Die Ausstellung einer Sterbeurkunde wurde von der polnischen Verwaltung verweigert. Als am 4. April bei der Tochter ein Stückchen Brot gefunden wurde, das sie von ihrer Hungerration dem Vater geben wollte, der täglich auf dem Gefängnishof arbeitete, wurde sie in den Gefängniskeller in eine kleine Dunkelzelle gebracht und aufgefordert, sich völlig zu entkleiden.

Sie erzählt: „Anfangs zögerte ich, aber schon schlug der eine auf mich ein und befahl ‚schneller ausziehen'. Weinend tat ich es. – An diesem Tag hatte ich stark die Mensis [...] auch das hinderte nicht. – Einer schlug nun mit dem Gummiknüppel, der andere mit dem Gewehrkolben zu. Ich schrie entsetzlich, aber je mehr ich schrie, je mehr Schläge bekam ich. Bewußtlos brach ich zusammen. [...] Als ich etwas zu mir kam[,] bemerkte ich, daß sogar einige Zähne ausgeschlagen waren.

Am dritten Tage kam einer der Milizianten wieder. Die Schläge wiederholten sich, anstatt Essen. An mir fieberte doch alles. Am Körper nicht eine heile Stelle. Ich war dem Wahnsinn nahe. Ich bat, mich lieber zu erschießen, worauf er nur kurz antwortete: ‚Ihr deutschen Schweine sollt alle krepieren.' Völlig entkleidet saß ich hier bis zum 9. April abends. Dann durfte ich meine Sachen holen, mich anziehen und zu den übrigen gehen. Verboten wurde mir aber zu sagen, daß ich geschlagen [worden] bzw. wo ich gewesen war.

Mit mir zusammen wurden [...] Elly Heßler und Berta Kuhlmeier auf Nebenzellen gebracht und ebenfalls entsetzlich geschlagen. Erstere hatte etliche tiefe Wunden von den Schlägen auf dem Gesäß. Sie starb am 24. Mai und Berta Kuhlmeier am 6. Juni 1945 im Lager Langenau [...] Der Bauer Willi Kuhlmeier aus Sanddorf bei Krone wurde vor den Augen des Gefängnisleiters Belczyk auf dem Gefängnishof totgeschlagen. Selbstmord durch Erhängen gehörte hier zur Tagesordnung."

Aus dem großen Todeslager Potulice bei Nakel (an der Netze im Kr. Bromberg), wo R.S. 1946 im Büro der Lagerverwaltung arbeitete, berichtet sie u.a. über den sadistischen jüdischen Lagerarzt Dr. Ignazy Cedrowsky (eigentlich Isidor Cederbaum), den kein Überlebender von Potulice vergessen wird.

Der Bunker des Lagers bestand aus Kellerzellen von zweimal zwei Metern, ohne Licht, Lüftung und Sitzgelegenheit. Der Zementboden stand knietief unter Wasser. Wer in den Bunker kam – bei sicher 99 Prozent der dazu Verurteilten gab es keinen Grund zu einer Bestrafung –, wurde erst barbarisch geschlagen. Die zum Foltern ausgesuchten Polen erhielten von Isidor Cederbaum reichlich Wodka, damit sie beim Schlagen keine Hemmungen hatten. Der Verurteilte mußte sich ausziehen, die Kleider abgeben und sich auf den Bauch legen. Unter Dr. Cederbaums Aufsicht wurde er mehrmals mit Wasser übergossen, auch im Winter. Dann wurde er weiter geprügelt. Vor allem wurden ihm die Fußsohlen durch Schläge so zerfetzt, daß sie stark bluteten.

Das nackte und halbtote Opfer warfen die polnischen Handlanger des Doktors dann in den beschriebenen Bunker, wo mancher wochenlang ausharren mußte. Um die Wirkung auf die wunden Füße zu erhöhen, ließ Cederbaum in großen Mengen Chlorkalk in das Wasser des Bunkers schaufeln. Als einmal in der Nähe des Bunkers arbeitende Gefangene den Platzkommandanten auf das entsetzliche Heulen im Bunker aufmerksam machten, sagte er mit kaltem Sarkasmus: „Wenn ihnen das Leben nicht mehr gefällt, sollen sie krepieren… aber die Deutschen krepieren nicht so schnell."

Beim Hinaustragen des Notdurfteimers aus einer der Zellen stieß Cederbaum das Gefäß durch einen Fußtritt um. Dann zwang er die Frau, die als besondere Vergünstigung ihr Hemd hatte anbehalten dürfen, es auszuziehen, damit alles aufzuwischen und es wieder anzuziehen. Den restlichen Schmutz mußte sie auflecken. Hierbei stand Cederbaum lachend an der Bunkertür und freute sich lüstern. Daß es bei diesem „Lagerarzt" glatter Selbstmord war, sich krank zu melden, war allen Lagerinsassen bekannt. So arbeiteten Kranke, bis sie bewußtlos oder tot umfielen.

Wer nach Ansicht der Polen zu wenig leistete, besonders ältere Frauen, kam wegen „Arbeitsverweigerung" in die Strafkolonne, die hauptsächlich mit Torfstechen bei jeder Witterung, auch im Winter, beschäftigt wurde. Ihr Leiter war der stets betrunkene Isidor Kujawski. Als erstes bekam man dort 50 Schläge, wonach die Geschlagenen kaum noch zurechnungsfähig waren und Kujawski alles mit ihnen tun konnte, was er wollte. Zu seinen satanischen Spielen gehörte, daß einige Frauen sich die Haare mit Kuhdung bestreichen und Frösche essen mußten. Unter seinen Schlägen mußten sie dabei singen und tanzen. In seiner Kolonne lebte selten jemand länger als 14 Tage.

Schließlich – nur noch auf Knien rutschend – zogen völlig erschöpfte Frauen die schweren, torfbeladenen Wagen; Kujawski ging hinter den Unglücklichen und schlug ihnen die Fußsohlen blutig. Wie viele Tage würden sie das noch aushalten, fragten sie sich, bis sie tot „in den Sielen" liegenblieben? Beim Ausräumen der Fallklosetts der Wachmannschaften zwang Kujawski Frauen, die darin herumschwimmenden, benutzten Präservative in den Mund zu nehmen und aufzublasen. Männer und Frauen zwang er, sich vor ihm zu entkleiden, und verlangte, daß sie vor seinen Augen koitieren sollten. – Und dauernd wurden die Häftlinge geschlagen.

„Während meiner Tätigkeit in den Lagerbüros hatte ich nur zu viel Gelegenheit, in Sachen hineinzuschauen, die Grauenhaftes nachwiesen. Wir haben z.B. die Sterbebücher aus dem Lager Kaltwasser übernommen, in denen seitenweise nur Nummern [der Ermordeten] eingetragen gewesen sind", berichtet ein Zeuge später.

Hierbei handelt es sich wohl um die im folgenden Bericht beschriebenen Massenerschießungen der Arbeitsunfähigen, Alten und Kranken, wobei die Opfer nicht namentlich registriert wurden.

Schwester M.S. aus Bromberg berichtet aus jenem Konzentrationslager Kaltwasser bei Bromberg, wie diese hilflosen Menschen regelmäßig in größeren Gruppen nachts in den Wald hinter dem Lager geführt wurden, wo viele Laufgräben waren. Dort angekommen mußten sie sich nackt ausziehen, am Rand eines Grabens aufstellen und wurden dann von der Seite mit einem Maschinengewehr erschossen. Häftlinge eines besonderen Schaufelkommandos (die nicht darüber sprechen durften und später ebenfalls erschossen wurden) mußten das Grabenstück zuschaufeln, obwohl nicht alle Opfer tödlich getroffen waren und manche noch lebten.

Am Ostersonntag 1945 stellte die Schwester fest, daß über Nacht wieder 40 von diesen Unglücklichen verschwunden waren. Nachmittags wurden alle Leute aus den Baracken gejagt. Die Gesunden unter 60 Jahren durften in die Baracken zurück. Die übrigen wurden besehen und schikaniert. Schließlich wurden 60 Frauen ausgesucht und in einen kleinen Raum gepfercht. Sie bekamen nichts mehr zu essen und die Tür wurde von außen mit einem Balken angestützt. Die Schwester erzählt: „Am Morgen des zweiten Ostertages […] war mein erster

Blick nach dem Balken. Er war fort, die Tür weit offen, der Raum leer. Über Nacht waren wieder 60 Menschen erschossen worden. So wie an diesen beiden Ostertagen, ist es an vielen anderen Tagen auch gemacht worden [...]"

Schwester M.S. erfuhr Näheres darüber von einem ihr bekannten Bromberger Augenzeugen, der zum Schaufelkommando gehörte und oft Holz in die Küche bringen mußte. Eines Morgens waren wieder 20 Frauen über Nacht verschwunden, und sie fragte: „,Herr L., was geschieht mit diesen Menschen?' – ,Nein, Schwester, das darf ich nicht sagen, um Gottes Willen nicht!' Aber ich drängte ihn, und schließlich erzählte er mir, wie sie [die polnischen Lagerverwalter] es machten [...] Dann verschwand auch einer nach dem anderen dieser ungewollten Totengräber und L. sagte: ,Über kurz oder lang gehöre ich auch dazu. Sie werden sehen, Schwester, wenn ich einige Tage nicht mehr in die Küche komme, dann bin ich auch bei denen dort im Wald.'

Noch einige Male sah ich Herrn L. Er war so elend, so gebrochen und sagte: ,Schwester, jetzt bin ich an der Reihe.' Wieder einige Tage, ich hielt Ausschau nach ihm, ging in seine Baracke – er war nachts herausgeholt worden und nicht mehr zurückgekehrt.

So ging dieses Leben im Lager weiter. Täglich kamen die Leute herein, aber nur kranke, verhungerte Gestalten, die kaum noch nach Menschen aussahen, [und] so viele [waren es]. Viele habe ich heute noch vor Augen. Sie ruhen nun [...] verscharrt im Sand, im Wald bei Kaltwasser [...]"

Beim Lesen der Berichte der Überlebenden aus den polnischen Konzentrationslagern ist man neben dem Ausmaß des Mordens über die grauenhafte Brutalität des fortwährenden Schlagens erschüttert. Man hat den Eindruck, daß es für einen Polen nichts Beglückenderes gab, als mit einem Knüppel wehrlose Menschen zu schlagen. In allen Berichten stößt man auf Stellen wie die folgenden:

„Vier Mann rissen mir die Kleider vom Leib und schlugen so lange auf meinen nackten Körper, bis ich besinnungslos war [...] Am Morgen, Antreten zum Appell. Ich konnte kaum gehen und wurde wieder geschlagen. Mein Rücken war eine einzige blutige und verschwollene Masse [...]";

„Jede Nacht hörte man das Schmerzensgebrüll der Mißhandelten [...] Aber auch zu jeder anderen Zeit wurde kontrolliert und dabei immer geschlagen [...]";

„Bald wurde ich dem Ortskommandanten, einem etwa 21jährigen Juden, vorgeführt [...] Ich mußte mit ins nächste Zimmer gehen, mich auf eine Bank legen und erhielt unzählige Schläge mit einem Gummiknüppel [...]";

„Tag und Nacht wurden Häftlinge herausgeholt und bis zur Unkenntlichkeit zerschlagen. Fast jede Nacht kamen zugewanderte Polen, die ihre Brutalität an uns ausließen. Jeder fürchtete sich vor der Nacht. Ich erhielt im Schlaf einen solchen Fußtritt in den Leib, daß ich glaubte, mein Magen sei zerrissen. Anderen ging es noch bedeutend schlimmer [...]";

„Ich verneinte die Beschuldigung, Gestapochef gewesen zu sein und zeigte meinen Ausweis mit Lichtbild. Sofort bekam ich einen solchen Faustschlag ins Gesicht, daß mir das Blut aus der Nase lief und ein Zahn ausgeschlagen wurde. Immer, wenn ich die falschen Anschuldigungen zurückwies, wurde ich unbarmherzig geschlagen und in den Unterleib getreten. Ich unterschrieb schließlich [die anschuldigenden Papiere], weil ich sonst totgeschlagen worden wäre [...]";

„Die 22jährige F.M. aus Petersdorf fand ich schluchzend in der Zelle, das Gesäß von 25 schweren Hieben entstellt. Sie hatte aussagen sollen, wo sich Partisanen befänden. Es hat nie welche gegeben [...]" usw. Diese exemplarischen Aussagen könnte man endlos fortsetzen.

Erst mit dem Verschwinden der deutschen Bevölkerung im polnischen Machtbereich wurden die Konzentrations- und Todeslager aufgelöst, die letzten um 1953.

Ob Folter und Feuertod bei der Inquisition oder die Qualen und das Sterben unter den Schlägen der Polen das Schlimmere war, ist wohl unmöglich zu sagen. Bei einem Vergleich wäre aber zu beachten, daß die Folter im Mittelalter im Rahmen der damals geltenden Rechtsordnung von einem Richter nach einem strengen Verfahrensablauf angeordnet wurde, während hier sadistische Täter willkürlich ihre abartigen Triebe an wehrlosen Menschen, die keiner strafbaren Handlung angeklagt waren, ungehemmt befriedigen durften. Die Hexen und anderen Angeklagten wurden auch nicht vergewaltigt und erhielten gewöhnlich ausreichend Nahrung. Das eine geschah im finsteren Mittelalter, einer fremden, unaufgeklärten Welt, das andere mitten im 20. Jahrhundert. Jahrelang wurden hier unschuldige Menschen massenweise zu Tode gequält, und die zivilisierte Welt, die so viel von Menschenrechten redet, schwieg und schweigt selbst heute noch immer dazu.

Unter polnischer Gewalt

Den unglücklichen Deutschen, die sich am Ende des Krieges im polnischen Machtbereich befanden, stand eine schwere Leidenszeit bevor, die entweder mit dem Tod oder der Vertreibung endete. Sie wurden entrechtet, enteignet, verfolgt und vorsätzlich und zielstrebig in Massen ausgehungert, durch Zwangsarbeit vernichtet oder einfach totgeschlagen. Die anfangs noch vorhandenen Lebensmittel waren geraubt und der spärliche Rest bald verbraucht. Mit dem steigenden Zuzug der Polen wurde das Leben der Deutschen noch unerträglicher. In den Städten eigneten sich die Polen alle besseren Privatwohnungen an und pferchten die Deutschen, unter Zurücklassung ihrer gesamten Habe, in die schlechtesten Häuser ein, so daß nicht selten mehrere Familien in einem einzigen Raum lebten.

„Das Elend war unbeschreiblich! Deutsche erhielten keine Lebensmittelkarten, sondern mußten sich durch schwere Sklavenarbeit [...] das kärgliche Brot verdienen. Eine furchtbare Hungersnot brach unter den Deutschen aus, Elend und Krankheiten. Der Schwarze Markt feierte Triumpfe [sic], aber kein Deutscher durfte dort kaufen, noch konnte er es, weil er kein polnisches Geld besaß. Alte Leute und Kinder starben hin wie die Fliegen [...] Eigentum durften wir nicht mehr besitzen [...]", schildert ein Augenzeuge.

Von den Bauernhöfen nahmen die Polen nun das letzte Schwein und das letzte Huhn. Es wurde immer schwieriger, Nahrungsmittel aufzutreiben und sich in dem ausgeplünderten Land am Leben zu erhalten. Nachdem der Zloty als neue Währung galt, die Deutschen aber für ihre Zwangsarbeit keinen Lohn erhielten, konnten sie keine Lebensmittel kaufen, obwohl bald – vor allem durch amerikanische Lieferungen – ein reichliches Angebot vorhanden war.

Als die Russen die Zivilverwaltung den Polen übergaben und nur noch die militärischen Kommandanturen besetzt hielten, waren die Deutschen schutzlos dem polnischen Terror ausgesetzt. Sie wurden mißhandelt, vergewaltigt und zur Zwangsarbeit gezwungen, die sie oft unter Peitschenhieben verrichten mußten. Selbst polnische Kinder durften die Deutschen auf übelste Art belästigen. In dem Bericht eines Pfarrers liest man: „Am 8. Mai 1945 zog mit Musik ein polnisches Eisenbahnerregiment in Grünberg ein, gefolgt von einem Schwarm beutelüsterner Polen, und nun verdoppelte sich alles Unglück und Leid [...] Die Polen gebärdeten sich als unumschränkte Herren. Infolgedessen kam es zu schlimmen Auseinandersetzungen und wüsten Schießereien [der Polen] mit den Russen [...]" Während seiner acht Hafttage „hallte das Haus wider von Peitschenhieben und Stockschlägen und vom Wehgeschrei der Häftlinge".

Ein anderer Pfarrer berichtet, wie bei Beerdigungen polnische Miliz oftmals den Trauerzug der nur noch in Lumpen gekleideten Deutschen mit Peitschen brutal auseinandertrieb oder wie der Leichenzug von polnischen Zivilisten mit Steinen beworfen wurde. „Die deutsche Bevölkerung wurde als Fremdling und später als überhaupt nicht existenzberechtigt behandelt [...]", und das im eigenen, angestammten Land.

Nach seiner grundlosen Verhaftung kam der Pfarrer in ein „Gefängnis", das der tiefe Bierkeller einer Brauerei mit großen Gewölben gewesen war. Neuankömmlinge wurden mit einem Fußtritt die finstere Treppe hinabbefördert, wo sie sich in der völligen Dunkelheit erst allmählich zurechtfanden. – „Die Berichte meiner Mitgefangenen offenbarten mir bestialische Scheußlichkeiten, die an ihnen verübt wurden." – Es folgen Beschreibungen mit Namensnennung über unglaubliche, sadistische Quälereien. Über den ihm bekannten mitgefangenen Kantor der Nachbargemeinde schreibt er u.a.: „Bis an den Rand gefüllte Klosetts mußte er mit der Hand entleeren und den jeweiligen Inhalt der Hände über den Hof tragen. Prügelei war das Tägliche Brot. In dieser Zeit habe ich ihn nie anders gesehen als verschwollen und mit blauen Flecken [...]"

In dem beeideten Bericht einer Frau steht: „Wir Deutsche waren vogelfrei. Jeder konnte uns zur Arbeit abholen, uns quälen und schlagen. Niemand kümmerte sich darum. Öfters wurden Ermordete aufgefunden, ohne daß eine Behörde eingriff [...] Drei Fälle sind mir bekannt, in denen Deutsche niedergeschossen wurden, weil sie ihre Sachen nicht sofort herausgeben wollten [...] Immer mehr kam bei den Polen die Sitte auf, mit der Reitpeitsche oder einem Stöckchen herumzulaufen. Öfters machten die Polen Gebrauch von dem Stock, was ich selbst am eigenen Leibe erfuhr [...]" In Danzig trug die polnische Miliz außer der Maschinenpistole eine solche Lederpeitsche, die alle Danziger Opfer gewiß lebenslang nicht vergessen haben.

In dem Bericht einer anderen Zeugin liest man: „Schläge ins Gesicht, Fausthiebe, Fußtritte haben wir alle immer wieder erhalten, nicht etwa nur durch die nächtlichen Plünderer. Am hellen Tage, im Orte selber, von ‚amtlichen' Personen wurden [wir] z.B. aufs fürchterlichste ins Gesicht geschlagen [... Es folgen die Namen von fünf Frauen und weitere Einzelheiten mit Namensnennung.] Eine Bäuerin [...] erhielt schwere Gummiknüppelschläge und kam mit Nierenbluten [für] acht Wochen ins Gefängnis. Die als Küchenhilfe beschäftigte 22jährige I.N. hatte beim Ausfegen des Büros fortgeworfene Zigarettenstummel der Polen gesammelt und den deutschen Gefangenen zugesteckt; dafür bekam sie neben acht Tagen Gefängnis 22 Gummiknüppelhiebe über das Gesäß [...]

Vergewaltigt [worden] sind eigentlich ausnahmslos alle Frauen [...] Fast alle jungen Mädchen haben diese Gefahr an Leib und Leben erlitten [...] Die Ärztin Frau Dr. H.K. kennt die Fälle von erst 13- und 15jährigen Mädchen mit den nachfolgenden Selbstmorden [...]" Es folgt die Aufzählung der Vergewaltigungen, Selbstmorde und sechs Fälle von Ermordungen bei Plünderungen mit Namens- und Ortsangaben.

Verhaftungen erfolgten aus nichtigem oder auch ohne jeden Grund. Nach ein paar Vernehmungen und den üblichen Schlägen kamen einige in die Konzentrationslager, andere wurden nach Wochen oder Monaten entlassen, um nicht selten später erneut verhaftet zu werden. Bei der Entlassung mußten die Deutschen, unter der Androhung, ins Konzentrationslager zu kommen, eine eidesstattliche Erklärung abgeben, niemals über das zu sprechen, was sie gesehen, gehört und erlebt hatten.

Eine der verhafteten Frauen berichtet, daß der Kellerraum, in dem bis zu einem Dutzend Frauen eingesperrt waren, so klein war, daß diese die Nächte zum Teil sitzend verbringen mußten. Es gab täglich 200 bis 250 Gramm Brot und etwa sechs Kartoffeln im blanken Wasser gekocht, sonst nichts.

Sie berichtet: „An manchen Tagen durften wir Kartoffeln schälen, einige Begünstigte durften die Büros oder gar die Küche scheuern. Da suchten wir dann nach Möglichkeit [...] Schüsseln und Kochtöpfe auszukratzen, sahen aber auch, wie die vom Gulasch wohlgenährten Beschließer zwischen den Mahlzeiten die Vollmilch aus Biergläsern tranken, während an deutsche Säuglinge daheim grundsätzlich keine Milch gegeben wurde."

Wie weit die Ausplünderung der Deutschen ging, zeigt folgende Aussage: „Eines Tages lag ein Mann vor dem Hause der Miliz, ein Deutscher [...] Wir mußten in einem Vorgarten ein Loch schaufeln, ihn hineinlegen, wieder herausholen, weil man ihm noch die Jacke auszog, wieder hineinlegen. Ein anderer Pole holte ein Messer und schnitt das Gebiß heraus, weil er Gold entdeckt hatte [...]"

Eine polnische Anordnung an die deutsche Bevölkerung enthält folgenden Passus: „Die Bewegungsfreiheit der deutschen Bevölkerung ist nur innerhalb der Stadt- bzw. Dorfgemeindegrenze gestattet [...] Den Deutschen ist verboten, ihre Wohnungen eigenmächtig zu wechseln [...] Das Umhergehen auf öffentlichen Straßen und Plätzen in Gruppen von mehr als 2 Personen sowie das Halten der Hände in den Hosentaschen ist verboten [...] Verboten ist den Deutschen der Aufenthalt außer ihrem Hause von 18 bis 6 Uhr [...] Die Haustore zu den von den Deutschen bewohnten Grundstücken, die bisher ständig zu waren, müssen von 6 bis 18 Uhr offen bleiben [...] Sämtliche Deutschen im Alter von 10 Jahren ab müssen am linken Arm eine weiße Armbinde tragen [...] Der Milicja [Miliz] sind sofort abzugeben: Waffen und Munition aller Art, Radioapparate, Telefonapparate, Kraftfahrzeuge, Kraftfahrräder, Fahrräder sowie Teile dafür, Schreibmaschinen, Rechenmaschinen, Wolldecken (Militär), Militärstiefel, Ferngläser. Die Nichtbefolgung obiger Verordnung wird mit dem Tode oder mit schweren Arbeitslagern bestraft werden."

Eine andere Bekanntmachung der polnischen Regierung, deutlich von panslawistischer Propaganda geprägt, begann so: „Nachdem die siegreiche polnische Armee die urslawischen Gebiete [...] in heldenhaften Kämpfen wieder zurückerobert hat, geht sämtlicher lebende und tote Besitz in die Hände des polnischen Staates über [...]"

Wie es auf einem Bauernhof zuging, berichtet der damals 12jährige Helmut L. aus Bischofstein, der mit seinem Vater diese Zeit auf dem Hof erlebte: „Einmal wurden alle Tiere gezählt, die wir noch hatten und erhielten von der russischen Kommandantur einen Schein, daß von dem gezählten Bestand nichts fortgenommen werden darf. Den Schein sollten wir den plündernden Polen vorzeigen. Als die nächste Polenhorde dann unsere Schweine holte, warfen sie den Schein lachend fort, luden alle Tiere unbekümmert auf ihre Wagen und fuhren ab [...] Die Russen, denen inzwischen das Plündern verboten worden war, versuchten die Räuberei der Polen zu verhindern. Wenn eine Räuberhorde erschien, lief ich manchmal zur Kommandantur und der Kommandant oder ein Soldat kam gleich mit. Aber meistens waren die Räuber schon fort. Einmal gab ein Russe ein paar Schüsse hinter einer abziehenden Horde ab, wollte aber wohl niemand[en] treffen [...] Es wurde erzählt, daß es anderswo zu ernsthaften Schießereien zwischen Russen und Polen gekommen war.

Die Polen kümmerten sich aber nicht um die Anordnungen der Russen und raubten weiter. Es wurde immer schwieriger, etwas zum Essen zu besorgen, und nur selten konnten wir uns sattessen. Wir mußten froh sein, wenn wir ein paar Kartoffeln hatten und nichts anderes dazu.

In Ungewißheit und Angst vergingen die Tage. Das Fürchterlichste waren die meist jugendlichen Räuberhorden, die von Hof zu Hof zogen, die Menschen grausam mißhandelten und oft zu Tode quälten, nur weil sie keinen Ring und keine Uhr mehr zu geben hatten oder auch kein Versteck zeigen konnten, wo Wertsachen vergraben waren.

Wenn eine Horde abzog, war gleich die nächste da. So ging es oft den ganzen Tag. Einmal kam ein Trupp halbwüchsiger Polen geritten. Sie hatten aus Autoschläuchen gefertigte Gummiknüppel, mit denen sie uns grausam schlugen. Vor allem verlangten sie „Urr". Sie suchten jeden Winkel im Haus durch, und als sie eine Schraube vom Fahrrad fanden, verlangten sie unter dauerndem Schlagen das Rad, das schon längst fort war. Eine andere Horde wollte uns verhaften, weil einer von ihnen einen Stempel fand, den mein Bruder für sein Briefmarken-Sammeln gebraucht hatte. Sie glaubten, daß hier der Bürgermeister gewohnt hatte. Andere rissen den Fußboden im Wohnzimmer auf, um darunter nach versteckten Wertsachen zu suchen.

Bald hatten die plündernden Polen alles geraubt, was die Russen nicht genommen hatten. Die eine Milchkuh, die uns die Russen gelassen hatten, als sie das Vieh wegtrieben, hatten uns schon die ersten Polen weggenommen. Nun kamen sie immer wieder auf unseren Hof, luden auf, was ihnen gefiel und fuhren damit fort. So verschwanden nach und nach die landwirtschaftlichen Maschinen und Geräte, die Möbel, die Betten, die Nähmaschine, die gesamte Wäsche und auch unsere Kleider.

Als die Förstersfamilie aus dem Kreis Goldap, die bei uns wohnte, im Januar eiligst weiter flüchtete, erschoß der Mann seinen Jagdhund, den wir hinter dem Garten begruben, sobald der Boden aufgetaut war. Als eine Horde Polen die Stelle fand, mußten wir unter Schlägen und Fußtritten den Hund ausgraben, weil sie auch da vergrabene Schätze vermuteten. Überall stocherten sie die Erde mit dünnen Metallstäben ab und wurden wütend, wenn sie nichts fanden. Sie glaubten wohl schließlich, daß sie nur hart und lange genug schlagen müßten, um die Herausgabe versteckter Schätze zu erzwingen. Von unseren Nachbarn wurde das alte Ehepaar Block halb tot geschlagen [sic]. Der Mann konnte nicht mehr gehen und spuckte tagelang Blut. Auch der alte Herr Konegen hinkte an einem Stock, nachdem die Polen ihn grausam geschlagen und die Kellertreppe hinuntergeworfen hatten.

Am schlimmsten waren die Frauen unter den Polen. Sie rissen mir mehrmals den Rock, den ich anhatte, vom Leibe. Wenn es mir irgendwie wieder gelungen war, zu einem [anderen Rock] zu kommen, nahmen sie ihn mir gleich wieder weg. Als ich schließlich nichts mehr anzuziehen hatte, machte mir der alte Herr Leidigkeit aus der Stadt eine Jacke aus einem alten Soldatenmantel, wobei er alles mit der Hand nähte, da seine Nähmaschinen längst geraubt worden waren. Auch diese nahmen mir die Polenweiber weg, nachdem ich sie nur wenige Tage getragen hatte [...]"

Maria Pingel verw. Jost aus Launau Kr. Heilsberg schreibt: „Die Polen stahlen wie die Raben und nahmen uns das Letzte [...] Nachts mußten die Türen offenbleiben, sonst wurden sie eingeschlagen. Die Polen leuchteten in alle Ecken und nahmen Kleidung und alles, was ihnen gefiel. Ich hatte noch etwas im Bett verwahrt [...] Sie kamen mit Weibern, rollten mit den Laken alles ein und gingen fort. Die Wäsche, die man auf dem Leibe trug, konnte man nicht waschen oder trocknen, denn sobald sie auf der Leine hing, war sie weg. Als ein polnischer Offizier mein Schlafzimmer und das große Marienbild, ein Hochzeitsgeschenk meiner Eltern, nahm, sagte er: ,Du weinen? Deutsche Soldaten mir auch alles geraubt.'"

Es wäre interessant zu erfahren, was wohl ein deutscher Soldat mit Möbeln und einem großen Heiligenbild gemacht hätte, abgesehen davon, daß Plündern jeder Art in der deutschen Wehrmacht strengstens verboten war und strikt bestraft wurde.

Der damals 15jährige Johannes Rochel aus Braunsberg berichtet: „Man lebte nur von der Hand in den Mund [...] Die Kinder hatten immer Hunger [...] Wir gingen Ähren lesen, pulten die Körner heraus, drehten sie durch die Kaffeemühle und buken Brot [...] Wir gingen immer noch in die Keller der Ruinen, um irgend etwas Brauchbares zu finden. Wenn wir erwischt wurden, schlug uns die Miliz zusammen. Einmal hatte ich das Pech und war einige Tage bettlägerig.

Die Polen, die jetzt ganz das Regime übernommen hatten – die Sowjets waren inzwischen abgerückt –, ließen nun die Wut an uns aus. Bisher hatten wir immer noch die Sowjets bei uns, die uns vor den Polen beschützt hatten. Das Verhältnis zwischen Polen und Russen war nicht gut. Oft gab es nachts Schießereien zwischen ihnen [...]

Wir mußten den Bürgersteig verlassen, wenn Milizleute uns entgegenkamen. Unsere Mütze mußten wir bis auf Knietiefe herunternehmen und ,Dien Dobre' sagen. Einmal vergaßen wir diese Vorschrift und wurden mitten auf der Bahnhofsstraße zusammengeschlagen."

Der Zeuge J.R. berichtet weiter, wie Pfarrer Bönigk verhaftet und nach vielen Verhören und langem Foltern im Keller der Milizstation, schließlich ausgewiesen wurde: „Viele andere, auch Bankdirektor Ney, kamen aus diesem Keller nicht lebend heraus, sie wurden einfach totgeprügelt [...]" Alle Deutschen mußten zur Kennzeichnung ein „N" am Rock haben und durften nicht mehr die Stadtkirche betreten.

Fast alle Überlebenden bestätigen, daß die Polen nicht so viele Frauen vergewaltigten wie die Russen in der ersten Zeit – sie brachten ja ihre eigenen mit –, ansonsten aber *viel* grausamer als die Russen waren.

In dieser furchtbaren Notzeit mußten die katholischen Ermländer betroffen feststellen, daß einige ihrer eigenen Priester die Machtübernahme der Polen in Preußen freudig begrüßten. Schon früher hatte man manche seltsamen Begebenheiten mißbilligt, beispielsweise, daß bei priesterlichen Treffen manche Teilnehmer lieber polnisch als deutsch sprachen, auch wenn es von den meisten Anwesenden nicht verstanden wurde. Domherr Wladislaw Switalski, in dessen Haus nur polnisch gesprochen wurde, soll über das Vordringen der Sowjets im Januar 1945 sehr erfreut gewesen sein. (Ein Russe erschoß ihn später, angeblich weil er einen kostbaren Pelzmantel trug.) Während viele Priester Not und oft auch den Tod mit ihrer Gemeinde teilten, lehnte der Ehrendomherr und Hausprälat Johannes Hanowski, der im Sommer 1945 als Erzpriester in Allenstein tätig war, jede priesterliche Tätigkeit für deutsche Katholiken strikt ab und umsorgte jetzt eifrig nur noch die einziehenden Polen.*

Dieser Priester, der sein Leben lang deutsches Brot gegessen und sein Gehalt aus der Arbeit deutscher Menschen bezogen hatte, verweigerte jetzt Sterbenden in ihrer schwersten Stunde den letzten Beistand. Er lehnte auch die Beerdigung der deutschen Toten ab, und nach seiner Anordnung durften auf dem Friedhof der Stadt Allenstein (Jakobi-Friedhof) auf einmal nur noch Polen beerdigt werden. (Die Beerdigungen der deutschen Katholiken übernahm ein evangelischer Geistlicher, der sich noch in der Stadt befand.)

In Elbing wurden die Deutschen ebenfalls ohne Ankündigung aus ihren Wohnungen vertrieben und durften nicht auch nur das Notwendigste mitnehmen. Die ihnen zugewiesenen

---

* Die Diözese Ermland (einschließlich der Prälatur Memel) zählte 1944 in 192 Pfarreien und Kuratien 390.000 Katholiken (zirka 16 Prozent der ostpreußischen Gesamtbevölkerung). Von den 372 Priestern der Diözese (Stand Januar 1945) verloren 79 ihr Leben (23,9 Prozent). Von den 39 Priestern aus anderen Diözesen, die in Ostpreußen tätig waren, wurden zwei und von 42 Ordenspriestern elf ermordet. – 1946 waren noch 80 Priester vermißt (verschleppt), 140 waren in den Westen entkommen und etwa 80 befanden sich noch in Ostpreußen.

Von den zur Wehrmacht einberufenen Priestern waren 16 Diözesan-, vier andere und zwei Ordenspriester gefallen.

Ghettos waren so überfüllt, daß viele Menschen kein Unterkommen mehr finden konnten. Es gab weder Wasser noch Gas oder Beleuchtung. Monatelang starben im Durchschnitt täglich etwa zehn Personen an Typhus oder Fleckfieber.

Gerüchte über die Vertreibung aller Deutschen über die Oder wurden im Herbst 1945 immer glaubhafter. Immer mehr Polen kamen ins Land, und neben den plündernden und schlagenden Banditen zogen nun auch solche umher, die sich Häuser und Bauernhöfe ansahen, um sie bei Gefallen einfach zu übernehmen. Hatte der Pole gefunden, was ihm zusagte, ging er zum polnischen Bürgermeister und ließ das deutsche Anwesen unter seinem Namen registrieren. Er brauchte dazu keine Genehmigung und keine Qualifikation. In wenigen Minuten war er „rechtmäßiger Besitzer" eines schuldenfreien Bauernhofes, eines Hauses oder einer Villa geworden. Wohnten die deutschen Eigentümer noch darin, wurden sie mit Hilfe der Miliz einfach hinausgeworfen. Manchmal durften die deutschen Hofeigentümer als Sklaven der neuen polnischen Herren bleiben, wozu ihnen in der Regel die Futterkammer im Pferdestall als Wohnung zugewiesen wurde. Die meisten wurden jedoch sofort verjagt, ohne etwas von ihrem Eigentum mitnehmen zu dürfen.

Die so angesiedelten Polen schleppten ganz ungeniert und in Selbstbedienungsmanier einfach weg, was ihnen gefiel, auch aus den noch bewohnten deutschen Häusern. Manchmal trieb die Miliz die Bewohner eines Ortes auch nur vorübergehend fort, um die Häuser ungestört ausplündern zu können.

Bemerkenswert ist, daß nach Beendigung der polnischen Umsiedlungsaktion 1950 nur knapp ein Drittel der Polen in Ostpreußen aus dem an Rußland abgegebenen Gebiet stammte, die mehr oder weniger zwangsweise in das deutsche Gebiet gebracht worden waren. Alle anderen kamen aus dem eigentlichen Polen.

Die Vertreibung durch die Polen

Bei Kriegsende befanden sich in den Vertreibungsgebieten 17.474.700 einheimische Deutsche; dazu über zwei Millionen zugezogene Westdeutsche (Luftkriegsevakuierte, Regierungsbeamte, Personal von Post, Bahn, ausgelagerten Betrieben u.a.). Mit den 1,5 Millionen Rußlanddeutschen waren das über 20 Millionen Menschen, die fliehen mußten, verschleppt, vertrieben oder ermordet wurden. Damit ist dies die größte Völkervertreibung der Weltgeschichte und eines der beschämendsten Kapitel des 20. Jahrhunderts, zu dem die Welt noch immer schweigt. Die Brutalität des ostdeutschen Exodus ist unvorstellbar. Schonungslos erfaßte dieser Gewaltakt alle Schichten der Bevölkerung, Säuglinge, Greise, Kranke und Sterbende. Ein sehr großer Teil dieser Menschen überlebte die Vertreibung nicht. Einzelheiten sind durch wissenschaftliche, objektive Dokumentationen einwandfrei belegt; unzählige Berichte von Augenzeugen bestätigen das ungeheure Geschehen. Die dabei verübten Gewalttaten gehören zu den am besten dokumentierten Verbrechen und Massenverbrechen der Geschichte.

Der polnische Staat hatte die offizielle, entschädigungslose Enteignung aller Deutschen schon Ende Mai 1945 durch Gesetze vollzogen. Zur Zeit der Potsdamer Konferenz (17. Juli bis 2. August 1945) war die Vertreibung der Preußen aus ihrer Heimat also schon in vollem Gange.

Somit war der Vertreibungsartikel XIII des Potsdamer Protokolls eine Reaktion auf die Vertreibungen, aber nicht ihre Ursache, wie manchmal fälschlicherweise behauptet. Churchill hatte in Potsdam erklärt: „Wir wollen keine zahlreiche deutsche Bevölkerung, die von ihren Nahrungsquellen abgeschnitten ist." Amerikas Außenminister James Byrnes bemerkte: „Wir beabsichtigten in Potsdam nicht, Aussiedlungen anzuregen [...]" Polen und Tschechen hielten sich aber nicht an die Bedingungen jenes Artikels XIII. Am 15. September 1945 schrieb der Londoner *Economist* dazu: „Obwohl die Potsdamer Erklärung die Einstellung ungeordneter und unmenschlicher Massenvertreibungen der Deutschen verlangt, geht die gewaltsame Aussiedlung aus den Provinzen Ostpreußen, Pommern, Schlesien und Teilen von Brandenburg weiter [...] Der Rat der Außenminister muß dieser erschütternden Tragödie ein Ende machen. Die Millionen [Menschen] sind praktisch ohne Unterkunft und Nahrung. Unweigerlich werden sie an Hunger und Erschöpfung sterben."

Tatsächlich starben Millionen, aber weder Polen, Tschechen noch Jugoslawen ließen sich vom Rat der Außenminister oder einer anderen Autorität etwas vorschreiben.

Nachdem in Ostpreußen die Ernte eingebracht und die Feldarbeit von den Deutschen geleistet war, setzte die Massenvertreibung ein. Sie wurde in den einzelnen Verwaltungsregionen unterschiedlich durchgeführt und zog sich über etliche Jahre hin. Während die polnische Regierung so schnell wie möglich aus dem deutschen Land ein polnisches machen wollte, fand ein großer Teil der Polen Gefallen an dem Imperialistenleben mit der Sklavenhaltung und wollte die arbeitsfähigen Deutschen noch möglichst lange behalten. Aus dem Kreis Rößel berichtet der ermländische Prälat Ernst Hoppe: „Mitte Oktober wird die deutsche Bevölkerung aufgefordert, bis zum 31. Oktober das Land zu verlassen, andernfalls die Zwangseinweisung in Straf-(KZ-)Lager angedroht wird. In langen Kolonnen ziehen die Menschen zum Bahnhof nach Bischdorf. Unterwegs werden ihnen die letzten Habseligkeiten abgenommen, oft sogar die Kleider und Schuhe ausgezogen. Entehrungen der Frauen und Mädchen sind auch jetzt noch an der Tagesordnung. Die amtlich ausgegebenen Passierscheine besagen, daß sie [die Vertriebenen] ‚freiwillig‘ die Heimat verlassen.“

In anderen Gegenden, z.B. im Kreis Sensburg, führten die Polen keine umfassenden Vertreibungen durch, sondern sie zwangen die Bewohner für den Verbleib im polnischen Machtbereich zu optieren. Wer sich weigerte, wurde durch Terror oder schließlich durch Folter dazu gebracht. Auch unter den Einwohnern Elbings suchten die polnischen Behörden solche heraus, die polnisch klingende Namen hatten oder eine wenigstens hanebüchene „slawische Herkunft“ nachweisen konnten. Ihnen gaben sie die polnische Staatsbürgerschaft. Im Laufe der Zeit verzichtete jedoch die Mehrheit dieser Personen darauf und zog nach Deutschland.

Die Transporte in das westlichere Deutschland erfolgten unter unmenschlichen Bedingungen in überfüllten Güterwagen, ohne Vorrichtung für die Notdurft und oft schon bei bitterer Kälte. Die Fahrt dauerte in der Regel eine Woche und länger, wobei grundsätzlich keine Verpflegung oder Trinkwasser ausgegeben wurden.

Die polnische Regierung hatte zwar offiziell erlaubt, daß die Vertriebenen bis zu 500 Reichsmark und so viel Gepäck mitnehmen durften, wie sie in den Händen tragen konnten; die Wirklichkeit sah jedoch völlig anders aus. Schon auf der Sammelstelle, von wo der Marsch zur Bahn erfolgte, wurden Bekleidung und Gepäck gründlich kontrolliert, wobei die Polen alles raubten, was ihnen gefiel. Auf der Bahnfahrt stürzten sich nicht nur auf jedem Bahnhof Massen polnischer Diebe auf die Deutschen, auch auf freier Strecke hielt der Zug gefälligerweise überall dort, wo Haufen dieser Selbstbediener warteten, um den unglücklichen Opfern auch noch das Letzte zu nehmen. Sie rissen ihnen Schuhe und Kleider vom Leib, so daß viele in der Kälte nur halb bekleidet waren. Es kam wiederholt vor, daß einige ganz nackt ausgezogen wurden und dann nur das hatten, was die Leidensgefährten ihnen abgaben oder was sie den Toten abnehmen konnten. Mäntel und Röcke, die nicht geraubt wurden, schnitten die Banditen mit Rasiermessern auf, um nach eingenähtem Geld, Eheringen und Schmucksachen zu suchen. Diejenigen, die den Transport überlebten, waren in der Regel vollständig ausgeplündert und viele nur noch notdürftig bekleidet. Von manchen dieser Transporte erreichte kaum die Hälfte das Ziel. Die Ausgewiesenen hatten seit dem Einmarsch der Russen eine Hungerszeit, Mißhandlungen, Seuchen und Zwangsarbeit hinter sich, wodurch ihre Gesundheit lebensgefährlich angegriffen war, so daß sie die Strapazen des Transports aus Preußen ohne Nahrung nicht mehr überstanden. Zudem wurden vorwiegend ältere und schwache Personen für die Vertreibung ausgesucht und die noch arbeitsfähigen zurückgehalten. Helmut L. aus Bischofstein beschreibt in seinem Bericht den typischen Transport, wie ihn Hunderttausende erlebten – und auch den Empfang im Deutschland westlich der Oder: „Mitte Oktober wurde auf großen Plakaten in der Stadt bekanntgegeben, daß alle Deutschen, die keine polnische Herkunft nachweisen können, nicht polnisch sprechen und nicht für Polen optieren, das Land diesseits der Oder verlassen müssen [...] Am 24. Oktober gingen wir von unserem Hof [...] mit einem aus einem Sack gefertigten Rucksack, einem ungewissen Schicksal entgegen. Wir hofften, daß nun wenigstens die körperlichen Leiden und Quälereien aufhören würden, ohne zu ahnen, daß uns das Schlimmste noch bevorstand.

Wir mußten uns alle auf dem Sportplatz versammeln, wo uns polnischen Soldaten empfingen und bewachten. Zunächst durchsuchten sie das Gepäck, wobei sie uns einen Teil der

Sachen aus unserem Rucksack wegnahmen. Dann mußte sich jeder in der Sporthalle ausziehen und die Kleider wurden gründlich nach eingenähten Wertsachen untersucht. Am Nachmittag traten wir den Fußmarsch zum Bahnhof Bischdorf an. [Da zu dieser Zeit schon die
Bahnlinie von Bischofstein in beide Richtungen abgebaut war, lag der nächste Bahnhof etwa
neun Kilometer entfernt an der Hauptlinie Insterburg – Allenstein.]

Beiderseitig bewachten uns polnische Soldaten mit Fahrrädern, die weiterhin die Leute be-
raubten. Sie nahmen sich einfach was sie haben wollten und packten es auf ihre Fahrräder
[…] Am Abend erreichten wir Bischdorf […] Gegen Morgen, noch im Dunkeln, trieb man
uns über die Gleise auf einen Güterzug mit Flachwagen ohne Seitenwände. Bei dem dauernden ruckartigen Anfahren und Aufstoßen waren wir stets in Gefahr, von der glatten La-
defläche abzurutschen. Gepäck fiel hinunter, und irgendwo in der Dunkelheit erstarb das
Kreischen einer Frau unter den Rädern des anfahrenden Zuges […] Als wir in Rothfließ waren, wurde es hell. In Wartenburg fuhren wir an einem Transport russischer Soldaten vorbei,
die uns etwas Brot zuwarfen. Von Allenstein ging es in geschlossenen Viehwagen weiter, aber
der Zug stand mehr als er fuhr. Als es dunkel wurde, begann eine grausame Nacht. Alle paar
Minuten wurde die Wagontür aufgerissen[,] und eine wilde Horde meist junger Polen stürzte sich auf das Gepäck, das sie mit Rasiermessern aufschnitten und alles raubten, was ihnen
gefiel. Das übrige zerschnitten sie, besonders Federbetten und Kissen. Der ganze Waggon
war weiß von den ausgeschütteten Federn […] Immer neue Horden kamen, und eine trieb
es schlimmer als die andere. Auch die Kleider, die wir anhatten, wurden uns zerschnitten.
Auch mir schnitt jemand den Mantel und den Rock, den mir Frau Feierabend gegeben hatte, von oben bis unten durch. Dann kam eine Horde, die mir den Rock entriß. Vater hielt ihn
noch fest, aber die Räuber wollten ihm gleich die Hand mit dem Rasiermesser durchschneiden. Die ganze Nacht hörten wir Schreie mißhandelter Menschen und auch einzelne Schüsse. Wenn der Zug sich endlich wieder in Bewegung setzte, atmeten wir auf, aber gleich hielt
er wieder[,] und die Hölle ging von neuem los […]

In Deutsch Eylau mußten wir wieder umsteigen. Kaum waren wir in dem anderen Zug,
trieb man uns wieder hinaus. Bei diesem öfteren Ein- und Ausladen wurden die Menschen
wie Tiere gejagt. Alles ging auf roheste Weise, in großer Eile und dichtem Gedränge vor sich.
Gepäck ging verloren[,] und Familien wurden auseinandergerissen. Mütter riefen verzweifelt nach ihren Kindern[,] und weinende Kinder irrten umher. Schließlich mußten wir unter
mehreren Zügen durchkriechen und wurden in einen schon überfüllten Zug gepreßt. Soldaten stießen mit ihren Gewehrkolben die Menschen darin brutal zurück, um mit roher Gewalt
noch mehr [Deutsche in den Waggon] hineinzustoßen. Auf diese Weise kamen auch wir in
einen Wagen, der so überfüllt war, daß sich niemand mehr rühren konnte. Bei der nächtlichen
Fahrt hielt der Zug wieder oft, und sogleich stürzten sich die Räuberhorden auf uns. Da wir
an der Tür standen, stürzte ich fast jedesmal hinaus, wenn die Tür aufgerissen wurde. Mit
Mühe konnte mich Vater immer noch rechtzeitig festhalten.

Am nächsten Morgen erreichten wir Gosslershausen, wo wir den ganzen Tag bei emp-
findlicher Kälte warten mußten. Frauen versuchten auf kleinen Feuern Suppe zu kochen,
vielleicht auch nur Wasser heiß zu machen, um etwas Warmes in den leeren Magen zu bekommen, aber polnische Soldaten stießen mit ihren Stiefeln die Kochtöpfe und Blechdosen
um und traten die Feuer aus. Eine riesige Menschenmenge war hier versammelt, da mehrere Transporte zusammengetroffen waren. Als in der Nacht endlich ein Güterzug eingescho-
ben und [das] Einsteigen angeordnet wurde, stürzte sich die hungrige und frierende Menschenmasse darauf, um von hier fortzukommen. Bei dem furchtbaren Gedränge in der Dunkelheit wurde ich von der Masse fortgerissen und kam mit Vater auseinander – den ich nie
mehr wiedersah […] Nun war ich ganz allein […] Nie werde ich diese schreckliche Nacht
vergessen […]

In Thorn luden wir am nächsten Tag drei Tote aus unserem Wagen aus. Hier gab es, wie
auch in Allenstein, alles zu kaufen, aber keiner von uns hatte [noch] Geld. Nach stundenlangem Hin- und Herrangieren wurden wir auf ein totes Gleis in einen Wald geschoben, wo wir
aussteigen mußten. Es schien so, als wollte man uns hier verhungern lassen. Wir hatten noch
immer nichts zu essen bekommen und erhielten auch weiterhin nichts. Das Wenige, das wir
mitgenommen hatten, war verbraucht oder geraubt worden. Zweieinhalb grauenvolle Tage

blieben wir in diesem Wald, wo das große Sterben begann. Bald lagen überall Leichen umher, denen die noch Lebenden die Kleider auszogen, denn die meisten waren so ausgeplündert, daß sie nicht mehr das Allernotwendigste auf dem Leibe hatten. Auch ich fror und zog einem Toten den Rock aus, der mir zwar viel zu groß war, aber wärmte. Wir fanden einige Pilze, die wir roh aßen, und für die kalte Nacht sammelten wir Holz und kauerten uns um ein Feuer. Immer mehr Menschen starben, manche am Feuer sitzend […] Als wir endlich weiterfahren sollten, mußten wir erst die vielen Toten begraben, was in unserem erschöpften Zustand eine kaum zu bewältigende Arbeit war. Nie würden die Angehörigen erfahren, wie und wo diese Menschen sterben mußten.

Auf der weiteren Fahrt starben noch sehr viele. Es war nichts Besonderes mehr, zwischen Toten zu liegen. Die Plünderungen nahmen immer noch kein Ende. Einem alten Mann wurden die Schuhe ausgezogen, und einmal stießen die Polen einen Mann zu uns herein, der ein Bein amputiert hatte und ganz nackt war. Eine Frau reichte ihm eine alte Decke, in die er sich hüllte. Ein anderes Mal stieg eine Mutter mit mehreren kleinen Kindern zu. Eine Weile saß sie still auf ihrem Bündel und fiel dann tot um. Wir gewöhnten uns daran, daß der Tod unser ständiger Begleiter war. Irgendwo mußten wir in völlig verdreckte Wagen umsteigen[,] in denen noch der Kot vom Viehtransport lag.

Wir fuhren über Posen und bei Küstrin über die Oder und waren nun in dem von den Russen besetzten Teil Deutschlands. Als ein Transport russischer Soldaten an uns vorbeifuhr, warfen auch diese uns Brot herüber. Ich hatte Glück und konnte ein Stück auffangen […]

Eines Nachts, in Laage in Mecklenburg, hieß es wieder aussteigen. Nach stundenlangem Warten marschierten wir in ein Lager, das ehemals ein Gut gewesen war. Man sagte, daß hier etwa 6.000 Personen in den Ställen und Wirtschaftsgebäuden untergebracht waren. Das ganze Lager war umzäunt und bewacht, niemand durfte hinaus. Hier gab es fast nichts zu essen. Einmal täglich wurde zwar eine Suppe ausgegeben, es war aber nicht annähernd genug vorhanden, daß alle auch nur eine kleine Portion bekommen konnten. Um etwas davon zu erhalten, mußte man sich schon morgens früh anstellen und bis abends warten. Aber oft stand man den ganzen Tag vergebens und bekam nichts. Unsere einzige Beschäftigung im Lager war die Beerdigung der vielen Toten. Jeden Tag von früh bis spät wurden riesige Massengräber ausgehoben und die Leichen hineingeworfen, bis sie [die Gruben] voll waren. Auch ich wurde oft dazu eingeteilt. Wie lange würde es dauern, bis auch ich in die Grube geworfen werden würde? Die noch eine Schaufel halten konnten wurden immer weniger. Bald waren wir so schwach, daß wir die Beerdigung der vielen Toten nicht mehr bewältigen konnten[,] und sie blieben da liegen, wo sie gestorben waren.

Der Zweck dieses Lagers schien allein der zu sein, diese Menschen verhungern zu lassen. Hatten die Unglücklichen all die Leiden überstanden, um hier elendiglich umzukommen? War wirklich beschlossen worden, die Anzahl der Vertriebenen dadurch zu verringern, daß man sie in Vernichtungslager einsperrte und verhungern ließ, wie viele vermuteten? Hatten nur wir den Krieg verloren und wurden dafür nicht nur von Russen und Polen bestraft, sondern auch von jenen Deutschen, die ihre Heimat behalten durften? Was war eigentlich der Unterschied zwischen diesen Sterbenden und jenen, die außerhalb des Zaunes in ihren Häusern wohnten, in ihren Betten schliefen und wahrscheinlich zu ihrer Suppe auch noch ein Stückchen Brot hatten?

Solche Gedanken beschäftigten die Erwachsenen, deren Gesprächen ich zuhörte. Als wir über die Oder fuhren, glaubten wir, dem Tod entronnen zu sein, aber nirgendwo habe ich solche Mengen Leichen gesehen, wie in diesem deutschen Flüchtlingslager.*

Nach zwei grauenvollen Wochen wurden die Überlebenden, die noch gehen konnten, aus dem Lager entfernt. Die letzten zwei Tage war keine Suppe mehr ausgegeben worden. Sah

---

* Nach einer späteren Angabe sollen in diesem Lager „nur" 4.000 Vertriebene gewesen sein. Es wird jedoch zugegeben, daß „die meisten" von ihnen gestorben sind. Die Massengräber wurden inzwischen eingeebnet und das Gelände landwirtschaftlich genutzt.

Die Erfahrung läßt vermuten, welche Gedenkstätte hier errichtet worden wäre, wenn statt der 4.000 Deutschen Menschen eines anderen Volkes hätten verhungern müssen. Über den Gräbern Tausender Heimatvertriebener aber pflanzt man heute in der Bundesrepublik Deutschland anscheinend am besten Kartoffeln und spricht niemals darüber.

man die langen Reihen der zweistöckigen Wehrmachtsbetten entlang, konnte man auf jedem zweiten oder dritten Bett einen Toten sehen. Ein halbes Jahr nach Kriegsende waren sie hier mitten in Deutschland verhungert. Wir Überlebenden waren nur noch wandelnde Leichen, als wir stolpernd und uns gegenseitig stützend zum Bahnhof wankten [...]

Mit einer Gruppe von 100 Leuten kam ich nach Mustin, wo ich am nächsten Morgen zu den Russen ging, um etwas Brot zu erbetteln. Daß es zwecklos war, an eine deutsche Tür zu klopfen, hatte ich schon gelernt, denn da gab es nichts. Wir wurden in der Schule untergebracht, wo ich den ganzen Winter auf dem kahlen Fußboden schlief [...]"

Anna Bodschwina aus Goldbach (Kr. Mohrungen) berichtet: „Am 30. November 1945 begann unsere Elendsfahrt, die alles bisher erlebte an Grausamkeit übertraf. Schon der Weg zum Bahnhof hätte kaum unmenschlicher gedacht werden können. Wir wurden – und das ist keine Übertreibung – über 12 Kilometer durch Feld und Wald getrieben, wie eine Herde Vieh. Hinter dem Zug gingen und fuhren Polen, die uns fortwährend mit Peitschen bedrohten. Die alten und kranken Leute sowie die schwachen unterernährten Kinder hatten große Mühe mitzukommen und waren schon unterwegs dem Zusammenbruch nahe [...]

In Mohrungen saßen wir die ganze Nacht frierend auf dem nackten Fußboden einer Baracke, dauernd von plündernden polnischen Soldaten belästigt. Den meisten Frauen wurden die Mäntel weggenommen. Die noch übriggebliebenen jungen Mädchen – 14- bis 16jährige Kinder [sic] – wurden von den Polen vergewaltigt. Am nächsten Tag wurden wir in der polnischen Kommandantur gründlichst untersucht. Alles, was den Polen gefiel, nahmen sie uns weg. Gefiel ihnen ein Kleidungsstück, das wir anhatten, mußten wir es ausziehen. Ich mußte meinen gestrickten Unterrock ausziehen, in den ich unsere sämtlichen Unterlagen eingenäht hatte. Als ich den Polen bat, er möge mir wenigstens meine für ihn wertlosen Papiere zurückgeben, antwortete er mit einem höhnischen Gelächter. Das Brot, das wir uns für die Reise aufgespart hatten, wurde uns größtenteils schon vor Antritt der Fahrt gestohlen [...]"

In die teils schadhaften Wagen des Güterzuges wurden noch viele Leute aus Liebstadt hineingepreßt, darunter die Alten und Kranken des Liebstadter Altersheimes. „Die ganze folgende Nacht wurden wir von polnischen Soldaten und Zivilisten ausgeplündert", erzählt Frau Bodschwina. Am 2. Dezember fuhr der Zug schließlich ab. Die Zeugin beschreibt dann die über zwei Wochen dauernde Fahrt, die Enge mit etwa 100 Personen im Wagen – „man konnte weder stehen noch sitzen, geschweige denn liegen" – und die fortwährenden brutalen Plünderungen.

Weiter erinnert Anna Bodschwina sich: „Schon in Allenstein hatten wir in unserem Wagen die ersten Toten, die wir auf den Gleisen liegenlassen mußten. Es sind viele, viele Tote auf der Strecke liegengeblieben [...] Wegen der großen Engigkeit [sic] im Wagen waren die Toten oft in den schrecklichsten Stellungen der Glieder und des Körpers erstarrt und halb zerdrückt, so daß man sie nur mit Grauen ansehen konnte. Aber allmählich stumpften wir auch gegen diesen Anblick ab, und bald gehörten die Leichen zu den gewohnten täglichen Bildern [...] Der Typhus herrschte im ganzen Zug[,] und die Zahl der Toten wuchs von Tag zu Tag. Die hygienischen Zustände in dem Wagen kann man sich wohl unschwer vorstellen [...]"

Maria Pingel aus Launau berichtet, daß in ihrem Fall die polnischen Behörden gegen Bezahlung der Reisekosten in Zloty Ausreisepapiere ausstellten und sie mit ihrer Schwägerin und den Kindern im Herbst 1945 „freiwillig" ins westlichere Deutschland reisen konnte: „Mit einem alten Bus fuhren wir nach Allenstein. Dort wurden wir Flüchtlinge in einem großen Lagerschuppen untergebracht und nachts eingeschlossen. Dann war die Hölle los. Zwei polnische Soldaten mit aufgepflanztem Gewehr und ein etwa 18jähriger Junge kamen herein und gingen durch die Reihen. Sie stahlen Rucksäcke und anderes Gepäck. Leuten mit noch recht ordentlichen Mänteln wurden diese ausgezogen, einzelne sogar bis aufs Hemd entkleidet [...] Sie [die polnischen Diebe] zogen mit der Beute ab und kamen wieder [...] Vor uns setzte sich eine Frau zur Wehr. Sie wurde blutiggeschlagen und verlor ein paar Zähne. Ich hatte mein Geld im Mantel und in den Schuhen versteckt, alle wichtigen Papiere [...] bewahrte ich im Rucksack auf. In meiner Angst schnitt ich Risse in Mantel und Schuhe. So behielt ich sie. Der Rucksack wurde mir aber genommen. All mein Schreien und Weinen half nichts [...]"

Am nächsten Morgen durften die Deutschen abfahren, wobei sie nochmals gründlich beraubt wurden, bevor man sie in den Zug einsteigen ließ. Sie bekamen keine Sitzplätze, da diese von Zivilpolen belegt waren. In Thorn weinten die Kinder vor Hunger, da alle mitgenommenen Lebensmittel gestohlen worden waren. Frau Pingel ging mit einer Blechdose am Zug entlang und bat die Polen um etwas warme Suppe – und erhielt die Dose sogar ein zweites Mal gefüllt. Frau Pingel und ihre Freundin Frau Bodschwina begnügten sich mit warmem Wasser von der Lokomotive, und alle erreichten nach einigen Tagen endlich Berlin.

Beim Erlaß der Charta der Vereinten Nationen (San Francisco, 26. Juni 1945) wurden die deutschen Vertriebenen ausdrücklich von der internationalen Flüchtlingsfürsorge ausgeschlossen. Der Hohe Flüchtlingskommissar in Genf und seine Kommissare in den einzelnen Ländern (auch in Deutschland) waren daher nur für die ausländischen Flüchtlinge zuständig, aber nicht für die Millionen deutschen Flüchtlinge und Vertriebenen im Hauptflüchtlingsland der Welt. Diese Bestimmung gilt – so unglaublich es klingt – noch heute.

Die grauenhaften Zustände bei der Vertreibung wurden trotz des den Medien verordneten Schweigens ansatzweise auch in der westlichen Welt bekannt, und einige Stimmen gingen sogar darauf ein. Im November 1945 schrieb die *New York Times*: „Hätten die alliierten Staatsmänner geahnt, wie diese Masse hilfloser Menschen auf sie selbst zurückschlüge, dann hätten sie wohl nicht so leichtfertig die Verantwortung für die unmenschlichste Entscheidung übernommen, die jemals von Regierungen getroffen wurde, die für die Verteidigung der Menschenrechte eintreten."

Selbst der aus seinem Amt gewählte Churchill, einer der Hauptschuldigen an der Vertreibung, heuchelte nun Mitgefühl, daß es sich „um eine Tragödie unvorstellbaren Ausmaßes" handele.

Die Polen hielten sich nicht an die festgelegten Ausweisungsquoten. Selbst mit Beginn des Winters, als manchmal kaum noch die Hälfte der Vertriebenen die unmenschlichen Transporte lebend überstand, setzten die Polen die Ausweisungen trotz halbherziger englischer Proteste unvermindert fort. Erst als die britischen Behörden Transportzüge zurückschickten und die Übernahme weiterer Transporte verweigerten, verminderte sich die Zahl der Ausweisungen. Ob von den zurückgewiesenen Transporten überhaupt noch einzelne Menschen die Rückfahrt nach Polen überlebten, ist nicht bekannt; vielleicht wurden sie in der russischen Zone ausgeladen, wohin die Transporte auch über den Winter fortgesetzt wurden. Der ostpreußische Schriftsteller Arno Surminski, Verfasser des bekannten autobiographischen Werkes *Jokehnen*, beschreibt in diesem Buche mit knappen Worten seine eigene Vertreibung: „Im Winter 1945/46 bin ich mit einem Transportzug von Ostpreußen nach Berlin gefahren. Der Zug brauchte für 600 Kilometer 10 Tage. Er bestand aus geschlossenen Güterwagen, von denen jeder mit etwa 80 Personen besetzt war. Es gab keinen Arzt, keine Krankenschwester und keine Verpflegung. Die Notdurft wurde in den Wagen verrichtet, die Toten an den Bahndamm gelegt. Der Zug hielt öfters auf freier Strecke, um Banditen das Ausplündern zu erlauben.

Anfang 1946 setzte Polen eine Kommission zur Umbenennung aller deutschen Ortsnamen ein, wobei die deutschen Namen meistens nur ins Polnische übersetzt wurden[, da für dieses „urpolnische Land" keine polnischen Namen existierten]. 1946 erreichte die Vertreibung das größte Ausmaß und erfaßte alle unter polnischer Herrschaft stehenden deutschen Gebiete. Trotz erneuter britischer Proteste änderte sich an der Brutalität der Vertreibung nichts. Auch um das Abkommen zwischen dem britischen und polnischen Vertreter im „Combined International Repatriation Executive" (14. Februar 1946), in dem wiederum eine „humane und ordentliche Weise" der Vertreibung gefordert wurde, kümmerten sich die Polen nicht im geringsten. Der polnische Außenminister Krysztof Skubiszewski behauptete aber später der Weltöffentlichkeit gegenüber jahrzehntelang dreist: „Die deutschen Umsiedler hatten viel Gepäck und reichliche Verpflegung, gesicherte ärztliche Pflege und reisten unter ordentlichen Bedingungen." Und so steht es auch in allen polnischen Geschichtsbüchern.

Mit der drastischen Abnahme der deutschen Bewohner 1946 wurden die noch zurückgebliebenen um so härter zur Zwangsarbeit gepreßt. Kurat Ernst Hoppe beschreibt in seinem weiteren Bericht die Situation im Ermland so: „Die Zustände sind so furchtbar, daß viele versuchen zu fliehen. Da Arbeitskräfte äußerst knapp werden, wollen die Polen die letzten [arbeitsfähigen] Deutschen zurückhalten. Verschärfte Zugkontrollen setzten ein. Viele Flüchtlinge werden aus den Zügen geholt, ausgeplündert, durchgeprügelt und zur Zwangsarbeit festgehalten, andere halbnackt wieder in ihre Heimat zurückgetrieben. Die Not der Bevölkerung wächst. Täglich, auch Sonntag[], werden die Frauen und Kinder (ab 10 Jahren) von der Miliz zur Zwangsarbeit geholt, oft am späten Abend ein zweites Mal." – Viele der neuen polnischen Herren wollten ihre Sklaven nicht freigeben und versuchten, deren Abtransport oder Flucht mit allen Mitteln zu verhindern.

Auch das polnische Regime sah 1946 ein, daß es die deutschen Ostgebiete nicht allein mit Polen und zwangsumgesiedelten Ukrainern aus dem östlichen Polen wieder voll bevölkern konnte. Darauf wurde versucht, eine möglichst große Anzahl der noch verbliebenen Deutschen zurückzuhalten und zu „Autochthonen" (bodenständige, germanisierte Polen) zu erklären. Zuerst wurde eine Abstammung oder sonstige Verbindung zu Polen verlangt, wobei sehr großzügig geurteilt wurde. Trotzdem war bis Jahresende 1946 der größte Teil aller Deutschen, die beim Einmarsch der Roten Armee in ihrer preußischen Heimat geblieben oder dorthin zurückgekehrt waren, nicht mehr am Leben oder bereits vertrieben.

Schließlich konnte jeder Deutsche die polnische Staatsangehörigkeit erwerben. Verständlicherweise waren es vor allem Bauersleute, die dadurch versuchten, ihren seit Jahrhunderten im Familienbesitz befindlichen Hof zu halten. Als auch das keine befriedigenden Ergebnisse brachte, setzte ein zunehmend brutaler werdender Optionsterror ein, der 1949/50 seinen Höhepunkt erreichte. Im Kreis Sensburg fuhren zuerst Werber mit Polizisten in die Dörfer, um die Deutschen mit Drohungen zur Unterschrift zu nötigen. Die nicht unterschrieben, wurden zum großen Teil verhaftet und die Unterschrift durch Schlagen und andere Foltern erpreßt. In einem Bericht liest man: „Alle Arrestanten mußten sich um Mitternacht bis aufs Hemd ausziehen und barfuß im eisigen Februarwind draußen stehen. Wer unterschreiben will, darf reinkommen, hieß es." An anderer Stelle steht, daß eine 55 Jahre alte Frau und ihre 16jährige Tochter erst unterschrieben, „als ihre Rücken ganz wund waren von den Gummiknüppeln. Die Frau hatte außerdem das Gesicht ganz schwarz unterlaufen von den Schlägen, sie konnte weder liegen noch sitzen […]"

Auch die Masuren wurden zur Annahme der polnischen Staatsbürgerschaft gepreßt. Eine Frau schrieb 1950: „Daß wir Masuren sind, leugnen wir nicht, wir sind aber deutsche Masuren. Das haben wir 1920 bewiesen, nicht wie der Pole sagt: Masuren sind Polen. Wir haben unserer Heimat fünf Jahre, trotz schwerster Bedrängnis die Treue gehalten, in der Hoffnung, daß wir wenigstens deutsche Schulen und deutsche Verwaltung bekommen […] Wir werden so mit Steuern belastet, daß es unter gar keinen Umständen möglich ist, dieses Leben fortzusetzen […]"

Ein Masure beschreibt, wie er mit den anderen Dorfbewohnern nach Sensburg gebracht wurde, nachdem ihnen vorher garantiert wurde, daß alle bei ihrer Rückkehr unterschrieben haben werden. Nachdem die Leute einige Zeit bei winterlicher Kälte im ungeheizten Keller der Polizeistation verbracht hatten und „schon etliche schwer mißhandelt [worden] waren", wurde jeder einzeln nach oben geführt. „Sie schlugen gewaltig […] von allen Seiten […] Nach einer Weile zogen sie mich bis auf die Hosen aus und bearbeiteten den nackten Körper […], daß ich bis heute noch Schmerzen habe. Nachdem ich ohnmächtig war und wieder zu mir kam, frugen sie, ob ich unterschreibe. Dann schlugen sie auf die Fußsohlen […] Einer hielt mir den Mund zu […]" Nach weiterer Folter und erneuter Ohnmacht bat das Opfer: „lieber totschlagen, nicht so quälen." Es wurde aber bis zum Zusammenbruch weiter geschlagen. „Sie setzten mich auf einen Stuhl und zwangen mich zur Unterschrift bei großen Schmerzen. Dann halfen sie mir mit Anziehen", erzählt ein Opfer.

Die große Mehrheit der 75.000 Deutschen, die 1950 noch im polnischen Teil Ostpreußens lebten und ins westlichere Deutschland reisen wollten, wurden jetzt gewaltsam zurückgehalten. Sie wurden schikaniert, beleidigt, bei jeder Gelegenheit benachteiligt und nicht selten auch jetzt noch erschlagen. Ihre Ausreiseanträge wurden fast immer abgelehnt und brachten den Antragstellern nur noch schlimmere Quälereien ein. Die Leiden der Deutschen unter polnischer Gewalt waren noch lange nicht beendet.

Bei der Vertreibung trat die katholische Kirche mit einem schizophrenen Verhalten in Erscheinung. Während Papst Pius XII. die Austreibung der ostdeutschen Bevölkerung aus ihrer Heimat scharf verurteilte und sie eine „Verletzung göttlichen und menschlichen Rechts" nannte, setzte der polnische Primas, Kardinal Augustyn Hlond, die deutschen Bischöfe ab, wobei er sich auf Vollmachten des Papstes berief. Sein Nachfolger, Kardinal Stefan Wyszynski, betrachtete die Herrschaft der Polen über Ostdeutschland als einen „Akt der Gerechtigkeit Gottes, des Herrn der Geschichte".

Der Bischof von Ermland, Maximilian Kaller, kehrte im August 1945 in seine Diözese zurück, wurde aber von Kardinal Hlond gezwungen, auf seine Jurisdiktion zu verzichten und die Diözese endgültig zu verlassen. Der Papst ernannte ihn darauf zu seinem Sonderbeauftragten für die deutschen Flüchtlinge. Kaller starb am 7. Juli 1947 in Königstein bei Frankfurt am Main.

Der Bischof von Danzig, Carl Maria Splett, wurde beseitigt, indem er wegen angeblicher „Zusammenarbeit mit dem Nationalsozialismus" verhaftet und von 1945 bis 1953 in polnische Gefängnisse eingesperrt wurde.

Der katholischen Kirche konnte eine Gebietserweiterung auf Kosten evangelischen Landes nur recht sein. Daß dabei die deutschen Katholiken Heimat und Besitz verloren, waren Folgen politischer, nicht kirchlicher Entscheidungen und wurden ohne besonderes Bedauern hingenommen. Polens Kirche unterstützte sogar tatkräftig den Raub deutschen Landes und des Besitzes seiner Bewohner, dies ungeachtet des siebten Gebotes, das Christen das Stehlen untersagt. Noch 1948 deckte Kardinal Hlond die Greuel der Polen bei der Vertreibung in einer Predigt: „Die Kirche war mit euch, als die Stunde der Abrechnung für dieses Jahrhundert geschlagen hatte"; auch hier hielten die christlichen Polen keineswegs „die andere Wange hin", sondern brachten – in den Worten ihres Religionsstifters – „das Schwert". Von den Kanzeln wurden Siedler geworben; rund fünf Millionen trugen sich in die Listen ein, die in den Kirchen auslagen.

Heute wird das Vorgehen Hlonds gerne als eigenmächtige Handlung hingestellt, da er keine Vollmacht des Papstes besaß. Wenn das so war, dann hätte doch wohl der Papst den „eigenmächtigen" Handlungen Hlonds seine Zustimmung verweigert, bzw. sie beizeiten untersagt, was durchaus in seiner Macht lag. Auch Kardinäle erhalten ihre Anweisungen schließlich aus Rom, wenn auch nicht immer vom Papst. Der Vatikan lehnte zwar die Festlegung neuer Diözesangrenzen in Ostdeutschland ab, und der Papst verweigerte dem Krakauer Kardinal Sapieha zweimal die Einsetzung polnischer Bischöfe. Weiter konnte oder wollte aber auch er sich nicht durchsetzen. Die Kurie tat nichts, um die angeblichen „Eigenmächtigkeiten" Hlonds zu korrigieren, im Gegenteil: Sie ließ die Absetzung der Bischöfe bestehen, und ein Rechtfertigungsschreiben Hlonds an den Papst (24. Oktober 1946) wurde erst 1994 bekannt. Gegen die Seligsprechung Hlonds hat verständlicherweise die deutsche Bischofskonferenz zweimal Bedenken geäußert.

Als der jetzige, polnische Papst Johannes Paul II. in Bangkok eindringlich für die heutigen Flüchtlinge und Vertriebenen der ganzen Welt eintrat und erklärte: „Sie haben ein Recht darauf, zu ihren Wurzeln zurückzukehren, heimzukehren in ihr Geburtsland mit seiner nationalen Souveränität, seinem Recht auf die kulturellen und geistlichen Beziehungen, die sie in ihrem Menschsein nähren und aufrecht erhalten", hat er ganz gewiß nicht die deutschen Vertriebenen gemeint. Seine Ansicht über diese hatte er einmal so formuliert: „Sowohl die ökonomischen, geschichtlichen und religiösen Gesetze wie auch die historische Gerechtigkeit verlangen, daß die wiedergewonnenen Westgebiete für immer bei Polen bleiben."

Wenn der Papst bei seinen häufigen Reisen nach Polen der polnischen Opfer des Krieges gedenkt, werden die deutschen Opfer mit keinem Wort erwähnt, und die Steine in der deutschen Hauptstadt Breslau sprechen für ihn eine „polnische" Sprache.

Obwohl an der Oder niemals Slawen, geschweige denn Polen, in einem polnischen Staat gesiedelt haben (wohl aber Germanen im gesamten heute polnisch verwalteten Gebiet), nennen die Polen ihren Landraub „wiedergewonnene Westgebiete". Kardinalprimas Stefan Wyszynski (der Nachfolger Hlonds) erklärte 1965 ganz ernsthaft: „Mit der Wiedergewinnung der polnischen Westgebiete, der Vernichtung des preußischen Staates und der Zerschlagung des Deutschen Reiches hat die Gegenreformation ihr Ziel erreicht." Mit dieser Aussage offenbart der Kleriker, daß er in mittelalterlichen Kategorien denkt, und seinen Weg in die Neuzeit noch gar nicht gefunden hat. Zugleich illustriert dieses Zitat, in welch grotesker Weise sich bei den Polen religiöser Fanatismus vorderasiatischer Prägung und polnischer Chauvinismus zu einem widernatürlichen Wechselbalg verschmolzen. Aus dieser kruden Ideologie, die religiöse Seligkeit und Erlösung durch das Quälen Deutscher zu erlangen trachtete, mögen viele der polnischen Unmenschlichkeiten zu erklären sein.

Die Werte des größten Raubunternehmens der polnischen Geschichte sind niemals errechnet worden. Alles Eigentum von 11,5 Millionen Deutschen, die im polnischen Machtbereich ihre Heimat hatten, war nun in den Besitz der Polen übergegangen. Es handelte sich dabei nicht nur um das Land, die Städte, Dörfer und Bauernhöfe, die Schlösser, Kirchen und Museen, um alle Industrie- und Wirtschaftsbetriebe mit Maschinen und Werkzeugen, sondern auch um das gesamte persönliche Eigentum. Die Möbel, Betten und Wäsche, jedes Fahrrad und jede Nähmaschine, der letzte Kochtopf, Teller und Löffel dieser Menschen fiel den Polen kostenlos in die Hände. Damit nicht genug, raubten sie den Vertriebenen noch das ärmliche Gepäck und rissen vielen die Kleider vom Leibe.

Mit dem Südteil Ostpreußens erhielt Polen eine Kornkammer, eines der bedeutendsten Getreideüberschußgebiete Europas, technisch hervorragend ausgestattet. Die Polen brauchten nur das instandsetzen, was die Russen zerstört hatten, und da weiterproduzieren, wo die vertriebenen Eigentümer aufgehört hatten. Aber dazu zeigten die neuen Bewohner wenig Lust. Viele, die sich auf den Bauernhöfen niederließen, hatten nach der Vertreibung der deutschen Zwangsarbeiter anscheinend keine Freude an der Landwirtschaft. Sie brachen die Gebäude ab, verkauften das noch verwertbare Baumaterial, rodeten die Wälder, verheizten das übrige Holz, einschließlich der Obstbäume und herrlichen Alleen und zogen in die Stadt, wo es sich bequemer leben ließ. So entvölkerte sich das fruchtbare Land, und die Städte wuchsen. Die Höfe, soweit sie nicht abgebrochen waren, verfielen und große Flächen guten Ackerbodens verwilderten.

Polen bedauert seine Untaten nicht, sondern feiert sie sogar, wie zum Beispiel mit der Herausgabe einer Briefmarkenserie zum 40jährigen Jubiläum der Austreibung der Deutschen 1985. Ein polnisches Schuldbekenntnis für die Konzentrationslager-Greuel und Vertreibungsverbrechen fehlt bis heute. Wer Polen an seine Schuld oder gar an eine Wiedergutmachungspflicht erinnert, hört nur wütende Beschimpfungen und chauvinistische Propaganda. Polen findet seinen Raub des Landes und Eigentums von über elf Millionen Deutschen sowie ihre Vertreibung unter Millionenverlusten unbeirrt richtig. Das größte Raubunternehmen seiner Geschichte ist für Polen eine seiner größten Heldentaten. Der Mord an den Deutschen wird verschwiegen, und nach polnischer Ansicht ist so etwas nie geschehen. Die Verluste der Bevölkerung wären ausschließlich vor dem Ende der Kämpfe westwärts der Ostfront bzw. im Kampfgebiet entstanden, heißt es einfach. Mit anderen Worten: Durch die Polen sei kein Deutscher umgekommen. Vielleicht ist die Wahrheit über die polnischen Verbrechen so eine schwere Bürde, daß die Polen es vorziehen, sie nach Vogel-Strauß-Taktik schlicht für nicht existent zu erklären?! Der polnische Staat müßte, wenn er die Wahrheit gestattete, zugeben, daß er auf vergossenem Blut und geraubtem Boden lebt.

Immer wieder wird gesagt, daß eine Versöhnung mit Polen (und der Tschechei) ohne geschichtliche Wahrheit nicht möglich ist. Nach den Erfahrungen in der Geschichte Polens ist aber ein Eingeständnis der historischen Geschehnisse von seiten Polens kaum zu erwarten. Wie lange wird das heute angestrebte Gebäude der Versöhnung auf dem Fundament der Lüge halten?

Die Vertreibung durch die Russen

Als die Aussiedlung der Deutschen aus dem polnischen Teil Ostpreußens schon fast abgeschlossen war, hatten sich die Russen noch immer nicht entschlossen, was mit den Deutschen in ihrem Teil Ostpreußens geschehen sollte. Die russische Militärregierung im Nordteil Ostpreußens hatte die deutsche Zivilbevölkerung, die fast nur aus Frauen, Kindern und wenigen alten Männern bestand, in Arbeitsfähige und Nichtarbeitsfähige eingeteilt. Die Arbeitsfähigen, das waren fast nur Frauen und Jugendliche, wurden mit sog. „gesellschaftlich nützlicher Arbeit" beschäftigt. Sie erhielten für zehn und mehr Stunden Schwerstarbeit 200 bis 400 Gramm Brot pro Tag, manchmal zusätzlich eine Suppe. Alte, Kranke und Kinder, die nicht diese Arbeit leisten konnten, erhielten grundsätzlich nichts. Die Lebensmittelvorräte waren größtenteils schon beim Einmarsch der Russen geraubt oder vernichtet worden. Die ursprünglich als Viehfutter vorgesehenen Rüben und Kartoffeln sowie etwas Getreide waren zunächst noch die einzigen auffindbaren Lebensmittel. Vieh und Pferde waren schon im Frühjahr 1945 weggetrieben worden.

Von dem im Herbst eingesäten Wintergetreide (Brotkorn) blieb für die Deutschen nichts übrig. Russische Erntekommandos überwachten die Durchführung und den Abtransport der Ernte. Unter den verhungernden Menschen brachen Typhus und Fleckfieber aus, woran die meisten der Erkrankten starben.

Mit einigen deutschen „Spezialisten" und Kriegsgefangenen nahmen die Russen wichtige Betriebe, wie die Zellstofffabriken, die Schichau-Werft und andere wieder in Betrieb. Um die völlig stillstehende Landwirtschaft wieder in Gang zu bringen, wurden zunehmend Kolchosen eingerichtet. Reichten die in der näheren Umgebung vorgefundenen deutschen Arbeitskräfte für die Bearbeitung nicht aus, fuhren irgendwo Lastwagen vor die Behausungen der Deutschen, luden die Familien mit Kindern, Kranken und Alten darauf und brachten sie manchmal bis zu 100 Kilometer weit fort an Arbeitsstellen, wo sie gerade gebraucht wurden. Frauen aus den großen Städten, besonders aus Königsberg, gingen auch selbst auf die Kolchosen zur Arbeit, um nicht zu verhungern. Durch diese wiederholten Zwangsumsiedlungen wohnten schließlich nur noch wenige Menschen an ihren ursprünglichen Wohnorten.

Im April 1946 wurde der russisch verwaltete Teil Ostpreußens offiziell zu einer Provinz (Oblast) der RSFSR (Russische Sozialistische Föderative Sowjetrepublik, größte der Sowjetrepubliken mit der Hauptstadt Moskau). Über 700 Verwaltungsbeamte wurden in die neue Provinz entsandt, die mit der Hauptstadt Königsberg den Namen „Kaliningrad", benannt nach dem sowjetischen Kriegsverbrecher, erhielt. Das Gebiet wurde zunächst in 15, 1947 dann in 17 Kreise (Rayons) aufgeteilt. Alle Orte erhielten jetzt russische Namen. Die Volkszählung der neuen Provinz am 1. Juni 1946 ergab 170.019 Bewohner, davon 116.373 Deutsche (68,5 Prozent). Demnach waren kaum noch zehn Prozent der ehemaligen deutschen Bevölkerung dieses Gebietes vorhanden, wo zuvor 1,2 Millionen gelebt hatten. Das Land war also fast unbewohnt.

Die gezählten Deutschen setzten sich aus 20.404 Männern (die meisten über 60 Jahre alt), 57.683 Frauen und 38.286 Kindern unter 15 Jahren zusammen. Nach russischen Angaben waren im Gebiet der „Provinz Kaliningrad" 137.000 Deutsche in die Hände der Roten Armee gefallen. Es handelte sich dabei allerdings nur um diejenigen, die nach dem Einmarsch der Russen und nach den ersten Tagen bzw. Wochen noch lebten und von den Dienststellen des NKWD ermittelt worden waren. Demnach hatten 20.000 dieser unglücklichen Menschen den ersten Friedenswinter 1945/46 nicht überlebt.

Die Deutschen in Preußen waren von der übrigen Welt völlig abgeschlossen. Niemand durfte hinaus oder herein. Weder das Internationale Rote Kreuz noch irgendeine andere Hilfs- oder Menschenrechtsorganisation kümmerte sich um sie. Im Mai 1946 war aber die erste Post eingetroffen, und die Deutschen durften erstmalig ins westlichere Deutschland schreiben. Da die Post über die Zensurstellen in Moskau lief, war sie monatelang unterwegs, aber oftmals kam Antwort aus Deutschland.

Im Herbst 1946 besserte sich die Situation für die Deutschen ein wenig, als sie für ihre Arbeit Rubel erhielten. Man mußte aber lange anstehen, um etwas legal zu kaufen, wozu den Arbeitenden die Zeit fehlte. Die 60 Rubel im Monat für die älteren und 90 für die jüngeren reichten jedoch nicht annähernd aus, um sich zu ernähren oder gar noch Familienangehörige mit zu unterhalten, da ein Brot auf dem Schwarzmarkt 140 Rubel kostete.

Bis auf die Ackerflächen, die mehr schlecht als recht von den Kolchosen bewirtschaftet wurden, lag das fruchtbare Land brach und verwilderte. Das zeigten auch die Rudel der Wölfe, die aus dem Osten einwanderten und sich rasch vermehrten. Die russische Verwaltung stellte „Wolfvernichtungskommandos" auf und zahlte für jeden erlegten Wolf eine Prämie von 300 Rubel. Allerdings waren Deutsche von diesem Nebenverdienst ausgeschlossen. Auch zur Bekämpfung der Ratten- und Mäuseplage und zur Vorbeugung gegen Tularämie (Hasenpest) sahen sich die Russen gezwungen.

Die Zustände, die in Königsberg herrschten, galten auch für das übrige russische Gebiet; eher verschlimmerte die Zusammenballung einer größeren Menschenmenge auf engerem Raum in Königsberg die Notlage noch. Aber auch in den ländlichen Gegenden überlebte ein großer Teil der lebensgefährlich unterernährten Menschen nicht den täglichen Kampf mit dem Hungertod. Im ganzen russischen Gebiet überschritt das Massensterben im Winter 1946/47 seinen Höhepunkt, und etliche Fälle von Kannibalismus wurden bekannt. Die zahlreichen Berichte über das geplante und bewußt herbeigeführte Massensterben der Deutschen unterscheiden sich von den schon zitierten nur in unwesentlichen Einzelheiten und sollen deshalb hier nicht wiederholt werden. Nochmalige Erwähnung verdient jedoch die Hilfe der Litauer, die in vielen Berichten dankbar gewürdigt wird und von der viele Überlebende behaupten, daß sie nur dieser Hilfe ihr Weiterleben verdanken. Auch die Litauer hatten in dieser Zeit keinen Überfluß. In ihrem Land hatte der Krieg ebenso getobt, und es war der Sowjetunion einverleibt worden. Und doch scheint kein bittender Deutscher von einer litauischen Tür abgewiesen worden zu sein. Von allen Nachbarn Deutschlands waren sie die einzigen, die in dieser Zeit größter Not ihr Weniges mit den Deutschen teilten. War es vielleicht noch die Gastfreundschaft und Hilfsbereitschaft der baltischen Völker, welche die Chronisten des Mittelalters so hoch rühmten, die dieses menschliche Verhalten der Litauer begründete? Jedenfalls entstand ein reger Pendelverkehr vom nördlichen Ostpreußen nach Litauen, um Lebensmittel zu erbetteln. Es war auch in Litauen, wo Partisanenverbände am längsten von allen baltischen Ländern aktiven Widerstand gegen die sowjetische Besatzungsmacht leisteten.

Im Winter 1946/47 forderte Moskau die Überführung von 292 Deutschen aus dem „Kaliningrader" Gebiet in die Sowjetische Besatzungszone Deutschlands (SBZ). Es handelte sich um 108 Familien leitender SPD-Funktionäre (Sozialdemokratische Partei Deutschlands), die im April 1947 ausreisen durften. Nun wurde auch die Frage, was mit den anderen Deutschen geschehen sollte, dringlicher. Der Chef des „Kaliningrader" Gebiets, Generalmajor Trofimow, übermittelte dem sowjetischen Innenminister folgenden auszugsweise zitierten Bericht: „Diese Maßnahme hat eine Flut von Anträgen von Deutschen mit der Bitte um Ausreisegenehmigung nach Deutschland ausgelöst, die mit dem Wunsch nach Familienzusammenführung oder mit den schweren Lebensbedingungen […] begründet werden. Am 15. April 1947 wurden insgesamt 110.217 Deutsche gezählt, davon 36.201 Kinder unter 16 Jahren. Ein bedeutender Teil dieser Deutschen ist infolge großer körperlicher Schwäche nicht arbeitsfähig. Die übrigen 36.600 Menschen arbeiten […] Die nicht beschäftigten Deutschen erhalten, außer Invaliden und Kindern, die in Kinder- und Altersheimen untergebracht sind, keine Lebensmittelzuteilung und sind darum äußerst abgezehrt. Als Folge dieser Situation hat die Kriminalität unter der deutschen Bevölkerung zugenommen (Lebensmitteldiebstähle, Raubüberfälle und Morde). Im ersten Quartal 1947 gab es sogar zwölf Fälle von Kannibalismus […]"

Trofimow wirft dann vorsichtig die Frage einer geordneten Aussiedlung der deutschen Bevölkerung in die SBZ auf, da ihre Anwesenheit die Erschließung der neuen Sowjetprovinz negativ beeinflusse und zersetzend auf die russische Bevölkerung und die hier stationierten Einheiten der Roten Armee und Marine wirke.

Moskau hatte aber inzwischen den Plan für die Aussiedlung ausgearbeitet und erteilte am 14. Oktober 1947 den Geheimbefehl zu seiner Ausführung. Der Plan bestimmte, daß die für jeden Transport ausgewählten Deutschen erst 24 Stunden vor ihrer Abreise darüber informiert werden sollten. Die Verladung sollte im Königsberger Güterbahnhof in Wagen mit westeuropäischer Spurweite erfolgen, um ein umständliches Umladen an der Grenze zu vermeiden.

Die Ausgabe der Reiseverpflegung und die Abnahme der russischen Personalpapiere sollte erst beim Einsteigen erfolgen. Mit dem ersten Transport sollten 6.000 Menschen aus Pillau und dem Samland und 4.000 aus Königsberg weggebracht werden, darunter 3.000 elternlose Kinder und 300 Invaliden. Die Russen wollten zuerst alle arbeitsunfähigen Deutschen loswerden. Dadurch wurden wieder Familien auseinandergerissen, weil arbeitsfähige Familienangehörige zurückbleiben mußten. Nach den üblichen langen Zählungen und Kontrollen fuhr am 22., 24., 26., 28. und 30. Oktober 1947 je ein Zug mit diesen Menschen mit dem Ziel Pasewalk/Pommern ab. Die Deutschen wußten nicht, wohin die Fahrt ging, und die Zurückbleibenden wußten nicht, ob und wann es einen weiteren Transport geben würde. Anders als bei den Polen, wurde den Ausgewiesenen das Gepäck belassen, jedoch alle Papiere und Aufzeichnungen abgenommen. Aber niemand wurde geschlagen, und man erhielt sogar Reiseverpflegung. In den fünf Zügen hatten 11.352 Personen, darunter 2.962 elternlose Kinder, den russischen Teil Ostpreußens verlassen.

Nur notdürftig wurde den preußischen Vertriebenen in Westdeutschland Hilfe gewährt. Zwar hatten alle Deutschen im Kriege gelitten, kaum jemand aber so, wie die Bewohner des Preußenlandes. In Lagern (oben) wohnten die Menschen viele Jahre lang unter ärmlichsten Verhältnissen und mußten, obgleich sie oft hochqualifiziert waren, einfachste manuelle Arbeit annehmen.

In Ungewißheit warteten die Zurückgebliebenen, aber erst im März 1948 erfolgte ebenso plötzlich die zweite Aussiedlungswelle, die etwa 30.000 Deutsche erfaßte. Im August 1948 begann die letzte Phase der Vertreibung, bei der am 21. Oktober 1948 der letzte von 21 Zügen Königsberg verließ.

Bei der „Aussiedlung", wie die Vertreibung von den Russen genannt wurde, waren in 48 Zügen insgesamt 102.125 Deutsche abtransportiert worden, davon 17.521 Männer, 50.932 Frauen und 33.672 Kinder. Von der Gesamtsumme kamen 95.671 aus Königsberg, 797 aus Altersheimen, 45 aus Krankenhäusern, 4.536 aus Kindersammelstellen und Kinderheimen und 1.076 aus Litauen. Das waren 14.248 Menschen weniger, als noch bei der Volkszählung von 1946 festgestellt worden waren, da viele inzwischen verhungert waren. Nicht alle Deutschen wurden bei dieser Ausweisungsaktion erfaßt. Manche waren auf der Suche nach Lebensmitteln in Litauen oder Weißrußland unterwegs und fanden bei ihrer Rückkehr leere Behausungen vor. Andere waren durch die häufigen Umzüge nicht ordnungsgemäß registriert. Auch 1949 wurden noch Deutsche ausgesiedelt. Besonders in Litauen blieb eine Anzahl zurück und gelangte erst Anfang der fünfziger Jahre nach Deutschland. Einige wenige waren bei den Litauern untergetaucht und blieben für immer dort.

Es ist interessant, einen Blick in die russische Geschichtsschreibung zu werfen, wie dort das grauenhafte Geschehen dargestellt wird, das mit der Roten Armee über die deutsche Zivilbevölkerung hereinbrach. Demnach ist es bekannt, daß der sowjetische Soldat nicht gegen Frauen und Kinder kämpfte. Die deutsche Bevölkerung sei nur deshalb vor den sowjetischen „Befreiern" geflohen, weil die Nationalsozialisten ihr mit Lügen über russische Greueltaten Angst gemacht hätten. „Keine andere als die Sowjetarmee nahm die Versorgung der Zivilbevölkerung auf sich, was unter den Verhältnissen jener Zeit die Rettung des Lebens von Millionen und Abermillionen Deutschen bedeutete", rühmt ein bolschewistisches „Geschichtsbuch".

Auf einer von der Ostseeakademie Travemünde 1998 einberufenen wissenschaftlichen Tagung erklärten die russischen Referenten ganz ernsthaft und ohne Ironie, daß es nur ganz wenige Vergewaltigungen gegeben habe und daß die Soldaten dafür streng bestraft worden wären. Die Sowjetarmee habe die deutsche Bevölkerung mit Lebensmitteln versorgt und medizinisch betreut. Mit keinem Wort erwähnten sie jedoch die entsetzlichen Gewaltmärsche, das Massensterben in den Lagern, die grauenhaften Gewalttaten und den Hungertot so vieler Menschen, geschweige denn die vielen Vergewaltigungen von Kindern und jungen Mädchen, was nicht nur während den Kampfhandlungen geschah, sondern auch noch lange danach. Die Deutschen lebten angeblich noch in ihren bequemen Wohnungen, und die *Kaliningradskaja Prawda* schrieb 1996, daß sich 85 Prozent der deutschen Bewohner bewußt nicht am Wiederaufbau Königsbergs beteiligt hätten, weil sie mit Rauben und Plündern beschäftigt gewesen seien. So wie die Politiker der Bundesrepublik wünschen, daß die grauenhaften Verbrechen möglichst unbekannt bleiben, wollen auch ihre russischen Kollegen nichts darüber wissen; hierin sind sich also beide Regierungen einig. Das Drama im Umgang mit dem Völkermord an den Deutschen ist seine Politisierung, besonders – aus deutscher Sicht – durch die BRD-Regierung. Wer sich diesem Aspekt deutscher und europäischer Geschichte widmet, wird von jenen Historikern, die zur Kaste der Etablierten gehören, zum Paria erklärt. Das erschwert nicht nur das Erlangen neuer Erkenntnisse, sondern steht auch einer individuellen wie kollektiven Aufarbeitung der Geschichte im Weg. So gilt heute ein unvollständiges historisches Mosaik als vollständiges Abbild des Geschehenen. Aus dem fest zugekniffenen Auge ergibt sich eine Sicht, die einseitig bleiben *muß*. Die umfangreiche, nicht anzweifelbare wissenschaftliche Dokumentation, die das Gegenteil beweist, und die Aussagen von Tausenden noch lebender Zeitzeugen werden ignoriert.

Die Verluste der Zivilbevölkerung

Mit dem Abtransport der überlebenden Bevölkerung aus dem russischen Teil Ostpreußens war die Vertreibung aller Deutschen aus den Ostgebieten im großen und ganzen abgeschlossen. Die spätere Ausreise zurückgebliebener Einzelpersonen und Familien, auch viele von denen, die anfangs für Polen optiert hatten, hält allerdings bis heute an. Damit fand die deutsche Geschichte des Preußenlandes, die im Mittelalter begann, lange bevor Amerika entdeckt wurde und die jetzige Staatenwelt sich bildete, ihr gewaltsames, grauenhaftes vorläufiges Ende. Eine blühende Provinz mit außergewöhnlichen Leistungen ihrer deutschen Bewohner auf allen Gebieten, an denen weder Polen noch Russen je einen Anteil hatten, ist unter fremde Herrschaft gekommen.

Die Vertreibung war der letzte Akt einer einzigartigen Unmenschlichkeit, die sich seit 1945 im deutschen Osten mit schrecklichem Terror, grausamen Folterungen, Massenvergewaltigungen und -morden abspielte. Der in ihrer Heimat zurückgebliebene Teil einer Bevölkerung von über 17 Millionen Menschen war unter dem Verlust von Millionen Toten in das westlichere Deutschland gejagt worden.

Die Weltpresse und öffentliche Meinung schwieg damals und auch heute dazu. In zynischen Reden nennt man heute jenes Rauben, Quälen und Morden eine „Befreiung" oder eine harmlose „Wanderung". Gerhard Ziemer schreibt: „Die Gesamtzahl dieser Verluste einer Zivilbevölkerung, die nach anerkanntem Völkerrecht nicht in die Tötungen des Krieges mit einbezogen werden durfte, ist ungeheuerlich [...] Die Zahl der Opfer der Vertreibung ist in Ost und West niemals ins öffentliche Bewußtsein gedrungen. Auch in Deutschland ist sie nur einem kleinen Kreise bekannt. Sie ist kein Thema der Publizistik und Massenmedien geworden, wie die Opfer des Faschismus und der Judenverfolgung. Die Statistiken und Dokumentationen, die sie enthalten, sind unbekannt geblieben. Die Zahlen werden auch von amtlichen deutschen Stellen wenig genannt und nicht veröffentlicht, wenn es um Wiedergutmachungsgespräche mit Ost- und Südoststaaten oder um Vorwürfe wegen deutscher Kriegsverbrechen geht [...] Eine Gegenüberstellung der beiderseitigen Opfer findet nicht statt. So weiß auch die heranwachsende Generation in Deutschland fast nichts davon und bezweifelt, darauf hingewiesen, die genannten Zahlen, obwohl sie genau ermittelt sind."

Für die unzähligen Verbrechen der Siegermächte gibt es kein Nürnberger Tribunal, und ihre Opfer haben keinen Anspruch auf Wiedergutmachung. Dazu wird der Folgegeneration eingeredet, daß Kriegslust nur auf deutscher Seite existierte. Kein demokratischer Staat Europas hat bis jetzt eingestanden, daß die totale Beraubung und Vertreibung von über 17 Millionen Menschen ein Verbrechen gegen die Menschlichkeit in einem einzigartigen Ausmaß war. Das Fehlen einer Verurteilung behindert heute jede wirksame Politik gegenüber Diktatoren, die eine Vertreibung von Volksgruppen weiterhin als Mittel nationalstaatlicher Ausdehnung anwenden. Nach diesem Beispiel und neueren Maßnahmen ist zu befürchten, daß sich zukünftige Kriege hauptsächlich gegen die Zivilbevölkerung richten werden.

Die Feststellung der Menschenverluste der ostdeutschen Bevölkerung ist schwierig, denn die Vertreiberstaaten haben in der Regel keine oder nur unvollständige Totenlisten geführt und leugnen diesen Völkermord. Da aber der Bevölkerungsstand in den Vertreibungsgebieten bekannt ist und auch die Zahl der Überlebenden, läßt sich nach entsprechenden Korrekturen (minus Kriegsverluste, plus Zuwachs usw.) eine ziemlich genaue Zahl feststellen. Die sorgfältigen Ermittlungen des statistischen Bundesamtes, die 1955 bis 1957 durchgeführt wurden, ergaben eine Mindestzahl von 2.280.000 Toten der einheimischen Zivilbevölkerung. Bei den folgenden Überprüfungen und Ermittlungen stellte sich heraus, daß die tatsächlichen Verluste wesentlich höher waren. Die Verluste der zwei Millionen (Mindestschätzung) Zugezogenen (Evakuierte, Beamte, Dienstverpflichtete, Personal ausgelagerter Betriebe u.a.) waren gar nicht berücksichtigt worden, ebenso fehlten die Verluste der 1,5 Millionen (Mindestschätzung) Rußlanddeutschen. Die tatsächlichen Verluste in abgerundeten Zahlen sind etwa folgende. Alle Zahlen beziehen sich nur auf die deutschen Einwohner der betreffenden Gebiete.

Gebiet	Bevölkerung	Überlebende	1950 noch in der Heimat	Verluste	Prozent
Ostpreußen	2.619.000	1.930.000	75.000	614.000	23,2
Ostpommern	1.985.000	1.495.000	50.000	440.000	22,2
Ostbrandenburg	659.000	410.000	10.000	239.000	36,3
Schlesien	4.824.000	3.250.000	700.000	874.000	18,1
Baltikum/ Memelgebiet	255.900	170.200	19.300	66.400	26,0
Danzig	395.000	283.800	6.000	105.200	26,6
Polen	1.401.000	672.000	436.000	293.000	20,9
Tschechoslowakei/ Sudetenland	3.633.000	2.921.400	258.700	452.900	12,5
Ungarn	633.000	206.000	338.000	89.000	14,1
Jugoslawien	549.800	287.000	87.000	175.800	32,0
Rumänien	820.000	246.000	438.000	136.000	16,6
Rußlanddeutsche	1.500.000			350.000	23,5
minus Wehrmachtstote, plus Verluste Zugezogener:				- 810.000	
insgesamt	**19.274.700**	**11.871.400**	**2.418.000**	**3.025.300**	**19,9**

Die Rußlanddeutschen setzten sich aus etwa 1.250.000 aus dem Wolgagebiet und anderen Regionen Rußlands zusammen, die 1941/42 in den asiatischen Teil der UdSSR deportiert wurden und aus rund 270.000 geflüchteten Rußlanddeutschen, die nach dem Ende des Krieges zurück in die Sowjetunion zwangsrepatriiert wurden.

Bei den drei Millionen Toten handelt es sich hauptsächlich um Frauen, Kinder und nicht mehr wehrfähige Männer. Sie wurden nicht wegen ihrer Taten und Handlungen umgebracht, sondern wegen ihrer Abstammung bzw. Rasse. Mit den zwei Millionen deutschen Kriegsgefangenen, die in osteuropäischen Staaten umkamen, sind es fünf Millionen Menschen, die im Osten sterben mußten, nur weil sie Deutsche waren.

Die Bewegungen und Verluste der Bewohner des Preußenlandes (Ostpreußen einschließlich Memelgebiet und Regierungsbezirk Marienwerder, Danzig-Westpreußen ohne Regierungsbezirk Marienwerder) setzen sich wie folgt zusammen:

	Ostpreußen	Danzig-Westpreußen
Einwohner	2.619.000	1.700.000
In Wehrmacht und anderen Diensten verpflichtet[1]	536.000	255.000
Durch Luftangriffe getötet	3.500	(unbekannt)[2]
Bei der russischen Herbstoffensive 1944 getötet	20.000	–
Im Herbst 1944 evakuiert	100.000	–
Personen nicht in der Volkszählung enthalten[3]	50.000	25.000
Anwesende Bevölkerung Anfang Januar 1945	2.009.500	1.470.000
Auf der Flucht durch Beschuß und Kälte umgekommen[4]	32.000	7.000
Die Flucht gelang zunächst	1.140.000	950.000
Unter russisch/polnische Gewalt gerieten	837.500	513.000
Von den überrollten Flüchtlingen kehrten zurück	200.000	146.000
Davon ermordet und verschleppt	239.000	290.000
Bevölkerung vor der Vertreibung im russischem Gebiet	104.000	–
Bevölkerung vor der Vertreibung im polnischem Gebiet	694.500	369.000
Verluste bei der Vertreibung[5]	113.500	57.000
In der Heimat blieben	75.000	9.000
Die Vertreibung überlebten	610.500	303.000
Von der Zivilbevölkerung starben	408.000	354.000
Gefallene bzw. ermordete Soldaten	206.000	93.000
insgesamt	**614.000**	**447.000**

Ostpreußen hatte mehr als 23 Prozent seiner Menschen verloren, Danzig/Westpreußen sogar über 26 Prozent.

Fritz Gause schrieb zu der Zahl der 614.000 getöteten Ostpreußen: „Da der Bombenterror des Luftkrieges insgesamt 593.000 Todesopfer gefordert hat, sind also in Ostpreußen in dieser Zeit etwa 20.000 Menschen mehr umgekommen als durch den Luftkrieg im ganzen Deutschen Reich."

Aber genauso wie die „offizielle" Zahl der Bombenopfer Dresdens mit 35.000 angegeben wird, tatsächlich jedoch 275.000 nachgewiesen sind, so wird die wirkliche Zahl der deutschen Todesopfer des Bombenterrors wahrscheinlich weit höher liegen.

Eine Generation später will man von dem furchtbaren Geschehen, das sich am Ende des Krieges in den deutschen Ostprovinzen abspielte, am liebsten nichts mehr wissen. Die Vertriebenen werden als „Revanchisten" und „Friedensfeinde" bezeichnet, weil sie das Recht auf ihre Heimat und ihr Eigentum nicht aufgeben wollen. Ihre Organisationen und Stiftungen werden heute gerne als Störenfriede einer Aussöhnung dargestellt. Man tut so, als schäme man sich ihrer, oder tut es wirklich, und möchte ihre Existenz verschweigen. Polen, die während des Krieges in Deutschland arbeiteten, haben ein Recht auf Entschädigung; Deutsche, soweit sie nicht erschlagen wurden, die jahrelang unter Peitschenhieben als Sklaven arbeiten mußten und die Heimat mit allem Besitz verloren, haben kein solches Recht. Was Hunderttausende persönlich erlebten, mit Zahlen belegen und beeidigen können, gilt als „volkspädagogisch unerwünscht" oder gar als „wissenschaftlich widerlegt". Ein führender bun-

[1] Während der Reichsdurchschnitt der zum Wehrdienst Einberufenen 13,5 Prozent der Bevölkerung betrug, waren in Ostpreußen 20 Prozent, in Danzig Westpreußen 15 Prozent einberufen worden.

[2] Bei dem Kampf um Danzig im März 1945 war die Stadt schweren Bombenangriffen russischer und angloamerikanischer Luftflotten ausgesetzt. Obwohl zu dieser Zeit die Mehrheit der Bevölkerung Danzig verlassen hatte, befanden sich noch immer viele Menschen in der Stadt. Die Zahl ist hoch, aber nicht genau bekannt.

[3] Es handelte sich hierbei hauptsächlich um Luftkriegsevakuierte, Flüchtlinge aus baltischen und polnischen Gebieten, aber auch um Personen, die im Rahmen der Kriegswirtschaft in die deutschen Ostprovinzen gekommen waren und oftmals ihre Familien mitgebracht hatten.

[4] Einschließlich der bei den Schiffsversenkungen Umgekommenen.

[5] Davon 48 Personen bei der russischen Aussiedlung, einige von diesen nach dem Ausladen in Quarantäne. Es handelte sich um Menschen, deren Gesundheit durch Unterernährung schon so weit angegriffen war, daß sie nicht mehr gerettet werden konnten. – Nachdem die Russen massenweise die deutschen Bewohner ermordet hatten und ungerührt verhungern ließen, zeigten sie sich jetzt, drei Jahre nach dem Krieg, um jeden einzelnen besorgt.

desdeutscher Politiker, Klaus von Dohnanyi (SPD), sagte 1980 über die gewaltsam Vertriebenen aus den deutschen Ostprovinzen im Bundestag: „Es hätte sie niemand daran gehindert, dortzubleiben." Deutlicher kann man wohl nicht sagen, wie wenig einem Menschenleben bedeuten.

Obwohl die in den Konferenzen von Jalta und Potsdam festgelegte „Friedenskonferenz" bis heute nicht stattgefunden hat, auf der die endgültige Festlegung der deutschen Ostgrenze erfolgen sollte, fühlte sich eine westdeutsche Regierung hierzu berufen. In einer (völkerrechtlich belanglosen) Willenserklärung wird 1970 die von den Siegermächten provisorisch gezogene Oder-Neiße-Linie als bundesrepublikanische Ostgrenze anerkannt und von den Abgeordneten im Bundestag beklatscht.

Das Preußenland ging am Ende des Zweiten Weltkrieges unter, wie man heute konstatieren muß. Die derzeitigen fremden Bewohner gehören nicht mehr zu seiner Geschichte. Der Rest des preußischen Staates wurde per Dekret aufgelöst. Der Schriftsteller Reinhold Schneider, der im Dritten Reich Schreibverbot hatte, äußerte dazu: „Die stärkste Form, die sich in die östliche Flut gestellt hatte, war nun geborsten, der letzte Eckpfeiler weggerissen."

Während in Polen die Ansprüche auf jenen Teil Ostpolens, der wieder an Rußland fiel, wachgehalten werden, will man in der Bundesrepublik Deutschland die verlorenen Ostprovinzen vergessen. Die Überlebenden der Flucht, der Massenmorde und Vertreibung werden zunehmend weniger, und die Politiker der Folgegenerationen möchten mit den Zeugen auch die Erinnerung an den grauenhaften Völkermord aussterben lassen.

Epilog, oder: Das Wort danach

Die Zugehörigkeit des Preußenlandes zum Königreich Preußen und dann zum Deutschen Reich brachte ihm nach guten und schlechten Zeiten schließlich den bisher andauernden Untergang. Über die Frage, wie es dazu kam, sind viele Bücher geschrieben worden. Aus den vielseitigen Ursachen hebt sich eine besonders hervor: daß dem deutschen Volk ein Nationalbewußtsein fehlte, das zur Erhaltung eines eigenen Reiches notwendig ist. Die Einigung zu einem Reich mußte teils mit Gewalt erzwungen werden und kam dann auch nur im kleindeutschen Rahmen zustande. Dazu riefen der Fleiß und die Intelligenz der Deutschen bei ihren Nachbarn Konkurrenzneid bis hin zum blinden Haß hervor. Sie wollten ein solches Reich in der Mitte Europas auf keinen Fall dulden und hatten zudem, wie es rückblickend scheint, manchmal die besseren Diplomaten und Politiker.

Als Teil des Deutschen Reiches gehörte das Preußenland zu einer Nation, die im Laufe der Geschichte immer kleiner geworden ist. Heute wissen noch viele, daß Königsberg und Breslau deutsche Städte sind. Wer weiß aber noch, daß auch Verdun (Virten), Toul und Lyon einmal zum Deutschen Reich gehörten und daß Holland und die Schweiz erst 1648 aus dem Reich ausschieden? Wer weiß, daß Polen ursprünglich ein Vasall des Deutschen Reiches und dem Kaiser tributpflichtig war; daß fast alle Städte Polens von Deutschen gegründet wurden und lange Zeit rein deutsch blieben. Wer weiß, daß Riga schon eine deutsche Stadt war, bevor Berlin gegründet wurde, oder daß Prag die Hauptstadt des Deutschen Reiches war, wo das erste Buch der hochdeutschen Sprache erschien und die erste deutsche Universität gegründet wurde?

Wie würden sich zum Beispiel die Polen verhalten, die sogar den Preußen Kopernikus zu einem Polen machen, wenn die gleiche Situation sie beträfe? Man kann es sich gut vorstellen. – Das ist eben der große Unterschied! In Polen gilt der Spruch: „Polen ist unsere Mutter, über die man nichts Schlechtes sagen darf." Kein Pole wird zugeben, daß die Ausraubung und Vertreibung der Deutschen ein Unrecht war, und die grausame Ermordung von über 130.000 Deutschen hat es selbstverständlich nie gegeben. Was tut man dagegen in Deutschland? Bismarck sprach 1863 im preußischen Landtag deutlich aus, worin sich die Deutschen von anderen Völkern unterscheiden: „Die Neigung, sich für fremde Nationalitäten und Nationalbestrebungen zu begeistern, auch dann, wenn dieselben nur auf Kosten des eigenen Vaterlandes verwirklicht werden können, ist eine politische Krankheit, deren geographische Verbreitung sich leider auf Deutschland beschränkt."

Als Deutschland in dem von Bismarck geschaffenen Reich seine wohl glücklichste Zeit erlebte und der Antrag, dem entlassenen Gründer des Reiches zu seinem 80. Geburtstag zu gratulieren, im Reichstag abgelehnt wurde, stellte auch Frankreichs Botschafter Herbette 1895 treffend fest: „Die Deutschen mögen tun, was sie wollen, sie werden nie ein großes Volk sein."

Wenn in vielen Geschichtswerken die Autoren Deutschlands Schicksal beklagen, da es doch die friedlichste aller europäischen Großmächte war – in der Tat führten Deutschland und Preußen weit weniger Kriege als die anderen Mächte –, bescheinigen sie damit eigentlich, daß im deutschen Volk der Trieb zum kollektiven Fortbestehen nur mangelhaft ausgebildet war. So lobenswert diese Friedfertigkeit eines Volkes ist, so muß sie nach den harten Gesetzen der Natur zu seinem Ende führen, wenn es sich nicht seiner kriegerischen Nachbarn erwehren kann. Solange die Menschheit nicht jene Stufe der Zivilisation erreicht hat, auf der sie nicht mehr akzeptiert, daß der Stärkere seinen Nachbarn totschlägt oder vertreibt, um sich sein Land und sein Eigentum ungestraft anzueignen, hat ein aggressiv-kriegerisches Volk die besseren Aussichten, weiterzubestehen. – Dies ist eine Lehre, die man vor allem aus dem 20. Jahrhundert ziehen kann.

Wenn ein Volk jenen Zustand erreicht hat, in dem es mit allen Nachbarn und der Welt in Frieden leben kann, wächst die Gefahr, daß die noch nicht so weit entwickelten Völker der übrigen Menschheit es vernichten. Deshalb werden sich vor allem solche aggressiven Nationen wie England erhalten, das mit Abstand die meisten Kriege führte und mit Kanonen ein Weltreich eroberte; wie die USA, die rücksichtslos die ursprünglichen Eigentümer und Bewohner des Landes ausrotteten und nicht nur alle Nachbarstaaten bekriegten, um ihnen Land abzunehmen, sondern sich sogar Gebiete jenseits der Weltmeere aneigneten; wie Polen, das sich auf dem Boden anderer Völker ausbreitete und dreist deren Land und Besitz raubte, wozu in der letzten Phase seiner Ausbreitung unsere sog. „zivilisierte Welt", die so gerne für „Menschenrechte" einzutreten vorgibt, sogar ihre ausdrückliche Zustimmung erteilte.

So war es eigentlich nur die natürliche Fortsetzung eines schon sehr lange andauernden Vorganges, wenn nach dem Ersten Weltkrieg große Gebiete und nach dem Zweiten Weltkrieg alles Land bis zur Oder und Neiße vom Deutschen Reich abgetrennt wurden. Vielleicht erübrigt sich eine weitere Verkleinerung Deutschlands, denn es sieht so aus, als ob ein großer Teil der heutigen Bundesbürger nicht mehr als Deutsche weiterleben wollen.

Das 20. Jahrhundert war von den beiden großen Kriegen geprägt, die als europäische Auseinandersetzungen begannen und durch das beidermalige Eingreifen der USA zu Weltkriegen ausgeweitet wurden. Ein maßgeblicher Grund dafür war die Furcht der Alliierten vor einem politisch und vor allem wirtschaftlich starken Deutschland, das als erfolgreicher Handelskonkurrent aufgetreten wäre. Im Zweiten Weltkrieg wurde dieser Konflikt von einer maßgeblich an der amerikanischen Ostküste ansässigen einflußreichen Interessengruppe erweitert, die unter dem Vorwand der „Verteidigung der westlichen Zivilisation" ihre eigene Macht enorm vergrößern konnte, und eine Chance erkannt hatte, mit dem Krieg in Europa einen bequemen Reibach in Amerika zu machen.

Nach der Kapitulation der deutschen Wehrmacht konnten die Alliierten nicht länger verbergen, daß ihre angeblichen Kriegsziele: Freiheit, Selbstbestimmung und Menschenrechte nur Propaganda gewesen waren. Die Deutschen wurden allesamt zu Verbrechern erklärt, und alle deutschen Gegner waren jetzt ehrenhafte Helden und Freiheitskämpfer.

Zu den Leiden und dem Massenmord an der ostdeutschen Zivilbevölkerung, die gerade während der Zeit des Nürnberger Prozesses grauenhafte Höhepunkte erreichten, schwiegen die Richter. Sie nahmen auch keine Notiz von den Konzentrationslagern, in denen Hunderttausende Deutsche zu Tode gequält wurden, oder von den Todeslagern für deutsche Kriegsgefangene und deren Mißbrauch als Arbeitssklaven. Sie schwiegen auch, als der ehemalige Generalgouverneur von Polen, Hans Frank, das in seinem Schlußwort vor dem internationalen Gerichtshof deutlich aussprach: „Nicht nur das sorgsam aus diesem Verfahren ferngehaltene Verhalten unserer Kriegsfeinde unserem Volke und seinen Soldaten gegenüber, sondern die riesigen Massenverbrechen entsetzlichster Art, die, wie ich erst jetzt erfahren habe, vor allem in Ostpreußen, Schlesien, Pommern und im Sudetenland von Russen, Polen und Tschechen verübt wurden und noch verübt werden, haben jede nur mögliche Schuld unseres Volkes schon heute getilgt."

So sieht Königsberg heute nicht mehr aus. Unter angloamerikanischer Bombardierung und sowjet-ischer Herrschaft wurde die ostpreußische Hauptstadt zu einer Ruine. Königsberg lebt aber noch wei-ter: Es hat seinen Platz in den Herzen aller Menschen, die es lieben, ob sie es je betreten haben oder nicht. Auf diesem Fundament mag es eines Tages wiedererrichtet werden und erneut blühen.

Die Vereinten Nationen lehnten es allerdings am 9. Dezember 1948 ab, die Grundsätze des Nürnberger Militärtribunals als verbindliches Völkerrecht anzuerkennen. Besonnene Politiker, auch in den USA, forderten einige Male, die östlichen Grenzen Deutschlands so zu ziehen, daß die unrechtmäßig Vertriebenen wieder in ihre Heimat zurückkehren könnten. Sie konnten sich jedoch nicht durchsetzen und wurden zum Schweigen gebracht.

Kaum hatte Polen die Oder-Neiße-Linie erreicht, fuhr es fort, noch mehr zu verlangen. F. Stojanowski forderte 1946 die Elbe-Linie mit drei Brückenköpfen westlich der Elbe bei Hamburg, Magdeburg und Dresden. Schleswig-Holstein, Mecklenburg und der Nordteil Brandenburgs sollten in einem Elbe-Staat, der Rest in einem Lausitz-Staat zusammengeschlossen werden, aber alles einen Teil des künftigen großpolnischen Reiches bilden, so berichtete Carroll Reece aus Tennessee vor dem US-Repräsentantenhaus am 16. Mai 1957. – Da die Polen, im Gegensatz zu den Deutschen, ein wachsendes Volk sind, kann mit der Realisierung dieser Pläne in Zukunft durchaus gerechnet werden.

Die alten Werte haben ihre Gültigkeit verloren, und ob die neuen besser sind, wird die Zukunft erst noch zeigen. Auf dem versprochenen „ewigen Frieden für die Welt", der nach dem Sieg über Deutschland herrschen würde, wartet die Welt noch immer. Kriege werden wie eh und je weitergeführt – mit mehr als 150 Millionen Toten nach dem angeblich „letzten aller Kriege".

In Deutschland sprechen viele Anzeichen dafür, daß es nur eine Frage der Zeit ist, bis es kein deutsches Volk mehr geben wird. In dem Falle bildeten die Bewohner des deutschen Ostens nur die Vorhut des Marsches in die Vergangen- und Vergessenheit. Ist dieser Ausblick auch bedrückend, so mag die Erkenntnis ein Trost sein, daß bisher noch jedes Volk und jede Macht ein Ende fand. Auch für die heutigen Machthaber hält die Geschichte ein Ende bereit.

Durch Beschluß des Alliierten Kontrollrats wurde 1947 der preußische Staat offiziell ausgelöscht. John Tiffany, der Schriftleiter der US-Zeitschrift *The Barnes Review*, schrieb ihm einen interessanten Nachruf: „Preußen war nicht nur eine Nation, es war ein Phänomen. Während Nationen wie England, Italien oder Frankreich ihren Ursprung aus Volksstämmen herleiten, war Preußen, fast einmalig unter den Nationen, eine künstliche Konstruktion, die um den Mittelpunkt von Ideen entstand. Unter den Wichtigsten von diesen war das Ideal des Dienstes an Staat und Volk, ganz im Gegensatz zu England und seit 1913 auch zu den USA, wo das Anti-Ideal der Habgier und Ausbeutung vorherrscht. Trotz der Tatsache, daß die Herrscher Preußens das Richtige zur Schaffung und Erhaltung einer Nation taten, im Gegensatz zu denen im heutigen Amerika, die alles Richtige tun, um die Nation niederzureißen, ist ironischerweise Preußen verschwunden, während Amerika immer noch existiert. Dank der Auflösung Preußens durch auswärtige Mächte, die die Lüge von der militaristischen und aggressiven Eigenschaft Preußens ausstreuten, ist das Anti-Ideal von Habgier und Ausbeutung zum vorherrschenden Ethos der Welt geworden.

Preußens Regierung bestand nicht aus Männern, sondern aus Gesetzen, so wie es auch die Gründungsväter der USA im Sinn hatten. Sogar der König von Preußen hatte sich dem Gesetz zu beugen. Preußens Regierung war eine künstliche, aber hochinteressante Form der Regierung, die nur auf Fundamenten der Vernunft aufgebaut war. Ihre hervorragenden Eigenschaften waren eine unbestechliche Verwaltung, ein unabhängiges Justizsystem, religiöse Toleranz und ein fortschrittliches Schul- und Bildungssystem. Der großartige preußische Staat, seine Herrscher und sein Volk setzten ein strahlendes Vorbild nicht nur für Deutschland, sondern für die gesamte Welt. Preußen war die unbestrittene und einzige treibende Kraft hinter der schließlichen Vereinigung der deutschen Staaten. Wäre es nicht für Preußen, hätte es kein Deutsches Reich gegeben.

Von seinen Anfängen im Mittelalter bis zu der kurzlebigen Zeit im Dritten Reich hat der preußische Geist Menschen verschiedenster Nationalitäten und Herkunft zu großen Taten politischer, kultureller und sozialer Art inspiriert. Preußen schuf einige der bedeutendsten Lehranstalten der Welt. Es bildete seine Bevölkerung und machte es ihr möglich, außergewöhnliche Beiträge zur Zivilisation der westlichen Welt zu leisten. Das ist Preußens bleibendes Vermächtnis […] Daß das von Preußen geführte Deutschland zweimal in diesem Jahrhundert furchtbar zerschlagen wurde, nimmt nichts von seinen großen Leistungen hinweg. Vielleicht – eigentlich scheint es unvermeidlich – wird sich Preußen irgendwie gleich dem Phönix aus der Asche erheben."

Anhang

8. Zahlen, Daten, wirtschaftliche Angaben, historische Ursachen, heutige Zustände

Daß Ostpreußen „Land der dunklen Wälder" heißt, weiß fast jeder; daß es in Wahrheit eines der waldärmsten deutschen Länder war, wissen nur wenige.* Das ist aber nicht die einzige falsche Vorstellung, die man von dieser deutschen Provinz hat. In den Augen der meisten, die dieses Land nicht näher kannten, war Ostpreußen eine abgeschiedene Gegend, die am „Rande der Welt" ein kümmerliches Dasein fristete. Der Verlust dieser Provinz scheint für alle nicht unmittelbar Betroffenen eines der kleineren Übel der totalen Niederlage gewesen zu sein. Durch gezielte Lenkung des Geschichtsunterrichts fehlt besonders bei den Jüngeren das Bewußtsein und Wissen um dieses alte deutsche Land, dessen germanische Wurzeln weit in vorgeschichtliche Zeiten nachweisbar sind. Es wird aber manchen doch interessieren, wenigstens in groben Umrissen einmal zu erfahren, was wirklich im Preußenland war und was verloren wurde.

Schon das Bild, das man sich von den Bewohnern jenes Landes macht, weist erhebliche Mängel auf. So wie man den typischen Rheinländer, Sachsen oder Bayern kennt, glaubt man auch den typischen Ostpreußen zu kennen, den es aber in Wirklichkeit kaum gibt. Denn hier handelt es sich um ein Land, das von sehr verschiedenartigen Menschen bewohnt war, die noch lange nicht zu einem einzigen neuen Volk verschmolzen waren. Wenn auch alle – sicher als Folge preußischer Toleranz – friedlich miteinander lebten, so hielten die verschiedenen Volksgruppen doch an ihrer Lebensweise, an Sprache und gewachsenem Volkstum fest. Wenn zwei Bauern aus verschiedenen Orten sich in der Stadt trafen, war es nicht ungewöhnlich, daß sie hochdeutsch miteinander reden mußten, weil sie sich in ihrer normalen Umgangssprache nicht verstehen konnten. Für die eingewanderten Litauer im Nordosten der Provinz wurde sogar eine eigene Schriftsprache entwickelt, die dort in den Schulen gebraucht und die dann zur heutigen litauischen Schreibschrift wurde. Die Landbevölkerung in Teilen Masurens sprach zu einem großen Teil Masurisch, eine Sprache, die erst im Laufe des 15. Jahrhunderts entstand, und sich aus dem deutschen, dem pruzzischen und besonders dem polnischen Dialekt konstituiert. Die polnische Sprache wiederum setzt sich aus dem Deutschen und der glagotischen Schriftsprache zusammen. In einer Königsberger Kirche wurde noch zu Beginn des 20. Jahrhunderts französisch gepredigt, und an die ehemals starken englischen Gemeinden in Königsberg, Elbing und Memel erinnerte noch die „Englische Kirche" in Memel.

Zu den ursprünglichen Bewohnern, den baltischen Pruzzen, waren nicht nur Zuwanderer aus allen deutschen Gauen, sondern auch aus Frankreich, Schottland, Holland, der Schweiz, Österreich, Litauen, Polen und Rußland zugezogen. Sie alle brachten ihre wertvollen Kenntnisse und Erfahrungen mit, und auch jenen zähen Fleiß und Wagemut, der solchen Neubeginnern zu eigen ist. In diesem bunten Völkergemisch den „typischen Ostpreußen" zu finden, dürfte schwerfallen, denn er hatte viele unterschiedliche Gesichter. Alle fühlten sich aber als Deutsche, was die Volksabstimmung von 1920 bewies, bei der 95 Prozent der Bewohner des Abstimmungsgebietes für Deutschland stimmten. In den angeblich „polnischen" Kreisen Masurens waren es sogar 99,3 Prozent, die lieber besiegte Deutsche als „siegreiche Polen" sein wollten.

Von 1920 bis 1939 war Ostpreußen 36.992 qkm groß und hatte 2,5 Millionen Einwohner (einschließlich des Memelgebietes). Die große Mehrzahl der Bevölkerung (etwa zwei Millionen) gehörte der evangelischen Konfession an; 400.000 waren katholisch, rund 20.000 gehörten zu reformierten Gemeinden und etwa 10.000 bekannten sich als Glaubensjuden.

Der wichtigste Wirtschaftszweig war die Landwirtschaft. Obwohl die Gewässer hier mehr als doppelt so viel Raum als im übrigen Reich einnahmen, wurde in Ostpreußen ein wesentlich größerer Teil der Gesamtfläche landwirtschaftlich genutzt. Fast 40 Prozent der Bewohner waren in der Landwirtschaft tätig (Reichsdurchschnitt 21 Prozent). Davon waren 223.000 mithelfende Familienangehörige und nur 195.000 abhängige Beschäftigte, was den bäuer-

---

* Folgende Angaben beziehen sich auf die Provinz Ostpreußen, wie sie zwischen den beiden Weltkriegen existierte.

lichen Charakter der Landwirtschaft bezeugt. Mit einer durchschnittlichen Hofgröße von 17,7 ha war Ostpreußen auch kein Land der Großgrundbesitzer, wie es oft fälschlich geglaubt wird. Nur 15 Prozent der Betriebe waren über 100 ha groß. Von der Gesamtfläche entfielen auf:

	Ostpreußen	Deutsches Reich
landwirtschaftliche Nutzfläche	68,2 %	60,8 %
Wald	19,5 %	27,6 %
Gewässer	4,2 %	2,0 %
sonstige Flächen	8,1 %	9,6 %

Trotz ungünstiger klimatischer Verhältnisse – es gab nur 185 frostfreie Tage im Jahr – konnte dieses Land mit einer mustergültigen Vieh- und Pferdezucht und ertragreichem Saatgut Spitzenklassen in Deutschland und der Welt erreichen. Durch die unermeßlichen Anstrengungen vieler Generationen – schon Tacitus hatte den Fleiß der Bewohner Ostpreußens gerühmt – wurden hier Ernteerträge und züchterische Leistungen erbracht, die jene der Nachbarstaaten und anderer deutscher Provinzen erheblich überstiegen. Wegen seiner Widerstandsfähigkeit gegen Frost wurde hauptsächlich Roggen angebaut (fast 25 Prozent der Ackerbaufläche). Die Getreideernte betrug rund 1,7 Millionen Tonnen. Jedes zehnte Brot, das in Deutschland gegessen wurde, kam aus Ostpreußen. Dort wurden 64 Prozent der Hülsenfrüchte und 40 Prozent aller Futter-, Kohl- und Mohrrüben des Deutschen Reiches geerntet. Entgegen der allgemeinen Ansicht, daß Ostpreußen vor allem ein Kartoffelland war, lag der Ertrag pro ha meist unter dem des übrigen Reiches. Trotzdem erreichte die Kartoffelernte mit 2,750 Millionen Tonnen die Höhe jener von Belgien (2,36 Millionen Tonnen) oder Holland (2,72 Millionen Tonnen).

Den größten Ruhm in der Tierzucht nahmen die ostpreußischen Pferde in Anspruch. Die Pferdezucht beruhte auf den Erfahrungen vieler Jahrhunderte. Schon die alten Pruzzen hatten Bedeutendes auf diesem Gebiet geleistet. Hier gab es mehr Pferde als irgendwo sonst im ganzen Deutschen Reich: Auf je 100 Einwohner kamen 20 Pferde und 18 auf je 100 ha Ackerfläche.

Der Reichsdurchschnitt betrug nur fünf Pferde auf je 100 Bewohner und elf auf 100 ha Nutzfläche. Am berühmtesten war das Gestüt Trakehnen, das König Friedrich Wilhelm I. 1732 gegründet hatte. Neben diesem 6.250 ha großen Hauptgestüt gab es noch vier Landesgestüte und 180 weitere Pferdezuchtstätten in der Provinz.

Seit 1888 bestand das *Ostpreußische Stutbuch für Warmblut Trakehner Abstammung* und stand 1939 mit 10.000 Mitgliedern und 18.000 eingetragenen Stuten an der Spitze aller deutschen Pferdezuchtvereinigungen. Dieses Warmblut verband mit schlanker Gestalt, schön geschwungenem Hals und zierlichem Kopf Adel und Schönheit mit zäher Kraft und ausdauernder Leistungsfähigkeit. Von der Armee begehrt, als Zug- und Reitpferd in der Landwirtschaft, und als ruhmvolles Turnier- und Sportpferd, krönte es die Mühen einer zielbewußten Hochzucht. Hier kam die bewundernswerte Tierliebe und Pferdeleidenschaft der ostpreußischen Züchter voll zum Ausdruck.

Auch das schwere Kaltblutpferd war in Ostpreußen zu Hause. Es stammte von den schweren Streitrossen der Ordensritter ab, die damals auf 60 großangelegten Stuthöfen gezüchtet worden waren. Das *Ostpreußische Stutbuch für schwere Arbeitspferde* begründete den Ruhm dieser „Ermländer", mit dem Hauptgestüt in Braunsberg. Der Pferdebestand der Provinz war mit 478.500 Tieren fast doppelt so hoch wie der von Belgien (257.000) und kam dem von Großbritannien (548.000) nahe. Ostpreußen lieferte jährlich rund 32.000 Pferde ins Reich und in alle Teile der Welt. Auf den größten Pferdemarkt Europas, in Wehlau, wurden bis zu 20.000 Pferde aufgetrieben, und hier trafen sich Käufer aus aller Welt. Auf der Weltausstellung für Luxuspferde in London 1911 erhielten ostpreußische Trakehner den ersten Preis.

Ebenso stand die Viehzucht an der Spitze aller deutschen Zuchten. Die 1882 gegründete „Ostpreußische (holländische) Herdbuchgesellschaft" war 1938 mit 100.000 eingetragenen Zuchttieren die älteste und größte Züchtervereinigung Europas. Mit einer Milchleistung von

410

durchschnittlich 3.250 kg pro Kuh und Jahr wurde sie von keinem anderen Zuchtgebiet übertroffen. Es gab sogar Kühe, die über 8.000 kg Milch gaben. (Andere Zahlen zum Vergleich: Schweiz 2.730 kg, Westdeutschland 2.500 kg.) Obwohl die Milch größtenteils zu Butter verarbeitet wurde, stellte Ostpreußen 44 Prozent des gesamten deutschen Hartkäses her. Von den 1.385.600 Rindern (Schweiz 1.530.000, Belgien 1.902.200) wurden jährlich 252.000 ausgeführt. Hauptsächlich wurden Berlin, Sachsen und das Rhein-Ruhr-Gebiet mit ostpreußischem Schlachtvieh versorgt. Deutschlands größter Viehverladebahnhof befand sich in Kreuzingen (Kr. Elchniederung). Von dem zum Verkauf kommenden Herdbuchvieh gingen 70 Prozent als Zuchttiere ins Reich. Selbst mit der Schweinezucht übertraf Ostpreußen mit 1.842.000 Tieren die von Belgien (1.329.000) oder Schweden (1.331.000). Auch hier waren die Züchtervereinigungen, mit der „Schweinezucht Lehr- und Versuchsanstalt" in Heilsberg, führend in der Leistungszucht.

Im Durchschnitt gingen 660.000 Schweine und 125.000 Ferkel jährlich ins Reich. Die großen Mästereien im Westen des Reiches wurden mit Läuferschweinen aus Ostpreußen versorgt. Dazu wurden pro Jahr noch 201.000 Schafe ausgeführt. Als erste in Deutschland legten ostpreußische Geflügelzüchter ein Hühnerzuchtbuch an und setzten Normen für die Geflügelhaltung.

Eine besondere Tradition war mit der Bienenhaltung verbunden, denn schon im Altertum waren Honig und Wachs, neben Bernstein und Pelzen, ein wertvoller Exportartikel der Bewohner des Preußenlandes gewesen. Viele Bienenstände hatten 100 und mehr Völker. Die jährliche Ausfuhr an Honig betrug durchschnittlich etwa 2.000 Tonnen. Eine Imkerschule in Korschen lehrte Rassenzucht und neueste Produktionsmethoden.

Zu den landwirtschaftlichen Produkten kamen noch die Fischereierträge von den Meeresküsten und den vielen Inlandseen, von denen ebenfalls ein großer Teil ausgeführt wurde. Berlin z.B. bezog jährlich 2.000 Dutzend lebender Karpfen und fast ebenso viele Schleie aus Ostpreußen. Ostseelachs war im ganzen Reich bekannt.

Die Spitzenleistungen ostpreußischer Landwirtschaft sind um so höher zu bewerten, weil die Provinz gegenüber den anderen deutschen Ländern klimatisch erheblich benachteiligt war. Die Durchschnittstemperatur war hier zwei Grad niedriger als im übrigen Reich. Das verursachte eine um 50 Tage kürzere Wachstumszeit, die erheblich mehr Arbeitskraft sowie mehr Gespanne und Maschinen erforderte. Dazu verursachte oft der starke Frost mehr oder weniger schwere Auswinterungsschäden der Wintersaat. Alle diese Belastungen hatte die Landwirtschaft im übrigen Reich nicht zu tragen.

Um diese Leistungen zu erbringen, reichte Fleiß alleine nicht aus; sie setzten gründliche Ausbildung und fachliches Können der Landwirte voraus. Für diese Kenntnisse sorgten schon 1910, neben den Landwirtschafts- und Winterschulen, 527 Ländliche Fortbildungsschulen, drei Molkereischulen, sieben Hufbeschlag-Lehrschmieden, und zwei Landwirtschaftliche Haushaltsschulen. Dazu bildeten eine Gärtnereischule in Tapiau und eine Fischereischule in Memel hochqualifizierte Fachkräfte aus. Später gab es, neben den Winterschulen, 32 Landwirtschaftsschulen, eine höhere Lehranstalt für Landwirte und eine größere Anzahl Spezialschulen. Auch die Landwirtschaftlichen Zentral- und Kreisvereine dienten der Aus- und Fortbildung. In den Landwirtschaftsschulen wurden den Jungbauern die Kenntnisse vermittelt, Höchstleistungen zu erreichen. In den Mädchenklassen wurden die Jungbäuerinnen in der Hauswirtschaft gründlich ausgebildet. Außer der Lehrtätigkeit hatten die Lehrer die Aufgabe, die Bauern in allen Fragen der Landwirtschaft zu beraten. Die Fachzeitschrift *Landbau und Technik* erhielt jeder Bauer, und sie machte ihn mit den neuesten Erkenntnissen der Landwirtschaft bekannt. In Ostpreußen erschien auch seit 1824 die älteste landwirtschaftliche Fachzeitung Deutschlands, die *Georgine*.

Eine weitere wichtige Voraussetzung für die züchterischen Erfolge und die Leistungsfähigkeit der Landwirtschaft war die Gesunderhaltung der Tiere. Dafür sorgten die in jedem größeren Ort ansässigen Tierärzte. Gesetze zur Seuchenbekämpfung sahen Meldepflicht ansteckender Krankheiten, strenge Isolierung erkrankter Tiere, Desinfektion und Schutzimpfung vor. Dazu gab es in Ostpreußen bis zu sieben Tierkliniken mit einem Operations- und Behandlungsraum, mit klappbarem Operationstisch und Zwangsstand. Hier hatten erfahrene Tierärzte alle Instrumente zur Hand, die Untersuchung und Behandlung konnte genauer und schneller durchgeführt werden, das Verletzungsrisiko für den Arzt war geringer und die Sprechstunde in der Klinik war preiswerter als ein Besuch des Tierarztes auf dem Hof.

Mit der Landwirtschaft war eine bedeutende Lebensmittelindustrie verbunden. Großmühlen und Molkereien, Brauereien und Brennereien, Konserven-, Zucker- und Süßwarenfabriken verarbeiteten einen großen Teil der Erzeugnisse zu gebrauchsfertigen Waren. Die Menge von Schlachtvieh, Getreide und Lebensmitteln aller Art, die aus Ostpreußen ins Reich gingen, füllten täglich 16 Güterzüge mit je 50 Waggons. In den Jahren von 1934 bis 1939 lieferte Ostpreußen neben den schon erwähnten Zucht- und Schlachttieren jährlich 350.000 Tonnen Getreide, 190.000 Tonnen Kartoffeln, 17.000 Tonnen Butter und 31.000 Tonnen Käse. Ostpreußen war eines der ertragreichsten Agrargebiete Europas und trug wesentlich zur Ernährung des westfälischen Industriegebietes, Berlins und anderer Großstädte bei. Mit Recht wurde es als die „Kornkammer Deutschlands" bezeichnet.

Der nächstgrößte Wirtschaftszweig nach der Landwirtschaft war die Eisen- und Metallverarbeitung. Dann folgte die Nahrungs- und Genußmittelindustrie, und fast ebensoviele Arbeiter waren in der Holzindustrie beschäftigt. An vierter Stelle stand die Industrie der Steine und Erden. In Ostpreußen gab es bedeutende Schiffswerften, Maschinen-, Lokomotiv-, Waggon-, Auto-, Keramik- und Porzellanfabriken. Von den Zellstofffabriken war jene bei Tilsit die zweitgrößte Europas. Die Tabakfabrik Loeser und Wolff war die größte ihrer Branche im Deutschen Reich. Königsberg war mit etwa 4.000 einlaufenden Seeschiffen jährlich der zweitgrößte Ostseehafen Deutschlands (nach Stettin) und Europas größter Holzumschlaghafen. Der Hafen mit fünf Hafenbecken, modernen Löschanlagen, Silos und Speicheranlagen bewältigte jährlich 3,8 Millionen Tonnen. Die 3.400 Binnenschiffe und Lastkähne beförderten 950.000 Tonnen pro Jahr. Es wundert nicht, daß hier auch der größte Getreidesilo Europas stand. Die Börse am Pregel war eine der ältesten Europas, und mit der „Deutschen Ostmesse" war Königsberg zum bedeutendsten Ausstellungszentrum Osteuropas geworden.

Trotz der großen Anzahl Pferde waren die Straßen nicht nur von Pferdefuhrwerken belebt. Mit 80.000 Kraftfahrzeugen besaß Ostpreußen das mehrfache des gesamten Polnischen Reiches.

Der berühmteste Industriezweig war wohl die Bernsteingewinnung und Verarbeitung. Bernstein wird auch anderswo gefunden, aber nirgendwo in solcher Menge und Qualität wie im Samland (90 Prozent der Weltförderung).

In alter Zeit wurde der Bernstein durch Ablesen des Strandes gewonnen, wo der Westwind die Steine anschwemmt. Auch mit Netzen an langen Stangen fischte man den Meeresboden ab. Eine weitere Möglichkeit war das Bernsteinstechen mit langen Stangen, an deren Enden gebogene Zinken angebracht waren. Die leuchtende Farbe des Bernsteins war vom Boot aus noch in einigen Metern Tiefe zu erkennen. Bereits 1585 wurde bei Lochstädt begonnen, Bernstein aus offenen Gruben im Tagebau zu gewinnen.

Das staatliche Bernsteinmonopol, das der Ritterorden eingeführt hatte, blieb in veränderten Formen bis 1837 bestehen, als die Nutzung in die Pacht der Stranddörfer kam. Von dann ab brauchten die Menschen einander nicht mehr mit Mißtrauen begegnen, ob jemand von einer Bernsteinunterschlagung wußte, um für die Hälfte des Wertes seinen Nachbarn an den Galgen zu liefern. Manche Anzeige erfolgte nur aus Rache oder Habsucht, und die Henker der Vögte kamen mit dem Hanfstrick schnell herbei.

Mit der Zeit änderten sich die Methoden der Gewinnung. 1862 übernahm eine Privatfirma das Ausbaggern der Fahrrinne im Kurischen Haff und wusch den Bernstein aus dem Baggerschlamm. Sie arbeitete schließlich mit 21 großen Dampfbaggern, fünf Dampfern, etlichen Prähmen und 1.000 Leuten in dem kleinen Fischerdorf Schwarzort auf der Nehrung, das für einige Zeit ein lebhafter Industrieort wurde. Der Jahresertrag lag um 75 Tonnen. 1890 stellte die Firma den Baggerbetrieb ein und erweiterte den Bergbaubetrieb, den einzigen für Bernstein in der Welt. In Stollen, die unter das Meer getrieben wurden, baute man die bis zu sechs Meter dicke, bernsteinhaltige sog. Blaue Erde ab. Die Art des Bergbaus war fast die gleiche wie bei Kohle oder Erz. Auch hier gab es Hauer, Steiger und Förderleute. Im Jahre 1910 waren 844 Personen im Bergbau und 236 in den Sortiersälen und bei der Verarbeitung beschäftigt. Dazu wurden 465 Heimarbeiterinnen beschäftigt. Mit dem Übergang zum Tagebau hörte der Tiefbau auf, und die Schächte wurden 1923 zugefüllt. Neben dem Bergbau wurden ab 1869 auch Taucher eingesetzt. 50 Taucherboote und 300 Leute arbeiteten bis 1891 mit gutem Erfolg. Von 1876 bis 1905 wurden 8.600 Tonnen Bernstein gewonnen. Von 1906 bis 1935 waren es 8.900 Tonnen (8.300 Tonnen durch Bergbau und 600 Tonnen durch Strandlese, Fischen und Stechen).

Die großangelegten Tagebaugruben bei Palmnicken/Kraxtepellen waren eine einmalige Anlage in der Welt, wo jährlich zwischen 110 und 450 Tonnen Bernstein gefördert wurden; 1934 waren es 600, 1937 sogar 650 Tonnen. Große Trockenbagger räumten eine 30 bis 40 Meter dicke Erdschicht ab, um die tertiäre Blaue Erde mit dem Bernstein freizulegen. Durch sog. „Schlämmen" wurde der Bernstein in der Wäscherei mit viel Wasser aus der Erde ausgewaschen.

Die meisten Rohsteine wurden in der Königsberger Bernsteinmanufaktur verarbeitet. Für hochwertigen Schmuck waren nur 20 Prozent geeignet, 15 Prozent wurden zu Preßbernstein geformt, der Rest für Industrieprodukte eingeschmolzen.

Eine Sehenswürdigkeit einmaliger Art war das Bernsteinzimmer im Königsberger Schloß. Dort waren die Wände mit Bernstein belegt und Prunk- und Schmuckgegenstände von der Ordenszeit bis zur Gegenwart ausgestellt. Die Wandtafeln (55 Quadratmeter) waren als poliertes Mosaik mit Girlanden, Landschaften, Vögeln, Wappen und anderen Motiven gesetzt. Wenn die Sonne in den Raum schien, herrschte dort ein Funkeln und Leuchten von märchenhafter Pracht. Wie so vieles andere verschwand auch dieser Kunstschatz von unschätzbarem Wert spurlos am Ende des Krieges.*

Die Russen nahmen 1947 die Bernsteingewinnung mit den deutschen Einrichtungen wieder auf. Die anfängliche Jahresproduktion von 20 bis 30 Tonnen erreichte 1960 angeblich 380, 1970 etwa 400 Tonnen und ist seitdem weiter gestiegen. Das Ziel von 1.000 Tonnen wurde aber bisher, trotz einer Belegschaft von über 2.000 Personen, nicht erreicht. Die alte deutsche Grube wurde inzwischen stillgelegt und der Tagebau an eine andere Stelle verlegt. Der Ort heißt russisch „Jantarnji" (Jantar = Bernstein).

Mit einem Waldbestand von nur 19,5 Prozent gehörte Ostpreußen mit Schleswig-Holstein zu den waldärmsten Provinzen des Deutschen Reiches. Trotzdem besaß es mit der Johannisburger Heide das größte zusammenhängende Waldgebiet Deutschlands, das eine Ausdehnung von 98 km Länge und 46 km Breite (964 qkm = 96.400 ha) hatte. Mit anderen Großforsten an der östlichen und südlichen Grenze waren dies die Überreste des großen Wildnisgürtels, der auf ehemals kultiviertem Land zum Schutz gegen die Polen entstanden war, als diese im 7. Jahrhundert an den Grenzen des Preußenlandes erstmals erschienen waren. Auch vom Ritterorden wurde dieser Wildnisstreifen zum gleichen Zweck belassen. Diese Teile hatten sich bis zur Gegenwart erhalten, waren jedoch im Laufe der Zeit zu gepflegten Forsten geworden.

Der knappe Wald war besonders wirtschaftlich. Etwa 60 Prozent des Bestandes waren Kiefern von außergewöhnlicher Qualität. 27 Prozent der Kiefernfläche trug über 80jährige, 18 Prozent sogar über 100jährige Bestände; im Vergleich waren die Verhältniszahlen für Norddeutschland nur sechs bzw. ein Prozent. Eine Sehenswürdigkeit war die Königskiefer im Krutinner Forst mit einem Stammumfang von 3,55 Metern und 15 Festmetern Holzmasse. 20 Prozent des Bestandes waren Fichten, die übrigen 20 Prozent Laubhölzer. Alle Forste zeugten durch Wuchs und Ertrag von der hochstehenden Forstkultur des Landes.

Die hohe Qualität des ostpreußischen Kiefernholzes bestand in seiner Feinringigkeit; es lieferte die begehrten sog. „Blanken Saiten": astreine, seidig glänzende Bretter, die u.a. für Klavier-Resonanzböden verwendet wurden. Als „Bois de Tabre" (nach dem Forst Taberbrück bei Osterode) war dieses Holz ein internationaler Begriff und ausländischen Edelhölzern gleichwertig. Auf der Pariser Weltausstellung 1878 wurde dieses Holz als bestes der Welt prämiert. Als 1912 der Hamburger Hafen ausgebaut wurde, lieferte Ostpreußen die 23 Meter langen Rammpfähle dafür. Das beste und ebenfalls sehr begehrte Eichenfurnierholz kam aus

* Das Bernsteinzimmer wurde von dem prunkliebenden König Friedrich I. in Auftrag gegeben und 1709 fertiggestellt. Sein Sohn, Friedrich Wilhelm I., schenkte es 1716 Zar Peter dem Großen. Nach dessen Tod 1725 wurde es aus dem Petersburger Winterpalast entfernt und in der Sommerresidenz in Zarskoje Selo (15 km südlich von St. Petersburg) aufgebaut. Als deutsche Truppen im Herbst 1941 das Gebiet besetzten, war es den Sowjets nicht mehr gelungen, die Wandplatten wegzuschaffen. Sie wurden 1942 zum Schutz nach Königsberg gebracht.

dem Bestendorfer Forst im Kreis Mohrungen. Der Ertrag der ostpreußischen Wälder betrug etwa drei Millionen Festmeter im Jahr, wovon etwa die Hälfte Nutzholz war. Im eigenen Land wußte man den Wert dieses Holzes nicht immer zu schätzen. Als Anfang der dreißiger Jahre der Heilsberger Rundfunksender gebaut wurde, mußte dazu teures Kiefernholz aus Amerika beschafft werden, während zur gleichen Zeit masurische Kiefer zu Senderbauten ins Ausland ging.

Für Ostpreußens enorme Holzindustrie – es gab 5.685 holzverarbeitende Betriebe mit 28.500 Arbeitern – reichte der eigene Waldbestand bei weitem nicht aus; sie wurde zu 75 Prozent mit ausländischem Holz aus Finnland, Rußland und den baltischen Staaten beliefert. Ostpreußens Wälder aber lieferten das begehrte Saatgut für die Forstpflanzungen Nord- und Westdeutschlands. Der „Holzkönig" Richard Anders besaß das größte holzwirtschaftliche Unternehmen Deutschlands mit Niederlassungen in Berlin und Duisburg. Er baute die erste Holzfaserplattenfabrik Deutschlands und war der Provinz größter Steuerzahler. Als besondere Spezialität der ostpreußischen Holzindustrie galt das Birkensperrholz für den Flugzeugbau.

Mit der Bauindustrie sollen auch die 230 Ziegeleien erwähnt werden, die etwa 8.500 Arbeiter beschäftigten. Ausgedehnte Ton- und Lehmschichten lieferten das Rohmaterial für hochwertige Ziegelsteine. Noch heute bewundern wir die Burgen des Ritterordens, die vor 700 Jahren aus solchen Ziegeln entstanden. Die jährliche Produktion umfaßte rund 450 Millionen Ziegelsteine, 35 Millionen Dachpfannen und 40 Millionen Drainageröhren.

Trotz des wenigen Waldes gab es einen großen und vielartigen Wildbestand, der Ostpreußen zu einem begehrten Jagdrevier machte und noch immer macht. Hierbei ist auch der größte Falkenhof Europas bei Ortelsburg zu erwähnen. Einen aufschlußreichen Überblick über die Arten und Mengen bietet die Statistik. In der Jagdsaison 1936/37 z.B. wurden erlegt: 246 Elche, 3.179 Rothirsche, 1.069 Damhirsche, 19.637 Rehe, 1.522 Wildschweine, 10.330 Hasen, 7.126 Kaninchen, 2.041 Füchse und Dachse, 3.525 sonstiges Haarwild. An Federwild: 9.898 Fasanen, 92.826 Rebhühner und 54.889 Wildenten. Wölfe gab es nicht in Ostpreußen. Wenn einzelne in strengen Wintern aus Polen herüberkamen, wurden sie längst, ehe die Bevölkerung es gewahr wurde, von den Förstern erlegt. Heute zählen Wölfe zum Standwild Ostpreußens. Die Rominter Heide, mit 25.000 ha Wald, war Naturschutzgebiet in dem die stärksten Hirsche Europas standen. Das ostpreußische „Fabeltier", der Elch, war im Norden der Provinz zu Hause. Es gab etwa 1.200 bis 1.500 der unter Naturschutz stehenden Tiere, von denen unter sorgfältiger Auslese jährlich 200 bis 250 geschossen wurden. Viele Jäger aus fernen Ländern rissen sich um eine Abschußerlaubnis. Nach 1945 wurden die Elche von Rotarmisten fast ausgerottet. Heute gibt es aber wieder einen gesicherten Bestand.

Dem Naturfreund konnte Ostpreußen mit seinen verschiedenen Landschaften besonders viel bieten. Mit einer vielartigen Tier- und Pflanzenwelt war hier ein erstaunlicher Reichtum der Schöpfung erhalten geblieben. Das Zehlaubruch (23,5 qkm) war das einzige noch wachsende Hochmoor Deutschlands, wo baumbestandene Inseln vom Winde hin und her getrieben wurden. Auch einige Seen des Oberlandes hatten solche schwimmenden Inseln aus Moosarten, die ihre Wurzeln bis zu drei Metern tief ins Wasser senkten.

In Ostpreußen lebte die Hälfte aller Störche Deutschlands. Johann Thienemann zählte 18.270 Paare, die ihn zu seiner berühmten Vogelzugforschung veranlaßten. Mit 15 Nestern auf seinem Hof hielt Otto Hantel aus Reikeningken den Storchnestrekord. Im russisch verwalteten Teil Ostpreußens sind heute nur noch selten Störche zu sehen, denn die Jagd ist dort für alle frei, und die Russen sollen angeblich begeisterte Jäger sein.

Im Gebiet der Kurischen Nehrung schien die Sonne mehr als sonstwo in Deutschland. Dort gab es mehr Sonnentage im Jahr als in den berühmten Ferienorten Italiens. Die hohen, vom Wind aufgewehten Wanderdünen waren einmalig in Europa. Der Aufwind über den Dünenhängen schuf hier eines der besten Segelfluggebiete der Welt, wo neben anderen Rekorden 1938 der Weltrekord von 50,50 Stunden erreicht wurde. Hier gab es auch die in der Welt einmalige Vogelwarte in Rossitten, die Prof. Thienemann leitete. Von den 345 Vogelarten Ostpreußens traf man 302 auf der Nehrung an.

Als das wasserreichste aller deutschen Länder wurde Ostpreußen auch das „Land der tausend Seen" genannt. Nach einer Zählung von Fritz Skowronnek gab es rund 3.300 Seen. Der Spirdingsee war mit 122,5 qkm Deutschlands größter Binnensee. Das Kurische Haff bedeckte 1.619 qkm und das Frische Haff war mit 860 qkm anderthalbmal so groß wie der Bodensee. In dem Städtchen Tolkemit gab es den größten Segelboothafen und in Angerburg die größte Fischbrutanstalt Deutschlands. Der Stausee des Ostpreußenwerkes bei Friedland faßte auf einer Fläche von 30 km Länge und 418 ha 20,2 Millionen cbm und war das größte Flachlandstauwerk Deutschlands. Ein beliebter und typisch ostpreußischer Sport war das Eisssegeln. Dazu gab es in Lötzen eine eigene Segelschlittenwerft. Die deutschen Eissegel-Meisterschaften wurden auf dem Mauersee ausgetragen; öfters auch die deutschen Eishockey-Meisterschaften. Für die ostpreußischen Ski-Meisterschaften diente der 303 Meter hohe Galtgarben im Samland mit der bekannten Ostpreußenschanze.

Zu den ostpreußischen Superlativen gehört noch die Stadt Treuburg, die den größten Marktplatz (sieben Hektar) im Deutschen Reich besaß und auch die kälteste Stadt mit den meisten Schneetagen im Jahr war. Der Oberländische Kanal bot mit seinen schiefen Ebenen, auf denen Schiffe über Land fuhren und die zur Überwindung größerer Höhenunterschiede anstelle zahlreicher Schleusenkammern angelegt worden waren, eine einmalige Sehenswürdigkeit in Europa. Der größte Wacholderbaum Europas stand in Lindenort (Kr. Ortelsburg). Sogar die Landesgrenze verdient erwähnt zu werden, denn die Grenze im Osten der Provinz bestand unverändert seit 700 Jahren und war mit der spanisch-portugiesischen die älteste unverändert gebliebene Grenze Europas. Sie widerlegt eindeutig die Lüge vom „deutschen Drang nach Osten".

Die ostpreußische Bevölkerung hatte das Unglück, daß sich ihre Heimat in der geographisch gefährlichsten Lage aller deutschen Provinzen befand. Im Ersten Weltkrieg wurde Ostpreußen als einzige deutsche Provinz Kampfgebiet und verlor 1.620 Zivilisten. Nur wenige von diesen kamen durch Kampfhandlungen um; fast alle wurden von russischen Soldaten ermordet. Von den 13.680 nach Rußland deportierten Bewohnern kehrten weitere 5.340 nie mehr zurück. In 2.200 Ehrenfriedhöfen und Einzel-Gräbern ruhen fast 28.000 deutsche Soldaten des Ersten Weltkrieges in ostpreußischer Erde. 39 Städte und fast 2.000 Dörfer waren ganz oder teilweise zerstört. Zum Gedenken an die siegreiche Schlacht bei Tannenberg wurde dort das einzige deutsche Schlachtendenkmal des Weltkrieges errichtet.

Den verlorenen Zweiten Weltkrieg mußten die Bewohner Ostpreußens besonders grausam bezahlen. Etwa jeder Vierte von ihnen fand den Tod, oft unter qualvollsten Umständen. Von denen, die in die Hände der Russen und Polen fielen, war es sogar jeder Zweite. Selbst die Zahl der Wehrmachtstoten liegt mit nahezu acht Prozent der Bevölkerung fast doppelt so hoch wie im übrigen Deutschland, die dort rund vier Prozent beträgt.*

Die überlebenden Bewohner Ostpreußens verloren ihre Heimat mit allem Besitz und persönlichen Eigentum. Sie wurden über die ganze Welt verstreut: von den Prärien und Riesenstädten Amerikas bis zu den unermeßlichen Weiten Sibiriens. Von dem, was viele von diesen erleiden mußten, besonders die unmenschlichen Massenvergewaltigungen der Frauen und Mädchen, will man heute möglichst nichts mehr wissen.

Vom Reichtum Ostpreußens ist heute nicht mehr viel übriggeblieben. Nachdem die deutsche Bevölkerung ermordet, deportiert und vertrieben war, kamen Russen und Polen in das einst blühende Land, um es total auszuplündern und auf das ihnen vertraute Niveau herunterzuwirtschaften. Die Provinz wurde in drei Teile zerrissen.

* In Ostpreußen war ein größerer Teil der Bevölkerung zum Wehrdienst einberufen. Während im Reich der Anteil der Soldaten um 13,5 Prozent lag, waren in Ostpreußen 20 Prozent der Bewohner in der Wehrmacht. Die ostpreußischen Divisionen standen vom ersten bis zum letzten Tag des Krieges im Einsatz. In Rußland kämpften sie in der unwegsamen Wildnis des Nordabschnitts. Sie wurden fast nie abgelöst oder zur Erholung aus dem Kampf gezogen. Dazu bildete ein Teil dieser Divisionen taktische Einheiten, die verschiedenen Armeen nach Bedarf zugeteilt wurden, also immer an den Brennpunkten der Kämpfe eingesetzt waren. Die Sollstärke der 61. Infanteriedivision betrug z.B. 17.000 Mann. Bis zum Kriegsende hatte sie 4.500 Gefallene, 3.000 Vermißte und 21.000 Verwundete. Bei den anderen Divisionen waren die Verhältnisse ähnlich. Die Verluste einiger Divisionen (161., 206., 217. und 291. Infanteriedivision) waren derartig hoch, daß sie schon während des Krieges aufgelöst werden mußten. Die übrigen verbluteten bei den schweren Kämpfen in Ostpreußen auf dem Boden ihrer Heimat. Am Ende des Krieges kamen die Überlebenden in sowjetische Gefangenschaft, wo nochmals ein großer Teil umkam. Insgesamt verloren 200.000 ostpreußische Soldaten ihr Leben; das waren 40 Prozent aller Einberufenen. – Während die Grabstätten der 28.000 in Ostpreußen gefallenen Soldaten des Ersten Weltkrieges liebevoll gepflegt wurden, kennt man die vielfach höhere Zahl aus dem Zweiten Weltkrieg nicht. Ihre Gräber, soweit ihre Kameraden solche anlegen konnten, wurden zerstört, unzählige Gefallene aber wurden unbekannt wie verendetes Vieh verscharrt, ohne Abschiedszeremonie und ohne Grab.

Der nördlichste Teil, das Memelland, kam zu Litauen, das als Litauische SSR zur UdSSR gehörte. Es wurde mit Litauern und Russen besiedelt. Unter der sowjetischen Herrschaft ging auch hier der ehemals hohe Lebensstandard enorm zurück. Im Vergleich mit den anderen beiden Teilen macht es aber den gepflegtesten Eindruck. Es soll auch nicht vergessen werden, daß viele Deutsche aus dem russischen Teil Ostpreußens bei den Litauern in der Regel Hilfe fanden. Einige konnten bei ihnen untertauchen und wurden litauische Staatsbürger, andere sagen, daß es die Lebensmittel waren, die sie von den Litauern erbetteln konnten, die ihnen das Überleben ermöglichte.

Der Nordteil des übrigen Gebietes (Königsberg/Insterburg) war unter den Sowjets als militärisches Sperrgebiet über 40 Jahre lang von der Welt abgeschlossen. Nur Personen mit Sondergenehmigung war der Zuzug gestattet. Ostpreußens Hauptstadt Königsberg war durch zwei englische Bombenangriffe und die über zweimonatige Belagerung schon teilweise stark zerstört, bevor sie den Russen in die Hände fiel. Die Rote Armee wurde dann angewiesen, alle größeren Gebäude, soweit sie nicht für ihren eigenen Bedarf benötigt wurden, niederzubrennen. Selbst überbelegte Krankenhäuser wurden über den Köpfen der Kranken und Sterbenden angezündet. Überlebende der aus Königsberg getriebenen Einwohner berichten, daß der nächtliche Feuerschein und am Tag die Rauchwolken der Brände tagelang am Horizont zu sehen waren. Von den rund 110.000 Zivilpersonen, die den Russen in Königsberg in die Hände fielen, kamen 85.000 durch Mord, Verschleppung, Hunger und Seuchen um (über 75 Prozent). Die Überlebenden (aus dem ganzen Sowjetteil) wurden 1947/48 in das übriggebliebene Deutschland abtransportiert. Auf den Ruinen Königsbergs entstand eine neue Stadt sowjetischen Stils, die „Kaliningrad" benannt wurde. Gemäß den Absichten, das annektierte Gebiet als „wiedergewonnenen urslawischen Boden" hinzustellen, begann die völlige Austilgung alles Deutschen. Die Schloßruine Königsbergs wurde 1969 gesprengt. An der Stelle steht heute ein unvollendeter Betonklotz, der aufgrund der Bodenbeschaffenheit eine Bauruine bleiben wird. Der Domruine blieb das gleiche Schicksal erspart, weil sich dort das Grabmal Kants befindet, der von den Bolschewisten als ein Ahnherr des Marxismus angesehen wurde.

Auch im übrigen Gebiet wurden die noch vorhandenen unbewohnten Gebäude – es waren noch Reste von fast 1.000 Dörfern und den meisten Bauernhöfen vorhanden – im Laufe der Zeit größtenteils abgetragen und zerstört. Was danach übrigblieb, war ein zum Teil verödetes, spärlich bewohntes Land, das stellenweise zu einer verwilderten Buschsteppe wurde. Kilometerlang umsäumen heute versteppte Fluren verwahrloste Straßen.

Sogleich mit der Besetzung durch die Russen wurden aber auch Dörfer, Güter und Höfe zu Sowchosen (staatliche landwirtschaftliche Großbetriebe) und Kolchosen (genossenschaftsartige Großbetriebe) zusammengefügt und auf sowjetische Art bewirtschaftet. Zur Bearbeitung wurden anfangs die noch vorhandenen Deutschen gezwungen. Da es nur wenige Pferde gab, kam es vor, daß halbverhungerte Frauen vor den Pflug gespannt wurden. Die Erträge waren sehr gering. 1970 gab es 104 Kolchosen und 65 Sowchosen. Die Anbaufläche und Produktion der deutschen Zeit war aber noch nicht erreicht worden. Eine Kolchose ist 2.000 bis 5.000 Hektar groß und umfaßt 100 bis 200 ehemalige deutsche Einzelhöfe. Die Wiederbesiedlung mit Russen erfolgte sehr langsam. Eine Anzahl rußlanddeutscher Umsiedler muß sich heute ohne staatliche Unterstützung gegen eine unfreundliche Umwelt behaupten und ist allein auf ihren Fleiß angewiesen.

Einen Schatz ungeheuren Wertes, das Erdöl, entdeckten nicht die klugen und technisch hochstehenden Deutschen im eigenen Land, sondern paradoxerweise erst die Russen. Die Erforschung begann am Anfang der fünfziger Jahre, und 1963 wurde bei Gumbinnen die erste sichere Quelle gefunden. Die Ausbeute der Ölfelder begann 1975. Heute pumpen Hunderte Bohrtürme das „schwarze Gold" aus der Erde, und die Erdölförderung ist ein bedeutender Faktor der Wirtschaft geworden. Eine der Quellen soll 150 Tonnen täglich fördern. Die Jahresförderung (1980) wurde mit 1,4 Millionen Tonnen angegeben. Als Nebenprodukt wird Erdgas gewonnen, mit dem bald das ganze Gebiet versorgt werden soll. Neben den reichen Vorkommen um Gumbinnen werden Heiligenbeil, Friedland, Heinrichswalde (Kr. Elchniederung), Wehlau, Heiligenwalde (Kr. Samland), Allenburg, Tharau und weitere Förderungsorte genannt. Das in Tiefen von 2.000 bis 2.500 Metern liegende Öl soll von hoher Qualität sein. Die öltragenden Schichten sollen sich bis Bartenstein, Lyck und Suwalki hinziehen.

In den ehemals gepflegten Forsten, einschließlich dem Nordteil der Rominter Heide, sind alle nutzbaren Stämme abgeholzt worden. Die Wiederbewaldung wurde der Natur überlassen, so daß der wild wuchernde Jungwuchs hauptsächlich aus Erstbaumarten wie Birke und Espe besteht. Auf den Wiesen der Elchniederung, wo in deutscher Zeit große Mengen Heu geerntet wurden, bilden Bäume, Sträucher, Schilf und Brennesseln ein Dickicht, das stellenweise undurchdringbar ist und Schwarzwild ein ideales Revier bietet. Ebenso ist das fruchtbare Ackerland des Großen Moosbruchs, das in jahrhundertelanger mühsamer Arbeit geschaffen wurde, zur Wildnis geworden.

Die Kirchen, soweit sie nicht ganz abgerissen wurden, werden als Garagen, Turnhallen, Lagerräume, Dreschhallen und für ähnliche Zwecke verwendet. Die deutschen Friedhöfe sind verwildert und geschändet, die Grabsteine verschwunden oder zerschlagen, Umrandungen entfernt und für Russengräber verwendet worden. Aufgewühlte Gräber zeigen, daß nach Schmucksachen und Eheringen gegraben wurde. Die Knochen der Toten liegen achtlos umher.

In der Steppe zeugen oft nur noch Bauminseln oder von Gestrüpp und jungen Bäumen überwucherte Trümmerhaufen ehemaliger deutscher Dörfer vom regen Leben, das sich bis 1945 hier abspielte. Wo immer man hinschaut, hat man den Eindruck von sinnloser Zerstörungswut, trostloser Verwahrlosung und maßloser Schlamperei. Aus dem blühenden Land wurde eines der kulturärmsten und verelendetsten Gebiete Europas. Eine Entwicklung, die die Leistungen der Preußen noch großartiger scheinen läßt.

Der größere südliche Teil Ostpreußens wurde von den Sowjets mit Zustimmung der Westalliierten Polen übergeben. Als Rechtfertigung wurde behauptet, daß Polen dieses deutsche Land unbedingt zur Ansiedlung der Menschen aus dem ostpolnischen Gebiet brauche, das Polen wieder an Rußland zurückgeben mußte. Tatsächlich stammte aber nur ein geringer Teil der Polen, die nach Ostpreußen strömten, von dort, die große Mehrheit kam aus dem eigentlichen Polen.* Trotz der mit großer Anstrengung geförderten Besiedlung durch Polen verringerte sich die Bevölkerungsdichte in Ostpreußen auf 44 Prozent von jener der deutschen Zeit. Wie grausam die Vertreibung der noch vorhandenen ostpreußischen Bevölkerung (fast 700.000) von den Polen durchgeführt wurde, bezeugen die 113.500 Opfer, die dabei umkamen.

Im Gegensatz zum russischen Gebiet, sind in diesem Teil Ostpreußens die meisten Orte, oder Reste davon, noch vorhanden. Auf dem Lande aber sind nach 50 Jahren „polnischer Wirtschaft" die ehemals prächtigen Bauernhöfe größtenteils verschwunden. Besonders die größeren Höfe wurden völlig abgetragen; Dachpfannen, Ziegelsteine und Balken wurden nach Polen geschafft, die übrigen Holzteile verheizt. Gestrüpp und Unkraut wuchern, wo einst Stätten regen Lebens und emsigen Schaffens waren. Der Ackerboden wurde zum Teil landwirtschaftlichen Produktionsgenossenschaften zugeteilt, die kleineren Höfe an umgesiedelte Polen vergeben. Auch diese brachen in der Regel einen Teil der Wirtschaftsgebäude ab, vor allem die Scheunen, die für ihre Wirtschaftsweise überflüssig waren. Im Laufe der Zeit gaben viele die Höfe auf und zogen in die Städte, wo sie bequemer leben konnten. Besonders die Jüngeren scheuten die mühsame und wenig lohnende Landarbeit. Daher ist in manchen Städten die Einwohnerzahl heute größer als in deutscher Zeit.

Das Land aber wurde menschenleerer und -leerer, wobei weiterer Ackerboden verwilderte. So findet man heute auch von diesen kleineren Höfen manchmal nur noch das Wohnhaus, oft aber auch nur eine Stätte wilden Gestrüpps, das aus den Stümpfen der abgeholzten Bäume sprießt, und Brennesseln, Kletten und anderes Unkraut, das auf der früheren Hofstelle wuchert.

Wo Gebäude noch stehen, sind sie meist verwahrlost und verfallen. In Wohnräumen wurde oft Vieh oder Geflügel gehalten, weil es sonst aus den Ställen gestohlen wurde. Obwohl der größte Teil des Ackerbodens schlecht und recht genutzt wird, gibt es weite unbebaute und

---

* In dem von Polen in Besitz genommenen ostdeutschen Staatsgebiet lebten zuvor 9.263.000 Deutsche. Von den 2.136.000 Polen, die das an Rußland zurückgegebene Gebiet Ostpolens verließen, wurden 1.710.000, teils zwangsweise, in diesen deutschen Gebieten angesiedelt. Demnach wurden für jeden dieser umgesiedelten Polen mehr als fünf Deutsche (genau 5,42) aus ihrer Heimat und von ihrem Besitz vertrieben. Die große Mehrheit der in die deutschen Gebiete strömenden Polen kamen aus dem eigentlichen Polen, um sich hier, durch Raub und Beute angelockt, wirtschaftlich enorm zu verbessern.

verwilderte Flächen, was eine erhebliche Verminderung der Agrarerzeugung zur Folge haben muß. Einige Besucher berichten, daß sie ihre Heimat nicht mehr erkannten, weil die früheren Äcker mit wildem Wald bewachsen sind. Selbst bebaute Flächen zeigen eine grobe Vernachlässigung der ehemals mustergültigen Landwirtschaft. Die Drainagen sind verstopft oder zerstört, die Abflüsse der Seen verkrautet und zugewachsen oder sogar zugeschüttet worden, um Übergänge an Stelle von Brücken zu schaffen. Dadurch ist der Wasserspiegel mancher Seen um bis zu zwei Meter gestiegen, und niedriger gelegenes Acker- und Weideland ist versumpft. Auch in diesem Teil Ostpreußens wurde der wertvolle Baumbestand der Forsten größtenteils abgeholzt und vermarktet. Auf den verwüsteten Flächen wuchert jetzt ein wilder Jungwald.

Alles, was an die Deutschen erinnerte, wurde „polnischem Kulturschaffen" zugeschrieben. Alle Orte erhielten polnische Namen. Die Grabsteine der Friedhöfe wurden zerschlagen und vergraben oder abgeschliffen, um für polnische Gräber neu verwendet zu werden. Auch hier sieht man aufgewühlte deutsche Friedhöfe (z.B. Cadinen), wo polnische Grabräuber auch noch die Toten berauben. Aus den Kriegerdenkmälern wurden die Namenstafeln herausgebrochen und das Denkmal oftmals einem „großen Polen" verehrt.

In manchen Städten sind ganze Ortsteile verschwunden. Marienwerders Altstadt mit ihren Laubengängen und Arkaden, die nach der Vertreibung der Deutschen noch unversehrt dastand, wurde 1946 von Brandkommandos eingeäschert und das verwertbare Baumaterial, sogar das Straßenpflaster, nach Polen geschafft. Einige Städte wurden zu Dörfern (z.B. Bischofstein) und von manchen Dörfern stehen nur noch ein paar verkommene Gebäude; einige Dörfer sind ganz verschwunden. In einer ehemals deutschen Stadt, in der es drei Hotels mit Getränkeausschank und dazu neun Gasthäuser gegeben hatte, konnten Besucher in den achtziger Jahren in der einzigen Gastwirtschaft des Ortes nicht einmal ein Glas Bier, sondern nur ein wäßriges Fruchtgetränk bekommen. Auf der ehemaligen Bahnlinie, wo früher ein reger Zugverkehr herrschte, sind die Schienen weggeschafft worden, und auf dem Bahndamm, der als Feldweg dient, trottet ein Panjepferd vor einem zweirädrigen Karren. – Was viele deutsche Generationen mit unendlicher Mühe und mit Fleiß aufgebaut hatten, konnte eine Generation von Polen ohne Mühe zugrundewirtschaften und verbrauchen. Hier zeigt sich eine gewisse Parallele zum Aufbauwerk des Alten Fritz und der Verwaltung durch seine Nachfolger.

Der Zustand der Abwasseranlagen wird als katastrophal bezeichnet. Viele Orte haben überhaupt keine. Jährlich fließen sechs Milliarden Kubikmeter ungeklärte Abwässer in die Weichsel. Diese Drecklawine verpestet die Danziger Bucht derart, daß sie 1985 zum „ökologischen Katastrophengebiet" erklärt wurde. Das Trinkwasser in Danzig und einigen anderen polnisch verwalteten Städten mußte 1987 für untrinkbar erklärt werden.

In größeren Städten entstanden in häßlicher Betonplattenbauweise neue Wohnviertel, in denen niemand gerne wohnt. Hier wurde auch manches wieder restauriert und aufgebaut. Die finanziellen Mittel dazu kamen zu einem wesentlichen Teil, manchmal sogar ausschließlich, aus den großzügigen Spenden der vertriebenen Deutschen.*

Der Name Ostpreußen wird schon heute in der Welt nur noch selten genannt. Ein amerikanisches Lexikon bezeichnet Ostpreußen als Überrest des mittelalterlichen Deutschlands, der nach dem Zweiten Weltkrieg bereinigt wurde. Anderswo liest man, daß die „urpolnischen Gebiete von Schlesien und Ostpreußen" so lange von Deutschen besetzt waren, daß diese beinahe schon glaubten, sie gehörten ihnen. Wie man die Geschichte heute zu sehen hat, zeigte z.B. die amerikanische Monatszeitschrift *National Geographic*, die mit einer Auflage von elf Millionen maßgebend Wissen über Geschichte vermittelt. Über das heutige Polen steht in einem Heft: „Für Jahrhunderte wurde dieses Land dauernd von irgend einer Art von Deutschen auf ihrem Weg nach Osten zertrampelt. Der Ritterorden, die Armeen der Brandenburger, der

---

* Hier zeigt sich ein anderer einmaliger Vorgang in der Geschichte. Viele der Opfer, die auf unmenschliche Weise aus ihrer Heimat gejagt wurden, die ihren gesamten Besitz zurücklassen mußten und denen vielmals sogar die Kleider vom Leib gerissen wurden, setzen heute den Vertreibern die verwahrlosten Gebäude instand, statten ihre Krankenhäuser aus und bringen ihnen Spenden von Millionenwerten. Die deutsche Bevölkerung konnte aus eigener Kraft all das aufbauen und selbstverständlich auch instand halten. Die heutigen polnischen Bewohner, die sich all das ohne Leistung aneigneten, wollen nicht einmal die Unterhaltskosten dafür aufbringen.

Wie hätten wohl diese Polen reagiert, wenn die Deutschen sie auf die gleiche Weise aus ihrem Land gejagt hätten und sie danach für die Übernahme der Kosten zum Unterhalt ihrer ehemaligen Gebäude angehalten hätten?

Preußen und der Nazis; sie alle benutzten dieses Land als Militärbasis und Aufmarschgebiet für ihren steten „Drang nach Osten". Nun ist man die Deutschen endlich losgeworden, und die Bevölkerung kann sich friedlicher Arbeit widmen. Großes ist seitdem hier geleistet worden. Kartoffeläcker mit ihren weißen Blüten bedecken weithin das Land, und Getreidefelder dehnen sich bis zum Horizont. Blühende Dörfer und Städte wurden erbaut. Gdansk [Danzig], die alte Stadt mit ihren Gilde-Häusern, ist der größte Seehafen Polens, wo bedeutende Schiffswerften entstanden sind. Ganz besonders sind die enormen Leistungen auf dem Gebiet der Pferdezucht hervorzuheben. In vorbildlichen Gestüten werden erstklassige Rassepferde gezüchtet. Die stattlichen, gut aussehenden und elegant gekleideten Polen zeigen sich stets als Kavaliere, die Hand der Damen zur Begrüßung küssend [...]"

So und ähnlich werden es künftige Generationen in den Geschichtsbüchern lesen und froh sein, daß „endlich auch dort die Kultur eingezogen ist". Nach der heute gültigen Geschichtsauffassung hat es niemals die Vertreibung einer angestammten deutschen Bevölkerung aus Preußen gegeben; nur die „deutschen Besatzer", die das arme Volk so lange unterdrückt hatten, wurden endlich zum Abzug genötigt. Das befreite Volk, das selbstverständlich immer polnisch war, und im Gegensatz zu den brutalen, kriegerischen Deutschen aus handküssenden Kavalieren und eleganten Damen besteht, konnte nun in Frieden leben und die vorgenannten großartigen Leistungen vollbringen. Damit diese politisch korrekten „Erkenntnisse" der Geschichte auch den Deutschen zugute kommen, wurde die „Deutsch-Polnische Schulbuchkommission" geschaffen, die darüber wacht, daß von dem, was dort einmal war und was am Ende des Zweiten Weltkrieges dort geschah, nichts bekannt wird. Das geschieht, während noch zahlreiche Zeugen leben, die dem grauenhaften Geschehen entkommen sind. Heute muß man sich wundern, daß es eine bundesdeutsche Regierung gab, die eine ausführliche wissenschaftliche Dokumentation über die Vertreibungsverbrechen anlegte. Wird diese noch lange vorhanden bzw. zugänglich sein?

Die Verdrängung der geschichtlichen Wahrheit durch die Siegermacht zu einem propagandistischen Gebilde war ein voller Erfolg. Aus den Nachschlagewerken wird die Vertreibung der Deutschen systematisch entfernt. Auch das Wort „deutsch" wird konsequent vermieden. Aus Bibliotheken der Bundesrepublik werden Bücher, welche die an den Ostdeutschen verübten Verbrechen zum Inhalt hatten, entfernt und verbrannt.*

Die straff gelenkte Meinungsindustrie verhindert nach wie vor die ehrliche Darstellung und Verbreitung der geschichtlichen Wahrheit. Wer wagt heute noch zu sagen oder gar zu schreiben, wie es wirklich war: wie der Krieg tatsächlich begann; daß die räuberische Enteignung und der unmenschliche Exodus der Bevölkerung ein Unrecht und Verbrechen ohne Beispiel waren; daß die heutigen Felder nur klägliche Reste der einst mustergültigen deutschen Landwirtschaft sind; daß Danzig bis 1945 immer eine rein deutsche Stadt war und die dortigen Schiffswerften die von den Deutschen erbauten Schichau-Werften sind. Auch die Pferdezucht Polens beruht nur auf der Weiterführung zweier deutscher Gestüte.

Haben nicht wenigstens die Millionen Toten, die bei der Vertreibung der Bevölkerung aus den Ostprovinzen des Reiches ihr Leben verloren und wie Hunde verscharrt wurden, ohne Grabstein und Totenschein, ein Recht auf die Wahrheit und eine letzte Ehre?

Mit der Auslieferung der deutschen Ostgebiete an Polen ist die Menschheit um einige reiche Kulturprovinzen ärmer, um einige arme jedoch reicher geworden. Während 1980/81 ein westdeutscher Landwirt 33 Menschen ernährte, versorgte sein polnischer Kollege nur 7,8. Aus dem landwirtschaftlichen Überschußgebiet ist unter der polnischen Verwaltung ein mangelleidendes Zuschußgebiet geworden. Wo früher goldene Ährenfelder im Sommerwind wogten, wuchert heute an vielen Orten wilder Wald. Vielleicht wird Ostpreußen auf diese Weise tatsächlich einmal zum „Land der dunklen Wälder" werden.

---

* Wie das Wissen über den Völkermord der Ostdeutschen bekämpft wird, zeigten 1993 die Vorgänge im „Haus der Heimat" in Stuttgart. Der Innenminister von Baden-Württemberg, Frieder Birzele (SPD), ließ die öffentliche Bibliothek zwangsweise schließen, um die Bücher einer „Neuordnung" zu unterziehen. Als sie 1994 der Öffentlichkeit wieder zugänglich gemacht wurde, fehlten rund 700 Publikationen, die u.a. die an der ostdeutschen Bevölkerung verübten Verbrechen während und nach dem Zweiten Weltkrieg zum Inhalt hatten. Die Schriftwerke wurden nicht etwa einer anderen Verwendung zugeführt bzw. weitergegeben, wie im Bibliothekenwesen üblich, sondern vernichtet, obwohl keines einen strafrechts- oder verfassungswidrigen Inhalt hatte.

9. Land der dunklen Wälder

Es war ein Land, – wo bliebst Du, Zeit? –
da wogte der Roggen wie See so weit,
da klang aus den Erlen der Sprosser Singen,
wenn Herde und Fohlen zur Tränke gingen.

Hof auf, Hof ab, wie ein Herz so sacht,
klang das Klopfen der Sensen in heller Nacht,
und Heukahn an Heukahn lag still auf dem Strom,
und geborgen schlief Stadt und Ordensdom.

Es war ein Land, – wir liebten dies Land, –
aber Grauen sank drüber wie Dünensand.
Verweht wie im Bruch des Elches Spur
ist die Fährte von Mensch und Kreatur, –

Sie erstarrten im Schnee, sie verglühten im Brand,
sie verdarben elend in Feindeshand,
sie liegen auf der Ostsee Grund,
Flut wäscht ihr Gebein in Bucht und Sund...

O kalt weht der Wind über leeres Land,
o leichter weht Asche als Staub und Sand,
und die Nessel wächst hoch an zerborstener Wand,
aber höher die Distel am Ackerrand.

Agnes Miegel

10. Zeittafel der weltlichen und geistlichen Oberhäupter

Deutsche Kaiser

1705–1711	Joseph I.		1792–1806	Franz II.
1711–1740	Karl VI.		(1807–1870	Interregnum)
1742–1745	Karl VII.		1871–1888	Wilhelm I.
1745–1765	Josef II.		1888	Friedrich III.
1765–1790	Leopold II.		1888–1918	Wilhelm II.

Preußische Könige

1701–1713	Friedrich I.		1797–1840	Friedrich Wilhelm III.
	(König *in* Preußen)		1840–1861	Friedrich Wilhelm IV.
1713–1740	Friedrich Wilhelm I.		1861–1888	Wilhelm I.
1740–1786	Friedrich II. (der Große)		1888	Friedrich III.
1786–1797	Friedrich Wilhelm II.		1888–1918	Wilhelm II.

Könige und Staatspräsidenten von Polen

1696–1706	August II. (der Starke)		1918–1922	Josef Pilsudski
1706–1709	Stanislaus I. Leszczynski			(Staatschef)
1709–1733	August II. (der Starke)		1922	Narutowicz
1733–1763	August III.		1922–1926	Wojciechowski
1764–1795	Stanislaus II. August		1926–1939	Ignacy Moscicki
	(Poniatowski)		1947–1952	Boleslaw Bierut

Päpste

1700–1721	Klemens XI.		1831–1846	Gregor XVI.
1721–1724	Innozenz XIII.		1846–1878	Pius IX.
1724–1730	Benedikt XIII.		1878–1903	Leo XIII.
1730–1740	Klemens XII.		1903–1914	Pius X.
1740–1758	Benedikt XIV.		1914–1922	Benedikt XV.
1758–1769	Klemens XIII.		1922–1939	Pius XI.
1769–1774	Klemens XIV.		1939–1958	Pius XII.
1775–1799	Pius VI.		1958–1963	Johannes XXIII.
1800–1823	Pius VII.		1963–1978	Paul VI.
1823–1829	Leo XII.		1978	Johannes Paul I.
1829–1830	Pius VIII.		seit 1978	Johannes Paul II.

Bischöfe des Ermlandes

Polnische Bischöfe:

1698–1711	Andreas C. Zaluski
1711–1723	Theodor A. Potocki
1724–1740	Christoph A. Szembek
1741–1766	Adam S. Grabowski
1766–1795	Ignacy Krasicki

Deutsche Bischöfe:

1795–1803	Karl v. Hohenzollern
(1803–1808	Vakanz)
1808–1836	Josef v. Hohenzollern
1836–1841	Andreas S. v. Hatten
1841–1867	Joseph A. Geritz
1867–1886	Philipp Krementz
1886–1908	Andreas Thiel
1908–1930	August Bludau
1930–1945	Maximilian Kaller

11. Einwohnerzahl preußicher Städte

Die ostpreußischen Städte

(Einwohnerstand: 17. Mai 1939; nach Größen geordnet)

1.	Königsberg	372.164	35.	Pillkallen/Schloßberg	5.833
2.	Tilsit	58.468	36.	Soldau	5.349
3.	Allenstein	50.396	37.	Zinten	5.216
4.	Insterburg	48.711	38.	Gerdauen	5.118
5.	Memel	41.297	39.	Rößel	5.058
6.	Gumbinnen	22.181	40.	Eydtkuhnen/Eydtkau	4.922
7.	Braunsberg	18.876	41.	Friedland	4.417
8.	Osterode	17.795	42.	Mehlsack	4.393
9.	Rastenburg	17.247	43.	Darkehmen/Angerapp	4.264
10.	Lyck	16.243	44.	Hohenstein	4.245
11.	Lötzen	14.000	45.	Fischhausen	3.879
12.	Ortelsburg	13.523	46.	Arys	3.543
13.	Goldap	11.578	47.	Schippenbeil	3.434
14.	Bartenstein	11.268	48.	Nordenburg	3.173
15.	Pillau	10.980	49.	Bischofstein	3.163
16.	Heiligenbeil	10.631	50.	Saalfeld	3.120
17.	Heilsberg	10.630	51.	Landsberg	3.120
18.	Ragnit	10.061	52.	Seeburg	3.022
19.	Angerburg	9.846	53.	Mühlhausen	3.008
20.	Neidenburg	9.181	54.	Frauenburg	2.981
21.	Sensburg	9.161	55.	Domnau	2.939
22.	Tapiau	8.671	56.	Liebstadt	2.742
23.	Wehlau	8.536	57.	Nikolaiken	2.627
24.	Wormditt	7.817	58.	Willenberg	2.600
25.	Bischofsburg	7.755	59.	Bialla/Gehlenburg	2.500
26.	Mohrungen	7.212	60.	Liebemühl	2.434
27.	Treuburg	7.114	61.	Passenheim	2.431
28.	Stallupönen/Ebenrode	6.608	62.	Rhein	2.429
29.	Labiau	6.527	63.	Drengfurt	2.289
30.	Preußisch Holland	6.345	64.	Allenburg	2.284
31.	Preußisch Eylau	6.300	65.	Kreuzburg	2.007
32.	Johannisburg	6.154	66.	Gilgenburg	1.678
33.	Guttstadt	5.932	67.	Barten	1.543
34.	Wartenburg	5.843	68.	Schirwindt	1.090

1941 erhielt Heydekrug Stadtrechte (1925 hatte das Dorf 4.836 Einwohner). Der Kreis Elchniederung blieb als einziger Kreis Ostpreußens ohne Stadt, obwohl Heinrichswalde (Sitz der Kreisverwaltung) ein städtisches Gepräge zeigte.

Die westpreußischen Städte

(Einwohnerstand: 1943, wenn nicht anders angegeben; nach Größen geordnet)

1.	Danzig (1942)	282.900	6.	Zoppot (1941)	28.000
2.	Elbing	97.400	7.	Marienburg (1939)	27.300
3.	Bromberg (1920)	88.000	8.	Dirschau	25.869
4.	Thorn	78.224	9.	Marienwerder	21.000
5.	Graudenz	55.336	10.	Konitz	18.881

11. Preußisch Stargard	17.895	35. Hammerstein (1939)	4.363
12. Neustadt	16.490	36. Lautenburg	4.329
13. Deutsch Eylau	13.691	37. Tiegenhof	4.295
14. Deutsch Krone (1939)	13.359	38. Neuteich	4.120
15. Kulm	13.117	39. Vandsburg	4.102
16. Strasburg (1942)	12.300	40. Tolkemit	3.942
17. Kulmsee	12.277	41. Preußisch Friedland (1939)	3.842
18. Schwetz	11.664	42. Schönsee	3.702
19. Briesen	10.051	43. Mewe	3.625
20. Berent	8.385	44. Christburg (1939)	3.604
21. Riesenburg	8.051	45. Schöneck	3.460
22. Flatow (1939)	7.457	46. Freystadt	3.313
23. Stuhm	7.099	47. Krojanke (1939)	3.180
24. Tuchel	7.086	48. Schloppe (1939)	2.986
25. Schlochau (1939)	6.029	49. Wirsitz (1942)	2.970
26. Karthaus	6.024	50. Lessen	2.803
27. Jastrow (1939)	5.693	51. Tütz (1939)	2.748
28. Löbau	5.657	52. Märkisch Friedland (1939)	2.707
29. Pelplin	5.295	53. Baldenburg (1939)	2.292
30. Neuenburg	5.233	54. Garnsee	2.196
31. Zempelburg	5.207	55. Zuckau	2.160
32. Neumark	4.884	56. Rehden	1.999
33. Putzig	4.712	57. Bischofswerder	1.975
34. Rosenberg	4.440	58. Kamin	1.622

12. Die Vierzehn Punkte Wilsons

Im August 1917 setzte US-Präsident Wilson einen Studienausschuß ein, der die Grundlage für den Frieden formulieren sollte, auf der Wilson den Frieden herstellen wollte. Nach Abschluß der Arbeiten richtete Wilson eine Vierzehn Punkte-Botschaft an den Kongreß, in der er die Grundbedingungen festlegte, unter denen die USA den Frieden als einzig mögliche Grundlage herbeiführen wollten. Am 8. Januar 1918 erfolgte die Verkündung dieser Vierzehn Wilson-Punkte. Auf der Grundlage des Planes schloß Deutschland mit den Alliierten am 11. November 1918 den Waffenstillstand zur Beendigung des Ersten Weltkrieges.

Der Vierzehn Punkte-Plan Wilsons sah folgendes vor:

1. Offene und öffentlich zustandegekommene Friedensverträge; keine geheimen internationalen Abmachungen irgendwelcher Art. Die Diplomatie soll immer offen vor aller Welt betrieben werden.
2. Vollkommene Freiheit der Schiffahrt auf den Meeren außerhalb der territorialen Gewässer.
3. Beseitigung, soweit das möglich ist, aller wirtschaftlichen Schranken und Gleichheit der Handelsbedingungen unter allen Völkern.
4. Garantien sollen gegeben und genommen werden, die nationalen Rüstungen auf ein Mindestmaß herabzusetzen.
5. Eine freie, unbedingt unparteiische Regelung aller kolonialen Ansprüche unter Berücksichtigung der betroffenen Bevölkerung.
6. Räumung aller russischen Gebiete und Regelung aller Rußland betreffenden Fragen; Selbstbestimmung und Aufnahme Rußlands in die Gesellschaft der freien Nationen.
7. Räumung und Wiederherstellung Belgiens.
8. Räumung und Wiederherstellung des besetzten französischen Gebietes. Das Unrecht, das Preußen Frankreich in bezug auf Elsaß-Lothringen zugefügt hat, soll bereinigt werden [should be righted].
9. Eine Berichtigung der italienischen Grenze soll nach klar erkennbaren Linien der Nationalität erfolgen.

10. Den Völkern Österreich-Ungarns soll freie Gelegenheit zu einer autonomen Entwicklung gegeben werden.
11. Betrifft [ebenso] Rumänien, Serbien und Montenegro.
12. Betrifft [ebenso die] Türkei. Dardanellen müssen für freien Schiffsverkehr für alle Nationen immerwährend geöffnet bleiben.
13. Ein unabhängiger polnischer Staat soll errichtet werden, der die von einer unbestreitbar polnischen Bevölkerung bewohnten Gebiete einschließen, einen freien und sicheren Zugang zum Meer erhalten und dessen Unabhängigkeit und territoriale Unversehrtheit durch einen internationalen Vertrag garantiert werden soll.
14. Eine allgemeine Vereinigung der Nationen muß unter bestimmten Vertragsbedingungen gebildet werden zum Zweck gegenseitiger Garantie politischer und territorialer Unabhängigkeit, gleichwertig für große und kleine Staaten.

13. Der deutsche 16 Punkte-Vorschlag

Vom 30. August 1939 stammt dieser reichsdeutsche Vorschlag zur Verhinderung des Krieges und zur Bereinigung des deutsch-polnischen Konflikts.

Der Vorschlag wurde England, Italien und der Sowjetunion unterbreitet. Polen weigerte sich, einen bevollmächtigten Vertreter zu entsenden und wies seinen Botschafter in Berlin an, abzureisen, keinen deutschen Vorschlag anzusehen und sich in keine Diskussionen irgendwelcher Art einzulassen. Der Vorschlag hat folgendes zum Inhalt (gekürzt):

1. Die Freie Stadt Danzig kehrt auf Grund ihres rein deutschen Charakters sowie des einmütigen Willens ihrer Bevölkerung sofort in das Deutschen Reich zurück.
2. Das Gebiet des sog. Korridors [...] wird über seine Zugehörigkeit entscheiden.
3. Zu diesem Zweck wird dieses Gebiet eine Abstimmung vornehmen [...] Zur Sicherung einer objektiven Abstimmung wird das Gebiet einer internationalen Kommission unterstellt, die von Italien, Sowjetunion, Frankreich und England gebildet wird [... Die aufgeführten Einzelheiten sind etwa die gleichen wie bei der Abstimmung von 1920 in Ostpreußen.]
4. Von diesem Gebiet bleibt ausgenommen der polnische Hafen Gdingen, der grundsätzlich polnisches Hoheitsgebiet ist [...]
5. Um die notwendige Zeit für die erforderlichen umfangreichen Vorbereitungen [...] sicherzustellen, wird diese Abstimmung nicht vor Ablauf von 12 Monaten stattfinden.
6. Um während dieser Zeit Deutschland seine Verbindung mit Ostpreußen und Polen seine Verbindung mit dem Meere unbeschränkt zu garantieren, werden Straßen und Eisenbahnen festgelegt, die einen freien Transitverkehr ermöglichen.
7. Über die Zugehörigkeit des Gebietes entscheidet die einfache Mehrheit der abgegebenen Stimmen.
8. Um nach erfolgter Abstimmung – ganz gleich wie sie ausgehen möge – die Sicherheit des freien Verkehrs Deutschlands mit seiner Provinz Danzig-Ostpreußen und Polen seine Verbindung mit dem Meere zu garantieren, wird, falls das Abstimmungsgebiet an Polen fällt, Deutschland eine exterritoriale Verkehrszone, etwa in Richtung Bütow-Danzig bzw. Dirschau gegeben, zur Anlage einer Autobahn sowie einer viergleisigen Eisenbahnlinie. Der Bau der Straße und Eisenbahn wird so durchgeführt, daß die polnischen Kommunikationswege dadurch nicht berührt, d.h. entweder über- oder unterfahren werden. Die Breite dieser Zone wird auf 1 km festgelegt und ist deutsches Hoheitsgebiet.
Fällt die Abstimmung zugunsten Deutschlands aus, erhält Polen zum freien und uneingeschränkten Verkehr nach seinem Hafen Gdingen die gleichen Rechte einer ebenso exterritorialen Straßen- bzw. Eisenbahnverbindung, wie sie Deutschland zustehen würden.
9. Im Falle des Zurückfallens des Korridors an das Deutsche Reich erklärt sich dieses bereit, einen Bevölkerungsaustausch mit Polen in dem Ausmaß vorzunehmen, als der Korridor hierfür geeignet ist.
10. Die etwa von Polen gewünschten Sonderrechte im Hafen von Danzig würden paritätisch ausgehandelt werden, mit gleichen Rechten Deutschlands im Hafen von Gdingen.

11. Um in diesem Gebiet jedes Gefühl einer Bedrohung auf beiden Seiten zu beseitigen, würden Danzig und Gdingen den Charakter reiner Handelsstädte erhalten, d.h. ohne militärische Anlagen.
12. Die Halbinsel Hela, die entsprechend der Abstimmung entweder zu Polen oder zu Deutschland käme, wäre in jedem Fall zu demilitarisieren.
13. Da die deutsche Reichsregierung heftigste Beschwerden gegen die polnische Minderheitenbehandlung vorzubringen hat, die polnische Regierung ihrerseits glaubt, auch Beschwerden gegen Deutschland vorbringen zu müssen, erklären sich beide Parteien damit einverstanden, daß diese Beschwerden einer international zusammengesetzten Untersuchungskommission unterbreitet werden [...]
14. [Dieser Punkt fordert bindende Vereinbarungen zum Schutz der in beiden Staaten verbleibenden Minderheiten ...] Beide Teile verpflichten sich, die Angehörigen der Minderheiten nicht zum Wehrdienst heranzuziehen.
15. Im Falle einer Vereinbarung auf der Grundlage dieser Vorschläge erklären sich Deutschland und Polen bereit, die sofortige Demobilisierung ihrer Streitkräfte anzuordnen und durchzuführen.
16. Die zur Beschleunigung der obigen Abmachungen erforderlichen weiteren Maßnahmen werden zwischen Deutschland und Polen gemeinsam vereinbart.

14. Der Kaufman-Plan

Der von Theodore N. Kaufman verfaßte Plan wurde 1942 in den USA veröffentlicht und von maßgeblichen Zeitungen als „Plan für ewigen Frieden unter den zivilisierten Nationen" gelobt.

Eingangs erklärte Kaufman, daß dieser Krieg nicht gegen Hitler oder die Nationalsozialisten geführt werde, sondern daß es ein Krieg der „zivilisierten Völker" gegen „unzivilisier-

Die ganze Unmenschlichkeit amerikanischer Verantwortlicher offenbart sich, wenn bedacht wird, daß die Kaufman-Karte keinesfalls nur Produkt eines einzelnen „Spinners" war, sondern von der US-Führung zeitweise ernsthaft in Betracht gezogen wurde. Wie kaum ein zweites Dokument spricht die Karte von der Art jener amerikanischen „Zivilisation", auf die Kaufman sich beruft.

te Barbaren" sei. Es sei vielmehr ein Kampf zwischen dem deutschen Volk auf der einen Seite und der übrigen Menschheit auf der anderen.

Kaufman legt nach dieser Einleitung den Plan zur Sterilisation aller deutschen männlichen Personen bis zu 60 Jahren und aller weiblichen bis zu 45 Jahren vor. Die dringende Forderung der Siegervölker, daß Deutschland für immer verschwinden muß, macht es den führenden Staatsmännern zur Pflicht, die Massensterilisation der Deutschen als das beste Mittel zu wählen, um sie für immer auszulöschen. Der Plan geht auf alle Einzelheiten ein: Vorbereitung, Durchführung, Anzahl der erforderlichen Chirurgen, Zeitdauer, Auswirkungen usw.

Nach erfolgter Sterilisierung wird die deutsche Armee in Arbeitsbataillonen zum Wiederaufbau außerhalb Deutschlands eingesetzt.

Deutschland wird aufgeteilt. Beiliegende Landkarte zeigt mögliche Grenzziehungen.

Die deutsche Bevölkerung der aufgeteilten Gebiete wird gezwungen, die Sprache ihres Gebietes zu erlernen. Innerhalb eines Jahres wird die Veröffentlichung aller deutschsprachigen Bücher und Zeitungen eingestellt. Gleichermaßen werden Radiosendungen in deutscher Sprache beschränkt und der Unterhalt deutscher Schulen beendet.

Das konsequente allmähliche Verschwinden der Deutschen aus Europa wird auf jenem Kontinent nicht stärkere negative Auswirkungen haben als das langsame Verschwinden der Indianer aus Amerika.

15. Der Morgenthau-Plan

Der Deutschland-Plan des US-Finanzministers Henry Morgenthau jun. wurde auf der Quebec-Konferenz (10. bis 16. September 1944) von US-Präsident Roosevelt und dem britischen Premier Churchill angenommen.

Auf Widerspruch des US-Staatssekretärs (Außenminister) Cordell Hull und des Kriegsministers Henry L. Stimson kam der Plan nicht in vollem Umfang zur Ausführung. Die Differenzen, die nach der deutschen Kapitulation zwischen dem West-Ost-Militärblock auftraten und zum sog. „Kalten Krieg" führten, bewirkten dann eine weitere drastische Abänderung der geplanten Durchführung.

Einige der wichtigsten Punkte des ursprünglichen Morgenthau-Planes sahen folgende Maßnahmen vor:

1. Vollständige Entmilitarisierung: Abtransport oder Zerstörung allen Kriegsmaterials, der gesamten Rüstungsindustrie einschließlich aller Schlüsselindustrien, die der Wehrkraft dienlich sind.
2. Aufteilung des Deutschen Reiches: Polen erhält den Teil Ostpreußens, der nicht an die Sowjetunion fällt, dazu den Südteil Schlesiens. Frankreich erhält die Saar und das Gebiet, das von Mosel und Rhein begrenzt ist. Das Ruhrgebiet wird eine internationale Zone, in der alle Industrien beseitigt werden. Eine scharfe Kontrolle wird verhindern, daß dort jemals wieder ein Industriegebiet entstehen kann. Der Rest Deutschlands wird in je einen Nord- und Südstaat geteilt.
4. Reparationen: Abtransport aller Industrieanlagen gemäß Aufteilungsprogramm, Zwangsarbeit Deutscher außerhalb Deutschlands, Abtretung der Rechte auf vorhandene Natur- und Bodenschätze, Beschlagnahme aller deutschen Guthaben außerhalb Deutschlands u.a.m.
5. Umerziehung [reeducation]: Alle Schulen und Universitäten werden geschlossen; alle deutschen Sender, Zeitungen, Zeitschriften usw. stellen ihr Erscheinen bzw. ihre Arbeit ein, bis eine alliierte Kommission ein Programm aufgestellt hat und entsprechende Kontrollen gewährleistet sind.
6. Wirtschaftskontrolle: 20 Jahre werden Überwachungen beibehalten, die den Außenhandel und die Beschränkungen der Kapitalinvestitionen in den beiden deutschen Staaten kontrollieren, um den Auf- und Ausbau neuer Industrien zu verhindern.
7. Agrarprogramm: Aller Großgrundbesitz wird an Bauern aufgeteilt; das Erbhofgesetz wird abgeschafft.

8. Flugzeuge: Alle Militär- und Zivilflugzeuge (einschließlich aller Segelflugzeuge) werden beschlagnahmt. Keinem Deutschen ist erlaubt zu fliegen oder als Flug- und Bodenpersonal zu dienen.

9. Aufsicht: Obwohl die USA die militärischen und zivilen Interessen des deutschen Programmes voll wahrnehmen werden, soll die Aufsicht und Durchführung des Planes von den Nachbarländern, vor allem von Polen, Russen, Tschechen und Franzosen übernommen werden.

10. Andere Artikel befassen sich mit Aufgaben der US-Armee zur Durchführung des Planes, politischer Dezentralisation, Aburteilung deutscher Kriegsverbrecher, Sonderbehandlung spezieller Gruppen u.a.m.

Einer der wichtigsten Artikel, der im Plan nicht genannt wird, aber aus den anderen Artikeln klar hervorgeht, ist die Reduzierung des deutschen Volkes durch Hunger um etwa 40 Prozent, was auch Hull in seinem Memorandum deutlich nachwies.

16. Aufforderung zur Abreise der deutschen Einwohner Allensteins

Mit folgender amtlicher Aufforderung der polnischen Verwaltung sahen sich die Bewohner der Stadt am 14. Oktober 1945 konfrontiert:

Bekanntmachung fuer die deutsche Bevoelkerung

Im Interesse aller Deutschen rufen wir die deutsche Bevölkerung auf, sich am Oktbr. 1945 zur freiwilligen Abreise nach Deutschland in dem Barackenlager Karl Roenschstr um 7 Uhr zu melden. Falls dieser Befehl nicht ausgeführt wird, kommen alle Deutschen in ein Straflager.

Es wird weiter bekannt gegeben:
Jeder abreisende Deutsche hat eine Liste in drei Ausführungen über sein zurückbleibendes festes Inventar aufzustellen. Diese Listen müssen von dem Hausverwalter oder von zwei zurückbleibenden im gleichen Hause wohnenden Bürgern unterschrieben sein. Zwei Listen bleiben bei den Bürgern gegen eine Quittung. Eine behält der Abreisende, gegen welche er die Ausreisegenehmigung erhält.

Die Abfahrt der Deutschen nach Deutschland ist bis zum 22. X. 45, morgens 7 Uhr verlängert.

Alle Deutschen müssen am 22. 10. 45, um 7 Uhr morgens am Sammelpunkt sich melden.

Stadthauptmannschaft Olsztyn

---

17. Auswahlbibliographie

Monographien:

Andrae, A. *Erinnerungen aus dem Jahre 1848*. Bielefeld: Siedhoff, 1895.

Ambrassat, August. *Die Provinz Ostpreußen: Ein Handbuch der Heimatkunde*. Frankfurt/M: Weidlich, 1978.

Archenholz, Bogislav v. *Erinnerung und Abschied: Schicksal und Schöpfertum im deutschen Osten*. Frankfurt/M: Ullstein, 1978.

Bacque, James. *Der geplante Tod: Deutsche Kriegsgefangene in amerikanischen und französischen Lagern 1945–1946*. Frankfurt/M: Ullstein, 1989.

Bainville, Jacques. *Frankreichs Kriegsziel*. übers. v. Albrecht E. Günther. Hamburg: Hanseatische Verlagsanstalt, 1939.

Bainville, Jacques. *Geschichte zweier Völker: Frankreichs Kampf gegen die deutsche Einheit*. übers. v. Albrecht E. Günther. Hamburg: Hanseatische Verlagsanstalt, 1940.

Balzer, Karl. *Verschwörung gegen Deutschland: So verloren wir den Krieg*. Preußisch Oldendorf: Schütz, 1978.

Bavendamm, Dirk. *Roosevelts Weg zum Krieg: Amerikanische Politik 1914–1939*. München: Herbig, 1983.

Bekker, Cajus. *Flucht übers Meer: Ostsee – Deutsches Schicksal 1945*. Frankfurt/M: Ullstein, 1981.

Benary, Albert. *Das deutsche Heer*. Berlin: Etthofen, 1932.

Bernard/Hodges. *Readings in European History*. New York: Macmillan, 1958.

Berner, Ernst. *Geschichte des Preußischen Staates*. München u.a.: Verlagsanstalt für Kunst und Wissenschaft, 1891.

Betzner, Anton. *Deutschherrenland: Ostpreußenfahrten*. Frankfurt/M: Societäts-Verlag, 1940.

Blasendorff, Carl. *Gebhard Leberecht von Blücher*. Berlin: Weidemann, 1887.

Borrmann, Martin. *Ostpreußen: Berichte und Bilder*. Frankfurt/M: Weidlich, 1982.

Bourgogne, Francois. *1812–13: Kriegserlebnisse*. Stuttgart: Lutz, 1900.

Boyen, Hermann. *Denkwürdigkeiten und Erinnerungen 1771–1813*. 2 Bde. Stuttgart: Lutz, 1899.

Brown, Anthony. *A Bodyguard of Lies*. New York: Harper & Row, 1976.

Brown, Douglas. *Doomsday 1917: The Destruction of Russia's Ruling Class*. New York: Morrow, 1976.

Buttlar, v. e.a. *Wie das Gesetz es befahl: Weltkrieg 1939–1945*. München: Welsermühl, 1954.

Carell, Paul. *Verbrannte Erde: Schlacht zwischen Wolga und Weichsel*. Frankfurt/M: Ullstein, 1966.

Carell, Paul. *Unternehmen Barbarossa: Der Marsch nach Rußland*. Frankfurt/M: Ullstein, 1967.

Carthier, Raymond. *Der Zweite Weltkrieg*. 2 Bde. München: Piper, 1967.

Casper, Willibald. *Der Krieg der Verlorenen: Ostpreußen 1945*. Rodgau: MCS-Verlag, 1986.

Caulaincourt, Armand de. *With Napoleon in Russia: Memoirs of General de Caulaincourt*. New York: Morrow & Co., 1935.

Churchill, Winston S. *Memoiren*. 12 Bde. Bern: Scherz, 1948–54.

Ciriacy, F. v. *Chronologische Übersicht der Geschichte des preußischen Heeres*. Berlin: Mittler, 1820.

Clausewitz, Carl v. *Vom Kriege: Hinterlassenes Werk des Generals Carl von Clausewitz*. Würd. v. W. Hahlweg. Bonn: Dümmlers, 1952.

Cosel, E.V. *Geschichte des Preußischen Staates und Volkes unter den Hohenzollern'schen Fürsten*. 4 Bde. Leipzig: Dunker & Humblot, 1869.

Courtois, Stéphane e.a. *Das Schwarzbuch des Kommunismus: Unterdrückung, Verbrechen und Terror*. übers. v. Irmela Arnsperger. München: Piper, 1998.

Dahlerus, Birger. *Der letzte Versuch: London – Berlin Sommer 1939*. übers. v. H. Dix. München: Nymphenburger Verlagshandlung, 1948.

Deakin u. Storry. *The Case of Richard Sorge: The Story of Moscow's Spymaster in Japan*. New York: Harper & Row, 1966.

Delbrück, Hans. *Krieg und Politik 1914–1918*. Berlin: Stilke, 1918.

Dieckert, Karl u. Großmann. *Der Kampf um Ostpreußen: Dokumentarbericht über das Kriegsgeschehen in Ostpreußen*. Stuttgart: Motorbuch, 1976.

Diwald, Hellmut. *Geschichte der Deutschen*. Berlin: Propyläen, 1978.

Dobsen, Christopher, John Miller u. Ronald Payne. *Die Versenkung der „Wilhelm Gustloff"*. übers. v. Ilse Winger. Wien u.a.: Koch's, 1979.

Durant, Will u. Ariel Durant. *The Age of Napoleon: A History of European Civilization from 1798 to 1815*. New York: Simon & Schuster, 1975.

Dwinger, Edwin Erich. *Der Tod in Polen: Die volksdeutsche Passion*. Jena: Diederichs, 1940.

Ehrenburg, Ilya. *The War 1941–45: Men, Years – Life*. London: Macgibbon & Kee, 1964.

Ettighoffer, P.C. *Tannenberg: Eine Armee wird zu Tode marschiert*. Gütersloh: Bertelsmann, 1939.

Forsthoff, Ernst. *Deutsche Geschichte seit 1918 in Dokumenten*. Stuttgart: Kröner, 1938.

Franz, Walther. *Ostpreußische Landeskunde*. Kiel: Arndt, 1993.

Froelich, X. *De Courbiere, Gouverneur der Festung Graudenz: Ein Lebensbild*. Graudenz: Gaebel, 1890.

Gause, Fritz. *Geschichte des Preußenlandes*. Leer: Rautenberg, 1970.

Gause, Fritz. *Deutsch-slavische Schicksalsgemeinschaft: Abriß einer Geschichte Ostdeutschlands und seiner Nachbarländer*. Würzburg: Holzner, 1967.

Gaxotte, Pierre. *Friedrich der Große*. Frankfurt/M: Ullstein, 1973.

Gayl, Wilhelm v. *Ostpreußen unter fremden Flaggen: Ein Erinnerungsbuch an die ostpreußische Volksabstimmung*. Königsberg-Pr.: Gräfe und Unzer, 1938.

Gebhardt, Otto. *Geschichte des Res. Inf. Regts. 228: Die Kämpfe in Ostpreußen*. Oldenburg i.O.: Stalling, 1929.

Goltz, Colmar v. der. *Kriegsgeschichte Deutschlands im 19. Jahrhundert*. 2 Bde. Berlin: Bondi, 1910.

Goodspeed, D.F. *Ludendorff: Genius of World War I*. Boston: Houghton, 1966.

Greifenberg, Anton. *Plausen: Erinnerungen an ein ermländisches Kirchdorf*. Kisdorf: Heimatbund des Kreises Rößel, 1969.

Grimm, Friedrich. *Der Feind diktiert: Geschichte der Reparationen*. Hamburg: Hanseatische Verlagsanstalt, 1932.

Grimm, Friedrich. *Die neue Kriegsschuldlüge*. Berlin: Junker & Dünnhaupt, 1940.

Grosse, Walther. *Tannenberg 1914*. Oldenburg i.O.: Stalling, 1939.

Hedin, Sven. *Ohne Auftrag in Berlin*. übers. v. J. Schröder. Tübingen u.a.: Internationaler Universitätsverlag, 1950.

Hein, Max. *Friedrich der Große: Ein Bild seines Lebens und Schaffens*. Berlin: Reimar Hobbing, o.J.

Hoechstetter, Sofie. *Königin Luise*. Berlin: Bong, 1926.

Hoeniger, Robert. *Rußlands Vorbereitung zum Weltkrieg*. Berlin: Mittler, 1919.

Heichen, Walter. *Unter den Fahnen Hindenburgs*. Kattowitz, Breslau: Phönix, o.J.

Huber, Alfons (Hrsg.). *8. Mai 1945: Ein Tag der Befreiung*. Tübingen: Hohenrain, 1987.

Hübner, Manfred. *Das Herz Preußens: Das Bartnerland im Rahmen der preußisch-deutschen Geschichte*. Oberschleißheim: Institut für Landeskunde Ost- und Westpreußens, 1994.

Jacobsen u. Dollinger (Hrsg.). *Der Zweite Weltkrieg in Bildern und Dokumenten*. 3 Bde. Wiesbaden: Löwit, 1963.

Jaspert, Reinhard (Hrsg.). *Bismarck: Gedanken und Erinnerungen*. Berlin: Safari, o.J.

John, Antonius. *Endzeit: Ostpreußisches Tagebuch 1945*. Rheinbach: Sonnack- Rohr, 1995.

Kalusche, Elfriede. *Unter dem Sowjetstern: Erlebnisse einer Königsbergerin in Nordostpreußen 1945-1947*. München: Schild, 1979.

Kaufman, Theodore N. *„Germany Must Perish."* In Werner Symanek (Hrsg.). *Deutschland muss vernichtet werden*. 6. Aufl. Duisburg: VAWS, 2000. S. 51–115.

Kessemeier, Heinrich (Hrsg.). *Der Feldzug mit der anderen Waffe*. Hamburg: Falken, 1941.

Kieser, Egbert. *Danziger Bucht 1945: Dokumentation einer Katastrophe*. Esslingen: Bechtle, 1978.

Klippel, Georg. *Das Leben des Generals von Scharnhorst*. 2 Bde. Leipzig: Brockhaus, 1869.

Kopelew, Lew. *Aufbewahren für alle Zeit*. München: dtv, 1982.

Kopelew, Lew. *Tröste meine Trauer: Autobiographie 1917–1954*. Hamburg: Hoffmann u. Campe, 1981.

Koser, Reinhold. *Friedrich der Große*. Stuttgart: Cotta, 1886.

Kranz, Herbert. *Das Buch vom deutschen Osten: Erzählte Geschichte*. Leipzig: Schwarzhäupter, 1939.

Kreutz, Anneliese. *Das große Sterben in Königsberg 1945–47*. Kiel: Arndt, 1988.

Kugler, Franz. *Geschichte Friedrichs des Großen*. Leipzig: Seemann, o.J.

Kuntze, Paul. *Soldatische Geschichte der Deutschen*. Berlin: Eher, 1937.

Lasch, Otto. *So fiel Königsberg*. Stuttgart: Motorbuch, 1977.

Lass, Edgar. *Die Flucht: Ostpreußen 1944/45*. Bad Nauheim: Podzun, 1964.

Lehndorff, Hans v. *Menschen, Pferde, weites Land: Kindheit und Jugenderinnerungen*. München: Biederstein, 1980.

Lehndorff, Hans v. *Ostpreußisches Tagebuch: Aufzeichnungen eines Arztes aus den Jahren 1945–1947*. München: Biederstein, 1961.

Lehmann, Heinz. *Englands Spiel mit Polen: Forschungen des Deutschen Auslandswissenschaftlichen Instituts*. Berlin: Junker & Dünnhaupt, 1940.

Liddel Hart, B.H. *Abschreckung oder Abwehr: Gedanken zur Verteidigung des Westens*. Wiesbaden: Rheinische Verlagsanstalt, o.J.

Lincoln, Bruce. *In War's Dark Shadow: The Russians before the Great War*. New York: Dial Press, 1983.

Lippe-Weissenfeld, Ernst zur. *Fridericus Rex, sein Heer: Ein Stück preußischer Armeegeschichte*. Berlin: Voss, 1868.

Loesch, Karl v. *Die Verlustliste des Deutschtums in Polen: Forschungen des Deutschen Auslandswissenschaftlichen Instituts*. Berlin: Junker & Dünnhaupt, 1940.

Löwenstein, Hubertus v. *Deutsche Geschichte*. München: Herbig, 1976.

Massie, Robert. *Nicholas and Alexandra: An Intimate Account of the Last of the Romanovs and the Fall of Imperial Russia*. New York: Atheneum, 1967.

Méneval, C.F. de. *Memoirs of Napoleon Bonaparte*. 3 Bde. New York: Collier, 1910.

Michaelis, Herbert e.a. *Der 2. Weltkrieg: Bilder, Daten, Dokumente*. Gütersloh: Bertelsmann, 1968.

Morgenthau, Henry jun. *Germany Is Our Problem*. New York: Harper & Bros., 1945.

Muff, Wolfgang. *Friedrich der Große und England*. Berlin: Limpert, 1940.

Müller-Brandenburg, Hermann. *Die Schuld der Anderen: Der Betrug von Versailles*. Berlin: Schlieffen, 1931.

Mülverstedt, George v. *Die brandenburgische Kriegsmacht unter dem Großen Kurfürsten*. Magdeburg: Baensch, 1888.

Nawratil, Heinz. *Vertreibungsverbrechen an Deutschen: Tatbestand, Motive, Bewältigung*. München: Universitas, 1984.

Niepold, Gerd. *Mittlere Ostfront Juni '44: Darstellung, Beurteilung, Lehren*. Herford: Mittler, 1985.

Nolywaika, Joachim. *Flucht und Vertreibung der Deutschen: Die Tragödie im Osten und im Sudetenland*. Kiel: Arndt, 1996.

Norgauer, Hildebrand. *Das Memelland: Ein Stück Ostpreußen zwischen gestern und morgen*. Wien: Österreichische Landsmannschaft, 1994.

Oertzen, Friedrich v. *Polen an der Arbeit: Wie die Annexion Ostdeutschlands 1919–1933 vorbereitet wurde*. Kiel: Arndt, 1986.

Paul, Wolfgang. *Erfrorener Sieg: Die Schlacht um Moskau 1941/42*. Esslingen: Bechtle, 1976.

Pertz, G.H. *Das Leben des Feldmarschalls Grafen Neidhardt von Gneisenau*. 5 Bde. Berlin: Reimer, 1864.

Pleticha, Heinrich (Hrsg.). *Deutsche Geschichte*. 12 Bde. Gütersloh: Bertelsmann, 1987.

Plönges, Karl. *Hundenächte: Ostpreußen 1945 – Ein Mann flieht aus dem Inferno*. Bergisch Gladbach: Lübbe, 1978.

Poll, Bernhard. *Deutsches Schicksal 1914–1918: Vorgeschichte und Geschichte des Weltkrieges*. Berlin: Weidemann, 1937.

Poschmann, Erwin. *Der Kreis Rößel: Ein ostpreußisches Heimatbuch*. Kaltenkirchen: Heimatbund des Kreises Rößel, 1977.

Preußen, Friedrich II. v. *Oeuvres de Frederic II., Roi de Prusse*. Berlin: Voss & Decker, 1789.

Preußen, Wilhelm I. v. *Sr. Majestät des Kaisers und Königs Reden, Proklamationen, Kriegsberichte u.s.w.* Berlin: Elwin Staude, 1871.

Ranke, Leopold v. *Preußische Geschichte*. Wiesbaden: Vollmer, 1975.

Redern, Hans v. *Die Winterschlacht in Masuren*. Oldenburg: Stalling, 1918.

Reinoß, Herbert (Hrsg.). *Jugendjahre in Ostpreußen*. München: Heyne, 1992.

Remer, Otto Ernst. *Verschwörung und Verrat um Hitler: Urteil des Frontsoldaten*. Preußisch Oldendorf: Schütz, 1987.

Rieker, Karlheinrich. *Ein Mann verliert einen Weltkrieg: Die entscheidenden Monate des deutschrussischen Krieges 1942/43*. Frankfurt/M: Fridericus, 1955.

Ritter, Gerhard. *Stein: Eine politische Biographie*. Stuttgart: Deutsche Verlagsanstalt, 1931.

Ritthaler, Anton. *Die Hohenzollern*. Frankfurt/M: Athenäum, 1961.

Rosin, Hildegard. *Führt noch ein Weg zurück?: Als der Krieg vorbei war noch 3 Jahre in Königsberg*. Leer: Rautenberg, 1983.

Schacht, Hjalmar. *Das Ende der Reparationen*. Oldenburg: Stalling, 1931.

Schaeffer, Werner. *Krieg gegen Frauen und Kinder: Englands Hungerblockade gegen Deutschland 1914–1920*. Stuttgart: Deutsche Verlagsanstalt, o.J.

Schäufler, Hans. *1945 – Panzer an der Weichsel: Soldaten der letzten Stunde*. Stuttgart: Motorbuch, 1995.

Scheffler, Horst. *Westpreußen*. Wien: Österreichische Landsmannschaft, 1989.

Scheibert, J. *Der Krieg zwischen Deutschland und Frankreich 1870/71*. Berlin: Pauli's, 1894.

Schmidt, Paul. *Werdegang des preußischen Heeres*. Berlin: Düms, 1903.

Schmidt, Axel. *Gegen den Korridor: Polnische Zeugnisse und Tatsachen*. Berlin: Runge, 1931.

Schön, Heinz. *Hitlers Traumschiffe: Die „Kraft durch Freude"-Flotte 1934–1939*. Kiel: Arndt, 2000.

Schön, Heinz. *Im Heimatland in Feindeshand: Schicksale ostpreußischer Frauen unter Russen und Polen 1945–1948*. Kiel: Arndt, 1998.

Schoeps, Hans-Joachim. *Preußen: Bilder und Zeugnisse*. Berlin: Propyläen, 1967.

Schuch, Hans-Jürgen (Hrsg.). *Westpreußen-Jahrbuch: Jg. 47*. Münster: Westpreußen-Verlag, 1997.

Schumacher, Bruno. *Geschichte Ost- und Westpreußens*. Würzburg: Holzner, 1977.

Schustereit, Hartmut. *Vabanque: Hitlers Angriff auf die Sowjetunion 1941 als Versuch, durch den Sieg im Osten den Westen zu bezwingen*. 2. Aufl. Selent: Pour le Mérite, 2000.

Schwark, Theodor. *Unter Wölfen: Versteckt und auf der Flucht im Vertreibungsjahr 1945 in Ostpreußen und Pommern*. Kiel: Orion-Heimreiter, 1985.

Steinhausen, Georg. *Die Grundfehler des Krieges und der Generalstab*. Gotha: Perthes, 1919.

Suworow, Viktor. *Stalins verhinderter Erstschlag: Hitler erstickt die Weltrevolution*. übers. v. Winfried Böhme. Selent: Pour le Mérite, 2000.

Sommerfeld, Aloys. *Das Dorf Sturmhübel 1939–1945*. Dülmen: Laumann, 1995.

Sommerfeld, Aloys. *Juden im Ermland: Ihr Schicksal nach 1933*. Münster: Historischer Verein für Ermland, 1991.

Steppuhn, Hans-Hermann. *Heimat-Kreisbuch Bartenstein: Geschichte und Dokumentation des Kreises Bartenstein*. München: Schild, 1983.

Stern, Carola e.a. (Hrsg.). *Lexikon zur Geschichte und Politik im 20. Jahrhundert*. 2. Bde. Köln: Kiepenheuer & Witsch, 1971.

Stumpp, Karl. *Die Rußlanddeutschen: Zweihundert Jahre unterwegs*. Freilassing: Panonia, 1965.

Suchenwirth, Richard. *Der deutsche Osten: Aufstieg und Tragödie*. Berg: Türmer, 1978.

Surminski, Arno. *Jokehnen oder wie lange fährt man von Ostpreußen nach Deutschland*. Hamburg: Rowohlt, 1978.

Tacitus, Publius Cornelius. *Germania*. hg. u. übers. v. E. Fehrle. München: Lehmann, 1929.

Tautorat, Hans-Georg. *Ostpreußen*. Wien: Österreichische Landsmannschaft, 1987.

Taylor, A.J.P. *War by Timetable: How the First World War Began*. London: Macdonald & Co., 1969.

Taylor, A.J.P. *The First World War: An Illustrated History*. Harmondsworth: Penguin, 1974.

Taylor, A.J.P. *The Origins of the Second World War*. London: Hamish Hamilton, 1961.

Thadden, Adolf v. *Stalins Falle: Er wollte den Krieg*. Rosenheim: Deutsche Verlagsgesellschaft, 1996.

Thiel, Rudolf. *Preußische Soldaten*. Berlin: Neff, 1940.

Tirpitz, Alfred v. *Erinnerungen*. Leipzig: Koehler, 1920.

Treitschke, Heinrich v. *Deutsche Männer: Charakterbilder aus der deutschen Geschichte*. Weimar: Dunker, o.J.

Treitschke, Heinrich v. *Zehn Jahre deutscher Kämpfe: Schriften zur Tagespolitik*. 2 Bde. Berlin: Reimer, 1897.

Troyat, Henri. *Catherine the Great*. New York: Dutton, 1980.

Viktoria Luise, Herzogin. *Im Glanz der Krone*. Göttingen: Göttinger Verlagsanstalt, 1968.

Wagner, Rudolf. *Kaiserliche Eingriffe in die Weltkriegsführung*. Leipzig: Thalacker & Schwarz, 1924.

Wolf, Heinrich. *Weltgeschichte der Lüge*. Leipzig: Weicher, 1922.

Wolf, Horst. *Ich sage die Wahrheit oder ich schweige: Arzt in Preußisch Eylau/Ostpreußen bei der Roten Armee*. Leer: Rautenberg, 1983.

Weber, Reinhold. *Der Kreis Lyck: Ein ostpreußisches Heimatbuch*. Leer: Rautenberg, 1981.

Weise, Erich (Hrsg.). *Handbuch der historischen Stätten: Ost- und Westpreußen*. Stuttgart: Kröner, 1966.

Welchert, Hans-Heinrich. *Als Bismarck gegangen war: Intimitäten der Weltpolitik*. Hamburg: Hanseatische Verlagsanstalt, 1940.

Wittek, Erhard. *Der Marsch nach Lowitsch: Ein Bericht*. Berlin: Eher, 1941.

Wohlfahrt, B. *Bilder aus dem Friedensleben des altpreußischen Heeres*. Berlin: Kostenoble, 1901.

Zarnow, Gottfried. *Der 9. November 1918: Die Tragödie eines großen Volkes*. Hamburg: Hanseatische Verlagsanstalt, o.J.

Zayas, Alfred M. de. *Nemesis at Potsdam: The Anglo-Americans and the Expulsion of the Germans*. London: Routledge & Kegan Paul, 1977.

Zentner, Kurt. *Illustrierte Geschichte des Zweiten Weltkriegs*. Wien: Donauland, 1963.

Ziemer, Gerhard. *Deutscher Exodus: Vertreibung und Eingliederung von 15 Millionen Ostdeutschen*. Stuttgart: Seewald, 1973.

Dokumentationen (zeitlich geordnet):

Zusammenstellung zahlreicher Herausgeber in *„Zeiten und Menschen": Geschichtliches Unterrichtswerk*. Paderborn: Schönigh, 1966–1970.

1812: Großer Generalstab, Abteilung für Kriegsgeschichte. *Die Theilnahme des Preußischen Hülfskorps an dem Feldzuge gegen Rußland im Jahre 1812*. Berlin: Mittler, 1898.

1806/07: Großer Generalstab, Abteilung für Kriegsgeschichte (Hrsg.). *Nachrichten über Preußen in seiner großen Katastrophe*. Berlin: Mittler, 1888.

1866: Großer Generalstab, Abteilung für Kriegsgeschichte (Hrsg.). *Der Feldzug von 1866 in Deutschland*. Berlin: Mittler, 1867.

1858–88: Preußisches Kriegsministerium (Hrsg.). *Militärische Schriften Kaiser Wilhelms des I.* 2 Bde. Berlin: Mittler, 1897.

1914: Deutsche Verlagsgesellschaft für Politik und Geschichte (Hrsg.). *Der Beginn des Krieges 1914: Tagesaufzeichnungen des ehemaligen russischen Außenministeriums*. Heft IV. Berlin: Krasny-Archiv, 1924.

1914–18: Großer Generalstab. *Schlachten und Gefechte des Großen Krieges 1914–1918*. Berlin: Sack, 1919.

1914–18: Reichskriegsministerium (Hrsg.). *Die Verluste des Weltkrieges*. Reichskriegsministerium, 1935.

1920: Göttinger Arbeitskreis (Hrsg.). *Selbstbestimmung für Ostdeutschland: Eine Dokumentation zum 50. Jahrestag der ost- und westpreußischen Volksabstimmung am 11. Juli 1920*. Göttingen: Rautenberg, 1970.

1937–43: Archiv der Gegenwart (Hrsg.). *Keesings Archiv.* 7 Jahresbde. Wien, 1937–43.

1939: His Majesty's Stationery Office. *Documents Concerning German-Polish Relations and the Outbreak of Hostilities between Great Britain and Germany on September 3, 1939.* London, 1939.

1939–1945: Archivkommission des Auswärtigen Amts (Hrsg.). Folgende vom Auswärtigen Amt veröffentliche Schriftwerke mit dem Text des diplomatischen Notenwechsels sowie Kopien und Übersetzungen ausländischer Dokumente:

ders. *Dokumente zur Vorgeschichte des Krieges.* Berlin: Heymanns, 1939.

ders. *Die Entstehung des Krieges von 1939: Dokumente zur Kriegspolitik des Präsidenten der Vereinigten Staaten.* Berlin: Deutscher Verlag, 1943.

ders. *Polnische Dokumente zur Vorgeschichte des Krieges.* Berlin: Eher, 1940.

ders. *Urkunden zur letzten Phase der deutsch-polnischen Krise.* Berlin: Heymanns, 1939.

ders. *Dokumente über die Alleinschuld Englands am Bombenkrieg gegen die Zivilbevölkerung.* Berlin, 1943.

1940–45: Oberkommando der Wehrmacht (Hrsg.). *Kriegstagebuch des OKW.* 7 Bde. Frankfurt/M: Bernard & Graefe, 1961–65.

18. Namens- und Sachregister

A

Abstimmung/Volksabstimmung: 62, 163, 192, 203, 208 ff., 222, 228, 240, 244, 350 f., 408 f., 424
Adel/Adlige: 9, 22 ff., 30 f., 35, 37 ff., 50 ff., 59 ff., 66 f., 70 f., 73 ff., 112 f.
Agrarkrise (1929): 232
Agrarreform: 135, 138 ff., 250
Alexander I., Zar: 82 f., 85 f., 95 f., 104 ff., 113 f., 122
- II., Zar: 143, 153
Alexander, Harold: 364
Allenburg: 19, 100 f., 144, 155, 177, 186, 300 f., 416, 422
Allenstein: 18, 56, 62, 87 f., 109, 132, 150, 155, 167 f., 172, 176 f., 180, 211 ff., 220, 244, 276, 290 ff., 303, 306 ff., 318, 330, 370, 388, 390, 392, 394, 422, 427
Alvenslebensche Konvention: 130, 143
Ambrassat, August: 27
Angerapp (Stadt)/Darkehmen: 28, 32, 50, 122, 151, 154, 181, 278, 282 ff., 293, 297, 302 f., 308, 422
Angerburg: 18, 79, 86 f., 122, 152, 154, 176 ff., 186, 175, 297, 303, 309, 415, 422
Anrepp, v.: 87
Anthrax (s.a. Milzbrand): 132 f., 273
Antike: 367, 377
Apraxin, Stephan: 46
Arbeitsdienst (s. Reichsarbeitsdienst)
Arbeitslosenversicherung: 230
Arbeitslosigkeit: 70, 132, 221, 228, 232, 234, 238, 244, 246, 248
Arys: 86, 275, 307 f., 422
Atlantik-Charta: 276, 372, 374
Atombombe: 270, 365
Auerswald, Hans J.: 121, 123
Augereau, Pierre F. Mll.: 90
August II., Kg. (der Starke): 8, 12 ff., 19, 35, 421
- III., Kg.: 36, 421
Austerlitz, Schlacht bei: 83, 86, 102
Auswanderung: 26 ff., 79, 127, 133, 220, 222, 244, 249
Autobahn: 240, 244 f., 248, 252, 424

B

Baczko, Ludwig v.: 65, 74, 109
Bagration, Pjotr: 89, 99 f.
Balfour, Arthur J.: 158, 189, 217
Balga: 314, 334 f., 339
baltische Völker: 6, 77, 272, 400, 409
Bankkrise (1931): 234
Bär: 125
Barnes, Harry E.: 163, 262
Barten: 86 f., 137, 310, 422
Bartenstein: 39, 42, 66, 87, 94 ff., 100, 118, 165, 177, 240, 296, 302, 304, 311 ff., 332, 371, 416, 422
Baruch, Bernard: 202
Basel, Friede von (1795): 78
Bauernbefreiung/Leibeigenschaft: 22 ff., 37, 57, 67, 70, 82, 112, 132, 138

Beck, Josef: 252, 256
Belle-Alliance (Waterloo), Schlacht 1815: 121
Bennigsen, Levin v.: 85 ff., 95 ff.
Bernadotte, Jean: 84, 86 ff., 92 f.
Bernstein: 246, 411 ff.
Berent: 58, 252, 422
Besitzergreifungspatent: 52, 54
Bialla/Gehlenburg: 32, 165, 177, 180 f., 183, 422
Biber: 24, 48, 125, 248
Bischofsburg: 18, 36, 56, 94, 115, 124, 133 f., 148, 168, 172 f., 212, 220, 296, 311, 422
Bischofstein: 36, 56, 87, 93 f., 115, 170, 309, 311 f., 388, 418, 422
Bischofswerder: 219, 294, 423
Bismarck, Otto v.: 130 f., 140, 143 ff., 157 f., 187, 405 f.
Blücher, Gebhard: 87, 93, 97, 114, 118 f., 121
Bodenschätze
- Erdöl: 416
- Erz: 50, 205, 251, 412
Böhmen/Mähren: 136, 145, 251, 253, 360, 366
Bombenkrieg (im Zweiten Weltkrieg): 247, 273
Boykott (s.a. Wirtschaftskrieg): 229, 241 f., 245 f., 253
Boyen, Hermann v.: 75, 111
- Festung: 125, 177, 294, 303
Brandenburg
- Land: 7 ff., 20, 22, 53 f., 78, 148, 235, 248, 359, 390, 408
- Stadt: 286 f., 314, 332 f.
Brauhaus: 34
Braunsberg: 12, 34 ff., 39, 56, 62, 65, 95, 137, 168, 180, 221, 294, 297, 307, 309, 312 ff., 318, 333, 359, 389, 410, 422
Bredinken, Revolte von (1863): 143
Brest-Litowsk, Friede von (1918): 190, 197, 210
Briesen: 58, 129, 260, 294, 423
Brockdorff-Rantzau, Ulrich: 204, 206
Bromberg: 58, 74, 76 f., 92, 94, 186, 202, 250, 253, 259, 261, 292, 297, 383 ff., 422
Bromberger Blutsonntag: 249, 268 ff.
- Kanal: 59, 73
Bulgarien: 187, 198, 289, 366
Bullit, William C.: 203, 254
Burschenschafterparlament (1848): 136 f.

C

Campo Formio, Friede von (1797): 78
Canaris, Wilhelm: 363
Cederbaum, Isidor (Ignazy Cedrowsky): 383 ff.
Chamberlain, Neville: 251, 254, 272
Charta der Vereinten Nationen: 395
Chauvinismus: 132, 233, 260, 397 f.
Chemisch-biologische Kampfmittel: 247, 277
Cholera: 124, 134, 136, 148
Christburg: 294, 306, 350, 423
Churchill, Winston: 203, 239, 243, 247, 254, 271 ff., 277 f., 363, 372 ff., 390, 395, 426
CIA: 363
Clemenceau, Georges: 207 f.
Cohen, Isaak: 135

Colonna-Walewska, Maria: 95
Courbière, Guillaume: 85 f., 104
Curzon-Linie: 223, 376

D
Dahlerus, Birger: 259, 271
Dänemark, Dänen: 8, 13, 109, 136, 138, 144
- Flüchtlinge: 360 f.
Danzig: 14, 30, 37, 39, 48, 65, 71 ff., 76, 84, 86, 96 f.,
    106, 116, 119 ff., 128, 136, 140, 142, 150, 152, 154,
    204, 208 ff., 217, 224 ff., 232 f., 243, 250, 252 ff.,
    276 f., 296, 314 f., 318, 320, 338, 350 ff., 373, 375,
    380, 382, 387, 397, 402 ff., 419, 422
Danziger Werder, Kessel von: 356 f.
DAP: 228
Darkehmen (s. Angerapp)
Deportation (s.a. Verschleppung): 171, 261, 265,
    351, 362, 368 ff., 377, 416
Deutscher Bund: 130, 136 f., 141, 145 f.
- Ritterorden: 11, 53, 71, 151, 210, 412 ff.
- Zollverein: 136
Deutsch-Französischer Krieg 1870/71: 145 f.
Deutschland, Lebensstandard (1914): 157 f.
- Reichsgründung (1871): 146
- Teilnahme an Kriegen: 156, 374
- Wissenschaft: 5, 65, 73, 141, 157, 239, 270, 360
Deutsch-österreichischer Krieg: 144 f.
Dirschau: 39, 58, 94, 96, 141, 167, 213, 260, 306, 352,
    422
Dmowski, Roman: 160, 191, 211, 217 f.
DNVP: 235, 238
Dombrowski, Jan: 76 f., 94, 96, 108
Domhardt, Johann v.: 47 ff., 57, 64
Domnau: 91, 94, 100, 312, 422
Dönitz, Karl: 319, 360, 362
Drengfurt: 18, 310, 422
Deutsch Eylau: 87, 172, 392, 423
Deutsch Krone: 53, 208, 423
Dresden (Bombardierung): 360, 404
- Friede von (1745): 50

E
Ebenrode: 26, 32, 115, 122, 166, 178, 183, 278, 281 f.,
    297 f., 310, 422
Ebert, Friedrich: 202 f., 229
Ehestandsdarlehen: 246
Ehrenburg, Ilja: 290, 328
Eid auf Rußland (1758): 46 f.
Eisernes Kreuz: 119, 357
Eissegeln: 415
Elch: 26, 48, 151 f., 248, 414
Elchniederung: 152, 297, 299, 313, 415, 422
Elbing: 12, 37, 39, 65, 71, 73, 79, 86, 95, 110, 114, 116,
    141, 150, 209, 248, 280, 290, 292 ff., 297, 301, 308,
    321 f., 332, 350 f., 389, 391, 409, 422
- russische Panzer in: 294
Elisabeth: 45 ff.
Empire, Britisches: 65, 153, 164, 272
Erbfolgekrieg, Spanischer: 8, 12, 20, 22

Erbhofgesetz: 240, 426
Ermächtigungsgesetz: 238, 245
Ermland: 12 f., 18, 30 ff., 45, 52, 54 ff., 79 f., 108, 127,
    215, 234, 388, 211 f., 394, 421
Evakuierung: 187, 279 ff., 329, 335, 350, 354, 361,
    402, 404
Exodus: 390, 418
Eydkuhnen/Eydkau: 235, 281, 288

F
„Fackelmänner"-Befehl: 275, 328
Fahrenheit, Gabriel D.: 25
Familienname: 81 f., 123
Fanatismus: 27, 52, 67, 275, 290, 397
Fermor, Wilhelm v.: 45 ff.
Fernsehen: 246
Feuerwehr: 144, 263
Finanzwirtschaft (1933): 238
Finckenstein: 95
Finnland: 106, 190, 201, 272, 274 f., 280
Firmian, Leopold A. v.: 27 f.
Fischerei: 125, 148, 187, 201, 410 f.
Fischhausen: 39, 296, 313, 315 f., 338 f., 422
Fittkau, Gerhard: 330, 370
Flachs: 22, 54, 65, 127 f., 140
Flatow: 187, 208, 297, 352, 423
Fleckfieber: 270, 346, 356, 390, 399
Flucht (1914): 165 ff.
- (1944/45): 291 ff.
- über das Haff: 280, 304 ff., 321 ff.
- überrollt: 280 ff., 298 ff., 324 f., 339, 351, 366
Flüchtlingsfürsorge, internationale: 395
Flüchtlingslager: 251, 318, 370, 393
Folter: 24, 39 ff., 72, 94, 217 f., 261, 266, 286, 324,
    327, 347, 360, 377 ff., 383 ff., 402
Forster, Albert: 278, 306, 350, 355, 357, 363
Forstwirtschaft: 24, 58, 410, 413 f.
François, Hermann v.: 166 f., 173 ff.
Franz II.: 84, 113, 119
- Josef: 138, 162
Französische Revolution: 70
Frauenburg: 54, 61, 109, 124 f., 311, 422
Freytag, Gustav: 58
Freystadt: 88, 294, 423
Friedland: 91, 94, 100 ff., 110, 144, 228, 296 ff., 301,
    312, 415 f., 422
Friedrich I., Kg.: 9, 19, 21, 32, 69, 78, 154
- II., (der Große) Kg.: 21 f., 42 ff., 50 ff.,
- III., Ks.: 153
Friedrich Wilhelm I., Kg. (Soldatenkönig): 21 ff.,
    30 ff.
- II., Kg.: 12, 69 ff., 142
- III., Kg.: 73, 81, 123, 128, 135 f.
- IV., Kg.: 42, 133, 136, 142 f.
Frische Nehrung: 25, 97, 142, 281, 296 f., 315 ff., 320
    ff., 332 ff., 356 ff.
Frisches Haff: 86
- Flucht über das (1945): 280, 304 ff., 321 ff.
- Nehrung (Endkampf): 281, 294 ff., 312 ff.
„Füsilier": 281

G
Garnsee: 216, 258, 423
Gause, Fritz: 404
Gdingen: 224 f., 233, 256, 357, 424 f.
Gegenreformation: 70, 396
Gehlenburg/Bialla: 32, 165, 177, 180 f., 183, 308, 422
Geldwirtschaft: 51
„General von Steuben": 320
Gerdauen: 177 f., 297, 304, 312, 422
Germanisierung: 55, 58
Gestapo: 245, 385
Gilgenburg: 87, 293, 305, 422
Goldap: 122, 178, 181 f., 279 ff., 296, 302, 311, 422
Goldmann, Nahum: 241 f.
Goltz, August v. der: 103, 150 f., 172, 180
Göring, Hermann: 248, 275, 281
Gotenhafen: 279, 296, 320, 332, 338, 352 ff.
Götter/Götterglaube (Pruzzen): 26, 51, 151
„Goya": 320, 358
GPU: 328, 342
Grabbeigaben: 26
Grabowski, Adam S.: 60, 79 f.
Grabski, Wladyslaw: 222 f.
Grande Armée: 92, 94, 114
Graudenz: 59, 66, 76, 85 ff., 104, 106, 129, 171 f., 214, 223, 259, 264, 331, 353, 356, 422
Grenzmark Posen-Westpreußen: 208
Groß Jägersdorf, Schlacht von (1757): 46
Große Kurfürst, der: 8, 18, 28, 78, 154
Grynszpan, Herschel: 249
Guderian, Heinz: 288 f.
Gumbinnen: 32, 122, 171, 179, 278, 281 ff., 292, 297 ff., 416, 422
- Schlacht von (1914): 166 f.
Guenther, Heinrich J. v.: 74
Guttstadt: 35, 80, 87 f., 95, 97, 99, 124, 176, 307, 309 f., 422

H
Hakenkreuz: 381
Halifax, Lord Edward: 254, 270
Hatten, Andreas v.: 42, 111
Heiligenbeil: 18, 39, 95, 110, 140, 144, 294, 299, 301, 310, 313 ff., 318, 416, 422
- Kessel von: 297, 308, 312 ff., 319, 321, 330 ff., 353
Heilsberg: 12, 35 f., 54, 60 f., 80, 85, 87, 94 ff., 109, 124, 229, 249, 297, 303 f., 309, 411, 422
- Senderbau: 232, 414
Heilsberger Dreieck: 289, 332
Henderson, Neville: 254, 256, 270
Herzogtum Warschau: 80, 106, 108, 126
Heuschreckenplage: 21
Hardenberg, Friedrich v.: 96 f., 105, 112 ff.
Hedin, Sven: 246, 263
Heydekrug: 204, 297 f., 334 f., 422
Heidentum/heidnisch: 7, 26, 51
Heimatwehr: 202 f.
Hela: 129, 250, 257 f., 264, 320, 340, 348, 354 ff., 425

Heß, Rudolf: 473
hessische Siedler: 29, 133
Hexen
- prozesse: 24, 55, 73
- verbrennung: 41
- verfolgung: 24, 41
Hexenhammer: 206
Hindenburg, Paul v.: 171 f., 178 ff., 201, 205
- Reichspräsident: 229 ff., 245
- Sarkophag von: 292, 319
Hiroshima (s.a. Atombombe): 365
Hirschpark: 19
Hitler, Adolf: 222, 230 f., 234 ff., 250 ff., 270 ff., 346, 360, 363 ff., 425
Hitler-Stalin-Pakt: 257 f.
Hlond, Augustyn: 396 f.
Höchstädt, Schlacht von: 12
Hoffmann, Max: 171, 174
Hohenstein: 14, 86, 134, 154, 172, 174, 280, 293, 304, 422
Hohenzollern, Karl v.: 61 f., 111
- Josef v.: 62, 111, 124
Holzindustrie: 150, 219, 412, 414
Hooton, Ernest A.: 277
Hoover-Moratorium: 234
Hoßbach, Friedrich: 295
Hubertusburg, Friede von (1763): 50
Hugenotten: 20, 26
Hungerblockade: 192 ff., 218
Hungersnot: 14, 17 ff., 32, 44, 50, 132 f., 242, 386

I
Indogermanen/indogermanisch: 7, 360
Insterburg: 14, 18, 29, 32, 39, 44, 46, 122, 140, 178 f., 183, 217, 279, 286, 297 ff., 333, 338, 344, 368 ff., 422
Inflation: 216, 220 ff., 228
Inquisition: 14, 266, 385
Israel: 189, 278
Italien: 12, 20, 108, 138, 145, 187, 190, 207, 229, 235, 252, 273, 277, 289, 377, 408, 424

J
Jacoby, Johann: 135
Jagd: 19, 24 f., 49, 95, 144, 150, 152, 179, 248, 281, 414
Jalta-Konferenz (1945): 278, 360, 372, 374, 405
Januaroffensive, russische: 291 ff., 352
- Vorbereitung der: 286 ff.
Japan: 156, 273, 276, 360, 362, 365
Jena/Auerstädt (1806), Schlacht bei: 85
Jesuiten: 12, 27, 35, 37 f., 45, 56, 149 f.
Johannes Paul: 397
Johannisburg: 14, 74, 79, 154, 165, 177, 180 f., 183, 211, 215, 307 f., 413, 422
Juden: 37, 56 f., 76, 78 ff., 111, 113, 148, 153, 155, 169, 222, 225, 227, 238, 240 ff., 252 f., 256, 271 f., 276, 366, 376, 402, 409
Jugoslawien: 196, 207, 274, 362, 377

K

Kalckreuth, Friedrich v.: 97, 105, 108
Kaliningrad: 346, 399 f., 416
Kaller, Maximilian: 244, 397
Kannibalismus: 115, 329, 346, 400
Kant, Immanuel: 63, 73 f., 416
„Kap Arkona": 358 f., 361
Kapp-Putsch: 217
Karl XII.: 8, 12, 22, 364
Karthaus: 327, 353 f., 422
Kartoffelanbau: 44
Katharina II.: 48 f., 52, 64, 68, 70 f., 77 f., 153
Katholizismus: 149, 378
Katyn: 264, 374
Kaufman, Theodore N.: 277, 425 f.
KdF (s. „Kraft durch Freude")
„Kinderheime" (Lager): 382 f.
Klemens XI.: 11
- XIV.: 56
Klima: 89, 140, 410 f.
Koalitionskriege
- Erster: 70
- Zweiter: 82
- Dritter: 83
Koch, Erich: 231, 238, 271, 279 ff., 288, 294 ff., 300, 302, 306, 310, 312, 316, 319, 338
- Flucht: 296, 314, 347 f., 362 f.
Koeppen, Werner: 77
Kolonien (s.a. Schutzgebiete): 50, 65, 122, 124, 126, 153, 161
Kolonisten (in Polen): 126 f.
Kommunisten: 152, 201, 204, 217, 221, 228, 232, 234 f., 238, 364
Königgrätz, Schlacht von (1866): 144
König in Preußen: 8 f.
Königsberg
- Endkampf (1945): 292 ff.
- Seekanal: 154, 246, 296, 335
König von Preußen: 9, 20, 27, 42, 86, 103, 105 f., 138, 143, 145, 408
König-Wilhelm-Kanal: 148
Konitz: 76, 214, 250, 353, 383, 422
Konjew, Iwan: 291
Kontinentalsperre: 106, 109, 111, 114, 118, 122, 127
Konvention von Tauroggen: 116, 118
Konzentrationslager, deutsche: 245, 249, 276, 365
- polnische: 216, 226, 260, 268, 356, 361 f., 374, 377 ff., 398
Kopelew, Lew: 269
Korridor, polnischer: 106, 208, 210, 213 f., 218, 243 f., 254 ff., 262, 264, 353, 424
Korschen: 296, 304, 310 f., 331, 410
Kosaken: 86, 92, 94, 100, 103, 163, 165 ff., 183, 364
Kotzebue, August v.: 135
KPD: 202, 217, 235
Krähen: 153 f., 248 f.
„Kraft durch Freude" (KdF): 247 f., 319 f.
Krasicki, Ignatz: 54, 60 ff., 111
Krasnow, Peter: 364
Krementz, Philipp: 150
Kreuzburg: 91, 144, 310, 422

Kriegsgefangene: 49, 66, 88, 186, 264, 271, 286 ff., 303, 316, 318, 325, 330, 364 ff., 374, 376 ff., 399, 403, 406
Kriegsrüstung (s. Rüstung)
Kulm: 57 ff., 76, 128, 187, 225, 264, 297, 423
Kulmsee: 58, 76, 150, 423
Kultstätte: 151
Kultur: 50, 53, 59, 83, 97 f., 108, 132, 142, 170, 196, 224, 259, 277, 327 f., 360, 376 f., 408, 417ff.
Kulturkampf: 149 f.
Kunersdorf: 45
Kurische Nehrung: 26, 47, 86, 152 f., 228, 334, 414
Kurisches Haff: 26, 148, 178, 282, 288, 292, 412, 414
Kurland: 45, 158, 281, 289, 352 f.
Kurzebrack: 216, 219

L

Lachs: 125, 411
Labiau: 102, 122, 177, 297 ff., 338, 422
Landraub: 377, 397
Landsberg: 18 f., 88, 90, 92, 176, 304, 309 ff., 331, 380, 422
Landwirtschaft: 22, 25, 29, 44, 55, 59, 67, 83, 109, 122, 132 ff., 139 f., 150, 155, 186, 194, 219, 222, 230, 232, 236, 246, 398, 409 ff., 418 f.
Lange Kerls: 27, 31 f.
Lasch, Otto: 288, 296, 315, 335 ff.
Lehndorff, Hans v.: 248
Lehwaldt, Hans v.: 46, 49
Leibeigenschaft (s.a. Bauernbefreiung): 22 f., 37, 57, 67, 70, 82, 112, 132, 138
Leinweberei: 44, 111, 127, 132, 134
Leipzig, Schlacht bei (1813): 84, 108, 119
Lenin, Wladimir: 188, 190, 206, 219
Leopold II.: 70
Lepraheim (Memel): 152
L'Estocq, Anton v.: 85 f., 88, 91
Leszczynski Stanislaus I.: 12, 36, 54
Libau: 281, 289, 359
Liddel Hart: 254
Liebemühl: 95, 294, 305 f., 324, 422
Liebstadt: 87 ff., 94, 110, 294, 306, 394, 422
Lipski, Josef: 244, 252, 254, 259
Litauen/Litauer: 26, 29 f., 82, 122 f., 196 ff., 204, 210, 221 ff., 250, 253, 272, 279 ff., 347, 400 f., 409, 416
Lloyd George, David: 208, 211, 219, 272
Locarno-Verträge (1925): 225, 229
Lötzen: 18, 125, 169, 177 ff., 184 ff., 211, 215, 289, 303 f., 312, 414, 422
Lucanus, August H.: 26
Ludendorff, Erich v.: 171, 182, 184, 187, 189, 191, 197, 205, 230
Ludwig XIV.: 8, 19
- XVI.: 70
Luftschiffe: 175, 178, 187, 229, 232, 235, 247
Luise: 81, 86, 91, 96, 105 f., 108, 110 ff., 114
„Lusitania": 189
Lyck: 13 f., 18, 20, 46, 74, 79, 133, 160, 165 f., 168, 178 ff., 184, 187, 211, 215, 271, 279, 288, 290, 303 f., 308, 326, 330, 416, 422

M

„Made in Germany": 153, 156 f.
Mähren/Böhmen: 136, 145, 251, 253, 360, 366
Marggrabowa (s. Treuburg)
Maria Theresia: 44, 50, 52
Marienburg: 27, 39, 54, 72, 82, 95, 118, 123, 139, 167,
    171 f., 180, 204, 211, 214 ff., 294, 297, 327, 350, 422
Marienwerder: 22, 38, 47, 57, 143, 208 ff., 218, 258,
    297, 350, 403, 418, 422
Masowien/Masowier: 29, 71, 210, 216
Masuren (Bevölkerung): 131, 210, 396
Masuren (Gebiet): 26, 30, 50, 73, 83, 86, 118, 127,
    154, 210 ff., 375, 409
Masurisch (Sprache): 131, 408
Masurische Seen, Schlacht (1914): 177 ff.
- Seenstellung (1945): 279, 293 f.
Masurischer Kanal: 50, 154, 304
Mauersee: 154, 178, 182, 279, 294, 303, 415
Mehlsack: 56, 87, 95, 99 f., 309, 313, 318, 333, 422
Memel
- Stadt: 38, 44, 46, 82 f., 86 f., 96, 104, 112, 122, 143 f., 150,
    152, 185 f., 204, 210, 275, 279 ff., 197 f., 334, 409, 422
- Fluß: 27, 50, 77, 102 f., 115 f., 124 f., 148, 150, 179 f.,
    182, 219, 228, 281 f., 288, 298 f.
- Brückenkopf von (1945): 281, 296
Memelland/Memelgebiet: 29, 118, 208, 210, 215,
    221, 250, 253, 280 ff., 297, 403, 409, 416
Mennoniten: 27, 31, 70
Metgethen: 296, 336, 344
metrisches System: 142, 147
Metternich, Klemens v.: 103, 121 f., 135 ff.
Mewe: 58, 216, 297, 353, 423
Milzbrand (s.a. Anthrax): 132 f., 273
Mischlinge: 249
Mittelalter: 22, 35, 42, 82, 112, 138, 217, 261, 266,
    327, 385 f., 396, 400, 402, 408, 418
Mohrungen: 42, 86, 88, 99, 168, 294, 299, 305 f., 323,
    325, 394, 414, 422
Molotow, Wjatscheslaw: 265, 273
Morgan, John P. jun.: 189, 202
Morgenthau, Henry: 205
- Henry jun.: 205, 278, 426
Mühlhausen: 94, 219, 294, 308, 422
Münzen: 26, 51, 64
Murat, Joachim: 92, 96, 100, 116
Mussolini, Benito: 251, 255, 270, 274, 277
Muttertag: 219

N

Nachkriegspläne: 252, 277, 373
Nagasaki (s.a. Atombombe): 365
Nakel: 76, 292, 296, 382
Napoleon I.: 70, 81 ff., 127, 135 ff.
- III. Louis: 146 f.
Nassauer: 28 f.
Nationalsozialismus: 231, 237, 248, 252, 396
Nationalversammlung, deutsche (1848): 136 ff.
- preußische (1848): 137
Neidenburg: 79, 86, 88, 131, 150, 168, 173 f., 176,
    182, 211, 213, 215, 280, 293, 304 f., 368, 422

Nemmersdorf: 282 ff., 298, 300, 336
Neudeck: 230
Neumark: 28, 46, 52, 58, 423
Neu-Ostpreußen: 83
Neustadt: 25, 213, 307, 354, 423
Neutief: 296, 314 f., 338, 348
„Neuwerk": 357
Ney, Michel: 86 ff., 99 f.
Nicoll, P.H.: 263
Nikolai: 160, 165, 185
Nikolaiken: 32, 86 f., 176, 182, 307, 309, 422
Nikolaus II.: 158, 162
NKWD: 230, 331, 344, 356, 370, 399
Norddeutscher Bund: 145 f.
Nordenburg: 154, 166, 304, 422
Nordischer Krieg: 8, 12, 20, 22, 33, 39
NSDAP: 228, 231, 234 f., 237, 243, 316, 345

O

Oberländischer Kanal: 142, 414
Oberschlesien: 44, 209, 215, 218, 220, 224, 226, 258,
    263, 277, 373, 376
Oblast: 399
Oletzko (s. Treuburg)
Oliva: 61, 111, 124, 355
Opferfest: 51
Ordensland Preußen: 7, 11, 33, 51, 54, 57 f., 77, 121,
    123, 206, 216
Ortelsburg: 83, 86, 133, 150, 168, 173 ff., 182, 211,
    215, 306, 414, 422
Ostbahn: 136, 141, 313
Osterode: 85 f., 89, 93, 95, 98, 110, 131, 174, 180 f.,
    187, 211, 213, 215 f., 293 f., 300, 305 f., 324 ff., 330,
    422
Österreich-Ungarn: 158, 160 ff., 186, 190, 197 f.,
    200, 424
Ostfond/Osthilfe: 230, 232
Ostmesse: 217, 229, 412
Ostpolitik: 364
Ostpreußen
- Größe/Einwohner: 409 f.
- Industrie: 412 f.
- Landwirtschaft: 410 ff.
- Pferde-/Rinderzucht: 410 f.
- heutige Zustände: 416 ff.
Ostpreußen-Orden: 361
Ostpreußenwerk: 229, 342, 415
Ostpreußischer Heimatbund: 203
Ostwall: 279
Oxhöfter Kämpe: 354 ff.

P

Paderewski, Ignaz: 191, 202, 211
Panslawismus: 136, 161, 386
Papen, Franz v.: 235 f.
Papierfabrik: 25, 150
Papiergeld: 84, 125, 166, 193
Papst (s. Klemens XI., Klemens XIV., Pius XII.)
Partisanen (russische in Ostpreußen): 289

Passenheim: 306, 422
Paris, Erster Friede von (1814): 120
- Zweiter Friede von (1815): 121
Partisanenverbände (litauische): 400
Paul I.: 82, 85
Pest: 13 ff., 28, 32, 52, 273
Peter, Zar (s. Rußland)
Pferdezucht: 68, 140, 410, 419
Philipponen: 123
Pillau: 32, 47, 96 f., 102, 104, 114, 118, 127, 142, 214,
  279, 281, 295 ff., 301, 314 ff., 333, 400, 422
- Endkampf: 335 ff., 347 ff., 356
Pillkallen (s. Schloßberg)
Pilsudski, Josef: 192, 226 f., 243 f., 255, 264
Pius XII.: 254, 396
Plündern
- Polen (1945): 303, 308, 319, 623, 331, 374 f., 378 f.,
  386 ff.
- plündernde Franzosen (1807): 87 f., 92 f., 98
- plündernde Russen: 46, 86, 94, 166, 168, 171, 181
- plündernde Sowjets (1945): 291, 324, 326 f., 336,
  340, 342 f., 352, 415
Pogegen: 297 f.
Poincaré, Raymond: 160, 162, 220
Polen
- Zweite Teilung: 74 ff.
- Aufstand (1794): 54, 59, 75, 77
- Dritte Teilung: 77, 106, 126
- Korridor (1807): 106
- Korridor (1920): 208, 210, 213 f., 218, 243 f., 250,
  257 f., 262
- Kriegshetze: 128, 255, 260
- Landforderung: 128, 191, 210, 244, 254
- 7-Punkte-Vorschlag (1939): 252
- 16-Punkte-Vorschlag (1939): 258 f., 424
- Raubüberfälle (ab 1920): 244, 253, 258, 260
- Olsa: 251
- Septembermorde: 265 ff.
- Optionsterror: 391, 396
Politische Kämpfe (1918–33): 202 ff., 210, 216 f.,
  221, 226, 228, 232, 234, 236
- Kampfverbände: 202, 235 f.
Polonisierung: 57, 129 ff., 149, 155, 396
Poltawa, Schlacht von (1709): 13, 20
Pommerellen: 53, 217, 253, 265
Pommern: 13, 46 f., 53 f., 76, 104, 148, 160, 225, 228,
  248, 254, 276, 299 f., 303 ff., 324, 351, 353 f., 375 f.,
  390, 406
Poniatowski, Stanislaus: 52, 77
Post: 25, 56, 142, 145, 149, 224
Potsdamer Konferenz: 362, 374 ff., 390
Potocki, Theodor: 35 f.
- Jerzy: 252, 255
Pour le mérite: 100
Preßburg, Friede von (1805): 84
Preußisch Eylau: 177, 298, 304, 310, 318, 330, 422
- Schlacht bei (1807): 87 f.
- Konzentrationslager (1945): 344
Preußisch Holland: 39, 46, 86, 168, 294 f., 303, 306,
  308, 327, 351, 370 f., 422
Preußisch Stargard: 129, 353, 423

Priester, ermländische: 36, 60 f., 124, 150
Prittwitz, Maximilian v.: 165 ff., 171, 177
Pruzzen/pruzzisch: 7, 11, 26, 51, 60, 77, 83, 139,
  141, 151, 409 f.
Pultusk, Schlacht (1806): 86

R
RAF (Royal Air Force): 273
Rapallo-Vertrag (1922): 219
Ragnit: 14, 29, 32, 45 f., 150, 279, 292, 297 ff., 422
Raseneisenstein: 83
Rasse/rassisch: 6, 98, 277, 327, 403
Rassenstolz: 290
Rassegesetze: 246
Rastenburg: 39, 41, 54, 115, 168, 288, 296, 304, 310 f.,
  422
Raubüberfälle: 26, 74, 166, 253, 289, 400
Rechtswesen in Preußen: 42, 53, 57, 64, 408
- Polen: 37
Reformen, Steinsche: 80 f., 112 f., 116, 118, 124, 128
Reichsarbeitsdienst (RAD): 245, 248
Reichsbanner: 235 f.
Reichsgründung (1871): 146, 156
Reichskristallnacht (1938): 241, 247
Reinhardt, Hans: 288, 293 ff.
Rendulic, Lothar: 295
Rennenkampf, Paul v.: 165, 168, 171 f., 174, 176 ff.
Rentenmark: 222
Reparationen: 189 f., 205, 211, 216 f., 219, 228 f.,
  232, 234 f., 262, 376, 426
Reuters: 352
Revolution (1848): 121, 129 f., 136 ff.
- (1918): 198 f.
Rhein (Stadt): 32, 78, 87, 154, 177, 304, 422
Ribbentrop, Joachim v.: 252, 254, 257
Riesenburg: 22, 28, 172, 258, 294, 423
Riga, Friede von (1921): 223
Rokossowski, Konstantin: 290, 292, 350, 354
Rominter Heide: 178, 181 f., 248, 281 f., 414, 416
Roosevelt, Theodore: 160
- Franklin D.: 246 f., 252 ff., 272 f., 275 ff., 360, 372 f.,
  426
Rosenberg: 210, 214, 294, 306, 321, 350, 423
- Haff-Hafen: 330, 333 f.
Rößel: 18, 34 ff., 45, 54, 56, 84, 94, 110, 144, 148, 154,
  168, 170, 177, 186, 193, 211, 215, 296, 302, 309 ff.,
  326, 391, 422
Rotes Kreuz
- Deutsches: 372
- Internationales: 360, 399
- Schweizer: 365
Rothschild, Lionel Walter: 189
Rothenstein, Konzentrationslager: 342 ff.
RSFSR: 399
Ruhrgebiet: 150, 217, 219 ff., 229, 426
Rumänien: 187, 194, 205, 264, 275, 289, 377
Rußland/Russen
- auf deutscher Seite (s.a. Wlassow): 364
- Peter I. v. (der Große): 12 f., 20, 31
- Peter III. v.: 48 ff.

Rußlanddeutsche: 70, 153, 377, 390, 403, 416
Rüstung (Zweiter Weltkrieg): 245, 262, 270, 276, 288
Rydz-Smigly, Eduard: 255 f., 264

S
Saalfeld: 98, 306, 325, 422
„Saathuhn": 248
Salzburger Einwanderer: 27 ff., 123
Salzsteuer: 14, 132
Samland: 7, 18, 293, 296 ff., 301, 314 ff., 320, 342, 344, 400, 412, 415
- Kampf im: 335 ff.
Samsonow, Alexander: 165, 168, 172 ff., 179, 182
Sarkau: 247
Sasnowski, Georg: 191
Saucken, Dietrich v.: 338, 354, 357, 359
- Ernst v.: 132 ff.
SBZ: 347, 369, 372, 377, 400
Schacht, Hjalmar: 222, 238, 240
Scharfrichter: 38 ff.
Scharnhorst, Gerhard: 91, 94, 96 f., 102, 113, 118
Scharwerk: 22, 24, 45, 67
Scheidemann, Philipp: 206
Schenkendorf, Max v.: 82
Schill, Ferdinand v.: 113
Schippenbeil: 18, 26, 49, 87, 94, 115, 229, 296 f., 304, 312, 422
Schirwindt: 32, 180 f., 183, 281 f., 288, 299, 422
Schlesischer Krieg, Erster: 44
- Zweiter: 44
- Dritter (Siebenjähriger Krieg): 44 f., 48, 50 ff., 65 f., 93
Schlochau: 208, 423
Schloßberg: 32, 122, 167, 183, 279, 281 ff., 286, 292, 297, 299, 326, 345, 422
Schmolainen: 60, 111, 124
Schmuggel: 82, 233, 263
Schneidemühl: 208, 297, 353
Schön, Theodor v.: 82, 121, 123, 133, 135
Schöneck: 58, 423
Schopenhauer, Arthur: 69, 137
Schulen: 29 f., 37, 42, 50, 59, 61 ff., 113, 123, 126, 130, 149, 226 f., 260, 410 f.
Schulz, Ferdinand: 229
Schumacher, Bruno: 53
Schuschnigg, Kurt: 250
Schwarzenberg, Karl zu: 116, 119
- Felix zu: 122, 136
Schweden: 8, 12 f., 20 ff., 31, 33, 45 f., 83 f., 87, 96, 119, 156, 189, 201, 279, 361
Schwetz: 58, 76, 352 f., 383, 423
Seeburg: 12, 32, 36, 56, 110, 144, 173, 307, 311, 422
Seedienst Ostpreußen: 214
Sensburg: 86, 127, 210, 215, 302, 307 ff., 311, 391, 396, 422
Separation (s.a. Agrarreform): 35, 55, 112, 135, 138 f.
Septembermorde (1939; s.a. Polen): 265 ff.
Seuchen: 14 ff., 32, 44, 48, 50, 55, 83, 94, 110, 124, 133 f., 148, 196, 347, 370, 377, 382 f., 391, 416

Seydlitz-Leute: 320, 329, 333, 337, 348, 355
Seyß-Inquart, Arthur: 250
Sibirien: 13, 46, 164, 166, 171, 184, 176, 320, 324, 327, 356, 368, 372, 415
Siebenjähriger Krieg (s.a. Schlesischer Krieg, Dritter): 44, 48, 50 ff., 65 f., 93
Siedlung in Ostpreußen: 16, 26 f., 29
Siehr, Ernst: 217
Simson, Eduard v.: 136 ff.
Slawenkongreß, erster (1848): 136, 222
Soldau: 14, 79, 86, 173, 212, 216, 271, 293, 303, 305, 351, 422
Sonnenfinsternis: 167
Sowjetunion
- Tötung repatriierter Russen: 364 f.
- Tötung russischer Zivilisten: 275, 328
Sozialgesetze: 152 f.
Spanien: 8, 12, 36, 50, 70, 78, 83, 111, 145, 156, 206, 262
SPD: 234, 400, 405, 419
Spirdingsee: 148, 154, 183, 187, 414
Splett, Karl Maria: 397
Stalin, Josef: 6, 257 ff., 272, 274 ff., 290 f., 327 ff., 362 ff., 373 ff.
Stalingrad: 262, 276 ff., 333
Stallupönen (s. Ebenrode)
Stanislaus I. Leszczynski (s. Leszczynski)
Stein, Karl vom: 112 f., 116, 118, 124, 128
Stettin: 23, 28, 85, 96, 111, 152, 225, 376, 412, 373
Steuben, Friedrich Wilhelm v.: 66
Steuereintreibung (um 1700): 13 ff.
Steuern: 13 ff., 20, 23, 55, 80, 132 f., 156, 219, 396
Steuerreform: 22 f.
Stockholm, Friede von (1720): 23
Störche: 414
Strafen (i.d. Armee): 42, 64 f., 113, 367
Stresemann, Gustav: 220 ff., 229
Stuhm: 211, 215, 350, 422
Sudauer: 77
Sudetenland: 249 ff., 406
Südpreußen: 27, 71, 75 ff., 85, 106
Sumpferz: 83
Suwalki/Zichenau: 178, 223, 271, 281, 306, 351, 416

T
Tannenberg
- Schlacht (1914): 168 f., 171 ff., 182
- Denkmal: 230 f., 246, 291
Tapiau: 32, 45, 102, 151, 155, 293, 302, 371, 411, 422
Teheran, Konferenz von (1943): 277, 372
„Thielbeck": 359, 361
Thorn: 12, 14, 37 ff., 48, 71, 75 f., 77, 85 f., 90, 92, 95 f., 121, 129, 152, 154, 172, 180 ff., 202, 214, 217, 226, 244, 259 f., 264, 279, 293, 297, 353, 383, 391, 395, 422
Thorner Blutgericht: 38
Tilsit: 14, 24, 27, 29, 38, 44, 82, 102 f., 115 f., 150, 154, 178 f., 186, 219, 221, 278 f., 281 f., 292, 297 ff., 412, 422

- Friede von: 104 ff.
Titanic: 157, 358
Tolkemit: 144, 296 f., 350, 370, 415, 423
Trakehnen: 25, 64, 69, 248, 280 ff., 298, 410
Trakehner (Pferde): 25, 64, 69, 280, 282, 410
Transatlantikflug (1938): 248
Treuburg: 19, 46, 165, 210, 231, 279, 295, 297, 302 f.,
    415, 422
Truman, Harry: 375
Tschechoslowakei: 190, 207, 210, 251, 253, 360, 362,
    377 f.
Tschernjachowski: 291 f.
Tuchel: 58, 144, 353, 383, 423
Typhus: 14, 94, 120, 196, 331, 346, 356, 368, 371 f.,
    382, 390, 394, 399

U
UdSSR (s. Sowjetunion)
Ungarn (s.a. Österreich-Ungarn): 138, 158, 202,
    207, 253, 288 f., 362, 377
Unruhen nach 1918 (s. Politische Kämpfe; Revolu-
    tion 1918)
UPI: 352
USA
- Finanzierung des Ersten Weltkrieges: 160 f., 187 ff.
- ab 1933: 241 f., 246 ff.
Utrecht, Friede von (1713): 12

V
Vansittart, Robert: 242 f.
Vereinigte Staaten von Amerika (s. USA)
Vergewaltigungen: 217, 287, 310, 324, 326 ff., 342 f.,
    368, 372, 379, 387, 402, 415
Verluste in Ostpreußen (1914/15): 177, 179, 186
Versailler Vertrag/Diktat: 123, 204 ff., 216 ff., 225,
    230 ff., 243 ff., 262 f., 376
Verschleppung (s.a. Deportation): 171, 261, 265,
    351, 362, 368 ff., 377, 416
Vertrag Preußen-USA: 66
Vertreibung (Salzburger): 27 f.
Viehseuchen (s.a. Seuchen): 17, 20 ff., 25, 44, 50, 55,
    83, 110, 133 f., 411
Völkerbund: 197, 207 f., 221 f., 224 ff., 230, 233,
    244 f.
Volksabstimmung (1920): 62, 192, 208 ff.
Volksbefragung (ab 1933): 240
Volksschulen (s.a. Schulen): 29 f., 50
Volkssturm: 279 f., 282 f., 289 f., 292, 298, 300 ff.,
    313 f., 318 f., 321, 324, 337, 347, 353, 358
Volkswagen: 248

W
Währung: 51, 125, 146, 222, 374, 386
Waldburg, Heinrich zu: 22 f.
Waldwirtschaft (s. Forstwirtschaft)
Warschau: 13, 38, 75 ff., 80, 86, 95, 106, 108, 111, 116,
    121, 126, 180, 191, 211, 223, 232, 243 f., 250, 252,
    254 ff., 261, 264, 272, 361

Wartenberg, Johann K.K. v.: 13 ff., 19 f.
Wartenburg: 124, 293 f., 307, 363, 369, 392, 422
Wassilewski: 333, 338
Weberei (s. Leinweberei)
Wehlau: 17 f., 39, 46, 100, 102 f., 122, 150, 292, 298,
    300 ff., 312, 315, 338, 410, 416, 422
Wehrmachtbericht, letzter: 357, 361
Wehrpflicht: 30 f., 122, 160, 191, 245, 254, 273
Weichsel: 48, 54, 59, 74 ff., 85 ff., 91, 96 f., 104, 114,
    120, 125, 142, 152, 155 f., 158, 167, 208, 216 ff.,
    224, 279, 291, 294 f., 297, 305 f., 309, 316, 352, 354,
    356 f., 418
Weltkrieg, Erster
- Ausbruch: 161 ff.
- deutsche Kriegsschuld: 163, 203, 205, 207, 232
- Feindpropaganda: 163, 188 ff.
- Hungerblockade: 192 ff., 205 f.
- Kriegsflotte: 199, 160 ff., 198
- Stärke der Armeen: 164
- U-Bootkrieg: 188 f., 197, 199
- Ursachen/Planung: 156 ff.
- Verluste: 200
- Vierzehn Punkte (Wilson): 190, 192, 197 f., 202,
    206, 276, 423 f.
Weltkrieg, Zweiter
- Beginn: 262 ff.
- deutsche Friedensangebote: 272 f.
- Japans Kriegseintritt: 276
- Kapitulation: 327, 357, 359 ff., 406
- Kriegsende in Japan: 365
- Offensive gegen Frankreich: 272
- gegen Norwegen: 272
- gegen Rußland: 273 ff.
- 16 Punkte-Vorschlag: 258, 424 f.
- Verhalten der Wehrmacht in der UdSSR: 364,
    328
- Verluste/Kosten: 365 f.
Weltwirtschaftskrise: 232 ff.
„Weserstein": 340
Westerplatte: 224 f., 243, 263
Westpreußen
- Aufteilung (1920): 208 f.
- Fläche/Einwohner: 208 f.
Wetter (s.a. Klima): 89, 140, 410 f.
Wiederaufbau (ab 1915): 186
Wiedewuto: 11
Wiener Kongreß: 113, 120 f., 124, 126, 135
Wise, Stephan Samuel: 241 f.
Wild: 24, 48, 125, 248, 414
Wilderei/-er: 24, 45, 152
Wildpferde: 26, 45
Wilhelm I., Ks.: 146, 152 f.
- II., Ks.: 153, 158, 162, 185, 192, 197, 199
„Wilhelm Gustloff": 320, 352, 358
Willenberg: 32, 83, 87, 175 f., 182, 293, 306, 422
Wilson, Woodrow: 161, 189 ff., 197 f., 201 ff., 224,
    423
Winnig, August: 203, 217
Winterhilfswerk: 247
Winterschlacht in Masuren (1915): 177 ff.
Wirsitz: 53, 155, 208, 423

Wirtschafts-Chaos (vor 1933): 232 ff.
Wirtschaftskrieg: 241 f.
Wisent: 26, 45, 248
Wittgenstein, August v.: 13, 15 f.
Wlassow, Andrej: 364
Wolf, Horst: 355 f.
Wölfe: 144, 152, 271 f., 399, 414
Wormditt: 36, 87, 95, 109, 127, 155, 176, 295, 312 f., 333, 422
Wrangel, Friedrich v.: 100, 138
Wyszynski, Stefan: 397

Y
Yorck v. Wartenburg, Ludwig: 116 ff.

Z
Zar (s. Rußland; s.a. Alexander I. u. II.)
Zempelburg: 297, 352, 423
Zigeuner: 16, 26
Zinten: 312, 333, 422
Zoppot: 354, 381, 422
Zunftwesen: 34 f.

Inhaltsverzeichnis

Vorwort . . . . S. 5

Pruzzische und preußische Vorgeschichte . . . . S. 7

I. DAS PREUSSENLAND IM KÖNIGREICH PREUSSEN . . . . S. 11

Von der Gründung des Königreichs Preußen 1701
bis zur Gründung des deutschen Kaiserreiches 1871

1. Die ersten drei Könige . . . . S. 11
1701 bis 1786

Preußens erster König . . . . S. 11
Gnadenose Steuereintreibung . . . . S. 13
Die große Pest von 1709/10 . . . . S. 16
Die letzten Jahre König Friedrichs I. . . . . S. 19
Erneuerung unter Friedrich Wilhelm I. S. 21
Die Neubesiedlung Preußisch-Litauens . . . . S. 26
Die ersten Volksschulen . . . . S. 29
Der Soldatenkönig . . . . S. 30
Das Ermland von 1700 bis 1750 . . . . S. 33
Westpreußen von 1700 bis 1750 . . . . S. 37
Scharfrichter und Schinder . . . . S. 39
Regierungsbeginn Friedrichs II. . . . . S. 42
Eine Provinz Rußlands . . . . S. 45
Der große König . . . . S. 50
Das Ermland nach 1772 . . . . S. 54
Neuaufbau Westpreußens . . . . S. 56
Ermlands letzter polnische Bischof . . . . S. 60
Das Schulwesen im Ermland . . . . S. 61
Das letzte Jahrzehnt des großen Königs . . . . S. 64

2. Niederlage, Erhebung und deutsche Einigung . . . . S. 69
1786 bis 1871

König Friedrich Wilhelm II. . . . . S. 69
Das Ende des polnischen Staates . . . . S. 74

Juden im Königreich Preußen . . . . S. 78
Die Zeit vor dem Zusammenbruch . . . . S. 81
Der Unglückliche Krieg bricht aus . . . . S. 84
Die Schlacht bei Preußisch Eylau . . . . S. 89
Die Leiden der Bevölkerung . . . . S. 93
Zwischen zwei großen Schlachten . . . . S. 94
Friedland und das Ende des Krieges . . . . S. 101
Der Friede zu Tilsit . . . . S. 104
Unter der Willkür Napoleons . . . . S. 108
Reformen in schwerster Zeit . . . . S. 112
Napoleons Zug nach Rußland . . . . S. 114
Preußens Erhebung . . . . S. 116
Vom Krieg 1815 zur Revolution 1848 . . . . S. 121
Rückwanderung der Kolonisten . . . . S. 126
Das Ende der Leinweberindustrie . . . . S. 127
Die polnische Bevölkerung Preußens . . . . S. 128
Agrarkrise und Notstand . . . . S. 132
Die Politik von 1815 bis 1848 . . . . S. 135
Die Revolution von 1848 . . . . S. 137
Die große Agrarreform . . . . S. 138
Von der Revolution zum Kaiserreich . . . . S. 140

II. DAS PREUSSENLAND IM DEUTSCHEN REICH . . . . S. 147

Von der Reichsgründung 1871 bis 1945

3. Im deutschen Kaiserreich . . . . S. 147
1871 bis 1918

Die gute Kaiserzeit . . . . S. 147
Ein Weltkrieg wird geplant . . . . S. 156
Der Weltkrieg bricht aus . . . . S. 161
Der Feind im Land . . . . S. 165
Die Schlacht bei Tannenberg . . . . S. 171
Die Schlacht an den Masurischen Seen . . . . S. 177
Die Russen kommen wieder . . . . S. 180
Die Winterschlacht in Masuren . . . . S. 182
Die Kriegsjahre 1914 bis 1918 . . . . S. 186
Polen soll wiedererstehen . . . . S. 190
Die Hungerblockade . . . . S. 192
Revolution und Ende des Krieges . . . . S. 196

4. Die Weimarer Republik . . . . S. 201
1918 bis 1933

Das furchtbare erste Friedensjahr . . . . S. 201
Das Diktat von Versailles . . . . S. 204
Die Zerstückelung des Preußenlandes . . . . S. 207
Die Volksabstimmung . . . . S. 211
Demokratie, Feinddiktatur, Inflation . . . . S. 216
Das neue Polen . . . . S. 222
Politisches und wirtschaftliches Chaos . . . . S. 228

5. Im nationalsozialistischen Staat .... S. 237
1933 bis 1945

Arbeit und Brot .... S. 237
Der Wirtschaftskrieg gegen Deutschland .... S. 241
Polen und das Dritte Reich .... S. 243
Das neue Dritte Reich .... S. 245
Bedrohliche Kriegspolitik .... S. 246
Die letzten Friedensjahre 1937/38 .... S. 247
Unruhige politische Lage .... S. 249
Das schicksalsschwere Jahr 1939 .... S. 252
Die Leiden der Deutschen in Polen .... S. 259
Der Beginn des Zweiten Weltkrieges .... S. 262
Die Septembermorde .... S. 265
Die Zeit der Siege .... S. 270
Niederlagen und Rückzüge .... S. 277
Das Vorspiel zum Untergang .... S. 278
Nemmersdorf im Kreis Gumbinnen .... S. 284
Die Ruhe vor dem Sturm .... S. 288

III. UNTERGANG, LEIDEN UND STERBEN .... S. 291

Ab 1945

6. Unter der Gewalt der Roten Armee .... S. 291
1945

Die russische Januaroffensive .... S. 291
Die Besetzung der ostpreußischen Kreise .... S. 297
Die große Flucht .... S. 316
Über das Eis des Haffes .... S. 321
Überrollt .... S. 324
Die Hölle der Daheimgebliebenen .... S. 327
Der Kessel von Heiligenbeil .... S. 332
Der Kampf im Samland .... S. 335
So starben die Bewohner Königsbergs .... S. 340
Das Ende in Pillau und auf der Nehrung .... S. 348
Das Ende in Westpreußen .... S. 350
Das Ende auf Hela .... S. 357
Ende des Krieges .... S. 360

7. Das Ende: Verschleppung, Konzentrationslager, Vertreibung ... S. 367
1945 und danach

Verschleppte Sklaven .... S. 367
Ränkespiel um den deutschen Osten .... S. 372
Die polnischen Konzentrationslager .... S. 377
Unter polnischer Gewalt .... S. 386
Die Vertreibung durch die Polen .... S. 390
Die Vertreibung durch die Russen .... S. 398
Die Verluste der Zivilbevölkerung .... S. 402
Epilog, oder: Das Wort danach .... S. 405

ANHANG .... S. 409

8. Zahlen, Daten, wirtschaftliche Angaben,
historische Ursachen, heutige Zustände .... S. 409

9. Gedicht: Land der dunklen Wälder .... S. 420

10. Zeittafel der weltlichen und geistlichen Oberhäupter .... S. 421

Deutsche Kaiser .... S. 421
Päpste .... S. 421
Könige von Preußen .... S. 421
Könige und Staatspräsidenten von Polen .... S. 421
Bischöfe des Ermlandes .... S. 421

11. Einwohnerzahl preußischer Städte .... S. 422

Die ostpreußischen Städte .... S. 422
Die westpreußischen Städte .... S. 422

12. Die Vierzehn Punkte Wilsons von 1918 .... S. 423

13. Der deutsche 16 Punkte-Vorschlag vom 30. August 1939 ...... S. 424

14. Der Kaufman-Plan .... S. 425

15. Der Morgenthau-Plan .... S. 426

16. Aufforderung zur Abreise der deutschen Bewohner Allensteins S. 427

17. Auswahlbibliographie .... S. 428

Monographien .... S. 428
Dokumentationen .... S. 432

18. Namens- und Sachregister .... S. 434

Aus unserem Ostpreußen-Programm

HEINZ SCHÖN
**TRAGÖDIE OST-
PREUSSEN 1944–1948**
**Als die Rote Armee
das Land besetzte**
448 S. – davon 64 S. s/w. Abb. –
geb. im Großformat – DM 49,80
Vom ersten Russeneinfall im Juli
1944 über das Massaker von
Nemmersdorf bis zum bitteren
Ende: der Leidensweg des Landes
und seiner Bevölkerung.

HEINZ SCHÖN
**FLUCHT AUS OST-
PREUSSEN 1945**
**Die Menschenjagd
der Roten Armee**
448 S. – davon 64 S. s/w. Abb. –
geb. im Großformat – DM 49,80
Grausam, brutal und willentlich
setzte die Rote Armee eine Fluchtbewegung der ostpreußischen Zivilbevölkerung in Gang. Mit 60
Augenzeugenberichten.

HEINZ SCHÖN
**IM HEIMATLAND
IN FEINDESHAND**
**Schicksale ostpreußischer
Frauen unter Russen und Polen
1945–1948**
352 S. – Abb. – geb. – DM 39,80
27 Frauen schildern ihr eigenes
Erleben und Erleiden als Geiseln
und Opfer der kommunistischen
Sieger und ihrer willigen Helfer
seit 1945 in Ostpreußen.

FRANZ KUROWSKI
**RITTERKREUZTRÄGER
AUS OST- UND WEST-
PREUSSEN**
320 S. – Abb. – geb. im Großformat – DM 29,80. – Es werden
17 besonders vorbildliche Ritterkreuzträger, vom einfachen Gefreiten bis zum General, werden ausführlich vorgestellt. Alle anderen
Ritterkreuzträger sind mit ihren
persönlichen Daten aufgelistet.

MANFRED WEINHOLD
**DEUTSCHLANDS
GEBIETSVERLUSTE
1919–1945**
Handbuch und Atlas
128 S. – 18 Karten – geb. im
Atlas-Großformat – DM 32,–
Die Verstümmelung Deutschlands
in zwei Weltkriegen. Präzise Schilderung der Umstände mit Daten
zu den Annexionen ganzer Landstriche durch die Nachbarstaaten.

**DAS VERSAILLER
DIKTAT**
**Vorgeschichte – Vollständiger
Vertragstext – Gegenvor-
schläge der deutschen Regierung**
384 S. – viele Karten, Graphiken,
Statistiken und Bilder – geb. im
Großformat – DM 39,80. – Do-
kumentation einer Jahrhundert-
Provokation: Eine unverzichtba-
re Quelle für alle, die das „Phä-
nomen Hitler" verstehen wollen.

ARNDT-Verlag, Postfach 3603, D-24035 Kiel

447

Aus unserem zeitgeschichtlichen Programm

DER TOD SPRACH POLNISCH
Dokumente polnischer Grausamkeiten an Deutschen 1919–1949
384 S. – viele Abb. – geb. im Großformat – DM 58,–
Dokumentation der polnischen Übergriffe seit 1919 in Ostdeutschland, des „Bromberger Blutsonntags", der Vertreibung und der polnischen Nachkriegs-KZs.

B. FRHR. V. RICHTHOFEN / R.R. OHEIM
DIE POLNISCHE LEGENDE
Polens Traum vom Großreich, Polens Marsch zum Meer, Die polnische Legende
864 S. – 3 Bände in einem Buch – viele s/w. Abb. – Pb. – DM 39,80. – Das entscheidende Standardwerk zur Geschichte der deutsch-polnischen Beziehungen.

BOLKO FRHR. VON RICHTHOFEN
KRIEGSSCHULD 1939–1941
Der Schuldanteil der anderen
240 S. – geb. im Großformat – DM 29,80. – Eine fundierte Antwort auf die Alleinkriegsschuld-These. Jubiläumsausgabe mit einer Einleitung zum neuesten Forschungsstand zu Kriegsausbruch und Präventivschlagfrage.

ANNELIESE KREUTZ
DAS GROSSE STERBEN IN KÖNIGSBERG 1945–1947
252 S. – Pb. – DM 19,80. – Ein halbes Jahrhundert lang hat die Autorin geschwiegen, aber die übermächtigen Erinnerungen verfolgten sie jede Nacht: Todesmärsche, Vergewaltigung, Hunger, Krankheit, Zwangsarbeit… Ein ostpreußisches Frauenschicksal!

WALTHER FRANZ
OSTPREUSSISCHE LANDESKUNDE
280 S. – Abb. – Pb. – DM 34,–
Sachkundig und reich an Wissen werden in diesem Grundlagenwerk Geschichte und Landschaft Ostpreußens vor uns ausgebreitet. Fast 100 Abbildungen, davon 29 Karten, runden das hochinteressante und gut verständliche Buch ab.

GUSTAV SICHELSCHMIDT
VOR PREUSSEN WIRD GEWARNT
Lesebuch zur preußischen Geschichte
256 S. – Pb. – DM 32,–. Der bekannte Autor möchte uns Deutschen die Erfahrungen und Lehren der preußischen Geschichte zurückgeben. Rund 50 Texte von unsterblichen Dichtern, Denkern und Herrschern preußischer Feder.

ARNDT-Verlag, Postfach 3603, D-24035 Kiel